CURSO DE DIREITO PROCESSUAL DO TRABALHO

Rodolfo Pamplona Filho

Juiz Titular da 32ª Vara do Trabalho de Salvador/BA. Professor Titular de Direito Civil e Direito Processual do Trabalho da UNIFACS – Universidade Salvador. Coordenador dos Cursos de Especialização on-line em Direito Contratual e em Direito e Processo do Trabalho do CERS Cursos on-line. Professor Associado IV da Graduação e Pós-Graduação (Mestrado e Doutorado) em Direito da UFBA – Universidade Federal da Bahia. Mestre e Doutor em Direito das Relações Sociais pela PUC-SP – Pontifícia Universidade Católica de São Paulo. Máster em Estudios en Derechos Sociales para Magistrados de Trabajo de Brasil pela UCLM – Universidad de Castilla-La Mancha/Espanha. Especialista em Direito Civil pela Fundação Faculdade de Direito da Bahia. Membro e Presidente Honorário da Academia Brasileira de Direito do Trabalho. Membro e Presidente da Academia de Letras Jurídicas da Bahia. Membro e ex-Presidente do Instituto Baiano de Direito do Trabalho. Membro da ABDC – Academia Brasileira de Direito Civil –, do IBDCivil – Instituto Brasileiro de Direito Civil –, do IBDFAM – Instituto Brasileiro de Direito de Família – e do IBDCont – Instituto Brasileiro de Direito Contratual.

Tercio Roberto Peixoto Souza

Advogado. Procurador do Município de Salvador. Professor dos Cursos de Graduação e Pós-Graduação em Direito da UNIFACS – Universidade Salvador. Mestre em Direito pela UFBA – Universidade Federal da Bahia. Pós-graduado em grau de Especialista em Direito Público pela UNIFACS. Professor do Curso de Pós-Graduação da FDB – Faculdade Baiana de Direito. Professor convidado da ESA – Escola Superior de Advocacia da OAB/BA. Professor convidado da EMATRA5 – Escola Judicial do TRT da 5ª Região. Presidente do IBDT – Instituto Bahiano de Direito do Trabalho (2019/2021). Membro do IAB – Instituto dos Advogados da Bahia – e da ABAT – Associação Baiana dos Advogados Trabalhistas.

Rodolfo Pamplona Filho
Tercio Roberto Peixoto Souza

CURSO DE DIREITO PROCESSUAL DO TRABALHO

3ª edição
2022

saraiva jur

saraiva EDUCAÇÃO | saraiva jur

Av. Paulista, 901, 3º andar
Bela Vista – São Paulo – SP – CEP: 01311-100

SAC | sac.sets@saraivaeducacao.com.br

Diretoria executiva Flávia Alves Bravin
Diretoria editorial Ana Paula Santos Matos
Gerência editorial e de projetos Fernando Penteado

Novos projetos Aline Darcy Flôr de Souza
Dalila Costa de Oliveira

Gerência editorial Isabella Sánchez de Souza
Edição Daniel Pavani Naveira

Produção editorial Daniele Debora de Souza (coord.)
Cintia Aparecida dos Santos
Luciana Cordeiro Shirakawa

Arte e digital Mônica Landi (coord.)
Camilla Felix Cianelli Chaves
Claudirene de Moura Santos Silva
Deborah Mattos
Guilherme H. M. Salvador
Tiago Dela Rosa

Projetos e serviços editoriais Daniela Maria Chaves Carvalho
Emily Larissa Ferreira da Silva
Kelli Priscila Pinto
Klariene Andrielly Girardi

Diagramação Lais Soriano
Revisão Ana Maria Cortazzo
Capa Tiago Dela Rosa
Produção gráfica Marli Rampim
Sergio Luiz Pereira Lopes

Impressão e acabamento

DADOS INTERNACIONAIS DE CATALOGAÇÃO NA PUBLICAÇÃO (CIP)
VAGNER RODOLFO DA SILVA – CRB-8/9410

P186c Pamplona Filho, Rodolfo

Curso de Direito Processual do Trabalho / Rodolfo Pamplona Filho, Tercio Roberto Peixoto Souza. – 3. ed. – São Paulo : SaraivaJur, 2022.

1.064 p.

ISBN 978-65-5362-303-3 (Impresso)

1. Direito. 2. Direito Processual do Trabalho. I. Souza, Tercio Roberto Peixoto. II. Título.

2021-4087 CDD 342.68
CDU 347.9

Índices para catálogo sistemático:

1. Direito Processual do Trabalho 342.68
2. Direito Processual do Trabalho 347.9

Data de fechamento da edição: 2-12-2021

Dúvidas? Acesse www.editorasaraiva.com.br/direito

CL 607289 CAE 785423

Dedicamos esta obra ao Instituto Baiano de Direito do Trabalho, celeiro de juslaboralistas por gerações, e, ainda, a Roberta Galdino, Ana Beatriz, Maria Júlia, David e Asaph Resende, porque são o que desejamos para o futuro.

Agradecemos imensamente a Deus pelo dom da vida e pelas ricas oportunidades que nos foram proporcionadas.

Agradecemos às nossas Famílias, por tolerar a ausência.

Aos nossos colegas de trabalho (Tribunal Regional do Trabalho da 5ª Região, UNIFACS, UFBA, Faculdade Baiana de Direito, CERS, Procuradoria do Município do Salvador e à equipe do Marcos Sampaio e Tercio Souza Advogados), nossa eterna gratidão pelo aprendizado cotidiano.

Apresentação

É muito fácil fazer a apresentação do nome de **Rodolfo Pamplona Filho** no rosto de qualquer obra que leve sua assinatura. Primeiro, por ser conhecido e reconhecido país afora como um dos juristas mais admirados e seguidos do nosso tempo. Segundo, por saber esgrimir com segura maestria o complexo instrumental do Direito e exercer com raro virtuosismo a arte da comunicação no escrever e no falar. Terceiro, por abraçar com paixão o agridoce sacerdócio do magistério e da magistratura a que devota a vida. Enfim, por semear em seu redor o gosto pelo estudo e a crença na redenção do homem pela cultura e pela prática do bem.

Esse conjunto de atributos, ao mesmo tempo intelectuais e morais, exonera a consciência do apresentador do peso da insinceridade nos elogios que lhe fizer, pois eles terão sempre a imagem e a dimensão verdadeiras de sua vida.

É assim que me sinto ao ser retirado do meu crepúsculo pelo convite para escrever esta apresentação. Sem dúvida, seu alicerce é o sentimento de gratidão ao obscuro mestre que lhe segurou a mão para conduzir seus tímidos primeiros passos ao encontro marcado com o destino que o futuro lhe prenunciava. E só por isso o aceitei, pois tudo que agora digo se reveste da haura mais pura da sinceridade de quem acompanhou, degrau por degrau, as alegrias e vicissitudes que o trouxeram ao píncaro da realização profissional.

Um dos aspectos mais preciosos que admiro no seu caráter é o hábito de convocar jovens juristas, que avaliou como docente e/ou orientador durante a formação acadêmica de graduação e de pós-graduação, para ser parceiros na elaboração de suas obras escritas, como é o caso deste livro. Não precisaria fazer isso, pois seu sucesso pessoal estaria de qualquer modo assegurado. Porém, partilhando-o pela coautoria, mostra a generosidade de estender a mão para dar ingresso e consolidar a presença dos mais moços no seletivo mundo editorial do Direito.

Realço o pormenor para concluir que também é muito fácil fazer a apresentação do nome e de obra que leve a assinatura de **Tercio Roberto Peixoto Souza**, coautor deste livro, por não se tratar de um neófito nas letras jurídicas, e sim de um jurista em brilhante ascensão, com sólido lastro na graduação em Direito pela Faculdade de Direito da Universidade Católica de Salvador, na pós-graduação em Especialização em Direito Público e no Mestrado de Direito Privado e Econômico pela Universidade Federal da Bahia, Procurador do Município de Salvador e subscritor individual de muitos trabalhos, mormente nas áreas laboral e acidentária do trabalho.

Neste caso, a coautoria multiplica a projeção intelectual de **Tercio** e adensa o texto escrito com **Pamplona**, porquanto alarga a visão enciclopédica que a proveniência e a trajetória dos autores, afim e ao mesmo tempo distinta, dá à sua produção, amalgamando a plena maturidade de um deles com a energia ascensional do outro. Isso é possível perceber pela só leitura do índice geral.

Saliente-se que a simples apresentação de uma obra não vale como ensaio crítico do seu conteúdo. Isso é mister do prefácio. Mas, o vezo de publicista, que nem a senectude deletou em mim, desperta uma reminiscência que ensejará uma predição final.

Quando, ainda bastante moço, escrevi o meu segundo livro – "Execução Trabalhista" –, pedi ao amigo e professor **Elson Gottschalk** que submetesse os originais ao crivo do saudoso editor **Armando Casimiro Costa**, para efeito de publicação. Tremendo de medo, fiquei esperando o veredicto. Ele veio em dez dias, numa carta em que **Casimiro** agradecia a remessa e notificava **Gottschalk** de sua lacônica sentença: "É livro para muitas edições". E, na verdade, foi, derramando-se com um tônico e um bálsamo sobre a minha frágil autoconfiança.

Pois bem. Daquela sentença faço a predição para a obra que acabo de apresentar: "É livro para muitas edições". E os anjos dirão amém.

Salvador/BA, fevereiro de 2019.

José Augusto Rodrigues Pinto
Da Academia Brasileira de Direito do Trabalho e
da Academia Brasileira de Letras Jurídicas

Prefácio

Profundamente honrado e com imensa alegria recebi o convite para prefaciar este importante livro, ***Curso de Direito Processual do Trabalho***, de autoria de **Rodolfo Pamplona Filho** e **Tercio Roberto Peixoto Souza**, ora apresentado à comunidade jurídica nacional.

Trata-se de obra que é fruto de pesquisas e experiências adquiridas por dedicados e renomados professores que reuniram num único volume todos os aspectos teóricos e práticos alusivos aos institutos do Direito Processual do Trabalho indispensáveis à adequada e exitosa atuação acadêmica e profissional na área justrabalhista, mormente depois da vigência do Código de Processo Civil de 2015, que passou a ser não apenas fonte subsidiária como também fonte supletiva do processo do trabalho, e da chamada Reforma Trabalhista (Lei n. 13.467/2017), que alterou profundamente diversos dispositivos de natureza processual da Consolidação das Leis do Trabalho.

Foram tantas as modificações no sistema processual civil/trabalhista que os autores, com a visão transcendental dos grandes doutrinadores, atribuíram a esta obra o convidativo título de "Curso de Direito Processual do Trabalho". Trata-se de livro que passa a ser referência e leitura obrigatória tanto para os profissionais militantes (advogados, magistrados, procuradores do trabalho e servidores) quanto para os alunos dos cursos de graduação, especialização, mestrado e doutorado, além daqueles que pretendem se submeter a concursos públicos que exijam o conhecimento da disciplina.

Apresentada a obra, não poderia deixar de falar dos seus autores.

Rodolfo Pamplona Filho é formidável cidadão, pai, filho, amigo, magistrado, artista, conferencista e professor emérito. Sempre disposto a dividir seus conhecimentos com todos que o procuram, seja em casa, no trabalho, em sala de aula, na rua, nos congressos... É uma pessoa humana que atua com ética, profissionalismo e alegria em tudo que faz. Considero-o, portanto, mais que um amigo e confrade da Academia Brasileira de Direito do Trabalho, um verdadeiro irmão.

Tercio Roberto Peixoto Souza é mestre, professor e advogado militante, além de ter intensa vida associativa como Presidente do Instituto Bahiano de Direito do Trabalho – IBDT, Membro do Instituto dos Advogados da Bahia – IAB e da Associação Baiana dos Advogados Trabalhistas. Por ser amigo do meu amigo, é também meu irmão.

As visões do advogado e do magistrado reunidas em uma única obra revelam a abertura democrática e pluralista dos autores em prol do fortalecimento das instituições que lidam com a defesa da Justiça, da cidadania e dos direitos humanos em nosso País.

Estão, pois, de parabéns os autores, por nos brindarem com esta excelente obra, que, pela sua importância teórica e prática, certamente merecerá ampla acolhida da comunidade jurídica; a Editora Saraiva, pela disseminação do saber jurídico; e, principalmente, o público leitor, como advogados, magistrados, membros do Ministério Público, professores, estudantes, candidatos aos concursos públicos e todos aqueles que almejam conhecer a fundo o "novo direito processual do trabalho brasileiro".

Vitória/ES, fevereiro de 2019.

Carlos Henrique Bezerra Leite

Doutor e Mestre em Direito (PUC-SP). Professor do Programa *Stricto Sensu* de Mestrado e Doutorado em Direitos e Garantias Fundamentais da FDV – Faculdade de Direito de Vitória, onde leciona de Direitos Humanos Sociais e Metaindividuais, e da Graduação da mesma Faculdade, onde leciona Direito Processual do Trabalho. Pesquisador e Líder do Grupo de Pesquisa Acesso à Justiça na Perspectiva dos Direitos Humanos (PPGSS da FDV). Desembargador do TRT da 17ª Região/ES (aposentado). Membro Titular da Academia Brasileira de Direito do Trabalho. Foi Procurador Regional do Ministério Público do Trabalho, Professor de Direitos Humanos e Processo do Trabalho da UFES e Diretor da EJUD – Escola Judicial do TRT da 17ª Região (biênio 2009/2011).

chbezerraleite@yahoo.com.br

Nota dos Autores à Terceira Edição

Este livro é a concretização de um projeto e a realização de um sonho.

Há anos atuando no magistério jurídico, em diversas áreas do conhecimento, **Rodolfo Pamplona Filho** sempre sonhou elaborar um curso de Direito Processual do Trabalho, disciplina que sempre se destacou no magistério e em participações em conclaves jurídicos.

A oportunidade surgiu em um "encontro de almas", ao ter a oportunidade de acompanhar **Tercio Roberto Peixoto Souza** nos estudos avançados de Mestrado na Universidade Federal da Bahia.

A admiração recíproca tornou-se amizade e parceria, com o lançamento da primeira edição desta obra da matéria, com relativo sucesso.

Tendo havido grandes modificações no sistema processual trabalhista, seja com novas leis específicas (notadamente no campo recursal), seja com a chegada do Código de Processo Civil de 2015, bem como com o advento da Reforma Trabalhista, o livro foi totalmente reconstruído, ampliado e atualizado para a segunda edição, que alcançou enorme sucesso.

Só que, no meio do caminho, surgiu uma pandemia...

E houve a necessidade de readequar o texto, com as profundas modificações e adaptações que se fizeram necessárias na disciplina jurídica das relações processuais laborais, tanto na base teórica, quanto nos aspectos pragmáticos.

A revisão, atualização e ampliação foi tão profunda que, mais uma vez, não é exagero reafirmar que se está diante de um novo livro.

Sim, um ***Curso de Direito Processual do Trabalho***, abrangendo todo o conteúdo fundamental da disciplina, de forma atualizada e aprofundada, servindo, em um único volume, tanto para os profissionais militantes na área (advogados, magistrados, procuradores do trabalho e servidores) quanto para os cursos de graduação, especialização, mestrado e doutorado, sem descurar da devida atenção àqueles que pretendem se submeter a concursos públicos em que tal disciplina seja exigida.

Assim, o sonho que se tornou projeto e se concretizou em livro chega às suas mãos, leitor ou leitora, como se fosse uma versão 3.0, o que muito orgulha os autores.

Colocam-se eles, novamente, à sua disposição para interagir e discutir pontos abordados na obra, sempre com o fito de ampliá-la, revisá-la e aprofundá-la ainda mais.

Não hesitem em fazer as suas sugestões, críticas e elogios!

Os *e-mails* pessoais estão aí divulgados justamente para isto!

Salvador, outubro, de 2021.

Rodolfo Pamplona Filho
rpf@rodolfopamplonafilho.com.br

Tercio Roberto Peixoto Souza
terciosouza@hotmail.com

Sumário

CAPÍTULO 1

Das Noções Introdutórias ao Processo do Trabalho

1. CONSIDERAÇÕES GERAIS. DA FUNÇÃO JURISDICIONAL DO ESTADO E DO DIREITO PROCESSUAL DO TRABALHO

A vida em sociedade sempre apresenta aspectos controvertidos em que os conflitos, inerentes à personalidade humana, podem surgir a todo instante. Nesse contexto, como é sabido, torna-se necessária a criação de mecanismos estatais para a solução desses mesmos litígios, caso as partes não sejam capazes de equacionar, sozinhas, a questão, em prol da harmonia social.

Em relação aos conflitos decorrentes das relações de trabalho, não é diferente. Os conflitos trabalhistas são parte de um fenômeno maior, os conflitos sociais, próprios da vida em comunidade[1], como assevera Amauri Mascaro Nascimento.

Entre as funções estatais, encontram-se postas duas atividades relevantes para a pacificação social.

A primeira delas é a consagração de regras sob as quais todos os membros do corpo social devem pautar suas condutas, sendo a segunda justamente a institucionalização de mecanismos aptos, inclusive por meio da força, ao cumpri-

1. NASCIMENTO, Amauri Mascaro. *Curso de direito processual do trabalho.* São Paulo: Saraiva, 1997. p. 3.

mento de tais regras pelo recalcitrante. Essas funções se materializam em duas atividades, assim compreendidas:

a) atividade legislativa, a que se apresenta como meio para a criação de normas abstratas para estruturar as relações jurídicas;
b) atividade jurisdicional, a que determina a solução do litígio por meio das normas legais existentes.

Naturalmente a função jurídica do Estado não se limita à atividade legislativa, visto que a norma, por si só, não dirime efetivamente os conflitos, caso uma das partes voluntariamente não cumpra as regras postas. Nesse sentido, torna-se necessária a instituição de uma organização estatal, formal e sistêmica, que tenha por finalidade justamente garantir o efetivo cumprimento da determinação jurisdicional, obrigando as partes litigantes ao cumprimento das suas obrigações.

Coaduna com esse pensamento José Augusto Rodrigues Pinto[2]:

> Idealmente, a função jurídica do Estado deveria limitar-se à atividade legislativa, pois o certo seria que as normas criadas fossem objeto de aceitação no instante de terem atuação concreta em relações de interesse. Visto, porém, que isso não acontece, na realidade, o processo torna-se um veículo do Estado para corrigir uma anormalidade na vida da relação jurídica, organizando-se, internamente, de modo a garantir não apenas a determinação de obediência, em concreto, mas, se necessário, a obediência compulsória por aquele contra quem é devida.

O direito processual do trabalho, ou simplesmente processo do trabalho surge, assim, como[3]:

a) o modo de formalização de conflitos ante um terceiro, diferente das partes, portanto;
b) esse terceiro é especificamente instituído pelo Estado, precisamente para dirimir conflitos, na figura de um juiz;
c) o juiz do Trabalho está especificamente instituído para conhecer e dirimir precisamente conflitos do trabalho, assim sendo, as questões relacionadas às relações de trabalho.

Deve-se destacar ainda que parece certo crer que o processo não serve por si só. Trata-se de mecanismo utilizado para solucionar os conflitos sobre os bens da

2. PINTO, José Augusto Rodrigues. *Processo trabalhista de conhecimento*. 6. ed. São Paulo: LTr, 2001. p. 26.
3. OLEA, Manuel Alonso; PULG, Cesar Miñambres. *Derecho procesal del trabajo*. 9. ed. Madrid: Civitas, 1997. p. 40.

vida, e que versam sobre o denominado direito material, mas é igualmente um meio previamente ordenado para dirimir conflitos de forma pacífica. Desse modo, inegável concluir que, além de instrumento para a operacionalização do denominado "direito material", o processo é igualmente a garantia às partes de que a querela em questão será solucionada levando-se em consideração os mecanismos e formas de implementação da justiça previamente definidos.

No caso específico do processo do trabalho, visa dirimir os conflitos fundados nas normas de direito material aplicáveis às relações de trabalho, sob as quais são fundamentadas as pretensões em juízo.

2. BREVES CONSIDERAÇÕES SOBRE AS FORMAS DE SOLUÇÃO DE CONFLITO EM MATÉRIA TRABALHISTA

O direito do trabalho tem como marco inaugural o movimento tecnológico, econômico e social europeu denominado Revolução Industrial. Nessa época ainda não se falava em direito do trabalho, mas em relação de trabalho subordinado. Do mesmo modo, só há como falar em direito processual do trabalho a partir desse marco histórico. Assim assevera o Professor José Augusto Rodrigues Pinto[4]:

> Do ponto de vista universal, é inconcebível conjeturar-se sobre um direito processual do trabalho antes que a Revolução Industrial ganhasse corpo bastante para provocar conflitos de interesses entre patrões e operários com as especificidades próprias do que se convenciona chamar, dentro do aspecto trabalhista, de questão social.

As controvérsias nascidas das relações de trabalho, por assim dizer, podem ser solucionadas por meio de diversos mecanismos, sejam vinculados ou não ao aparato estatal, como se verá a seguir. Tais mecanismos, embora sem relação exclusiva com o próprio direito processual do trabalho, guardam relevância para o presente estudo, na medida em que evidenciam meios para a solução de conflitos entre os trabalhadores e empregadores, em geral.

2.1. Autotutela

Assim como na solução dos demais conflitos da vida em sociedade, os primeiros conflitos relacionados ao trabalho foram e continuam sendo resolvidos por meio da utilização da força, por uma ou ambas as partes, em que se faz pre-

4. PINTO, José Augusto Rodrigues. *Processo trabalhista de conhecimento*. 6. ed. São Paulo: LTr, 2001. p. 32.

valecer a solução baseada na imposição da vontade do mais forte sobre o mais fraco, sendo esse o mais primitivo mecanismo para a solução de contendas.

A noção de autotutela relaciona-se justamente com a ideia da resolução do conflito por via direta, da força, à margem de qualquer participação do Estado no equacionamento da questão. Trata-se da forma mais primitiva de solução de conflitos, já que não existe um terceiro, diferenciado das partes, para a solução da contenda, sendo, em verdade, a decisão de uma das partes imposta ou aceita pela outra.

Todavia, é importante identificar que, apesar do primitivo mecanismo de resolução de conflitos, a autotutela não foi por completo abandonada pelo Estado, que a legitima, embora em situações excepcionais, como naquela prevista no direito penal brasileiro, em que o exercício da legítima defesa, na forma do art. 23, II, do Código Penal, é autorizado, desde que cumpridos os requisitos previstos em lei.

Mesmo nas relações de trabalho, é possível identificar a autotutela. Historicamente existem diversos mecanismos para o exercício da autotutela, sendo consagrados, por exemplo, a greve, o locaute ou o luddismo[5], em tal âmbito.

Todavia, existem diversos outros mecanismos de autotutela, no âmbito das relações de trabalho[6], que podem ser observados na prática, em relação aos trabalhadores, desde a instituição de formas de pressão preliminares, ou piquetes, *rattening*, ocupação do estabelecimento, bloqueio de mercadorias, não colaboração, boicote, sabotagem, extorsão sindical, ou mesmo mecanismos utilizados pelos empregadores, como ações administrativas empresariais, o uso do poder disciplinar, prêmios antigreve ou de assiduidade, listas negras ou brancas, cujo estudo mais aprofundado não cabe neste momento, mas se recomenda a análise apropriada.

Há previsão legal contemplando expressamente a autotutela no âmbito das relações de trabalho, como se depreende do art. 1º da Lei n. 7.783/89 (Lei de Greve), que assegura a greve como direito dos trabalhadores, ao mesmo tempo que o art. 17 da mesma lei veda o locaute, ou seja, a paralisação das atividades por iniciativa do empregador, com o objetivo de frustrar negociação ou dificultar o atendimento de reivindicações dos respectivos empregados.

---

5. Segundo Hobsbawm, trata-se de movimento através do qual foram quebradas máquinas, novas ou velhas, bem como matérias-primas, produtos acabados ou mesmo a propriedade privada dos empregados que não participassem do movimento, tudo como meio de forçar os empregadores a fazer concessões com relação a salários e outras questões. HOBSBAWM, Eric. J. *Os trabalhadores:* estudos sobre a história do operariado. São Paulo: Paz e Terra, 2010. p. 19.

6. BELTRAN, Ari Possidonio. *A autotutela nas relações do trabalho*. São Paulo: LTr, 1996.

Veja-se que cada um dos mecanismos atinentes à autotutela consagra, portanto, uma ação direta, por meio da qual as partes pretendem acelerar a solução do conflito na direção que julgam propícia. Como aduz Ari Possidonio Beltran[7]:

> As formas utilizadas variam segundo a força das partes conflitantes, a organização da entidade sindical, a sua ideologia, o grau de conflitividade e mesmo a experiência das partes em embates coletivos. Podem variar, ainda segundo os meios utilizados – convencionais, admitidos por lei, ou não – e frequentemente são empregadas práticas violentas condenáveis e até tipificadas como crimes. As ações podem ser ostensivas ou dissimuladas, dirigidas apenas à outra parte ou não, podendo ainda atingir terceiros de forma direta ou indireta, bem como serem autênticas ou manipuladas.

Ou seja, por meio das ações diretas, no exercício da autotutela, tanto trabalhadores como empregadores buscam pressionar o outro grupo, como meio para a solução do conflito. Em situações tais, tanto o empregador como os empregados se veem forçados a aceitar determinadas reivindicações, para evitar maiores prejuízos.

Não se ignora, por exemplo, que com a efetiva paralisação dos trabalhos ocorriam, e infelizmente ainda ocorrem grandes manifestações de violência[8] que, por sua vez, ocasionava fortes impactos à ordem social. Todavia, cumpre alertar que as manifestações atinentes à autotutela não são de todo irregulares, mas apenas naquilo que transpuser os limites legalmente postos.

2.2. Autocomposição. Negociação, concertação social, conciliação, transação, mediação e submissão

Pode-se indicar, ainda, como mecanismo apto à resolução dos conflitos surgidos no âmbito das relações do trabalho, a denominada autocomposição, sendo gênero de diversas espécies, como se verá a seguir.

Nesse caso, as próprias partes interessadas, sem a intervenção de um terceiro, embora possam ser por aquele auxiliadas, buscam uma solução para o conflito, de forma negociada.

Os conflitos do trabalho podem ser encerrados em razão da negociação individual ou coletiva, ou seja, por convenção coletiva de trabalho, assim considerado o acordo normativo firmado diretamente entre as partes, segundo o quanto previsto no art. 611 da CLT. Há que se falar em concertação social, ou o acordo

7. BELTRAN, Ari Possidonio. *A autotutela nas relações do trabalho*, cit., p. 156 e 157.
8. HOBSBAWM, Eric. J. *Os trabalhadores*, cit.

tripolar envolvendo não apenas as partes, mas também o Poder Público, com vistas à solução de um problema social, primordialmente. No mesmo caminho, há ainda, a hipótese de conciliação, que pouco difere da negociação, salvo pela especial participação de um terceiro que visa impulsionar o ajuste. No mesmo caminho, pode-se utilizar a mediação, em que cabe ao terceiro o encargo de encontrar uma solução global para o caso, sob forma de proposta ou recomendação, que pode ser aceita ou não pelas partes[9].

Em síntese, a autocomposição é forma de solução do conflito pelo consentimento espontâneo dos contendores, seja por meio de concessões mútuas (transação), por quaisquer dos mecanismos mencionados, seja por meio de submissão à pretensão do outro (submissão).

O próprio Estado sentiu-se obrigado a reconhecer e a estimular tais mecanismos de solução de conflitos, ainda que sem sua atuação direta, uma vez que o recrudescimento das relações gera inequívocos prejuízos e descontrole social. Na autocomposição o litígio é solucionado por ato das partes, sem a utilização da força e da violência. Os interessados chegam a uma solução deliberando sobre concessões mútuas, visando à paz social.

Deve-se pontuar que a autocomposição é o mecanismo de solução dos conflitos, por excelência. Além de diversas outras previsões legais, pode-se pontuar que o CPC explicita em seu art. 3º, notadamente nos §§ 2º e 3º, o desejo da sociedade brasileira de que, mesmo com a participação estatal, os conflitos sejam, sempre que possível, solucionados de forma consensual ou mediados, devendo tais mecanismos ser estimulados por juízes, advogados, defensores públicos e membros do Ministério Público.

Note-se que, embora usualmente assim não seja, é possível existir a intervenção do Estado em casos de autocomposição, seja como membro ativo das tratativas, seja como responsável pelo registro e publicidade dos termos daquela avença. Tal participação não desnatura a natureza da autocomposição.

Veja-se que, por força da previsão contida no art. 614 e parágrafos da CLT, as convenções e acordos coletivos firmados, meios de negociação coletiva por excelência, somente possuem vigência três dias após o depósito perante o Ministério do Trabalho e Emprego (ou nas atuais Superintendências Regionais do Trabalho), além de ser exigida a afixação de uma cópia da convenção ou acordo coletivo nas sedes e nos estabelecimentos das empresas compreendidas no campo de aplicação da negociação coletiva. Tal previsão, de ordem formal, não des-

9. BELTRAN, Ari Possidonio. *A autotutela nas relações do trabalho*, cit., p. 272.

natura o caráter de autocomposição inerente aos acordos e convenções coletivos de trabalho[10].

No particular das convenções e acordos coletivos de trabalho, as negociações coletivas, em regra, expõem nítido retrato das marchas e contramarchas das transações havidas entre empregados e empregadores. Nesse caso, a intervenção do órgão estatal não se dá de forma impositiva na definição do cerne da transação, mas como mero mecanismo para a facilitação do ajuste, ou como instrumento apto a conferir a necessária publicidade a seus termos.

Mesmo quanto ao cerne da transação, a prática demonstra que a participação de órgãos estatais em uma mesa de negociação pode servir como facilitador, permitindo a manutenção de algum nível de diálogo entre as partes.

De outro lado, deve-se estar atento para a hipótese de a participação do terceiro ter o efeito justamente oposto, qual seja, o de dificultar o diálogo entre as partes, diante da postura inábil de determinado órgão. De todo modo, cumpre alertar ao leitor que não será a participação da entidade estatal o móvel distintivo de tal modalidade em relação à heterocomposição, como será visto.

Embora haja controvérsia acerca da posição em que se encontra a conciliação, aparentemente têm razão aqueles que compreendem tal modalidade como meio de autocomposição. Nessa modalidade o terceiro faz o papel de mero aproximador das partes, ou seja, não propõe nem impõe. Não se determina quem tem razão, mas se visa, com clareza, a que as partes consigam solucionar as pendências entre si.

O anteprojeto de organização da Justiça do Trabalho, de outubro de 1935, já previa a necessidade de tentativa de conciliação preliminar e obrigatória. O art. 764 da CLT, desde sempre, sujeitou os dissídios individuais e coletivos submetidos à Justiça do Trabalho à conciliação. Por meio do acordo, da composição, as partes põem fim à controvérsia (art. 840 do CC), cabendo ao juízo a homologação da transação apenas para conferir o efeito processual respectivo ao ajuste.

Do mesmo modo em relação à mediação. Nessa hipótese o terceiro, alheio ao conflito, propõe – mas não impõe, já que não tem o necessário poder de coerção – uma proposta para encerrar a contenda. Dada a ausência de coercibilidade, trata-se de evidente exercício de autocomposição.

2.2.1 Das Comissões de Conciliação Prévia – CCP's

Atento à necessidade do estabelecimento de um foro pré-processual para buscar o encaminhamento das questões relacionadas às relações de trabalho de forma negociada, foi estabelecido no art. 625-A da CLT a possibilidade da criação

10. *Vide* SOUZA, Tercio Roberto Peixoto. *A negociação coletiva e a extinção compulsória do contrato de trabalho*. São Paulo, LTr, 2012.

das denominadas Comissões de Conciliação Prévia – CCP's no âmbito de uma ou mais empresas ou de um ou mais sindicatos, sempre de composição paritária e com representante dos empregados e dos empregadores.

Tais Comissões, de criação facultativa, são órgãos privados cuja atribuição é a de buscar a autocomposição entre as partes, tentando conciliar os conflitos individuais do trabalho entre trabalhadores e empregadores. Segundo o parágrafo 1º do art. 625-D da CLT, que busca disciplinar o procedimento para tanto, a demanda será formulada por escrito ou reduzida a termo por qualquer dos membros da Comissão, sendo entregue cópia datada e assinada pelo membro aos interessados. Uma vez proposto o pleito, caberá à Comissão estimular as partes ao encaminhamento das questões postas, mediante a autocomposição. Na forma do art. 625-F, as CCT's possuem prazo de dez dias para a realização da sessão de tentativa de conciliação a partir da provocação do interessado. Não prosperando a conciliação, inclusive em razão do decurso do prazo referido (parágrafo único do art. 625-F, CLT), será fornecida ao empregado e ao empregador declaração da tentativa conciliatória frustrada com a descrição de seu objeto, firmada pelos membros da Comissão, que deverá ser juntada à eventual reclamação trabalhista (art. 625-D, § 2º, CLT).

Prosperando a conciliação, será lavrado termo assinado pelo empregado, pelo empregador ou seu proposto e pelos membros da Comissão, fornecendo-se cópia às partes (art. 625-E, CLT), constituindo-se o termo de conciliação título executivo extrajudicial.

Conquanto o parágrafo único do art. 625-E da CLT determine que o termo da conciliação possua eficácia liberatória geral, exceto quanto às parcelas expressamente ressalvadas, há severo dissenso doutrinário à respeito, tendo o STF concluído no sentido de que a aludida eficácia liberatória está relacionada tão somente àquilo o que foi objeto da conciliação. É o que se depreende do seguinte trecho do acórdão proferido no âmbito da ADI 2.139:

> A partir de interpretação sistemática com as demais normas da CLT, a eficácia liberatória geral referida pelo dispositivo diz respeito somente às parcelas ou títulos trabalhistas submetidos à comissão. Isto é, inexiste a quitação ampla de qualquer obrigação decorrente do contrato de trabalho, mas somente daquelas que dizem respeito à solução autocompositiva de conflitos trabalhistas. Na verdade, em relação a essas parcelas expressamente ressalvadas, a quitação rescisória de contrato de trabalho, por ocasião de sua extinção, está disciplinada por regra específica presente no art. 477, § 2º, da CLT. A disposição do art. 625-E da CLT não possui, desse modo, o amplo efeito de quitação contratual que lhe atribui a autora, nem enseja vulneração a dispositivos constitucionais.

Na hipótese de, na mesma localidade e para a mesma categoria, existir Comissão de empresa e Comissão sindical, o interessado optará por uma delas para submeter a sua demanda, sendo competente aquela que primeiro conhecer do pedido.

Merece especial atenção, todavia, o art. 625-D da CLT, que em seu *caput* determinava que qualquer demanda de natureza trabalhista fosse previamente submetida à Comissão de Conciliação Prévia se, na localidade da prestação de serviços, houvesse sido instituída tal Comissão no âmbito da empresa ou do sindicato da categoria. Na prática, tal previsão impunha que a parte fosse obrigada a formular o seu pleito perante a Comissão de Conciliação Prévia antes do ajuizamento de qualquer ação perante o Poder Judiciário ou de justificar o motivo relevante que teria impossibilitado a observância de tal procedimento em sua petição inicial (§ 3º, 625-D, CLT).

Dada a previsão da prévia submissão ou justificativa, havia quem entendesse que, por força de tal norma, fosse imperiosa a extinção do feito, sem julgamento de mérito, na hipótese de ajuizada a reclamatória antes da tentativa de conciliação extrajudicial perante a CCP. Note-se que o estabelecimento de pressupostos processuais ou de condições para o ajuizamento da ação não é propriamente uma novidade no sistema processual, sendo legítima a extinção do processo sem a resolução de mérito na hipótese em que não preenchidos, consoante se depreende do art. 485, IV e VI, do CPC.

Todavia, ao analisar a questão, o STF, no âmbito das ADI's 2.139, 2.160 e 2.237, fixou o entendimento vinculante no sentido de que é meramente facultativa a submissão da pretensão à aludida Comissão, sendo, na visão cristalizada pela Suprema Corte, inconstitucional a compreensão de que a prévia apresentação àquele órgão seja requisito para ajuizamento de reclamação trabalhista. É o que se depreende das seguintes ementas:

> PROCESSO OBJETIVO – PETIÇÃO INICIAL. A petição inicial do processo objetivo deve ser explícita no tocante à causa de pedir. JURISDIÇÃO TRABALHISTA – FASE ADMINISTRATIVA. A Constituição Federal em vigor, ao contrário da pretérita, é exaustiva quanto às situações jurídicas passíveis de ensejar, antes do ingresso em juízo, o esgotamento da fase administrativa, alcançando, na jurisdição cível-trabalhista, apenas o dissídio coletivo. (ADI 2139 MC, Relator(a): OCTAVIO GALLOTTI, Relator(a) p/ Acórdão: MARCO AURÉLIO, Tribunal Pleno, julgado em 13-5-2009, *DJe*-200 divulg. 22-10-2009 public. 23-10-2009 ement. VOL-02379-01 PP-00039 RTJ VOL-00213-01 PP-00184)
>
> EMENTA: AÇÃO DIRETA DE INCONSTITUCIONALIDADE. §§ 1º A 4º DO ART. 625-D DA CONSOLIDAÇÃO DAS LEIS DO TRABALHO – CLT,

ACRESCIDO PELA LEI N. 9.958, DE 12.1.2000. COMISSÃO DE CONCILIAÇÃO PRÉVIA – CCP. SUPOSTA OBRIGATORIEDADE DE ANTECEDENTE SUBMISSÃO DO PLEITO TRABALHISTA À COMISSÃO PARA POSTERIOR AJUIZAMENTO DE RECLAMAÇÃO TRABALHISTA. INTERPRETAÇÃO PELA QUAL SE PERMITE A SUBMISSÃO FACULTATIVAMENTE. GARANTIA DO ACESSO À JUSTIÇA. INC. XXXV DO ART. 5º DA CONSTITUIÇÃO DA REPÚBLICA. AÇÃO JULGADA PARCIALMENTE PROCEDENTE PARA DAR INTERPRETAÇÃO CONFORME A CONSTITUIÇÃO AOS §§ 1º A 4º DO ART. 652-D DA CONSOLIDAÇÃO DAS LEIS DO TRABALHO – CLT. 1. O Supremo Tribunal Federal tem reconhecido, em obediência ao inc. XXXV do art. 5º da Constituição da República, a desnecessidade de prévio cumprimento de requisitos desproporcionais ou inviabilizadores da submissão de pleito ao Poder Judiciário. 2. Contraria a Constituição interpretação do previsto no art. 625-D e parágrafos da Consolidação das Leis do Trabalho pelos quais se reconhecesse a submissão da pretensão à Comissão de Conciliação Prévia como requisito para ajuizamento de reclamação trabalhista. Interpretação conforme a Constituição da norma. 3. Art. 625-D e parágrafos da Consolidação das Leis do Trabalhos: a legitimidade desse meio alternativo de resolução de conflitos baseia-se na consensualidade, sendo importante instrumento para o acesso à ordem jurídica justa, devendo ser estimulada, não consubstanciando, todavia, requisito essencial para o ajuizamento de reclamações trabalhistas. 4. Ação direta de inconstitucionalidade julgada parcialmente procedente para dar interpretação conforme a Constituição aos §§ 1º a 4º do art. 625-D da Consolidação das Leis do Trabalho, no sentido de assentar que a Comissão de Conciliação Prévia constitui meio legítimo, mas não obrigatório, de solução de conflitos, permanecendo o acesso à Justiça resguardado para todos os que venham a ajuizar demanda diretamente ao órgão judiciário competente. (ADI 2.139, Relator(a): CÁRMEN LÚCIA, Tribunal Pleno, julgado em 1º-8-2018, PROCESSO ELETRÔNICO *DJe*-033 divulg. 18-2-2019 public. 19-2-2019)

Tais Comissões, sendo constituídas, deverão ser compostas de, no mínimo, dois e, no máximo, dez membros (art. 625-B, CLT) sendo que a metade de seus membros será indicada pelo empregador e a outra metade eleita pelos empregados, em escrutínio, secreto, fiscalizado pelo sindicato de categoria profissional. Também prevê o mesmo dispositivo que haverá na Comissão tantos suplentes quantos forem os representantes titulares, sendo o mandato dos seus membros, titulares e suplentes, de um ano, permitida apenas uma recondução.

Para os trabalhadores eleitos pelos empregados como membros da Comissão de Conciliação Prévia, sejam os titulares ou suplentes, é vedada a dispensa até um ano após o final do mandato, salvo se cometerem falta grave, nos termos da lei.

O representante dos empregados com mandato para atuação perante a CCT desenvolverá seu trabalho normal na empresa afastando-se de suas atividades apenas quando convocado para atuar como conciliador, sendo computado como tempo de trabalho efetivo o despendido nessa atividade.

Quando a Comissão for instituída no âmbito do(s) sindicato(s), terá sua constituição e normas de funcionamento definidas em convenção ou acordo coletivo (Art. 625-C, CLT).

2.3. Heterocomposição. Intervenção administrativa e judicial. Arbitragem

Na heterocomposição a solução do conflito é apresentada por uma fonte suprapartes, que decide o conflito de maneira impositiva. O terceiro aludido pode ser não apenas o particular, mas o próprio Poder Público e mesmo o Poder Judiciário.

A intervenção administrativa para a imposição de uma solução entre as partes não é propriamente uma novidade no âmbito das relações civis. Existem diversos órgãos administrativos instituídos com o poder de decidir, no âmbito administrativo, determinadas questões, solucionando o impasse entre particulares. O Tribunal Marítimo (Lei n. 2.180/54) e mesmo o CADE – Conselho Administrativo de Defesa Econômica (Lei n. 12.529/2011) são exemplos de órgãos aparelhados para o exercício da heterocomposição, em diversas matérias, na ordem civil.

No equacionamento de questões relacionadas aos conflitos do trabalho não parece usual a utilização da intervenção administrativa. Porém, um olhar mais atento permite identificar que nas relações de trabalho a intervenção do Poder Público no âmbito administrativo é também consagrada como um meio de heterocomposição.

É o que se depreende da leitura dos arts. 11 e 12 da Lei de Greve (Lei n. 7.783/89) quando assim enuncia:

> Art. 11. Nos serviços ou atividades essenciais, os sindicatos, os empregadores e os trabalhadores ficam obrigados, de comum acordo, a garantir, durante a greve, a prestação dos serviços indispensáveis ao atendimento das necessidades inadiáveis da comunidade.
> Parágrafo único. São necessidades inadiáveis, da comunidade aquelas que, não atendidas, coloquem em perigo iminente a sobrevivência, a saúde ou a segurança da população.

> Art. 12. No caso de inobservância do disposto no artigo anterior, o Poder Público assegurará a prestação dos serviços indispensáveis.

A leitura dos arts. 11 e 12, como se percebe, demonstra que ficam os sindicatos, empregadores e empregados obrigados, de comum acordo, a prestar os serviços reputados indispensáveis ao atendimento das necessidades inadiáveis da comunidade. Ou seja, a regra posta no art. 11 da Lei de Greve estipula como encargo dos sindicatos, empregadores e trabalhadores o de decidir, em comum acordo, sobre os serviços reputados indispensáveis ao atendimento das necessidades inadiáveis da comunidade. Em outras palavras, caberá àqueles atores a definição de quais e em que extensão são os mesmos serviços indispensáveis ao atendimento das necessidades inadiáveis da comunidade.

Todavia, não se alcançando o pretendido acordo entre os sindicatos, empregadores e empregados, estipulou o legislador, dessa feita no art. 12 da mesma lei, que incumbirá ao Poder Público, como terceiro, intervir administrativamente e definir em qual extensão os aludidos serviços são reputados indispensáveis ao atendimento das necessidades inadiáveis da comunidade, podendo, se for o caso, inclusive encampar o serviço, sujeitando os sindicatos, empregadores e empregados àquela decisão administrativa.

A heterocomposição judicial, a mais relevante para o presente estudo, foi consagrada como direito fundamental, na forma do art. 5º, XXXV, da CF/88, sob a premissa de que não se excluirá da apreciação do Poder Judiciário lesão ou ameaça a direito. Sobre o ponto, recomenda-se a leitura do capítulo seguinte, atinente aos princípios do processo do trabalho.

Para este momento, relevante é notar que na heterocomposição há a submissão dos conflitantes a uma decisão proferida por um terceiro, seja administrativamente ou por meio da arbitragem (particular ou oficial) ou mesmo de um julgamento no sentido técnico, feito por um órgão jurisdicional.

Por meio da arbitragem, o terceiro (árbitro) propõe uma solução para a questão, impondo-a como resolutiva do próprio conflito. Trata-se de mecanismo de solução amigável e imparcial do litígio ao qual, por força do tratamento dispensado pela Lei federal n. 9.307/96, atribuem-se os efeitos de coisa julgada.

No âmbito das relações de trabalho, diversas normas fazem referência à arbitragem, como a Lei n. 7.783/89 (Lei de Greve), em seus arts. 3º e 7º, a Lei n. 9.615/98 (Lei Geral sobre Desporto), em seu art. 90-C, a Lei n. 10.101/2000 (Lei de Participação nos Lucros), em seu art. 4º, a Lei n. 12.815/2013 (Lei de Instalações Portuárias), em seu art. 37, §§ 1º e 3º. A Constituição Federal também prevê a arbitragem para a solução de demandas coletivas, na forma do art. 114, § 1º, do texto.

Percebe-se que houve consagração, inclusive normativa, no sentido de permitir a arbitragem no âmbito das relações de trabalho.

Em relação às demandas coletivas, não parece haver qualquer dúvida quanto à aplicabilidade do instituto, dada a expressa previsão Constitucional do art. 114, § 1º, em que se prevê expressamente o mecanismo como apto à resolução de conflitos. Mas tal consagração, segundo o entendimento majoritário, envolve primordialmente as denominadas relações coletivas, não sendo possível a utilização, como regra, da arbitragem para a solução concernente a direito individual do trabalho. Majoritariamente tem decidido o E. TST nesse sentido:

> ... AÇÃO CIVIL PÚBLICA. MINISTÉRIO PÚBLICO DO TRABALHO. CÂMARA DE ARBITRAGEM. IMPOSIÇÃO DE OBRIGAÇÃO DE NÃO FAZER. ABSTENÇÃO DA PRÁTICA DE ARBITRAGEM NO ÂMBITO DAS RELAÇÕES DE EMPREGO 1. Controvérsia estabelecida nos autos de ação civil pública ajuizada pelo Ministério Público do Trabalho, em que se busca impor a pessoa jurídica de direito privado obrigação de abster-se de promover a arbitragem de conflitos no âmbito das relações de emprego. 2. Acórdão proferido por Turma do TST que, a despeito de prover parcialmente recurso de revista interposto pelo *Parquet*, chancela a atividade de arbitragem em relação ao período posterior à dissolução dos contratos de trabalho, desde que respeitada a livre manifestação de vontade do ex-empregado e garantido o acesso irrestrito ao Poder Judiciário. Adoção de entendimento em que se sustenta a disponibilidade relativa dos direitos individuais trabalhistas, após a extinção do vínculo empregatício. 3. Seja sob a ótica do artigo 114, §§ 1º e 2º, da Constituição Federal, seja à luz do artigo 1º da Lei n. 9.307/1996, o instituto da arbitragem não se aplica como forma de solução de conflitos individuais trabalhistas. Mesmo no tocante às prestações decorrentes do contrato de trabalho passíveis de transação ou renúncia, a manifestação de vontade do empregado, individualmente considerado, há que ser apreciada com naturais reservas, e deve necessariamente submeter-se ao crivo da Justiça do Trabalho ou à tutela sindical, mediante a celebração de válida negociação coletiva. Inteligência dos artigos 7º, XXVI, e 114, *caput*, I, da Constituição Federal. 4. Em regra, a hipossuficiência econômica ínsita à condição de empregado interfere no livre-arbítrio individual. Daí a necessidade de intervenção estatal ou, por expressa autorização constitucional, da entidade de classe representativa da categoria profissional, como meio de evitar o desvirtuamento dos preceitos legais e constitucionais que regem o Direito Individual do Trabalho. Artigo 9º da CLT. 5. O princípio tuitivo do empregado, um dos pilares do Direito do Trabalho, inviabiliza qualquer tentativa de promover-se a arbitragem, nos moldes em que estatuído pela Lei n. 9.307/1996, no âmbito do Direito Indivi-

> dual do Trabalho. Proteção que se estende, inclusive, ao período pós-contratual, abrangidas a homologação da rescisão, a percepção de verbas daí decorrentes e até eventual celebração de acordo com vistas à quitação do extinto contrato de trabalho. A premência da percepção das verbas rescisórias, de natureza alimentar, em momento de particular fragilidade do ex-empregado, frequentemente sujeito à insegurança do desemprego, com maior razão afasta a possibilidade de adoção da via arbitral como meio de solução de conflitos individuais trabalhistas, ante o maior comprometimento da vontade do trabalhador diante de tal panorama. 6. A intermediação de pessoa jurídica de direito privado – "câmara de arbitragem" – quer na solução de conflitos, quer na homologação de acordos envolvendo direitos individuais trabalhistas, não se compatibiliza com o modelo de intervencionismo estatal norteador das relações de emprego no Brasil. 7. Embargos do Ministério Público do Trabalho de que se conhece, por divergência jurisprudencial, e a que se dá provimento (E-ED-RR 25900-67.2008.5.03.0075, rel. Min. João Oreste Dalazen, j. 16-4-2015, Subseção I Especializada em Dissídios Individuais, *DEJT* 22-5-2015).
> RECURSO DE REVISTA DA RECLAMADA 1 – SENTENÇA ARBITRAL. DISSÍDIO INDIVIDUAL. INVALIDADE. Esta Corte entende ser inadmissível a solução de conflitos concernente ao Direito Individual do Trabalho efetivada perante o juízo arbitral, mormente porquanto a própria Lei n. 9.307/96, que estabeleceu o juízo arbitral como medida extrajudicial de solução de conflitos, em seu art. 1º, restringiu o campo de atuação do instituto apenas para os litígios relativos a direitos patrimoniais disponíveis. O art. 114, § 2º, da Constituição Federal somente autoriza a utilização da arbitragem como método de heterocomposição em se tratando de Dissídio Coletivo, pois o elege como alternativa à Ação de Dissídio Coletivo. Precedentes. Recurso de revista não conhecido. (...). Recurso de revista não conhecido (ARR 127100-37.2008.5.05.0019, rel. Min. Delaíde Miranda Arantes, 2ª Turma, j. 2-12-2015, *DEJT* 11-12-2015).

Deve-se alertar, todavia, para a previsão contida no art. 507-A da CLT, inserida pela Lei n. 13.467/2017, que assegura a possibilidade de ser pactuada cláusula compromissória de arbitragem, nos seguintes termos:

> Art. 507-A. Nos contratos individuais de trabalho cuja remuneração seja superior a duas vezes o limite máximo estabelecido para os benefícios do Regime Geral de Previdência Social, poderá ser pactuada cláusula compromissória de arbitragem, desde que por iniciativa do empregado ou mediante a sua concordância expressa, nos termos previstos na Lei n. 9.307, de 23 de setembro de 1996.

A regra prevê a possibilidade da aludida pactuação, desde que por iniciativa do empregado ou mediante sua concordância expressa, por presumir que aquele cuja remuneração seja superior ao dobro do teto estabelecido para os benefícios do RGPS possua maior autonomia no exercício da sua vontade.

Considerando que a previsão cuida de explicitar que seja a remuneração superior a duas vezes o limite máximo estabelecido para os benefícios do Regime Geral de Previdência Social, entendemos que tal limite deve ser interpretado como sendo a remuneração básica do trabalhador, e não aquelas parcelas sujeitas a flutuações ou a situações pessoais do empregador, considerando mesmo que a previsão do art. 457, § 2º, da CLT prevê que as importâncias, ainda que habituais, pagas a título de ajuda de custo, auxílio-alimentação, vedado seu pagamento em dinheiro, diárias para viagem, prêmios e abonos não integram a remuneração do empregado.

Assim sendo, para a fixação do aludido limite e, portanto, para a viabilidade da aplicação da cláusula compromissória de arbitragem prevista, somente seria possível em face da remuneração básica, tal qual acima indicado.

Desde antes da edição dessa previsão legal, entendíamos que, embora não se deva adotar a arbitragem como regra, excepcionalmente parece possível a utilização da arbitragem para a solução de demandas envolvendo sujeitos capazes, titulares de direitos patrimoniais e disponíveis, inclusive aquelas atinentes às relações de emprego, sejam estas individuais ou coletivas.

Embora se reconheça a absoluta controvérsia sobre o ponto, e ainda a presunção da irrenunciabilidade do direito individual do trabalho, parece acertado concluir que a indisponibilidade do direito por parte do trabalhador não se confunde com o conteúdo econômico desse direito ou mesmo a possibilidade de transigir sobre ele. Do contrário, nem mesmo no âmbito da Justiça do Trabalho seria possível o exercício da conciliação, em que usualmente cada uma das partes cede parte do que reputa ser seu crédito, ou seja, dispõe de parte dele, para alcançar um consenso.

Como diz Pinho Pedreira[11], "a transação é bilateral e onerosa, distinguindo-se da renúncia, negócio jurídico unilateral e sem contraprestação, que recai sobre direitos certos".

Acontece que a submissão da contenda à arbitragem não significa, por si só, a renúncia a todo e qualquer direito por parte do economicamente mais fraco, com sua sujeição ao economicamente mais forte. Pelo contrário, o arcabouço normativo vigente não é ignorado no âmbito arbitral (art. 2º da Lei n. 9.307/96).

11. SILVA, Luiz de Pinho de Pedreira da. *Principiologia do direito do trabalho*. São Paulo: LTr, 1997. p. 100.

Mesmo porque se presume que na arbitragem se esteja a anuir com a solução de questão por um terceiro, ainda que privado, mas não renunciando a qualquer pretensão, *prima facie*. Ademais, a própria sentença arbitral encontra-se sujeita ao controle jurisdicional (arts. 32 e 33 da Lei n. 9.307/96), e não pode ser proferida em completo desacordo com a ordem jurídica vigente, sendo ainda inviável a existência de cláusula contratual que imponha arbitragem compulsória, no início ou no curso de contrato de trabalho, previsão passível de ser invalidada na forma do art. 51, VIII, do CDC, aplicável.

Também, parece não estar clara a perspectiva relativa a qual a alegada indisponibilidade de determinadas demandas propostas no âmbito da Justiça Laboral, que desautorizaria, por exemplo, a utilização do instituto. Apenas a título de exemplo, para demonstrar a impropriedade de tal raciocínio, digamos que alguém, ao trafegar por uma calçada, seja atingido por um material que se desprenda de um edifício ou construção, não devidamente reparado e cuja necessidade de reparo era manifesta, de modo a ser imposta responsabilidade ao dono do edifício pelos danos resultados ao transeunte, na forma do art. 937 do Código Civil. Sem qualquer dúvida, no exemplo dado, parece possível que a indenização devida seja fixada em razão de arbitragem em que sejam partes o proprietário do edifício e o lesionado, no particular, caso assim se comprometam. Agora, imagine-se que o aludido transeunte, no momento do acidente, na verdade, desenvolvia atividade por ordem de seu empregador, e que, ao fim e ao cabo, a lesão mencionada tenha relação direta com seu contrato de trabalho, configurando-se como acidente do trabalho. A negar-se tal possibilidade, seria simplesmente impossível a utilização da arbitragem para a fixação do quanto indenizatório, no particular, caso o empregado busque ser ressarcido diretamente por seu empregador, pelo dano sofrido durante a execução do contrato de trabalho. Definitivamente, não parece ser a melhor solução.

A arbitragem tem sido reconhecida como aplicável à solução de diversas demandas em que figuram titulares de direitos especialmente protegidos, como se depreende das relações de consumo ou mesmo das relações jurídicas em que envolvido o Poder Público. Como já decidiu o STF e tem decidido o STJ[12] em

12. "ADMINISTRATIVO. MANDADO DE SEGURANÇA. PERMISSÃO DE ÁREA PORTUÁRIA. CELEBRAÇÃO DE CLÁUSULA COMPROMISSÓRIA. JUÍZO ARBITRAL. SOCIEDADE DE ECONOMIA MISTA. POSSIBILIDADE. ATENTADO. (...) 5. Questão gravitante sobre ser possível o juízo arbitral em contrato administrativo, posto relacionar-se a direitos indisponíveis. 6. A doutrina do tema sustenta a legalidade da submissão do Poder Público ao juízo arbitral, calcado em precedente do E. STF, *in litteris*: 'Esse fenômeno, até certo ponto paradoxal, pode encontrar inúmeras explicações, e uma delas pode ser o erro, muito comum de relacionar a indisponibilidade de direitos a tudo quanto se puder associar, ainda que ligeiramente, à Administração. Um pesquisador

atento e diligente poderá facilmente verificar que não existe qualquer razão que inviabilize o uso dos tribunais arbitrais por agentes do Estado. Aliás, os anais do STF dão conta de precedente muito expressivo, conhecido como 'caso Lage', no qual a própria União submeteu-se a um juízo arbitral para resolver questão pendente com a Organização Lage, constituída de empresas privadas que se dedicassem a navegação, estaleiros e portos. A decisão nesse caso unanimemente proferida pelo Plenário do STF é de extrema importância porque reconheceu especificamente 'a legalidade do juízo arbitral, que o nosso direito sempre admitiu e consagrou, até mesmo nas causas contra a Fazenda.' Esse acórdão encampou a tese defendida em parecer da lavra do eminente Castro Nunes e fez honra a acórdão anterior, relatado pela autorizada pena do Min. Amaral Santos. Não só o uso da arbitragem não é defeso aos agentes da administração, como, antes é recomendável, posto que privilegia o interesse público' (in 'Da Arbitrabilidade de Litígios Envolvendo Sociedades de Economia Mista e da Interpretação de Cláusula Compromissória', publicado na *Revista de Direito Bancário, do Mercado de Capitais e da Arbitragem*, Editora Revista dos Tribunais, Ano 5, outubro-dezembro de 2002, coordenada por Arnold Wald, esclarece às páginas 398/399). 7. Deveras, não é qualquer direito público sindicável na via arbitral, mas somente aqueles cognominados como 'disponíveis', porquanto de natureza contratual ou privada. 8. A escorreita exegese da dicção legal impõe a distinção jusfilosófica entre o interesse público primário e o interesse da administração, cognominado 'interesse público secundário'. Lições de Carnelutti, Renato Alessi, Celso Antônio Bandeira de Mello e Min. Eros Roberto Grau. 9. O Estado, quando atestada a sua responsabilidade, revela-se tendente ao adimplemento da correspectiva indenização, coloca-se na posição de atendimento ao 'interesse público. Ao revés, quando visa a evadir-se de sua responsabilidade no afã de minimizar os seus prejuízos patrimoniais, persegue nítido interesse secundário, subjetivamente pertinente ao aparelho estatal em subtrair-se de despesas, engendrando locupletamento à custa do dano alheio. 10. Destarte, é assente na doutrina e na jurisprudência que indisponível é o interesse público, e não o interesse da administração. 11. Sob esse enfoque, saliente-se que dentre os diversos atos praticados pela Administração, para a realização do interesse público primário, destacam-se aqueles em que se dispõe de determinados direitos patrimoniais, pragmáticos, cuja disponibilidade, em nome do bem coletivo, justifica a convenção da cláusula de arbitragem em sede de contrato administrativo. 12. As sociedades de economia mista, encontram-se em situação paritária em relação às empresas privadas nas suas atividades comerciais, consoante leitura do artigo 173, § 1º, inciso II, da Constituição Federal, evidenciando-se a inocorrência de quaisquer restrições quanto à possibilidade de celebrarem convenções de arbitragem para solução de conflitos de interesses, uma vez legitimadas para tal as suas congêneres. 13. Outrossim, a ausência de óbice na estipulação da arbitragem pelo Poder Público encontra supedâneo na doutrina clássica do tema, *verbis*: '(...) Ao optar pela arbitragem o contratante público não está transigindo com o interesse público, nem abrindo mão de instrumentos de defesa de interesses públicos. Está, sim, escolhendo uma forma mais expedita, ou um meio mais hábil, para a defesa do interesse público. Assim como o juiz, no procedimento judicial deve ser imparcial, também o árbitro deve decidir com imparcialidade, o interesse público não se confunde com o mero interesse da Administração ou da Fazenda Pública; o interesse público está na correta aplicação da lei e se confunde com a realização correta da Justiça.' (No sentido da conclusão Dalmo Dallari, citado por Arnold Wald, Athos Gusmão Carneiro, Miguel Tostes de Alencar e Ruy Janoni Dourado, em artigo intitulado 'Da Validade de Convenção de Arbitragem Pactuada por Sociedade de Economia Mista', publicado na *Revista de Direito Bancário, do Mercado de Capitais e da Arbitragem*, n. 18, ano 5, outubro-dezembro de 2002, à página 418). 14. A aplicabilidade do juízo arbitral em litígios administrativos, quando presentes direitos patrimoniais disponíveis do Estado é fomentada pela lei específica, porquanto mais célere, consoante se colhe do artigo 23 da Lei n. 8.987/95, que dispõe acerca de concessões e permissões de serviços e obras públicas, e prevê em seu inciso XV, dentre as cláusulas essenciais do contrato de concessão de serviço público, as relativas ao 'foro e ao modo amigável de solução de divergências contratuais' (Precedentes do Supremo Tribunal Federal: SE 5206 AgR/EP, de relatoria do Min. Sepúlveda Pertence, publicado no *DJ* de 30-4-2004 e AI 52.191, Pleno, Rel. Min. Bilac Pinto *in RTJ* 68/382 –

diversas oportunidades, nas demandas envolvendo o Poder Público, assim como nas demandas envolvendo relações de consumo[13], tem-se entendido ser possível a utilização da arbitragem como mecanismo apto à solução de contendas.

Assim, não parece absolutamente inviável a utilização desse instrumento para o equacionamento das questões individuais correspondentes, como enuncia o art. 507-A da CLT, para os denominados altos empregados, com poder de barganha. De todo modo, presuntivamente não será aplicável o instituto em relação aos trabalhadores de remuneração inferior ao aludido piso, em razão da força gravitacional que atrai os direitos dos trabalhadores em favor de sua irrenunciabilidade, mais saliente em relação aos de menor massa salarial.

Ademais, mesmo segundo a mencionada previsão, sendo a demanda sujeita a arbitragem, nem assim a decisão arbitral pode afrontar todo o arcabouço nor-

'Caso Lage'. Cite-se ainda MS 199800200366-9, Conselho Especial, TJDF, j. 18.05.1999, Relatora Desembargadora Nancy Andrighi, *DJ* 18.08.1999). 15. A aplicação da Lei n. 9.307/96 e do artigo 267, inc. VII do CPC à matéria *sub judice*, afasta a jurisdição estatal, *in casu* em obediência ao princípio do juiz natural (artigo 5º, LII da Constituição Federal de 1988). 16. É cediço que o juízo arbitral não subtrai a garantia constitucional do juiz natural, ao contrário, implica realizá-la, porquanto somente cabível por mútua concessão entre as partes, inaplicável, por isso, de forma coercitiva, tendo em vista que ambas as partes assumem o 'risco' de serem derrotadas na arbitragem (Precedente: REsp n. 450881, de relatoria do Ministro Castro Filho, publicado no *DJ* 26.05.2003) 17. Destarte, uma vez convencionado pelas partes cláusula arbitral, o árbitro vira juiz de fato e de direito da causa, e a decisão que então proferir não ficará sujeita a recurso ou à homologação judicial, segundo dispõe o artigo 18 da Lei n. 9.307/96, o que significa categorizá-lo como equivalente jurisdicional, porquanto terá os mesmos poderes do juiz togado, não sofrendo restrições na sua competência. 18. Outrossim, vige na jurisdição privada, tal como sucede naquela pública, o princípio do *Kompetenz-Kompetenz*, que estabelece ser o próprio juiz quem decide a respeito de sua competência. 19. Consequentemente, o *fumus boni iuris* assenta-se não apenas na cláusula compromissória, como também em decisão judicial que não pode ser infirmada por Portaria ulterior, porquanto a isso corresponderia verdadeiro 'atentado' (art. 879 e ss. do CPC) em face da sentença proferida pelo Juízo da 42ª Vara Cível da Comarca do Rio de Janeiro. 20. A título de argumento *obiter dictum* pretendesse a parte afastar a cláusula compromissória, cumprir-lhe-ia anular o contrato ao invés de sobrejulgá-lo por portaria ilegal. 21. Por fim, conclui com acerto Ministério Público, verbis: '*In casu*, por se tratar tão somente de contrato administrativo versando cláusulas pelas quais a Administração está submetida a uma contraprestação financeira, indubitável o cabimento da arbitragem. Não faria sentido ampliar o conceito de indisponibilidade à obrigação de pagar vinculada à obra ou serviço executado a benefício auferido pela Administração em virtude da prestação regular do outro contratante. A arbitragem se revela, portanto, como o mecanismo adequado para a solução da presente controvérsia, haja vista, tratar-se de relação contratual de natureza disponível, conforme dispõe o artigo 1º, da Lei n. 9.307/96: 'as pessoas capazes de contratar poderão valer-se da arbitragem para dirimir litígios relativos a direitos patrimoniais disponíveis.' (fls. 472/473) 22. *Ex positis*, concedo a segurança, para confirmar o teor da liminar dantes deferida, em que se determinava a conservação do *statu quo ante*, face a sentença proferida pelo Juízo da 42ª Vara Cível da Comarca do Rio de Janeiro, porquanto o presente litígio deverá ser conhecido e solucionado por juízo arbitral competente, eleito pelas partes" (STJ, MS 11.308/DF, 2005/0212763-0, rel. Min. Luiz Fux, j. 9-4-2008, 1ª Seção, *DJe* 19-5-2008).

13. CARMONA, Carlos Alberto. *Arbitragem e processo*: um comentário à Lei n. 9.307/96. 3. ed. São Paulo: Atlas, 2009. p. 52.

mativo de proteção aos trabalhadores. Somente é possível a utilização do instituto caso preenchidos os requisitos acima indicados, tais quais a capacidade de dispor, para aquele que possui remuneração superior a duas vezes o teto do Regime Geral de Previdência Social, e desde que a matéria esteja sujeita a alguma disponibilidade.

Com efeito, parece certo que nem mesmo naqueles casos em que uma das partes da relação de trabalho seja um alto empregado, acaso se esteja diante de relação sujeita à indisponibilidade do direito, tal fato objeta a utilização da arbitragem, por exemplo, nas questões relacionadas à segurança e saúde ocupacionais, ou em quaisquer das previsões do art. 611-B da CLT, considerando que, tendo sido excluídos mesmo do objeto de negociação coletiva, parece claro terem sido excluídos do rol dos direitos disponíveis.

De outro lado, a arbitragem, para funcionar regularmente, envolve alto custo financeiro, o que pode tornar inviável sua utilização para o equacionamento de questões individuais de pequena monta, em que as despesas inerentes ao procedimento sejam proporcionalmente superiores ao próprio conteúdo econômico da pretensão. Por fim, não custa lembrar que a submissão fraudulenta de demanda individual a arbitragem para frustração de direito assegurado pela legislação do trabalho, além de configurar eventual prática criminosa (art. 203 do CP), sem prejuízo do enquadramento da conduta no tipo penal descrito no art. 288 do Código Penal (associação criminosa), sujeita o infrator a ação civil pública (Lei n. 7.347/85), inclusive com a possibilidade de cominação de multa e indenização por danos morais coletivos, além de obrigação de fazer ou não fazer, nesse caso sob a competência da Justiça do Trabalho.

3. BREVES CONSIDERAÇÕES SOBRE A EVOLUÇÃO HISTÓRICA DO PROCESSO DO TRABALHO E DA JUSTIÇA DO TRABALHO NO BRASIL

Só se pode falar no Brasil como país a partir de 1822, quando se deu sua independência formal. Antes disso, o Brasil era uma colônia de Portugal que depois passou a ser vice-reinado, também de Portugal. O sistema econômico brasileiro, na época de sua independência, nos idos de 1822, era basicamente rural e escravocrata. Daí por que se poderia dizer que a maior parte das relações de trabalho travadas no território nacional ficava adstrita à conjuntura absolutamente adversa ao surgimento do ramo justrabalhista[14].

14. DELGADO, Mauricio Godinho. *Curso de direito do trabalho*. 8. ed. São Paulo: LTr, 2009. p. 100.

Apenas em 1888 houve a abolição formal da escravatura, e somente após tal evento se pode falar em exercício de trabalho subordinado, juridicamente relevante para a qualificação justrabalhista. Ocorre que naquela época não havia uma massa operária, tampouco a noção de categoria desenvolvida. Inexistindo uma quantidade significativa de relações de trabalho subordinado, não se poderia falar em conflitos trabalhistas, na mesma perspectiva enxergada nos dias de hoje. Todavia, a partir da imigração europeia entre os séculos XIX e XX, quando levas de estrangeiros vinham para o Brasil trabalhar nas lavouras de café, entre eles japoneses, italianos, alemães, árabes, espanhóis, portugueses e outros tantos povos, houve marcante influência na compreensão dos trabalhadores nacionais como classe.

Segundo Sayonara Grillo Coutinho Leonardo da Silva[15], a mão de obra imigrante de países da Europa inicialmente foi dirigida aos cafezais paulistas, contratada como arrendatária rural. Todavia, em um segundo momento, dado o progressivo abandono da autossuficiência das fazendas brasileiras, essa massa passou a se dirigir para as cidades a fim de ocupar empregos nas nascentes indústrias paulistas.

Desde o Regulamento n. 737, de 1850, as demandas relacionadas às relações de trabalho competiam à jurisdição ordinária. Não apenas juízos comuns, mas o rito processual era fixado pelas leis ordinárias do processo, embora desde aquela época submetido a um rito sumário.

No entanto, pode-se dizer que a primeira lei federal tratando sobre entidades sindicais no Brasil data de 1903. Essa legislação possuía como objeto a disciplina dos denominados sindicatos rurais paritários, os quais funcionavam de maneira muito parecida com as atuais cooperativas de trabalho, ou mesmo com as denominadas sociedades profissionais, já que tratava dos interesses tanto dos empregados quanto dos empregadores.

Nesse contexto, em 1907 surgiram os denominados Conselhos Permanentes de Conciliação e Arbitragem, previstos pela Lei n. 1.637 daquele ano. Esses órgãos tinham composição mista e paritária, com participação da sociedade, e eram responsáveis pela tentativa de composição administrativa de conflitos, mas, de fato, não funcionaram. Se ainda hoje há dificuldades no trato entre empregados e empregadores, imagine-se no início do século XX, quando as relações sociais eram ainda mais desiguais. Seria imaginar viável, no cenário dos coronéis retratado pelo escritor Jorge Amado nas obras *Gabriela, cravo e canela*[16] ou *Tocaia*

15. SILVA, Sayonara Grillo Coutinho Leonardo da. *Relações coletivas de trabalho:* configurações institucionais no Brasil contemporâneo. São Paulo: LTr, 2008. p. 130.

16. AMADO, Jorge. *Gabriela, cravo e canela*. São Paulo: Cia. das Letras, 2012.

grande: a face obscura[17], cujos enredos se situam no ambiente agrícola do interior do Brasil na década de 1920, uma tentativa de composição de conflitos entre, de um lado, um coronel, com seus jagunços, e, de outro, um trabalhador rural.

Em 1922 foram criados os Tribunais Rurais Paritários em São Paulo, previstos pela Lei estadual n. 1.869 desse mesmo ano. O órgão era composto pelo juiz de Direito da comarca, um representante dos trabalhadores e um representante dos fazendeiros. Na prática também não apresentou resultados relevantes.

Se a Revolução Industrial foi um marco básico para o direito do trabalho no mundo, no Brasil esse marco básico foi o Presidente Getúlio Vargas, com a denominada Revolução de 1930. Em 1930 foi criado o Ministério do Trabalho, que teve como ministro Lindolfo Collor, que viria a ser avô daquele que muitos anos depois seria presidente da República: Fernando Collor de Melo.

Getúlio Vargas inaugurou uma nova fase no direito do trabalho brasileiro. Diante de suas concepções pessoais, e contrariando a lógica de que o direito vem a reboque dos fatos da vida, não se esperou o conflito de classes para que fossem criadas as leis correspondentes.

Sob a influência da legislação vigente na Itália, Vargas trouxe toda a concepção italiana e a normatizou no Brasil. Ou seja, não esperou a revolta popular, por meio das revoluções ou greves coletivas, para que, a partir daí, se obtivesse um tratamento normativo da relação de trabalho.

Somente a partir desse tratamento normativo diferenciado se passou a distinguir empregado de empregador e a tratá-los de forma diversa. Foi contemporânea a tais fatos a criação do denominado salário mínimo. Passou-se a reconhecer normativamente os conflitos relacionados ao trabalho, surgindo daí a necessidade de dar forma à solução de conflitos.

Com o advento da Era Vargas, começaram a surgir órgãos de caráter estatal com competência para a intermediação desses conflitos. Em 1932 surgiram dois órgãos: as denominadas Juntas de Conciliação e Julgamento (JCJ) e as Comissões Mistas de Conciliação (CMC). Em 1934 surgiu o Conselho Nacional do Trabalho (CNT). Cada um desses órgãos possuía atribuições diferentes, e entre eles não havia hierarquia funcional. Tratava-se de órgãos administrativos de composição.

Em 1932 foram instituídas (pelo Decreto-lei n. 21.364, de 4-5-1932) as Comissões Mistas de Conciliação, destinadas à apreciação dos dissídios coletivos, ou seja, aos conflitos de massa e ao estabelecimento de normas coletivas. Junto a essas comissões foram criadas (pelo Decreto-lei n. 22.132, de 25-11-1932) as Jun-

---

17. AMADO, Jorge. *Tocaia grande*: a face obscura. São Paulo: Folha de S.Paulo, 2008.

tas de Conciliação e Julgamento, que serviam para resolver os dissídios individuais, ou seja, os conflitos decorrentes dos contratos de trabalho, embora naquele tempo ainda não existisse aquilo que se compreende como o atual direito do trabalho, na medida em que tudo o que estava posto era tratado como o próprio direito civil.

Em 1934 foi criado o Conselho Nacional do Trabalho, com sede no Rio de Janeiro (então capital da República). A tal conselho era atribuída a competência para decidir conflitos entre empregadores e empregados, nos casos de estabilidade e questões decorrentes de legislação previdenciária.

Das decisões das Juntas de Conciliação e Julgamento e do Conselho Nacional do Trabalho não cabia recurso, mas cabia a denominada avocatória. Uma vez proferida a decisão, era possível o contato com o ministro do Trabalho, no prazo de seis meses, quando aquela autoridade avocasse a decisão para si, cabendo-lhe, inclusive, decidir de modo diferente caso compreendesse que a decisão não estava correta. Tal expediente era admissível porque as Juntas de Conciliação e Julgamento e o Conselho Nacional do Trabalho consistiam em órgãos pertencentes ao Poder Executivo. A linha mestra dos valores do trabalho era conduzida pelo ministro do Trabalho, figura a quem caberia a valoração política no equacionamento das questões relacionadas à legislação social no âmbito individual ou coletivo. Como havia a possibilidade da avocatória, era necessário formalizar minimamente o procedimento, apenas para permitir a revisão política do ato. Assim, a utilização da avocatória não se confundia propriamente com um recurso. Ademais, tratando-se de decisão administrativa, cumpre indicar que não se impedia que o Poder Judiciário anulasse, inclusive, a decisão do ministro, nem que a decisão fosse executada perante o Poder Judiciário.

Desse modo, o Poder Executivo possuía apenas a possibilidade de conhecer dos conflitos, mas sem a competência para executar suas próprias decisões. Os órgãos daquilo que se pode dizer ser o embrião da Justiça do Trabalho estavam todos vinculados ao Ministério do Trabalho.

As Juntas eram compostas por um presidente (juiz), que deveria ser, preferencialmente, bacharel inscrito na Ordem dos Advogados do Brasil – embora esse requisito não fosse obrigatório – e que contava com suplentes escolhidos em listas remetidas pelas associações e sindicatos ao Departamento Nacional do Trabalho; e dois vogais, que eram representantes de empregados e empregadores. A demanda trabalhista individual nascia com um simples pedido de providências a um servidor público, que reduzia a termo os pedidos e encaminhava o documento para a Junta de Conciliação e Julgamento. Esta processava e julgava o caso, encaminhando a conclusão para aquele mesmo servidor, a quem incumbiria certificar o crédito. Não pago o crédito, encaminhava-se a certidão ao Ministério Público ou à própria parte, a fim de que se requeresse a execução do crédito certificado perante a Justiça Comum.

Quando da instauração da demanda executiva perante a Justiça Comum, era possível apurar eventuais irregularidades quanto ao procedimento adotado pela Junta de Conciliação e Julgamento. Veja-se que a informalidade no âmbito das Juntas permitia a anulação de diversas decisões por elas proferidas, mormente considerando uma postura formalista, pelo Poder Judiciário de então, incompatível com a atuação das Juntas.

Enquanto as Comissões Mistas de Conciliação cuidavam dos conflitos coletivos, as Juntas de Conciliação e Julgamento cuidavam dos dissídios individuais, ou seja, dos conflitos decorrentes da aplicação do contrato individual de trabalho. Já o Conselho Nacional do Trabalho tinha como escopo tratar questões referentes à estabilidade e outras questões previdenciárias já disciplinadas então pela Lei Elói Chaves.

A Constituição Federal de 1934 determinou a organização da Justiça do Trabalho, o que foi mantido na Constituição de 1937. Nesse sentido, as Juntas de Conciliação e Julgamento continuaram como órgãos voltados para a solução das questões individuais, posicionadas na base do sistema, enquanto as Comissões Mistas de Conciliação tornaram-se aquilo que atualmente concebemos como os Tribunais Regionais do Trabalho, votando-se para a análise das questões atinentes às demandas coletivas. O Conselho Nacional do Trabalho, que permaneceu sob tal denominação durante um pequeno período, tornou-se o atual Tribunal Superior do Trabalho, cujas súmulas passaram a ser vinculantes. Evidente, portanto, que o Poder Judiciário trabalhista foi estruturado hierarquicamente em três graus.

Na Constituição Federal de 1934, assim como na de 1937, tais órgãos estavam previstos como órgãos não judiciais. Em 1937, a Justiça do Trabalho estava prevista no capítulo concernente à ordem econômica e social, e não no relativo ao Poder Judiciário. A Constituição Federal desse ano dispunha sobre a Justiça do Trabalho para dirimir os conflitos oriundos das relações entre empregadores e empregados, reguladas na legislação social, limitando-se as disposições daquela Constituição, todavia, à competência, ao recrutamento e às prerrogativas da Justiça Comum.

Desse modo, apenas a partir de 1937 se pôde falar em Judiciário do Trabalho e em legislação processual relacionada aos conflitos do trabalho no Brasil. Antes disso, o que havia eram regulamentações meramente parciais, ou mesmo Códigos Processuais Estaduais. Como já mencionado, o Brasil naquele tempo era um país eminentemente rural. A imensa maioria da população vivia no campo. Não eram quantitativamente significativos, portanto, os conflitos de natureza industrial.

Embora a Constituição Federal de 1937 mantivesse a organização da Justiça do Trabalho prevista no capítulo concernente à ordem econômica e social, por meio do Decreto-lei n. 1.237/39 foi estruturada a Justiça do Trabalho. Note-se que o direito processual do trabalho brasileiro foi forjado a partir de uma experiência administrativa em que a forma era de somenos importância. Mudando o que se tem de mudar, seria experiência próxima ao que se vivenciou, no Brasil, nos últimos anos do século XX com a criação dos órgãos de defesa do consumidor, os "Procons" e "Codecons", mas de causas trabalhistas.

Da mesma forma que hoje tais órgãos não possuem um "código de ritos" propriamente dito, tampouco a prerrogativa de executar suas próprias decisões, assim era em relação às demandas atinentes às relações de trabalho em meados do século XX.

A partir de 1939 já se pode concluir que a Justiça do Trabalho passou a fazer parte do Poder Judiciário. Suas decisões deixaram de estar submetidas ao controle político das avocatórias e ao controle judicial da Justiça Comum, passando a ser executadas pelo próprio Judiciário Trabalhista. Instituiu-se, ainda, a regra pela qual só eram admitidos como presidentes das Juntas, assim como seus suplentes, aqueles que fossem bacharéis em Direito. Se a partir de 1939 já se tinha uma feição jurisdicional da Justiça do Trabalho, com a Constituição Federal de 1946 não houve mais dúvidas quanto a sua inclusão no âmbito do Poder Judiciário.

A atual legislação brasileira sobre o trabalho, relacionada tanto ao direito material quanto ao direito processual, encontra-se consolidada na CLT – Consolidação das Leis do Trabalho, que nada mais é que a compilação de toda a legislação vigente na época de sua elaboração, em 1º de maio 1943, com suas alterações, desde então. Ainda não há no Brasil um Código de Processo do Trabalho, embora tal medida nos pareça salutar.

Em consequência, é fato que as Constituições Federais, desde então, fazem referência à Justiça do Trabalho. A Constituição Federal de 1988 tem a mesma estrutura da de 1939, e essa estrutura se manteve até os idos de 1999, quando a Emenda Constitucional n. 24, alterando o texto original do Texto de 1988, extinguiu a representação classista (vogais), modificando, dessa forma, a estrutura básica do Judiciário Trabalhista.

Cumpre, ademais, fazer menção às Leis n. 5.584/70, 6.830/80, 7.115/83, 7.701/88, 8.073/90, 7.627/87, 8.984/95, 9.800/99, LC 75/93, que são alguns dos diplomas relevantes para o presente estudo. A Lei n. 9.957/2000, que instituiu o procedimento sumaríssimo no processo do trabalho para causas de até quarenta salários mínimos, e a Lei n. 9.958/2000, que estabeleceu as Comissões de Conciliação Prévia, são também relevantes para a adequada compreensão do processo do trabalho e serão tratadas oportunamente.

Por fim, cumpre ainda fazer menção à Lei n. 13.467/2017, diploma normativo que alterou substancialmente as relações de trabalho. Com alterações tão profundas nos âmbitos processual e material, e sem uma ampla discussão no curso de sua aprovação, as controvérsias em torno dessa lei ainda pairam, não obstante o esforço argumentativo dos envolvidos em sua elaboração no sentido de que tal norma visa conferir estabilidade às relações laborais. Caberá mais uma vez ao Poder Judiciário encontrar a medida adequada para sua aplicação.

4. AUTONOMIA DO DIREITO PROCESSUAL DO TRABALHO

Cumpre desde logo alertar que não é unânime a opinião dos estudiosos da matéria sobre a eventual autonomia do direito processual do trabalho, como leciona José Augusto Rodrigues Pinto[18]. A doutrina fixa diversos critérios que justificam a autonomia ou não de determinado ramo do direito. Os critérios mais conhecidos destacam a) a extensão da matéria; b) a existência de princípios comuns; c) a observância de método próprio; ou d) os elementos componentes da relação jurídica, isto é, sujeito, o objeto e o vínculo obrigacional que os interliga.

No caso do direito processual do trabalho, há quem sustente sua autonomia em relação aos demais ramos do processo, podendo-se registrar que essa é a opinião da maior parte da doutrina que lida com o tema. Tal conclusão decorre do preenchimento dos critérios acima referidos. É a opinião de José Augusto Rodrigues Pinto[19], Carlos Henrique Bezerra Leite, Amauri Mascaro Nascimento, Carlos Coqueijo Costa[20] e outros tantos.

Isso porque se entende que existe uma vasta legislação, contando, inclusive, com (a) capítulo próprio na CLT para a disciplina legal do direito processual do trabalho; (b) existem princípios peculiares ao direito processual do trabalho; (c) existem institutos próprios, como um Judiciário especializado com poder normativo; (d) além de uma autonomia didática e universitária, por meio do ensino da matéria nos cursos de bacharelado em Direito ou Ciências Sociais.

De todo modo, há abalizadas posições em sentido diametralmente oposto, ou seja, supondo o direito processual do trabalho como mero desdobramento do direito processual civil.

18. PINTO, José Augusto Rodrigues. *Processo trabalhista de conhecimento*. 7. ed. São Paulo: LTr, 2005. p. 48.
19. PINTO, José Augusto Rodrigues. *Processo trabalhista de conhecimento*, cit., 7. ed., p. 48.
20. COSTA, Carlos Coqueijo. *Direito processual do trabalho*. Rio de Janeiro: Forense, 1986.

No Brasil, Valentin Carrion[21] defende a ideia do monismo processual, sendo o direito processual do trabalho mero desdobramento do direito processual civil. Diz o autor que o direito processual do trabalho e os outros ramos processuais são instrumentais, com institutos e princípios idênticos, não havendo que se falar em princípios próprios desse setor. No mesmo sentido Edilton Meireles e Leonardo Dias Borges[22].

Nesse contexto, poder-se-ia ponderar acerca da redação da Emenda Constitucional n. 32, por meio da qual foi proibida a edição de medidas provisórias que versem sobre direito penal, processo penal e processo civil, na forma do art. 62, § 1º, I, *b*, da CF/88. Resta a indagação acerca daquela limitação também ao direito processual do trabalho, caso se concorde com a aludida autonomia.

Ora, a interpretação mais crível é aquela que apura a extensão do efeito legislativo desejado pelo constituinte derivado. Daí por que se deve interpretar a restrição mencionada como aplicável ao direito processual penal e ao direito processual não penal, pois assim se estaria abrangendo, também, o processo do trabalho.

De outro modo, estaria gerando demasiado desequilíbrio social a possibilidade de alteração, de forma transitória, de normas concernentes ao processo, cuja finalidade é justamente a pretendida segurança jurídica. Porém, partindo de uma interpretação literal, que não parece a mais razoável, eventual medida Provisória poderia alterar regras do direito processual do trabalho.

5. RELAÇÕES DO DIREITO PROCESSUAL DO TRABALHO COM OUTROS RAMOS DO DIREITO

Como é sabido, o direito é sistêmico, cabendo alguma divisão simplesmente para sua melhor compreensão. De todo modo, como não poderia deixar de ser, cumpre evidenciar algumas relações do direito processual do trabalho com outros ramos do direito.

Há evidente relação entre o direito processual do trabalho e o direito processual civil. Com efeito, por expressa previsão legal – seja por parte do art. 15 do CPC ou inclusive do art. 769 da CLT –, o direito processual do trabalho buscará no Código de Processo Civil, portanto no direito processual civil, a disciplina normativa subsidiária e supletiva daquilo que lhe faltar.

21. CARRION, Valentin. *Comentários à Consolidação das Leis do Trabalho*. 33. ed. atual. por Eduardo Carrion. São Paulo: Saraiva, 2008.

22. MEIRELES, Edilton; BORGES, Leonardo Dias. *Primeiras linhas de processo do trabalho*. São Paulo: LTr, 2009. p. 119.

Em relação ao direito constitucional, é fato que todo o sistema de garantias e da própria definição da competência decorre diretamente da Constituição. Daí a inegável relação.

No que concerne ao direito do trabalho, é evidente a influência do direito material sobre o direito processual, instrumental à implementação desse mesmo direito.

O direito civil, por sua vez, é fonte subsidiária do direito do trabalho, tal qual definido no art. 8º da CLT, além de repercutir, para fins processuais, na identificação de conceitos como os de capacidade – apenas por exemplo.

No direito do consumidor houve alguma definição de critérios relacionados às denominadas ações coletivas, que foram regulamentadas pelo Código de Defesa do Consumidor. O direito processual do trabalho não ficou imune à influência dessa normatização.

Há relação do direito processual do trabalho, ainda, com outras tantas disciplinas, como o direito administrativo, o direito tributário, o direito previdenciário, o direito penal etc.

6. FONTES. IN 39/2016 DO TST. APLICAÇÃO DO CPC AO PROCESSO DO TRABALHO. NEGÓCIOS JURÍDICOS PROCESSUAIS

Deve-se, ainda, tratar sobre a noção das fontes no direito processual do trabalho. É comum a noção da fonte do direito como seu manancial, ou o local de onde provém. Coube ao francês François Gény[23] a distinção corrente entre as fontes materiais e formais do direito. Enquanto as fontes materiais seriam os fatos sociais e políticos da vida, as fontes formais seriam aquelas que conferem caráter de direito positivo, por meio de formas solenes. Cabem ao direito processual do trabalho as mesmas fontes materiais que aos demais ramos do direito. Segundo Edilton Meireles e Leonardo Dias Borges[24], a fonte material do direito processual é, por excelência, o senso de justiça, ou a realização do que é justo.

Quanto às fontes formais, podem ser indicadas como aquelas que se consubstanciam em normas jurídicas por meio das quais o direito se evidencia. Na visão de Amauri Mascaro Nascimento[25], são fontes do direito processual do trabalho as leis próprias, as leis subsidiárias de direito comum, a jurisprudência e os atos regimentais expedidos pelos tribunais.

23. Apud SANTOS, Ronaldo Lima dos. *Teoria das normas coletivas*. São Paulo: LTr, 2009. p. 92.
24. MEIRELES, Edilton; Borges, Leonardo Dias. *Primeiras linhas de processo do trabalho*, cit., p. 109.
25. NASCIMENTO, Amauri Mascaro. *Curso de direito processual do trabalho*. 25. ed. São Paulo: Saraiva, 2010. p. 96.

Edilton Meireles e Leonardo Dias Borges[26] pontuam ainda a necessidade de serem assim consideradas as convenções e tratados internacionais que cuidam de normas processuais. No mesmo sentido sobre a impossibilidade de se compreender a doutrina como fonte formal do direito, já que deve ser considerada mera fonte material, por representar a opinião, as ideias de uma sociedade em determinado lapso histórico.

As fontes formais poderiam ser entendidas, assim, como a Constituição Federal, as convenções e tratados internacionais que cuidam de normas processuais, as leis complementares e ordinárias, dentre as quais se destacam em relevância a CLT e o Código de Processo Civil, além dos decretos e instruções normativas editadas pelos tribunais.

Por força do conteúdo do art. 8º da CLT, mormente a partir da alteração promovida pela Lei n. 13.467/2017, e da ausência de limitação, no particular, foram instituídas como fontes do processo do trabalho também a jurisprudência, a analogia, a equidade e outros princípios e normas gerais de direito, os usos e costumes e o direito comparado:

> Art. 8º As autoridades administrativas e a Justiça do Trabalho, na falta de disposições legais ou contratuais, decidirão, conforme o caso, pela jurisprudência, por analogia, por equidade e outros princípios e normas gerais de direito, principalmente do direito do trabalho, e, ainda, de acordo com os usos e costumes, o direito comparado, mas sempre de maneira que nenhum interesse de classe ou particular prevaleça sobre o interesse público.
> § 1º O direito comum será fonte subsidiária do direito do trabalho.
> § 2º Súmulas e outros enunciados de jurisprudência editados pelo Tribunal Superior do Trabalho e pelos Tribunais Regionais do Trabalho não poderão restringir direitos legalmente previstos nem criar obrigações que não estejam previstas em lei.
> § 3º No exame de convenção coletiva ou acordo coletivo de trabalho, a Justiça do Trabalho analisará exclusivamente a conformidade dos elementos essenciais do negócio jurídico, respeitado o disposto no art. 104 da Lei n. 10.406, de 10 de janeiro de 2002 (Código Civil), e balizará sua atuação pelo princípio da intervenção mínima na autonomia da vontade coletiva.

A leitura do *caput* do art. 8º explicita o papel integrador daqueles mecanismos na sanação das eventuais omissões normativas. Todavia, é importante notar que tais mecanismos estão sempre orientados no sentido de que nenhum interesse de classe ou particular prevaleça sobre o interesse público.

---

26. MEIRELES, Edilton; BORGES, Leonardo Dias. *Primeiras linhas de processo do trabalho*, cit., p. 109.

A partir da Lei n. 13.467/2017 houve alteração do originário parágrafo único do aludido art. 8º da CLT. O § 1º passou a prever que o direito comum será fonte subsidiária do direito do trabalho, tendo-se retirado do dispositivo a expressão contida originalmente "naquilo em que não for incompatível com os princípios fundamentais deste" e se acrescentando dois novos parágrafos ao artigo.

A alteração mostra algum revanchismo do legislador quanto ao papel desempenhado pelos Tribunais do Trabalho. Tal qual já mencionado, o § 2º do art. 8º da CLT passou a prever que súmulas e outros enunciados de jurisprudência editados pelo Tribunal Superior do Trabalho e pelos Tribunais Regionais do Trabalho não poderão restringir direitos legalmente previstos nem criar obrigações que não estejam previstas em lei.

A primeira questão que parece surgir com a redação dos dispositivos acima mencionados é justamente quanto ao papel do Poder Judiciário Trabalhista. Em princípio, fica claro que a previsão normativa não levou em consideração o exercício do poder normativo pelo Judiciário Trabalhista, previsto no art. 114 da CF/88. Como veremos adiante, quando decididas questões em sede de dissídio coletivo, o Poder Judiciário exerce o denominado poder normativo, em que se acaba por criar normas para o condicionamento das condições de trabalho por meio dos Tribunais Trabalhistas, a fim de equacionar as questões decorrentes da atuação sindical.

A desconsideração legal da aludida condição deixa clara a necessidade de ser devidamente interpretado o dispositivo, sob pena de manifesta inconstitucionalidade.

De todo modo, ultrapassada tal questão, parece que a previsão do § 2º do art. 8º ou ignora solenemente o papel constitucional do Poder Judiciário, posto pela Constituição Federal de 1988, ou figura como evidente atentado promovido pelo Poder Legislativo contra a autonomia institucional de outro Poder, o Judiciário.

Se é certo que não cabe ao Poder Judiciário, em regra, a criação de qualquer direito ou obrigação, é ainda mais certo supor que ao Judiciário não cabe negar simplesmente a prestação jurisdicional por ausência de norma expressa que regule determinado direito. Não compete ao Judiciário deixar de julgar por ausência de norma legal que defina determinada obrigação, mesmo porque a ausência de texto de lei não significa a ausência de norma jurídica. Cabe ao julgador, justamente, a integração sistêmica, a fim de dar a solução no caso concreto.

Não temos conhecimento de nenhuma previsão normativa no Código de Processo Civil, ou no Código de Processo Penal, no Código de Defesa do Consumidor, ou em qualquer outro diploma legal que faça crer que o Poder Judiciário retome a função de mera "boca da lei", como já se disse. Em se ampliando tal limitação em outros foros, como nas relações familiares, de consumo e mesmo tributárias e administrativas, é certa a limitação indevida do papel constitucionalmente assegurado ao Poder Judiciário, além de uma restrição indevida da atividade pacificadora dos conflitos sociais, conferida a esse mesmo poder.

Quanto ao § 3º do art. 8º, há ainda questão intrigante. Segundo o dispositivo, no exame de convenção coletiva ou acordo coletivo de trabalho, a Justiça do Trabalho analisará exclusivamente a conformidade dos elementos essenciais do negócio jurídico, respeitado o disposto no art. 104 da Lei n. 10.406, de 10 de janeiro de 2002 (Código Civil), e balizará sua atuação pelo princípio da intervenção mínima na autonomia da vontade coletiva.

O princípio da intervenção mínima na autonomia da vontade coletiva tem previsão no inciso XXVI do art. 7º da CF/88, que determina o reconhecimento das convenções e acordos coletivos de trabalho. Todavia, não há falar que, ao examinar a convenção coletiva ou acordo coletivo de trabalho, a Justiça do Trabalho estaria adstrita, exclusivamente, à conformidade dos elementos essenciais do negócio jurídico. Em nosso sentir, tal previsão atenta contra o art. 5º, XXXV, da CF/88, na medida em que nem mesmo a lei pode excluir da apreciação do Poder Judiciário lesão ou ameaça a direito.

Sem maiores delongas, não parecem remanescer dúvidas acerca da inconstitucionalidade do § 3º do art. 8º da CLT. Caberá ao Judiciário, sempre, a compreensão sistêmica do arcabouço normativo vigente, e a adoção, no caso concreto, da solução mais adequada legal e constitucionalmente. Se nas relações de consumo, ou mesmo nas relações civis, cabe ao Judiciário examinar como um todo as questões que lhe são postas, por igual será no âmbito das relações de trabalho.

Ainda em tal contexto, relevante questão surgiu no cenário das fontes do processo do trabalho com o advento do novo CPC. Com efeito, o Código de Processo Civil de 2015 alterou profundamente não apenas o conceito, mas a dinâmica das relações processuais civis. Tal alteração não gerou, ainda, esperada modificação da cultura judiciária, tampouco dos litigantes. De todo modo, é certo que a transposição do modelo processual previsto no CPC para os conflitos do trabalho ainda guarda inúmeras arestas.

Coube ao TST, por meio da Instrução Normativa n. 39/2016 (Resolução n. 203/2016), visando transmitir segurança jurídica aos jurisdicionados e aos órgãos da Justiça do Trabalho, indicar a posição daquele tribunal, ao menos quanto a alguns aspectos, relativos à transposição do modelo inaugurado pelo Código de Processo Civil de 2015 ao âmbito das relações processuais instauradas em torno das relações de trabalho.

A aludida IN 39/2016, embora de constitucionalidade questionada pela Anamatra – Associação Nacional dos Magistrados da Justiça do Trabalho, por meio da ADIn 5.516, ainda se encontra em vigor, em todos os seus termos. Por meio daquela ADIn, pretende a Anamatra ver reconhecida a inconstitucionalidade da mesma instrução normativa, dada a violação aos arts. 5º, II, XXXVII e LIII; 22, I; 96, I, *a*; 95, I, II e III, todos da CF/88.

O conteúdo da Instrução Normativa n. 39/2016 não se esgota neste momento, mas antes se confunde com inúmeras partes desse texto, e por isso mesmo será debatido ao longo deste Curso. De todo modo, cumpre mencionar que essa instrução é relevante bússola para compreender a posição política assumida pela cúpula do Judiciário Trabalhista em relação ao Código de Processo Civil de 2015, e a sua aplicação aos conflitos do trabalho.

Por fim, cumpre mencionar que foram sensíveis as distinções sistêmicas erigidas a partir do novo CPC, sendo importante novidade a instituição de uma Parte Geral no mesmo Código. Tal estruturação legal visa explicitar as principais garantias constitucionais que estruturam o sistema processual, no que está incluído o processual do trabalho, com a orientação quanto à aplicação das normas processuais em todas as demandas civis, ou não penais, no que estariam incluídos os processos eleitorais, trabalhistas ou administrativos (art. 15 do CPC).

O estabelecimento de uma Parte Geral e de uma Parte Especial, no CPC, não significa que seja irrelevante ou inviável a aplicação desta última parte às demandas submetidas ao Poder Judiciário Trabalhista, mas sim que se deve detida atenção à Parte Especial do Código, cujas previsões estão contidas entre os arts. 1º e 317.

Não se deve ignorar que o entendimento majoritário tem sido no sentido de que permanece como principal diploma normativo utilizado nas relações processuais de trabalho a Consolidação das Leis do Trabalho, comumente denominada CLT, com suas previsões. Todavia, com o amadurecimento do sistema processual instaurado por meio do CPC, e a adequada interpretação de seus dispositivos, estamos certos de que o Judiciário Trabalhista se sentirá mais confortável com a adoção das novidades instituídas pelo Código de Processo Civil de 2015, aplicado subsidiária e supletivamente.

Veja-se que já está consagrada a compreensão de que as normas previstas no Código de Processo Civil serão aplicadas supletivamente ao processo de conhecimento, na forma do quanto previsto no art. 769 da CLT, e a própria previsão do art. 15 do CPC, enquanto os preceitos que regem o processo dos executivos fiscais (Lei n. 6.830/80) são aplicados supletivamente ao processo executivo, na forma do art. 889 da CLT. No tocante ao processo de conhecimento, o art. 15 do CPC e o art. 769 da CLT dispõem, respectivamente:

> CLT, art. 769: Nos casos omissos, o direito processual comum será fonte subsidiária do direito processual do trabalho, exceto naquilo em que for incompatível com as normas deste Título.
> CPC, art. 15: Na ausência de normas que regulem processos eleitorais, trabalhistas ou administrativos, as disposições deste Código lhes serão aplicadas supletiva e subsidiariamente.

A leitura de ambos os dispositivos demonstra que parece ter havido derrogação, ou seja, alteração parcial do conteúdo do art. 769 da CLT pelo art. 15 do CPC, devendo-se proceder à análise de ambos os diplomas simultaneamente.

De todo modo, parece que devamos compreender, então, em primeiro lugar, que, para a aplicação das regras do CPC nas demandas sujeitas ao Juízo do Trabalho, é preciso que exista omissão, não desejada, na CLT. Ou seja, a fim de que seja possível a aplicação do CPC para os conflitos do trabalho, seguindo a redação do art. 15 do Código, é necessário que não exista solução, no Texto Celetista, sobre determinado instituto.

Importante consignar que o próprio dispositivo (art. 15) define que a aplicação do CPC tanto pode ocorrer em razão de uma omissão absoluta, ou seja, quando há completa ausência de tratamento por parte da CLT, e nesse caso haverá aplicação supletiva do CPC, quanto pode ocorrer quando haja apenas um tratamento insuficiente do texto consolidado, em que se teria, portanto, aplicação meramente subsidiária das previsões do Código.

Até o presente momento, seja por meio da Instrução Normativa n. 39/2016 do TST, seja por intermédio de diversos pronunciamentos jurisprudenciais ou acadêmicos da seara laboral, tem-se notado significativa resistência de grande parte dos atores desse sistema à aplicação do CPC aos conflitos atinentes às relações de trabalho.

Todavia, parece-nos ser oposto o adequado movimento, ou seja, deve-se aplicar o CPC sempre que assim for desejável. Explicamos. A regulamentação prevista no art. 15 do CPC indica ser aplicável o CPC/2015 na hipótese de omissão da CLT. Consideramos adequado compreender, todavia, que a omissão a que se refere o legislador não seria a meramente redacional do Texto Celetista.

Na verdade, supõe-se que, para sanar as omissões da CLT, cumpre ao intérprete identificar a necessidade de estruturar o processo do trabalho levando em consideração a notável distinção sistêmica quanto ao valor trabalho conferida pela CF/88. Com efeito, são diversas as oportunidades em que se tratou, na CF/88, acerca do valor trabalho, dos trabalhadores, dos sindicatos, como se depreende da leitura dos arts. 1º, IV, 5º, XIII, XXVI, 6º, 7º, 8º e 170, dentre tantos outros. Pela própria estruturação do sistema de proteção às relações de trabalho, é inequívoco que o Texto Magno encarta valores atinentes a uma justiça social que deve ser buscada pelo Judiciário Trabalhista. Ao direito processual do trabalho incumbe, precipuamente, então, conferir a necessária materialidade ao valor trabalho, constitucionalmente posto.

Por isso mesmo é que entendemos que a omissão em que esteja autorizada a aplicação do CPC aos conflitos do trabalho não está adstrita à mera ausência de previsão expressa no texto (omissão normativa), mas também nos parece possível a aplicação do CPC quando suas previsões sejam mais capazes de atuar no sentido de conferir a necessária efetividade ao aludido valor trabalho.

Ou seja, é possível a aplicação do CPC não apenas em função de uma omissão normativa, em que há completa ausência de tratamento por parte da CLT (aplicação supletiva) ou quando há tratamento insuficiente (aplicação subsidiária) do texto consolidado, mas nos parece possível a aplicação das disposições daquele Código mesmo quando a solução apresentada pela CLT exista e, apesar disso, mostre-se insatisfatória em razão do não atendimento da melhor ou maior potencialidade do valor constitucional em questão.

Assim, é desejável um esforço no sentido de ser aplicado o CPC naquilo que permita a otimização da prestação jurisdicional, conferindo a máxima efetividade ao valor trabalho, previsto no Texto Constitucional. No particular, deve ser sopesada a pretensa incompatibilidade entre a previsão da CLT e o conteúdo do CPC. Trata-se de verdadeira colmatação teleológica, ou seja, em preenchimento das omissões da CLT, sempre que for possível materializar melhor ou mais amplamente a potencialidade para o valor constitucional Justiça Social e o valor trabalho, e em favor dessas mesmas relações.

Tal previsão não é propriamente nova. José Martins Catharino[27] há muito tempo enuncia que o processo do trabalho encontra-se vinculado ao "princípio da adequação", segundo o qual "o processo é meio a serviço de um fim, e sem recíproca adequação nada ou quase nada será viável (*sic*) arma o juiz de fecundo poder de transformação, em favor de uma paz específica, orgânica, não confundível com uma paz artificial, precária e conservadora, contrária à igualdade real". Ou seja, tal princípio orientaria a compreensão processual sempre de modo que nenhum interesse de classe ou individual prevaleça sobre o interesse público (art. 8º da CLT), permitindo-se a harmonia e a solidariedade entre as categorias de produção.

27. CATHARINO, José Martins. Princípios fundamentais do direito processual do trabalho. *In*: DELGADO, Mauricio Godinho; DELGADO, Gabriela Neves (org.). *Direito do trabalho e direito da Seguridade Social:* direito processual do trabalho. São Paulo: Revista dos Tribunais, 2012. p. 261 (Coleção Doutrinas Essenciais, v. 4).

A previsão do art. 769 da CLT, de outro lado, aduz ser aplicado o denominado direito processual comum em caso de omissão. A expressão contida na CLT é definitivamente mais ampla que o conteúdo do próprio CPC, já que, por exemplo, em razão daquela previsão, seria possível a aplicação da Lei n. 9.099/95 ou mesmo do CDC às relações processuais de trabalho, embora também seja aplicável o CPC, em função de tal definição.

De outro lado, o CPC amplia a condição atinente a sua aplicação aos processos trabalhistas, uma vez que reconhece serem suas regras aplicáveis às demandas de trabalho na condição meramente supletiva, ou seja, como já dito, naquelas em que se regula aquilo que não tem qualquer previsão, ou mesmo na hipótese subsidiária, ou seja, em que se complementa alguma previsão no texto original. Em síntese, na hipótese de supletividade o texto supletivo regula por inteiro a questão, enquanto na hipótese de subsidiariedade o texto supletivo apenas complementa, integra, soma-se à regulação preexistente.

Por fim, ainda se aplicando a previsão do art. 769 da CLT, é importante que sejam acolhidas apenas as regras de direito comum naquilo que não for incompatível com o sistema processual trabalhista. Nessa parte, no caso de pretensa incompatibilidade é que parece necessária maior abertura por parte do aplicador das regras processuais do trabalho, a fim de que não se pretenda a limitação da eficácia ao valor trabalho constitucionalmente posto, em razão da existência de previsão no texto celetista que, apesar disso, não seja capaz de conferir maior eficácia à própria CF/88 nesse ponto.

Dentre as inovações significativas apresentadas quanto às fontes do processo civil, o CPC facultou às partes a celebração de negócios jurídicos processuais, como se depreende de seus arts. 190 e 191:

> Art. 190. Versando o processo sobre direitos que admitam autocomposição, é lícito às partes plenamente capazes estipular mudanças no procedimento para ajustá-lo às especificidades da causa e convencionar sobre os seus ônus, poderes, faculdades e deveres processuais, antes ou durante o processo.
> Parágrafo único. De ofício ou a requerimento, o juiz controlará a validade das convenções previstas neste artigo, recusando-lhes aplicação somente nos casos de nulidade ou de inserção abusiva em contrato de adesão ou em que alguma parte se encontre em manifesta situação de vulnerabilidade.
> Art. 191. De comum acordo, o juiz e as partes podem fixar calendário para a prática dos atos processuais, quando for o caso.
> § 1º O calendário vincula as partes e o juiz, e os prazos nele previstos somente serão modificados em casos excepcionais, devidamente justificados.
> § 2º Dispensa-se a intimação das partes para a prática de ato processual ou a realização de audiência cujas datas tiverem sido designadas no calendário.

O conteúdo do art. 191 do CPC foi praticado no âmbito das demandas trabalhistas por longos anos, embora sob o epíteto da liberdade na direção do processo e do andamento rápido das causas por parte do juiz (art. 765 da CLT), mormente porque, em se considerando a oralidade e o contato diuturno dos juízes com as partes e advogados em audiência, em diversas oportunidades se nota a tentativa de o juiz e as partes fixarem um denominado calendário processual, a fim de otimizar a prática de atos pelas serventias do juízo, sem a necessidade de novas intimações. Nesse caso, as partes saem da audiência cientes de todos os movimentos processuais e prazos a serem cumpridos, com a possibilidade de ajuste diretamente entre elas e o juízo quanto a sua fixação. Assim, não se pode dizer que a previsão do CPC seja propriamente uma novidade na prática justrabalhista, embora, por isso mesmo, inequivocamente aplicável.

Outra grande questão parece ser a possibilidade da aplicação do art. 190 do CPC às demandas sujeitas à Justiça do Trabalho. Segundo posição consolidada pelo E. TST, por meio do conteúdo da Instrução Normativa n. 39/2016 (art. 2º), tal previsão não se aplica ao processo do trabalho em razão de inexistência de omissão ou por pretensa incompatibilidade, de modo que o art. 190 e parágrafo único do CPC, que consagram a possibilidade de negociação processual, são inaplicáveis, no particular.

No âmbito das negociações coletivas, segundo o entendimento de Tercio Roberto Peixoto Souza, deve-se estar atento à possibilidade de as negociações coletivas (acordos coletivos de trabalho e/ou convenções coletivas de trabalho) gerarem efeitos processuais. A questão não é precisamente nova no âmbito do direito comparado. A doutrina estrangeira pontua que é possível às organizações sindicais, por exemplo, a subscrição de acordos sobre a solução de conflitos laborais, notadamente daqueles decorrentes da interpretação e aplicação das convenções coletivas, com a fixação de fórmulas de resolução de conflitos de âmbito extrajudicial, o que gera sensível impacto processual, portanto. Carlos L. Algonso Mellado[28] indica expressamente: "es indubitable que dentro de la liberdad negocial que ampara a los convenios colectivos estos pueden regular procedimientos de solución extrajudicial de conflictos laborales lo que enlazaría además, de forma dudable, con la paz laboral y entraría dentro de las materias negociables que cita el artículo 85 de ET", referindo-se ao direito espanhol.

28. MELLADO, Carlos L. Alfonso. La solución extrajudicial de conflictos laborales. *In*: MONTESINOS, Ignacio Albiol (dir.). *Contenido y alcance de las clausulas obligacionales en la negociación colectiva*. Ministerio de Trabajo y Asuntos Sociales. Madrid, 2005 (Colección Informes y Estudios. Serie Relaciones Laborales, n. 68).

No direito brasileiro muito pouco se tem debatido acerca da eficácia processual das negociações coletivas, seja para conferir ou negar tal efeito àqueles negócios, mormente no âmbito das relações de trabalho. De todo modo, os estudos já desenvolvidos no Brasil com base nas noções de negócio jurídico processual[29], na redação do art. 764 da CLT e na própria redação dos arts. 190 e 191 do CPC parecem fazer crer ser possível a consagração das negociações coletivas também como fontes do direito processual do trabalho.

No tocante à aplicação dos negócios jurídicos processuais em relação aos conflitos individuais do trabalho, contrariando a posição oficial até então, preferimos nos filiar à corrente que entende possível, *prima facie*, a negociação sobre os termos do processo, inclusive com a aplicação do art. 190 do CPC, no âmbito das relações de trabalho. Em primeiro lugar, comungamos do entendimento de que a indisponibilidade do direito material não impeça, por si só, a celebração de negócio jurídico processual, assim como entendemos que as partes possam transigir quanto aos termos processuais, mormente quanto à flexibilidade do procedimento, inclusive quanto aos prazos. Tal posição foi consagrada no Fórum Permanente de Processualistas Civis[30] e se depreende da redação dos seguintes enunciados:

> 135. (art. 190) A indisponibilidade do direito material não impede, por si só, a celebração de negócio jurídico processual. (Grupo: Negócios Processuais)
> 131. (art. 190; art. 15) Aplica-se ao processo do trabalho o disposto no art. 190 no que se refere à flexibilidade do procedimento por proposta das partes, inclusive quanto aos prazos.

Cumpre mencionar, ainda, que a Justiça do Trabalho se forjou sobre a simplicidade, a oralidade, a eficiência e a possibilidade de as partes ajustarem quanto ao mérito da pretensão. O art. 764 da CLT encontra-se assim vazado:

> Art. 764. Os dissídios individuais ou coletivos submetidos à apreciação da Justiça do Trabalho serão sempre sujeitos à conciliação.
> § 1º Para os efeitos deste artigo, os juízes e Tribunais do Trabalho empregarão sempre os seus bons ofícios e persuasão no sentido de uma solução conciliatória dos conflitos.
> § 2º Não havendo acordo, o juízo conciliatório converter-se-á obrigatoria-

29. DIDIER JR., Fredie; NOGUEIRA, Pedro Henrique Pedrosa. *Teoria dos fatos jurídicos processuais*. 2. ed. Salvador: Juspodivm, 2013.

30. Disponível em: <http://portalprocessual.com/wp-content/uploads/2016/05/Carta-de-S%C3%A3o-Paulo.pdf>. Acesso em: 15 nov. 2016.

> mente em arbitral, proferindo decisão na forma prescrita neste Título.
> § 3º É lícito às partes celebrar acordo que ponha termo ao processo, ainda mesmo depois de encerrado o juízo conciliatório.

O *caput* do art. 764 determina que os dissídios individuais ou coletivos submetidos à apreciação da Justiça do Trabalho sempre estejam sujeitos à conciliação, não limitando o legislador, portanto, a conciliação às questões materiais ou processuais. Ora, dentro da nova sistemática inaugurada pelo CPC, em que se faculta também às partes a possibilidade de conciliarem quanto ao andamento do feito, não parece fazer sentido a interpretação excludente da negociação processual, inclusive segundo a redação do art. 764 da CLT. Se o sistema é aberto quanto ao mérito da demanda, o direito material posto com muito mais razão deveria ser em relação ao simples "caminho" a ser seguido pela autoridade judicial para o equacionamento daquele mesmo direito.

Parece injustificável a resistência à possibilidade de as partes, dialogando entre si, apresentarem um caminho que lhes pareça mais adequado para que o Estado-Juiz equacione a contenda entre elas. Por óbvio, e seguindo o critério já apresentado em relação à utilização de meios alternativos de conflitos, presuntivamente não parece possível a fixação de negócio processual no curso do contrato, mas apenas posteriormente a sua extinção, em homenagem ao princípio da proteção. Tampouco, com base no mesmo princípio, pode-se presumir a viabilidade de negócio processual quando a parte exerça diretamente o *jus postulandi*, ainda facultado no âmbito dos conflitos do trabalho, cabendo ao juízo, nesse caso, o controle quanto a sua regularidade, seguindo os critérios previstos no parágrafo único do art. 190. Note-se que, além dos defeitos processuais, os vícios de vontade e mesmo os sociais, ou seja, aqueles advindos da situação econômica precária de uma das partes, também dão ensejo à invalidação dos negócios jurídicos processuais. É o que se depreende das conclusões do Fórum Permanente de Processualistas Civis[31], que em seu Enunciado n. 132, com o qual anuímos, assim dispõe:

> 132. (art. 190) Além dos defeitos processuais, os vícios da vontade e os vícios sociais podem dar ensejo à invalidação dos negócios jurídicos atípicos do art. 190. (Grupo: Negócios Processuais)

31. Disponível em: <http://portalprocessual.com/wp-content/uploads/2016/05/Carta-de-S%C3%A3o-Paulo.pdf>. Acesso em: 15 nov. 2016.

CAPÍTULO 2

Dos Princípios Constitucionais do Processo e do Direito Processual do Trabalho

1. CONCEITO E FUNÇÃO DO PRINCÍPIO

É comum a apresentação dos princípios como normas formadoras do ordenamento jurídico. Na tradicional lição de Celso Antônio Bandeira de Melo[1], os princípios podem ser considerados:

> ... mandamento nuclear de um sistema, verdadeiro alicerce dele, disposição fundamental que se irradia sobre diferentes normas compondo-lhe o espírito e servindo de critério para sua exata compreensão e inteligência, exatamente

1. BANDEIRA DE MELO, Celso Antônio. *Curso de direito administrativo*. 13. ed. São Paulo: Malheiros, 2001. p. 771-772.

por definir a lógica e a racionalidade do sistema normativo, no que lhe confere a tônica e lhe dá sentido harmônico.

Sob tal visão, cumpre compreender os princípios como regras que vão disciplinar determinado ramo da atividade. Os princípios, ordinariamente, não são positivados, já que não é função precípua da norma legal dizer quais são os princípios. A interpretação ou identificação dos princípios decorre do pensamento jurídico desenvolvido pela doutrina e pela jurisprudência.

Daí por que existem diversos critérios para a delimitação e/ou sistematização da matéria, no que resulta dizer que não há uniformidade de tratamento do tema, já que sua compreensão vai depender, essencialmente, da visão metodológica de cada autor.

Wagner Giglio[2] chegou a mencionar que em encontro de grandes nomes do direito material e processual do trabalho listaram-se mais de vinte princípios de direito processual do trabalho, e no mesmo encontro chegou-se a mencionar a existência de apenas um princípio. Ou seja, nem sequer quanto ao elemento quantitativo ou qualitativo houve consenso.

Além das dificuldades referidas, cumpre indicar que o direito processual do trabalho é ramo relativamente novo, de autonomia contestada, e que por sua incompleta disciplina legal ainda utiliza diversas previsões do Código de Processo Civil. Ademais, diversas questões que lhe são próprias são de algum modo solucionadas por meio da prática judiciária.

Em que pese tais dificuldades, não se pode deixar de indicar ao menos algum critério para a compreensão daqueles princípios. Mas, antes, não se pode ignorar, nessas noções elementares, que os princípios possuem algumas funções, dentre as quais se destacam aquelas listadas por Américo Plá Rodriguez[3]:

a) função normativa – ou a de se prestar à integração do direito, como fonte supletiva e forma de preencher as lacunas na própria sistematização do direito processual, conforme expressamente autorizado no art. 8º da CLT[4];
b) função informadora – ou a de conduzir o legislador na indicação dos valores componentes do sistema jurídico de modo a influenciá-lo na criação de novas normas; e

2. Apud PINTO, José Augusto Rodrigues. *Processo trabalhista de conhecimento*, cit., 7. ed., p. 52.
3. RODRIGUEZ, Américo Plá. *Princípios do direito do trabalho*. 3. ed. São Paulo: LTr, 2014.
4. "Art. 8º As autoridades administrativas e a justiça do trabalho, na falta de disposições legais ou contratuais, decidirão, conforme o caso, pela jurisprudência, por analogia, por equidade e outros princípios e normas gerais de direito, principalmente do direito do trabalho, e, ainda, de acordo com os usos e costumes, o direito comparado, mas sempre de maneira que nenhum interesse de classe ou particular prevaleça sobre o interesse público."

c) função interpretativa – ou como fonte de critério para a valoração das regras e, portanto, sobre o alcance e significado das regras.

2. PRINCÍPIOS, PECULIARIDADES E TÉCNICAS NO DIREITO PROCESSUAL

No particular, cumpre aduzir, ainda que brevemente, a necessária distinção entre os denominados princípios, as peculiaridades e as técnicas no direito processual antes de ingressar na análise, propriamente dita, dos princípios. Segundo defende José Augusto Rodrigues Pinto[5], há distinção entre os princípios e as peculiaridades na medida em que estas últimas surgiriam como espécies, enquanto aqueles como o gênero correspondente. Suas funções são iguais, mas, no que toca ao alcance, deve-se identificar a distinção nos seguintes termos: "Enquanto os princípios estruturam o tronco comum do processo, dizendo respeito a todos os sistemas processuais, as peculiaridades apenas os completam com vistas a cada sistema, responsabilizando-se por dar identidade própria a cada ramo interno do processo".

Justamente em função da especificidade, pode-se indicar que as chamadas peculiaridades nada mais são que os conhecidos princípios próprios ou princípios especiais de cada ramo do direito, como será desenvolvido oportunamente. De outro lado, no que é pertinente às técnicas, estão ligadas à noção de procedimento, sendo meios adequados para obter certo resultado, admitindo opções, portanto. São exemplos mais comuns a apresentação da técnica da inquisitoriedade em contraponto à dispositividade. Enquanto na primeira o juiz adota postura ativa, inquisitiva, na hipótese da técnica dispositiva atribui-se à parte o ônus de colaborar com o Poder Judiciário na obtenção da verdade. Do mesmo modo, passível de indicação a existência da técnica da instrumentalidade em face do formalismo. Enquanto na primeira tem-se o processo afetado a uma finalidade meramente instrumental, na hipótese de prevalente a lógica formalista, será sobre o cumprimento da forma que a regra será assentada. Mais adiante serão realizadas as análises competentes sobre as denominadas técnicas processuais.

3. PRINCÍPIOS CONSTITUCIONAIS DO PROCESSO E SEUS EFEITOS NO PROCESSO DO TRABALHO

A atuação do Estado para a administração da Justiça possui consagração constitucional. Não poderia ser diferente em relação aos princípios, que deli-

5. PINTO, José Augusto Rodrigues. *Processo trabalhista de conhecimento*, cit., 7. ed., p. 55.

neiam todo o sistema processual e que possuem previsão expressa ou tácita no Texto Magno. Com efeito, a Constituição Federal serve como primeiro irradiador de princípios atinentes ao processo. O art. 1º do CPC determina que o processo civil seja ordenado, disciplinado e interpretado conforme os valores e normas fundamentais estabelecidos na Constituição Federal, não sendo diferente em relação ao direito processual do trabalho.

A jurisdição exercida pela Justiça do Trabalho, seja porque, por igual, enquadra-se no conceito da jurisdição civil, seja pela expressa previsão do art. 15 do CPC, também deve ser afetada por tal compreensão.

Como já se disse, o CPC traz consigo a previsão de uma Parte Geral do Código, em que se busca elencar as normas fundamentais e da aplicação das normas processuais, o que implicaria, portanto, sua inequívoca utilização a toda relação processual civil, inclusive aquelas questões sujeitas ao processo do trabalho. Naquela parte, além de uma série de normas, o CPC reafirma diversos princípios constitucionais do processo. E o aludido art. 1º do CPC, embora não determine significativa novidade, qual seja, a de que as normas processuais devam ser compreendidas segundo os critérios fixados pela CF/88, ao menos no tocante a seu efeito simbólico é relevante pela mais pura imposição de um sentimento de constitucionalização processual. Alguns diriam que a imposição da ordenação, disciplina e interpretação das relações processuais, conforme os valores e normas fundamentais estabelecidas na Constituição Federal, parece o óbvio, e por isso mesmo se poderia dizer ser absolutamente desnecessário o dispositivo. Parece que não.

Na verdade, lá se vão algumas décadas da Constituição Federal de 1988 e talvez muitos dos denominados operadores do direito, sejam eles advogados, magistrados, procuradores ou membros do Ministério Público, ainda não se tenham dado conta de alguns dos valores expressos no Texto Constitucional de 1988, muito menos daqueles atinentes às questões processuais. Com efeito, não parece de acordo com os ditames constitucionais a conduta daqueles que litigam de forma inconsequente, formulando pretensões desprovidas ora de aspectos fáticos, ora de aspectos jurídicos mínimos, sem qualquer postura repressiva de tal conduta. Também, não parece de acordo com os ditames constitucionais a conduta de um Estado-Juiz que não entende o papel das partes na colaboração/condução do processo, ou muito menos decide questões iguais em termos completamente diferentes, e até mesmo de forma inconsequente. Não parece de acordo com os ditames constitucionais a negativa do acesso das partes à instância recursal em razão de meros defeitos formais, ou pelo não recolhimento de alguns poucos centavos no preparo recursal. Não parece de acordo com os ditames constitucionais negar a possibilidade do exercício ao contraditório e à ampla defesa daquele que, sem sequer ser parte no processo, pode vir a responder, com seu patrimônio, aos termos da execução. Estas são apenas algumas questões em que o CPC visa, de algum modo, reafirmar os valores constitucionais acerca do verdadeiro conteúdo e alcance de determinadas previsões constitucionais voltadas ao processo.

Assim, considerando que o processo do trabalho não se encontra isolado do sistema processual em vigor, ajustando o entendimento anteriormente posto, mormente a partir do CPC, parece adequado compreender a dinâmica dos princípios processuais constitucionais e sua repercussão no âmbito das relações de trabalho, a um só tempo, sendo o que se fará a partir de agora. Apenas em momento subsequente serão abordadas eventuais peculiaridades do sistema processual trabalhista.

3.1. Devido processo legal (art. 5º, LIV, da CF/88) e finalidade social específica

Pode-se afirmar que o princípio do devido processo legal é a verdadeira base sobre a qual está assentado todo o direito processual. Isso porque, desde sua consagração, seguramente na *Magna Charta Libertatum*, em 1215[6], é direito fundamental de todo indivíduo não ser atingido pelo Estado em sua vida, em sua liberdade e em seu patrimônio sem que a controvérsia tenha tramitado antes em uma sequência de atos pautados em regras previamente estipuladas, hoje pela lei ou pela Constituição.

Em outras palavras, pode-se afirmar que tal princípio explicita ser direito de todos o de processar e ser processado segundo a lei, em sentido amplo. É possível identificar que o princípio do devido processo legal possui um sentido formal e um substancial. No sentido formal, significa o direito a um processo cujo procedimento obedeça às regras previamente estabelecidas em lei; portanto, que cada passo do procedimento esteja nesta última pautado. Em um sentido substancial, o devido processo legal apresenta-se como o direito a um processo cujas decisões judiciais sejam corretas, justas e razoáveis. Tal preceito tem por escopo precípuo limitar a atuação do juiz (representante do Estado), para que este não se exceda no exercício de sua atividade e que não cometa arbitrariedades que venham a atingir o patrimônio, vida e liberdade alheios.

Não se pode ignorar, de outro modo, que o aludido princípio determina, ainda, que as medidas processuais sejam aptas à obtenção da prestação jurisdicional, o que sobreleva em importância, no caso dos direitos fundamentais ati-

6. SILVA NETO, Manoel Jorge. *Constituição e processo do trabalho*. São Paulo: LTr, 2007. p. 23.

nentes às relações de trabalho. Que, embora previsto em lei, o método usado pelo legislador para a solução dos conflitos seja o método apto, o meio devido. Trata-se da exigência de um processo pautado não apenas na lei, mas igualmente em alguma racionalidade, seja em relação ao procedimento ou à decisão.

No contexto do devido processo legal, em sentido substancial, é possível identificar o princípio da finalidade social específica, defendido por José Martins Catharino[7], no sentido de que a prestação jurisdicional encontra-se orientada a buscar a paz social específica entre as categorias de produção, de modo que nenhum interesse individual ou de categoria prevaleça sobre o interesse público.

Na mesma linha, segue-se o princípio da proporcionalidade, cuja ideia central é conter os excessos do Estado no exercício de sua atividade jurisdicional, impedindo que o juiz imponha medidas desproporcionais aos bens jurídicos em discussão.

Em nossas aulas fazemos referência a alguns requisitos que entendemos elementares para que uma decisão seja considerada justa e razoável. O primeiro deles refere-se ao elemento adequação. Para que uma decisão seja justa e razoável, é preciso que se identifique se a decisão é adequada para alcançar a finalidade pretendida. Mas é preciso ainda que se identifique o critério da necessidade no provimento jurisdicional. Em outras palavras, é preciso que se indague se efetivamente a decisão é necessária para alcançar aquele fim, inclusive para que se identifique se não existe outro meio socialmente menos danoso para o mesmo desiderato. A partir daí pode-se falar em um princípio da proporcionalidade em sentido estrito, que se confunde com a própria métrica para a solução do conflito. Ou seja, por meio da proporcionalidade em sentido estrito identificam-se os valores em jogo no processo, que são colocados numa balança para aferir qual deles deve prevalecer. Esse princípio é deveras relevante quando se pretende solucionar conflitos entre direitos fundamentais.

O princípio do devido processo legal aplica-se também ao procedimento legislativo[8], ao procedimento administrativo – por exemplo, na apuração de multas de trânsito, irregularidades de servidor público[9] – e, no âmbito mera-

7. CATHARINO, Jose Martins. *Princípios fundamentais do direito processual do trabalho*, cit., p. 261.

8. Nesse sentido o E. STF pontuou em diversas oportunidades. MS 22.487, rel. Min. Celso de Mello; MS 22.972, rel. Min. Neri da Silveira; MS 23.334, rel. Min. Moreira Alves.

9. "*Constitucional. Administrativo. Agravo regimental. Recurso extraordinário. Ato administrativo. Devido processo legal* – 1. Para a suspensão do ato administrativo é imprescindível a prévia instauração de procedimento administrativo que assegure aos interessados a ampla defesa, em obediência ao princípio do devido processo legal, se a suposta ilegalidade não foi praticada pela própria Administração. 2. Necessidade do exame de normas infraconstitucionais – Lei n. 2.728/1962 e Lei Complementar Estadual 240/2002 – Para aferição da presença do *fumus boni iuris* e do *periculum in mora* ensejadores

mente negocial, em relação à expulsão de sócio de um clube social[10], apenas por exemplo.

No âmbito das demandas judiciais, cumpre mencionar que é próprio da dinâmica processual o seu desenvolvimento em favor da obtenção de uma finalidade, qual seja, a concretização do direito material em discussão. Daí ser elementar apresentar o processo como uma marcha para a frente, porque não se poderia imaginar no processo a prática de atos e sua posterior repetição, ou mesmo a indefinição, clara e precisa, sobre os atos e termos processuais. A preclusão apresenta-se nesse contexto como a definição de que o processo caminha rumo a uma resolução (art. 278 do CPC). Ainda nesse sentido, deve-se referir que o julgador vale-se apenas e tão somente dos mecanismos necessários para a condução da lide e sua solução, evitando as medidas desnecessárias ou que possam causar tumulto processual.

Ou seja, em todas essas hipóteses deve-se seguir os requisitos previamente estabelecidos em lei, sendo que o resultado desse processo deverá ser razoável, justo e correto. A partir do aludido princípio é estruturada uma série de outros princípios de sede igualmente constitucional, como a necessidade de ser observada a figura do juiz natural, o contraditório e ampla defesa, o tratamento paritário às partes, a proibição de provas ilícitas, a publicidade processual, a motivação das decisões, a revisibilidade das decisões, enfim, todas as demais traves mestras do sistema processual, que serão abordadas oportunamente.

3.2. Princípio do juiz e do promotor natural (arts. 5º, XXXVII e LIII, e 129, I, da CF/88)

O art. 5º, XXXVII e LIII, da CF/88 consagra o princípio do juiz natural ao prever que não haverá juízo ou tribunal de exceção e que ninguém será processado nem sentenciado senão pela autoridade competente. Em apertada síntese, tal princípio indica que deve existir, previamente, uma definição quanto ao juízo competente para apreciar determinada demanda, que esse juízo deve ser imparcial e que não se pode constituir tribunal *ad hoc*, ou seja, de exceção. A noção de juiz natural se contrapõe à noção do denominado tribunal de exce-

da concessão da medida liminar. 3. Agravo regimental improvido" (STF, RE-AgR 486.886-5/RN, 2ª Turma, rel. Min. Ellen Gracie, j. 3-2-2009, *DJe* 6-3-2009, p. 116).

10. "*Declaratória de nulidade. Ato administrativo. Expulsão sumária de sócio de clube recreativo. Inadmissibilidade* – Ofensa aos princípios do contraditório, ampla defesa e devido processo legal. Anulação do ato praticado de forma arbitrária e unilateral. Sentença mantida. Recurso improvido, com determinação" (TJSP, APL 994.01.039701-4, Ac. 4764279, Rio Claro, 8ª Câmara de Direito Privado, rel. Des. Joaquim Garcia, j. 13-10-2010, *DJeSP* 3-11-2010).

ção, em que se forma um tribunal para o julgamento de um determinado caso, por exemplo.

Do mesmo modo está assentada a noção do princípio do promotor natural. Na visão de Carlos Henrique Bezerra Leite[11], em uma visão sistêmica do Texto Constitucional, na forma dos arts. 5º, XXXVII e LIII, 127 e 129, I, da CF/88, o cidadão "tem a garantia constitucional de ver-se processado e julgado pelas autoridades competentes previamente estabelecidas nas leis processuais ou de organização judiciária". Obviamente nisso está incluído o direito de ser acionado perante o Poder Judiciário do Trabalho.

3.3. Princípio do contraditório e do amplo direito de defesa (art. 5º, LV, da CF/88, entre outros). Da colaboração processual e do comportamento processual adequado. Da vedação à decisão surpresa

Cumpre mencionar a necessidade do delineamento do denominado direito ao contraditório e à ampla defesa, ou da audiência colateral. Tal preceito poderia ser considerado uma consequência do princípio do devido processo legal, consistindo no direito fundamental das partes a uma efetiva participação no processo, capaz de permitir-lhes expor e demonstrar suas razões.

Trata-se de efetiva manifestação da democracia no processo, da possibilidade que cada parte possui de livremente influir na conclusão judicial. É possível identificar o contraditório se desdobrando em duas facetas: uma formal, por meio da qual se garante às partes o direito de serem informadas sobre tudo o que acontece no processo e de manifestarem-se sobre o que acontece, e uma material, por meio da qual as partes têm garantido o direito de influir na formação da convicção do juiz.

Esse preceito desdobra-se, ainda, na necessária imparcialidade do juízo, na colheita das influências externas, a serem utilizadas para seu julgamento. José Augusto Rodrigues Pinto apresenta a imparcialidade do juízo como crucial para a seriedade da justiça. Segundo define[12]: "A imparcialidade do juízo é crucial para a seriedade da justiça. Sendo os órgãos jurisdicionais a representação viva do Estado árbitro dos conflitos de interesse, inevitáveis a vida gregária, a equidistância consolida a base fiduciária da sociedade em sua atuação.

11. LEITE, Carlos Henrique Bezerra. *Curso de direito processual do trabalho*. 8. ed. São Paulo: LTr, 2010. p. 61.

12. PINTO, José Augusto Rodrigues. *Processo trabalhista de conhecimento*, cit., 7. ed., p. 69.

No particular, não se está aduzindo que o juiz seja neutro. Afinal, cada ser humano traz consigo suas impressões, sua história de vida, de modo que não é e nem poderia ser neutro. Como ser humano, todo juiz tem suas próprias e pessoais ideologias. No entanto, é possível apresentar a medida técnica da imparcialidade como uma garantia à concretização do contraditório e da ampla defesa. Tal afirmação assenta-se na premissa de que a imparcialidade é uma regra técnica e seu objetivo é permitir, sempre, a manifestação da parte contrária.

Em uma realidade essencialmente desigual – fundada na antinomia subordinado × subordinante, empregado x empregador – como a retratada no direito processual do trabalho, há necessidade de especial cuidado na lida com tal preceito. Porque a imparcialidade do juízo está ligada à ideia da simetria de tratamento processual das partes. Jamais se pode imaginar, dentro de um sistema processual, um tratamento privilegiado a uma das partes, sendo a ideia de imparcialidade relacionada ao próprio órgão. Mais uma vez nos socorremos das lições do mestre José Augusto Rodrigues Pinto[13], para quem:

> A igualdade (ou simetria) de tratamento das partes no processo é, em certa medida, prolongamento do princípio da imparcialidade. Distinguem-se eles, entre si, porque o da imparcialidade tem em mira o órgão, enquanto o da igualdade de tratamento visa ao sistema processual aplicado. De fato, seria inútil a isenção do juízo se não houvesse isenção do processo, consistente este em dar às partes oportunidades simétricas para o exercício dialético em que ele importa.

Daí por que reputamos inviável ao juízo que se invista, indevidamente, na figura de verdadeiro tutor de qualquer das partes (seja do empregado ou do empregador). Do contrário, estar-se-ia a dispor de tratamento desigual entre as partes, o que ensejaria flagrante desrespeito à isonomia entre elas.

Neste ponto, deve-se fazer especial menção ao conteúdo do aludido princípio, explicitado por meio do CPC. A redação do CPC, notadamente entre os arts. 6º e 10 do texto, enceta regras e valores que devem ser compreendidos conjuntamente, porque acabam por estruturar a noção de contraditório e ampla defesa desejada. O art. 6º do CPC impõe que todos os sujeitos do processo cooperem entre si para que se obtenha, em tempo razoável, decisão de mérito justa e efetiva. O dispositivo não se encontra alheio a críticas. Manoel Antonio

13. PINTO, José Augusto Rodrigues. *Processo trabalhista de conhecimento*, cit., 7. ed., p. 70.

Teixeira Filho[14], por exemplo, enxerga no preceito o desprovimento de efeitos práticos, nos seguintes termos:

> O preceito em exame, a despeito do seu propósito elogiável, tem um sentido muito mais romântico do que pragmático, pois fica difícil admitir a possibilidade de as partes, como sujeitos do processo, estando envolvidas em um conflito de interesses – que, em regra, lhes exacerba os ânimos – cooperarem entre si, para os fins previstos em lei. Sejamos francos: beira a surrealismo essa disposição do Código, até mesmo porque contraria a própria natureza humana.

A crítica dever ser acolhida, embora parcialmente. Na verdade, a lealdade processual faz coro ao mínimo ético exigido dos litigantes. Embora seja certo o confronto de teses, dada a representação do próprio direito material, às partes exige-se um comportamento processual adequado, materializado nos arts. 79 e seguintes do CPC.

O descumprimento de um comportamento processual adequado enseja a incidência daqueles dispositivos legais, com a consequente punição à parte desleal. Note-se, no particular, que o TST entende ser possível a responsabilidade solidária do advogado pelos ônus decorrentes de sua atuação temerária. Todavia, faz-se necessário o ajuizamento de ação própria[15], na forma do art. 32 da Lei n. 8.906/94, e não no bojo da mesma ação em que litigam empregado e empregador.

De todo modo, deve-se notar que o preceito encarta valor mais amplo do que a simples colaboração entre autor e réu. Na verdade, a fim de concretizar o valor do contraditório e ampla defesa, a colaboração exige que todos, não apenas autor e réu, cooperem para o fim do processo. Tal afirmação extrapola, pois, o âmbito das partes diretamente envolvidas no conflito, mas exige a colaboração também do juiz, das serventias do juízo, do perito, dos terceiros, enfim, de todos os que participem direta ou indiretamente da relação jurídica processual.

---

14. TEIXEIRA FILHO, Manoel Antonio. *Comentários ao Novo Código de Processo Civil sob a perspectiva do processo do trabalho*: Lei n. 13.105, 16 de março de 2015. São Paulo: LTr, 2015. p. 28.

15. "Recurso ordinário em ação rescisória. Multa por litigância de má-fé. Responsabilidade solidária do advogado. Ação própria. Violação do art. 32 e parágrafo único da Lei n. 8.906/1994. Nos termos do parágrafo único do art. 32 da Lei n. 8.906/1994, é imprescindível que a apuração da prática de lide temerária pelo advogado e a eventual responsabilização solidária com seu cliente ocorram perante o Juízo competente e em ação própria. Literalidade da norma vulnerada. Precedentes. Recurso ordinário conhecido e provido" (TST, RO 24200-36.2009.5.18.0000, 2ª Subseção de Dissídios Individuais, rel. Min. Alberto Luiz Bresciani de Fontan Pereira, *DEJT* 13-5-2011, p. 346).

Especial atenção merece a colaboração devida pelo juiz às partes, a fim de que o processo possa cumprir sua finalidade, como previsto. É que o juiz, concretizando o princípio do contraditório e ampla defesa, no processo cooperativo, coloca-se em posição de diálogo com as partes. Segundo Daniel Mitidiero[16]:

> O juiz do processo cooperativo é um juiz isonômico na condução do processo e assimétrico quando da decisão das questões processuais e materiais da causa. Desempenha duplo papel, pois ocupa dupla posição: paritário no diálogo, assimétrico na decisão. Visa alcançar, com isso, um ponto de equilíbrio na organização do formalismo processual, conformando-o como uma verdadeira comunidade de trabalho entre as pessoas do juízo. A cooperação converte-se em prioridade no processo.

Tal conjuntura, de outro lado, enseja que o juiz converta-se em um dos sujeitos do processo, fato que altera sua posição, inclusive para "prevenir as partes de o êxito de seus pedidos ser frustrado pelo uso inadequado do processo", para "consultar as partes antes de decidir sobre qualquer questão, possibilitando antes que essas o influenciem a respeito do rumo a ser imprimido à causa" ou mesmo quanto ao "dever de auxiliar as partes na superação de eventuais dificuldades que impeçam o exercício de direitos ou faculdades ou o cumprimento de ônus ou deveres processuais"[17].

No âmbito das demandas sujeitas à jurisdição trabalhista, a colaboração é essencial no diálogo prévio entre o juiz e as partes, por exemplo, quanto à delimitação das matérias a serem provadas, além da definição dos meios aptos à demonstração dessas mesmas matérias. Todavia, a "seleção das alegações de fato que devem ser provadas é tarefa que se acomete ao juiz no processo civil brasileiro". Ou seja, a colaboração não retira qualquer faculdade do juiz de decidir qual matéria reputa relevante para o deslinde do feito. A colaboração impõe, apenas, que o juiz dialogue com as partes acerca daquilo que se deseja comprovar e de que modo tal matéria seja relevante para o deslinde do feito.

Em outro caminho, também enseja a concretização do princípio do contraditório e ampla defesa a vedação da denominada decisão surpresa. Coube ao art. 9º do CPC a definição de que não se proferirá decisão contra uma das partes sem que ela seja previamente ouvida, excepcionando-se tal medida, todavia, quanto à tutela provisória de urgência, ou de evidência, prevista no art. 311, II e III, bem como quanto à decisão prevista no art. 701 do mesmo CPC (procedimento mo-

16. MITIDIERO, Daniel. *Colaboração no processo civil*: pressupostos sociais, lógicos e éticos. 2. ed. São Paulo: Revista dos Tribunais, 2011. p. 81.

17. MITIDIERO, Daniel. *Colaboração no processo civil*, cit., p. 85.

nitório). Vedando ainda a denominada decisão surpresa, o art. 10 do CPC determina que o juiz não pode decidir, em grau algum de jurisdição, com base em fundamento a respeito do qual não se tenha dado às partes oportunidade de se manifestar, ainda que se trate de matéria sobre a qual deva decidir de ofício. Ambos os dispositivos, os arts. 9º e 10 do CPC, reafirmam que não há contraditório e ampla defesa sem que seja conferida às partes a prerrogativa de pronunciar-se previamente sobre matéria de fato ou tese jurídica relevante para o convencimento jurisdicional.

Por meio da IN 39/2015, o TST reputou como aplicáveis ao processo do trabalho os mencionados dispositivos, nos seguintes termos:

> Art. 4º Aplicam-se ao Processo do Trabalho as normas do CPC que regulam o princípio do contraditório, em especial os arts. 9º e 10, no que vedam a decisão surpresa.
> § 1º Entende-se por "decisão surpresa" a que, no julgamento final do mérito da causa, em qualquer grau de jurisdição, aplicar fundamento jurídico ou embasar-se em fato não submetido à audiência prévia de uma ou de ambas as partes.
> § 2º Não se considera "decisão surpresa" a que, à luz do ordenamento jurídico nacional e dos princípios que informam o Direito Processual do Trabalho, as partes tinham obrigação de prever, concernente às condições da ação, aos pressupostos de admissibilidade de recurso e aos pressupostos processuais, salvo disposição legal expressa em contrário.

Quanto ao conteúdo da aludida IN 39/2015, relevante parece ser a delimitação sobre o que o TST não considera "decisão surpresa", na forma do § 2º do art. 4º. Com efeito, o TST exclui do conceito de decisão surpresa aquilo que "as partes tinham obrigação de prever, concernente às condições da ação, aos pressupostos de admissibilidade de recurso e aos pressupostos processuais, salvo disposição legal expressa em contrário". Houve nítido transbordamento da função do tribunal, na medida em que limitou a definição legal, sem qualquer autorização. Sob a cláusula geral daquilo que "as partes tinham obrigação de prever", ainda que limitadas às hipóteses das condições da ação, aos pressupostos recursais e processuais como exceção à regra da oitiva prévia da parte, talvez o TST tenha imposto fratura incontornável à previsão normativa.

Para nós, visando conferir máxima eficácia ao conteúdo do princípio do contraditório e ampla defesa, o sistema processual veda a decisão surpresa, seja no tocante a aspectos de fato ou a aspectos jurídicos. Ou seja, a fim de permitir o efetivo contraditório e ampla defesa deve ser assegurada às partes paridade de tratamento em relação ao exercício de direitos e faculdades processuais, aos meios de defesa, aos ônus, aos deveres e à aplicação de sanções processuais, competindo ao juiz zelar pelo efetivo contraditório.

3.4. Princípio da isonomia (art. 5º, *caput*, da CF/88)

O art. 5º, *caput*, da Constituição Federal impõe que todos são iguais perante a lei, sem distinção de qualquer natureza, garantindo-se aos brasileiros e aos estrangeiros residentes no País a inviolabilidade do direito à vida, à liberdade, à igualdade, à segurança e à propriedade, nos termos previstos na própria Constituição.

Ao assim proceder, determina-se como premissa do ordenamento jurídico pátrio o preceito de igualdade, do qual não se pode afastar. No particular, não se pode esquecer da clássica delimitação do aludido preceito, forjado por Antonio Carlos de Araújo Cintra, Ada Pellegrini Grinover e Cândido R. Dinamarco[18]:

> As partes e os procuradores devem merecer tratamento igualitário, para que tenham as mesmas oportunidades de fazer valer em juízo as suas razões.

Deve-se respeitar a equidistância entre as partes e o juiz, a igualdade no acesso à justiça, sem discriminação, a redução de desigualdades que dificultem o acesso à justiça, como a financeira e a igualdade no acesso às informações necessárias ao exercício do contraditório[19]. Segundo Rafael Abreu, o juiz deve atuar para "neutralizar as desigualdades" que possam afetar a atuação das partes e promover "equivalência de oportunidades" a todos os sujeitos processuais[20]. É justamente nessa igualdade, a de paridade de armas, a de influenciar o Judiciário em seu pronunciamento sobre a questão que lhe é posta, que se assenta a aludida isonomia.

Todavia, é preciso que se observe que o direito processual do trabalho possui como objeto, majoritariamente, o direito material do trabalho, forjado na necessária distinção entre as partes. Aliás, não há dúvidas de que o direito material do trabalho passou a existir porque, do ponto de vista histórico, o direito civil não foi capaz de, com a denominada igualdade entre o prestador e o tomador dos serviços, impedir o arbítrio do mais forte em face do mais fraco. Daí se poderia falar em empenamentos no referido preceito, para que sejam tratados de modo

18. CINTRA, Antonio Carlos de Araújo; GRINOVER, Ada Pellegrini; DINAMARCO, Cândido Rangel. *Teoria geral do processo*. 15. ed. São Paulo: Malheiros, 1999. p. 53.
19. DIDIER JR., Fredie. *Curso de direito processual civil*: introdução ao direito processual civil, parte geral e processo de conhecimento. 17. ed. Salvador: Juspodivm, 2015. p. 97.
20. Apud DIDIER JR., Fredie. *Curso de direito processual civil*: introdução ao direito processual civil, parte geral e processo de conhecimento, cit., p. 84.

diferente aqueles que possuem situações econômicas distintas, o que não retiraria o caráter isonômico da relação processual.

No particular, é relevante fazer o destaque no sentido de que, em essência, em nossa opinião, o direito processual deve estar calcado na simetria entre as partes. Daí por que não se poderia dizer que a Justiça do Trabalho ou o processo do trabalho proteja qualquer das partes, em homenagem ao princípio da isonomia.

Em verdade, em nossa opinião, tanto a Constituição Federal quanto a legislação de direito material do trabalho trazem presunções favoráveis ao trabalhador, sendo justamente esse o mecanismo apto a retirar o estado de desnível entre o trabalhador e o tomador de seus serviços. Em que pese autorizadas posições em sentido contrário, ao que parece, não se pode aplicar ao direito processual do trabalho preceitos que afastem a indicada isonomia, já que não se poderia fixar tratamentos processuais essencialmente diferentes, por exemplo, consagrar prazos processuais distintos, um para o trabalhador e outro para o empregador.

3.5. Princípio da inafastabilidade do Poder Judiciário (art. 5º, XXXV, da CF/88)

Após os anos de chumbo vividos pelo povo brasileiro após 1964, mais especificamente a partir da edição do Ato Institucional n. 5, de 1968, houve expressa previsão no sentido de que estariam excluídos de qualquer apreciação judicial todos os atos e seus respectivos efeitos, desde que praticados de acordo com aquele ato institucional e seus atos complementares (art. 5º, § 2º), mesmo que tal previsão afrontasse o art. 150, § 4º, da CF/67. Historicamente se tem buscado preservar o acesso ao Judiciário como valor para a sociedade brasileira. Com a redemocratização do país e a edição da Constituição Federal de 1988, natural a necessidade de reafirmação desse direito fundamental, no art. 5º, XXXV, da Carta, qual seja, o da inafastabilidade da jurisdição, no sentido de que nem a lei poderia excluir da apreciação do Poder Judiciário lesão ou ameaça a direito.

Ou seja, por mais que o Poder Judiciário tenha posições equivocadas, como qualquer instituição humana, trata-se da última voz do cidadão, em um Estado de Direito. Tal preceito foi bastante discutido a partir da edição da Lei n. 9.958/2000, por meio da qual foi inserida na CLT, como uma nova condição da ação, qual seja, a submissão obrigatória das demandas às denominadas Comissões de Conciliação Prévia, no local em que elas forem criadas. Como será abordado oportunamente, tal opção do legislador não resistiu a uma análise sob o viés essencialmente constitucional, na visão do E. STF[21]. No mesmo sentido,

21. V. Capítulo 17 – Do valor de alçada (Da Causa).

cumpre consignar a necessária discussão acerca do cabimento da arbitragem para a solução de conflitos relacionados ao direito do trabalho.

3.6. Princípio da motivação de decisões (art. 93, IX, da CF/88). Da publicidade dos atos do processo (arts. 770 da CLT e 11 do CPC). Do segredo de justiça (art. 189 do CPC)

O constituinte, ao fixar no inciso IX do art. 93 da CF/88, deixou clara a opção no sentido de que todos os julgamentos dos órgãos do Poder Judiciário serão públicos e terão fundamentadas todas as decisões, sob pena de nulidade, podendo a lei limitar a presença, em determinados atos, às próprias partes e a seus advogados, ou somente a estes, em casos nos quais a preservação do direito à intimidade do interessado no sigilo não prejudique o interesse público à informação. Ao assim dispor, o legislador definiu a fundamentação como a parte mais importante da sentença. É a partir dela que se legitima a própria atividade jurisdicional, na medida em que o exercício do poder pelo Judiciário se dá a partir e fundado em seu caráter eminentemente racional.

A atividade jurisdicional se legitima na medida em que se evidencia ao jurisdicionado que foram seguidos critérios racionais, objetivos, previamente fixados, para a obtenção da solução do conflito, no particular. É a concretização daquilo que Antonio Carlos de Araújo Cintra, Ada Pellegrini Grinover e Cândido R. Dinamarco[22] apresentam como a função política da motivação das decisões judiciais

> ... a função política da motivação das decisões judiciais, cujos destinatários não são apenas as partes e o juiz competente para julgar o recurso, mas *quisquis de poulo*, com a finalidade de aferir-se em concreto a imparcialidade do juiz e a legalidade e justiça das decisões.

Ou seja, por meio da fundamentação é que se evidencia a correção e legitimidade da decisão. Daí por que o juiz tem de fundamentar o *decisum*. Do contrário, ausente a fundamentação respectiva, deverá julgar novamente.

Dos maiores males que se pode impor à parte é o desconhecimento dos termos da demanda em que está envolvida. Não por outra razão, Franz Kafka[23] nos premia apresentando toda a insanidade capaz de residir em um processo fundado em um segredo.

---

22. CINTRA, Antonio Carlos de Araújo; GRINOVER, Ada Pellegrini; DINAMARCO, Cândido Rangel. *Teoria geral do processo*, cit., p. 68.
23. KAFKA, Franz. *O processo*. São Paulo: Martin Claret, 2000.

O princípio se refere à necessária publicidade do processo jurisdicional, que é público. Essa publicidade é assegurada pelo livre acesso dos cidadãos às audiências, às sessões dos tribunais, e outras tantas medidas em que se permite aos cidadãos ter conhecimento sobre os termos processuais com alguma liberdade. Entretanto, é preciso que reste evidenciado que o juízo pode, fundamentadamente, decretar o segredo de justiça em relação a determinado processo.

A publicidade dos atos processuais é a regra, segundo o conteúdo estampado no art. 11 do CPC. A decretação do segredo de justiça é excepcional, quando pode ser limitada a presença somente das partes, de seus advogados, de defensores públicos ou do Ministério Público, inclusive no tocante ao acesso aos autos. Tal regramento é aplicável supletivamente ao processo do trabalho.

No art. 189 do CPC está evidenciado que tramitam em segredo de justiça os processos em que o exigir o interesse público ou que dizem respeito a casamento, filiação, separação dos cônjuges, conversão desta em divórcio, alimentos e guarda de menores ou mesmo naquelas hipóteses em que constem dados protegidos pelo direito constitucional à intimidade, nos seguintes termos:

> Art. 189. Os atos processuais são públicos, todavia tramitam em segredo de justiça os processos:
> I – em que o exija o interesse público ou social;
> II – que versem sobre casamento, separação de corpos, divórcio, separação, união estável, filiação, alimentos e guarda de crianças e adolescentes;
> III – em que constem dados protegidos pelo direito constitucional à intimidade;
> IV – que versem sobre arbitragem, inclusive sobre cumprimento de carta arbitral, desde que a confidencialidade estipulada na arbitragem seja comprovada perante o juízo.
> § 1º O direito de consultar os autos de processo que tramite em segredo de justiça e de pedir certidões de seus atos é restrito às partes e aos seus procuradores.
> § 2º O terceiro que demonstrar interesse jurídico pode requerer ao juiz certidão do dispositivo da sentença, bem como de inventário e de partilha resultantes de divórcio ou separação.

A condição prevista em lei para a definição do segredo é a que *o interesse público exigir*. Trata-se, essencialmente, de um conceito jurídico indeterminado, que justamente por sua indeterminação deve ser trabalhado com muito cuidado pelo magistrado. É preciso que se identifique que certas situações podem gerar distúrbios sociais e afronta à esfera íntima de uma das partes, cabendo, no particular, o necessário exercício da razoabilidade.

Na visão de Rodolfo Pamplona Filho, a publicidade é do processo e não dos autos. Isso porque, defende, do ponto de vista essencialmente técnico, só as partes e seus procuradores podem ter acesso aos autos. Em sua leitura, o Estatuto da Ordem dos Advogados do Brasil[24] permite que o advogado tenha acesso aos autos para analisá-los previamente, mas tal prerrogativa seria uma exceção. Nesse sentido, a publicidade dos atos processuais não se confunde com a ampla disponibilidade aos próprios autos do processo para qualquer cidadão.

Pamplona Filho chama a atenção, ainda, para a previsão do inciso III do art. 189 do CPC, amplamente aplicável ao processo do trabalho, quanto ao necessário sigilo das demandas em que *constem dados protegidos pelo direito constitucional à intimidade*. Com efeito, são inúmeras as demandas em que são discutidos aspectos atinentes, por exemplo, ao sigilo fiscal, bancário ou telefônico, ou mesmo à saúde ou à intimidade das partes, fato que impõe a restrição ao acesso aos autos, a fim de que se preservem da curiosidade alheia tais questões.

3.7. Princípio da revisibilidade das decisões (duplo grau de jurisdição) e da razoável duração do processo (art. 5º, LV e LXXVIII, da CF/88, entre outros)

Dentro da sistemática constitucional do direito processual, outro princípio a que se pode fazer referência é o da revisibilidade das decisões ou do duplo grau de jurisdição. Identifica-se tal preceito como aquele que determinaria como direito da parte o de subordinar determinada decisão judicial ao controle por parte do próprio Poder Judiciário. Na lição de Antonio Carlos de Araújo Cintra, Ada Pellegrini Grinover e Cândido R. Dinamarco[25]:

> Esse princípio indica a possibilidade de revisão, por via de recurso, das causas já julgadas pelo juiz de primeiro grau (ou primeira instância), que corresponde à denominada jurisdição inferior. Garante, assim, um novo julgamento por parte dos órgãos da "jurisdição superior", ou de segundo grau (também denominada de segunda instância).

O art. 5º, LV, da CF/88, ao definir que aos litigantes, em processo judicial ou administrativo, e aos acusados em geral são assegurados o contraditório e ampla

24. Lei n. 8.906/94: "Art. 7º São direitos do advogado: (...) XIII – examinar, em qualquer órgão dos Poderes Judiciário e Legislativo, ou da Administração Pública em geral, autos de processos findos ou em andamento, mesmo sem procuração, quando não estejam sujeitos a sigilo, assegurada a obtenção de cópias, podendo tomar apontamentos".

25. CINTRA, Antonio Carlos de Araújo; GRINOVER, Ada Pellegrini; DINAMARCO, Cândido Rangel. *Teoria geral do processo*, cit., p. 73.

defesa, com os meios e recursos a ela inerentes, teria assegurado tal princípio. Ou seja, com base naquele dispositivo não é possível aferir a positivação do princípio. No entanto, é possível vislumbrá-lo a partir de todo o arcabouço normativo vigente, que define uma estrutura recursal formada por diversos tribunais, em uma sistemática eminentemente piramidal, na qual os Tribunais Superiores encontram-se no cume e os demais, na base da pirâmide.

De todo modo, há entendimento na doutrina e na jurisprudência, que coaduna com o nosso, indicando como inexistente o duplo grau de jurisdição na condição de princípio constitucional porquanto a Constituição não o prevê expressamente, além de ser possível seu exercício apenas na medida do quanto a lei disciplinar. No mesmo sentido, Mauro Schiavi[26].

No caso específico do direito processual do trabalho, deve-se apontar para o art. 2º, § 4º, da Lei n. 5.584/70, que, ao prever a inviabilidade de qualquer recurso contra as sentenças proferidas nos dissídios da alçada (sob o rito sumário) – salvo no que toca à afronta ao Texto Constitucional –, teria o condão de demonstrar a inviabilidade de um duplo grau de jurisdição com o caráter geral e irrestrito que se pretende impor. Isso porque, se o valor da causa for fixado em quantia inferior ao dobro do salário mínimo, não caberá recurso, salvo se a demanda versar sobre matéria constitucional. Ora, os tribunais não negam eficácia ou validade àquele dispositivo legal. Parece-nos que, se houvesse um princípio constitucional do duplo grau de jurisdição, seria inequívoca a inconstitucionalidade do dispositivo[27].

Todavia, já é possível fazer o contraponto ao aludido preceito, porque já se fala em um direito fundamental a um processo sem dilações indevidas. Ou seja, o direto da parte à prestação jurisdicional em um tempo razoável. Pode-se dizer que, a partir da Emenda Constitucional n. 45/2004 e com a inclusão do inciso LXXVIII no art. 5º da CF/88 – por meio do qual foi assegurado a todos, no âmbito judicial e administrativo, a razoável duração do processo e os meios que garantam a celeridade de sua tramitação –, foi consagrado o direito à razoável duração do processo.

Em que pese não existirem critérios legais para se definir a razoabilidade desse tempo, por uma questão de lógica é possível identificar alguns mecanismos para a aferição da mencionada razoabilidade, seja a partir da ponderação da complexidade do assunto discutido, da posição fixada pelo próprio Poder

26. SCHIAVI, Mauro. *Manual de direito processual do trabalho*. 3. ed. São Paulo: LTr, 2010. p. 81.

27. Merece destaque, ainda, a posição de Alfredo Ruprecht, para quem a Justiça do Trabalho possui instância única.

Judiciário a respeito do tema, do comportamento das partes e de seus procuradores, do juiz no processo ou mesmo acerca da eficácia na implementação da decisão judicial.

De todo modo, não se pode ignorar que o direito processual do trabalho cuida de implementar o direito material do trabalho – que está relacionado à própria vida e existência do trabalhador. Daí por que se pode dizer, com alguma tranquilidade, que o direito processual do trabalho historicamente foi estruturado para que os litígios fossem resolvidos o mais rapidamente possível, seja limitando a oportunidade recursal, sobrelevando o favorecimento da conciliação ou mesmo definindo um procedimento sensivelmente mais célere que aquele apresentado perante o direito processual civil comum.

4. PRINCÍPIOS PECULIARES DO DIREITO PROCESSUAL DO TRABALHO E DA LEGISLAÇÃO PROCESSUAL TRABALHISTA

Enfim serão tratados os preceitos que são próprios do direito processual do trabalho. De logo, cumpre o alerta ao leitor de que, como já referido, a discussão acerca da autonomia do direito processual do trabalho, em relação ao direito processual civil, determina alguma dificuldade na sistematização dos princípios que lhe sejam próprios. Apresentam-se desse modo aquelas peculiaridades que reputamos relevantes para uma adequada compreensão do sistema processual trabalhista vigente.

4.1. Princípio da proteção

Há quem sustente haver, no âmbito do processo do trabalho, condições diferenciadas entre autor e réu, o que demonstra a consagração do princípio da proteção. A instituição de ônus processuais diferentes para a ausência, na audiência inaugural, das partes, por exemplo, na forma do art. 844 da CLT, seria um exemplo de tal princípio. Segundo a compreensão que se tem do aludido artigo, na hipótese de estar ausente o reclamante a hipótese será a de extinção da demanda processual sem julgamento de mérito, com o possível novo ajuizamento, enquanto, se ausente o reclamado, a hipótese será de revelia, com a aplicação da pena de confissão, no caso concreto.

No mesmo sentido, fundado no princípio da proteção, há quem entenda possível a cominação de responsabilidade ao ex-sócio pelos débitos da executada, independentemente do prazo previsto nos arts. 1.003 e 1.032 do CC:

> Agravo de petição. Responsabilidade de ex-sócio da executada. – Inaplicável nesta Justiça do Trabalho os arts. 1.003 e 1.032 do Código Civil, diante da aplicação do

> princípio da proteção, devendo ser mantido o redirecionamento da execução contra o ex-sócio da executada que se beneficiou do trabalho do exequente. (...) (1ª Vara do Trabalho de Canoas, RS 0035100-81.2008.5.04.0201, rel. Clóvis Fernando Schuch Santos, j. 17-11-2011).

De todo modo, não nos parece aplicável o princípio da proteção no âmbito das relações processuais do trabalho, porquanto a relação processual encontra-se estruturada a partir da noção de igualdade entre as partes. Assim, não parece haver um valor atinente à proteção de uma parte, em detrimento da outra. Na melhor das hipóteses, como já mencionado, o sistema processual pode e efetivamente faculta alguns benefícios em favor de uma das partes, sejam episódicos ou mesmo sistêmicos, justamente a fim de reduzir as desigualdades entre os polos da relação processual, ou retirar uma das partes de condição desproporcionalmente desfavorável ao exercício de sua pretensão, mas tal conjuntura não permite a conclusão da existência do aludido princípio. Nesse sentido, o TRT da 5ª Região, por exemplo, negou a aplicação do princípio nas relações processuais:

> PRINCÍPIO DA PROTEÇÃO. PROCESSO DO TRABALHO. ÔNUS DA PROVA. APLICAÇÃO. IMPOSSIBILIDADE. A aplicação do princípio da proteção na análise da prova vulnera o princípio maior do juiz natural, garantido constitucionalmente, o qual possui natureza tridimensional: a) não haverá juízo ou tribunal de exceção; b) todos têm o direito de submeter-se a julgamento por juiz competente e pré-constituído na forma da lei; c) o juiz competente tem de ser imparcial. De fato, entender que as regras do ônus da prova deverão ser deturpadas no processo do trabalho, sempre em benefício do empregado, significa apagar a garantia da imparcialidade do juiz, além de afrontar os princípios da legalidade e devido processo legal a que se encontra adstrito o julgador (TRT – 5ª Região, RO 1540000220035050191/BA, 0154000-02.2003.5.05.0191, rel. Vânia Chaves, 1ª T., *DJ* 16-12-2006).

Veja-se, ademais, que existem julgados em que se reafirma a existência do aludido princípio da proteção, e sua aplicação ao processo do trabalho, embora tal valor se objetive apenas como mero facilitador do exercício da pretensão obreira, o que não se confunde com a necessária procedência total e irrestrita de seus pedidos:

> PRESCRIÇÃO DE OFÍCIO. NÃO AFRONTA AO PRINCÍPIO DA PROTEÇÃO. COMPATIBILIDADE COM O PROCESSO DO TRABALHO. PRECAUÇÕES. O princípio da proteção do processo do trabalho objetiva a facilitação da demanda proposta pelo empregado, mediante um processo equili-

brador, simplificado e célere. Assim, o princípio da proteção deve ser examinado sob o prisma processual e não material. Em outras palavras, o princípio da proteção do processo do trabalho objetiva a facilitação da demanda obreira, jamais a facilitação da procedência total e irrestrita dos seus pedidos (TRT – 15ª Região, RO 6.327/SP, 006327/2012, rel. Samuel Hugo Lima, 10-2-2012).

Ou seja, segundo o entendimento já manifestado, na melhor das hipóteses, em se concluindo existente o princípio, deve-se atentar para seus limites.

4.2. Da (extinta) representação paritária/classista

Do ponto de vista histórico, a participação dos sujeitos envolvidos nos conflitos sempre foi a tônica do direito processual do trabalho. Na verdade, se o direito material do trabalho é a legítima válvula por meio da qual se reduzem as pressões sociais relacionadas aos conflitos entre o capital e o trabalho, o direito processual do trabalho seria o instrumento por meio do qual tal válvula mostra-se socialmente.

Seja do ponto de vista histórico, seja do ponto de vista da legitimidade do próprio mecanismo judicial de resolução do conflito, entendeu-se relevante a participação de representantes de cada um dos lados dos conflitos em sua solução. E não foi diferente no caso brasileiro. Por essas plagas a presença do representante dos empregados e dos empregadores na composição dos órgãos julgadores foi a tônica até os idos dos anos 2000, quando, a partir da EC 24/99, foi extinta a representação classista na organização judiciária, extirpando-se a figura do juiz classista leigo. De todo modo, José Augusto Rodrigues Pinto[28] reputa persistente a aludida representação, ainda, embora modificada para a figura do "juiz classista de formação jurídica através das representações corporativas do Ministério Público e da Advocacia", por intermédio da figura do quinto constitucional. Ou seja, segundo defende, reduziram-se as categorias representadas, mas não se eliminou por completo a participação classista na composição dos tribunais.

De todo modo, a extinção da representação classista com a eliminação da figura dos juízes classistas na composição dos tribunais, todavia, não retirou o caráter paritário, ou melhor, a busca institucional da participação de empregados e empregadores na resolução dos conflitos surgidos no âmbito das relações de trabalho. É o que se depreende, por exemplo, da instituição das denominadas Comissões de Conciliação Prévia, segundo o conteúdo do art. 625-A da CLT, em que necessariamente se terá uma composição paritária, com representante dos empregados e dos empregadores, ou mesmo na formação das CIPAs – Comissões

28. PINTO, José Augusto Rodrigues. *Processo trabalhista de conhecimento*, cit., 7. ed., p. 76.

Internas de Prevenção de Acidentes, segundo o art. 164 da CLT, de igual composição paritária.

4.3. Conciliabilidade (arts. 764, § 1º, 846, 847, 850 e 860 da CLT)

A conciliação é preceito tão caro ao direito processual do trabalho que a própria estrutura procedimental existe em favor dela. Não por outra razão, o legislador exige a presença física das partes na audiência, oportunidade em que não apenas será produzida a prova correspondente, mas necessariamente será tentada a conciliação, segundo os arts. 846 e 850 da CLT.

Trata-se de manifestação do Estado no sentido de intervir minimamente junto aos envolvidos nos conflitos a fim de viabilizar o equacionamento das questões postas em juízo. Isso porque se deve buscar, sempre que possível, uma solução negociada do conflito.

Tal princípio, que era bem próprio do processo do trabalho, tem sido largamente utilizado no processo civil e mesmo no processo penal, por meio de mecanismos como a transação penal prevista na Lei n. 9.099/95, por exemplo.

Talvez esse seja o único princípio comum do processo do trabalho em todo o mundo, já que não é interesse de qualquer Estado que o conflito trabalhista, que essencialmente tem grandes repercussões sociais, perdure por muito tempo. Lembre-se de que o processo do trabalho cuida essencialmente de questões relacionadas a verbas salariais, e estas são a fonte de subsistência tanto do trabalhador quanto de sua família.

Assim, imaginar uma solução direta, por meio de sua manifestação de vontade e que não agrida as partes, é algo desejável em todos os sistemas do mundo, não só no Brasil.

Por fim, deve-se mencionar que o sistema processual brasileiro instaurado a partir do CPC reafirma a necessidade do estímulo à conciliação entre as partes, consoante se depreende do art. 3º, § 3º, do Texto, sendo tal preceito a reafirmação dos valores já apresentados na CLT (arts. 764, § 3º, 846, 850), razão pela aplicável ao processo do trabalho.

4.4. Instauração *ex officio* da instância ou do julgamento sem pedido (arts. 856 e 878 da CLT)

É premissa quase universal no âmbito do processo civil o fato de que cumpre à parte a formulação de sua pretensão em juízo, cabendo a este último apreciar o pedido formulado.

Tem-se como regra o fato de que o juiz encontra-se inerte até que seja ajuizada a pretensão. Todavia, a partir do ajuizamento da medida, uma vez exercido o direito de ação pela parte, a movimentação da máquina judiciária deve seguir automaticamente, até a conclusão do processo, por meio de seu julgamento.

Embora essa seja a regra, inclusive no direito processual do trabalho, ela comporta exceções, no que resta consagrado o princípio da instauração *ex officio* a instância ou do julgamento sem pedido. Isso porque há determinadas pretensões que não precisam ser provocadas por alguém. Tamanha a relevância social de determinadas lides que o feito é instaurado pelo próprio julgador. É o caso dos conflitos coletivos, na hipótese de greve.

Ao se prever que a instância será instaurada mediante representação escrita ao presidente do tribunal – que também poderá instaurá-la por iniciativa própria, conforme a disposição do art. 856 da CLT –, consagra-se o aludido princípio. No particular, note-se que a greve é um fato social, mas controlado juridicamente por uma lei que estabelece os procedimentos para seu exercício.

Por fim, como será abordado adiante, há fundadas discussões na atualidade sobre a constitucionalidade do dispositivo, diante da exigência do requisito do "comum acordo", previsto no art. 114, § 2º, da CF/88, para a instauração do dissídio coletivo.

Também se tem como exemplo do princípio quando a execução pode ser promovida por qualquer interessado, ou *ex officio* pelo próprio juiz ou presidente ou tribunal competente, nos termos do art. 878 da CLT.

No mesmo sentido, José Augusto Rodriges Pinto[29] pontua que a possibilidade de julgamento sem pedido tem ganhado profundo debate em razão da sua conexão com a instrumentalidade do procedimento, mormente no âmbito do processo do trabalho, dados os permissivos conferidos pela própria legislação nesse sentido, consoante se depreende da previsão legal que autoriza a conversão, pelo juízo, da reintegração em indenização dobrada (art. 496, CLT) e mesmo a imposição de acréscimo de 50% sobre as parcelas rescisórias incontroversas (467, CLT), ambas independente de pedido.

4.5. Triplo grau de jurisdição e instância única

Há que notar, ainda, uma característica bem própria da estruturação da Justiça do Trabalho. Do ponto de vista histórico, e mantido até os dias atuais, há uma estrutura hierarquizada desse ramo especializado, qual seja, em 1ª instância as Varas do Trabalho ou, excepcionalmente, juízes de Direito, em 2ª instância os

29. PINTO, José Augusto Rodriges. *In:* MARTINEZ, Luciano; BOUCINHAS FILHO, Jorge Cavalcanti e SILVA, Bruno Freire e (coord.). *Curso de direito processual do trabalho*. São Paulo: LTr, 2019. p. 24.

Tribunais Regionais do Trabalho, e em uma instância Superior, embora igualmente especializada, o Tribunal Superior do Trabalho.

Embora estruturado em três graus de jurisdição, ao prever que salvo se versar sobre matéria constitucional nenhum recurso será cabível das sentenças proferidas nos dissídios de alçada (quando o valor fixado para a causa não exceder de duas vezes o salário mínimo), o § 4º do art. 2º da Lei n. 5.584/70 evidencia a existência do princípio da instância única, no âmbito das demandas sujeitas ao Judiciário Trabalhista.

Ou seja, na hipótese do chamado dissídio de alçada o juiz prolata a decisão e não cabe recurso para a 2ª instância, salvo na hipótese de violação ao Texto Constitucional. Assim, se o valor da causa for fixado em quantia igual ou inferior ao dobro do salário mínimo legal, a sentença será irrecorrível, salvo em relação à matéria constitucional. Nesse sentido o TST já se pronunciou:

> RECURSO DE REVISTA. RECURSO ORDINÁRIO NÃO CONHECIDO. ALÇADA RECURSAL. VALOR ATRIBUÍDO À CAUSA INFERIOR A DOIS SALÁRIOS MÍNIMOS. CONTRIBUIÇÃO SINDICAL DE CATEGORIA PROFISSIONAL DIFERENCIADA. DISCUSSÃO DE MATÉRIA INFRACONSTITUCIONAL. Esta Corte Superior firmou entendimento no sentido de que, tendo sido atribuído à causa valor inferior ao dobro do salário mínimo, na forma do disposto no art. 2º, § 4º, da Lei n. 5.584/70, não caberá nenhum recurso, exceto se o mérito versar sobre matéria constitucional, o que não é a hipótese dos autos, visto que se trata de contribuição sindical de categoria profissional diferenciada, matéria de âmbito infraconstitucional. Recurso de revista não conhecido. (...) (TST, RR 863020135150015, rel. Maria Helena Mallmann, 5ª Turma, j. 13-5-2015, *DEJT* 22-5-2015).

Em nosso entendimento, embora minoritário na doutrina e na jurisprudência, não há falar em dissídio de alçada ou irrecorribilidade a partir da edição da Lei n. 9.957/2000, que acrescentou os arts. 852-A e seguintes à CLT, disciplinando o procedimento sumaríssimo.

4.6. Poder normativo dos Tribunais do Trabalho (arts. 867, parágrafo único, da CLT, e 114, § 2º, da CF/88)

Ao indicar a possibilidade de os Tribunais do Trabalho criarem normas abstratas capazes de definir futuras condições de trabalho, os arts. 114, § 2º, da CF/88 e 867, parágrafo único, e seguintes da CLT, consagram o poder normativo dos Tribunais do Trabalho. Com efeito, é possível afirmar que por meio dos dissídios coletivos se produzem as denominadas sentenças normativas, por intermédio das quais não se estaria definindo uma norma individualizada, para as partes formalmente constantes da relação processual, apenas, mas uma norma abstrata, aplicável a qualquer dos membros de determinada categoria econômica e profissional. Trata-se de verdadeira peculiaridade do sistema brasileiro, havendo notícia de que exista, entre os países civilizados, questão equivalente apenas na Nova Zelândia. A esmagadora maioria dos sistemas judiciários já abandonou tal mecanismo, nos estritos moldes mencionados. De todo modo, merece atenção o entendimento manifestado por Paulo Américo Maia Filho[30], no sentido da não exclusividade da sentença normativa como veículo de criação de noras regras jurídicas, sendo possível a adoção da ação civil pública como mecanismo equivalente.

4.7. Exercício da capacidade postulatória pelo leigo (*jus postulandi*) (art. 791 da CLT)

A prática judiciária leva a crer que na Justiça do Trabalho haja aquilo que se denomina *jus postulandi*, ou o direito de postular diretamente pela parte, ainda que leiga na ciência do direito. Tal expressão acaba por confundir-se com o exercício do direito de pedir em juízo por parte do leigo. Todavia, é preciso que se trate de forma adequada a expressão para que se compreenda que o *jus postulandi* é o direito de pedir em juízo, e quem o possui, em regra, é o advogado.

Contudo, como uma peculiaridade do sistema processual do trabalho, perante o Poder Judiciário Trabalhista o *jus postulandi* não é privativo do advogado. É outorgado à parte diretamente, mas somente ao empregado e ao empregador.

Os empregados e os empregadores poderão acompanhar suas reclamações pessoalmente no âmbito da instância ordinária, compreendido como tal o trâmite procedimental até o Tribunal Regional do Trabalho. Todavia, segundo o E. TST, o *jus postulandi* das partes, estabelecido no art. 791 da CLT, limita-se às Varas do Trabalho e aos Tribunais Regionais do Trabalho, não alcançando a ação rescisória, a ação cautelar, o mandado de segurança e os recursos de competência do Tribunal Superior do Trabalho, segundo a Súmula 425 do mesmo TST.

Desse modo, é possível o exercício do *jus postulandi* apenas quando figurar em juízo o trabalhador e seu empregador, não havendo que se falar nessa possibilidade para aquele que não se enquadre em tais qualificações jurídicas.

Também merece destaque a vedação legal quanto ao exercício do *jus postulandi* diretamente pelas partes, para o procedimento de homologação de acordo

30. MAIA FILHO, Paulo Américo. *A ação civil pública como via alternativa ao dissídio coletivo*: a tutela jurisdicional normativa, dos direitos sindical e de greve a das políticas públicas relativas aos Servidores. São Paulo: LTr, 2011.

extrajudicial, perante o Poder Judiciário Trabalhista. Na forma do art. 855-B da CLT, o processo de homologação de acordo extrajudicial terá início por petição conjunta, sendo obrigatória a representação das partes por advogados, segundo a expressa previsão legal.

4.8. Princípio da intervenção mínima na autonomia da vontade coletiva (art. 8º, § 3º, da CLT)

A partir da Lei n. 13.467/2017, estabeleceu-se que, no exame de convenção coletiva ou acordo coletivo de trabalho, a Justiça do Trabalho balizaria sua atuação pelo princípio da intervenção mínima na autonomia da vontade coletiva.

Como já mencionamos, tal previsão reafirma o reconhecimento das convenções e acordos coletivos de trabalho, previsto no art. 7º, XXVI, da CF/88.

Efetivamente, a partir de tais previsões, incumbe ao Poder Judiciário Trabalhista verdadeira diretriz na interpretação das convenções coletivas e sua aplicação no processo judicial.

Trata-se de um princípio positivado pelo legislador, devendo ser observado pelo Poder Judiciário em sua atuação, sempre naturalmente seguindo as balizas constitucionais da matéria.

5. TÉCNICAS DE PROCEDIMENTO NO PROCESSO DO TRABALHO

Como já referido, sob viés absolutamente mais restrito do que os princípios, as técnicas são meios destinados a obter resultados no processo e a concretização dos mesmos princípios. As técnicas não representam uma verdade absoluta ou axiomática, tampouco estruturam a prestação jurisdicional. Trata-se apenas de desdobramentos dos princípios.

Na visão de Rodrigues Pinto[31], a técnica da inquisitoriedade proporciona ao juiz maior liberdade de impulso processual e de direção do desenvolvimento da lide. Contrário à dispositividade, na qual o órgão jurisdicional deve aguardar a manifestação das partes para sua atuação, segundo o art. 765 da CLT, os Juízos e Tribunais do Trabalho terão ampla liberdade na direção do processo e velarão pelo andamento rápido das causas, podendo determinar qualquer diligência necessária ao esclarecimento delas.

Pela nítida opção do legislador no sentido de que os atos processuais mais relevantes sejam realizados em audiência (art. 843 da CLT), há evidência da opção pela técnica da oralidade, no que se consagra, igualmente, a técnica da con-

31. PINTO, José Augusto Rodrigues. *Processo trabalhista de conhecimento*, cit., 7. ed., p. 85.

centração de atos, dado que é na audiência que devem ser realizados praticamente todos os atos necessários ao desenvolvimento do processo.

Por fim, diante do aspecto histórico da provisoriedade dos denominados juízes classistas, consagrou-se perante o Poder Judiciário trabalhista a inviabilidade da identidade física do juiz com a causa, posição então firmada na Súmula 136 do TST, cancelada pelo mesmo tribunal. Não obstante o cancelamento, nota-se que persiste o entendimento daquela corte no sentido da ausência da aludida identidade, salvo se evidenciado o prejuízo às partes. Essa é, igualmente, uma técnica de procedimento. Essa tem sido a posição dos Tribunais Regionais:

> IDENTIDADE FÍSICA DO JUIZ – INCOMPATIBILIDADE COM OS DEMAIS PRINCÍPIOS QUE NORTEIAM O PROCESSO DO TRABALHO. Mesmo após o cancelamento da Súmula n. 136 pelo Colendo TST, através da Resolução n. 185/2012, não se aplica ao processo do trabalho o princípio da identidade física do Juiz, eis que incompatível com os demais princípios que norteiam este ramo do Direito, como a informalidade, oralidade, celeridade e função social do Processo do Trabalho (Processo TRT/SP n. 1000142-61.2013.5.02.0321, Recurso Ordinário. Recorrente: Maggion Indústrias de Pneus e Máquinas Ltda. Recorridos: Carlos Henrique de Sousa; e Finncoop Cooperativa de Trabalho Multiprofissionais. Origem: 11ª Vara do Trabalho de Guarulhos).

Registre-se, por derradeiro, que toda enumeração de técnicas de procedimento sempre será exemplificativa, dada a possibilidade de criação ou diversificação pela busca da efetiva prestação jurisdicional.

CAPÍTULO 3

Da Organização Judiciária Trabalhista

1. UMA VISÃO GERAL SOBRE O TEMA

Antes de fazer uma digressão acerca do delineamento normativo da estrutura do Poder Judiciário Trabalhista, é preciso identificar a posição que o fenômeno do trabalho recebeu no Texto Constitucional de 1988 e na legislação internacional.

A partir da leitura do Texto Constitucional é possível identificar, logo no art. 1º, que a República Federativa do Brasil tem como um de seus fundamentos a dignidade da pessoa humana, ladeada pelos valores sociais do trabalho e da livre-iniciativa.

Do mesmo modo, nota-se que as questões relacionadas ao valor do trabalho e os direitos dos trabalhadores foram tratados em capítulo próprio, dentro da temática dos direitos fundamentais, cláusula pétrea na forma do art. 60, § 4º, IV, do Texto.

O mesmo pode ser mais uma vez referido na dicção do art. 170 da CF/88, que igualmente consagra a valorização do trabalho e o pleno emprego como seus fundamentos.

No mesmo sentido as diversas orientações internacionais firmadas pelo Brasil, como compromisso de Estado, todas no afã de preservar os interesses dos trabalhadores, como se nota nos diversos tratados e convenções internacionais firmados e, inclusive, sua participação como Estado-Membro de órgão internacional com a mesma finalidade, qual seja a OIT – Organização Internacional do Trabalho.

No âmbito legal, não apenas todas as leis, decretos, portarias próprias à disciplina dos direitos dos trabalhadores, tais quais aqueles previstos na CLT e na legislação trabalhista esparsa, mas até mesmo a proteção penal é prevista para salvaguardar o bem jurídico do trabalho, ou a liberdade de trabalho, conforme se nota nos arts. 197 e seguintes do Código Penal brasileiro.

Aliás, é justamente a partir dessa ampla valorização do trabalho e dos direitos dos trabalhadores que se legitima a estrutura burocrática para o tratamento das questões relacionadas ao trabalho no território nacional.

Veja-se que no âmbito do Poder Executivo é de longa data a existência de órgãos destinados à regulamentação e fiscalização do trabalho no Brasil. Por meio do Decreto-lei n. 3.550, o Presidente Wenceslau Braz P. Gomes criou, em 1918, o denominado Departamento Nacional do Trabalho, aquilo que atualmente equivaleria ao Ministério do Trabalho e Emprego, estruturado nos dias de hoje segundo o Decreto-lei n. 5.063/2004.

Além dessa estrutura política central, existem as denominadas Superintendências Regionais do Trabalho, cuja missão consiste em assistir o trabalhador, zelando pelo cumprimento da legislação trabalhista em prol do bem-estar social. Tal estrutura existe para a fiscalização do regular desenvolvimento das condições do trabalho pelo mercado.

No âmbito privado, além da estruturação dos sindicatos – com regulamentação a partir dos arts. 511 e seguintes da CLT –, por força da Norma Regulamentadora n. 5 (NR 5), cuja redação atual encontra-se firmada a partir da Portaria SST n. 8/99, existem as denominadas Comissões Internas de Prevenção de Acidentes – CIPAs, de constituição obrigatória para os empregadores listados naquela NR.

Com base na relevância que o fenômeno do trabalho possui no sistema jurídico brasileiro fica clara a razão pela qual há uma especialização jurisdicional. A Justiça Especializada do Trabalho foi criada como mecanismo capaz de compreender com maior facilidade os dramas decorrentes da relação entre o capital e o trabalho e de conduzir essa tensão social da forma menos traumática possível. Assim, poder-se-ia dizer que esse segmento do Poder Judiciário estaria estruturado em favor da resolução desses conflitos e com as peculiaridades a eles atinentes.

Não cabe um estudo detalhado acerca do regime de outros ordenamentos nessas linhas. Cumpre consignar, todavia, que na verdade muitos países do mundo não constituíram, como o Brasil, uma Justiça Especializada para o trato das matérias relacionadas ao direito do trabalho. De todo modo, sempre referimos que há alguma identidade do sistema brasileiro com o atual sistema alemão, que é igualmente estruturado segundo um Judiciário especializado, em três instâncias. Ainda é preciso mencionar a notável influência do sistema italiano sobre o brasileiro ao servir como parâmetro para o nacional, mas que deixou de existir como justiça especializada nos idos de 1928, passando a competência para o trato das questões relacionadas ao trabalho à própria justiça comum.

2. CONCEPÇÃO ESTRUTURAL DA ORGANIZAÇÃO JUDICIÁRIA TRABALHISTA

Quanto à estruturação do Poder Judiciário Trabalhista, é possível identificar que os órgãos jurisdicionais e auxiliares escalonam-se em três níveis: um nacional, um regional e um local.

No nível nacional, que pode ser em grau superior ou originário, está o Tribunal Superior do Trabalho, localizado em Brasília. Trata-se de órgão de cúpula do Poder Judiciário Trabalhista, com previsão no art. 111-A da CF/88, após a EC 92/2016.

No nível regional, que pode ser em grau superior ou originário, igualmente, estão os Tribunais Regionais do Trabalho (TRTs), localizados nas capitais dos Estados, embora existam Estados que, em razão de sua pequena densidade populacional e de controvérsias relacionadas às questões de trabalho, não possuam tal estrutura, vinculando-se a um TRT adjacente, ou outros TRTs que em razão da sua densidade dividem um mesmo Estado da Federação. Em nível local, em grau inferior, correspondente à primeira instância, estão as Varas do Trabalho (art. 644 da CLT). Nas localidades onde não houver Vara do Trabalho poderá ser atribuída aos juízes de Direito, com recurso para o respectivo Tribunal Regional do Trabalho, a jurisdição trabalhista.

3. ÓRGÃOS JURISDICIONAIS

Como referido, a Justiça do Trabalho está estruturada em três graus de jurisdição.

3.1. TST – Tribunal Superior do Trabalho

O Tribunal Superior do Trabalho é composto por vinte e sete ministros togados. Surgido em 1946, em substituição ao Conselho Nacional do Trabalho, o TST tem sede na Capital Federal e jurisdição em todo o território nacional.

Tal tribunal é formado por brasileiros, com mais de trinta e cinco e menos de sessenta e cinco anos de idade, de notável saber jurídico e reputação ilibada, todos nomeados pelo presidente da República, após aprovação pela maioria absoluta do Senado Federal.

Segundo o art. 111-A, I, da CF/88, um quinto das vagas está reservado para advogados e membros do Ministério Público do Trabalho, todos com mais de dez anos de efetivo exercício de atividade profissional.

Conforme entendimento assentado pelo STF[1], se o quinto constitucional não corresponder a um número inteiro, deve-se proceder ao arredondamento de modo a preservar o próprio quinto, ou seja, o arredondamento sempre é "para cima". O número corresponde a 1/10 em favor da classe dos advogados e 1/10 em favor do Ministério Público do Trabalho.

As vagas não destinadas ao cumprimento do "quinto constitucional" são providas mediante indicação, pelo próprio TST, dentre os membros dos Tribunais Regionais do Trabalho. São igualmente nomeados pelo Presidente da República e aprovados pelo Senado.

É importante destacar que os membros do TST não egressos do "quinto constitucional" devem ser originários dos Tribunais Regionais do Trabalho, escolhidos dentre os Desembargadores Federais do Trabalho. Daí por que se pode afirmar que um Juiz do Trabalho, ainda que seja titular de Vara do Trabalho, por

---

1. "Tribunal de Justiça. Se o número total de sua composição não for divisível por cinco, arredonda-se a fração restante (seja superior ou inferior à metade) para o número inteiro seguinte, a fim de alcançar-se a quantidade de vagas destinadas ao quinto constitucional destinado ao provimento por advogados e membros do Ministério Público" (AO 493, rel. Min. Octavio Gallotti, 1ª Turma, j. 6-6-2000, *DJ* 10-11-2000, p. 81, *ementário*, v. 02011-01, p. 1).

"Constitucional. Processual. Mandado de segurança. Decadência. Ato complexo. CF, art. 94, parágrafo único. Lei n. 1.533/1951, art. 18. Constitucional. Tribunal: composição: quinto constitucional. Tribunal Regional Federal: sobra. Número total da composição que não é múltiplo de cinco. Arredondamento. CF, arts. 94 e 107, I. – I. Decadência do direito a impetração: inocorrência, tendo em vista que o ato de nomeação de juiz do TRF é ato complexo, que somente se completa com o decreto do presidente da república que, acolhendo a lista tríplice, nomeia o magistrado. A partir daí é que começa a correr o prazo do art. 18 da Lei n. 1.533/1951. – II. Um quinto da composição dos Tribunais Regionais Federais será de juízes oriundos da advocacia e do Ministério Público Federal. Esta é uma norma constitucional expressa, que há de prevalecer sobre a norma implícita, que decorre da norma expressa, no sentido de que, se um quinto e dos advogados e membros do Ministério Público Federal, quatro quintos serão dos juízes de carreira. Observada a regra de hermenêutica – a norma expressa prevalece sobre a norma implícita – força é convir que, se o número total da composição for múltiplo de cinco, arredonda-se a fração – superior ou inferior a meio – para cima, obtendo-se, então, o número inteiro seguinte. E que, se assim não for feito, o tribunal não terá na sua composição, um quinto dos juízes oriundos da advocacia e do Ministério Público Federal, com descumprimento da norma constitucional (CF, arts. 94 e 107, I) – III. Preliminares rejeitadas. Mandado de segurança deferido" (MS 22323, rel. Min. Carlos Velloso, Tribunal Pleno, j. 28-9-1995, *DJ* 19-4-1996, p. 12213, ementário, v. 1824-10, p. 2224).

exemplo, não pode tornar-se Ministro do TST sem passar pelo Tribunal Regional do qual faz parte. Inusitadamente, o mesmo juiz poderia tornar-se Ministro da Suprema Corte, dado que a exigência constitucional para o provimento para a Corte Máxima é diferente daquele fixado para o E. TST.

A competência do TST, de acordo com § 1º do art. 111-A da CF/88, é definida em lei. A Lei n. 7.701/88 a define. De todo modo, pode-se dizer que cumpre ao mesmo TST o julgamento, em grau extraordinário, dos recursos de revista e demais recursos previstos em lei interpostos contra as decisões dos TRTs, enquanto em grau ordinário, os recursos em dissídio coletivo e demais decisões originárias dos TRTs.

Nesse ponto, relevante mencionar a previsão do art. 111-A, § 3º, da CF/88, que atribui ao TST a competência originária para processar e julgar a reclamação para a preservação de sua competência e garantia da autoridade de suas decisões.

Sobre a organização interna do TST, é preciso mencionar que incumbe ao próprio Tribunal a aprovação de seu Regimento Interno, por meio do qual organiza sua estrutura, estando em vigor aquele aprovado pela Resolução Administrativa n. 1.295/2008, com algumas alterações.

O Regimento Interno do TST dispõe sobre sua organização *interna corporis*. Segundo o art. 59, são órgãos do Tribunal Superior do Trabalho o Tribunal Pleno, o Órgão Especial, a Seção Especializada em Dissídios Coletivos, a Seção Especializada em Dissídios Individuais, dividida em duas subseções, e as Turmas. Além desses, segundo o mesmo dispositivo, existem órgãos que funcionam junto ao Tribunal Superior do Trabalho, que são a Escola Nacional de Formação e Aperfeiçoamento de Magistrados do Trabalho (Enamat) e o Conselho Superior da Justiça do Trabalho (CSJT).

3.1.1. *Tribunal Pleno*

O TST tem como órgão máximo o Tribunal Pleno, formada por todos os ministros da Corte. Na forma do art. 75 do RITST, compete ao Tribunal Pleno:

> Art. 75. Compete ao Tribunal Pleno:
> I – eleger, por escrutínio secreto, o Presidente e o Vice-Presidente do Tribunal Superior do Trabalho, o Corregedor-Geral da Justiça do Trabalho, os 7 (sete) Ministros para integrar o Órgão Especial, o Diretor, o Vice-Diretor e os membros do Conselho Consultivo da Escola Nacional de Formação e Aperfeiçoamento de Magistrados do Trabalho (ENAMAT), o diretor e os membros do Centro de Formação e Aperfeiçoamento de Assessores e Servidores do Tribunal Superior do Trabalho (CEFAST); os Ministros membros do Conselho Superior da Justiça do Trabalho (CSJT) e respectivos suplentes,

os membros do Conselho Nacional de Justiça (CNJ) e o Ministro Ouvidor e seu substituto;
II – dar posse aos membros eleitos para os cargos de direção do Tribunal Superior do Trabalho, aos Ministros nomeados para o Tribunal, aos membros da direção e do Conselho Consultivo da Escola Nacional de Formação e Aperfeiçoamento de Magistrados do Trabalho (ENAMAT) e do Centro de Formação e Aperfeiçoamento de Assessores e Servidores do Tribunal Superior do Trabalho (CEFAST);
III – escolher os integrantes das listas para provimento das vagas de Ministro do Tribunal;
IV – deliberar sobre prorrogação do prazo para a posse no cargo de Ministro do Tribunal Superior do Trabalho e o início do exercício;
V – determinar a disponibilidade ou a aposentadoria de Ministro do Tribunal;
VI – opinar sobre propostas de alterações da legislação trabalhista, inclusive processual, quando entender que deve manifestar-se oficialmente;
VII – estabelecer ou alterar súmulas e outros enunciados de jurisprudência uniforme, pelo voto de pelo menos 2/3 (dois terços) de seus membros, caso a mesma matéria já tenha sido decidida de forma idêntica por unanimidade em, no mínimo, 2/3 (dois terços) das turmas, em pelo menos 10 (dez) sessões diferentes em cada uma delas, podendo, ainda, por maioria de 2/3 (dois terços) de seus membros, restringir os efeitos daquela declaração ou decidir que ela só tenha eficácia a partir de sua publicação no Diário Oficial;
VIII – julgar os Incidentes de Uniformização de Jurisprudência;
IX – decidir sobre a declaração de inconstitucionalidade de lei ou ato normativo do Poder Público, quando aprovada a arguição pelas Seções Especializadas ou Turmas;
X – aprovar e emendar o Regimento Interno do Tribunal Superior do Trabalho; e
XI – processar e julgar as reclamações destinadas à preservação de sua competência e à garantia da autoridade de suas decisões e à observância obrigatória de tese jurídica firmada em decisão com eficácia de precedente judicial de cumprimento obrigatório, por ele proferida.

Note-se, desse modo, que a atuação do Pleno do Tribunal não se circunscreve a questões jurisdicionais, apenas, mas está relacionada às questões administrativas mais relevantes dentro da estrutura do Poder Judiciário Trabalhista.

Ainda seguindo a forma regimentalmente posta, para o funcionamento do Tribunal Pleno é exigida a presença de, no mínimo, quatorze ministros.

Algumas questões exigem aprovação pela maioria absoluta dos membros do Tribunal, como a escolha dos nomes que integrarão a lista destinada ao preenchimento de vaga de ministro do Tribunal; a aprovação de emenda regimental; a eleição dos ministros para os cargos de direção do Tribunal; a aprovação, revisão ou cancelamento de súmula ou de precedente normativo; e a declaração de inconstitucionalidade de lei ou de ato normativo do Poder Público, tudo conforme disciplinado no art. 68 daquele RITST.

3.1.2. *Órgão Especial*

O Tribunal Pleno, dado que formado por todos os membros do TST, possui uma natural dificuldade de reunião. As atribuições de cada um dos ministros do E. TST são variadas. As demandas que lhes são postas, a cada dia, mais numerosas. Daí por que o constituinte definiu como possível o destacamento de alguns membros do Tribunal para a decisão sobre determinadas questões. É aquilo que se denomina Órgão Especial, cuja previsão encontra-se no art. 93, XI, da CF/88.

Tal órgão é possível nos tribunais com número superior a vinte e cinco julgadores. Sua composição deve seguir o mínimo de onze e o máximo de vinte e cinco membros e exercerá as atribuições administrativas e jurisdicionais delegadas da competência do Tribunal Pleno.

Ainda seguindo o critério constitucionalmente posto, as vagas para o Órgão Especial devem ser providas à razão da metade por antiguidade e a outra metade por eleição pelo tribunal pleno.

É preciso consignar, todavia, que na forma do art. 63 do RITST o Órgão Especial é integrado pelo Presidente e o Vice-Presidente do Tribunal, além do Corregedor-Geral da Justiça do Trabalho e sete ministros eleitos pelo Tribunal Pleno. Fazem parte desse Órgão, ainda, os sete ministros mais antigos da Corte, neles incluídos os membros da direção referidos.

O Órgão Especial possui atribuições judiciárias e administrativas, tudo na forma do art. 76 do RITST. É possível identificar as seguintes competências em matéria judiciária:

> Art. 76. Compete ao Órgão Especial:
> I – em matéria judiciária:
> a) processar e julgar as reclamações destinadas à preservação de sua competência, à garantia da autoridade de suas decisões e à observância obrigatória de tese jurídica firmada em decisão com eficácia de precedente judicial de cumprimento obrigatório, por ele proferida;
> b) julgar mandado de segurança impetrado contra atos do Presidente ou de qualquer Ministro do Tribunal, ressalvada a competência das Seções Especializadas;
> c) julgar os recursos interpostos contra decisões dos Tribunais Regionais do Trabalho em mandado de segurança de interesse de magistrados e servidores da Justiça do Trabalho;

> d) julgar os recursos interpostos contra decisão em matéria de concurso para a Magistratura do Trabalho;
> e) julgar os recursos ordinários em agravos internos interpostos contra decisões proferidas em reclamações correicionais ou em pedidos de providências que envolvam impugnação de cálculos de precatórios;
> f) julgar os recursos ordinários interpostos contra decisões proferidas em mandado de segurança impetrado contra ato do Presidente de Tribunal Regional em precatório;
> g) julgar os recursos ordinários interpostos contra decisões proferidas em reclamações quando a competência para julgamento do recurso do processo principal for a ele atribuída;
> h) julgar os agravos internos interpostos contra decisões proferidas pelo Corregedor-Geral da Justiça do Trabalho;
> i) julgar os agravos internos interpostos contra decisões que denegam seguimento a recurso extraordinário por ausência de repercussão geral da questão constitucional debatida;
> j) deliberar sobre as demais matérias jurisdicionais não incluídas na competência dos outros órgãos do Tribunal.

Mas não é só. São atribuições administrativas daquele Órgão Especial o seguinte (art. 76, II, RITST):

> II – em matéria administrativa:
> a) proceder à abertura e ao encerramento do semestre judiciário;
> b) eleger os membros do Conselho da Ordem do Mérito Judiciário do Trabalho e os das Comissões previstas neste Regimento, com observância, neste último caso, do disposto nos §§ 1º e 3º de seu art. 53;
> c) aprovar e emendar o Regulamento Geral da Secretaria do Tribunal Superior do Trabalho, o Regimento da Corregedoria-Geral da Justiça do Trabalho, o Regulamento da Ordem do Mérito Judiciário do Trabalho, os Estatutos da Escola Nacional de Formação e Aperfeiçoamento de Magistrados do Trabalho (Enamat) e do Centro de Formação e Aperfeiçoamento de Assessores e Servidores do Tribunal Superior do Trabalho (Cefast) e o Regimento Interno do Conselho Superior da Justiça do Trabalho (CSJT);
> d) propor ao Poder Legislativo, após a deliberação do Conselho Superior da Justiça do Trabalho (CSJT), a criação, extinção ou modificação de Tribunais Regionais do Trabalho e Varas do Trabalho, assim como a alteração de jurisdição e de sede destes;
> e) propor ao Poder Legislativo a criação, a extinção e a transformação de cargos e funções públicas e a fixação dos respectivos vencimentos ou gratificações;

f) escolher, mediante escrutínio secreto e pelo voto da maioria absoluta dos seus membros, Desembargador de Tribunal Regional do Trabalho para substituir temporariamente Ministro do Tribunal Superior do Trabalho;
g) aprovar a lista dos admitidos na Ordem do Mérito Judiciário do Trabalho;
h) aprovar a lotação das funções comissionadas do Quadro de Pessoal do Tribunal;
i) conceder licença, férias e outros afastamentos aos membros do Tribunal;
j) fixar e rever as diárias e as ajudas de custo do Presidente, dos Ministros e servidores do Tribunal;
l) designar as comissões temporárias para exame e elaboração de estudo sobre matéria relevante, respeitada a competência das comissões permanentes;
m) aprovar as instruções de concurso para provimento dos cargos de Juiz do Trabalho Substituto;
n) aprovar as instruções dos concursos para provimento dos cargos do Quadro de Pessoal do Tribunal e homologar seu resultado final;
o) julgar os recursos de decisões ou atos do Presidente do Tribunal em matéria administrativa;
p) julgar os recursos interpostos contra decisões dos Tribunais Regionais do Trabalho em processo administrativo disciplinar envolvendo Magistrado, estritamente para controle da legalidade;
q) examinar as matérias encaminhadas pelo Conselho Superior da Justiça do Trabalho (CSJT);
r) aprovar a proposta orçamentária da Justiça do Trabalho;
s) julgar os recursos ordinários interpostos contra agravos internos em que tenha sido apreciada decisão de Presidente de Tribunal Regional em precatório;
t) deliberar sobre as questões relevantes e atos normativos a que alude o art. 41, XXXIII e parágrafo único, deste Regimento.

O Órgão Especial possui como *quorum* mínimo oito ministros. Quando a deliberação tratar de disponibilidade ou aposentadoria de magistrado, deverá ser aprovada pela maioria absoluta, e, quando se tratar de relevante interesse público que fundamente a proposta de edição de Súmula, dispensadas as exigências regimentais, deverá ser aprovada por dois terços dos votos dos ministros do Órgão Especial.

3.1.3. *Seções Especializadas*

Além das atribuições referidas, que, embora numerosas, não correspondem à maior parte das demandas submetidas ao TST, é preciso destacar que o Tribunal é dividido em grupos especializados no trato das questões relacionadas aos dissídios coletivos, quais sejam, a Seção de Dissídios Coletivos (SDC) e a Seção de Dissídios Individuais (SDI).

A Seção Especializada em Dissídios Coletivos (SDC) possui nove membros, inclusive o Presidente, o Vice-Presidente e o Corregedor-Geral da Justiça do Trabalho. Cumpre a essa Seção, na forma do art. 70 do RITST, o julgamento, originariamente:

> I – dos dissídios coletivos de natureza econômica e jurídica, de sua competência, ou rever suas próprias sentenças normativas, nos casos previstos em lei;
> II – homologar as conciliações firmadas nos dissídios coletivos;
> III – julgar as ações anulatórias de acordos e convenções coletivas;
> IV – julgar as ações rescisórias propostas contra suas sentenças normativas;
> V – julgar os agravos regimentais contra despachos ou decisões não definitivas, proferidos pelo Presidente do Tribunal, ou por qualquer dos Ministros integrantes da Seção Especializada em Dissídios Coletivos;
> VI – julgar os conflitos de competência entre Tribunais Regionais do Trabalho em processos de dissídio coletivo;
> VII – processar e julgar as medidas cautelares incidentais nos processos de dissídio coletivo; e
> VIII – processar e julgar as ações em matéria de greve, quando o conflito exceder a jurisdição de um Tribunal Regional do Trabalho.

Além dessas atribuições, em última instância compete à SDC julgar:

> I – os recursos ordinários interpostos contra as decisões proferidas pelos Tribunais Regionais do Trabalho em dissídios coletivos de natureza econômica ou jurídica;
> II – os recursos ordinários interpostos contra decisões proferidas pelos Tribunais Regionais do Trabalho em ações rescisórias e mandados de segurança pertinentes a dissídios coletivos e em ações anulatórias de acordos e convenções coletivas;
> III – os embargos infringentes interpostos contra decisão não unânime proferida em processo de dissídio coletivo de sua competência originária, salvo se a decisão embargada estiver em consonância com precedente normativo do Tribunal Superior do Trabalho, ou com Súmula de sua jurisprudência predominante; e
> IV – os agravos de instrumento interpostos contra despacho denegatório de recurso ordinário nos processos de sua competência.

Além da SDC, para a solução dos conflitos envolvendo os dissídios individuais existe a Seção Especializada em Dissídios Individuais (SDI), formada por vinte e um ministros, sendo desses o Presidente e o Vice-Presidente do Tribunal, o Corregedor-Geral da Justiça do Trabalho e mais dezoito ministros. Tal Seção funciona em composição plena ou dividida em duas subseções para julgamento dos processos de sua competência.

A Subseção I Especializada em Dissídios Individuais (SBDI I) é formada por quatorze ministros, sendo destes o Presidente, o Vice-Presidente e o Corregedor-Geral e mais onze ministros, preferencialmente os Presidentes de Turma. Para seu funcionamento é exigida a presença de, no mínimo, oito ministros, ou seja, sua maioria absoluta. Em sua composição, a SBDI I deve contemplar pelo menos um e no máximo dois ministros de cada Turma. A SBDI I possui a atribuição de julgar os embargos interpostos contra decisões divergentes das Turmas, ou destas que divirjam de decisão da Seção de Dissídios Individuais, de orientação jurisprudencial ou de súmula, além de julgar os agravos e os agravos regimentais interpostos contra despacho exarado em processos de sua competência.

Já a Subseção II Especializada em Dissídios Individuais (SBDI II) é formada por dez ministros, dentre os quais o Presidente e o Vice-Presidente do Tribunal, o Corregedor-Geral da Justiça do Trabalho e mais sete ministros, sendo exigida a presença de, no mínimo, seis ministros para seu funcionamento. Compete à SBDI II o julgamento das ações rescisórias propostas contra suas decisões, as da Subseção I e as das Turmas do Tribunal, os mandados de segurança contra os atos praticados pelo Presidente do Tribunal ou por qualquer dos ministros integrantes da Seção Especializada em Dissídios Individuais nos processos de sua competência, além de ações cautelares e *habeas corpus*.

Em única instância compete à SBDI II, ainda, o julgamento dos agravos e os agravos regimentais interpostos contra despacho exarado em processos de sua competência e os conflitos de competência entre Tribunais Regionais e os que envolvam juízes de Direito investidos da jurisdição trabalhista e Varas do Trabalho em processos de dissídios individuais.

A SBDI II pode funcionar, ademais, como última instância na hipótese dos recursos ordinários interpostos contra decisões dos Tribunais Regionais em processos de dissídio individual de sua competência originária e nos agravos de instrumento interpostos contra despacho denegatório de recurso ordinário em processos de sua competência.

3.1.4. *Turmas*

Os órgãos fracionários do TST mais movimentados são as Turmas. As Turmas são constituídas, cada uma, por três ministros, sendo presididas pelo mais antigo dentre os ministros que as compõem, por um período de dois anos, vedada a recondução, até que todos os seus integrantes hajam exercido a presidência.

Excepcionalmente o TST poderá convocar desembargadores do Trabalho para atuarem, temporariamente, em suas Turmas (art. 18-A do Regimento).

A cada uma das Turmas do TST cumpre julgar os recursos de revista interpostos contra decisão dos Tribunais Regionais do Trabalho, nos casos previstos em lei, os agravos de instrumento dos despachos de Presidente de Tribunal Regional que denegarem seguimento a recurso de revista, os agravos e os agravos regimentais interpostos contra despacho exarado em processos de sua competência e os recursos ordinários em ação cautelar, quando a competência para julgamento do recurso do processo principal for atribuída à Turma.

3.1.5. *Corregedoria-Geral da Justiça do Trabalho*

À Corregedoria-Geral da Justiça do Trabalho (CGJT) cumpre a fiscalização, disciplina e orientação da administração da Justiça do Trabalho sobre os Tribunais Regionais do Trabalho, seus juízes e Serviços Judiciários. Segundo o RITST, a disciplina da CGJT é definida a partir de Regimento Interno próprio.

O Corregedor-Geral da Justiça do Trabalho, assim como o Presidente e o Vice-Presidente, exerce cargo de direção do Tribunal, preenchido mediante eleição. Ao Corregedor-Geral, enquanto em suas atribuições, não concorre a distribuição de processos, participando, quando não estiver ausente em função corregedora, das sessões dos órgãos judicantes da Corte, exceto de Turmas, sempre com direito a voto.

A Corregedoria-Geral da Justiça do Trabalho possui previsão expressa no art. 709 da CLT. Uma de suas atribuições, na forma do art. 709, II, da CLT, é o julgamento da denominada reclamação correcional, espécie de recurso impróprio contra atos tumultuários do Presidente do TRT ou de juízes dos Tribunais.

3.1.6. *Conselho Superior da Justiça do Trabalho*

Trata-se de órgão que funciona junto ao TST, embora com autonomia administrativa, cabendo-lhe exercer a supervisão administrativa, orçamentária, financeira e patrimonial de todos os órgãos de primeiro e segundo graus da Justiça do Trabalho, como órgão central do sistema. Trata-se de órgão não jurisdicional, portanto.

3.1.7. *Escola Nacional de Formação e Aperfeiçoamento da Magistratura do Trabalho (Enamat)*

A Escola Nacional de Formação e Aperfeiçoamento de Magistrados do Trabalho (Enamat) é órgão que funciona junto ao Tribunal Superior do Trabalho.

Assim como o Conselho Superior, igualmente possui autonomia administrativa, cabendo-lhe, dentre outras funções, regulamentar os cursos oficiais para o ingresso e a promoção na carreira, na forma de seus estatutos.

Por intermédio da Enamat regulamentam-se os cursos oficiais para o ingresso e promoção na Magistratura. É igualmente esse órgão o responsável pela promoção e organização dos concursos para juiz do Trabalho, dos cursos de formação inicial para juízes do Trabalho, dentre outras atividades.

3.2. TRTs – Tribunais Regionais do Trabalho

Como já referido, os TRTs foram criados em 1946 em substituição aos outrora denominados Conselhos Regionais do Trabalho. Os TRTs compõem a segunda instância do Poder Judiciário do Trabalho, sendo integrados por, no mínimo, sete desembargadores, dentre brasileiros com mais de trinta e menos de sessenta e cinco anos.

Em todo o território nacional existem vinte e quatro TRTs, cada qual responsável por uma Região, na forma do art. 674 da CLT. O mesmo dispositivo indica que, como regra, temos o fato de que uma Região equivale à circunscrição de um dos Estados da Federação.

Todavia, excepcionalmente, diante da concentração de querelas relacionadas aos conflitos entre o capital e o trabalho, há hipóteses em que um mesmo Estado da Federação concentra mais de uma Região, caso do Estado de São Paulo, que divide a 2ª Região (São Paulo Capital e região metropolitana) e a 15ª Região (que abrange todo o Estado, ressalvada a competência da 2ª Região). Em sentido oposto, a 14ª Região guarnece os Estados de Rondônia e Acre. A 11ª Região atende aos Estados do Amazonas e Roraima.

Por força do art. 115 da CF/88, em seus §§ 1º e 2º, os Tribunais instalarão a Justiça Itinerante, com a realização de audiências e demais funções de atividade jurisdicional, dentro dos limites da região, além de facultar aos TRTs o funcionamento descentralizado, por meio de Câmaras Regionais.

Em sua composição, os TRTs devem contar com, no mínimo, um quinto de advogados e membros do Ministério Público do Trabalho com reputação ilibada e mais de dez anos de efetivo serviço, indicados em lista sêxtupla ao Tribunal pelos respectivos conselhos de classe. O Tribunal, por sua vez, deliberará sobre a aludida lista, encaminhando os nomes dos três mais votados à Presidência da República para a escolha de um dos nomes para nomeação.

Os demais, igualmente nomeados pela Presidência, serão juízes indicados por antiguidade e merecimento, alternadamente, dentre os que integram a primeira quinta parte mais antiga dos titulares de Vara do Trabalho.

Por previsão constitucional, mais especificamente do art. 96, I, da CF/88, os TRTs gozam de autonomia administrativa. Todavia, não se pode ignorar o papel constitucionalmente reservado aos órgãos de coordenação, dentre os quais a Corregedoria-Geral e o Conselho Superior da Justiça do Trabalho.

Assim como o Tribunal Superior do Trabalho, os TRTs possuem divisões internas necessárias ao atendimento das suas competências. É de notar, todavia, que essa divisão se torna tão mais imperiosa quanto maior for a estrutura burocrática do próprio Tribunal. Afinal, não faria sentido para um Tribunal que funcionasse com um número reduzido de desembargadores a criação de diversos órgãos internos, dado que as composições desses órgãos seriam praticamente idênticas entre si, já que deles fariam parte os mesmos membros. Todavia, é possível apresentar como equivalente, sempre, a estrutura do TST como a orientação básica entre os TRTs brasileiros.

Assim como no TST, o Tribunal Pleno é a instância máxima dentro da estrutura dos Tribunais Regionais. O Pleno é composto pela totalidade dos desembargadores do Trabalho do Regional. O Tribunal Pleno, além de competências jurisdicionais, também decide matérias administrativas.

Para aqueles TRTs com número superior a vinte e cinco membros é possível a constituição de órgão especial, com o mínimo de onze e o máximo de vinte e cinco membros, para o exercício das atribuições administrativas e jurisdicionais da competência do Tribunal Pleno, tudo na forma do art. 93, XI, da CF/88.

Delegam-se ao Órgão Especial atribuições administrativas e jurisdicionais da competência do Tribunal Pleno. Todavia, é possível notar que nos Tribunais de maior robustez, ainda que não compostos pelo Órgão Especial, tem-se a divisão do Pleno em Turmas ou grupos de Turmas, como exemplificativamente define a Lei n. 7.119/83.

Isso porque há questões de competência originária dos Tribunais, ou seja, aqueles casos em que a demanda é movida diretamente perante a 2ª instância, como é o caso das ações rescisórias, dos mandados de segurança contra atos judiciais, dos *habeas corpus* contra atos judiciais etc. Dada a relevância dessas questões, a rigor quem deveria julgar tais matérias seria o próprio Tribunal Pleno. Todavia, é possível que o Tribunal delegue para os chamados grupos de Turmas, previstos na Lei n. 7.119/83, a atribuição do julgamento. Tais grupos são chamados nos TRTs de Sessões Especializadas em Dissídios Individuais ou Sessões Especializadas em Dissídios Coletivos, seguindo estruturação equivalente à do TST.

3.3. Varas do Trabalho. Dos juízes do Trabalho

O órgão de base da estrutura do Poder Judiciário é o próprio juiz, lotado nas denominadas Varas do Trabalho. Note-se que a indicação do juiz enquanto órgão da estrutura judiciária brasileira é da Constituição Federal de 1988, que em seu art. 111 expressamente assim determina.

A regulamentação do dispositivo constitucional encontra-se na CLT, em seus arts. 647 e seguintes. Todavia, a partir da leitura do texto consolidado é possível identificar a referência às antigas Juntas de Conciliação e Julgamento. Como referido anteriormente, as JCJs correspondiam aos órgãos colegiados, formados por um juiz togado (técnico) e dois juízes classistas (um representativo das categorias profissionais e outro representativo das categorias econômicas).

Apesar de extinta a representação classista dentro do Poder Judiciário do Trabalho, por meio da EC 24/99, não se seguiu a alteração legal correspondente, de modo que em todo o texto consolidado há, ainda, a referência às Juntas de Conciliação e Julgamento.

As Varas do Trabalho, na condição de órgãos de piso, são, consequentemente, as mais numerosas dentro da estrutura judiciária, além de possuírem competência mais vasta. Isso porque a competência das Varas do Trabalho é definida residualmente. Dentro das competências do Poder Judiciário Trabalhista, aquilo que não for competência do TST ou dos TRT será, consequentemente, das Varas do Trabalho.

A criação de Varas do Trabalho depende de lei federal específica, na forma do art. 112 da CF, cuja iniciativa é do próprio TST, após sugestão do TRT envolvido, observada a efetiva demanda judicial e a população da localidade.

Embora a criação da Vara do Trabalho decorra de lei específica, o ato que define a jurisdição daquela unidade pode ser do TRT correspondente, tal qual definido no art. 28 da Lei n. 10.770/2003. Nessa hipótese o Tribunal deve adequar a jurisdição da unidade judiciária de acordo com a necessidade de agilização da prestação jurisdicional.

Não é demais reafirmar que nas hipóteses em que não houver jurisdição da Justiça do Trabalho a competência será do juiz de Direito, com recurso para o TRT respectivo, na forma do art. 112 do Texto Constitucional. Uma vez instalada a Vara do Trabalho na localidade, o feito deve seguir para a nova Vara do Trabalho, conforme entendimento assentado por meio da Súmula 10 do STJ.

Embora não faça propriamente parte da estrutura do Poder Judiciário Trabalhista, sendo cada vez mais rara sua atuação em face da expansão dos órgãos Judiciários do Trabalho em todo o território nacional, é preciso consignar, ainda, a possibilidade permitida no Texto Constitucional, no art. 112 da CF/88, de que o juiz de Direito exerça a competência trabalhista, ou seja, funcione como órgão do Poder Judiciário do Trabalho.

Com efeito, a dicção do art. 112 da CF/88 indica que as Varas do Trabalho serão criadas por lei; todavia, nas comarcas não abrangidas por sua jurisdição, poderá ser atribuída sua competência aos juízes de Direito, embora com recurso para o respectivo Tribunal Regional do Trabalho.

A previsão não é nova, mas decorre da própria conjuntura nacional. Em um país de extensão continental, sempre foi difícil a instalação e manutenção dos serviços públicos essenciais, inclusive a Justiça. Na CLT é de longa data a previsão do art. 668, que define ser a competência dos Juízos de Direito, quando investidos na administração da Justiça do Trabalho, a mesma das Varas do Trabalho.

Embora o Juízo de Direito faça parte da estrutura do Poder Judiciário dos Estados, aplicará, para a solução das demandas relacionadas ao trabalho que lhe forem subordinadas, não apenas as previsões de direito material, mas igualmente as de direito processual aplicáveis aos litígios trabalhistas, seguindo-se, assim, o rito e peculiaridades definidos na legislação celetista.

4. ÓRGÃOS AUXILIARES. ESTRUTURA POR GRAUS DA JURISDIÇÃO: SECRETARIA, CARTÓRIO, OFICIAL DE JUSTIÇA E DISTRIBUIÇÃO

O Poder Judiciário, como componente da estrutura do Estado, somente pode funcionar regularmente por intermédio de um eficaz corpo de servidores capazes de implementar as decisões judiciais, dar cumprimento aos requisitos burocráticos, enfim, praticar todos os atos capazes de dar o necessário impulso ao serviço estatal da jurisdição.

Aqui, deve-se consignar a especial relevância desses serviços. Com efeito, a prática tem demonstrado que a prolação de uma sentença ou acórdão, ainda que reflita a mais absoluta justiça, sem a adequada movimentação da máquina judiciária tem o condão de não satisfazer a quem quer que seja.

Servidores em número insuficiente, despreparados, mal pagos, que ignorem quais são suas reais atribuições são circunstâncias que não apenas contribuem para o descrédito do Poder Judiciário como efetivamente geram desgastes desnecessários para as partes, para os advogados, para o próprio magistrado, que se vê impotente diante da inviabilidade fática de implementar a verdadeira justiça.

Se nas maiores capitais brasileiras, como São Paulo, Rio de Janeiro, Salvador, Belo Horizonte, as queixas quanto à demora na prestação jurisdicional são quase uma frequência, nos rincões deste imenso país as notícias que nos chegam não são diferentes. Essa triste realidade deve ser mudada. Com efeito, os órgãos auxiliares são justamente aqueles responsáveis pela execução, implementação das ordens emanadas do juízo. Seriam as serventias, desse modo, o verdadeiro braço executivo do Poder Judiciário.

É justamente pela relevância de tais serviços que o legislador compreendeu que inexiste possibilidade de desagregação, distinção, entre a estrutura burocrática capaz de realizar tais atividades e o próprio Poder Judiciário.

No Capítulo VI do Título VIII da Consolidação das Leis do Trabalho há previsão expressa no tocante à organização daqueles órgãos auxiliares. De todo modo é possível fixar que a partir dos preceitos normativos que regem a matéria existe uma estrutura burocrática ao lado de cada um dos respectivos graus de jurisdição, capaz de dar cumprimento às obrigações legais de controle, processamento e encaminhamento das manifestações emanadas para e a partir do próprio magistrado.

Na Justiça do Trabalho, no 1º grau de jurisdição, estão alinhadas às Varas do Trabalho as Secretarias – e não cartórios, como previsto na Justiça Comum – e os Oficiais de Justiça avaliadores. Facultativamente, ainda, é possível a existência dos distribuidores.

Cada Vara possui uma secretaria. Segundo o art. 711 da CLT, competem à secretaria as seguintes atribuições:

> a) o recebimento, a autuação, o andamento, a guarda e a conservação dos processos e outros papéis que lhe forem encaminhados,
> b) a manutenção do protocolo de entrada e saída dos processos e demais papéis;
> c) o registro das decisões;
> d) a informação, às partes interessadas e seus procuradores, do andamento dos respectivos processos, cuja consulta lhes facilitará;
> e) a abertura de vista dos processos às partes, na própria secretaria;
> f) a contagem das custas devidas pelas partes, nos respectivos processos;
> g) o fornecimento de certidões sobre o que constar dos livros ou do arquivamento da secretaria;
> h) a realização das penhoras e demais diligências processuais;
> i) o desempenho dos demais trabalhos que lhe forem cometidos pelo Presidente da Junta, para melhor execução dos serviços que lhe estão afetos.

A Secretaria será composta por servidores públicos admitidos por meio de concurso público, seguindo o critério fixado pela Constituição Federal. Não há previsão legal quanto ao número de servidores em cada Secretaria. De todo modo, caberá ao TRT, administrativamente, mensurar a necessidade do serviço e a distribuição dos servidores, dentro de seu quadro de pessoal.

A direção das Secretarias é exercida por um Diretor, designado pelo Presidente do Tribunal, para exercer função de confiança, que recebe gratificação que se acresce a seu padrão remuneratório. Na prática, muitos juízes indicam o servidor que passará a exercer a função, cabendo ao Presidente do Regional apenas a adoção da forma definida em lei.

Os TRTs também terão Secretarias, dirigidas por um secretário que fará as vezes do diretor. Na hipótese de divisão interna do Tribunal, como em Turmas, por exemplo, cada uma das turmas contará com sua Secretaria, para o cumprimento das suas atribuições.

O mesmo se diga em relação ao TST. Naquele Tribunal Superior da Justiça do Trabalho igualmente existe, ao lado de cada um de seus órgãos judicantes, uma Secretaria, cujas atribuições são assimiladas como as das Secretarias dos Regionais.

Embora não façam parte, propriamente, da estrutura do Poder Judiciário Trabalhista, os Cartórios dos Juízos de Direito terão as mesmas atribuições conferidas às Secretarias das Varas do Trabalho quando se verifique a atuação dos Juízos de Direito no exercício da jurisdição trabalhista, devendo-se preservar, também nessa hipótese, a distribuição das reclamações, na hipótese de mais de um Juízo de Direito competente. De modo análogo aos diretores das Secretarias perante a Justiça do Trabalho, aos escrivães dos Juízos de Direito, quando investidos na jurisdição trabalhista, incumbirão as mesmas atribuições daqueles, já referidas.

Ainda devemos referir às funções dos Oficiais de Justiça, que desempenham cargo de absoluta relevância para o Poder Judiciário do Trabalho. Sem tal função, dificilmente se conseguiria efetivamente implementar as ordens judiciais, notadamente no que toca à fase executiva do processo.

Do ponto de vista histórico, os Oficiais de Justiça eram servidores integrados a cada Junta de Conciliação e Julgamento. Todavia, a partir de 1968, com as alterações promovidas pela Lei n. 5.442, houve a fusão das funções de avaliador judicial e de Oficial de Justiça, antes cargos isolados, sendo possível a lotação dos oficiais de justiça em órgão específico, destinado à distribuição dos mandados judiciais.

De todo modo, há previsão legal, no próprio texto consolidado, a partir do art. 721, § 5º, no sentido de que inexistindo servidor para o cargo, o juiz pode atribuir as funções a qualquer outro serventuário.

Ao fim, cumpre mencionarmos o órgão auxiliar capaz de verdadeiramente implementar o princípio do juiz natural, já mencionado. Trata-se da Distribuição, o órgão auxiliar de ocorrência facultativa, já que exigido apenas naquelas localidades em que existir mais de uma Vara do Trabalho. Ao distribuidor cumpre a Distribuição equitativa dos feitos que lhe forem apresentados, além do controle, registro e fornecimento aos interessados de certidão na qual constarão as informações sobre os feitos distribuídos.

5. MPT – MINISTÉRIO PÚBLICO DO TRABALHO

O Ministério Público do Trabalho não está inserido na estrutura judiciária trabalhista. Todavia, o art. 127 da CF/88 o define como instituição permanente, essencial à função jurisdicional do Estado, a quem incumbe a defesa da ordem jurídica, do regime democrático e dos interesses sociais e individuais indisponíveis. Inegável, pois, a relevância do órgão ministerial para o sistema jurídico brasileiro.

De outro lado, a própria CLT, em seus arts. 736 a 754, prevê a organização do Ministério Público do Trabalho, além da disciplina da Lei Complementar n. 75/93 (LC 75/93).

Em apertada síntese, é possível indicar o Ministério Público do Trabalho como uma especialização do Ministério Público Federal, ao qual incumbe a defesa dos interesses sociais relacionados ao trabalho. Na forma do art. 83 da LC 75/93, compete ao Ministério Público do Trabalho o exercício das seguintes atribuições junto aos órgãos da Justiça do Trabalho:

> I – promover as ações que lhes sejam atribuídas pela Constituição Federal e pelas leis trabalhistas;
> II – manifestar-se em qualquer fase do processo trabalhista, acolhendo solicitação do juiz ou por sua iniciativa, quando entender existente interesse público que justifique a intervenção;
> III – promover a ação civil pública no âmbito da Justiça do Trabalho, para defesa de interesses coletivos, quando desrespeitados os direitos sociais constitucionalmente garantidos;
> IV – propor as ações cabíveis para declaração de nulidade de cláusula de contrato, acordo coletivo ou convenção coletiva que viole as liberdades individuais ou coletivas ou os direitos individuais indisponíveis dos trabalhadores;
> V – propor as ações necessárias à defesa dos direitos e interesses dos menores, incapazes e índios, decorrentes das relações de trabalho;
> VI – recorrer das decisões da Justiça do Trabalho quando entender necessário, tanto nos processos em que for parte, como naqueles em que oficiar como fiscal da lei, bem como pedir revisão dos Enunciados da Súmula de Jurisprudência do Tribunal Superior do Trabalho;
> VII – funcionar nas sessões dos Tribunais Trabalhistas, manifestando-se verbalmente sobre a matéria em debate, sempre que entender necessário, sendo-lhe assegurado o direito de vista dos processos em julgamento, podendo solicitar as requisições e diligências que julgar convenientes;

> VIII – instaurar instância em caso de greve, quando a defesa da ordem jurídica ou o interesse público assim o exigir;
> IX – promover ou participar da instrução e conciliação em dissídios decorrentes da paralisação de serviços de qualquer natureza, oficiando obrigatoriamente nos processos, manifestando sua concordância ou discordância, em eventuais acordos firmados antes da homologação, resguardado o direito de recorrer em caso de violação à lei ou à Constituição Federal;
> X – promover mandado de injunção, quando a competência for da Justiça do Trabalho;
> XI – atuar como árbitro, se assim for solicitado pelas partes, nos dissídios de competência da Justiça do Trabalho;
> XII – requerer diligências que julgar convenientes para o correto andamento dos processos e para a melhor solução das lides trabalhistas;
> XIII – intervir obrigatoriamente em todos os feitos nos segundo e terceiro graus de jurisdição da Justiça do Trabalho, quando a parte for pessoa jurídica de Direito Público, Estado estrangeiro ou organismo internacional.

O Ministério Público do Trabalho é organizado em uma Procuradoria-Geral, que funciona junto ao TST e em Procuradorias Regionais, que funcionam junto aos TRT de cada uma das regiões do Brasil. Dentro da estrutura do Ministério Público do Trabalho, o Procurador-Geral do Trabalho é o chefe do Ministério Público do Trabalho. Existem ainda os denominados Procuradores Regionais do Trabalho, designados para oficiar junto aos Tribunais Regionais do Trabalho, e os Procuradores do Trabalho, lotados nos ofícios nas Procuradorias Regionais do Trabalho nos Estados e no Distrito Federal.

6. PROVIMENTO DOS ÓRGÃOS JURISDICIONAIS

Feita a análise sobre a estrutura básica do Poder Judiciário do Trabalho, é preciso, ainda, tratar dos mecanismos de investidura daqueles que fazem parte daquelas estruturas.

6.1. Ministros do Tribunal Superior do Trabalho

Já foi visto que o Tribunal Superior do Trabalho é composto por vinte e sete ministros. Seguindo a mesma simetria constitucional, o órgão de cúpula do Poder Judiciário do Trabalho é também formado por quatro quintos dentre os juízes de carreira, no caso entre os desembargadores do trabalho e, um quinto entre advogados e membros do Ministério Público, o que representa um décimo para cada uma das categorias referidas.

Para a escolha dos quatro quintos originários da carreira, o próprio TST elabora uma lista tríplice composta pelos desembargadores de quaisquer dos vinte e quatro Tribunais Regionais do país, oriundos da magistratura de carreira. Uma vez encaminhada a lista tríplice, o Presidente da República nomeia um dos três, após a aprovação pela maioria absoluta do Senado Federal.

Os ministros originários do denominado quinto constitucional são nomeados após o Conselho Federal da OAB e o Colégio de Procuradores do Ministério Público do Trabalho elaborarem suas respectivas listas sêxtuplas, as quais são submetidas ao TST, que encaminha o nome dos três mais bem votados para a Presidência da República, a quem cabe a escolha de um deles.

6.2. Juízes do Tribunal Regional do Trabalho (Desembargadores Federais do Trabalho)

Ao consignar que os Tribunais Regionais do Trabalho compõem-se de, no mínimo, sete juízes, recrutados, quando possível, na respectiva Região, e nomeados pelo Presidente da República dentre brasileiros com mais de trinta e menos de sessenta e cinco anos, o art. 115 da CF/88 aparentemente indicou, com clareza, que os componentes dos Tribunais Regionais do Trabalho são os denominados juízes de Tribunais Regionais do Trabalho. É a isso que leva uma leitura atenta do dispositivo.

No afã de uniformizar a denominação dos componentes de todos os Tribunais de 2ª Instância, cada um dos Regionais alterou seus respectivos regimentos internos, para determinar como "Desembargadores Federais do Trabalho" a denominação desses magistrados.

Sem prejuízo dessa medida, O CSJT, por meio da Resolução n. 104/2012, uniformiza as denominações das autoridades judiciárias, indicando que os vocábulos de tratamento dos Magistrados de 1ª e 2ª instâncias no âmbito da Justiça do Trabalho são uniformizados em "Juiz do Trabalho Substituto", "Juiz Titular de Vara do Trabalho" e "Desembargador do Trabalho".

O Conselho Nacional de Justiça, ao ser chamado a pronunciar-se sobre tal questão, entendeu que, embora não haja previsão legal que assim determine, não há falar em nulidade dos atos que determinaram a denominação dos juízes de Tribunal como desembargadores[2]. Pelo contrário, a nosso sentir, tal mudança facilita a identificação.

2. Procedimento de Controle Administrativo 532. Processo Eletrônico 200930000000429. Requerente: Luiz Antonio Ferreira Pacheco da Costa. Requerido: Tribunal Regional do Trabalho 18ª Região. Disponível em: <www.cnj.jus.br>.

Assim, é possível a denominação de Desembargador Federal do Trabalho para os juízes membros da Corte Regional.

Como já referido, os Tribunais Regionais do Trabalho são compostos por juízes do Trabalho, sendo destes quatro quintos originários da carreira, e um quinto originário do Ministério Público do Trabalho e da Advocacia, com mais de dez anos de exercício profissional.

Os quatro quintos mencionados são formados pela promoção, por antiguidade e merecimento, de forma alternada, entre os ocupantes dos cargos de Juiz Titular de Vara do Trabalho, seguindo-se critérios análogos às promoções dos juízes, já referidas.

Um quinto do quantitativo, de outro lado, será preenchido pelos membros do Ministério Público do Trabalho e da Advocacia, seguindo os parâmetros previstos no texto da Constituição Federal, notadamente ao art. 94, que determina a eleição de lista tríplice, pelo Tribunal, dentre os seis indicados pelos respectivos órgãos de classe.

A nomeação de todos os desembargadores do Trabalho fica a cargo do Presidente da República, na forma do art. 115 da CF/88.

6.3. Juiz do Trabalho de 1º Grau

O primeiro cargo da jurisdição trabalhista é o de Juiz do Trabalho Substituto.

Ainda na primeira instância, pode ele ser promovido para Juiz Titular do Trabalho.

Compreendamos como se dá tal provimento.

6.3.1. *Juiz do Trabalho Substituto*

A disciplina para a carreira do Juiz do Trabalho encontra-se na Lei Complementar n. 35/79 (LC 35/79), mais conhecida como Lei Orgânica da Magistratura Nacional (Loman). Por meio daquela lei complementar, determinou-se como única forma de provimento para o cargo de Juiz do Trabalho a prévia aprovação em concurso público de provas e títulos, organizado e realizado com a participação do Conselho Seccional da Ordem dos Advogados do Brasil.

Tais concursos possuem diversas fases, sendo normalmente as quatro primeiras eliminatórias, constituídas de uma prova objetiva; uma avaliação subjetiva; uma avaliação prática, conhecida como prova de sentença; uma fase oral; e uma quinta fase, meramente classificatória, qual seja, a prova de títulos.

A partir da disciplina do art. 654, § 4º, *a*, da CLT, verifica-se a condicionante apresentada pelo legislador no que toca à idade dos candidatos ao cargo. De fato, a partir daquele dispositivo se identifica como critério de admissão para o concurso que o candidato possua idade maior de vinte e cinco e menor de quarenta e cinco anos. Indaga-se: seria legítima tal condicionante?

Parece não haver dúvida quanto à ilegitimidade da exigência e de sua não recepção pela Constituição Federal de 1988. Afinal, o constituinte não apresentou qualquer condicionante relacionada à idade, mas, pelo contrário, estipulou claramente que um dos objetivos do país é justamente a não discriminação em razão da idade.

Ainda cumpre referir que o primeiro cargo de ingresso na magistratura é o de juiz do Trabalho Substituto, na forma dos arts. 654 da CLT, 93, I, da CF e 92 da Loman.

Após a aprovação, o vitaliciamento do magistrado se dá decorrido o período de dois anos de exercício do cargo, segundo o art. 95, I, da CF. A avaliação será procedida de acordo com o regimento do Tribunal. Uma vez aprovado o vitaliciamento, a perda de cargo será possível apenas após sentença transitada em julgado, jamais pela via administrativa.

Na fase inicial, o magistrado pode atuar como sucessor de outro – como juiz substituto –, oportunidade em que supre os serviços judiciários na localidade em razão das férias e ausências legais dos demais juízes; como juiz auxiliar – quando atua de forma permanente no auxílio ao juiz titular – e como juiz titular, quando é responsável pela gestão da Vara do Trabalho e suas serventias. Por isso, devemos mencionar, o juiz titular é vinculado a uma Vara específica, ao contrário do juiz substituto.

Note-se que a expressão "entrância" só tem sentido na Justiça Estadual Comum; na Justiça Federal Comum ou na Justiça Federal do Trabalho não há entrância, mas só instância. Na Justiça Comum é que existe alguma relação entre a dimensão, a complexidade ou a quantidade de processos de determinadas Varas e a posição na carreira do magistrado. Tem-se aí desde a 1ª entrância até a entrância especial.

6.3.2. *Juiz Titular de Vara do Trabalho (promoções por merecimento e antiguidade)*

Cumpre mencionar, de todo modo, que as promoções para o cargo de juiz titular seguem o critério alternado de merecimento e antiguidade.

No primeiro caso, é avaliada a produtividade e presteza no exercício da jurisdição, além da frequência e aproveitamento em cursos oficiais ou reconhecidos de aperfeiçoamento, na forma do art. 93, II, *c*, da CF.

A ideia de promoção por merecimento é literalmente uma avaliação subjetiva. O Tribunal vai escolher, dentre os juízes, aquele que considerar mais qualificado para ser Titular.

A CF tenta estabelecer algum parâmetro objetivo, qual seja, a presteza e segurança no exercício da jurisdição e pela frequência e aproveitamento em cursos reconhecidos de aperfeiçoamento, como se nota no art. 93, II, *c*. Isso porque todos os juízes têm de prestar contas de suas atividades, de sua produtividade, ou seja, como têm desenvolvido suas obrigações.

Ademais, não é apenas aquele critério o suficiente para ensejar a promoção por merecimento. Com efeito, há ainda outra limitação, traduzida naquilo que é chamado "quinto para promoção".

Na forma da alínea *b* do mesmo dispositivo, a promoção por merecimento pressupõe dois anos de exercício na respectiva entrância e integrar o juiz a primeira quinta parte da lista de antiguidade desta, salvo se não houver com tais requisitos quem aceite o lugar vago.

A partir da lista dos juízes substitutos que preenchem os requisitos da CF, ou seja, aqueles indicados acima, o Tribunal indica os três mais votados para a Presidência do Tribunal, que, então, escolherá um dos três juízes para a promoção.

Porém, será obrigatória a promoção do juiz que figure por três vezes consecutivas ou cinco alternadas na lista de merecimento.

Além do critério do merecimento, há o denominado critério da antiguidade. Em tese será promovido aquele que for o mais antigo na lista. Todavia, o mais antigo pode ser recusado, na forma do art. 93, II, *d*, da CF. Tal medida é tão excepcional que exige o *quorum* qualificado de dois terços do Tribunal. Isso porque a promoção não é simplesmente automática.

7. GARANTIAS E PROIBIÇÕES CONSTITUCIONAIS DOS ÓRGÃOS DA JURISDIÇÃO

Não há dúvidas de que para o exercício pleno da judicatura o magistrado precisa contar com rigoroso aparato que lhe assegure a necessária tranquilidade e isenção para a livre manifestação de sua consciência.

As garantias da Magistratura, assim como as da advocacia, longe de ser privilégios, são instrumentos essenciais para o próprio exercício da jurisdição e da afirmação de um Estado de Direito.

Afinal, é de indagar como uma sociedade poderia contar com a necessária imparcialidade do juiz cuja sobrevivência ou manutenção no cargo estivesse condicionada, por exemplo, ao deferimento do pedido do autor ou ao atendimento de um pleito do poder econômico.

O próprio Texto Constitucional, no art. 95, garante à Magistratura a vitaliciedade, a inamovibilidade e a irredutibilidade de subsídios.

Evidentemente tais garantias são condicionadas pelo próprio Texto, que determina ser a "vitaliciedade", no 1º grau, adquirida apenas após dois anos de exercício, dependendo a perda do cargo, nesse período, de deliberação do Tribunal a que o juiz estiver vinculado, e, nos demais casos, de sentença judicial transitada em julgado.

Deve-se fazer menção, ainda, ao fato de que, mesmo com a garantia da vitaliciedade, a Magistratura encontra-se sujeita à aposentadoria compulsória, em razão da idade, como assentado pelo STF, por meio da Súmula 36.

No mesmo sentido a inamovibilidade, que, salvo por motivo de interesse público, na forma do art. 93, VIII, da CF/88, resta assegurada aos magistrados.

Em relação à garantia da irredutibilidade de subsídios, é certo que tal garantia não envolve as obrigações de previsão constitucional, como as decorrentes das relações tributárias das quais faz parte o magistrado, por exemplo. Em outras palavras, não se poderia, sob o pretexto da irredutibilidade de subsídios, impedir a cobrança, por exemplo, do imposto de renda decorrente dos recebimentos dos magistrados, já que inclusive as obrigações tributárias possuem previsão constitucional.

Nem apenas as garantias asseguram a isenção dos juízes. Igualmente, as proibições são apresentadas como limitações aos magistrados, tudo no afã de assegurar sua necessária imparcialidade e dedicação à magistratura.

Os juízes não podem exercer, ainda que em disponibilidade, outro cargo ou função, salvo uma de magistério. Não podem receber a qualquer título custas ou participação nos processos, dedicar-se à atividade político-partidária ou mesmo receber contribuições de pessoas físicas, ressalvadas as exceções previstas em lei.

Ainda enquanto medida moralizadora, o constituinte derivado, por meio da EC 45/2004, consagrou, no art. 95, parágrafo único, V, a proibição do exercício da advocacia no Juízo ou Tribunal do qual o juiz se afastou, ao menos antes de decorridos três anos do afastamento do cargo por aposentadoria ou exoneração.

CAPÍTULO 4

Jurisdição e Competência da Justiça do Trabalho

1. CONCEITOS DE JURISDIÇÃO E COMPETÊNCIA

Ao pretender avocar para si a responsabilidade de solucionar as querelas entre os sujeitos de direito subordinados a sua soberania, o Estado foi obrigado a disciplinar o *modus operandi* de sua força, buscando, de alguma forma, discipliná-la de forma racional.

É justamente nesse contexto que se exige a adequada compreensão do próprio fenômeno da jurisdição e a disciplina da competência. Particularmente, dada a peculiaridade do presente estudo, voltado para a realidade das querelas envolvendo o fenômeno do trabalho, de forma ampla, por óbvio o estudo da jurisdição e da competência será direcionado para esse contexto.

A jurisdição, em simplificada síntese, pode ser apresentada como o poder de dizer o direito, do latim *juris dictio*. Trata-se, sob tal visão, daquela definição de soberania por meio da qual o Estado impõe-se como mecanismo apto a solucionar as querelas entre os sujeitos que lhe são subordinados. Todavia, preferimos a visão de Manoel Antonio Teixeira Filho[1], que apresenta, diante da atual complexidade das relações sociais, a jurisdição não apenas como poder, mas como verdadeiro poder-dever, já que:

> Não pode o Estado, portanto, recusar-se, injustificadamente, a prestar a tutela jurisdicional solicitada, pois a isso está preso por um rigoroso dever perante os indivíduos, historicamente assumido. (...) A jurisdição constitui um inequívoco poder-dever do Estado, que o exercita em nome da necessidade de evitar que os entrechoques de interesses individuais ou coletivos causem grave perturbação da paz social e do equilíbrio do ordenamento jurídico.

Desse modo, podemos dizer que a jurisdição seria o poder-dever estatal de dizer o direito, não de forma genérica e abstrata, mas direcionada, *in concreto*, para a solução das querelas entre as partes. Acontece que o exercício dessa atividade estatal não poderia ser aplicado, ao menos não de forma racional, de forma indiscriminada, muito menos em território tão vasto como o brasileiro. Daí por que há a necessidade de estruturarmos tal atividade estatal atribuindo-lhe parâmetros para a correta aplicação da força pública.

Nesse contexto é que se pode falar que não é nova a definição consagrada, na doutrina, no sentido de que a competência é a justa medida de jurisdição. Seria, portanto, a competência a medida ou quantidade de jurisdição, ou melhor, a definição para a própria divisão do trabalho de dizer o direito. Segundo José

1. TEIXEIRA FILHO, Manoel Antonio. *Curso de direito do trabalho*. São Paulo: LTr, 2009. v. I, p. 145.

Augusto Rodrigues Pinto[2], a competência é a própria jurisdição organizada, para alcançar a eficiência de seu exercício.

A definição das regras de competência busca a estruturação de um sistema minimamente racional, tendo em vista, inclusive, as disponibilidades materiais para o exercício da jurisdição por parte do Estado, ou mesmo o próprio acesso ao Poder Judiciário, por cada um dos envolvidos no conflito.

É o que veremos doravante.

2. CLASSIFICAÇÃO DA COMPETÊNCIA E JURISDIÇÃO DA JUSTIÇA DO TRABALHO

Em primeiro lugar, é preciso que se identifique que o Poder Judiciário brasileiro está estruturado levando em consideração a existência de uma dualidade de entes federativos, quais sejam, os Estados e a União Federal, ao menos no tocante à estruturação do Poder Judicial.

Tanto os Estados quanto a União possuem atribuições relacionadas à jurisdição. Em apertada síntese, cabe à Justiça Estadual a competência residual e à Justiça Federal a lida com os assuntos de interesse da União Federal e os entes de direito público a esta relacionados. Mas não é só.

Do ponto de vista histórico, identificaram-se determinadas matérias cujo tratamento deveria se dar de forma especializada, tais como os conflitos relacionados com o direito do trabalho, o militar, o eleitoral, por exemplo, no que foram instituídas justiças especializadas federais para resolver essas questões, com competência absoluta.

A adequada definição das regras da competência absoluta passa pela compreensão de que a estrutura normativa brasileira impõe como competências absolutas aquelas relacionadas com a matéria, com a pessoa e a função[3].

Uma vez constatada a incompetência absoluta, o juízo deve conhecê-la *ex officio*, o que pode ocorrer a qualquer tempo e grau de jurisdição. Mas cabe ao réu discuti-la antes do mérito, na forma do art. 485, § 3º, c/c o art. 337 do CPC, supletivo, sob pena de arcar com as custas do retardamento.

A disciplina da competência da Justiça do Trabalho encontra importante norte no art. 114 da CF/88, notadamente após o advento da EC 45/2004, que esclarece uma série de aspectos sobre a jurisdição trabalhista.

Dentre os diversos critérios para a fixação das regras de competência possíveis, adotam-se no caso da jurisdição trabalhista brasileira quatro orientações fun-

2. PINTO, José Augusto Rodrigues. *Processo trabalhista de conhecimento*, cit., 7. ed., p. 152.
3. LEITE, Carlos Henrique Bezerra. *Curso de direito processual do trabalho*. 8. ed. São Paulo: LTr, 2010. p. 271.

damentais, quais sejam, a classificação das competências enquanto: *a) competência material; b) competência pessoal; c) competência territorial; d) competência funcional.*

Como sempre abordamos em sala de aula, a classificação é realizada como mecanismo científico, para a sistematização do pensamento. Todavia, é preciso notar que cada classificação leva em conta os aspectos vislumbrados, não significando que um mesmo objeto não possa ser classificado em duas categorias diferentes, desde que, obviamente, tais classificações não sejam incompatíveis entre si.

Por exemplo, é possível classificar uma casa como apenas uma estrutura (em uma classificação que leve em conta os aspectos relacionados à engenharia, portanto), mas esse mesmo bem pode ser enquadrado como um ativo econômico (já que possui uma repercussão econômica positiva, em uma classificação contábil ou econômica). Ambas as classificações são factíveis.

Desse modo, embora seja possível classificar a competência seguindo aqueles critérios, para a correta definição das regras de competência é preciso que o operador do direito aplique, simultaneamente, todas as classificações, para que identifique qual o foro competente para cuidar da querela.

Seguindo a orientação de José Augusto Rodrigues Pinto[4], mas sem qualquer pretensão de exaurir o assunto, é possível indicar que a competência material reflete a definição da competência a partir do conteúdo do direito material em conflito; a competência pessoal é delimitada a partir dos sujeitos que constituem as aludidas relações materiais; a competência territorial relaciona-se aos limites geográficos do exercício da jurisdição, enquanto a competência funcional decorre da própria hierarquia dos órgãos judiciários.

No particular da jurisdição trabalhista, embora muito se tenha propalado acerca das alterações decorrentes da EC 45/2004, até o momento não se sentiu severo incremento das atividades da Justiça do Trabalho em razão das alterações decorrentes da emenda, já que o constituinte derivado, em algumas hipóteses, apenas positivou aquilo que já estava sendo interpretado pela doutrina e jurisprudência. De todo modo, oportunamente serão abordados os delineamentos cabíveis sobre o assunto.

3. ALGUMAS OBSERVAÇÕES SOBRE A VISÃO HISTÓRICA DAS REGRAS DE COMPETÊNCIA DA JUSTIÇA DO TRABALHO E A EC 45/2004

Apresentadas as noções sobre a própria delimitação da competência, cumpre-nos agora explicitar as regras para sua adequada definição, mas não sem an-

4. PINTO, José Augusto Rodrigues. *Processo trabalhista de conhecimento*, cit., 7. ed., p. 154-166.

tes indicarmos que as regras de competência seguem critérios jurídicos diversos, que ora estão afetados mais intensamente ao interesse público, como é o caso da denominada competência absoluta, ora vinculados mais ao interesse privado, *in casu*, a competência relativa[5].

Dada sua própria conformação, ficam claras as razões pelas quais, quanto ao efeito, a competência absoluta é, em regra, improrrogável, enquanto a competência relativa é passível de prorrogação.

Ao pretender redimensionar, dentre outros assuntos, justamente essa competência absoluta por parte da Justiça do Trabalho, a EC 45/2004, em nossa opinião, tratou a questão sob perfil eminentemente conservador.

De fato, sem nos aprofundarmos em cada um dos novos institutos, podemos destacá-los, mesmo alheios ao direito processual do trabalho, como favoráveis à conservação das estruturas: súmula vinculante (art. 103-A); Conselho Nacional de Justiça (art. 103-B); interstício para ingresso na Magistratura (art. 93, I); "quarentena" para reingresso na advocacia (art. 95, V).

Até mesmo aquilo que poderia soar como um grande avanço, que é a previsão do § 3º do art. 5º ("Os tratados e convenções internacionais sobre direitos humanos que forem aprovados, em cada Casa do Congresso Nacional, em dois turnos, por três quintos dos votos dos respectivos membros, serão equivalentes às emendas constitucionais"), inserido justamente na Reforma do Judiciário, somente pode ser considerado inovador por força da jurisprudência conservadora do Supremo Tribunal Federal[6], uma vez que, para os internacionalistas em

---

5. DIDIER JR., Fredie. *Curso de direito processual civil:* teoria geral do processo e processo de conhecimento. 12. ed. Salvador: Juspodivm, 2010. v. I, p. 127.

6. "A Convenção 126 da OIT reforça a arguição de inconstitucionalidade: ainda quando não se queira comprometer o Tribunal com a tese da hierarquia constitucional dos tratados sobre direitos fundamentais ratificados antes da Constituição, o mínimo a conferir-lhe é o valor de poderoso reforço à interpretação do Texto Constitucional que sirva melhor à sua efetividade: não é de presumir, em Constituição tão ciosa da proteção dos direitos fundamentais quanto a nossa, a ruptura com as convenções internacionais que se inspiram na mesma preocupação" (ADIn 1.675-MC, rel. Min. Sepúlveda Pertence, *DJ* 19-9-2003).

"Com efeito, é pacífico na jurisprudência desta Corte que os tratados internacionais ingressam em nosso ordenamento jurídico tão somente com força de lei ordinária (o que ficou ainda mais evidente em face de o art. 105, III, da Constituição que capitula, como caso de recurso especial a ser julgado pelo Superior Tribunal de Justiça como ocorre com relação à lei infraconstitucional, a negativa de vigência de tratado ou a contrariedade a ele), não se lhes aplicando, quando tendo eles integrado nossa ordem jurídica posteriormente à Constituição de 1988, o disposto no art. 5º, § 2º, pela singela razão de que não se admite emenda constitucional realizada por meio de ratificação de tratado" (HC 72.131, voto do Min. Moreira Alves, *DJ* 1º-8-2003).

"Prevalência da Constituição, no Direito brasileiro, sobre quaisquer convenções internacionais, incluídas as de proteção aos direitos humanos, que impede, no caso, a pretendida aplicação da norma do Pacto de São José: motivação. A Constituição do Brasil e as convenções internacionais

geral, a mencionada previsão formalizaria, ainda mais, o processo de adesão do Brasil aos tratados internacionais de direitos humanos, pois estes já se incorporariam automaticamente ao nosso direito positivo com sua ratificação, por força do § 1º do mesmo dispositivo ("As normas definidoras dos direitos e garantias fundamentais têm aplicação imediata")[7].

Nesse contexto, é de destacar que, na contramão da ideologia da reforma, a Justiça do Trabalho, que sempre foi muito malvista pelos setores mais conserva-

---

de proteção aos direitos humanos: prevalência da Constituição que afasta a aplicabilidade das cláusulas convencionais antinômicas. (...) Assim como não o afirma em relação às leis, a Constituição não precisou dizer-se sobreposta aos tratados: a hierarquia está ínsita em preceitos inequívocos seus, como os que submetem a aprovação e a promulgação das convenções ao processo legislativo ditado pela Constituição e menos exigente que o das emendas a ela e aquele que, em consequência, explicitamente admite o controle da constitucionalidade dos tratados (CF, art. 102, III, *b*). Alinhar-se ao consenso em torno da estatura infraconstitucional, na ordem positiva brasileira, dos tratados a ela incorporados, não implica assumir compromisso de logo com o entendimento – majoritário em recente decisão do STF (ADInMC 1.480) – que, mesmo em relação às convenções internacionais de proteção de direitos fundamentais, preserva a jurisprudência que a todos equipara hierarquicamente às leis ordinárias. Em relação ao ordenamento pátrio, de qualquer sorte, para dar a eficácia pretendida à cláusula do Pacto de São José, de garantia do duplo grau de jurisdição, não bastaria sequer lhe conceder o poder de aditar a Constituição, acrescentando-lhe limitação oponível à lei como é a tendência do relator: mais que isso, seria necessário emprestar à norma convencional força ab-rogante da Constituição mesma, quando não dinamitadoras do seu sistema, o que não é de admitir" (RHC 79.785, rel. Min. Sepúlveda Pertence, *DJ* 22-11-2002).

"Subordinação normativa dos tratados internacionais à Constituição da República. (...) Controle de constitucionalidade de tratados internacionais no sistema jurídico brasileiro. (...) Paridade normativa entre atos internacionais e normas infraconstitucionais de direito interno. (...) Tratado internacional e reserva constitucional de lei complementar. (...) Legitimidade constitucional da convenção n. 158/OIT, desde que observada a interpretação conforme fixada pelo Supremo Tribunal Federal" (ADIn 1.480-MC, rel. Min. Celso de Mello, *DJ* 18-5-2001). "(...) no tocante à alegação de ofensa ao art. 5º, § 2º, da Constituição, ela não ocorre, porquanto esse dispositivo se refere a tratados internacionais relativos a direitos e garantias fundamentais, o que não é matéria objeto da Convenção de Varsóvia e do Protocolo de Haia no tocante à limitação da responsabilidade civil do transportador aéreo internacional" (RE 214.349, rel. Min. Moreira Alves, *DJ* 11-6-1999).

7. "Considerando a natureza constitucional dos direitos enunciados nos tratados internacionais de proteção aos direitos humanos, três hipóteses poderão ocorrer. O direito enunciado no tratado internacional poderá: a) reproduzir direito assegurado pela Constituição; b) inovar o universo de direitos constitucionalmente previstos; c) contrariar preceito constitucional. Na primeira hipótese, os tratados internacionais de direitos humanos estarão a reforçar o valor jurídico de direitos constitucionalmente assegurados. Já na segunda hipótese, estes tratados estarão a ampliar e estender o elenco dos direitos constitucionais, complementando e integrando a declaração constitucional de direitos. Por fim, quanto à terceira hipótese, prevalecerá a norma mais favorável à proteção da vítima. Vale dizer, os tratados internacionais de direitos humanos inovam significativamente o universo dos direitos nacionalmente consagrados – ora reforçando sua imperatividade jurídica, ora adicionando novos direitos, ora suspendendo preceitos que sejam menos favoráveis à proteção dos direitos humanos. Em todas estas três hipóteses, os direitos internacionais constantes dos tratados de direitos humanos apenas vêm a aprimorar e fortalecer, nunca a restringir ou debilitar, o grau de proteção dos direitos consagrados no plano normativo interno" (PIOVESAN, Flávia. *Direitos humanos e o direito constitucional internacional*. São Paulo: Max Limonad, 2002. p. 20).

dores da sociedade (a ponto de, há bem pouco tempo, ter sido cogitada, sem êxito, sua extinção...), tem sido fortalecida, com a possibilidade de uma atuação maior do que outrora[8].

Do ponto de vista histórico, dispunha o *caput* do art. 114 original da Constituição Federal de 1988, *in verbis*:

> Art. 114. Compete à Justiça do Trabalho conciliar e julgar os dissídios individuais e coletivos entre trabalhadores e empregadores, abrangidos os entes de direito público externo e da Administração Pública direta e indireta dos Municípios, do Distrito Federal, dos Estados e da União, e, na forma da lei, outras controvérsias decorrentes da relação de trabalho, bem como os litígios que tenham origem no cumprimento de suas próprias sentenças, inclusive coletivas.

A análise cuidadosa desse dispositivo nos levou a concluir[9] que, na verdade, o Texto Constitucional encerrava uma *regra trina*. De fato, a norma básica de competência material da Justiça do Trabalho se desdobrava em três regras constitucionais sobre a matéria, as quais, ainda que rapidamente, devem ser assim sistematizadas:

a) competência material natural, originária ou específica;
b) competência material legal ou decorrente; e
c) competência material executória.

A "competência material natural", também conhecida como originária ou específica, nada mais era do que a atribuição da Justiça do Trabalho para conhecer e julgar os dissídios individuais e coletivos entre trabalhadores e empregadores.

Ante a inviabilidade de falar em empregador como um dos polos de uma relação jurídica sem que no outro polo o sujeito que se apresenta seja o empregado, interpretava-se como "trabalhador" a figura do empregado.

Assim, de acordo com essa regra da competência material natural, era a Justiça do Trabalho o ramo do Poder Judiciário competente para decidir todas as questões entre empregados e empregadores, os quais se acham envolvidos, a esse título (ou seja, com essa qualificação jurídica), em uma relação jurídica de

8. Sobre o tema, consulte-se o preciso trabalho de um dos mais importantes líderes da magistratura trabalhista nacional neste processo de reforma, Grijalbo Fernandes Coutinho: Ampliação da competência da Justiça do Trabalho: mudança que contraria o perfil conservador da reforma do Judiciário (*in* COUTINHO, Grijalbo Fernandes; FAVA, Marcos Neves (coord.). *Justiça do Trabalho:* competência ampliada. São Paulo: LTr, 2005. p. 92-115).

9. PAMPLONA FILHO, Rodolfo. Interpretando o art. 114 da Constituição Federal de 1988. *Revista Ciência Jurídica do Trabalho*. Belo Horizonte, ano I, n. 4, p. 9-17, abr. 1998.

emprego. Ou seja, o que importava era a qualificação jurídica de *empregado* e *empregador* para delimitar a competência. Nessa linha, havia até mesmo quem defendesse que a regra de competência da Justiça do Trabalho fosse mais de natureza pessoal do que material.

Assim, não haveria necessidade de nenhuma outra autorização legal para que ao Judiciário Trabalhista viesse a ser confiada a solução de uma lide entre esses dois sujeitos, pois a previsão constitucional bastava por si mesma.

Registre-se, inclusive, que pouco importava o tipo de relação de emprego (aqui abrangidas as relações empregatícias urbanas, rurais, domésticas, temporárias, em domicílio, entre outras). Bastava estar-se diante de relação empregatícia para a questão situar-se no âmbito de competência material da Justiça do Trabalho, independentemente de lei.

Já a regra de competência legal ou decorrente era entendida da seguinte forma: para solucionar controvérsias decorrentes de outras relações jurídicas diversas das relações de emprego, a Justiça do Trabalho só seria competente se presentes dois requisitos: a expressa previsão de uma lei atributiva dessa competência e se a relação jurídica derivasse de uma relação de trabalho.

Esse requisito encontrava fundamento na parte final do art. 114 da Constituição da República, que, depois de situar na esfera da competência da Justiça do Trabalho os dissídios entre empregados e empregadores, o fazia, também, na forma da lei, para outras controvérsias decorrentes da relação de trabalho.

A correta interpretação desse segundo requisito nos leva à conclusão de que visava ele à previsão de possibilidade de competência da Justiça do Trabalho para controvérsias trabalhistas entre sujeitos que não se enquadrem na qualificação jurídica de *trabalhadores* e/ou *empregadores*.

Assim, quando o art. 114 da CF/88 se referia à competência para julgar, "na forma da lei, outras controvérsias decorrentes da relação de trabalho", não estava se referindo a controvérsias não previstas nas normas trabalhistas entre empregadores e empregados, mas sim a litígios em que figurassem, em um ou nos dois polos da relação, sujeitos distintos das figuras citadas (afinal, os conflitos entre eles eram de sua competência material natural), embora a controvérsia fosse decorrente de uma relação de trabalho.

Observe-se, porém, que não se está a afirmar que, naquele momento histórico, toda e qualquer controvérsia oriunda de relações de trabalho poderia ser decidida pelo Judiciário Trabalhista. O que se infere da regra constitucional original é que era possível a existência de competência da Justiça do Trabalho para apreciar lides de outros sujeitos, distintos dos previstos em sua regra de competência material natural, desde que houvesse lei específica que previsse tal hipótese.

Era o caso, por exemplo, dos "dissídios resultantes de contratos de empreitadas em que o empreiteiro seja operário ou artífice" (art. 652, III, da CLT) ou das "ações entre trabalhadores portuários e os operadores portuários ou o Órgão Gestor de Mão de Obra – OGMO decorrentes da relação de trabalho" (art. 652, V, da CLT). Em ambas as situações é incontroversa a ausência do vínculo empregatício, havendo, ali relações de trabalho que eram submetidas, por norma infraconstitucional, à Justiça do Trabalho.

Outro bom exemplo constava da Lei n. 8.984/95, que, em seu art. 1º, declarava que "Compete à Justiça do Trabalho conciliar e julgar os dissídios que tenham origem no cumprimento de convenções coletivas de trabalho ou acordos coletivos de trabalho, mesmo quando ocorram entre sindicatos ou entre sindicatos de trabalhadores e empregador".

Esta última situação, inclusive, pode ser considerada extremamente didática, haja vista ser uma lide que, de forma evidente, decorre de relações de emprego, mas cujos sujeitos demandantes não estão, definitivamente, na qualificação jurídica de *empregados* e *empregadores*.

Tais ações, inclusive, eram ajuizadas na Justiça Comum[10], somente passando para o âmbito da competência da Justiça do Trabalho após a autorização legal[11].

Por fim, a terceira regra, qual seja, a da competência material executória, manifestava-se pela competência executória das próprias sentenças, o que, obviamente, é uma consequência natural da atuação estatal na jurisdição trabalhista.

---

10. "Litígio entre sindicato de trabalhadores e empregador que tem origem no cumprimento de convenção coletiva de trabalho ou acordo coletivo de trabalho. Pela jurisprudência desta Corte (assim se decidiu no RE 130.555), não havendo lei que atribua competência a Justiça Trabalhista para julgar relações jurídicas como a em causa, é competente para julgá-la a Justiça Comum. Sucede, porém, que, depois da interposição do presente recurso extraordinário, foi editada a Lei n. 8.984, de 07.02.1995, que afastou a premissa de que partiu o entendimento deste Tribunal ao julgar o RE 130.555, porquanto o art. 1º da referida lei dispõe que 'compete à Justiça do Trabalho conciliar e julgar os dissídios que tenham origem no cumprimento de convenções coletivas de trabalho e acordos coletivos de trabalho, mesmo quando ocorram entre sindicatos ou entre sindicato de trabalhadores e empregador'. E, em se tratando de recurso extraordinário interposto contra acórdão que julgou conflito de competência, não tem sentido que se deixe de aplicar a lei superveniente a interposição desse recurso, para dar-se como competente Juízo que o era antes da citada Lei, mas que deixou de sê-lo com o advento dela" (RE 131.096, rel. Min. Moreira Alves, *DJ* 29-9-1995).

11. "Ação contra sindicato pleiteando a desoneração do pagamento de contribuição confederativa estipulada em cláusula de acordo coletivo de trabalho. Art. 114 da Constituição Federal. Lei n. 8.984/1995. Não é caso de incidência da Lei n. 8.984/1995, editada com base no art. 114 da Constituição Federal, que retirou do âmbito residual deixado à Justiça Comum dos Estados a ação tendo por objeto o adimplemento de obrigação assumida em convenções ou acordos coletivos de trabalho, incluindo-se na órbita da Justiça Trabalhista, tendo em vista que tanto a sentença de primeiro grau como o acórdão recorrido foram prolatados muito antes da vigência da referida lei, quando era competente a Justiça Comum dos Estados" (RE 204.194, rel. Min. Ilmar Galvão, *DJ* 6-2-1998).

Sua importância é histórica, pois, antes do Decreto-lei n. 1.237, de 2-5-1939, a Justiça do Trabalho não detinha poder para executar suas próprias sentenças, somente podendo ser considerada parte, de fato, do Poder Judiciário a partir desse momento (embora ainda prevista no capítulo da Ordem Econômica e Social pela Carta de 1937, uma vez que, constitucionalmente, a incorporação ao Poder Judiciário apenas se tenha dado com a Constituição de 1946), tal qual já referido.

Além disso, vale destacar que, em matéria de execução de sentença, os juízes do Trabalho aplicam quase todos os ramos do direito, e não somente o que se convencionou chamar de direito do trabalho e direito processual do trabalho. Nas lapidares palavras do mestre Amauri Mascaro Nascimento[12], abre-se, aqui,

> ... uma perspectiva larga, sabendo-se que, na execução de sentenças, a Justiça do Trabalho vê-se diante de questões que envolvem a aplicação do Direito Comercial, Civil, Administrativo, e outros setores do Direito positivo, porque da penhora de bens pode resultar inúmeras questões de natureza patrimonial. A penhora é o momento em que, diante da atuação da lei no mundo físico, surgem problemas sobre as condições em que se encontram os bens penhorados, alguns onerados com hipoteca, penhor, alienação fiduciária, responsabilidade dos sócios, sucessão, arrematação, adjudicação, remição etc., questões que o Juiz do Trabalho terá de resolver, e para as quais é competente para executar as sentenças da Justiça do Trabalho.

Como se não bastasse, tal competência executória foi substancialmente ampliada, antes mesmo da Reforma do Judiciário, com o advento da EC 20/98, que inseriu o § 3º no original art. 114, estabelecendo que "Compete ainda à Justiça do Trabalho executar, de ofício, as contribuições sociais previstas no art. 195, I, *a*, e II, e seus acréscimos legais, decorrentes das sentenças que proferir".

Revistas as regras de competência material da Justiça do Trabalho antes da Reforma do Judiciário, vem à mente a pergunta que não quer calar: e como ficou depois disso? É o que veremos.

4. COMPETÊNCIA MATERIAL

A competência material trata da manifestação jurisdicional que delimita a atuação do juízo de acordo com a especialização do conteúdo do direito em conflito. Levando em conta tal leque, coube à Justiça do Trabalho a apreciação dos dissídios individuais e coletivos entre trabalhadores e empregadores e, na

12. NASCIMENTO, Amauri Mascaro. *Curso de direito processual do trabalho*, cit., p. 101.

forma da lei, outras controvérsias oriundas da relação de trabalho, sendo essa a previsão do art. 114 da CF/88, a partir da EC 45/2004, cuja transcrição realizamos a seguir:

> Art. 114. Compete à Justiça do Trabalho processar e julgar:
> I – as ações oriundas da relação de trabalho, abrangidos os entes de direito público externo e da Administração Pública direta e indireta da União, dos Estados, do Distrito Federal e dos Municípios;
> II – as ações que envolvam exercício do direito de greve;
> III – as ações sobre representação sindical, entre sindicatos, entre sindicatos e trabalhadores, e entre sindicatos e empregadores;
> IV – os mandados de segurança, *habeas corpus* e *habeas data*, quando o ato questionado envolver matéria sujeita à sua jurisdição;
> V – os conflitos de competência entre órgãos com jurisdição trabalhista, ressalvado o disposto no art. 102, I, *o*;
> VI – as ações de indenização por dano moral ou patrimonial, decorrentes da relação de trabalho;
> VII – as ações relativas às penalidades administrativas impostas aos empregadores pelos órgãos de fiscalização das relações de trabalho;
> VIII – a execução, de ofício, das contribuições sociais previstas no art. 195, I, *a*, e II, e seus acréscimos legais, decorrentes das sentenças que proferir;
> IX – outras controvérsias decorrentes da relação de trabalho, na forma da lei.

Trata-se da delimitação da competência em virtude da natureza da relação jurídica material deduzida, definida em razão da causa de pedir e do pedido. Acontece que, com a EC 45/2004, não apenas as relações de emprego serão apreciadas pela Justiça do Trabalho, mas igualmente aquelas que se relacionem com as questões puramente de trabalho, não necessariamente subordinados, portanto.

Aqui resta mais uma vez consignar que a EC 45, de 31-12-2004, modificou as regras básicas de competência da Justiça do Trabalho. Com efeito, destrinchou o prolixo *caput* do art. 114, deixando para os nove incisos seguintes a tarefa de especificar qual é a nova competência trabalhista.

É claro que, até mesmo pelo número e extensão dos incisos, não há como negar que a atuação da Justiça do Trabalho foi visivelmente ampliada. É justamente a medida dessa ampliação que tem sido discutida e gerado acirrados debates.

Para aqueles mais conservadores, tal modificação não teria vindo em benefício da sociedade, pois influenciaria negativamente a celeridade processual, tão prestigiada no processo trabalhista, uma vez que a ampliação da atuação jurisdicional impediria que os magistrados pudessem se dedicar da mesma forma de outrora à solução das lides.

Nesse mesmo diapasão, ouve-se, com certa frequência, a afirmação de que tal ampliação desvirtuaria o próprio sentido da Justiça do Trabalho, que tradicionalmente sempre foi de proteção ao trabalhador subordinado, hipossuficiente em uma desigual relação jurídica. Definitivamente, repudiamos tal raciocínio.

De fato, não é nova, ou melhor, quantas "trombetas do apocalipse" não soaram, propugnando pela inviabilidade e/ou perda da identidade da Justiça Laboral, quando houve a ampliação da competência para execução, de ofício, de contribuições previdenciárias (EC 20/98)? Ou a Lei do Rito Sumaríssimo (Lei n. 9.957/2000)? Ou, até mesmo, o fim da representação classista (EC 24/99)?

A nova redação do art. 114 da CF/88 delimitou, de algum modo, as competências da Justiça do Trabalho, cabendo a análise sobre suas hipóteses. Tentaremos esclarecer algumas daquelas hipóteses.

4.1. Ações oriundas da relação de trabalho (emprego e trabalho *lato sensu*)

O inciso I do art. 114 da CF/88 afirma ser da Justiça do Trabalho a competência para tratar as ações oriundas da relação de trabalho, abrangidos os entes de direito público externo e da Administração Pública direta e indireta da União, dos Estados, do Distrito Federal e dos Municípios. É dos dispositivos mais polêmicos, entre todos os novos dispositivos constitucionais.

Cumpre dizer que existem, basicamente, quatro compreensões quanto à extensão daquela norma. A primeira indica que não teria havido qualquer alteração quanto a seu conteúdo, porquanto a noção de trabalho, no caso específico, deve se restringir à hipótese do contrato de emprego (na forma do art. 3º da CLT). A segunda compreensão indica que seria necessário que a relação de trabalho guardasse alguma equivalência com a relação de emprego para que a Justiça do Trabalho se sagrasse competente. A terceira compreensão entende que qualquer trabalho humano, independentemente da natureza do vínculo jurídico firmado, desde que por uma pessoa física, possui o condão de impor à Justiça do Trabalho a competência para a solução do conflito. A quarta compreensão entende que a competência da Justiça do Trabalho abrange toda relação jurídica que envolva o trabalho humano, ressalvadas as relações mantidas com a Administração Pública sob o regime estatutário, e mesmo as relações de consumo. Em nossa opinião, porém, uma interpretação histórica, com o olhar no que existia outrora, bem como no processo legislativo de reforma constitucional, pode, facilmente, superar qualquer dúvida na sua compreensão.

A interpretação predominante sobre a redação originária do art. 114 da CF/88 limitava a atuação da Justiça do Trabalho à resolução dos dissídios individuais e coletivos entre trabalhadores e empregadores, ou seja, entre empregados e empregadores como sua regra natural, bem como os litígios originados no cumprimento de suas próprias sentenças, inclusive coletivas, e apenas por exceção seria possível ampliar a competência da Justiça do Trabalho, apoiando-se na possibilidade de a norma infraconstitucional trazer para o Judiciário Trabalhista as outras controvérsias decorrentes da relação de trabalho.

A competência da Justiça do Trabalho estava assentada na relação jurídica material havida entre os sujeitos do processo (empregados x empregadores). Ou seja, a competência, digamos, clássica envolveria o contrato entre empregados e empregadores, na forma dos arts. 2º e 3º da CLT, enquanto as demais questões decorrentes das relações de trabalho seriam resolvidas na medida em que a legislação infraconstitucional aproximasse da Justiça do Trabalho aquelas outras questões.

Assim, mesmo do ponto de vista histórico, não parece remanescer dúvida quanto ao fato de que a Justiça do Trabalho é a competente para o julgamento das demandas em que a relação jurídica-base seja a de emprego, na forma do art. 3º da CLT. Ou seja, a Justiça do Trabalho é a competente para apreciar as ações oriundas da relação de trabalho entre aquele que presta serviços fundada em contrato como pessoa física, de natureza não eventual, a empregador, sob a dependência deste e mediante salário. Esse o entendimento clássico da competência da Justiça do Trabalho.

No entanto, tal compreensão indicaria que o âmbito de jurisdição seria restrito aos conflitos oriundos de vínculos empregatícios, estando afastadas da apreciação da Justiça do Trabalho todas as demais modalidades contratuais que envolvessem o trabalho humano, salvo previsão legal expressa. Pois bem.

A partir da redação do inciso I do art. 114 da CF/88, parece que o constituinte derivado deixou bastante claro que aquilo que outrora era regra e exceção foi reunido, com a evidente finalidade de tutelar, valorizando e disciplinando, toda modalidade de trabalho humano. Com efeito, seguindo a estrita redação do texto, parece adequado compreender que, se a ação for oriunda diretamente da prestação do trabalho, fundada em contrato, por pessoas físicas, discutindo-se, portanto, o conteúdo desse labor, bem como as condições em que ele é exercido ou disponibilizado, não haverá mais necessidade de norma infraconstitucional autorizadora para que se reconheça a competência da Justiça do Trabalho.

Em outras palavras, mantendo a coerência histórica na interpretação da evolução constitucional da competência trabalhista, envolvendo a lide sujeitos que estejam na qualificação jurídica de trabalhadores e tomadores desse serviço, a competência será da Justiça do Trabalho. Ou seja, o que passa a importar é o *thema juris* (se a demanda é oriunda da relação de trabalho), como menciona Reginaldo Melhado[13].

E note-se que tal modificação não "caiu de paraquedas" em nosso sistema normativo. Muito pelo contrário! A doutrina e a jurisprudência trabalhista há muito reclamavam tal modificação, não vendo razão para limitar a Justiça do Trabalho a uma Justiça do Emprego (ou, na prática, dos desempregados...). Nesse sentido, vale a pena conferir, apenas a título exemplificativo, as proféticas palavras do magistrado e professor Antonio Lamarca[14], muito antes da Constituição Federal de 1988:

> Por que razão o legislador ordinário não defere a uma Justiça semigratuita e perfeitamente aparelhada à resolução de conflitos de trabalho não resultantes de uma relação não empregatícia? Por que a Justiça do Trabalho não pode decidir as lides consequentes aos acidentes de trabalho e à previdência social? Há muito combatemos essa aparentemente inexplicável quebra de competência. A Justiça do Trabalho custa muito dinheiro aos cofres públicos, mas funciona melhor que qualquer outro setor do Judiciário brasileiro. Tanto isto é verdade que a Reforma Judiciária, de abril de 1977, praticamente não tocou nela. Seria razoável, portanto, que a ela se deferisse acompanhar toda a vida do trabalhador, em todos os aspectos ligados, direta ou indiretamente, ao trabalho. Não é assim, porém.

Não era! – dizemos nós, atualizando o pensamento do grande mestre. Agora, todas as ações oriundas da relação de trabalho, no que não temos como desprezar os contratos civis, consumeristas ou outros contratos de atividade (quando se referirem à discussão sobre a valorização do trabalho humano), deverão ser ajuizadas, ou ao menos deveriam, a partir da Reforma do Judiciário, na Justiça do Trabalho[15], como deduz Estêvão Mallet:

> Deixa a Justiça do Trabalho de ter como principal competência, à vista da mudança em análise, o exame dos litígios relacionados com o contrato de trabalho, para julgar os processos associados ao trabalho de pessoa natural em geral. Daí que agora lhe compete apreciar também as ações envolvendo a atividade de prestadores autônomos de serviço, tais como corretores, médi-

---

13. MELHADO, Reginaldo. Competência da Justiça do Trabalho. *In*: CHAVES, Luciano (org.). *Curso de processo do trabalho*. São Paulo: LTr, 2009.
14. LAMARCA, Antonio. *O livro da competência*. São Paulo: Revista dos Tribunais, 1979. p. 2.
15. MALLET, Estêvão. Apontamentos sobre a competência da Justiça do Trabalho após a Emenda Constitucional 45. *Revista do Tribunal Superior do Trabalho*, Brasília, v. 71, n. 1, jan.-abr. 2005. p. 200.

> cos, engenheiros, arquitetos ou outros profissionais liberais, além de transportadores, empreiteiros, diretores de sociedade anônima sem vínculo de emprego, representantes comerciais, consultores etc., desde que desenvolvida a atividade diretamente por pessoa natural. Prestados os serviços por meio de empresa, não havendo alegação de fraude, a competência não é da Justiça do Trabalho. Como anota Proto Pisani, ao comentar o art. 409, n. 3, do *Codice de Procedura Civile* Italiano, em observação válida também para o Direito brasileiro, "la costituzione in società esclude il requisito della prestazione prevalentemente personale".

Ou seja, parece claro que, à guisa do conteúdo normativo havido no inciso I do art. 114 da CF/88, dever-se-ia interpretar a competência da Justiça Laboral de maneira ampla, abrangendo todas as modalidades da atividade humana em que se esteja a prestar um trabalho por uma pessoa natural em favor do outro. Sob tal premissa, seria da competência da Justiça do Trabalho, por exemplo, o julgamento das questões decorrentes das relações de emprego (arts. 2º e 3º da CLT), inclusive daqueles contratos previstos na legislação especial (domésticos, advogados etc.); mas também as questões decorrentes do trabalho voluntário (Lei n. 9.608/98); do autônomo (Lei n. 8.212/91, art. 12, V, *h*); dos avulsos (art. 7, XXXIV, da CF/88), do estágio (Lei n. 11.788/2008) etc.

Fundado no aludido preceito, alguns julgados oriundos do Judiciário Trabalhista têm compreendido que é da competência da Justiça do Trabalho a apreciação das questões decorrentes das relações de trabalho, tais quais as indenizações decorrentes de acidentes, por exemplo, ainda que a relação jurídica havida entre as partes não seja necessariamente de emprego. É o que se depreende:

> ACIDENTE DO TRABALHO. DANOS MORAL E MATERIAL. TRABALHADOR AUTÔNOMO. O acidente do trabalho não requer, necessariamente, para sua configuração, a existência de vínculo de emprego. A culpa pela queda do telhado, por falta de utilização de equipamentos de segurança, não pode ser imputada de modo exclusivo à vítima. A empresa, contratante de trabalhador autônomo, para realização de pequena empreitada consistente em conserto de telhado, tem o dever de fiscalizar e exigir a observância das normas de segurança, ainda que sem o rigor a que estão sujeitos os empregadores, submetidos ao caráter marcadamente tutelar da legislação trabalhista. Responsabilidade civil reconhecida pelo juízo de origem que se confirma neste grau de jurisdição, reduzido, contudo, o montante fixado sob o título, em virtude da culpa concorrente da vítima (RO 00544-2006-751-04-00-3, 7ª Turma, rel. Des. Maria Inês Cunha Dornelles, j. 3-12-2008).
>
> ACIDENTE DE TRABALHO. ESTAGIÁRIO. COMPETÊNCIA DA JUSTIÇA DO TRABALHO. Após o advento da Emenda Constitucional n. 45/04, as

> controvérsias resultantes das relações de trabalho, e não apenas aquelas decorrentes de liame empregatício com base na legislação consolidada, são dirimidas perante esta especializada; logo, derivando o pedido de indenização do contrato de estágio mantido entre as partes, que nada mais é do que uma espécie da relação de trabalho, é da justiça do trabalho a competência, conforme previsto no art. 114 da CF/88 (RO 00955.2006.013.17.00.4, rel. Des. Wanda Lúcia Costa Leite França Decuzzi, j. 5-10-2007).

Tal entendimento não é isolado, mas fundado na compreensão já apresentada pelo E. STJ no sentido de que à Justiça do Trabalho incumbe a análise de todos os conflitos derivados do vínculo de trabalho:

> AGRAVO REGIMENTAL. AGRAVO EM RECURSO ESPECIAL. AÇÃO DE INDENIZAÇÃO POR DANOS MATERIAIS E MORAIS. ESTAGIÁRIO. ESCRITÓRIO DE ADVOCACIA. AJUIZAMENTO DE AÇÃO PARA RECONHECIMENTO DE VÍNCULO EMPREGATÍCIO. CLIENTES INCLUÍDOS NO POLO PASSIVO. RELAÇÃO DE TRABALHO. COMPETÊNCIA DA JUSTIÇA TRABALHISTA. 1. "A competência da Justiça do Trabalho não se restringe apenas às relações de emprego singularmente consideradas, mas também à análise de todos os conflitos derivados do vínculo trabalhista" (AgRg no AREsp 353.987/RS, Rel. Ministra Nancy Andrighi, Terceira Turma, julgado em 12-11-2013, *DJe* 25-11-2013). 2. Agravo Regimental improvido (STJ, AgRg no AREsp 485.136/RS 2014/0052189-8, rel. Min. Sidnei Beneti, 3ª Turma, j. 24-4-2014, *DJe* 19-5-2014).
>
> ... a competência da Justiça do Trabalho não se restringe apenas às relações de emprego singularmente consideradas, mas também à análise de todos os conflitos derivados do vínculo trabalhista (AgRg no AREsp 353.987/RS, rel. Min. Nancy Andrighi, 3ª Turma, j. 12-11-2013, *DJe* 25-11-2013).

Mas essa compreensão não é tão pacífica, mormente porque, segundo alguns, a tese expansionista desnaturaria o caráter de especialidade próprio do Judiciário Trabalhista. Cabem, assim, alguns delineamentos. Vejamos.

4.1.1. *Competência para o reconhecimento do vínculo de emprego. Dissolução de cooperativas de trabalho fraudulentas*

A CF/88, ao consagrar o princípio da inafastabilidade da jurisdição (art. 5º, XXXV) reconheceu a necessidade de participação do Poder Judiciário na estabilização das relações sociais. Entre as atribuições do Poder Judiciário, portanto, está a de reconhecer a existência ou não de determinadas situações jurídicas, ainda que seja no efeito meramente declaratório, ou seja, em que se está apenas a pretender o reconhecimento judicial de determinada situação jurídica, e desde que oriunda de uma relação de trabalho.

Como bem explicita Celso Agrícola Barbi[16], "a ação declaratória tem por finalidade obter a certeza oficial, isto é, do Poder Judiciário, sobre a existência ou inexistência de uma relação jurídica, ou sobre a autenticidade ou falsidade de um documento. Essa certeza é alcançada na sentença que julgar o mérito da causa e que tem natureza declaratória. Obtida essa certeza, esgota-se a sua função". Assim, ainda sob o manto do inciso I do art. 114 da CF/88, parece certo supor que compete ao Poder Judiciário Trabalhista o reconhecimento da existência, da inexistência ou do modo de ser de uma relação jurídica oriunda de relação de trabalho (art. 19 CPC), em sentido amplo.

Desse modo, caberá ao Judiciário Trabalhista, com exclusividade, por força do art. 114, I, da CF/88, dentro do sistema judiciário brasileiro, o reconhecimento, em definitivo, da existência ou inexistência de relação jurídica de emprego, ou seja, da sujeição de determinada relação jurídica a seu enquadramento no quanto previsto no art. 3º da CLT, ou ainda de qualquer outra relação jurídica oriunda de relação de trabalho, em sentido amplo, seja no caráter meramente declaratório, constitutivo, mandamental ou condenatório.

Como consectário, por exemplo, parece claro que caberá ao Judiciário Trabalhista a competência judicial para pronunciar-se, definitivamente, quanto à existência ou não do vínculo de emprego, fundada em contrato, competindo-lhe privativamente tal prerrogativa. No mesmo sentido, parece competir à Justiça do Trabalho o reconhecimento da validade de vínculo de estágio, de avulso, de autônomo, enfim, de qualquer outra relação oriunda da relação de trabalho, à guisa do conteúdo do art. 114, I, da CF/88, merecendo, todavia, especial atenção em relação aos vínculos estatutários, consoante se verá a seguir.

Nesse contexto, parece ainda ser a Justiça do Trabalho a competente para reconhecer a fraude à relação de emprego por parte de entidades de direito privado, determinando-lhe condicionamentos ou mesmo sua eventual dissolução. Há exemplo expresso no ordenamento jurídico pátrio acerca de tal possibilidade. Trata-se da previsão do art. 18 da Lei n. 12.690/2012, assentada para a hipótese de utilização de cooperativas de trabalho a fim de fraudar deliberadamente a legislação trabalhista ou previdenciária:

> Art. 18. A constituição ou utilização de Cooperativa de Trabalho para fraudar deliberadamente a legislação trabalhista, previdenciária e o disposto nesta Lei

16. BARBI, Celso Agrícola. *Comentários ao Código de Processo Civil*: Lei n. 5.869, 11 de janeiro de 1973. 14. ed. Rio de Janeiro: Forense, 2010. v. I, p. 51.

acarretará aos responsáveis as sanções penais, cíveis e administrativas cabíveis, sem prejuízo da ação judicial visando à dissolução da cooperativa.

A fim de dar efetividade ao dispositivo legal mencionado, parece que, por força do conteúdo do inciso I do art. 114 da CF/88, incumbe à Justiça do Trabalho a competência para processar e julgar a demanda prevista no aludido art. 18 da Lei n. 12.690/2012. Esse foi o entendimento firmado por unanimidade no Fórum Nacional de Processo do Trabalho, como se depreende:

> Enunciado n. 14. ART. 114 DA CF/88 E ART. 18 DA LEI N. 12.690/2012, E ART. 15 DO CPC-2015 C/C COMPETÊNCIA DA JUSTIÇA DO TRABALHO. DISSOLUÇÃO DE COOPERATIVAS DE TRABALHO. FRAUDES. Após a emenda constitucional n. 45/2004, a Justiça do Trabalho passou a dirimir todas as controvérsias decorrentes de relações de trabalho. A Justiça do Trabalho tem atribuição para dirimir conflito de interesses que diga respeito à atuação de cooperativa de trabalho e, constatada a fraude na atuação do ente cooperativo, cabível o manejo da ação competente para fins de se perseguir a dissolução da cooperativa, tudo nos termos do art. 114 da CF/88 c/c art. 18 da Lei n. 12.690/2012. Inteligência dos art. 114 da CF/88 e art. 18 da Lei n. 12.690/2012 e art. 15 do CPC-2015.
> Resultado: aprovado por unanimidade.

4.1.2. *Demandas decorrentes de contratos de atividade (relações de trabalho), mas não enquadradas como relações de emprego. Cobrança de honorários profissionais. Relações de consumo. Assistência médica prestada pelo empregador. Bolsa-auxílio (estagiário) ou comissões (representantes comerciais). Trabalho (ou atividade) voluntário*

Dúvida surge quando se indaga se seria competente a Justiça do Trabalho para a cobrança de valores decorrentes de contratos de atividade (relações de trabalho), mas não enquadradas como relações de emprego.

Com efeito, são diversas as hipóteses em que é possível identificar a existência de créditos havidos em favor daquele que executa serviços, fundados em contrato na forma da lei civil, afastados, portanto, dos termos do art. 3º da CLT (embora pessoalmente, mas com autonomia, ou seja, sem qualquer subordinação). Os profissionais liberais, os estagiários, os representantes comerciais, até mesmo aqueles que exerçam trabalho voluntário, apenas por exemplo, não executam contratos de emprego (art. 3º da CLT), mas suas respectivas relações pressupõem uma atividade, uma relação de trabalho. Assim, cumpre identificar se tais contratantes podem realizar a cobrança de eventuais créditos havidos daquelas relações perante a Justiça do Trabalho.

De antemão, parece correto entender que a limitação da jurisdição trabalhista ao julgamento das demandas sujeitas à disciplina normativa contida na CLT reduz o sentido constitucional que se pode inferir do Texto, no que resulta em refreio injusto da própria competência da Justiça do Trabalho. A redação do art. 114, I, da CF/88 é clara ao conceber ser da Justiça do Trabalho a competência para processar e julgar as demandas decorrentes das relações de trabalho. Justamente tal redação, a nosso sentir, permite que se vislumbre como sendo da competência da Justiça do Trabalho algumas demandas em que a pretensão seja fundada em uma relação jurídica que envolva um contrato de atividade, uma obrigação de fazer, por assim dizer, ainda que tal relação jurídica contratual não seja enquadrada na Consolidação das Leis do Trabalho, ou seja, ainda que se esteja diante de demanda não enquadrada na noção de emprego.

Parece-nos possível, por assim dizer, ainda que contrariando o entendimento majoritário, afirmar que é da competência da Justiça do Trabalho o julgamento, por exemplo, da ação de cobrança de honorários profissionais, prestados por profissional autônomo, ou remunerações de natureza equivalente, tal qual a remuneração do corretor, na forma do art. 725 do CC, desde que se tenha como dador do trabalho uma pessoa física, com base em uma relação contratual.

Trata-se do entendimento que melhor espelha o conteúdo do art. 114, I, da CF/88, ampliando o conceito das denominadas relações de trabalho, a nosso sentir. Contratada, porém, a pessoa jurídica, a empresa ou sociedade prestadora dos serviços, e não um profissional específico, o contratante deverá ajuizar sua ação na Justiça Comum.

Todavia, é preciso indicar que a posição majoritária, em relação a algumas das aludidas hipóteses acima aventadas, é em sentido diametralmente oposto ao nosso entendimento, como se vê em relação ao firmado pelo E. STJ no tocante à cobrança de honorários profissionais e das relações de consumo. Segundo a posição majoritária, a relação entre o profissional liberal e o tomador de seus serviços enquadrar-se-ia como uma relação de consumo e, por isso mesmo, não se sujeitaria à jurisdição trabalhista.

A posição majoritária, firmada pelo STJ, inclusive, como evidencia a Súmula 363 daquela Corte, indica que compete à Justiça Estadual processar e julgar ação de cobrança ajuizada por profissional liberal contra cliente, o que afasta a competência da Justiça do Trabalho para tanto:

> Compete à Justiça estadual processar e julgar a ação de cobrança ajuizada por profissional liberal contra cliente.

Na doutrina, diversos são os que se pronunciam no mesmo sentido, tal qual indicam Carlos Bezerra Leite[17], Sergio Pinto Martins[18], entre outros, todos indicando que não seriam da competência da Justiça do Trabalho as ações oriundas das relações de consumo, opinião que reafirma o entendimento firmado pelo E. STJ[19] sobre o tema.

Segundo aquele Tribunal Superior, a jurisdição para processar e julgar os serviços prestados por profissional liberal encontra-se sob a competência da Justiça Comum:

> Conflito negativo de competência. Justiça comum e laboral. Contrato de prestação de serviços odontológicos. Inadimplemento. Ação. Serviços prestados por profissional liberal. Competência da justiça comum. Se a ação é ajuizada por profissional liberal contra cliente, objetivando o pagamento de valores decorrentes de contrato de prestação de serviços, não havendo discussão sobre reconhecimento de vínculo empregatício ou a pretensão ao recebimento de verbas trabalhistas, a competência para apreciar a causa é da Justiça Comum. A ampliação da competência da Justiça do Trabalho pela modificação do art. 114 da Constituição Federal, promovida pela Emenda Constitucional 45/2004, não altera a competência para o julgamento das demandas que não envolvem "relação de trabalho típica", uma vez que, segundo a doutrina especializada, tratando-se de relação em que o contratado é prestador de serviços ao público em geral, isto é, o tomador do serviço é um número indeterminado de pessoas (mercado consumidor), tal relação não é de trabalho, mas "relação de consumo". Conflito conhecido, declarando-se competente o juízo suscitante (CComp 67.330-MG, rel. Min. Nancy Andrighi, 2ª Seção, j. 13-12-2006, *DJ* 1º-2-2007, p. 391).

Fundado na mesma premissa, o próprio STF, no RE 801483 AgR/BA, por igual, já se pronunciou no sentido de que mesmo as discussões acerca da assistência médica prestada pelo empregador, ainda que prevista em convenção coletiva de trabalho, enquadrar-se-iam na noção de relação de consumo, sendo portanto, incompetente a Justiça do Trabalho para conhecer da matéria:

> PROCESSUAL CIVIL. AGRAVO REGIMENTAL NO RECURSO EXTRAORDINÁRIO. PRELIMINAR DE REPERCUSSÃO GERAL. FUNDAMENTAÇÃO DEFICIENTE. VIOLAÇÃO AO ART. 93, IX, DA CF/88. Omissão não

17. LEITE, Carlos Henrique Bezerra. *Curso de direito processual do trabalho*, cit., 8. ed., p. 206.
18. MARTINS, Sergio Pinto. *Direito processual do trabalho:* doutrina e prática forense; modelos de petições, recursos, sentenças e outros. 31. ed. São Paulo: Atlas, 2010. p. 107.
19. Disponível em: <http://www.stj.jus.br>. Acesso em: 12 ago. 2011.

> configurada. Competência. Assistência à saúde prevista em acordo coletivo. Descumprimento. Relação de consumo. Incompetência da Justiça do Trabalho. Análise de matéria fático-probatória e de cláusulas do plano de saúde. Impossibilidade. Súmulas 279 e 454 do STF. Agravo regimental a que se nega provimento (RE 801.483 AgR, rel. Min. Teori Zavascki, 2ª Turma, j. 29-4-2014, processo eletrônico *DJe* 091, divulg. 13-5-2014, public. 14-5-2014).

O TST, por igual, também já teve a oportunidade de se pronunciar, o que fez nos seguintes termos, também a fim de reconhecer a incompetência da Justiça do Trabalho para cuidar da cobrança de honorários profissionais pela Justiça do Trabalho:

> RECURSO DE REVISTA. INCOMPETÊNCIA DA JUSTIÇA DO TRABALHO. EXECUÇÃO DE HONORÁRIOS ADVOCATÍCIOS. CONTRATO DE MANDATO. RELAÇÃO DE TRABALHO X RELAÇÃO DE CONSUMO. A Justiça do Trabalho é incompetente para julgar a presente ação, em que o advogado, profissional liberal, busca o recebimento dos honorários advocatícios pelos serviços executados. Trata-se de uma relação de consumo, e não de trabalho, sendo, portanto, de competência da Justiça Comum. *In casu*, o trabalho não é o cerne do contrato, mas sim um bem de consumo que se traduziu nele, que é o resultado esperado diante de um contrato realizado entre as partes, qual seja, prestação de serviços de advocacia como profissional liberal. Assim, a competência da Justiça do Trabalho estará assegurada apenas quando não houver, pela natureza dos serviços realizados, relação contratual de consumo. A apreciação da matéria, que nos parece mais coerente, deve levar em consideração, pelo caráter bifronte da relação, a regra da -bilateralidade da competência- (Ministro João Oreste Dalazen), pela via da ação de reconvenção, em que o juiz competente para a ação, também o deve ser para a reconvenção (Ministro Aloysio Corrêa da Veiga). Precedentes. Recurso de revista conhecido e provido (RR 50400 29.1998.5.05.0291, rel. Des. convocada Cilene Ferreira Amaro Santos, 6ª Turma, j. 19-11-2014, *DEJT* 21-11-2014).

> AGRAVO DE INSTRUMENTO. COMPETÊNCIA DECLINADA DA JUSTIÇA DO TRABALHO. RESPONSABILIDADE CIVIL DO EMPREGADOR. DANO MATERIAL E MORAL. NEXO CAUSAL. DEMANDA QUE NÃO ENVOLVE RELAÇÃO DE TRABALHO. RELAÇÃO DE CONSUMO EVIDENCIADA. COMPETÊNCIA DA JUSTIÇA COMUM. Dá-se provimento ao agravo de instrumento quando demonstrada possível violação ao art. 114, VI, da CF. Agravo de Instrumento provido. RECURSO DE REVISTA. COMPETÊNCIA DECLINADA DA JUSTIÇA DO TRABALHO. RESPONSABILIDADE CIVIL DO EMPREGADOR. DANO MATERIAL E MORAL. NEXO CAUSAL. DEMANDA QUE NÃO ENVOLVE RELAÇÃO DE TRABALHO.

> RELAÇÃO DE CONSUMO EVIDENCIADA. COMPETÊNCIA DA JUSTIÇA COMUM. Comprovada a violação ao art. 114, VI, da CF, declara-se a incompetência da Justiça do Trabalho para apreciar e julgar os pedidos em relação ao agravante, por se tratar de relação de consumo, anulando os atos decisórios quanto a ele, e, por conseguinte, extinguindo o processo, sem resolução do mérito no tocante ao agravante, nos termos do art. 267, IV, do CPC. Recurso de revista conhecido e provido. RECURSO DE REVISTA. DA NULIDADE POR NEGATIVA DA PRESTAÇÃO JURISDICIONAL. CERCEAMENTO DO DIREITO DE DEFESA. DA RESPONSABILIDADE CIVIL. INDENIZAÇÃO POR DANOS MORAIS E MATERIAIS. DO VALOR INDENIZATÓRIO. DOS JUROS. Em razão da declaração de incompetência desta Justiça Especializada para apreciar e julgar os pedidos em relação ao recorrente/agravante, restam prejudicadas as demais análises das questões levantadas em seu recurso (RR 64700-94.2007.5.02.0442, rel. Des. convocado Paulo Américo Maia de Vasconcelos Filho, 6ª Turma, j. 3-9-2014, *DEJT* 17-10-2014).

Como já mencionamos, a nosso sentir é preciso um "grão de sal", por assim dizer. Não parece acertado o aludido entendimento firmado pelo TST.

Para a solução da questão é preciso que se identifique seu delineamento perante as relações de consumo. Neste ponto, essencial que se delimite o conceito sobre o qual se está a discutir. É que o CDC – Código de Defesa do Consumidor define a noção de consumidor e a de serviço, enquadrando, para os fins daquele Código, os elementos da relação de consumo, nos termos dos arts. 2º e 3º, § 2º:

> Art. 2º Consumidor é toda pessoa física ou jurídica que adquire ou utiliza produto ou serviço como destinatário final.
> Parágrafo único. Equipara-se a consumidor a coletividade de pessoas, ainda que indetermináveis, que haja intervindo nas relações de consumo.
> Art. 3º Fornecedor é toda pessoa física ou jurídica, pública ou privada, nacional ou estrangeira, bem como os entes despersonalizados, que desenvolvem atividade de produção, montagem, criação, construção, transformação, importação, exportação, distribuição ou comercialização de produtos ou prestação de serviços.
> § 1º Produto é qualquer bem, móvel ou imóvel, material ou imaterial.
> § 2º Serviço é qualquer atividade fornecida no mercado de consumo, mediante remuneração, inclusive as de natureza bancária, financeira, de crédito e securitária, salvo as decorrentes das relações de caráter trabalhista.

A regra posta indica que é consumidor aquele que adquire ou utiliza produto ou serviço como destinatário final. De outro lado, na noção de serviço apresentada pelo CDC, revela-se outro aspecto fundamental, qual seja, a de que serviço será aquela atividade colocada à venda por um fornecedor. E a própria regra do CDC exclui da noção de fornecedor a figura das demandas decorrentes das "relações de caráter trabalhista", assim consideradas aquelas sujeitas ao trabalho subordinado típico, ou seja, às relações de emprego. Contrariamente ao que se pretende impor, o propósito da regra mencionada é clara no sentido de indicar que as relações de trabalho estão preservadas e não se confundem com o vínculo de natureza consumerista, previsto no CDC. Todavia tal previsão não exclui, por si só, a competência da Justiça do Trabalho.

Nem o fato de o serviço ser prestado a um destinatário final, muito menos o fato de qualquer atividade fornecida no mercado ser enquadrada como serviço, desautorizam a previsão do art. 114, I, da CF/88, que não permite excluir da Jurisdição Laboral qualquer demanda fundada em relação de trabalho, independentemente da natureza material que ostente; pelo contrário, reafirma a competência para cuidar das relações de trabalho, sejam aquelas ou não enquadradas enquanto relações de consumo.

É que a relação de trabalho pode ser enquadrada sob diversas condições, inclusive na de mero serviço, sujeito ao regramento do CDC, o que não ocorrerá automaticamente, é bom que se diga. Com efeito, a relação de trabalho pode ser enquadrada como relação de atividade colocada à venda por um fornecedor, embora evidentemente, do ponto de vista material, não se possa confundir a relação de consumo com a relação de trabalho, sendo exatamente esse o escopo do art. 3º, § 2º, do CDC.

Assim não se concebe que o CDC pudesse ter o condão de afastar o conteúdo do art. 114 da CF/88, de um lado, ou mesmo que o não enquadramento do prestador de serviço na condição de empregado, tal qual encetado no art. 3º da CLT, vedaria a aplicação do dispositivo constitucional.

Assim, parece claro que o art. 114 da CF/88 autoriza ao profissional liberal que presta serviços diretamente a seus clientes, ainda que estes sejam os destinatários finais de seus serviços, em caso de inadimplência, buscar o Judiciário Trabalhista para receber tais valores diretamente de quem o contratou, embora tal entendimento contrarie o majoritariamente firmado, como já dissemos.

Não tão controversa quanto a hipótese mencionada é aquela em que os honorários profissionais são decorrentes de um serviço prestado não a um destinatário final, mas àquele que se utiliza daquela atividade como insumo para suas próprias atividades, o que se afasta definitivamente da noção de relação de consumo, pelo não enquadramento no art. 2º do CDC. Nesse caso parece certa a competência da Justiça do Trabalho para a cobrança dos aludidos honorários. Assim, seguindo tal compreensão, a cobrança de honorários profissionais decorrentes do trabalho prestado por profissional liberal a determinada empresa, mesmo que não se pretenda a configuração do vínculo de emprego, sujeitaria a demanda ao Judiciário Trabalhista.

Caberá à Justiça do Trabalho processar e julgar a demanda em que são pretendidos os honorários eventualmente inadimplidos por pessoa jurídica ao profissional pessoa física. Nesse sentido:

> ADVOGADO. RELAÇÃO DE TRABALHO. COMPETÊNCIA MATERIAL DA JUSTIÇA DO TRABALHO. Esta E. Turma tem decidido que a prestação de serviços pelo advogado envolve relação de consumo e por isso não se inscreve na competência desta Justiça Especializada. O tema proposto no caso em tela, no entanto, é diverso. Não se trata, com efeito, da cobrança de honorários advocatícios devidos pela atuação profissional do advogado na defesa de interesses de um cliente. O contrato firmado entre as partes impunha à autora a obrigação de comparecimento nas dependências da empresa durante quatro horas diárias, três vezes por semana, preferencialmente no horário de 08:00h às 12:00h. O pacto firmado previa, ainda, o pagamento de uma quantia fixa mensal, independentemente do tipo de tarefa executada, ficando acertado que a autora prestaria assistência jurídica à empresa, em causas judiciais e também na esfera extrajudicial. Como se vê, a autora colocou à disposição da ré a sua força de trabalho durante um determinado período de tempo semanal recebendo, em contrapartida, um pagamento fixo, independentemente do volume da atividade jurídica executada. O caso específico não configura relação de consumo, mas verdadeira relação de trabalho, valendo frisar que a inicial não contém pedido de reconhecimento de vínculo empregatício (TRT – 3ª Região, RO 01211201101003001, 0001211-52.2011.5.03.0010, rel. convocado Antonio G. de Vasconcelos, 7ª Turma, j. 29-11-2011, 28-11-2011, *DEJT*, p. 126. Boletim: Sim).

Vale o mesmo raciocínio, por exemplo, para trabalhadores cooperativados para recebimento de seus créditos perante a cooperativa; aos estagiários para percepção de bolsa-auxílio que lhes foi sonegada; aos representantes comerciais autônomos, pelas comissões e honorários não recebidos etc. Isso, obviamente, não quer dizer que o direito material correspondente será o mesmo, mas sim apenas que o órgão responsável por sua jurisdição é que será único. Nesse sentido, diversos arestos evidenciam o que nos parece ser o adequado entendimento do assunto:

> AGRAVO DE INSTRUMENTO. ADMISSIBILIDADE. COMPETÊNCIA DA JUSTIÇA DO TRABALHO. SERVIÇOS DE TRANSPORTE ESCOLAR PRESTADOS A MUNICÍPIO POR INTERMÉDIO DE COOPERATIVA. INADIMPLEMENTO. PEDIDO DECORRENTE DA RELAÇÃO DE TRA-

BALHO. Viabiliza-se o provimento do Agravo de Instrumento ante a demonstração pelos reclamantes de violação do artigo 114, inciso I, da Constituição da República. Agravo de Instrumento provido para determinar o processamento do Recurso de Revista. RECURSO DE REVISTA. COMPETÊNCIA DA JUSTIÇA DO TRABALHO. SERVIÇOS DE TRANSPORTE ESCOLAR PRESTADOS A MUNICÍPIO POR INTERMÉDIO DE COOPERATIVA. INADIMPLEMENTO. PEDIDO DECORRENTE DA RELAÇÃO DE TRABALHO. 1. A competência da Justiça do Trabalho é definida na Constituição da República, sendo pertinente destacar a regra geral consagrada no artigo 114, inciso I, quanto à competência da Justiça Especial para processar e julgar "as ações oriundas da relação de trabalho". 2. Ainda que, no caso dos autos, os reclamantes não pleiteiem vínculo de emprego diretamente com a cooperativa ou com o município reclamado, é fato que subsiste a competência da Justiça do Trabalho para processar e julgar a lide no que se refere ao pleito de pagamento de parcelas que têm origem no trabalho prestado pelos autores em favor do município na condição de cooperados. 3. Recurso de Revista parcialmente conhecido e provido (TST, RR 1132003120115170121, j. 10-8-2016, *DEJT* 15-8-2016).

RECURSO ORDINÁRIO. LIDE ENTRE COOPERADO E COOPERATIVA DE TRABALHO. SUSPENSÃO DO COOPERADO. REPERCUSSÃO NA DISTRIBUIÇÃO DE TRABALHO ATRAVÉS DA COOPERATIVA. PREJUÍZO DE CARÁTER ALIMENTAR. LIDE ORIUNDA DAS RELAÇÕES DE TRABALHO. INCIDÊNCIA DO ART. 114, I DA CF/88. COMPETÊNCIA DA JUSTIÇA DO TRABALHO. Não se tratando de ação envolvendo atos administrativos ou tributários cujas repercussões envolvem estritamente a esfera administrativa da coletividade cooperada, mas de suspensão de cooperado que redundou no corte da distribuição de trabalho através da cooperativa, resultando em potencial redução de seus honorários, que se consubstanciam em verba alimentar, resta patente a competência desta Justiça Especializada, ainda que não se trate de lide entre trabalhador e tomador de serviços *lato sensu*. Competência da Justiça do Trabalho que não mais se limita ao aspecto subjetivo, mas que decorre da relação jurídica que originou a lide. Recurso Ordinário conhecido e provido, para declarar a competência da Justiça do Trabalho (TRT – 7ª Região, RO 00004098420135070006, rel. José Antonio Parente da Silva, j. 21-7-2014, data de publicação: 25-7-2014).

COMPETÊNCIA DA JUSTIÇA DO TRABALHO. REPRESENTANTE COMERCIAL AUTÔNOMO. EMENDA CONSTITUCIONAL N. 45/2004. O artigo 114, I e IX, da Constituição da República, alterado pela Emenda Constitucional n. 45/2004, estabelece ser a Justiça do Trabalho competente para processar e julgar questões oriundas da relação de trabalho e outras controvérsias dela decorrentes. Sendo a representação comercial modalidade de relação de trabalho, resulta inequívoca a competência desta Justiça Especial para dirimir litígio envolvendo relação de trabalho do representante comercial. Precedentes desta Corte superior. Recurso de revista não conhecido. COMISSÃO. Na hipótese, o Tribunal Regional determinou o envio de ofício à empresa compradora, a fim de ser comprovado nos autos o valor realmente pago à reclamada. Em tais circunstâncias, não há falar em afronta aos artigos 510 do Código Civil e 32 da Lei n. 4.886/65, visto que o reclamante terá direito ao pagamento das comissões sobre os valores comprovadamente pagos à reclamada, o que pressupõe o implemento da condição suspensiva. Recurso de revista não conhecido. MULTA POR EMBARGOS DE DECLARAÇÃO PROTELATÓRIOS. A multa aplicada à reclamada encontra fundamento no parágrafo único do artigo 538 do Código de Processo Civil, que disciplina a sanção no tocante à interposição de embargos de declaração protelatórios. Não foi a reclamada condenada ao pagamento de multa por litigância de má-fé, razão por que não há falar em afronta aos artigos 17 e 18 do Código de Processo Civil e 769 da Consolidação das Leis do Trabalho. Recurso de revista não conhecido (TST, RR 310001820065150114, rel. Lelio Bentes Corrêa, 1ª Turma, j. 25-6-2014, *DEJT* 3-7-2014).

Na mesma linha de entendimento, deve-se notar que a competência da Justiça do Trabalho não está circunscrita às hipóteses em que o trabalho seja remunerado. Com efeito, como consigna Sergio Pinto Martins[20], não é necessário o objetivo lucrativo ou oneroso do prestador do serviço, já que o trabalhador voluntário pode postular eventuais direitos junto à Justiça do Trabalho.

Nossa posição não parece importar em desvirtuar o sentido da atuação da Justiça do Trabalho, uma vez que, mesmo em uma relação de consumo, quando o prestador seja a pessoa física, em que o direito material correspondente é mais benevolente com o tomador (consumidor), há um trabalho humano que merece tutela. Por isso, o fato de o trabalho prestado eventualmente inserir-se, por força do art. 3º, § 2º, da Lei n. 8.078/90, no conceito de relação de consumo, por exemplo, não repele a competência da Justiça do Trabalho.

Afinal de contas, trata-se de competência material estabelecida na Constituição Federal, sem qualquer tipo de ressalva, sendo a competência da Justiça Comum estadual meramente residual (aquilo que não estiver previsto na Constituição Federal como de competência especializada será de competência Da Justiça Comum).

O que o magistrado terá como desafio é a tarefa de sopesar as regras, os valores e os princípios, preservando os interesses do consumidor sem desvalorizar

20. MARTINS, Sergio Pinto. *Direito processual do trabalho*, cit., 31. ed., p. 109.

o trabalho humano. O que assusta, nessa bilateralidade, é justamente o que é mais fascinante: não se pode partir do pressuposto de que o trabalhador ou o consumidor tenham sempre razão, só por assim se encontrarem. Quem vai a juízo não pede misericórdia, mas sim justiça.

4.1.3. *Relação estatutária. Relação jurídica trabalhista com a União, Estados e Municípios. Vínculo decorrente de necessidade temporária de excepcional interesse público (art. 37, IX, da CF/88). Relação com entidades de direito público externo*

Retomando a exposição sobre as ampliações das competências da Justiça do Trabalho, sem parecer contraditório, porém, é preciso consignar que as ações oriundas da relação de trabalho, quando envolver relação jurídica de direito material estatutária, não estão, ainda, na competência da Justiça do Trabalho.

Mas elas também não são relações de trabalho?

Claro que são!

O fundamento da exclusão, todavia, é outro, a saber, a própria observação do processo legislativo de modificação constitucional, uma vez que o texto aprovado no Senado continha ressalva de exclusão dos servidores estatutários, constante da promulgação, que foi suprimida quando da publicação da emenda constitucional.

Embora não se queira, aqui, ressuscitar a velha discussão do conflito entre a *mens legis* e a *mens legislatoris*, o fato é que, por força da liminar proferida na ADIn 3.395-6, pelo Min. Nelson Jobim, reestabeleceu-se o quanto pactuado durante a tramitação do projeto de emenda constitucional, sem prejuízo do nosso posicionamento pessoal de que é muito mais lógico que tais conflitos também estejam submetidos à Justiça do Trabalho (esta seja, talvez, uma luta que não se deve abandonar, mas sim retomar o mais breve possível...).

A regra básica de competência material toma por base, portanto, novamente, a qualificação jurídica dos sujeitos envolvidos, não mais, como outrora, identificados somente como empregado (trabalhador subordinado) e empregador, mas sim como trabalhador, genericamente considerado, e tomador desses serviços (seja empregador, consumidor, sociedade cooperativa etc.), incluindo o próprio Estado[21], desde que não seja, na forma explicada, uma relação estatutária[22].

21. "Contrato por tempo determinado para atender a necessidade temporária de excepcional interesse público. Típica demanda trabalhista contra pessoa jurídica de direito público. Competência da Justiça do Trabalho. Art. 114 da Constituição. Precedentes" (CComp 7.128, rel. Min. Gilmar Mendes, *DJ* 1º-4-2005).

22. "Conflito negativo de competência entre juiz federal e o Tribunal Superior do Trabalho. reclamação trabalhista. Instituto Brasileiro de Geografia e Estatística – IBGE. Alegado vínculo sob o molde

Assim, o que importa para a delimitação de competência não é o tema discutido ou a legislação a ser aplicada, mas sim a circunstância de versar a lide sobre questão fulcrada diretamente em uma relação de trabalho[23].

No caso das relações jurídicas decorrentes de um estatuto, todavia, ainda não se pode atribuir a competência ao Poder Judiciário Trabalhista. Por força do entendimento consolidado, tranquilamente se pode deduzir que não há falar em competência do Poder Judiciário Trabalhista para cuidar das demandas sujeitas a um estatuto. Como diz Francisco Antônio de Oliveira[24], "a regra geral é a de que a relação mantida entre o Poder Público e o servidor é regulada pelo direito público, com natureza estatutária; não tendo conotação contratual, não se iguala a empregador na acepção da palavra, embora assuma todas as responsabilidades como tal".

A relação havida entre o servidor público e o ente estatal, quando submetidas a um estatuto, não se conformam em mero ajuste de vontades. Tanto assim que todas as premissas (remunerações, funções, horários etc.) encontram substrato não em ajustes contratuais, mas exclusivamente na previsão da lei, aprovada pelo próprio parlamento. Assim, para processar e julgar a demanda decorrente da relação do servidor público sujeito a regime próprio, seja no âmbito federal, estadual ou municipal, ter-se-á a Justiça Comum como competente.

A própria decisão proferida na ADIn 3.395 evidencia que, mesmo para aquelas hipóteses em que há a prestação de serviços, quando esses serviços se dão sob a modalidade jurídico-administrativa, falece competência a essa Justiça Especializada para tratar do assunto:

> INCONSTITUCIONALIDADE. Ação Direta. Competência. Justiça do Trabalho. Incompetência. Reconhecimento. Causa entre o Poder Público e os

---

de contrato de trabalho. Entendimento desta Corte no sentido de que, em tese, se o empregado público ingressa com ação trabalhista, alegando estar vinculado ao regime da CLT, compete à Justiça do Trabalho a decisão da causa (CC 7.053, rel. Min. Celso de Mello, *DJ* de 07.06.2002; CC 7.118, rel. Min. Maurício Corrêa, *DJ* de 04.10.2002). Conflito de competência julgado procedente, ordenando-se a remessa dos autos ao TST" (CComp 7.134, rel. Min. Gilmar Mendes, *DJ* 15-8-2003).

23. "Este é o teor da decisão agravada: 'A questão suscitada no recurso extraordinário já foi dirimida por ambas as Turmas do Supremo Tribunal Federal, segundo as quais compete à Justiça do Trabalho o julgamento das questões relativas à complementação de pensão ou de proventos de aposentadoria, quando decorrente de contrato de trabalho (1ª Turma, RE 135.937, rel. Min. Moreira Alves, *DJU* de 26.08.1994, e 2ª Turma, RE-165.575, rel. Min. Carlos Velloso, *DJU* de 29.11.1994). Diante do exposto, valendo-me dos fundamentos deduzidos nesses precedentes, nego seguimento ao agravo de instrumento (art. 21, § 1º, do RISTF, art. 38 da Lei n. 8.038, de 28.05.1990, e art. 557 do CPC)'" (AgIn 198.260-AgRg, rel. Min. Sydney Sanches, *DJ* 16-11-2001). No mesmo sentido: AgIn 524.869-AgRg, rel. Min. Sepúlveda Pertence, *DJ* 11-3-2005.

24. OLIVEIRA, Francisco Antonio de. *Competência trabalhista*. São Paulo: LTr, 2012. p. 144.

> Servidores Estatutários. Ações que não se reputam oriundas das relações de trabalho. Conceito estrito dessa relação. Feitos da competência da Justiça do Trabalho. Interpretação do artigo 114, I, da CF, introduzido pela EC 45/2004. Precedentes. Liminar deferida para excluir outra interpretação. O disposto no artigo 114, I, da CF não abrange as causas instauradas entre o Poder Público e o servidor que lhe seja vinculado por relação jurídico-estatutária (*DJ*, 10-11-2006).

Reafirmando tal posicionamento o STF já se pronunciou em diversas oportunidades para reconhecer ser incompetente a Justiça do Trabalho para cuidar de relação fundada em vínculo jurídico-administrativo, ainda que de algum modo conectada a uma relação de trabalho:

> EMENTA Agravo regimental – Reclamação – Administrativo e Processual Civil – Dissídio entre servidor e poder público – ADI n. 3.395/DF-MC – Incompetência da Justiça do Trabalho. 1. Compete à Justiça comum pronunciar-se sobre a existência, a validade e a eficácia das relações entre servidores e o poder público, fundadas em vínculo jurídico-administrativo. É irrelevante a argumentação de que o contrato é temporário ou precário, ainda que extrapolado seu prazo inicial, bem assim se o liame decorre de ocupação de cargo comissionado ou função gratificada. 2. Não descaracteriza a competência da Justiça comum, em tais dissídios, o fato de se requerer verbas rescisórias, FGTS e outros encargos de natureza símile, dada a prevalência da questão de fundo, que diz respeito à própria natureza da relação jurídico-administrativa, visto que desvirtuada ou submetida a vícios de origem, como fraude, simulação ou ausência de concurso público. (...) (Rcl 4.626 AgR, rel. Min. Dias Toffoli, Tribunal Pleno, j. 24-2-2011, *DJe* 104, divulg. 31-5-2011, public. 1º-6-2011, ement., v. 02534-01, p. 00022).
>
> O disposto no art. 114, I, da CF, não abrange as causas instauradas entre o Poder Público e servidor que lhe seja vinculado por relação jurídico-estatutária, entendida esta como a relação de cunho jurídico-administrativo originada de investidura em cargo efetivo ou em cargo em comissão. Tais premissas são suficientes para que este STF, em sede de reclamação, verifique se determinado ato judicial confirmador da competência da Justiça do Trabalho afronta sua decisão cautelar proferida na ADI 3.395/DF. A investidura do servidor em cargo em comissão define esse caráter jurídico-administrativo da relação de trabalho. Não compete ao STF, no âmbito estreito de cognição próprio da reclamação constitucional, analisar a regularidade constitucional e legal das investiduras em cargos efetivos ou comissionados ou das contratações temporárias realizadas pelo Poder Público (Rcl 4.785 MC-AgR e Rcl 4.990 MC-AgR, rel. Min. Gilmar Mendes, j. 17-12-2007, *DJe* de 14-3-2008).

No mesmo sentido, também o STF não deixa dúvidas quanto a seu posicionamento, retirando do Judiciário Trabalhista a competência para processar e julgar as demandas que visem desconstituir relações jurídicas de direito público (estatuto), ainda que tais pretensões tenham por causa de pedir a contratação irregular de trabalhadores pela Administração Pública ou a contratação de mão de obra por meio de empresa inidônea.

Ou seja, mesmo quando a matéria envolve improbidade administrativa decorrente do descumprimento da legislação acerca da contratação e fiscalização de contratos de trabalho, dada a premissa de que a Justiça do Trabalho é incompetente para analisar questão que envolva matéria jurídico-administrativa, a demanda deve ser julgada pela Justiça Comum:

> AGRAVO EM RECURSO EXTRAORDINÁRIO. TRABALHISTA E CONSTITUCIONAL. COMPETÊNCIA. AÇÃO CIVIL PÚBLICA. IMPROBIDADE ADMINISTRATIVA. ALEGADA CONTRARIEDADE AO ART. 114, INC. I E IX, DA CONSTITUIÇÃO DA REPÚBLICA. AGRAVO AO QUAL SE NEGA SEGUIMENTO. Relatório 1. Agravo nos autos principais contra decisão que inadmitiu recurso extraordinário interposto com base no art. 102, inc. III, alínea *a*, da Constituição da República. O recurso extraordinário foi interposto contra o seguinte julgado do Tribunal Superior do Trabalho: "RECURSOS DE REVISTA DOS RÉUS. MATÉRIAS COMUNS – ANÁLISE CONJUNTA. INCOMPETÊNCIA DA JUSTIÇA DO TRABALHO – IMPROBIDADE ADMINISTRATIVA. A responsabilização do gestor público por atos de improbidade administrativa não é competência da Justiça do Trabalho, tal como preconiza o art. 114 da Constituição Federal, sobretudo porque atos de improbidade administrativa acarretam necessariamente sanções penais, civis e administrativas, nos termos do que dispõe a Lei n. 8.429/92. *In casu*, o objeto da ação civil pública é a legalidade e a moralidade do ato administrativo, emanada de agentes públicos, que é objeto de discussão judicial, e não a relação de emprego entre o empregado e a Administração Pública. Assim sendo, forçoso é convir que a Justiça do Trabalho não tem competência para processar e julgar o presente feito. Precedentes desta Corte. Recursos de revista conhecidos e providos". Não foram opostos embargos de declaração. 2. O Agravante afirma que o Tribunal de origem teria contrariado o art. 114, inc. I e IX, da Constituição da República. Assevera que "a Ação Civil Pública materializada nos presentes autos tem como causa de pedir o procedimento inidôneo dos ex-diretores do DERACRE na terceirização da mão de obra em atividade-fim e na contratação de cooperativa de mão de obra para a prestação de serviços correspondentes à atividade-meio e de forma subordinada". Sustenta que "o fato comum a ser analisado em juízos distintos seria a conduta dos adminis-

tradores do DERACRE, no ato de contratação de mão de obra, a qual se contrapõe à legislação constitucional e trabalhista". Aponta que "a Corte Suprema Nacional utilizou a teoria da unidade de convicção [Recurso Extraordinário n. 438.639, redator para o acórdão o Ministro Cezar Peluso] para delinear o fator de discriminação e de interpretação das competências, ou seja, o mesmo fato, quando tiver que ser analisado mais de uma vez, deve sê-lo pelo mesmo órgão julgador". Pondera que "como bem ressaltaram os Ministros do Supremo Tribunal Federal no RE 438639-9, o texto contido no art. 114, incisos I e IX, deve ser interpretado ampliativamente. Defende que a discussão acerca da improbidade administrativa é derivada da relação de trabalho e da proteção das normas trabalhistas, por se tratar de contratação irregular de trabalhadores pela Administração Pública ou contratação de mão de obra por meio de empresa inidônea". 3. O recurso extraordinário foi inadmitido sob o fundamento de que "não há como divisar ofensa ao art. 114, I e IX, da Constituição". Examinados os elementos havidos no processo, DECIDO. 4. O art. 544 do Código de Processo Civil, com as alterações da Lei n. 12.322/2010, estabeleceu que o agravo contra decisão que inadmite recurso extraordinário processa-se nos autos do processo, ou seja, sem a necessidade de formação de instrumento, sendo este o caso. Analisam-se, portanto, os argumentos postos no agravo, de cuja decisão se terá, na sequência, se for o caso, exame do recurso extraordinário. 5. Razão jurídica não assiste ao Agravante. 6. O Ministro Relator Aloysio Corrêa da Veiga afirmou: "Discute-se nos autos se está inserida, dentre as atribuições da Justiça do Trabalho, a competência para processar e julgar gestor público por crime de improbidade administrativa. *In casu*, os diretores do Departamento de Estradas e Rodagem do Acre – DERACRE, ora recorrentes, Sérgio Yoshio Nakamura e Tácio de Brito, são investigados por ato de improbidade e falsidade ideológica, decorrente de fraude havida entre o ente estatal e a Cooperativa de Trabalhadores em Geral de Rio Branco Ltda. – COOPEACRE. Portanto, é a legalidade e a moralidade do ato administrativo emanado pelos recorrentes que é objeto de discussão judicial, e não a relação de emprego entre os empregados e a Administração Pública. Com efeito, a responsabilização do gestor público por atos de improbidade administrativa não está incluída na competência desta Justiça Especializada, definida pelo art. 114 da Constituição Federal, sobretudo porque a questão remete a sanções penais, civis e administrativas, nos termos do que dispõe a Lei n. 8.429/92. Verifica-se que, embora se insira na controvérsia a relação de emprego havida entre os cooperados substituídos e a cooperativa, sendo tomadora dos serviços a autarquia estadual, foram incluídas na ação matérias que extrapolam o campo da relação trabalhistas, quais sejam, a improbidade administrativa e falsidade ideológica" (grifei). 7. O Supremo Tribunal Federal assentou que se a causa de pedir da ação civil pública estiver relacionada a uma relação jurídico-administrativa compete à Justiça Comum o seu julgamento. Nesse sentido: "RECLAMAÇÃO. CONSTITUCIONAL. ADMINISTRATIVO. AUTORIDADE DE DECISÃO PROFERIDA PELO SUPREMO TRIBUNAL FEDERAL: ARTIGO 102, INCISO I, ALÍNEA L, DA CONSTITUIÇÃO DA REPÚBLICA. MEDIDA CAUTELAR NA AÇÃO DIRETA DE INCONSTITUCIONALIDADE N. 3.395. CONTRATAÇÃO TEMPORÁRIA DE PROFISSIONAIS NA ÁREA DE SAÚDE: ARTIGO 37, INCISO IX, DA CONSTITUIÇÃO DA REPÚBLICA. AÇÃO CIVIL PÚBLICA AJUIZADA PELO MINISTÉRIO PÚBLICO DO TRABALHO CONTRA A ADMINISTRAÇÃO PÚBLICA: COMPETÊNCIA DA JUSTIÇA COMUM. CAUSA DE PEDIR RELACIONADA A UMA RELAÇÃO JURÍDICO-ADMINISTRATIVA. 1. Incompetência da Justiça Trabalhista para o processamento e o julgamento das causas que envolvam o Poder Público e servidores que sejam vinculados a ele por relação jurídico-administrativa. 2. O eventual desvirtuamento da designação temporária para o exercício de função pública, ou seja, da relação jurídico-administrativa estabelecida entre as partes, não pode ser apreciado pela Justiça do Trabalho. 3. Reclamação julgada procedente" (Rcl 4.464, de minha relatoria, Plenário, *DJe* 21.8.2009, grifei). "INCONSTITUCIONALIDADE. Ação direta. Competência. Justiça do Trabalho. Incompetência reconhecida. Causas entre o Poder Público e seus servidores estatutários. Ações que não se reputam oriundas de relação de trabalho. Conceito estrito desta relação. Feitos da competência da Justiça Comum. Interpretação do art. 114, inc. I, da CF, introduzido pela EC 45/2004. Precedentes. Liminar deferida para excluir outra interpretação. O disposto no art. 114, I, da Constituição da República, não abrange as causas instauradas entre o Poder Público e servidor que lhe seja vinculado por relação jurídico-estatutária" (ADI 3.395-MC, Rel. Min. Cezar Peluzo, Plenário, *DJ* 10.11.2006). No mesmo sentido a seguinte decisão monocrática: Reclamação n. 6.058, de minha relatoria, *DJe* 9.9.2011. 9. Ademais, no Recurso Extraordinário n. 438.639 este Supremo Tribunal Federal utilizou o argumento da unidade da convicção apenas "quando o mesmo fato deva ser apreciado mais de uma vez", não sendo este o caso dos autos. Nesse sentido, consta do voto do Ministro Cezar Peluso no julgamento do Recurso Extraordinário n. 438.639, Plenário, *DJe* 6.3.2009: "Parece-me que deva intervir, aí, como fator de interpretação e de discriminação dessas competências, o critério da chamada unidade de convicção: quando o mesmo fato deva ser apreciado mais de uma vez, deve sê-lo pela mesma Justiça. Agora, com a unificação dos tribunais, esse risco é mínimo, ou nenhum, porque será sempre o mesmo tribunal que, no Estado, vai julgar ambas as causas, tanto a ação acidentária, como a ação de indenização por direito comum". Todavia, o Tribunal de origem reconheceu que "embora se insira na controvérsia a relação de emprego havida entre os cooperados substituídos e a cooperativa é a legalidade e a moralidade do ato administrativo que é objeto de discussão judicial, e não a relação de emprego entre empregados e a Administração Pública". Assim, a ação civil pública proposta pelo Ministério Público do Trabalho tem por objetivo a anulação do contrato administrativo por vício de legalidade e moralidade, tema que não compete à Justiça do Trabalho apreciar, conforme os precedentes citados. Nada há, pois, a prover quanto às alegações do Agravante. 10. Pelo exposto, nego seguimento ao agravo (art. 544, § 4º, inc. I, do Código de Processo Civil e art. 21, § 1º, do Regimento Interno do Supremo Tribunal Federal). Publique-se. Brasília, 18 de outubro de 2012. Ministra Cármen Lúcia – Relatora (STF, ARE 713.273/DF, rel. Min. Cármen Lúcia, j. 18-10-2012, *DJe* 228, divulg. 20-11-2012, public. 21-11-2012).

EMENTA: COMPETÊNCIA. Ação civil pública. Pretensão de pronúncia de nulidade de contratos temporários de trabalho com servidores públicos municipais. Petição inicial que reconhece, por consequência, a natureza estatutária das relações jurídicas. Feito da competência da Justiça Estadual. Ofensa à autoridade do acórdão proferido na ADI n. 3.395. Reclamação julgada procedente. Agravo improvido. Se, pleiteando pronúncia de nulidade de contratos trabalhistas temporários, firmados com servidores públicos municipais, a inicial de ação civil pública reconhece, por consequência, a natureza estatutária das relações jurídicas de que se trata, o feito é da competência da Justiça Estadual. (Rcl 3.767 AgR /PA – Pará. Ag. Reg. na Reclamação. Relator(a): Min. CEZAR PELUSO. Julgamento: 8-10-2009. Órgão julgador: Tribunal Pleno. Publicação: *DJe* 055, divulg. 25-3-2010, public. 26-3-2010, ement. v. 02395-02, p. 00364.)

EMENTA: RECLAMAÇÃO. CONSTITUCIONAL. ADMINISTRATIVO. AUTORIDADE DE DECISÃO PROFERIDA PELO SUPREMO TRIBUNAL FEDERAL: ARTIGO 102, INCISO I, ALÍNEA *L*, DA CONSTITUIÇÃO DA REPÚBLICA. MEDIDA CAUTELAR NA AÇÃO DIRETA DE INCONSTITUCIONALIDADE N. 3.395. CONTRATAÇÃO TEMPORÁRIA DE PROFISSIONAIS NA ÁREA DE SAÚDE: ARTIGO 37, INCISO IX, DA CONSTITUIÇÃO DA REPÚBLICA. AÇÃO CIVIL PÚBLICA AJUIZADA PELO MINISTÉRIO PÚBLICO DO TRABALHO CONTRA A ADMINISTRAÇÃO PÚBLICA: COMPETÊNCIA DA JUSTIÇA COMUM. CAUSA DE PEDIR RELACIONADA A UMA RELAÇÃO JURÍDICO-ADMINISTRATIVA. 1. Incompetência da Justiça Trabalhista para o processamento e o julgamento das causas que envolvam o Poder Público e servidores que sejam vinculados a ele por relação jurídico-administrativa. 2. O eventual desvirtuamento da designação temporária

> para o exercício de função pública, ou seja, da relação jurídico-administrativa estabelecida entre as partes, não pode ser apreciado pela Justiça do Trabalho. 3. Reclamação julgada procedente. (Rcl 4.464/GO – Goiás. Reclamação. Relator(a): Min. Carlos Britto. Relator(a) p/Acórdão: Min. Cármen Lúcia. Julgamento: 20-5-2009. Órgão julgador: Tribunal Pleno. Publicação: *DJe* 157, divulg. 20-8-2009, public. 21-8-2009, ement., v. 02370-02, p. 00310. RDECTRAB v. 16, n. 183, 2009, p. 127-143. RF v. 105, n. 404, 2009, p. 328-339.)

A situação não é diferente em relação às demandas decorrentes das relações havidas entre os servidores submetidos ao Regime Especial de Direito Administrativo – REDA. Com efeito, a CF/88, em seu art. 37, IX, permitiu a contratação por tempo determinado de servidores para atender a necessidade temporária de excepcional interesse público. Também as demandas decorrentes de tais relações serão de competência da Justiça Comum, e não da Justiça do Trabalho, ainda que a demanda contenha causa de pedir que vise ao reconhecimento do vínculo de emprego regido pela legislação trabalhista. Nesse sentido, o STF já se pronunciou diversas vezes, tal qual explicita o seguinte aresto:

> RECLAMAÇÃO CONSTITUCIONAL. AUTORIDADE DE DECISÃO PROFERIDA PELO SUPREMO TRIBUNAL FEDERAL: ARTIGO 102, INCISO I, ALÍNEA *L*, DA CONSTITUIÇÃO DA REPÚBLICA. MEDIDA CAUTELAR NA AÇÃO DIRETA DE INCONSTITUCIONALIDADE N. 3.395. CONTRATAÇÃO TEMPORÁRIA DE SERVIDORES PÚBLICOS: ARTIGO 37, INCISO IX, DA CONSTITUIÇÃO DA REPÚBLICA. AÇÕES AJUIZADAS POR SERVIDORES TEMPORÁRIOS CONTRA A ADMINISTRAÇÃO PÚBLICA: COMPETÊNCIA DA JUSTIÇA COMUM. CAUSA DE PEDIR RELACIONADA A UMA RELAÇÃO JURÍDICO-ADMINISTRATIVA. AGRAVO REGIMENTAL PROVIDO E RECLAMAÇÃO PROCEDENTE. 1. O Supremo Tribunal Federal decidiu no julgamento da Medida Cautelar na Ação Direta de Inconstitucionalidade n. 3.395 que "o disposto no art. 114, I, da Constituição da República, não abrange as causas instauradas entre o Poder Público e servidor que lhe seja vinculado por relação jurídico-estatutária". 2. Apesar de ser da competência da Justiça do Trabalho reconhecer a existência de vínculo empregatício regido pela legislação trabalhista, não sendo lícito à Justiça Comum fazê-lo, é da competência exclusiva desta o exame de questões relativas a vínculo jurídico-administrativo. 3. Se, apesar de o pedido ser relativo a direitos trabalhistas, os autores da ação suscitam a descaracterização da contratação temporária ou do provimento comissionado, antes de se tratar de um problema de direito trabalhista a questão deve ser resolvida no

> âmbito do direito administrativo, pois para o reconhecimento da relação trabalhista terá o juiz que decidir se teria havido vício na relação administrativa a descaracterizá-la. 4. No caso, não há qualquer direito disciplinado pela legislação trabalhista a justificar a sua permanência na Justiça do Trabalho. 5. Agravo regimental a que se dá provimento e reclamação julgada procedente. (Rcl 4.489 AgR, rel. Min. Marco Aurélio, rel. p/ acórdão Min. Cármen Lúcia, Tribunal Pleno, j. 21-8-2008, *DJe* 222, divulg. 20-11-2008, public. 21-11-2008, ement., v. 02342-01, p. 00177).

No mesmo sentido o TST tem se pronunciado, sendo incompetente a Justiça Trabalhista para decidir o feito:

> RECURSO DE REVISTA. APELO INTERPOSTO SOB A ÉGIDE DA LEI N. 13.015/2014. COMPETÊNCIA DA JUSTIÇA DO TRABALHO. SERVIDOR PÚBLICO CONTRATADO EM PERÍODO POSTERIOR À CONSTITUIÇÃO FEDERAL DE 1988 E À INSTITUIÇÃO DO REGIME JURÍDICO ÚNICO. AUSÊNCIA DE CONCURSO PÚBLICO. O STF entende que, ainda que a pretensão deduzida na lide se refira ao reconhecimento de direitos trabalhistas, e a causa de pedir indique relação de emprego decorrente de suposta irregularidade na contratação, não se modifica a natureza jurídica de cunho estatutário ou jurídico-administrativo do vínculo estabelecido originalmente entre o trabalhador e o Poder Público, sendo incompetente a Justiça Trabalhista para decidir o feito. O entendimento pacificou-se a partir da decisão exarada na ADI n. 3.395-MC/DF (*DJ* 10-11-2006) pelo Plenário do STF, relatada pelo Ministro Cesar Peluso, que referendou a liminar concedida pelo Ministro Nelson Jobim, na época Presidente do STF, suspendendo, mediante decisão cautelar, qualquer interpretação do art. 114, I, da Carta Magna que inclua, na competência da Justiça do Trabalho, a apreciação de causas que sejam instauradas entre o Poder Público e seus servidores, a eles vinculados por típica relação de ordem estatutária ou de caráter jurídico-administrativo. Decisão em sentido contrário merece reforma. Recurso de Revista conhecido e provido (RR 1239-97.2013.5.05.0461, rel. Min. Maria de Assis Calsing, 4ª Turma, j. 16-11-2016, *DEJT* 18-11-2016).

Outra questão relevante é aquela relacionada à competência da Justiça do Trabalho para o julgamento das questões relacionadas aos entes de direito público externo, merecendo alguma análise.

Compete à Justiça do Trabalho, também por força do art. 114, I, a competência para processar e julgar as ações decorrentes das relações de trabalho, mesmo figurando ente de direito público externo como parte. Não há falar em imunidade de jurisdição, no particular, estando os aludidos entes sujeitos à jurisdição trabalhista, para fins do processamento e julgamento das demandas decorrentes das relações de trabalho que aqueles firmarem. O STF já se pronunciou a respeito, consignando que não se pode falar em imunidade de jurisdição absoluta, sendo competente a Justiça do Trabalho para processar e julgar demanda envolvendo entes de direito público externo, porquanto a prerrogativa de direito internacional público tem caráter meramente relativo, não se aplicando às causas de natureza trabalhista:

> Ementa: Imunidade de jurisdição. Reclamação trabalhista. Litígio entre estado estrangeiro e empregado brasileiro – evolução do tema na doutrina, na legislação comparada e na jurisprudência do Supremo Tribunal Federal: da imunidade jurisdicional absoluta à imunidade jurisdicional meramente relativa. Recurso extraordinário não conhecido. Os estados estrangeiros não dispõem de imunidade de jurisdição, perante o poder judiciário brasileiro, nas causas de natureza trabalhista, pois essa prerrogativa de direito internacional público tem caráter meramente relativo – O Estado estrangeiro não dispõe de imunidade de jurisdição, perante órgãos do Poder Judiciário brasileiro, quando se tratar de causa de natureza trabalhista. Doutrina. Precedentes do STF (*RTJ* 133/159 e *RTJ* 161/643-644) – Privilégios diplomáticos não podem ser invocados, em processos trabalhistas, para coonestar o enriquecimento sem causa de Estados estrangeiros, em inaceitável detrimento de trabalhadores residentes em território brasileiro, sob pena de essa prática consagrar censurável desvio ético-jurídico, incompatível com o princípio da boa-fé e inconciliável com os grandes postulados do direito internacional. O privilégio resultante da imunidade de execução não inibe a justiça brasileira de exercer jurisdição nos processos de conhecimento instaurados contra estados estrangeiros. – A imunidade de jurisdição, de um lado, e a imunidade de execução, de outro, constituem categorias autônomas, juridicamente inconfundíveis, pois – ainda que guardem estreitas relações entre si – traduzem realidades independentes e distintas, assim reconhecidas quer no plano conceitual, quer, ainda, no âmbito de desenvolvimento das próprias relações internacionais. A eventual impossibilidade jurídica de ulterior realização prática do título judicial condenatório, em decorrência da prerrogativa da imunidade de execução, não se revela suficiente para obstar, só por si, a instauração, perante Tribunais brasileiros, de processos de conhecimento contra Estados estrangeiros, notadamente quando se tratar de litígio de natureza trabalhista. Doutrina. Precedentes (RE 222.368 AgRg, rel. Min. Celso de Mello, 2ª Turma, j. 30-4-2002, *DJ* 14-2-2003, p. 70, ementário 2098-02, p. 344).

Portanto, o próprio STF entende que, no particular, não há falar em imunidade absoluta de jurisdição, sendo consagrada apenas a denominada imunidade de *execução*, por parte do ente de direito público externo, para os bens da representação diplomática ou consular, protegidos pelas Convenções de Viena de 1961 e 1963. Assim, o Poder Judiciário brasileiro não poderia penhorar os bens da repartição diplomática afetados à atividade consular elementar, o que determina que o procedimento executivo siga as vias diplomáticas.

Acontece que essa mesma Corte já se pronunciou no sentido de relativizar tal proteção apenas para os bens que estejam afetados àquela representação, não se podendo falar em imunidade para os demais bens. Assim, então, constatar que o TST tem relativizado a imunidade executiva, para que seja realizada a constrição dos bens não afetados à representação consular:

> I) Mandado de segurança preventivo. Estado estrangeiro. Execução provisória. Imunidade relativa de jurisdição. Iminência de penhora. Expedição de carta rogatória. Inviolabilidade protegida pelo art. 3º da Convenção de Viena. Concessão parcial do "writ". 1. Trata-se de mandado de segurança preventivo impetrado pelo Consulado do Japão em São Paulo, com pedido liminar, contra a iminente penhora de seus bens, em sede de execução provisória, considerando a expedição de mandado de citação, penhora e avaliação e o despacho que determinou o envio de cópias de todo o processo ao Ministério das Relações Exteriores para que seja cumprida a sentença até o final. No mérito, visa ao reconhecimento da imunidade absoluta de jurisdição (e não relativa), no processo de execução, dos entes de direito público externo. 2. De plano, ressalte-se que a jurisprudência do TST e do STF tem abrandado o vetusto princípio da imunidade absoluta de jurisdição no processo de execução, capitaneadas pelo voto do eminente Ministro Celso de Mello, da Suprema Corte, no sentido de que a imunidade de jurisdição do Estado estrangeiro, quando se tratar de litígios trabalhistas, revestir-se-á de caráter meramente relativo e, em consequência, não impedirá que os juízes e Tribunais brasileiros conheçam de tais controvérsias e sobre elas exerçam o poder jurisdicional que lhes é inerente, pelos seguintes fundamentos: a) o novo quadro normativo que se delineou no plano do direito internacional, e também no âmbito do direito comparado, permitiu – ante a realidade do sistema de direito positivo dele emergente – que se construísse a teoria da imunidade jurisdicional relativa dos Estados soberanos, tendo-se presente, para esse específico efeito, a natureza do ato motivador da instauração da causa em juízo, de tal modo que deixa de prevalecer, ainda que excepcionalmente, a prerrogativa institucional da imunidade de jurisdição, sempre que o Estado estrangeiro, atuando em matéria de ordem estritamente privada, intervier em domínio estranho àquele

em que se praticam os atos *jure imperii*; b) a teoria da imunidade limitada ou restrita objetiva institucionalizar solução jurídica que concilie o postulado básico da imunidade jurisdicional do Estado estrangeiro com a necessidade de fazer prevalecer, por decisão do Tribunal do foro, o legítimo direito do particular ao ressarcimento dos prejuízos que venha a sofrer em decorrência de comportamento imputável a agentes diplomáticos, que, agindo ilicitamente, tenham atuado *more privatorum* em nome do País que representam perante o Estado acreditado (o Brasil, no caso); c) não se revela viável impor aos súditos brasileiros, ou a pessoas com domicílio no território nacional, o ônus de litigarem, em torno de questões meramente laborais, mercantis, empresariais ou civis, perante tribunais estrangeiros, desde que o fato gerador da controvérsia judicial – necessariamente estranho ao específico domínio dos *acta jure imperii* – tenha decorrido da estrita atuação *more privatorum* do Estado estrangeiro. 3. Desse modo, em face dos precedentes do TST e do STF, é de se reconhecer a imunidade relativa de jurisdição (e não absoluta) da lide executória, em relação aos entes de direito público externo. 4. Entretanto, como se trata de execução provisória, não há que se falar, por ora, em expedição de carta rogatória para satisfazer a obrigação trabalhista mediante o pagamento do crédito reconhecido na RT 40/2002-023-02-00.4, nem em penhora (via execução direta) sobre os bens não afetos à representação diplomática, conforme o disposto no art. 3º da Convenção de Viena e na jurisprudência pacífica do Supremo Tribunal Federal. 5. Isso porque, como não houve o trânsito em julgado da decisão condenatória, e levando-se em consideração os termos da Súmula 417, III, do TST e por se tratar o executado de Estado Estrangeiro, em respeito à sua soberania e inviolabilidade, tem-se que os atos expropriatórios ou a expedição de Carta Rogatória para pagamento da execução devem aguardar o trânsito em julgado formal da ação trabalhista principal, até porque, para o cumprimento do *Exequatur*, é indispensável a juntada da certidão de trânsito em julgado, o que efetivamente não ocorreu na hipótese vertente. Recurso ordinário parcialmente provido (ED-ROMS 1062900-79.2007.5.02.0000, rel. Min. Ives Gandra Martins Filho, j. 5-8-2008, Subseção II Especializada em Dissídios Individuais, data de publicação: 15-8-2008).

Por fim, cumpre consignar que norma de direito interno poderá reafirmar a natureza absoluta da imunidade de jurisdição da organização ou organismo internacional, seja quanto ao processo de conhecimento, seja quanto ao processo executivo, independentemente da natureza dos atos praticados, não sendo aplicável a regra que relativiza tal imunidade, ressalvada a hipótese em que o próprio ente de direito público externo abdique expressamente da aludida cláusula. É o que se compreende do Enunciado n. 416 da SBDI – I do TST:

> 416. IMUNIDADE DE JURISDIÇÃO. ORGANIZAÇÃO OU ORGANISMO INTERNACIONAL (*DEJT* divulgado em 14, 15 e 16-2-2012) (mantida conforme julgamento do processo TST-E-RR-61600-41.2003.5.23.0005 pelo Tribunal Pleno em 23-5-2016). As organizações ou organismos internacionais gozam de imunidade absoluta de jurisdição quando amparados por norma internacional incorporada ao ordenamento jurídico brasileiro, não se lhes aplicando a regra do Direito Consuetudinário relativa à natureza dos atos praticados. Excepcionalmente, prevalecerá a jurisdição brasileira na hipótese de renúncia expressa à cláusula de imunidade jurisdicional.

Tal compreensão foi reafirmada pelo STF em mais de uma oportunidade, tal qual evidencia o seguinte aresto:

> Imunidade de jurisdição. ONU. Programa das Nações Unidas para o Desenvolvimento. (...) Segundo estabelece a "Convenção sobre Privilégios e Imunidades das Nações Unidas", promulgada no Brasil pelo Decreto 27.784, de 16 de fevereiro de 1950, "A Organização das Nações Unidas, seus bens e haveres, qualquer que seja seu detentor, gozarão de imunidade de jurisdição, salvo na medida em que a Organização a ela tiver renunciado em determinado caso. Fica, todavia, entendido que a renúncia não pode compreender medidas executivas". Esse preceito normativo, que no direito interno tem natureza equivalente à das leis ordinárias, aplica-se também às demandas de natureza trabalhista (RE 578.543 e RE 597.368, rel. p/ o acórdão Min. Teori Zavascki, j. 15-5-2013, *DJe* 27-5-2014).

4.1.4. *Relações pré e pós-contratuais. Competência para apreciação das questões atinentes a concursos públicos relacionados a contratos de trabalho*

Outro ponto que chama a atenção é identificar a existência de competência da Justiça do Trabalho para conhecer sobre as questões decorrentes dos "pré-contratos" ou das relações pré-contratuais. Com efeito e efetivamente, as questões pré-contratuais, como a própria expressão remonta, aponta no sentido de que inexiste vínculo de trabalho, muito menos de emprego, entre as partes. Diante dessa conjuntura, indaga-se: seria a Justiça do Trabalho a competente para tratar do assunto?

Rodolfo Pamplona Filho[25] já apresentou, no passado, manifestação no sentido de que não seria competente a Justiça Especializada para tanto, na medida em que as tratativas não envolvem propriamente uma relação de atividade:

25. PAMPLONA FILHO, Rodolfo. *O dano moral na relação de emprego*. 2. ed. São Paulo: LTr, 1999. p. 116.

> O período das tratativas para a eventual formação de um contrato de trabalho, ainda que possa estar propenso à ocorrência de danos morais, não deve estar sob a competência da Justiça do Trabalho pelo argumento dogmático de que inexiste, neste momento, a qualificação jurídica necessária dos sujeitos, qual seja, a condição de empregados e empregadores.

No mesmo sentido se posicionaram Sergio Pinto Martins[26] e Antônio Lamarca[27], entre outros.

O E. TST[28], ao cuidar do assunto, pronunciou, por meio de uma das suas Turmas, em sentido diverso, entendendo competente a Justiça do Trabalho para apreciar as demandas pré e pós-contratuais ao contrato de trabalho:

> Recurso de revista. Competência da Justiça do Trabalho. Responsabilidade pré-contratual. Dano moral. 1. Segundo o princípio da boa-fé objetiva, que se aplica a todos os contratos, inclusive trabalhistas, previsto nos arts. 113, 187 e 422 do Código Civil, as partes devem agir em conformidade com parâmetros razoáveis de boa-fé, tratando o contratante como parceiro e buscando relação de cooperação. 2. De acordo com as novas diretrizes do Código Civil de 2002, a boa-fé objetiva deve informar todas as fases do contrato. 3. Conclui-se, dessarte, pela competência da Justiça do Trabalho para conhecer e julgar pedido de indenização por danos morais ocorridos nas negociações preliminares, porque decorre de relação de trabalho, ainda que na fase das tratativas. Recurso de Revista conhecido e provido (TST, RR 93100692003 5070006, 93100-69.2003.5.07.0006, rel. Maria Cristina Irigoyen Peduzzi, 3ª Turma, j. 23-11-2005, *DJ* 10-2-2006).
>
> Agravo de instrumento em recurso de revista. Competência da Justiça do Trabalho. Dano moral decorrente da relação de trabalho. Provável violação do art. 114, VI, da CF/1988. Agravo de instrumento a que se dá provimento para determinar o processamento do recurso de revista. Recurso de revista. Competência da Justiça do Trabalho. Dano moral em fase pós contratual. A Justiça do Trabalho é competente para julgar ação por meio da qual se pretende indenização por dano moral praticado na fase pós-contratual. O contrato de trabalho não impõe obrigações nem produz efeitos apenas enquanto vigente formalmente. A responsabilidade civil do empregador não está limitada ao período contratual, mas igualmente alcança as fases pré e pós-contratual. No caso, trata-se de pedido de indenização por dano moral decorrente de prejuízo com a manutenção do nome do autor como representante da

---

26. MARTINS, Sergio Pinto. *Direito processual do trabalho,* cit., 31. ed., p. 93.

27. Apud SCHIAVI, Mauro. *Manual de direito processual do trabalho,* cit., p. 229.

28. Disponível em: <www.tst.jus.br>. Acesso em: 8 jun. 2011.

> segunda reclamada, pessoa jurídica estrangeira, no cadastro (CNPJ) da Receita Federal, após a extinção do contrato de trabalho. Recurso de revista conhecido e provido (RR, 32340-58.2009.5.02.0015, rel. Min. Horácio Raymundo de Senna Pires, 3ª Turma, j. 8-9-2010, p. 17-9-2010).

Assim sendo, podemos dizer que o TST tem entendido ser da competência da Justiça do Trabalho o processamento das demandas que antecedem ou as que sucedam a própria existência das relações de trabalho, desde que relacionadas ao aludido vínculo.

Questão intrigante, todavia, é a atinente aos concursos públicos, para a contratação de empregados públicos. Com efeito, é sabido que tanto a administração pública direta como a indireta, inclusive as empresas públicas, sejam federais, estaduais ou municipais, encontram-se vinculadas ao princípio do concurso público, por força do art. 37, II, da CF/88. Nesse sentido, José Eduardo Cardozo[29] pontua:

> ... o princípio do concurso público incide sobre as empresas públicas e as sociedades de economia mista federais, estaduais, distritais e municipais, diante do disposto no inciso II do artigo 37 da Constituição da República, independentemente destas serem ou não entidades exploradoras de atividade econômica.

Sem qualquer dúvida, o advento do concurso público precede à existência do contrato de trabalho daquele que, uma vez aprovado, venha a tomar posse, na forma da lei. Diante disso surge a dúvida: afinal, sendo o concurso público uma fase precedente à existência de um vínculo celetista, seria competente a Justiça do Trabalho para processar e julgar as questões atinentes ao certame, ou, em razão de se tratar de matéria afeta ao direito administrativo, a competência seria da Justiça Comum? Por ora, prevalece o primeiro entendimento.

O Tribunal Superior do Trabalho tem compreendido que cabe à Justiça do Trabalho pronunciar-se acerca das diversas questões atinentes às contratações de empregados públicos, inclusive na parte atinente ao concurso público, tida como fase pré-contratual do vínculo de emprego. É o que se deduz dos seguintes precedentes:

> AGRAVO DE INSTRUMENTO. RECURSO DE REVISTA. COMPETÊNCIA DA JUSTIÇA DO TRABALHO. ADMISSÃO POR CONCURSO PÚBLICO.

29. CARDOZO, José Eduardo. As empresas públicas e as sociedades de economia mista e o dever de realizar concursos públicos no direito brasileiro. Jus.com.br, ago. 1997. Disponível em: <https://jus.com.br/artigos/386/as-empresas-publicas-e-as-sociedades-de-economia-mista-e-o-dever-de-realizar-concursos-publicos-no-direito-brasileiro/1>. Acesso em: 3 jun. 2019.

> FASE PRÉ-CONTRATUAL. PRETERIÇÃO DE CANDIDATO. COMPETÊNCIA MATERIAL. É competente a Justiça do Trabalho para conhecer e julgar litígios referentes ao período pré-contratual de potencial empregado que presta concurso público para ingresso em entidade estatal regida pelo art. 173, § 1º, II, da Constituição e pelo Direito do Trabalho (art. 114, I, CF). Desse modo não há como assegurar o processamento do recurso de revista quando o agravo de instrumento interposto não desconstitui a decisão denegatória, que subsiste por seus próprios fundamentos. Agravo de instrumento desprovido (TST, AIRR 18854620135220102, rel. Mauricio Godinho Delgado, 3ª Turma, j. 29-6-2015, *DEJT* 2-7-2015).
> RECURSO DE REVISTA. CONCURSO PÚBLICO. COMPETÊNCIA DA JUSTIÇA DO TRABALHO. FASE PRÉ-CONTRATUAL. CADASTRO RESERVA. EXISTÊNCIA DE VAGA. CONTRATAÇÃO DE TERCEIRIZADOS EM DETRIMENTO DOS APROVADOS EM CONCURSO PÚBLICO. DIREITO À CONTRATAÇÃO. Em relação à pretensão de reconhecimento da incompetência da Justiça do Trabalho, este C. Tribunal tem entendimento firmado no sentido de que a Justiça do Trabalho é competente para conhecer e julgar pedido relacionado a período pré-contratual, decorrente da não convocação de aprovados em concurso público realizado por sociedade de economia mista, caso dos autos. Precedentes. Recurso de revista conhecido por divergência jurisprudencial e provido (TST, RR 3724720105050029, rel. Alexandre de Souza Agra Belmonte, 3ª Turma, j. 16-3-2016, *DEJT* 22-3-2016).

Não se pode ignorar, todavia, posição já apresentada pelo E. STJ em sentido diametralmente oposto, ou seja, para determinar como competente a Justiça Comum, e não a Justiça do Trabalho, para cuidar das questões adstritas à relação jurídico-administrativa concernentes ao concurso público para acesso aos empregos públicos. É o que evidencia o seguinte julgado:

> Agravo regimental. Conflito de competência. Concurso público. Sociedade de economia mista estadual. Companhia Riograndense de Saneamento. Candidato reprovado em exame médico. Óbice ao provimento no emprego público. Fase pré-contratual. Ausência de vínculo empregatício. Art. 114 da CF. Redação dada pela EC 45/2004. Não incidência. Mantida a competência da justiça estadual. Agravo não provido. 1. Cinge-se a controvérsia à fixação da competência para processar e julgar reclamatória trabalhista ajuizada por candidato a cargo de Agente em Tratamento de Água e Esgoto junto à Companhia Riograndense de Saneamento – Corsan, sociedade de economia mista estadual, objetivando a declaração de nulidade do ato que o eliminou do processo seletivo, ante a alegação de irregularidades nos critérios adotados para a exclusão de candidatos aprovados em etapas anteriores ao exame médico. 2.

> A jurisprudência desta Corte orientou-se no sentido de que não compete à Justiça do Trabalho decidir os feitos em que se discutem critérios utilizados pela Administração para a seleção e admissão de pessoal nos seus quadros, uma vez que envolve fase anterior à investidura no emprego público. 3. Desse modo, não há falar na incidência do disposto no art. 114, I, da CF/1988, com a redação dada pela EC 45/2004, segundo a qual compete à Justiça do Trabalho o processamento e julgamento das "ações oriundas da relação de trabalho, abrangidos os entes de direito público externo e da Administração Pública direta e indireta da União, dos Estados, do Distrito Federal e dos Municípios". 4. Mantida a competência do Juízo estadual. 5. Agravo regimental não provido" (AgRg no CComp 98.613-RS, rel. Min. Benedito Gonçalves, 1ª Seção, j. 14-10-2009, *DJe* 22-10-2009).

O voto do Ministro Benedito Gonçalves, relator do feito acima referido, consignou expressamente:

> Nos termos do art. 114, I, da CF/1988, com a redação dada pela EC 45, de 30.12.2004, compete à Justiça do Trabalho o processamento e julgamento das "ações oriundas da relação de trabalho, abrangidos os entes de direito público externo e da Administração Pública direta e indireta da União, dos Estados, do Distrito Federal e dos Municípios". (...) Sem a efetiva aprovação no concurso e posse no cargo almejado, não há falar em vínculo empregatício e, consequentemente, em relação de trabalho, porquanto tem o candidato aprovado mera expectativa de direito.
>
> Assim, tendo em conta que concurso público é, em essência, procedimento administrativo, e nas hipóteses de o julgamento de certame promovido por empresa pública, *in casu*, a Corsan, a competência da Justiça laboral deve ser afastada porquanto inexistente a relação de trabalho. (...)
>
> Agravo regimental. Conflito de competência. Concurso público. Mandado de segurança. Sociedade de economia mista. Competência. Justiça estadual.
>
> Compete à Justiça Estadual processar e julgar mandado de segurança impetrado por candidato a emprego público em sociedade de economia mista federal, no qual se discute critérios utilizados pela administração para a seleção e admissão de pessoal nos seus quadros.
>
> É que a discussão envolve fase pré-admissional no emprego, não abarcando questões relativas ao vínculo trabalhista ou estatutário. Precedente. Agravo regimental desprovido (AgRg no CComp 81.784-SP, rel. Min. Felix Fischer, 3ª Seção, *DJU* 14-11-2007).
>
> Conflito de competência. Justiça do Trabalho. Justiça comum estadual. Contratação. Concurso público. 1. O concurso público para o qual foi aprovado o autor da ação ordinária está regulamentado por edital publicado pela ré, sendo, portanto, discussão de caráter administrativo relativa à não contratação

do autor que fora aprovado para vaga reservada a deficientes físicos. A matéria, portanto, não se insere na competência da Justiça do Trabalho. 2. Conflito conhecido para declarar competente o Tribunal de Justiça do Estado do Rio Grande do Sul (CComp 32.801-RS, rel. Min. Carlos Alberto Menezes Direito, 2ª Seção, *DJU* 25-11-2002).
Conflito de competência. Possibilidade de o Tribunal declarar competente outro juízo que não o suscitante e o suscitado. Ação que visa discutir critérios de seleção pública para ingresso nos quadros do grupo hospitalar conceição. Competência da Justiça estadual comum. I – É pacífico o entendimento de que, em conflito de competência, o Tribunal pode declarar competente outro juízo ou tribunal que não o suscitante e o suscitado. II – Não compete à Justiça do Trabalho decidir os feitos em que se discutem critérios utilizados pela administração para a seleção e admissão de pessoal nos seus quadros, uma vez que envolve fase anterior à investidura no emprego público. III – (...) Conflito conhecido para afastar a competência dos juízos suscitantes e suscitados e declarar a competência da Justiça Estadual (CComp 53.978-RS, rel. Min. Felix Fischer, 3ª Seção, j. 12-6-2006).

CONFLITO DE COMPETÊNCIA. CONCURSO PÚBLICO. CARGO DE TÉCNICO BANCÁRIO DA CAIXA ECONÔMICA FEDERAL. CANDIDATO APROVADO. ÓBICE AO PROVIMENTO NO EMPREGO PÚBLICO. INEXISTÊNCIA DE RELAÇÃO DE EMPREGO. A JUSTIÇA TRABALHISTA NÃO TEM COMPETÊNCIA PARA JULGAR AS REGRAS ESTABELECIDAS NO EDITAL DO CONCURSO. EMPRESA PÚBLICA FEDERAL. ART. 109, I DA CF. COMPETÊNCIA DO JUÍZO FEDERAL SUSCITANTE. 1. A controvérsia se estabeleceu em torno da possibilidade de ingresso em emprego na CEF, de candidato aprovado em todas as fases do concurso, mas que ainda mantém vínculo com a Administração Pública Municipal, em contrariedade às regras editalícias do certame. 2. A competência da Justiça Federal leva em consideração critérios ligados ora aos sujeitos, ora à matéria envolvida no litígio; em relação à competência *ratione personae,* prevista no art. 109, incisos I, II e VIII da CF, considera-se a natureza das pessoas envolvidas, independentemente do tipo de direito vindicado. 3. O pedido do autor foi negado com fundamento em dispositivo de Edital de concurso promovido pela CEF, Empresa Pública Federal, atraindo, portanto, a competência da Justiça Federal, a teor do art. 109, I da CF. 4. Não compete à Justiça do Trabalho decidir os feitos em que se discutem critérios utilizados pela Administração para a seleção e admissão de pessoal nos seus quadros, uma vez que envolve fase anterior à investidura no emprego público. 5. Conflito conhecido para anular a decisão proferida pelo Juízo da 6ª Vara do Trabalho de Florianópolis/SC e declarar a competência do Juízo Federal da 1ª Vara da SJ/SC (STJ, CComp 90.258/SC, 2007/0231850-5, rel. Min. Napoleão Nunes Maia Filho, j. 23-6-2008, 3ª Seção, *DJe* 4-8-2008).

Assim, seguindo esse entendimento, não teria a Justiça do Trabalho competência para lidar com as questões pré-contratuais atinentes ao concurso público. Cumpre mencionar que essa, aparentemente, é a posição do STF sobre o tema.

Ao julgar o RE 749.180, a 1ª Turma da Suprema Corte se pronunciou no sentido de que, sendo o concurso público etapa de natureza de direito administrativo, competiria à Justiça Comum processar e julgar as demandas em que se busca o controle de legalidade dos atos atinentes, ainda que o vínculo a ser formado por meio do aludido certame seja de natureza celetista:

> DIREITO ADMINISTRATIVO. CONTROLE DA LEGALIDADE DE ATO DE NATUREZA ADMINISTRATIVA. CONCURSO PÚBLICO. CONVOCAÇÃO DE CANDIDATO. INEXISTÊNCIA DE RELAÇÃO DE EMPREGO. COMPETÊNCIA DA JUSTIÇA COMUM. PRECEDENTES. ACÓRDÃO RECORRIDO DISPONIBILIZADO EM 26.3.2012. O entendimento adotado no acórdão recorrido não diverge da jurisprudência firmada no âmbito deste Supremo Tribunal Federal no sentido de que compete à Justiça comum dirimir conflitos de natureza administrativa entre o Poder Público e seus agentes. Precedentes. As razões do agravo regimental não se mostram aptas a infirmar os fundamentos que lastrearam a decisão agravada, mormente no que se refere à conformidade entre o que decidido no acórdão recorrido e a jurisprudência desta Corte. Agravo regimental conhecido e não provido (STF, RE 749.180/AL, rel. Min. Rosa Weber, 1ª Turma, j. 12-8-2014, *DJe* 165, divulg. 26-8-2014. public. 27-8-2014).

Ao julgar a matéria, em seu voto, a Min. Rosa Weber consignou expressamente que, ainda que o vínculo a ser materializado após o certame seja de direito contratual/celetista, não se pode ignorar que a fase precedente (o próprio concurso) possui natureza de índole eminentemente administrativa, e por isso mesmo faleceria à Justiça do Trabalho competência para conhecer as demandas decorrentes daquela fase:

> ... Conforme consignado na decisão agravada, não há falar em ofensa ao art. 114, I, da Lei Maior, firmado no âmbito deste Supremo Tribunal Federal o entendimento de que compete à Justiça comum dirimir conflitos de natureza administrativa entre o Poder Público e seus agentes, no caso, a legalidade dos atos administrativos praticados durante as fases que integram o concurso público, razão pela qual não se divisa a alegada ofensa aos dispositivos constitucionais suscitados. Nesse sentido:
> "RECURSO EXTRAORDINÁRIO – CRITÉRIOS PARA SELEÇÃO DE PESSOAL POR CONCURSO PÚBLICO – ATO DE NATUREZA ADMINISTRATIVA – IMPETRAÇÃO DE MANDADO DE SEGURANÇA – Ação ajuizada em face de dirigente de sociedade de economia mista federal – Competência

da Justiça Comum Federal – Recurso de agravo improvido" (RE 609.389-AgR, rel. Min. Celso de Mello, 2ª Turma, *DJe* 18-6-2013).

"Agravo regimental na reclamação. Administrativo e Processual Civil. Dissídio entre servidor e o poder público. ADI n. 3.395/DF-MC. Cabimento da reclamação. Incompetência da Justiça do Trabalho. 1. Por atribuição constitucional, presta-se a reclamação para preservar a competência do STF e garantir a autoridade de suas decisões (art. 102, inciso I, alínea *l*, CF/88), bem como para resguardar a correta aplicação das súmulas vinculantes (art. 103-A, § 3º, CF/88). Não se reveste de caráter primário ou se transforma em sucedâneo recursal quando é utilizada para confrontar decisões de juízos e tribunais que afrontam o conteúdo do acórdão do STF na ADI n. 3.395/DFMC. 2. Compete à Justiça comum pronunciar-se sobre a existência, a validade e a eficácia das relações entre servidores e o poder público fundadas em vínculo jurídico administrativo. O problema relativo à publicação da lei local que institui o regime jurídico único dos servidores públicos ultrapassa os limites objetivos da espécie sob exame. 3. Não descaracteriza a competência da Justiça comum, em tais dissídios, o fato de se requererem verbas rescisórias, FGTS e outros encargos de natureza símile, dada a prevalência da questão de fundo, que diz respeito à própria natureza da relação jurídico-administrativa, ainda que desvirtuada ou submetida a vícios de origem. 4. Agravo regimental provido para julgar procedente a reclamação" (Rcl 11.325-AgR, rel. Min. Marco Aurélio, rel. p/ acórdão Min. Dias Toffoli, 1ª Turma, *DJe* 1º-7-2014).

Ou seja, segundo o entendimento firmado pelo E. STF, a relação jurídico-administrativa atinente ao concurso público não se confunde com a relação de trabalho firmada com a empresa pública, tampouco autoriza a extensão da competência da Justiça do Trabalho, razão pela qual caberá a essa Especializada a competência apenas após firmado o contrato de trabalho entre as partes.

4.1.5. *Questões atinentes ao meio ambiente do trabalho. FGTS. Seguro-desemprego. PIS*

Outra questão que merece atenção é aquela relacionada às querelas envolvendo o meio ambiente do trabalho. Não há dúvidas de que as causas relacionadas ao meio ambiente do trabalho estão afetadas, igualmente, à competência da Justiça do Trabalho, dada a ampla regulamentação desse mesmo meio ambiente e sua relação com a atividade referida (CF/88, art. 200, VIII, e art. 7º, XXII).

Para que não houvesse qualquer dúvida, consignou o E. STF, por meio da Súmula 736, seu entendimento consolidado:

> Compete à Justiça do Trabalho julgar as ações que tenham como causa de pedir o descumprimento de normas trabalhistas relativas à segurança, higiene e saúde dos trabalhadores.

Note-se, no particular, que, em função da posição firmada pelo E. STF, no particular, o Judiciário Trabalhista tem compreendido que a competência para tratar das questões relativas à segurança, higiene e saúde dos trabalhadores envolve inclusive as demandas daqueles sujeitos ao regime de direito administrativo. Ou seja, o TST tem compreendido que, não obstante a relação jurídica havida entre os servidores e a administração pública seja de direito administrativo, é o Judiciário Trabalhista o competente para cuidar das questões atinentes ao meio ambiente do trabalho:

> RECURSO DE REVISTA. AÇÃO CIVIL PÚBLICA AJUIZADA PELO MINISTÉRIO PÚBLICO EM FACE DO ESTADO DE SANTA CATARINA. TUTELA DO MEIO AMBIENTE DO TRABALHO. ABRANGÊNCIA A TODOS OS TRABALHADORES, AINDA QUE OS SERVIDORES DO HOSPITAL PÚBLICO ENVOLVIDO SEJAM ADMINISTRATIVOS. MEIO AMBIENTE DO TRABALHO REGULADO POR NORMAS TRABALHISTAS ENVOLVENDO TAMBÉM OUTROS TRABALHADORES ALÉM DOS ADMINISTRATIVOS. MATÉRIA EMINENTEMENTE TRABALHISTA. SÚMULA 736 DO STF. COMPETÊNCIA DA JUSTIÇA DO TRABALHO. Insere-se no âmbito da competência material da Justiça do Trabalho a apreciação e julgamento de ação civil pública ajuizada pelo Ministério Público do Trabalho, mediante a qual se formulam pedidos relativos à adequação do meio ambiente de trabalho em face de ente público para todos os trabalhadores, independentemente do vínculo jurídico laboral, inclusive para os servidores estatutários (Súmula 736 do STF. Precedentes desta Corte). Agregue-se, ademais, a constatação de que a Constituição da República, em seu conceito estruturante de Estado Democrático de Direito, concentra na Justiça do Trabalho (art. 114, I) as ações que o Ministério Público do Trabalho proponha contra a União, Estados, DF ou Municípios – e suas entidades públicas – visando à concentração do princípio constitucional da valorização do trabalho e do emprego, com a efetivação dos direitos fundamentais da pessoa humana, seja com respeito ao meio ambiente, seja com respeito a outros temas e dimensões correlatos, em busca de medidas concretas para o cumprimento real da ordem jurídica. Nessa linha, há precedente judicial desta 3ª Turma, envolvendo o Poder Público Municipal (RR-75700-37.2010.5.16.0009, Relator Ministro Mauricio Godinho Delgado, *DEJT* de 20/09/2013). A propósito da amplitude da presente ação, envolvendo também outros trabalhadores, ao invés de apenas os administrativos, citam-se os pedidos "a.10" e "a.17", formulados na petição inicial da presente ação civil púbica, nos quais estão contemplados também os trabalhadores terceirizados. Recurso de revista conhecido e provido (TST, RR 102369420135120034, rel. Mauricio Godinho Delgado, 3ª Turma, j. 22-4-2015, *DEJT* 24-4-2015).

> RECURSO DE EMBARGOS. REGÊNCIA DA LEI N. 11.496/2007. AÇÃO CIVIL PÚBLICA. ADEQUAÇÃO DO MEIO AMBIENTE DO TRABALHO. SERVIDORES ESTADUAIS ESTATUTÁRIOS. COMPETÊNCIA DA JUSTIÇA DO TRABALHO. 1. A eg. Quarta Turma não conheceu do recurso de revista, sob o fundamento de que a Justiça do Trabalho é incompetente para resolver controvérsias envolvendo servidor público estatutário mesmo nos casos que envolvam o meio ambiente e a segurança do trabalho e as condições de saúde do servidor. 2. O Plenário do Supremo Tribunal Federal, no julgamento da Reclamação n. 3.303/PI, *DJe* 16/05/2008, concluiu que a restrição da competência da Justiça do Trabalho para julgar as causas de interesse de servidores públicos, resultante do decidido na ADI n. 3.395/DF-MC, não alcança as ações civis públicas propostas pelo Ministério Público do Trabalho, cuja causa de pedir seja o descumprimento de normas de segurança, saúde e higiene dos trabalhadores. Recurso de embargos conhecido e provido (E-ED-RR 60000-40.2009.5.09.0659, rel. Min. Walmir Oliveira da Costa, j. 22-11-2018, Subseção I Especializada em Dissídios Individuais, *DEJT* 30-11-2018).

O entendimento consubstanciado encontra-se ancorado na premissa de que o direito ao meio ambiente do trabalho equilibrado e seguro é assegurado tanto aos trabalhadores regidos pela CLT quanto àqueles submetidos ao regime estatutário, conforme o disposto nos arts. 7º, XXII, e 39, § 3º, da CF, de modo que a decisão do STF na ADIn 3.395-6 não teria alcançado as ações que tenham como causa de pedir o descumprimento de normas trabalhistas relativas à segurança, higiene e saúde dos trabalhadores, sejam eles estatutários ou celetistas.

Isso implica reconhecer também, por óbvia consequência, a legitimidade do Ministério Público do Trabalho na defesa dos interesses transindividuais vinculados a essa relação[30], inclusive quanto ao descumprimento de normas trabalhistas relativas à segurança, higiene e saúde.

Tal entendimento tem sido confirmado pelo E. STF, como se deduz do conteúdo do julgado na ACO 2.709/DF. Segundo a posição manifestada naquela medida, competirá ao Ministério Público do Trabalho o ajuizamento das ações que tenham como causa de pedir o descumprimento de normas trabalhistas relativas à segurança, higiene e saúde dos trabalhadores, sejam eles estatutários ou celetistas. É o que se depreende:

> Nessa perspectiva, cabe ressaltar que o Plenário do Supremo Tribunal Federal, ao julgar a Reclamação n. 3.303/PI, entendeu que o processamento pe-

30. "Tendo a ação civil pública como causas de pedir disposições trabalhistas e pedidos voltados à preservação do meio ambiente do trabalho e, portanto, aos interesses dos empregados, a competência para julgá-la é da Justiça do Trabalho" (RE 206.220, rel. Min. Marco Aurélio, *DJ* 17-9-1999).

rante a Justiça do Trabalho de ação civil pública ajuizada pelo Ministério Público do Trabalho em face do Estado do Piauí em nada afrontava a decisão proferida por esta Suprema Corte na ADI n. 3.395-MC (Relator o Ministro Cezar Peluso, *DJ* de 10-11-06), porquanto ação civil pública em questão visava tão somente exigir o cumprimento pelo Poder Público local de normas relativas à saúde, à higiene e à segurança do trabalho no âmbito da administração pública local, inexistindo, no caso, pretensão de discutir a natureza do vínculo entre os trabalhadores e o ente público. Transcrevo a ementa do mencionado julgado: "CONSTITUCIONAL. RECLAMAÇÃO. ADI 3.395-MC. AÇÃO CIVIL PÚBLICA PROPOSTA NA JUSTIÇA DO TRABALHO, PARA IMPOR AO PODER PÚBLICO PIAUIENSE A OBSERVÂNCIA DAS NORMAS DE SAÚDE, HIGIENE E SEGURANÇA DO TRABALHO NO ÂMBITO DO INSTITUTO MÉDICO-LEGAL. IMPROCEDÊNCIA. 1. Alegação de desrespeito ao decidido na ADI 3.395-MC não verificada, porquanto a ação civil pública em foco tem por objeto exigir o cumprimento, pelo Poder Público piauiense, das normas trabalhistas relativas à higiene, segurança e saúde dos trabalhadores. 2. Reclamação improcedente. Prejudicado o agravo regimental interposto" (Rcl n. 3.303/PI, Tribunal Pleno, Relator o Ministro Ayres Britto, *DJe* de 16-5-2008 – grifei). Destaco, por oportuno, trechos do debate travado no julgamento da Rcl n. 3.303/PI, a partir do qual se reconheceu a inexistência de identidade material entre o ato impugnado na referida reclamação e a decisão desta Corte na ADI n. 3.395-MC/DF, apontada como parâmetro de descumprimento: "O SENHOR MINISTRO CELSO DE MELLO: A decisão invocada como parâmetro de confronto é a proferida na ADI 3.395/DF, Rel. Min. CEZAR PELUSO. (...) O SENHOR MINISTRO CELSO DE MELLO: Há um aspecto interessante: como se cuida de uma ação civil pública, o próprio Ministério Público do Trabalho, que a promove (e interveio neste processo como interessado), destaca a inocorrência de ofensa à nossa decisão proferida na ADI 3.395/DF, ao salientar que a Súmula 736/STF reconhece a competência da Justiça do Trabalho para julgar ações – como esta – 'que tenham como causa de pedir o descumprimento de normas trabalhistas relativas à segurança, higiene e saúde dos trabalhadores' (fls. 185). Observou-se, ainda, que os trabalhadores do IML não têm vínculo estatutário nem estão submetidos a regime especial. Quer dizer, trata-se, no caso, de uma decisão judicial, proferida em sede de ação civil pública ajuizada pelo Ministério Público do Trabalho, contra determinada entidade estatal, em decorrência de suposto descumprimento, pelo Poder Público local, de normas de saúde, de higiene e de segurança do trabalho. Descumprimento que, alegadamente, ocorreria no âmbito de uma determinada autarquia estadual ou mesmo no de um órgão da administração pública centralizada. O fato é que essa 'causa petendi' estaria a sugerir, longe de qualquer debate sobre a natureza do vínculo (se laboral, ou não, se de caráter estatutário, ou não), que se pretende, na realidade, e numa perspectiva de pura metaindividualidade, provocada pela iniciativa do Ministério Público, saber se normas referentes à higiene e à saúde do trabalho estariam sendo observadas, ou não, por determinado ente público. O EXCELENTÍSSIMO SENHOR MINISTRO MENEZES DIREITO: Exatamente por esse aspecto o Relator não enfrentou a questão do vínculo. Examina-se, na realidade, apenas a justiça competente para julgar uma ação civil pública relativa à higiene do trabalho. (...) O SENHOR MINISTRO CARLOS BRITTO (RELATOR) – Que seria a Justiça do Trabalho. O EXCELENTÍSSIMO SENHOR MINISTRO MENEZES DIREITO: Nesse sentido, o precedente não foi violentado, por isso a reclamação é julgada improcedente. (...) O SENHOR MINISTRO CELSO DE MELLO: Na realidade, o próprio fundamento constitucional da pretensão deduzida pelo Ministério Público do Trabalho, em sede de ação civil pública, reside no inciso II do art. 129 da Constituição. Ora, esse dispositivo, ao dispor sobre as funções institucionais do Ministério Público, qualifica o 'Parquet' como verdadeiro defensor do povo, ao estabelecer que cabe, ao Ministério Público, 'zelar pelo efetivo respeito dos Poderes Públicos e dos serviços de relevância pública aos direitos assegurados nesta Constituição, promovendo as medidas necessárias a sua garantia'. Dentre esses direitos de essencialidade inquestionável, está, por sua clara natureza, o direito à saúde. Portanto, não estamos discutindo, no fundo, a natureza do vínculo, nem estamos em face de uma ofensa ou transgressão à autoridade da decisão proferida por esta Corte, em sede cautelar, na ação direta de inconstitucionalidade invocada como paradigma de confronto. Na realidade, o Ministério Público, legitimado ativamente ao ajuizamento da ação civil pública, invoca a proteção jurisdicional a direitos e a interesses transindividuais, com apoio numa cláusula da Constituição que lhe assegura uma das mais relevantes funções institucionais: a de atuar como verdadeiro defensor do povo". No mesmo sentido foi a recente deliberação do Plenário na Reclamação n. 12.113/AM, da relatoria do Ministro Ricardo Lewandowski, cuja ementa reproduzo: "AGRAVO REGIMENTAL. RECLAMAÇÃO. AFRONTA AO DECIDIDO NA ADI 3.395-MC/DF. NÃO OCORRÊNCIA. AÇÃO CIVIL PÚBLICA PROPOSTA NA JUSTIÇA DO TRABALHO, PARA IMPOR AO PODER PÚBLICO A OBSERVÂNCIA DAS NORMAS DE SAÚDE, HIGIENE E SEGURANÇA DO TRABALHO NO ÂMBITO DE HOSPITAL. AUSÊNCIA DE SIMILITUDE ENTRE O ATO RECLAMADO E A DECISÃO PARADIGMA. AGRAVO IMPROVIDO. I – Esta Corte, por ocasião do julgamento da ADI 3.395-MC/DF, deu interpretação conforme ao art. 114, I, da Constituição Federal, para excluir da competência da Justiça do Trabalho as causas instauradas entre o Poder Público e servidor que lhe esteja vinculado por relação jurídico-estatutária. II – O ato reclamado deve ajustar-se com

> exatidão ao paradigma invocado, a fim de que se verifique afronta à autoridade de decisão deste Tribunal. III – A ausência de similitude entre o ato reclamado e o acórdão indicado como paradigma impede o julgamento da reclamação. IV – No caso, trata-se de Ação Civil Pública proposta pelo Ministério Público do Trabalho, com o fim de apurar o descumprimento de normas relativas ao meio ambiente do trabalho, especialmente no que se refere ao Hospital 28 de Agosto, localizado em Manaus/AM, o que afasta a competência da Justiça comum. V – Agravo improvido" (Rcl n. 13.113-AgR/AM, Tribunal Pleno, Rel. Min. Ricardo Lewandowski, *DJ* de 19-2-2014 – grifei). Assim, na linha dos aludidos precedentes desta Corte e tendo em vista os artigos 83 e 84 da Lei Complementar n. 75/93, os quais dispõem sobre as atribuições do Ministério Público do Trabalho, entendo que assiste razão ao *parquet* estadual ao afirmar que incumbe ao Ministério Público do Trabalho dar seguimento ao inquérito civil instaurado, com vistas a investigar o noticiado descumprimento pelo Município de Pindamonhangaba/SP das normas de saúde e segurança do trabalho. Confiram-se, em casos análogos ao presente, as decisões monocráticas na ACO n. 2.672/AM (Relator o Ministro Celso de Mello, *DJe* de 1º-12-2015), na ACO n. 1.825/SP (Relator o Ministro Ricardo Lewandowski, *DJe* de 7-8-2014) e na ACO n. 2.169/ES (Relatora a Ministra Cármen Lúcia, *DJe* de 26-9-2013), nas quais se reconheceu a atribuição do Ministério Público do Trabalho para apurar irregularidades alegadamente relacionadas às condições de saúde, higiene e segurança do trabalho. Pelo exposto, nos termos dos precedentes desta Corte, conheço do conflito, para definir a atribuição do Ministério Público do Trabalho para adoção das medidas tendentes à apuração do caso. Encaminhem-se os presentes autos ao Ministério Público do Trabalho (Procuradoria Regional do Trabalho da 15ª Região). Publique-se. Intime-se. Brasília, 25 de fevereiro de 2016. Ministro Dias Toffoli Relator Documento assinado digitalmente (STF, ACO 2709/DF, 0004300-91.2015.1.00.0000, rel. Min. Dias Toffoli, j. 25-2-2016, *DJe* 040, 3-3-2016).

No mesmo sentido, está assentado que compete à Justiça do Trabalho processar e julgar as demandas atinentes ao FGTS – Fundo de Garantia por Tempo de Serviço, na parte atinente à complementação e levantamento daquelas verbas quando decorrentes do dissídio entre empregado e empregador. O entendimento havido até então implicava a competência da Justiça do Trabalho exclusivamente em tal hipótese, ou seja, na demanda entre o empregador e o empregado atinente ao aludido fundo. Todavia, houve o cancelamento da Súmula 176 do TST, assim vazada:

> A Justiça do Trabalho só tem competência para autorizar o levantamento do depósito do Fundo de Garantia do Tempo de Serviço na ocorrência de dissídio entre empregado e empregador e após o trânsito em julgado da sentença.

Com o advento da EC 45/2004 e o cancelamento dessa súmula, há o entendimento de que pode haver demanda contra a CEF – Caixa Econômica Federal, na condição de gestora do fundo, para o levantamento do FGTS perante a Justiça do Trabalho, ainda que a CEF não seja a empregadora, porquanto se está a apreciar pretensão decorrente de relação de trabalho. Nesse sentido, o TST já se pronunciou:

> INCIDENTE DE UNIFORMIZAÇÃO DE JURISPRUDÊNCIA. COMPETÊNCIA MATERIAL DA JUSTIÇA DO TRABALHO. FGTS. ALVARÁ. JURISDIÇÃO VOLUNTÁRIA. SÚMULA 176. CANCELAMENTO. 1. Inscreve-se na competência material da Justiça do Trabalho, no exercício de jurisdição voluntária, apreciar pretensão de ex-empregado de expedição de alvará judicial para fins de saque dos depósitos do FGTS junto à CAIXA ECONÔMICA FEDERAL – CEF, tendo em vista a vinculação do pleito a uma relação de emprego, espécie da relação de trabalho de que cogita o novel art. 114, inciso I, da Constituição Federal de 1988, com a redação da Emenda Constitucional n. 45/04. 2. O aspecto central para a determinação da nova competência material da Justiça do Trabalho, desde o advento da EC n. 45/04, repousa na circunstância de o pedido e a causa de pedir dimanarem de uma relação de trabalho, ainda que não entre os respectivos sujeitos. Superada a estreita e arraigada vinculação de tal competência meramente aos dissídios entre empregado e empregador. 3. Cancelamento da Súmula 176 do TST (TST, IUJ-RR, 619872162000 5125555, 619872-16.2000.5.12.5555, rel. João Oreste Dalazen, j. 5-5-2005, Tribunal Pleno, *DJ* 26-8-2005).

> RECURSO ORDINÁRIO EM AGRAVO REGIMENTAL. MANDADO DE SEGURANÇA. LEVANTAMENTO DOS DEPÓSITOS DO FGTS. TRABALHADOR FALECIDO. SUCESSORES. COMPETÊNCIA DA JUSTIÇA DO TRABALHO. AUSÊNCIA DE DIREITO LÍQUIDO E CERTO. 1 – Hipótese em que o ato tido por coator refere-se à decisão que autorizou a transferência dos valores existentes na conta vinculada de FGTS depositados em nome do falecido empregado para conta judicial em decorrência da procedência da ação de consignação em pagamento ajuizada pelo então empregador, Município de Ferraz de Vasconcelos, na qual ficou definido quem eram os sucessores aptos a receber a quantia consignada (verbas rescisórias e depósitos do FGTS), como também o quinhão cabível a cada um deles, de acordo com os arts. 1º da Lei n. 6.858/80 e 20, IV, da Lei n. 8.036/90. Especificou-se ali que receberiam em partes iguais os três sucessores, conforme previsto na lei civil, dada a inexistência de dependentes habilitados junto à Previdência Social. 2 – Com a edição da Emenda Constitucional 45/2004, a Justiça do Trabalho passou a ter competência para apreciar pedido de expedição de alvará para

liberação de depósitos de conta vinculada do FGTS, dirigidos contra a Caixa Econômica Federal – CEF. 3 – Ausência de direito líquido e certo da impetrante, Caixa Econômica Federal – CEF. Recurso ordinário conhecido e não provido (TST, RO 82474220105020000, rel. Delaíde Miranda Arantes, j. 14-4-2015, Subseção II Especializada em Dissídios Individuais, *DEJT* 24-4-2015).

O entendimento manifestado pelo TST, todavia, destoa daquele manifestado pelo STJ, que consigna em sentido diametralmente oposto, ou seja, o de que compete à Justiça Federal processar e julgar demandas relativas ao levantamento do FGTS em que a CEF se nega a promover a liberação dos saldos das contas vinculadas, uma vez que ali não se estaria a discutir questão atinente ao contrato de trabalho:

> CONFLITO DE COMPETÊNCIA. AÇÃO ORDINÁRIA MOVIDA POR TITULAR DE CONTA DE FGTS, CONTRA A CEF, VISANDO AO LEVANTAMENTO DOS DEPÓSITOS EFETUADOS EM RAZÃO DE CONTRATO DE TRABALHO ENTRE O AUTOR E O MUNICÍPIO DE MOSSORÓ, DECLARADO NULO POR AUSÊNCIA DE CONCURSO PÚBLICO. Inexistência de discussão sobre a relação de trabalho. Competência da Justiça Comum. Incidência da Súmula 82 do STJ. Conflito conhecido e declarada a competência da Justiça Federal, a suscitada. Precedentes (STJ, CC 97.598/RN, 2008/0161117-4, rel. Min. Teori Albino Zavascki, j. 26-11-2008, 1ª Seção, *DJe* 09.12.2008).

> PROCESSO CIVIL E ADMINISTRATIVO – FGTS – COMPETÊNCIA DA JUSTIÇA FEDERAL – CONTRATO DE TRABALHO DECLARADO NULO – LEVANTAMENTO – ART. 29-C DA LEI 8.036/90 – PAGAMENTO DE HONORÁRIOS ADVOCATÍCIOS – DESCABIMENTO – JUROS DE MORA – TAXA SELIC. 1. Compete à Justiça Federal processar e julgar demandas relativas ao FGTS em que a CEF se nega a promover o levantamento dos saldos das contas vinculadas. 2. Pedido de levantamento dos depósitos da conta vinculada do FGTS por titular cujo contrato de trabalho, firmado com o Município de Mossoró-RN, foi declarado nulo posteriormente. 3. O TST tem entendimento consolidado no sentido de que, nos casos de contrato declarado nulo por falta de concurso público, fica ressalvado o direito a salário pelo serviço prestado, sob pena de enriquecimento ilícito por parte do empregador. Se é devido o pagamento de salário, consequentemente nasce para o ente público a obrigação de proceder ao depósito na conta vinculada do empregado (art. 15 da Lei n. 8.036/90). 4. O STJ, equiparando a hipótese de nulidade do contrato de trabalho à demissão do trabalhador decorrente de culpa recíproca, tem considerado devida a liberação do saldo da conta vinculada do

FGTS. Situação que foi positivada posteriormente com o advento da MP 2.164-41/2001, que inseriu os arts. 19-A e 20, II, na Lei n. 8.036/90. 5. Ressalva do direito da CEF de reaver, em ação própria os valores indevidamente devolvidos ao Município de Mossoró (REsp 724.289/RN). 6. A MP 2.164-40/2001, publicada em 27/07/2001, acrescentou o art. 29-C à Lei n. 8.036/90, afastando a condenação em honorários advocatícios nas ações entre o FGTS e os titulares das contas vinculadas ou naquelas em que figurem os respectivos representantes ou substitutos processuais. A lei especial atinge as ações ajuizadas posteriormente à alteração legislativa não se dirigindo o comando apenas às demandas trabalhistas (Pacificação de entendimento a partir de decisão proferida pela Primeira Seção no EREsp 583.125/RS). 7. O entendimento pacífico desta Corte é no sentido de admitir a incidência dos juros de mora nas ações nas quais se discute a correção monetária dos saldos das contas vinculadas ao FGTS. 8. O STJ vinha considerando devidos juros moratórios no percentual de 0,5% ao mês, a partir da citação (Súmula 163/STF), por se tratar de obrigação ilíquida (REsp 245.896/RS), sendo desinfluente o levantamento ou a disponibilização dos saldos antes do cumprimento da decisão (REsps 245.896/RS e 146.039/PE) e aplicados independentemente dos juros remuneratórios de que trata o art. 13 da Lei n. 8.036/90. 9. Com o advento do novo Código Civil (aplicável à espécie porque ocorrida a citação a partir de sua vigência), incidem juros de mora pela taxa SELIC a partir da citação, não podendo ser cumulada com qualquer outro índice de correção monetária, porque já embutida no indexador. 10. Recurso especial parcialmente provido (STJ, REsp 938.369/RN, 2007/0071864-8, rel. Min. Eliana Calmon, 2ª Turma, j. 11-3-2008, *DJ* 28-3-2008, p. 1).

Processo civil e administrativo. FGTS. Competência. Contrato de trabalho declarado nulo. Ausência de concurso público. Falta de indicação do dispositivo violado. Súmula 284/STF. Dissídio jurisprudencial notório. Conhecimento do recurso pela alínea c, do permissivo constitucional. Competência da Justiça Federal. Aplicação do Enunciado 82 da Súmula do STJ. Recurso especial parcialmente conhecido e, nesta parte, provido. 1. O Recorrente não apontou o dispositivo legal violado, razão pela qual incide, por analogia, o óbice contido no enunciado sumular 284 do Supremo Tribunal Federal. 2. *In casu*, notória a divergência jurisprudencial entre o acórdão recorrido e o entendimento deste STJ, que é no sentido de que compete à Justiça Federal processar e julgar demandas relativas ao FGTS em que a CEF se nega a promover o levantamento dos saldos das contas vinculadas. 3. Recurso Especial parcialmente conhecido e, nesta parte, provido (REsp 715.472/RN, rel. Min. Carlos Fernando Mathias (juiz convocado do TRF – 1ª Região), 2ª Turma, j. 8-4-2008, *DJe* 2-5-2008).

O entendimento do STJ encontra-se, inclusive, consolidado na Súmula 161 daquela Corte, assentado sob a premissa de que o levantamento do FGTS, no caso de falecimento do titular da conta, está adstrito ao juízo sucessório, na forma da Lei n. 6.858/80. Assim se encontra consignada a posição daquela Corte na Súmula 161:

> É da competência da Justiça Estadual autorizar o levantamento dos valores relativos ao PIS/PASEP e FGTS, em decorrência do falecimento do titular da conta.

A posição do STJ deve ser revista, a partir da posição firmada pelo STF acerca da natureza do FGTS. O Supremo Tribunal Federal, ao apreciar a questão da natureza jurídica do FGTS, sob o manto da repercussão geral (ARE 709.212)[31], afastou a natureza tributária da parcela, para consagrar o entendimento de que esta constitui parcela eminentemente vinculada ao contrato de emprego.

Nas palavras do relator do feito, o Ministro. Gilmar Mendes, o FGTS consiste em "um 'pecúlio permanente', que pode ser sacado pelos seus titulares em diversas circunstâncias legalmente definidas (cf. art. 20 da Lei n. 8.036/1995)". Por essa razão, inclusive, foi fixado o prazo prescricional de cinco anos para a parcela. Sendo assim, dado que a parcela possui natureza inerente à relação de trabalho, parece-nos correto o entendimento firmado pelo E. TST sobre o assunto, para reputar competente a Justiça do Trabalho, para tanto.

Do mesmo modo, compete à Justiça do Trabalho apreciar as questões relacionadas aos quadros de carreira, uma vez que passam a integrar os contratos de trabalho dos empregados, sendo essa a posição firmada pelo E. TST, conforme consignado em sua Súmula 19:

> A Justiça do Trabalho é competente para apreciar reclamação de empregado que tenha por objeto direito fundado no quadro de carreira.

No mesmo sentido, em relação às emissões de guias relacionadas ao benefício social do seguro-desemprego, dado que, se o empregador não entrega as guias correspondentes ao benefício social à Justiça do Trabalho, cumpre impor a

31. "Recurso extraordinário. Direito do Trabalho. Fundo de Garantia por Tempo de Serviço (FGTS). Cobrança de valores não pagos. Prazo prescricional. Prescrição quinquenal. Art. 7º, XXIX, da Constituição. Superação de entendimento anterior sobre prescrição trintenária. Inconstitucionalidade dos arts. 23, § 5º, da Lei n. 8.036/1990 e 55 do Regulamento do FGTS aprovado pelo Decreto 99.684/1990. Segurança jurídica. Necessidade de modulação dos efeitos da decisão. Art. 27 da Lei n. 9.868/1999. Declaração de inconstitucionalidade com efeitos *ex nunc*. Recurso extraordinário a que se nega provimento" (ARE 709.212, rel. Min. Gilmar Mendes, Tribunal Pleno, j. 13-11-2014, acórdão eletrônico repercussão geral – mérito, *DJe*, 032, divulg. 18-2-2015, public. 19-2-2015).

emissão das guias, sob pena de indenização correspondente, como assentado na Súmula 389 do TST:

> Seguro-desemprego – Competência da Justiça do Trabalho – Direito à indenização por não liberação de guias.
> I – Inscreve-se na competência material da Justiça do Trabalho a lide entre empregado e empregador tendo por objeto indenização pelo não-fornecimento das guias do seguro-desemprego.
> II – O não-fornecimento pelo empregador da guia necessária para o recebimento do seguro-desemprego dá origem ao direito à indenização.

Por igual, também é competente a Justiça do Trabalho para decidir acerca do não cumprimento das obrigações acessórias ao contrato de trabalho, inclusive daquelas atinentes ao não cadastramento do empregado na base de dados do PIS – Programa de Integração Social, consoante evidencia o conteúdo da Súmula 300 do TST:

> COMPETÊNCIA DA JUSTIÇA DO TRABALHO. CADASTRAMENTO NO PIS. Compete à Justiça do Trabalho processar e julgar ações ajuizadas por empregados em face de empregadores relativas ao cadastramento no Programa de Integração Social (PIS).

4.1.6. *Complementação de aposentadoria e previdência privada. Vínculo de emprego anterior do estatutário*

Quanto à complementação de aposentadoria e previdência privada há alguma controvérsia quanto à competência para conhecer das questões relacionadas. O STF já se pronunciou em diversas oportunidades, todas no sentido de que haveria competência da Justiça do Trabalho quando a complementação da aposentadoria decorrer de obrigação contratual (do empregador), decorrente, portanto, do vínculo de emprego. Quando não decorresse de obrigação contratual, a competência seria da Justiça Comum:

> 1. Recurso. Extraordinário. Complementação de aposentadoria. Previdência privada. Não decorrência de contrato de trabalho. Competência. Justiça comum. Decisão mantida. Precedentes. Agravo regimental não provido. – É competente a justiça comum para julgar pedido de complementação de aposentadoria na órbita da previdência privada, quando não decorrente de contrato de trabalho. 2. Recurso. Agravo. Regimental. Caráter meramente abusivo. Litigância de má-fé. Imposição de multa. Aplicação do art. 557, § 2º, do CC. Arts. 14, II e III, e 17, VII, do CPC. Quando abusiva a interposição de

> agravo, manifestamente inadmissível ou infundado, deve o tribunal condenar o agravante a pagar multa ao agravado (STF, RE-AgRg 550.149-RS, 2ª Turma, rel. Min. Cezar Peluso, j. 2-2-2010, *DJe* 5-3-2010, p. 67).
> Ação de aposentadoria e/ou pensão. Entidade de previdência privada. Competência. Exame e interpretação de cláusula contratual e revisão de matéria probatória. Inadmissibilidade em sede recursal extraordinária. Recurso de agravo improvido. – A Justiça do Trabalho dispõe de competência para apreciar litígios instaurados contra entidades de previdência privada e relativos à complementação de aposentadoria, de pensão ou de outros benefícios previdenciários, desde que a controvérsia jurídica resulte de obrigação oriunda de contrato de trabalho. Precedentes. Competirá, no entanto, à justiça comum, processar e julgar controvérsias relativas à complementação de benefícios previdenciários pagos por entidade de previdência privada, se o direito vindicado não decorrer de contrato de trabalho. Precedentes. – A análise de pretensão jurídica, quando dependente de reexame de cláusulas inscritas em contrato de trabalho (Súmula 454/STF) ou de revisão de matéria probatória (Súmula 279/STF), revela-se processualmente inviável em sede de recurso extraordinário, pois, em referidos temas, a decisão emanada do tribunal recorrido reveste-se de inteira soberania. Precedentes (STF, AI-AgRg 735.244-8-MG, 2ª Turma, rel. Min. Celso de Mello, j. 24-3-2009, *DJe* 24-4-2009, p. 41).

Sucede que, ao apreciar a questão sob o pálio da Repercussão geral, o STF, por suposto na relação incomunicável entre o regime previdenciário e o regime de trabalho, concluiu no sentido de que seria a Justiça Comum a competente para apreciar as demandas envolvendo as entidades de previdência privadas. A decisão reflete o atual entendimento sobre o tema:

> Recurso extraordinário – Direito Previdenciário e Processual Civil – Repercussão geral reconhecida – Competência para o processamento de ação ajuizada contra entidade de previdência privada e com o fito de obter complementação de aposentadoria – Afirmação da autonomia do Direito Previdenciário em relação ao Direito do Trabalho – Litígio de natureza eminentemente constitucional, cuja solução deve buscar trazer maior efetividade e racionalidade ao sistema – Recurso provido para afirmar a competência da Justiça comum para o processamento da demanda – Modulação dos efeitos do julgamento, para manter, na Justiça Federal do Trabalho, até final execução, todos os processos dessa espécie em que já tenha sido proferida sentença de mérito, até o dia da conclusão do julgamento do recurso (20.02.2013). 1. A competência para o processamento de ações ajuizadas contra entidades privadas de previdência complementar é da Justiça comum, dada a autonomia do Direito Previdenciário em relação ao Direito do Trabalho. Inteligência do art. 202, § 2º,

> da Constituição Federal a excepcionar, na análise desse tipo de matéria, a norma do art. 114, inciso IX, da Magna Carta. 2. Quando, como ocorre no presente caso, o intérprete está diante de controvérsia em que há fundamentos constitucionais para se adotar mais de uma solução possível, deve ele optar por aquela que efetivamente trará maior efetividade e racionalidade ao sistema. 3. Recurso extraordinário de que se conhece e ao qual se dá provimento para firmar a competência da Justiça comum para o processamento de demandas ajuizadas contra entidades privadas de previdência buscando-se o complemento de aposentadoria. 4. Modulação dos efeitos da decisão para reconhecer a competência da Justiça Federal do Trabalho para processar e julgar, até o trânsito em julgado e a correspondente execução, todas as causas da espécie em que houver sido proferida sentença de mérito até a data da conclusão, pelo Plenário do Supremo Tribunal Federal, do julgamento do presente recurso (20.02.2013). 5. Reconhecimento, ainda, da inexistência de repercussão geral quanto ao alcance da prescrição de ação tendente a questionar as parcelas referentes à aludida complementação, bem como quanto à extensão de vantagem a aposentados que tenham obtido a complementação de aposentadoria por entidade de previdência privada sem que tenha havido o respectivo custeio (RE 586453, rel. Min. Ellen Gracie, relator p/ acórdão Min. Dias Toffoli, Tribunal Pleno, julgado em 20-2-2013, *DJe*, 106 divulg. 5-6-2013, public. 6-6-2013, ement., v. 02693-01, p. 1).

Aqui, importante pontuar ao menos duas questões significativas. A primeira delas é que o STF, modulou os efeitos dessa decisão para reconhecer a competência da Justiça Federal do Trabalho para processar e julgar, até o trânsito em julgado e a correspondente execução, de todas as causas da espécie em que houver sido proferida sentença de mérito até a data da conclusão, pelo Plenário do STF, do julgamento do recurso, qual seja o dia 20-2-2013. Ou seja, a competência da Justiça do Trabalho remanescerá para todas aquelas demandas em que houver sido proferido julgamento de mérito até o dia 20-2-2013. As que assim não se enquadrarem, inobstante ajuizadas perante a Justiça do Trabalho, deverão ser remetidas à Justiça Comum Estadual, a partir de então, competente para cuidar do assunto.

A segunda questão que merece uma análise parece ser o desacerto da decisão do E. STF, no particular. Com efeito, não obstante não se negue a aparente autonomia entre as relações previdenciária e do trabalho, é inequívoca a relação entre ambas, sendo certo, em muitas oportunidades, que a relação previdenciária é oriunda da própria relação de trabalho.

Basta uma análise prática para que se perceba que determinados empregados somente acessam as entidades de previdência privada por força da preexistência de um contrato de trabalho, sob determinadas condições, ou titularizado por pessoas específicas. A legislação que trata do tema qualifica, enquanto entidades de previdência fechadas, na forma do art. 31, I, da LC 109/2001, aquelas que são acessadas exclusivamente por empregados de uma empresa ou grupo de empresas. Trata-se de claro exemplo da relação entre o regime previdenciário e o regime de trabalho, parecendo-nos inequívoco aí que a primeira relação decorre da segunda. A nosso sentir, a situação jurídica se amoldaria como luva àquela prevista no inciso I do art. 114 da CF/88. Aguardemos a revisão da jurisprudência daquele Tribunal.

No mesmo sentido, devemos pontuar que, embora faleça competência da Justiça do Trabalho para cuidar dos dissídios eventualmente existentes entre os servidores públicos e os entes aos quais estejam vinculados no que toca aos pleitos de ordem estatutária, ou seja, baseados na legislação de pessoal da Administração Pública, é certa a competência da Justiça do Trabalho para tratar das ações oriundas de eventual vínculo de emprego anterior, como previsto na OJ. 138 da SDI-I, que dispõe ser a Justiça do Trabalho competente para julgar pedidos de direitos e vantagens previstos na legislação trabalhista referente a período anterior à Lei n. 8.112/90, mesmo que a ação tenha sido ajuizada após a edição da lei. Veja-se o conteúdo daquela OJ 138 da SDI I:

> OJ-SDI1-138 COMPETÊNCIA RESIDUAL. REGIME JURÍDICO ÚNICO. LIMITAÇÃO DA EXECUÇÃO. Compete à Justiça do Trabalho julgar pedidos de direitos e vantagens previstos na legislação trabalhista referente a período anterior à Lei n. 8.112/90, mesmo que a ação tenha sido ajuizada após a edição da referida lei. A superveniência de regime estatutário em substituição ao celetista, mesmo após a sentença, limita a execução ao período celetista (1ª parte, ex-OJ 138 da SBDI-I, inserida em 27-11-1998; 2ª parte, ex-OJ 249, inserida em 13-3-2002).

Ainda no mesmo sentido, o STJ editou a Súmula 170, definindo claro critério para a distribuição da competência naquelas hipóteses, qual seja, a decisão ficará adstrita aos limites da jurisdição (trabalhista ou comum), sem prejuízo do ajuizamento de nova causa, com pedido remanescente, obviamente. Esse o conteúdo da Súmula:

> Compete ao juízo onde primeiro for intentada a ação envolvendo acumulação de pedidos, trabalhista e estatutário, decidi-la nos limites da sua jurisdição, sem prejuízo do ajuizamento de nova causa, com o pedido remanescente, no juízo próprio.

4.1.7. *Residência Médica*

A residência médica, na forma do Decreto Federal n. 80.281/1977, constitui modalidade do ensino de pós-graduação destinada a médicos, sob a forma de curso de especialização, caracterizada por treinamento em serviço em regime de dedicação exclusiva, em Instituições de saúde, universitárias ou não, sob a orientação de profissionais médicos de elevada qualificação ética e profissional. Trata-se de atividade de aprendizado decorrente do trabalho, de nível de pós-graduação, portanto.

Dada a definição normativa, a atividade decorrente da residência médica não se confunde com a relação de trabalho, não obstante se constitua em atividade acadêmica em que há inequívoco desenvolvimento de uma atividade, pelo formando. Tal circunstância foi submetida ao TST, que reconheceu ser a Justiça do Trabalho incompetente para julgar ações que envolvam residentes médicos, salvo se a causa de pedir for o reconhecimento do pedido de vínculo de emprego (RR – 29500-53.2008.5.15.0046).

4.1.8. *Demais vínculos sujeitos à competência da Justiça do Trabalho. (Avulsos, Eventuais, Empregados de Cartórios Extrajudiciais)*

Ainda sob tal tópico, é preciso consignar a competência da Justiça do Trabalho para cuidar de outras questões, embora relacionadas ao trabalho, que não se confundem com a relação de trabalho qualificada pela subordinação, qual seja, a relação de emprego.

Isso porque, embora reconheça a distinção para a definição da competência, o legislador vislumbra maior identidade entre o trabalho não subordinado e o vínculo de emprego do que propriamente com outras relações jurídicas (como os vínculos civis ou estatutários, por exemplo).

Desse modo, embora algumas hipóteses não estejam albergadas na condição do vínculo empregatício, apresentam-se como da competência da Justiça do Trabalho porque essa especificidade não foi objeto da vontade do constituinte.

Enquadra-se nessa condição, por exemplo, aquela relação de trabalho avulso. Segundo José Martins Catharino[32], seria "aquele que, devidamente habilitado e registrado como tal, pelo órgão de mão de obra, trabalha para operador portuário, remunerado por este, mas pago pelo primeiro".

Na forma do art. 114, I, da CF/88 e do art. 643 da CLT, competirá à Justiça do Trabalho o julgamento dos dissídios oriundos das relações entre os trabalhadores avulsos e seus tomadores de serviço, em atividades relacionadas ao trabalho, e também aos trabalhadores portuários e seu órgão gestor de mão de obra, na forma do § 3º do mesmo artigo.

32. CATHARINO, José Martins. *O novo sistema portuário brasileiro*. Rio de Janeiro: Destaque, s.d. p. 22. Apud BARROS, Alice Monteiro de. *Curso de direito do trabalho*. 4. ed. São Paulo: LTr, 2008. p. 223.

O mesmo ocorre em relação ao denominado trabalho eventual (art. 12, V, *g*, Lei n. 8.212/91). Embora não se enquadre nas hipóteses previstas no art. 3º da CLT, no que fixa os requisitos para a existência do vínculo de emprego, o trabalhador eventual terá sua demanda igualmente subordinada à Justiça do Trabalho, também com espeque no art. 114, I, da CF/88.

Os cartórios extrajudiciais possuem quadros formados por empregados, submetidos ao regime da CLT, portanto, na forma do art. 20 da Lei n. 9.835/94. Assim, mesmo que submetidos à fiscalização correicional dos Tribunais a que vinculados os titulares dos serviços cartorários, os eventuais conflitos entre os empregados dos notários e oficiais de registros e os seus empregadores serão solucionados pelo Poder Judiciário Trabalhista.

4.2. Ações que envolvam exercício do direito de greve

O inciso II do art. 114 reputa como competente a Justiça do Trabalho para tratar das ações que envolvam exercício do direito de greve. A greve, na forma da Lei n. 7.783/89 é a suspensão coletiva, temporária e pacífica, parcial ou total, da *prestação* pessoal de serviços. Enquanto fenômeno jurídico, é apresentada como mecanismo de solução dos conflitos coletivos, ou melhor, como "uma forma de pressionar o empregador a negociar, ou até mesmo levar o conflito à Justiça do Trabalho"[33].

Como veremos adiante, tratando-se do dissídio coletivo de greve, não há, aí, qualquer novidade, dado que é da competência do Poder Judiciário Trabalhista a solução das demandas envolvendo o conflito da classe trabalhadora e econômica, sob o pálio do poder normativo da Justiça do Trabalho.

Aliás, tal definição decorre da própria Lei n. 7.783/89, que em seu art. 8º determina ser a Justiça do Trabalho competente para tratar da procedência, total ou parcial, ou improcedência das reivindicações grevistas.

Sobre a questão da abusividade de greve, o TST consagrou há muito que a Justiça do Trabalho tem competência para tratar da abusividade da greve, por meio da Súmula 189:

> Competência da Justiça do Trabalho. Abusividade. A Justiça do Trabalho é competente para declarar a abusividade, ou não, da greve.

Contudo, cumpre evidenciar que, após ter o STF[34] concluído como possível o exercício do direito de greve por parte dos servidores públicos estatutários, não

33. SCHIAVI, Mauro. *Manual de direito processual do trabalho*, cit., p. 204.

34. *"Constitucional e administrativo. Servidor público. Direito de greve. MI 708-DF. Aplicação das Leis 7.701/1988 e 7.783/1989. Justificação de faltas. Possibilidade.* 1. A decisão agravada nada mais fez do

há falar em competência da Justiça do Trabalho para cuidar do assunto, ao menos enquanto vigente a interpretação conforme determinada nos autos da ADIn 3.395 pela Suprema Corte. O próprio Supremo Tribunal Federal[35] já se pronunciou segundo esse entendimento:

> O Supremo Tribunal Federal, ao julgar o MI n. 712, afirmou entendimento no sentido de que a Lei n. 7.783/1989, que dispõe sobre o exercício do direito de greve dos trabalhadores em geral, é ato normativo de início inaplicável aos servidores públicos civis, mas ao Poder Judiciário dar concreção ao artigo 37, inciso VII, da Constituição do Brasil, suprindo omissões do Poder Legislativo. (...) 4. No julgamento da ADIn 3.395, o Supremo Tribunal Federal, dando interpretação conforme ao artigo 114, inciso I, da Constituição do Brasil, na redação a ele conferida pela EC 45/2004, afastou a competência da Justiça do Trabalho para dirimir os conflitos decorrentes das relações travadas entre servidores públicos e entes da Administração à qual estão vinculados. Pedido julgado procedente (Rcl 6568, rel. Min. Eros Grau, Tribunal Pleno, j. 21-5-2009, *DJe,* 181, divulg. 24-9-2009, public. 25-9-2009, ementário 2375-02, p. 736).

É de notar, ademais, a posição assentada pelo E. STF nos autos do RE 846.854, decidido sob o pálio da repercussão geral, no sentido de que, mesmo que celetistas os servidores, caberá à Justiça Comum Federal ou Estadual o julgamento da abusividade da greve daqueles:

> A justiça comum, federal ou estadual, é competente para julgar a abusividade de greve de servidores públicos celetistas da Administração pública direta, autarquias e fundações públicas

O fato, todavia, que não pode ser desprezado é que essa não é a única modalidade de ação que envolve o exercício do direito de greve. Em nossa opinião, o dispositivo autoriza as ações indenizatórias decorrentes do exercício abusivo do direito de greve, bem como ações cominatórias ou até mesmo ações possessó-

---

que observar a jurisprudência do Supremo Tribunal Federal, que, no MI 708-DF, rel. Min. Gilmar Mendes, Plenário, *DJe* 31.10.2008, determinou a aplicação das Leis 7.701/1988 e 7.783/1989 aos conflitos e às ações judiciais que envolvam a interpretação do direito de greve dos servidores públicos civis. 2. A decisão que deu provimento ao recurso extraordinário concedeu a ordem nos termos do pedido inicial, o qual não pretendeu o pagamento dos dias de paralisação, mas apenas a justificação das faltas durante o período de greve. 3. Agravo regimental a que se nega provimento" (RE 551549 AgRg, rel. Min. Ellen Gracie, 2ª Turma, j. 24-5-2011, *DJe* 112, divulg. 10-6-2011, public. 13-6-2011, ementário, 2542-01, p. 100). Disponível em: <www.stf.jus.br>. Acesso em: 12 jul. 2011.

35. Disponível em: <www.stf.jus.br>. Acesso em: 12 jul. 2011.

rias, que têm sido cada vez mais utilizadas no caso de ocupação dos locais de trabalho durante os movimentos paredistas. O STF, inclusive, no particular, editou a Súmula Vinculante 23, com o seguinte teor, reputando cabível a ação possessória em decorrência do exercício do direito de greve:

> A Justiça do Trabalho é competente para processar e julgar ação possessória ajuizada em decorrência do exercício do direito de greve pelos trabalhadores da iniciativa privada.

O E. TST tem reafirmado o entendimento quanto ao cabimento da medida possessória, consoante o seguinte aresto, embora se depreenda dali que tal medida não pode ser utilizada como tentativa de inviabilizar a livre adesão e participação dos trabalhadores No movimento paredista, mas apenas para evitar atos de excesso no exercício do direito de greve:

> RECURSO DE REVISTA. SUMARÍSSIMO. AÇÃO POSSESSÓRIA. INTERDITO PROIBITÓRIO. COMPETÊNCIA E CABIMENTO. DIREITO DE GREVE. EXERCÍCIO ABUSIVO NÃO CONFIGURADO. CARACTERIZAÇÃO DE VIOLAÇÃO AO ART. 9º DA CONSTITUIÇÃO FEDERAL. 1. O ajuizamento de ações possessórias, na Justiça do Trabalho, que decorram do exercício do direito de greve, encontra assento no art. 114, II, da Constituição da República, bem como pacificado o seu cabimento pela Súmula Vinculante 23, segundo a qual – [A] Justiça do Trabalho é competente para processar e julgar ação possessória ajuizada em decorrência do exercício do direito de greve pelos trabalhadores da iniciativa privada. 2. O cabimento dessas ações, entretanto, deve ser vista como exceção, de modo que a utilização regular dos meios de persuasão pelo sindicato, inclusive mediante piquetes pacíficos, não conduz à conclusão de que o empregador se encontra na iminência de ver violada a sua posse, tendo em vista a necessidade de se ponderar os direitos de greve e de propriedade, mormente diante da função social desta. 3. A norma do artigo art. 6º, § 3º, da Lei n. 7.783/1989, deve ser interpretada de modo a não impedir o exercício do direito de greve. 4. O interdito proibitório, portanto, não pode ser utilizado como tentativa de inviabilizar a livre adesão e participação dos trabalhadores ao movimento paredista, mas sim, para evitar atos de excesso no exercício do direito de greve e que impliquem efetivamente turbação ou esbulho na posse dos bens do autor. 5. Assim, como no caso, não há registro da ocorrência dos aludidos atos abusivos, resta caracterizado a violação do art. 9º da Constituição da República. Recurso de revista conhecido e provido (TST, RR 1435007220095220002, rel. Hugo Carlos Scheuermann, 1ª Turma, j. 3-9-2014, *DEJT* 3-10-2014).

4.3. Ações sobre representação sindical, entre sindicatos, entre sindicatos e trabalhadores e entre sindicatos e empregadores

O inciso III do art. 114 da CF/88 trata das ações que envolvem representação sindical, entre sindicatos e trabalhadores e entre sindicatos e empregadores. Antes da redação constitucional tais conflitos somente eram decididos incidentalmente na Justiça do Trabalho, pois somente a Justiça Comum possuía a competência para solucionar a matéria, com força de coisa julgada.

Embora tivesse fixado posição no sentido de que competiria à Justiça Estadual julgar causa decorrente do processo eleitoral sindical (Súmula 4), o STJ[36], diante da novel redação do dispositivo constitucional, já assentou sua posição a respeito, definindo a competência em favor da Justiça do Trabalho para apreciar as demandas relacionadas ao processo eleitoral sindical:

> Conflito negativo de competência. Justiça estadual e Justiça do Trabalho. Eleição de representantes sindicais. Alteração introduzida pela Emenda Constitucional 45/2004. Causa ainda não sentenciada. Competência da Justiça do Trabalho. 1. Com as alterações do art. 114, III, da CF/1988, introduzidas pela EC 45/2004, foi atribuída à Justiça do Trabalho a competência para processar e julgar "as ações sobre representação sindical, entre sindicatos e trabalhadores, e entre sindicatos e empregadores". Incluem-se nessa competência as causas relacionadas com o processo eleitoral de entidade sindical. Precedentes da Primeira Seção: CC 51.633-SP, Min. José Delgado, *DJ* 17.10.2005; CC 56.040-SP, Ministra Eliana Calmon, *DJ* 02.05.2006; CComp 53.900-PR, Min. Eliana Calmon, *DJ* 09.04.2007; CComp 53.126-SP, Min. João Otávio de Noronha, *DJ* 23.10.2006. 2. Relativamente às questões de direito intertemporal, assentou-se o entendimento de que a nova competência alcança os processos em curso ainda não sentenciados na data da entrada em vigor da EC 45/2004. 3. No caso, não há sentença proferida. Competência da Justiça do Trabalho. 4. Conflito conhecido e declarada a competência do Juízo da 2.ª Vara do Trabalho de Rondonópolis-MT, o suscitante (CComp 75.435-MT, rel. Min. Teori Albino Zavascki, 1ª Seção, j. 23-5-2007, *DJ* 11-6-2007, p. 257).

No mesmo sentido, igualmente, o STJ[37] pontuou que competiria à Justiça Comum processar e julgar as ações relativas à contribuição sindical prevista no art. 578 da CLT, segundo a Súmula 222. Todavia, tal entendimento encontra-se superado pela nova redação constitucional e a jurisprudência da própria Corte,

36. Disponível em: <www.stj.jus.br>. Acesso em: 12 jul. 2011.
37. Disponível em: <www.stj.jus.br>. Acesso em: 12 jul. 2011.

já que compete à Justiça do Trabalho processar e julgar as ações relativas à contribuição sindical prevista no art. 578 da CLT:

> Conflito negativo de competência. Contribuição sindical. Sentença de mérito proferida após a emenda constitucional 45/2004. Competência absoluta do juízo trabalhista. Atos decisórios anulados. 1. Com o advento da EC 45, de 08.12.2004, fixou-se a competência absoluta da Justiça Trabalhista para processar e julgar as ações de cobrança de Contribuição Sindical, previstas no art. 578 e seguintes da CLT, afastando-se o disposto na Súmula 222/STJ. 2. Hipótese em que o feito foi sentenciado em 23.10.2007 (f.), depois, portanto, do advento da EC 45/2004, quando o Juiz Federal era absolutamente incompetente para julgar a ação. 3. Agravo Regimental não provido (AgRg no CComp 104.090-PR, rel. Min. Herman Benjamin, 1ª Seção, j. 12-8-2009, *DJe* 28-8-2009).

O STF, por sua vez, também compreende que, a partir da redação do aludido dispositivo constitucional, é imperiosa a competência da Justiça do Trabalho para cuidar das demandas em que se discutem as questões relativas às obrigações sindicais, dentre as quais as próprias contribuições:

Ademais, os conflitos, tanto versando sobre a representatividade dos sindicatos (exemplo: disputa de qual é o sindicato representativo com base na regra de unicidade sindical) quanto da própria representação dos sindicalizados (exemplo: impugnação de eleições sindicais), devem ser submetidos à Justiça do Trabalho, órgão mais afeito à aplicação da legislação sindical do que a Justiça Estadual[38].

4.4. Mandados de segurança, *habeas corpus* e *habeas data*, quando o ato questionado envolver matéria sujeita a sua jurisdição

O inciso IV do art. 114 da CF/88, por sua vez, enuncia a competência da Justiça do Trabalho para julgar os mandados de segurança, *habeas corpus* e *habeas data*, quando o ato questionado envolver matéria sujeita a sua jurisdição. O dis-

38. Nesse sentido, confira-se a seguinte decisão do Superior Tribunal de Justiça: "Conflito de competência. Federação das Indústrias do Estado do Maranhão – Fiema. Processo eleitoral sindical. Representação sindical. Art. 114, III, da CF. Alteração introduzida pela EC 45/2004. Aplicação imediata. Competência da Justiça do Trabalho. As novas disposições do art. 114, inciso III, da Constituição Federal, introduzidas com a promulgação da Emenda Constitucional 45/2004, têm aplicação imediata e atingem os processos em curso. Diante do alcance do texto constitucional *sub examine*, as ações relacionadas com processo eleitoral sindical, conquanto sua solução envolva questões de direito civil, inserem-se no âmbito da competência da Justiça do Trabalho, uma vez que se trata de matéria subjacente à representação sindical. Conflito conhecido para declarar a competência do Juízo da 2ª Vara do Trabalho de São Luís (MA)" (STJ, CComp 48.372-MA (2005/0040784-8), Ac. 1ª Seção, j. 22-6-2005, rel. Min. João Otávio de Noronha).

positivo põe fim a uma controvérsia, para nós injustificável, sobre o tema. Em primeiro lugar, é preciso remeter o leitor ao capítulo que trata especificamente sobre tais remédios constitucionais, para identificar seu adequado tratamento e peculiaridades dentro do processo do trabalho. Para o momento, basta identificar a submissão das aludidas demandas à Justiça do Trabalho, como dispõe claramente o inciso.

De todo modo, é preciso compreender o dispositivo dentro do seu contexto constitucional, sob pena de ser induzido em erro. É que há clara limitação da competência da Justiça do Trabalho para se pronunciar acerca dos remédios constitucionais quando estes servirem a combater ato que envolva matéria sujeita à jurisdição da própria Justiça do Trabalho, ou seja, quando os mencionados instrumentos se prestarem a preservar as relações de trabalho *lato sensu*.

Assim, o dispositivo apresenta duas claras balizas para o exercício da jurisdição trabalhista. Em primeiro lugar, é preciso que sejam manejadas, estritamente, aquelas garantias constitucionais, quais sejam, os mandados de segurança, *habeas corpus* e *habeas data*. Ainda, é preciso que tais garantias tenham por objeto ato que envolva matéria sujeita à jurisdição trabalhista, ou seja, atos que sejam materialmente vinculados às relações de trabalho (competência material natural, originária ou específica), ou sujeitos à competência da Justiça do Trabalho por cominação legal ou mesmo em razão de ser a Justiça do Trabalho a responsável por sua execução.

O mandado de segurança, segundo o próprio Texto Constitucional, diante da redação do art. 5º, LXIX, serve para proteger direito líquido e certo, não amparado por *habeas corpus* ou *habeas data*, quando o responsável pela ilegalidade ou abuso de poder for autoridade pública ou agente de pessoa jurídica no exercício de atribuições do Poder Público.

O *habeas data*, também segundo o próprio Texto Constitucional, diante da redação do art. 5º, LXXII, presta-se a assegurar o conhecimento de informações relativas à pessoa do impetrante, constantes de registros ou bancos de dados de entidades governamentais ou de caráter público ou para a retificação de dados, quando não se prefira fazê-lo por processo sigiloso, judicial ou administrativo.

Por sua vez, o *habeas corpus*, ainda de acordo com o conteúdo do texto constitucional (art. 5º, LXVIII), será concedido sempre que alguém sofrer ou se achar ameaçado de sofrer violência ou coação em sua liberdade de locomoção, por ilegalidade ou abuso de poder.

A propósito do *habeas corpus*, deve-se consignar que o STF reputou ilícita a prisão civil do depositário infiel, qualquer que seja a modalidade de depósito, na forma da Súmula Vinculante 25.

No mesmo sentido, deve-se registrar que a consagração da competência da Justiça do Trabalho para processar e julgar tal medida não autoriza concluir que tenha a Justiça do Trabalho alcançado a competência para o exercício da jurisdição criminal genérica, mas estritamente naquilo que permitir o enquadramento em ambas as condições (*habeas corpus* e o ato questionado envolver matéria sujeita a sua jurisdição), simultaneamente.

O próprio Supremo Tribunal Federal, nos autos da ADIn 3.684, definiu que a alteração dada a partir da EC 45/2004, não chegou a consignar uma competência genérica da Justiça do Trabalho para cuidar de matérias criminais:

> Competência criminal. Justiça do Trabalho. Ações penais. Processo e julgamento. Jurisdição penal genérica. Inexistência. Interpretação conforme dada ao art. 114, I, IV e IX, da CF, acrescidos pela EC 45/2004. Ação direta de inconstitucionalidade. Liminar deferida com efeito *ex tunc*. O disposto no art. 114, I, IV e IX, da Constituição da República, acrescidos pela Emenda Constitucional 45, não atribui à Justiça do Trabalho competência para processar e julgar ações penais (ADIn 3.684 MC, rel. Min. Cezar Peluso, Tribunal Pleno, j. 1º-2-2007, *DJe* 072, divulg. 2-8-2007, public. 3-8-2007, *DJ* 3-8-2007, p. 30, Ementário 2283-03, p. 495, *RTJ* 202-02, p. 609, *Lex-STF*, v. 29, n. 344, 2007, p. 69-86, *RMP*, n. 33, 2009, p. 173-184).

No mesmo sentido, o E. STJ também nega a competência genérica da Justiça do Trabalho para matéria criminal:

> Conflito negativo de competência. Penal. Justiça do trabalho. Ações decorrentes da relação de trabalho. Incompetência para processar e julgar ações penais. 1. A EC 45/2004 ampliou a competência da Justiça Trabalho, para processar e julgar todas as ações decorrentes da relação de trabalho. Não obstante, muito embora a nova redação do art. 114 da Constituição Federal tenha atribuído à Justiça laboral o processamento e julgamento do *habeas corpus* "quando o ato questionado envolver matéria sujeita à sua jurisdição", não lhe atribuiu competência criminal. 2. O Plenário do Supremo Tribunal Federal já se manifestou acerca do assunto e decidiu, por unanimidade, deferir a liminar na ADIn 3.684, rel. Min. Cezar Peluso, com efeitos *ex tunc*, para atribuir interpretação conforme a Constituição aos incisos I, IV e IX do art. 114 da Constituição Federal, afirmando que a Justiça do Trabalho não possui competência para processar e julgar ações penais. Entendeu-se que haveria violação ao princípio do juiz natural, já que compete à Justiça Comum julgar e processar matéria criminal. 3. Conflito conhecido para declarar a competência do Juízo de Direito da 1ª Vara Criminal de Santa Maria-RS (CComp 59.978-RS, rel. Min. Laurita Vaz, 3ª Seção, j. 28-3-2007, *DJ* 7-5-2007, p. 275).

Do ponto de vista prático, todo ato praticado em processo judicial sujeito à Justiça do Trabalho em que forem cabíveis os aludidos remédios constitucionais, estes estarão sujeitos à própria Justiça do Trabalho. Logo, quando o ato coator foi decretado em processo tramitando na Justiça do Trabalho, será do próprio Judiciário Trabalhista a competência para se pronunciar, em sede de *habeas corpus*, sobre a questão. A propósito, note-se que, diante da posição adotada pelo E. STF no sentido de tornar inviável o exercício da prisão civil do depositário infiel[39] conjugada com aquela acima indicada, tem tornado praticamente inviável o exercício da referida competência por parte do Poder Judiciário do Trabalho. A riqueza dos fatos da vida, por sua vez, como se deu no âmbito do TST-HC 3981-95-2012-5-00-0000, em que se discutia a liberdade de atuação de um atleta profissional de futebol, apresenta alguma hipótese em que seja possível o exercício daquela competência. No mesmo sentido, depreende-se o exercício dessa competência, por exemplo, na hipótese em que foi determinada a condução coercitiva de testemunha em reclamação trabalhista:

> *HABEAS CORPUS* PREVENTIVO. TESTEMUNHA. CONDUÇÃO COERCITIVA – Mostra-se ilegal o ato da Autoridade coatora que determina a condução coercitiva de testemunha que não foi previamente notificada para comparecer à audiência de instrução processual. O ato impugnado não encontra respaldo no preceito contido no parágrafo único, do art. 825, da CLT, que somente autoriza a condução coercitiva se a testemunha, devidamente intimada, recusa-se a comparecer em juízo, sem apresentar motivo justificado (TRT – 5ª Região, HC 00007078520125050000/BA, 0000707-85.2012.5.05.0000, rel. Marcos Gurgel, Subseção II da SEDI, *DJ* 22-8-2012).

De fato, por força da regra do art. 108, *d*, da Constituição Federal, que prevê competir aos Tribunais Regionais Federais o julgamento dos *habeas corpus* quando a autoridade coatora for juiz federal, havia forte tendência jurisprudencial[40]

39. "Ementa: *Habeas corpus. Constitucional. Depositário infiel. Prisão civil. Inconstitucionalidade.* O Pleno do Supremo Tribunal Federal iniciou o julgamento do RE 466.343-SP, em que se discute a constitucionalidade da prisão civil do depositário infiel. Foram proferidos oito votos no sentido da inconstitucionalidade, ressalvada a prisão do sonegador de alimentos. Há, pois, maioria formada, a justificar a concessão da ordem. Ordem concedida" (HC 91950, rel. Min. Eros Grau, 2ª Turma, j. 7-10-2008, *DJe*, 216, divulg. 13-11-2008, public. 14-11-2008, ementário, 2341-02, p. 315).

40. "A Turma deferiu *habeas corpus* em favor de paciente que, nos autos de reclamação trabalhista, tivera contra ele determinada, por Juízo de Vara do Trabalho de comarca do Estado de Minas Gerais, a prisão civil, sob a acusação de infidelidade como depositário judicial. Na espécie, denegado *habeas corpus* impetrado ao TRT / MG, o paciente interpusera recurso ordinário ao TST, que o desprovera, e impetrara, também, novo *habeas corpus* ao STJ, que concedera a ordem por não ter havido aceitação expressa do encargo de depositário judicial, sem a qual o decreto de prisão é ilegítimo.

no sentido de reconhecer a competência dos TRFs – Tribunais para os *habeas corpus* ajuizados em face de prisão determinada por juiz (federal) do Trabalho. Todavia, parece-nos que, por força do aludido inciso IV do art. 114 da CF/88, tal entendimento não se sustenta, tal qual já referido.

Em relação ao *habeas data* e ao mandado de segurança, é preciso consignar que há alguma e injustificável celeuma para tratar da competência do Poder Judiciário do Trabalho. Aqueles que advogam a tese de que os atos jurisdicionais praticados pelo Tribunal do Trabalho subordinam-se ao controle dos Tribunais Regionais Federais o fazem com base na exegese da alínea *c* do mesmo art. 108 do Texto Magno – que impõe a competência do TRF para o julgamento dos mandados de segurança e dos *habeas data* contra atos do próprio Tribunal ou de juiz federal.

Ocorre que, *data venia*, tal interpretação cai por terra rapidamente pela simples leitura da totalidade do dispositivo. Isso porque, toda vez que a Constituição Federal quis tratar de magistrado Trabalhista como juiz federal, o fez sempre expressamente, evitando confusão terminológica, como na alínea *a* do mesmo dispositivo ao disciplinar:

> a) os juízes federais da área de sua jurisdição, incluídos os da Justiça Militar e da Justiça do Trabalho, nos crimes comuns e de responsabilidade, e os membros do Ministério Público da União, ressalvada a competência da Justiça Eleitoral;

Ademais, precisamos consignar que, dentro da própria estrutura delineada pela Constituição Federal, a regra geral perante os Tribunais é a de que cada Tribunal possui competência para conhecer dos mandados de segurança e *habeas data* impetrados contra os atos sujeitos a sua jurisdição.

A mera leitura dos arts. 101, I, *d* (que trata da competência do STF), 105, I, *b*, (que trata da competência do STJ), e 108, I, *c* (que trata da competência dos TRF), assim evidencia, na medida em que se dedicam aos respectivos Tribunais a competência para cuidar dos mandados de segurança propostos contra seus atos.

O art. 114, no particular, não tratou diferentemente. Apresentou como da competência do Poder Judiciário Trabalhista a competência para cuidar

---

Considerando que os *habeas corpus* foram julgados antes da edição da EC 45/2004, entendeu-se aplicável, ao caso, a jurisprudência até então firmada pelo Supremo, no sentido de competir ao juízo criminal o julgamento de *habeas corpus*, em razão de sua natureza penal, ainda que a questão material subjacente seja de natureza civil, cabendo o julgamento ao Tribunal Regional Federal, quando a coação for imputada a Juiz do Trabalho de 1º Grau (...) Precedente citado: HC 68.687-PR (*DJU* 04.10.1991)" (HC 85.096, rel. Min. Sepúlveda Pertence, *Informativo* 394).

dos mandados de segurança e *habeas data* propostos contra os atos sujeitos s sua jurisdição.

Todavia, é preciso identificar uma circunstância. A competência disposta constitucionalmente condiciona a atuação do Poder Judiciário Trabalhista apenas quando o "ato estiver sob a sua jurisdição". A expressão é de clareza eloquente. Isso porque, quando o ato praticado, mesmo que praticado pela Presidência do Tribunal, for de ordem apenas administrativa, por exemplo, a supressão de gratificação de servidor público, ou mesmo a prática de abuso no curso do procedimento licitatório, ou a ausência de pagamento de um credor, tratando-se de meros atos administrativos, a competência para cuidar dessas demandas ficará a cargo dos Tribunais Regionais Federais, ou seja, da Justiça Federal, na medida em que a lide será proposta ou em face da União ou de um dos seus órgãos, tudo conforme o art. 109, I, da CF/88.

Acontece que, se o ato praticado decorrer do exercício da função jurisdicional, por exemplo, a violação a direito líquido e certo do reclamante, cabível o mandado de segurança, que será processado pelo Poder Judiciário Trabalhista, como se infere da Súmula 414 do TST:

> MANDADO DE SEGURANÇA. ANTECIPAÇÃO DE TUTELA (OU LIMINAR) CONCEDIDA ANTES OU NA SENTENÇA
>
> I – A antecipação da tutela concedida na sentença não comporta impugnação pela via do mandado de segurança, por ser impugnável mediante recurso ordinário. A ação cautelar é o meio próprio para se obter efeito suspensivo a recurso (ex-OJ 51 da SBDI-2, inserida em 20-9-2000).
>
> *II – No caso da tutela antecipada (ou liminar) ser concedida antes da sentença, cabe a impetração do mandado de segurança, em face da inexistência de recurso próprio (ex-OJs 50 e 58 da SBDI-2, inseridas em 20-9-2000).*
>
> III – A superveniência da sentença, nos autos originários, faz perder o objeto do mandado de segurança que impugnava a concessão da tutela antecipada (ou liminar) (ex-OJs da SBDI-2 86, inserida em 13-3-2002, e 139, *DJ* 4-5-2004).

Outro exemplo que vem bem a calhar é aquele decorrente da denominada certidão negativa de débitos trabalhistas, prevista no art. 642-A da CLT, acrescida por força da Lei n. 12.440/2011. Na certidão, emitida pelo órgão distribuidor, onde houver, constarão as informações sobre eventuais débitos inadimplidos da parte perante o Poder Judiciário Trabalhista.

Imaginemos que, por força do quanto previsto no art. 642-A, o juiz ou o órgão distribuidor consigne irregular informação sobre a existência de débito. Indaga-se: qual seria o órgão competente para julgar o mandado de segurança contra esse ato? Parece não haver dúvida sobre a aplicação do aludido inciso IV do art. 114 da CF/88, o que atrairia a competência para o Poder Judiciário do Trabalho, mesmo porque os distribuidores estão subordinados à Presidência do Tribunal Regional (art. 715 da CLT), e as informações nele consignadas devem refletir o próprio exercício da jurisdição trabalhista.

Registre-se, porém, em termos de competência funcional, que os mandados de segurança, *habeas corpus* (derivados da prisão por depositário infiel) e *habeas data* serão dirimidos pelo Tribunal Regional do Trabalho respectivo, caso o ato abusivo tenha sido praticado por juízes de primeiro grau. Contudo, caso eles se originem de ato que não seja de juiz de primeiro grau (por exemplo, o Delegado Regional do Trabalho), a competência para julgá-lo será do próprio magistrado da primeira instância.

4.5. Conflitos de competência entre órgãos com jurisdição trabalhista

O quinto inciso do art. 114 da CF/88 cuida de explicitar a competência da Justiça do Trabalho para tratar sobre os conflitos de competência entre órgãos que exerçam a jurisdição trabalhista, fazendo-se uma ressalva em relação ao Supremo Tribunal Federal.

Sua inserção se justifica pela necessidade de deixar expresso no Texto Constitucional algo que já estava pacificado na jurisprudência posterior à promulgação da Constituição Federal de 1988.

A controvérsia inicial se dava por força do disposto originalmente nos arts. 803 a 808 da CLT, que preceituam, *in verbis*:

> Art. 803. Os conflitos de jurisdição podem ocorrer entre:
> a) Juntas de Conciliação e Julgamento e Juízes de Direito investidos na administração da Justiça do Trabalho;
> b) Tribunais Regionais do Trabalho;
> c) Juízos e Tribunais do Trabalho e órgãos da Justiça Ordinária;
> d) (*Revogada pelo Decreto-lei n. 8.737, de 19-1-1946.*)
> Art. 804. Dar-se-á conflito de jurisdição:
> a) quando ambas as autoridades se considerarem competentes;
> b) quando ambas as autoridades se considerarem incompetentes.
> Art. 805. Os conflitos de jurisdição podem ser suscitados:
> a) pelos Juízes e Tribunais do Trabalho;
> b) pelo procurador-geral e pelos procuradores regionais da Justiça do Trabalho;
> c) pela parte interessada, ou o seu representante.
> Art. 806. É vedado à parte interessada suscitar conflitos de jurisdição quando já houver oposto na causa exceção de incompetência.
> Art. 807. No ato de suscitar o conflito deverá a parte interessada produzir a prova de existência dele.

> Art. 808. Os conflitos de jurisdição de que trata o art. 803 serão resolvidos:
> a) pelos Tribunais Regionais, os suscitados entre Juntas e entre Juízos de Direito, ou entre uma e outras, nas respectivas regiões;
> b) pelo Tribunal Superior do Trabalho, os suscitados entre Tribunais Regionais, ou entre Juntas e Juízos de Direito sujeitos à jurisdição de Tribunais Regionais diferentes;
> c) (*Revogada pelo Decreto-lei n. 9.797, de 9-9-1946*);
> d) pelo Supremo Tribunal Federal, os suscitados entre as autoridades da Justiça do Trabalho e as da Justiça Ordinária.

A concepção original do texto consolidado tomava por base a ideia de hierarquia funcional. De fato, havendo conflito de competência territorial entre órgãos submetidos à jurisdição de um mesmo Tribunal Regional do Trabalho, sejam juízes do Trabalho, sejam juízes estaduais na jurisdição trabalhista[41], é este órgão que deve decidir a matéria, até mesmo para a uniformização dos posicionamentos na respectiva região. Todavia, ainda em sede de conflito de competência territorial, é possível que sejam suscitantes órgãos submetidos à jurisdição de distintos Tribunais Regionais do Trabalho.

No estado da Bahia, por exemplo, que tem uma extensão territorial comparável à da França, é muito comum verificar tais conflitos nas cidades de Juazeiro (Bahia) e Petrolina (Pernambuco), separadas somente por uma ponte, ou na cidade de Paulo Afonso, na interseção da Hidroelétrica da CHESF, com os Estados

41. Superior Tribunal de Justiça: "Súmula 180. Na lide trabalhista, compete ao Tribunal Regional do Trabalho dirimir conflito de competência verificado, na respectiva região, entre Juiz Estadual e Junta de Conciliação e Julgamento" (aprovada em sessão de 5-2-1997, *DJU*, Seção I, de 17-2-1997, p. 2231). Referência: CLT, artigos 668, 803 e 808, *a*.

CComp 12.274/AL (2ª Seção 14-6-1995, *DJ* 18-12-1995); CComp 14.024-PR (2ª Seção 9-8-1995, *DJ* 2-10-1995); CComp 13.950-SP (2ª Seção 11-10-1995, *DJ* 8-4-1996); CComp 13.873-SP (2ª Seção 10-4-1996, *DJ* 6-5-1996); CComp 9.968-SP (2ª Seção 27-3-1996, *DJ* 13-5-1996); CComp 14.574/CE (2ª Seção 27-3-1996, *DJ* 13-5-1996).

"Conflito de competência. Superior Tribunal de Justiça: juiz de direito investido de jurisdição trabalhista *versus* junta de conciliação e julgamento. Conflito de competência entre Juiz de Direito investido de jurisdição trabalhista e Juiz do Trabalho. Competência do TRT para dirimir o conflito" (CComp 7.061, rel. Min. Carlos Velloso, *DJ* 31-10-2001).

"Conflito de competência. Tribunal Regional do Trabalho e Superior Tribunal de Justiça. Vara do trabalho e juiz de direito investido na jurisdição trabalhista. Hipótese de conflito entre Vara do Trabalho e Juiz de Direito no exercício de funções específicas da Justiça Trabalhista. O STJ, em face da Súmula 180, dele não conheceu, determinando a remessa dos autos ao TRT, que suscitou novo conflito perante esta Corte. Ocorrência de legitimidade do TRT, com fundamento da alínea *o* do inciso I do art. 102 da Constituição Federal. Competente o Tribunal Regional do Trabalho para decidir conflito de competência, verificado na respectiva região, entre Vara do Trabalho e Juiz de Direito investido na jurisdição trabalhista" (CComp 7.076, rel. Min. Maurício Corrêa, *DJ* 8-2-2002).

de Pernambuco e Alagoas, ou, no extremo sul, na cidade de Teixeira de Freitas, muito próxima do Estado do Espírito Santo.

Nessas situações, na forma do art. 808, *b*, da CLT, perfeitamente compatível com o novel inciso V do art. 114, a competência para apreciar o conflito será do colendo Tribunal Superior do Trabalho.

A questão se mostra mais complexa, porém, quando se trata de um conflito de competência material, obviamente suscitado entre os órgãos da Justiça do Trabalho e os da Justiça Ordinária. Em tal hipótese, o conflito não se dá entre órgãos com jurisdição trabalhista, mas sim entre um órgão com jurisdição trabalhista e outro sem tal característica, estando, pois, fora da competência material de qualquer órgão da Justiça do Trabalho.

O texto consolidado propugna que tal conflito seja solucionado pelo excelso Supremo Tribunal Federal, o que se mostra perfeitamente lógico com os parâmetros anteriores. Todavia, a questão não se resolve de maneira tão rápida. Isso porque a ressalva, contida no inciso em epígrafe, refere-se apenas aos "conflitos de competência entre o Superior Tribunal de Justiça e quaisquer tribunais, entre Tribunais Superiores, ou entre estes e qualquer outro tribunal"[42], o que envolve essencialmente, portanto, questões de competência material e funcional.

Assim, tratando-se do supramencionado conflito material entre os órgãos da Justiça do Trabalho e os da Justiça Ordinária, a competência será do Superior Tribunal de Justiça, por força da regra do art. 105, I, *d*, da CF[43]. Se não houvesse norma constitucional específica, poderíamos propugnar pela competência do Supremo Tribunal Federal (que nos parece mais lógico, inclusive, por se tratar, no final de contas, de matéria constitucional), mas, dada a regra mencionada, o controle pelo STF somente se dará em fase recursal.

4.6. Ações de indenização por dano moral ou patrimonial, decorrentes da relação de trabalho

O inciso VI do art. 114 da CF/88 é, em nossa opinião, uma das regras novas com maior conteúdo simbólico da EC 45/2004. De fato, entendemos que, por força do inciso I, já não seria necessária a previsão expressa de uma competência

42. "Art. 102. Compete ao Supremo Tribunal Federal, precipuamente, a guarda da Constituição, cabendo-lhe: I – processar e julgar, originariamente: (...) *o)* os conflitos de competência entre o Superior Tribunal de Justiça e quaisquer tribunais, entre Tribunais Superiores, ou entre estes e qualquer outro tribunal;"

43. "Art. 105. Compete ao Superior Tribunal de Justiça: I – processar e julgar, originariamente: (...) *d)* os conflitos de competência entre quaisquer tribunais, ressalvado o disposto no art. 102, I, *o*, bem como entre tribunal e juízes a ele não vinculados e entre juízes vinculados a tribunais diversos;"

para "ações de indenização por dano moral ou patrimonial, decorrentes da relação de trabalho". Isso porque "ações de indenização por dano moral ou patrimonial" nada mais são do que postulações de responsabilidade civil, matéria que tem conteúdo interdisciplinar, envolvendo todos os ramos do direito[44].

Todavia, como durante muito tempo houve acirrada controvérsia sobre o tema, vale invocar o bordão da sabedoria popular ("Cautela e canja de galinha não fazem mal a ninguém...") para defender a importância da novel previsão expressa. Ressalte-se, porém, que o reconhecimento da competência da Justiça do Trabalho para a reparação de danos morais e materiais em geral foi sendo conquistada pouco a pouco[45], até que, em julgamento histórico, reverteu-se, por

---

44. Sobre o tema, confiram-se os nossos trabalhos PAMPLONA FILHO, Rodolfo. *O dano moral na relação de emprego*. 4. ed. São Paulo: LTr, 2006, e GAGLIANO, Pablo Stolze; PAMPLONA FILHO, Rodolfo. *Novo curso de direito civil*: responsabilidade civil. 17. ed. São Paulo: Saraiva, 2019. v. III.

45. "*Indenização por dano moral. Justiça do trabalho. Competência*. Ação de reparação de danos decorrentes da imputação caluniosa irrogada ao trabalhador pelo empregador a pretexto de justa causa para a despedida e, assim, decorrente da relação de trabalho, não importando deva a controvérsia ser dirimida à luz do direito civil" (STF, RE 238.737-4-SP, Ac. 1ª Turma, j. 17-11-1998, rel. Min. Sepúlveda Pertence).

"Justiça do Trabalho: Competência: CF, art. 114: ação de empregado contra o empregador visando à observação das condições negociais da promessa de contratar formulada pela empresa em decorrência da relação de trabalho. 1 – Compete à Justiça do Trabalho julgar demanda de servidores do Banco do Brasil para compelir a empresa ao cumprimento da promessa de vender-lhes, em dadas condições de preço e modo de pagamento, apartamentos que, assentimento em transferir-se para Brasília, aqui viessem a ocupar, por mais de cinco anos, permanecendo a seu serviço exclusivo e direto. 2 – À determinação da competência da Justiça do Trabalho não importa que dependa a solução da lide de questões de direito civil, mas sim, no caso, que a promessa de contratar, cujo alegado conteúdo é o fundamento do pedido, tenha sido feita em razão da relação de emprego, inserindo-se no contrato de trabalho" (Ac. STF Pleno, MV, Conflito de Jurisdição 6.959-6, rel. (designado) Min. Sepúlveda Pertence, j. 23-5-1990, Suscte. Juiz de Direito da 1ª Vara Cível de Brasília; Suscdo. Tribunal Superior do Trabalho, *DJU* 22-2-1991, p. 1259).

"Justiça do Trabalho: Competência. Compete à Justiça do Trabalho julgar ação de uma empresa contra ex-empregado seu para cobrar-lhe parte do que despendeu com o pagamento de sua mudança, de volta do exterior, onde servia, sob o fundamento de excesso em relação aquilo a que se obrigara no contrato de trabalho" (RE 116.092/SP, rel. Min. Sepúlveda Pertence, *DJ* 14-9-1990, p. 9425, ementário, 1594-02, p. 236, j. 28-8-1990, 1ª Turma).

"Justiça do Trabalho. Competência para julgar ação de indenização por acidente de trabalho. Acórdão recorrido assenta em fundamento suficiente não impugnado no RE: precedente do STF. Incidência da Súmula 283. Regimental não provido" (AgRg-RE 269309-MG, rel. Min. Nelson Jobim, *DJ* 23-2-2001, p. 123, ementário, 2020-12, p. 2468, j. 18-12-2000, 2ª Turma).

"Justiça do Trabalho: competência: ação de reparação de danos decorrentes da imputação caluniosa irrogada ao trabalhador pelo empregador a pretexto de justa causa para a despedida e, assim, decorrente da relação de trabalho, não importando deva a controvérsia ser dirimida à luz do direito civil' (RE-238737-SP, rel. Min. Sepúlveda Pertence, *DJ* 5-2-1999, p. 47, ementário, 1937-18, p. 3701, j. 17-11-1998, 1ª Turma).

"*Competência e dano moral*. – Compete à Justiça do Trabalho processar e julgar pedido de indenização por dano moral proposto por empregado contra ex-empregador, pelos prejuízos causados por

10 × 0, lamentável tendência jurisprudencial, e se pacificou a competência especializada inclusive para danos decorrentes de acidente do trabalho[46].

Note-se que o STF, desde os idos dos anos 1990, avançou no sentido de atribuir a competência para processar e julgar as ações de indenização por danos morais oriundas da relação de emprego à Justiça do Trabalho. A questão, inclusive, encontra-se positivada por meio da Súmula 392 do TST, assim vazada:

> Dano moral. Competência da justiça do trabalho. Nos termos do art. 114 da CF/1988, a Justiça do Trabalho é competente para dirimir controvér-

---

ofensa à sua honra no curso de processo trabalhista. Com esse entendimento, a Seção, com a ressalva do ponto de vista pessoal dos seus componentes, mudou a jurisprudência firmada sobre a matéria, em virtude de o STF no RE 238.737-4-SP ter reformado acórdão deste colegiado, sob o argumento de que nessas hipóteses o litígio surge em decorrência da relação de emprego, não importando que a causa deva ser resolvida com base nas normas de direito civil" (STJ, 2ª Seção, CComp 21.528-SP, rel. Min. Carlos Alberto Menezes Direito, j. 10-3-1999 (acórdão unânime). Processo: CComp 21.528/SP, 98/0003316-5, Autuação: 5-2-1998. Originário: 64220297 273896, autor: José Osvaldo de Souza, réu: Polenghi Indústria Brasileira de Produtos Alimentícios Ltda).

46. "As ações de indenização propostas por empregado contra empregador, fundadas em acidente do trabalho, são da competência da Justiça do Trabalho. Com base nesse entendimento, que altera a jurisprudência consolidada pelo Supremo no sentido de que a competência para julgamento dessa matéria seria da justiça comum estadual, por força do disposto no art. 109, I, da CF, o Plenário, em Conflito de Competência suscitado pelo TST – Tribunal Superior do Trabalho em face do extinto Tribunal de Alçada do Estado de Minas Gerais, conheceu da ação e determinou a remessa do feito à Corte suscitante. Entendeu-se que não se pode extrair do referido dispositivo a norma de competência relativa às ações propostas por empregado contra empregador em que se pretenda o ressarcimento por danos decorrentes de acidente de trabalho. Esclareceu-se que, nos termos da segunda parte do inciso I do art. 109 da CF, excluem-se, da regra geral contida na primeira parte – que define a competência dos juízes federais em razão da pessoa que integra a lide – as causas de acidente do trabalho em que a União, entidade autárquica ou empresa pública federal forem interessadas, na condição de autora, ré, assistente ou oponente (...). Afirmou-se que referidas causas consistem nas ações acidentárias propostas pelo segurado contra o INSS, nas quais se discute controvérsia acerca de benefício previdenciário, e que passaram a ser da competência da justiça comum pelo critério residual de distribuição de competência (Enunciado da Súmula 501 do STF). Não se encaixariam, portanto, em nenhuma das partes do mencionado dispositivo as ações reparadoras de danos oriundos de acidente do trabalho, quando ajuizadas pelo empregado contra o seu empregador, e não contra o INSS, em razão de não existir, nesse caso, interesse da União, de entidade autárquica ou de empresa pública federal, exceto na hipótese de uma delas ser empregadora. Concluiu-se, destarte, ressaltando ser o acidente de trabalho fato inerente à relação empregatícia, que a competência para julgamento dessas ações há de ser da justiça do trabalho, a qual cabe conciliar e julgar os dissídios individuais e coletivos entre trabalhadores e empregadores, e outras controvérsias decorrentes daquela relação. Asseverou-se que tal entendimento veio a ser aclarado com a nova redação dada ao art. 114 da CF, pela EC 45/2004, especialmente com a inclusão do inciso VI (...). Acrescentou-se, ainda, que o direito à indenização em caso de acidente de trabalho, quando o empregador incorrer em dolo ou culpa, está enumerado no art. 7º da CF como autêntico direito trabalhista, cuja tutela, deve ser, por isso, da justiça especial. Fixou-se, como marco temporal da competência da justiça laboral, a edição da EC 45/2004, por razões de política judiciária" (CComp 7.204, rel. Min. Carlos Britto, *Informativo* 394).

> sias referentes à indenização por dano moral, quando decorrente da relação de trabalho.

A partir da Lei n. 13.467, nos arts. 223-C e 223-D restou fixado que os danos extrapatrimoniais contemplam a honra, a imagem, a intimidade, a liberdade de ação, a autoestima, a sexualidade, a saúde, o lazer e a integridade física, em relação às pessoas físicas, além da imagem, a marca, o nome, o segredo empresarial e o sigilo da correspondência, em relação à pessoa jurídica.

De outro lado, é preciso pontuar que os danos sujeitos à jurisdição trabalhista não se limitam apenas àqueles sofridos individualmente, mas atinge, igualmente, os denominados danos morais transindividuais, assim compreendidos como a violação a valores sociais que transcendam a figura individual do empregado. O próprio STJ vacila entre a viabilidade da existência dos aludidos danos. Segundo aquele Tribunal, na composição da sua 1ª Turma, não há falar em danos morais coletivos:

> Agravo regimental em recurso especial. Administrativo. Ação civil pública. Serviço de telefonia. Postos de atendimento. Reabertura. Danos morais coletivos. Inexistência. Precedente. Agravo improvido. 1. A Egrégia Primeira Turma firmou já entendimento de que, em hipóteses como tais, ou seja, ação civil pública objetivando a reabertura de postos de atendimento de serviço de telefonia, não há falar em dano moral coletivo, uma vez que "Não parece ser compatível com o dano moral a ideia da transindividualidade (= da indeterminabilidade do sujeito passivo e da indivisibilidade da ofensa e da reparação) da lesão (REsp 971.844-RS, rel. Min. Teori Albino Zavascki, *DJe* 12.02.2010). 2. No mesmo sentido: REsp 598.281-MG, rel. Min. Teori Albino Zavascki, *DJ* 01.06.2006 e REsp 821.891-RS, rel. Min. Luiz Fux, *DJe* 12.05.2008. 3. Agravo Regimental improvido (AgRg no REsp 1109905-PR, rel. Min. Hamilton Carvalhido, 1ª Turma, j. 22-6-2010, *DJe* 3-8-2010).

Em sentido oposto, a 2ª Turma do mesmo Tribunal assim já consignou, admitindo a existência dos alegados danos morais coletivos:

> Administrativo. Transporte. Passe livre. Idosos. Dano moral coletivo. Desnecessidade de comprovação da dor e de sofrimento. Aplicação exclusiva ao dano moral individual. Cadastramento de idosos para usufruto de direito. Ilegalidade da exigência pela empresa de transporte. Art. 39, § 1º do Estatuto do Idoso. Lei n. 1.0741/2003 viação não prequestionado. 1. O dano moral coletivo, assim entendido o que é transindividual e atinge uma classe específica ou não de pessoas, é passível de comprovação pela presença de prejuízo à imagem e à moral coletiva dos indivíduos enquanto síntese das individualidades

> percebidas como segmento, derivado de uma mesma relação jurídica-base.
> 2. O dano extrapatrimonial coletivo prescinde da comprovação de dor, de sofrimento e de abalo psicológico, suscetíveis de apreciação na esfera do indivíduo, mas inaplicável aos interesses difusos e coletivos.
> 3. Na espécie, o dano coletivo apontado foi a submissão dos idosos a procedimento de cadastramento para o gozo do benefício do passe livre, cujo deslocamento foi custeado pelos interessados, quando o Estatuto do Idoso, art. 39, § 1º, exige apenas a apresentação de documento de identidade.
> 4. Conduta da empresa de viação injurídica se considerado o sistema normativo.
> 5. Afastada a sanção pecuniária pelo Tribunal que considerou as circunstâncias fáticas e probatória e restando sem prequestionamento o Estatuto do Idoso, mantém-se a decisão.
> 6. Recurso especial parcialmente provido (REsp 1057274-RS, rel. Min. Eliana Calmon, 2ª Turma, j. 1º-12-2009, *DJe* 26-2-2010).

Na doutrina as posições não são menos divergentes. Entendendo ser possível a existência dos danos morais coletivos, Elpídio Donizetti e Marcelo Malheiros Cerqueira[47], José Rubens Morato Leite[48], Fredie Didier Jr. e Hermes Zaneti Jr.[49].

Fazendo o contraponto, Teori Albino Zavascki[50] entende inexistente tal figura, dado que "a vítima de dano moral é, necessariamente, uma pessoa", com o que corrobora Rui Stoco[51].

De todo modo, admitindo como viável a existência da injusta lesão da esfera moral de dada comunidade, ou seja, a violação antijurídica de determinado círculo de valores coletivos relacionados ao trabalho, o E. TST já se pronunciou no sentido de ser cabível o reconhecimento dos aludidos danos, reputando como competente, sem qualquer dúvida, a Justiça do Trabalho:

> I. Agravo de instrumento. Dano moral coletivo. Terceirização ilícita. Cooperativa. Caracterizada a divergência jurisprudencial entre a decisão recorrida e

47. DONIZETTI, Elpídio; CERQUEIRA, Marcelo Malheiros. *Curso de processo coletivo:* contém jurisprudência e índice alfabético de assuntos. São Paulo: Atlas, 2010.
48. LEITE, José Rubens. *Dano ambiental:* do individual coletivo ao extrapatrimonial. São Paulo: Revista dos Tribunais, 2000. p. 270.
49. DIDIER JR., Fredie; ZANETI JUNIOR, Hermes. *Curso de direito processual civil*: processo coletivo. Salvador: Juspodivm, 2010. v. 4.
50. ZAVASCKI, Teori Albino. *Processo coletivo:* tutela de direitos coletivos e tutela coletiva de direitos. 4. ed. São Paulo: Revista dos Tribunais, 2009. p. 41.
51. STOCO, Rui. *Tratado de responsabilidade civil:* com comentários ao Código Civil de 2002. Apud ZAVASCKI, Teori Albino. Processo coletivo, cit., p. 41.

> os arestos juntados, nos moldes do art. 896, *a*, da CLT. Agravo de instrumento provido. II. Recurso de Revista. Dano moral coletivo. Terceirização ilícita. Cooperativa. A reclamada incorreu na prática de ato ilícito ao fomentar de forma generalizada a contratação irregular de trabalhadores, ao servir como mera intermediadora de mão de obra a inúmeras empresas, precarizando as relações de trabalho no segmento em que atuava e desvirtuando por completo sua finalidade social e o caráter de proteção que estaria inerentemente atrelado ao conceito do cooperativismo. E pela singela circunstância de a lesividade transcender o interesse dos cooperados atuais, mas alcançar, virtualmente, todos os possíveis candidatos à filiação e ao emprego no segmento econômico, fica configurado o dano moral coletivo. E também assim o é porquanto verificado que houve violação a preceitos constitucionais, bem assim a disposições encartadas na legislação trabalhista consolidada, em razão da atitude ilícita praticada pela ré de não cumprir as normas nacionais relacionadas à proteção do emprego e dos trabalhadores, tendo-se, por consequência, a violação dos princípios constitucionais da dignidade da pessoa humana e do valor social do trabalho. Recurso de revista conhecido e provido (RR 60541-35.2006.5.03.0016, rel. Min. Augusto César Leite de Carvalho, 6ª Turma, j. 6-6-2011, publicação 5-8-2011).

Quanto aos denominados acidentes do trabalho, uma vez ocorrido o acidente, evidente que dele podem resultar danos de ordem material e moral, não apenas para o trabalhador, mas igualmente em relação a seus herdeiros – na hipótese de falecimento, de responsabilidade do empregador.

Note-se que a competência para a lide estará relacionada não apenas à figura do trabalhador, mas também de seus sucessores, em caso de falecimento, como já se pronunciou o E. STF, no *Informativo* n. 549[52]:

> Indenização por danos decorrentes de acidente do trabalho e competência. Compete à Justiça do Trabalho o julgamento de ação de indenização por danos morais e materiais decorrentes de acidente do trabalho. Com base nesse entendimento, o Tribunal resolveu conflito de competência suscitado pelo Tribunal Superior do Trabalho em face do Juízo de Direito da 4ª Vara Cível da Comarca de Joinville e declarou a competência da Justiça laboral para julgar ação de reparação de danos morais decorrentes de acidente de trabalho, com resultado morte, proposta pela companheira e pelos genitores do trabalhador morto. Reconheceu-se, inicialmente, ser do Supremo a competência para di-

52. Disponível em: <http://www.stf.jus.br//arquivo/informativo/documento/informativo549.htm>. Acesso em: 22 ago. 2011.

> rimir o conflito, com base no disposto no art. 102, I, *o*, da CF. Em seguida, asseverou-se que, após o advento da EC 45/2004, a orientação da Corte teria se firmado no sentido da competência da Justiça do Trabalho para o julgamento da questão sob análise. Aduziu-se, ademais, que o ajuizamento da ação de indenização pelos sucessores não modificaria a competência da justiça especializada, haja vista ser irrelevante a transferência do direito patrimonial em razão do óbito do empregado. Precedentes citados: RE 509352 AgRg-SP (*DJe* 1º-8-2008); RE 509353 ED-SP (*DJU* 17-8-2007); RE 482797 ED-SP (*DJe* 27-6-2008); RE 541755 ED-SP (*DJe* 7-3-2008); CComp 7.204-MG (*DJU* 9-12-2005). CComp 7.545-SC, rel. Min. Eros Grau, 3-6-2009 (CComp 7.545).

Note-se que tal entendimento é relativamente recente, tendo sido cancelada a Súmula 366 do STJ, que definia como sendo da Justiça Estadual a competência para processar e julgar ação indenizatória proposta por viúva e filhos de empregado falecido em acidente do trabalho. Segundo Carlos Henrique Bezerra Leite[53], todavia, a hipótese deveria ser da competência da Justiça Comum, porque dali sobressairia a natureza civil da indenização pleiteada. Não entendemos assim.

A interpretação do Texto Constitucional assegura a competência do Poder Judiciário trabalhista quando "decorrente de acidente de trabalho". Note-se, desse modo, que pouca distinção fez o constituinte quanto à parte legítima para reclamar o dano, afetando a competência a relação material entre o fato (acidente) e a sua relação com o trabalho. Parece certo que, mesmo em relação aos danos morais sofridos pelos herdeiros, em razão de acidente de trabalho, aquilo que se denomina doutrinariamente por danos morais em ricochete, a competência será da Justiça do Trabalho para processar e julgar a pretensão em face do empregador. Nesse sentido o TST tem se pronunciado:

> DANOS MORAIS. ACIDENTE DO TRABALHO. AÇÃO AJUIZADA PELOS HERDEIROS. COMPETÊNCIA DA JUSTIÇA DO TRABALHO. 1. É incontroversa, nos termos do disposto no inciso VI do artigo 114 da Constituição da República, a competência da Justiça do Trabalho para processar e julgar ações de indenização por danos morais e materiais decorrentes das relações de trabalho. 2. De outro lado, a jurisprudência desta Corte superior é firme no sentido de que esta Justiça especial detém competência para julgar pedido de indenização resultante de danos morais e materiais decorrentes de acidente de trabalho. 3. Na presente hipótese, o fato danoso – acidente de trabalho – que ocasionou o óbito do empregado decorreu da relação de emprego exis-

53. LEITE, Carlos Henrique Bezerra. *Curso de direito processual do trabalho*, cit., 8. ed., p. 184.

tente entre a reclamada e o obreiro. Nesse contexto, não há dúvidas de que os danos suportados decorrem dessa relação. Independe, assim, para a definição da competência para processar e julgar a lide, a qualidade do polo ativo da relação processual, tendo em vista que a competência material define-se pelo pedido e pela causa de pedir – que, no caso concreto, decorrem da relação de emprego firmada entre o obreiro falecido e a reclamada –, inafastável, daí, a competência desta Justiça Especial. 4. Precedentes do Supremo Tribunal Federal e desta Corte superior. 5. Recurso de revista não conhecido. ACIDENTE DO TRABALHO. NEGLIGÊNCIA DO PREPOSTO DA EMPRESA. RESPONSABILIDADE DO EMPREGADOR. MATÉRIA FÁTICA. 1. Nos termos dos artigos 932, inciso III, e 933 do Código Civil, o empregador, independentemente de agir ou não com culpa, é responsável pela reparação dos danos causados a outrem por seus empregados ou prepostos, no exercício do trabalho que lhes competir ou em razão dele. 2. É insuscetível de revisão, em sede extraordinária, a decisão proferida pelo Tribunal Regional à luz da prova carreada aos autos. Somente com o revolvimento do substrato fático-probatório dos autos seria possível afastar a premissa sobre a qual se erigiu a conclusão consagrada pela Corte de origem, no sentido de que, mediante laudo elaborado pelo Instituto de Criminalística da Polícia Civil, resultou comprovado que o acidente de trânsito foi causado por negligência do preposto da empresa, que contava com apenas três meses de habilitação para conduzir veículos e empreendeu viagem após uma noite inteira de labor, com descanso de apenas uma hora dentro do próprio automóvel, razão pela qual configurada a responsabilidade da reclamada pelo infortúnio que vitimou o obreiro. Incidência da Súmula n. 126 do Tribunal Superior do Trabalho. 3. Recurso de revista não conhecido. DANOS MORAIS. FIXAÇÃO DO *QUANTUM* INDENIZATÓRIO. RECEBIMENTO DE PRÊMIOS DE CONTRATOS DE SEGURO. AUSÊNCIA DE DANO. 1. Diante da ausência de critérios objetivos norteando a fixação do *quantum* devido a título de indenização por danos morais, cabe ao julgador arbitrá-lo de forma equitativa, pautando-se nos princípios da razoabilidade e da proporcionalidade, bem como nas especificidades de cada caso concreto, tais como: a situação do ofendido, a extensão e gravidade do dano suportado e a capacidade econômica do ofensor. Tem-se, de outro lado, que o exame da prova produzida nos autos é atribuição exclusiva das instâncias ordinárias, cujo pronunciamento, nesse aspecto, é soberano. Com efeito, a proximidade do julgador, em sede ordinária, com a realidade cotidiana em que contextualizada a controvérsia a ser dirimida, habilita-o a equacionar o litígio com maior precisão, sobretudo no que diz respeito à aferição de elementos de fato sujeitos a avaliação subjetiva, necessária à estipulação do valor da indenização. Conclui-se, num tal contexto, que não cabe a esta instância superior, em regra, rever a valoração emanada das instâncias ordinárias em relação ao montante arbitrado a título de indenização por danos morais, para o que se faria necessário o reexame dos elementos de fato e das provas constantes dos autos. Excepcionam-se, todavia, de tal regra as hipóteses em que o *quantum* indenizatório se revele extremamente irrisório ou nitidamente exagerado, denotando manifesta inobservância aos princípios da razoabilidade e da proporcionalidade, aferível de plano, sem necessidade de incursão na prova. 2. No caso dos autos, o Tribunal Regional, ao fixar o valor atribuído à indenização devida por danos morais, levou em consideração a extensão do dano – morte do empregado –, a conduta da reclamada e a situação econômica das partes, resultando observados os critérios da proporcionalidade e da razoabilidade. Hipótese em que não se cogita na revisão do valor da condenação, para o que se faria necessário rever os critérios subjetivos que levaram o julgador à conclusão ora combatida, à luz das circunstâncias de fato reveladas nos autos. 3. Mantido o valor arbitrado pela Corte de origem a título de indenização por danos morais – R$ 120.000,00 (cento e vinte mil reais) – não há falar em ausência de prejuízo pela percepção de seguro de vida e seguro DPVAT que, somados, atingem o montante de R$ 50.300,00 (cinquenta mil e trezentos reais), ressaltando-se, inclusive, que foi deferida a compensação dos referidos valores percebidos pelos reclamantes. 4. Recurso de revista não conhecido. PENSÃO MENSAL VITALÍCIA. CUMULAÇÃO COM BENEFÍCIO PREVIDENCIÁRIO. Não há óbice para que os dependentes do empregado falecido recebam concomitantemente a pensão mensal e o benefício previdenciário, em virtude de tais prestações não possuírem a mesma natureza jurídica e derivarem de relações jurídicas distintas. Precedentes. Recurso de revista de que não se conhece (TST, RR 349004820065030015, 34900-48.2006.5.03.0015, rel. Lelio Bentes Corrêa, 1ª Turma, j. 21-8-2013, *DEJT* 30-8-2013).

4.7. Ações relativas às penalidades administrativas impostas aos empregadores pelos órgãos de fiscalização das relações de trabalho. Configuração do vínculo de emprego pelo auditor do trabalho e a hipótese de sua desconstituição pelo Juízo do Trabalho

O inciso VII do art. 114 da CF/88 atribui à Justiça do Trabalho a competência para processar e julgar as demandas relativas às penalidades administrativas impostas aos empregadores pelos órgãos de fiscalização das relações de trabalho. Tais postulações eram processadas, anteriormente, na Justiça Federal, passando a ser na Justiça especializada laboral, o que se mostra bastante coerente, até pela afinidade dos magistrados com a legislação nacional trabalhista, tendo maior aptidão para analisar a razoabilidade das sanções impostas pelos agentes de fiscalização, a saber, os auditores fiscais do trabalho.

Nesse contexto, surge tema interessante, em razão da atuação da autoridade fiscalizadora das questões atinentes ao vínculo de emprego. Como se sabe, os Auditores Fiscais do Trabalho cumprem o importante papel de dar concretude à Convenção n. 81 da OIT, exigindo dos empregadores o cumprimento das formalidades atinentes aos vínculos de emprego, administrativamente, na forma do Decreto n. 4.552/2002.

Sucede que da atuação da fiscalização do trabalho, atividade de índole administrativa, surgiu a dúvida acerca da possibilidade de o próprio Auditor do Trabalho, no exercício da sua atividade, vislumbrando eventual fraude na relação de trabalho sob investigação, enquadrar a mesma relação na forma da lei, para fins da fiscalização do trabalho.

Ou seja, se seria incumbência do Auditor do Trabalho, no curso de sua fiscalização, reconhecer o vínculo de emprego havido na relação sob inspeção, exigindo a formalização da mesma relação, com o cumprimento das obrigações contratuais decorrentes (pagamento de salário, férias, 13º, FGTS, anotação da CTPS etc.).

Veja-se que é da essência da atuação administrativa justamente a possibilidade do exercício da fiscalização, independentemente da forma jurídica conferida a determinados atos. Não por outra razão, por exemplo, o próprio CTN – Código Tributário Nacional confere à autoridade administrativa fiscalizadora a possibilidade de desconsiderar atos ou negócios jurídicos praticados com a finalidade de dissimular a ocorrência do fato gerador do tributo ou a natureza dos elementos constitutivos da obrigação tributária, como se depreende do art. 116, parágrafo único, daquela norma:

> Art. 116. Salvo disposição de lei em contrário, considera-se ocorrido o fato gerador e existentes os seus efeitos: (...)
> Parágrafo único. A autoridade administrativa poderá desconsiderar atos ou negócios jurídicos praticados com a finalidade de dissimular a ocorrência do fato gerador do tributo ou a natureza dos elementos constitutivos da obrigação tributária, observados os procedimentos a serem estabelecidos em lei ordinária. (*Incluído pela LCP 104, de 2001.*)

Entendimento equivalente persiste quanto às relações de trabalho, cabendo ao Auditor a fiscalização das normas de proteção ao trabalho, na forma do art. 626 da CLT, e mesmo quanto aos efeitos tributários decorrentes. Cabe-lhe, inclusive, se a aplicação da lei ao caso concreto assim impuser, o reconhecimento do vínculo de emprego. Nesse sentido, diversos julgados do TST reafirmam a legalidade da atuação dos órgãos de fiscalização do trabalho:

I – AGRAVO DE INSTRUMENTO EM RECURSO DE REVISTA – PROCESSO ELETRÔNICO – EXECUÇÃO FISCAL. INAPLICABILIDADE DA RESTRIÇÃO DO ART. 896, § 2º, DA CLT. A jurisprudência do TST vem se consolidando no sentido de afastar a aplicação da restrição imposta pelo artigo 896, § 2º, da CLT aos processos de execução fiscal de multas administrativas. Afastado o óbice apontado pelo Regional para o processamento do Recurso de Revista, prossegue-se no exame dos demais pressupostos de admissibilidade recursal, nos termos da Orientação Jurisprudencial 282 da SBDI-1 do TST. AUTO DE INFRAÇÃO. AUDITOR FISCAL DO TRABALHO. RECONHECIMENTO DA EXISTÊNCIA DE VÍNCULO DE EMPREGO. POSSIBILIDADE. Constatada possível violação dos arts. 628 da CLT e 21, XXIV, da Constituição Federal, merece provimento o Agravo de Instrumento para determinar o processamento do Recurso de Revista. II – RECURSO DE REVISTA – AUTO DE INFRAÇÃO. AUDITOR FISCAL DO TRABALHO. RECONHECIMENTO DA EXISTÊNCIA DE VÍNCULO DE EMPREGO. POSSIBILIDADE. A decisão regional diverge do entendimento desta Corte, segundo o qual a fiscalização do descumprimento das normas de proteção ao trabalhador, inclusive no que tange à formalização do vínculo, é tarefa do auditor fiscal do trabalho, o qual deve, sob pena de responsabilidade administrativa, proceder à autuação do empregador caso seja verificado o referido descumprimento. Precedentes. Recurso de Revista conhecido e provido (TST, RR 2194720105020045, 219-47.2010.5.02.0045, rel. Márcio Eurico Vitral Amaro, 8ª Turma, j. 4-9-2013, *DEJT* 6-9-2013).

AGRAVO DE INSTRUMENTO. RECURSO DE REVISTA – DESCABIMENTO. FISCALIZAÇÃO DO TRABALHO. CUMPRIMENTO DA LEGISLAÇÃO TRABALHISTA. VALIDADE DO AUTO DE INFRAÇÃO. COMPETÊNCIA EXCLUSIVA DA JUSTIÇA DO TRABALHO PARA RECONHECER RELAÇÃO DE EMPREGO. INVASÃO DE COMPETÊNCIA – INOCORRÊNCIA. 1. Compete ao auditor-fiscal do trabalho ou às autoridades que exerçam funções delegadas, a fiscalização do fiel cumprimento das normas de proteção ao trabalho (CLT, art. 626), sob pena de responsabilidade administrativa (CLT, art. 628). 2. A ação fiscalizadora é exercida, exclusivamente, por agentes do Poder Público, aos quais cabe, dentre outras atribuições, verificar o fiel cumprimento da obrigação legal de formalização do vínculo empregatício, quando houver trabalho subordinado, oneroso, não eventual e prestado com pessoalidade (art. 7º, § 1º, da Lei n. 7.855/89; art. 11, II, da Lei n. 10.352/02). 3. Assim, o auditor fiscal do trabalho, sob pena de responsabilidade administrativa, deve proceder à autuação de empresa, por falta de registro de empregado (art. 41 da CLT), independentemente dos motivos pelos quais os contratos de trabalho não foram formalizados, sem que isso importe em reconhecimento de vínculo empregatício. Agravo de instrumento conhecido e desprovido (AIRR 109900-79.2006.5.02.0048, rel. Min. Alberto Luiz Bresciani de Fontan Pereira, 3ª Turma, j. 16-5-2012, data de publicação: 18-5-2012).

RECURSO DE REVISTA. INSPEÇÃO DO TRABALHO. LIMITES LEGAIS. AUTO DE INFRAÇÃO. AUDITOR FISCAL DO TRABALHO. RECONHECIMENTO DE VÍNCULO DE EMPREGO. POSSIBILIDADE. 1. Compreende-se na competência da atuação fiscal trabalhista o reconhecimento de vínculo de emprego, diante de verificação de fraude à legislação do trabalho, conforme se extrai do artigo 626 da CLT. Não se cogita de invasão de competência do Poder Judiciário, na medida em que a verificação de cumprimento do ordenamento jurídico incumbe também ao Poder Executivo, mediante seus agentes incumbidos de fiscalização, no caso Auditor Fiscal do Trabalho. Não se duvida, porém, da competência do Poder Judiciário, caso instado, para verificar o acerto da decisão administrativa, cabendo à Justiça decidir a controvérsia em caráter definitivo, na forma do artigo 5º, XXXV, da Constituição da República. Precedentes. 2. De acordo com o quadro fático delineado pela Corte Regional, constata-se a ilicitude na terceirização dos serviços, na medida em que as atividades dos trabalhadores contratados como autônomos para a entrega de móveis manifestamente se integravam à dinâmica da atividade empresarial. Recurso de revista conhecido e provido (RR, 2000-65.2010.5.18.0011, rel. Min. Emmanoel Pereira, 5ª Turma, j. 2-5-2012, data de publicação: 11-5-2012).

Surge então a dúvida: a quem caberia a competência para obstar ou corrigir a atuação da autoridade administrativa que, no exercício da fiscalização das relações de trabalho, acaba por exorbitar de suas atribuições?

Justamente por força dos incisos I e VII do art. 114 da CF/88, parece sem qualquer dúvida que cabe à Justiça do Trabalho o pronunciamento final acerca das consequências decorrentes das ações administrativas impostas aos empregadores pelos órgãos de fiscalização das relações de trabalho, inclusive no tocante ao reconhecimento ou à declaração da inexistência de vínculo de emprego a fim de objetar a ação de órgão fiscalizador das relações trabalhistas. Nesse sentido tem entendido a jurisprudência:

CONFLITO POSITIVO DE COMPETÊNCIA. AÇÃO DECLARATÓRIA DE INEXISTÊNCIA DE RELAÇÃO JURÍDICA. PEDIDO FORMULADO VISANDO OBSTAR A ATUAÇÃO DO ÓRGÃO FISCALIZADOR DAS RELAÇÕES TRABALHISTAS. ARTIGO 114, VII, DA CF. COMPETÊNCIA DA JUSTIÇA DO TRABALHO. 1. Nos termos do artigo 114, VII, da CF, compete à Justiça do Trabalho processar e julgar "as ações relativas às penalidades administrativas impostas aos empregadores pelos órgãos de fiscalização das re-

> lações de trabalho". 2. A norma de competência não se restringe às ações constitutivas negativas, como a princípio poderia parecer, mas abrange as ações declaratórias que visam obstar a atuação administrativa dos órgãos de fiscalização da relação de trabalho. Precedente: CC 103.415/SP, Rel. Min. Teori Albino Zavascki, Primeira Seção, *DJe* 21-8-2009. 3. O fato de existir na lide questões de cunho administrativo (como a delimitação da Área de Porto Organizado) não é suficiente para alterar a competência da Justiça do Trabalho, que deverá, necessariamente, emitir juízo de valor sobre a existência da relação de trabalho (necessidade/obrigatoriedade de contratação de trabalhadores avulsos via OGMO). 4. Conflito conhecido para declarar a competência da Justiça Trabalhista (STJ, CComp 108.351/ES, 2009/0195008-9, rel. Min. Castro Meira, j. 9-2-2011, 1ª Seção, *DJe* 22-2-2011).

4.8. Execução, de ofício, das contribuições sociais previstas no art. 195, I, *a*, e II, e seus acréscimos legais, decorrentes das sentenças que proferir

O inciso VIII do art. 114 da CF/88 não inova o ordenamento constitucional, pois é apenas a incorporação do disposto no outrora § 3º do original art. 114, dispositivo inserido anteriormente pela Emenda Constitucional n. 20/98. Trata-se, também, de matéria que, anteriormente, era de competência da Justiça Federal Comum e que passou a ser da Justiça do Trabalho. O aludido dispositivo encontra-se assim vazado:

> VIII – a execução, de ofício, das contribuições sociais previstas no art. 195, I, *a*, e II, e seus acréscimos legais, decorrentes das sentenças que proferir; (*Incluído pela EC 45/2004.*)

Segundo o entendimento assentado acerca do verbete, inclusive por meio da Súmula Vinculante 53 do STF, a competência da Justiça do Trabalho alcança a execução de ofício das contribuições previdenciárias relativas ao objeto da condenação constante das sentenças que proferir e acordos por ela homologados:

> A competência da Justiça do Trabalho prevista no art. 114, VIII, da Constituição Federal alcança a execução de ofício das contribuições previdenciárias relativas ao objeto da condenação constante das sentenças que proferir e acordos por ela homologados.

A referida competência é consectário lógico da atuação jurisdicional. Se a obrigação principal, o valor da condenação, atinente a parcelas de natureza remuneratória constitui fato gerador da obrigação tributária relativa à contribuição previdenciária ou do próprio imposto de renda, não parece fazer sentido atribuir a outro órgão jurisdicional a função de executar tal tributo. Ao tempo em que o Judiciário Trabalhista procede à apuração do principal, na relação entre empregados e empregadores, decorrente da condenação, por igual procede também à arrecadação dos valores atinentes à obrigação tributária havida entre os contratantes e o Fisco.

Um dos desafios da interpretação do dispositivo é a constatação de seus limites, para verificar se deve ser interpretado restritivamente (ou seja, sendo de competência apenas a consequência do que se condenar) ou se abrange a possibilidade de condenação e execução em todas as contribuições previdenciárias decorrentes da relação de trabalho. Assim, a controvérsia reside em saber se cabe a execução dessas contribuições quando todas as outras parcelas trabalhistas foram corretamente adimplidas, ou seja, se um empregado pode ir a juízo única e exclusivamente para pleitear o recolhimento das verbas previdenciárias decorrentes da relação de emprego.

À guisa do conteúdo da aludida Súmula Vinculante 53, o TST tem entendido que a competência da Justiça do Trabalho deve ser reconhecida restritivamente, ou seja, no sentido de que apenas se houver condenação é que será possível o exercício da competência pela Justiça do Trabalho:

> RECURSO DE REVISTA. COMPETÊNCIA DA JUSTIÇA DO TRABALHO. EXECUÇÃO DE OFÍCIO DAS CONTRIBUIÇÕES PREVIDENCIÁRIAS. SENTENÇA DECLARATÓRIA DE VÍNCULO EMPREGATÍCIO. Nos termos do art. 114, VIII, da Constituição Federal e da Súmula 368, I, do TST, a Justiça do Trabalho não detém competência para promover a execução das contribuições previdenciárias sobre parcelas auferidas pelo empregado no período de vigência do contrato. Dessa forma, a decisão do Tribunal Regional, ao declarar que a Justiça do Trabalho é competente para executar, de ofício, as contribuições sociais decorrentes das sentenças que, declarando o vínculo de emprego, identificam o pagamento de salário em qualquer exame, extrapola a competência desta Especializada, pois na verdade, determina a execução das referidas contribuições inadimplidas pelo empregador. Recurso de revista conhecido por contrariedade à Súmula 368, I, do TST e provido (TST, RR 1233003020075100008, rel. Alexandre de Souza Agra Belmonte, 3ª Turma, j. 17-6-2015, *DEJT* 19-6-2015).

> RECURSO DE REVISTA. COMPETÊNCIA DA JUSTIÇA DO TRABALHO. RECONHECIMENTO DE VÍNCULO DE EMPREGO. RECOLHIMENTO DA CONTRIBUIÇÃO PREVIDENCIÁRIA E AVERBAÇÃO DO TEMPO DE SERVIÇO PERANTE O INSS. A competência da Justiça do Trabalho restringe-se à determinação de recolhimento da contribuição previdenciária das sentenças condenatórias em pecúnia que proferir e aos valores, objeto de acordo homologado, que integrem o salário de contribuição, conforme preconizado

> na Súmula 368, I, do TST. No caso dos autos, não houve condenação em pecúnia. Assim, no tocante às sentenças de carga meramente declaratória de reconhecimento de vínculo empregatício, a competência para determinar o recolhimento da contribuição previdenciária do período reconhecido em juízo e a averbação do tempo de contribuição perante o INSS é da Justiça Federal ou da estadual, conforme o caso, à luz dos arts. 109, I, § 3º, e 114, VIII, da CF, e não desta Justiça Especializada. Recurso de revista conhecido e provido (TST, RR 7020720105150016, 702-07.2010.5.15.0016, rel. Augusto César Leite de Carvalho, 6ª Turma, j. 21-8-2013, *DEJT* 23-8-2013).

Entendemos que o inciso VIII do art. 114, *contrario sensu*, deve ser compreendido de forma um tanto mais ampla, pois, ao prever como premissa "decorrentes das sentenças que proferir", o legislador constituinte não limita a competência executiva da Justiça do Trabalho às sentenças condenatórias que proferir. Embora reflita o entendimento minoritário sobre o tema, há interessante precedente do TST nesse sentido, mesmo antes da EC 45/2004:

> TST define competência para desconto previdenciário. A Justiça do Trabalho é o órgão judicial encarregado de exigir o pagamento das contribuições previdenciárias quando o processo trabalhista acarreta o reconhecimento de vínculo de emprego." Essa posição foi adotada pela 3ª Turma do Tribunal Superior do Trabalho, que acolheu, por maioria de votos, recurso do Instituto Nacional do Seguro Social (INSS). A decisão, com base no voto do juiz convocado Alberto Bresciani, tem grande repercussão, pois abrange um tema com apenas um precedente no TST, em processo relatado pelo Ministro Carlos Alberto Reis de Paula. "O interesse público e o bom senso aconselharão aquele que bate às portas do Judiciário, via Justiça do Trabalho, tenha resolvidas todas as questões decorrentes de sua irresignação, quando acolhida", sustentou Alberto Bresciani. "O pagamento das contribuições sociais e o consequente reconhecimento previdenciário do tempo de serviço são de fundamental importância para quem, contrastando o propósito irregular do mau empregador, vê reconhecida a existência de contrato individual de trabalho", acrescentou o relator. O segundo precedente do TST em que se afirma a competência da Justiça do Trabalho para executar descontos previdenciários decorreu de recurso interposto pelo INSS contra decisão anterior do Tribunal Regional do Trabalho do Mato Grosso do Sul (TRT – 24ª Região). O órgão reconheceu a existência de vínculo de emprego na relação mantida entre um trabalhador e a Veigrande Veículos Ltda., mas não autorizou a apuração dos valores devidos ao INSS. A exemplo de outros Tribunais Regionais, o TRT-MS entendeu que o exame de uma ação meramente declaratória, ou seja, que tão somente reconhece a relação de emprego, não poderia levar o magis-

trado a promover de ofício (por iniciativa própria) o desconto do crédito previdenciário. "As contribuições sociais (como as devidas ao INSS) possuem natureza acessória, sendo executadas somente se subsistir algum crédito trabalhista de caráter salarial", registrou a decisão regional. Inconformado, o INSS recorreu ao TST sob o argumento de ofensa ao artigo 114 da Constituição, onde se afirma que "compete ainda à Justiça do Trabalho executar, de ofício, as contribuições sociais previstas no art. 195, I, *a*, e II, e seus acréscimos legais, decorrentes das sentenças que proferir". O argumento da Autarquia foi aceito pelo relator do recurso, sob o entendimento de que "é patente que o art. 114, § 3º, da Constituição Federal alude, genericamente, não excluindo, portanto aquelas de cunho declaratório". Bresciani também destacou que a decisão regional não foi razoável pois, nessa situação jurídica, "as contribuições sociais serão qualificadas e quantificadas pela natureza da relação jurídica que as originou: o contrato individual de trabalho". O relator citou, ainda, o Decreto 3.048/1999 que regulamentou a Lei Previdenciária dispondo que "se da decisão resultar reconhecimento de vínculo empregatício, deverão ser exigidas as contribuições, tanto do empregador como do reclamante (trabalhador), para todo o período reconhecido, ainda que o pagamento das remunerações a ele correspondentes não tenha sido reclamado na ação" (Processo TST-RR-1119/1999-002-24-40.0). Lamentavelmente, em 10.11.2005, O Pleno do Tribunal Superior do Trabalho decidiu, por maioria de votos, que não cabe à Justiça do Trabalho a cobrança das contribuições devidas ao INSS sobre as ações declaratórias, nas quais é reconhecido o vínculo de emprego do trabalhador. A execução do tributo pela JT ficará restrita às decisões em que há condenação da empresa ao pagamento de parcelas trabalhistas e sobre os valores resultantes de acordos entre as partes. Na sessão, os ministros do TST criticaram a postura adotada pela Previdência Social diante das decisões judiciais que declaram a relação de emprego. Os valores correspondentes ao reconhecimento do vínculo têm sido recolhidos a um fundo específico do INSS e não diretamente à conta do trabalhador na Previdência. O INSS, contudo, não admite a decisão judicial como prova de tempo de serviço do trabalhador, que termina com a aposentadoria postergada. A mudança de entendimento foi adotada após a revisão da Súmula 368 do TST, que interpreta o alcance do dispositivo constitucional que atribui à Justiça do Trabalho a competência para a execução das contribuições previdenciárias decorrentes de suas decisões. O tema foi objeto de um amplo estudo feito pelo Min. Simpliciano Fernandes, cujo posicionamento foi adotado pela maioria dos integrantes do TST. Com a decisão do Pleno, o inciso I da Súmula 368 passa a dispor que "a competência da Justiça do Trabalho, quanto à execução das contribuições previdenciárias, limita-se às sentenças condenatórias em pecúnia que proferir e sobre os valores objeto de acordo homologado que integrem o salário de contribuição.

Ademais, é preciso que se consigne que o aludido dispositivo deve ser interpretado para assegurar a competência da Justiça do Trabalho para o recolhimento das contribuições previdenciárias, mas também para a cobrança do imposto de renda a ser retido na fonte, decorrente das decisões que proferir o Judiciário Especializado. Nesse sentido, a Súmula 368 do TST consigna:

> DESCONTOS PREVIDENCIÁRIOS E FISCAIS. COMPETÊNCIA. RESPONSABILIDADE PELO PAGAMENTO. FORMA DE CÁLCULO (redação do item II alterada na sessão do Tribunal Pleno realizada em 16-4-2012) – Res. 181/2012, *DEJT* divulgado em 19, 20 e 23-4-2012.
>
> I – A Justiça do Trabalho é competente para determinar o recolhimento das contribuições fiscais. A competência da Justiça do Trabalho, quanto à execução das contribuições previdenciárias, limita-se às sentenças condenatórias em pecúnia que proferir e aos valores, objeto de acordo homologado, que integrem o salário de contribuição (ex-OJ 141 da SBDI-1, inserida em 27-11-1998).
>
> II – É do empregador a responsabilidade pelo recolhimento das contribuições previdenciárias e fiscais, resultante de crédito do empregado oriundo de condenação judicial, devendo ser calculadas, em relação à incidência dos descontos fiscais, mês a mês, nos termos do art. 12-A da Lei n. 7.713, de 22-12-1988, com a redação dada pela Lei n. 12.350/2010.
>
> III – Em se tratando de descontos previdenciários, o critério de apuração encontra-se disciplinado no art. 276, § 4º, do Decreto n. 3.048/1999 que regulamentou a Lei n. 8.212/1991 e determina que a contribuição do empregado, no caso de ações trabalhistas, seja calculada mês a mês, aplicando-se as alíquotas previstas no art. 198, observado o limite máximo do salário de contribuição (ex-OJs 32 e 228 da SBDI-1 – inseridas, respectivamente, em 14-3-1994 e 20-6-2001).

Com efeito, já restou consignado, a não mais poder, que a competência da Justiça Federal para a execução do imposto de renda se dá apenas quando a União figura como parte na condição de autora, ré, assistente ou oponente, o que não acontece quando a arrecadação fiscal decorre do exercício da jurisdição trabalhista.

O STF, ao pronunciar-se sobre o tema, ratifica tal posição:

> A Justiça do Trabalho é competente para determinar o recolhimento dos tributos incidentes sobre as parcelas tributáveis decorrentes da condenação, o que inclui a definição das verbas que compõem a base de cálculo do imposto de renda (ARE 696.411 AgR, rel. Min. Dias Toffoli, 2ª Turma, j. 26-5-2015, *DJe* 19-6-2015).

O E. STJ segue o mesmo caminho, reafirmando que a regra de competência para a execução do imposto de renda respectivo, e, portanto, para a definição dos atos relacionados à execução é daquele tribunal no qual tramitou a demanda que desvelou a existência do fato gerador, ou seja, a condenação em parcela de natureza remuneratória, no caso a Justiça do Trabalho. Vejamos:

> Tributário. Processual civil. Conflito positivo de competência entre justiça trabalhista e justiça estadual. Forma de retenção de imposto de renda sobre valores decorrentes de ações trabalhistas. Não participação da União na relação processual. Competência do juízo que decidiu a causa em primeiro grau para processar a execução.
> Competência da justiça do trabalho, com anulação das sentenças proferidas pelo juízo estadual. Conflito conhecido.
> 1. A forma de retenção de imposto de renda sobre os valores decorrentes de ações trabalhistas, ainda que desperte interesse da União, será analisada pela Justiça Federal se o ente público integrar a relação processual, consoante art. 109, I, da Constituição Federal.
> 2. Não integrando a União a lide e tendo o processo trâmite na Justiça especializada para a execução dos valores oriundos de ações trabalhistas, a competência para apreciar a questão é da Justiça do Trabalho, consoante art. 575, II, do CPC.
> 3. Conflito conhecido para declarar competente o Juízo da 2ª Vara do Trabalho de Porto Velho/RO, ora suscitante, anulando-se as sentenças proferidas pelo Juízo suscitado (CComp 113.485-RO, rel. Min. Arnaldo Esteves Lima, 1ª Seção, j. 25-5-2011, *DJe* 7-6-2011).
> Competência. Conflito negativo. Juízos Federal e Trabalhista. Reclamatória versando retenção de imposto de renda na fonte sobre as verbas indenizatórias. Competência da justiça do trabalho. – I. Tendo a relação processual se angularizado entre ex-empregados e ex-empregadora, versando pretensão rotulada como trabalhista, compete à justiça laboral conhecer e julgar a causa, ainda que para declarar sua inadmissibilidade. II – A competência da Justiça Federal tem assento constitucional e é restrita a hipóteses em que "a União, entidade autárquica ou empresa pública federal forem interessadas na condição de autoras, rés, assistentes ou oponentes" (CComp 14.709-RJ, rel. Min. Sálvio de Figueiredo Teixeira, 2ª Seção, j. 13-12-1995, *DJ* 18-3-1996, p. 7502).

No mesmo sentido, os próprios TRFs assim consignam:

> Constitucional. Processo civil. Agravo regimental em mandado de segurança. Negativa de seguimento. Impetração contra ato judicial de juiz do trabalho. Competência do tribunal regional do trabalho. – 1. Dispõe o art. 108, I, *c*, da Constituição Federal, que compete aos Tribunais Regionais Federais pro-

cessar e julgar, originariamente, os mandados de segurança e os *habeas data* contra ato do próprio Tribunal ou de juiz federal, art. 108, I, *c*, Constituição Federal. 2. Compete ao Tribunal Regional do Trabalho processar e julgar mandado de segurança em face de ato judicial emanado por Juiz do Trabalho. 3. Embora a questão de fundo verse sobre a incidência de imposto de renda e de contribuição previdenciária sobre as verbas recebidas pelo impetrante, o fato é que a ação originária é uma reclamação trabalhista, de competência da Justiça do Trabalho e, portanto, trata-se de impugnação de ato judicial proferido por Juiz do Trabalho, falecendo competência a este Tribunal para seu processamento e julgamento. 4. A competência para o julgamento de mandado de segurança sempre foi estabelecida pelo critério *ratione personae*, ou seja, em razão da função ou do cargo da autoridade apontada como coatora, pouco importando a natureza jurídica da matéria deduzida em juízo. Esse é o critério que deve ser utilizado para definir a competência deste mandado de segurança. 5. Com a edição da Emenda Constitucional 45/2004, conferindo nova redação ao art. 114, da Constituição Federal, o qual define a competência da Justiça do Trabalho, essa passou a ser competente para apreciar mandado de segurança quando o ato questionando envolver matéria sujeita à sua jurisdição, introduzindo, portanto, o critério *ratione materiae* para definição de sua competência. Art. 114, Constituição Federal. 6. A modificação do texto constitucional veio ampliar a competência da Justiça do Trabalho, não alterando o entendimento acima esposado. 7. A matéria referente à incidência de imposto de renda sobre os valores recebidos pelos reclamantes, decorrentes de resultado final favorável em reclamações trabalhistas, é apreciada pela própria Justiça do Trabalho, quando da execução de seus julgados. Este Tribunal é absolutamente incompetente para o julgamento do feito. 8. A incompetência absoluta importa em remessa dos autos ao juízo competente para seu processamento e julgamento, por medida de economia processual e celeridade, nos termos do § 2º do art. 113 do Código de Processo Civil. 9. Agravo Regimental parcialmente provido, para determinar a remessa dos autos ao Tribunal Regional do Trabalho da 15ª Região (54.105-SP, 2002.03.00.054105-4, rel. Des. Federal Márcio Moraes, j. 15-2-2011, 2ª Seção).

Tal entendimento parece ser o acertado.

4.9. Ações decorrentes da relação de trabalho (reespecificando a regra de competência material legal ou decorrente)

O inciso do novo art. 114 da Constituição Federal estabelece serem da competência da Justiça do Trabalho, na forma da lei, todas as demais controvérsias decorrentes da relação de trabalho.

Nesse momento, fica no ar uma pergunta que não quer calar: se o inciso I estabelece que são da competência da Justiça do Trabalho todas as controvérsias oriundas de relação de trabalho, como se pode falar de uma competência material decorrente ou legal? Afinal de contas, se todas as controvérsias oriundas de relação de trabalho já o são, o que teria sobrado para ser incluído, na forma da lei?

Trata-se de um dilema, sem sombra de dúvida! Dogmaticamente, porém, pode-se obter, facilmente, uma resposta adequada, transformando-se o aparente paradoxo em um simples sofisma.

E, para isso, basta não descurar da interpretação histórica da competência constitucional da Justiça do Trabalho! De fato, se, tradicionalmente, eram os sujeitos da relação de emprego (mais especificamente sua qualificação jurídica) que delimitavam a regra básica de competência da Justiça do Trabalho, tal padrão não deve ser desprezado, *mutatis mutandi*, na nova sistemática constitucional.

Assim, a regra básica da nova competência material trabalhista deve ser a da apreciação de todos os conflitos oriundos da relação de trabalho, ou seja, em que a demanda se refira necessariamente aos sujeitos dessa relação, o que envolve, obviamente, a discussão sobre as condições em que esse trabalho é prestado, os danos pré e pós-contratuais etc.

Já os conflitos decorrentes da relação de trabalho em que os sujeitos envolvidos na lide não estejam na qualificação jurídica de trabalhador e tomador desse serviço, necessitam, para serem da competência da Justiça do Trabalho, de norma legal estipuladora.

Vale registrar que tal norma infraconstitucional estará autorizada a retirar matéria que é de competência da Justiça Estadual (sempre residual), passando para a competência da Justiça do Trabalho.

Nessa linha se enquadram, por exemplo, as ações regressivas decorrentes do fenômeno trabalhista da sucessão de empregadores/continuidade da empresa, previsto nos arts. 10 e 448 da Consolidação das Leis do Trabalho, ou mesmo as lides trabalhistas envolvendo servidores públicos (estatutários, portanto) estaduais.

No mesmo sentido, pode-se trazer o exemplo dos litígios decorrentes da denominada "pequena empreitada". Segundo a definição de Mauricio Godinho Delgado[54], na empreitada "as partes pactuam a elaboração de determinada obra, pelo prestador, em benefício do tomador, mediante remuneração. O objeto do contrato é um resultado específico e delimitado, uma obra (*opus*)". Desse modo,

54. DELGADO, Mauricio Godinho. *Curso de direito do trabalho*. 3. ed. São Paulo: LTr, 2004. p. 336.

embora propriamente não se esteja falando de hipótese de conflito envolvendo vínculo de emprego, a redação do art. 652, *a*, III, da CLT deixa clara a opção pela competência do Poder Judiciário trabalhista para apreciar tais matérias.

Matérias, porém, de competência atual da Justiça Comum exigirão, por sua vez, emendas constitucionais para passarem a ser da atuação da Justiça do Trabalho. É o caso, a título exemplificativo, dos crimes contra a organização do trabalho; crimes contra a Administração da Justiça (do Trabalho); lides envolvendo servidores públicos federais, entre outros temas decorrentes de relações de trabalho, mas que demandam modificações futuras das regras de competência previstas na Constituição Federal.

Em linha semelhante, vale lembrar o sempre lúcido pensamento de Reginaldo Melhado[55]:

> O dilema do suposto conflito entre os incisos I e IX do art. 114 pode ser resolvido no próprio campo da argumentação dogmática. Note-se que, enquanto o inciso I do art. 114 menciona as ações oriundas da relação de trabalho, o inciso IX incorpora controvérsias decorrentes dela. Que diferença há entre os vocábulos oriundo e decorrente? Lexicologicamente, "oriundo" tem o sentido de originário, natural. A raiz latina da palavra guarda alguma relação com "oriente" (*oriens, orientis*), que designa a nascente do sol (oriente é o leste, a parte do céu onde nasce o Sol). O adjetivo "decorrente" significa aquilo que decorre, que se origina. Vale dizer: no inciso I está a relação de trabalho ontologicamente considerada; ela própria em seu estado natural. O substrato é o próprio trabalho. Já no inciso IX há menção à controvérsia decorrente dela, numa relação mediata e indireta, que dependeria de lei formal para extensão de competência. Inscrevem-se nessas situações, por exemplo, as ações previdenciárias (aquelas em que se discutem benefícios da Previdência Social) ou as ações incidentais na execução trabalhista, como os embargos de terceiro e os embargos à arrematação.

4.10. A LGPD – Lei Geral de Proteção de Dados e a Solidariedade entre o Controlador e o Operador

A LGPD – Lei Geral de Proteção de Dados (Lei n. 13.709/2018) possui o condão de impor imensa repercussão nas relações de trabalho, sejam aquelas de

55. MELHADO, Reginaldo. Da dicotomia ao conceito aberto: as novas competências da Justiça do Trabalho. *In*: COUTINHO, Grijalbo Fernandes; FAVA, Marcos Neves (coord.). *Justiça do Trabalho:* competência ampliada. São Paulo: LTr, 2005. p. 314.

direito material ou processual, uma vez que dispõe, de forma indistinta, acerca do modo adequado para o tratamento de dados pessoais das pessoas físicas, no que se incluem aquelas envolvidas na relação de trabalho. Tal fato remete à conjuntura de que não apenas os dados mantidos em suporte eletrônico encontram-se sujeitos àquele enquadramento legal, mas também as informações pessoais disponíveis em qualquer mídia capaz de registrá-las (inclusive o papel), as quais estão, por iguais, sujeitas à proteção prevista na lei.

Qualquer dado ou informação, objeto de tratamento, e que tenha sido coletado em território nacional (art. 3º, III) sujeita-se aos ditames daquele diploma legal. E considera-se tratamento de dados, para fins da LGPD, toda operação realizada com dados pessoais, como as que se referem a coleta, produção, recepção, classificação, utilização, acesso, reprodução, transmissão, distribuição, processamento, arquivamento, armazenamento, eliminação, avaliação ou controle da informação, modificação, comunicação, transferência, difusão ou extração.

Os impactos desta Lei no âmbito material das relações de trabalho, sem sombra de dúvidas, ensejarão um sem-número de provocações e reflexões. Tamanha relevância, de outro lado, não passa indene no âmbito das relações processuais do trabalho, como já tivemos a oportunidade de expor[56].

Especificamente, neste momento, cumpre-nos pontuar que a propósito da responsabilidade pelo tratamento de dados pessoais, parece certo que a LGPD repercutirá no processo laboral no que concerne às questões atinentes à competência do Judiciário Trabalhista para processar e julgar os danos decorrentes da não obediência ao diploma legal, quando o contexto da infração envolver uma relação laboral.

De fato, como já mencionado, parece ser da Justiça do Trabalho, por aplicação do inciso I do art. 114 da CF/88, a competência para processar e julgar aquelas demandas em que, sendo o empregador o controlador de dados pessoais dos seus empregados, o faz em detrimento do quanto determina a própria lei. Dada a infração das condicionantes legais, com a ofensa à esfera moral ou existencial da pessoa física, parece certa a incidência do art. 223-B da CLT.

Mas o universo dado pela LGPD também apresenta outros cenários. Dada a possibilidade da apuração da responsabilidade, por coautoria, de mais de um agente de tratamento, ou mesmo de um destes com um seu empregado, pela violação da norma, será necessário algum debate acerca da competência da Justiça do Trabalho, no particular.

---

56. SOUZA, Tercio Roberto Peixoto e PESSOA, Valton. Lei n. 13.709/2018 (LGPD): Primeiras impressões quanto aos seus impactos no processo judicial laboral. *In:* Revista *LTr*, ano 85, n. 7, julho 2021. São Paulo. p. 796 a 806.

Com efeito, ao interpretar o art. 114, I, da CF/88, não é propriamente inédita a conclusão do TST no sentido de competir ao Judiciário Trabalhista processar e julgar a demanda em face do responsável solidário pela obrigação, mesmo que tal solidariedade decorra apenas da coautoria em um determinado evento danoso, independentemente de um vínculo de emprego entre o causador do dano e a sua vítima:

> I – AGRAVO DE INSTRUMENTO EM RECURSO DE REVISTA DA ESPÍRITO SANTO CENTRAIS ELÉTRICAS S.A. – ESCELSA. NULIDADE POR NEGATIVA DE PRESTAÇÃO JURISDICIONAL (NÃO CONFIGURADA VIOLAÇÃO DO ART. 93, IX, DA CF). SUPRESSÃO DE INSTÂNCIA (NÃO CONFIGURADA VIOLAÇÃO LEGAL). INCOMPETÊNCIA DA JUSTIÇA DO TRABALHO. ACIDENTE DE TRABALHO. RESPONSABILIDADE DE TERCEIRO (NÃO CONFIGURADA VIOLAÇÃO LEGAL, NEM DIVERGÊNCIA JURISPRUDENCIAL). RESPONSABILIDADE SOLIDÁRIA (SÚMULA 126 DO TST). ACIDENTE DO TRABALHO. INDENIZAÇÃO POR DANOS MORAIS E MATERIAIS. DANO, NEXO CAUSAL E CULPA DAS RECLAMADAS (SÚMULA 126 DO TST). VALOR ARBITRADO À INDENIZAÇÃO POR DANOS MORAIS (NÃO CONFIGURADA VIOLAÇÃO LEGAL E CONSTITUCIONAL). CORREÇÃO MONETÁRIA E JUROS DE MORA (SÚMULA 297 DO TST). Não merece ser provido agravo de instrumento que visa destrancar recurso de revista que não preenche os pressupostos do art. 896 da CLT. Agravo de instrumento não provido. II – RECURSO DE REVISTA DA ENGELMIG ELÉTRICA LTDA. 1 – INCOMPETÊNCIA DA JUSTIÇA DO TRABALHO. ACIDENTE DE TRABALHO. RESPONSABILIDADE DE TERCEIRO. Caso em que o Tribunal Regional reconheceu a solidariedade entre as empresas reclamadas, por terem sido coautoras da conduta lesiva que gerou danos ao reclamante. Não há como afastar a competência da Justiça do Trabalho, em relação às empresas coautoras do evento lesivo (terceira e quarta reclamadas), ainda que estranhas à relação de trabalho, pois a causa de pedir da pretensão de reparação civil decorre do acidente ocorrido no ambiente de trabalho do empregado. (...) (TST – ARR: 1403006720075170131, Relator: Delaíde Miranda Arantes, Data de Julgamento: 4-4-2018, 2ª Turma, Data de Publicação: *DEJT* 13-4-2018)

Tal premissa, a da competência do Judiciário laboral para atuar naquelas hipóteses em que há solidariedade entre os devedores, reverbera na necessidade de compreender-se as regras de responsabilidade envolvendo os agentes de tratamento, previsto na LGPD, seja na relação entre si, seja na relação entre aqueles e seus empregados, dado inclusive existir regra específica que enuncia a responsabilidade entre aqueles agentes (art. 42, § 1º, I, LGPD).

Cumpre mencionar, de plano, que em regra a LGPD estabelece como agentes de tratamento o controlador e o operador, indicando como controlador a pessoa natural ou jurídica, de direito público ou privado, a quem competem as decisões referentes ao tratamento de dados pessoais e como operador a pessoa natural ou jurídica, de direito público ou privado, que realiza o tratamento de dados pessoais em nome do controlador (art. 5º, VI e VII, LGPD).

Em um primeiro momento, pode-se interpretar como possível o enquadramento do empregado como agente de tratamento, em especial como operador de dados pessoais, dado que, na condição de agente subordinado de um determinado controlador, estaria a realizar o tratamento de dados pessoais em nome deste último. Acontece que a ANPD já teve a oportunidade de indicar que a compreensão da norma se dará a partir de seu caráter institucional, tendo-se como não considerados controladores (autônomos ou conjuntos) nem mesmo operadores os indivíduos subordinados, tais como os funcionários, os servidores públicos ou as equipes de trabalho de uma organização, já que atuam sob o poder diretivo do agente de tratamento.

Ou seja, segundo o mesmo documento, na compreensão da ANPD tem-se que os empregados não se enquadram enquanto operadores, muito menos como controladores, dado que a sua subordinação não permite a liberdade para estabelecer as regras para o tratamento de dados pessoais, a serem executadas. Neste contexto, as pessoas físicas serão

> controladoras quando atuarem de acordo com os próprios interesses, com poder de decisão sobre as finalidades e os elementos essenciais de tratamento. Serão operadoras quando atuarem de acordo com os interesses do controlador, sendo-lhes facultada apenas a definição de elementos não essenciais à finalidade do tratamento. O operador deve ser uma entidade distinta do controlador, isto é, que não atua como profissional subordinado a este ou como membro de seus órgãos.

Assim, quando um empregado ou colaborador atua em nome e sob o poder diretivo da empresa, não se caracterizará como agente de tratamento, segundo esta a compreensão expressa pela ANPD sobre o tema.

Todavia, não raro é possível ao empregador a contratação de prestadores de serviços diversos para lhe auxiliar no exercício da sua atividade produtiva (seja para as atividades de *marketing*, jurídico, contábil, comercial). Nesta hipótese, o contratado pelo empregador, que atue segundo as diretrizes definidas por este último, será configurado como operador de dados, na forma da LGPD. A hipótese suscitada seria exatamente quando o operador, contratado pelo empregador, deixa de proceder ao tratamento de dados de forma adequada, ensejando dano de natureza extrapatrimonial para o empregado.

Em razão especificamente da possibilidade de coautoria no evento danoso, estabelece a própria LGPD ser possível a solidariedade entre o controlador (a quem competem as decisões referentes ao tratamento) e o operador (quem realiza o tratamento de dados pessoais), os quais poderão responder solidariamente pelos danos decorrentes do não cumprimento das previsões daquela Lei (art. 42, LGPD).

Tal solidariedade, embora excepcional, dado que em regra a responsabilidade será do controlador (empregador), poderá ser imputada ao operador por descumprir as obrigações da legislação ou por não observar as instruções do controlador, impondo-lhe os ônus de litigar perante o Poder Judiciário Trabalhista quando o contexto da infração envolver uma relação laboral.

Em outras palavras, tal solidariedade, entre controlador e operador, que podem facilmente ser entendidos em diversas situações, inclusive enquanto o empregador e alguém que lhe preste serviços na gestão dos dados pessoais dos empregados, respectivamente, pode induzir, assim, na competência do Poder Judiciário Trabalhista para processar a demanda em face daquele que não possui relação de trabalho com a vítima, portanto.

Em outra perspectiva, ainda, também amparado no art. 114, I da CF/88, inequívoca a competência da Justiça do Trabalho para apreciar a responsabilidade ou o enquadramento de determinado empregado enquanto agente de tratamento e o seu dever de indenizar o empregador em razão de ato ilícito que tenha praticado.

4.11. Das exclusões expressas da competência da Jurisdição Trabalhista. Recuperação Judicial e Juízo Universal (Lei n. 11.101/2005 – Lei de Recuperação Judicial e Falência). Lei n. 11.442/2007 (Transporte Rodoviário de Cargas).

Deve-se referir, ademais, que há algumas hipóteses em que o legislador expressamente exclui do raio de atuação a incidência da jurisdição pelo Poder Judiciário Trabalhista, sendo dois grandes exemplos destas exclusões aqueles determinados pela Lei n. 11.101/2005 – a Lei de Recuperação Judicial e Falência e a Lei n. 11.442/2007 (Transporte Rodoviário de Cargas).

A Lei n. 11.101/2005, que regula a recuperação judicial, extrajudicial e a falência do empresário, trata de algumas hipóteses que merecem, desde já, alguma consideração, por impactar nas questões atinentes à competência da Justiça do Trabalho e as relações entre os empregados e a empresa sob recuperação.

Por força do art. 6º da Lei n. 11.101/2005, a decretação da falência ou o processamento da recuperação judicial implica a suspensão das execuções ajuizadas contra o devedor, inclusive daquelas dos credores particulares do sócio solidário, relativas a créditos ou obrigações sujeitos à recuperação judicial ou à falência, assim como a proibição de qualquer forma de retenção, arresto, penhora, sequestro, busca e apreensão e constrição judicial ou extrajudicial sobre os bens do devedor, oriunda de demandas judiciais ou extrajudiciais cujos créditos ou obrigações sujeitem-se à recuperação judicial ou à falência. Na forma do art. 83, I, os créditos decorrentes da legislação do trabalho encontram-se sujeitos ao processo de recuperação judicial e extrajudicial.

Em razão de tal norma, encontram-se sujeitos exclusivamente ao Juízo universal da falência as constrições do patrimônio do credor para a satisfação dos seus devedores.

Todavia, por força da ressalva expressa do § 1º do mesmo art. 6º da Lei n. 11.101/2005, terá prosseguimento no juízo no qual estiver se processando a ação que demandar quantia ilíquida, inclusive aquelas decorrentes das relações de trabalho. Assim, caberá ao Judiciário Trabalhista a conclusão acerca da existência e extensão dos créditos do trabalhador da massa, mas a constrição patrimonial correspondente caberá ao Juízo universal da falência.

Inclusive, por força do § 2º do mesmo art. 6º, será permitido pleitear, perante o administrador judicial, habilitação, exclusão ou modificação de créditos derivados da relação de trabalho, mas as ações de natureza trabalhista, inclusive as impugnações, serão processadas perante a justiça especializada até a apuração do respectivo crédito, que será inscrito no quadro geral de credores pelo valor determinado em sentença.

Nesse sentido, ainda, cumpre mencionar que dúvida existiu quanto à competência sobre o destino dos depósitos realizados (art. 899, CLT), por sociedade empresária em recuperação judicial, no curso de reclamação trabalhista. Ao apreciar a questão, o STF concluiu que caberia ao juízo da Vara de Falências e Recuperações Judiciais a competência para decidir sobre tal matéria. É o que se depreende:

> CONFLITO DE COMPETÊNCIA – DEPÓSITO RECURSAL TRABALHISTA – RECUPERAÇÃO JUDICIAL – JUÍZO FALIMENTAR *VERSUS* JUSTIÇA DO TRABALHO. É do Juízo da Vara de Falências e Recuperações Judiciais a competência para decidir sobre o destino dos depósitos realizados, por sociedade empresária em recuperação judicial, no curso de reclamação trabalhista. (CC 8.142, Relator(a): MARCO AURÉLIO, Tribunal Pleno, julgado em 21-6-2021, PROCESSO ELETRÔNICO *DJe*-131 divulg. 1º-7-2021 public. 2-7-2021.)

Por fim, cumpre mencionar que a própria Lei de Recuperação Judicial considera créditos extraconcursais, e assegura alguma precedência sobre os demais, àqueles derivados da legislação trabalhista ou decorrentes de acidentes de trabalho relativos a serviços prestados após a decretação da falência. Assim, os créditos decorrentes das relações de trabalho constituídos após a decretação da falência terão o seu reconhecimento perante o Judiciário Trabalhista, mas serão enquadrados preferencialmente aos demais, inclusive àqueles igualmente trabalhistas mas constituídos anteriormente à decretação da falência.

Outra hipótese que se excluiu a competência da Jurisdição Trabalhista foi aquela encartada pelo art. 5º, parágrafo único da Lei n. 11.442/2007:

> Art. 5º As relações decorrentes do contrato de transporte de cargas de que trata o art. 4º desta Lei são sempre de natureza comercial, não ensejando, em nenhuma hipótese, a caracterização de vínculo de emprego.
> Parágrafo único. Compete à Justiça Comum o julgamento de ações oriundas dos contratos de transporte de cargas.

Ao analisar a Constitucionalidade do mencionado art. 5º, o STF acabou por concluir ser possível à lei excluir a natureza trabalhista da relação, dado que o mesmo dispositivo atribui que as relações decorrentes do contrato de transporte de cargas de que trata o art. 4º da mesma Lei, uma vez preenchidos os requisitos nela dispostos, são sempre de natureza comercial, afastando-se a configuração de vínculo trabalhista, o que, portanto, afastaria a competência da Justiça do Trabalho para apreciar tal contrato. É o que se depreende da ementa da ADI 3.961:

> Direito do Trabalho. Ação Direta de Inconstitucionalidade e Ação Declaratória da Constitucionalidade. Transporte rodoviário de cargas. Lei n. 11.442/2007, que previu a terceirização da atividade-fim. Vínculo meramente comercial. Não configuração de relação de emprego. 1. A Lei n. 11.442/2007 (i) regulamentou a contratação de transportadores autônomos de carga por proprietários de carga e por empresas transportadoras de carga; (ii) autorizou a terceirização da atividade-fim pelas empresas transportadoras; e (iii) afastou a configuração de vínculo de emprego nessa hipótese. 2. É legítima a terceirização das atividades-fim de uma empresa. Como já foi decidido pelo Supremo Tribunal Federal, a Constituição não impõe uma única forma de estruturar a produção. Ao contrário, o princípio constitucional da livre iniciativa garante aos agentes econômicos liberdade para eleger suas estratégias empresariais dentro do marco vigente (CF/1988, art. 170). A proteção constitucional ao trabalho não impõe que toda e qualquer prestação remunerada de serviços configure relação de emprego (CF/1988, art. 7º). Precedente: ADPF 524, Rel. Min. Luís Roberto Barroso. 3. Não há inconstitucionalidade no prazo prescricional de 1 (um) ano, a contar da ciência do dano, para a propositura de ação de reparação de danos, prevista no art. 18 da Lei n. 11.442/2007, à luz

do art. 7º, XXIX, CF, uma vez que não se trata de relação de trabalho, mas de relação comercial. 4. Procedência da ação declaratória da constitucionalidade e improcedência da ação direta de inconstitucionalidade. Tese: "1 – A Lei n. 11.442/2007 é constitucional, uma vez que a Constituição não veda a terceirização, de atividade-meio ou fim. 2 – O prazo prescricional estabelecido no art. 18 da Lei n. 11.442/2007 é válido porque não se trata de créditos resultantes de relação de trabalho, mas de relação comercial, não incidindo na hipótese o art. 7º, XXIX, CF. 3 – Uma vez preenchidos os requisitos dispostos na Lei n. 11.442/2007, estará configurada a relação comercial de natureza civil e afastada a configuração de vínculo trabalhista". (ADI 3.961, Relator(a): ROBERTO BARROSO, Tribunal Pleno, julgado em 15-4-2020, PROCESSO ELETRÔNICO *DJe*-140 divulg. 4-6-2020 public. 5-6-2020)

Em outras palavras, segundo a interpretação conferida pelo STF sobre o tema, no âmbito da ADI 3.961, na hipótese de a Lei civil fixar os requisitos para os contratos de transporte de cargas (art. 4º da Lei) e uma vez cumpridos os requisitos, tais contratos serão sempre de natureza comercial, não ensejando, em nenhuma hipótese, a caracterização de vínculo de emprego, no que resulta portanto, em inexistir competência da justiça do trabalho, no particular. Todavia, uma vez reconhecida, pela Justiça Comum, a irregularidade quanto à celebração do contrato de transporte de cargas, em descumprimento dos requisitos da própria lei, seria possível ao motorista o manejo da ação trabalhista correspondente para o reconhecimento do vínculo de emprego, na forma do art. 114, I, da CF/88.

5. COMPETÊNCIA PESSOAL (*RATIONE PERSONAE*)

Trata-se daquilo que Moacyr Amaral Santos[57] define como a "competência em razão das condições das pessoas". Trata-se, como a própria denominação indica, daquela competência definida em razão da condição pessoal de um ou todos os sujeitos da lide. Tal competência é, na verdade, uma prerrogativa de foro. Em função do exercício de determinados cargos ou em função de determinadas qualificações jurídicas, algumas lides serão atraídas para a Justiça do Trabalho ou afastadas dela.

Não há, hoje, um critério de competência formal em relação à Justiça do Trabalho. Já houve para excluir. Com a Emenda Constitucional de 1969 (CF de 1967), o art. 110 daquela Carta excluiu da competência da Justiça do Trabalho

57. SANTOS, Moacyr Amaral. *Primeiras linhas de direito processual civil*. 20. ed. São Paulo: Saraiva, 1998. v. 1, p. 215.

todas as relações de emprego em que no polo passivo se encontrasse a União, remetendo a competência para tanto à Justiça Federal.

Com o advento da CF/88, não se consigna qualquer limitação equivalente, seja em relação ao Estado nacional ou estrangeiro ou mesmo organismo internacional. De acordo com as previsões constitucionais, são diversas as pessoas que podem litigar no âmbito da Justiça do Trabalho, tais como sindicatos, entes de direito público externo, órgãos da administração direta, autárquica ou fundacional da União, Estados, Municípios na qualidade de empregadores, a União, quando ajuizar ações relativas às penalidades administrativas impostas aos empregadores ou quando promover a execução das contribuições previdenciárias, além dos empregados e empregadores e do Ministério Público do Trabalho. As ações entre sindicatos, sindicatos e trabalhadores ou empregadores (art. 114, III, da CF/88) é claro exemplo da denominada competência pessoal.

Além disso, a própria CF/88 ou as normas infraconstitucionais podem prever a competência da Justiça do Trabalho para processar e julgar demandas oriundas da relação de trabalho em que figurem como partes outras pessoas ou entidades diversas, como já vimos.

6. COMPETÊNCIA FUNCIONAL

A competência funcional deflui da hierarquia dos órgãos sobre os quais está assentada a organização judiciária. É que o legislador vislumbrou que, seja pela relevância, seja pelo papel desempenhado pelo Poder Judiciário, é relevante distribuir as competências dentro da própria estrutura desde Poder, dentre os seus diversos graus de jurisdição ou instâncias.

Trata-se das atribuições de cada um dos órgãos, que, quais, basicamente, estão estruturados segundo uma disciplina legal ou regimental. A competência das Varas do Trabalho encontra-se descrita nos arts. 652 e 653 da CLT, assim vazados:

> Art. 652. Compete às Juntas de Conciliação e Julgamento [Varas do Trabalho]:
> a) conciliar e julgar:
> I – os dissídios em que se pretenda o reconhecimento da estabilidade de empregado;
> II – os dissídios concernentes a remuneração, férias e indenizações por motivo de rescisão do contrato individual de trabalho;
> III – os dissídios resultantes de contratos de empreitadas em que o empreiteiro seja operário ou artífice;
> IV – os demais dissídios concernentes ao contrato individual de trabalho;
> b) processar e julgar os inquéritos para apuração de falta grave;
> c) julgar os embargos opostos às suas próprias decisões;

> d) impor multas e demais penalidades relativas aos atos de sua competência;
> f) decidir quanto à homologação de acordo extrajudicial em matéria de competência da Justiça do Trabalho.
> V – as ações entre trabalhadores portuários e os operadores portuários ou o Órgão Gestor de Mão de Obra – OGMO decorrentes da relação de trabalho;
> Parágrafo único. Terão preferência para julgamento os dissídios sobre pagamento de salário e aqueles que derivarem da falência do empregador, podendo o Presidente da Junta [Vara], a pedido do interessado, constituir processo em separado, sempre que a reclamação também versar sobre outros assuntos.
> Art. 653. Compete, ainda, às Juntas de Conciliação e Julgamento [Varas do Trabalho]:
> a) requisitar às autoridades competentes a realização das diligências necessárias ao esclarecimento dos feitos sob sua apreciação, representando contra aquelas que não atenderem a tais requisições;
> b) realizar as diligências e praticar os atos processuais ordenados pelos Tribunais Regionais do Trabalho ou pelo Tribunal Superior do Trabalho;
> c) julgar as suspeições arguidas contra os seus membros;
> d) julgar as exceções de incompetência que lhes forem opostas;
> e) expedir precatórias e cumprir as que lhes forem deprecadas;
> f) exercer, em geral, no interesse da Justiça do Trabalho, quaisquer outras atribuições que decorram da sua jurisdição.

Ao dispor que cabe a cada Tribunal Regional do Trabalho, no âmbito de sua Região, mediante ato próprio, alterar e estabelecer a jurisdição das Varas do Trabalho, bem como transferir-lhes a sede de um Município para outro, de acordo com a necessidade de agilizar a prestação jurisdicional trabalhista, no art. 28 da Lei n. 10.770, de algum modo houve revogação do art. 650 da CLT. Todavia, tal alteração não importa mudança das atribuições funcionais da Vara do Trabalho ou do juiz do Trabalho.

No que toca aos Tribunais Regionais do Trabalho, terão suas competências igualmente delimitadas no Texto celetista, nos seguintes termos:

> Art. 678. Aos Tribunais Regionais, quando divididos em Turmas, compete:
> I – ao Tribunal Pleno, especialmente:
> a) processar, conciliar e julgar originariamente os dissídios coletivos;
> b) processar e julgar originariamente:
> 1) as revisões de sentenças normativas;
> 2) a extensão das decisões proferidas em dissídios coletivos;
> 3) os mandados de segurança;

4) as impugnações à investidura de vogais e seus suplentes nas Juntas de Conciliação e Julgamento [Revogado tacitamente];
c) processar e julgar em última instância:
1) os recursos das multas impostas pelas Turmas;
2) as ações rescisórias das decisões das Juntas de Conciliação e Julgamento [Varas do Trabalho], dos juízes de direito investidos na jurisdição trabalhista, das Turmas e de seus próprios acórdãos;
3) os conflitos de jurisdição entre as suas Turmas, os juízes de direito investidos na jurisdição trabalhista, as Juntas de Conciliação e Julgamento [Varas do Trabalho], ou entre aqueles e estas;
d) julgar em única ou última instâncias:
1) os processos e os recursos de natureza administrativa atinentes aos seus serviços auxiliares e respectivos servidores;
2) as reclamações contra atos administrativos de seu presidente ou de qualquer de seus membros, assim como dos juízes de primeira instância e de seus funcionários.
II – às Turmas:
a) julgar os recursos ordinários previstos no art. 895, alínea *a*;
b) julgar os agravos de petição e de instrumento, estes de decisões denegatórias de recursos de sua alçada;
c) impor multas e demais penalidades relativas e atos de sua competência jurisdicional, e julgar os recursos interpostos das decisões das Juntas dos juízes de direito que as impuserem.
Parágrafo único. Das decisões das Turmas não caberá recurso para o Tribunal Pleno, exceto no caso do item I, alínea *c*, inciso 1, deste artigo.
Art. 680. Compete, ainda, aos Tribunais Regionais, ou suas Turmas:
a) determinar às Juntas [Varas] e aos juízes de direito a realização dos atos processuais e diligências necessárias ao julgamento dos feitos sob sua apreciação;
b) fiscalizar o cumprimento de suas próprias decisões;
c) declarar a nulidade dos atos praticados com infração de suas decisões;
d) julgar as suspeições arguidas contra seus membros;
e) julgar as exceções de incompetência que lhes forem opostas;
f) requisitar às autoridades competentes as diligências necessárias ao esclarecimento dos feitos sob apreciação, representando contra aquelas que não atenderem a tais requisições;
g) exercer, em geral, no interesse da Justiça do Trabalho, as demais atribuições que decorram de sua Jurisdição.

Já o Tribunal Superior do Trabalho está organizado em relação à matéria correicional, administrativa e jurisdicional, na forma da Lei n. 7.701/88, que atribui ao seu Regimento Interno a disciplina de suas competências, como já referido.

7. COMPETÊNCIA RELATIVA (TERRITORIAL E VALOR)

A competência relativa, segundo Antonio Carlos de Araújo Cintra, Ada Pellegrini Grinover e Cândido Rangel Dinamarco[58], é definida levando-se em consideração, preponderantemente, o interesse de uma das partes em defender-se melhor, como na hipótese da definição relacionada ao território ou em função de seu valor.

7.1. Competência territorial

Em relação à competência territorial, os critérios para sua definição são absolutamente necessários ao deslinde do processo do trabalho.

De fato, os limites geográficos possuem relação direta com o próprio exercício da jurisdição. Em um país de extensão continental como o Brasil, permitir que qualquer um pudesse ajuizar qualquer medida em qualquer local do território nacional não apenas inviabilizaria uma racionalidade na distribuição da Justiça como implicaria custos absurdamente severos para as partes, o que não é razoável.

A competência territorial pode ser definida de acordo com cada um dos graus da jurisdição trabalhista, quais sejam, o TST, os TRT e as Varas do Trabalho.

A competência territorial do TST abrange todo o território nacional. De todo modo, interessante consignar que aquele Tribunal possui competência para julgar originalmente os dissídios coletivos cujos conflitos estiverem em território da competência de mais de um TRT.

Já os Tribunais Regionais do Trabalho possuem suas respectivas competências territoriais delimitadas por lei, e exercem sua jurisdição nos seguintes termos: 1ª Região, em todo o Estado do Rio de Janeiro, 2ª Região, na Grande São Paulo e parte da Baixada Santista, 3ª Região, em todo o Estado de Minas Gerais, 4ª Região, em todo o Estado do Rio Grande do Sul, 5ª Região, em todo o Estado da Bahia, 6ª Região, em todo o Estado de Pernambuco, 7ª Região, em todo o Estado do Ceará, 8ª Região, nos Estados do Pará e Amapá, 9ª Região, em todo o Estado do Paraná, 10ª Região, no Distrito Federal e no Estado de Tocantins, 11ª Região, nos Estados do Amazonas e Roraima, 12ª Região, em todo o Estado de Santa Catarina, 13ª Região, em todo o Estado da Paraíba, 14ª Região, nos Estados do Acre e Rondônia, 15ª Região, nos municípios do Estado de São Paulo não englobados pela 2ª Região, 16ª Região, em todo o Estado do Maranhão, 17ª Região, em todo o Espírito Santo, 18ª Região, no Estado de Goiás, 19ª Região, em

58. CINTRA, Antonio Carlos de Araújo; GRINOVER, Ada Pellegrini; DINAMARCO, Cândido Rangel. *Teoria geral do processo*, cit., p. 241.

todo o Estado de Alagoas, 20ª Região, em todo o Estado de Sergipe, 21ª Região, em todo o Estado do Rio Grande do Norte, 22ª Região, em todo o Estado do Piauí, 23ª Região, em todo o Estado do Mato Grosso, 24ª Região, em todo o Estado de Mato Grosso do Sul.

Para o julgamento dos dissídios coletivos pelos Regionais, tais conflitos devem circunscrever-se a sua jurisdição.

Já as Varas do Trabalho possuem sua competência definida em lei, mas podem ser alteradas, como mencionamos. Note-se que, apesar de a competência ser estabelecida em lei federal, por expressa autorização legal, na Lei n. 10.770/2003, em seu art. 28, pode o TRT alterar a competência para localidade diversa, a fim de adequar-se à realidade do serviço.

A competência territorial das Varas do Trabalho pode ser definida em razão de alguns critérios:

a) quanto ao local da prestação do serviço;
b) quando se tratar de empregado agente ou viajante comercial;
c) empregado brasileiro que trabalhe no estrangeiro;
d) empresa que promova atividade fora do lugar da celebração do contrato.
e) quando não envolver a prestação de serviço propriamente dita.

Isso é o que se depreende da redação do art. 651 da CLT:

> Art. 651. A competência das Juntas de Conciliação e Julgamento é determinada pela localidade onde o empregado, reclamante ou reclamado, prestar serviços ao empregador, ainda que tenha sido contratado noutro local ou no estrangeiro.
> § 1º Quando for parte de dissídio agente ou viajante comercial, a competência será da Junta da localidade em que a empresa tenha agência ou filial e a esta o empregado esteja subordinado e, na falta, será competente a Junta da localização em que o empregado tenha domicílio ou a localidade mais próxima.
> § 2º A competência das Juntas de Conciliação e Julgamento, estabelecida neste artigo, estende-se aos dissídios ocorridos em agência ou filial no estrangeiro, desde que o empregado seja brasileiro e não haja convenção internacional dispondo em contrário.
> § 3º Em se tratando de empregador que promova realização de atividades fora do lugar do contrato de trabalho, é assegurado ao empregado apresentar reclamação no foro da celebração do contrato ou no da prestação dos respectivos serviços.

Vamos explorar cada uma dessas possibilidades. Todavia, desde já é preciso indicar que o TST tem entendido que as regras do art. 651 da CLT não devem ser interpretadas de forma literal, mas sistematicamente, de modo a concretizar os direitos e garantias fundamentais insculpidos na Constituição da República, como veremos adiante.

7.1.1. *Local da prestação do serviço*

A definição da competência quanto ao local da prestação do serviço é o que normalmente acontece nas lides trabalhistas. Trata-se da regra geral prevista no *caput* do art. 651 da CLT, que determina a competência territorial da Vara do Trabalho a partir da localidade onde o empregado, reclamante ou reclamado, prestar serviços ao empregador, ainda que tenha sido contratado noutro local ou no estrangeiro.

Ou seja, a definição da competência se dá a partir do local em que o trabalho foi executado. Não é critério apto a fixar tal competência o domicílio do autor ou do réu ou mesmo o local da contratação. Trata-se de opção do legislador fundada na presunção de que no local em que o serviço foi desenvolvido será muito mais fácil ao reclamante ter acesso a provas sobre suas alegações, além do próprio acesso ao Poder Judiciário.

Deve-se advertir, todavia, que o TST já teve a oportunidade de pronunciar-se no sentido de ser possível, em determinados casos, o ajuizamento da reclamação no foro do domicílio do autor quando se trate de empresa nacional, em que é possível o exercício do direito de defesa pelo demandado, e evidenciada a maior dificuldade de acessar ao Poder Judiciário, pelo Autor, na hipótese do ajuizamento da ação em local diverso. Nesse sentido:

> I. AGRAVO. AGRAVO DE INSTRUMENTO EM RECURSO DE REVISTA REGIDO PELA LEI 13.467/2017. COMPETÊNCIA TERRITORIAL. Constatado possível equívoco na decisão monocrática, em que negado provimento ao agravo de instrumento da Reclamada, o agravo merece provimento. Agravo provido. II . AGRAVO DE INSTRUMENTO EM RECURSO DE REVISTA REGIDO PELA LEI 13.467/2017. COMPETÊNCIA TERRITORIAL. AJUIZAMENTO DA RECLAMAÇÃO TRABALHISTA NO FORO DO DOMICÍLIO DO AUTOR. CONTRATAÇÃO E PRESTAÇÃO DE SERVIÇOS EM LOCALIDADE DISTINTA. ARTIGO 651, *CAPUT*, DA CLT. VIOLAÇÃO. No presente caso, a Reclamante propôs a ação trabalhista no foro de seu domicílio (São Raimundo Nonato – PI), local diverso daquele em que prestou serviços (Brodowski-SP). Ao examinar a exceção de incompetência suscitada, o TRT, com base no "conteúdo axiológico" do art. 651 da CLT, fez anotar que, dada as condições econômicas da Autora, a ela se torna de difícil possibilidade deslocar-se ao local em que sediado o juízo reputado competente. Prevalece

neste Colegiado a compreensão de que, não se tratando de empresa de âmbito nacional, os critérios previstos no artigo 651 e §§ da CLT devem ser estritamente observados, razão pela qual a fixação da competência em foro que não o do local do trabalho ou da contratação viola o artigo 651, *caput*, da CLT. Divisada a transcendência política do debate proposto. Agravo de instrumento provido. III. RECURSO DE REVISTA REGIDO PELA LEI N. 13.467/2017. COMPETÊNCIA TERRITORIAL. AJUIZAMENTO DA RECLAMAÇÃO TRABALHISTA NO FORO DO DOMICÍLIO DO AUTOR. CONTRATAÇÃO E PRESTAÇÃO DE SERVIÇOS EM LOCALIDADE DISTINTA. ARTIGO 651, *CAPUT*, DA CLT. VIOLAÇÃO. 1. De acordo com o artigo 896-A da CLT, o Tribunal Superior do Trabalho, no recurso de revista, deve examinar previamente se a causa oferece transcendência com relação aos reflexos gerais de natureza econômica, política, social ou jurídica. 2. Controverte-se acerca da possibilidade de considerar-se competente o foro de domicílio do empregado para apreciação e julgamento de ação trabalhista. O art. 5º, XXXV, da Constituição Federal, que prevê a garantia de amplo acesso à Justiça,encerra direito fundamental da cidadania, gravado com eficácia imediata (CF, art. 5º, § 1º), o que impõe deveres ao Estado, nos âmbitos legislativo (com a produção de normas processuais que facilitem o exercício pleno desse direito), executivo (com a melhor estruturação das defensorias públicas e órgãos judiciários) e judiciário (com a adoção de interpretações que viabilizem, na máxima extensão, não apenas o acesso amplo e irrestrito a seus órgãos, mas também a própria obtenção de julgamentos substancialmente justos). No caso concreto, discute-se a aparente colisão de direitos fundamentais: de um lado, a garantia outorgada ao trabalhador de amplo acesso à Justiça (CF, art. 5º, XXXV); de outro, o direito assegurado aos réus ao contraditório e à ampla defesa, com os meios e recursos que lhe são inerentes (CF, art. 5º, LV), em consonância com o devido processo legal (CF, art. 5º, LIV). 3. Buscando superar as situações em que a aplicação objetiva dos critérios fixados no art. 651 da CLT imponha o sacrifício de um dos princípios acima indicados, a jurisprudência do Tribunal Superior do Trabalho tem evoluído, buscando alcançar a teleologia das normas que fixam os critérios de competência no âmbito da Justiça do Trabalho. Nesse sentido, em face da necessidade de assegurar ao trabalhador o acesso à jurisdição, também garantindo ao reclamado o amplo exercício das faculdades de defesa, esta Corte assumiu a compreensão de que, em determinados casos, quando envolvida na disputa empresa com atuação nacional, será razoável admitir o trânsito da ação no foro do domicílio do Autor, afastando-se a prevalência objetiva dos critérios estatuídos no art. 651 da CLT. 4. No presente caso, a Reclamante propôs a ação trabalhista no foro de seu domicílio (São Raimundo Nonato – PI), local diverso daquele em que prestou

> serviços (Brodowski-SP). Ao examinar a exceção de incompetência suscitada, o TRT, com base no "conteúdo axiológico" do art. 651 da CLT, fez anotar que, dadas as condições econômicas da Autora, a ele se torna de difícil possibilidade deslocar-se ao local em que sediado o juízo reputado competente. Prevalece neste Colegiado a compreensão de que, não se tratando de empresa de âmbito nacional, os critérios previstos no artigo 651 e §§ da CLT devem ser estritamente observados, razão pela qual a fixação da competência em foro que não o do local do trabalho ou da contratação viola o artigo 651, da CLT. Ressalva de entendimento do Relator. Recurso de revista conhecido e provido (RR-711-31.2015.5.22.0102, 5ª Turma, Relator Ministro Douglas Alencar Rodrigues, *DEJT* 3-9-2021).

Hipótese diversa, todavia, é aquela na qual o trabalhador executou suas atividades em diversos locais, sucessivamente, em que há alguma celeuma. Isso porque alguns defendem que seria competente apenas o último local em que o trabalho foi prestado, como é o caso de Valentin Carrion, Carlos Henrique Bezerra Leite[59] e Sergio Pinto Martins[60].

Outros entendem que seria a hipótese de competência concorrente, ou seja, de cada uma das Varas do Trabalho estabelecidas nos locais em que o serviço foi prestado. Essa posição, defendida por Mauro Schiavi[61] e Valton Pessoa, entre outros, visa ampliar o acesso ao Judiciário. Nesse mesmo sentido o E. TST já se pronunciou:

> Conflito de competência. Justiça do trabalho. Competência territorial. Bancários. Art. 651, § 3º, da CLT, art. 651, § 3º, CLT. 1. Conflito negativo de competência para o julgamento de ação trabalhista proposta por bancário submetido a diversas transferências no decurso do contrato de trabalho. 2. Ao empregado bancário submetido a sucessivas transferências e que, portanto, ora trabalhou aqui, ora acolá, é lícito demandar em desfavor do empregador no local da contratação ou em quaisquer dos locais de prestação dos serviços. Inteligência do art. 651, § 3º, da CLT. 3. Conflito de competência acolhido para declarar a competência da Vara do Trabalho de Juazeiro/BA (734.467, 94.2001.5.55.5555, rel. João Oreste Dalazen, j. 3-4-2001, Subseção II Especializada em Dissídios Individuais, *DJ* 4-5-2001).

Na visão de Rodolfo Pamplona, prevalece a primeira teoria, desde que fixado o domicílio do trabalhador na localidade. Assim, se o trabalhador executa sua

59. LEITE, Carlos Henrique Bezerra. *Curso de direito processual do trabalho*, cit., 8. ed., p. 265.

60. MARTINS, Sergio Pinto. *Direito processual do trabalho*, cit., 31. ed., p. 132.

61. SCHIAVI, Mauro. *Manual de direito processual do trabalho*, cit., p. 252.

atividade por alguns dias e não há ânimo de permanência indefinida, não há que se proceder desse modo.

Para Tercio Roberto Peixoto Souza, parece ter razão a corrente defendida por Mauro Schiavi. Isso porque não há qualquer restrição por parte do legislador quanto ao "momento" que deve ser utilizado como padrão para a fixação da competência. Sendo assim, não poderia o intérprete criar o óbice. Ademais, é fato que as regras de interpretação sobre o processo devem propiciar, sempre, a resolução dos problemas submetidos ao Poder Judiciário, e não o contrário. Prevaleceria a visão de José Roberto dos Santos Bedaque[62], para quem "verifica-se que o apego ao formalismo tem impedido que a primeira etapa do procedimento rumo à realização prática do direito seja concluída com sucesso". Do contrário, imaginemos apenas como exemplo a situação em que o empregado, ao ter exercido todo o seu contrato de trabalho na cidade de Manaus/AM, vê-se transferido por seu empregador para o interior do Rio Grande do Sul, que dista mais de cinco mil quilômetros de sua cidade natal, e lá, mesmo com a mudança do domicílio do trabalhador, após alguns dias de labor é despedido. Prevalecer o entendimento do último local da prestação do serviço, apenas, por certo inviabilizará totalmente o exercício do direito de ação por parte do trabalhador, o que não pode ser tolerado.

De outro lado, se o labor for simultâneo, parece não haver dúvida, por força do art. 651, § 3º, da CLT, de que é competente qualquer uma das localidades em que o obreiro trabalhou ou o local da celebração do contrato.

Por fim, cumpre mencionar que existem alguns arestos do TST no sentido de reconhecer como possível a fixação da competência da Vara do Trabalho do local do domicílio do reclamante, quando inviabilizado o ajuizamento da reclamação trabalhista no foro em que firmado o contrato ou no da prestação dos serviços. É o que se depreende do seguinte julgado:

> RECURSO DE REVISTA – COMPETÊNCIA TERRITORIAL – DOMICÍLIO DO RECLAMANTE – ACESSO À JUSTIÇA Este Eg. Tribunal Superior acumula julgados no sentido da possibilidade de fixação da competência na Vara do Trabalho do local do domicílio do reclamante, quando inviabilizado o ajuizamento da Reclamação Trabalhista no foro em que firmado o contrato ou no da prestação dos serviços, em atenção à hipossuficiência do trabalhador e aos princípios constitucionais do amplo acesso à Justiça, da razoabilidade e da eficiência. Precedentes. Recurso de Revista conhecido e provido (TST, RR 22225320115010243, j. 25-2-2015, *DEJT* 27-2-2015).

62. BEDAQUE, José Roberto dos Santos. *Efetividade do processo e técnica processual*. 3. ed. São Paulo: Malheiros, 2010. p. 80.

> RECURSO DE REVISTA. COMPETÊNCIA EM RAZÃO DO LUGAR. LOCAL DA PRESTAÇÃO DOS SERVIÇOS DISTINTO DO DOMICÍLIO DO EMPREGADO. Recurso de revista fundamentado em violação dos arts. 5º, LIII, LIV, LV, LXXVIII, 113 e 114, V, da Constituição da República e 651 da CLT e divergência jurisprudencial. O Tribunal Superior do Trabalho tem posicionamento reiterado no sentido de ser competente para o julgamento da demanda o foro do domicílio do empregado, quando lhe for mais favorável que a regra do art. 651 da CLT, em observância aos princípios da proteção ao trabalhador e do acesso à Justiça. Precedentes. Óbice da Súmula n. 333 do TST e do art. 896, § 4º, da CLT. Recurso de revista não conhecido, no tema. (...) (TST, RR 1298007320115210006, 129800-73.2011.5.21.0006, rel. Alexandre de Souza Agra Belmonte, 3ª Turma, j. 2-10-2013, *DEJT* 4-10-2013).

Com todo o respeito a tal posição, parece inconcebível a alteração do critério legal para a consagração de juízo competente no domicílio do autor. Com efeito, inexiste qualquer previsão normativa que autorize impor seja o domicílio do autor o competente para processar e julgar a demanda, sendo, mesmo no processo civil comum (art. 46 do CPC), o domicílio do réu, em regra, o competente para processar e julgar a demanda. Apenas excepcionalmente se poderia concluir em sentido oposto.

Assim, não parece acertado o alargamento inconsequente da competência territorial, sem qualquer fundamento normativo. A SDI II do TST tem se pronunciado nesse sentido, para vedar a extensão da competência territorial:

> CONFLITO NEGATIVO DE COMPETÊNCIA. COMPETÊNCIA TERRITORIAL. RECLAMAÇÃO AJUIZADA NO DOMICÍLIO DO RECLAMANTE. ELEIÇÃO DE FORO PELO EMPREGADO. POSSIBILIDADE APENAS NA HIPÓTESE DE O DOMICÍLIO COINCIDIR COM O LOCAL DA CELEBRAÇÃO DO CONTRATO OU DA PRESTAÇÃO DOS SERVIÇOS. ART. 651, *CAPUT* E § 3º, DA CLT. A jurisprudência da SBDI-2 do TST firmou-se no sentido de que a possibilidade de eleição de foro pelo empregado, para o ajuizamento de reclamação trabalhista, deve se pautar pelos critérios objetivos fixados no art. 651, *caput* e parágrafos, da CLT. O preceito consolidado franqueia a possibilidade de ajuizamento da ação no foro do domicílio do empregado, ou da localidade mais próxima, quando for parte no dissídio agente ou viajante comercial. Nas demais situações, o reclamante somente poderá ajuizar a reclamação trabalhista no seu domicílio se este coincidir com o local da prestação dos serviços ou da celebração do contrato. Na hipótese, o empregado foi contratado e prestou serviços em local diverso do seu atual domicílio. Precedentes. Conflito de competência que se julga improcedente (CComp

10230-89.2014.5.14.0004, SBDI-2, rel. Min. Alberto Luiz Bresciani de Fontan Pereira, *DEJT* de 8-8-2014).

CONFLITO NEGATIVO DE COMPETÊNCIA. COMPETÊNCIA TERRITORIAL. RECLAMAÇÃO AJUIZADA NO DOMICÍLIO DO RECLAMANTE. ELEIÇÃO DE FORO PELO EMPREGADO. POSSIBILIDADE APENAS NA HIPÓTESE DE O DOMICÍLIO COINCIDIR COM O LOCAL DA CELEBRAÇÃO DO CONTRATO OU DA PRESTAÇÃO DOS SERVIÇOS. ART. 651, *CAPUT* E § 3º, DA CLT. A jurisprudência da SBDI-2 do TST firmou-se no sentido de que a possibilidade de eleição de foro pelo empregado, para o ajuizamento de reclamação trabalhista, deve se pautar pelos critérios objetivos fixados no art. 651, *caput* e parágrafos, da CLT. O preceito consolidado franqueia a possibilidade de ajuizamento da ação no foro do domicílio do empregado, ou da localidade mais próxima, quando for parte no dissídio agente ou viajante comercial. Nas demais situações, o reclamante somente poderá ajuizar a reclamação trabalhista no seu domicílio se este coincidir com o local da prestação dos serviços ou da celebração do contrato. Na hipótese, o empregado foi contratado e prestou serviços em local diverso do seu atual domicílio. Precedentes. Conflito de competência que se julga procedente (TST, CComp 1156-90.2010.5.02.0034, SBDI-2, rel. Min. Alberto Luiz Bresciani de Fontan Pereira, *DEJT* 28-3-2014).
CONFLITO NEGATIVO DE COMPETÊNCIA EM RAZÃO DO LUGAR. RECLAMAÇÃO TRABALHISTA. CRITÉRIOS OBJETIVOS DE FIXAÇÃO. ART. 651, "CAPUT" E § 3º, DA CLT. Na esteira do entendimento da Subseção II Especializada em Dissídios Individuais, prevalecem os critérios objetivos na fixação de competência territorial, a teor do artigo 651, "caput" e § 3º, da CLT, sendo admitido o ajuizamento da reclamação trabalhista no domicílio do reclamante apenas se este coincidir com o local da prestação de serviços ou da contratação. Na hipótese, o empregado prestou serviços e foi contratado em local diverso do seu atual domicílio, razão pela qual se julga improcedente o conflito de competência. Conflito de competência que se julga improcedente (TST CComp 622-55.2013.5.24.0091, SBDI-2, rel. Min. Emmanoel Pereira, *DEJT* 14-11-2013).

De todo modo, não se pode deixar de consignar que o mesmo TST tem entendido que, em casos excepcionais, é possível o relativizar a aplicação rígida de tais normas, a partir da interpretação conforme à Constituição do art. 651 da CLT, nos casos em que a atribuição da competência ao foro da prestação dos serviços ou da contratação inviabiliza o exercício do direito de ação, garantia nela assegurada, desde que não cause prejuízo ao exercício do direito de defesa. Segundo o TST, as normas definidoras da competência emanam do princípio da proteção que norteia o direito do trabalho e garantem a efetivação do princípio do livre acesso à justiça, pois, no local onde prestou serviços, em regra, tem acesso com maior facilidade aos elementos de convicção necessários à demonstração do que efetivamente ocorreu durante a execução do contrato de trabalho. Da mesma forma e em linha de princípio, o empregador exerce plenamente seu direito de defesa, com o acesso à documentação existente no estabelecimento vinculado à prestação de labor por parte do empregado. É o que se depreende:

> RECURSO DE EMBARGOS EM RECURSO DE REVISTA REGIDO PELA LEI N. 13.015/2014. COMPETÊNCIA TERRITORIAL. RECLAMAÇÃO TRABALHISTA AJUIZADA EM LOCALIDADE DISTINTA DA CONTRATAÇÃO E PRESTAÇÃO DOS SERVIÇOS. TÉRMINO DAS ATIVIDADES DA FILIAL NA LOCALIDADE. PRINCÍPIOS DO ACESSO À JUSTIÇA, DO CONTRADITÓRIO E DA AMPLA DEFESA. DIREITOS DE ACESSO À JUSTIÇA E DE DEFESA. APLICAÇÃO DOS PRINCÍPIOS DA RAZOABILIDADE E PROPORCIONALIDADE. As normas definidoras da competência emanam do princípio da proteção que norteia o Direito do Trabalho e garantem a efetivação do princípio do livre acesso à Justiça, pois, no local onde prestou serviços, em regra, tem acesso com maior facilidade aos elementos de convicção necessários à demonstração do que efetivamente ocorreu durante a execução do contrato de trabalho. Da mesma forma e em linha de princípio, o empregador exerce plenamente o seu direito de defesa, com o acesso à documentação existente no estabelecimento vinculado à prestação de labor por parte do empregado. Contudo, há muito, esta Subseção firmou tese no sentido de relativizar – em casos excepcionais – a aplicação rígida de tais normas, a partir da interpretação conforme a Constituição do artigo 651 da CLT, nos casos em que a atribuição da competência ao foro da prestação dos serviços ou da contratação inviabiliza o exercício do direito de ação, garantia nela assegurada, desde que não cause prejuízo ao exercício do direito de defesa. E, nesse sentido, faz-se necessário interpretar a regra, não de forma literal, mas sistematicamente, de modo a concretizar os demais direitos e garantias fundamentais insculpidos no texto constitucional, na busca de solução para o que Norberto Bobbio denomina de antinomia, por ele conceituada como a "situação que se verifica entre duas normas incompatíveis, pertencentes ao mesmo ordenamento e tendo o mesmo âmbito de validade" ou "o encontro de duas normas que não podem ser ambas aplicadas" (BOBBIO, Norberto. *Teoria do ordenamento jurídico*. 2ª reimpr. Brasília: Polis; Universidade de Brasília, 1991. p. 88/91), o que também ocorre com direitos de igual dimensão. A solução para tais casos deve basear-se na aplicação dos princípios da proporcionalidade e razoabilidade, tal como autorizado no artigo 8º do

CPC, a partir, o primeiro, dos subprincípios (a) da proporcionalidade em sentido estrito; (b) da adequação e (c) da exigibilidade ou máxima do meio mais suave. Portanto, há que se verificar a adequação dos meios utilizados para o atingimento dos fins pretendidos; a necessidade da utilização daqueles meios em detrimento de outro, menos gravoso, em seu lugar; e a efetiva razoabilidade da medida (proporcionalidade em sentido estrito), o que pode se aferido a partir da comparação entre as soluções original e a adotada no caso concreto para o atingimento dos objetivos fixados pelo legislador. O segundo, por sua vez, deve ser compreendido consoante assinala Luís Roberto Barroso (*Interpretação e aplicação da Constituição*. 4ª ed. São Paulo: Saraiva, 2002. p. 373), no sentido de ser "um valioso instrumento de proteção dos direitos fundamentais e do interesse público, por permitir o controle da discricionariedade dos atos do Poder Público e por funcionar como medida com que uma norma deve ser interpretada no caso concreto para a melhor realização do fim constitucional nela embutido ou decorrente do sistema". Diante do possível conflito entre o pleno exercício dos direitos de ação (autor) e defesa (réu) consolidou-se a jurisprudência no sentido de admitir que a regra do artigo 651 da CLT possa ser relativizada, nas hipóteses em que a empresa possua atuação nacional e, ao menos, a contratação ou arregimentação tenha ocorrido em local diverso daquele em que laborou o empregado. Desse modo, apenas quando a ré contratar e promover a prestação dos serviços em diferentes localidades do território nacional é possível a aplicação ampliativa do § 3º do artigo 651 da CLT e se permite ao autor o ajuizamento da ação no local do seu domicílio. Precedentes desta Subseção. Todavia, a presente hipótese possui peculiaridade atinente ao fato de a empresa haver encerrado as suas atividades na filial da cidade de Altamira/PA, mantendo-as apenas na cidade do Rio de Janeiro/RJ, o que justifica o acolhimento da tese recursal, no sentido da competência de uma das Varas do Trabalho da cidade de Uberlândia/MG. O Juízo competente não é aquele onde o empregado trabalhou, porque a própria ré não desejou isso, na medida em que escolheu e indicou o local de sua sede, conforme se verifica da peça de exceção de incompetência. A distinção autorizadora da aplicação do precedente da SDI-1 (E-RR-420-37.2012.5.04.0102, Relator Ministro: Renato de Lacerda Paiva, Subseção I Especializada em Dissídios Individuais, *DEJT* 06/03/2015) baseia-se no fato de a empresa promover atividades em âmbito nacional, o que autoriza o empregado optar pelo endereço em que reside. A solução centrou-se no ponto de equilíbrio entre o direito de amplo acesso à justiça e princípio do contraditório e da ampla defesa. Essa ponderação de regras e princípios é essencial para que a Constituição prevaleça sobre as normas infraconstitucionais. Assim, partindo dessa *ratio decidendi* e amparado nos princípios mencionados, no

> caso concreto, a solução mais adequada e menos comprometedora do direito de defesa remete à rejeição da exceção, pois não há dúvida de que, atualmente, a empresa empregadora da autora não tem mais atividade em Altamira e a reclamante não reside mais nessa cidade. Essa ponderação de regras e princípios é essencial para que a Constituição prevaleça sobre as normas infraconstitucionais, sobretudo levando-se em consideração, no caso, a distância entre as cidades de Altamira e Uberlândia (2.264,3 km); Altamira e Rio de Janeiro (3.059 km); e Uberlândia e Rio de Janeiro (993,8 km). Portanto, para a autora, o processamento do feito na cidade em que reside atualmente garante-lhe o acesso à justiça e, para a ré, a possibilidade de deslocamento até Uberlândia é mais fácil e seguramente menos onerosa do que para Altamira, principalmente porque suas atividades nesta cidade foram encerradas, pressuposto que legitimava a competência deste último local. Se a empresa tem sede no Rio de Janeiro, não se pode afirmar que está violado ou comprometido o seu direito de defesa se tivesse de se deslocar para Uberlândia, em detrimento de Altamira. Pelo contrário, além de ser muito mais próxima, os meios de mobilidade são muito mais favoráveis. De outra parte, acerca da necessidade de eventual produção de provas no local de trabalho, ambas as partes podem valer-se de instrumento processual adequado, qual seja, a carta precatória. Assim, plenamente possíveis a relativização da regra inserta no artigo 651 da CLT e o reconhecimento da competência do foro de domicílio da autora para processar e julgar a presente ação, em observância aos ditames previstos no artigo 5º, XXXV, da Constituição Federal. Recurso de embargos conhecido e provido (E-RR 11727-90.2015.5.03.0043, rel. Min. Cláudio Mascarenhas Brandão, j. 18-10-2018, Subseção I Especializada em Dissídios Individuais, *DEJT* 7-12-2018).

Nesse sentido, ainda, cumpre mencionar a hipótese em que o trabalhador tenha sido admitido por meio de plataforma digital usando a rede mundial de computadores (internet). Neste caso, tendo sido *o empregado contratado por meio de sítio eletrônico de intermediação de mão de obra, deve-se proceder a ponderação entre os princípios do acesso à justiça e da ampla defesa, no que, segundo o TST, implica reconhecer como possível o ajuizamento da ação perante o domicílio do autor. É o que se depreende*:

> CONFLITO NEGATIVO DE COMPETÊNCIA. CONTRATAÇÃO POR MEIO TELEMÁTICO. PRÉ-CONTRATAÇÃO EFETUADA POR TERCEIROS. PONDERAÇÃO ENTRE OS PRINCÍPIOS DO ACESSO À JUSTIÇA E DA AMPLA DEFESA. ART. 651 DA CLT. AMOSTRA FRAGMENTÁRIA DA REALIDADE SOCIAL. TECNOLOGIAS DISRUPTIVAS. INAPLICABILIDADE DA REGRA GERAL. I . As normas de Processo do Trabalho posi-

tivadas na Consolidação das Leis do Trabalho, como toda e qualquer norma jurídica, devem ter em conta a ambiência e os dados reais do mundo, a fim de que não se mostrem insuficientes como instrumentos de operacionalização do direito por evidente descompasso ou não aderência à realidade fenomênica atual. O avanço tecnológico, as empresas virtuais, o trabalho sob demanda, a inteligência artificial, enfim a conjuntura disruptiva de certo ocasiona hodiernas vicissitudes no mundo do trabalho, refletindo nas demandas materialmente afetas à competência desta Justiça Especial, fazendo surgir para além das lacunas normativas lacunas ontológicas e axiológicas. O direito tem o dever de acompanhar a modernização do modo de vida, decorrente da tecnologia, onde relações de trabalho são forjadas de maneira virtual a demonstrar que o foco da era moderna vem ganhando um redimensionamento, no qual se observa que a pessoalidade como elemento decisivo do contrato cede espaço para o objeto do contrato. II . Ora, se no campo do direito do trabalho o conceito de espaço e de tempo à disposição do empregador demanda novos significados, também haveria de se exigir no campo do direito processual uma nova compreensão do que seria local de trabalho, local da contratação ou mesmo local da prestação de serviços. Por esta razão, nos casos em que o postulado do acesso à justiça se mostra ameaçado em decorrência do custo econômico que recai sobre o demandante para ter a devida prestação jurisdicional por órgão cuja localidade distancia-se em muito de seu próprio domicílio, há registros doutrinários e jurisprudenciais no sentido de se excepcionar as regras objetivamente previstas no art. 651 *caput* e § 3º da CLT, permitindo ao trabalhador demandar no juízo de seu domicílio. III . Nesses casos, há necessidade de adequação e de ponderação entre os princípios do acesso à justiça e da ampla defesa, normas fundantes da Constituição para permitir-lhes a compatibilidade sistêmica . IV . A melhor solução é aquela que otimizará o princípio do efetivo acesso à justiça, sem a necessidade de afastar o princípio do contraditório e da ampla defesa, pois, ao se garantir o acesso efetivo à justiça, não se estará, necessariamente, no caso em exame, conferindo peso menor ao princípio do contraditório, mas apenas reafirmando que a decisão, como posta, realizará a norma principiológica na maior medida possível (mandamento de otimização). V . No caso concreto, extrai-se dos autos as seguintes informações incontroversas: (a) o reclamante, mesmo antes da contratação e após o fim do vínculo trabalhista, residia em Goiás; (b) o reclamante foi contratado por meios telemáticos, através de sítio eletrônico de intermediação de pré-contratação; (c) o reclamante fez os exames admissionais em Taguatinga-DF; (d) o contrato de trabalho foi efetivamente firmado em Recife / PE; (e) o reclamante prestou serviços de Técnico de Manutenção Hospitalar; e

> (f) a prestação de serviços ocorreu no município de Santa Cruz/RN, cuja jurisdição está abrangida pela comarca de Currais Novos/RN. VI. Demonstra-se, pois, insuficiente o exame da competência territorial pela interpretação literal do art. 651 da CLT, ainda a seleção de empregados por meios telemáticos reduz custos e amplia a área de atuação na captação de mão de obra específica para todo o território nacional ou mesmo para além de nossas fronteiras. Nesse quadrante, impende ao intérprete da norma ressignificá-la face à amplitude fenomênica responsável pela mutação do resultado do processo hermenêutico que deságua na norma. Evidencia-se, portanto, que, se a boa interpretação da norma perpassa pela inserção do intérprete no mundo e na percepção, o tanto quanto possível, da realidade que o permeia, à luz do princípio da razoabilidade na ponderação entre os postulados do acesso à justiça e da ampla defesa, a declaração da competência territorial da 7ª Vara do Trabalho de Brasília-DF é medida que se impõe. Isso porque, ao assim decidir, otimiza-se o acesso à Jurisdição para o trabalhador, diante do custo elevado que, de certo, viria pelo seu necessário deslocamento e eventual permanência à localidade sobremaneira distante de seu domicílio, sem que tal represente para o demandado barreira significativa à ampla defesa e ao contraditório. Afinal, não é razoável condicionar o exercício do direito de ação do empregado contratado por meios telemáticos, que realizou exames admissionais em Taguatinga/DF, firmou contrato em Recife/PE e prestou serviços em Santa Cruz/RN, ao deslocamento de centenas de quilômetros até a comarca de Currais Novos/RN. VII . Conflito de competência admitido para declarar competente o Juízo da 7ª Vara do Trabalho de Brasília-DF, suscitada, para proceder no processamento e julgamento do feito (CCCiv-232-81.2019.5.21.0019, Subseção II Especializada em Dissídios Individuais, Relator Ministro Evandro Pereira Valadão Lopes, *DEJT* 18-12-2020).

7.1.2. *Empregado agente ou viajante comercial sujeito a agência ou filial*

Já quando se tratar de empregado agente ou viajante comercial, há definição legal expressa sobre o local competente para o processamento. A previsão é contemplada expressamente no art. 651, § 1º, da CLT, assim vazado:

> § 1º Quando for parte de dissídio agente ou viajante comercial, a competência será da Junta da localidade em que a empresa tenha agência ou filial e a esta o empregado esteja subordinado e, na falta, será competente a Junta da localização em que o empregado tenha domicílio ou a localidade mais próxima.

A lei estipula, então, dois critérios para a definição dos foros competentes para hipóteses tais. O primeiro deles indica que seria competente o juízo em que a empresa tenha agência ou filial e a esta o empregado esteja subordinado.

Ao que parece, a visão do legislador foi a de aproximar o órgão judicial e os fenômenos da localidade ao próprio conflito. Estar o juízo local afeito às circunstâncias daquele "centro de interesses", descentralizado da realidade do restante da empresa, portanto, permitiria uma condução processual mais prática e menos onerosa às partes, facilitando a condução da demanda judicial, a produção da prova etc. pelo juízo local. A finalidade da norma, portanto, é facilitar o acesso das partes, mormente do hipossuficiente ao Judiciário, possibilitando-lhes melhores condições para a defesa de seus direitos e produção da prova.

É preciso identificar, todavia, que a hipótese prevista na lei é restrita ao caso em que a sujeição do empregado se dá perante filial ou agência do empregador. Assim, se o empregado encontra-se subordinado diretamente à matriz da empresa, não há que ser aplicada a aludida regra. É o que se depreende:

> VIAJANTE COMERCIAL. COMPETÊNCIA EM RAZÃO DO LUGAR. SUBORDINAÇÃO DIRETA À MATRIZ DA EMPRESA RECLAMADA – Na nova redação do § 1º do citado artigo celetário, alterada pela Lei n. 9.851, de 27-10-1999, retirou-se a referência à propositura da ação no domicílio do empregador, mantendo-a, exclusivamente, em relação à agência ou filial a que o empregado porventura estiver subordinado. Assim, estando o empregado diretamente subordinado à matriz, deverá escolher a condição alternativa (§ 1º, *in fine*) (TRT – 15ª Região, RO 31.038/SP, 031038/2007, rel. Flavio Nunes Campos, j. 6-7-2007).

Na falta de tal "centro de interesses", o próprio dispositivo aponta para a hipótese em que será competente a Junta da localização em que o empregado tenha domicílio ou a localidade mais próxima. Assim, mesmo nessa condição do agente ou viajante comercial, na falta de filial ou algo equivalente, o juízo competente será aquele em que o empregado tenha seu domicílio ou a localidade mais próxima, na forma do mesmo dispositivo.

7.1.3. *Empregado brasileiro trabalhando no exterior*

Ainda é preciso consignar a hipótese do empregado brasileiro que trabalhe no estrangeiro. Tal hipótese encontra guarida na redação do § 2º do art. 651 da CLT:

> § 2º A competência das Juntas de Conciliação e Julgamento, estabelecida neste artigo, estende-se aos dissídios ocorridos em agência ou filial no estrangei-

ro, desde que o empregado seja brasileiro e não haja convenção internacional dispondo em contrário.

Segundo aquele dispositivo, competirá à justiça do Trabalho processar e julgar as demandas decorrentes da prestação de serviços ocorridos em agência ou filial, no exterior. A competência das Varas do Trabalho, estabelecida naquele artigo, é nítida hipótese da competência internacional da Justiça do Trabalho, e se estende aos dissídios ocorridos em agência ou filial no estrangeiro, desde que o empregado seja brasileiro e não haja convenção internacional dispondo em sentido contrário.

A redação legal apresenta, todavia, algumas condições e que precisam ser ponderadas. A primeira seria a de que o empregado seja brasileiro. Não pode o intérprete restringir quando o texto assim não autoriza, razão pela qual é beneficiado daquela regra, indistintamente o trabalhador brasileiro nato ou naturalizado. Todavia, o benefício não é aplicado em favor dos não nacionais. Gabriel Saad[63] defende que seja devido o benefício para os estrangeiros domiciliados regularmente no país.

A segunda condição seria a de que não haja convenção internacional em sentido contrário da qual o Brasil seja signatário. É preciso que se refira, ainda, que alguns entendem que deva, necessariamente, existir uma unidade empresarial localizada no território nacional como condição implícita prevista no art. 651, § 2º, para o exercício da aludida competência, como defendido por Sergio Pinto Martins[64] e Mauro Schiavi[65]. Outros, como no caso de Carlos Henrique Bezerra Leite[66], entendem ser despicienda tal condição. A razão, a nosso sentir, parece estar com a última posição. Isso porque, diante da inexistência daquela condição no texto legal, não há falar em inviabilidade para a propositura da ação.

De outro modo, a partir da leitura do art. 651, § 3º, conjugado com o *caput* e o § 2º do mesmo dispositivo, parece existir uma diferença no que toca ao local em que a demanda será ajuizada quando o contrato tenha sido assinado no Brasil ou no exterior.

Com efeito, é certa a competência brasileira quando o contrato for celebrado no território nacional, à guisa, inclusive, do disposto no art. 21, II e III, do CPC, independentemente da existência de unidade ou não da empresa, no território nacional.

---

63. SAAD, Eduardo Gabriel. *Curso de direito processual do trabalho*. 6. ed. São Paulo: LTr, 2008. p. 383.

64. MARTINS, Sergio Pinto. *Direito processual do trabalho*, cit., 31. ed., p. 132.

65. SCHIAVI, Mauro. *Manual de direito processual do trabalho*, cit., p. 255.

66. LEITE, Carlos Henrique Bezerra. *Curso de direito processual do trabalho*, cit., 8. ed., p. 267.

De outro lado, mesmo que o trabalhador seja contratado no estrangeiro (*caput* do art. 651), a competência se dará em função do local em que o serviço foi prestado, caso executado no território nacional. Ademais, na hipótese em que o contrato ser celebrado fora do Brasil, mas a obrigação deva ser cumprida no território nacional, ou seja, naquelas hipóteses em que o contrato sequer tenha ainda sido executado no território nacional, na forma do art. 21, II, do CPC, diante da existência de domicílio do réu no território nacional, a demanda lá será ajuizada (art. 46, *caput*, do CPC).

Todavia, para aquela hipótese em que o serviço foi prestado no exterior, seguindo a hipótese do § 3º do mesmo art. 651, o trabalhador poderia ajuizar ação no local da prestação do serviço, no que não estaria exercendo a jurisdição brasileira, ou no local em que o contrato foi firmado. Desse modo, parece certo que, nessa hipótese, dado que o ato foi praticado no Brasil, o foro competente seria aquele no qual o contrato foi celebrado.

Não havendo domicílio do réu no território nacional, a ação será proposta no domicílio do autor (art. 46, § 3º, do CPC). Ainda, se o autor não residir no Brasil, a hipótese é de ajuizamento em qualquer foro, segundo o mesmo dispositivo legal ora citado.

Note-se, ademais, que tal hipótese alberga o verdadeiro exercício da competência internacional da Justiça do Trabalho. Neste ponto, deve-se verificar que, apesar de a competência ser a nacional, o direito material aplicável será aquele mais favorável à condição do trabalhador, ante o cancelamento da Súmula 207 do TST.

7.1.4. *Empresa que promove atividade fora do lugar da celebração do contrato*

Na hipótese em que o empregador promover as atividades empresariais fora do lugar do contrato de trabalho é assegurado ao empregado apresentar reclamação no foro da celebração do contrato ou no da prestação dos respectivos serviços, segundo o § 3º do art. 651 da CLT:

> § 3º Em se tratando de empregador que promova realização de atividades fora do lugar do contrato de trabalho, é assegurado ao empregado apresentar reclamação no foro da celebração do contrato ou no da prestação dos respectivos serviços.

Note-se que a previsão legal não alcança a atividade do empregado como itinerante, mas a atividade da própria empresa.

Desse modo, pode-se dizer que a regra do § 3º é uma exceção ao *caput* do art. 651. A atividade empresarial essencialmente seria móvel, itinerante, por exemplo, no circo, companhia de teatro, das atividades de exploração mineral, construção de rodovias e congêneres.

José Augusto Rodrigues Pinto[67] traz à baila a hipótese em que a empresa, possuindo estabelecimentos em vários locais, realiza a transferência de empregado para uma ou mais daquelas unidades. Segundo expõe, sendo definitiva a transferência, seria aplicada a regra do *caput* do art. 651, sendo provisória a transferência, a hipótese seria da opção pelo foro da contratação ou da última prestação. José Augusto Rodrigues Pinto[68] consigna:

> Alguns autores, como Russomano, colocam-nos sob a exceção do § 3º, enquanto outros, como Amauri Nascimento, enquadram-nos na exceção do § 1º, entendendo que melhor será concluir, nesses casos, que o empregado deve apresentar a ação perante a Junta da localidade onde está subordinado e recebe ordens.

O E. TST já se pronunciou sobre o tema em diversas oportunidades no sentido de definir como competente, na hipótese de transferência de empregado para uma ou mais unidades, não como sendo do local da filial da empresa (previsto no § 1º do art. 651), mas sim como aquele em que o serviço foi executado, independentemente daquele critério:

> Conflito de competência. Justiça do Trabalho. Competência territorial. Motorista. Art. 651, § 3º, da CLT. Levando-se em consideração que o empregado, dentre outras localidades, prestava serviços na filial de Bento Gonçalves-RS, o juízo desta comarca possuía competência para apreciação da demanda, independentemente da perquirição acerca de onde emanavam as ordens de serviço. Exegese do disposto no art. 651, § 3º, da Consolidação das Leis do Trabalho. Conflito de competência acolhido para declarar a competência da MM. 1ª Vara do Trabalho de Bento Gonçalves-RS (CComp 2756300-14.2002.5.00.0000, rel. Min. Renato de Lacerda Paiva, j. 23-9-2003, Subseção II Especializada em Dissídios Individuais, data de publicação: 3-10-2003).
>
> Conflito de competência – motorista de empresa exploradora de transporte rodoviário de carga. 1. A regra de competência territorial inserida no § 3º do art. 651 da CLT abrange amplamente os casos em que o empregador promover atividades fora do lugar da contratação, não se limitando à sua mobilidade, mas também à do empregado. 2. Desenvolvendo a empresa-reclamada atividade econômica de transporte rodoviário interestadual de cargas, neces-

67. PINTO, José Augusto Rodrigues. *Processo trabalhista de conhecimento*, cit., 7. ed., p. 179.

68. PINTO, José Augusto Rodrigues. *Processo trabalhista de conhecimento*, cit., 7. ed., p. 179.

> sitando o motorista de caminhão locomover-se para diversas cidades, possível o ajuizamento de reclamação trabalhista no foro da celebração do contrato ou no da respectiva prestação de serviços. 3. Inexistindo efetiva prestação de serviços na cidade de Campo Grande-MS, correto o entendimento do Juízo Suscitado, ao acolher exceção de incompetência, declinando da competência para uma das varas de Presidente Prudente-SP, onde a empresa é sediada (não havendo filiais ou agências) e ocorrida a contratação (CComp 3721700-47.2002.5.00.0000, rel. Juiz convocado Aloysio Silva Corrêa da Veiga, j. 17-12-2002, Subseção II Especializada em Dissídios Individuais, data de publicação: 7-2-2003).

Por fim, cumpre mencionar que, caso o empregador promova a arregimentação do trabalhador em local diverso daquele em que o serviço será executado, parece-nos incidir a hipótese do § 3º do art. 651, porquanto a arregimentação compõe etapa da celebração do contrato, importando na competência ou local da contratação, ou da prestação dos respectivos serviços. Nesse sentido, a jurisprudência, inclusive a do TST, já se pronunciou:

> RECURSO DE REVISTA. RITO SUMARÍSSIMO. COMPETÊNCIA EM RAZÃO DO LUGAR. LOCAL DA CONTRATAÇÃO. ARREGIMENTAÇÃO DE TRABALHADORES. Trata-se de caso em que o trabalhador, contratado em local distante daquele onde ocorreria a prestação de serviços, ajuizou reclamação trabalhista após a ruptura contratual, já de volta ao local de seu anterior domicílio. Neste contexto, a decisão do Tribunal a quo mostra-se em consonância com o art. 651, § 3º, da CLT, já que, em respeito ao princípio protetivo e para garantir o amplo acesso do trabalhador ao Judiciário, é permitido àquele optar por ajuizar a ação trabalhista no local da celebração do contrato ou da prestação dos serviços. Recurso de revista não conhecido. (...) (TST, RR 1584006320095220001, 158400-63.2009.5.22.0001, rel. Augusto César Leite de Carvalho, 6ª Turma, j. 11-9-2013, *DEJT* 13-9-2013).
>
> COMPETÊNCIA EM RAZÃO DO LUGAR. FORO DO LOCAL DA CONTRATAÇÃO OU DA PRESTAÇÃO DO SERVIÇO. Nos casos de arregimentação de mão de obra, a competência para processar e julgar litígio trabalhista é do foro do local de contratação do trabalhador, de acordo com a exceção prevista no § 3º do art. 651 da CLT, que cria a possibilidade do reclamante mover ação no local da celebração do ajuste contratual, se diversa for a localidade da prestação dos serviços. Interpretação protetiva afinada com os princípios da dignidade da pessoa humana e do pleno e efetivo acesso à justiça (art. 1º, III e 5º, XXXV, da Constituição Federal) (TRT – 19ª Região, RO 386201126219000/AL, 00386.2011.262.19.00-0, rel. Pedro Inácio, data de publicação: 20-8-2012).

7.1.5. Demanda que não envolve a prestação de serviço propriamente dita. Ações civis públicas. Demandas movidas por menores e por idosos

Com o alargamento da competência da Justiça do Trabalho, como já mencionado, existirão hipóteses em que, embora competente a Justiça do Trabalho do ponto de vista material, não haverá prestação de serviço para a definição da competência territorial, segundo os critérios do art. 651 da CLT.

Em outras palavras, dado que inexiste questão contratual ou prestação de serviço, não se enquadra o fato à hipótese prevista em lei para a definição das regras de competência territorial.

Sendo assim, entendemos que diante dessa hipótese deve prevalecer a disciplina prevista nos arts. 46 e seguintes do CPC, embora o TST, visando deixar clara a sistemática a ser adotada em função da EC 45/2004, tenha indicado que a sistemática para aquelas ações deva ser aquela prevista na CLT, inclusive no tocante às competências, por meio da Instrução Normativa n. 27/2005.

No que se refere às ações civis públicas, a competência está estipulada, de acordo com o entendimento firmado pelo TST por meio da OJ 130 SDI-2, seguindo a interpretação dada ao art. 93 do CDC, ou seja, a partir da extensão do dano atacado. Assim, se a extensão do dano a ser reparado limitar-se ao âmbito regional, a competência é de uma das Varas do Trabalho da capital do Estado; se for de âmbito suprarregional ou nacional, o foro é o do Distrito Federal:

> Ação civil pública. Competência territorial. Extensão do dano causado ou a ser reparado. Aplicação analógica do art. 93 do Código de Defesa do Consumidor. Para a fixação da competência territorial em sede de ação civil pública, cumpre tomar em conta a extensão do dano causado ou a ser reparado, pautando-se pela incidência analógica do art. 93 do CDC. Assim, se a extensão do dano a ser reparado limitar-se ao âmbito regional, a competência é de uma das Varas do Trabalho da Capital do Estado; se for de âmbito suprarregional ou nacional, o foro é o do Distrito Federal.

Há outras questões intrigantes que envolvem a competência territorial, diante da previsão, no ordenamento pátrio, de prerrogativas atinentes à competência para os menores de idade e os idosos.

Com efeito, o ECA – Estatuto da Criança e Adolescente (Lei n. 8.069/90) cuida de diversos direitos das crianças e adolescentes, inclusive de algumas prerrogativas atinentes a sua proteção nas relações de trabalho. De outro lado, referido Estatuto possui previsão indicativa no sentido de determinar a competência para aplicação daquela lei a partir do domicílio dos pais ou responsável ou pelo lugar onde se encontre a criança ou adolescente, na falta dos pais ou responsável. É a previsão do art. 147:

> Art. 147. A competência será determinada:
> I – pelo domicílio dos pais ou responsável;
> II – pelo lugar onde se encontre a criança ou adolescente, à falta dos pais ou responsável.

Fundado no aludido dispositivo (especialmente a partir do art. 147, I, do ECA) há quem entenda ser possível mitigar a regra geral da competência prevista no art. 651 da CLT, facultando-se, nas demandas movidas por criança e adolescente atinentes às relações de trabalho, que a demanda seja ajuizada no local do domicílio dos reclamantes ou de seus representantes legais. Essas foram as conclusões a que chegaram, à unanimidade, os membros do Fórum Nacional de Processo do Trabalho, como se depreende:

> Enunciado n. 8. ART. 651, CLT E ART. 147, ECRIAD. ACIDENTE DE TRABALHO. AÇÃO MOVIDA POR CRIANÇA E ADOLESCENTE. COMPETÊNCIA TERRITORIAL CONCORRENTE. LOCAL DO DOMICÍLIO DOS RECLAMANTES OU LOCAIS DA PRESTAÇÃO DO TRABALHO. AUSÊNCIA DE DISCIPLINA LEGAL ESPECÍFICA NA CLT. APLICAÇÃO ANALÓGICA DO DISPOSTO NO ART. 147, I, DO ECRIAD 1. Na hipótese de julgamento de dissídio individual movido por criança e adolescente, admite-se excepcionalmente a fixação da competência territorial pelo foro do local do domicílio dos reclamantes ou do local de trabalho. 2. Aplicação analógica do disposto no art. 147, I, do Estatuto da Criança e do Adolescente (Ecriad), diante da ausência de disciplina legal específica na CLT. *Resultado: aprovado por unanimidade.*

No mesmo sentido, há intrigante questão atinente às demandas movidas pelos considerados idosos, na forma da Lei n. 10.741/2003. Aquele diploma legal assegura ao maior de sessenta anos, todas as oportunidades e facilidades, para preservação de sua saúde física e mental e seu aperfeiçoamento moral, intelectual, espiritual e social, em condições de liberdade e dignidade (art. 2º), além da prioridade de tramitação (art. 71). De outro lado, o CPC, em seu art. 53, III, *e*, fixa a competência territorial para o lugar de residência do idoso, para a causa que verse sobre direito previsto no respectivo estatuto. Fundado na combinação dos aludidos dispositivos se entendeu ser possível flexibilizar, ainda que excepcionalmente, a fixação da competência territorial pelo foro do local do domicílio do reclamante. Nessa linha concluíram por maioria os membros do Fórum Nacional de Processo do Trabalho, com o que coadunamos:

> Enunciado n. 9. ART. 651, CLT E ART. 53, III, "E", CPC-2015 C/C ART. 2º DA LEI 10.741/03 (ESTATUTO DO IDOSO). AÇÃO MOVIDA POR IDOSO.

PRETENSÃO DEDUZIDA EM NOME PRÓPRIO. COMPETÊNCIA TERRITORIAL CONCORRENTE. LOCAL DO DOMICÍLIO DO RECLAMANTE OU LOCAL DA PRESTAÇÃO DE TRABALHO. AUSÊNCIA DE DISCIPLINA LEGAL ESPECÍFICA NA CLT. APLICAÇÃO ANALÓGICA DO DISPOSTO NO ART. 2º DA LEI 10.741/03 (ESTATUTO DO IDOSO) C/C ART. 53, III, "E", DO CPC-2015. 1. Na hipótese de julgamento de dissídio individual movido por idoso, admite-se excepcionalmente a fixação da competência territorial pelo foro do local do domicílio do reclamante. 2. Aplicação analógica do disposto no art. 53, III, "e", do CPC-2015 c/c art. 2º da Lei n. 10.741/2003 (Estatuto do Idoso), diante da ausência de disciplina legal específica na CLT. Aplicação do art. 651, CLT e art. 53, III, "e", CPC-2015 c/c art. 2º da Lei n. 10.741/2003. *Resultado: aprovado por maioria qualificada.*

7.2. Competência quanto ao valor da causa

No direito processual do trabalho o valor da demanda, ou sua representação econômica, não serve como critério distintivo da competência, como ocorre no direito processual civil, já que apenas interferirá na definição do rito processual, como veremos adiante.

Na Justiça do Trabalho não existem os denominados Juizados Especiais, ou Juizados de Pequenas Causas como comumente conhecidos, disciplinados na forma da Lei n. 9.099/95. A nosso modesto sentir, diante do incrível número de demandas submetidas à jurisdição trabalhista dia a dia, não apenas cabível, mas necessária a consagração de mecanismos aptos a solucionar as demandas de menor valor econômico submetendo-os a competência e procedimento específicos.

8. OUTRAS MANIFESTAÇÕES DA COMPETÊNCIA

A título de complementação, vale destacar a existência de outros critérios de competência, relacionados ou não a questões específicas da Justiça do Trabalho.

8.1. Competência internacional. Cooperação jurídica internacional

Tal qual referido anteriormente, o art. 651, § 2º, da CLT impõe a competência internacional da Justiça do Trabalho para a apreciação das questões relacionadas ao trabalho exercido pelo trabalhador brasileiro, no exterior, como já mencionado anteriormente (*vide* o tópico: empregado brasileiro trabalhando no exterior).

De todo modo, cumpre mencionar que a competência internacional da Justiça do Trabalho será ditada pelas normas do direito processual comum, quais sejam aquelas previstas nos arts. 21 e seguintes do CPC.

A partir do art. 26 do CPC são estabelecidas disposições acerca da cooperação jurídica internacional. Todavia, diante do conteúdo do art. 34 do CPC, que remete ao juízo federal do lugar em que deva ser executada a medida apreciar pedido de auxílio direto passivo que demande prestação de atividade jurisdicional, reputamos prejudicada a competência da Justiça do Trabalho, no particular.

8.2. Competência administrativa

Como bem leciona Isis de Almeida[69], "não parece muito próprio falar em competência "administrativa" de um órgão judiciário, mas a verdade é que há casos em que a Justiça do Trabalho, referenda atos das partes, homologa-os, conferindo-lhes validade legal, sem estar entregando uma prestação jurisdicional".

Nessas hipóteses o Judiciário não exerce, necessariamente, uma prestação jurisdicional, mas, dada a relevância do bem jurídico em jogo, tutela-se a esse Poder a autoridade para sua preservação, como se vislumbra na hipótese prevista no art. 500 da CLT, que impõe como condição para a validade do pedido de demissão do empregado estável sua homologação, dentre outros órgãos, pela Justiça do Trabalho:

> Art. 500. O pedido de demissão do empregado estável só será válido quando feito com a assistência do respectivo Sindicato e, se não o houver, perante autoridade local competente do Ministério do Trabalho e Previdência Social ou da Justiça do Trabalho.

Segundo Valentin Carrion, no particular, a competência territorial não seguirá as mesmas regras, cabendo a qualquer juízo trabalhista a homologação.

8.3. Competência normativa

Não se pode ignorar, ainda, a previsão do art. 114, § 2º, do Texto Constitucional, no que concerne à denominada competência normativa conferida ao Poder Judiciário Trabalhista, no âmbito dos denominados dissídios coletivos. Trata-se de competência material para a criação de normas gerais e abstratas destinadas às categorias profissionais ou econômicas, embora respeitadas as disposições legais e convencionais mínimas de proteção ao trabalho, como define Carlos Henrique Bezerra Leite[70].

69. ALMEIDA, Isis de. *Manual de direito processual do trabalho*. São Paulo: LTr, 1991. p. 211.
70. LEITE, Carlos Henrique Bezerra. *Curso de direito processual do trabalho*. 7. ed. São Paulo: LTr, 2009. p. 209.

A competência originária para processar os dissídios coletivos, como veremos adiante, é atribuição dos TRTs (art. 856 da CLT), e não das Varas do Trabalho, se o conflito estiver limitado a sua base territorial; ou do próprio TST (art. 702, I, *b*, da CLT), se ultrapassar a base territorial de competência de mais de um TRT. No caso específico do Estado de São Paulo, por força do art. 12 da Lei n. 7.520/86, competirá ao TRT da 2ª Região (São Paulo – capital) processar, conciliar e julgar os dissídios coletivos nos quais a decisão a ser proferida deva produzir efeitos em área territorial alcançada, em parte, pela jurisdição desse mesmo Tribunal e, em outra parte, pela jurisdição do Tribunal Regional do Trabalho da 15ª Região (Campinas).

8.4. Competência em Cooperação Judiciária nacional

Os arts. 67 a 69 do CPC trouxeram importante inovação ao sistema processual ao disciplinarem a cooperação judiciária nacional, permitindo-se aos juízos formular entre si pedido de cooperação para prática de qualquer ato processual. Através dos atos concertados, os órgãos jurisdicionais procedem a adaptações procedimentais a fim de tutelar adequadamente o conflito, seja para facilitar a prática de citação ou de qualquer outro ato comunicacional entre as partes, a obtenção de provas, a efetivação de tutelas, a centralização de processos repetitivos, a execução de decisões judiciais ou qualquer outro que permita a otimização da atividade jurisdicional. Coube ao CNJ aprovar a Resolução n. 350/2020, que regulamenta a aplicação da Cooperação Judiciária, inclusive no âmbito do Processo Judicial do Trabalho.

Através dos permissivos legais, caberá aos juízos concertantes formularem pedido de cooperação judiciária entre si, o qual deve ser prontamente atendido, prescinde de forma específica e pode ser executado por meio de diversas atividades ajustadas entre os órgãos jurisdicionais, tal qual exemplifica o rol do art. 69.

O pedido de cooperação judiciária pode, por expressa previsão de lei, ser realizado entre órgãos jurisdicionais de diferentes ramos do Poder Judiciário, como a Justiça Especializada laboral e os demais ramos do Poder Judiciário e vinculam tão somente os órgãos judiciários que dela participam.

Note-se que a cooperação judiciária parte da premissa da eficiência e adequada prestação jurisdicional, permitindo que haja atuação conjunta, coordenada e compartilhada entre órgãos jurisdicionais diferentes em um mesmo processo, ou em processos diferentes, sempre orientando-se pelos princípios da celeridade, concisão, instrumentalidade das formas e unidade da jurisdição nacional. O permissivo da cooperação judiciária impõe ou pode impor significativa alteração das regras de competência, dado que, no caso concreto, mostra-se mais eficiente e adequado para a solução do litígio que a realização de determinado ato se proceda perante um órgão específico (o mais adequado). Uma vez estabelecida a cooperação entre os juízos, poderão ser cientificadas as partes acerca do ato de cooperação, podendo ser o ajuste, inclusive, objeto de impugnação pelos meios previstos na legislação.

9. MODIFICAÇÃO SUPERVENIENTE DE COMPETÊNCIA

O sistema processual impõe a fixação da competência em favor de determinado juízo, mas também permite, a fim de obter uma otimização da atividade judicante, a alteração do foro competente para processar e julgar a demanda.

De todo modo, cumpre mencionar, desde já que também no direito processual do trabalho a regra é a da determinação da competência no momento do ajuizamento da pretensão, sendo irrelevantes as modificações do estado de fato ou de direito ocorridas posteriormente. Trata-se da consagração da *perpetuatio jurisdictionis,* tal qual previsto no art. 43 do CPC. Aquele dispositivo define o momento da propositura da demanda como determinante para a fixação da competência:

> Art. 43. Determina-se a competência no momento do registro ou da distribuição da petição inicial, sendo irrelevantes as modificações do estado de fato ou de direito ocorridas posteriormente, salvo quando suprimirem órgão judiciário ou alterarem a competência absoluta.

Mas mesmo tal regra possui exceções, como aquelas decorrentes da alteração superveniente da competência absoluta do juízo, ou da supressão do órgão judiciário, segundo explicita a parte final do dispositivo. Assim, na hipótese de supressão do órgão judiciário ou de alteração da competência absoluta, a hipótese é de modificação da competência original, embora tal situação se configure como medida excepcional.

Note-se, no particular, como exemplo de tal modificação aquilo que resultou do entendimento consolidado na Súmula Vinculante 22 do E. STF, por meio da qual se definiu como sendo da competência da Justiça do Trabalho o julgamento das ações de indenização por danos morais e patrimoniais decorrentes de acidente de trabalho que não tivessem sido julgadas pela Justiça Comum, até então competente, quando do advento da EC 45/2004:

> A Justiça do Trabalho é competente para processar e julgar as ações de indenização por danos morais e patrimoniais decorrentes de acidente de trabalho propostas por empregado contra empregador, inclusive aquelas que ainda não possuíam sentença de mérito em primeiro grau quando da promulgação da Emenda Constitucional 45/2004.

Ou seja, segundo aquele entendimento consagrado, as demandas julgadas ao tempo da EC 45/2004 continuaram sob a jurisdição da Justiça Comum, enquanto aquelas pendentes de julgamento passaram à competência material da Justiça do Trabalho, alterando-se, portanto, a competência absoluta fixada até o momento, não obstante ajuizadas perante outro juízo, então materialmente competente para tanto.

Não obstante a regra seja justamente a da manutenção da competência perante o juízo no qual fora proposta a medida, como já dito, em caráter excepcional é possível a modificação da denominada competência relativa.

É que, há hipóteses em que a maximização da atividade jurisdicional importa na modificação das regras gerais de competência a fim de impor a coerência sistêmica entre as decisões, mormente nos casos em que se está diante de ações semelhantes, propostas separadamente.

A premissa que se deve ter em conta, no sistema legal, é a necessidade de serem evitadas decisões judiciais inconciliáveis ou conflitantes. Fundada em tal premissa, dado que, dentro da divisão das competências, é possível a existência de mais de um juízo competente para cuidar de demandas semelhantes, sejam movidas pelas mesmas partes, sejam movidas por partes diferentes, estipulam-se regras específicas para tanto.

A título de exemplo, pode-se dizer que qualquer uma das trinta e nove Varas do Trabalho de Salvador é competente para cuidar das reclamatórias daqueles que prestaram serviços na capital. Sendo assim, imperiosa a definição de apenas um foro como competente para conhecer a demanda, na hipótese de ser existente mais de uma ação/demanda, proposta em separado. Fixam-se, desse modo, critérios para modificação da competência, a fim de que as demandas possam ser decididas conjuntamente. E qual o critério para tal definição? Diante da omissão no texto celetista, na forma dos arts. 769 (CLT) e 15 (CPC), devemos nos socorrer da previsão do art. 54 do CPC, que autoriza a modificação da competência relativa pela conexão ou continência:

> Art. 54. A competência relativa poderá modificar-se pela conexão ou pela continência, observado o disposto nesta Seção.

Compreendamos esse critério no próximo tópico.

9.1. Conexão e continência

A própria lei tratou de estipular critérios para considerar conexas as demandas, segundo o estipulado nos arts. 55, 56 e 57 do CPC:

> Art. 55. Reputam-se conexas 2 (duas) ou mais ações quando lhes for comum o pedido ou a causa de pedir.
> § 1º Os processos de ações conexas serão reunidos para decisão conjunta, salvo se um deles já houver sido sentenciado.
> § 2º Aplica-se o disposto no *caput*:
> I – à execução de título extrajudicial e à ação de conhecimento relativa ao mesmo ato jurídico;
> II – às execuções fundadas no mesmo título executivo.
> § 3º Serão reunidos para julgamento conjunto os processos que possam gerar risco de prolação de decisões conflitantes ou contraditórias caso decididos separadamente, mesmo sem conexão entre eles.
> Art. 56. Dá-se a continência entre 2 (duas) ou mais ações quando houver identidade quanto às partes e à causa de pedir, mas o pedido de uma, por ser mais amplo, abrange o das demais.
> Art. 57. Quando houver continência e a ação continente tiver sido proposta anteriormente, no processo relativo à ação contida será proferida sentença sem resolução de mérito, caso contrário, as ações serão necessariamente reunidas.

O art. 54 consagra enquanto primeira hipótese de prorrogação de competência do CPC é a denominada conexão. O art. 55 cuida de delinear tal instituto, reputando conexas duas ou mais ações em que sejam comuns o seu pedido (mediato – o "bem da vida"') ou a causa de pedir (remota – ou fática), ainda que as partes não sejam as mesmas.

Havendo pedido ou causa de pedir comum a ambas as demandas, elas são conexas, devendo, por isso mesmo, na forma do § 1º do art. 55 ser reunidas para decisão conjunta, salvo se uma delas já houver sido sentenciada. Não obstante a previsão do parágrafo no sentido de que os feitos serão necessariamente para decisão conjunta, a jurisprudência tem entendido que a reunião dos aludidos feitos é faculdade do juízo, ou seja, não é obrigatória (STJ, REsp 305.835/RJ), como já se pronunciou o TRT da 5ª Região, mormente considerando que o volume de ações e as particularidades de cada uma delas podem impor, com a reunião pretendida, medida inconveniente para a celeridade dos processos:

> "CERCEAMENTO DE DEFESA. INDEFERIMENTO DE PEDIDO PARA REUNIÃO DE PROCESSOS. Insurge-se a recorrente contra a decisão do Juízo de primeiro grau, que indeferiu o seu pedido para que fossem reunidas todas as reclamatórias idênticas que tramitam naquela Unidade. Sem razão a recorrente. Tal solução não é obrigatória, pois na forma do artigo 55, § 3º, do CPC/2015, serão reunidos para julgamento conjunto os processos que pos-

> sam gerar risco de prolação de decisões conflitantes ou contraditórias caso decididos separadamente, mesmo sem conexão entre eles." Não é o caso. Tramitando todos os processos sob a condução do mesmo magistrado não há risco de decisão conflitante, e, conforme justificado pelo Juízo *a quo* (fls. 14/17), considerando o volume de ações em trâmite naquela Unidade e as particularidades de cada uma delas, a reunião pretendida não seria medida conveniente para a celeridade dos processos. Mantenho a rejeição da preliminar (TRT – 5ª Região, RO 00025313420145050251/BA, 0002531-34.2014.5.05.0251, rel. Luiz Roberto Mattos, 1ª Turma, *DJ* 19-7-2016).

Efetivamente, não há falar em reunião de demandas se uma delas já foi julgada. De outro lado, o próprio art. 113, § 1º, do CPC autoriza ao juízo a limitação ao número de litigantes na fase de conhecimento, liquidação ou execução, como comprometer a rápida solução do litígio, ou dificultar a defesa, ou o cumprimento da sentença, de modo que a interpretação adequada do art. 55, § 1º, do CPC, a nosso sentir, deve contemplar justamente tais dificuldades práticas e a apuração, no caso concreto da melhor solução para o caso. Não se deve, todavia, simplesmente ignorar o conteúdo da aludida previsão (art. 55, § 1º, CPC), dado que a finalidade do dispositivo é justamente permitir que as demandas sujeitas a situações equivalentes sejam julgadas por um juízo único, otimizando a própria prestação jurisdicional.

A previsão legal ainda autoriza a conexão entre a execução de título extrajudicial e a ação de conhecimento relativa ao mesmo ato jurídico e as execuções fundadas no mesmo título executivo, na forma do § 2º do mesmo dispositivo.

O § 3º do art. 55, por sua vez, consagra importante entendimento, a nosso sentir aplicável ao processo do trabalho, qual seja, a possibilidade da reunião de processos que possam gerar risco de prolação de decisões conflitantes ou contraditórias caso decididas separadamente, ainda que não sujeitas à conexão. É o que Fredie Didier Jr.[71] denomina "conexão por afinidade", ou seja, daquelas "causas que se relacionam pela afinidade de algumas questões de fato ou de direito", hipótese em que os autores "poderiam ter sido litisconsortes por afinidade, mas por variadas razões optaram por demandar isoladamente". A previsão legal aponta no sentido da possibilidade de reunião daquelas demandas sujeitas a um elemento de fato ou de direito comuns, ainda que as partes sejam diferentes.

No âmbito das relações de trabalho, podemos exemplificar como o típico caso da demanda movida pelos herdeiros de mais de um trabalhador vitimado

71. DIDIER JR., Fredie. *Curso de direito processual civil:* introdução ao direito processual civil, parte geral e processo de conhecimento, cit., p. 236.

de acidente de trabalho. A relação jurídica entre cada um dos herdeiros com o empregador, assim como o pedido formulado em cada demanda de ressarcimento não se confundem. Mas seria imperiosa a reunião dos processos para decisão em conjunto, porquanto os elementos de fato atinentes ao aludido acidente (evento único) permitiriam decisões não conflitantes ou não contraditórias. Parece possível a aplicação da previsão ao processo do trabalho.

Já o art. 56 do CPC prevê a hipótese da denominada continência, ou seja, quando houver identidade quanto às partes e à causa de pedir, mas o pedido de uma, por ser mais amplo, abrange o das demais. Não se deve confundir como continência a hipótese em que uma das demandas contempla mais pedidos atinentes a uma mesma relação jurídica. Por exemplo, não há falar em continência quando se está diante de duas demandas se na primeira se esteja a pretender o reconhecimento do vinculo de emprego, aviso prévio e férias, e na segunda se pretende também o reconhecimento do vínculo de emprego, mas se formula apenas o pedido de férias. Trata-se, no caso, de litispendência, embora parcial, como indica Bruno Silveira de Oliveira[72]. A hipótese de continência contempla um pedido, em uma demanda, mais amplo que aquele formulado em outra. Nesse sentido:

> CONFLITO DE COMPETÊNCIA. OBJETO MAIS AMPLO. CONTINÊNCIA. Ação proposta entre as mesmas partes, com objeto mais amplo, nos termos do artigo 104 do CPC, abrigando a distribuição por dependência, na forma do artigo 110, parágrafo 1º da CNC, sendo preventa a Vara que recebeu, pelo sorteio eletrônico, a primeira demanda, independentemente da distribuição ordinária de feitos (artigo 110, *caput* da CNC). Conflito julgado procedente (TRT – 2ª Região, CComp 00086787837201450237/SP, 0008678-7837-201-45-02-37, rel. Ana Cristina L. Petinati, j. 29-4-2015, SDI Turma, data de publicação: 8-5-2015).

O art. 57 do CPC impõe que, quando houver continência e a ação continente tiver sido proposta anteriormente, no processo relativo à ação contida será proferida sentença sem resolução de mérito, caso contrário as ações serão necessariamente reunidas.

9.2. Prevenção

Nota-se, a partir do quanto acima exposto, que se estipula a necessidade de reunião entre as demandas. Mas é preciso, ainda, definir o juízo competente. O critério fixado pelo legislador para a definição da competência foi o da preven-

72. WAMBIER, Tereza Arruda Alvim et al. (coord.). *Breves comentários ao novo Código de Processo Civil*. 2. ed. e atual. São Paulo: Revista dos Tribunais, 2016. p. 242.

ção, que nada mais é que "critério para exclusão dos demais juízos competentes de um mesmo foro ou tribunal"[73]. Uma vez prevento o juízo, ele se torna o único competente para o julgamento da(s) demanda(s).

Diante da omissão da CLT no tratamento da matéria, e seguindo o seu art. 769, deve ser aplicado o mesmo critério de fixação da prevenção previsto no CPC. O art. 59 deste traz regra importante para a definição da prevenção, compatível com o processo do trabalho, e definindo-a em favor do local onde primeiro houve o registro ou a distribuição do feito. Ou seja, tal fato, o registro ou distribuição em primeiro lugar é o evento processual relevante para a definição do juízo:

> Art. 59. O registro ou a distribuição da petição inicial torna prevento o juízo.

Enquanto no CPC de 1973 havia duas regras de prevenção "que não se excluem, pois cada qual cuida de uma situação específica: a) se a conexão se der entre juízos de comarcas diversas, prevento será aquele em que tenha havido a primeira citação válida (art. 219); b) se a conexão se der em juízos da mesma comarca, prevento será o juízo que despachou em primeiro lugar (art. 106, CPC)"[74], doravante persiste apenas a regra do art. 59 do CPC, que considera a distribuição (nos locais onde existir mais de um juízo territorialmente competente) ou o registro (o protocolo da petição inicial naqueles locais onde existir apenas um juízo territorialmente competente) relevante para tornar prevento o juízo.

Acaba, assim, superada a distinção havida até então, na Justiça do Trabalho, porquanto não há previsão para o despacho inicial, já que a notificação é expedida automaticamente, segundo o disposto no art. 841 da CLT. Ademais, a regra é a notificação por via postal. Superado, portanto, o dissenso doutrinário.

Prevaleceu o critério objetivo do protocolo da petição inicial. Essa sempre nos pareceu a posição mais razoável e mais aceita, e, de longa data, fora apresentada por Isis de Almeida e José Augusto Rodrigues Pinto[75]. Tal posição compreende ser a prevenção determinada pelo protocolo em primeiro lugar da reclamatória, dado que seria esse critério o de maior afinidade com o procedimento do trabalho, inclusive pela coincidência com a fixação para a interrupção da prescrição e a contagem dos juros de mora.

---

73. DIDIER JR., Fredie. *Curso de direito processual civil:* teoria geral do processo e processo de conhecimento, cit., v. I, p. 166.

74. DIDIER JR., Fredie. *Curso de direito processual civil:* teoria geral do processo e processo de conhecimento, cit., v. I, p. 166.

75. PINTO, José Augusto Rodrigues. *Processo trabalhista de conhecimento*, cit., 7. ed., p. 184.

No particular, deve se fazer menção, ainda, à hipótese do art. 58 do CPC, que explicita ser o juízo prevento aquele responsável pelo julgamento simultâneo das demandas em curso, quando propostas em separado.

> Art. 58. A reunião das ações propostas em separado far-se-á no juízo prevento, onde serão decididas simultaneamente.

Por fim, cumpre mencionar, ainda, que o art. 286, II, do CPC reproduz a regra já consagrada no ordenamento nacional. Tal previsão impõe, mesmo para aquelas demandas extintas, que, sendo reiterado o pedido, ainda que em litisconsórcio com outros autores ou que sejam parcialmente alterados os réus da demanda, serão distribuídas por dependência ao juízo prevento.

> Art. 286. Serão distribuídas por dependência as causas de qualquer natureza:
> I – quando se relacionarem, por conexão ou continência, com outra já ajuizada;
> II – quando, tendo sido extinto o processo sem resolução de mérito, for reiterado o pedido, ainda que em litisconsórcio com outros autores ou que sejam parcialmente alterados os réus da demanda;
> III – quando houver ajuizamento de ações nos termos do art. 55, § 3º, ao juízo prevento.

Ou seja, uma vez ajuizada nova demanda, reiterando-se o pedido, ainda que em litisconsórcio com outros autores, ou parcialmente alterados os réus da demanda, será distribuída ao juízo que conheceu da primeira pretensão o novo feito.

Assim, a regra do art. 286 estipula ser o juízo prevento o competente para julgar as demandas que se relacionarem por conexão ou continência; quando extinta a demanda anterior sem julgamento de mérito, por reiteração do pedido, ou mesmo na hipótese do ajuizamento das ações conexas por afinidade (conexidade). Tais regras mostram-se completamente aplicáveis ao processo do trabalho.

Por fim, note-se que, enquanto a regra prevista no art. 55, § 3º do CPC (conexão por prevenção) impõe a reunião de demandas em função daquele que seja o prevento, a regra do art. 69, § 3º, ao tratar da cooperação judiciária, faculta a expansão da competência de determinado órgão em razão da sua melhor aptidão para a prática de um determinado ato, mediante o ajuste harmonioso entre os órgãos jurisdicionais.

10. FORO DE ELEIÇÃO

Como já mencionado, as regras que definem a competência estão relacionadas a uma adequada prestação jurisdicional. Acontece que tal organização leva em conta diversos aspectos, ora relacionados a bens indisponíveis (competência absoluta), ora relacionados a bens disponíveis (competência relativa). Como consequência dessa disciplina, o legislador cuidou de definir que a competência relativa, dado que mais afeta ao direito da parte, seria prorrogável, enquanto a absoluta, dado que voltada para questões de Estado, não o seria.

O CPC consagra a possibilidade da eleição do foro onde será proposta a ação, em razão do território e do valor:

> Art. 63. As partes podem modificar a competência em razão do valor e do território, elegendo foro onde será proposta ação oriunda de direitos e obrigações.
> § 1º A eleição de foro só produz efeito quando constar de instrumento escrito e aludir expressamente a determinado negócio jurídico.
> § 2º O foro contratual obriga os herdeiros e sucessores das partes.
> § 3º Antes da citação, a cláusula de eleição de foro, se abusiva, pode ser reputada ineficaz de ofício pelo juiz, que determinará a remessa dos autos ao juízo do foro de domicílio do réu.
> § 4º Citado, incumbe ao réu alegar a abusividade da cláusula de eleição de foro na contestação, sob pena de preclusão.

Desse modo, no que concerne à competência territorial, esta pode ser modificada, dado que é relativa; as demais, não. Nesse contexto, todavia, indaga-se se a eleição do foro seria ou não compatível com o regime processual trabalhista, no que tange aos conflitos envolvendo relações de trabalho.

Por meio da IN 39, o E. TST reputou incompatível a previsão do art. 63 do CPC, ou seja, não seria possível a modificação da competência territorial e a eleição de foro (art. 2º, I, da IN 39 – TST). Tal posição reflete o fato de que, não obstante o foro de eleição seja possível exclusivamente no âmbito da competência relativa, sujeita a prorrogação porque passível de algum grau de faculdade pelas partes, tem-se entendido que o foro de eleição seria inaplicável às demandas relativas aos conflitos do trabalho porquanto dificultaria o acesso do trabalhador ao próprio Judiciário. Nesse sentido:

> FORO DE ELEIÇÃO. INADMISSIBILIDADE NO PROCESSO DO TRABALHO. A despeito de as regras de competência em razão lugar serem relativas, aceitando derrogação pela vontade das partes, não se admite, no processo do trabalho, o foro de eleição, porque dificulta e, por vezes, inviabiliza o acesso do trabalhador à Justiça (TRT – 12ª Região, RO 02994200801612004/SC, 02994-2008-016-12-00-4, rel. Edson Mendes de Oliveira, Secretaria da 2ª Turma, data de publicação: 9-1-2009).

Há quem se manifeste, todavia, no sentido de ser aplicável a eleição de foro para aquelas demandas submetidas à Justiça do Trabalho e sujeitas ao advento da ampliação de sua competência, a partir da EC 45/2004. Ou seja, ao menos naquelas demandas atinentes a relações de trabalho *lato sensu* seria possível a eleição de foro. É o que se depreende:

> EMENTA – CONTRATO CELEBRADO COM PRESIDENTE DE SOCIEDADE ANÔNIMA. RELAÇÃO ESTATUTÁRIA. FORO DE ELEIÇÃO. POSSIBILIDADE. AÇÃO ORIUNDA DA AMPLIAÇÃO DE COMPETÊNCIA DA JUSTIÇA DO TRABALHO (EC 45/2004). INAPLICABILIDADE DAS REGRAS DO ARTIGO 651 DA CLT. INTELIGÊNCIA DA INSTRUÇÃO NORMATIVA N. 27, DO COLENDO TST. A ampliação das competências da Justiça do Trabalho que veio a lume com a promulgação da Emenda Constitucional n. 45/2008 (*sic*), para cá transferiu uma gama variada de conflitos de interesse de natureza muito mais complexa do que as clássicas reclamações trabalhistas, e por isto exige de todos aqueles que operam neste segmento do Judiciário – nomeadamente os juízes, advogados, membros do Ministério Público e da Advocacia Pública – um novo olhar e uma nova postura na efetivação das regras de processo, seja o trabalhista seja o processual civil. Sempre vigilantes na preservação dos fundamentais princípios do processo trabalhista – especialmente aqueles da informalidade, da instrumentalidade das formas, da oralidade, da concentração e da celeridade – estes operadores também deverão assimilar as particularidades latentes e significativas que constituam o arcabouço da multiplicidade de relações e negócios jurídicos que vieram aqui aportar, sob pena de subvertê-los ou desarmonizá-los naquilo em suas particulares funcionalidades, já aceitas e praticadas ao longo dos anos. Daí a imperiosidade de acolher, como justa, legal e legítima, a cláusula de eleição de foro incluída em contrato de natureza estatutária – e não de relação de emprego – celebrado entre alto executivo e empresa constituída na forma de sociedade anônima, recusando a aplicação da regra do artigo 651 da CLT que, sabidamente, tem natureza protetiva e se dirige à regência processual das controvérsias oriundas da relação de trabalho subordinado, havida entre empregado e empregador. Esta é a inteligência que se colhe, inclusive, da leitura atenta da Instrução Normativa n. 27 do TST (TRT – 3ª Região, RO 558.209, 01326-2008-008-03-00-4, 9ª Turma, data de publicação: 6-5-2009, 5-5-2009, *DEJT*, p. 109. Boletim: Sim).

Em sentido diametralmente oposto, o TRT da 1ª Região já se manifestou da seguinte forma: "tratando-se de relação de trabalho, o foro é determinado pelas regras previstas no art. 651, da CLT, afastando-se a possibilidade de eleição de foro, prevista no artigo 111, do CPC", ainda que em contrato de empreitada, como refere a Desembargadora Volia Bomfim Cassar[76].

A matéria não é pacífica. Entre os autores do presente *Curso* há dissenso. Rodolfo Pamplona compreende como sendo incompatível com a dinâmica das relações de trabalho a eleição do foro, posicionamento que está em consonância com o entendimento majoritário. Já Tercio Roberto Peixoto Souza pensa um pouco diferente. É que parece ao último existir total compatibilidade sistêmica entre o foro de eleição e as demandas sujeitas à Justiça do Trabalho. Do ponto de vista prático, o sistema processual autoriza às partes a ampliação da competência territorial. Ao demandante, basta ajuizar a ação onde lhe aprouver. Ao demandado, basta deixar de impugnar o foro eleito, quando lhe for oportunizado. Assim, mesmo sistemicamente, há a possibilidade da eleição de determinado foro de eleição pelas partes, *a posteriori* ao próprio contrato de trabalho, portanto, por típico negócio jurídico processual.

Do contrário, ter-se-ia como impossível o manejo da pretensão em outro local pelo autor (a despeito do art. 651 da CLT) ou insuportável a preclusão, por parte do empregador, que deixa de suscitar a incompetência relativa quando lhe é oportunizado o momento para tanto, porque se conforma (ou porque lhe é mais interessante ou porque simplesmente o deseja), ampliando-se a competência para o juízo que não a possuía.

Assim, não parece absurda a possibilidade da fixação de foro por deliberação das partes. Sucede, no particular, que, tal qual referido anteriormente, presume-se, por força da subordinação inerente à relação entre empregado e empregador, que a eleição de foro firmada em contrato individual, para a fixação do foro nos dissídios individuais, em razão do ajuste firmado diretamente entre empregado e empregador, seja viciada, podendo ser reputada abusiva a fixação, portanto.

De todo modo, compreendemos possível a fixação do foro de eleição, também, em contrato individual de emprego, desde que conste de instrumento escrito e apartado do restante do contrato (art. 63, § 1º, do CPC). Mas não se ignora que tal cláusula de eleição, firmada ao longo do contrato de trabalho, presume-se abusiva, o que não se confirma se firmada apenas depois de encerrado o pacto, recebidos os haveres rescisórios.

De todo modo, faculta-se que, antes da citação do réu, tal cláusula poderá ser reputada como abusiva de ofício pelo juiz (§ 3º do art. 63 do CPC), na hipótese de o empregador manejar a pretensão em face de um trabalhador; ou se faculta

76. TRT – 1ª Região, RO 27030006200850102 81/RJ, rel. Volia Bomfim Cassar, j. 4-9-2013, 2ª Turma, data de publicação: 11-9-2013.

ao demandado, ainda, a alegação da abusividade da cláusula de eleição (§ 4º do art. 63 do CPC), o que pode ser feito, inclusive, antes mesmo da audiência inaugural, consoante se depreende do art. 340 do CPC. Não restando demonstrado o vício de vontade, parece ser válida e regular a eleição do foro de eleição (art. 63, CPC).

A presunção do vício de vontade, todavia, não se confirma na hipótese de ser fixado foro de eleição em sede de negociação coletiva, por força da participação da entidade sindical na avença. Ao que já foi dito acima, quem teria dúvida em afirmar que a opção da fixação do domicílio do trabalhador como o competente para apreciar determinado dissídio individual, previsto em negociação coletiva, ser-lhe-ia mais favorável, à guisa, portanto, do conteúdo do art. 7º, *caput*, da CF/88? Parece, portanto, possível tal fixação, embora sob os temperamentos indicados.

11. CONFLITO DE COMPETÊNCIA. COMPETÊNCIA PARA JULGAMENTO E PROCEDIMENTO

De todo modo, é possível que haja conflito entre os órgãos jurisdicionais no que toca ao exercício da competência.

O conflito se dá, na forma do art. 66 do CPC, em síntese, quando duas autoridades se supõem simultaneamente ou competentes ou incompetentes para funcionar em um mesmo processo, ou surge controvérsia acerca da reunião ou separação de processos.

Pode-se afirmar que é possível a existência de conflitos positivos, que se dá quando duas autoridades se arvoram simultaneamente competentes, ou negativo, quando nenhuma das duas autoridades se arvora competente para o julgamento da matéria.

Já quanto à ocorrência, é preciso que se defina a premissa de que são inúmeras as possibilidades de conflitos de competência entre os órgãos jurisdicionais, embora o art. 803 da CLT tenha fixado que "os conflitos de jurisdição podem ocorrer entre: a) Varas do Trabalho e juízes de Direito investidos na administração da Justiça do Trabalho; b) Tribunais Regionais do Trabalho; c) Juízos e Tribunais do Trabalho e órgãos da Justiça Ordinária".

É preciso que se identifique, de todo modo, que somente é possível a existência de conflitos entre órgãos de mesma hierarquia. Se hierarquicamente inferior, não há falar conflito entre órgãos judiciais, dado que a declaração do hierarquicamente superior prevalecerá, tal qual pontua a Súmula 420 do TST.

> Não se configura conflito de competência entre Tribunal Regional do Trabalho e Vara do Trabalho a ele vinculada.

Por fim, cumpre mencionar que o momento processual adequado para suscitar o conflito de competência se dará a partir de quando as autoridades judiciais atuam simultaneamente no processo ou se recusam a fazê-lo. Mas há que considerar dois óbices, mencionados por José Augusto Rodrigues Pinto[77], quais sejam:

> Existem, entretanto, dois obstáculos à efetividade da medida, mesmo dentro dessa oportunidade, que são: a) a exceção de incompetência, porque, uma vez oposta, levará à solução que se buscaria obter através da suscitação do conflito; b) a prolação de sentença por um dos juízes, porque completa sua função no processo, emprestando ao conflito uma natureza recursal pura que ele não tem.

O incidente processual atinente ao conflito de competência está regulado nos arts. 951 e seguintes do CPC. Segundo aquele dispositivo, os legitimados para suscitar o conflito de competência são o próprio juiz, de ofício, o Ministério Público do Trabalho e as próprias partes. No caso de conflito negativo (art. 66, parágrafo único, do CPC), o juiz que não acolher a competência deverá suscitar o conflito ou atribuí-la a outro juízo.

Para a definição dos critérios de fixação da competência para o julgamento dos conflitos é preciso uma digressão básica sobre a própria estrutura do Poder Judiciário, seguindo algumas premissas, quais sejam:

i. Para órgãos subordinados à mesma estrutura judiciária, a competência será do órgão imediatamente superior, comum a ambos.
ii. Para órgãos subordinados a estruturas diferentes, mas de grau inferior, a competência será do Superior Tribunal de Justiça.
iii. Para órgãos subordinados a estruturas diferentes, mas de grau superior, a competência será do Supremo Tribunal Federal.

O Poder Judiciário Trabalhista, enquanto especialização do Poder Judiciário, está estruturado, em sua base, pelas Varas do Trabalho, ladeadas pelas Varas da Justiça Comum Estadual, no exercício da jurisdição trabalhista; em grau intermediário, pelos Tribunais Regionais do Trabalho e em seu cume, pelo Tribunal Superior do Trabalho.

Assim, seguindo a premissa indicada no item *i*, na hipótese de conflito existente entre Varas do Trabalho de um mesmo TRT, ou entre as Varas do Trabalho e as da Justiça Comum no exercício da jurisdição trabalhista, a hipótese será da competência do TRT correspondente, para o julgamento dos conflitos.

77. PINTO, José Augusto Rodrigues. *Processo trabalhista de conhecimento*, cit., 7. ed., p. 206.

Já se estivermos diante de conflito envolvendo as Varas do Trabalho de TRT diferentes, ou entre Vara da Justiça Comum no exercício da jurisdição trabalhista e outra Vara do Trabalho, envolvendo outra Região, ou mesmo entre TRTs diferentes, a hipótese será de competência do TST para decidir o incidente.

Valendo-se da regra do item *ii*, quando a hipótese for de conflito entre Vara do Trabalho, ou entre TRT e Vara da Justiça Federal ou Estadual (desde que não no exercício da jurisdição trabalhista), na forma do art. 105, I, *d*, da CF/88, a hipótese será de a competência ser decidida pelo E. STJ.

Em relação aos conflitos entre os Tribunais Superiores (TST e STJ), o STF será o responsável pela definição da competência (art. 102, I, *o*, da CF/88).

A definição do procedimento do conflito de competência encontra delineamento no art. 809 da CLT:

> Nos conflitos de jurisdição entre as Varas e os Juízos de Direito observar-se-á o seguinte:
> I – o juiz ou presidente mandará extrair dos autos as provas do conflito e, com a sua informação, remeterá o processo assim formado, no mais breve prazo possível, ao Presidente do Tribunal Regional competente;
> II – no Tribunal Regional, logo que der entrada o processo, o presidente determinará a distribuição do feito, podendo o relator ordenar imediatamente às Juntas e aos Juízos, nos casos de conflito positivo, que sobrestejam o andamento dos respectivos processos, e solicitar, ao mesmo tempo, quaisquer informações que julgue convenientes. Seguidamente, será ouvida a Procuradoria, após o que o relator submeterá o feito a julgamento na primeira sessão;
> III – proferida a decisão, será a mesma comunicada, imediatamente, às autoridades em conflito, prosseguindo no foro julgado competente.

É preciso que se tomem algumas premissas. A forma prevista no artigo mencionado é para aquela hipótese em que haja o conflito positivo, ou ambos os juízos entendam-se como competentes, e não o contrário.

Ou seja, dado o conflito negativo, absolutamente desnecessária a extração de cópias do feito para abreviar seu processamento e não obstar o andamento, porque esse óbice é intransponível.

Uma vez remetido o feito para o Tribunal, o relator poderá instruí-lo sumariamente, sendo definida a competência interna do Tribunal, a partir de seu Regimento Interno, podendo inclusive julgar sumariamente o conflito, na hipótese de sua decisão se fundar em súmula do STF, do STJ, do TST ou do próprio Tribunal, ou ainda a partir da tese firmada em julgamento de caso repetitivo ou em incidente de assunção de competência (art. 955, parágrafo único, do CPC).

Se o conflito for positivo, o Tribunal pode determinar o sobrestamento dos feitos. De todo modo, poderá o relator definir qual juízo praticará os atos reputados urgentes, a fim de evitar prejuízos, medida essa recomendável (art. 955 do CPC).

A decisão que dirime o conflito de jurisdição é meramente declaratória, e, uma vez dirimido o conflito, remetem-se os autos para o juízo competente, comunicando-se aos envolvidos (art. 809, III, da CLT):

> Art. 809. Nos conflitos de jurisdição entre as Juntas e os Juízos de Direito observar-se-á o seguinte: (...)
> III – proferida a decisão, será a mesma comunicada, imediatamente, às autoridades em conflito, prosseguindo no foro julgado competente.

Logo, não admite recurso direto, mas poderá ser discutida como preliminar da sentença definitiva ou terminativa. Comunicadas as autoridades conflitadas, prosseguirá a ação com aquela à qual foi determinada a competência para conhecê-la.

CAPÍTULO 5

Partes e Procuradores no Processo do Trabalho

1. CONCEITO, CAPACIDADE PARA SER PARTE E DENOMINAÇÃO

Parte é aquele que demanda em seu nome próprio ou em cujo nome é demandada a atuação de uma vontade da lei. Ou seja, parte é um sujeito da relação jurídica processual. Segundo Carlos Henrique Bezerra Leite[1], "As partes do processo são, de um lado, a pessoa que postula a prestação jurisdicional do Estado, e, de outro lado, a pessoa em relação à qual tal providência é pedida".

Têm-se, na noção de parte, três temas que estão intimamente relacionados, quais sejam, a capacidade de ser parte, como medida da personalidade jurídica,

1. LEITE, Carlos Henrique Bezerra. *Curso de direito processual do trabalho*, cit., 8. ed., p. 372.

a capacidade *ad causam*, que está ligada à noção de legitimidade para figurar no processo, e a denominada capacidade postulatória, que é, justamente, a possibilidade de atuar em processo, formulando pedidos que serão conhecidos na demanda jurídico-processual.

A capacidade é a aptidão para o gozo e exercício dos direitos. Isso porque todo sujeito de direito pode usufruir (direito gozo), mas nem sempre poderá exercer algum desses direitos (direito de exercício), dado que não possui o discernimento suficiente para negociar, exercer sua vontade, por meio daqueles direitos.

Daí por que se pode dizer que, em relação à capacidade de ser parte, todo aquele que tem personalidade jurídica a possui (art. 70 do CPC). De acordo com o art. 6º do Código Civil, a capacidade de ser parte se extingue com a morte.

Já a capacidade processual ou *legitimatio ad processum* é a aptidão geral para o uso, gozo e exercício de direitos (com base na leitura do Código Civil, a capacidade absoluta será adquirida com dezoito anos, e com isso vai se igualar a capacidade civil à capacidade penal). Essa é a capacidade plena.

Por fim, em relação à capacidade postulatória, está ligada a noção de aptidão para dirigir-se ao juiz no processo. No direito processual civil, como regra, tem-se que só possui capacidade postulatória o advogado, na forma do art. 103 do CPC. Já no processo do trabalho, de acordo com o art. 791, §§ 1º e 2º, da CLT, a parte (reclamante e reclamado) pode exercer o *jus postulandi* diretamente, sem a intermediação pelo profissional do direito.

Embora duramente criticada ao longo dos anos, tendo sido submetida inclusive a controle de constitucionalidade diante do *status* constitucional da advocacia como indispensável à administração da justiça, segundo o art. 133 do Texto Constitucional, o exercício do *jus postulandi* pelas partes nas demandas submetidas ao Poder Judiciário trabalhista persiste, na forma do art. 791 da CLT.

Em função da herança administrativa do processo do trabalho, as partes são denominadas reclamante (autor) e reclamado (réu). No dissídio coletivo, as expressões utilizadas são suscitante e suscitado, mas também é possível se valer de outras formas, como demandante, vindicante, postulante, acionante da máquina judiciária etc. Trata-se de mera questão vernacular.

2. REPRESENTAÇÃO, SUBSTITUIÇÃO E SUCESSÃO PROCESSUAIS

Como se sabe, a manifestação de vontade possui repercussão processual. Diante desse fato, é certa a necessidade de apurar a capacidade daquele que manifesta sua vontade, para que este faça surtir os efeitos processuais desejados.

Acontece, que justamente porque algumas pessoas, apesar de terem personalidade, não podem praticar pessoalmente os atos jurídicos para fazer valer seus direitos, dada sua incapacidade para tanto, é necessário que sejam representadas. Caso a aludida limitação seja apenas parcial, seguindo a lógica normativa vigente (art. 4º do CC), necessária apenas a assistência para a prática dos atos em juízo.

2.1. Representação

Como mencionado, em relação à capacidade de ser parte, todo aquele que tem personalidade jurídica a possui (art. 70 do CPC). Com base em tal premissa se pode dizer que, em regra, a parte exerce a prerrogativa de demandar em juízo, diretamente. Ou seja, em regra as partes, sejam elas trabalhadores ou empregadores, atuam em nome próprio em juízo. A presunção é de capacidade, sendo a incapacidade a exceção. Desse modo, a manifestação da vontade, relevante do ponto de vista processual, dá-se a partir do próprio sujeito de direito.

A partir da redação conferida ao art. 3º do Código Civil pela Lei n. 13.146/2015, embora sujeito de direito e biologicamente apto a manifestar sua vontade, ao menor de dezesseis anos é absolutamente vedado o exercício pessoal dos atos da vida civil, sendo exigida a representação para tanto.

Há outras hipóteses, todavia, em que existe inviabilidade fática para a manifestação de uma vontade – porque o sujeito é desprovido de um corpo ou de alma –, como ocorre com as pessoas jurídicas, de modo que a representação da vontade daquelas entidades se faz por meio de alguém que em seu nome a exerce, a faz presente.

Daí por que as partes que se encontrem em determinadas posições podem ou devem exercer sua pretensão processual por meio de um representante. À guisa de tal compreensão, o art. 71 do CPC impõe que o incapaz seja representado ou assistido por seus pais, por tutor ou por curador, na forma da lei.

A representação pode ser legal, como sua denominação demonstra, quando a designação de um representante decorre da imposição normativa. Por exemplo, o art. 75, nos incisos I a IV, do CPC identifica e impõe quem são os representantes legais de diversas pessoas jurídicas de direito público interno.

Pode a representação ser, ainda, convencional, quando a própria lei assegura a possibilidade de eleição do representante, como ocorre na hipótese das pessoas jurídicas de direito privado, cuja eleição do representante ficará designada nos estatutos sociais, na forma do art. 75, VIII, do CPC, ou segundo a eleição, na hipótese do administrador ou síndico, previsto no inciso XI do mesmo artigo.

É preciso notar, ainda, que a CLT não foi técnica ao tratar do tema, razão que gera diversas dificuldades práticas e que demanda argutas interpretações.

2.2. Representação das pessoas físicas. Da assistência

As pessoas físicas serão representadas segundo os termos da legislação civil. O art. 3º do Código Civil, tal qual referido, impõe ao menor de dezesseis anos a incapacidade absoluta para a prática dos atos da vida civil. Assim, a prática de qualquer ato da vida civil, inclusive o manejo de uma pretensão em juízo, impõe a representação daquele incapaz por um capaz. Deve-se mencionar que as demais hipóteses limitativas da capacidade, originalmente apontadas na redação do Código Civil de 2002, deixaram de figurar no rol legal a partir da redação conferida pela Lei n. 13.146/2015.

Todavia, por força de expressa redação constitucional, é permitido o trabalho do maior de quatorze anos, na condição de aprendiz, ou de qualquer trabalho acima de dezesseis anos (art. 7º, XXXIII). Assim, na hipótese de existir demanda decorrente de contrato de trabalho do maior de quatorze, até os dezesseis anos, imperiosa a representação em juízo.

De logo cumpre evidenciar que inexiste qualquer condicionante para o exercício da capacidade por parte de quaisquer dos cônjuges, tampouco da mulher casada, dada a igualdade preconizada na Constituição Federal, não havendo razão para qualquer debate acerca das condicionantes historicamente já superadas.

Deve-se mencionar, todavia, o conteúdo do art. 73 do CPC, aplicável ao processo do trabalho em face da possibilidade do manejo de ações possessórias perante a Justiça Especializada. Tal dispositivo exige a anuência do cônjuge para as demandas sobre direitos reais imobiliários. Mesmo aquela norma, semelhante à prevista no então art. 10 do CPC/73, segundo a interpretação conferida por Celso Agrícola Barbi[2], cuida apenas de legitimação concorrente, a qual, repise-se, "deve ser entendida, no entanto, como referente apenas às ações relativas a bens comuns do casal, porque, quanto aos bens próprios, só o dono é legitimado".

Além disso, é possível identificar a hipótese de assistência. O art. 4º do Código Civil prevê que os ébrios habituais e os viciados em tóxico (inciso II) e aqueles que, por causa transitória ou permanente, não puderem exprimir sua vontade (inciso III) são relativamente incapazes e, portanto, para figurar em juízo, deverão estar devidamente assistidos. Os indígenas, por sua vez, terão sua capacidade regulada por legislação especial (parágrafo único do art. 4º do CC).

Por sua vez, o inciso I do mesmo art. 4º do CC consagra que os maiores de dezesseis e menores de dezoito anos são relativamente capazes. Todavia, na forma do paragrafo único do art. 5º do mesmo Código, cessa, para os menores, a

2. BARBI, Celso Agrícola. *Comentários ao Código de Processo Civil*, cit., v. I, p. 88.

incapacidade pela concessão dos pais, ou de um deles na falta do outro, mediante instrumento público, independentemente de homologação judicial, ou por sentença do juiz, ouvido o tutor, se o menor tiver dezesseis anos completos; pelo casamento; pelo exercício de emprego público efetivo; pela colação de grau em curso de ensino superior; ou pelo estabelecimento civil ou comercial, ou pela existência de relação de emprego, desde que, em função deles, o menor com dezesseis anos completos tenha economia própria.

Note-se que a legislação do trabalho faculta a assistência em diversos momentos ao longo da execução contratual. O art. 439 da CLT, por exemplo, confere validade ao recibo de salários firmado pelo menor, mas, tratando-se de rescisão do contrato de trabalho, é vedado ao menor de dezoito anos dar, sem assistência de seus responsáveis legais, quitação ao empregador pelo recebimento da indenização que lhe for devida.

Todavia, em se configurando quaisquer das hipóteses do paragrafo único do art. 5º do Código Civil, inclusive se em razão da existência de relação de emprego o menor com dezesseis anos completos tiver economia própria, na forma do inciso V do parágrafo único do art. 5º do CC, a hipótese será de capacidade plena, não havendo razão para conferir validade parcial ao ato praticado pelo menor em tal situação.

Assim, a nosso sentir, deve-se impor a assistência prevista no art. 439 da CLT apenas quando o trabalhador menor não se enquadrar em qualquer das hipóteses do parágrafo único do art. 5º do CC.

Quanto ao manejo de pretensão em juízo, embora muito mais em razão da atecnia do legislador, entende-se que há regra própria no direito processual do trabalho quanto à representação do menor, dado que o art. 793 da CLT prevê a representação dos trabalhadores abaixo de dezoito anos, por seus representantes legais e, na falta destes, pela Procuradoria da Justiça do Trabalho, pelo sindicato, pelo Ministério Público ou curador nomeado em juízo. O dispositivo da CLT assim consigna:

> Art. 793. A reclamação trabalhista do menor de 18 anos será feita por seus representantes legais e, na falta destes, pela Procuradoria da Justiça do Trabalho, pelo sindicato, pelo Ministério Público estadual ou curador nomeado em juízo.

Assim, em relação aos maiores de dezesseis e menores de dezoito anos, deve-se ponderar as regras previstas no art. 793 da CLT e o inciso I do art. 4º do CC.

Com efeito, quaisquer das partes, a partir dos dezesseis anos e abaixo dos dezoito, dado que se trata de relativamente capazes, serão assistidos – quando terão sua vontade apenas suprida pelos pais –, isso, obviamente, se não se enquadrarem em quaisquer das condições previstas no parágrafo único do art. 5º do CC.

Cumpre, desde logo mencionar que, apesar de o art. 793 da CLT prever que a representação seria realizada pelo Ministério Público Estadual, parece-nos que, por força do art. 83, V, da LC 75/93, houve derrogação do referido dispositivo, para atribuir exclusivamente ao Ministério Público do Trabalho tal atribuição. A assistência será feita pelo Ministério Público do Trabalho porque a este incumbe propor as ações necessárias à defesa dos direitos e interesses dos menores, incapazes e índios, decorrentes das relações de trabalho, segundo aquele dispositivo. Além do MPT, cumprirá ao sindicato, ou curadoria nomeada pelo juízo, o aludido encargo.

Ademais, há que destacar, ainda, a atecnia do dispositivo. Tal impropriedade é entendida porque, seguindo o rigor previsto no Código Civil, não se pode confundir a representação, que se dá para os que são absolutamente incapazes, no caso brasileiro, para os menores de dezesseis anos; com a assistência, que se impõe àqueles relativamente capazes, para aqueles maiores de dezesseis e menores de dezoito.

Segundo Wagner Giglio[3], a hipótese seria de assistência, sempre dos quatorze aos dezoito anos. Diante desse entendimento, mesmo na hipótese do menor emancipado, abaixo de dezoito anos, portanto, a hipótese seria de assistência. Todavia, parece ser a melhor posição aquela que segue o critério fixado na legislação civil, sendo essa a posição inclusive de boa parte da doutrina, incluindo Bezerra Leite[4] e Mauro Schiavi[5], entre outros.

Dentro dessa visão, e para sistematizar o assunto, sugerimos o seguinte:

i) se acima de dezoito anos, absolutamente capaz para todos os atos da vida civil, inclusive do ponto de vista processual;
ii) se entre dezesseis e dezoito anos, configurada quaisquer das hipóteses do parágrafo único do art. 5º do CC, o trabalhador possuirá capacidade plena. Sem o enquadramento no aludido dispositivo, o jovem menor de dezoito anos não conta com a mesma capacidade plena, devendo ser assistido;
iii) se abaixo de dezesseis anos, será representado por seus representantes legais, e na falta, pelo Ministério Público do Trabalho, pelo sindicato ou curador nomeado.

3. GIGLIO, Wagner D.; CORREA, Claudia Giglio Veltri. *Direito processual do trabalho*. 16. ed. São Paulo: Saraiva, 2007. p. 124.
4. LEITE, Carlos Henrique Bezerra. *Curso de direito processual do trabalho*, cit., 8. ed.
5. SCHIAVI, Mauro. *Manual de direito processual do trabalho*, cit., p. 276.

De todo modo, deve-se referir que, em razão da necessária proteção, contra o menor de dezoito anos não corre prescrição, na forma do art. 440 da CLT, além de ser reafirmada toda a proteção a sua saúde e segurança, segundo os mandamentos constitucionais, independentemente de sua capacidade.

2.3. Da representação das pessoas jurídicas e entidades despersonalizadas

Em relação à representação das pessoas jurídicas, tem-se como regra que decorre da disciplina do direito material e processual civil.

As pessoas jurídicas de direito público interno serão representadas seguindo o disposto no art. 75, I a IV, do CPC, aplicável supletivamente.

A União será representada em juízo, ativa e passivamente, pela Advocacia-Geral da União, diretamente ou mediante órgão vinculado; o Estado e o Distrito Federal, por seus procuradores; o Município, por seu prefeito ou procurador; a autarquia e a fundação de direito público, por quem a lei do ente federado designar.

A pessoa jurídica estrangeira, pelo gerente, representante ou administrador de sua filial, agência ou sucursal aberta ou instalada no Brasil, na forma do art. 75, X, do CPC.

A pessoa jurídica, por quem os respectivos atos constitutivos designarem ou, não havendo essa designação, por seus diretores, seguindo o art. 75, VIII, do CPC.

Em relação aos condomínios, a regra do CPC (art. 75, XI) determina como sendo possível a representação pelo síndico ou administrador. Todavia, há regra específica no direito processual do trabalho, na forma da Lei n. 2.757/56, impondo a representação pelo síndico eleito entre os condôminos, no caso dos prédios de apartamentos residenciais:

> Art. 1º São excluídos das disposições da letra "a" do art. 7º do Decreto-lei n. 5.452, de 1º de maio de 1943, e do art. 1º do Decreto-lei n. 3.078, de 27 de fevereiro de 1941, os empregados porteiros, zeladores, faxineiros e serventes de prédios de apartamentos residenciais, desde que a serviço da administração do edifício e não de cada condômino em particular.
> Art. 2º São considerados representantes dos empregadores nas reclamações ou dissídios movimentos na Justiça do Trabalho os síndicos eleitos entre os condôminos. (*sic*)
> Art. 3º Os condôminos responderão, proporcionalmente, pelas obrigações previstas nas leis trabalhistas, inclusive as judiciais e extrajudiciais.

Ou seja, seguindo aquela disciplina legal, na hipótese de condomínios de apartamentos residenciais, seria exclusivamente o síndico eleito o representante do condomínio nas reclamações ou dissídios.

No caso de condomínio de apartamentos residenciais, cumpre mencionar que, além da regra de representação, o dispositivo traz importante previsão, pois veda a solidariedade entre moradores, mas impõe a cada um dos condôminos a responsabilidade por responder apenas proporcionalmente pelas obrigações previstas nas leis trabalhistas, em face da regra específica prevista no art. 3º da mesma Lei n. 2.757/56, acima transcrita.

Em relação à sociedade e a associação irregulares e outros entes organizados sem personalidade jurídica, a representação em juízo será realizada pela pessoa a quem couber a administração de seus bens. São aquelas entidades que, embora não possuam personalidade jurídica, podem figurar, apenas do ponto de vista processual, na demanda. Por exemplo, naquelas demandas em que não há a constituição de condomínio regular, ou em que haja sociedade de fato. O próprio CPC determina como representante aquele a quem incumbir a administração dos seus bens, seguindo o inciso IX do mesmo art. 75.

Tal questão processual esbarra, em muitas oportunidades, na satisfação do título judicial, dado que não se saberia quem seriam os responsáveis pelo adimplemento das obrigações impostas à massa, quando desprovida de personalidade própria. Desse modo, visando facilitar a execução, a prática judiciária tem concluído como factível a indicação dos membros da sociedade de fato, para que figurem, pessoalmente, como réus na demanda.

No caso da massa falida, seu representante é o administrador judicial, segundo o art. 22, III, *c*, da Lei n. 11.101/2005 e o art. 75, V, do CPC.

Em relação à herança jacente ou vacante, sua representação seguirá a disciplina do art. 1.819 do CC e do art. 75, VI, do CPC, que determina como representante o seu curador. O mesmo se pode dizer em relação ao espólio, que será representado pelo seu inventariante, segundo o art. 75, VII, do CPC.

É preciso consignar uma peculiaridade em relação ao processo do trabalho, no caso da representação de trabalhadores falecidos. É que, a partir da Lei n. 6.858/80, tem-se entendido que os dependentes do falecido têm legitimidade para ingressar com a medida, como pretensos representantes do espólio, desde que estejam registrados como dependentes do *de cujus* junto ao INSS, independentemente de arrolamento ou espólio. Em outras palavras, o registro junto ao INSS dos herdeiros, como dependentes, legitimaria a atuação destes junto ao Poder Judiciário do Trabalho, desde que em nome próprio, ainda que não haja prévio espólio ou arrolamento. Nesse sentido o TST tem entendido:

> AGRAVO EM AGRAVO DE INSTRUMENTO EM RECURSO DE REVISTA. NULIDADE DO ACÓRDÃO REGIONAL, POR NEGATIVA DE PRESTAÇÃO JURISDICIONAL. A prestação jurisdicional foi entregue a contento, não obstante contrária aos interesses dos agravantes. LEGITIMIDADE ATIVA *AD CAUSAM*. EMPREGADO FALECIDO. CÔNJUGE SOBREVIVENTE HABI-

LITADO JUNTO AO INSS. FILHOS MAIORES NÃO HABILITADOS. APLICAÇÃO DA LEI N. 6.858/80. O entendimento desta Corte é no sentido de que, no caso de empregado falecido, a legitimidade ativa -*ad causam*- para pleitear créditos decorrentes do contrato de trabalho é dos seus dependentes habilitados junto ao INSS. Assim, correta a decisão regional que indeferiu o pedido de habilitação nos autos dos herdeiros maiores, porquanto, -*in casu*-, somente o cônjuge sobrevivente figura na qualidade de dependente junto ao INSS, à luz do artigo 1º da Lei n. 6.858/80. Agravo a que se nega provimento (TST, AgR-AIRR 8440172006505016l, 8440-17.2006.5.05.0161, rel. Pedro Paulo Manus, 7ª Turma, j. 24-8-2011, *DEJT* 2-9-2011).

AGRAVO DE INSTRUMENTO. EMPREGADO FALECIDO. LEGITIMIDADE *AD CAUSAM*. 1. O v. Acórdão estabeleceu a prevalência da Lei n. 6.858/80, sobre o Código Civil, nomeando a Sra. Viviane como a única legitimada para figurar na presente ação trabalhista, uma vez que as demais demandadas não constam como beneficiárias junto ao INSS. 2. O Acórdão recorrido, ao aplicar a Lei n. 6.858/80, por ser norma especial, encontra-se em perfeita harmonia com o entendimento predominante desta Corte Superior, preferindo os dependentes habilitados junto a Previdência Social, ante a ordem de herdeiros determinada pelo Código Civil. Precedentes. 3. Nesse contexto, não estando a agravante devidamente habilitada como dependente, junto à Previdência Social, não resta configurada a sua legitimidade para constar como parte da presente demanda. 4. Não se constata, portanto, as alegadas violações aos artigos 5º, XXX, da Constituição da República e 1.828, do Código Civil. Agravo de Instrumento a que se nega provimento (TST, AIRR 17633920115060008, j. 12-8-2015, *DEJT* 18-8-2015).

RECURSO DE REVISTA. SUCESSÃO TRABALHISTA DE EMPREGADO FALECIDO. VIÚVA HABILITADA COMO DEPENDENTE JUNTO À PREVIDÊNCIA SOCIAL. FILHOS NÃO HABILITADOS. CONFLITO APARENTE ENTRE OS ARTIGOS 1º DA LEI N. 6.858/80 E 1.829, I, DO CÓDIGO CIVIL DE 2002. NAO REVOGAÇAO DA LEI ESPECIAL ANTERIOR PELA LEI GERAL POSTERIOR. Reside o cerne da controvérsia em saber se somente têm legitimidade para sucessão trabalhista os herdeiros habilitados junto à Previdência Social, ou se também o têm aqueles que, embora não habilitados, estejam previstos como tal no Código Civil. Esta e. Turma já decidiu que a viúva de empregado falecido, se habilitada como dependente junto à Previdência Social, tem legitimidade para postular qualquer direito trabalhista do *de cujus* (TST-RR 804.938/2001.6, Rel. Min. Rosa Maria Weber Candiota da Rosa, *DJU* de 10.8.2007). Do artigo 1º da Lei n. 6.858/80 conclui-se que, em falecendo o empregado, duas eram as possibilidades de pagamento de haveres trabalhistas aos sucessores na vigência daquela lei: primeiro, aos dependentes habilitados perante a Previdência Social ou na forma da legisla-

> ção específica dos servidores civis e militares; e segundo, na sua falta (ou seja, dos herdeiros antes mencionados), aos sucessores previstos na lei civil (destacamos). Superveniente o Código Civil de 2002, limitou-se ele a prever, no artigo 1.829, I, que a sucessão legítima defere-se na ordem seguinte: I – aos descendentes, em concorrência com o cônjuge sobrevivente-, sem dispor especificamente sobre a sucessão trabalhista do empregado falecido. Com efeito, a superveniência do Código Civil de 2002, lei geral, não implicou a revogação da Lei n. 6.858/80, lei especial, porque o primeiro nada considerou a respeito dos requisitos para sucessão de empregado falecido, matéria dessa última. Consequentemente, conclui-se que a sucessão trabalhista de empregado falecido está limitada àqueles herdeiros habilitados como dependentes junto à Previdência Social. Por fim, em sendo apenas a viúva habilitada junto à Previdência, merece ser mantido o v. acórdão do e. TRT da 15ª Região, que indeferiu o pagamento de fração das verbas rescisórias aos filhos do *de cujus*, ora Recorrentes. Recurso de revista não provido (TST, RR 2121002120045150066, 212100-21.2004.5.15.0066, rel. Horácio Raymundo de Senna Pires, 6ª Turma, j. 27-2-2008, *DJ* 28-3-2008).

Todavia, cumpre mencionar que tal representação não alcançaria aquelas hipóteses em que o herdeiro não figure como dependente do *de cujus* junto ao órgão previdenciário.

2.4. Da substituição processual. Substituição por entidade sindical. Legitimação para pretender direitos coletivos, individuais homogêneos e heterogêneos. Possibilidade de conciliação em substituição processual. Litispendência entre a demanda coletiva e a individual. Autorização por assembleia para manejo da ação

Em regra, a relação de direito processual e a relação de direito material é titularizada pelas mesmas partes. Assim, o usual é que o titular da relação jurídica material seja, também, o representante da relação jurídica processual. Mas o sistema processual faculta a alguns sujeitos, ainda que não sejam parte propriamente da relação de direito material, a legitimação para agir em juízo. A parte passa a pleitear, em nome próprio, direito alheio. Em se consubstanciando tal hipótese, ter-se-á a legitimação extraordinária, ou substituição processual, justamente quando alguém pleiteia em nome próprio, direito alheio.

Trata-se de exceção, cujo fundamento tem em vista o teor do art. 18 do CPC, aplicável. Aliás, merece ponderação a afirmativa de José Cairo Júnior[6], para quem a expressão não é tecnicamente correta:

6. CAIRO JÚNIOR, José. *Curso de direito processual do trabalho*. 3. ed. Salvador: Juspodivm, 2010. p. 201.

> A expressão substituição processual, consagrada pela doutrina, jurisprudência e pela lei, não é tecnicamente correta, uma vez que as teorias civilistas do direito de ação foram totalmente abandonadas. Desse modo, não há dúvida de que mesmo as pessoas que não são titulares de direitos subjetivos materiais são titulares do direito público subjetivo de ação, não justificando, assim, o emprego do termo legitimação anômala ou substituição processual.

De todo modo, consagrada a noção de substituição processual como sendo aquela por meio da qual o substituto age em nome próprio, para a defesa do direito alheio, será essa a adotada neste estudo. De plano é possível indicar como viável a substituição apenas quando haja autorização legal.

Note-se, no particular, que a LC 80/90, que organiza a Defensoria Pública da União e prescreve normas gerais para sua organização nos Estados, confere, no art. 14, a prerrogativa desta de atuar perante o Poder Judiciário do Trabalho, inclusive para a promoção de direitos difusos, coletivos e individuais homogêneos em favor de grupo de pessoas hipossuficientes (art. 4, VI). Tal prerrogativa, todavia, não existe em favor das Defensorias Públicas dos Estados, salvo em havendo convênio entre estas últimas e a Defensoria da União (art. 14, § 1º), o que redunda na impossibilidade da atuação das organizações Estaduais no âmbito do Poder Judiciário Laboral, consoante ententeu o e. TST:

> AÇÃO RESCISÓRIA AJUIZADA NA VIGÊNCIA DO CPC DE 1973. RECURSOS ORDINÁRIOS DO MINISTÉRIO PÚBLICO DO TRABALHO DA 11ª REGIÃO E DO ESTADO DO AMAZONAS. MATÉRIA COMUM. ILEGITIMIDADE ATIVA *AD CAUSAM* DA DEFENSORIA PÚBLICA DO ESTADO DO AMAZONAS. CARÊNCIA DE AÇÃO CONFIGURADA. À luz do disposto no art. 487 do CPC de 1973, a atuação da Defensoria deve ser analisada pelo prisma da legitimidade *ad causam*, ou seja, é preciso aferir se a Defensoria Pública estava autorizada por lei a postular, em nome próprio, a defesa de direito alheio. Em termos de estruturação funcional, a Defensoria Pública é constituída pela Defensoria Pública da União, Defensoria Pública dos Estados e Defensoria Pública do Distrito Federal e dos Territórios (art. 2º da LC n. 80/94), cada qual com seu rol específico de atribuições. Nesse diapasão, a legitimação extraordinária para atuar na Justiça do Trabalho, em substituição processual, é conferida à Defensoria Pública da União, nos termos do art. 14 da Lei Complementar n. 80. Já o § 1º do referido dispositivo legal, por sua vez, prevê a possibilidade de as Defensorias Públicas dos Estados atuarem em nome da Defensoria Pública da União nos órgãos de primeiro e segundo graus de jurisdição, por meio de convênios firmados especificamente para essa finalidade. Pode-se afirmar, portanto, que as Defensorias Públicas dos

Estados só estão autorizadas a atuarem na Justiça do Trabalho na condição de representantes processuais da Defensoria Pública da União, na medida em que as Defensorias Públicas Estaduais só possuem legitimação para atuar nos graus de jurisdição e instâncias administrativas dos Estados, consoante definido no art. 106 da Lei Complementar n. 80/94. A partir de tais fundamentos, é forçoso concluir que a autora não possui legitimação extraordinária para postular, em nome próprio, direitos pertencentes aos trabalhadores atingidos pelos efeitos da decisão rescindenda, seja porque sua atuação neste feito não se deu no âmbito da jurisdição estadual, isto é, não se trata aqui de hipótese inserida na permissão contida no art. 106 da Lei Complementar n. 80/94, seja porque não consta dos autos registro de convênio celebrado entre a autora e a Defensoria Pública da União, nos moldes preconizados pelo § 1º do art. 14 da LC n. 80/94, a autorizá-la a atuar na Justiça do Trabalho. Consequentemente, impõe-se o decreto de carência da ação, com a extinção do feito sem julgamento de mérito, na forma do art. 267, VI, do CPC de 1973. Recursos Ordinários conhecidos e providos (RO-371-84.2010.5.11.0000, Subseção II Especializada em Dissídios Individuais, Rel. Min. Luiz Jose Dezena da Silva, *DEJT* 13-11-2020).

A propósito, é possível fixar duas características em relação à substituição processual, quais sejam; a autonomia, porque o substituto tem no processo a mesma liberdade do substituído; e a concorrência, porque a substituição não exclui o direito do substituído de participar da lide. Aliás, o parágrafo único do art. 18 do CPC assegura que, havendo substituição processual, o substituído poderá intervir como assistente litisconsorcial, também aplicável ao processo do trabalho.

A substituição processual, no campo das relações de trabalho, tem previsões específicas, fixadas, por exemplo, no art. 195, § 2º, da CLT, ao autorizar que o sindicato pleiteie o adicional de insalubridade em nome dos empregados e no art. 872, também da CLT, quando inexistir cumprimento de norma coletiva no tocante aos reajustes de salário. Existem, também, outras previsões legais de substituição, no âmbito das relações de trabalho, que são igualmente específicas, tais como aquelas estabelecidas nas Leis n. 7.283/84, Lei n. 6.708/79, 7.788/89 (relacionadas a reajustes salariais) e 8.036/90 (relacionadas aos depósitos de FGTS).

Tais previsões levaram à cristalização do entendimento de que a substituição processual, justamente por se tratar de legitimação extraordinária, demandaria não apenas a indicação expressa de quais seriam os substituídos, mas igualmente somente seria possível nas hipóteses taxativamente previstas em lei. Tal compreensão autorizou, inclusive, a posição do TST explicitada no agora cancelado

Enunciado n. 310 daquela Corte, por meio do qual não apenas se entendia que o art. 8º, III, da Constituição da República não assegurava a substituição processual pelo sindicato, como a substituição deveria ser interpretada restritivamente.

O Supremo Tribunal Federal, todavia, ao apreciar a questão sob o viés justamente do art. 8º, III, da CF/88, entendeu que não há razão para a limitação da legitimidade de substituição por parte do sindicato, sendo-lhe autorizada a defesa, em seu nome, de direitos e interesses coletivos ou individuais dos integrantes da categoria que representa. Assim, por força do aludido dispositivo constitucional, ter-se-ia assegurada a substituição processual pelo sindicato, de forma ampla, razão pela qual se impunha o cancelamento daquele Enunciado n. 310 do TST. O art. 8º, III, da CF está assim vazado:

> Art. 8º É livre a associação profissional ou sindical, observado o seguinte: (...)
> III – ao sindicato cabe a defesa dos direitos e interesses coletivos ou individuais da categoria, inclusive em questões judiciais ou administrativas;

Diante da redação do dispositivo, contrariando o entendimento então firmado pelo Tribunal Superior do Trabalho, prevalece a posição da Suprema Corte no sentido de que aos sindicatos cabe a defesa dos direitos individuais ou coletivos de seus membros, o que implica uma legitimidade extraordinária ampla, abrangendo a liquidação e a execução dos créditos reconhecidos aos trabalhadores:

> Processo civil. Sindicato. Art. 8º, III da Constituição Federal. Legitimidade. Substituição processual. Defesa de direitos e interesses coletivos ou individuais. Recurso conhecido e provido. O art. 8º, III, da Constituição Federal estabelece a legitimidade extraordinária dos sindicatos para defender em juízo os direitos e interesses coletivos ou individuais dos integrantes da categoria que representam. Essa legitimidade extraordinária é ampla, abrangendo a liquidação e a execução dos créditos reconhecidos aos trabalhadores. Por se tratar de típica hipótese de substituição processual, é desnecessária qualquer autorização dos substituídos. Recurso conhecido e provido (STF, RE 193.503-1-SP, rel. Min. Joaquim Barbosa, Tribunal Pleno, j. 12-6-2006).

Ao pronunciar-se sobre o tema, todavia, ainda sob o viés do cancelado Enunciado n. 310, o Poder Judiciário Trabalhista entendeu, em diversas oportunidades, que a atuação sindical estaria adstrita às hipóteses em que a pretensão fosse fundada em direito coletivo ou individual homogêneo, mas não em direito individual (heterogêneo). Alguns julgados evidenciam tal entendimento, já ultrapassado, ressalte-se:

> Substituição processual. Sindicato. Direito individual não homogêneo. Ilegitimidade. A legitimidade extraordinária do sindicato demandante está afeta à

> defesa de interesses coletivos ou individuais homogêneos. O reconhecimento do direito ao labor por apenas 6 (seis) horas diárias, atendendo ao comando contido no art. 224, da CLT, dependeria da análise da situação concreta de cada substituído, em razão do cargo e das atividades por eles desenvolvidas, tratando-se de interesses individuais de caráter não homogêneos, ou seja, heterogêneos, que demandam instrução probatória, inexistindo legitimidade do sindicato autor (TRT – 8ª Região, RO 0000098-52.2011.5.08.0001, 2ª Turma, rel. Des. Federal Elizabeth Fátima Martins Newman, *DEJTPA* 8-9-2011, p. 19).
>
> Inépcia da inicial. Representação sindical. O Tribunal Regional não examinou a questão relativa à inépcia da inicial. Por isso, o recurso carece de prequestionamento (Súmula 297 do TST). Legitimidade ativa *ad causam*. Sindicato. Substituição processual. A jurisprudência desta corte, a partir do julgamento do e-RR-353.334/1997.9, firmou-se no sentido de que a substituição processual, tal como prevista no art. 8º, III, da Constituição da República, abrange os direitos ou interesses individuais homogêneos, reconhecidos pelo Supremo Tribunal Federal como subespécie de interesses coletivos (RE 163.231-3-SP, AC. 2ª Turma, rel. Min. Maurício Corrêa, *DJ* 29.06.2001), de modo que o sindicato tem legitimidade para atuar na qualidade de substituto processual de forma ampla, na defesa dos direitos individuais homogêneos de todos os integrantes da categoria, ainda que não associados. (...) (TST, RR 127200-42.2007.5.03.0064, 5ª Turma, rel. Min. João Batista Brito Pereira, *DEJT* 26-8-2011, p. 1032).
>
> Sindicato. Substituição processual. Direito individual. Heterogêneo. Se o pedido de reclamação trabalhista ajuizada por sindicato, em favor de seus associados, trata de situações individuais dos substituídos, não se relacionando a nenhuma situação fático-jurídica uniforme, de origem comum, não há como reconhecer a sua legitimação extraordinária para atuar em nome de seus representados, na condição de substituto processual (TRT – 8ª Região, RO 137-34.2011.5.08.0006, 3ª Turma, rel. Des. Federal Odete de Almeida Alves, *DEJTPA* 11-8-2011, p. 9).

O próprio TST, por meio da SDI I, e à guisa da compreensão do art. 8º, III, da CF/88, em conformidade com o quanto deduziu o E. STF, tem se pronunciado no sentido de que a substituição processual por entidade sindical abrange toda e qualquer medida, seja coletiva ou individual, ainda que heterogênea, não sendo cabível a restrição à substituição processual, nos moldes do que historicamente fora praticado:

> RECURSO DE REVISTA. ILEGITIMIDADE ATIVA *AD CAUSAM* – SINDICATO – SUBSTITUIÇÃO PROCESSUAL – DEFESA DE DIREITOS INDIVIDUAIS HETEROGÊNEOS. Meu entendimento pessoal sobre a matéria é

> o de que o sindicato tem legitimidade apenas para substituição processual em ações que visem à defesa de direitos e interesses coletivos ou individuais homogêneos da categoria, não de direitos individuais heterogêneos, como é na espécie em que se postula direito a promoções, assegurado em norma regulamentar da reclamada. No entanto, por disciplina judiciária, submeto-me ao entendimento prevalente nesta Colenda Corte, perfilhado pela maioria dos membros integrantes da SBDI-1, no sentido de que, o Sindicato tem legitimidade para a defesa coletiva de direitos individuais homogêneos da categoria, cuja titularidade diz respeito a uma coletividade de empregados representados pelo ente sindical, abrangendo ou não toda a categoria. Este é o conceito que se extrai do artigo 81, inciso III, da Lei n. 8.078/90 (Código de Defesa do Consumidor), segundo o qual constituem interesses individuais homogêneos "os decorrentes de origem comum". E, *in casu*, tratando-se de pleito que envolve os empregados da Corsan, resta caracterizada a origem comum do direito, de modo a legitimar a atuação do Sindicato, não a descaracterizando o fato de ser necessária a individualização para apuração do valor devido a cada empregado, uma vez que a homogeneidade diz respeito ao direto e não à sua quantificação (E-RR 116800-61.2004.5.04.0026. Data de Julgamento: 1-12-2011, Relator Ministro: Horácio Raymundo de Senna Pires, Subseção I Especializada em Dissídios Individuais, Data de Publicação: *DEJT* 9-12-2011). Recurso de revista conhecido e provido. Prejudicado o exame dos demais temas constantes no recurso de revista interposto pelo sindicato autor (TST, RR 1903006020045040221, 190300-60.2004.5.04.0221, rel. Renato de Lacerda Paiva, 2ª Turma, *DEJT* 4-5-2012).

De todo modo, do ponto de vista eminentemente prático, remanescem ainda algumas questões. É que a atuação da entidade sindical como substituto processual dificulta o exercício da conciliação, premissa sob a qual se encontra assentada a prestação jurisdicional nas relações de trabalho (já que há fundada dúvida quanto à possibilidade de a entidade sindical transigir sobre direito individual heterogêneo, tal qual abaixo indicado). Como se pode ver, em face da atuação sindical excepcional, tem-se entendido como inviável ao ente sindical transigir sobre o direito individual do associado:

> Substituição processual. O Sindicato, autorizado pelo § 2º do art. 195, da CLT, pode propor ação como substituto processual de associados, pleiteando adicional de insalubridade ou periculosidade. A autorização se limita à propositura da ação, não podendo como substituto processual transigir sobre direito individual do associado (TRT – 2ª Região, RO 02980125193, Ac. 02990035472, 6ª Turma, rel. Juiz Sergio Prado de Mello, j. 9-2-1999, *DOESP* 26-2-1999).

Ainda, do ponto de vista eminentemente prático, cumpre aduzir que não é raro identificar-se que, em razão do uso indiscriminado da substituição processual para demandas versando sobre direitos individuais heterogêneos, torna-se inviável o próprio direito do substituído porque a entidade sindical, por vezes, mesmo sem deter informações fáticas relevantes para a demanda, opta por ajuizar pretensão em substituição ao real titular do direito, fato que dificulta a obtenção da prova, durante a instrução processual.

No tocante à eventual litispendência entre a ação individual e aquela fruto da substituição sindical, cumpre mencionar ainda, que diante da amplitude conferida à atuação sindical, à guisa do art. 8º, III, da CF/88, pelo Supremo Tribunal Federal, o TST, em suas composições turmárias, inclinava sua jurisprudência no sentido de entender que haveria litispendência quando o sindicato ajuíza ação como substituto processual, e o trabalhador, por meio de reclamação individual, ambas com o mesmo objeto. É o que demonstram os seguintes arestos:

> Recurso de revista. Litispendência. Ação individual e substituição processual. Esta corte tem entendido que há litispendência quando o sindicato ajuíza ação, como substituto processual, e o reclamante, por meio de reclamação individual, ambas com o mesmo objeto. Violação de dispositivo de Lei demonstrada. Recurso de revista de que não se conhece. Auxílio-alimentação. Reflexos. Os arestos transcritos são inservíveis, pois têm como fonte oficial de publicação o diário oficial, no entanto, a divergência apontada encontra-se na fundamentação dos arestos, sendo certo que na ementa e no dispositivo não há especificidade quanto à tese expendida, tampouco o mesmo fundamento utilizado pelo tribunal regional, de que a repercussão do auxílio-alimentação nas parcelas pleiteadas só poderia ocorrer se tivessem natureza salarial, o que não era o caso dos autos. Incidência das Súmulas 23, 296, I, e 337, III, do TST. Recurso de revista de que não se conhece (TST, RR 126900-19.2007.5.19.0005, 5ª Turma, rel. Min. Katia Magalhães Arruda, *DEJT* 9-9-2011, p. 1387).
>
> Recurso de revista. Litispendência. Ação individual. Ação coletiva proposta por sindicato. Substituição processual. O tribunal regional consignou que, na ação coletiva movida pelo sindicato da categoria profissional dos reclamantes, na qualidade de substituto processual, foram postulados os mesmos pedidos aduzidos na presente ação individual plúrima. Ante tal constatação, a corte de origem decidiu confirmar a declaração de litispendência e a decisão de extinção do feito sem resolução de mérito. A decisão regional está de acordo com a jurisprudência atual e notória desta corte superior, no sentido de que se caracteriza a litispendência entre a ação individual e a ação coletiva proposta por sindicato na qualidade de substituto processual, quando ambas possuem o mesmo objeto. Precedentes. Recurso de revista de que não se co-

nhece (TST, RR 113900-24.2007.5.04.0601, 4ª Turma, rel. Min. Fernando Eizo Ono, *DEJT* 2-9-2011, p. 1251).

Todavia, ao pronunciar-se por intermédio da SDI I, o mesmo TST acabou por posicionar-se em sentido diametralmente oposto àquele outrora manifestado, para entender que inexiste a aludida litispendência entre a ação coletiva proposta pela entidade sindical e a demanda individual proposta pelo titular do direito à guisa do conteúdo do art. 104 do CDC:

> Art. 104. As ações coletivas, previstas nos incisos I e II e do parágrafo único do art. 81, não induzem litispendência para as ações individuais, mas os efeitos da coisa julgada *erga omnes* ou *ultra partes* a que aludem os incisos II e III do artigo anterior não beneficiarão os autores das ações individuais, se não for requerida sua suspensão no prazo de trinta dias, a contar da ciência nos autos do ajuizamento da ação coletiva.

Na mesma linha de entendimento, verifica-se que o TST firmou sua jurisprudência no sentido de que inexiste litispendência ou coisa julgada entre a ação coletiva ajuizada por sindicato profissional, na qualidade de substituto processual, e a ação individual proposta por empregado substituído, tendo em vista a ausência da necessária identidade subjetiva entre as demandas. Com efeito, segundo os §§ 1º, 2º e 3º do art. 337 do CPC, verifica-se a litispendência ou a coisa julgada quando se reproduz ação anteriormente ajuizada. Uma ação é idêntica a outra quando possui as mesmas partes, a mesma causa de pedir e o mesmo pedido, havendo litispendência apenas quando se repete ação que está em curso. No particular, o ajuizamento da ação pelo sindicato, em nome próprio, ainda que para pretender direito alheio, demonstra inequivocamente a inexistência das mesmas partes, em relação à ação individual ajuizada pelo verdadeiro titular do direito. Enquanto na ação coletiva a parte é a entidade sindical, na demanda individual a parte é o próprio substituído. É o que se depreende:

> RECURSO DE EMBARGOS EM RECURSO DE REVISTA. INTERPOSIÇÃO SOB A ÉGIDE DA LEI 11.496/2007. FUNDAÇÃO MUNICIPAL DE SAÚDE DE TERESINA. REPRESENTAÇÃO PROCESSUAL. PROCURADOR DO MUNICÍPIO COM MANDATO NOS AUTOS. REGULARIDADE. 1. Hipótese em que o recurso de revista interposto pela Fundação Municipal de Saúde de Teresina foi subscrito por procurador do Município, constituído nos autos pela reclamada, por meio de outorga de mandato válido. 2. A acenada contrariedade à OJ 318/SDI-I/TST, em aplicação por analogia, não enseja o conhecimento do presente recurso, uma vez que a orientação jurisprudencial mencionada não trata de representação processual, mas, sim, de legi-

timidade recursal. Precedentes desta SDI-I. 3. Os arestos paradigmas, que não contêm indicação da fonte oficial ou repositório autorizado em que publicados, desservem ao fim colimado, a teor do item I da Súmula 337 do TST. Recurso de embargos não conhecido, no tema. AÇÃO COLETIVA. SINDICATO. SUBSTITUIÇÃO PROCESSUAL. AÇÃO INDIVIDUAL AJUIZADA PELO EMPREGADO. LITISPENDÊNCIA. Firmou-se a jurisprudência desta Corte Superior no sentido de que inexiste litispendência entre a ação coletiva ajuizada por sindicato profissional, na qualidade de substituto processual, e a ação individual proposta por empregado substituído, tendo em vista a ausência da necessária identidade subjetiva. Precedentes desta SDI-I. Recurso de embargos conhecido e provido, no tema (E-RR 74800-75.2008.5.22.0003, rel. Min. Hugo Carlos Scheuermann, j. 20-8-2015, Subseção I Especializada em Dissídios Individuais, *DEJT* 28-8-2015).

AÇÃO COLETIVA. SINDICATO. SUBSTITUIÇÃO PROCESSUAL. AÇÃO INDIVIDUAL AJUIZADA PELO EMPREGADO. LITISPENDÊNCIA. Firmou-se a jurisprudência desta Corte Superior no sentido de que inexiste litispendência entre a ação coletiva ajuizada por sindicato profissional, na qualidade de substituto processual, e a ação individual proposta por empregado substituído, tendo em vista a ausência da necessária identidade subjetiva. Precedentes desta Colenda SBDI-1. Recurso de embargos conhecido e provido, no tema (E-RR 5800-85.2008.5.22.0003, rel. Min. Hugo Carlos Scheuermann, j. 5-2-2015, Subseção I Especializada em Dissídios Individuais, *DEJT* 20-2-2015).

RECURSO DE REVISTA. AÇÃO COLETIVA. SINDICATO. SUBSTITUIÇÃO PROCESSUAL. AÇÃO INDIVIDUAL. LITISPENDÊNCIA. COISA JULGADA. INEXISTÊNCIA. 1. A Corte de origem rejeitou as arguições de litispendência e coisa julgada em decorrência de acordo firmado em ação ajuizada pelo sindicato da categoria da autora. Fundamentou que "não há considerar a existência de litispendência ou coisa julgada entre uma ação coletiva *lato sensu* – entendida aquela na qual se busca a tutela de direitos individuais homogêneos por meio de associação constituída – e uma ação individual com pedidos idênticos ou em parte coincidentes com os daquela, visto que a legitimidade ativa do sindicato, por ser meramente decorrente, não exclui a possibilidade de o próprio titular do direito deduzir em Juízo a sua pretensão por intermédio de ação individual". Acrescentou que "o art. 104 da Lei n. 8.078/1990 (Código de Defesa do Consumidor), aplicado de forma subsidiária ao processo do trabalho por autorização do art. 769 do CPC, dispõe expressamente que as ações coletivas não induzem litispendência para as ações individuais". Pontuou, ainda, que, "quanto aos efeitos irradiados pelo acordo formulado na ação coletiva, destaco que a presente demanda não está suspensa (art. 104 da Lei n. 8.078/1990, *in fine*), razão pela qual o recorrente não

> poderá se beneficiar dos efeitos da coisa julgada *ultra partes* (aos integrantes da categoria nominados como substituídos)". 2. Firmou-se a jurisprudência desta Corte Superior no sentido de que inexiste litispendência ou coisa julgada entre a ação coletiva ajuizada por sindicato profissional, na qualidade de substituto processual, e a ação individual proposta por empregado substituído, tendo em vista a ausência da necessária identidade subjetiva. Precedentes. 3. Aplicação dos óbices do art. 896, § 4º, da CLT e da Súmula 333/TST (TST, RR 957003720095120031, rel. Hugo Carlos Scheuermann, 1ª Turma, j. 6-5-2015, *DEJT* 15-5-2015).

Ainda é relevante identificar que, uma vez ajuizada a demanda, em substituição processual pelo sindicato, a prescrição da pretensão individual será interrompida mesmo que a entidade sindical seja reputada ilegítima para a pretensão. Tal posição foi consagrada pelo E. TST, por meio de sua SDI I, como se depreende da OJ 359 daquela Corte, e é fundada na regra prevista no art. 202 do CC, a qual prevê que a prescrição é interrompida por qualquer ato judicial que constitua o devedor em mora, sendo justamente a hipótese da ação proposta pelo sindicato:

> 359. SUBSTITUIÇÃO PROCESSUAL. SINDICATO. LEGITIMIDADE. PRESCRIÇÃO. INTERRUPÇÃO (*DJ* 14.03.2008). A ação movida por sindicato, na qualidade de substituto processual, interrompe a prescrição, ainda que tenha sido considerado parte ilegítima "ad causam".

Questão interessante é a relacionada à necessidade de autorização em assembleia, para que a entidade sindical possa substituir o verdadeiro titular do direito. Segundo o STF, como já mencionado, não é necessária a exigência de prévia autorização em assembleia para a legitimação da atuação sindical. Todavia, Amauri Mascaro Nascimento[7] pontua que a "CLT (art. 859) exige autorização da assembleia da categoria para instauração do dissídio coletivo. Não seria lógico dispensar a autorização para a ação de substituição processual, pelas mesmas razões em virtude das quais a aprovação é indispensável no dissídio coletivo".

O TST tem se pronunciado no sentido de que é desnecessária a autorização, pelos substituídos, para o manejo da ação correspondente:

> AGRAVO DE INSTRUMENTO EM RECURSO DE REVISTA. SINDICATO. SUBSTITUIÇÃO PROCESSUAL. LEGITIMIDADE ATIVA *AD CAUSAM*. INEXISTÊNCIA DE AUTORIZAÇÃO DOS SUBSTITUÍDOS. DESNECES-

7. NASCIMENTO, Amauri Mascaro. *Curso de direito processual do trabalho*, cit., 25. ed., p. 495.

> SIDADE. Não se configura no decidido pela Corte *a quo*, como alegado, qualquer dos permissivos a ensejar o trânsito da Revista interposta, ali se concluindo no sentido de que o Sindicato tem legitimidade ativa para, em substituição aos trabalhadores membros da respectiva categoria profissional, e sem necessidade de autorização expressa dos mesmos, propor ação em defesa dos interesses da categoria, conforme autoriza o artigo 8º, inciso III, da Constituição Federal, não havendo que se falar em violação aos artigos 5º, inciso XXI, da Carta Magna, 513, alínea *a*, 524 e 859, da CLT. (...) (TST, AIRR 6104023200450301 02, 61040-23.2004.5.03.0102, rel. Josenildo dos Santos Carvalho, 2ª Turma, j. 16-8-2006, *DJ* 8-9-2006).

Por fim, cumpre mencionar, ainda, que há aqueles que refutam o próprio caráter de substituição processual quando da atuação sindical, como é o caso de Manoel Antonio Teixeira Filho[8] e Valentin Carrion[9], para quem se está efetivamente diante de simples representação, com mandato legal presumido, e revogável, o que está de acordo com a sistemática do processo trabalhista. Da seguinte forma o último apresenta sua tese:

> A Lei Salarial 7.238/1984, em seu art. 3º, § 2º, facultou aos sindicatos apresentar reclamação trabalhista, independentemente de outorga de poderes, "na qualidade de substituto processual de seus associados". Essa figura do processo civil é a de quem pleiteia direito alheio em nome próprio (CPC, art. 6º). Não é crível que o legislador trabalhista o tenha usado com propriedade técnica, entre outras razões, porque a substituição processual própria impediria a presença do titular do direito no processo trabalhista, por vontade expressa e reiterada das Constituições brasileiras; dizer, como ponderadamente disse o TST, que o substituído pode desistir da ação equivale a mostrar que não se trata de verdadeira substituição processual, onde não há lugar para intervenção do substituído. Conclui-se tratar-se de "substituição processual concorrente", que é a que permite a presença de alguns interessados na ação comum, enquanto outros estiverem ausentes (Barbosa Moreira, "Apontamentos...", RT 404/9; Epraim de Campos Jr., "Substituição", RT 1985/21), e que, portanto, não é substituição típica. Por isso, a expressão deve ser considerada simples representação, com mandato legal presumido, e revogável, o que está de acordo com a sistemática do processo trabalhista, como se viu dos três dispositivos legais mencionados acima. A grandeza e a generalidade da luta

---

8. TEIXEIRA FILHO, Manoel Antonio. *Curso de direito processual do trabalho*. São Paulo: LTr, 2009. v. I, p. 224.
9. CARRION, Valentin. *Comentários à Consolidação das Leis do Trabalho*, cit., 33. ed., p. 514.

sindical prescindem da necessidade de esmagar a vontade individual de algum trabalhador que queira ou necessite agir diferentemente do conjunto de sua categoria ou em conflito com seu sindicato, e com sua prerrogativa de escolha de advogado.

2.5. Sucessão e suspensão processual. Da suspensão decorrente da condição do advogado

É possível a modificação do sujeito processual em razão da substituição das partes no curso do processo. A sucessão voluntária ocorre nos casos expressos em lei, como previsto no art. 108 do CPC. A alienação de coisa ou direito litigioso por ato entre vivos, a título particular, todavia, não altera a legitimidade das partes (art. 109 do CPC), salvo com o consentimento da parte contrária.

De todo modo, cumpre consignar que é possível a sucessão em relação aos trabalhadores e aos empregadores. Em se tratando de morte de qualquer das partes, na forma do art. 110 do CPC, dar-se-á a sucessão por seu espólio ou por seus sucessores.

Em relação ao empregador, se este for pessoa física, aplicam-se as regras a respeito da habilitação incidente dos sucessores no processo, conforme leciona José Augusto Rodrigues Pinto[10] (art. 313, §§ 1º e 2º, do CPC). Falecido o réu, ordenará a intimação do autor para que promova a citação do respectivo espólio, de quem for o sucessor, ou, se for o caso, dos herdeiros, no prazo que designar, de no mínimo dois e no máximo seis meses (inciso I do § 2º do art. 313 do CPC).

No caso de sucessão entre pessoas jurídicas, tal mudança não exige procedimento formal de habilitação, pois os efeitos da ação se fazem sentir sobre o sucessor, que prossegue na execução das atividades empresariais. De todo modo, na forma do art. 77, V, é dever da parte o de declinar, no primeiro momento em que lhe couber falar nos autos, o endereço residencial ou profissional onde receberá intimações, atualizando essa informação sempre que ocorrer qualquer modificação temporária ou definitiva.

Quanto à sucessão do empregado, na hipótese de sua morte, suspende-se o curso do feito e se procede à habilitação dos herdeiros na forma dos arts. 110, 687 a 692 do CPC. Como já referido, a Lei n. 6.858/80, embora cuide especificamente de questões relacionadas com os depósitos de FGTS, no caso de morte do beneficiário, tem sido aplicada analogicamente para fins de habilitação dos her-

10. PINTO, José Augusto Rodrigues. *Processo trabalhista de conhecimento*, cit., 7. ed., p. 251.

deiros, o que se dá com a mera demonstração do registro como dependente do *de cujus* junto ao INSS.

Não ajuizada ação de habilitação, ao tomar conhecimento da morte, o juiz determinará a suspensão do processo e observará o seguinte:

> I – falecido o réu, ordenará a intimação do autor para que promova a citação do respectivo espólio, de quem for o sucessor ou, se for o caso, dos herdeiros, no prazo que designar, de no mínimo 2 (dois) e no máximo 6 (seis) meses;
> II – falecido o autor e sendo transmissível o direito em litígio, determinará a intimação de seu espólio, de quem for o sucessor ou, se for o caso, dos herdeiros, pelos meios de divulgação que reputar mais adequados, para que manifestem interesse na sucessão processual e promovam a respectiva habilitação no prazo designado, sob pena de extinção do processo sem resolução de mérito.

No caso de morte do procurador de qualquer das partes, ainda que iniciada a audiência de instrução e julgamento, o juiz determinará que a parte constitua novo mandatário, no prazo de quinze dias, ao final do qual extinguirá o processo sem resolução de mérito, se o autor não nomear novo mandatário, ou ordenará o prosseguimento do processo à revelia do réu, se falecido o procurador deste.

Quanto à suspensão do processo, o art. 313 do CPC indica suas hipóteses, as quais são aplicáveis ao processo do trabalho, na forma do art. 769 da CLT.

Em relação às partes, a suspensão pode ser legal, como a decorrente da perda da capacidade ou morte, por exemplo; ou mesmo voluntária, como quando as partes pretendem a suspensão do feito por mera convenção (inciso II). Neste último caso, não se deve interferir no curso do processo ou de prazo peremptório, tampouco ser superior a seis meses.

Em relação aos procuradores, na hipótese da morte ou incapacidade do procurador, aplica-se a previsão do CPC (art. 313, I, do CPC).

A partir da Lei n. 13.363/2016, suspende-se o feito quando a advogada responsável pelo processo constituir a única patrona da causa, pelo parto ou pela concessão de adoção (inciso IX do art. 313 do CPC). No mesmo sentido, quando o advogado responsável pelo processo constituir o único patrono da causa e se tornar pai (inciso X do art. 313 do CPC).

3. REPRESENTAÇÃO DAS PARTES EM AUDIÊNCIA. DA AUDIÊNCIA REALIZADA POR MEIOS ELETRÔNICOS

A legislação trabalhista prevê que as partes estarão presentes à audiência, independentemente do comparecimento dos seus advogados. É o que se depreende do art. 843 da CLT:

> Na audiência de julgamento deverão estar presentes o reclamante e o reclamado, independentemente do comparecimento de seus representantes salvo, nos casos de Reclamatórias Plúrimas ou Ações de Cumprimento, quando os empregados poderão fazer-se representar pelo Sindicato de sua categoria.
> § 1º É facultado ao empregador fazer-se substituir pelo gerente, ou qualquer outro preposto que tenha conhecimento do fato, e cujas declarações obrigarão o proponente.
> § 2º Se por doença ou qualquer outro motivo poderoso, devidamente comprovado, não for possível ao empregado comparecer pessoalmente, poderá fazer-se representar por outro empregado que pertença à mesma profissão, ou pelo seu sindicato.

O *caput* do dispositivo (art. 843 da CLT) refere como obrigatória a participação das partes na audiência, para que seja possível ao juízo a tentativa de conciliação e para que seja possível a produção da prova oral, por meio do depoimento pessoal de cada uma delas, em caso de instrução imediata. Todavia, o próprio dispositivo faculta, para a realização do ato, que as partes se façam representar por um terceiro. É o que vamos ver.

Antes, porém, cumpre mencionar o interessante dispositivo existente no CPC (art. 334, § 7º), que faculta que a audiência de conciliação seja realizada inclusive por meio eletrônico. Não parece ser dispositivo desprovido de propósito, muito menos inaplicável ao processo do trabalho. Com efeito, parece adequado à realidade processual atual que o Judiciário permita às partes, por meio de teleconferências, ou de meios equivalentes, sejam realizadas as audiências em que se pretenda a composição entre as partes. Aliás, os próprios sistemas de informática dos Tribunais podem ser adaptados a tanto, a fim de permitir, com maior amplitude, a busca pela resolução da demanda formulada.

Cumpre mencionar, à guisa das audiências realizadas por meio digital, que, em razão das medidas de prevenção ao contágio pelo coronavírus (COVID-19), acabou-se por concluir como imperiosa a utilização dos meios telepresenciais para a realização de audiências (inclusive as de instrução) e para a prática de outros atos processuais. Diante de tal circunstância, consoante regulamentado através do Ato n. 11/2020 da Corregedoria Geral da Justiça do Trabalho, permitiu-se a utilização de tal expediente usualmente. O Ato da Corregedoria do TST acabou por permitir a instrução processual por meio de plataformas digitais (art. 4º). Todavia, segundo a mesma disciplina, aqueles atos que eventualmente não possam ser praticados pelo meio eletrônico ou virtual, por absoluta inviabilidade técnica ou prática, a ser apontada por qualquer dos envolvidos no ato e, devidamente justificada nos autos, implica o necessário adiamento do mesmo ato, mediante decisão fundamentada do magistrado, consoante se depreende do art. 5º.

Note-se, no particular, que através da Resolução 314/2020 do CNJ, fora definido que, nas audiências em primeiro grau de jurisdição por meio de videoconferência, devam ser consideradas as dificuldades de participação das partes e testemunhas, realizando-se esses atos somente quando for possível tal protagonismo sem prejuízo para a sua prática. A fim de evitar abusos, a mesma Resolução prevê a vedação da atribuição de responsabilidade aos advogados e procuradores em providenciarem o comparecimento de partes e testemunhas a qualquer localidade fora de prédios oficiais do Poder Judiciário para participação em atos virtuais (§ 3º, art. 6º, Resolução 314/2020).

3.1. Representação do empregado em audiência. Representação no caso das reclamatórias plúrimas. Representação em caso de ausência do empregado pelo seu sindicato ou colega de profissão

Em primeiro lugar, cumpre mencionar que, por intermédio de sua representação em audiência, o empregado buscar reafirmar ao juízo que, não obstante sua ausência física, persiste seu interesse no prosseguimento da demanda. Trata-se da representação meramente fática, tal qual explicita Carlos Henrique Bezerra Leite[11], uma vez que, nesses casos, o representante (sindicato/colega de profissão) não poderá transigir, desistir da ação, confessar, recorrer etc.

Em relação aos trabalhadores, a primeira exceção trazida pelo art. 843 da CLT no tocante à presença física das partes em audiência tem previsão logo no *caput* do dispositivo.

Com efeito, prevê-se que, nos casos de reclamatórias plúrimas (aquelas em que existe litisconsórcio ativo) ou nas ações de cumprimento (aquelas em que se pretende o cumprimento de acordo ou sentença normativa), os empregados poderão fazer-se representar pelo sindicato de sua categoria.

A representação sindical para a audiência, no particular, é taxativa na hipótese das demandas plúrimas ou nas ações de cumprimento, inexistindo qualquer outra condição a ser suprida.

De fato, nos casos de reclamatórias plúrimas ou ações de cumprimento, os empregados poderão fazer-se representar pelo sindicato de sua categoria mesmo que não demonstrada qualquer outra situação de relevância para justificar a ausência na audiência. É que, no caso previsto no final do *caput* do art. 843, dada a identidade da matéria com a própria atuação institucional do sindicato, não se faz necessário outro motivo relevante para sua atuação, senão a própria pluralidade de interesses envolvidos. Nesse sentido a jurisprudência:

---

11. LEITE, Carlos Henrique Bezerra. *Curso de direito processual do trabalho*, cit., 8. ed., p. 395.

AÇÃO PLÚRIMA. AUDIÊNCIA. AUSÊNCIA. REPRESENTAÇÃO. SINDICATO DA CATEGORIA. 1. Nos casos de ação plúrima, a lei (art. 843 da CLT) expressamente assegura ao sindicato da categoria profissional o direito de representar os Reclamantes ausentes, independentemente de qualquer condição. Com muito maior razão se o litígio entre as partes trava-se acerca de matéria exclusivamente de direito. 2. Afronta o art. 843 da CLT a extinção do processo, sem julgamento de mérito, relativamente ao reclamante ausente, devidamente representado pelo sindicato da categoria profissional. 3. Recurso de revista que se conhece e a que se dá provimento (TST, RR 887005020035240002, 1ª Turma, j. 9-11-2005, *DJ* 3-2-2006).

PRELIMINAR DE NULIDADE DO ACÓRDÃO REGIONAL POR NEGATIVA DE PRESTAÇÃO JURISDICIONAL. No caso, em que pese a parte tenha suscitado o pronunciamento da Corte sobre a limitação temporal do pedido de horas extras estabelecida na sentença e não alegada na petição inicial, a Corte regional não se pronunciou sobre a questão. Contudo, não há nulidade a ser acolhida, tendo em vista que, nos termos do item III da Súmula n. 297 do TST, considera-se prequestionada a questão jurídica invocada no recurso principal sobre a qual se omite o Tribunal de pronunciar tese, não obstante opostos embargos de declaração. Recurso de revista não conhecido. AÇÃO PLÚRIMA. ARQUIVAMENTO. REPRESENTAÇÃO DOS RECLAMANTES PELO SINDICATO EM AUDIÊNCIA. ARTIGO 843 DA CLT. O Regional manteve a sentença em que se determinou o arquivamento da reclamação, diante da inexistência da justificativa prevista no artigo 843, § 2º, da CLT. Trata-se de ação trabalhista plúrima com pretensão relativa à matéria exclusivamente de direito (diferenças da multa de 40% do FGTS decorrentes dos expurgos inflacionários). Dispõe o artigo 843, *caput*, da CLT: Na audiência de julgamento deverão estar presentes o reclamante e o reclamado, independentemente do comparecimento de seus representantes salvo, nos casos de reclamatórias plúrimas ou ações de cumprimento, quando os empregados poderão fazer-se representar pelo sindicato de sua categoria. Assim, na hipótese de reclamação trabalhista plúrima, o *caput* do artigo 843 da CLT autoriza a representação dos reclamantes em audiência pelo sindicato da categoria profissional correspondente, independentemente da comprovação de qualquer justificativa, não sendo a hipótese de arquivamento da reclamação. Recurso de revista conhecido e provido (TST, RR 1291003320055170002, 129100-33.2005.5.17.0002, rel. José Roberto Freire Pimenta, 2ª Turma, j. 24-8-2011, *DEJT* 2-9-2011).

Ou seja, a representação sindical para a audiência, no particular, está condicionada exclusivamente ao caso das reclamatórias plúrimas e ações de cumprimento.

O mesmo dispositivo legal (art. 843 da CLT) prevê, ainda, no seu § 2º, que, se, por doença ou qualquer outro motivo poderoso, devidamente comprovado, não for possível ao empregado comparecer pessoalmente, poderá fazer-se representar por outro empregado que pertença à mesma profissão, ou por seu sindicato. O dispositivo legal apresenta algumas condições que precisam ser supridas, quais sejam:

a) que o empregado não compareça pessoalmente à audiência;
b) que tal ausência se dê por doença ou por outro motivo relevante;
c) que a razão da ausência seja devidamente comprovada.

Em relação ao preposto do empregado, o art. 843, em seu § 2º, condiciona a preposição a dois aspectos, ligados ao motivo e à qualidade do preposto. Em relação ao motivo, a preposição somente será legítima se sua ausência pessoal tiver por causa doença ou outro motivo poderoso. Em relação à qualidade do preposto, é exigido que ele seja colega de profissão do empregado ou que a preposição seja exercida pelo sindicato que represente sua categoria profissional.

Trata-se de hipótese em que o trabalhador não comparece por motivo de doença ou motivo relevante (ou, segundo a compreensão que se deve ter da redação legal, um motivo sério, importante, significativo, ponderoso!). Isso porque, segundo o art. 843 da CLT, faz-se necessária a presença das partes na audiência, independentemente da presença de seus representantes, ou seja, de seus advogados, não sendo qualquer motivo suficiente para elidir os efeitos da ausência da parte na sessão.

Deve-se referir desde já que não será o trabalhador representado, propriamente, já que não se poderá praticar os atos regulares do processo, mas apenas se justificará a ausência do colega para a prática do ato. Ou seja, a presença do colega de trabalho do reclamante, ou da entidade sindical, no particular seria exclusivamente para elidir o arquivamento ou os efeitos da confissão, impondo-se o adiamento da sessão. Todavia, há quem entenda ser possível que a representação referida ocorrerá de forma mais ampla, permitindo-se, por exemplo, a tomada de depoimento do representante, em nome da parte, ou mesmo que sejam entabuladas e firmadas proposições atinentes à demanda, embora condicionado à outorga de poderes expressos, na forma do art. 1.173 do CC. Nesse sentido, Edilton Meireles e Leonardo Dias Borges[12]:

> Considerando-se que o depoimento pessoal é ato processual complexo e personalíssimo, é evidente que a presença de outra pessoa, no lugar do autor, tem como escopo apenas evitar o "arquivamento". A única exceção admitida

12. MEIRELES, Edilton; BORGES, Leonardo Dias. *Primeiras linhas de processo do trabalho*, cit., p. 159.

é se o representante do autor comparecer munido de procuração com poderes específicos para depor e confessar.

O Tribunal Regional do Trabalho da 5ª Região já teve a oportunidade de se pronunciar no mesmo sentido, reputando possível a realização da audiência, normalmente, inclusive com a tomada do depoimento do representante para a audiência, desde que o representante esteja credenciado com poderes expressos para tanto, tal qual analogicamente permite o art. 1.173 do CC:

> AUDIÊNCIA. REPRESENTAÇÃO DE EMPREGADO AUSENTE. SUBSTITUIÇÃO PELO SINDICATO OU COLEGA DE PROFISSÃO. AUSÊNCIA DE VEDAÇÃO NA LEI PARA PRESTAÇÃO DE DEPOIMENTO. INCIDÊNCIA DO ART. 1.173, DO CÓDIGO CIVIL. A substituição do empregado que não comparece na audiência por motivo justificado, a exemplo de encontrar-se fora do País em curso de mestrado, autoriza a representação pelo sindicato de sua categoria profissional ou colega de profissão. À falta de vedação legal, não se restringe, a preposição, apenas para evitar o arquivamento, devendo a audiência realizar-se normalmente. A prestação de depoimento, contudo, está condicionada à outorga de poderes expressos, na forma do art. 1.173, do Código Civil (TRT – 5ª Região, RO 3396420105050641/BA, 0000339-64.2010.5.05.0641, 2ª Turma, *DJ* 15-12-2010).

A representação do empregado faltoso, como já visto, está condicionada a doença ou outro motivo relevante (§ 2º do art. 843 da CLT).

A hipótese de doença que autoriza a ausência do autor, a nosso sentir, deve ser compreendida sob a mesma perspectiva do entendimento cristalizado pelo E. TST por meio da Súmula 122, que trata justamente da ausência do representante do demandado para a audiência, como veremos adiante. Segundo a posição cristalizada pelo E. TST, a doença que autoriza a ausência da parte na audiência é apenas aquela que impossibilita sua locomoção para a prática do ato, sendo o critério, em tese, aplicável inclusive para a hipótese de ausência do trabalhador na audiência. É o que já aduziu o TST, por meio da sua 3ª Turma:

> RECURSO DE REVISTA. PROCESSO SOB A ÉGIDE DA LEI 13.015/2014. PRELIMINAR DE NULIDADE POR CERCEAMENTO DE DEFESA. CONFISSÃO FICTA. AUSÊNCIA DO RECLAMANTE À AUDIÊNCIA DE INSTRUÇÃO. ATESTADO MÉDICO. INEXISTÊNCIA DA EXPRESSÃO "IMPOSSIBILIDADE DE LOCOMOÇÃO". VALIDADE. SÚMULA 122/TST. O entendimento consagrado na Súmula 122/TST não comporta interpretação literal, no sentido de que o atestado médico apto a refutar a confissão ficta deva conter expressamente o termo "impossibilidade de locomoção". Com efeito, ainda que não haja menção expressa da impossibilidade de locomoção,

> conforme menciona a Súmula 122/TST, havendo no atestado médico dados que evidenciem tal circunstância, o documento deverá ser acolhido como prova da incapacidade da parte em fazer-se presente à audiência, afastando, por conseguinte, os efeitos da confissão ficta. Julgados. Recurso de revista conhecido e provido (RR 901-84.2014.5.09.0653, rel. Min. Mauricio Godinho Delgado, 3ª Turma, j. 16-11-2016, *DEJT* 18-11-2016).

Sucede que a 4ª Turma do mesmo TST já teve a oportunidade de se pronunciar em sentido diametralmente oposto àquela posição, ou seja, para negar a aplicação do mesmo critério previsto na Súmula 122 para a hipótese da ausência do trabalhador na audiência, medida que nos parece inaceitável porque estipula diferença incabível entre os ônus das partes, em franca violação do princípio da isonomia processual:

> AGRAVO DE INSTRUMENTO EM RECURSO DE REVISTA. APELO INTERPOSTO NA VIGÊNCIA DAS LEIS N. 13.015/2014 E 13.105/2015 (NOVO CPC). AUSÊNCIA DO RECLAMANTE À AUDIÊNCIA JUSTIFICADA POR ATESTADO MÉDICO CONSIDERADO VÁLIDO PELO JUÍZO *A QUO*. INAPLICABILIDADE DA SÚMULA N. 122 DO TST QUANDO SE TRATAR DE EMPREGADO. Hipótese em que o Regional, soberano na apreciação dos fatos e das provas, manteve a sentença por concluir que o Código Internacional da Doença (CID) constante no atestado médico juntado pelo Reclamante era suficiente para justificar a sua ausência à audiência. Dessa forma, a invalidade do referido atestado, sob a perspectiva de que este não se prestaria à comprovação da impossibilidade de locomoção do empregado, apenas poderia ser aferida após reanálise de fatos e provas, procedimento vedado a esta Corte, nos termos da Súmula n. 126 desta Casa. Intacto, portanto, o art. 848 da CLT. Ademais, não há contrariedade à Súmula n. 122 do TST, cuja aplicação é restrita à hipótese de revelia aplicada ao Reclamado (empregador ou o preposto). Nesse sentido, precedente desta 4ª Turma (RR 685-70.2010.5.04.0761, *DEJT* 16/09/2016). Agravo de Instrumento conhecido e não provido (AIRR 215-70.2013.5.03.0079, rel. Min. Maria de Assis Calsing, 4ª Turma, j. 30-11-2016, *DEJT* 2-12-2016).

No tocante a qualquer outro motivo capaz de autorizar a aludida ausência, a previsão legal deve ser entendida no sentido de que apenas assim se consideram, os motivos relevantes, significativos, capazes de atestar a inviabilidade da presença da parte para a prática do ato. Não se trata de motivo sério os simples fatos da vida, previsíveis, como as dificuldades do tráfego, ou outras suscetíveis de ocorrer normalmente. Nesse sentido:

> RECURSO ORDINÁRIO. AUDIÊNCIA DE PROSSEGUIMENTO. NÃO COMPARECIMENTO DO RECLAMANTE. CONFISSÃO. O fato de o recla-

mante dizer que não compareceu à audiência de prosseguimento por causa "dos transportes e do tráfego" não tem amparo legal para justificar sua ausência, uma vez que esta somente se justifica no caso de doença ou outro motivo poderoso, devidamente comprovado, caso em que "poderá fazer-se representar por outro empregado que pertença à mesma profissão, ou pelo seu sindicato" (art. 843, § 2º, CLT). Recurso improvido (TRT – 19ª Região, RO 297201005519008/AL, 00297.2010.055.19.00-8, rel. João Leite, j. 11-2-2011).

Trabalhador que reside em outra cidade. Não comparecimento à audiência. Arquivamento do processo. O fato de os reclamantes residirem em outra cidade não é justificativa prevista no art. 843, § 2º, da CLT para permitir a representação do trabalhador ausente à audiência por outro que pertença à mesma profissão ou pelo sindicato. Não comparecendo o trabalhador à audiência, é devido o arquivamento do processo, nos termos do art. 844, da CLT (TRT – 17ª Região, RO 01291.2005.002.17.00.6, rel. Juiz Mário Ribeiro Cantarino Neto, j. 8-3-2006, *DOES* 29-9-2006).

Arquivamento da reclamação. Ausência do reclamante à audiência. Motivo relevante. Exigência de comprovação. O comparecimento das partes à audiência é obrigatório (CLT, art. 843, *caput*), sendo, no entanto, permitido ao empregado, por doença ou qualquer outro motivo poderoso/relevante, devidamente comprovado, fazer-se representar por outro empregado que pertença à mesma profissão ou pelo seu sindicato (idem, § 2º). Recurso do reclamante conhecido e não provido, no particular (TRT – 9ª Região, Proc. 01290-2008-242-09-00-3, Ac. 11752-2010, 3ª Turma, rel. Des. Cássio Colombo Filho, *DJPR* 23-4-2010).

Por sua vez, na visão do TST, a ausência do trabalhador no país, por si só, seria motivo suficiente para elidir o arquivamento. Aquele Tribunal já teve a oportunidade de se pronunciar no sentido de que a ausência do reclamante na audiência inaugural, por aplicação da previsão legal, autorizaria o adiamento da assentada. É o que se depreende:

RECURSO DE EMBARGOS INTERPOSTO ANTERIORMENTE À VIGÊNCIA DA LEI N. 11.496/2007. IRREGULARIDADE DE REPRESENTAÇÃO. PROCURAÇÃO EM CÓPIA AUTENTICADA. Correta a decisão da Turma que não reconheceu a irregularidade de representação, quando verificada o traslado de procuração em cópia autenticada. AUSÊNCIA JUSTIFICADA À AUDIÊNCIA. ARQUIVAMENTO DA RECLAMAÇÃO TRABALHISTA. Tendo a Reclamante demonstrado que a sua ausência à audiência inaugural decorria do fato de estar ausente do país, está configurado motivo poderoso suficiente a elidir o arquivamento da Reclamação Trabalhista, nos moldes do art. 843, § 2º, da CLT. Entendimento em sentido contrário acabaria por violar a garantia do devido processo legal. Recurso de Embargos não conhecido (ED--RR 468500-68.2003.5.09.0003, rel. Min. Maria de Assis Calsing, j. 23-4-2009, Subseção I Especializada em Dissídios Individuais, *DEJT* 30-4-2009).

RECURSO DE REVISTA. AUSÊNCIA JUSTIFICADA EM AUDIÊNCIA. MOTIVO PODEROSO. Tendo comprovado a reclamante estar a trabalho no exterior na data da audiência inaugural e diante da possibilidade prevista no § 2º do art. 843 da CLT no sentido de que "se por doença ou qualquer outro motivo poderoso, devidamente comprovado, não for possível ao empregado comparecer pessoalmente, poderá fazer-se representar por outro empregado que pertença à mesma profissão, ou pelo seu sindicato", a decisão regional no sentido de determinar o arquivamento da reclamação trabalhista configura o cerceamento do direito de ampla defesa e do contraditório da reclamante, previsto no art. 5º, inciso LV, da Constituição Federal. Recurso de revista conhecido e provido (ED-RR 468500-68.2003.5.09.0003, rel. Min. Aloysio Corrêa da Veiga, 6ª Turma, j. 5-4-2006, *DJ* 28-4-2006).

O TRT da 1ª Região, por sua vez, já teve a oportunidade de consignar que o simples fato de o trabalhador residir em um país longínquo, localizado em outro continente, também autorizaria a utilização da faculdade legal:

Direito processual do trabalho. Ausência do autor em audiência. Representação. Sindicato. O fato de o autor residir em um país longínquo, localizado em outro continente, é motivo poderoso que autoriza o empregado a se fazer representar pelo seu sindicato, nos termos do art. 843, § 2º da CLT (TRT – 1ª Região, RO 00106906820155010080/RJ, 8ª Turma, j. 15-12-2015, data de publicação: 19-1-2016).

O dispositivo legal, ainda, menciona a necessidade de que o motivo seja devidamente comprovado para que a justificativa da ausência seja acolhida.

Segundo a compreensão que se tem do mesmo dispositivo, a comprovação do fato poderoso deve ser contemporânea, embora necessariamente não imediatamente posterior, à realização da audiência. Assim, deve a parte ausente demonstrar as razões que a impediram de estar presente na assentada ou naquele momento, ou logo após. Os TRTs da 21ª e 3ª Regiões, respectivamente, já consignaram que a juntada do documento comprobatório do motivo relevante/doença deve dar-se se não no momento da audiência, pelo menos logo depois da data em que esta se realizaria. É o que se depreende:

Arquivamento da Reclamação. Não comparecimento do reclamante. Juntada tardia de atestado médico. Elisão. Impossibilidade. 1. O atestado médico capaz de impedir ou mesmo elidir o arquivamento da reclamação deve ser apre-

> sentado em Juízo se não no momento da audiência, pelo menos logo depois da data em que ela se realizaria. Por isso, a norma permissiva (o art. 843, § 2º, da CLT) alude a motivo poderoso devidamente comprovado (...) (TRT – 21ª Região, RO 3165200, j. 7-3-2002, rel. Carlos Newton Pinto, *DJ* 20-3-2002)[13].
>
> AUSÊNCIA DO RECLAMANTE À AUDIÊNCIA DE INSTRUÇÃO NA QUAL DEVERIA DEPOR – APRESENTAÇÃO DO ATESTADO MÉDICO APENAS NA FASE RECURSAL – PRECLUSÃO. O motivo poderoso para o não comparecimento pessoal do reclamante à audiência na qual deveria prestar o seu depoimento pessoal deve ser devidamente comprovado no momento da audiência, segundo o parágrafo 2º do art. 843 da CLT. A juntada do atestado médico tão somente na fase recursal encontra óbice no instituto da preclusão, máxime quando se observa que o referido documento foi emitido dois dias antes da realização da audiência. Desse modo, deve ser rejeitada a preliminar eriçada de cerceio de defesa, por impossibilidade de produção de prova na audiência de instrução (TRT 3ª Região – Minas Gerais, 2008-06-11; 01026-2007-132-03-00-6)[14].

A imediatidade que prevê o dispositivo para a comprovação deve levar em consideração alguma razoabilidade, por parte do julgador, não sendo razoável, por exemplo, que se exija a comprovação do atendimento médico ou de qualquer outro motivo relevante que tenha ocorrido horas antes, ou enquanto realizada a própria audiência. Nessas poucas horas, nem a parte, nem ninguém conseguiria demonstrar o que lhe ocorreu, para impedir sua participação do ato processual.

Diante da aludida ausência, cumpre ao autor ser representado por um colega de profissão. Note-se que a lei não exige que seja um colega de mesma empresa, mas apenas que faça parte da mesma categoria. Justamente por isso, qualquer pessoa que exerça a mesma profissão do empregado poderá representá-lo para o ato, independentemente de quem seja seu empregador.

Por fim, o mesmo art. 843, § 2º, da CLT permite que a representação do empregado, ainda, se dê pelo sindicato representativo da sua categoria. Assim, a regra é clara no sentido de que não é qualquer sindicato que está autorizado a representar o trabalhador em audiência, mas apenas aquele atinente a sua categoria, mesmo que diferenciada.

13. MANUS, Pedro Paulo; ROMAR, Teresa (org.). *Consolidação das Leis do Trabalho com interpretação jurisprudencial*: convergente, divergente, extensiva, restritiva. São Paulo: Revista dos Tribunais, 2013. p. 851.

14. Acórdão TRT – 3ª Região, Turma Recursal de Juiz de Fora. Disponível em: <ahref="http://www.lexml.gov.br/urn/urn:lex:br;justica.trabalho;regiao.3:tribunal.regional.trabalho;turma.recursal.juiz.fora:acordao:2008-06-11;01026-2007-132-03-00-6">. Acesso em: 11 jun. 2008.

Cumpre mencionar, também, que a hipótese do § 2º do art. 843 da CLT diferencia-se daquela prevista no *caput*. No caso da representação sindical prevista no mencionado parágrafo, é desnecessária a análise de qual seja o meio processual (se em ação plúrima ou ação de cumprimento) para permitir a representação pela entidade profissional. No particular, tem-se a necessidade da conjugação apenas das várias premissas para a representação sindical: por ausência do trabalhador por doença ou outro motivo relevante; devidamente comprovado; com a impossibilidade de comparecimento pessoal.

Embora sem previsão legal, a prática forense tem demonstrado ser possível a nomeação de um trabalhador como representante dos demais litisconsortes, notadamente naquelas hipóteses em que é numerosa a quantidade de empregados sob a mesma situação fática. Nessas hipóteses é indicado um ou alguns trabalhadores para servir(em) como representante(s) dos demais, sob o mesmo modo da representação sindical, analogicamente à previsão do *caput* do art. 843 da CLT.

No mesmo sentido, tem-se entendido que é possível que qualquer pessoa possa comparecer à audiência e noticiar o fato que impede a presença da parte naquele momento, perante o juiz, a fim de que seja sobrestado o ato. É o que leciona Francisco Antônio de Oliveira[15]:

> Em se apresentando o motivo ponderoso (argumento de peso), qualquer pessoa da família poderá comparecer à audiência e noticiar o fato perante o juiz que, seguramente, irá sobrestar a audiência e designar nova data, dando à empresa a possibilidade de contestar o feito na sessão seguinte. O que poderá o juiz do trabalho exigir é que a parte comprove o alegado por ocasião da nova audiência.

3.2. Representação do empregador em audiência. Da figura do preposto do empregador. Representação das empresas de mesmo grupo econômico. Representação do empregador pessoa física. Comprovação da representação. Do limite da representação. Preposto advogado

O art. 843 da CLT exige o comparecimento pessoal das partes à audiência em função da faculdade atribuída ao juízo de interrogá-las, prevista no art. 848 do mesmo texto celetista, além de a prática demonstrar que, ao tratar pessoalmente do conflito, as partes são mais facilmente levadas ao acordo.

15. OLIVEIRA, Francisco Antonio de. *Comentários à Consolidação das Leis do Trabalho*. 3. ed. São Paulo: Revista dos Tribunais, 2005. p. 779.

Todavia, é preciso mencionar que, quando o legislador exige a presença pessoal da parte para a prática do ato processual, ao mesmo tempo faculta ao empregador fazer-se substituir e ao empregado fazer-se representar. O indicado pelo empregador denomina-se preposto. O § 1º do art. 843 da CLT franqueia a preposição do empregador nos seguintes termos:

> § 1º É facultado ao empregador fazer-se substituir pelo gerente, ou qualquer outro preposto que tenha conhecimento do fato, e cujas declarações obrigarão o preponente.

A partir da redação legal, nota-se que o empregador pode se fazer substituir ou (i) pelo gerente ou (ii) por qualquer outro preposto que tenha conhecimento do fato.

O gerente ou preposto tem de conhecer realmente o que está sendo discutido em juízo, pois ele está representando a empresa. Com isso não temos medo de afirmar: É obrigação do empregador instruir o preposto, uma vez que ele é a própria empresa, em juízo!

Tem-se, desse modo, que a figura do gerente, segundo a própria CLT, os exercentes de cargos de gestão (art. 62, II) podem ser representantes do empregador, na audiência, mas não apenas.

Poderá figurar como representante do empregador um preposto, que será o representante do empregador, específico para a prática do ato processual referido, qual seja, a audiência.

A expressão "preposto" advém do Código Comercial (1850), que em seu art. 74 assim dispunha:

> Art. 74. Todos os feitores, guarda-livros, caixeiros e outros quaisquer prepostos das casas de comércio, antes de entrarem no seu exercício, devem receber de seus patrões ou preponentes uma nomeação por escrito, que farão inscrever no Tribunal do Comércio (artigo n. 10, n. 2); pena de ficarem privados dos favores por este Código concedidos aos da sua classe.

A partir da redação do § 3º do art. 843 da CLT, conferida pela Lei n. 13.467/2017 (Reforma Trabalhista), passou a figurar como prescindível a condição de empregado do aludido representante. É o que se conclui da redação do parágrafo:

> § 3º O preposto a que se refere o § 1º deste artigo não precisa ser empregado da parte reclamada.

Tal previsão legal veio a lume a fim de encerrar a severa celeuma sobre a necessidade de que esse representante específico seja empregado ou não da empresa para a prática do ato. Conforme lembra Amauri Mascaro Nascimento:

> Preposto deve ser necessariamente empregado da empresa que representa no processo trabalhista? A lei não exige essa qualidade. (...) Tudo indica que a qualidade de empregado é condição precípua ao conceito de preposto. Preposto é parte do contrato de preposição mercantil, disciplinado pelos arts. 74 a 86 do Código Comercial[16].

Até a edição do aludido § 3º, é preciso que se mencione haver três grandes correntes acerca das condições daquele que pode figurar como preposto do empregador, se apenas um seu empregado ou qualquer pessoa.

A primeira corrente entende que a preposição pode ser imputada a qualquer pessoa, independentemente do vínculo jurídico mantido entre a parte e seu representante. Nesse sentido, pode-se mencionar a posição de Wagner Giglio e José Augusto Rodrigues Pinto, que acabou por ser consagrada pelo legislador.

Segundo tal entendimento, eventuais ônus decorrentes do desconhecimento sobre os fatos seriam imputados unicamente àquele que nomeie ou a alguém despreparado para tanto. Nossa posição sobre a matéria é justamente no sentido de que o significado jurídico de "preposto" é simplesmente o de alguém designado por outrem para assumir a direção de qualquer interesse, não importando sua condição de empregado ou não[17].

Desde antes da aludida previsão legal, entendíamos que mesmo a redação do art. 74 do Código Comercial não englobava no conceito de preposto a noção de empregado. E mesmo naquele Código, quando o legislador quis utilizar a categoria jurídica de empregado, o fez de forma explícita, como se depreende do art. 224 do mesmo Código, por exemplo.

No mesmo sentido, o Código Civil, em mais de uma oportunidade, estipula que a figura dos empregados e a dos prepostos não são coincidentes. O art. 932 do CC, ao tratar da responsabilidade civil, expressamente consigna existirem duas categorias distintas entre empregados e prepostos:

---

16. NASCIMENTO, Amauri Mascaro. *Curso de direito processual do trabalho*. 27. ed. São Paulo: Saraiva, 2012. p. 468.

17. O próprio mestre Amauri Mascaro Nascimento reconhece que se pode ponderar "que a empresa deve ter a liberdade de indicação daquele que quer seja representante, também nos processos judiciais. A representação por terceiros não empregados é admitida mesmo para os negócios gerais da empresa, não devendo ser diferente o critério para os processos trabalhistas. Os titulares da empresa nem sempre podem comparecer às audiências e em muitos casos conhecerão os fatos menos que os próprios contadores autônomos, aos quais confiam, inclusive, serviços atribuídos aos denominados departamentos de pessoal. Em síntese, a exigência da qualidade de empregado, do preposto que representa a empresa nos processos trabalhistas, predominante na jurisprudência, não é determinada por lei e encontra resistência na doutrina" (*Curso de direito processual do trabalho*, cit., 27. ed., p. 184).

> Art. 932. São também responsáveis pela reparação civil: (...)
> III – o empregador ou comitente, por seus *empregados*, serviçais e *prepostos*, no exercício do trabalho que lhes competir, ou em razão dele;

A lei não possui palavras inúteis. Assim sendo, não faria sentido consignar que a responsabilidade pela reparação civil seria tanto em relação aos empregados como em relação aos prepostos se ambas as categorias se enquadrassem como uma só.

Do mesmo modo, ao designar a figura do gerente, o art. 1.172 do CC assim considerou aquele que seja o "preposto permanente" no exercício da empresa:

> Art. 1.172. Considera-se gerente o preposto permanente no exercício da empresa, na sede desta, ou em sucursal, filial ou agência.

Se gerente é o preposto permanente, significa dizer que a lei civil reputa possível existir a figura do preposto "eventual", o qual não será considerado como gerente.

A ausência do critério de permanência para o cargo desautorizaria a conclusão de que o preposto seja necessariamente empregado, porque não preenchido o requisito da não eventualidade, previsto no art. 3º da CLT.

De outro lado, a segunda teoria indicava que preposto seria sinônimo de gerente. Segundo tal entendimento, o empregador poderia ser representado por um empregado qualificado, um empregado de confiança, um empregado permanente, que seria equivalente ao gerente da empresa. Tal compreensão, mesmo antes da Reforma Trabalhista não parecia fazer sentido, uma vez que o próprio art. 843, § 1º, da CLT atribui a duas figuras a possibilidade de representação, ou ao gerente ou a outro preposto. Caso ambas as categorias se confundissem, a lei conteria palavras inúteis, o que não coaduna com a interpretação do texto.

A terceira corrente, ultrapassada agora pela reforma, embora tenha sido a acolhida outrora pelo E. TST, considerava que a preposição do empregador exige a subsistência de vínculo empregatício entre o representante e o empregador como regra, independentemente de maiores qualificações. A posição é defendida, entre outros, por Tostes Malta e Amauri Mascaro Nascimento, para quem há necessidade de assim se proceder, sob pena de se propiciar a atuação de não advogados como verdadeiros advogados.

Tal entendimento foi consagrado pelo E. TST por meio da Súmula 377 do TST, que excepciona a regra apenas em relação aos empregadores domésticos e às empresas regidas pela LC 123/2006 (Estatuto da Microempresa), que poderão ser representados por quaisquer pessoas físicas, independentemente do vínculo jurídico que subsista entre a parte e o preposto. A posição outrora sumulada estava assim vazada:

> Preposto. Exigência da condição de empregado. Exceto quanto à reclamação de empregado doméstico, ou contra micro ou pequeno empresário, o preposto deve ser necessariamente empregado do reclamado. Inteligência do art. 843, § 1º, da CLT e do art. 54 da Lei Complementar 123, de 14 de dezembro de 2006.

O entendimento manifestado pela jurisprudência do TST foi ultrapassado pela redação do § 3º do art. 843, reafirmando-se, todavia, a noção de que o preposto deva possuir "conhecimento do fato (CLT, art. 843, § 1º)".

Tal previsão legal acabou por sanear algumas outras hipóteses, não originalmente contempladas na solução engendrada pelo TST. Era a hipótese de empresas pertencentes ao mesmo grupo econômico, em que a presença do empregado de uma delas como preposto supriria a exigência legal prevista no art. 843, § 1º, da CLT.

A nosso sentir, mesmo antes da redação do § 3º do art. 843 não se poderia insistir na exigência do vínculo de emprego diretamente com o demandado para representação em audiência. Correta, assim, nos parece a compreensão de que a presença de um só preposto de empresas de mesmo grupo econômico seria suficiente para suprir a exigência legal da presença em audiência.

Mesmo porque, ainda que ausente a aludida previsão, não obstante um contrato de emprego único, o profissional empregado de uma empresa pertencente a grupo econômico poderá prestar serviços às diversas empresas do grupo econômico sem que se presuma sequer a existência de mais de um contrato de trabalho (Súmula 129 do TST). Ademais, na forma do art. 2º, § 2º, da CLT, para todos os efeitos da relação de emprego haverá solidariedade entre a empresa principal e cada uma das assessórias.

Assim, parece certo que o preposto de uma das empresas desde antes da reforma poderia representar as demais, em juízo, a fim de cumprir a exigência do art. 843, § 1º, da CLT. O TST, por meio de suas Turmas, mesmo antes da reforma, já teve a oportunidade de se pronunciar nesse sentido:

> RECURSO DE REVISTA. REVELIA E PENA DE CONFISSÃO. Partindo-se do pressuposto de que as reclamadas formam grupo econômico, a presença de um só preposto em audiência, empregado de uma delas, é suficiente para descaracterizar a revelia em relação à outra, desde que tenha conhecimento dos fatos. Não há, pois, como reconhecer a alegada contrariedade à Súmula n. 377 do TST. Precedente desta Turma. Recurso de revista de que não se

conhece (TST, RR 163400-87.2005.5.03.0106, Ac. 5ª Turma, rel. Min. Kátia Magalhães Arruda, *DEJT* 6-8-2010).

REVELIA PREPOSTO. EMPREGADO DE EMPRESA DO MESMO GRUPO ECONÔMICO DA RECLAMADA. SÚMULA N. 377 DO TST. O acórdão recorrido não contraria o disposto na Súmula 377 do TST, uma vez que a referida súmula não aborda a mesma situação fática dos autos, já que o preposto que compareceu à audiência de conciliação e julgamento era empregado de empresa do mesmo grupo econômico da empregadora do reclamante (a primeira reclamada), ficando afastadas as alegadas contrariedades à referida Súmula e divergência jurisprudencial a respeito. Recurso de revista não conhecido (TST, RR 132800-71.2005.5.03.0013, Ac. 2ª Turma, rel. Min. José Roberto Freire Pimenta, *DEJT* 4-2-2011).

(...) 2. PREPOSTO. GRUPO ECONÔMICO. Por integrarem o mesmo grupo econômico, as reclamadas podem se fazer representar em juízo por um só preposto, desde que seja empregado de uma delas e tenha conhecimento dos fatos controvertidos na demanda. Agravo de instrumento conhecido e desprovido (AIRR 31800-78.2009.5.02.0251, rel. Min. Alberto Luiz Bresciani de Fontan Pereira, 3ª Turma, j. 20-6-2012, *DEJT* 22-6-2012).

AGRAVO DE INSTRUMENTO. PREPOSTO EMPREGADO DE EMPRESA DO MESMO GRUPO ECONÔMICO. REVELIA NÃO CARACTERIZADA. Confirmada a ordem de obstaculização do recurso de revista, na medida em que não demonstrada a satisfação dos requisitos de admissibilidade, insculpidos no artigo 896 da CLT. Agravo de instrumento não provido (TST, AIRR 446003820095020252, rel. Augusto César Leite de Carvalho, 6ª Turma, j. 4-12-2013, *DEJT* 6-12-2013).

Todavia, cumpre alertar ao leitor que tal posição não era pacífica, uma vez que precedentes mais antigos do TST pronunciam-se em sentido diametralmente oposto[18] ao entendimento manifestado, reputando a condição de empregado, por empresa, a requisito essencial para a representação em juízo.

18. "AGRAVO DE INSTRUMENTO. PROCEDIMENTO SUMARÍSSIMO. PREPOSTO. EMPREGADO DE EMPRESA DO GRUPO ECONÔMICO. SÚMULA N. 377 DO TST. CONFISSÃO QUANTO À MATÉRIA DE FATO. Dá-se provimento ao agravo de instrumento para processamento do recurso de revista, submetido ao procedimento sumaríssimo, a fim de afastar contrariedade à Súmula n. 377 do TST. Agravo de instrumento conhecido e provido. RECURSO DE REVISTA. PREPOSTO. EMPREGADO DE EMPRESA DO GRUPO ECONÔMICO. SÚMULA N. 377 DO TST. CONFISSÃO QUANTO À MATÉRIA DE FATO. Conforme a Súmula n. 377 do TST, por força do art. 843, § 1º, da CLT e do art. 54 da Lei Complementar n. 123/2006, a validade da representação do empregador em audiência na Justiça do Trabalho depende, necessariamente, da existência de vínculo de emprego com o preposto, salvo nas reclamações de empregado doméstico ou contra micro ou pequeno empresário. Assim sendo, é inválida a representação da Reclamada, em audiência,

Daí a relevância da previsão legal, no particular. O mesmo em relação ao empregador pessoa física. Nada há que impedisse fosse estes também representado por prepostos, uma vez que a lei não cria restrições, mas antes faculta tal representação (art. 843, § 1º). Vale lembrar, ademais, as hipóteses de representação do próprio autor, como já referido.

Há ainda uma questão relevante, do ponto de vista prático, que precisava ser resolvida, no tocante à representação da pessoa física por preposto. É que não é rara a inclusão na lide do sócio da empresa, na condição de pessoa física, para que ele responda aos termos da pretensão. Sucede que, ao se concluir que apenas o empregado poderia ser preposto, ter-se-ia a inviabilidade de ser representante do sócio litisconsorte na audiência o empregado da pessoa jurídica.

A questão, mesmo antes da alteração do art. 843, § 3º, devia ser equacionada, a nosso sentir, nos mesmos moldes do quanto já decidiu o E. TST acerca da representação de empresas sujeitas a um mesmo grupo econômico, ou seja, o empregado da pessoa jurídica poderá representar todos os eventuais sócios da empresa que figurem como réus da reclamação trabalhista, mormente nas hipóteses em que os interesses do sócio e da pessoa jurídica da qual faz parte sejam confluentes.

Em relação ao empregador doméstico, conforme acima indicado, mesmo a jurisprudência do TST já havia consolidado o entendimento no sentido de que sua representação na audiência poderia ser realizada por qualquer pessoa da família com capacidade de ser parte. Isso porque, nas palavras de Valentin Carrion e Rita Maria Silvestre[19]:

> (...) conceito de empregador doméstico ("pessoa ou família, no âmbito familiar") se estende ao agrupamento de pessoas que, convivendo, utilizem os serviços do empregado doméstico, de forma não eventual. Legitimidade passiva na ação a teria o "chefe da família" ou o "dono-da-casa", assim como a esposa ou a dona-da-casa. Qualquer um deles tem qualidade para representar a família, assim como qualquer outro membro poderá, como preposto deles, representá-los em audiência. O preposto, credenciado pelo responsável da

---

por empregado de outra empresa do mesmo grupo econômico, uma vez que cada unidade econômica componente do conglomerado detém personalidade jurídica própria e deve possuir seu próprio quadro funcional. Em consequência, são reconhecidos os efeitos jurídicos decorrentes da confissão ficta da Reclamada, devendo ser proferida nova sentença em sintonia com essa realidade processual. Recurso de revista conhecido e provido" (TST, RR 5608340282005509, 5608340-28.2005.5.09.0006, rel. Walmir Oliveira da Costa, j. 3-9-2008, 1ª Turma, *DJ* 12-9-2008).

19. CARRION, Valentin; SILVESTRE, Rita Maria. Os empregados domésticos. *In:* PINTO, José Augusto Rodrigues (coord.). *Noções atuais de direito do trabalho:* estudos em homenagem ao Professor Elson Gottschalk. São Paulo: LTr. p. 356.

> família-empregadora, poderá ser empregado dela; cozinheira, motorista, jardineiro. Mas, se não o for, não se deve fazer as mesmas exigências que se adotam nas demais ações trabalhistas; no comércio e na indústria, o emprego é o caldo de cultura permanente apropriado; na família-empregadora os laços específicos não são os de empregado, mas de relacionamento constante; a exigência deve ser a de que o preposto participe da vida familiar com intimidade e habitualidade, o que não será fácil, mas também não será impossível, desde que ele saiba dos fatos da lide; assim, o hóspede, o vizinho íntimo, a costureira a domicílio. As formalidades do mandato, quando não satisfeitas na primeira sessão poderão ser supridas no prazo deferido pelo Juiz, sem a intolerância das revelias.

Por fim, quanto à prova da representação, a lei não exige nenhuma comprovação formal da preposição.

Contudo, é da prática judiciária a comprovação dos poderes de representação, por meio de um instrumento, denominado carta de preposição. Esse documento deve apresentar o preposto, identificando-o, e indicar em qual ou quais processos está autorizada a preposição.

Dada a novel previsão legal, que desconsidera a necessidade da condição de empregado do representante empresarial em audiência, parece certa a necessidade de se exigir a comprovação dos limites da representação, para fins de conferir concretude ao conteúdo do art. 223, parágrafo único, do CC, que condiciona a eficácia da confissão, por representante, nos limites em que este pode vincular o representado. Assim, parece que, quando a preposição for exercida por um não empregado, deva estar claro o limite da aludida representação. Tal exigência, todavia, não parece ser exigida quando subjacente o vínculo de emprego, na medida em que o empregado, de regra, atua em nome de seu empregador.

Assim, no caso do vínculo de emprego, a preposição pode ser demonstrada por outros meios, por exemplo, a CTPS do trabalhador ou o contrato de trabalho, como aptos a demonstrar o vínculo entre a parte e seu representante.

No mesmo sentido, se o próprio reclamante reconhecer a existência daquele vínculo entre o preposto e o empregador, torna-se incontroversa a relação, e por isso mesmo dispensada a produção da prova.

De todo modo, é recomendável a apresentação do documento, para evitar dúvidas a respeito da efetiva representação em audiência e seus limites.

Na hipótese de não haver prova da preposição, o adequado é abrir prazo para que a parte a comprove, sob pena de considerarem-se inexistentes os atos que tiver praticado, na forma do art. 76 do CPC.

Quanto aos limites da preposição, pode-se afirmar, sem erro, que são a própria audiência. Ou seja, dentro da audiência o preposto representa o preponente, sem restrição de nenhuma ordem. Nela, portanto, pode aduzir, perguntar, arrazoar, arguir, suscitar nulidade, enfim, tudo o que se compreende no *jus postulandi*.

Igualmente o submete a todos os ônus decorrentes de sua atuação, tais quais a confissão, a inviabilidade da contestação por negativa geral, a preclusão etc. Ocorre que, encerrada a audiência, a preposição se extingue, sendo de nenhum valor, por exemplo, o recurso apresentado pelo preposto. Do contrário, o preposto seria verdadeiro advogado da parte.

No que toca ao preposto advogado, existem algumas considerações a respeito. A primeira delas é a de que o Código de Ética e Disciplina da OAB, em seu art. 23, indica que:

> É defeso ao advogado funcionar no mesmo processo, simultaneamente, como patrono e preposto do empregador ou cliente.

Reconhece-se que o profissional do direito deve gozar da isenção própria daqueles que não se enquadram como partes do litígio. Contudo, o entendimento tem sido no sentido de que tal vedação, na melhor das hipóteses, ensejaria prejuízo ético-disciplinar perante a Ordem dos Advogados, não necessariamente causando efeitos processuais.

Por isso, o TST tem entendido que inexiste incompatibilidade na atuação concomitante do advogado e preposto no mesmo processo, conforme demonstram os Precedentes: E-RR-26339/91, Ac. SBDI1-1164, rel. Min. Luciano de Castilho, *DJ* 24-5-1996, e E-RR-6262/90, Ac. SBDI1-14/93, rel. Min. Vantuil Abdala, *DJ* 16-4-1993. É o que evidencia o aresto abaixo transcrito:

> Pena de confissão. Preposto e advogado. Atuação concomitante. Nada obsta à concomitante condição de preposto e advogado, bastando que a condição de advogado esteja comprovada por mandato procuratório. Recurso conhecido em parte e desprovido. (...) Vistos, relatados e discutidos estes autos de Recurso de Revista, TST-RR-354542/97.3, em que é recorrente Roberto Azevedo Lima e recorrida Distribuidora de Comestíveis Disco S/A. (...).

Mesmo do ponto de vista jurisprudencial e doutrinário, porém, há severas questões relacionadas a esse fato. É que alguns entendem que a preposição para um profissional do direito o colocaria em situação de superioridade, pois o preposto estaria conduzindo sua defesa durante todo o ato.

José Augusto Rodrigues Pinto, de longa data, entende que não há razão para tal posição. Conforme defende, não há qualquer ameaça de quebra da simetria de tratamento, pois as partes são igualmente livres para se fazer assistir por advogado no processo, nada impedindo que o sejam na audiência.

Ademais, impedir que o preposto seja advogado sob o fundamento de que sabe mais sobre os fatos atrita com a norma que exige do preposto o conhecimento sobre os fatos da lide. Além disso, para os que entendem que só o empregado pode ser preposto, o advogado empregado estaria habilitado em relação ao primeiro requisito, mas vedado, sem previsão legal, em relação ao segundo. E arremata:

> Impedir que o advogado seja preposto por melhor conhecer o direito que os outros é o mesmo que impedir ao médico que o seja nas hipóteses de saúde ou o engenheiro nas questões de periculosidade.

Não se pode ignorar, todavia, que a utilização de terceiro como representante da parte em juízo pode favorecer o retorno da combatida "profissionalização" da figura do preposto, e da possibilidade de se utilizar de tal mecanismo para o ludíbrio do Poder Judiciário. Em face de tal possibilidade, caberá ao magistrado, no caso concreto, em razão da atuação do preposto profissional com o intuito de fraudar a persecução judicial, aplicar à parte que se vale de tais ardis as penalidades atinentes aos litigantes temerários (art. 79 e s. do CPC, c/c os arts. 793-A e s. da CLT), com os ônus daí decorrentes.

3.3. Advogados e procuradores. Do *jus postulandi* exercido diretamente pelas partes. Mandato expresso e tácito. Da regularização da representação. Substabelecimento. Representação da União, Estados, Distrito Federal e Municípios

Como já referido, a sistemática do direito processual do trabalho autoriza a conclusão no sentido de que a regra geral é a de que o *jus postulandi* pertence também às partes. Desse modo a representação por advogado, nos dissídios individuais, é facultativa.

Na verdade, a atuação do advogado não possui a natureza de representação da parte, dado que não há incapacidade, mas verdadeira assistência técnica. O art. 791 da CLT, que cuida do assunto, assim dispõe:

> Art. 791. Os empregados e os empregadores poderão reclamar pessoalmente perante a Justiça do Trabalho e acompanhar as suas reclamações até o final.
> § 1º Nos dissídios individuais os empregados e empregadores poderão fazer-se representar por intermédio do sindicato, advogado, solicitador, ou provisionado, inscrito na Ordem dos Advogados do Brasil.
> § 2º Nos dissídios coletivos é facultada aos interessados a assistência por advogado.

> § 3º A constituição de procurador com poderes para o foro em geral poderá ser efetivada, mediante simples registro em ata de audiência, a requerimento verbal do advogado interessado, com anuência da parte representada.

Note-se que há previsão legal para a representação (*sic*) por advogado, estagiário ou provisionado. A figura do provisionado existiu por alguns anos, tratando-se daquele que, embora sem formação técnica em direito, possuía registro nos quadros da OAB, o que lhe permitia a atuação em alguns processos, como se advogado fosse, confundindo-se com a figura do rábula. No Estado da Bahia, notabilizou-se a figura de Cosme de Farias como um dos grandes provisionados.

Ainda hoje o Estatuto da OAB (Lei n. 8.906/94) prevê as figuras do advogado e do estagiário em Direito. Este último, jurista na formação, precisa ser valorizado e tratado com a necessária urbanidade. Não se pode desrespeitar as prerrogativas dos estagiários em Direito, todas previstas no mesmo estatuto.

O estagiário pode praticar os atos previstos na lei em conjunto com advogado e sob responsabilidade deste, e de ser punido caso exceda suas competências. No particular, relevam-se as atribuições do estagiário no processo do trabalho porque, dada a viabilidade da atuação isolada, pela própria parte, no exercício do *jus postulandi*, a hipótese seria de permitir com menor rigor a atuação do estudante, não fazendo sentido um rigor desproporcional sobre o assunto. Todavia, tal posição não encontra eco na doutrina e jurisprudência pátrias.

Quanto à assistência por advogado no processo do trabalho, cumpre reiterar que se tem entendido que é meramente facultativa, nos dissídios individuais, ao menos até a instância ordinária.

É de notar, igualmente, que a constituição de advogado nas demandas trabalhistas individuais consiste em faculdade relacionada ao interesse da parte em ser auxiliada por profissional habilitado à adequada proteção de seu direito em juízo.

Como já referido, o exercício do *jus postulandi* diretamente pelas partes tem sido tolerado no âmbito das demandas submetidas ao Poder Judiciário Trabalhista. Todavia, mesmo esse exercício possui algumas limitações. A primeira delas é a de que se tem entendido que apenas nas hipóteses em que as partes litigarem como empregados e empregadores é possível tal exercício.

A partir dessa conjuntura, compreende-se como possível o exercício do *jus postulandi* apenas nas reclamatórias trabalhistas e naquelas demandas em que parcelas relacionadas ao vínculo de emprego têm sido discutidas diretamente.

Daí por que não se tem tolerado tal atuação para aquelas outras hipóteses em que, por força da ampliação da competência da Justiça do Trabalho, ocorrerem demandas em que não estejam litigando empregados e empregadores. É o que se depreende:

> Justiça do trabalho. Ação relativa a penalidade administrativa imposta por órgão fiscalizatório das relações de trabalho. Honorários advocatícios. Cabimento. Aplicação da Instrução Normativa 27/2005 do Colendo Tribunal Superior do Trabalho. O *jus postulandi* previsto no art. 791 da CLT se restringe às lides que envolvam empregado e empregador. Tratando-se o presente caso de ação concernente à penalidade administrativa imposta ao empregador por órgão de fiscalização das relações de trabalho, prevista no art. 114, VII, da Constituição da República de 1988, com redação dada pela EC 45, de 08.12.2004, tem-se como cabível os honorários advocatícios, nos termos do art. 5º da Instrução Normativa 27/2005 do Colendo Tribunal Superior do Trabalho. Art. 791, da CLT. Art. 114, VII, da CF, EC 45/2004 (112400582006520000 3/SE, 0112400-58.2006.5.20.0003, *DJSE* 4-5-2007).

Ademais, é preciso alertar que, em detrimento da redação do art. 791 da CLT, mesmo o exercício do *jus postulandi* no âmbito da jurisdição trabalhista tem sido limitado à denominada jurisdição ordinária.

Na forma da Súmula 425 do TST, o alcance do *jus postulandi* estaria limitado às Varas do Trabalho e aos Tribunais Regionais do Trabalho, nos seguintes termos:

> *JUS POSTULANDI* NA JUSTIÇA DO TRABALHO. ALCANCE. O *jus postulandi* das partes, estabelecido no art. 791 da CLT, limita-se às Varas do Trabalho e aos Tribunais Regionais do Trabalho, não alcançando a ação rescisória, a ação cautelar, o mandado de segurança e os recursos de competência do Tribunal Superior do Trabalho.

A prática tem demonstrado que, diante da complexidade dos fatos da vida, e consequentemente do próprio direito, o exercício do *jus postulandi* acaba por favorecer uma situação de manifesto desequilíbrio entre as partes.

São tantas as regras envolvendo o direito material e processual do trabalho que não são poucos aqueles profissionais do Direito que, ao arvorar-se a exercer a advocacia trabalhista sem conhecimento para tanto, causam prejuízos a seus constituintes.

Se assim se dá em relação a profissionais com formação jurídica, o que imaginar quanto ao exercício do direito diretamente pela parte, nos rincões de um país de analfabetos, desvalidos e desdentados? Embora facultativa, a contratação de um advogado é absolutamente recomendável.

Todavia, tal recomendação, com base no art. 791 da CLT, não surge como imposição. Na forma do § 3º do mesmo art. 791, os advogados se habilitam por meio do instrumento de procuração, com os poderes para atuar em juízo.

Em tal instrumento, um documento firmado pelo constituinte indicando que nomeia aquele profissional como seu patrono, pode-se consignar os amplos poderes para o foro da cláusula *ad judicia* ou os específicos de que trata o art. 105 do CPC.

O § 3º do art. 791 consigna, ainda, a modalidade de efetivação do mandato denominado *apud acta*, ou com registro em ata, mediante o simples registro em ata de audiência, a requerimento verbal do advogado interessado, de sua constituição como procurador de seu cliente, com anuência da parte representada.

Em relação ao mandato expresso, é preciso consignar que se faz desnecessária a juntada dos estatutos sociais da empresa como condição de validade do instrumento de mandato, tal qual evidencia a OJ 255 da SDI-I do TST:

> 255. MANDATO. CONTRATO SOCIAL. DESNECESSÁRIA A JUNTADA. (atualizada em decorrência do CPC de 2015) – Res. 208/2016, *DEJT* divulgado em 22, 25 e 26-4-2016. O art. 75, inciso VIII, do CPC de 2015 (art. 12, VI, do CPC de 1973) não determina a exibição dos estatutos da empresa em juízo como condição de validade do instrumento de mandato outorgado ao seu procurador, salvo se houver impugnação da parte contrária.

Ainda sobre o assunto, é preciso indicar que a jurisprudência do TST se cristalizou no sentido de exigir, como condição de validade do instrumento de mandato, a indicação expressa do representante da pessoa jurídica responsável pela assinatura do documento, por entender-se que tais dados individualizariam o responsável pela prática do ato. Esse é o teor da Súmula 456 do TST:

> REPRESENTAÇÃO. PESSOA JURÍDICA. PROCURAÇÃO. INVALIDADE. IDENTIFICAÇÃO DO OUTORGANTE E DE SEU REPRESENTANTE. (inseridos os itens II e III em decorrência do CPC de 2015) – Res. 211/2016, *DEJT* divulgado em 24, 25 e 26-8-2016
>
> I – É inválido o instrumento de mandato firmado em nome de pessoa jurídica que não contenha, pelo menos, o nome do outorgante e do signatário da procuração, pois estes dados constituem elementos que os individualizam.
>
> II – Verificada a irregularidade de representação da parte na instância originária, o juiz designará prazo de 5 (cinco) dias para que seja sanado o vício. Descumprida a determinação, extinguirá o processo, sem resolução de mérito, se a providência couber ao reclamante, ou considerará revel o reclamado, se a providência lhe couber (art. 76, § 1º, do CPC de 2015).
>
> III – Caso a irregularidade de representação da parte seja constatada em fase recursal, o relator designará prazo de 5 (cinco) dias para que seja sanado o vício. Descumprida a determinação, o relator não conhecerá do recurso, se a providência couber ao recorrente, ou determinará o desentranhamento

das contrarrazões, se a providência couber ao recorrido (art. 76, § 2º, do CPC de 2015).

Especificamente em relação à irregularidade de representação processual, é de notar que houve a incorporação, no aludido verbete sumular, da necessidade de ser conferido prazo para que a parte possa eventualmente regularizar sua representação processual perante o juízo, seja de primeiro grau, seja no grau recursal.

Em nosso sentir, a medida é mais do que bem-vinda, a fim de viabilizar o pleno exercício do direito de defesa pelas partes. Ultrapassado, portanto, o entendimento outrora firmado no sentido de reputar inadmissível a regularização da representação processual em sede recursal, como equivocadamente procedia o e. TST. Nessa linha a posição felizmente superada:

> AGRAVO DE INSTRUMENTO. RECURSO DE REVISTA. IRREGULARIDADE DE REPRESENTAÇÃO NA INTERPOSIÇÃO DE RECURSO ORDINÁRIO. VÍCIO INSANÁVEL. O tribunal regional não conheceu do recurso ordinário da empresa seara por irregularidade de representação. O acórdão recorrido assinala que a empresa apresentou cópia de procuração sem qualquer autenticação; tal procuração veda o substabelecimento; e o subscritor do substabelecimento e do recurso ordinário, Dr. Marcos Paulo Lemos, não tem procuração nos autos nem mandato tácito. Consoante o disposto na Súmula n. 164 do TST, é inexistente o recurso quando não há instrumento de mandato nos autos, exceto na hipótese de mandato tácito, o que não é o caso dos autos. Além disso, não é possível nesta fase recursal a conversão do feito em diligência para sanar a irregularidade, nos termos da Súmula n. 383, II, do TST, que dispõe que é inadmissível na fase recursal a regularização da representação processual, na forma do art. 13 do CPC, cuja aplicação se restringe ao juízo de 1º grau. Do mesmo modo inviável a correção de eventuais irregularidades pela via do § 4º do artigo 515 do código de processo civil, visto que a regularidade de representação é pressuposto extrínseco de admissibilidade do recurso, a qual, não comprovada ao tempo de sua interposição leva ao seu não conhecimento. Agravo de instrumento conhecido e não provido (TST, AIRR 0000060-76.2012.5.03.0152, 3ª Turma, rel. Min. Alexandre de Souza Agra, *DEJT* 26-9-2014).

Diante do novo conteúdo normativo do art. 76 do CPC, que torna imperiosa a concessão de prazo para a regularização processual, inclusive em fase recursal (§ 2º), houve alteração do entendimento firmado pelo TST, mormente no quanto previsto na Súmula 383 daquela Corte, agora nos seguintes termos:

> RECURSO. MANDATO. IRREGULARIDADE DE REPRESENTAÇÃO. CPC DE 2015, ARTS. 104 E 76, § 2º (nova redação em decorrência do CPC de 2015) – Res. 210/2016, *DEJT* divulgado em 30-6-2016 e 1º e 4-7-2016
> I – É inadmissível recurso firmado por advogado sem procuração juntada aos autos até o momento da sua interposição, salvo mandato tácito. Em caráter excepcional (art. 104 do CPC de 2015), admite-se que o advogado, independentemente de intimação, exiba a procuração no prazo de 5 (cinco) dias após a interposição do recurso, prorrogável por igual período mediante despacho do juiz. Caso não a exiba, considera-se ineficaz o ato praticado e não se conhece do recurso.
> II – Verificada a irregularidade de representação da parte em fase recursal, em procuração ou substabelecimento já constante dos autos, o relator ou o órgão competente para julgamento do recurso designará prazo de 5 (cinco) dias para que seja sanado o vício. Descumprida a determinação, o relator não conhecerá do recurso, se a providência couber ao recorrente, ou determinará o desentranhamento das contrarrazões, se a providência couber ao recorrido (art. 76, § 2º, do CPC de 2015).

A alteração do entendimento do TST buscou afirmar a possibilidade de regularização, ainda que em fase recursal, constitui grande avanço em favor das partes, mas não está imune a críticas.

Em primeiro lugar, o item I da súmula exige que o recurso firmado por quem não possua procuração seja, independentemente de intimação, regularizado. Ora, a previsão do art. 76 do CPC é categórica no sentido de que, uma vez verificada a incapacidade pelo relator, será determinada a sanação do vício. Portanto, a ordem legal impõe a intimação da parte para a regularização, caso assim repute relevante o juízo. Em segundo lugar, o TST fixou prazo de cinco dias para a regularização mencionada, não obstante inexista qualquer previsão legal ou cominação de prazo peremptório na própria lei. Exorbitou de sua competência o TST, no particular.

Além dessas hipóteses, tal qual referido por conta do inciso I da Súmula 383, a jurisprudência trabalhista consolidou o denominado mandato tácito. O entendimento reafirma a posição de que a ausência da formalização do mandato importa o não conhecimento do recurso, salvo se houver mandato tácito.

Tal espécie de mandato funda-se na noção de que, se algum advogado compareceu em juízo junto com a parte (em audiência) tendo praticado o ato de forma pública, sem que a parte tenha impugnado a condição do técnico em direito, restaria demonstrada, ainda que tacitamente, a constituição daquele profissional como o representante da parte para aquele processo.

Trata-se de construção jurisprudencial trabalhista que leva em consideração a própria dinâmica das demandas trabalhistas e a informalidade que permeia esse direito processual.

Obviamente tal atuação enfrenta uma série de limitações. A primeira delas é a de que a presunção é apenas da cláusula *ad judicia*, ou seja, a do foro em geral, não havendo que se falar da constituição de poderes especiais de forma tácita.

Ademais, não se tolera o substabelecimento dos poderes tacitamente conferidos ao patrono, na forma da OJ 200 da SDI-I:

> Mandato tácito. Substabelecimento inválido. É inválido o substabelecimento de advogado investido de mandato tácito.

A conclusão do TST, no particular, exigindo poderes especiais para o substabelecimento, não parece fazer sentido, mormente em relação à nova dinâmica prevista no art. 105 do CPC. Com efeito, aquele dispositivo está assim vazado:

> Art. 105. A procuração geral para o foro, outorgada por instrumento público ou particular assinado pela parte, habilita o advogado a praticar todos os atos do processo, exceto receber citação, confessar, reconhecer a procedência do pedido, transigir, desistir, renunciar ao direito sobre o qual se funda a ação, receber, dar quitação, firmar compromisso e assinar declaração de hipossuficiência econômica, que devem constar de cláusula específica.

Assim, salvo os poderes para receber citação, confessar, reconhecer a procedência do pedido, transigir, desistir, renunciar ao direito sobre o qual se funda a ação, receber, dar quitação, firmar compromisso e assinar declaração de hipossuficiência econômica, que devem constar de cláusula específica, quaisquer outros poderes parecem fazer parte da clausula *ad judicia*, como, aliás, já concluiu o e. TST:

> RECURSO DE REVISTA INTERPOSTO PELO RECLAMANTE IRREGULARIDADE DE REPRESENTAÇÃO DOS SUBSCRITORES DO RECURSO ORDINÁRIO INTERPOSTO PELA RECLAMADA. PODERES PARA SUBSTABELECER. Encontra-se pacificada nesta Justiça Especial a controvérsia acerca da natureza do poder de substabelecer, concluindo-se que se trata de condição ínsita à cláusula *ad judicia*, pelo que prescinde de autorização expressa no instrumento de mandato, nos termos da Súmula n. 395, item III, desta Corte superior. A outorga de substabelecimento por procurador devidamente habilitado importa na investidura dos substabelecidos nos mesmos poderes outorgados no instrumento original, ainda que expressa a limitação ao poder de substabelecer. Precedentes da SBDI-I desta Corte superior (TST, RR 215007920045020462, j. 18-5-2016, *DEJT* 20-5-2016).

Desse modo, se não são necessários poderes especiais para o substabelecimento, nada há que infirme a presunção de que pode ser substabelecido o mandato tácito. Nesse sentido, merece ajuste o entendimento firmado por meio da OJ 200 da SDI I, inclusive para que se conforme ao conteúdo do inciso III da Súmula 395 do TST, quando reputa desnecessária a existência de poderes expressos para substabelecer a fim de que tal ato seja válido. Vale a pena conferir o conteúdo da súmula:

> MANDATO E SUBSTABELECIMENTO. CONDIÇÕES DE VALIDADE (nova redação dos itens I e II e acrescido o item V em decorrência do CPC de 2015) – Res. 211/2016, *DEJT* divulgado em 24, 25 e 26-8-2016
> I – Válido é o instrumento de mandato com prazo determinado que contém cláusula estabelecendo a prevalência dos poderes para atuar até o final da demanda (§ 4º do art. 105 do CPC de 2015). (ex-OJ 312 da SBDI-1, *DJ* 11-8-2003)
> II – Se há previsão, no instrumento de mandato, de prazo para sua juntada, o mandato só tem validade se anexado ao processo o respectivo instrumento no aludido prazo. (ex-OJ 313 da SBDI-1, *DJ* 11-8-2003)
> III – São válidos os atos praticados pelo substabelecido, ainda que não haja, no mandato, poderes expressos para substabelecer (art. 667, e parágrafos, do Código Civil de 2002). (ex-OJ 108 da SBDI-1, inserida em 1º-10-1997)
> IV – Configura-se a irregularidade de representação se o substabelecimento é anterior à outorga passada ao substabelecente. (ex-OJ 330 da SBDI-1, *DJ* 9-12-2003)
> V – Verificada a irregularidade de representação nas hipóteses dos itens II e IV, deve o juiz suspender o processo e designar prazo razoável para que seja sanado o vício, ainda que em instância recursal (art. 76 do CPC de 2015).

Outra limitação atinente ao mantado tácito se refere ao fato de que, ao tratar-se de criação jurisprudencial, entende-se que sua validade está adstrita aos limites da jurisdição trabalhista, de modo que, se a demanda passar para Tribunais excluídos dessa jurisdição, dentre os quais o próprio STF e o STJ, tem-se entendido que o exercício da jurisdição por aqueles Tribunais deve ser precedida da regularização da representação, por meio de instrumento de mandato expresso.

De todo modo, a existência do mandato tácito tem o condão de demonstrar a regular atuação do profissional e inclusive retificar eventual irregularidade no instrumento de mandato expresso, como consigna a OJ 286 da SDI-I:

> 286 – Agravo de instrumento. Traslado. Mandato tácito. Ata de audiência. Configuração. Inserida em 26-4-2010.

> I – A juntada da ata de audiência, em que consignada a presença do advogado, desde que não estivesse atuando com mandato expresso, torna dispensável a procuração deste, porque demonstrada a existência de mandato tácito.
> II – Configurada a existência de mandato tácito, fica suprida a irregularidade detectada no mandato expresso.

Em relação à revogação do mandato, em primeiro lugar é preciso consignar que a relação entre advogado e cliente é fundada na mais absoluta confiança. Sem fidúcia, impossível o adequado exercício da advocacia.

Desse modo, na hipótese de extinta a confiança, possível a renúncia dos poderes que foram conferidos ao advogado, assim como o é a revogação dos poderes pelo cliente. Na hipótese da renúncia, é preciso que se cumpra o interstício mínimo de dez dias para que o cliente possa constituir um novo advogado.

Na hipótese de revogação, ocorre imediatamente e decorre da comunicação feita diretamente ao profissional.

Por fim, cumpre consignar que não se pode exigir instrumento de mandato para os procuradores da União, Estados ou Municípios, suas autarquias ou fundações públicas, tal qual consolidado na Súmula 436 do TST:

> REPRESENTAÇÃO PROCESSUAL. PROCURADOR DA UNIÃO, ESTADOS, MUNICÍPIOS E DISTRITO FEDERAL, SUAS AUTARQUIAS E FUNDAÇÕES PÚBLICAS. JUNTADA DE INSTRUMENTO DE MANDATO.
> I – A União, Estados, Municípios e Distrito Federal, suas autarquias e fundações públicas, quando representadas em juízo, ativa e passivamente, por seus procuradores, estão dispensadas da juntada de instrumento de mandato e de comprovação do ato de nomeação.
> II – Para os efeitos do item anterior, é essencial que o signatário ao menos declare-se exercente do cargo de procurador, não bastando a indicação do número de inscrição na Ordem dos Advogados do Brasil.

A exigência de instrumento de mandato por parte dos procuradores não apenas afronta o art. 75 do CPC como igualmente à própria premissa lógica de que a nomeação de tais profissionais é pública, dado que é válida apenas após a regular publicação no *Diário Oficial*. A exigência de que o signatário ao menos declare sua condição de agente público parece indispensável, pois a partir de tal declaração se pode presumir que a prática do ato se dá justamente no exercício do cargo.

4. LITISCONSÓRCIO

A CLT há muito prevê que, sendo várias as reclamações e havendo identidade de matéria, poderão ser acumuladas em um só processo, se se tratar de empregados da mesma empresa ou estabelecimento (art. 842). O texto celetista reconhece que o autor pode demandar individualmente, ou pode formular sua pretensão em conjunto com outro trabalhador, desde que i) se trate de empregados da mesma empresa ou estabelecimento e ii) haja identidade de matérias. Permite, assim, a pluralidade de partes em um dos polos da relação jurídica processual apenas naquelas hipóteses.

A pluralidade de partes em um dos polos da relação jurídica processual é justamente o que se denomina litisconsórcio. O CPC tratou da matéria no art. 113, assim vazado:

> Art. 113. Duas ou mais pessoas podem litigar, no mesmo processo, em conjunto, ativa ou passivamente, quando:
> I – entre elas houver comunhão de direitos ou de obrigações relativamente à lide;
> II – entre as causas houver conexão pelo pedido ou pela causa de pedir;
> III – ocorrer afinidade de questões por ponto comum de fato ou de direito.
> § 1º O juiz poderá limitar o litisconsórcio facultativo quanto ao número de litigantes na fase de conhecimento, na liquidação de sentença ou na execução, quando este comprometer a rápida solução do litígio ou dificultar a defesa ou o cumprimento da sentença.
> § 2º O requerimento de limitação interrompe o prazo para manifestação ou resposta, que recomeçará da intimação da decisão que o solucionar.

A partir da aplicação do CPC, no particular, nota-se que a cumulação subjetiva pode ocorrer tanto no polo ativo quanto no passivo da relação processual, cabendo ao juízo limitar o litisconsórcio facultativo quanto ao número de litigantes na fase de conhecimento, na liquidação de sentença ou na execução, quando este comprometer a rápida solução do litígio ou dificultar a defesa ou o cumprimento da sentença.

Parece-nos absolutamente aplicável, no particular, tal previsão ao processo do trabalho, mormente em face da possibilidade conferida ao juízo, no caso concreto, de identificar que a identidade entre as demandas permite a otimização da própria prestação jurisdicional, facultando-se a solução do maior número de lides possível em um único processo.

Especial atenção merece o inciso III do dispositivo, que permite a ocorrência do litisconsórcio em caso da mera afinidade de questões por ponto comum de fato ou de direito, sendo certo, portanto, que não é necessária a identidade entre as matérias, mas apenas sua afinidade, tal qual previsto no texto celetista.

Nesse sentido, de longa data é a compreensão quanto ao cabimento do litisconsórcio no âmbito do processo laboral quando ocorrer mera afinidade de questões por ponto comum de fato ou de direito:

LITISCONSÓRCIO PASSIVO. CUMULAÇÃO SUBJETIVA DE AÇÕES. Hipótese em que, a despeito de a autora postular o reconhecimento dos vínculos empregatícios com as cooperativas reclamadas nos respectivos períodos, há pleito de condenação subsidiária do quarto reclamado, que foi o efetivo tomador dos serviços durante todo o período. Com a devida vênia do entendimento de origem, entende-se que a existência de um único tomador de serviços é suficiente para caracterizar a afinidade de questões por ponto comum de fato prevista no artigo 46, IV, do CPC, estando-se diante, portanto, da hipótese de litisconsórcio passivo facultativo. Recurso da reclamante provido (TRT – 4ª Região, RO 00000233820125040664/RS, 0000023-38.2012.5.04.0664, rel. Luiz Alberto de Vargas, j. 12-6-2013, 4ª Vara do Trabalho de Passo Fundo).

LITISCONSÓRCIO ATIVO. RECLAMAÇÃO PLURIMA. POSSIBILIDADE. Quando os direitos ou as obrigações derivarem do mesmo fundamento de fato ou de direito e quando ocorrer afinidade de questões por um ponto comum de fato ou de direito (incisos II e IV, respectivamente) há possibilidade da cumulação subjetiva de ações, nos termos dos arts. 842 da CLT e 46, inciso IV, do CPC, não se afigurando razoável a persistência do indeferimento da formação do litisconsórcio ativo facultativo (TRT – 12ª Região, RO 04813200803012000/SC, 04813-2008-030-12-00-0, rel. Gracio Ricardo Barboza Petrone, Secretaria da 3ª Turma, data de publicação: 21-1-2009).

A expressão que se utiliza, na prática, para o litisconsórcio é a chamada "reclamação plúrima", que nada mais é que um sujeito ativo multitudinário, ou seja, em que existem diversos, múltiplos, autores ou réus.

4.1. Classificação de litisconsórcio. Do litisconsórcio do empreiteiro no art. 455 da CLT

Quanto à posição dos litisconsortes, o litisconsórcio pode ser definido como i) ativo, quando a pluralidade de partes se der no polo ativo – dos autores, portanto –, ii) passivo, quando a pluralidade de partes ocorrer no polo passivo – ou dos réus –, podendo, ainda ser iii) misto, quando houver pluralidade tanto do lado ativo quanto passivo da demanda.

Quanto à oportunidade, o litisconsórcio poderá ser i) originário, quando definido na própria petição inicial, ou ii) superveniente, quando ocorre no curso da demanda.

Quanto à vontade, o litisconsórcio pode ser definido como i) necessário (art. 114 do CPC), quando sua formação é obrigatória, imposta por lei ou quando, pela natureza da relação jurídica controvertida, a eficácia da sentença depende da citação de todos os que devam ser litisconsortes, ou ainda ii) facultativo, quando a conveniência da parte é o maior móvel na definição da pluralidade de partes.

No processo do trabalho há previsão expressa de litisconsórcio necessário, consoante previsto no art. 611-A, § 5º, da CLT, a partir da redação conferida pela Lei n. 13.467/2017, nos seguintes termos:

> § 5º Os sindicatos subscritores de convenção coletiva ou de acordo coletivo de trabalho deverão participar, como litisconsortes necessários, em ação individual ou coletiva, que tenha como objeto a anulação de cláusulas desses instrumentos.

Quanto aos efeitos, o litisconsórcio pode ser definido como i) unitário (art. 116 do CPC), quando a decisão deva ser uniforme a todos os litisconsortes, ou ii) simples, quando seja possível a decisão de forma diversa entre os mesmos litisconsortes.

Pode-se dizer que, de ordinário, os litisconsórcios necessários são geralmente unitários. Já os denominados facultativos podem ser unitários ou simples.

Quanto à aceitação, é possível definir o litisconsórcio como recusável, se a parte dele puder dispor, ou irrecusável, quando há imposição legal para a existência da pluralidade de partes.

Merece relevo, ainda, o litisconsórcio facultativo irrecusável previsto no art. 455 da CLT, assentado nos seguintes termos:

> Art. 455. Nos contratos de subempreitada responderá o subempreiteiro pelas obrigações derivadas do contrato de trabalho que celebrar, cabendo, todavia, aos empregados, o direito de reclamação contra o empreiteiro principal pelo inadimplemento daquelas obrigações por parte do primeiro.
> Parágrafo único. Ao empreiteiro principal fica ressalvada, nos termos da lei civil, ação regressiva contra o subempreiteiro e a retenção de importâncias a este devidas, para a garantia das obrigações previstas neste artigo.

Trata-se da hipótese em que houver contrato de empreitada e subempreitada, na qual o empregado do subempreiteiro poderá reclamar em face do empreiteiro principal pelo inadimplemento por parte daquele. Responderia não o real empregador do trabalhador, mas o tomador de seu serviço, digamos.

Há dúvida sobre o tratamento conferido pelo dispositivo e se seria a hipótese de hipótese de litisconsórcio necessário, próprio do direito processual do trabalho. Alguns até entendem dessa forma.

De longa data já nos posicionamos[20] no sentido de que, admitindo que o empreiteiro principal possa ser demandado unicamente, chegamos à seguinte

20. PAMPLONA FILHO, Rodolfo. Repensando a exegese do art. 455 da CLT. *Revista Ciência Jurídica do Trabalho*, Belo Horizonte, n. 1, ano 1, p. 17-31, 1998.

consideração: o art. 455 consolidado permite a demanda direta contra o empreiteiro principal, não ressalvando qualquer aspecto no que diz respeito ao citado adimplemento.

Tanto isso é verdade que o parágrafo único do mencionado artigo garante a ação regressiva contra o subempreiteiro. Note-se que, se a obrigação do empreiteiro principal fosse originária, não se haveria de falar em ação regressiva, tampouco de retenção das importâncias eventualmente devidas.

Desse modo, por amor à discussão, devemos refutar os argumentos daqueles que asseveram que a relação processual havida entre empreiteiro principal e subempreiteiro constituiria uma hipótese de litisconsórcio necessário.

Isso porque somente haveria formação do litisconsórcio necessário se: a) a lei assim determinasse; b) o juiz, pela natureza da relação jurídica, tivesse de decidir a lide de modo uniforme para todas as partes.

Como se sabe, não existe em nosso ordenamento jurídico qualquer dispositivo que imponha a formação de litisconsórcio necessário entre empreiteiro e subempreiteiro. Logo, o litisconsórcio é facultativo.

Ademais, a necessidade de decisão uniforme tem cabimento quando a ação é constitutiva necessária (os pedidos de tutela meramente declaratória também atingem esse fim, uma vez que seria um contrassenso exigir, após a prestação da tutela declaratória no sentido de que determinado ato é nulo, o ajuizamento da citada ação constitutiva. Se nulo é o ato, não há questionar sua desconstituição pela simples declaração, ainda que não exista pedido expresso nessa linha), haja vista que sua inobservância jamais ensejaria uma buscada mudança do estado jurídico[21].

As ações condenatórias (a reclamação trabalhista, por exemplo), portanto, ficam fora desse plexo, salvo, como acima dito, quando houver previsão legal, o que não é o caso.

Calcados, ainda, na assertiva de que todo o litisconsórcio necessário é unitário, lembramos, para corroborar a tese acima expendida, a situação em que o juiz condena apenas o subempreiteiro, e não o empreiteiro principal, embora no mesmo título judicial, por exemplo, a condenação do subempreiteiro quanto à obrigação de anotar a CTPS do autor, que é intransferível, o que afasta também a caracterização da previsão do art. 455 como de litisconsórcio necessário.

Parece, desse modo, que, havendo alguma comunhão de interesses entre o empreiteiro e o subempreiteiro, como ocorre no caso, o que existe é apenas a faculdade de ajuizamento da reclamação mediante litisconsórcio, sendo irrecu-

21. Nesse sentido, CHIOVENDA, Giuseppe. *Instituições de direito processual civil*. 2. ed. São Paulo: Saraiva, 1965. v. I, p. 180.

sável por parte do demandado. Daí, havemos de prever circunstância em que o demandante ajuíze reclamações distintas contra empreiteiro e subempreiteiro.

O art. 455 da CLT, desse modo, versa acerca da responsabilidade solidária entre empreiteiro e subempreiteiro, com benefício de ordem de excussão em favor do primeiro, havendo ressalva, todavia, quanto à responsabilidade solidária (sem benefício de ordem de excussão) se a ação praticada por empreiteiro e subempreiteiro constituir ato ilícito.

4.2. Limitação do litisconsórcio. Da aplicação do § 2º do art. 113 do CPC ao processo do trabalho

Não existe qualquer dispositivo legal limitando o número de litisconsortes, sejam eles necessários ou facultativos. Todavia, é certo que um grande número de litisconsortes pode gerar sensível embaraço à prestação jurisdicional e ao exercício do amplo direito de defesa pelo *ex adverso*.

Por isso mesmo, tal qual já mencionado acima, o juiz poderá limitar o litisconsórcio facultativo quanto ao número de litigantes na fase de conhecimento, na liquidação da sentença ou na execução, quando este comprometer a rápida solução do litígio ou dificultar a defesa ou o cumprimento da sentença.

São, assim, três as possíveis causas que autorizam a limitação pelo juiz: i) se houver comprometimento da rápida solução do litígio, ii) quando dificultar a defesa ou iii) o cumprimento da sentença.

A propósito, é de notar que a mesma limitação existe em relação ao número de litisconsortes, mas não se aplica quanto ao número de substituídos. Com efeito, se for a hipótese de substituição processual, ou seja, em relação ao número de substituídos, não há falar em aplicação do aludido art. 113, § 1º, do CPC. Essa a posição majoritária apresentada pela jurisprudência, inclusive a do E. TST, no particular:

> AÇÃO COLETIVA PROPOSTA POR SINDICATO OBREIRO. SUBSTITUIÇÃO PROCESSUAL. AUSÊNCIA DE LITISCONSÓRCIO MULTITUDINÁRIO. É inaplicável o art. 46, parágrafo único, do CPC (art. 113, § 1º, do CPC), para a limitação do número de litisconsortes, em ação coletiva proposta pelo sindicato obreiro, como substituto processual, em defesa de direitos individuais homogêneos, na medida em que ele é o único autor e assim age com legitimação autônoma exclusiva prevista no art. 82, IV, da Lei n. 8.078/90, não havendo de se falar em litisconsórcio ativo multitudinário em relação aos empregados substituídos (MS 0010015-85.2012.5.18.0000, sessão plenária de 26-3-2013, rel. Des. Platon Teixeira de Azevedo Filho, certidão de publicação do acórdão 9-4-2013) (TRT – 18ª Região, MS 0010579-25.2016.5.18.0000, Rel.

> Breno Medeiros, Tribunal Pleno, 24-11-2016) (TRT – 18ª Região, MS 0010579 2520165180000/GO, 0010579-25.2016.5.18.0000, rel. Breno Medeiros, j. 24-11-2016, Tribunal Pleno).
>
> Recurso de Revista do sindicato reclamante. Substituição processual. Limitação do número de substituídos. Impossibilidade. Atuando o sindicato em nome próprio, na defesa dos direitos e interesses individuais dos integrantes da categoria profissional por ele representada, tem-se como configurado o fenômeno da substituição processual, consagrado no art. 8º, III, da Lei Fundamental. Não se tratando, a situação em debate, de reclamatória plúrima, ajuizada por diversos trabalhadores, em defesa de direito próprio, não há falar em aplicação do artigo 46, parágrafo único, do código de processo civil, incidente somente às hipóteses de litisconsórcio facultativo. Precedentes do STJ. Recurso de revista conhecido e provido. Recurso de revista adesivo da reclamada. Substituição processual. Legitimidade ativa *ad causam*. Defesa de direitos individuais. Amplitude. Caráter homogêneo da pretensão. Ostenta legitimidade ativa *ad causam* para atuar na condição de substituto processual, a teor do art. 8º, III, da Constituição da República, o sindicato representante da categoria profissional dos substituídos, à evidência da origem comum das pretensões individuais deduzidas, decorrência lógica da própria causa de pedir remota dos direitos postulados nesta ação – O alegado descumprimento dos instrumentos coletivos celebrados, a afetar, igualmente, todos os substituídos – E indutora da sua homogeneidade. Precedente da SDI-1/TST. Recurso de revista conhecido e não provido (TST, RR 190800-89.2004.5.12.0032, 3ª Turma, rel. Min. Rosa Maria Weber Candiota da Rosa, *DEJT* 22-10-2010, p. 645).

Mas há, ainda, questão relevante a ser suscitada. A previsão do § 1º do art. 113 do CPC faculta ao juízo a limitação do litisconsórcio, o que pode ocorrer inclusive por meio de decisão de ofício, mediante prévia oitiva das partes (art. 10 do CPC). Mas o § 2º do mesmo art. 113 do CPC faculta que seja formulado pedido de limitação do litisconsórcio em peça apartada, que interrompe o prazo para manifestação ou resposta. É o que se depreende:

> § 2º O requerimento de limitação interrompe o prazo para manifestação ou resposta, que recomeçará da intimação da decisão que o solucionar.

Trata-se de previsão manifestamente cabível, no âmbito do processo do trabalho. Com efeito, a previsão legal visa permitir o exercício do direito de defesa pela parte. Todavia, indaga-se, ainda: considerando que a previsão do art. 847 da CLT faculta ao demandado, apenas após a tentativa frustrada de acordo, o prazo para oferecer sua defesa, quando seria possível a apresentação de tal expediente no processo laboral?

Aqui precisaremos compreender que o requerimento de limitação, previsto no CPC, interrompe o prazo para manifestação ou resposta, na forma da previsão do art. 113, § 2º, do mesmo Código. Tal previsão é, assim, mais específica que aquela do art. 847 da CLT, a qual prevê genericamente o prazo para a defesa, aplicável exclusivamente ao demandado.

Assim, tão logo cientificada dos termos da pretensão, e até a audiência, caberá à parte formular o pedido de limitação do litisconsórcio, independentemente do prazo que lhe será facultado em audiência para a apresentação de defesa (contestação e exceção). A apresentação do pedido de limitação do litisconsórcio interrompe o prazo de resposta, no que deve ser compreendido o interstício para a apresentação de defesa em audiência (art. 841 da CLT), o qual retoma seu curso apenas após a decisão do aludido pedido (art. 113, § 2º, *fine*).

4.3. Efeitos do litisconsórcio. Do prazo em dobro (art. 229 do CPC) e sua aplicação ao processo do trabalho

A pluralidade de partes enseja a ocorrência de efeitos para a demanda. No caso do litisconsórcio necessário, o art. 115 do CPC impõe que a sentença de mérito, quando proferida sem a integração do contraditório, será:

> I – nula, se a decisão deveria ser uniforme em relação a todos que deveriam ter integrado o processo;
> II – ineficaz, nos outros casos, apenas para os que não foram citados.

O dispositivo legal impõe, ainda, que, nos casos de litisconsórcio passivo necessário, o juiz determinará ao autor que requeira a citação de todos os que devam ser litisconsortes, dentro do prazo que assinar, sob pena de extinção do processo.

Ainda, deve-se fazer menção ao efeito relacionado com o aproveitamento da defesa de um dos litisconsortes pelos demais.

Segundo o art. 117 do CPC, os litisconsortes serão considerados, em suas relações com a parte adversa, litigantes distintos, exceto no litisconsórcio unitário, caso em que os atos e as omissões de um não prejudicarão os outros, mas os poderão beneficiar.

Com razão, o legislador ordinário definiu como absolutamente autônomas as relações jurídicas entre os litisconsortes entre si, e entre aqueles e seus adversários, dado que é possível não apenas a autonomia entre os interesses de cada uma das partes, mas efetivamente a existência de interesses antagônicos entre todos, ainda para aqueles que estejam do mesmo lado (ativo ou passivo) na demanda.

De fato, não raro ocorre a hipótese de autor e réu encontrarem-se em litígio e um dos litisconsortes daqueles estar em litígio não apenas levando em conta a relação jurídica principal, mas inclusive com seu próprio litisconsorte.

Hipótese clara desse fenômeno se verifica nas ações de indenização por acidente do trabalho, nas quais o reclamante pretenda indenização do reclamado e este, pelo fato de possuir seguro contra acidentes contratado, é litisconsorte da empresa seguradora. Embora parte do interesse entre os litisconsortes – empregador e seguradora – seja comum, é certo que a seguradora pretenderá eximir-se da responsabilidade de pagar a indenização ao empregador, enquanto este pretenderá ver-se ressarcido dos valores eventualmente despendidos para o pagamento ao trabalhador.

Por essa mesma razão, o art. 118 do CPC assegura que cada litisconsorte tem o direito de promover o andamento do processo, e todos devem ser intimados dos respectivos atos.

Nesse mesmo sentido, da completa autonomia entre os litisconsortes, é preciso fazer um destaque em relação ao art. 391 do CPC, que indica ser a confissão judicial exclusiva da parte, não prejudicando, todavia, seus litisconsortes.

A disciplina normativa do art. 341, I, do CPC determina, porém, que, havendo interesses comuns em relação aos litisconsortes, a defesa de um aproveitará aos demais, dado que não haverá revelia na hipótese em que contestada a demanda. Note-se, portanto, que a hipótese de aproveitamento da defesa se dará apenas quando o interesse entre os litisconsortes for comum, prevalecendo a regra do art. 117 do CPC.

O mesmo CPC também evidencia, como regra de benefício entre os litisconsortes, a hipótese de o recurso interposto por um dos litisconsortes a todos aproveitar, salvo se distintos ou opostos seus interesses, conforme a previsão do art. 1.005 do CPC. Mais uma vez, portanto, prevalece a lógica da identidade de interesses entre os litisconsortes.

Outro ponto interessante é o atinente à concessão de prazos em dobro para todas as manifestações das partes, em qualquer juízo ou tribunal, independentemente de requerimento, quando houver litisconsortes patrocinados por diferentes advogados, com base na aplicação do art. 229 do CPC. A previsão visa compensar as partes litisconsortes pela dificuldade inerente a seu acesso aos autos concomitantemente com os demais demandados, no mesmo polo.

Todavia, cumpre mencionar a alteração da regra prevista no CPC em relação àquela prevista no revogado CPC/73 (art. 191). A previsão revogada conferia aos litisconsortes com diferentes procuradores prazo em dobro para contestar, recorrer e falar nos autos, de modo geral. O art. 229 do CPC, que possui previsão equivalente, está assim vazado:

> Art. 229. Os litisconsortes que tiverem diferentes procuradores, de escritórios de advocacia distintos, terão prazos contados em dobro para todas as

> suas manifestações, em qualquer juízo ou tribunal, independentemente de requerimento.
> § 1º Cessa a contagem do prazo em dobro se, havendo apenas 2 (dois) réus, é oferecida defesa por apenas um deles.
> § 2º Não se aplica o disposto no *caput* aos processos em autos eletrônicos.

Sucede que a previsão contida no CPC é um tanto diferente do que diz o revogado art. 191 do CPC/73, sendo ainda mais restritiva em relação ao benefício, já que veda sua aplicação aos feitos que tramitam eletronicamente, ou seja, nos processos em autos eletrônicos não será conferido prazo em dobro (§ 2º). Do mesmo modo, o § 1º do mesmo dispositivo faz cessar a contagem em dobro na hipótese de, havendo dois réus, apenas um apresentar defesa, positivando o entendimento equivalente manifestado pelo STF, por meio de sua Súmula 641, que impõe não se contar prazo em dobro para recorrer quando apenas um dos litisconsortes tiver sucumbido.

Ademais, o *caput* do dispositivo confere a prerrogativa do prazo em dobro para todas as suas manifestações, em quaisquer tribunais, independentemente de requerimento, apenas para os litisconsortes que tiverem diferentes procuradores, de escritórios de advocacia distintos, reafirmando justamente que a vontade da lei é justamente a de que se compense a dificuldade natural do acesso aos autos entre os litisconsortes. Se os patronos se encontram em um mesmo escritório de advocacia, segundo a lei, não faz sentido lhes conferir maior prazo, dado que presuntivamente o acesso aos autos será possível no prazo regular.

De todo modo, no âmbito do processo do trabalho, historicamente essa regra não tem sido aplicada, por se compreender que, sendo possível o exercício do denominado *jus postulandi* diretamente pelas partes, a constituição de advogados distintos entre litisconsortes seria uma faculdade, e por isso tal previsão seria incompatível com a celeridade desejada no processo laboral.

Ou seja, segundo a posição majoritária, dado que a constituição de advogado é mera faculdade pessoal, não se poderia tolerar que tal faculdade tivesse o condão de permitir delongas no curso da demanda. Ademais, ainda segundo o entendimento majoritário, dado que o art. 895 da CLT confere às partes expressamente o prazo recursal, não seria a hipótese de alargá-lo, mesmo na hipótese de litisconsórcio. Tal compreensão foi cristalizada pelo e. TST, como se depreende do teor da OJ 310 da SDI-I:

> 310. LITISCONSORTES. PROCURADORES DISTINTOS. PRAZO EM DOBRO. Art. 229, *caput* e §§ 1º e 2º, do CPC de 2015. ART. 191 DO CPC de 1973. INAPLICÁVEL AO PROCESSO DO TRABALHO (atualizada em decorrência do CPC de 2015) – Res. 208/2016, *DEJT* divulgado em 22, 25 e 26-4-2016.

> Inaplicável ao processo do trabalho a norma contida no art. 229, *caput* e §§ 1º e 2º, do CPC de 2015 (art. 191 do CPC de 1973), em razão de incompatibilidade com a celeridade que lhe é inerente.

Com todas as vênias, não parece ser a melhor solução o entendimento manifestado pelo TST. Com efeito, embora seja prerrogativa da parte o exercício do *jus postulandi* diretamente, é igual direito seu o de contratar advogado para patrocinar seus interesses, não sendo possível punir alguém pelo exercício de um direito (no caso, o de contratar um patrono). Mormente nos casos do litisconsórcio passivo, não é opção do demandado litigar conjuntamente com um corréu, não sendo razoável puni-lo ao incrementar sua dificuldade no acesso aos autos em razão de uma faculdade exercida pelo autor. Quem vivencia o dia a dia da Justiça do Trabalho reconhece, com meridiana clareza, que a tramitação processual mais ou menos longa de qualquer feito não se dá por força de oito dias a mais ou a menos. Por fim, o litisconsórcio constitui a exceção, contendo regra específica, sendo o usual justamente a existência de apenas uma parte em cada lado da relação jurídica processual; como tal, não faria sentido a previsão legal que confere o prazo recursal se referir justamente à exceção, e não à regra geral. Apegar-se à regra geral para afastar a incidência de norma específica não parece a forma mais adequada de interpretação do texto.

Outra peculiaridade é aquela derivada da regra consignada no art. 821 da CLT, que faz menção ao número de testemunhas por parte, e seu impacto, no caso de litisconsórcio. O dispositivo está assim vazado:

> Art. 821. Cada uma das partes não poderá indicar mais de 3 (três) testemunhas, salvo quando se tratar de inquérito, caso em que esse número poderá ser elevado a 6 (seis).

Há quem sustente que, na hipótese dos litisconsórcios facultativos, cada polo da relação jurídica processual somente teria o direito de ouvir o limite de testemunhas fixado no art. 821 da CLT, qual seja, o número de três para as demandas sob o rito ordinário. Isso porque, conforme apresenta Valentin Carrion[22], havendo cumulação subjetiva de ações, ter-se-ia a renúncia ao direito de ouvir três testemunhas:

> Nos dissídios individuais plúrimos, ou cumulação subjetiva de ações (art. 842), os reclamantes que propuserem as ações conjuntamente renunciam a seu direito de ouvir três testemunhas para cada um deles.

22. CARRION, Valentin. *Comentários à Consolidação das Leis do Trabalho*, cit., 33. ed., p. 825.

O Poder Judiciário Trabalhista, ao pronunciar-se sobre o tema, já entendeu, contudo, que é preciso apurar se há identidade de interesses entre os litisconsortes. Se não houver, não há e falar nessa limitação. Nesse sentido:

> Indeferimento de prova testemunhal. Cerceamento do direito de defesa. Litisconsórcio passivo. Limitação de testemunhas. É certo que o poder diretivo conferido pelos arts. 130 e 131, do CPC autoriza que o julgador indefira provas que entender desnecessárias. Entretanto, resta configurado o cerceio do direito de defesa da parte reclamada quando o indeferimento da oitiva de suas testemunhas não se justificou no poder diretivo do juízo, mas, tão somente, na limitação numérica estabelecida pelo art. 821 da CLT, ainda mais quando se constata que as duas pessoas que integram a polaridade passiva da lide não possuem, em tese, interesse jurídico idêntico. Na hipótese destes autos, por força dos contornos estabelecidos na petição inicial, cada uma das reclamadas tinha fundadas razões para produzir defesas e colacionar provas com diferentes enfoques, já que foram acionadas como empregadoras distintas, com períodos dos pretensos vínculos diferentes, tendo apresentado contestações e produzido provas documentais diversas, e, naturalmente, pretendiam produzir provas testemunhais também distintas, de modo que não se justifica o indeferimento das testemunhas da segunda reclamada a pretexto de que a oitiva dos testigos da primeira já teria atingido o limite máximo de três, previsto na legislação laboral. Recurso a que se dá provimento para declarar nulo o processo a partir do encerramento da instrução processual e determinar o retorno dos autos à origem para que seja dada à segunda reclamada a possibilidade de produzir provas orais através da indicação de mais duas testemunhas, conforme estabelece o art. 821 da CLT. Recurso provido (TRT – 23ª Região, RO 00987.2005.022.23.00-7, rel. Des. Luiz Alcântara, j. 9-5-2007, *DJe-MT* 14-5-2007).

CAPÍTULO 6

Intervenção de Terceiros no Processo do Trabalho

1. NOÇÕES CONCEITUAIS. DO NECESSÁRIO INTERESSE JURÍDICO

O terceiro, para o processo, é aquele que não faz parte da relação jurídica de direito processual. Como já vimos, em regra, cada titular de uma relação jurídica material é uma das partes da relação jurídica processual. Justamente por isso, apenas às partes são impostos os limites subjetivos da coisa julgada.

Por outro lado, a concepção de limites subjetivos da coisa julgada tem por finalidade restringir a produção dos efeitos da *res judicata* aos sujeitos da relação jurídica processual. No entanto, há situações em que alguém que não compõe um dos polos da lide pode ser juridicamente interessado no processo pendente, porque poderá sofrer a eficácia (principal ou reflexa) da decisão.

Nessas situações, a sistemática processual admite a utilização do instituto da intervenção de terceiros, em que o referido sujeito pode se tornar parte ou coadjuvante dela na demanda em curso. Tal instituto, além de permitir o ingresso do terceiro no processo para defender direito seu ou que lhe é imputado, facilita a solução integral da lide, uma vez que, atendendo aos princípios da economia e celeridade processual, evita o ajuizamento de um novo processo (ação de regresso) para discutir aquela situação – e suas consequências já postas em juízo. Ou seja, a intervenção de terceiro se presta ora "à eficiência processual à duração razoável do processo, para que se possam resolver o maior número possível de questões relacionadas ao objeto litigioso em um mesmo processo, ora ao contraditório, ao permitir que terceiro que sofrerá efeito da decisão possa defender-se em juízo e evitar esse prejuízo"[1].

Esta participação pode ser voluntária, ou seja, o terceiro sabe da existência de um processo e vem a se habilitar na lide para ajudar uma das partes ou para se opor a uma ou às duas, ou pode ser obrigatória (coacta, forçada), o que constitui, na verdade, uma exceção. Afinal, a parte demandante tem o direito de escolher contra quem pretende demandar.

De todo modo, merece especial atenção o requisito da necessária vinculação jurídica entre o terceiro e a causa, para autorizar sua intervenção no feito. De fato, não basta o mero interesse econômico; é imperioso que exista uma relação entre o terceiro e o objeto litigioso do processo.

Nesse sentido o Judiciário Trabalhista já se pronunciou, inclusive por meio da Súmula 82 do TST, que será analisada no tópico próprio:

> Súmula n. 82 do TST. ASSISTÊNCIA. A intervenção assistencial, simples ou adesiva, só é admissível se demonstrado o interesse jurídico e não o meramente econômico.
>
> (...) 2. O interesse que autoriza a intervenção do terceiro na lide há de ser jurídico, o que não se confunde com o interesse meramente econômico. No caso, a Federação invoca prejuízo meramente econômico, caracterizado pela expressão financeira do que deixou de ganhar sobre o valor das contribuições sindicais que o SINTRORESP deixou de auferir diante da improcedência desta ação de cobrança, não havendo, contudo, nenhum prejuízo jurídico, mormente porque tais valores podem ser recebidos com eventual agregação do sindicato representativo dos empregados da Ré ao quadro de sindicatos da federação, o que robustece a convicção de que não há utilidade da via recursal eleita. Logo, ausente o interesse recursal, os declaratórios não alcançam conhecimento. Embargos de declaração não conhecidos. EMBARGOS DE DECLARAÇÃO DO SINTHORESP. A finalidade dos embargos declaratórios não é a revisão do julgado, mas tão somente suprir eventuais vícios expressamente previstos nos artigos 535 do CPC de 1973, vigente ao tempo da protocolização

1. DIDIER JR., Fredie. *Curso de direito processual civil:* introdução ao direito processual civil, parte geral e processo de conhecimento, cit., p. 478.

dos declaratórios em exame, e 897-A da CLT, sendo impróprios para outro fim. Embargos de declaração conhecidos e desprovidos (ED-AgR-E-ED-RR 880-42.2010.5.02.0072, rel. Min. Alexandre de Souza Agra Belmonte, j. 1º-12-2016, Subseção I Especializada em Dissídios Individuais, *DEJT* 9-12-2016).

2. SOBRE A APLICABILIDADE DA INTERVENÇÃO DE TERCEIROS NO PROCESSO DO TRABALHO

A aplicação da intervenção de terceiros no âmbito do processo do trabalho sempre foi alvo de acirrados debates e grandes controvérsias. Reina a propósito a mais viva e ampla divergência. Pesquisando os autores mais difundidos de direito processual do trabalho no Brasil, José Augusto Rodrigues Pinto[2], em alentado e pioneiro artigo (anterior à EC 45/2004), faz um interessante diagnóstico da cizânia doutrinária sobre o tema, senão vejamos suas exatas palavras:

> – aproveitamento de todas as formas: Amauri Mascaro Nascimento e Wagner Giglio;
> – de assistência, oposição, denunciação da lide e chamamento ao processo: Coqueijo Costa, Tostes Malta e Rodrigues Pinto;
> – de assistência, denunciação da lide e chamamento ao processo: Wilson de S. Campos Batalha;
> – de assistência e chamamento ao processo: Manoel Antonio Teixeira Filho;
> – de assistência: Isis de Almeida.

Como deduz Francisco Gérson Marques de Lima[3],

> (...) a jurisprudência claudica em aceitar a intervenção de terceiros no processo do trabalho, em nome do contraditório, da ampla defesa e da verdade dos fatos, onde se procura apurar a veracidade que se subsome ao litígio, da maneira mais completa possível. Na verdade, a prática forense tem demonstrado que muitos dos pedidos de intervenção de terceiros têm finalidade tão só de procrastinar o feito e embaraçar o processo, motivo pelo qual deve o juiz ficar atento para escoimá-los e, se for o caso, aplicar a pena por litigância de má-fé (arts. 16, 17, IV e VI e 18, CPC).

Do ponto de vista histórico, pondera-se se o juízo do trabalho tem competência para apreciar as demandas envolvendo a relação jurídica que está a exigir

2. PINTO, José Augusto Rodrigues. Intervenção de terceiro no processo do trabalho. *Trabalho & Processo*, São Paulo: Saraiva, n. 1, jun. 1994. p. 123.
3. LIMA, Francisco Gérson Marques de. *Direito processual do trabalho*. 3. ed. São Paulo: Malheiros, 2001. p. 257-258.

a intervenção de terceiros. A regra da competência material natural da Justiça do Trabalho sempre foi no sentido de que as questões trabalhistas existiriam exclusivamente entre trabalhador e empregador. No entanto, tal relação (empregado x empregador) não está em debate nas inúmeras possibilidades das intervenções de terceiro. Poder-se-ia, por exemplo, admitir uma intervenção de terceiro para verificar uma questão de responsabilidade subsidiária por denunciação da lide? Poder-se-ia até dizer que sim, mas, com isso, estar-se-ia a admitir uma lide entre empregadores e não entre empregado e empregador. Tal conjuntura ainda é um entrave para a jurisprudência, que, por isso, adota as teorias restritivistas para a intervenção de terceiros.

Todavia, diante da alteração da competência da Justiça do Trabalho a partir da EC 45/2004, pode-se dizer que houve significativa mudança de perspectiva quanto à admissibilidade da intervenção de terceiros, no particular. Veja-se o entendimento manifestado por José Roberto Freire Pimenta[4] no sentido de que

> uma das mais relevantes consequências processuais acarretadas pela recente ampliação da competência da Justiça do Trabalho (alcançando, inclusive, os processos que tenham por objeto principal as lides decorrentes da relação de emprego, mas que, acessoriamente, atraiam a participação de terceiros, na defesa de seus próprios direitos e interesses [...]).

De todo modo, como referido acima, a jurisprudência vacila quanto ao acolhimento ou não das intervenções de terceiro no âmbito dos processos submetidos à Justiça Laboral, como se deduz dos seguintes arestos:

> INTERVENÇÃO DE TERCEIRO. CABIMENTO. LIMITES. Apesar de não mais haver o obstáculo constitucional relativo à competência desta Justiça para apreciar pleitos concernentes à intervenção de terceiro não se deve olvidar que permanecem os princípios a reger o processo, entre os quais se destaca o princípio da proteção. Há que se considerar o interesse do trabalhador, notadamente no rápido desfecho da causa, haja vista a natureza alimentar do crédito (TRT – 5ª Região, RO 129004020095050291/BA, 0012900-40.2009. 5.05.0291, rel. Cláudio Brandão, 2ª Turma, *DJ* 21-10-2009).

> 1. PROCESSO DO TRABALHO. INTERVENÇÃO DE TERCEIROS. DENUNCIAÇÃO DA LIDE. ARTIGO 70, III, DO CPC. OJ N. 277/SBDI-1/TST. O atual entendimento prevalente nesta Justiça Especializada caminha no sentido do cabimento dos procedimentos de intervenção de terceiros em seu

4. Apud ALMEIDA, Cleber Lúcio. *Direito processual do trabalho*. 6. ed. São Paulo: LTr, 2016. p. 360.

âmbito, exatamente em face do cancelamento da Orientação Jurisprudencial n. 227 da SBDI-1 do colendo TST, desde novembro de 2005. Por tal razão, sinaliza-se para a harmonia entre o processo trabalhista e o instituto da denunciação da lide. Todavia, se inexiste enquadramento do caso concreto à regra do inciso III do artigo 70 do CPC, correto está o indeferimento do pedido. 2. Recurso conhecido e desprovido (TRT – 10ª Região, RO 1729201100410005/DF, 01729-2011-004-10-00-5 RO, rel. Des. Ribamar Lima Junior, 3ª Turma, j. 29-2-2012, *DEJT* 9-3-2012).

Nota-se, ademais, que a pergunta quanto à aplicação das intervenções de terceiro no processo do trabalho persiste ainda hoje, dado que na CLT há previsão desse instituto em razão do denominado fato do príncipe (art. 486, *caput*, da CLT) e da hipótese do art. 896-C, § 8º (que trata da intervenção de terceiro como assistente simples, para auxiliar a construção do precedente a ser firmado em julgamento de recurso de revista repetitivo), sem, todavia, tratar em nenhum capítulo ou título especificamente desse assunto.

De todo modo, a nosso sentir, o art. 769 da CLT e o art. 15 do CPC autorizam a aplicação supletiva do direito processual comum nas hipóteses em que houver omissão e a aplicação subsidiária for compatível com a sistemática prevista no texto celetista. Como já referido, essa aplicação não é muito bem-vista pelos processualistas do trabalho, e em especial pela jurisprudência juslaboral. Tem-se como fundamento, em uma visão restritivista, a noção de incompetência material da Justiça do Trabalho. Todavia, é necessário fazer a análise de cada uma das formas de intervenção de terceiros para entender como seria aplicada cada uma dessas modalidades no direito processual do trabalho.

Diagnosticada, portanto, a cizânia doutrinária do ponto de vista da aplicação da intervenção de terceiros no processo do trabalho, cumpre-nos apontar, ainda que sumariamente, alguns delineamentos acerca de sua ocorrência. De antemão cumpre mencionar que o CPC prevê a hipótese de assistência; denunciação da lide; chamamento ao processo; incidente de desconsideração da personalidade jurídica; e *amicus curiae*. Prevê, ainda, a oposição (embora o faça sob o título dos procedimentos especiais), e aquilo que o CPC/73 denominava nomeação à autoria, ao disciplinar a defesa do réu (arts. 338 e 339 do CPC). A CLT, por sua vez, como já dito, cuida de duas hipóteses específicas de intervenção de terceiros: aquela decorrente do denominado fato do príncipe (art. 486, *caput* da CLT) e na hipótese do art. 896-C, § 8º (que trata da intervenção de terceiros como assistência simples, para auxiliar a construção do precedente a ser firmado em julgamento de recurso de revista repetitivo). Abordaremos cada uma delas.

3. A ASSISTÊNCIA E SUA APLICAÇÃO AO PROCESSO DO TRABALHO. ASSISTÊNCIA SIMPLES E LITISCONSORCIAL

A assistência está prevista nos arts. 119 a 129 do CPC. Por meio dela, o terceiro intervém voluntariamente em relação processual alheia, para defender seu interesse jurídico, e pretender que a sentença seja favorável a seu assistido.

A assistência é forma de intervenção de terceiro voluntária e tem lugar em qualquer tipo de procedimento, mas o assistente recebe o processo no estado em que se encontra. É o que se depreende do art. 119 do CPC, aplicável:

> Art. 119. Pendendo causa entre 2 (duas) ou mais pessoas, o terceiro juridicamente interessado em que a sentença seja favorável a uma delas poderá intervir no processo para assisti-la.
> Parágrafo único. A assistência será admitida em qualquer procedimento e em todos os graus de jurisdição, recebendo o assistente o processo no estado em que se encontre.

Trata-se de hipótese de intervenção espontânea, mas nela o assistente não passa a ser a parte, continuando a ser mero auxiliar.

Em relação à assistência, não é novo o entendimento de que é possível tal intervenção no âmbito das relações de trabalho. O TST consolidou sua posição no sentido de que a assistência é aplicável às demandas sujeitas à jurisdição trabalhista, embora apenas nas hipóteses em que configurada a existência do interesse jurídico, como já dissemos. Esse o teor da Súmula 82 do TST:

> A intervenção assistencial, simples ou adesiva, só é admissível se demonstrado o interesse jurídico e não o meramente econômico.

Como refere o art. 119 do CPC, a assistência é cabível quando terceiro juridicamente interessado em que a sentença seja favorável a uma delas possa intervir no processo para assisti-la. Há quem entenda, todavia, que tal finalidade impediria o manejo da assistência durante o processo de execução, ressalvada a hipótese de serem opostos embargos à execução[5]. Em verdade, não nos parece razoável vedar a assistência nos processos de conhecimento ou de execução, dada a expressa literalidade da norma, sendo cabível a assistência tanto por aquele que pretende o auxílio do credor como do devedor.

A assistência pode ser simples ou litisconsorcial. O critério científico é singelo: enquanto na assistência simples não há relação jurídica entre o assistente e o adversário do assistido, na litisconsorcial há tal relação jurídica subjacente, capaz de ser influenciada pela sentença. É o que se depreende do art. 124 do CPC:

5. ALMEIDA, Cleber Lúcio. *Direito processual do trabalho*, cit., p. 361.

> Art. 124. Considera-se litisconsorte da parte principal o assistente sempre que a sentença influir na relação jurídica entre ele e o adversário do assistido.

Como bem diz Fredie Didier Jr.[6], há interesse jurídico imediato em duas situações: i) quando o assistente afirma-se titular da relação jurídica discutida ou ii) o assistente afirma-se colegitimado extraordinário à defesa em juízo da relação jurídica que está sendo discutida. Em função disso, tais formas de assistência se diferenciam, justamente, pelos efeitos. Na assistência simples o assistente tem interesse em que aquele sujeito ganhe a demanda, pois isso pode afetar o direito dele, mas o simples fato de a parte ganhar ou perder não significa que o assistente já ganhou ou perdeu se ele não participa da lide. Na assistência litisconsorcial, de outro lado, o resultado da lide, mesmo que o assistente não faça parte dela, não pode ser mais discutido, dado que a relação jurídica de base já está definida.

Exemplo que temos apresentado em sala de aula sobre a assistência simples seria aquele em que "A" seja fiador de "B", que é devedor de "C". "C" ajuíza ação executiva contra "B", e este não tem condições de fazer uma boa defesa. Com isso, "A" ingressa na lide para também apresentar defesa em relação ao que "C" está alegando. A relação obrigacional concernente ao débito encontra-se apenas entre "C" e "B".

Um caso envolvendo a prática judiciária trabalhista[7] seria daquela demanda em que o Ministério Público do Trabalho acompanha o trâmite processual de reclamação individual formulada por trabalhador, em que se discute descumprimento de obrigações trabalhistas. Embora possa atuar como fiscal da lei e, portanto, tenha algum interesse na boa aplicação desta, falta legitimidade ao Ministério Público do Trabalho para atuar como parte na tutela de direito individual heterogêneo, como no caso em espécie.

Há hipótese relevante, ainda, qual seja, aquela prevista no art. 896-C, § 8º, da CLT, que admite expressamente como assistente simples a pessoa, órgão ou entidade com interesse na controvérsia que vise à construção do precedente a ser firmado em julgamento de recurso de revista repetitivo. O interesse do assistente simples, por assim dizer, é exclusivamente o de influenciar o Judiciário no julgamento da querela em determinado sentido.

Já no tocante à assistência litisconsorcial, um exemplo prático seria daquele débito relacionado ao condomínio. "D", credor do condomínio "F", não precisa ajuizar ação contra todos os condôminos, embora sejam eles responsá-

6. DIDIER JR., Fredie. *Curso de direito processual civil:* introdução ao direito processual civil, parte geral e processo de conhecimento, cit., p. 408.
7. Processo n. 972/2002-071-24-00-0-RO.1.

veis solidários pelos débitos condominiais. "D" poderá ajuizar a ação contra um dos condôminos.

Os efeitos da sentença referida serão os mesmos para todos os outros condôminos. Na hipótese de "G", condômino contra quem foi ajuizada a ação, como é devedor solidário, responder pelo débito, o fará e logo após ajuizará ação contra cada um dos demais devedores solidários para que respondam por seu respectivo quinhão. O resultado da primeira demanda não poderá ser discutido.

Em relação à prática trabalhista, ainda, hipótese de assistência litisconsorcial seria aquela em que o sindicato atue como substituto do trabalhador em juízo e este como seu assistente. Aliás, o CPC prevê exatamente a possibilidade da assistência litisconsorcial, no parágrafo único do art. 18 da norma, ao determinar que, havendo substituição processual, o substituído poderá intervir como assistente litisconsorcial do substituto:

> Art. 18. Ninguém poderá pleitear direito alheio em nome próprio, salvo quando autorizado pelo ordenamento jurídico.
> Parágrafo único. Havendo substituição processual, o substituído poderá intervir como assistente litisconsorcial.

No mesmo sentido, pode-se referir como exemplo da assistência litisconsorcial aquela hipótese em que determinado sindicato da base de uma federação sindical esteja a discutir a incidência ou não de determinada contribuição sindical, que, não sendo revertida ao próprio sindicato, o seria em favor da federação sindical. A atuação da federação para a defesa dos interesses do sindicato, sob pena de mantida sua relação diretamente com o contribuinte da obrigação, autoriza concluir a intervenção da entidade federativa como sendo litisconsorcial.

Há ainda outra hipótese consagrada no CPC, que pode ter repercussão no âmbito das demandas sujeitas à jurisdição trabalhista. O art. 109 do CPC prevê que o adquirente ou cessionário não poderá ingressar em juízo, sucedendo o alienante ou cedente, sem que o consinta a parte contrária, embora preveja que o adquirente ou cessionário poderá intervir no processo como assistente litisconsorcial do alienante ou cedente. Tais regras, conjugadas, permitem dizer, por exemplo, que, na hipótese de venda do estabelecimento do empregador posteriormente ao rompimento do vínculo de emprego havido, não obstante inalterada a legitimidade passiva para a reclamatória, poderá o adquirente intervir como assistente litisconsorcial do alienante, a fim de assegurar a higidez do ato jurídico atinente à própria venda, à guisa da eventual aplicação dos arts. 10 e 448 da CLT. É o que se depreende da redação do CPC:

> Art. 109. A alienação da coisa ou do direito litigioso por ato entre vivos, a título particular, não altera a legitimidade das partes.

> § 1º O adquirente ou cessionário não poderá ingressar em juízo, sucedendo o alienante ou cedente, sem que o consinta a parte contrária.
> § 2º O adquirente ou cessionário poderá intervir no processo como assistente litisconsorcial do alienante ou cedente.

Em outras palavras, se há possibilidade de discutir a matéria em relação ao assistente, a assistência é simples. Do contrário, é litisconsorcial.

Note-se, no particular, a disciplina do art. 103, III e §§ 1º e 2º, do CDC, que, na leitura da jurisprudência, impõe àquele que participe em ação coletiva, na condição de assistente litisconsorcial, a assunção dos ônus da decisão:

> Ação coletiva. Assistência litisconsorcial do substituído. Indeferimento. Ausência de prejuízo. Tratando-se de interesse individual homogêneo, em caso de improcedência da ação coletiva, seja qual for o fundamento, os interessados poderão propor as suas ações individuais, salvo se houverem intervindo no processo como assistentes litisconsorciais (art. 103, III e §§ 1º e 2º, do CDC), daí por que o indeferimento da habilitação do Impetrante na condição de assistente litisconsorcial não lhe acarretará qualquer prejuízo (TRT – 3ª Região, MS 1595/2008-000-03-00.0, 1ª Seção Especializada em Dissídios Individuais, rel. Des. Anemar Pereira Amaral, *DJe-MG* 11-9-2009).

Como já mencionado, trata-se de uma forma de intervenção de terceiro em que este pretende auxiliar uma das partes litigantes, em cujo ganho de causa tenha legítimo interesse. Isso porque há uma possibilidade de que aquela demanda gere alguma repercussão na atuação do terceiro, e por isso ele quer que aquela parte determinada vença a lide.

Ademais, o CPC trata do procedimento atinente ao ingresso do assistente de forma bastante sintética:

> Art. 120. Não havendo impugnação no prazo de 15 (quinze) dias, o pedido do assistente será deferido, salvo se for caso de rejeição liminar.
> Parágrafo único. Se qualquer parte alegar que falta ao requerente interesse jurídico para intervir, o juiz decidirá o incidente, sem suspensão do processo.

O assistente deve apresentar seu pedido de assistência em juízo. A peculiaridade fica a cargo da natureza da decisão que (in)defere a assistência, que é meramente interlocutória, não cabendo recurso imediato contra a aludida decisão, mas apenas quando da prolação de sentença.

4. DENUNCIAÇÃO DA LIDE

De todas as modalidades de intervenção de terceiros, a denunciação da lide, no processo do trabalho, parece a mais controversa. Trata-se da possibilidade de qualquer das partes (autor ou réu) se utilizar da denunciação da lide para inserir na demanda em curso o terceiro que tenha a eventual responsabilidade de ressarcir regressivamente o denunciante a fim de que, em uma sentença única, se equacione tanto a pretensão entre o autor e o réu quanto aquela demanda regressiva.

Como se sabe, no processo civil, sob a ótica geral da intervenção de terceiros, encontra-se o instituto conhecido como denunciação da lide, disposto nos arts. 125 a 129 do CPC. Tal figura, assim como as demais espécies de intervenção de terceiros, presta-se a chamar alguém (sujeito estranho à relação processual) a participar da lide, da qual, originariamente, não fazia parte e cujos efeitos podem ou devem atingi-lo no futuro.

No caso específico da denunciação da lide, esse terceiro – denunciado – é convocado para defender seus interesses contra uma suposta ação de regresso ou direito de garantia que o denunciante pretende contra ele, uma vez que a sentença faz coisa julgada e tal não pode acontecer sem que antes haja a aplicação do contraditório.

A denunciação da lide é uma espécie provocada de intervenção de terceiros, já que o denunciado citado é obrigado a integrar um dos polos do processo, desde que antes tenha havido o controle jurisdicional acerca de sua legitimidade. Tal convocação, para a maioria da doutrina, deve ocorrer até a fase de saneamento do processo de conhecimento, não havendo falar em denunciação, pois, em fase recursal ou em execução. É interessante registrar que, *a priori*, o melhor nome a ser utilizado para a figura processual seria "denunciação à lide", e não denunciação da lide, uma vez que o terceiro é que chamado à demanda, e não a lide é que é denunciada a quem quer que seja...

Com a denunciação, instauram-se duas ações (a principal e a de denunciação à lide) e duas relações jurídicas (aquela entre o autor e o réu na ação principal e aquela entre o denunciante e o terceiro denunciado na ação de denunciação da lide) no mesmo processo. Cumpre ressaltar que o resultado da ação principal prejudica a ação de denunciação da lide, pois, se o denunciante vencer a demanda, a ação regressiva será necessariamente julgada improcedente.

O art. 125 do CPC estabelece as hipóteses de cabimento do referido instituto. O inciso I não gera maiores problemas, uma vez que abrange o alienante, em relação à evicção, não adstrita à realidade das relações de trabalho. O alvo de debates se situa no inciso II do mesmo dispositivo, senão vejamos:

> É admissível a denunciação da lide, promovida por qualquer das partes: (...)
> II – àquele que estiver obrigado, por lei ou pelo contrato, a indenizar, em ação regressiva, o prejuízo de quem for vencido no processo.

Como se observa, a norma alberga a hipótese da responsabilidade decorrente da lei ou do "contrato", porém não exemplifica quais contratos são abrangidos pelo artigo. Desse modo, há quem entenda que o inciso é genérico e, portanto, ineficaz.

Nesse sentido, o magistério de Sydney Sanches[8] historicamente exercia a crítica já em relação à redação do dispositivo do CPC de 1973 (então art. 70 do CPC), e cujo conteúdo não foi substancialmente alterado, razão pela qual se deveria interpretar tal previsão sempre de forma restritiva:

> A hipótese prevista no inciso III do art. 70 não é senão uma norma de encerramento: nos incisos I e II o legislador prevê a denunciação da lide em situações de garantia específicas; no inciso III, generaliza, afirmando que cabe a denunciação em outras hipóteses em que houver garantia. Não cabe a denunciação, fundada neste inciso III, em qualquer, absolutamente qualquer situação, sob pena de inviabilizar-se o julgamento da demanda. A interpretação há de ser restrita.

Na mesma linha de entendimento, ainda acerca da previsão da redação do art. 70 do CPC/73, Vicente Greco Filho[9] indicava que a norma deveria ser interpretada apenas nas denominadas ações de regresso, tal qual se depreende:

> Parece-nos que a solução se encontra em admitir, apenas, a denunciação da lide nos casos de simples ação de regresso, isto é, a figura só será admissível quando, por força de lei ou do contrato, o denunciado for obrigado a garantir o resultado da demanda, ou seja, a perda da primeira ação, automaticamente, gera a responsabilidade do garante. Em outras palavras, não é permitida, na denunciação, a intromissão de fundamento jurídico novo, ausente na demanda originária, que não seja responsabilidade direta decorrente da lei e do contrato.

A mais recente e abalizada doutrina, acerca da interpretação do art. 125 do CPC, de outro lado, tem entendido que a admissão da denunciação da lide se dá de forma extensiva, cabendo tal expediente em qualquer pretensão que tenha por fundamento a responsabilidade do denunciado pela indenização. Todavia, a ampliação da lide será admitida apenas à luz da conveniência do caso concreto pelo juiz. Como bem defende Renato Beneduzi[10]:

8. SANCHES, Sydney. *Denunciação da lide no direito processual civil brasileiro*. São Paulo: Revista dos Tribunais, 1984. p. 120.

9. GRECO FILHO, Vicente. *Intervenção de terceiros*. 3. ed. São Paulo: Saraiva, 1991. p. 91.

10. BENEDUZI, Renato Resende. Comentários ao Código de Processo Civil: artigos 70 ao 187. *In*: MARINONI, Luiz Guilherme; ARENHART, Sérgio Cruz; MITIDIERO, Daniel (coord.). *Coleção Comentários ao Código de Processo Civil*. São Paulo: Revista dos Tribunais, 2016. v. 2. p. 237.

A expressão "ação regressiva" deve ser interpretada, assim, de modo extensivo, de maneira a atingir qualquer pretensão que tenha, por fundamento, a responsabilidade do denunciado pela indenização ao denunciante dos prejuízos que sua eventual condenação puder vir a lhe causar, mas a denunciação só será admissível se ela não for processualmente inconveniente e, apenas, quando não for caso de chamamento ao processo (em que não há, a rigor, exercício pelo chamante de uma pretensão regressiva contra o chamado).

O entendimento predominante, com o qual concordamos, compreende a denunciação da lide como modalidade de intervenção de terceiros que, genericamente, pode ser utilizada para resguardar o direito à ação regressiva. Nesse diapasão, observa Athos Gusmão Carneiro[11] que a denunciação da lide:

> ... é prevista no vigente Código de Processo Civil como uma ação regressiva, *in simultaneus* processus, proponível tanto pelo autor como pelo réu, sendo citada como denunciada aquela pessoa contra quem o denunciante terá uma pretensão indenizatória, pretensão "de reembolso", caso ele, denunciante, vier a sucumbir na ação principal.

Ainda sobre a denunciação da lide, vale observar que houve significativa alteração do conteúdo do *caput* do então art. 70 do CPC de 1973, que reportava ser o instituto obrigatório, na medida em que o art. 125 do CPC traz como apenas admissível a denunciação da lide, ressalvando-se, portanto, o exercício do direito regressivo por ação autônoma quando a denunciação da lide for indeferida, deixar de ser promovida ou não for permitida. Nesse sentido, o CPC consagrou o entendimento manifestado pela doutrina, como a de Manoel Antonio Teixeira Filho[12], na conclusão de que o exercício da denunciação é meramente facultativo da parte e:

> ... se a denunciação não for efetuada, a parte, que a deveria ter realizado, não perderá o direito de exercitar, mais tarde, em processo autônomo, a ação regressiva para reembolsar-se do que teve de pagar, por força da sentença: perderá, tão somente, o benefício legal de munir-se, no mesmo processo em que a intervenção de terceiro deveria ter ocorrido, de título executivo, materializado na sentença que compôs a lide (CPC, art. 76).

Com efeito, segundo Sandro Gilbert Martins[13], "o inciso II do art. 125 repete a hipótese do art. 70, III, do CPC/73, que assegura a utilização da denunciação

11. CARNEIRO, Athos Gusmão. *Intervenção de terceiros*. 6. ed. São Paulo: Saraiva, 1994. p. 67.
12. TEIXEIRA FILHO, Manoel Antônio. *Litisconsórcio, assistência e intervenção de terceiros no processo do trabalho*. 2. ed. São Paulo: LTr, 1993. p. 258.
13. MARTINS, Sandro Gilbert. *In*: WAMBIER, Tereza Arruda Alvim et al. *Breves comentários ao novo Código de Processo Civil*, cit., p. 442.

da lide contra aquele que estiver obrigado, por lei ou pelo contrato, a indenizar, em ação regressiva, o prejuízo do que for vencido no processo". Todavia, como bem destaca o mesmo autor, "a falta de denunciação da lide ou sua rejeição ou indeferimento ou não permissão, isto é, quando extinta sem resolução de mérito, não acarreta a perda do direito material à indenização, pelo que é possível o exercício dessa pretensão por meio de ação autônoma"[14].

Sua utilização, todavia, é sempre recomendável, para uma resolução integral da lide, possibilitando maior celeridade na efetiva solução do litígio e economia processual, no sentido macro da expressão. Todavia, acaso se compreenda que, uma vez admitida, possa causar demora ou abuso no processo, deve ser rejeitada pelo juiz.

4.1. Denunciação da lide no processo do trabalho

Como já dito, o cabimento da denunciação da lide é bastante controverso no âmbito das demandas sujeitas à jurisdição trabalhista. Se em relação à previsão do inciso I do art. 125 do CPC (a hipótese do alienante imediato, no processo relativo à coisa cujo domínio foi transferido ao denunciante, a fim de que possa exercer os direitos que da evicção lhe resultam) tais previsões não interessam, por certo, a este trabalho, uma vez que é muito pouco provável que o direito material discutido em um processo trabalhista se refira aos temas ali tratados, no tocante à hipótese contemplada no inciso II do mesmo artigo (aquele que estiver obrigado, por lei ou pelo contrato, a indenizar, em ação regressiva, o prejuízo de quem for vencido no processo) pode ser aplicável, em nosso entendimento, a diversos litígios de natureza trabalhista, como vislumbraremos nos itens a seguir.

Cumpre-nos, por conseguinte, analisar a possibilidade de aplicação da denunciação da lide no processo do trabalho, uma vez que o art. 125, II, do CPC prevê a possibilidade de denunciação (intervenção) daquele que está obrigado, pela lei ou pelo contrato, a indenizar em ação regressiva.

De início, deve-se pontuar no sentido de que boa parte da jurisprudência acaba seguindo as teorias restritivistas, pois entende que a lide existente deriva tão somente das partes contratuais, ou seja, de empregado e empregador e que, caso fosse admitida a participação de um terceiro, haveria maior dificuldade na solução da lide principal, uma vez que o interveniente traria à lide questões estranhas àquelas apresentadas pelos primeiros. É o que se percebe do acórdão abaixo transcrito:

14. MARTINS, Sandro Gilbert. *In*: WAMBIER, Tereza Arruda Alvim et al. *Breves comentários ao novo Código de Processo Civil*, cit., p. 442.

> Denunciação à lide – O indeferimento da denunciação à lide não induz à nulidade do processo, pois, a rigor, falece competência ao juízo trabalhista para decidir questão entre pessoas jurídicas e sobre matéria estranha à relação de emprego (Ac. 24.431/99, 3ª Turma, RO 34.02.99.0204-50, rel. Juiz José Joaquim de Almeida Netto).

Desse modo, tal qual afirma Manoel Antonio Teixeira Filho[15], muitos doutrinadores têm entendido que a denunciação da lide foge da competência dos juízes do Trabalho, uma vez que tal instituto não estaria previsto no art. 114 da CF, senão vejamos:

> A denunciação da lide é ação regressiva incidental, exercida de forma antecipada e condicional (*in eventum litis*) à sucumbência do denunciante na ação. Não há lide entre ambos, portanto. Só há litisconsórcio deles diante dos pedidos formulados pelo autor. A Justiça do Trabalho insista-se, não tem competência para solucionar conflitos de interesses estabelecidos entre empregadores. Tais lides competem à Justiça Comum.

Esse não nos parece, porém, o melhor entendimento sobre a matéria. Demonstremos o porquê com um bosquejo histórico sobre o tema.

Tradicionalmente, a hipótese mais comum em que se discutia a aplicação da denunciação da lide na Justiça do Trabalho era a referente ao fenômeno jurídico trabalhista da sucessão de empregadores ou continuidade empresarial, prevista nos arts. 10 e 448 da CLT.

Nessas situações, verificava-se que, pela sucessão operada, o empregador sucedido não era responsável pelos créditos trabalhistas, devendo o sucessor arcar com todas as custas, despesas e ônus processuais. Nesse caso, a empresa sucessora podia, no entanto, instaurar nova demanda judicial para cobrar da sucedida tudo o que gastou com o empregado reclamante.

Desse modo, a solução integral da lide se alongava indefinidamente, podendo gerar prejuízos a quem se responsabilizou apenas por força de lei, sem a contrapartida necessária. Considerando que tal disciplina gerava uma situação juridicamente desarrazoada, passou-se a discutir a possibilidade de a empresa sucedida ser denunciada à lide pela sucessora, para que não houvesse necessidade de cobrar regressivamente e de instaurar novo processo, visando ao resguardo dos princípios da celeridade e economia processual, já que o terceiro esclareceria e prestaria informações sobre pontos controversos da lide.

15. TEIXEIRA FILHO, Manoel Antonio. *Curso de processo do trabalho:* litisconsórcio, assistência e intervenção de terceiros. São Paulo: LTr. v. 4, p. 42.

Ocorre, no entanto, que a grande maioria dos juízes do Trabalho indeferia o pedido de intervenção de terceiro, sob o fundamento de que, se o contrato social (civil) firmado entre empresa sucessora e empresa sucedida estivesse viciado formalmente, com o intuito de fraudar as obrigações e encargos trabalhistas, não teria competência para apreciar tal demanda. Além disso, fundamentavam que a omissão da Consolidação das Leis do Trabalho seria proposital, justamente para evitar maior demora na satisfação dos créditos dos trabalhadores, normalmente autores das reclamações trabalhistas.

Contudo, parece-nos que essa é uma solução simplista. De fato, resguardada a competência material, visivelmente ampliada pela EC 45/2004, a homenagem ao novo princípio constitucional de duração razoável do processo impõe admitir uma teoria extensiva, que permite a ampliação dos limites subjetivos da lide e a aplicação de toda e qualquer espécie de intervenção de terceiros (inclusive a denunciação da lide) no processo do trabalho, visando esclarecer todos os pontos e matérias controvertidos em uma só demanda (*simultaneus processus*), evitando, assim, gastos desnecessários, longas tramitações, julgados desarmonizados e insegurança jurídica.

Com efeito, cumpre salientar que, após a edição da EC 45/2004, é possível sustentar que o inciso IX do art. 114 da CF admite a solução dessa controvérsia decorrente da relação contratual trabalhista, com fulcro no art. 125, II, do CPC, firmando a competência dos juízes do Trabalho para decidir controvérsias relacionadas a referida espécie de intervenção de terceiros no processo trabalhista.

Como já dissemos, a jurisprudência pátria vacila, havendo decisões que ora admitem a denunciação da lide, ora rejeitam o instituto. Não obstante a divergência jurisprudencial dos Tribunais Regionais do Trabalho, cumpre ressaltar que o colendo Tribunal Superior do Trabalho, até bem pouco tempo, tinha como pacificada a questão no sentido da incompatibilidade do instituto com o processo do trabalho, tendo editado a Orientação Jurisprudencial n. 227 da SDI-I, que preceituava: "Denunciação da lide. processo do trabalho. Incompatibilidade".

Ocorre que referida OJ, que apontava a incompatibilidade da denunciação da lide com o processo do trabalho, foi cancelada, em mais uma etapa do trabalho de atualização de sua jurisprudência, pelo Pleno do Tribunal Superior do Trabalho.

De acordo com o Presidente da Comissão de Jurisprudência, Ministro Luciano de Castilho Pereira, o cancelamento foi necessário em razão da nova realidade introduzida na Justiça do Trabalho pela Reforma do Judiciário, que ampliou a competência dessa especializada e passou a aceitar a possibilidade da denunciação da lide no processo trabalhista, devendo-se verificar o interesse do trabalhador em ver o denunciado como parte integrante do polo passivo da relação processual.

Era necessária a adaptação da jurisprudência do TST ante o alargamento das matérias que passaram a poder ser suscitadas em sede de processo do trabalho, além dos novos princípios aplicáveis ao processo laboral após a EC 45/2004.

A denunciação da lide, como já vislumbrado, é espécie de intervenção de terceiros, que permite que uma das partes (denunciante) traga para a disputa judicial um terceiro com quem mantenha certa relação jurídica. Dessa ligação poderá decorrer a condenação do denunciado a ressarcir o denunciante ou compensá-lo pelos prejuízos oriundos da demanda.

Pois bem, ante a evidente vantagem de concentrar em um só processo a solução de duas pendências judiciais, ainda mais após a ampliação das matérias que podem ser ventiladas no processo do trabalho, foi que entendeu o colendo Tribunal Superior do Trabalho que a denunciação da lide não é incompatível com referida demanda, uma vez que visa, primordialmente, à celeridade e economia processuais, dispensando outro litígio (eventual ação de regresso).

Assim, verificado que a OJ 227 do TST foi consolidada antes da reforma sofrida pelo art. 114 da CF, pela promulgação da EC 45/2004, percebe-se que o dispositivo ampliou a prerrogativa dos magistrados trabalhistas para o exame de todas as ações oriundas da relação de trabalho, não havendo falar, pois, em incompatibilidade com o instituto da denunciação da lide.

Se já não há a certeza da incompatibilidade do instituto – o que, ao revés, impõe aceitar sua aplicação –, parece-nos relevante passar em revista algumas hipóteses em que a denunciação da lide poderia ser invocada, como faremos adiante, já que defendemos a solução integral da lide em um processo único (*simultaneus processus*), ante a desnecessidade de ajuizamento de duas ações distintas, cuja finalidade, em regra, é a discussão da mesma matéria fática: quem é o réu e, portanto, o devedor.

Nessa senda, consideramos não somente possível, mas especialmente recomendável, a aplicação da denunciação da lide no processo do trabalho, garantindo, assim, a resolução integral da demanda e o esgotamento da matéria nela ventilada, possibilitando economia processual e maior celeridade na solução do litígio. Deve-se, no entanto, verificar o interesse do trabalhador em ver o denunciado como parte integrante do polo passivo da relação processual.

Se acreditamos ser a denunciação da lide plenamente compatível com o processo do trabalho, é preciso demonstrar tal convicção com exemplos factíveis. Sendo assim, resolvemos apontar oito hipóteses que demonstram a aplicabilidade da referida modalidade de intervenção de terceiros no processo do trabalho, salientando que a denunciação da lide é um instrumento muito útil à celeridade, à segurança jurídica e à economia processual, já que esgota toda a discussão fática no mesmo processo, evitando, assim, decisões conflitantes.

4.2. Denunciação da lide nos casos de sucessão de empresas

A primeira dessas hipóteses ocorre no caso de sucessão de empregadores, em que há a continuidade da empresa. Se nenhuma mudança na titularidade da reclamada afetará o direito adquirido do empregado ou seu contrato de trabalho (arts. 10 e 448 da CLT), tem-se que a empresa sucessora adquire todas as obrigações da sucedida. Supondo que o empregado ajuíze reclamação trabalhista contra a sucessora, e havendo obrigação de indenizar, poderia a sucessora denunciar a empresa sucedida à lide? De outro lado, também na hipótese de sucessão, poderia o trabalhador, visando ter assegurado o recebimento de seus créditos, denunciar o sucedido?

Ora, do ponto de vista teórico e de acordo com o quanto estabelecido no inciso II do art. 125 do CPC, a resposta é afirmativa. É possível ao sucedido ser chamado a participar da demanda para indenizar aquele a quem se obrigou. Na prática, no entanto, até bem pouco tempo, maciça doutrina e grande parte dos Tribunais entendiam que não era possível a denunciação do sucessor pelo sucedido, uma vez que o juiz do Trabalho acabaria sendo competente para discutir e julgar a relação contratual (cível) firmada entre sucessor e sucedido. Mormente na hipótese em que tais questões não tenham o condão de tumultuar o curso do feito, e que possam assegurar ao trabalhador o recebimento dos valores que lhe são devidos, entendemos que a sucessora reclamada poderia denunciar a empresa sucedida ao processo, como, de qualquer modo, poderia cobrar regressivamente o montante referente à condenação por meio de novo processo.

O manejo da denunciação, no particular, tem o potencial de tornar a prestação jurisdicional menos onerosa, uma vez que, caso fosse aplicada a modalidade de intervenção de terceiros em estudo, não haveria necessidade de ajuizamento de nova ação e tudo seria resolvido, discutido e esgotado em um só processo, o que geraria maior segurança.

No tocante à denunciação da lide realizada pelo autor, cumpre-nos mencionar que entendemos possível, no caso de sucessão de empresa, mormente na hipótese em que se visa assegurar o recebimento dos créditos do obreiro.

Com efeito, a nosso ver, e após a EC 45/2004, acaso exista a obrigação, por lei ou pelo contrato, a indenizar, em ação regressiva, seria possível ao próprio autor denunciar à lide o sucedido, a fim de assegurar o recebimento de seus créditos, mormente nas hipóteses em que se tem conhecimento justamente do estado econômico precário do sucessor, e da obrigação firmada entre eles com a responsabilização do vendedor. É a típica hipótese em que o sucedido permanece em situação econômica capaz de satisfazer os débitos eventualmente constituídos na sentença, constituídos em nome do sucessor, em razão justamente da sucessão, e da precária situação econômica do último. A melhor forma de dar cabo à satisfação da obrigação contida no título é justamente reconhecer a responsabilidade do sucedido pelo pagamento das parcelas deferidas na sentença.

4.3. Denunciação da lide nas hipóteses de subempreitada

A segunda hipótese que exemplifica a aplicação da denunciação da lide no processo do trabalho ocorre quando há um contrato de subempreitada, na medida em que o art. 455 da CLT estabelece ser o subempreiteiro responsável pelas obrigações derivadas do contrato de trabalho que celebrar, podendo o empregado, todavia, demandar em face do empreiteiro principal.

Desse modo, a doutrina debate acerca da possibilidade de o empreiteiro principal, quando reclamado diretamente pelo obreiro contratado pelo subempreiteiro, denunciar este último à lide, com o intuito de agilizar o processo, para que não haja necessidade de ajuizamento de ação regressiva autônoma.

Ora, está claro que há direito de regresso do empreiteiro em face do subempreiteiro, nos termos do parágrafo único do dispositivo supracitado, e, ainda, que há uma relação legal/contratual entre ambos, consoante determina o inciso II do art. 125 do CPC, já transcrito.

Assim, resta desatualizado o entendimento de que, como a relação existente entre empreiteiro e subempreiteiro possui natureza cível, seria impossível aplicar a denunciação. Isso porque, levando em consideração a ampliação da competência material da Justiça do Trabalho para conhecer e julgar lides oriundas de relações de trabalho (não mais apenas de emprego), após a EC 45/2004, que modificou o inciso I do art. 114 da Carta Magna, vê-se que não há mais qualquer empecilho à plena utilização de tal espécie de intervenção de terceiros nesses casos.

Desse modo, se o empreiteiro requerer a denunciação do subempreiteiro à lide, deverá o juiz notificar este último para que, caso queira, ofereça defesa, ou, por outro lado, aceite os termos da demanda, integre o processo e se torne litisconsorte do empreiteiro principal.

Não obstante o entendimento acima esposado, verifica-se que alguns doutrinadores persistem com o pensamento contrário à aplicação da denunciação da lide nos casos de subempreitada, como se observa das palavras de Carlos Henrique Bezerra Leite[16]:

---

16. LEITE, Carlos Henrique Bezerra. *Curso de direito processual do trabalho.* 3. ed. São Paulo: LTr, 2005.

> Parece-nos incabível a denunciação da lide em tal hipótese, pois a Justiça do Trabalho é incompetente para processar e julgar a segunda lide, ou seja, aquela que surge entre o denunciante (empreiteiro) e o denunciado (subempreiteiro), pois ambos se encontram na relação processual na qualidade de corresponsáveis pelas obrigações trabalhistas, isto é, como "empregadores".

Pelo exposto e a partir da análise conjugada dos arts. 125, II, do CPC e 455, parágrafo único, da CLT, chega-se à conclusão de que o subempreiteiro, se não incluído na demanda diretamente pelo empregado, pode vir a ser chamado para integrar a lide pelo réu originário da ação, que é o empreiteiro principal, tornando-se litisconsorte deste último.

Saliente-se, ainda, que, no caso de o magistrado indeferir o pedido de denunciação da lide, precisará, ao menos, decidir se a responsabilidade do subempreiteiro será solidária ou subsidiária (levando em consideração o benefício de ordem), tema este ainda não pacificado pelo colendo Tribunal Superior do Trabalho, tampouco pelos Regionais, já que o empreiteiro poderá demandar regressivamente em face do subempreiteiro.

Cumpre ressaltar, também, que o próprio reclamante, após ajuizar sua ação, também poderá denunciar o subempreiteiro à lide, requerendo sua notificação para que venha integrar o polo passivo da demanda. Tal caso é muito corriqueiro, pois nem sempre o empregado sabe quem foi, ao certo, seu real empregador, só tomando ciência desse fato quando a demanda já foi proposta.

Por fim, observa-se que, no que diz respeito ao dono da obra que contratou o empreiteiro principal, em regra ele não responde pelas dívidas trabalhistas dos empregados contratados pelo subempreiteiro, exceto se fizer parte de um grupo econômico ou de uma incorporadora, consoante a Orientação Jurisprudencial n. 191 da SDI I do TST.

Desse modo, em relação ao caso em foco, entendemos, mais uma vez, possível a denunciação da lide, visando dar celeridade ao processo e diminuir os gastos, senão do mesmo órgão judicante, com certeza do Estado como um todo, já que não haverá necessidade de ação regressiva autônoma movida pelo empreiteiro principal contra o subempreiteiro.

4.4. Denunciação da lide em caso de assédio moral ou sexual (responsabilidade civil do empregador por ato de seus empregados – culpa *in vigilando* e *in eligendo*)

A terceira hipótese em que poderá ser vislumbrado o instituto ora em análise ocorre nos casos de assédio moral ou sexual, quando a alegada vítima ajuíza ação de indenização por danos morais diretamente contra o empregador e não contra o efetivo assediador, que, para tornar mais fácil o entendimento, será considerado outro empregado da empresa. Nesse caso, poderá a empresa ré denunciar o verdadeiro legitimado passivo à lide?

Para muitos, não, devendo ocorrer uma posterior ação de regresso. No entanto, parte da doutrina já tem se filiado à tese que admite a intervenção do terceiro nessa situação fática, tal como a Professora Alice Monteiro de Barros[17], devendo a empresa demandada denunciar o empregado assediador à lide, para que ele, sozinho, responda pelos supostos danos ou prejuízos causados ao obreiro assediado.

E é justamente esse o nosso entendimento, por ser ele ampliativo e menos oneroso ao Poder Público, já que todas as circunstâncias fáticas, incluindo a culpa ou o dolo (responsabilidade subjetiva) do assediador, serão vislumbradas simultaneamente ao processo principal, que está sendo movido contra o empregador/empresa da qual fazia parte o primeiro.

Desse modo, não haverá necessidade de cobrança regressiva, uma vez que o verdadeiro devedor da indenização (agente causador do dano) haverá participado de todo o processo e efetivado seu direito constitucional ao contraditório e à ampla defesa.

Ademais, de acordo com o art. 462, § 1º, da CLT, o empregador poderá descontar do salário do empregado todo e qualquer valor referente aos danos dolosamente causados. Pois bem, o assédio moral ou sexual é uma atitude de natureza essencialmente dolosa, podendo, ou melhor, devendo a empresa ser ressarcida pelos prejuízos causados pelo assediador.

Nesse aspecto, entendemos perfeitamente aplicável o art. 125, II, do CPC, que admite a intervenção de quem estiver obrigado por lei a indenizar aquele que perder a demanda. Assim, o empregado assediador é responsável pelo ressarcimento do empregador (empresa) pelos danos que dolosamente lhe causou, salientando-se que tal reposição poderá ser efetivada a partir de um desconto no salário do obreiro (denunciado) ou, em não sendo aceita a denunciação da lide, no que não acreditamos, com a cobrança em ação regressiva autônoma.

Pelos motivos expostos e após a edição da EC 45/2004, que ampliou as hipóteses do art. 114 da CF, como já demonstrado, torna-se plenamente aplicável ao processo do trabalho a denunciação da lide, mais especificamente em casos de assédio sexual, até porque não se estaria criando um dissídio entre duas empresas, mas sim entre o empregador demandado pelo empregado assediado e o obreiro assediador.

17. BARROS, Alice Monteiro de. *Proteção à intimidade do empregado*. São Paulo: LTr, 1997.

Entre a empresa e o assediador já existe uma relação de emprego, razão pela qual, nos termos do dispositivo supracitado, é competente a Justiça do Trabalho para analisar e julgar esse litígio decorrente da denunciação da lide, devendo, no entanto, a sentença definir e estabelecer quais as responsabilidades de cada parte envolvida na demanda.

Na verdade, a hipótese é de ação regressiva decorrente de uma situação de responsabilidade civil por ato de terceiros, a saber, do empregador por dano causado por seu empregado, no caso, a outro empregado. Em que pese a existência de previsão legal específica de responsabilidade patrimonial do empregador por ato de seus prepostos, a responsabilização subsidiária do verdadeiro agente assediante (e, por consequência, sua correspondente denunciação da lide) é medida da mais lídima justiça.

4.5. Denunciação da lide em ações acidentárias

O quarto exemplo que demonstra quão útil é a aplicação da denunciação da lide no processo do trabalho ocorre nas ações acidentárias. Com efeito, na hipótese de ocorrido o acidente, seria possível o manejo da denunciação contra a seguradora, pelo empregador, a fim de assegurar o pagamento da indenização pretendida pelo autor? A nós parece evidente que sim, não obstante a jurisprudência majoritária incline-se no sentido diametralmente oposto.

Com efeito, a experiência mostra que a não participação da companhia seguradora na lide torna mais tortuoso o processo executivo, na hipótese de não ter o empregador os recursos necessários para indenizar o trabalhador pelo infortúnio.

Não nos parece razoável impedir que o empregador possa apresentar em juízo o meio de satisfação da obrigação devida a um empregado seu, denunciando a companhia seguradora à lide e permitindo que o trabalhador seja ressarcido diretamente por aquele que possui o dever e a possibilidade de indenizá-lo pela totalidade dos prejuízos sofridos.

O acolhimento, pelo Judiciário Trabalhista, de mecanismo de tal ordem permitiria que a sociedade tivesse relações mais estáveis; que o processo executivo se tornasse menos tortuoso e mais simples; que o empregado recebesse sua indenização em menos tempo, já que seria possível inclusive a realização de um acordo diretamente com a participação da companhia seguradora; que o empregador tivesse a certeza de que seu patrimônio não seria desfalcado, para apenas depois receber o ressarcimento dos valores que adiantou a título de indenização sobre um risco devidamente segurado.

Há outra hipótese, ainda, atinente às demandas acidentárias movidas contra o INSS, na hipótese de se concluir como sendo a Justiça do Trabalho a competente para tanto. Com efeito, há a possibilidade de entender que o feito movido contra o INSS a fim de buscar a indenização decorrente de acidente do trabalho tem na Justiça do Trabalho o foro competente. Tal entendimento nos parece ainda mais coerente após a edição da EC 45/2004, pois, embora ainda seja polêmico, há sinais no horizonte de que o Supremo Tribunal Federal pode interpretar no sentido de que tais ações passaram a ser da competência da Justiça do Trabalho[18].

Em assim sendo, poderia referido instituto denunciar o empregador à lide ou ao menos chamá-lo para participar do processo? Entendemos que sim, ante a desnecessidade de ação autônoma de regresso, já que o suposto ato negligente, imprudente ou imperito do empregador, em relação ao acidente sofrido por seu empregado, poderá ser discutido simultaneamente ao processo principal, não havendo necessidade de posterior cobrança regressiva do INSS em face do empregador. Tupinambá Miguel Castro do Nascimento[19] entende ser impossível a intervenção do empregador na lide movida contra o INSS. Aludido autor defende que o empregador, mesmo que não tenha satisfeito o pagamento das contribuições para fins infortunísticos ou outras obrigações que a lei lhe confere, como a de comunicar o acidente, jamais comparecerá à ação acidentária como litisconsorte ou assistente.

Já Sydney Sanches[20] ressalta que "a denunciação da lide somente seria admitida quando, por força da lei ou do contrato, o denunciado ficasse obrigado a garantir o resultado da demanda. Não basta a possibilidade do direito de regresso". Essa, portanto, parece-nos a melhor solução. Assim sendo, consideramos recomendável o deferimento da denunciação da lide no caso concreto em comento, possibilitando maior celeridade na solução do litígio. Desse modo, não há como negar a aplicabilidade da denunciação da lide nas hipóteses de ações movidas pelo acidentado contra o INSS, ainda mais quando, de fato, foi o empregador quem agiu culposamente, dando causa ao referido acidente.

4.6. Denunciação da lide nas hipóteses de terceirização

Outra hipótese que nos permite vislumbrar a modalidade de intervenção de terceiros em estudo ocorre nos casos de terceirização, que é um negócio

---

18. De fato, no histórico julgamento do Conflito de Competência n. 7.204, relatado pelo Min. Carlos Ayres Brito, três julgadores, a saber, Cesar Peluzo, Carlos Velloso e Sepúlveda Pertence, manifestaram-se no sentido de que as ações acidentárias também passariam a ser julgadas na Justiça do Trabalho após a Emenda Constitucional n. 45/2004.
19. NASCIMENTO, Tupinambá Miguel Castro do. *Curso de direito infortunístico*. Porto Alegre: Fabris, 1983. p. 144.
20. SANCHES, Sydney. *Denunciação da lide no direito processual civil brasileiro,* cit., p. 251.

jurídico em que o tomador se vale de uma empresa prestadora de mão de obra (atividades-meio, em regra de segurança e de limpeza) e esta disponibiliza determinado número de pessoas para compor o quadro funcional da empresa tomadora.

O tomador de serviço responde subsidiariamente pelos créditos porventura devidos pela empresa fornecedora de mão de obra, nos termos do art. 5º-A, § 5º, da Lei n. 6.019/74, seguindo o mesmo raciocínio empreendido pela jurisprudência consolidada por meio da Súmula 331 do colendo Tribunal Superior do Trabalho. Essa responsabilização subsidiária persiste mesmo que o processo licitatório, por exemplo, não seja idôneo ou que a Administração Pública não figure no polo passivo, ao contrário do quanto estabelecido no art. 71 da Lei n. 8.666/93.

Supondo que o terceiro, que foi prestar o serviço na empresa tomadora, ajuíze reclamação trabalhista contra esta última, caberá a denunciação da empresa terceirizada à lide?

Mais uma vez, a resposta adequada nos parece ser afirmativa, desde que respeitados os requisitos de competência estabelecidos no art. 114 da CF, modificado pela EC 45/2004. Isso porque, se a empresa terceirizada efetivamente integrar a lide, não haverá necessidade de instauração de dois processos distintos (reclamação trabalhista e ação regressiva) para discutir a mesma matéria fática, qual seja, responsabilidade para pagar os créditos de origem trabalhista. Assim, cumpre trazer à baila o entendimento jurisprudencial, por meio do aresto abaixo colacionado:

> A empresa reclamada mantém contrato de prestação de serviços com a empresa "Brasil – entregas rápidas", situada na Av. São Paulo n. 35, Vila Progresso, São Paulo-SP, CEP 01014-020, conforme cópia em anexo. No contrato que mantém com a empresa reclamada, encontra-se estabelecido que são de sua inteira responsabilidade todos os encargos e prejuízos que venha a causar, inclusive, em virtude de encargos trabalhistas e previdenciários de seus empregados e/ou prepostos. Sendo assim, obrigatória a sua denunciação da lide, vez que obrigada por força do contrato a ressarcir a Empresa reclamada, dos eventuais prejuízos sofridos em virtude do presente feito, de conformidade com o art. 76, do mesmo diploma legal (RO 75486-3/2001 – TRT-SP).

Desse modo, para evitar decisões conflitantes e assegurar, desde logo, o contraditório e a ampla defesa, deverá ser aplicada a denunciação da lide, sendo o denunciado (empresa terceirizada) citado para integrar o feito e restando suspenso o processo até que ocorra tal aditamento. Resguarda-se, assim, a proteção jurídica.

4.7. Denunciação da lide em caso de paralisação do trabalho (*factum principis*)

Vislumbra-se, ainda, a hipótese de aplicação da denunciação da lide no processo trabalhista quando ocorre a paralisação do labor determinada por fato do príncipe, nos termos do art. 486 da CLT.

De fato, tal dispositivo trata da paralisação definitiva ou temporária do trabalho, motivada por ato ou determinação de ente público, como veremos adiante (exemplo: proibição de funcionamento dos bingos e demais casas de jogo).

Os empregados da empresa paralisada, em regra, ajuizarão ação indenizatória contra o empregador. Desse modo, poderá o reclamado denunciar o Município, o Estado ou a União à lide, uma vez que foi a referida entidade federativa quem deu causa à paralisação?

Entendemos que sim, assim como boa parte da doutrina, a exemplo de Carlos Henrique Bezerra Leite[21], já que o próprio § 1º do referido artigo prevê a hipótese de "chamamento à autoria", que nada mais é que a própria denunciação. O ente público possui trinta dias para se manifestar, e, caso entenda o magistrado que a hipótese efetivamente constitui *factum principis*, deverá a ação ser enviada à Fazenda Pública, para que esta adote as medidas cabíveis.

Desse modo, verifica-se que essa hipótese é a única expressamente tipificada de intervenção de terceiros no processo trabalhista. A competência para fixar a indenização, ou seja, para executar o ente público responsável, passa, no caso em foco, a ser da Fazenda Pública Federal ou Estadual, a depender da situação fática (art. 486, § 3º, da CLT).

No entanto, cumpre salientar que a verificação acerca da plausibilidade do direito, isto é, a certificação sobre a ocorrência ou não do *factum principis* e sobre a necessidade de pagar ou não indenização, continua sendo da Justiça do Trabalho, sob pena de invasão de competência por parte da Fazenda Pública.

Assim, observa-se que, não obstante tenha ocorrido denunciação da lide, a Justiça Comum (Federal ou Estadual) acabará por executar matéria trabalhista, ratificando-se que seu conhecimento e sua certificação continuarão sendo feitos pelo juiz do Trabalho competente.

Cumpre ressaltar, por fim, que, em todas as hipóteses exemplificadas, o terceiro interventor prestará esclarecimentos essenciais à lide, cabendo ao magistrado o controle interno acerca do nexo causal e da responsabilidade (integral, solidária ou subsidiária) do denunciado.

21. LEITE, Carlos Henrique Bezerra. *Curso de direito processual do trabalho*, cit., 3. ed.

4.8. Denunciação da lide no caso de recebimento de prêmio ou gratificação devido a outro empregado

A penúltima hipótese que admite a aplicação da denunciação da lide no processo do trabalho diz respeito ao caso de um empregado que recebe determinado prêmio ou gratificação quando na verdade era outro obreiro que fazia jus a referida parcela.

Como exemplo, pode-se imaginar o caso de um trabalhador que ajuíza reclamação trabalhista em face da empresa em que labora sob o argumento de que foi o autor de determinada invenção ou de certo ato que lhe ensejou o percebimento de uma gratificação e que seu empregador repassou o prêmio para outro empregado, que se dizia o criador da utilidade ou o autor do ato.

Nesse caso, vê-se claramente que o empregador, ao ser demandado pelo obreiro, poderá denunciar o outro empregado à lide, requerendo que este intervenha no processo e devolva a quantia recebida a título de prêmio ou gratificação. Isso porque é clara a existência do direito de regresso do patrão em face do empregado que, dolosamente, mentiu e se apropriou do montante.

Assim, visando acelerar a demanda, observa-se que não há qualquer empecilho à utilização de tal espécie de intervenção de terceiros nesse caso, sob pena de a empresa ter de pagar nova quantia ao reclamante e cobrar o ressarcimento, via ação regressiva, do empregado faltoso, o que demorará um bom tempo e aumentará os gastos do Judiciário.

4.9. Denunciação da lide no caso de indenização por danos morais decorrente de ofensas perpetradas por um empregado em face de outro

Por fim, como último exemplo prático, depreende-se que a denunciação da lide também poderá ser suscitada no caso de o empregador ser condenado a pagar uma indenização por danos morais a um empregado, sendo que esta derivou da conduta abusiva e desrespeitosa perpetrada por outro trabalhador ou, ainda, pelo gerente ou preposto da empresa.

É o que ocorre, por exemplo, quando o diretor da companhia ofende moralmente o obreiro, injuriando-o, caluniando-o ou difamando-o, desmotivadamente. Assim, caso o empregado ofendido ingresse com reclamação requerendo a decretação de sua despedida indireta, com base no art. 483 da CLT, e a empresa negue que tenha autorizado o procedimento arbitrário do diretor, poderá a companhia denunciar este último à lide, já que a indenização se originou da prática dolosa adotada por ele.

Caso o magistrado defira o pedido de intervenção, a empresa ficará protegida, pois será ressarcida pelo diretor (efetivo causador do dano) se vier a pagar a indenização, evitando-se, de outro modo, que o autor da agressão venha a se eximir de qualquer responsabilidade em outra demanda, ou mesmo de colaborar na produção da prova que lhe poderia ensejar o conflito de interesses.

Dessa forma, levando em consideração a celeridade, a eficiência na prestação jurisdicional e, ainda, a economia processual, há de ser aplicada a denunciação da lide, tornando desnecessário o ajuizamento posterior de ação de regresso.

4.10. Do modo de proceder à denunciação

O CPC, aplicável subsidiariamente, remete à petição inicial, se o denunciado for autor, ou à contestação, se o denunciante for réu (art. 126), e deve ser promovida no prazo de trinta dias, sob pena de ficar sem efeito o chamamento, consoante previsto no art. 131 do CPC.

Uma vez feita a denunciação pelo autor, o denunciado poderá assumir a posição de litisconsorte do denunciante e acrescentar novos argumentos à petição inicial, procedendo-se em seguida à citação do réu (art. 127 do CPC).

Feita a denunciação pelo réu, se o denunciado contestar o pedido formulado pelo autor, o processo prosseguirá tendo, na ação principal, em litisconsórcio, denunciante e denunciado; se o denunciado for revel, o denunciante pode deixar de prosseguir com sua defesa, eventualmente oferecida, e abster-se de recorrer, restringindo sua atuação à ação regressiva; se o denunciado confessar os fatos alegados pelo autor na ação principal, o denunciante poderá prosseguir com sua defesa ou, aderindo a tal reconhecimento, pedir apenas a procedência da ação de regresso (art. 128 do CPC).

Procedente o pedido da ação principal, pode o autor, se for o caso, requerer o cumprimento da sentença também contra o denunciado, nos limites da condenação deste na ação regressiva. Se o denunciante for vencido na ação principal, o juiz passará ao julgamento da denunciação da lide (art. 129 do CPC). Se o denunciante for vencedor, a ação de denunciação não terá seu pedido examinado, sem prejuízo da condenação do denunciante ao pagamento das verbas de sucumbência em favor do denunciado.

5. DO CHAMAMENTO AO PROCESSO E O DENOMINADO FATO DO PRÍNCIPE (ART. 486, *CAPUT*, DA CLT)

O chamamento ao processo (arts. 130 a 132 do CPC) consiste, talvez, na mais estranha forma de intervenção de terceiros. No chamamento ao processo se apresenta uma faculdade ao réu, para que chame à responsabilidade os eventuais coobrigados ou o devedor principal da obrigação que está sendo exigida, no caso de solidariedade. Segundo o art. 130 do CPC, é admissível o chamamento ao processo, requerido pelo réu, em face do afiançado, na ação em que o fiador for réu; dos demais fiadores, na ação proposta contra um ou alguns deles; ou dos demais devedores solidários, quando o credor exigir de um ou de alguns o pagamento da dívida comum. Trata-se de intervenção cabível exclusivamente durante o processo de conhecimento, não sendo admissível no processo de conhecimento ou cautelar.

A princípio não reputamos cabível tal modalidade da intervenção de terceiros nas demandas sujeitas às relações de trabalho na hipótese de responsabilidade decorrente da fiança, mormente porquanto tal faculdade conferida ao réu não parece permitir uma otimização da prestação jurisdicional no sentido de equacionar a demanda principal. O E. TST já teve a oportunidade de se pronunciar justamente pelo não cabimento do aludido chamado:

> ... NULIDADE PROCESSUAL. CERCEAMENTO DE DEFESA. CHAMAMENTO AO PROCESSO (CPC, ARTIGO 73, III). INAPLICABILIDADE AO PROCESSO DO TRABALHO. O processo do trabalho tem como fundamentos próprios a simplicidade dos atos processuais, bem como a celeridade processual. Tais princípios, contudo, são incompatíveis com o instituto do chamamento ao processo que a reclamada ora pretende seja observado e que, nos termos do artigo 77, inciso III, do CPC, invocado pela massa falida recorrente, caberia para inserir no polo passivo desta ação trabalhista -todos os devedores solidários, quando o credor exigir de um ou de alguns deles, parcial ou totalmente, a dívida comum-. Isso porque, em primeiro lugar, a inclusão de novos réus no polo passivo da demanda ensejaria, inevitavelmente, atraso no prosseguimento do feito. Ademais, cabe ao autor escolher contra quem formulará a pretensão a ser deduzida em juízo. Assim, *a contrario sensu*, inviável à ré o requerimento de inclusão de terceiro no polo passivo da demanda. Por fim, ainda que em tese fosse admissível a aplicação subsidiária desse instituto ao processo do trabalho, afigura-se inteiramente despropositado, no caso concreto, o pretendido chamamento ao processo dos seis integrantes da comissão que foi instituída na administração da ré no período de agosto de 2006 a agosto de 2008, em decorrência da intervenção judicial determinada no âmbito da ação civil pública noticiada nos autos, bem como pelo próprio Ministério Público do Trabalho. É que, como já bem salientado no acórdão regional, tal situação obviamente não configura hipótese de solidariedade legal ou contratual dessas pessoas físicas ou do ente ministerial que ensejasse sua responsabilização solidária pelo pagamento das dívidas trabalhistas da empregadora reclamada, não sendo, por fim, da competência material desta

> Justiça do Trabalho o exame e a decisão de qualquer lide porventura existente entre a reclamada de um lado e aqueles que esta pretendeu chamar a este processo de outro. Recurso de revista não conhecido (TST, RR 21920026 20095090096, 219200-26.2009.5.09.0096, rel. José Roberto Freire Pimenta, 2ª Turma, j. 11-9-2013, *DEJT* 20-9-2013).

No caso de obrigações solidárias, todavia, parece possível o aludido chamamento ao processo. Há precedentes reputando possível tal medida:

> CHAMAMENTO AO PROCESSO. SOLIDARIEDADE. Hipótese admitida de chamamento ao processo para integrar a lide no polo passivo da relação jurídica processual, porquanto configurada sucessão de empregadores. A responsabilidade decorrente das obrigações do contrato de trabalho, mesmo que estabelecido antes da cisão, passa para a empresa sucessora, de forma solidária, quando comprovado que a prestação do serviço foi exclusivamente em benefício daquela. Aplicação do art. 10, da CLT e art. 233, da Lei n. 6.404/76. (...) (TRT – 4ª Região, RO 5060042199850400007/RS, 0050600-42.1998.5.04.0007, rel. Vania Mattos, j. 26-4-2001, 7ª Vara do Trabalho de Porto Alegre).

Note-se que tal intervenção de terceiros não deixa de ser esquisita, pois, se a lei autoriza alguém a demandar contra qualquer um, por que seria a parte obrigada a demandar contra quem não deseja? Como já mencionamos, dada a sistemática do art. 455 da CLT, na hipótese em que ajuizada a demanda em face do empreiteiro principal, e não contra o real empregador, dada a garantia da ação regressiva do empreiteiro principal contra o subempreiteiro, seria possível, em tese, tal aplicação.

Todavia, há evidente resistência da jurisprudência a acolher o instituto porque a lide acessória se configura entre empregadores, assim como já verificado nas hipóteses de denunciação à lide.

Note-se, de outro lado que não se tem permitido o chamamento pelo devedor principal quando a hipótese é de mera responsabilidade subsidiária (não solidária, portanto), inclusive porque a redação legal é categórica no sentido de permitir o benefício ao réu exclusivamente na hipótese de solidariedade passiva:

> CHAMAMENTO AO PROCESSO. ART. 77, III, DO CPC. NECESSIDADE DE EXISTÊNCIA DE SOLIDARIEDADE PASSIVA. A modalidade de intervenção de terceiro, prevista no art. 77, III, do CPC, exige para ser exercitada a existência de dívida comum que torne chamante e chamados devedores solidários, coobrigados, portanto, ao pagamento. Dos termos da defesa infere-se que o Reclamado acredita na existência de um consórcio de empregadores

> urbanos, ou condomínio de fato, de forma a autorizar o pedido efetuado nos moldes do inciso III, do art. 77, do CPC. Todavia, olvida-se do disposto no art. 265 do Código Civil, segundo o qual, a solidariedade não se presume, sendo volitiva ou resultante de lei, sendo certo que, "in casu", não existe amparo legal à pretensa solidariedade. Assevere-se, finalmente, que ninguém é obrigado a litigar contra quem não deseja, pois é certo que o Processo do Trabalho, assim como o Processo Civil, rege-se pelo princípio da demanda. E, delimitados os polos da relação processual, o Juiz prestará a tutela jurisdicional nos moldes definidos pela parte postulante (art. 2º do CPC, aplicável subsidiariamente, nos moldes do art. 769 da CLT) (TRT – 9ª Região, 20392002651904/PR, 2039-2002-651-9-0-4, rel. Ubirajara Carlos Mendes, 1ª Turma, data de publicação: 17-7-2009).

Na forma do art. 131 do CPC, a citação daqueles que devam figurar em litisconsórcio passivo será requerida pelo réu na contestação e deve ser promovida no prazo de trinta dias, sob pena de ficar sem efeito o chamamento.

A sentença de procedência valerá como título executivo em favor do réu que satisfizer a dívida, a fim de que possa exigi-la, por inteiro, do devedor principal, ou de cada um dos codevedores, sua quota, na proporção que lhes tocar (art. 132 do CPC).

Embora não se confunda com o chamamento, o art. 486 da CLT possui previsão bastante controversa, qual seja, a da denominada responsabilidade da administração pelo fato do príncipe.

Do ponto de vista histórico, no CPC de 1939 havia o instituto do "chamamento à autoria", que se identificava com a denunciação à lide, para fins de garantia contra a evicção.

O fato do príncipe estava voltado a uma indenização paga, diretamente, pelo Poder Público que deu causa à paralisação, temporária ou definitiva, dos trabalhos.

Trata-se de modalidade atípica de intervenção de terceiros, que se remete para a Justiça Comum (competente para apreciar a responsabilidade do ente, contudo) a fim de que esta aprecie a efetiva responsabilidade e eventualmente condene o ente público ao pagamento de indenização, nos moldes do art. 477 da CLT.

Segundo se depreende da redação do art. 486, § 1º, da CLT, sempre que o empregador invocar em sua defesa tal preceito, o TRT competente notificará a pessoa de direito público apontada como responsável pela paralisação do trabalho, para que, no prazo de trinta dias, alegue o que entender devido, passando a figurar no processo como chamada à autoria, além de conferir prazo de três dias para que o reclamante se pronuncie sobre tal alegação.

Uma vez verificado qual a autoridade responsável pela paralisação, o Juízo do Trabalho, exercendo competência exclusiva sua, dar-se-á por incompetente, remetendo os autos ao Juízo da Fazenda Pública, perante o qual correrá o feito nos termos previstos no processo comum, na forma do § 3º do art. 486 da CLT. Nesse sentido o E. STJ já se pronunciou:

> CONFLITO NEGATIVO DE COMPETÊNCIA. JUSTIÇA COMUM E LABORAL. RECLAMAÇÃO TRABALHISTA. ALEGAÇÃO DE DEMISSÃO DECORRENTE DE FATO DO PRÍNCIPE. REMESSA DOS AUTOS À VARA DA FAZENDA PÚBLICA. IMPOSSIBILIDADE. PROVIDÊNCIA DO TRIBUNAL REGIONAL DO TRABALHO COMPETENTE. ART. 486, § 1º, DA CLT. COMPETÊNCIA DA JUSTIÇA TRABALHISTA. O reconhecimento ou não da ocorrência do fato do príncipe em reclamação trabalhista é de competência exclusiva da Justiça do Trabalho, conforme prevê o § 1º, do art. 486, da CLT. Não cabe ao Juízo Trabalhista remeter os autos da reclamação trabalhista ao Juízo da Fazenda Pública, ao argumento de que a demissão do autor foi decorrente da ocorrência do fato do príncipe. Nesta hipótese; deve o magistrado oficiar ao Tribunal Regional do Trabalho competente para que esse tome a providência prevista no § 1º, do art. 486, da CLT. Conflito conhecido para declarar competente o juízo suscitado (STJ, CComp 66.662/RJ, 2006/0165389-2, rel. Min. Nancy Andrighi, j. 11-10-2006, 2ª Seção, *DJ* 26-10-2006, p. 218).

Segundo o *caput* do art. 486 da CLT, restará configurada a hipótese do fato do príncipe no caso de paralisação temporária ou definitiva do trabalho, motivada por ato de autoridade municipal, estadual ou federal, ou pela promulgação de lei ou resolução que impossibilite a continuação da atividade. Ao interpretar o dispositivo, o Judiciário Trabalhista tem entendido que para a configuração do fato do príncipe é necessário o concurso dos elementos inerentes à força maior: fato inevitável, ausência de culpa do empregador e impossibilidade absoluta de continuação do contrato. Sem a configuração de tais requisitos, não há falar na configuração de tal hipótese. Nesse sentido:

> CONTRATO DE TRABALHO. RESCISÃO CONTRATUAL. JUSTIFICATIVA EMPRESARIAL VINCULADA À CONFIGURAÇÃO DO CHAMADO "FATO DO PRÍNCIPE" (CLT, ART. 486). EMPREGADOR PERMISSIONÁRIO DE SERVIÇO PÚBLICO. FORÇA MAIOR NÃO CONFIGURADA. Para a configuração do chamado "fato do príncipe" (CLT, art. 486) -impondo-se ao Poder Público a obrigação de indenizar créditos trabalhistas rescisórios-, é necessário o concurso dos elementos inerentes à força maior: fato inevitável, ausência de culpa do empregador e impossibilidade absoluta de continuação do contrato. Nesse sentido, o simples encerramento de permissão – ato ad-

> ministrativo dotado de precariedade, no qual a Administração Pública transfere ao particular a execução de um serviço público – pelo Poder Público não configura "fato do príncipe". Afinal, estando o permissionário ciente da natureza precária do negócio que titulariza, assume integralmente os riscos dessa atividade, devendo inclusive arcar com o pagamento das verbas trabalhistas resultantes dos vínculos laborativos celebrados. Recurso conhecido e desprovido (TRT – 10ª Região, RO 864200700310000/DF, 00864-2007-003-10-00-0, rel. Des. Douglas Alencar Rodrigues, 3ª Turma, j. 26-3-2008, data de publicação: 4-4-2008).

Note-se, por exemplo, que o Judiciário reputou configurada a hipótese do art. 486 da CLT quando realizada desapropriação de imóvel rural para fins de reforma agrária, no particular:

> *FACTUM PRINCIPIS*. DESAPROPRIAÇÃO DE IMÓVEL RURAL PARA FINS DE REFORMA AGRÁRIA. HIPÓTESE CASUÍSTICA DE APLICAÇÃO DO ART. 486 DA CLT. Se a ação do Poder Público, mesmo visando a atender o interesse "social" vinculado à bandeira da reforma agrária, não foi motivado por comportamento ilícito dos proprietários da terra, e levou ao encerramento das atividades desenvolvidas por considerável gama de trabalhadores, há, sem dúvida, espaço para aplicação do art. 486 da CLT, que pressupõe uma atuação discricionária por parte do Estado para a qual não tenham contribuído culposa ou dolosamente os atingidos. O fato do príncipe impõe ao Estado o dever de honrar o passivo trabalhista oriundo do ato administrativo, ainda que este seja considerado legítimo. Recurso dos empregadores provido (TRT – 3ª Região, RO 01767201303803005, 0001767-96.2013.5.03.0038, rel. convocado Manoel Barbosa da Silva, Turma Recursal de Juiz de Fora, data de publicação: 2-10-2014, 1º-10-2014. *DEJT*/TRT3/Cad. Jud. p. 225. Boletim: Não).

6. INCIDENTE DE DESCONSIDERAÇÃO DA PERSONALIDADE JURÍDICA. DA LEI N. 13.467/2017

O CPC trouxe interessante novidade, qual seja, o incidente de desconsideração da personalidade jurídica, ausente na legislação anterior, e agora previsto nos arts. 133 e seguintes do Código.

A desconsideração da personalidade jurídica, como deduz Alexandre Freitas Câmara[22],

22. WAMBIER, Tereza Arruda Alvim et al. (coord.). *Breves comentários ao novo Código de Processo Civil*, cit., p. 453.

> ... vem assegurar o pleno respeito ao contraditório e ao devido processo legal no que diz respeito à desconsideração da personalidade jurídica. É que sem a realização desse incidente, o que se via era a apreensão de bens de sócios (ou da sociedade, no caso de desconsideração inversa) sem que fossem eles chamados a participar, em contraditório, do processo de formação da decisão que define sua responsabilidade patrimonial.

A novidade, não obstante alguma resistência doutrinária e jurisprudencial, teve sua aplicação ao processo do trabalho acolhida pelo TST, tal qual se depreende do art. 6º e seguintes da IN 39 do TST, sendo tratada no âmbito da Lei n. 13.467/2017, a partir de quando foi inserida a previsão do art. 855-A da CLT, e seguintes, visando disciplinar o instituto no âmbito do processo laboral. A redação da Consolidação está assim vazada:

> Art. 855-A. Aplica-se ao processo do trabalho o incidente de desconsideração da personalidade jurídica previsto nos arts. 133 a 137 da Lei n. 13.105, de 16 de março de 2015 – Código de Processo Civil.
> § 1º Da decisão interlocutória que acolher ou rejeitar o incidente:
> I – na fase de cognição, não cabe recurso de imediato, na forma do § 1º do art. 893 desta Consolidação;
> II – na fase de execução, cabe agravo de petição, independentemente de garantia do juízo;
> III – cabe agravo interno se proferida pelo relator em incidente instaurado originariamente no tribunal.
> § 2º A instauração do incidente suspenderá o processo, sem prejuízo de concessão da tutela de urgência de natureza cautelar de que trata o art. 301 da Lei n. 13.105, de 16 de março de 2015 (Código de Processo Civil).

O art. 133 do CPC indica que o incidente de desconsideração da personalidade jurídica será instaurado a pedido da parte ou do Ministério Público, quando lhe couber intervir no processo. Ou seja, segundo a previsão legal, o incidente não poderia ser suscitado de ofício pelo juízo. O TST, por sua vez, na forma do art. 6º da IN 39, faculta a iniciativa para o incidente também ao juiz do Trabalho na fase de execução, dada a permissão do art. 878 da CLT, no sentido de que a execução poderá ser promovida ex officio pelo próprio juízo.

O CPC não indica quais seriam os pressupostos para a desconsideração da personalidade jurídica, deixando a cargo do direito material a especificação dos elementos necessários à configuração da própria desconsideração.

Como veremos adiante, a aplicação da desconsideração da personalidade jurídica apoia-se em diferentes pressupostos, como se depreende dos arts. 28 do CDC ou 50 do CC, com a redação que lhe deu a Lei n. 13.874/2019, apenas por exemplo. No caso da desconsideração realizada no âmbito das relações de trabalho, caberá ao juízo, assim, identificar os pressupostos para tanto, consoante os critérios apontados no capítulo da execução do presente Curso, ao qual remetemos neste momento o leitor.

A disciplina legal autoriza a aplicação do incidente não apenas às hipóteses de se desconsiderar a personalidade da empresa para que a tutela executiva possa alcançar bens do sócio-terceiro. É possível, ainda, a utilização do aludido incidente no sentido de desconsiderar a personalidade do sócio a fim de viabilizar o alcance de bens da sociedade para garantir o pagamento dos débitos daquele. É o que se denomina desconsideração inversa da personalidade jurídica.

O incidente de desconsideração é cabível em todas as fases do processo de conhecimento, no cumprimento de sentença e na execução fundada em título executivo extrajudicial, na forma do art. 134 do CPC. Ou seja, é possível a instauração do incidente inclusive perante os Tribunais, seja nos feitos de competência originária ou recursal. Instaurado no processo de conhecimento, em se desconsiderando a personalidade jurídica, figurará o sócio como demandado, podendo ser responsabilizado pela condenação, na forma do art. 790, II, do CPC. Instaurado na fase executiva, o sócio assumirá a posição de executado.

Não há que se falar em instauração do incidente se a desconsideração da personalidade jurídica for requerida na petição inicial, hipótese em que será citado o sócio ou a pessoa jurídica e figurará como parte, não como terceiro (§ 2º do art. 134 do CPC).

No âmbito das demandas sujeitas à Justiça do Trabalho, não é incomum inserir o sócio como parte da demanda visando impor a responsabilidade deste pelo adimplemento das verbas pretendidas, sob a mesma lógica empreendida pelo TST quando da edição da Súmula 331, IV, em que se exige a participação do responsável na relação processual e que conste também do título executivo judicial, para a imposição de sua responsabilidade subsidiária. Não é razoável a instauração do incidente na hipótese de o sócio já fazer parte da demanda, como parte.

Todavia, em não tendo havido a inserção do sócio como parte, não se deve ignorar o entendimento manifestado pelo E. TST no sentido de que, a partir da vigência do CPC de 2015, a desconsideração da personalidade da pessoa jurídica deve ser levada a efeito, necessariamente, com a instauração do incidente de que cuidam os arts. 133 a 137 do referido diploma legal, conforme orienta, aliás, o art. 6º da IN 39/2016 do TST. O direcionamento da execução contra a pessoa física titular do empreendimento sem observância das normas dos arts. 133 a 137 do CPC de 2015, que disciplinam o incidente de desconsideração da personalidade da pessoa jurídica, enseja violação a direito líquido e certo do sócio, a ser amparado por mandado de segurança. Nesse sentido:

> RECURSO ORDINÁRIO EM MANDADO DE SEGURANÇA. DEVIDO PROCESSO LEGAL. NÃO INSTAURAÇÃO DO INCIDENTE DE DESCONSIDERAÇÃO DA PERSONALIDADE JURÍDICA PARA REDIRECIONAMENTO DA EXECUÇÃO CONTRA TITULAR DO EMPREENDIMENTO. CF, ART. 5º, LIV, C/C OS ARTS. 133 A 137 DO CPC DE 2015. ART. 6º DA IN 39/2016 DO TST. CABIMENTO DA AÇÃO MANDAMENTAL. 1. Cuida-se de mandado de segurança, com pedido liminar, impetrado em face de ato mediante o qual o Juízo de primeira instância, em decisão exarada ainda em execução provisória (pendente de julgamento agravo de instrumento em recurso extraordinário), desconsiderou a personalidade da pessoa jurídica executada e incluiu a Impetrante no polo passivo da execução, determinando sua citação para pagamento da quantia apurada em liquidação. A decisão impugnada no *mandamus* foi exarada em 16-6-2017, ou seja, já na vigência do CPC de 2015. 2. Ao apreciar o mandado de segurança, o TRT indeferiu a petição inicial e extinguiu o processo sem resolução do mérito, concluindo pelo não cabimento do mandado de segurança. 3. Na forma do artigo 5º, II, da Lei n. 12.016/2009, o mandado de segurança não representa a via processual adequada para a impugnação de decisões judiciais passíveis de retificação por meio de recurso, ainda que com efeito diferido (OJ 92 da SBDI-2 do TST). 4. No entanto, direcionada a execução provisória contra a pessoa física titular do empreendimento sem observância das normas dos arts. 133 a 137 do CPC de 2015, que disciplinam o incidente de desconsideração da personalidade da pessoa jurídica, deve ser permitida, na ação mandamental, a discussão acerca da possibilidade de, em execução ainda não definitiva, estender os efeitos da obrigação contida no título executivo aos bens particulares da administradora da pessoa jurídica. 5. A partir da vigência do CPC de 2015, a desconsideração da personalidade da pessoa jurídica deve ser levada a efeito, necessariamente, com a instauração do incidente de que cuidam os arts. 133 a 137 do referido diploma legal, conforme orienta, aliás, o art. 6º da IN 39/2016 do TST. 6. Não sendo possível examinar a pretensão mandamental, porquanto ainda não oficiada a autoridade apontada como coatora nem notificado o Litisconsorte passivo, determina-se o retorno dos autos à Corte de origem a fim de que o mandado de segurança seja processado e julgado. Recurso ordinário conhecido e provido (RO 406-27.2017.5.10.0000, rel. Min. Douglas Alencar Rodrigues, j. 6-11-2018, Subseção II Especializada em Dissídios Individuais, *DEJT* 9-11-2018).

Uma vez apresentado o incidente, será imediatamente comunicado ao distribuidor para as anotações devidas (§ 1º do art. 134 do CPC), suspendendo-se o processo até sua resolução (§ 3º do art. 134 do CPC). O requerimento deve demonstrar o preenchimento dos pressupostos legais específicos para a desconsideração da personalidade jurídica (§ 4º do art. 134 do CPC).

Cumpre alertar, todavia, que a instauração do incidente suspenderá o processo, sem prejuízo de concessão da tutela de urgência de natureza cautelar de que trata o art. 301 do CPC, segundo a previsão do art. 855-A, § 2º, da CLT, com a possibilidade de bloqueio de ativos ou mediante arresto, sequestro, arrolamento de bens, registro de protesto contra alienação de bem e qualquer outra medida idônea para asseguração do direito, como previsto originalmente no § 2º do art. 6º da IN 39.

Instaurado o incidente, o sócio ou a pessoa jurídica será citado para manifestar-se e requerer as provas cabíveis no prazo de quinze dias (art. 135 do CPC). Instruído o incidente, cabe ao juiz ou relator decidir quanto ao cabimento por decisão interlocutória (art. 136).

Das decisões interlocutórias que acolherem ou rejeitarem o incidente na fase de cognição não cabe recurso de imediato, na forma do § 1º do art. 893 da Consolidação; na fase de execução, cabe agravo de petição, independentemente de garantia do juízo; e cabe agravo interno se proferida pelo relator em incidente instaurado originariamente no Tribunal, tudo consoante a previsão do art. 855-A, § 1º, da CLT.

A nosso sentir, errou o legislador ao reputar desnecessária a garantia do juízo na hipótese do julgamento do incidente em fase de execução, uma vez que a interposição de recurso desprovido da garantia recursal é exceção prevista apenas na hipótese de integralmente garantido o juízo. De todo modo, a interpretação do dispositivo que parece mais adequada é aquela que indica como desnecessária a garantia quando já efetivamente garantida a instância.

Veja-se, ademais, que não há falar em incremento ou nova garantia na hipótese de garantida a instância pelo litisconsorte solidário do sócio, nos mesmos moldes da Súmula 128, III, do TST, que consagra o entendimento no sentido de que, havendo condenação solidária de duas ou mais empresas, o depósito recursal efetuado por uma delas aproveita às demais, quando a empresa que efetuou o depósito não pleiteia sua exclusão da lide.

Acolhido o pedido de desconsideração, passará o sócio a ser responsável pelo adimplemento da condenação, além de a alienação ou a oneração de bens, havida em fraude de execução, ser reputada ineficaz em relação ao requerente do incidente (art. 137 do CPC) a partir da citação da parte cuja personalidade se pretende desconsiderar (art. 792, § 3º, do CPC).

7. DO *AMICUS CURIAE*

Prevê o CPC que o juiz ou o relator, considerando a relevância da matéria, a especificidade do tema objeto da demanda ou a repercussão social da controvérsia, poderá, por decisão irrecorrível, de ofício ou a requerimento das partes ou de quem pretenda manifestar-se, solicitar ou admitir a participação de pessoa natural ou jurídica, órgão ou entidade especializada, com representatividade adequada, no prazo de quinze dias de sua intimação (art. 138 do CPC). Trata-se da figura do *amicus curiae*, que, na visão de Eduardo Talamini[23], "é terceiro admitido no processo para fornecer subsídios instrutórios (probatórios ou jurídicos) à solução de causa revestida de especial relevância ou complexidade, sem, no entanto, passar a titularizar posições subjetivas relativas às partes (nem mesmo limitada e subsidiariamente, como o assistente simples). Auxilia o órgão jurisdicional no sentido de que lhe traz mais elementos para decidir (daí o nome de 'amigo da corte')". Trata-se de modalidade interventiva que visa, precipuamente, subsidiar o juízo de informações relevantes para o julgamento do feito.

A rigor, a figura do *amicus curiae* não se insere na condição de parte da demanda. Sua participação encontra limites na própria decisão do juiz ou relator (§ 2º do art. 138 do CPC). Tal intervenção não implica alteração de competência nem autoriza a interposição de recursos, ressalvadas a oposição de embargos de declaração (§ 1º) e, ainda, a hipótese de o *amicus curiae* recorrer da decisão que julgar o incidente de resolução de demandas repetitivas.

Dada a omissão da CLT, no particular, aplicável a intervenção nas demandas sujeitas ao processo laboral. Todavia, não se pode ignorar que o cabimento da aludida intervenção está condicionado à relevância da matéria, à especificidade do tema objeto da demanda ou à repercussão social da controvérsia, mormente a fim de que a medida não sirva apenas como mecanismo de retardo à decisão final da demanda.

8. INTERVENÇÃO DE TERCEIROS SOB "PROCEDIMENTO ESPECIAL" E NA CONTESTAÇÃO

Como já mencionado, o CPC prevê como mecanismo para a intervenção de terceiros a oposição (embora o faça sob o título dos procedimentos especiais, art. 682 do CPC), e aquilo que o CPC/73 denominava nomeação à autoria, ao disciplinar a defesa do réu (arts. 338 e 339 do CPC).

Na oposição (art. 682 do CPC), um terceiro que pretenda, no todo ou em parte, a coisa ou o direito sobre que controvertem autor e réu poderá, até ser proferida a sentença, oferecer oposição contra ambos. Trata-se de expediente voluntário movido por terceiro em face de processo pendente, por meio do qual

23. WAMBIER, Tereza Arruda Alvim et al. (coord.). *Breves comentários ao novo Código de Processo Civil*, cit., p. 467.

o opoente reivindica para si, no todo ou em parte, o direito ou coisa que constitui objeto da lide.

Como já referido, há diversas posições autorizadas que sustentam ser incabível tal modalidade de intervenção no âmbito do direito processual do trabalho, como é a posição apresentada por Bezerra Leite, Edilton Meireles e Sergio Pinto Martins, por exemplo. Mas há quem entenda ser possível, dependendo do caso, como Manoel Antonio Teixeira Filho, Wagner Giglio e Eduardo Saad.

Parece-nos que, em tese, é possível a utilização do presente expediente, bastando que se apure se a aludida intervenção consegue adequar-se aos demais preceitos que orientam a prestação jurisdicional trabalhista.

Note-se, no particular, que a irresignação do terceiro não é apenas direcionada em face de uma das partes, mas de ambas:

> Oposição. Defesa à reclamação trabalhista. Impossibilidade. A oposição, como forma de intervenção de terceiro no processo, deve ser manejada por quem pretender, no todo ou em parte, a coisa ou o direito sobre que controvertem autor e réu (art. 56 do CPC). Apresentando a parte oposição apenas contra o reclamante, com o intuito de contestar os pleitos deduzidos e resguardar interesse pessoal, descaracterizada a natureza da medida proposta, impondo-se a extinção do feito, sem resolução de mérito (TRT – 18ª Região, RO 0120900-25.2009.5.18.0081, 2ª Turma, rel. Juíza Wanda Lúcia Ramos da Silva, *DJe-GO* 9-2-2010).

Diante da omissão de disciplina normativa específica na CLT, aplicáveis as previsões dos arts. 682 e seguintes do CPC.

> Oposição. Rito ordinário. Falta de intimação para manifestação sobre defesa. Cerceamento do direito de defesa. A oposição é instituto de intervenção de terceiros com natureza jurídica de ação de conhecimento ajuizada por terceiro (opoente) contra autor e réu (opostos), visando a obter, no todo ou em parte, a coisa ou direito sobre que estes controvertem, conforme dicção do art. 56 do CPC. A oposição, como ação autônoma que é, obedece ao rito ordinário e, em sendo, assim, após a apresentação da contestação pelos opostos (autor e réu) deve seguir-se a oportunidade para o opoente manifestar-se sobre a defesa. Máxime em havendo pedido expresso para isso – pois aos litigantes em geral são assegurados o contraditório e a ampla defesa, conforme previsto no artigo 5º, LV, da Constituição Federal (TRT – 2ª Região, RS 00951-2006-056-02-00-6, Ac. 2010/0322543, 3ª Turma, rel. Des. Federal Mércia Tomazinho, *DOESP* 23-4-2010, p. 54).

O aludido art. 682 do CPC indica qual seria o termo final para ingresso na lide desse opositor, qual seja, até que seja proferida a sentença final. Isso é bastante razoável, porque, proferida a sentença, esgota-se a prestação jurisdicional do magistrado *inter partes.*

Veja-se, ainda, que o processamento se dará de forma diferenciada se apresentada a oposição antes ou depois da audiência de instrução. Se antes da audiência, na forma do art. 685 do CPC, o incidente será julgado na mesma sentença do feito principal. Todavia, se apresentada depois da audiência, será decidida na forma do parágrafo único do art. 686 do CPC, ou seja, será decidida em primeiro lugar a oposição.

A inicial da oposição será formulada nos mesmos moldes da inicial do processo comum. Os opostos (demandados na oposição) serão citados para responder aos termos do incidente, na pessoa de seus advogados (art. 683, parágrafo único, do CPC).

Se houver decisão que indefere a oposição, tendo sido processada em apenso ao processo principal, caberá recurso ordinário. Se for apreciada na mesma sentença, igualmente.

A proteção do direito do terceiro, todavia, pode se dar por meio de outros instrumentos processuais, tais como os embargos de terceiro, por exemplo, cuja disciplina encontra-se nos arts. 674 e seguintes do mesmo CPC.

Por sua vez, o CPC/73 continha a previsão da intervenção de terceiros sob a modalidade da nomeação à autoria. Tal previsão fora substituída pela técnica empreendida nos arts. 338 e 339 do CPC. Trata-se do expediente destinado a evitar a extinção da demanda pelo erro na identificação do legitimado passivo para o feito.

Com efeito, segundo a redação do art. 338 do CPC, alguém, ao ser demandado, alegando ser parte ilegítima ou não ser o responsável pelo prejuízo invocado, indica ao autor da ação o "verdadeiro" réu, ou seja, o proprietário ou possuidor da coisa, ou responsável pelos prejuízos invocados, e que deve suportar os efeitos da decisão judicial. O demandado deverá indicar o real legitimado para a demanda sempre que tiver conhecimento, sob pena de arcar com as despesas processuais e de indenizar o autor pelos prejuízos decorrentes da falta de indicação (art. 339).

A nomeação à autoria, na regulamentação do CPC/73, era ação típica das ações reais. Por isso havia dificuldade em vislumbrar exemplo no qual seja aplicada ao direito processual do trabalho. Justamente em face da dificuldade em vislumbrar tal aplicação havia quem dissesse ser a nomeação à autoria inadequada a nossa realidade. Pelo não cabimento manifestavam-se Bezerra Leite, Manoel Antonio Teixeira Filho e Edilton Meireles, apenas por exemplo. No polo oposto, desde aquele tempo dizia-se ser possível, como exemplo, nas hipóteses em que o preposto do empregador seja demandado diretamente, como defendem Eduardo Saad, Wagner Giglio, Renato Saraiva e Christovão Piragibe Tostes Malta.

Com a mudança da redação legal, com muito mais razão nos parece cabível tal expediente, mormente porque tal medida tem o condão de permitir o aperfeiçoamento da prestação jurisdicional, corrigindo o curso da pretensão, com economia de recursos privados e públicos.

Segundo a previsão do art. 338 do CPC, cabe ao demandado apresentar o legitimado passivo real em sua contestação. Uma vez apresentado pelo demandado aquele que reputa legitimado para a demanda, o autor, ao aceitar a indicação, procederá, no prazo de quinze dias, à alteração da petição inicial para a substituição do réu (§ 1º do art. 338 do CPC), podendo, ainda, no mesmo prazo, incluir, como litisconsorte passivo, o sujeito indicado pelo réu (§ 2º). Não aceitando a indicação, prosseguir-se-á a demanda, em seus demais termos.

CAPÍTULO 7

Atos, Termos e Prazos Processuais

Sumário: 1. Noções introdutórias e diferenciais – **2.** Atos processuais: **2.1.** Atos quanto à forma; **2.2.** Atos quanto ao modo de praticar; **2.3.** Atos quanto ao tempo; **2.4.** Atos quanto aos sujeitos que os praticam; **2.5.** Atos quanto ao local em que são praticados; **2.6.** Espécies de atos processuais – **3.** Prazos processuais: **3.1.** Dos tipos e da disciplina dos prazos. Prazos em dias úteis (arts. 219 do CPC e 775 da CLT). Notificação citatória. Citação por edital. Interstício para apresentação de defesa em audiência; **3.2.** Atos praticados antes do início do prazo e sua tempestividade.

1. NOÇÕES INTRODUTÓRIAS E DIFERENCIAIS

A vida é traduzida em alguns momentos, que são juridicamente qualificados, podendo ser relevantes ou irrelevantes.

Como já mencionamos em nosso *Curso de direito civil*, todo acontecimento, natural ou humano, que determine a ocorrência de efeitos constitutivos, modificativos ou extintivos de direitos e obrigações, na órbita do direito, denomina-se fato jurídico[1].

Para a análise dos atos relacionados ao fenômeno processual não é diferente. Assim como em relação ao direito material, igualmente aqui precisamos delimitar algumas noções sobre os fatos jurídico-processuais, considerados *lato sensu*, para avançarmos neste Curso, embora, é bom que se destaque inexistirem maiores peculiaridades em nossa prática, em relação à sistemática do direito processual dito comum.

Dentro das noções introdutórias e diferenciais é preciso, em primeiro plano, identificar que os fatos jurídico-processuais, considerados *lato sensu*, podem ser identificados como fatos processuais *stricto sensu*, quando determinado evento, independentemente da vontade das partes, provoca efeitos no âmbito do proces-

1. GAGLIANO, Pablo Stolze; PAMPLONA FILHO, Rodolfo. *Novo curso de direito civil*: parte geral. 21. ed. São Paulo: Saraiva, 2019. v. I, p. 386.

so, como ocorre na hipótese da morte do trabalhador, que gerará inequívoca alteração em um dos polos subjetivos da demanda.

Já os atos processuais são aqueles praticados pelas pessoas que fazem parte ou intervêm no processo e que, em conjunto, formam o próprio processo e os autos respectivos, com o objetivo de solucionar a lide, criando, modificando ou extinguindo direitos processuais.

Os atos processuais são toda ação humana relevante para o processo, ou o "ato jurídico que, nos termos do ordenamento legal próprio, tem por finalidade a obtenção ou a emissão do pronunciamento do juiz numa relação jurídica do processo", como define José Augusto Rodrigues Pinto[2].

2. ATOS PROCESSUAIS

Os atos processuais possuem algumas características que os qualificam, dentre os quais sua publicidade e seu caráter documentativo. Pode-se dizer, em relação à publicidade, que os atos processuais são, como qualquer ato oficial, em regra, públicos.

A publicidade, além de garantia das partes sobre a sequência processual, permite à sociedade o acompanhamento acerca da forma como a jurisdição foi exercida naquele caso. Todavia, é possível que a publicidade seja danosa ao interesse público ou privado. Daí por que o art. 770 da CLT autoriza a limitação da publicidade na hipótese em que em sentido contrário sugerir o interesse social.

Em relação a seu caráter documentativo, em primeiro lugar devemos mencionar que, na forma do art. 771 da CLT, os atos e termos processuais poderão ser escritos a tinta, datilografados ou a carimbo, o que, além de permitir a própria publicidade, permite ainda a formação de uma espécie de memória do processo.

Apesar dessa necessidade de registro, o próprio legislador autorizou o registro do resumo de determinados atos, como em relação ao depoimento das testemunhas, conforme o art. 828, parágrafo único, da CLT.

Em relação ao procedimento sumaríssimo, o art. 852-F chega mesmo a autorizar um registro ainda mais simplificado, sendo necessário o registro apenas dos atos reputados como essenciais.

2.1. Atos quanto à forma

A classificabilidade de qualquer elemento só é importante quando, a partir de sua leitura, consiga-se proceder a alguma distinção relevante para a pesquisa.

2. PINTO, José Augusto Rodrigues. *Processo trabalhista de conhecimento*, cit., 7. ed., 2005.

No que toca aos atos processuais, é possível apresentar alguns critérios capazes de facilitar sua compreensão pelo leitor.

Quanto à forma, os atos processuais podem ser orais, os quais predominam na prática judiciária trabalhista. Isso porque, dada a preferência do legislador pela prática dos atos em audiência no procedimento trabalhista, é justamente nesse momento que as partes expressam sua manifestação de vontade, relevante do ponto de vista processual.

Tais atos, embora praticados oralmente, em algumas hipóteses devem ser reduzidos a termo, ou seja, devem ter sua expressão escrita para que se preserve a memória do processo. Diante da necessária modernização da dinâmica processual, tem sido admitida a utilização de outros meios para a preservação da memória do processo, como é o caso da virtualização, por meio da gravação, em meio eletrônico ou eletromagnético, dos atos processuais, inclusive das audiências.

Em projeto piloto, o TRT da 5ª Região desenvolveu sistema de informática capaz de permitir o registro dos atos orais, praticados em audiência, sem a necessidade da conversão das expressões de voz em texto, tudo por meio de filmagem e gravação da audiência. O mesmo ocorreu em outras unidades judiciárias do Brasil, sendo certo que, com a virtualização integral dos atos processuais, que esperamos chegue em breve, há uma tendência à eliminação da necessidade de redução a termo do quanto efetivamente ocorrido.

Ainda sobre o ponto, entendemos relevante fazer o destaque sobre os depoimentos de quem não sabe falar a língua nacional, cuja previsão encontra-se no art. 819 da CLT, e que, segundo a expressa redação legal, serão feitos por meio de intérprete nomeado pelo juiz, o mesmo ocorrendo quando se tratar de surdo-mudo ou de mudo que não saiba escrever.

Ainda segundo a disciplina legal, em casos tais, as despesas correrão por conta da parte a que interessar o depoimento.

Os atos podem ainda ser escritos, ou seja, convertidos em informações gráficas, quer seja pela redução a termo dos atos orais praticados, quer pela forma originariamente escrita, como acontece em relação aos recursos e demais atos processuais, de ordinário.

Por fim, o processo não está alheio ao fenômeno da informatização e virtualização. Historicamente, é importante mencionar que, a partir da Lei n. 9.800/99 e de uma série de outros dispositivos normativos, dentre os quais a redação dos arts. 193 e seguintes do CPC, passou-se a autorizar a adoção de diversas medidas para a prática de atos processuais, por meio eletrônico.

Apenas por exemplo, no âmbito dos Tribunais Superiores, dentre os quais o STF, o STJ e o próprio TST, temos já hoje um alto grau de informatização processual; uma série de atos é praticada de forma eletrônica.

Ultrapassada a questão relacionada à forma como os atos são externados no mundo dos fatos, cumpre ainda indicar algumas regrinhas para sua compreensão.

A primeira delas é aquela disposta no art. 188 do CPC, que assegura alguma liberdade de forma para a prática dos atos processuais. Com efeito, não há um "formulário padrão" ou mesmo um "barema" previsto em lei para a indicação de como será praticado o ato. Basta que a forma atenda à finalidade deste, salvo se for da essência do próprio ato sua prática naquela forma específica.

Os atos processuais são normalmente reduzidos a tinta, datilografados, impressos ou a carimbo, na forma do art. 771 da CLT. Nada impede a utilização de formulários ou impressos, sejam eles previamente tipografados ou constantes em sistema de informática. Aliás, com o advento da informatização, tem sido comum a adoção de modelos eletrônicos, embora depois reduzidos à forma mecânica, para a prática dos aludidos atos.

É preciso alertar, todavia, para a inviabilidade de que o ato contenha emendas ou rasuras ressalvadas. De fato, seja por uma questão de organização, seja pela necessária segurança que o ato processual impõe, não se admitem rasuras, entrelinhas, espaços em branco, enfim, espaços capazes de macular a certeza do próprio ato, na forma do art. 211 do CPC.

Os atos devem, ainda, ser praticados com o uso do vernáculo, da língua portuguesa, na forma do art. 192 do CPC, seja porque se trata de documento oficial, seja porque a permissão da prática dos atos em outra língua poderia inviabilizar sua publicidade. Afinal, não se pode reputar público o ato por sua mera divulgação, se não se pode conhecer de seus termos.

Por isso mesmo os documentos em língua estrangeira devem ser, obrigatoriamente, traduzidos, na forma do art. 192, parágrafo único, do CPC, ainda que o juízo conheça o idioma no qual foram vazados. Isso porque a manifestação jurisdicional não é ato isolado do juiz.

A legitimação da atuação judicial demanda a necessária publicização das razões de decidir. Assim como a mulher de César, que não basta ser, mas precisa parecer honesta, o juiz igualmente não basta se convencer, mas precisa demonstrar as razões pelas quais se convenceu para que a prestação jurisdicional tenha sido legítima.

Alguns atos devem ser assinados pelas partes, na forma do art. 772 da CLT, sendo certo que, quando for inviável sua ocorrência, por uma dificuldade da parte, por exemplo, a própria lei faculta a utilização da assinatura a rogo, na presença de duas testemunhas.

De outro lado, se as pessoas que intervierem no ato não quiserem ou não puderem assinar, o secretário ou escrivão certificará a ocorrência, na forma do art. 209 do CPC.

2.2. Atos quanto ao modo de praticar

Quanto ao modo de praticar, os atos podem ser públicos, ou seja, deles podem tomar conhecimento quaisquer interessados, o que é a regra geral, segundo a previsão do art. 770 da CLT, mas podem ser também praticados em segredo de justiça, na forma do art. 189 do CPC.

2.3. Atos quanto ao tempo

Em relação ao tempo, o próprio art. 770 da CLT define como regra geral que os atos processuais serão praticados nos dias úteis entre as 6 e as 20 horas.

O CPC nos apresenta o conceito de "dia útil" no art. 216: trata-se do oposto da definição de feriados, domingos e dias declarados em lei. Nestes últimos não são praticados atos processuais. Como menciona Moniz de Aragão[3], "Somente nos dias úteis, isto é, em que o juízo ou tribunal funcionarem normalmente, poderão ser praticados os atos processuais. Em domingo ou feriado, não". Ou seja, como regra, os atos processuais serão praticados apenas nos dias em que o Tribunal ou juízo funcionarem.

Todavia, o próprio legislador ordinário excepcionou, no CPC, a viabilidade da prática de atos processuais durante as férias, como se encontra consignado no art. 214 do CPC:

> Art. 214. Durante as férias forenses e nos feriados, não se praticarão atos processuais, excetuando-se:
> I – os atos previstos no art. 212, § 2º;
> II – a tutela de urgência.

Dada a redação legal, permite-se a prática de atos processuais apenas nas hipóteses mencionadas. É hipótese de absoluta exceção. Merece destaque, todavia, o fato de que independem de autorização judicial as citações, intimações e penhoras, que poderão realizar-se no período de férias forenses, onde as houver, e nos feriados ou dias úteis fora do horário estabelecido, ressalvada a inviolabilidade do lar, na forma art. 5º, XI, da Constituição Federal.

Neste momento cumpre consignar que as férias servem para o descanso de juízes, advogados e servidores. Em nossa concepção é equivocado o entendimento de que as férias são um privilégio da Magistratura, dado que essas são essenciais para os advogados, notadamente daqueles que não possuem uma estrutura robustamente organizada. Com efeito, é o advogado autônomo, que la-

3. ARAGÃO, Egas Dirceu Moniz de. *Comentários ao Código de Processo Civil*: Lei n. 5.869, de 11 de janeiro de 1973, arts. 154 a 269. 10. ed. Rio de Janeiro: Forense, 2005. v. II, p. 72.

bora individualmente ou nas pequenas sociedades de advogados espalhadas pelo país, quem mais precisa das férias forenses, porque esse é o único período em que o profissional da advocacia pode descansar de sua exaustiva atividade.

E não se diga que as férias seriam o motivo da morosidade do Judiciário. A morosidade não ocorre pelo retardo de alguns dias ou poucas semanas de recesso. Quem pensa assim por certo ou não conhece a realidade forense ou não conhece a advocacia. Em nossa visão, absolutamente equivocada a opção do constituinte derivado ao vedar as férias coletivas, segundo o inciso XII do art. 93 da CF/88, acrescido pela EC 45/2004.

Na Justiça do Trabalho há, ainda, o denominado recesso forense, que ocorre no período de 20 de dezembro a 6 de janeiro do ano seguinte, com previsão na Lei n. 5.010/66. Nesse período as atividades do Poder Judiciário são suspensas, salvo aquelas reputadas como essenciais, que funcionam em regime de plantão.

Após o advento da EC 45/2004 houve dúvida sobre a manutenção daquele recesso, em face da disposição do art. 93, XII, da CF/88. A dúvida foi sanada por meio da Resolução n. 14/2005 do Conselho Superior da Justiça do Trabalho, tendo sido mantida tal previsão.

Justamente por força da suspensão de todas as atividades, salvo as reputadas urgentes, surgiu a dúvida quanto ao tratamento dos prazos para a prática dos atos processuais naquele período de recesso. Alguns pretenderam que se deveria conferir o efeito interruptivo; outros, o efeito suspensivo ao recesso forense.

Para fins de uniformização quanto ao adequado entendimento sobre o tema é que foi editada a Súmula 262 pelo TST, que em seu item II consigna expressamente a mera suspensão dos prazos, no particular:

> II – O recesso forense e as férias coletivas dos Ministros do Tribunal Superior do Trabalho suspendem os prazos recursais.

No tocante ao horário, conforme consignado, há previsão expressa no art. 770 da CLT indicando que os atos processuais deverão ser praticados entre as 6 e as 20 horas.

Ao apreciar o dispositivo, o TRT da 5ª Região firmou interessante entendimento no sentido de que o ato praticado após as 20 horas deve ser considerado intempestivo, como se depreende da Súmula 4 daquele Tribunal Regional:

> Recurso protocolizado após as 20 (vinte) horas. Intempestividade. Prazo peremptório. É intempestivo o recurso protocolizado após as 20 (vinte) horas do último dia do respectivo prazo, inclusive em Postos Avançados do TRT. Inteligência do art. 770 da CLT c/c o § 3º do art. 172 do CPC (Resolução Administrativa n. 13/2003, Publicada no *Diário Oficial do TRT da 5ª Região*, edições de 26, 27 e 28-5-2003).

Em relação aos processos eletrônicos, sob a regulamentação da Lei n. 11.419/2006, consideram-se tempestivos os atos praticados até as 24 horas do último dia do prazo.

Ainda em relação ao horário, há exceções na legislação civil, como aquelas consignadas no art. 212, § 1º, do CPC, em que se autoriza a prática do ato fora do expediente normal se foi iniciado ainda dentro do mesmo expediente, quando seu adiamento prejudicar a diligência ou causar grande dano ou mesmo em relação à penhora, se autorizado expressamente pelo juiz.

Já no que toca às audiências, na forma do art. 813 da CLT devem ocorrer entre 8 e 18 horas:

> Art. 813. As audiências dos órgãos da Justiça do Trabalho serão públicas e realizar-se-ão na sede do Juízo ou Tribunal em dias úteis previamente fixados, entre 8 (oito) e 18 (dezoito) horas, não podendo ultrapassar 5 (cinco) horas seguidas, salvo quando houver matéria urgente.

Ou seja, em relação às audiências, temos a fixação de horários específicos para sua realização, sendo certa, ainda, a limitação a cinco horas seguidas, salvo quando houver matéria urgente. Não há falar que as cinco horas sejam o limite de cada uma das audiências do dia – que cheguem a durar cinco horas –, dado que a vontade do legislador foi mencionar o horário "das audiências", ou seja, de toda a sessão, daquelas designadas na pauta do dia.

2.4. Atos quanto aos sujeitos que os praticam

Quanto aos sujeitos que os praticam, ou subjetivamente falando, os atos podem ser classificados com base naquele que os pratica, como definido nos arts. 200, 203 e 206 do CPC.

Os atos das partes podem ser compreendidos como declarações unilaterais ou bilaterais de vontade, como evidencia o art. 200 do CPC, aplicável. As partes apresentam suas diversas postulações à apreciação do Estado-Juiz, por meio de requerimentos, declarações unilaterais ou bilaterais de vontade. Dentre as unilaterais podemos mencionar os atos de defesa, depoimento pessoal, enquanto os bilaterais seriam os acordos e os pedidos de adiamento da audiência com a concordância recíproca, apenas a título de exemplo.

Os atos das partes podem ser realizados por meio escrito, como uma petição, ou por meio oral, como ocorre em audiência, embora estes sejam reduzidos a termo.

Com o advento da informatização do processo, é possível ainda a prática de atos processuais por meio eletrônico, conforme já definido pela Instrução Normativa n. 28 do TST, que cuida do denominado *e-doc* ou protocolo eletrônico, na forma da Lei n. 11.419/2006. Nesse sistema, as petições são assinadas digitalmente, não sendo necessária a entrega de originais, após o protocolo, e se faculta a utilização do prazo de até as 24 horas do dia.

Ainda segundo aquela classificação, os atos do juiz são as sentenças, decisões interlocutórias e despachos (art. 203 do CPC). A sentença, compreendida como o pronunciamento por meio do qual o juiz, com fundamento nos arts. 485 e 487 do CPC, põe fim à fase cognitiva do procedimento comum, bem como extingue a execução, ressalvadas as disposições expressas dos procedimentos especiais (§ 1º do art. 203 do CPC), é ato judicial em essência.

Trata-se do ato por meio do qual o juiz soluciona o litígio, seja rejeitando, seja acolhendo a pretensão de cada uma das partes. No que toca a nossa realidade, não há maiores especificidades que não passem pelas discussões existentes no direito processual civil, as quais serão abordadas oportunamente[4].

O juiz profere, ainda, as denominadas decisões interlocutórias, por meio das quais decide alguma questão incidente, sem pôr fim ao processo. Os demais atos do juiz são classificados como despachos, por meio dos quais se determina a realização de atos processuais pelos auxiliares do juízo ou pelas partes.

Já os atos e termos dos auxiliares são essenciais para a efetivação da prestação jurisdicional. Afinal, são os auxiliares do juízo aqueles capazes de implementar no mundo dos fatos a decisão tomada nos autos, seja por decisão judicial ou por mandamento legal.

Como explicita José Cairo Júnior[5], "quando um ato é praticado pelas partes ou pelo juiz de forma oral, cabe aos auxiliares do juízo reduzi-lo a escrito, recebendo, assim, a denominação de termo processual". Os atos dos servidores são os responsáveis pelo encadeamento daqueles outros praticados pelo juízo e pelas partes; já os termos processuais são os responsáveis pela própria memória dos fatos ocorridos no processo e a formação dos autos. Os atos processuais praticados pelos servidores são o registro gráfico do ato processual. Nas palavras de José Augusto Rodrigues Pinto[6],

> ... há um conjunto deles, por nós denominados atos intermediários ou integrativos, em vista de seu papel de elo entre as postulações do autor e do réu (inicial e defesa), para os quais se deve voltar especial atenção, em face de atuarem esses órgãos *ex officio,* por autorização da lei processual trabalhista, sem a direção do Juízo, salvo para resolver questão incidente.

4. *Vide* Capítulo XX, Sentença.
5. CAIRO JÚNIOR, José. *Curso de direito processual do trabalho*, cit., p. 251.
6. PINTO, José Augusto Rodrigues. *Processo trabalhista de conhecimento,* cit., 7. ed., p. 219.

No particular, note-se que o auto se consubstancia na "narração escrita de um ato, por determinação da autoridade judicial, ou por imposição da ordem processual, a fim de que se revista da autenticidade necessária e possa instruir ou servir de base ao processo", conforme demonstra De Plácido e Silva.

Já os termos processuais são disciplinados nos arts. 771 a 773 da CLT. Na leitura daqueles dispositivos identifica-se o denominado termo processual como simples notas, datadas e rubricadas pelos secretários ou escrivães.

Trata-se da forma de redução à forma escrita do ato processual ou da autenticação, se a lei processual exigir, por parte de quem praticou o ato ou dos órgãos auxiliares, como consigna José Augusto Rodrigues Pinto[7].

Deve-se mencionar, ainda, que o servidor, na forma do art. 203, § 4º, do CPC, por delegação do juiz, pode impulsionar o processo ao praticar atos ordinatórios.

2.5. Atos quanto ao local em que são praticados

Quanto ao local para a prática dos atos processuais, a regra geral é a de que os atos serão praticados na sede do juízo, na forma do art. 217 do CPC, embora seja possível sua realização em outros locais, em razão do interesse de justiça ou de obstáculo arguido pela parte e acolhido pelo juiz.

No tocante às audiências, há regra específica, disciplinada no art. 813 da CLT. É que, pela regra, as audiências devem ser realizadas na sede do juízo, mas há previsão legal (§ 1º do art. 813) autorizando, em casos especiais, que seja designado outro local para a realização das audiências, mediante edital afixado na sede do juízo ou Tribunal, com a antecedência mínima de vinte e quatro horas.

Em primeiro lugar, deve-se compreender a exceção como algo absolutamente especial, como determina a lei. É que não se pode alterar a ordem processual como se a atividade jurisdicional fosse uma "gincana".

A atividade jurisdicional não é compatível com a surpresa. E nos grandes centros é certo que a mera fixação de edital na sede do juízo ou Tribunal com a antecedência mínima de vinte e quatro horas não será capaz de evitar significativos prejuízos.

Ainda mais se se levar em consideração o sensível ônus existente no processo trabalhista brasileiro, traduzido na própria locomoção das partes envolvidas até a sede do juízo, notadamente em locais com precário sistema de transporte público ou privado.

7. PINTO, José Augusto Rodrigues. *Processo trabalhista de conhecimento,* cit., 7. ed., p. 220.

Desse modo, para que se minimizem os prejuízos imponíveis às partes é necessário que se utilize com parcimônia tal expediente, além da ampla comunicação, muito além das vinte e quatro horas previstas em lei, que se deve conferir à mudança.

2.6. Espécies de atos processuais

Pode-se dizer que, ainda que objetivamente considerados, os atos poderão ser os seguintes.

A notificação é ato praticado pelo juiz, por meio do qual o servidor cientifica o reclamado de que ele figura no polo passivo e que compareça à audiência, oferecendo defesa, querendo, além de prestar depoimento, na forma do art. 841 da CLT.

Note-se que, contrariamente ao regime do direito processual civil, no rito adotado pela CLT não se avaliam os pressupostos de constituição e validade do processo quando do ajuizamento da inicial, restando tal análise protraída para um momento posterior, qual seja, a própria audiência.

Como é sabido, a notificação expedida, presume-se, foi recebida pelo reclamado após o prazo de quarenta e oito horas a partir de sua expedição, conforme consolidado na Súmula 16 do TST. No particular, o ônus de provar o não recebimento é do reclamado.

A notificação pode realizar-se pelos correios, sendo essa a regra geral, ou ainda por oficial de justiça ou edital, na forma do art. 841, § 1º, da CLT. A notificação não precisa ser pessoal. Basta que chegue ao local indicado como a sede da empresa. Assim, é válida mesmo que seja recebida por porteiro, empregado, parente etc. No que é pertinente à Fazenda Pública, todavia, prevalece a notificação pessoal.

A notificação por edital é utilizada quando o reclamado cria embaraços para seu recebimento ou quando não é encontrado pelo agente dos correios ou oficial de justiça. É a última medida. Pode ser usada ainda quando a parte está em local incerto e não sabido. O edital tem as mesmas informações da notificação via correio.

Na notificação devem constar data, hora, local da audiência e a faculdade de levar testemunhas independentes de intimação. Da mesma forma, deve seguir-lhe a cópia da inicial, com a indicação de que, não comparecendo, presumir-se-ão verdadeiros os fatos apontados na inicial (revelia e confissão), assim como que deve a parte produzir defesa, se quiser.

Já a citação, por sua vez, é o ato pelo qual alguém fica ciente da existência de uma pretensão executiva contra si. No processo do trabalho a citação é restrita ao processo de execução, na forma do art. 880 da CLT. No processo de conhecimento utiliza-se a notificação via correio, por oficial de justiça ou por edital. Já no processo executivo a citação se dá pelo oficial de justiça, após a expedição do mandado de citação. Aludido mandado deve vir acompanhado de cópia da decisão ou acordo.

Por fim, em relação à intimação, trata-se da comunicação utilizada para dar conhecimento à parte da prática de atos ou termos processuais pelo juiz, por seus auxiliares ou pela parte contrária. O legislador, na CLT, não cuidou de distinguir as intimações de forma definitiva, utilizando em algumas oportunidades os termos "intimação" e "notificação" como sinônimos, como se depreende dos arts. 825 ou 852-H e 879, § 3º, todos do texto celetista.

Tais intimações normalmente são realizadas em nome das partes e de seus advogados. Em face do advento do processo virtual, é possível que a intimação se dê com o envio de apenas uma notificação virtual, em um equivalente ao correio eletrônico.

Na forma dos arts. 35 e 38 da LC 73/93, do art. 6º da Lei n. 9.028/95, do art. 44 da LC 80/94 e do art. 41 da Lei n. 8.625/93, somente os membros da Advocacia-Geral da União e da Procuradoria da Fazenda Nacional, órgãos que representam a União Federal, bem como os Defensores Públicos e o Ministério Público, devem ser intimados pessoalmente.

3. PRAZOS PROCESSUAIS

Quanto aos prazos é relevante reafirmar a lição de Manoel Antonio Teixeira Filho[8] quando demonstra serem absolutamente desastrosas as consequências para o processo se cada uma das partes ou mesmo o juiz pudessem praticar os atos que lhes são impostos sem uma prévia definição do quando isso deveria ocorrer.

Daí se reafirma a necessidade de rigorosa disciplina para a prática dos atos processuais, definindo-se o momento temporal em que poderão ser praticados.

Desse modo, podemos dizer que o prazo é um lapso temporal entre dois termos, marcos: um inicial e um final.

O prazo consiste no período de tempo durante o qual um ato processual pode ou deve ser praticado. Trata-se do "lapso de tempo fixado para a prática de cada ato processual pela respectiva lei", conforme leciona José Augusto Rodrigues Pinto[9].

O prazo possui como atributo principal o efeito preclusivo temporal que impõe. Isso porque os atos processuais devem ser praticados dentro de determi-

8. TEIXEIRA FILHO, Manoel Antonio. *Curso de direito do trabalho*, cit., v. I, p. 534.
9. PINTO, José Augusto Rodrigues. *Processo trabalhista de conhecimento*, cit., 7. ed.

nado lapso temporal, sob pena, em geral, de ser considerada irregular a sua prática. Praticado o ato fora do tempo apropriado, em regra, ocorre aquilo que denominamos preclusão.

Os prazos, em regra, serão realizados nos prazos prescritos em lei. Caso a lei seja omissa, o juiz determinará os prazos em consideração à complexidade do ato. Quando a lei ou o juiz não determinarem prazo, as intimações somente obrigarão a comparecimento após decorridas quarenta e oito horas, e, inexistindo preceito legal ou prazo determinado pelo juiz, será de cinco dias o prazo para a prática de ato processual a cargo da parte, na forma do art. 218 do CPC.

3.1. Dos tipos e da disciplina dos prazos. Prazos em dias úteis (arts. 219 do CPC e 775 da CLT). Notificação citatória. Citação por edital. Interstício para apresentação de defesa em audiência

Dada a pluralidade de efeitos, para a adequada compreensão dos prazos processuais, faz-se necessário o emolduramento dos prazos em face de uma série de aspectos.

Quanto à origem, os prazos serão legais, quando estipulados por lei, judiciais, quando fixados pelo juiz, ou convencionais, quando estipulados pelas partes. Quanto à natureza, poderão ser dilatórios, se prorrogáveis, e, por isso, decorrem de normas dispositivas, ou ainda peremptórios, se improrrogáveis, e decorrem de normas de ordem pública, que, justamente por isso, não podem ser objeto de convenção.

Já em relação aos efeitos, os prazos serão preclusivos ou cominatórios. São preclusivos os efeitos quando o ato deve ser praticado dentro de espaço de tempo fixado e, não o ocorrendo, há a perda da oportunidade, a preclusão. Já no caso dos prazos cominatórios, a omissão da parte acarreta a cominação contrária ao interesse do omisso. Trata-se da mera perda da oportunidade, com as consequências ao inerte.

Como já mencionamos, dada sua relevância, existem diversas regras para a disciplina dos prazos processuais. A contagem dos prazos se dá na forma dos arts. 774 e 775 da CLT, assim vazados:

> Art. 774. Salvo disposição em contrário, os prazos previstos neste Título contam-se, conforme o caso, a partir da data em que for feita pessoalmente, ou recebida a notificação, daquela em que for publicado o edital no jornal oficial ou no que publicar o expediente da Justiça do Trabalho, ou, ainda, daquela em que for afixado o edital na sede da Junta, Juízo ou Tribunal.
> Parágrafo único. Tratando-se de notificação postal, no caso de não ser encontrado o destinatário ou no de recusa de recebimento, o Correio ficará obrigado,

> sob pena de responsabilidade do servidor, a devolvê-la, no prazo de 48 (quarenta e oito) horas, ao Tribunal de origem.
> Art. 775. Os prazos estabelecidos neste Título serão contados em dias úteis, com exclusão do dia do começo e inclusão do dia do vencimento.
> § 1º Os prazos podem ser prorrogados, pelo tempo estritamente necessário, nas seguintes hipóteses:
> I – quando o juízo entender necessário;
> II – em virtude de força maior, devidamente comprovada.
> § 2º Ao juízo incumbe dilatar os prazos processuais e alterar a ordem de produção dos meios de prova, adequando-os às necessidades do conflito de modo a conferir maior efetividade à tutela do direito.

Com base na leitura daqueles dispositivos é possível identificar que há distinção entre o início do prazo e o início da contagem do prazo. Nas palavras do Professor José Augusto Rodrigues Pinto[10]:

> A diferença conceitual entre início de prazo e início de contagem se faz sentir com muita nitidez quando há coincidência com dias sem expediente forense. Assim, por exemplo, recebida a notificação numa sexta-feira (início de prazo, dia de expediente), a contagem só será iniciada na segunda-feira, primeiro dia útil seguinte (Enunciado TRT 1), mas recebida a notificação num sábado (início do prazo, dia sem expediente), a contagem só será iniciada na terça-feira, em face da exclusão do primeiro dia útil seguinte, segunda-feira (CPC, art. 184, § 2º, e Enunciado TST 262).

Na forma do art. 774 da CLT, conforme verificamos, o início do prazo se dá a partir da ciência pessoal ou do recebimento da notificação, pelos correios, não se aplicando aquelas disposições do CPC que exigem a juntada do comprovante da notificação nos autos.

Todavia, na hipótese de recebida a notificação ou cientificado pessoalmente em dia não útil, a contagem do prazo somente se iniciará no dia útil subsequente.

É preciso, ademais, reafirmar a regra geral dos prazos, fixada a partir da redação do art. 775 da CLT, a partir da Lei n. 13.467/2017, que dá conta de que os prazos, no âmbito do processo do trabalho, serão contados em dias úteis, tal qual previsto no CPC (art. 212), sempre com a exclusão do dia do início e a inclusão do dia do vencimento.

A redação do inciso I do § 1º do art. 775 da CLT, a partir da Lei n. 13.467/2017, prevê que o juízo poderá prorrogar os prazos pelo tempo que entender adequado, deixando a cargo da autoridade judiciária a livre delimitação do tempo neces-

10. PINTO, José Augusto Rodrigues. *Processo trabalhista de conhecimento*, cit., 7. ed., p. 222.

sário para a prática do ato. Todavia, não se deve ignorar, no particular, a necessidade de que a fixação do prazo leve em consideração a complexidade do ato, sob pena de evidente malferimento do princípio do contraditório e ampla defesa.

Por sua vez, o inciso II do mesmo § 1º do art. 775 da CLT, também a partir da Lei n. 13.467/2017, prevê a hipótese da prorrogação do prazo pelo juízo em virtude de força maior, devidamente comprovada. Ora, se houve fato estranho, capaz de ensejar óbice ao cumprimento do prazo, poderia ser enquadrado na hipótese do inciso I, sendo dispensável, portanto, a previsão do inciso II do mesmo parágrafo. De todo modo, a previsão da "força maior, devidamente comprovada", não é propriamente nova.

O TST, ao interpretar o aludido dispositivo, não apresenta qualquer exemplo em que se tenha considerado autorizativo da prorrogação do prazo em função da mesma força maior. Pelo contrário, tem entendido, por exemplo, que infortúnios como acidentes de veículos sejam incapazes de autorizar a prorrogação de prazo:

> Recurso ordinário intempestivo. Prorrogação do prazo. Motivo de força maior. Consoante disposto no art. 775 da CLT, o prazo para a prática de ato processual é contínuo e irrelevável, podendo ser prorrogado apenas por motivo de força maior devidamente comprovada. Acidente de trânsito no qual esteve envolvido o empregado responsável pela entrega do recurso no protocolo do órgão judicial não é suficiente para configurar força maior a justificar eventual prorrogação de prazo. Recurso de Revista de que não se conhece. Art. 775 da CLT (9584800232003504, 9584800-23.2003.5.04.0900, rel. João Batista Brito Pereira, 5ª Turma, j. 3-6-2009, publicação: 12-6-2009).

Em outros julgados, por sua vez, mesmo na hipótese em que houve encerramento antecipado do expediente forense, como referido pelo Tribunal Regional da 15ª Região, a nosso ver de forma equivocada, entendeu-se que a hipótese seria a de intempestividade do ato, dada a não demonstração da aludida "força maior":

> Agravo de instrumento. Protocolo integrado. Unidade judiciária com encerramento de expediente antecipado. Prorrogação de prazo. Inviabilidade. A instituição do chamado "protocolo integrado", pelo TRT da 15ª Região, teve por única e exclusiva finalidade facilitar às partes a protocolização de petições, requerimentos e recursos em juízo diverso daquele em que o processo esteja tramitando. Por evidente, os riscos da utilização deste serviço correm inteiramente por conta do interessado. Assim, o fato de a unidade judiciária à qual se dirigiu o recorrente para protocolizar o recurso ter, por motivo de força maior, antecipado o horário de encerramento do seu expediente normal, inviabilizando a protocolização de recurso ao Tribunal, referente a processo que corria em outra Vara, não pode ensejar a prorrogação do prazo recursal.

> A protocolização do recurso em data posterior, fatalmente acarretou a sua intempestividade. Na hipótese, a reclamada deixou para protocolizar mais de 40 recursos ordinários, através do protocolo integrado, no último dia do prazo, pretendendo fazê-lo na VT de Presidente Venceslau, sendo surpreendida pelo encerramento antecipado do expediente. Ocorre que os recursos ordinários eram endereçados à VT de Dracena, que teve expediente normal. Tais Varas distam cerca de 70 quilômetros uma da outra e, em tese, teria a reclamada tempo suficiente para se deslocar até Dracena. Há ainda que se ressaltar, que a reclamada possuía outras maneiras para garantir a interposição tempestiva de seu recurso, entre elas o protocolo postal, o *e-doc* ou o fac-símile, sendo que esses recursos de informática encontram-se plenamente disponíveis e de pleno conhecimento dos senhores advogados que militam da 15ª Região. Agravo de instrumento conhecido e não provido (TRT – 15ª Região, AIPS 0266-2006-050-15-01-3, Ac. 58109/06, 10ª Câmara, rel. designado Des. José Antonio Pancotti, *DOESP* 12-1-2007, p. 106).

Quanto ao início da contagem dos prazos, deve-se levar em consideração as disposições do art. 775 da CLT e do art. 224, § 3º, do CPC:

> Art. 775. Os prazos estabelecidos neste Título serão contados em dias úteis, com exclusão do dia do começo e inclusão do dia do vencimento.
> § 1º Os prazos podem ser prorrogados, pelo tempo estritamente necessário, nas seguintes hipóteses:
> I – quando o juízo entender necessário;
> II – em virtude de força maior, devidamente comprovada.
> § 2º Ao juízo incumbe dilatar os prazos processuais e alterar a ordem de produção dos meios de prova, adequando-os às necessidades do conflito de modo a conferir maior efetividade à tutela do direito.
> Art. 224. Salvo disposição em contrário, os prazos serão contados excluindo o dia do começo e incluindo o dia do vencimento. (...)
> § 3º A contagem do prazo terá início no primeiro dia útil que seguir ao da publicação.

Tal qual a contagem dos prazos no âmbito do processo civil, no processo do trabalho a contagem, igualmente, se dá excluindo-se o dia do começo e incluindo-se o dia final, salvo em relação àqueles prazos vencíveis em dia sem expediente forense, cuja prorrogação se dá até o primeiro dia útil subsequente. Esta última é justamente a regra em relação aos prazos vencidos em domingos ou feriados.

O CPC traz intrigante previsão, todavia, qual seja, a definição de que na contagem de prazo em dias, estabelecido por lei ou pelo juiz, computar-se-ão somente os dias úteis (art. 219 do CPC), alterando a sistemática vigente até então.

A doutrina e a jurisprudência laborais resistiu à aplicação do aludido dispositivo às demandas sujeitas a nossa Justiça Especializada. Por meio da IN 39, o TST pronunciou-se no sentido da inaplicabilidade da previsão às demandas sujeitas à jurisdição trabalhista, o que foi alterado somente a partir da redação do art. 775 conferida pela Lei n. 13.467/2017.

Parece ter vindo em boa hora tal alteração legislativa, no caso específico. Tanto assim que Manoel Antonio Teixeira Filho[11], ao comentar a regra equivalente do CPC, indica que a norma é

> ... compatível com o processo do trabalho, não sendo razoável contra-argumentar-se que ela conspiraria contra o princípio da celeridade processual (como fez a OJ n. 310, da SDI-I, do TST), em relação à duplicação do prazo no litisconsórcio), pois essa celeridade vem sendo mais gravemente desrespeitada por outros atos, da própria Justiça do Trabalho, com a demora da emissão das sentenças, no julgamento dos recursos, etc.

Note-se, no particular, que, assim como no processo civil, igualmente aqui os prazos somente começam a correr no primeiro dia útil após a intimação.

É preciso, todavia, ficar atento à regulamentação prevista no art. 224, § 2º, do CPC, cujo conteúdo equivalente existia na Lei n. 11.419/2006, que disciplina o processo eletrônico, especialmente para o art. 4º daquele diploma:

> CPC, art. 224: Salvo disposição em contrário, os prazos serão contados excluindo o dia do começo e incluindo o dia do vencimento. (...)
> § 2º Considera-se como data de publicação o primeiro dia útil seguinte ao da disponibilização da informação no Diário da Justiça eletrônico.
> Lei n. 11.419/2006, art. 4º: Os tribunais poderão criar Diário da Justiça eletrônico, disponibilizado em sítio da rede mundial de computadores, para publicação de atos judiciais e administrativos próprios e dos órgãos a eles subordinados, bem como comunicações em geral. (...)
> § 3º Considera-se como data da publicação o primeiro dia útil seguinte ao da disponibilização da informação no Diário da Justiça eletrônico.
> § 4º Os prazos processuais terão início no primeiro dia útil que seguir ao considerado como data da publicação.

Isso porque, ao que se sabe, todos os Tribunais brasileiros já adotaram a modalidade do Diário da Justiça eletrônico. Quando a publicação ocorrer naquela

11. TEIXEIRA FILHO, Manoel Antonio. *Comentários ao novo Código de Processo Civil sob a perspectiva do processo do trabalho*, cit., p. 253.

modalidade, os prazos iniciar-se-ão apenas no primeiro útil subsequente ao dia em que for considerado publicado o expediente.

Em outras palavras, considera-se publicado o ato apenas no dia útil subsequente a sua divulgação. O início do prazo se dá apenas no dia útil subsequente à própria publicação. Por exemplo, o ato divulgado no dia 10, segunda-feira, considera-se publicado no dia 11, terça-feira. Assim, será considerado o primeiro dia da contagem do prazo o dia 12, quarta-feira, o termo inicial do aludido prazo. Tal regra, da contagem dos prazos em dias úteis, não é incompatível com a regulamentação do *Diário Oficial* eletrônico.

No que tange à notificação citatória, trata-se do ato pelo qual é convocado o réu ou o interessado para integrar a relação processual (art. 238, CPC). Trata-se, portanto, do ato através do qual se confere a ciência do demandado da existência da demanda, bem como quanto à designação de audiência e/ou apresentação de defesa. Sobre tal ato, há que serem observadas algumas questões.

Em primeiro lugar, cumpre mencionar que o texto da CLT vacila acerca da denominação do ato de comunicação do demandado acerca da existência da demanda, ora denominando-o como citação (art. 852-B, II, CLT), ora denominando-o como notificação citatória (800, CLT), ora como simplesmente notificação (art. 774, parágrafo único; 841, CLT).

Todavia, há algum consenso doutrinário e jurisprudencial no sentido de que, no âmbito do processo laboral, o ato através do qual se cientifica o demandado da existência de um processo de conhecimento seja denominado notificação ou notificação citatória, reservando-se a utilização da expressão citação apenas para aquela hipótese da cientificação do devedor, no âmbito do processo de execução (art. 880, CLT). De todo modo, desde já se deve advertir que tais designações são utilizadas quase que indistintamente, no âmbito da prática laboral, diante da ausência de maior rigor terminológico no âmbito do texto celetista, sendo comum o uso da expressão "citação" para designação do ato.

O ato da notificação/citação é indispensável para a validade do processo, ressalvada a hipótese de indeferimento da petição inicial ou da improcedência liminar do pedido (art. 239, CPC).

Cumpre mencionar também que há especificidades acerca do modo como estabelecido na lei para a prática de tal ato processual no âmbito do processo laboral, em comparação ao direito processual civil. A primeira especificidade leva em consideração que, enquanto em regra, no processo civil, tem-se que a citação será pessoal (art. 242, CPC), podendo ser realizada na pessoa do representante legal ou procurador do réu, no âmbito das relações de trabalho tem-se de longa data a compreensão de que a simples remessa do documento oficial ao estabelecimento do demandado seria suficiente para a prática válida do ato. De fato, o art. 841, e parágrafos, da CLT prevê que, uma vez recebida a pretensão, em 48h (quarenta e oito horas) expedir-se-á a notificação postal com franquia (atualmente AR – aviso de recebimento) para cientificar o reclamado da existência da demanda e a designação de audiência, que será a primeira desimpedida depois de 5(cinco) dias.

Com efeito, a compreensão corrente do texto celetista é a de que em se tratando o estabelecimento empresarial daquele complexo organizado de bens para o exercício da atividade empresarial (art. 1.142, CC), presume-se que as comunicações, os negócios e demais avenças realizadas no ambiente empresarial, ainda que através de preposto, foram realizados regularmente e em nome da empresa (art. 1.171, CC), como se depreende inclusive do regime estabelecido no CPC (art. 248, § 2º). Assim, as comunicações oficiais, inclusive as notificações, direcionadas àquela unidade empresarial, sejam tidas como efetivamente realizadas em nome da empresa.

No mesmo sentido, o parágrafo único do art. 774 da CLT contempla hipótese acerca da notificação citatória expedida por meio postal. Tal previsão indica que, não encontrado o destinatário ou na hipótese de recusa de recebimento, o correio ficará obrigado, sob pena de responsabilidade do servidor, a devolvê-la, no prazo de quarenta e oito horas, ao Tribunal de origem.

Como dito, tal dispositivo prevê a relevante regra de que o servidor responsável pela notificação via correio, na forma do parágrafo único do art. 774 da CLT, fica obrigado, sob pena de responsabilidade, a devolver a notificação ao Tribunal de origem, para atestar a regularidade da prática do ato através do respectivo aviso de recebimento.

Tal previsão legal impacta enormemente na compreensão acerca da regra de ônus da prova quanto ao recebimento das notificações citatórias pelo demandado. Isso porque, sendo realizada a notificação pelos Correios, será presuntivo que o servidor (dos Correios) cumpriu sua atribuição funcional.

Justamente por força daquele dispositivo (art. 774, parágrafo único) é que se presume que tais notificações são endereçadas ao réu, que as receberá em quarenta e oito horas após sua postagem. A partir daquela presunção firmou-se o entendimento consolidado do TST sobre o assunto, no sentido de que a notificação postal fora não apenas expedida, mas também efetivamente recebida quarenta e oito horas depois de sua postagem, pelo demandado. É o que se depreende da Súmula 16 daquela Corte:

> Presume-se recebida a notificação 48 (quarenta e oito) horas depois de sua postagem. O seu não recebimento ou a entrega após o decurso desse prazo constitui ônus de prova do destinatário.

Ou seja, uma vez expedida a notificação, por meio postal, para o estabelecimento do demandado, presume-se seu recebimento pelo destinatário, ainda que não juntado o comprovante da notificação nos autos, nas quarenta e oito horas seguintes a sua expedição.

Atualmente há importante instrumento de auxílio aos juízos e partes na confirmação da entrega da notificação no endereço do demandado, que é o sistema de rastreamento disponível via internet, no *website* dos Correios, que evidencia o andamento das correspondências registradas, como as notificações. De todo modo, persiste a presunção legal no sentido mencionado, embora possível, seja pelo destinatário, seja pela apuração realizada no *website* referido, a demonstração ou de que não houve o recebimento ou de que o prazo não fora o presumido.

Tal presunção pretende favorecer a celeridade processual e impõe severo ônus processual para o demandado. Nessa linha de entendimento, cumprirá a este produzir verdadeira prova diabólica, a de que não recebeu sua notificação inicial. Tal exigência faz coro com a conclusão de que basta a mera remessa da notificação no endereço do reclamado para que se presuma existente e válida a notificação. Nesse sentido:

> Vício de citação. Nulidade. Inexistência. No processo do trabalho, a notificação inicial, que equivale à citação, termos do art. 841 da CLT, via de regra, não ocorre de forma pessoal, mas sim, por meio de registro postal mediante aviso de recebimento. De tal modo, a simples remessa no endereço dos reclamados é suficiente para considerar válida a citação. No presente caso, não há que se falar em nulidade processual quando os reclamados não se desincumbiram do ônus de comprovar o não recebimento da notificação. Inteligência da Súmula 16 do c. TST. Recurso ordinário conhecido e não provido (TRT – 10ª Região, RO 0000860-13.2010.5.10.0821, rel. Des. Mário Macedo Fernandes Caron, *DEJTDF* 2-9-2011, p. 67).

Cumpre trazer, ainda, algumas considerações em torno da notificação citatória, dada a significativa alteração do regime da citação, previsto no art. 246 do CPC, a partir da redação que lhe foi conferida pela Lei n. 14.195/2021.

Com efeito, por força da nova redação do art. 246 do CPC, passou a ser preferencial a citação por meio eletrônico. É o que se depreende:

> Art. 246. A citação será feita preferencialmente por meio eletrônico, no prazo de até 2 (dois) dias úteis, contado da decisão que a determinar, por meio dos endereços eletrônicos indicados pelo citando no banco de dados do Poder Judiciário, conforme regulamento do Conselho Nacional de Justiça. (...)

Diante de tal redação, a primeira dúvida que remanesce é quanto à aplicação de tal dispositivo no âmbito do Direito Processual Laboral. Com efeito, e como já mencionado, o art. 841, § 1º da CLT, ao disciplinar a notificação do réu, é expresso em indicar que "a notificação será feita em registo postal com franquia", no que diverge frontalmente com a nova redação do art. 246.

No particular, entendemos que houve derrogação tácita da previsão legal de que a notificação necessariamente "será feita em registo postal com franquia", contida do § 1º, do art. 841 da CLT, dado que evidentemente tal previsão representa verdadeira lacuna ontológica ao sistema processual laboral. Vejamos.

De fato, desde a Lei n. 11.419/2006 (art. 9º) determina-se que, sendo o processo eletrônico, todas as citações, intimações e notificações, inclusive da Fazenda Pública, sejam feitas por meio eletrônico. A Consolidação dos Provimentos da Corregedoria-Geral da Justiça do Trabalho caminha no mesmo sentido, qual seja o de determinar que, nos processos eletrônicos, as citações, inclusive da Administração Pública Direta e Indireta, sejam realizadas por meio eletrônico (art. 66).

Dada a implantação dos sistemas processuais eminentemente eletrônicos no âmbito dos Tribunais Regionais do Trabalho e do próprio TST, não é propriamente nova, portanto, a disciplina que estabelece a obrigatoriedade da notificação por meio eletrônico.

A notificação por meio postal, quando da redação original da CLT, tratava-se da mais célere e segura forma de comunicação processual da época. A utilização de plataformas eletrônicas, nos dias de hoje, apresenta-se como o ferramental tecnológico mais adequado para a consecução do mesmo fim. Com efeito, dado o avanço tecnológico, a norma prevista no início do §1º do art. 841 passa a representar verdadeira lacuna ontológica, na medida em que esta não mais corresponde aos fatos sociais e ao progresso técnico vividos nos dias de hoje. E a CLT é rica em exemplos desta natureza. O art. 788 da CLT, por exemplo, disciplina a distribuição realizada pelo distribuidor e a sua remessa à Junta ou Juízo competente, acompanhada do "bilhete de distribuição", embora nos dias atuais a distribuição seja realizada automaticamente e pelo sistema do PJE – Processo Judicial Eletrônico, não havendo remessa ou qualquer "bilhete".

A alteração decorrente do art. 246 do CPC, por sua vez, ao preferir a modalidade eletrônica de citação reafirma a opção realizada pelo legislador quando da edição da CLT, qual seja, o de reafirmar a necessidade da adoção do meio de maior segurança e celeridade para a prática do ato processual. Assim, tal alteração, ao declarar preferência pelo ato processual eletrônico, além de afirmar-se consentâneo ao avanço tecnológico, está em consonância com o princípio da duração razoável do processo (art. 5, LXXVIII, CF/88).

Dadas tais premissas, entendemos que doravante o meio preferencial para a prática da notificação citatória, inclusive no âmbito do processo laboral, é justamente o eletrônico, evidentemente ressalvadas as hipóteses em que não seja possível a prática de tal ato.

Nesse sentido, veja-se que os §§ 1º e 2º do art. 264 do CPC determinam às empresas públicas e privadas, inclusive às fazendas públicas, a manutenção de cadastros nos sistemas de processos para efeito de recebimento das citações respectivas.

Não havendo confirmação, por parte do demandado, do recebimento em até 3 (três) dias úteis contados do recebimento da citação eletrônica, acerca da sua ciência do ato, implicará a renovação do ato, para a certificação da realização da citação a) pelo correio; b) por oficial de justiça; c) pelo chefe de secretaria, se o citando comparecer na secretaria da vara ou d) por edital (§ 1-A, 264, CPC).

Todavia, a não confirmação do recebimento da citação por meio eletrônico sem justa causa, e no prazo, pelo demandado, será considerado ato atentatório à dignidade de justiça, estando passível de multa de até 5% (cinco por cento) do valor da causa.

Merece especial atenção, ainda, a previsão do § 5º do mesmo artigo 264 do CPC, que explicita que, em se tratando de microempresas e empresas de pequeno porte, aquelas somente se sujeitam ao cadastro obrigatório perante os sistemas processuais judiciários acaso não possuam endereço eletrônico cadastrado na Rede Nacional para Simplificação e da Legalização de Empresas e Negócios (REDESIM). Ou seja, possuindo a Microempresa e Empresa de Pequeno Porte o seu endereço eletrônico cadastrado na aludida rede oficial, implica a desnecessidade de manter seu cadastro atualizado nos sistemas de processo.

Assim, tem-se que se deve adotar prioritariamente a notificação por meio eletrônico. Não sendo confirmado o recebimento da citação eletrônica, tem-se como realizável a medida pelo correio, com a presunção do seu recebimento e perfectibilizado o ato, como acima indicado, na forma dos arts. 841 e 774, ambos da CLT.

Ainda no tocante à notificação citatória, cumpre aduzir que, em caso de não ser possível a perfectibilização da citação por meio postal, é possível ainda a cientificação do réu da existência da pretensão por meio de Oficial de Justiça, na hipótese em que determinado pelo Juízo. Na hipótese em que o reclamado criar embaraços ao seu recebimento ou não for encontrado, será possível a sua cientificação por meio da publicação de edital. Para tanto, é preciso identificar, em primeiro plano, suas hipóteses de cabimento, cuja disciplina encontra-se no art. 841, § 1º, da CLT:

> § 1º A notificação será feita em registro postal com franquia. Se o reclamado criar embaraços ao seu recebimento ou não for encontrado, far-se-á a notificação por edital, inserto no jornal oficial ou no que publicar o expediente forense, ou, na falta, afixado na sede da Junta ou Juízo.

Segundo a estrita redação normativa, ultrapassada a notificação por meio eletrônico, como referido, a notificação será feita por meio postal, sendo cabível a notificação por edital nas hipóteses em que o reclamado criar embaraços a seu recebimento ou não for encontrado.

Em relação aos prazos fixados para a defesa em audiência de forma válida, todavia, deve-se destacar a previsão dos arts. 841 e 847 da CLT e sua peculiaridade. É que a redação dos dispositivos assim dispõe:

> Art. 841. Recebida e protocolada a reclamação, o escrivão ou secretário, dentro de 48 (quarenta e oito) horas, remeterá a segunda via da petição, ou do termo, ao reclamado, notificando-o ao mesmo tempo, para comparecer à audiência do julgamento, que será a primeira desimpedida, depois de 5 (cinco) dias. (...)
> Art. 847. Não havendo acordo, o reclamado terá vinte minutos para aduzir sua defesa, após a leitura da reclamação, quando esta não for dispensada por ambas as partes.

Tal qual veremos oportunamente, a primeira obrigação do reclamado no âmbito do procedimento ordinário é seu comparecimento à audiência, oportunidade em que poderá conciliar ou, não querendo, deduzir sua defesa.

Acontece que, tal qual a previsão do direito processual civil (art. 335, I, do CPC), será a partir da realização da audiência inaugural (art. 847 da CLT) que será possível exigir do demandado a apresentação de sua defesa.

No caso do CPC, a partir da realização da audiência ter-se-á o termo inicial do prazo para defesa (inciso I do art. 335 do CPC). No caso das demandas sujeitas à Justiça Especializada, o prazo para apresentação da resposta será a própria audiência, após a tentativa de conciliação (art. 847 da CLT).

Todavia, ao interpretar o art. 841 da CLT, a jurisprudência e doutrina especializada têm entendido que é preciso a preservação de um prazo mínimo entre a data do recebimento da notificação e a própria realização da audiência, a fim de que o reclamado possua algum tempo útil para a elaboração de suas razões de defesa, reunião de documentos ou mesmo uma proposta conciliatória etc.

Tal prazo seria o interstício mínimo de cinco dias, previsto no art. 841, entre a data em que foi recebida a notificação pelo reclamado e a data da própria audiência. Esse prazo deve ser preservado, para que se assegure a ampla defesa por parte do reclamado, como uniformemente decidido pelas Cortes pátrias:

> Recurso de revista. Audiência realizada em prazo inferior ao quinquídio previsto no art. 841 da CLT. Nulidade processual. Citação. A audiência realizada em interstício inferior àquele estipulado no art. 841 da CLT é nula. O reclamado tem direito ao prazo mínimo de cinco dias para apresentação de sua defesa, sob pena de se retirar o direito constitucionalmente garantido do devido processo legal, da ampla defesa e do contraditório. Recurso de revista conhecido e provido (TST, RR 1475/2006-006-23-00.0, 6ª Turma, rel. Min. Aloysio Corrêa da Veiga, *DEJT* 17-10-2008, p. 1074).

Relevante, ainda, consignar que o art. 776 da CLT determina que o vencimento dos prazos será certificado nos processos pelos escrivães ou secretários, notadamente naquelas hipóteses em que transcorrido *in albis* o lapso de prazo, tudo com o afã de permitir o adequado registro do quanto efetivamente se passou e de que não haja dúvida quanto a eventual lapso promovido pela secretaria.

Deve-se mencionar, ainda, que em regra os prazos são contínuos e irreleváveis, não havendo falar em paralisação dos prazos. É preciso consignar, todavia, algumas hipóteses, como a de suspensão dos prazos e o aproveitamento do prazo já transcorrido. A esse propósito, cumpre mencionar que a Lei n. 5.010/66, por meio de seu art. 62, como já dissemos, estabeleceu como feriado o recesso forense anual, no período entre 20 de dezembro e 6 de janeiro. Indaga-se quanto à manutenção do aludido prazo, dada a previsão do art. 220 do CPC. A disciplina do CPC assim consigna:

> Art. 220. Suspende-se o curso do prazo processual nos dias compreendidos entre 20 de dezembro e 20 de janeiro, inclusive.
>
> § 1º Ressalvadas as férias individuais e os feriados instituídos por lei, os juízes, os membros do Ministério Público, da Defensoria Pública e da Advocacia Pública e os auxiliares da Justiça exercerão suas atribuições durante o período previsto no *caput*.
>
> § 2º Durante a suspensão do prazo, não se realizarão audiências nem sessões de julgamento.

Segundo Manoel Antonio Teixeira Filho[12], o art. 220 do CPC trata de tema diverso, qual seja, a suspensão do curso processual no mencionado período, vedando-se a realização de audiências e sessões de julgamento, não havendo que se confundir com a previsão da Lei n. 5.010/66.

---

12. TEIXEIRA FILHO, Manoel Antonio. *Comentários ao Novo Código de Processo Civil sob a perspectiva do processo do trabalho*, cit., p. 253.

De todo modo, corrente majoritária, inclusive no TST, firmou o entendimento de que o recesso forense, previsto na Lei n. 5.010/66, suspende a contagem do prazo processual, haja vista que tal situação se equipara às férias dos juízes, conforme consolidado na Súmula 262, II, do TST:

> O recesso forense e as férias coletivas dos Ministros do Tribunal Superior do Trabalho (art. 177, § 1º, do RITST) suspendem os prazos recursais.

Não se pode ignorar, todavia, que corrente minoritária entende que o recesso forense é mero feriado, não havendo falar em suspensão do prazo. Daí o prazo seria prorrogado até o primeiro dia útil subsequente, dada a inviabilidade de protocolo em data anterior. Todavia, vencem-se os prazos tão logo a unidade judiciária seja capaz de receber o aludido prazo, segundo essa posição.

Outra circunstância que merece destaque é aquela relacionada ao obstáculo criado por uma parte em desfavor da outra ao cumprimento do prazo, que tem o condão de igualmente suspender o decurso daquele, conforme a disciplina do art. 221 do CPC:

> Art. 221. Suspende-se o curso do prazo por obstáculo criado em detrimento da parte ou ocorrendo qualquer das hipóteses do art. 313, devendo o prazo ser restituído por tempo igual ao que faltava para sua complementação.

No mesmo sentido, em relação à suspensão do processo prevista no art. 313 do CPC, aplicado analogicamente, salvo em relação às exceções de incompetência e suspeição de que a própria CLT trata, por meio do art. 799, como sendo as únicas capazes de ensejar a suspensão do feito:

> Art. 799. Nas causas da jurisdição da Justiça do Trabalho, somente podem ser opostas, com suspensão do feito, as exceções de suspeição ou incompetência.

Não é demais lembrar que, em relação à interrupção, uma vez interrompido o prazo, despreza-se o lapso já transcorrido.

No que toca à ampliação ou redução dos prazos, a regra geral é igualmente a inviabilidade de serem alterados, salvo em relação à determinação judicial, na forma do art. 775, § 1º, I, da CLT, ou mesmo na hipótese de negócios jurídicos processuais, na forma do art. 190 do CPC, embora tenha o TST reputado incompatível com o processo do trabalho (art. 2, II, da IN 39 do TST).

As pessoas jurídicas de direito público, segundo o Decreto-lei n. 779/69, têm prazo em quádruplo para contestar, ou seja, lhe é garantido o interstício mínimo de vinte dias para as audiências, além do prazo de oitenta minutos para deduzir defesa oral, e em dobro para recorrer. Também o Ministério Público do Trabalho tem prazo em quádruplo para contestar e em dobro para recorrer, conforme determinado no art. 180 do CPC.

Em relação aos prazos para resposta aos recursos, tem-se entendido como aplicável o art. 900 da CLT, que determina: "interposto o recurso, será notificado o recorrido para oferecer as suas razões, em prazo igual ao que tiver tido o recorrente".

Já em relação ao litisconsórcio, cumpre mencionar que a regra geral é aquela prevista no art. 230 do CPC, qual seja, a de que os prazos lhes serão comuns. No que toca aos litisconsortes com procuradores distintos, não será aplicável ao processo do trabalho a previsão do art. 229 do CPC, conforme consolidado na OJ 310 da SDI, I, do TST, não havendo falar em prazos em dobro.

Na hipótese de rescisória, segundo a OJ 146 da SDI, II, a contestação apresentada em rescisória obedece à regra do art. 774 da CLT. Em outras palavras, conta-se o prazo não da juntada do "mandado" de citação, mas da data em que foi notificada a parte.

3.2. Atos praticados antes do início do prazo e sua tempestividade

Por fim, cumpre mencionar que não há dúvidas quanto à intempestividade do ato praticado após o decurso do prazo fixado pelo juiz ou na lei. No entanto, há dúvidas quanto à intempestividade do ato praticado antes de iniciado o próprio prazo. Durante algum tempo, reputou-se intempestivo o ato praticado antes de seu termo inicial, por exemplo, a interposição de recurso antes de publicada a sentença. É o que se depreende:

> AGRAVO DE INSTRUMENTO EM RECURSO DE REVISTA. INTERPOSIÇÃO ANTERIOR À DATA DE PUBLICAÇÃO DA DECISÃO DENEGATÓRIA DE SEGUIMENTO DO RECURSO DE REVISTA. INTEMPESTIVIDADE. É intempestivo o agravo de instrumento interposto antes da publicação da decisão que negou seguimento ao recurso de revista. Aplicação do item I da Súmula 434 do TST. Agravo de instrumento não conhecido (TST, AIRR 18047620115020441, rel. Mauricio Godinho Delgado, 3ª Turma, j. 28-5-2014, *DEJT* 6-6-2014).

> AGRAVO DE INSTRUMENTO. RECURSO DE REVISTA. INTEMPESTIVIDADE DO RECURSO DE REVISTA. INTERPOSIÇÃO ANTERIOR À PUBLICAÇÃO DO ACÓRDÃO RECORRIDO. É extemporâneo recurso interposto antes de publicado o acórdão impugnado (Orientação Jurisprudencial n. 357 da SBDI-1/TST). Agravo de instrumento a que se nega provimento (TST, AIRR 1769407520085110010, 176940-75.2008.5.11.0010, rel. Fernando Eizo Ono, 4ª Turma, j. 14-9-2011, *DEJT* 23-9-2011).

O TST, ao analisar a matéria, chegou a consolidar seu entendimento sob a redação da Súmula 434 daquela Corte, reputando extemporâneo o recurso apresentado antes do termo inicial do prazo (qual seja, sua publicação), embora reputasse que a interposição de embargos de declaração pela parte adversa não acarreta qualquer prejuízo àquele que apresentou seu recurso tempestivamente.

O CPC trata do tema da tempestividade do ato praticado antes do termo inicial do prazo. A redação legal do § 4º do art. 218. do CPC, aplicável, buscou findar a discussão ao indicar que serão considerados tempestivos os atos praticados mesmo antes do termo inicial do prazo, independentemente do processo ou instância, validando-se, desse modo, a iniciativa da parte quanto à prática do ato.

Ou seja, segundo a previsão legal do CPC, a prática do ato anterior à publicação oficial da decisão não o torna intempestivo. Nessa linha, inclusive, alguns Tribunais Regionais têm se pronunciado, tendo o TRT da 3ª Região, no particular, editado súmula de sua jurisprudência justamente nesse sentido. Vejamos:

> SÚMULA N. 53 do TRT da 3ª Região. RECURSO. INTERPOSIÇÃO ANTERIOR À PUBLICAÇÃO OFICIAL DA DECISÃO IMPUGNADA. TEMPESTIVIDADE.
> É tempestivo o recurso interposto antes da publicação oficial da decisão, se dela o recorrente tomou conhecimento por outro meio (RA 63/2016, disponibilização: *DEJT* 30 e 31-3-2016 e 1º-4-2016).

Ademais, note-se que a tempestividade do ato praticado será conferida não apenas na hipótese em que uma das partes se antecipe à interposição anterior à publicação oficial da decisão impugnada, mas também na hipótese em que a parte maneje recurso, independentemente da apresentação de embargos de declaração por alguma das partes.

Nesse caso, na forma do art. 1.024 do CPC (§§ 4º e 5º), no caso de o acolhimento dos embargos de declaração implicar modificação da decisão embargada, o embargado que já tiver interposto outro recurso contra a decisão originária tem o direito de complementar ou alterar suas razões, nos exatos limites da modificação, no prazo recursal, contado da intimação da decisão dos embargos de declaração; se os embargos de declaração forem rejeitados ou não alterarem a conclusão do julgamento anterior, o recurso interposto pela outra parte antes da publicação do julgamento dos embargos de declaração será processado e julgado independentemente de ratificação.

CAPÍTULO 8

Defeitos dos Atos Processuais

1. CONSIDERAÇÕES INICIAIS

Já se deve ter percebido que o processo visa a uma marcha para a frente, ou seja, no sentido de uma prestação jurisdicional que caminhe para equacionar o conflito social *sub judice*. O art. 188 do CPC define que, não havendo forma prescrita em lei, os atos processuais serão reputados regulares se sua finalidade for devidamente cumprida. Tal regra é excepcionada, todavia, em relação àqueles atos cuja forma é expressamente definida.

Contudo, é certo que existe a possibilidade de, tanto na forma quanto na própria prestação jurisdicional, existirem vícios que possam de alguma forma comprometer a lisura ou o próprio andamento da prestação jurisdicional. Tais impropriedades são os denominados defeitos dos atos processuais.

Em uma visão estritamente apegada à forma, poder-se-ia sustentar que qualquer irregularidade processual ensejaria a nulidade de todo o processo. Acontece que essa pretensão não se coaduna com um sistema moderno, em que se prestigiam os fins sociais do processo. Trata-se da consagração de um verdadeiro sistema teleológico das nulidades. Por isso mesmo, o art. 794 da CLT indica que nos processos sujeitos à apreciação da Justiça do Trabalho só haverá nulidade quando resultar dos atos inquinados manifesto prejuízo às partes litigantes.

Para uma análise dos defeitos e de seus efeitos, todavia, faz-se necessária a identificação da própria existência desses vícios. É o que passamos a fazer.

2. CONCEITO E DISTINÇÃO ENTRE DEFEITO E NULIDADE

O ato processual deve ser praticado com absoluta perfeição congênita. Se assim não ocorre, torna-se defeituoso ou viciado, mas nem sempre imprestável. Isso porque, embora defeituoso, nem sempre o ato será reputado como nulo, dele se extraindo os efeitos devidos.

Enquanto o defeito acontece sempre que o ato não é praticado seguindo essencialmente as definições legais para ele previstas, a nulidade ocorre apenas naquelas situações em que os defeitos são graves o suficiente para determinar um efeito processual relevante.

Em outras palavras, enquanto a irregularidade é toda e qualquer situação em que é descumprido o preceito legal para a definição da forma como o ato deve ser praticado, a nulidade acontece apenas quando o vício é de tal ordem que mereça uma consequência processual relevante.

Isso porque, como veremos adiante, podemos dizer que os vícios dos atos processuais, seguindo uma escala, poderiam ser escalonados como meras irregularidades, nulidades e aqueles que inquinam de tal forma o ato que ensejam sua própria inexistência.

3. CLASSIFICAÇÃO DOS DEFEITOS DOS ATOS PROCESSUAIS E CONSEQUÊNCIAS DA DECLARAÇÃO. DAS IRREGULARIDADES, DAS NULIDADES RELATIVAS E ABSOLUTAS E DA INEXISTÊNCIA. DO CRITÉRIO PARA O ENQUADRAMENTO DAS IRREGULARIDADES

Como já mencionamos, as denominadas irregularidades se consubstanciam como vícios destituídos de forma de invalidação, devido à levíssima carga deformadora do ato. Na lição de Eduardo Gabriel Saad[1], "Irregularidades são infrações irrelevantes que não comprometem o processo nem lesam o interesse da parte". A regra, em relação às irregularidades, é a de que, em razão justamente da leveza do vício gerado nessas situações, elas podem ser devidamente ignoradas e, apenas quando necessário, motivar simples correção, *ex officio* ou a pedido do interessado.

Trata-se, de ordinário, dos vícios de pequena relevância, que, subordinando-se a um critério de mínima razoabilidade, não justificam a desconsideração dos atos praticados ou a inquinação de maiores efeitos. Veja-se o exemplo consubstanciado nos arestos abaixo:

> Falta de assinatura na petição de defesa. Revelia e pena de confissão inexistentes. Tendo comparecido em audiência o espólio reclamado através de seu pre-

1. SAAD, Eduardo Gabriel. *Curso de direito processual do trabalho*, cit., p. 564.

posto, acompanhado do advogado que juntou a petição de defesa em momento oportuno, ou seja, em audiência inaugural, são inequívocos o *animus defendendi* e a convalidação dos termos da defesa já nesse momento processual, independentemente de assinatura do procurador, o que não passou, frise-se, de mera irregularidade sanável. Daí que de modo algum se impõe ao reclamado a condição de revel, tampouco a pena de confissão ficta (TRT – 3ª Região, RO 21.499/98, 2ª Turma, rel. Juiz José Maria Caldeira, *DJMG* 18-8-1999, p. 16).

... Nulidades. Momento oportuno. O processo do trabalho há muito abandonou o sistema legalista ou formalista, prestigiando, no tocante às nulidades processuais, o sistema teleológico, que prima pelos fins sociais do processo. E, considerando-se o princípio da instrumentalidade das formas e da utilidade dos atos processuais vigentes, como se depreende da interpretação do art. 794 da CLT c/c o art. 125 do CPC, mera irregularidade formal não compromete a eficácia do ato praticado, se não demonstrado pela parte o manifesto prejuízo processual sofrido. Acrescente-se que as nulidades somente serão declaradas mediante a provocação da parte interessada na primeira oportunidade que tiver de falar em audiência ou nos autos (art. 795 da CLT), sob pena de convalidação do ato com a preclusão do direito da parte vir alegá-la. E a prática trabalhista criou o costume processual do "protesto nos autos", mediante o respectivo registro na ata de audiência, a fim de evitar a preclusão temporal. Na hipótese, não há nulidade a ser declarada. (...) (TRT – 2ª Região, RO 01812-0052-200-85-02-0462, Ac. 2011/0598320, 2ª Turma, rel. Des. Federal Luiz Carlos Gomes Godoi, *DOESP* 17-5-2011, p. 164).

Em certos casos, pode-se dizer que a correção cede lugar à prática do ato, pelo juízo ou por órgãos auxiliares, sem prejuízo de sua função no processo, como previsto nos arts. 321 e 351 do CPC.

Como veremos adiante, mas reafirmando as noções apresentadas, podemos dizer que na instância extraordinária, por expressa previsão no art. 896, § 11, da CLT, com a redação que lhe deu a Lei n. 13.015/2014, enunciou-se que o TST, ao analisar o recurso de revista, poderá também desconsiderar o vício ou mandar saná-lo, para julgar o mérito do recurso. A previsão do art. 896, § 11, vem de algum modo, buscar equacionar aquilo que se denomina "jurisprudência defensiva", excessivamente formalista na instância recursal.

Já as denominadas nulidades são os defeitos provocadores da reação da lei para negar eficácia ao ato constituído, dada a existência de deformação comprometedora de sua função no processo. Conforme leciona Cândido Rangel Dinamarco[2], as nulidades possuem relação direta com a ordem pública do processo e

2. DINAMARCO, Cândido Rangel. *A instrumentalidade do processo*. 9. ed. São Paulo: Malheiros, 2001. item 56.

do zelo pelo correto exercício da jurisdição. São essas importantes balizas para a orientação sobre o regime das nulidades:

> Além disso, há diversos pontos onde a indisponibilidade decorre da própria ordem pública do processo e do zelo pelo correto exercício da jurisdição: é o caso da competência e das nulidades absolutas, da repressão aos atos atentatórios à dignidade da Justiça, etc., que têm em comum a providência oficial do juiz em prol da manutenção das diretrizes institucionalmente desejadas, independentemente de provocação pela parte. O impulso oficial é também importantíssima regra publicista do processo e a tendência dos tribunais brasileiros é hoje no sentido de recomendar a sua prática pelos juízes.

Na mesma linha, Eduardo Saad[3] indica que o "ato processual nulo é, dentre todos seus semelhantes, o mais grave. Nele predomina o interesse público sobre o qual as partes não têm o poder de disposição".

Não é demais mencionar que há uma tendência do processo no sentido de reduzir ao mínimo possível as hipóteses de reconhecimento da perda de eficácia do ato processual.

As regras relacionadas às nulidades encontram-se positivadas não apenas na CLT, mas mesmo na disciplina do CPC. A declaração de nulidade é a sanção por uma imperfeição (um defeito) do ato jurídico. O ato foi praticado, mas exerce determinado defeito que não permite que ele subsista.

Em relação às denominadas nulidades, a doutrina e a jurisprudência as têm classificado como absolutas ou relativas.

Segundo Pontes de Miranda[4], "as nulidades ditas absolutas são insanáveis; as relativas, sanáveis. (...) As confusões que resultam do emprego das expressões 'nulidades absolutas' e 'nulidades relativas', no direito processual civil, levam-nos a evitar o emprego delas, convindo só aludirmos à sanabilidade e à insanabilidade".

Porque insanáveis, as nulidades ditas absolutas são aquelas reconhecíveis de pleno direito e, portanto, declaráveis *ex officio*, porque são de ordem pública. Já as denominadas nulidades relativas, também chamadas de anulabilidades, são aquelas que podem ser sanadas.

No caso das denominadas nulidades absolutas, há defeito insanável do ato processual, forçando-lhe a eliminação. Assim, o que for praticado em seu lugar não o corrige, mas o substitui. Já em relação às nulidades relativas, o ato pratica-

3. SAAD, Eduardo Gabriel. *Curso de direito processual do trabalho*, cit., p. 564.
4. PONTES DE MIRANDA, Francisco Cavalcanti. *Comentários ao Código de Processo Civil:* arts.154 a 281. Atualização legislativa Sergio Bermudes. 3. ed. São Paulo: Forense, 2001. t. III, p. 219.

do em seu lugar convalida o defeituoso, emprestando-lhe a aptidão ausente para a função processual.

Por fim, pode-se mencionar ainda as regras de inexistência, segundo as quais nem se chega a constituir o ato. Ainda segundo Eduardo Saad[5], "ato processual inexistente é aquele em que se registra a ausência de elemento essencial e caracterizador".

Há quem pretenda[6], de outro modo, uma relação direta das irregularidades com o interesse jurídico em jogo. As irregularidades seriam apuradas a partir das normas cogentes de ordem pública, cujo cumprimento é obrigatório e de interesse geral, por exemplo, as normas concernentes à formação da relação jurídica processual e as de competência absoluta; aquelas cogentes de interesse misto ou concorrente, cujo cumprimento é obrigatório, porém com a concorrência do interesse individual da parte e do interesse geral, por exemplo, as relativas à representação pelo advogado em juízo e as cogentes de interesse privado, caracterizadas pela presença do interesse público, mas não sua prevalência sobre o interesse individual da parte; além das dispositivas, despidas de cogência, de modo que seu cumprimento depende da exigência de quem tenha interesse individual em fazê-la cumprir. Seriam, por exemplo, aquelas concernentes à produção de provas pelas partes.

De todo modo, é bom mencionar que a nulidade é efeito da violação da forma prevista em lei. Aliás, Pontes de Miranda[7] claramente pontua a inexistência do caráter de penalidade às nulidades:

> Nulidade não é pena, posto que as leis e os juristas digam, a cada passo, "sob pena de nulidade". É consequência da violação da lei de forma a que se atribuiriam, se nula não fosse, algum ou alguns efeitos. As penas são outras consequências, que às vezes concorrem com a de nulidade.

Ademais, trata-se de fato processual que deve ser reconhecido pela autoridade judicial, o que determina sua declaração e não decretação, como equivocadamente a prática judiciária tem cominado. O que se pode decretar são os efeitos da nulidade reconhecida, dado que os efeitos da ineficácia somente serão sentidos em consequência da declaração de nulidade e da limitação dos efeitos que os mesmos atos exerçam no processo. Vejamos como se procede, no particular.

Nesse contexto é que se pode, ainda, classificar os defeitos a partir das consequências deles advindas. Enquanto as meras irregularidades seriam aquelas sobre as quais não adviriam quaisquer consequências; as irregularidades com sanções

5. SAAD, Eduardo Gabriel. *Curso de direito processual do trabalho*, cit., p. 564.
6. PINTO, José Augusto Rodrigues. *Processo trabalhista de conhecimento*, cit., 7. ed., 2005.
7. PONTES DE MIRANDA, Francisco Cavalcanti. *Comentários ao Código de Processo Civil*, cit., t. III, p. 219.

extraprocessuais seriam aquelas que não resultariam em qualquer relevância processual, embora extraprocessualmente possam advir consequências; as irregularidades que acarretam nulidades processuais, e as irregularidades que acarretam inexistência do ato processual, cujas denominações já indicam sua extensão.

4. REGRAS DE APLICAÇÃO DAS NULIDADES AOS ATOS PROCESSUAIS. DA NECESSIDADE DE SUSCITAR A MATÉRIA E DO MOMENTO APROPRIADO PARA TANTO. DA NULIDADE RECONHECIDA DE OFÍCIO PELO JUÍZO

Antes de falar das regras, interessante mencionar alguns preceitos estruturais ou princípios atinentes à teoria das nulidades, no âmbito do direito processual do trabalho. Aqui, deve-se referir que, em relação ao número de princípios orientadores do regime das nulidades no âmbito do direito processual do trabalho, há sensível divergência doutrinária quanto ao número e espécies de princípios.

Contudo, a nosso sentir, no particular, a razão está com José Augusto Rodrigues Pinto[8], que aponta como os essenciais princípios para a compreensão dessa teoria os da celeridade, interesse processual, causalidade, instrumentalidade e preclusão.

O princípio da celeridade delimita a noção de que a nulidade possui um fator de comprometimento irrecusável à breve solução da demanda submetida ao Judiciário, razão pela qual seus efeitos deverão ser restritos ao mais estreito círculo de atos processuais, não havendo que se impor delongas desnecessárias à marcha processual. O interesse processual das partes apresenta-se em dois sentidos diferentes, porque, sob o viés da celeridade, evita a declaração inútil da irregularidade, e do ponto de vista moral repele a arguição de nulidade por quem tiver provocado o vício do ato processual.

Já a causalidade atua relação de causa e efeito entre os atos processuais e a declaração de nulidade. Por meio daquele se chega a uma delimitação rigorosa para as repercussões da invalidação de um ato sobre a eficácia de outros no processo, cingindo-as a um mínimo. Em outras palavras, apenas aqueles atos relacionados diretamente àquele que se reputa como irregular é que devem ser nulificados. Os demais, que não possuem relação de causa e efeito com a aludida irregularidade, devem ser poupados.

A instrumentalidade, a seu tempo, define uma técnica de prevalência da finalidade sobre a forma. É a prevalência do bem jurídico que se pretende tutelar em face da sociedade e do Estado. Como diz Cândido Rangel Dinamarco[9]:

---

8. PINTO, José Augusto Rodrigues. *Processo trabalhista de conhecimento*, cit., 7. ed., 2005.
9. DINARMARCO, Cândido Rangel. *A instrumentalidade do processo*, cit., p. 268.

> Sob esse aspecto, a instrumentalidade do sistema processual constitui projeção a maior da instrumentalidade das formas e suporte metodológico para a sustentação desta e seu melhor entendimento. No exame do processo a partir de um ângulo exterior, diz-se que todo o sistema não vale por si, mas pelos objetivos que é chamado a cultuar; e depois, em perspectiva interna, examinam-se os atos do processo e deles diz-se o mesmo. Cada um deles tem uma função perante o processo e este tem funções perante o direito substancial, a sociedade e o Estado.

Tal instrumentalidade determina o aproveitamento do ato mesmo nascido em desobediência à forma para ele prescrita, desde que atinja o resultado para ele previsto.

Por fim, deve-se referir à preclusão, que aparece na estruturação da nulidade em seu aspecto temporal, afastando o direito à arguição da nulidade pela perda da oportunidade para denunciá-la. Na visão de Pontes de Miranda[10], a preclusão, isto é, a perda do direito de suscitá-la, trata-se de sanção ao dever de arguição.

Uma vez apresentadas essas que são as traves mestras para o conhecimento da matéria, vejamos as regras que dão concretude aos aludidos princípios.

Para tanto, mais uma vez, devemos mencionar a teoria geral do CPC, que está em bastante sintonia com a CLT, embora o último, até mesmo por ser mais recente, esteja mais bem sistematizado, em sua disciplina a partir do art. 276 e seguintes do Código. Já a CLT dispõe sobre o regime das nulidades no âmbito do DPT por meio dos arts. 794 a 798.

Analisando-se esses artigos, percebe-se que a maioria das disposições é referente às nulidades relativas. Ao leitor incauto isso poderia soar estranho, mas possui uma justificativa mais do que plausível. As nulidades absolutas, justamente por sua insanabilidade, possuem uma regra única de tratamento, qual seja, a substituição do ato inválido. As meras irregularidades, por seu lado, na medida em que não geram prejuízos ao processo, não precisam ser retificadas, porque desnecessário.

Apenas aquelas que supostamente interessam às partes, ou que podem ser ou não retificadas, é que demandam tratamento diferenciado. É nelas que se discute se é possível, necessário ou útil para a celeridade do processo reconhecer a nulidade ou não.

O art. 794 da CLT determina que a nulidade existirá apenas quando o prejuízo for manifesto. Isso está ligado à noção de instrumentalidade. A diferença entre as irregularidades e as nulidades está justamente no campo do prejuízo, dado

10. PONTES DE MIRANDA, Francisco Cavalcanti. *Comentários ao Código de Processo Civil*, cit., t. III, p 371.

que este, na primeira hipótese, é muito menos severo que na última. A título de exemplo, podemos mencionar a hipótese em que a parte requer a ouvida de testemunha e o juiz indefere a prática do ato sem justificativa. Nesse caso, há irregularidade pela ausência de fundamentação da decisão judicial. No entanto, em sua sentença, se há julgamento em favor da mesma parte, não houve, assim, efetivo prejuízo processual, porque a finalidade última do processo restou cumprida. Não há falar, portanto, da nulidade do ato.

Por sua vez, o art. 795 da CLT menciona que as nulidades não serão declaradas senão mediante provocação das partes, as quais deverão argui-las na primeira vez em que tiverem de falar em audiência ou nos autos. Estamos diante de questão deveras relevante para a prática judiciária. Isso porque o dispositivo trata da oportunidade para que se suscite a irregularidade.

A regra legal é a de que o juiz não esteja autorizado a declarar *ex officio* a nulidade relativa, sendo necessário que haja provocação expressa e imediata pelo interessado.

De modo que, se o interessado se pronuncia nos autos e não se manifesta sobre a eventual nulidade, ocorrerá a preclusão quanto ao ponto.

Como mencionado acima, para aquele que deixa de se pronunciar sobre a irregularidade oportunamente impõe-se uma penalidade, uma sanção ao dever de arguição. Daí por que, para aqueles que militam na Justiça laboral como advogados, deve-se estar bastante atento ao momento processual oportuno para a arguição da nulidade, em cumprimento ao disposto no art. 795 da CLT.

Acontece que, quanto a alguns atos, há severa celeuma no tocante à oportunidade para suscitar o aludido vício, dado que há dúvida se existe direito subjetivo da parte de falar nos autos imediatamente, *incontinenti* à prática dos atos reputados irregulares, ou se o momento para a manifestação sobre as irregularidades seriam apenas nas razões finais.

Há aqueles que defendem que a parte possui direito, imediatamente, de consignar seu protesto, ou seja, sua pontuação quanto à irregularidade observada. Outros existem que indicam ser a primeira oportunidade para a parte se manifestar quando das razões finais, ou na primeira oportunidade em que lhes for dada a palavra, ou quando convocadas pelo juiz para se pronunciar. Wagner Giglio[11] consigna que:

> Não se justifica, assim sendo, a afoiteza das partes ou de seus advogados de requerer, intempestivamente, a consignação do seu protesto, em meio à audiência. Exceto quando expressamente convidada, pelo juiz, para se pronun-

11. GIGLIO, Wagner D.; CORREA, Claudia Giglio Veltri. *Direito processual do trabalho*, cit., p. 171-172.

ciar em audiência, a primeira oportunidade para alegar nulidade ocorre nas razões finais. Fora de audiência, o momento oportuno para arguir nulidade surge quando é dada vista dos autos para pronunciamento da parte.

Do ponto de vista sistêmico, parece correta a posição de Wagner Giglio. Todavia, a prática judiciária majoritária tem demonstrado ser mais segura para o advogado ou a parte a manifestação imediata, *incontinenti*, sobre a irregularidade, ainda que aparentemente "afoita", valendo-se da figura do protesto, porquanto tem prevalecido a noção da manifestação imediata como sendo a adequada.

Não é demais referir que, em relação ao protesto, trata-se de reação da parte contra o ato defeituoso que lhe esteja prejudicando o exercício do direito processual. Tal ato deve ser expresso, indicando o ato alvejado, para habilitar o conhecimento, inclusive, pelo juízo competente.

É preciso distinguir o protesto da apresentação de recurso imediato (ainda que retido), dado que não há necessidade de fundamentação no momento do protesto. Efetivamente, as razões de reforma da decisão impugnada, caso seja necessário, serão expostas enquanto preliminar do recurso ordinário, dada a ausência de recurso imediato contra decisões interlocutórias no direito processual do trabalho.

Nesse contexto, é possível excepcionar tal regra preclusiva quando provado o impedimento para arguir a nulidade no momento devido ou quando o juiz deva decretar de ofício a nulidade, segundo o art. 278, parágrafo único, do CPC, aplicável subsidiariamente.

Note-se que o aspecto temporal, ou seja, o momento da arguição da nulidade, todavia, possui relevância, apenas em relação às nulidades relativas, uma vez que as nulidades absolutas podem ser conhecidas a qualquer tempo.

Quando a hipótese for de nulidade relativa, somente será declarada por manifesto prejuízo ao arguente, pelo ato defeituoso. Preserva-se o velho aforismo gaulês *"pás de nullité sans grief"*, que, em interpretação livre, indica que "não há nulidade sem prejuízo".

Ademais, nesses casos a nulidade não será declarada se for possível repetir o ato ou suprir-lhe a falta, conforme determina o art. 796, *a*, da CLT, ou ainda quando for possível decidir o mérito em favor do prejudicado, de acordo com o art. 282, § 1º, do CPC.

O legislador celetista pretendeu exemplificar hipótese de nulidade absoluta por meio do art. 795, § 1º, da CLT. Em infeliz redação, assim dispôs: "Deverá, entretanto, ser declarada *ex officio* a nulidade fundada em incompetência de foro".

Seguindo uma interpretação meramente literal do dispositivo, estar-se-ia a limitar a nulidade absoluta aos defeitos provindos da atuação dos órgãos jurisdicionais, quando é sabido que há muitos outros, originados por vícios de conteúdo dos atos processuais.

Não bastasse, o legislador vinculou a nulidade à incompetência de foro, quando, na verdade, o foro é o lugar onde o juiz exerce a jurisdição. Aqui é preciso fazer o alerta ao leitor para que não confunda o "foro" indicado no dispositivo com aquele comumente denominado enquanto território. Isso porque, quanto ao foro territorial, a manifestação da competência é relativa, porque suscetível de modificação, admitindo, ainda, a exceção de incompetência na forma do art. 799 da CLT. Assim, o que pretendeu mencionar o legislador foi que se impõe a declaração *ex officio* da nulidade fundada em incompetência absoluta do juízo, fundado no critério material, portanto.

Outra questão relevante, ainda sobre o art. 795, § 1º, da CLT, é que não há falar em limitação da nulidade absoluta como se decorrente apenas da má aplicação das regras de competência, pois existem hipóteses de nulidades absolutas que não se referem a tal âmbito.

O CPC, ao cuidar do regime das nulidades, foi muito mais aberto às possibilidades e dispôs que não depende de provocação da parte a nulidade que "o juiz deva decretar de ofício", na forma do art. 278, parágrafo único, do CPC, e por isso mesmo deve ser utilizado subsidiariamente.

Por fim, os arts. 797 e 798 da CLT delineiam a extensão dos efeitos das nulidades. Enquanto o primeiro indica uma ideia de causalidade, dado que "o juiz ou Tribunal que pronunciar a nulidade declarará os atos a que ela se estende", o segundo indica que a causalidade deve ser necessária, já que "a nulidade do ato não prejudicará senão os posteriores que dele dependam ou sejam consequência".

5. CASUÍSTICA

O regime das nulidades deve ser encarado como o reverso da moeda, como dizemos em sala de aula, "de como e o que se deve fazer". Apenas a partir da leitura do que deve ser feito é que se pode reputar nulo ou não o ato. A jurisprudência do Tribunal Superior do Trabalho possui algumas hipóteses em que se reconhece ou não a nulidade, porquanto se compreende como afrontada a correta forma do desenvolvimento processual, ou mesmo sua regularidade.

Por exemplo, reconhecendo a nulidade, a Súmula 427 do TST determina que,

> ... havendo pedido expresso de que as intimações e publicações sejam realizadas exclusivamente em nome de determinado advogado, a comunicação em nome de outro profissional constituído nos autos é nula, salvo se constatada a inexistência de prejuízo.

No mesmo sentido, a Súmula 459 do TST prevê que o conhecimento do recurso de revista em razão de nulidade por negativa de prestação jurisdicional está condicionado à indicação da violação do art. 832 da CLT, ou do art. 458 do CPC, ou mesmo do art. 93, IX, da CF/88:

> RECURSO DE REVISTA. NULIDADE POR NEGATIVA DE PRESTAÇÃO JURISDICIONAL. O conhecimento do recurso de revista, quanto à preliminar de nulidade por negativa de prestação jurisdicional, supõe indicação de violação do art. 832 da CLT, do art. 458 do CPC ou do art. 93, IX, da CF/1988.

Ainda no mesmo sentido, é possível identificar a nulidade quando não obedecido o contraditório, como se depreende da OJ 142 da SBDI-I, assim vazada:

> 142. EMBARGOS DE DECLARAÇÃO. EFEITO MODIFICATIVO. VISTA PRÉVIA À PARTE CONTRÁRIA (cancelado o item II em decorrência do CPC de 2015) – Res. 214/2016, *DEJT* divulgado em 30-11-2016 e 1º e 2-12-2016.
> É passível de nulidade decisão que acolhe embargos de declaração com efeito modificativo sem que seja concedida oportunidade de manifestação prévia à parte contrária.

De notar, todavia, que a previsão contida no inciso II da aludida OJ, qual seja, o entendimento de que não há nulidade nas hipóteses em que não se concede vista à parte contrária para se manifestar sobre os embargos de declaração opostos contra sentença, foi cancelada por força do CPC, que exige o contraditório, no particular.

Por outro lado, por meio da SDI I, o TST cristalizou a posição de que a mera falta de comunicação do advogado à OAB para o exercício profissional em seção diversa daquela na qual tem inscrição não implica nulidade. É o que se depreende da OJ 7 daquela Subseção:

> 7. ADVOGADO. ATUAÇÃO FORA DA SEÇÃO DA OAB ONDE O ADVOGADO ESTÁ INSCRITO. AUSÊNCIA DE COMUNICAÇÃO (LEI N. 4.215/63, § 2º, ART. 56). INFRAÇÃO DISCIPLINAR. NÃO IMPORTA NULIDADE (inserido dispositivo) – *DJ* 20-4-2005
> A despeito da norma então prevista no artigo 56, § 2º, da Lei n. 4.215/63, a falta de comunicação do advogado à OAB para o exercício profissional em seção diversa daquela na qual tem inscrição não importa nulidade dos atos praticados, constituindo apenas infração disciplinar, que cabe àquela instituição analisar.

CAPÍTULO 9

Das Despesas Processuais e da Assistência Judiciária Gratuita

1. NOÇÕES INTRODUTÓRIAS

Todo direito possui custos econômicos para sua implementação, e o serviço judiciário não é diferente. Todo processo tem um custo, que é assumido, em grande parte, pelo Estado. A própria sistemática processual da indeclinabilidade do Poder Judiciário, traduzido pela inafastabilidade prevista no art. 5º, XXXV, da CF/88, impõe que o Estado forneça a estrutura necessária para a prestação dos serviços judiciários.

A prestação dos serviços, de ordinário, é passível de identificação e quantificação. Acontece que não se pode, muitas vezes, medir a prestação jurisdicional a partir de uma previsão puramente aritmética, na medida em que nem sempre se pode dizer quanto vale o direito de alguém, ou mesmo sua cidadania. É possível, em algumas oportunidades, a apuração do reflexo material de um direito, por exemplo, a conversão em dinheiro das horas extras não pagas, mas a satisfação, a ideia de fazer Justiça, que é aquilo que justifica ideologicamente a existência de um Poder Judiciário, isso, por certo, não tem preço.

Entretanto, como medida de Justiça, não se poderia impor ao Estado a assunção exclusiva dos custos da operação da máquina judiciária. De outro lado, como veremos, há hipóteses em que a participação de outros agentes no curso da demanda processual implica despesas que devem ser ressarcidas pelas partes.

Por isso a parte, a não ser quando é beneficiária pela gratuidade de justiça, deve pagar as despesas decorrentes do processo.

2. CONCEITO E CLASSIFICAÇÃO DAS DESPESAS PROCESSUAIS

Genericamente, as despesas processuais são todos os gastos que as partes realizam, dentro ou fora do processo, para prover o andamento da demanda ou atender, com mais segurança, a seus interesses na demanda. É isso o que se depreende das lições de José Augusto Rodrigues Pinto[1]. Quando se fala em despesas se está a falar em sentido amplo, significando tudo o que se gasta no processo para fazê-lo prosseguir. As despesas não necessariamente significam o custo da máquina judiciária. Na lição de José Augusto Rodrigues Pinto[2], deve-se fazer a distinção seguindo a classificação das despesas processuais em voluntárias e obrigatórias.

As despesas voluntárias são as que não são obrigatórias para o andamento do processo. No processo do trabalho existem, basicamente, duas despesas voluntárias: os honorários advocatícios, e isso ocorre em função do *jus postulandi* pessoal, além das despesas com os assistentes técnicos, na prova pericial. Estes últimos seriam, *grosso modo*, os profissionais que auxiliarão a parte a defender seus direitos durante a perícia. Geralmente se trata de alguém com conhecimento técnico especializado para analisar aquela questão – habilidade que nem mesmo o juiz possui.

Já as despesas obrigatórias são aquelas impositivas à consecução processual. Quem melhor escreve sobre o tema é José Augusto Rodrigues Pinto[3]. Para o Mestre Baiano, as despesas obrigatórias podem ser classificadas em três ordens: as denominadas taxas judiciárias, as custas processuais e os emolumentos.

As taxas judiciárias são as despesas obrigatórias para a retribuição pela efetiva prestação do serviço judiciário, por intermédio do órgão Poder Judiciário; as custas processuais são devidas ao serventuário da justiça que pratica o ato processual próprio de sua atribuição funcional, e os emolumentos são o ressarcimento das despesas provocadas ao órgão jurisdicional para a obtenção de traslados, certidões etc.

Segundo José Augusto Rodrigues Pinto, a divisão entre as denominadas taxas judiciárias e as custas processuais seria determinada pela oficialização ou não

1. PINTO, José Augusto Rodrigues. *Processo trabalhista de conhecimento*, cit., 7. ed.
2. PINTO, José Augusto Rodrigues. *Processo trabalhista de conhecimento*, cit., 7. ed.
3. PINTO, José Augusto Rodrigues. *Processo trabalhista de conhecimento*, cit., 7. ed.

dos órgãos auxiliares do juízo. Enquanto no primeiro caso, o das taxas, é o Poder Público quem paga ao servidor e não cabe a ele qualquer participação sobre a arrecadação, no segundo caso, a retribuição dos serventuários se faz diretamente pelas partes, com o pagamento das despesas obrigatórias rateado entre eles.

É preciso mencionar, todavia, que na doutrina e na própria lei não há distinção, tratando-se ambas sob a mesma denominação, sob o epíteto geral de custas processuais. Daí por que na prática judiciária igualmente se releva tal nomenclatura para tratar as despesas, de ordinário, como se fossem "custas".

Pontuemos, ainda, que, justamente por força do caráter tributário das custas, não é possível estabelecer hipótese para a sua exigência, senão em virtude de lei. Assim, não há que se falar, por exemplo, no estabelecimento da obrigatoriedade do pagamento de custas através de atos internos, inclusive dos Tribunais Regionais. Nesse sentido, o TST já reconheceu ser indevida a exigência de custas processuais para a prática de ato processual fundada no regimento interno de um Regional. O precedente nesse sentido é didático:

> RECURSO ORDINÁRIO. INDEFERIMENTO LIMINAR DO MANDADO DE SEGURANÇA. AGRAVO INTERNO NÃO CONHECIDO POR DESERTO. IMPOSIÇÃO DE RECOLHIMENTO DE CUSTAS PROCESSUAIS CONTIDAS NO REGIMENTO INTERNO DO TRT DA 18ª REGIÃO. INEXIGIBILIDADE. Discute-se a legalidade da exigência do recolhimento das custas como pressuposto de admissibilidade recursal do Agravo Interno/Regimental, interposto contra decisão do relator que indeferiu liminarmente o Mandado de Segurança. O Agravo Interno, nos termos do art. 1.021 do CPC/2015, tem por escopo submeter ao órgão colegiado o exame da decisão monocrática do relator. Tem-se, assim, que se trata de impugnação interposta no âmbito do próprio tribunal que não gera qualquer custo extra ao Estado, de forma a se permitir a exigência de recolhimento de custas processuais (Precedentes do STJ e CNJ). Nesse contexto, não há amparo legal para a exigência contida no Regimento Interno do Tribunal Regional do Trabalho da 18ª Região. Recurso conhecido e provido (RO-10204-19.2019.5.18.0000, Subseção II Especializada em Dissídios Individuais, Relator Ministro Luiz José Dezena da Silva, *DEJT* 13-11-2020).

3. DISCIPLINA GERAL DAS CUSTAS NO PROCESSO DE CONHECIMENTO E EXECUTIVO

Segundo disposição expressa do art. 789 da CLT, na forma da redação que lhe foi conferida pela Lei n. 13.467/2017, a respeito da disciplina básica do regime das custas no processo do trabalho:

> Art. 789. Nos dissídios individuais e nos dissídios coletivos do trabalho, nas ações e procedimentos de competência da Justiça do Trabalho, bem como nas demandas propostas perante a Justiça Estadual, no exercício da jurisdição trabalhista, as custas relativas ao processo de conhecimento incidirão à base de 2% (dois por cento), observado o mínimo de R$ 10,64 (dez reais e sessenta e quatro centavos) e o máximo de quatro vezes o limite máximo dos benefícios do Regime Geral de Previdência Social, e serão calculadas:
> I – quando houver acordo ou condenação, sobre o respectivo valor;
> II – quando houver extinção do processo, sem julgamento do mérito, ou julgado totalmente improcedente o pedido, sobre o valor da causa;
> III – no caso de procedência do pedido formulado em ação declaratória e em ação constitutiva, sobre o valor da causa;
> IV – quando o valor for indeterminado, sobre o que o juiz fixar.
> § 1º As custas serão pagas pelo vencido, após o trânsito em julgado da decisão. No caso de recurso, as custas serão pagas e comprovado o recolhimento dentro do prazo recursal.
> § 2º Não sendo líquida a condenação, o juízo arbitrar-lhe-á o valor e fixará o montante das custas processuais.
> § 3º Sempre que houver acordo, se de outra forma não for convencionado, o pagamento das custas caberá em partes iguais aos litigantes.
> § 4º Nos dissídios coletivos, as partes vencidas responderão solidariamente pelo pagamento das custas, calculadas sobre o valor arbitrado na decisão, ou pelo Presidente do Tribunal.

Ou seja, a redação legal autoriza a crer que o pagamento das custas, no processo do trabalho, possui alíquota fixa (2%), observando-se o mínimo de R$ 10,64 (dez reais e sessenta e quatro centavos) e o máximo de quatro vezes o limite máximo dos benefícios do Regime Geral de Previdência Social. Ou seja, o importe das custas processuais será tanto mais elevado quanto mais ampla seja a base de cálculo do tributo, ou seja, o próprio do valor da causa, da condenação ou acordo, como se depreende dos incisos e § 2º do art. 789 da CLT.

A Lei n. 13.467/2017 trouxe importante novidade, em relação ao regime das custas, ao estipular o limite máximo das aludidas despesas, correspondente a quatro vezes o limite máximo dos benefícios do RGPS.

Cumpre dizer que os Tribunais Superiores, inclusive o STF, já haviam se pronunciado no sentido de que as despesas processuais, e mesmo os depósitos recursais administrativos, deveriam ser limitados, sob pena de inviabilizar o próprio acesso à instância revisora, limitando injustamente o direito de petição:

> 1. Recurso extraordinário: conhecimento. Caso em que, apesar de constar da interposição do recurso extraordinário a alusão ao artigo 101, III, da Consti-

tuição Federal como regra constitucional a autorizar o seu cabimento, pelas razões recursais depreende-se claramente a alegação de violação do artigo 5º, XXXIV, *a*, e LV, da Constituição pelo acórdão recorrido, bem como a exposição dos fatos pertinentes ao deslinde da controvérsia. 2. Processo Administrativo: depósito da multa. Em recente julgamento, o Supremo decidiu que a exigência do depósito do valor da multa, como condição de admissibilidade do recurso na esfera administrativa, é inconstitucional, por violar as garantias constitucionais do direito de petição, do contraditório, e da ampla defesa (RREE 388.359, 389.383, e 390.513, M. Aurélio, e ADIns 1.922 e 1.976, Joaquim, *Inf.* 461 e 462) (STF, RE 402.904/PE, rel. Min. Sepúlveda Pertence, 1ª Turma, j. 14-8-2007, *DJe* 101, divulg. 13-9-2007, public., 14-9-2007, *DJ* 14-9-2007, p-00036, ement. v. 02289-04, p. 00689, *RTJ*, v. 00203-03, p. 01271).

Assim, a aludida limitação ao valor das custas processuais parece ser medida salutar, a fim de assegurar o acesso das partes à instância revisora sem que lhes sejam impostos ônus excessivos ou prejudiciais.

A Lei n. 13.467/2017 trouxe, ainda, novidade, digamos, inusitada ao prever que, na hipótese de ausência do reclamante, este será condenado ao pagamento das custas calculadas na forma do art. 789 da CLT, ainda que beneficiário da justiça gratuita, salvo se comprovar, no prazo de quinze dias, que a ausência ocorreu por motivo legalmente justificável, consoante a redação conferida ao § 2º do art. 844 da CLT. Sobre tal matéria debateremos mais à frente.

No dissídio individual as custas são impostas apenas na sentença e exigidas só no final do processo, ou se a parte pretender recorrer. É o que se depreende do § 1º do aludido art. 789 da CLT, quando se aponta que as custas serão pagas pelo vencido, após o trânsito em julgado da decisão, ou, no caso de recurso, serão pagas e comprovado o recolhimento dentro do prazo recursal.

É de notar que, dada a exigência legal, é obrigatório ao recorrente que apresente a comprovação do recolhimento das custas dentro do prazo recursal, sob pena de deserção. Todavia, é preciso alertar para o fato de que, se o recurso for apresentado antes do vencimento de seu prazo, o recorrente terá até o último dia do prazo recursal para a comprovação do pagamento das aludidas custas em juízo.

Neste ponto, é importante destacar, também, que a responsabilidade pelo pagamento das custas, no processo do trabalho, é sempre do vencido (art. 789, § 1º, da CLT).

No caso de procedência em parte, não há falar em condenação do autor ao pagamento de custas, em face da sucumbência recíproca, sendo o empregador/demandado o responsável pelo pagamento das custas processuais. Nada mais natural.

A análise do texto legal que apresenta a hipótese de incidência das custas processuais indica, expressamente, que a base de cálculo destas é justamente o valor da condenação. Acontece que, se houve procedência, ainda que parcial, da pretensão do trabalhador, houve condenação de apenas uma das partes, quem seja, o empregador.

Caso intrigante, todavia, é a hipótese da reconvenção. Com efeito, é sabido que a reconvenção é aplicável ao processo do trabalho, já tendo o E. TST definido que o regime das custas da reconvenção é independente da ação principal:

> Recurso de revista. Deserção. Ação de consignação e reconvenção. Recolhimento das custas processuais apenas quanto à reconvenção. Considerando que a reconvenção é instituto processual aplicável subsidiariamente ao processo do trabalho (art. 769 da CLT), e que é autônoma com relação ao processo principal, a sentença que a resolve fixa regime próprio de custas, independentemente da ação principal. Portanto, é forçoso reconhecer que a parte que pretende insurgir-se contra decisão em reconvenção deve recolher as custas nela fixadas, ressalvados, evidentemente, os benefícios da justiça gratuita. De outra parte, o recurso interposto unicamente contra a decisão em ação principal deve observar as custas a ela referentes, não sendo necessário o recolhimento das custas arbitradas em ambos os processos. Recurso de revista a que se nega provimento (RR 265800-28.2003.5.12.0001, rel. Min. Kátia Magalhães Arruda, 5ª Turma, j. 18-11-2009, data de publicação: 27-11-2009).

Nesse sentido, o regime das custas da reconvenção persistirá independentemente do regime da ação principal. Uma vez vencido o reclamante/reconvindo na ação reconvencional, e não gozando das exceções legais que exoneram o pagamento da parcela (em função da gratuidade de justiça, por exemplo), deverá adimplir tal despesa, inclusive para recorrer, se for o caso.

Nos dissídios coletivos havia um regime de custas próprio. Todavia, a partir da alteração legal, passou-se a adotar o mesmo regime geral das custas dos dissídios individuais, como se depreende do art. 789, § 4º, da CLT.

> § 4º Nos dissídios coletivos, as partes vencidas responderão solidariamente pelo pagamento das custas, calculadas sobre o valor arbitrado na decisão, ou pelo Presidente do Tribunal.

Interessante notar, contudo, que, dada a previsão do art. 789, § 4º, da CLT, tem-se que no deferimento de ao menos uma das condições pretendidas no dissídio coletivo impõe-se a condenação da categoria econômica ao pagamento das custas. É como já decidiu o Judiciário Trabalhista:

> Recurso ordinário em dissídio coletivo. Custas processuais. Se a sentença normativa defere ao menos uma condição de trabalho, é sucumbente a categoria

> econômica que responde pelo pagamento integral das custas processuais (Provimento da Corregedoria-Geral da Justiça do Trabalho, art. 37, § 1º). Logo, na ausência de recurso da categoria econômica, não merece provimento o recurso ordinário interposto pela categoria profissional cujo único pedido seja a redução do valor das custas processuais. Recurso Ordinário a que se nega provimento (1018500-56.2006.5.22.0000, rel. Márcio Eurico Vitral Amaro, j. 9-10-2008, Seção Especializada em Dissídios Coletivos, *DJ* 24-10-2008).

Nesse mesmo sentido é preciso identificar que, tal como leciona Carlos Henrique Bezerra Leite[4], na hipótese de sucumbência recíproca (entre suscitante e suscitado, obviamente), ou seja, sem o deferimento de quaisquer das questões suscitadas, ambos devem suportar as custas, *pro rata*.

As custas são consideradas forma de tributo (taxa), de acordo com a previsão do art. 77 do CTN. Em relação a sua base de cálculo, como mencionado, equivalem a 2% do valor da condenação, da causa ou do acordo, com o valor mínimo de R$ 10,64 (dez reais e sessenta e quatro centavos), como já mencionado. Justamente em razão de sua natureza de taxa se justifica o estabelecimento de uma limitação quanto a seu teto, mormente porque as taxas são exigidas em razão da necessária recomposição estatal pelas despesas inerentes à prestação de serviços públicos. E tal recomposição não pode ser ilimitada, ou desproporcional aos custos incorridos pelo ente público.

Há outras peculiaridades, em relação ao regime geral do CPC, para o recolhimento das custas. No caso do direito processual do trabalho, as custas são cobradas não antecipadamente, como prevê o art. 82 do CPC, mas apenas ao final da lide, quando da sentença, se houver interesse da parte em interpor recurso, ou quando transitada em julgado a decisão. O pagamento das despesas processuais não é feito de forma antecipada, portanto.

Tais custas devem ser recolhidas junto às instituições financeiras pela parte vencida, e serão sempre mencionadas na sentença, seguindo a forma definida no art. 832, § 2º, da CLT.

Segundo o Ato Conjunto n. 21/TST, do Presidente do Tribunal Superior do Trabalho e do Conselho Superior da Justiça do Trabalho, as custas devem ser recolhidas por meio da denominada Guia de Recolhimento da União – GRU Judicial, indicando-se, na aludida guia, os códigos próprios.

Quando a sentença não for líquida, deverá o juiz arbitrar um valor para a condenação, para que seja fixado o *quantum* relativo às custas processuais, ainda que a parte seja isenta do recolhimento do tributo. Se a demanda for extinta sem

4. LEITE, Carlos Henrique Bezerra. *Curso de direito processual do trabalho*, cit., 8. ed., p. 652.

julgamento de mérito, os mesmos 2% serão fixados a título de custas, todavia agora sobre o valor arbitrado para a causa.

Contrariamente à regra geral no caso de condenação, na hipótese de acordo as custas devem ser divididas *pro rata*, salvo se convencionada outra proporção.

Em relação ao *processo executivo*, todavia, há sensível alteração de seu tratamento comparativamente ao processo de conhecimento. Isso porque, contrariamente ao quanto previsto no regime geral do processo de conhecimento, mesmo vencedor, o executado-devedor paga as custas ao final do processo executivo. Diz o art. 789-A da CLT:

> Art. 789-A. No processo de execução são devidas custas, sempre de responsabilidade do executado e pagas ao final, de conformidade com a seguinte tabela:
> I – autos de arrematação, de adjudicação e de remição: 5% (cinco por cento) sobre o respectivo valor, até o máximo de R$ 1.915,38 (um mil, novecentos e quinze reais e trinta e oito centavos);
> II – atos dos oficiais de justiça, por diligência certificada:
> a) em zona urbana: R$ 11,06 (onze reais e seis centavos);
> b) em zona rural: R$ 22,13 (vinte e dois reais e treze centavos);
> III – agravo de instrumento: R$ 44,26 (quarenta e quatro reais e vinte e seis centavos);
> IV – agravo de petição: R$ 44,26 (quarenta e quatro reais e vinte e seis centavos);
> V – embargos à execução, embargos de terceiro e embargos à arrematação: R$ 44,26 (quarenta e quatro reais e vinte e seis centavos);
> VI – recurso de revista: R$ 55,35 (cinquenta e cinco reais e trinta e cinco centavos);
> VII – impugnação à sentença de liquidação: R$ 55,35 (cinquenta e cinco reais e trinta e cinco centavos);
> VIII – despesa de armazenagem em depósito judicial – por dia: 0,1% (um décimo por cento) do valor da avaliação;
> IX – cálculos de liquidação realizados pelo contador do juízo – sobre o valor liquidado: 0,5% (cinco décimos por cento) até o limite de R$ 638,46 (seiscentos e trinta e oito reais e quarenta e seis centavos).

Como se depreende da redação legal, os valores devidos são fixados pela própria lei, embora não se deva ignorar as críticas impostas a esse modelo, na medida em que os valores rigidamente fixados são de difícil atualização; qualquer correção somente será possível por meio de alteração do próprio texto legal.

Em outras palavras os valores devidos no processo de execução estão previstos no art. 789-A da CLT e são exigidos apenas ao final do procedimento satisfativo, sendo sempre direcionados ao executado.

4. EMOLUMENTOS

Os emolumentos são uma espécie de retribuição paga pelos serviços prestados pelo Poder Judiciário. Como já referido, correspondem ao ressarcimento das despesas provocadas ao órgão jurisdicional para a obtenção de traslados, certidões etc., sendo fixados na própria lei. O art. 789-B da CLT assim define:

> Art. 789-B. Os emolumentos serão suportados pelo requerente, nos valores fixados na seguinte tabela:
> I – autenticação de traslado de peças mediante cópia reprográfica apresentada pelas partes – por folha: R$ 0,55 (cinquenta e cinco centavos de real);
> II – fotocópia de peças – por folha: R$ 0,28 (vinte e oito centavos de real);
> III – autenticação de peças – por folha: R$ 0,55 (cinquenta e cinco centavos de real);
> IV – cartas de sentença, de adjudicação, de remição e de arrematação – por folha: R$ 0,55 (cinquenta e cinco centavos de real);
> V – certidões – por folha: R$ 5,53 (cinco reais e cinquenta e três centavos).

Do ponto de vista prático não há maior distinção entre as custas e emolumentos, como já dito, sendo ambas tratadas nos mesmos termos.

5. CUSTAS NAS DEMANDAS EM QUE FOR PARTE A FAZENDA PÚBLICA, O MINISTÉRIO PÚBLICO E OS CONSELHOS PROFISSIONAIS

Há algumas peculiaridades que merecem destaque dentro do regime geral das custas. No que toca à Fazenda Pública, é preciso mencionar que tais entes não pagam custas, como expressamente determina o art. 790-A da CLT:

> Art. 790-A. São isentos do pagamento de custas, além dos beneficiários de justiça gratuita:
> I – a União, os Estados, o Distrito Federal, os Municípios e respectivas autarquias e fundações públicas federais, estaduais ou municipais que não explorem atividade econômica;
> II – o Ministério Público do Trabalho.
> Parágrafo único. A isenção prevista neste artigo não alcança as entidades fiscalizadoras do exercício profissional, nem exime as pessoas jurídicas referidas no inciso I da obrigação de reembolsar as despesas judiciais realizadas pela parte vencedora.

São imunes ao pagamento de custas e despesas processuais a União, os Estados, o Distrito Federal e os Municípios. A rigor, há impropriedade no texto legal, uma vez que a hipótese aventada no inciso I do art. 790-A, no tocante à União, aos Estados, ao Distrito Federal e aos Municípios, não consiste propriamente em regra de isenção, mas em imunidade, prevista no art. 150 da CF/88.

Ademais, justamente por reconhecer o caráter eminentemente público de algumas entidades, e a previsão da Constituição Federal contida no art. 150, VI, *a*, c/c o § 3º, do mesmo dispositivo, reconhece-se a impossibilidade da cobrança das aludidas custas processuais. De todo modo, prevê-se, ainda, que serão isentas das custas as respectivas autarquias e fundações públicas, desde que não explorem atividade econômica, medida que guarda alguma coerência com o quanto previsto no sistema atual. No mesmo sentido, considerando que as empresas públicas e as sociedades de economia mista também possam executar atividades econômicas, o que se presume, inclusive, a hipótese será a de negar qualquer privilégio a tais entidades, sob tais condições.

É de notar, ainda, que existem empresas públicas que gozam de isenção, em razão de seu regime jurídico próprio. É o que se deduz, por exemplo, da disciplina legal que rege a ETC – Empresa Brasileira de Correios e Telégrafos, cuja regulamentação conferida pelo Decreto-lei n. 509/69 lhe confere os ônus e prerrogativas atinentes à Fazenda Pública, não obstante se trate de empresa pública, de direito privado portanto.

Segundo o entendimento cristalizado pela jurisprudência pátria, dada a regulamentação a que está sujeita, a ECT-Correios, não obstante possua natureza de empresa pública, possui as prerrogativas atinentes à Fazenda Pública, inclusive quanto à isenção do pagamento de custas processuais, dada a disciplina legal aplicável. Nesse sentido:

> RECURSO DE REVISTA. ECT. EQUIPARAÇÃO À FAZENDA PÚBLICA. ISENÇÃO DO PAGAMENTO DE CUSTAS PROCESSUAIS E DEPÓSITO RECURSAL. CONCESSÃO DE PRAZO EM DOBRO PARA RECORRER. JUROS DE MORA. É uníssona a jurisprudência desta Casa, na esteira de decisões do STF, no sentido de que a ECT goza dos mesmos privilégios concedidos à Fazenda Pública, face ao disposto no art. 12 do Decreto-Lei n. 509/69, dentre eles a isenção do pagamento de custas processuais e depósito recursal, concessão do prazo em dobro para recorrer e aplicação de juros de mora na forma prevista no art. 1º-F da Lei n. 9.494/97. Recurso de revista conhecido e provido, no tema. INDENIZAÇÃO POR DANO MATERIAL. DOENÇA OCUPACIONAL. "ESCOLIOSE TORÁCICA". PERDA PERMANENTE DA CAPACIDADE LABORATIVA PARA ATIVIDADE DE CARTEIRO. 1. O e. TRT consignou que o reclamante no exercício das atividades de carteiro, desenvolveu "escoliose torácica". Registrou que as "testemunhas das partes (...) foram uníssonos acerca do peso de 15 quilos dos malotes carregados pelos carteiros da reclamada, à época em que o reclamante lá trabalhou" e que res-

> tou "patente (...), o acidente de trabalho, ao qual se equipara a doença ocupacional por expressa disposição legal (art. 20, *caput,* da Lei n. 8.213/91), diante do nexo técnico com a relação de emprego". Acrescentou que "ficou comprovado nos autos que não era observado pela reclamada o limite de peso a ser transportado pelos carteiros, na distribuição a pé das correspondências, que, no caso do trabalhador homem, não pode ultrapassar 10 quilos (PCMSO, fl. 157)". Na sequência, aquela Corte ressaltou que, "diante da comprovação nos autos do dano material de que cogita o art. 950 do CC/2002, vez que, da doença ocupacional sofrida pelo reclamante, resultou a perda permanente de sua capacidade laborativa para a atividade de carteiro exercida na reclamada". Nesse contexto, condenou a reclamada "ao pagamento de uma pensão mensal vitalícia, a qual [entendeu] (...) razoável arbitrar em R$ 369,70, equivalente ao último salário do obreiro, nos limites do pleito inicial, devida desde a sua dispensa em 18/03/1999 até a extinção da personalidade do autor, ou seja, não há direito de herança desse valor mensal". 2. No entender deste Tribunal Superior, tendo o infortúnio efetivamente diminuído a capacidade de labor do empregado, irretocável a condenação em indenização pelos danos materiais. Inviolados os artigos 7º, XXVIII, da Lei Maior; 186 e 927, do CCB. Recurso de revista não conhecido, no tema (TST, RR 150400 1220055150130, rel. Hugo Carlos Scheuermann, 1ª Turma, j. 10-6-2015, *DEJT* 26-6-2015).

De outro lado, deve-se atentar para o fato de a Empresa Pública estar ou não sujeita ao regime de direito privado por desenvolver atividade econômica em sentido estrito (art. 173, CF/88) para que possa gozar do benefício concernente às despesas processuais. Com efeito, o TST já teve a oportunidade de reconhecer que apenas as empresas públicas que prestem serviços públicos equiparam-se à fazenda pública, mas aquelas outras que executem atividade econômica sob o regime de direito privado, em razão justamente de tal atividade, não estão albergadas por tal prerrogativa. É o que se depreende:

> I) AGRAVO EM RECURSO DE REVISTA – EXTENSÃO DAS PRERROGATIVAS DA FAZENDA PÚBLICA À EMPRESA BRASILEIRA DE SERVIÇOS HOSPITALARES (EBSERH), NO QUE TANGE À ISENÇÃO DO RECOLHIMENTO DE CUSTAS E DE DEPÓSITO RECURSAL – CIRCUNSTÂNCIAS ESPECÍFICAS DA EMPRESA PÚBLICA – PROVIMENTO. 1. Na decisão agravada, reconhecendo-se a transcendência política da causa, por contrariedade ao entendimento fixado pela jurisprudência desta Corte Superior, foi dado provimento ao recurso de revista do Sindicato Autor, para, reformando o acórdão regional, afastar as prerrogativas da Fazenda Pública que foram conferidas à Empresa Brasileira de Serviços Hospitalares – EBSERH, quanto à isenção do recolhimento do preparo recursal, e, por consequência,

declarar deserto o recurso ordinário da Demandada, tornando sem efeito a decisão proferida pelo TRT e restabelecendo a sentença. 2. Entretanto, a EBSERH traz à baila ponderações quanto às suas particularidades, como empresa púbica, que autorizam que lhe sejam concedidos os benefícios da Fazenda Pública, quando demandada em juízo. 3. Desse modo, o recurso de revista do Sindicato Autor não deveria ter logrado êxito, de maneira que o provimento do presente agravo é medida que se impõe. Agravo provido. II) RECURSO DE REVISTA – EXTENSÃO DAS PRERROGATIVAS DA FAZENDA PÚBLICA À EMPRESA BRASILEIRA DE SERVIÇOS HOSPITALARES (EBSERH), NO QUE TANGE À ISENÇÃO DO RECOLHIMENTO DE CUSTAS E DE DEPÓSITO RECURSAL – EMPRESA PÚBLICA – CAPITAL EXCLUSIVO DA UNIÃO – PRESTAÇÃO DE SERVIÇOS GRATUITOS DE ASSISTÊNCIA À SAÚDE, INTEIRAMENTE VINCULADOS AO SISTEMA ÚNICO DE SAÚDE (SUS), E DE SERVIÇOS VOLTADOS AO ENSINO EM HOSPITAIS UNIVERSITÁRIOS FEDERAIS – ATIVIDADES PRECÍPUAS DE ESTADO – REGIME NÃO CONCORRENCIAL – AUSÊNCIA DE ATIVIDADE ECONÔMICA – DECISÃO REGIONAL EM CONSONÂNCIA COM A *RATIO DECIDENDI* FIXADA PELO STF NO JULGAMENTO DA ADPF 437, APLICADA POR ANALOGIA – recurso desprovido. 1. A discussão dos presentes autos gira em torno da extensão das prerrogativas da Fazenda Pública à Empresa Brasileira de Serviços Hospitalares – EBSERH, quanto à isenção do recolhimento de custas e depósito recursal, com a finalidade de se aferir a alegada deserção do recurso ordinário patronal, suscitada pelo Sindicato Autor em seu recurso de revista. 2. A jurisprudência desta Corte fixou-se no sentido de que a isenção do recolhimento de custas e do depósito recursal da Fazenda Pública não alcança a EBSERH, por se tratar de empresa pública, submetida, portanto, ao regime jurídico próprio das empresas privadas, por determinação do art. 173, § 1º, II, da CF. 3. Entretanto, constata-se que a Demandada, em que pese ostentar a condição de Empresa Pública, possui particularidades que autorizam que lhe sejam deferidas as benesses da Fazenda Pública, quando demandada em juízo. 4. De plano, ressalta-se que a EBSERH, vinculada ao Ministério da Educação e Cultura – MEC, integra um conjunto de ações empreendidas pelo Governo Federal com o objetivo de reestruturar e revitalizar os hospitais vinculados às universidades federais, preservando e reforçando o papel estratégico desempenhado por essas unidades na formação de profissionais na área da saúde e na prestação de assistência à saúde da população, integralmente no âmbito do Sistema Único de Saúde – SUS. 5. Ademais, tal Empresa Pública é constituída integralmente com capital da União e desenvolve atividades precípuas de Estado, concernentes à prestação de serviços gratuitos de assistência à saúde da população, no âmbito do SUS, bem como a prestação de serviços voltados ao ensino em universidades públicas federais, desempenhando suas atividades em regime não concorrencial e não explorando atividade econômica, tendo seu lucro líquido reinvestido para atendimento do objeto social da Empresa (arts. 1º, *caput*, 2º, 3º, *caput*, e § 1º, 4º e 8º, parágrafo único, da Lei n. 12.550/11). 6. Registra-se, por oportuno, que o STF, em sessão virtual realizada de 27-11-2020 a 4-12-20, julgou, por unanimidade, improcedente a ADI 4895 (Rel. Min. Cármen Lúcia), na qual se objetivava a declaração de inconstitucionalidade dos arts. 1º a 17 da Lei n. 12.550/11, que autorizaram a criação da EBSERH. 7. Nesse cenário, diante das circunstâncias específicas da EBSERH acima descritas, cumpre assinalar que é aplicável ao caso, por analogia, o entendimento fixado recentemente pelo STF no julgamento da ADPF 437/CE, no sentido de que as empresas públicas que desempenham atividade típica de Estado, em regime de exclusividade e sem finalidade lucrativa, e que dependem inteiramente do repasse de verbas públicas, fazem jus ao regime de precatórios. 8. Destaca-se o seguinte trecho do voto da Ministra Rosa Weber, relatora da citada ADPF: "É imperioso observar, no entanto, o entendimento pacífico desta Suprema Corte no sentido de que 'as empresas públicas prestadoras de serviço público distinguem-se das que exercem atividade econômica' (RE 407.099/RS, Relator Ministro Carlos Velloso, Segunda Turma, julgamento em 22-6-2004, *DJ* 06.8.2004). A partir dessa distinção, a jurisprudência firmou-se no sentido de que somente as empresas públicas que exploram atividade econômica em sentido estrito estão sujeitas ao regime jurídico próprio das empresas privadas, nos moldes do art. 173, § 1º, II, da Lei Maior" (STF – ADPF 437/CE, Rel. Min. Rosa Weber, *DJ* de 5-10-2020). 9. Ora, embora o entendimento fixado na mencionada ADPF refira-se ao regime de precatórios, é possível aplicar a *ratio decidendi* ao caso em análise, quanto às prerrogativas processuais de Empresa Pública que desempenha atividades precípuas de Estado, sem fim lucrativo e sendo inteiramente dependente do repasse de recursos públicos da União. Isso se justifica porque seria logicamente incompatível conceder o benefício do regime de execução por meio de precatório, e, no entanto, exigir das empresas públicas enquadradas na descrição do julgado, as custas processuais e o depósito recursal como garantia do juízo. 10. Ademais, em outros casos similares, tanto o STF quanto o TST têm sinalizado no sentido de ser possível a extensão das prerrogativas da Fazenda Pública a empresas públicas e sociedades de economia mista que prestam serviços públicos típicos de Estado, em regime não concorrencial e sem finalidade econômica, ora analisando o tema sob o enfoque da execução por meio de precatórios, ora analisando especificamente a questão do preparo recursal. 11. Nesse contexto, destacam-se os julgados da SBDI-1 desta Corte Superior envolvendo o Hospital das

> Clínicas de Porto Alegre, que se encontra na mesma situação fática da EBSERH: empresa pública, prestadora de serviço público de assistência médico-hospitalar essencial à população, sem fins lucrativos e não inserida no contexto de concorrência livre do mercado, vinculada à supervisão do Ministério da Educação e Cultura. Nesses precedentes, o TST firmou o entendimento de que o Hospital das Clínicas de Porto Alegre usufrui dos mesmos privilégios concedidos à Fazenda Pública, inclusive quanto à isenção do recolhimento de custas e de depósito recursal: E-ED-RR-819-88.2012.5.04.0030, SBDI-1, Rel. Min. Lelio Bentes Correa, *DEJT* de 12-4-2019; E-ED-RR-1157-40.2013.5.04.0026, SBDI-1, Rel. Min. José Roberto Freire Pimenta, *DEJT* de 23-3-2018; e E-ED-RR-89100-97.2009.5.04.0006, SBDI-1, rel. Min. Augusto César Leite de Carvalho, *DEJT* de 16-2-2018. 12. No caso dos autos, o acórdão regional adotou a tese de que a EBSERH, por ser empresa pública, criada com orçamento da União e com o objetivo de prestação de serviço essencial, em regime não concorrencial, faz jus aos privilégios de Fazenda Pública, inclusive no tocante à isenção do preparo para fins de interposição de recurso, e afastou a deserção do recurso ordinário patronal, suscitada pelo Sindicato Autor em contrarrazões. 13. Desse modo, por estar a decisão regional recorrida em sintonia com o entendimento firmado pelo STF na citada ADPF, o recurso de revista do Sindicato Autor não merece prosperar, mantendo-se integralmente os termos do acórdão recorrido. Recurso de revista conhecido e desprovido (RR-252-19.2017.5.13.0002, 4ª Turma, rel. Min. Ives Gandra Martins Filho, *DEJT* 18-12-2020).

Perceba-se, ademais, que a previsão legal não excepciona qualquer hipótese em que a Fazenda Pública deva ser condenada ao pagamento das custas processuais. Sendo assim, mesmo a União, os Estados, o Distrito Federal ou os Municípios, bem como as respectivas autarquias e fundações públicas federais, estaduais ou municipais que não explorem atividade econômica, mesmo que condenadas subsidiariamente, na forma da Súmula 331 do TST, não devem responder pelas custas e demais processuais devidas.

Não parece razoável poder exigir do Poder Público aquela verba que, destaque-se, não tem origem no contrato de trabalho, mas na relação jurídica processual em que o ente público foi parte. Não se poderia, desse modo, compreender o enunciado da Súmula 331 do TST no sentido de impor toda e qualquer cominação, inclusive aquelas decorrentes da relação processual, ao ente público responsabilizado subsidiariamente. Nesse sentido, os Tribunais, inclusive o TST, têm se pronunciado:

> ... RESPONSABILIDADE SUBSIDIÁRIA. ENTE PÚBLICO. CUSTAS PROCESSUAIS. ISENÇÃO. A responsabilidade subsidiária imposta ao ente públi-

> co, nos casos de terceirização de serviços, não engloba o pagamento de custas processuais, sob pena de ofensa ao artigo 790-A, I, da CLT. Recurso de Revista conhecido e provido (TST, RR 14664120125050035, rel. Márcio Eurico Vitral Amaro, 8ª Turma, j. 28-10-2015, *DEJT* 3-11-2015).
>
> RESPONSABILIDADE SUBSIDIÁRIA. FAZENDA PÚBLICA. CUSTAS. A responsabilidade subsidiária atém-se aos créditos reconhecidos ao trabalhador e seus acessórios, já que a sua finalidade precípua é justamente fornecer-lhe uma garantia maior de quitação de seus créditos alimentares. É o que se infere do artigo 455, § 2º da norma Consolidada, que lhe serve de fundamento legal. A par disso, as custas não são devidas pela Fazenda Pública, conforme preceitua o artigo 790-A da CLT, o que determina a restrição da decisão no particular. Recurso ordinário parcialmente provido (TRT – 5ª Região, RO 00005713820105050007/BA, 0000571-38.2010.5.05.0007, rel. Esequias de Oliveira, 5ª Turma, *DJ* 19-10-2012).

Há menção, ainda, no mesmo art. 790-A da CLT, excepcionando a isenção prevista para que não alcance as entidades fiscalizadoras, como os Conselhos Profissionais, tais quais os Conselhos Federais de Medicina, o Conselho Federal de Fisioterapia, dentre outros.

Mas há outra questão que merece alguma consideração, todavia. Com efeito, o STF, ao pronunciar-se sobre o assunto, nos autos da ADIn 1.717, reconheceu que as entidades profissionais não consistem em pessoas jurídicas de direito privado, mas autarquias *sui generis*:

> EMENTA: DIREITO CONSTITUCIONAL E ADMINISTRATIVO. AÇÃO DIRETA DE INCONSTITUCIONALIDADE DO ART. 58 E SEUS PARÁGRAFOS DA LEI FEDERAL N. 9.649, DE 27.05.1998, QUE TRATAM DOS SERVIÇOS DE FISCALIZAÇÃO DE PROFISSÕES REGULAMENTADAS. 1. Estando prejudicada a Ação, quanto ao § 3º do art. 58 da Lei n. 9.649, de 27.05.1998, como já decidiu o Plenário, quando apreciou o pedido de medida cautelar, a Ação Direta é julgada procedente, quanto ao mais, declarando-se a inconstitucionalidade do "caput" e dos § 1º, 2º, 4º, 5º, 6º, 7º e 8º do mesmo art. 58. 2. Isso porque a interpretação conjugada dos artigos 5°, XIII, 22, XVI, 21, XXIV, 70, parágrafo único, 149 e 175 da Constituição Federal, leva à conclusão, no sentido da indelegabilidade, a uma entidade privada, de atividade típica de Estado, que abrange até poder de polícia, de tributar e de punir, no que concerne ao exercício de atividades profissionais regulamentadas, como ocorre com os dispositivos impugnados. 3. Decisão unânime (ADIn 1.717, rel. Min. Sydney Sanches, Tribunal Pleno, j. 7-11-2002, *DJ* 28-3-2003, p. 00061, ement., v. 02104-01, p. 00149).

Assim sendo, na condição de autarquias *sui generis*, seriam aplicados às entidades fiscalizadoras, como os Conselhos Profissionais, os benefícios inerentes à Fazenda Pública, previstos no art. 1º do Decreto-lei n. 779/69. Assim se encontra vazado o dispositivo, em especial os incisos IV e VI:

> Art. 1º Nos processos perante a Justiça do Trabalho, constituem privilégio da União, dos Estados, do Distrito Federal, dos Municípios e das autarquias ou fundações de direito público federais, estaduais ou municipais que não explorem atividade econômica:
> I – a presunção relativa de validade dos recibos de quitação ou pedidos de demissão de seus empregados ainda que não homologados nem submetidos à assistência mencionada nos parágrafos 1º, 2º e 3º do art. 477 da Consolidação das Leis do Trabalho;
> II – o quádruplo do prazo fixado no art. 841, *in fine*, da Consolidação das Leis do Trabalho;
> III – o prazo em dobro para recurso;
> IV – a dispensa de depósito para interposição de recurso;
> V – o recurso ordinário *ex officio* das decisões que lhe sejam total ou parcialmente contrárias;
> VI – o pagamento de custas a final salva quanto à União Federal, que não as pagará.

Tal previsão, portanto, prevê a dispensa de depósito para interposição de recurso, assim como autoriza o pagamento de custas apenas ao final da demanda. Quando lidas tais previsões juntamente com o art. 790-A da CLT, fica claro que, na condição de entidades autárquicas *sui generis,* ainda que gozem da natureza de direito público e estejam dispensados de realizar depósitos para o manejo dos recursos competentes (depósitos recursais), os Conselhos Profissionais não se encontram isentos do pagamento das custas processuais, já que, por força do inciso VI do art. 1º do aludido decreto-lei, tal parcela somente lhes será exigida no final do processo, ou seja, será devida.

Nesse sentido, tem-se entendido que, à guisa da previsão do art. 790-A da CLT, conjugado com o art. 1º do Decreto-lei n. 779/69, tais Conselhos são devedores de custas processuais, embora o momento em que deva realizar tal pagamento seja apenas ao final do processo. O TST, em sua SDI I, já se pronunciou da seguinte forma:

> EMBARGOS EM AGRAVO EM AGRAVO DE INSTRUMENTO EM RECURSO DE REVISTA INTERPOSTOS NA VIGÊNCIA DA LEI N. 11.496/2007. CONSELHO REGIONAL DE MEDICINA VETERINÁRIA DO ESTADO DE SÃO PAULO. NATUREZA DE AUTARQUIA ESPECIAL. PRIVILÉGIOS

CONCEDIDOS À FAZENDA PÚBLICA. DEPÓSITO RECURSAL. INEXIGIBILIDADE. A partir do julgamento da ADI n. 1.717-6/DF pelo Supremo Tribunal Federal, que declarou a inconstitucionalidade do artigo 58 (*caput* e §§ 1º, 2º, 4º, 5º, 6º, 7º e 8º), os conselhos de fiscalização profissional passaram a ser considerados entidades autárquicas, especialmente quanto à fiscalização do exercício das respectivas profissões. Também com base nessa decisão do STF, em que se reconheceu a natureza paraestatal dos referidos conselhos, eles passaram a se beneficiar das prerrogativas processuais concedidas à Fazenda Pública, nos termos do Decreto-Lei n. 779/69, inclusive a dispensa dos depósitos recursais e do pagamento de custas ao final. Precedentes desta Subseção. Recurso de embargos de que se conhece e a que se dá provimento (E-Ag-AIRR 244200-80.2007.5.02.0035, rel. Min. Cláudio Mascarenhas Brandão, j. 17-9-2015, Subseção I Especializada em Dissídios Individuais, *DEJT* 25-9-2015).

RECURSO DE EMBARGOS. CONSELHO DE FISCALIZAÇÃO PROFISSIONAL – DECRETO-LEI N. 779/69 – INEXIGIBILIDADE DE RECOLHIMENTO DE CUSTAS E DEPÓSITO RECURSAL PARA INTERPOSIÇÃO DE RECURSO. A jurisprudência desta SBDI1, consignando o entendimento do STF sobre a matéria, vem se posicionando no sentido de que os conselhos de fiscalização profissional possuem natureza jurídica de autarquias e, portanto, se beneficiam dos privilégios do Decreto-Lei n. 779/69, dentre eles a dispensa do depósito recursal e o pagamento das custas ao final. Recurso de embargos conhecido e provido (E-RR 1362-63.2012.5.04.0007, rel. Min. Renato de Lacerda Paiva, j. 4-12-2014, Subseção I Especializada em Dissídios Individuais, *DEJT* 12-12-2014).

RECURSO. DESERÇÃO. CUSTAS E DEPÓSITO RECURSAL. CONSELHO REGIONAL DE FISCALIZAÇÃO PROFISSIONAL. NATUREZA JURÍDICA. PRIVILÉGIOS DO DECRETO-LEI N. 779/69 1. Os conselhos regionais de fiscalização de profissões regulamentadas constituem autarquias corporativas que desempenham funções delegadas do Poder Público. Tanto ostentam natureza autárquica que, salvo em matéria trabalhista, demandam e são demandados perante a Justiça Federal. 2. O Decreto-Lei n. 779/69 não distingue a espécie de autarquia, desde que típica, no tocante à fruição dos privilégios processuais lá contemplados. Daí por que as disposições do Decreto-Lei n. 779/69 alcançam os conselhos de fiscalização profissional, inclusive no tocante à dispensa de recolhimento de depósito recursal e de custas processuais. Precedentes da SBDI1 do TST. 3. Embargos de que se conhece, por divergência jurisprudencial, e a que se nega provimento (E-RR 11940-41.2005.5.04.0004, redator Min. João Oreste Dalazen, j. 29-8-2013, Subseção I Especializada em Dissídios Individuais, *DEJT* 27-9-2013).

6. A JUSTIÇA GRATUITA E A SUSPENSÃO DA EXIGIBILIDADE DO DÉBITO. DA JUSTIÇA GRATUITA APLICÁVEL AO EMPREGADO E AO EMPREGADOR

Embora a cominação da responsabilidade fiscal seja a regra, em face do manejo da demanda, prevê a lei algumas hipóteses em que se exonera o devedor do pagamento das custas processuais.

A primeira modalidade delas é justamente a que cuida da hipótese em que o devedor das custas é beneficiário da justiça gratuita, prevista no art. 790 da CLT, de que cuidaremos logo a seguir. O art. 790, § 3º, da CLT assim consigna:

> Art. 790. Nas Varas do Trabalho, nos Juízos de Direito, nos Tribunais e no Tribunal Superior do Trabalho, a forma de pagamento das custas e emolumentos obedecerá às instruções que serão expedidas pelo Tribunal Superior do Trabalho. (...)
> § 3º É facultado aos juízes, órgãos julgadores e presidentes dos tribunais do trabalho de qualquer instância conceder, a requerimento ou de ofício, o benefício da justiça gratuita, inclusive quanto a traslados e instrumentos, àqueles que perceberem salário igual ou inferior a 40% (quarenta por cento) do limite máximo dos benefícios do Regime Geral de Previdência Social.

Do ponto de vista econômico, ao se dispensarem as custas, abre-se mão de receitas para o Estado. Dessa forma, não se pode imaginar, mesmo sob o viés da moralidade, que se possa conceder essa dispensa sem um motivo relevante como, às vezes, se consegue identificar.

Necessária a observância de que a Lei n. 13.467/2017 alterou a redação do § 3º do art. 790 da CLT, para o deferimento do benefício. A previsão legal o indica como uma faculdade do juiz. Não parece propriamente uma faculdade apenas. Uma vez demonstrados os pressupostos para o gozo do benefício, deve-se entender que o juízo está obrigado a seu deferimento.

A previsão legal indica, inicialmente, que o benefício é devido, seja a pedido ou de ofício, isto é, por iniciativa judicial, àqueles que perceberem salário igual ou inferior a 40% do limite máximo dos benefícios do RGPS, o que corresponde a pouco mais de dois salários mínimos atuais.

Isso significa que deverá ser demonstrado pelo solicitante que este aufere renda inferior ao índice de 40% do teto previdenciário. No particular, pondere-se justamente que a previsão legal deve ser interpretada no sentido de que as verbas percebidas pelo beneficiário em questão não são apenas o salário, como pode parecer, mas também outras parcelas de natureza contraprestacional, tais como honorários e outros valores, em razão da ampliação da competência da Justiça do Trabalho, advinda da EC 45/2004.

Ainda, deve-se observar outra hipótese para o deferimento do pedido, qual seja, quando o requerente comprove a insuficiência de recursos para o pagamento das custas do processo, na forma do § 4º do mesmo art. 790 da CLT. Segundo Manoel Antonio Teixeira Filho[5], a partir da nova redação conferida ao aludido dispositivo pela Lei n. 13.467/2017, eliminou-se a possibilidade de o "benefício da justiça gratuita ser concedido mediante declaração do próprio interessado de que não se encontra em condições de arcar com as despesas processuais sem detrimento pessoal ou familiar". Não concordamos com tal entendimento.

Em face da interpretação conferida, tal previsão tem causado muita preocupação quanto à possibilidade de vedação do acesso da parte ao Poder Judiciário. Todavia, parece-nos que o texto não pode ser interpretado literalmente, no sentido de que é necessária propriamente a comprovação da pobreza para o gozo do benefício. Vejamos.

Em primeiro lugar, é preciso identificar que tal previsão, ao ser interpretada literalmente, está em desacordo com a sistemática prevista no art. 5º, LXXIV da CF/88, em que se exige o requisito da comprovação da insuficiência de recursos apenas para o gozo do benefício da assistência jurídica integral, que não se confunde com a mera assistência judiciária aos necessitados.

Com efeito, é de longa data o entendimento manifestado pelo STF acerca da interpretação do aludido dispositivo constitucional. E, segundo o STF, a assistência judiciária aos necessitados é mera parte da "assistência jurídica integral", sendo exigida a comprovação da insuficiência de recursos apenas neste último caso. É o que se depreende do RE 205.029-6[6].

De outro lado, deve-se consignar que a insuficiência de recursos para pagar as custas e despesas processuais não se confunde com miserabilidade, ou insolvência, ou estado de necessidade, nem mesmo pobreza absoluta. Não se pode exigir que, para acessar serviço público essencial, qual seja, o Judiciário, o cidadão seja colocado em condição tão gravosa e desproporcional que atinja a própria noção de cidadania. Afinal, mesmo provida de recursos, mas sem a necessária liquidez,

5. TEIXEIRA FILHO, Manoel Antonio. *O processo do trabalho e a reforma trabalhista*: as alterações introduzidas no processo do trabalho pela Lei n. 13.467/2017. São Paulo: LTr, 2017. p. 76.

6. "CONSTITUCIONAL. ACESSO À JUSTIÇA. ASSISTÊNCIA JUDICIÁRIA. Lei n. 1.060, de 1950. C.F., art. 5º, LXXIV. I. – A garantia do art. 5º, LXXIV – assistência jurídica integral e gratuita aos que comprovarem insuficiência de recursos – não revogou a de assistência judiciária gratuita da Lei n. 1.060, de 1950, aos necessitados, certo que, para obtenção desta, basta a declaração, feita pelo próprio interessado, de que a sua situação econômica não permite vir a Juízo sem prejuízo da sua manutenção ou de sua família. Essa norma infraconstitucional põe-se, ademais, dentro no espírito da Constituição, que deseja que seja facilitado o acesso de todos à Justiça (C.F., art. 5º, XXXV). II. – R.E. não conhecido" (RE 205.029, rel. Min. Carlos Velloso, 2ª Turma, j. 26-11-1996, *DJ* 7-3-1997, p. 05416, ement., v. 01860-06, p. 01198).

a parte prossegue com direito a acessar o sistema judicial, dado que lhe fora retirada pelo próprio Estado a possibilidade do uso indiscriminado do *manu militari*.

Parece certo, assim, que, no caso concreto, continuará cabendo ao juiz aferir, a partir das peculiaridades locais e do caso em concreto, a condição da parte quanto ao adimplemento total ou parcial das despesas processuais.

De outro lado, também parece claro que não se pode interpretar a novel redação do art. 790, § 4º, da CLT isoladamente e sem qualquer conexão com o sistema processual, de modo a inviabilizar o acesso da parte ao Poder Judiciário.

Com efeito, deve-se ponderar que, em face do não tratamento integral, pela CLT, da questão atinente ao benefício da justiça gratuita, e mesmo quanto ao meio de comprovação da insuficiência de recursos para arcar com os custos do processo, devamos todos nos socorrer dos mesmos parâmetros apresentados pelo CPC, à guisa do conteúdo do art. 15 do CPC e do art. 769 da CLT, para o equacionamento da situação.

O art. 794, § 4º, da CLT impõe que o benefício somente será concedido à parte que comprovar insuficiência de recursos. Acontece que, no particular, tal condição de insuficiência econômica poderá ser demonstrada por meio de outras provas, ou mesmo por meio justamente da declaração da parte de que não possui condições de arcar com as despesas processuais em detrimento seu e de sua família. Tal declaração tem o condão de comprovar o fato. Explicamos.

Segundo o art. 374, IV, do CPC, não dependem de outras provas os fatos em favor dos quais milite presunção legal de existência ou veracidade. Note-se que a previsão do CPC não "impede que a parte contrária prove em contrário, bem como o juiz apreciando o conjunto probatório (reunião de provas e regras aplicáveis na solução de questões de fato – unidade probatória), conclua diferentemente (Cf. Moniz de Aragão. Relatório brasileiro – Direito à Prova – VII Congresso Internacional de Dir. Proc. *RePro* 39. p. 116-117)"[7]. Todavia, o fato em cujo favor milite presunção legal de existência ou veracidade tem justamente o condão de exonerar o beneficiário do ônus de demonstrá-lo por outro meio.

Sucede que o art. 99, § 3º, do CPC faz presumir verdadeira justamente a declaração de insuficiência de recursos deduzida exclusivamente por pessoa natural.

Nesse contexto, a declaração de incapacidade econômica constitui prova, ainda que relativa, em favor de seu declarante. E mesmo não se pode negar que, em regra, o trabalhador que assim declara efetivamente não possui condições financeiras de arcar com as despesas do processo, mormente em situações extremas em que a inadimplência reclamada refere-se a parcelas de cunho salarial ou a parcelas rescisórias.

7. WAMBIER, Teresa Arruda Alvim et al. *Breves comentários ao novo Código de Processo Civil*, cit., p. 1080.

Desse modo, interpretando sistematicamente a questão, dada a exigência da comprovação do estado de insuficiência exigido pela lei (art. 790, § 4º, da CLT), caberá à pessoa física ou demonstrar por outros meios ou declarar sua condição de insuficiência de arcar com as despesas processuais, sendo presuntiva (art. 99, § 3º, do CPC) a veracidade de suas alegações, e portanto desnecessárias outras provas sobre o ponto (art. 374, IV, do CPC).

Parece-nos certo que a adequada interpretação do art. 790, § 4º, da CLT, portanto, é no sentido de que, em relação à pessoa natural, uma vez declarada sua insuficiência de recursos, há verdadeira presunção legal de sua incapacidade de assumir os custos do processo, em face de sua declaração de que assim se enquadra.

Nesse sentido o E. TST já se pronunciou, como se depreende do conteúdo da Súmula 463:

> 463. ASSISTÊNCIA JUDICIÁRIA GRATUITA. COMPROVAÇÃO (conversão da Orientação Jurisprudencial n. 304 da SBDI1, com alterações decorrentes do CPC de 2015).
> I – A partir de 26-6-2017, para a concessão da assistência judiciária gratuita à pessoa natural, basta a declaração de hipossuficiência econômica firmada pela parte ou por seu advogado, desde que munido de procuração com poderes específicos para esse fim (art. 105 do CPC de 2015);
> II – No caso de pessoa jurídica, não basta a mera declaração: é necessária a demonstração cabal de impossibilidade de a parte arcar com as despesas do processo.

Assim, embora sob nova redação, parece que a aludida declaração de hipossuficiência, no particular, em relação à pessoa física, gera presunção relativa de necessidade, sendo necessária prova robusta em contrário para ser desconstituída. Nesse sentido o TST:

> RECURSO DE REVISTA. ASSISTÊNCIA JUDICIÁRIA. GRATUIDADE DE JUSTIÇA E HONORÁRIOS ADVOCATÍCIOS. O fato de a autora perceber salário superior ao dobro do mínimo legal não afasta, só por isso, os benefícios da assistência judiciária. A prova da situação econômica da reclamante promovida pela declaração de hipossuficiência requer prova robusta em contrário para ser desconstituída, sob pena de se ferir o dispositivo legal de concessão do benefício. Recurso de revista conhecido e provido (TST, RR 23424420105020004, 2342-44.2010.5.02.0004 [TST]).

> AGRAVO EM AGRAVO DE INSTRUMENTO EM RECURSO DE REVISTA. AUSÊNCIA DE TRANSCENDÊNCIA. 1. HONORÁRIOS ADVOCATÍCIOS. 2. ASSISTÊNCIA JUDICIÁRIA GRATUITA. Conforme destacado na decisão

> agravada, o Regional excluiu da condenação os honorários advocatícios sucumbenciais postulados, em razão de a reclamação ter sido ajuizada antes do início da vigência da Lei n. 13.467/2017. Por outro lado, a conclusão do Regional quanto ao deferimento da justiça gratuita à reclamante pela simples declaração de hipossuficiência econômica acostada na inicial revela perfeita harmonia com a jurisprudência pacífica desta Corte Superior, consubstanciada na Súmula n. 463, I. Nesse diapasão, não foi constatada contrariedade à jurisprudência desta Corte Superior ou do Supremo Tribunal Federal, nem ofensa à garantia social assegurada no texto constitucional, tampouco questão inédita acerca da legislação trabalhista. Ademais, não se vislumbrou expressiva repercussão econômica que ultrapasse os contornos meramente subjetivos da lide. Irrepreensível, portanto, a conclusão adotada quanto à inadmissibilidade da revista, tendo em vista a ausência de transcendência da causa com relação aos reflexos gerais de natureza econômica, política, social ou jurídica, na forma do artigo 896-A da CLT. Agravo conhecido e não provido (Ag-AIRR-827-92.2017.5.09.0663, 8ª Turma, rel. Min. Dora Maria da Costa, *DEJT* 17-9-2021).

Inexistindo tal declaração, repita-se, poderão apresentar-se outros elementos capazes de demonstrar a mesma situação, o que não impede a concessão da gratuidade. Todavia, não se pode ignorar a exigência legal de que somente será possível o deferimento do pleito mediante a respectiva comprovação da insuficiência de recursos (art. 790, § 4º).

De outro lado, mesmo guarnecida da respectiva declaração, sendo demonstrada a falta dos pressupostos para a concessão da gratuidade por meio de elementos de fato capazes de indicar a suficiência econômica do declarante para o adimplemento das obrigações decorrentes do ajuizamento da ação, deve ser indeferido o pedido, com base no quanto previsto no art. 99, § 2º, do CPC.

Ainda quanto ao conteúdo do § 3º do art. 790 da CLT, cumpre mencionar que a redação do dispositivo de lei conclui ser possível ao Julgador, seja no exercício da jurisdição ordinária, seja no exercício da jurisdição extraordinária, inclusive de ofício, conceder o benefício. Note-se que a previsão contida na CLT é diversa daquela prevista no CPC no tocante à possibilidade da concessão do benefício de ofício. Enquanto no âmbito da Justiça Laboral há possibilidade da concessão de ofício do benefício, no regime do CPC deve a parte requerer expressamente (art. 99 do CPC).

O legislador, na CLT, prevê que a isenção deve ser compreendida quanto ao pagamento das custas e emolumentos, "inclusive quanto a traslados e instrumentos". Caberia ao juízo, portanto, identificar se as despesas estariam envolvidas no aludido conceito (o de taxas e emolumentos) a fim de que se pudesse elidir o devedor da obrigação. De modo geral, todavia, deve-se dizer que o benefício da justiça gratuita exonera o devedor do pagamento das custas e demais despesas processuais, dado seu estado de miserabilidade.

O CPC teve o cuidado de explicitar, no art. 98, § 1º, a extensão da gratuidade, nos seguintes termos:

> § 1º A gratuidade da justiça compreende:
> I – as taxas ou as custas judiciais;
> II – os selos postais;
> III – as despesas com publicação na imprensa oficial, dispensando-se a publicação em outros meios;
> IV – a indenização devida à testemunha que, quando empregada, receberá do empregador salário integral, como se em serviço estivesse;
> V – as despesas com a realização de exame de código genético – DNA e de outros exames considerados essenciais;
> VI – os honorários do advogado e do perito e a remuneração do intérprete ou do tradutor nomeado para apresentação de versão em português de documento redigido em língua estrangeira;
> VII – o custo com a elaboração de memória de cálculo, quando exigida para instauração da execução;
> VIII – os depósitos previstos em lei para interposição de recurso, para propositura de ação e para a prática de outros atos processuais inerentes ao exercício da ampla defesa e do contraditório;
> IX – os emolumentos devidos a notários ou registradores em decorrência da prática de registro, averbação ou qualquer outro ato notarial necessário à efetivação de decisão judicial ou à continuidade de processo judicial no qual o benefício tenha sido concedido.

Podemos dizer que em regra a aludida gratuidade, no âmbito da jurisdição laboral, deve ser compreendida em limites equivalentes ao quanto previsto no CPC, dado que a última previsão legal não rivaliza com o quanto previsto expressamente no Texto Celetista, mas, pelo contrário, parece clara previsão supletiva (art. 15 do CPC), ressalva que deve ser compreendida em relação às despesas atinentes aos honorários periciais, como veremos adiante.

Merece atenção especial, todavia, por ora, a questão do depósito recursal devido pelo beneficiário da gratuidade. Com efeito, a previsão do inciso VIII do mesmo art. 98, § 1º, do CPC reputa que o gozo do benefício da gratuidade contempla tal parcela (depósito), como será abordado oportunamente, em relação aos depósitos recursais no âmbito laboral.

Acontece que, em face da alteração do § 10 do art. 899 da CLT, decorrente da redação conferida pela Lei n. 13.467/2017, estariam "isentos" (*sic*) do depósito recursal os beneficiários da justiça gratuita, as entidades filantrópicas e as empresas em recuperação judicial.

Em primeiro lugar, cumpre mencionar que a gratuidade de justiça não se trata propriamente de isenção, mas de condição suspensiva de exigibilidade da parcela (§ 3º do art. 98 do CPC). De todo modo, a previsão legal confere a suspensão do depósito recursal em favor dos beneficiários da justiça gratuita.

De todo modo, importante alteração, a partir da nova redação legal, a que exime o beneficiário da justiça gratuita, as entidades filantrópicas e as empresas em recuperação judicial da obrigação do recolhimento do depósito recursal. Tal opção legislativa contraria o entendimento manifestado até então pelo Poder Judiciário no sentido de que a previsão do art. 899 da CLT exigira tal ônus para que a parte pudesse recorrer, tendo o mesmo depósito a natureza de garantia do juízo, não abrangido pela gratuidade, portanto.

Questão intrigante refere-se à possibilidade de o benefício da justiça gratuita ser deferido em favor do empregador, ou de pessoa jurídica. Para que se apure quanto a essa possibilidade, deve-se analisar, também, o § 3º do art. 790 da CLT, que se refere àquele que declara que não está em condições de pagar as custas do processo, também seguindo o preceito constitucional contido no art. 5º, XXXV.

Parece que não existe qualquer óbice ao deferimento do benefício, em hipóteses excepcionais ao empregador, mesmo pessoa jurídica. Todavia, deve-se referir que, em regra, sendo o empregador o explorador de uma atividade econômica, parece desarrazoado presumir que não teria condições de arcar com os custos do processo sem prejuízo do empreendimento, até porque os custos administrativos e operacionais (dentre os quais despesas com contadores, advogados e do próprio acesso à justiça, assim como água, energia, telefone, estoque, pessoal etc.) são inerentes ao empreendimento lucrativo, e qualquer estudante de Administração sabe que não se pode ignorar tais custos no arranjo empresarial.

Por isso mesmo é que a presunção legal de veracidade da declaração de insuficiência econômica contida no art. 98, § 3º, do CPC é direcionada exclusivamente à pessoa natural, não às pessoas jurídicas, em cujo favor não existe qualquer presunção de carência.

De outro lado, parece possível, mesmo a pessoas jurídicas com finalidade lucrativa, a concessão do benefício, desde que demonstrada inequivocamente a prova das dificuldades financeiras, ou seja, a inviabilidade da assunção dos custos do processo. Nesse sentido, o TST já teve a oportunidade de se pronunciar:

> RECURSO ORDINÁRIO EM AGRAVO REGIMENTAL. DESERÇÃO. JUSTIÇA GRATUITA PARA PESSOA JURÍDICA. Na linha dos precedentes desta Corte, a condição de empregador é óbice relativo para a concessão da gratui-

> dade de justiça, impondo-se a prova de dificuldades financeiras. Não comprovada a hipossuficiência econômica da empresa e não recolhidas as custas processuais, impõe-se o não conhecimento do recurso. Recurso ordinário não conhecido (TST, RO 70640220115020000, 7064-02.2011.5.02.0000, rel. Alberto Luiz Bresciani de Fontan Pereira, j. 6-8-2013, Subseção II Especializada em Dissídios Individuais, *DEJT* 9-8-2013).

Por fim, parece-nos certo que há atividades em que não existe o caráter empresarial, como na hipótese das entidades filantrópicas, apenas por exemplo, em que é possível a inexistência de recursos para o suporte às despesas processuais. Nesse caso, é coerente com o sistema jurídico brasileiro o deferimento do benefício da gratuidade de justiça, dado que não há dúvida de que se enquadra na hipótese legal da impossibilidade de assumir os custos do processo "sem prejuízo do seu sustento próprio".

7. HONORÁRIOS PERICIAIS

Em relação aos peritos, cumpre indicar, mesmo superficialmente, considerando o estudo detido sobre a produção da prova pericial mais à frente, que o juízo precisa, para formar seu convencimento e solucionar a demanda, em algumas oportunidades, do conhecimento técnico sobre alguma matéria específica.

Para que isso ocorra, é permitido pela legislação que o juízo conte com o auxílio de um profissional que fará as vezes de auxiliar do juízo.

Às partes é igualmente permitido que sejam auxiliadas por profissionais técnicos. Os auxiliares do juízo são denominados peritos, enquanto os auxiliares das partes são os denominados auxiliares técnicos.

Alguém deve remunerar o profissional encarregado pela colaboração com a justiça, e isso parece mais do que sensato.

Contrariamente ao quanto ocorre no direito processual civil, na sistemática das demandas trabalhistas a regra é a de que a responsabilidade pelo pagamento é do sucumbente no objeto da perícia, conforme se depreende do art. 790-B da CLT. A delimitação legal está assim assentada:

> Art. 790-B. A responsabilidade pelo pagamento dos honorários periciais é da parte sucumbente na pretensão objeto da perícia, ainda que beneficiária da justiça gratuita.
> § 1º Ao fixar o valor dos honorários periciais, o juízo deverá respeitar o limite máximo estabelecido pelo Conselho Superior da Justiça do Trabalho.
> § 2º O juízo poderá deferir parcelamento dos honorários periciais.
> § 3º O juízo não poderá exigir adiantamento de valores para realização de perícias.

> § 4º Somente no caso em que o beneficiário da justiça gratuita não tenha obtido em juízo créditos capazes de suportar a despesa referida no *caput*, ainda que em outro processo, a União responderá pelo encargo.

A redação legal determina, em relação ao momento em que deva ser realizado o pagamento daquelas despesas, que sua responsabilidade será do sucumbente na pretensão objeto da perícia, seguindo a redação legal.

Diante de tais premissas, somente se pode concluir que apenas ao final da demanda, com o julgamento do pleito objeto da perícia, é que será definida a responsabilidade pelo pagamento dos aludidos honorários.

Em outro sentido, se a hipótese fosse a de exigir a cobrança antecipada das despesas periciais, a prática nos permite concluir que haveria, no mínimo, um sério risco de inviabilizar o próprio exercício do direito pelo trabalhador, que, normalmente dispensado, não teria condições de dispor recursos em favor do funcionamento da máquina judiciária de forma antecipada.

Não se pode ignorar, todavia, que acontece em alguns locais de os peritos particulares recusarem-se a iniciar os trabalhos sem receber o valor relativo ao menos às despesas para a confecção do próprio laudo (o combustível para a análise do local, ou mesmo as despesas com exames etc.), em que pese previsão legal proibindo a recusa injustificada no art. 14 da Lei n. 1.060/50.

Para evitar dúvidas quanto ao não cabimento da exigência de antecipações de valores para a realização de perícias, o legislador expressamente consignou a regra do § 3º do art. 790-B, por meio da Lei n. 13.647/2017, reafirmando-se o entendimento do TST no sentido de que é incabível a exigência do depósito prévio de honorários periciais. É a hipótese de mandado de segurança, como já previa o verbete da OJ 98 da SDI-II:

> 98. MANDADO DE SEGURANÇA. CABÍVEL PARA ATACAR EXIGÊNCIA DE DEPÓSITO PRÉVIO DE HONORÁRIOS PERICIAIS (nova redação) – *DJ* 22-8-2005
> É ilegal a exigência de depósito prévio para custeio dos honorários periciais, dada a incompatibilidade com o processo do trabalho, sendo cabível o mandado de segurança visando à realização da perícia, independentemente do depósito.

Teve o legislador a preocupação de fixar que a definição dos honorários periciais deve respeitar os limites estabelecidos pelo Conselho Superior da Justiça do Trabalho (§ 1º do art. 790-B), embora seja facultado ao juízo, por igual, o deferimento de parcelamento dos honorários periciais (§ 2º do art. 790-B), previsão equivalente ao regime contido no art. 98, § 6º, do CPC.

Em relação aos honorários devidos aos assistentes técnicos, os peritos que podem acompanhar cada uma das partes, incumbirão às partes que o indicaram, independentemente do resultado da perícia, tal como cristalizada a Súmula 341 do TST:

> Súmula n. 341 do TST. HONORÁRIOS DO ASSISTENTE TÉCNICO (mantida) – Res. 121/2003, DJ 19, 20 e 21-11-2003. A indicação do perito assistente é faculdade da parte, a qual deve responder pelos respectivos honorários, ainda que vencedora no objeto da perícia.

8. O (NÃO) PAGAMENTO DOS HONORÁRIOS PERICIAIS PELO BENEFICIÁRIO DA ASSISTÊNCIA JUDICIÁRIA GRATUITA

A Lei n. 13.467/2017, por fim, trouxe ainda questão intrigante em relação à obrigação do beneficiário da assistência judiciária gratuita de arcar com os custos da perícia, mesmo gozando de tal condição. Segundo o § 4º do mesmo art. 790-B, em sua interpretação literal, foi excluída do benefício da gratuidade de justiça a despesa atinente aos honorários periciais. É o que se depreende:

> Art. 790-B. A responsabilidade pelo pagamento dos honorários periciais é da parte sucumbente na pretensão objeto da perícia, ainda que beneficiária da justiça gratuita. (...)
> § 4º Somente no caso em que o beneficiário da justiça gratuita não tenha obtido em juízo créditos capazes de suportar a despesa referida no *caput*, ainda que em outro processo, a União responderá pelo encargo.

Não é novidade que a responsabilidade pelo pagamento dos honorários periciais é da parte sucumbente. E, a bem da verdade, não é raro identificar pedidos de insalubridade e periculosidade sem qualquer fundamento e absolutamente inconsequentes, embora sejam, mais das vezes, exigida uma investigação científica no *iter* da apuração.

Visou-se, com a imposição do ônus financeiro mesmo ao beneficiário da gratuidade de justiça, conferir alguma racionalidade aos pedidos que demandam a prova técnica.

O açodamento do processo legislativo que resultou da Lei n. 13.467/2017, todavia, ao visar equacionar a questão, acabou por criar perspectivas antissistêmicas, permitindo, por exemplo, interpretação do instituto da gratuidade em projeção ainda mais gravosa que o regime geral das relações civis, previsto no CPC.

Como se depreende da leitura acima, segundo a redação literal do dispositivo inserido na CLT, o beneficiário da justiça gratuita, acaso sucumbente do objeto da perícia, somente no caso em que não tenha obtido em juízo créditos capazes de suportar a despesa responderá pelos encargos por meio dos créditos auferidos no mesmo processo ou em outro.

A interpretação aligeirada do dispositivo pode fazer crer que mesmo o beneficiário da justiça gratuita, o autor sucumbente do objeto da perícia, será obrigado ao pagamento (preferencial) das despesas atinentes à parcela acaso aufira qualquer parcela em juízo, ou em outro processo. Tal interpretação autorizaria a concluir, por exemplo, que, tendo o autor auferido alguns valores, em razão da inadimplência do réu, seja ele obrigado a dispor desses mesmos valores para o pagamento (prioritário) das despesas decorrentes da perícia, que tenha constatado, por exemplo, inexistir a insalubridade pretendida pela parte.

Não parece ser, nem de longe, a melhor compreensão do instituto.

Em primeiro lugar porque tal interpretação instituiria em favor das despesas processuais preferência creditória que inexiste em qualquer outro espaço do sistema pátrio. Sendo o processo mero meio para a obtenção de um fim, qual seja, o bem da vida, as despesas processuais são o efeito, e não a causa, do direito material das partes. Não parece adequado que se imponha, pela atuação estatal compulsória do Poder Judiciário, prioridade ao pagamento da despesa processual em detrimento da satisfação do próprio direito material envolvido.

Os créditos decorrentes das relações de trabalho possuem prioridade, inclusive em caso de falência, sobre todos os demais créditos, mesmo sobre os tributários, nos quais se enquadram algumas das despesas processuais (custas) segundo a regulamentação prevista na Lei n. 11.101/2005 (art. 83). Ou seja, reconhece o legislador pátrio que, entre as prioridades creditórias, as parcelas de natureza alimentar possuem prioridade sobre as decorrentes da atuação estatal (tributárias).

Assim, resulta com alguma clareza que a prioridade dos créditos decorrentes das relações de trabalho, que são justamente a finalidade da prestação jurisdicional, não podem sujeitar-se aos encargos decorrentes do meio utilizado para sua obtenção.

Em segundo lugar, não parece remanescer dúvida de que a regra é justamente a de que o beneficiário da gratuidade, por não possuir meios para o pagamento das despesas processuais, não seja o responsável pelo adimplemento das mesmas despesas. Se a exceção é justamente a responsabilidade, por parte do beneficiário da gratuidade, tem-se que se deve interpretar o dispositivo excepcionalmente, ou seja, como exceção que é.

Para tanto, sugerimos que há duas premissas que se deve levar em consideração. A primeira delas decorre da própria redação do art. 790, § 4º, da CLT, em que se prevê que o benefício da justiça gratuita será concedido à parte que comprovar insuficiência de recursos para o pagamento das custas do processo. O requisito legal, portanto, é justamente a insuficiência de recursos para o pagamento das despesas processuais. A justiça gratuita, no âmbito do processo do trabalho, mantém como paradigma a necessidade de ser respeitada a manutenção do trabalhador e de sua família.

A segunda premissa que deve ser observada é justamente aquela que refere caber à União suportar o encargo, na hipótese de a parte não ter obtido, em juízo, o suficiente para suportar a despesa.

Ora, diante das duas premissas, parece certo que o dispositivo deve ser interpretado no sentido de que apenas será possível o pagamento prioritário dos honorários periciais na hipótese em que existam em favor da parte autora, no processo ou em outra demanda, "créditos capazes de suportar a despesa".

Deve-se, assim, concluir que a melhor interpretação a ser conferida ao § 4º do art. 790-B da CLT, a partir da Lei n. 13.467/2017, é aquela que autoriza, no momento em que o juízo afere a existência ou não sucumbência, ou seja, da sentença, a identificar se a parte permanece em situação de insuficiência de recursos para o pagamento das despesas do processo. Mantida tal condição, a da insuficiência, caberá à União a assunção do débito; do contrário, poderá a parcela ser exigida da parte.

Ou seja, parece certo dizer que a interpretação dos dispositivos em questão impõe ao juízo, avaliando o caso concreto, identificar que, tendo sido deferidas parcelas em favor da parte autora, no processo ou fora dele, se o deferimento de tais parcelas tem o condão de retirar a parte daquela condição de insuficiência de recursos para o pagamento das despesas processuais.

A partir da análise do caso concreto, assim, acaso conclua o juízo que a parte passou a ter condições de adimplir as despesas processuais, ou seja, que auferiu parcelas capazes de fazer frente à despesa, e apenas em tal hipótese, caberá àquela a adimplência das aludidas despesas, mediante a compensação de seu crédito.

Do contrário, ou seja, se as parcelas deferidas em juízo, ou em outro processo, não tornam a parte capaz de assumir as despesas, manter-se-á sua exoneração quanto a seu pagamento, dado que não auferiu crédito suficiente para suportar a despesa (art. 790, § 4º, da CLT).

Assim, deve-se reafirmar que tal compreensão não deve levar em conta exclusivamente o aspecto nominal das parcelas deferidas, em face das despesas processuais fixadas. Deve-se aferir se os valores eventualmente auferidos pela parte são efetivamente capazes de a colocar em situação de possibilidade de arcar com as despesas do processo. Do contrário, ter-se-ia o inusitado panorama em que se impõe o pagamento de despesas processuais a quem não possui condição para tanto, ou que as despesas processuais passariam a ter prioridade mesmo sobre parcelas de cunho alimentar, ou que as despesas oficiais prevaleceriam sobre a própria subsistência do autor, situações que afrontam quaisquer lógicas jurídicas democráticas ou a própria noção de acesso ao Poder Judiciário.

Nesse sentido, ainda, diante da possibilidade conferida pelo art. 98, § 5º, do CPC, aplicável supletivamente, está autorizado ainda o juízo a conceder a gratuidade em relação a algum ou a todos os atos processuais, ou consistir na redução percentual de despesas processuais que o beneficiário tiver de adimplir.

Assim sendo, parece adequado concluir que caberá ao juízo a aferição, no caso concreto, da condição de insuficiência de recursos, seja para o pagamento total, seja mesmo para o pagamento parcial, das despesas processuais, levando em consideração inclusive o eventual incremento do patrimônio da parte, em razão do próprio provimento jurisdicional.

Por fim, a redação do art. 790-B, § 4º, da CLT, decorrente da Lei n. 13.647/2017, traz subjacente a noção de que será conferida ao perito a prerrogativa de ter seus honorários deduzidos dos valores havidos nos autos.

Mas o texto vai além, ao induzir que a execução poderia abranger outros créditos, ainda que obtidos em processo diverso. Tal premissa nos leva a crer que caberá ao perito a execução de seus créditos, no bojo dos próprios autos da reclamatória, com a possibilidade de responsabilização da União, uma vez insuficiente a existência de crédito em face do devedor.

Ou seja, em todo o caso, constatado pelo juízo que não existem recursos suficientes para o adimplemento da parcela, incumbirá à União a assunção do aludido encargo, a fim de assegurar o pagamento pelos relevantes serviços prestados pelo Perito ao Juízo, no deslinde do feito. Presume-se, assim, que serão ajustados os termos da Súmula 457 do TST, que estipula a obrigação de adimplemento sempre em desfavor da União:

> 457. HONORÁRIOS PERICIAIS. BENEFICIÁRIO DA JUSTIÇA GRATUITA. RESPONSABILIDADE DA UNIÃO PELO PAGAMENTO. RESOLUÇÃO N. 66/2010 DO CSJT. OBSERVÂNCIA. A União é responsável pelo pagamento dos honorários de perito quando a parte sucumbente no objeto da perícia for beneficiária da assistência judiciária gratuita, observado o procedimento disposto nos arts. 1º, 2º e 5º da Resolução n. 66/2010 do Conselho Superior da Justiça do Trabalho – CSJT.

Essa parece ser a melhor interpretação do art. 790-B da CLT, instituída a partir da Lei n. 13.467/2017, e o regime da responsabilidade pelo pagamento dos honorários periciais pela parte beneficiária da justiça gratuita.

Todavia, à guisa da compreensão do aludido sistema, não se pode ignorar as decisões emanadas pelo STF no âmbito da ADI 5.766, que questionou a constitucionalidade de diversos dispositivos atinentes à reforma trabalhista.

Com efeito, não obstante fosse possível determinar uma interpretação conforme à Constituição dos aludidos dispositivos, como acima foi indicado, naquela ADI a Suprema Corte acabou por declarar inconstitucionais os arts. 790-B, *caput* e § 4º da Consolidação das Leis do Trabalho (CLT), que disciplinavam o tema.

Ao assim proceder, o STF acabou por concluir ter agido o legislador inconstitucionalmente ao partir de uma "presunção absoluta" de que o trabalhador, ao ter vencido uma demanda, tenha deixado de manter o seu estado de hipossuficiência, o que viola o art. 5º, LXXIV. Ou seja, a compreensão do STF, no mérito, sobre o tema coaduna-se com a compreensão apresentada neste Curso. Todavia, foi o STF além, para determinar a exclusão do sistema normativo daquela regra, razão pela qual, deve-se compreender que a sistemática quanto ao pagamento dos honorários periciais será sempre da parte sucumbente na pretensão objeto da perícia, salvo quando beneficiária da justiça gratuita.

9. OS HONORÁRIOS DE ADVOGADO, EM RAZÃO DA SUCUMBÊNCIA, NA JUSTIÇA DO TRABALHO

Em primeiro lugar cumpre mencionar que, embora não seja uma regra, os honorários de advogado em razão da sucumbência na Justiça do Trabalho não são estranhos ao processo do trabalho.

Com efeito, a previsão do art. 791 da CLT autoriza o exercício do *jus postulandi* diretamente pelas partes, no âmbito do processo do trabalho. Ou seja, a contratação de advogado, na forma do art. 791 da CLT, sendo mera faculdade dos litigantes, que poderiam exercer seu direito de formular pedido em juízo, diretamente, sem o auxílio técnico.

Por isso mesmo, fundada em tal facultatividade, cristalizou-se o entendimento no sentido de que é incabível, em regra, a condenação do demandado em honorários advocatícios sucumbenciais no âmbito das relações submetidas ao Poder Judiciário Trabalhista. É o que se depreende do quanto decidido nos seguintes precedentes do TST:

> Honorários de advogado na Justiça do Trabalho. O direito de as partes postularem pessoalmente afasta a incidência do art. 20 do CPC. Revista conhecida e Provida (TST, RR 3.046/84).
>
> ... A situação dos autos se enquadra no art. 791, da CLT, onde é assegurado o direito de reclamante e reclamado litigarem pessoalmente perante a Justiça do Trabalho. Desde o advento da CLT que ficou assentada a interpretação de que não cabe condenação em honorários, salvo na hipótese de assistência judiciária. (...) (TST, RR 3643/82, rel. Expedito Amorim, 28-2-1985).

Usualmente, assim, pode-se dizer que a condenação da parte ao pagamento dos honorários ditos sucumbenciais somente seria possível a partir de uma conjugação de vários fatores, dado que a contratação de advogado seria mera faculdade.

Ou seja, fundado na premissa de que se faculta o exercício do *jus postulandi* diretamente pelas partes, não seriam devidos honorários de sucumbência no âmbito das demandas sujeitas à Justiça Laboral.

É verdade que tal compreensão foi modificada radicalmente a partir da redação conferida ao art. 791-A da CLT pela Lei n. 13.467/2017, a partir de quando se fixaram honorários de sucumbência no âmbito do processo laboral como regra, e não mais como exceção, nos seguintes termos:

> Art. 791-A. Ao advogado, ainda que atue em causa própria, serão devidos honorários de sucumbência, fixados entre o mínimo de 5% (cinco por cento) e o máximo de 15% (quinze por cento) sobre o valor que resultar da liquidação da sentença, do proveito econômico obtido ou, não sendo possível mensurá-lo, sobre o valor atualizado da causa.
> § 1º Os honorários são devidos também nas ações contra a Fazenda Pública e nas ações em que a parte estiver assistida ou substituída pelo sindicato de sua categoria.
> § 2º Ao fixar os honorários, o juízo observará:
> I – o grau de zelo do profissional;
> II – o lugar de prestação do serviço;
> III – a natureza e a importância da causa;
> IV – o trabalho realizado pelo advogado e o tempo exigido para o seu serviço.
> § 3º Na hipótese de procedência parcial, o juízo arbitrará honorários de sucumbência recíproca, vedada a compensação entre os honorários.
> § 4º Vencido o beneficiário da justiça gratuita, desde que não tenha obtido em juízo, ainda que em outro processo, créditos capazes de suportar a despesa, as obrigações decorrentes de sua sucumbência ficarão sob condição suspensiva de exigibilidade e somente poderão ser executadas se, nos dois anos subsequentes ao trânsito em julgado da decisão que as certificou, o credor demonstrar que deixou de existir a situação de insuficiência de recursos que justificou a concessão de gratuidade, extinguindo-se, passado esse prazo, tais obrigações do beneficiário.
> § 5º São devidos honorários de sucumbência na reconvenção.

Tal mudança causa verdadeira revolução copernicana, na medida em que torna o que era outrora uma exceção em regra geral. Vejamos.

9.1. Hipóteses em que são cabíveis honorários de advogado, em razão da sucumbência, antes da Lei n. 13.467/2017

Para a adequada compreensão do assunto, é preciso refazer a leitura do entendimento cristalizado no âmbito do Judiciário Trabalhista, como se evidencia da redação da Súmula 219 do TST e ratificada pela Súmula 329, nos seguintes termos:

> Súmula 219 do TST:
> HONORÁRIOS ADVOCATÍCIOS. CABIMENTO
> I – Na Justiça do Trabalho, a condenação ao pagamento de honorários advocatícios não decorre pura e simplesmente da sucumbência, devendo a parte, concomitantemente: a) estar assistida por sindicato da categoria profissional; b) comprovar a percepção de salário inferior ao dobro do salário mínimo ou encontrar-se em situação econômica que não lhe permita demandar sem prejuízo do próprio sustento ou da respectiva família (art. 14, § 1º, da Lei n. 5.584/1970) (ex-OJ 305da SBDI-I).
> II – É cabível a condenação ao pagamento de honorários advocatícios em ação rescisória no processo trabalhista.
> III – São devidos os honorários advocatícios nas causas em que o ente sindical figure como substituto processual e nas lides que não derivem da relação de emprego.
> IV – Na ação rescisória e nas lides que não derivem de relação de emprego, a responsabilidade pelo pagamento dos honorários advocatícios da sucumbência submete-se à disciplina do Código de Processo Civil (arts. 85, 86, 87 e 90).
> V – Em caso de assistência judiciária sindical ou de substituição processual sindical, excetuados os processos em que a Fazenda Pública for parte, os honorários advocatícios são devidos entre o mínimo de dez e o máximo de vinte por cento sobre o valor da condenação, do proveito econômico obtido ou, não sendo possível mensurá-lo, sobre o valor atualizado da causa (CPC de 2015, art. 85, § 2º).
> VI – Nas causas em que a Fazenda Pública for parte, aplicar-se-ão os percentuais específicos de honorários advocatícios contemplados no Código de Processo Civil.
> Súmula 329 do TST:
> HONORÁRIOS ADVOCATÍCIOS. ART. 133 DA CF/1988 (mantida) – Res. 121/2003, *DJ* 19, 20 e 21-11-2003
> Mesmo após a promulgação da CF/1988, permanece válido o entendimento consubstanciado na Súmula 219 do Tribunal Superior do Trabalho.

A compreensão firmada a partir da redação contida na Súmula 219 indica que a Justiça do Trabalho reconhece que a condenação ao pagamento de honorários advocatícios não decorre apenas, pura e simplesmente, da sucumbência, devendo a parte, concomitantemente: a) estar assistida por sindicato da categoria profissional; b) comprovar a percepção de salário inferior ao dobro do salário mínimo ou encontrar-se em situação econômica que não lhe permita demandar sem prejuízo do próprio sustento ou da respectiva família.

Ou seja, segundo a compreensão firmada pelo TST, na hipótese em que a parte estiver assistida por sindicato da categoria profissional e comprovar ou a percepção de salário inferior ao dobro do salário mínimo ou que esteja em situação econômica que não lhe permita demandar sem prejuízo do próprio sustento, serão devidos honorários de advogado em razão da sucumbência.

Da mesma forma, independentemente da redação conferida pela Lei n. 13.647/2017, serão devidos honorários de sucumbência, também quanto as partes estiverem a ligar em sede de ação rescisória.

A mesma Súmula 219 do TST, em seu inciso III, deixa claro que o TST já admite o pagamento de honorários em razão da sucumbência nas demandas que não derivem da relação de emprego, e mesmo naquelas demandas em que o ente sindical figure como substituto processual. Os demais itens da aludida súmula remetem aos critérios fixados na legislação civil comum (CPC) para a fixação da parcela naquelas demandas em que se entende serem devidos.

Ou seja, segundo o entendimento cristalizado pelo Tribunal Superior do Trabalho, são devidos honorários sucumbenciais na hipótese em que a parte gozar do benefício da assistência judiciária gratuita (quando assistida pelo sindicato da categoria e for carente de recursos para fazer frente às despesas do processo), na hipótese de ação rescisória e nas demandas em que estiver em discussão matéria não derivada da relação de emprego.

A primeira hipótese referida pela súmula (item I), qual seja, aquela em que a parte goza do benefício da assistência judiciária gratuita, permite vislumbrar a distinção conceitual havida entre a previsão do art. 790, § 3º, da CLT, que trata daquilo que hodiernamente se tem indicado como o benefício da justiça gratuita com a denominada assistência judiciária gratuita, prevista na Lei n. 5.584/70.

Consoante se entende a partir das duas normas, enquanto no benefício da justiça gratuita (art. 790, § 3º, da CLT) se está diante da exoneração do devedor apenas quanto às despesas processuais, na assistência judiciária gratuita (Lei n. 5.584/70) não apenas se exonera a parte do pagamento das despesas processuais como o demandado também é obrigado a ressarcir ao vencedor do processo pelos valores despendidos com os profissionais da advocacia que patrocinaram a demanda.

Segundo se depreende do art. 14 da Lei n. 5.584/70, a assistência judiciária gratuita prevista na Lei n. 1.060/50 será prestada pela representação sindical, ou seja, pelo sindicato profissional. Nesse caso, no sistema vigente antes das Leis n. 13.467/2017 e 13.725/2018, deveria ser o demandado condenado ao pagamento de honorários em face do sindicato da categoria (art. 16). Seria o equivalente aos honorários advocatícios de sucumbência, até então admitidos excepcionalmente.

Do ponto de vista prático, então, tem merecido enorme destaque a distinção entre a assistência judiciária gratuita e o benefício da gratuidade de justiça, porquanto se tem entendido que, no âmbito do processo do trabalho, ao menos até o advento da Lei n. 13.467/2017, apenas nas hipóteses em que o trabalhador for beneficiário da assistência judiciária gratuita serão devidos honorários de sucumbência.

9.2. Da contextualização dos honorários de advogado em razão da sucumbência

Para melhor compreender a relação entre os institutos, todavia, deve-se mencionar que historicamente houve significativa alteração no regime de honorários decorrentes da figuração em juízo. Em regra, o CPC de 1939 previa honorários apenas em razão de uma punição. É o que se depreende da redação dos arts. 63 e 64 daquele Código, que previa honorários apenas nas hipóteses de alteração intencional da verdade, ou condução temerária da lide, provocando incidentes manifestamente infundados, ou ainda na hipótese de dolo ou culpa contratual, ou extracontratual:

> Art. 63. Sem prejuízo do disposto no art. 3º, a parte vencida, que tiver alterado, intencionalmente, a verdade, ou se houver conduzido de modo temerário no curso da lide, provocando incidentes manifestamente infundados, será condenada a reembolsar à vencedora as custas do processo e os honorários do advogado.
> Art. 64. Quando a ação resultar de dolo ou culpa, contratual ou extracontratual, a sentença que a julgar procedente condenará o réu ao pagamento dos honorários do advogado da parte contrária.

Veja-se que esse regime guarda alguma equivalência com as atuais disposições do art. 18 do CPC/73 e do art. 81 do CPC, e mesmo com as previsões dos arts. 793-A e seguintes da CLT, em razão da redação conferida pela Lei n. 13.467/2017, como veremos adiante. A condenação em honorários fundada no dolo/culpa (dano processual) na figura da litigância de má-fé corresponde a uma punição.

Apenas com a Lei n. 4.632/65 houve alteração do CPC de 1939, integrando o aludido regime e visando ampliar uma das "portas" para o cabimento de honorários, associando tal despesa, ainda, à noção de ressarcimento da parte:

> Art. 64 A sentença final na causa condenará a parte vencida ao pagamento dos honorários do advogado da parte vencedora, observado, no que for aplicável, o disposto no art. 55. *(Redação dada pela Lei n. 4.632, de 1965.)*
> § 1º Os honorários serão fixados na própria sentença, que os arbitrará com moderação e motivadamente. (Incluído pela Lei n. 4.632, de 1965.)(...)

O CPC/73, por meio da Lei n. 5.869/73, seguiu o entendimento manifestado pela Lei n. 4.632/65:

> Art. 20. A sentença condenará o vencido a pagar ao vencedor as despesas que antecipou e os honorários advocatícios. Esta verba honorária será devida, também, nos casos em que o advogado funcionar em causa própria. (...)

Ou seja, um dos fundamentos ao pagamento de honorários foi justamente o ressarcimento a uma das partes, pela contratação de advogado. A condenação da parte vencida passou a ser decorrente da responsabilidade da parte causadora do dano.

Note-se que tal fundamento é manifestado ainda hoje. A aplicação dos arts. 389 e 404 do Código Civil, e a condenação ao pagamento de honorários na forma de indenização, evidencia tal perspectiva. Tal parcela teria por finalidade restituir ao contratante os valores contratuais havidos por ele para a contratação de advogado, para a restituição dos prejuízos causados pela inadimplência do devedor. Alguns julgados, fundados em tal previsão, têm reputado possível a condenação do sucumbente ao pagamento de honorários:

> INDENIZAÇÃO POR GASTOS COM ADVOGADOS. *RESTITUTIO IN INTEGRUM*. POSIÇÃO MAJORITÁRIA DA 2ª TURMA DO TRT5. Com o advento do atual Código Civil, cabe a indenização dos gastos da parte vitoriosa na demanda com honorários de advogado, como forma de prestigiar a *restitutio in integrum*, ou seja, conferir ao lesado a restituição integral do prejuízo (Processo n. 0000566-77.2010.5.05.0019, RO, Ac. 061009/2011, rel. Des. Dalila Andrade, 2ª Turma, *DJ* 13-5-2011; Processo n. 0000340-41.2011.5.05.0018, RO, Origem SAMP, Ac. 139.317/2013, rel. Des. Renato Mário Borges Simões, 2ª Turma, *DJ* 12-4-2013).
>
> HONORÁRIOS ADVOCATÍCIOS CONTRATUAIS. PRINCÍPIO DA RESTITUIÇÃO INTEGRAL. O fundamento jurídico para o deferimento de honorários advocatícios sucumbenciais é diverso daquele relacionado ao cabimento de indenização correspondente aos honorários contratuais em demandas que envolvam relação de emprego nesta especializada. No caso vertente, a pretensão do autor se refere à reparação pela despesa a que se obrigou a título de honorários contratuais, que se configuram como autêntico dano emer-

gente, derivado do inadimplemento de parcelas trabalhistas pelo empregador. A indenização em tela apresenta como fundamento o princípio da restituição integral, tal como positivado nos arts. 389, 404, 927 e 944 do Código Civil, destinando-se a garantir ao obreiro a reparação pelos danos incorridos com o ajuizamento da ação, a par da quantia que será por ele desembolsada para remuneração dos seus procuradores. Os honorários contratuais não se sujeitam aos balizamentos fixados pelas Leis 1.060/1950 e 5.584/1970, uma vez que não são provenientes de assistência judiciária. Esses diplomas legais disciplinam a concessão dos honorários advocatícios especificamente nos processos em que alguma das partes é beneficiária de Assistência Judiciária Gratuita, mas de forma alguma limitam a parcela nas demais hipóteses (TRT – 3ª Região, RO 0000539-30.2013.5.03.0089, rel. Juíza convocada Martha Halfeld F. de Mendonca Schmidt, *DJe-MG* 19-12-2014, p. 456).

Assim, no tempo em que os honorários advocatícios sucumbenciais seriam mero ressarcimento às partes, parece que fazia sentido a elisão à responsabilidade pelo pagamento dos honorários no âmbito do processo laboral. Ou seja, do ponto de vista histórico, era razoável a limitação à condenação no pagamento de honorários às hipóteses da representação sindical.

A CLT, de longa data, sempre conferiu a prerrogativa sindical não apenas de representar (art. 513 da CLT) os membros da categoria, mas o patrocínio judicial dos interesses dos trabalhadores também, como dever (art. 514, *b*, da CLT) que repercutia, inclusive, na destinação obrigatória de parte da contribuição sindical (art. 592 da CLT) para o desenvolvimento dessa atividade.

A Lei n. 5.584/70, dentre outros temas, visou regulamentar aquilo que denominamos "assistência judiciária gratuita", que essencialmente eram atividades prestadas por entidades públicas, embora mediante a colaboração da Advocacia Privada (OAB), na forma da Lei n. 1.060/50.

> Art. 14. Na Justiça do Trabalho, a assistência judiciária a que se refere a Lei n. 1.060, de 5 de fevereiro de 1950, será prestada pelo Sindicato da categoria profissional a que pertencer o trabalhador.
> § 1º A assistência é devida a todo aquele que perceber salário igual ou inferior ao dobro do mínimo legal, ficando assegurado igual benefício ao trabalhador de maior salário, uma vez provado que sua situação econômica não lhe permite demandar, sem prejuízo do sustento próprio ou da família.
> § 2º A situação econômica do trabalhador será comprovada em atestado fornecido pela autoridade local do Ministério do Trabalho e Previdência Social, mediante diligência sumária, que não poderá exceder de 48 (quarenta e oito) horas.
> § 3º Não havendo no local a autoridade referida no parágrafo anterior, o atestado deverá ser expedido pelo Delegado de Polícia da circunscrição onde resida o empregado.

> Art. 15. Para auxiliar no patrocínio das causas, observados os arts. 50 e 72 da Lei n. 4.215, de 27 de abril de 1963, poderão ser designados pelas Diretorias dos Sindicatos Acadêmicos, de Direito, a partir da 4ª Série, comprovadamente, matriculados em estabelecimento de ensino oficial ou sob fiscalização do Governo Federal.
> Art. 16. Os honorários do advogado pagos pelo vencido reverterão em favor do Sindicato assistente.

Vinculavam-se, desse modo, os honorários ao ressarcimento das despesas incorridas pelo sindicato, para o pagamento de advogado no patrocínio dos interesses do trabalhador. Era a consagração da lógica do ressarcimento, já mencionada acima.

Mas é preciso ir além. É que de longa data se cristaliza o entendimento alterado acerca de um dos fundamentos para o pagamento de honorários em razão da sucumbência. Preserva-se não apenas a lógica da sucumbência, ou seja, a de que o derrotado assume os custos decorrentes da sua derrota, mas se impõe ao vencido o pagamento da correspondente, em razão da atuação do profissional advogado, como a remuneração profissional essencial à administração da justiça (art. 133 da CF/88). Ou seja, desde a CF/88 ultrapassou-se a noção de que os honorários de sucumbência não mais estão adstritos ao mero ressarcimento da parte, erigindo-se como parcela alimentar.

A noção de ressarcimento não se manteve tal qual originalmente previsto, portanto. Avançou-se no sentido de impor a remuneração do profissional incumbido da defesa dos interesses de um dos litigantes, no caso, daquele vencedor. Impôs-se uma regra de remuneração daquele profissional. Desde o advento da CF/88 há tal discussão, mormente em razão da essencialidade da atividade advocatícia para a administração da justiça, como já dito. Com o advento do Estatuto da OAB, por meio da Lei n. 8.906/94, houve a positivação desse entendimento:

> Art. 23. Os honorários incluídos na condenação, por arbitramento ou sucumbência, pertencem ao advogado, tendo este direito autônomo para executar a sentença nesta parte, podendo requerer que o precatório, quando necessário, seja expedido em seu favor.

Por sua vez, seguindo a mesma linha, os Tribunais Superiores reconheceram o caráter alimentar da parcela, uma vez que pertencem ao advogado, tal qual manifestou o E. STF na Súmula Vinculante 47:

> Os honorários advocatícios incluídos na condenação ou destacados do montante principal devido ao credor consubstanciam verba de natureza alimentar

> cuja satisfação ocorrerá com a expedição de precatório ou requisição de pequeno valor, observada ordem especial restrita aos créditos dessa natureza.

O entendimento vinculativo estabelecido pelo E. STF não é isolado, mas, pelo contrário, conforma-se à posição firmada pelo Judiciário, em diversos outros precedentes, como se depreende dos arestos n. 1.392/SP, pelo STJ, e RE 146.318/SP, pelo próprio STF.

Tal posicionamento visou adequar algumas hipóteses, antes sem coerência sistêmica. Isso porque, não obstante não haja ressarcimento à parte, em alguns casos, ainda assim se mantinha a cominação do pagamento de honorários. Por exemplo, a parte que advogava em causa própria não sofria qualquer prejuízo, pois não precisava contratar advogado. Do mesmo modo, a parte patrocinada por advogado *pro bono,* ou mesmo a parte assistida pela Defensoria Pública ou por escritório de prática jurídica das faculdades de Direito.

Em nenhuma dessas hipóteses havia o desembolso de recursos, pela parte, mas se mantinha a condenação em honorários, o que se revelaria uma impropriedade, caso os aludidos honorários fossem devidos exclusivamente em razão dos prejuízos sofridos.

Assim, pode-se dizer que houve a consagração do entendimento de que os honorários decorrentes da sucumbência possuem relação com a atividade profissional desenvolvida pelo patrono do vitorioso na demanda. Ainda nessa linha, cumpre mencionar a presunção legal de que o mandato judicial é oneroso, por se tratar de negócio que tem por objeto serviço que mandatário exerce como ofício, como se depreende do art. 658 do CC; art. 22, *caput* e § 2º, da Lei n. 8.906/94.

Foi, também, essa a opção exposta pelo CPC no art. 85, mormente naquelas partes em que se identifica uma relação direta entre a maior ou menor atividade do advogado, dentro do processo, e o incremento, ou não, de seus honorários. É o que consta do § 7º, ou do § 11, do art. 85:

> Art. 85. A sentença condenará o vencido a pagar honorários ao advogado do vencedor. (...)
> § 7º Não serão devidos honorários no cumprimento de sentença contra a Fazenda Pública que enseje expedição de precatório, desde que não tenha sido impugnada. (...)
> § 11. O tribunal, ao julgar recurso, majorará os honorários fixados anteriormente levando em conta o trabalho adicional realizado em grau recursal, observando, conforme o caso, o disposto nos §§ 2º a 6º, sendo vedado ao tribunal, no cômputo geral da fixação de honorários devidos ao advogado do vencedor, ultrapassar os respectivos limites estabelecidos nos §§ 2º e 3º para a fase de conhecimento.

Mas não é só. Há quem mencione, ainda, que o CPC acabou por consagrar o entendimento já manifestado pelo Poder Judiciário, especialmente o E. STJ, no sentido da denominada "teoria da causalidade", segundo a qual deve arcar com as despesas processuais aquele que deu causa à demanda.

Nesse sentido, o devedor que sucumbe é condenado ao pagamento dos honorários, porquanto deu ilegítima causa à instauração de uma demanda. Tal raciocínio mantém-se preservado, inclusive, nas hipóteses em que há perda do objeto da demanda, segundo a previsão do § 10 do art. 85, verbis:

> Nos casos de perda do objeto, os honorários serão devidos por quem deu causa ao processo.

Tal qual mencionado, normalmente quem deu causa à demanda foi o sucumbente. Mas pode ser que o autor tenha dado causa a ela, formulando pedido improcedente. Nessa situação, caberá ao juiz a fixação dos honorários em desfavor do "vencedor", na parte em que sucumbiu, dada a vedação à compensação de honorários.

Assim, segundo o que está posto no CPC, caberá à parte maior critério em manejar e pretender perante o Judiciário, dado que o manejo impróprio de demanda poderá implicar condenação em honorários a seu vencido.

Na Justiça do Trabalho também vige o princípio da sucumbência, no sentido de que "quem perde paga", como se pode depreender quanto aos honorários periciais, na forma do art. 790-B da CLT. Tal dispositivo é expresso em direcionar a responsabilidade pelo pagamento dos honorários ao sucumbente no objeto da perícia.

Por fim, há ainda questão interessante, qual seja, a revogação parcial tácita do art. 14 da Lei n. 5.584/70, por força da Lei n. 10.288/2001, quando tal diploma disciplinou integralmente a matéria da assistência judiciária sindical, na CLT, mas o mesmo dispositivo foi revogado pela Lei n. 10.537/2002, sem repristinação. O dispositivo mencionado, logo depois revogado, possuía o seguinte teor:

> Art. 789. (...)
> § 10. O sindicato da categoria profissional prestará assistência judiciária gratuita ao trabalhador desempregado ou que perceber salário inferior a cinco salários mínimos ou que declare, sob responsabilidade, não possuir, em razão dos encargos próprios e familiares, condições econômicas de prover à demanda.

Tal revogação implicaria dizer que as questões atinentes à assistência judiciária gratuita serão cuidadas na justa perspectiva da Lei n. 1.060/50, ou melhor, a partir de 18 de março de 2016, segundo o conteúdo das previsões do CPC, dada a revogação de uma série de dispositivos daquele diploma. Encontra-se em vigor apenas parte da Lei n. 1.060/50 sobre o assunto, deixando a assistência judiciária de ser monopólio do sindicato, no âmbito do processo do trabalho.

9.3. Dos honorários de sucumbência previstos na Lei n. 13.467/2017 (Reforma Trabalhista de 2017). Da alteração pela Lei n. 13.725/2018

A despeito de todas as discussões acima delineadas, coube à Lei n. 13.467/2017 trazer ao processo do trabalho a aplicação dos honorários de sucumbência em caráter definitivo. Tal diploma conferiu a seguinte redação ao art. 791-A da CLT:

> Art. 791-A. Ao advogado, ainda que atue em causa própria, serão devidos honorários de sucumbência, fixados entre o mínimo de 5% (cinco por cento) e o máximo de 15% (quinze por cento) sobre o valor que resultar da liquidação da sentença, do proveito econômico obtido ou, não sendo possível mensurá-lo, sobre o valor atualizado da causa.
> § 1º Os honorários são devidos também nas ações contra a Fazenda Pública e nas ações em que a parte estiver assistida ou substituída pelo sindicato de sua categoria.
> § 2º Ao fixar os honorários, o juízo observará:
> I – o grau de zelo do profissional;
> II – o lugar de prestação do serviço;
> III – a natureza e a importância da causa;
> IV – o trabalho realizado pelo advogado e o tempo exigido para o seu serviço.
> § 3º Na hipótese de procedência parcial, o juízo arbitrará honorários de sucumbência recíproca, vedada a compensação entre os honorários.
> § 4º Vencido o beneficiário da justiça gratuita, desde que não tenha obtido em juízo, ainda que em outro processo, créditos capazes de suportar a despesa, as obrigações decorrentes de sua sucumbência ficarão sob condição suspensiva de exigibilidade e somente poderão ser executadas se, nos dois anos subsequentes ao trânsito em julgado da decisão que as certificou, o credor demonstrar que deixou de existir a situação de insuficiência de recursos que justificou a concessão de gratuidade, extinguindo-se, passado esse prazo, tais obrigações do beneficiário.
> § 5º São devidos honorários de sucumbência na reconvenção.

Ou seja, segundo a previsão legal, serão devidos honorários de sucumbência entre 5% e o máximo de 15% em favor do advogado, sobre o valor que resultar da sentença, do proveito econômico obtido ou, não sendo possível mensurá-lo, sobre o valor atualizado da causa.

A primeira questão que chama a atenção é justamente a compatibilidade do art. 791-A com o art. 85 do CPC e o art. 23 da Lei n. 8.906/94, e a mudança de paradigma quanto ao destinatário dos honorários.

Em regra, os honorários são direcionados ao patrono, ainda que atue em causa própria, sendo essa a previsão contida no Estatuto dos Advogados e mesmo no CPC. Tal previsão emerge no sentido de que a aludida parcela relaciona-se diretamente à atuação do profissional, e por isso mesmo lhe é destinada, como é do conhecimento geral.

Todavia, a redação legal da Lei n. 13.467/2017 impunha uma questão intrigante: na hipótese em que a parte estiver assistida pela entidade sindical, os honorários seriam devidos ao sindicato ou ao advogado?

Diante das alterações promovidas pela Lei n. 13.467/2017, era possível compreender que teria havido derrogação do art. 16 da mesma Lei n. 5.584/70, na medida em que o disposto na legislação, até então, indicava que os honorários seriam devidos em favor do sindicato, e não de seus advogados. É o que se depreende da antiga redação do dispositivo:

> Art 16. Os honorários do advogado pagos pelo vencido reverterão em favor do Sindicato assistente.

Dada a alteração promovida pela Lei n. 13.467/2017, os honorários passariam a ser devidos exclusivamente em favor dos advogados, e não da entidade sindical, portanto. Com o tratamento legal em sentido diverso, desde a Lei n. 13.467/2017, teria havido a alteração da disciplina, e, portanto, derrogação do aludido art. 16. Tal compreensão era tentadora e bastante razoável, mas estava longe de ser incontroversa.

Acontece que previsão do art. 16 foi "reformada", por assim dizer. A fim de que não restassem dúvidas acerca daquela opção política, firmou-se a compreensão, por meio da Lei n. 13.725/2018, em seu art. 3º, quanto à revogação expressa do art. 16 da Lei n. 5.584/70. Aquela revogação, enfim tornou incontroverso ser o destinatário dos aludidos honorários, ainda que diante da hipótese da assistência sindical, o profissional que atua na demanda.

Não deixa de ser, de todo modo, contraditória a disciplina normativa no sentido de suprimir a previsão do art. 16 da Lei n. 5.584/70, ou seja, a de que os honorários são devidos à entidade sindical quando esta assiste ao trabalhador em juízo, mormente porque a assistência judiciária persiste como dever da entidade sindical (art. 514, *b*, da CLT).

Persistindo a lógica do ressarcimento integral, em relação à entidade sindical, se se lhe incumbe o ônus de manter o serviço jurídico, deveria ser, por igual, ressarcida das eventuais despesas incorridas, como meio de permitir a subsistência do mesmo serviço.

Diante da aludida revogação (art. 16 da Lei n. 5.584/70), torna-se induvidoso que são devidos honorários, pelo derrotado, em razão da assistência sindical, na forma da Lei n. 5.584/70, exclusivamente em favor dos patronos que atuaram naquela demanda, portanto em prejuízo da entidade sindical, por assim dizer.

Ocorre que, diante da previsão celetista que mantém os ônus para as entidades sindicais no sentido de manter os serviços jurídicos (art. 514, *b*, da CLT), sem, contudo, fazer qualquer ressalva quanto à gratuidade dos mesmos serviços, ou quanto a seu financiamento, parece certa a necessidade de alguma inflexão.

Jamais se poderia acreditar ter instituído o legislador um desfavor desproporcional ou sem causa às entidades sindicais. Se estas são obrigadas por lei a manter o serviço jurídico, não se poderia exigir que tais serviços fossem gratuitos, inclusive diante da possibilidade da mera facultatividade das contribuições sindicais e demais mecanismos de financiamento. Com efeito, em face da facultatividade do dever de financiar a causa sindical inaugurado pela Lei n. 13.467/2018 (art. 545 da CLT) deve-se rearranjar todo o sistema de prestações sindicais, pois não se pode sequer presumir ser possível a cominação de qualquer serviço sem a respectiva fonte de financiamento.

Assim, dada a opção expressa no art. 3º da Lei n. 13.725/2018 e a revogação do art. 16 da Lei n. 5.584/70, parece que as alterações reafirmam em favor das entidades sindicais a possibilidade do estabelecimento de meios de financiamento diversos, pela prestação dos serviços jurídicos referidos, em desfavor daquele usuário dos mesmos serviços, inclusive com o estabelecimento de cobrança em decorrência daqueles.

Todavia, deve-se ressaltar que essa cobrança em nada impacta na relação processual, ou seja, assistida a parte pela entidade sindical, os honorários sucumbenciais seriam devidos exclusivamente ao profissional, e eventual cobrança devida em favor do sindicato, pela despesa, deve incidir em desfavor do usuário do serviço, e não do sucumbente, sob pena de *bis in idem* em desfavor dessa parte.

Tal medida parece conferir simetria e equidade ao sistema sindical, suas obrigações, seus ônus e o financiamento pelos aludidos serviços. É medida eloquente, diante da supressão do art. 16 da Lei n. 5.584/70.

Ultrapassada tal hipótese, em regra, os honorários são devidos ao profissional advogado que patrocine, ainda que em causa própria, os interesses em juízo, segundo a previsão do art. 791-A da CLT. Note-se, de outro lado, que, não obstante devidos ao profissional advogado, seguindo a previsão do § 15 do art. 86 do CPC, o advogado pode requerer que o pagamento dos honorários que lhe caibam seja efetuado em favor da sociedade de advogados que integra na qualidade de sócio, não importando tal medida desnaturação do caráter alimentar da parcela (§ 14).

Não é elementar, para a condenação da parte ao pagamento de honorários, a existência de pedido expresso na petição inicial (art. 322, § 1º, do CPC) ou na contestação.

Merece crítica, porque sem qualquer fundamento, a fixação de honorários de sucumbência, no âmbito do processo do trabalho, em montante diverso daquele fixado no sistema geral do CPC. Mostrou-se discriminação inaceitável, seja no sentido de que as lides laborais sejam "menos relevantes" que as demais demandas civis, ou mesmo que a Justiça do Trabalho seja uma Justiça menor. Deve-se reconhecer incontestavelmente a inconstitucionalidade do aludido dispositivo por imposição de distinção sem qualquer fundamento, entre os advogados militantes da Justiça do Trabalho e aqueles de outras áreas do direito, por afronta ao art. 5º, *caput*, da CF/88. Com efeito, o art. 791-A prevê que os honorários serão fixados entre o mínimo de 5% e o máximo de 15% sobre o valor que resultar da liquidação da sentença, do proveito econômico obtido ou, não sendo possível mensurá-lo, sobre o valor atualizado da causa. Veja-se que o percentual fixado pelo legislador (entre 5% e 15%) não guarda coerência com aqueles previstos no § 2º do CPC (entre 10% e 20%).

O percentual fixado pelo legislador (entre 5% e 15%) será fixado a partir da observância, pelo juízo, dos mesmos requisitos previstos no CPC, quais sejam, o grau de zelo do profissional, o lugar de prestação do serviço, a natureza e a importância da causa, o trabalho realizado pelo advogado e o tempo exigido para seu serviço. São critérios que identificam o maior ou menor comprometimento da atuação do patrono com a demanda.

Ademais, a Reforma pecou gravemente porquanto, tendo a oportunidade de retirar qualquer dúvida acerca do caráter sistêmico do processo laboral, deixou de consignar expressamente a aplicação, por exemplo, de regras específicas em relação às regras de proporcionalidade fixadas no CPC, seja em relação ao incremento dos honorários recursais, e mesmo em relação aos critérios para a fixação de honorários devidos pela Fazenda Pública, quando figura em juízo, apenas por exemplo.

O TST, desde há muito, tal qual já verificado no conteúdo da Súmula 219, evidencia ser o CPC o diploma legal sob o qual se deve balizar a fixação dos honorários sucumbenciais, mas faltou ao legislador reformista a explicitação de tais critérios, também no processo laboral.

De todo modo, merece atenção ao fato de que a base de cálculo sobre a qual deverá incidir o aludido percentual deve ser, preferencialmente, aquela que resultar da liquidação da sentença, ou seja, aquela reconhecida em juízo; o proveito econômico obtido, ou não sendo possível mensurá-lo, o valor atualizado da causa (art. 840, § 1º, da CLT).

9.4. Da procedência parcial. Da hipótese de condenação em honorários do beneficiário da assistência judiciária gratuita

A Lei n. 13.467/2017 trouxe, ainda, importante consideração acerca da imposição de honorários na hipótese de procedência parcial. Segundo a previsão do art. 791-A, em seu § 3º, serão devidos honorários de advogado na hipótese de sucumbência recíproca, vedada a compensação entre os honorários. A vedação da compensação entre honorários não é propriamente novidade, considerando que mesmo o CPC, em seu art. 85, § 14, assim assegura.

Todavia, a possibilidade da cominação de arbitramento de honorários na hipótese de procedência parcial tem gerado algumas controvérsias.

Segundo se tem compreendido doutrinariamente, a sucumbência recíproca existiria apenas quando existir ação e reconvenção, em que cada uma das partes (autor e réu, ou reconvinte e reconvindo) tem seus pedidos julgados procedentes, simultaneamente, ou seja, vencem seus pleitos. Seria a hipótese em que o autor pugna pelo pagamento de parcelas rescisórias e o réu, em sede de reconvenção, pugna pela devolução de equipamento irregularmente retido pelo autor. Ao apreciar os pedidos, o juízo condena o réu ao pagamento das parcelas requeridas e o autor à devolução do maquinário. Todavia, não parece ser essa a hipótese contemplada pelo legislador.

Parece certo que a previsão contemplada pelo legislador seja aquela em que a parte é de algum modo derrotada em sua pretensão. Todavia, tal hipótese não é suficiente para elidir qualquer dúvida quanto ao modo de aplicação do dispositivo.

A primeira interpretação que se pode retirar do aludido art. 791-A, § 3º, seria aquela que induz ao seguinte raciocínio: se o autor faz o pedido de 100 e ganha apenas 40, teria sucumbido em 60, dado que não fora vitoriosa naquela parte. Mas não parece ser essa a melhor interpretação do dispositivo.

É que o sistema instituído no âmbito do direito processual do trabalho quanto à imputação das despesas pela parte se vincula à derrota no pedido. Ou seja, ainda que a parte não seja totalmente vencedora no item formulado, sua vitória, mesmo parcial, não lhe impõe o ônus decorrente das despesas. É o que se depreende, por exemplo, do conteúdo da Súmula 236 do TST, quando tratou das despesas atinentes ao objeto da perícia:

> A responsabilidade pelo pagamento dos honorários periciais é da parte sucumbente na pretensão relativa ao objeto da perícia.

No mesmo sentido, os arestos abaixo transcritos:

> ... HONORÁRIOS PERICIAIS. SUCUMBÊNCIA PARCIAL. A decisão regional encontra-se em consonância com a jurisprudência desta Corte, segundo a qual a ré é responsável pelo pagamento dos honorários periciais, ainda que a sucumbência no objeto da perícia tenha sido parcial. Precedentes. Recurso de revista de que não se conhece (RR 129800-07.2009.5.09.0094, rel. Min. Cláudio Mascarenhas Brandão, 7ª Turma, j. 19-4-2017, *DEJT* 28-4-2017).

> AGRAVO DE INSTRUMENTO. RECURSO DE REVISTA. HONORÁRIOS PERICIAIS. SUCUMBÊNCIA RECÍPROCA. ART. 21 DO CPC. NÃO APLICAÇÃO. Ainda que parcialmente sucumbente no objeto da perícia, o pagamento dos honorários periciais fica a cargo da reclamada (Súmula 236/TST e art. 790-B da CLT), não se aplicando o disposto no art. 21 do CPC. Agravo de instrumento não provido. (...) (TST, AIRR 11360820115020441, rel. Paulo Américo Maia de Vasconcelos Filho, 6ª Turma, j. 6-8-2014, *DEJT* 8-8-2014).

Ou seja, seria possível interpretar o dispositivo mencionado no sentido de que inexiste sucumbência parcial, e, portanto, não são devidos honorários sucumbenciais, quando a discussão envolver exclusivamente a extensão da vitória em cada item ou capítulo. Tendo havido vitória, ainda que não na integralidade do quanto requerido, não houve sucumbência da parte no pedido, portanto não incorre a parte na hipótese prevista. Nesse sentido, aliás, o TST já se pronunciou:

> ... HONORÁRIOS ADVOCATÍCIOS NA HIPÓTESE DE SUCUMBÊNCIA RECÍPROCA. 1 – Nos termos do art. 21 do CPC, se cada litigante for em parte vencedor e vencido, serão recíproca e proporcionalmente distribuídos e compensados entre eles os honorários e as despesas, e, ainda, se um litigante decair de parte mínima do pedido, o outro responderá, por inteiro, pelas despesas e honorários. 2 – No caso dos autos, após a sentença, o acórdão de recurso ordinário e o acórdão proferido pela Sexta Turma quanto ao recurso de revista da reclamante, a ação foi julgada parcialmente procedente, havendo a sucumbência recíproca, mas a empregada decaiu em parte mínima do pedido, pois ficou vencida apenas quanto a alguns critérios de fixação dos montantes das indenizações por danos morais e materiais. Nesse contexto, fica mantida a condenação da reclamada ao pagamento das custas. 3 – Recurso de revista de que não se conhece (RR 47100- 25.2007.5.12.0008, rel. Min. Kátia Magalhães Arruda, 6ª Turma, j. 27-2-2013, data de publicação: 1º-3-2013).

Ter-se-ia, assim a compreensão do instituto segundo sua vinculação ao sistema das despesas no direito processual do trabalho, que, de ordinário, vincula-se à derrota total no pedido para a cominação das despesas respectivas, tais quais as custas processuais e mesmo os honorários periciais. Assim também se pode dizer que o TST já se manifestou:

> TRABALHADOR AVULSO – LIDE NÃO DECORRENTE DE RELAÇÃO DE EMPREGO – SUCUMBÊNCIA RECÍPROCA – PROPORCIONALIDADE NO PAGAMENTO DOS HONORÁRIOS ADVOCATÍCIOS – ART. 21 DO CPC. Com base no artigo 21 do Código de Processo Civil, que determina a proporcionalidade no pagamento dos honorários advocatícios em caso de su-

> cumbência recíproca, e considerando que o autor foi sucumbente em dois dos três pedidos formulados, o sindicato demandado deve ser condenado ao pagamento de apenas um terço do valor arbitrado a esse título. E, tendo em vista o teor da Súmula 306 do STJ, de acordo com a qual -s honorários advocatícios devem ser compensados quando houver sucumbência recíproca, assegurado o direito autônomo do advogado à execução do saldo sem excluir a legitimidade da própria parte-, deve haver a isenção do sindicato reclamado pelo pagamento de honorários advocatícios, ficando esses tão somente a cargo do autor. Recurso de revista conhecido e provido (RR 135-03.2011.5.05.0021, rel. Des. convocado André Genn de Assunção Barros, 7ª Turma, *DEJT* 12-9-2014).

Assim, poder-se-ia dizer que a procedência parcial, prevista em lei, o seria em relação a todos os pedidos formulados, e não em relação a cada pedido, em sua extensão. Desse modo, apenas a improcedência de um dos pedidos implicaria dizer que teria havido sucumbência, e, portanto, procedência parcial das demandas.

Em se adotando tal compreensão, permite-se o equacionamento das denominadas lides aventureiras, cominando àquela pretensão totalmente improcedente os ônus da sucumbência, mas não se pune aquele que foi obrigado a buscar o Judiciário para ser ressarcido quanto a eventual derrota na extensão de sua pretensão.

Veja-se que o TST já teve a oportunidade de se pronunciar nesse sentido:

> (...) ÔNUS DA SUCUMBÊNCIA. HONORÁRIOS ADVOCATÍCIOS DE SUCUMBÊNCIA RECÍPROCA. PERCENTUAL FIXADO 1 – A decisão monocrática condenou o reclamado ao pagamento da dobra sobre a remuneração das férias, sem o terço constitucional, referentes aos períodos aquisitivos 2013/2014, 2014/2015 e 2017/2018, bem como ao pagamento em dobro das férias, acrescidas de 1/3, referentes ao período aquisitivo 2015/2016. Além disso, inverteu o ônus da sucumbência e condenou ao pagamento de honorários advocatícios, fixados em 15% sobre o valor que resultar da liquidação da sentença. 2 – No caso concreto, o pedido de pagamento em dobro da remuneração de férias foi acolhido, exceto quanto ao terço constitucional relativo aos períodos aquisitivos 2013/2014, 2014/2015 e 2017/2018 (fls. 18). Tal acolhimento em valor inferior ao postulado na petição inicial não configura sucumbência parcial, de modo a atrair, como pretende o agravante, a incidência do § 3º do art. 791-A da CLT com o escopo de arbitrar-se honorários de sucumbência recíproca. 3 – No tocante ao percentual fixado a título de honorários advocatícios (15%) em desfavor da Fazenda Pública, verifica-se que a decisão revela-se em consonância com a Súmula n. 219, VI, e o artigo 85, § 3º, I, do CPC, pois, arbitrado entre o mínimo de 10 e o máximo de 20%, conside-

rando que o valor da condenação não ultrapassa 200 (duzentos) salários mínimos. Além disso, prestigia o zelo e a diligência profissional do advogado do reclamante para reverter nesta instância extraordinária decisão desfavorável ao seu cliente. (...) 5 – Agravo a que se nega provimento" (Ag-RR-801-25.2019.5.12.0022, 6ª Turma, Relatora Ministra Katia Magalhaes Arruda, *DEJT* 6-8-2021).
HONORÁRIOS ADVOCATÍCIOS SUCUMBENCIAIS. AÇÃO ANULATÓRIA DE AUTO DE INFRAÇÃO. LIDE NÃO DECORRENTE DA RELAÇÃO DE EMPREGO. SÚMULA N. 219, IV, DO TST. CONTRARIEDADE. FIXAÇÃO DE HONORÁRIOS SUCUMBENCIAIS E RECURSAIS. SUCUMBÊNCIA PARCIAL E SUCUMBÊNCIA RECÍPROCA. DISTINÇÃO. CUMULAÇÃO SUBSIDIÁRIA DE PEDIDOS. ACOLHIMENTO DE PEDIDO SUBSIDIÁRIO. SUCUMBÊNCIA RECÍPROCA. HONORÁRIOS DE SUCUMBÊNCIA RECURSAL. REQUISITOS. FIXAÇÃO. I. Conforme entendimento consolidado no item IV da Súmula n. 219 do TST, "nas lides que não derivem de relação de emprego, a responsabilidade pelo pagamento dos honorários advocatícios da sucumbência submete-se à disciplina do Código de Processo Civil (arts. 85, 86, 87 e 90)". II. No caso dos autos, o Tribunal Regional deu parcial provimento ao recurso ordinário interposto pela parte autora da ação anulatória de auto de infração para acolher o pedido sucessivo de redução do valor da multa. Instado a se manifestar, em embargos de declaração, acerca do dever de fixação de honorários advocatícios sucumbenciais, nos termos do art. 85, § 2º, do CPC de 2015, o Tribunal Regional adotou tese de que se aplica ao caso a legislação trabalhista anterior à vigência da Lei n. 13.467/2017. III. Nesse contexto, há que se conhecer do recurso de revista, por contrariedade à Súmula n. 219, IV, do TST e afronta ao art. 85, § 2º, CPC de 2015, pois a ação anulatória de auto de infração caracteriza-se como lide não derivada da relação de emprego, razão por que se aplicam a ela, quanto aos honorários de advogado, as disposições dos arts. 85 e seguintes do CPC de 2015. Observa-se que a violação a que alude o art. 896, "c", da CLT consuma-se também quando se deixa de aplicar a lei reguladora do caso concreto. IV. O provimento do recurso de revista da parte autora (OGMO) tem por corolário lógico o arbitramento de honorários advocatícios sucumbenciais e de honorários de sucumbência recursal, nos termos dos arts. 85, *caput*, § 2º e § 11 e 86 do CPC de 2015, observando-se os parâmetros e percentuais específicos de honorários devidos pela fazenda pública (parte ré), previstos no art. 85, §§ 3º a 6º, do CPC de 2015. Oportuno diferenciar sucumbência recíproca de sucumbência parcial, de forma a apreciar os encargos devidos sob o prisma do princípio da causalidade. A sucumbência recíproca, consagrada no art. 86 do CPC de 2015, ocorre quando – pela pluralidade de demandas, ações conexas reunidas, ação e reconvenção e cumulação de pedidos – autor e réu, em uma mesma

relação processual, tenham pretensões individualmente consideradas vencidas em sua integralidade. A sucumbência parcial, por sua vez, dá-se quando uma pretensão não é reconhecida em sua integralidade, concedendo o juízo medida mais reduzida em relação ao pedido. Na sucumbência parcial, o vencido, que deu causa ao processo (princípio da causalidade), não é parcialmente sucumbente, mas vencido no todo, pois o acolhimento da pretensão do vencedor, ainda que em medida menor, não altera o fato de que o vencido deu causa ao processo, devendo arcar com as despesas. Nesse sentido, Piero Pajardi, em sublime lição, esclarece que, "na sucumbência parcial ocorre a situação de uma vitória do autor, porém em medida mais reduzida em relação ao *petitum* inicial. Neste caso, não há um julgamento consequente de uma investida da parte do réu; há, isto sim, o acolhimento da demanda do autor. Todavia, um acolhimento não completo, em razão da defesa do réu, que, por sua vez, não obteve o resultado que pretendia obter [...] o vencido não é parcialmente sucumbente, mas vencido no todo, porque ainda assim vem a ser condenado a qualquer coisa que não desejava prestar, e vê rejeitado o resultado final previsto na sua defesa. Portanto, se o vencido se opõe *sic et simpliciter* à demanda do autor, ou se opõe parcialmente, mas em termos mais reduzidos, com vistas à decisão do juiz, é óbvio que a redução do pedido do autor não comporta influência sobre o princípio fundamental da responsabilidade pelas despesas, que se carreiam ao vencido, como a única parte que deu causa ao processo". (*La responsabilità per le spese e i danni del processo*. Milão: Giuffrè, 1959). V. No caso vertente, o Tribunal Regional manteve a improcedência do pedido de anulação do auto de infração – sagrando-se vencedora a União, no aspecto – e acolheu o pedido cumulado subsidiário de redução do valor da multa, em extensão menor que a pleiteada – ressaindo, daí, a vitória da parte autora (OGMO) nessa pretensão, reiterando-se que "a redução do pedido do autor não comporta influência sobre o princípio fundamental da responsabilidade pelas despesas, que se carreiam ao vencido, como a única parte que deu causa ao processo" (PAJARDI, Piero. *La responsabilità per le spese e i danni del processo*. Milão: Giuffrè, 1959). VI. Recurso de revista de que se conhece, no particular, por contrariedade à Súmula n. 219, IV, do TST e afronta ao art. 85, § 2º, do CPC de 2015, e a que se dá provimento, para fixar honorários advocatícios sucumbenciais em sucumbência recíproca e honorários de sucumbência recursal. (TST-RR-1000300-33.2016.5.02.0444, 7ª Turma, rel. Min. Evandro Pereira Valadão Lopes, julgado em 26-5-2021.)

Por fim, a hipótese do § 4º do art. 791-A traz outra significativa previsão, atinente à condenação em honorários sucumbenciais inclusive para aquele beneficiário da justiça gratuita. Como já referido no capítulo atinente aos honorários periciais, o açodamento do processo legislativo que resultou da Lei n. 13.467/2017 acabou por criar perspectivas antissistêmicas, permitindo, por exemplo, interpretação do instituto da gratuidade em projeção ainda mais gravosa que o regime geral das relações civis, prevista no CPC.

O § 4º do art. 791-A assim enuncia:

> § 4º Vencido o beneficiário da justiça gratuita, desde que não tenha obtido em juízo, ainda que em outro processo, créditos capazes de suportar a despesa, as obrigações decorrentes de sua sucumbência ficarão sob condição suspensiva de exigibilidade e somente poderão ser executadas se, nos dois anos subsequentes ao trânsito em julgado da decisão que as certificou, o credor demonstrar que deixou de existir a situação de insuficiência de recursos que justificou a concessão de gratuidade, extinguindo-se, passado esse prazo, tais obrigações do beneficiário.

Como se depreende da leitura acima, segundo a redação literal do dispositivo inserido na CLT, o beneficiário da justiça gratuita, acaso sucumbente, somente no caso em que não tenha obtido em juízo créditos capazes de suportar a despesa responderá pelos encargos por meio dos créditos auferidos no mesmo processo ou em outro.

A interpretação aligeirada do dispositivo pode fazer crer que mesmo o beneficiário da justiça gratuita, o autor sucumbente, será obrigado ao pagamento (preferencial) dos honorários sucumbenciais acaso aufira qualquer parcela em juízo, ou em outro processo. Tal interpretação autorizaria a concluir, por exemplo, que, tendo o autor auferido alguns valores, em razão da inadimplência do réu, seja ele obrigado a dispor desses mesmos valores para o pagamento (prioritário) dos honorários de advogado, caso tenha havido derrota em relação a um item de sua pretensão inicial.

Não parece ser, nem de longe, a melhor compreensão do instituto. Como já mencionamos, não faz sentido a cominação da responsabilidade da parte quanto ao adimplemento de honorários sucumbenciais quando nem mesmo no âmbito do processo civil assim se comina (art. 98, § 1º, VI).

Como já dito, tal qual em relação aos honorários periciais, somente parece razoável a cominação de responsabilidade à parte quanto ao pagamento de honorários sucumbenciais quando, no caso concreto, existam em favor da parte autora, no processo ou em outra demanda, "créditos capazes de suportar a despesa".

Também aqui, à guisa da compreensão do aludido sistema, não se pode ignorar as decisões emanadas pelo STF no âmbito da ADI 5766, que questionou a constitucionalidade de diversos dispositivos atinentes à reforma trabalhista.

Com efeito, não obstante fosse possível determinar uma interpretação conforme à Constituição dos aludidos dispositivos, como anteriormente foi indicado, naquela ADI a Suprema Corte acabou por declarar inconstitucional o arts. 791-A, § 4º da Consolidação das Leis do Trabalho (CLT), que disciplinava o tema atinente aos honorários sucumbenciais.

Ao assim proceder, o STF acabou por concluir ter agido o legislador inconstitucionalmente ao partir de uma "presunção absoluta" de que o trabalhador, ao ter vencido uma demanda, tenha deixado de manter o seu estado de hipossuficiência, o que viola o art. 5º, LXXIV. Ou seja, a compreensão do STF, no mérito, sobre o tema coaduna-se com a compreensão apresentada neste Curso. Todavia, foi o STF além, para determinar a exclusão do sistema normativo daquela regra, razão pela qual se deve compreender que a sistemática quanto ao pagamento dos honorários de advogado será sempre da parte sucumbente na pretensão, salvo quando beneficiária da justiça gratuita.

Deve-se, assim, concluir que a melhor interpretação a ser conferida ao § 4º do art. 791-A da CLT, a partir da Lei n. 13.467/2017, é aquela que autoriza, no momento em que o juízo afere a existência ou não de sucumbência, ou seja, no da sentença, a identificar se a parte permanece em situação de insuficiência de recursos para o pagamento das despesas do processo. Mantida tal condição, a da insuficiência, ter-se-á a suspensão da exigibilidade da despesa, nos dois anos subsequentes ao trânsito em julgado da decisão que as certificou. Decorrido tal prazo, tem-se por extinta a aludida obrigação.

10. DA CASUÍSTICA EM RELAÇÃO ÀS DESPESAS PROCESSUAIS

A casuística no quesito despesas processuais é bastante variada, chamando a atenção para as diversas previsões na jurisprudência consolidada do TST sobre o tema.

Sobre a inversão do ônus da sucumbência, a Súmula 25 do TST tem a seguinte previsão:

> CUSTAS PROCESSUAIS. INVERSÃO DO ÔNUS DA SUCUMBÊNCIA (alterada a Súmula e incorporadas as Orientações Jurisprudenciais n. 104 e 186 da SBDI-1) – Res. 197/2015 – *DEJT* divulgado em 14, 15 e 18-5-2015
> I – A parte vencedora na primeira instância, se vencida na segunda, está obrigada, independentemente de intimação, a pagar as custas fixadas na sentença originária, das quais ficara isenta a parte então vencida;
> II – No caso de inversão do ônus da sucumbência em segundo grau, sem acréscimo ou atualização do valor das custas e se estas já foram devidamente recolhidas, descabe um novo pagamento pela parte vencida, ao recorrer. Deverá ao final, se sucumbente, reembolsar a quantia; (ex-OJ 186 da SBDI-I)

> III – Não caracteriza deserção a hipótese em que, acrescido o valor da condenação, não houve fixação ou cálculo do valor devido a título de custas e tampouco intimação da parte para o preparo do recurso, devendo ser as custas pagas ao final; (ex-OJ 104 da SBDI-I)
> IV – O reembolso das custas à parte vencedora faz-se necessário mesmo na hipótese em que a parte vencida for pessoa isenta do seu pagamento, nos termos do art. 790-A, parágrafo único, da CLT.

Ou seja, está-se diante de uma hipótese em que o vencido na primeira instância, no recurso, inverte os ônus da lide, vencendo no segundo grau. O agora vencido deve realizar o pagamento das custas. Segundo Sergio Pinto Martins[8], em posição minoritária, não seria o caso de falar em novo pagamento para o conhecimento do recurso de revista.

Veja-se, ainda que o verbete indica que não caracteriza deserção a hipótese em que, acrescido o valor da condenação, não houve fixação ou cálculo do valor devido a título de custas e tampouco intimação da parte para o preparo do recurso, devendo, pois, as custas serem pagas ao final.

No tocante ao prazo para pagamento das custas, na forma da Súmula 53 do TST, no caso de recurso, é contado a partir da intimação do cálculo.

Na hipótese das denominadas ações plúrimas, as custas incidem sobre o respectivo valor global, segundo os termos da Súmula 36 do TST. Assim, não há como pretender a divisão do valor das custas por cada um dos litigantes, mesmo que proporcionalmente.

Dado seu regime específico de pagamentos, sujeitos a autorização judicial, à massa falida não se pode exigir o pagamento imediato das custas e do depósito recursal. Tal entendimento encontra-se firmado na Súmula 86 do TST, quando fixa que não ocorre deserção de recurso da massa falida por falta de pagamento de custas ou de depósito do valor da condenação. Esse privilégio, todavia, não se aplica à empresa em liquidação extrajudicial.

Como já se mencionou, por força de isenção expressa, as entidades públicas não estão subordinadas ao pagamento de custas processuais. Todavia, em relação às sociedades de economia mista não há falar em tal benefício.

Os privilégios e isenções no foro da Justiça do Trabalho não abrangem as sociedades de economia mista, o que segue o regramento previsto no art. 173, II, da CF/88, que subordina aquelas que explorem atividades econômicas ao mesmo regime das empresas privadas.

Tais condições restam reafirmadas na OJ 13 da SDI-I, no caso específico da APPA (Administração dos Portos de Paranaguá e Antonina), vinculada à Admi-

8. MARTINS, Sergio Pinto. *Comentários às súmulas do TST*. 4. ed. São Paulo: Atlas, 2008. p. 26.

nistração Pública indireta, que não é isenta do recolhimento do depósito recursal e do pagamento das custas processuais por não ser beneficiária dos privilégios previstos no Decreto-lei n. 779/69, ante o fato de explorar atividade econômica com fins lucrativos, o que descaracteriza sua natureza jurídica, igualando-a às empresas privadas.

No que tange à forma, tem o TST sido bastante rigoroso quanto à comprovação do recolhimento das custas e demais despesas processuais. Segundo a OJ 140 da SDI-I, ocorre deserção do recurso pelo recolhimento insuficiente das custas e do depósito recursal, ainda que a diferença em relação ao *quantum* devido seja ínfima, referente a centavos.

Tal rigor não se manteve em relação à necessidade de autenticação eletrônica da guia comprobatória dos recolhimentos. Segundo a OJ 33, o carimbo do banco recebedor na guia de comprovação do recolhimento das custas supre a ausência de autenticação mecânica. Da mesma forma, a OJ 158 da SDI-I reconhece a validade do denominado "DARF eletrônico" como apto a comprovar o recolhimento de custas por entidades da Administração Pública Federal.

Do mesmo modo, a tendência voltada à informalidade indica que para a formação do agravo de instrumento não é necessária a juntada de comprovantes de recolhimento de custas e de depósito recursal relativamente ao recurso ordinário, desde que não seja objeto de controvérsia no recurso de revista a validade daqueles recolhimentos, sendo nesse sentido a previsão da OJ 217 da SDI-I.

Quanto ao momento processual oportuno para o requerimento do benefício da justiça gratuita, na forma da OJ 269, da SDI-I, o mesmo benefício pode ser requerido em qualquer tempo ou grau de jurisdição, desde que, na fase recursal, seja o requerimento formulado no prazo alusivo ao recurso.

Por fim, consigna a SDI-II o entendimento de que incabível a impetração de mandado de segurança contra o ato judicial que fixa o valor da causa estimado para fins de condenação de forma desarrazoada, e, portanto, do cálculo das custas processuais. Segundo o E. TST, se houve majoração das custas processuais, à parte caberia recolher as custas, calculadas com base no valor dado à causa na inicial, e interpor recurso ordinário e, posteriormente, agravo de instrumento no caso de o recurso ser considerado deserto. É justamente essa a previsão da OJ 88 da SDI-II.

CAPÍTULO 10

Da Visão Estrutural do Procedimento Trabalhista

1. INTRODUÇÃO

Como já mencionamos, a atividade processual decorre da necessidade de cada um de satisfazer sua pretensão em juízo, fundado em seus respectivos direitos, deveres ou obrigações, próprios ou dos representados.

O Estado avocou para si a prerrogativa de usar da força como meio de coagir o recalcitrante ao cumprimento do direito material. Por meio da atividade jurisdicional, o Estado distribui a Justiça fundada na força, quase que com exclusividade, dado que nem sempre as partes optam pela utilização da Justiça Privada, voluntária. Desse modo, não restou outro caminho senão constituir a possibilidade de o particular pretender a satisfação dos seus interesses por intermédio do próprio Estado.

2. CONCEITO DE PROCESSO E PROCEDIMENTO

Não se pode ignorar o fato de que é preciso delinear o conteúdo daquilo que nós denominamos processo, bem como sua distinção e seu desdobramento, qual seja, o procedimento. De longa data, as palavras de Pontes de Miranda[1] indicam, com a clareza que lhe é peculiar:

> ... desde que o Estado eliminou e proibiu a justiça de mão própria, monopolizando a distribuição da justiça, salvo pouquíssimas exceções àquela elimina-

1. PONTES DE MIRANDA. *Tratado das ações*. Campinas: Bookseller, 1998. p. 244.

> ção ou a este monopólio (e.g., arbitragem), tinha de prometer e assegurar a proteção dos que precisassem de justiça, isto é, prometer e assegurar a pretensão à tutela jurídica. Toda técnica legislativa, administrativa e judiciária se empenha no cumprimento desse propósito. Com isso, o Estado realiza o direito objetivo e pacífica. O Poder Judiciário foi criado para isso e o processo judiciário tem por fim organizar a provocação e a prestação da justiça.

Ou seja, o processo judiciário tem por finalidade justamente a organização da provocação e prestação de Justiça. É puro método para a resolução de conflitos. Ou, nas precisas palavras do mesmo Pontes de Miranda[2], "o processo não é mais do que o corretivo da imperfeita realização automática do direito objetivo".

Todavia, tal método não é desprovido de valores éticos. O processo está afetado à satisfação das necessidades daqueles que reclamam a própria Justiça. Nesse contexto, luminosas são as considerações de José Roberto dos Santos Bedaque[3], para quem o processo visa tornar efetivo o direito material, nos seguintes termos:

> Talvez a noção mais importante do direito processual moderno seja a de instrumentalidade, no sentido de que o processo constitui instrumento para a tutela do direito substancial. Está a serviço deste, para garantir sua efetividade. A consequência dessa premissa é a necessidade de adequação e adaptação do instrumento ao seu objeto. O processo é um instrumento, e, como tal, deve-se adequar-se ao objeto com que opera. Suas regras técnicas devem ser adaptar a servir ao fim a que se destinam, motivo pelo qual se pode afirmar ser relativa a autonomia do direito processual. (...) Por isso, o direito processual deve adaptar-se às necessidades específicas do seu objeto, apresentando formas de tutela e de procedimento adequadas às situações de vantagem asseguradas pela norma substancial. A partir do momento em que se afirma o caráter instrumental do processo, deve ser abandonada qualquer ideia fundada na neutralidade da ciência processual.

Se tal realidade se afirma em relação ao direito processual civil, com muito mais razão deve ser aplicada ao direito processual trabalhista, na medida em que implementa direitos fundamentais, essencialmente.

Desse modo, podemos mencionar que[4] "(...) o processo é o método, a técnica, o instrumento de que se utiliza o Estado para, no exercício do seu poder-de-

2. PONTES DE MIRANDA. *Tratado das ações*, cit., p. 246.
3. BEDAQUE, José Roberto dos Santos. *Direito e processo:* influência do direito material sobre o processo. 6. ed. São Paulo: Malheiros, 2011. p. 26.
4. TEIXEIRA FILHO, Manoel Antonio. *Curso de direito processual do trabalho*, cit., v. I, p. 175.

ver jurisdicional monopólico, solucionar os conflitos de interesses, individuais ou coletivos, que tenham por objeto um bem ou uma utilidade da vida".

O processo constitui-se, desse modo, como todo o instrumental composto por um conjunto de atos coordenados, que asseguram o exercício do direito de ação por parte do cidadão. Devemos mencionar, ainda, que não é novidade a distinção entre ação, processo e procedimento, conceitos estes já oriundos da formação na teoria geral do processo civil comum, não sendo tais conceitos propriamente exclusivos ou peculiares do processo do trabalho.

Reafirmando a noção de processo, em relação ao procedimento, podemos mencioná-lo como "o modo de a parte atuar em juízo, segundo a lei. É o rito que o legislador estabelece para que o interessado possa promover a defesa dos seus direitos no âmbito judiciário"[5]. Ou seja, o procedimento seria o modo como se desenvolvem os atos constitutivos do processo.

Ainda nesse contexto, podemos mencionar que a ação "é o direito ao exercício da atividade jurisdicional (ou do poder de exigir esse exercício)"[6] de que dispõe o indivíduo para fazer valer sua pretensão ao exercício de um direito material molestado. Já os autos são o caderno, o meio físico pelo qual se materializam, registram-se os atos praticados pelas partes, pelas serventias e pelo próprio juízo, podendo tais autos ser eletrônicos, desde a Lei n. 11.419/2006, como nos dias atuais se percebe na figura do Processo Judicial Eletrônico – PJE. Note-se que a noção de autos, tal qual hoje compreendida, como um caderno, o meio físico pelo qual se materializa o processo, encontra-se visivelmente ameaçada com o advento da informatização dos atos processuais, devendo ser compreendida, doravante, a expressão "autos" como o meio, seja ele físico ou digital, de armazenamento e sistematização dos atos praticados pelas partes, pelo juiz e pelas serventias, para o exercício da própria jurisdição.

Do ponto de vista prático, não se ignora tais conceitos, mormente em face do estabelecimento de limitações meramente técnicas sobre a utilização de sistemas e plataformas de transmissão de dados e imagens adotados pelos Tribunais, para envio de petições e de recursos. Com efeito, a legislação referente à transmissão eletrônica de documentos, especificamente as Leis n. 9.800/1999 e 11.419/2006, não atribui, por exemplo, limitação ao número de páginas dos documentos enviados eletronicamente, não se admitindo que os Tribunais Regionais, por meio de normas internas ou de limitações meramente sistêmicas, estabeleçam tais restrições à prática dos atos processuais. O PJe ou qualquer outra

5. TEIXEIRA FILHO, Manoel Antonio. *Curso de direito processual do trabalho*, cit., v. I, p. 175.

6. CINTRA, Antonio Carlos de Araújo; GRINOVER, Ada Pellegrini; DINAMARCO, Cândido Rangel. *Teoria geral do processo*, cit., p. 247.

aplicação, enquanto mera plataforma para o exercício da atividade jurisdicional, não poderá condicionar de qualquer modo ou impor limite aos atos processuais, salvo por expressa previsão legal. Nesse sentido o TST já se pronunciou no âmbito da SDI II, consoante se depreende (TST-RO-221-61.2019.5.12.0000, SBDI-II) e do seguinte aresto:

> [...] RECURSO DE REVISTA. PROCESSO EM FASE DE EXECUÇÃO. CONTESTAÇÃO À IMPUGNAÇÃO DOS EXEQUENTES ENVIADA PELO SISTEMA E-DOC. PETICIONAMENTO ELETRÔNICO. ATO N. 52/2016 DO TRT DA 1ª REGIÃO. EXIGÊNCIA DE JUNTADA DA PETIÇÃO FÍSICA ORIGINAL. ILEGALIDADE. ART. 3º DA LEI N. 11.429/2006 E ART. 7º DA IN 30/2007 DO TST. NÃO JUNTADA DA CONTESTAÇÃO INTERPOSTA PELA EXECUTADA. NULIDADE. CERCEAMENTO DO DIREITO DE DEFESA. A jurisprudência desta Corte vem se firmando no sentido de que o Ato 52/2016 do TRT da 1ª Região, revogado em 2018, afrontava a Lei n. 11.419/2006, que dispõe sobre a informatização dos processos judiciais e não exige a apresentação posterior da versão impressa das petições apresentadas em formato digital. Nos termos do art. 3º da Lei n. 11.419/2006, "consideram-se realizados os atos processuais por meio eletrônico no dia e hora do seu envio ao sistema do Poder Judiciário, do que deverá ser fornecido protocolo eletrônico". A Instrução Normativa n. 30/2007 do TST regulamenta, no âmbito da Justiça do Trabalho, a Lei n. 11.419/2006, quanto à informatização do processo judicial, e estabelece, em seu art. 7º, que "o envio da petição por intermédio do e-DOC dispensa a apresentação posterior dos originais ou de fotocópias autenticadas, inclusive aqueles destinados à comprovação de pressupostos de admissibilidade do recurso". No caso dos autos, restou configurada a nulidade por cerceamento do direito de defesa, em prejuízo da executada, que não teve sua contestação apreciada em momento oportuno, porque aplicado o Ato 52/2016 do TRT da 1ª Região, que exigia a apresentação física da petição protocolada pelo sistema e-DOC. Assim, as garantias do devido processo legal e do contraditório e da ampla defesa não foram respeitadas, violando o art. 5º, LIV e LV, da Constituição Federal. Precedentes. Recurso de revista conhecido e provido. (TST-RR-6200-20.1992.5.01.0044, 3ª Turma, rel. Min. Alberto Luiz Bresciani de Fontan Pereira, julgado em 2-6-2021.)

2.1. Jurisdição voluntária *x* jurisdição contenciosa

Nesse contexto, ainda, é preciso afirmar que dizer o direito é próprio da atividade estatal. E, como regra, a jurisdição é apresentada como instrumento para a pacificação de bens jurídicos em litígio. Tal afirmação remete à conclusão de que, em regra, a atuação jurisdicional visa à solução de conflitos, ou seja, é exercida como mecanismo de solução de conflitos.

Isso não seria diferente na solução dos conflitos trabalhistas. Muito pelo contrário, uma simples análise do sistema jurídico de defesa do trabalho e da sua conformação histórica remete ao fato de que as relações de trabalho são naturalmente conflituosas.

Com isso estamos a dizer que a jurisdição contenciosa é aquela pela qual se pretende a solução de conflitos, sendo essa a regra no direito processual do trabalho. Acontece que, como mencionam Antonio Carlos de Araújo Cintra, Ada Pellegrini e Cândido Dinamarco[7], "(...) existem atos jurídicos da vida dos particulares que se revestem de importância transcendente aos limites da esfera de interesses das pessoas diretamente empenhadas, passando a interessar também à própria coletividade". Para Carnelutti, citado por José Olympio de Castro Filho, a prevenção da lide seria o fim específico da jurisdição voluntária.

Embora não esteja isenta de críticas, tal conclusão parece bastante acertada, na medida em que se pretende, por meio da atuação jurisdicional no procedimento voluntário, a fixação de uma certeza,

> ... agindo o juiz em colaboração com as partes para a constituição de um efeito jurídico, que sem a intervenção judicial não se produziria. Trata-se de um "negócio", que visa mais ao ato por realizar do que o já realizado, em que existe um interesse a tutelar, e cuja decisão não produz coisa julgada, porque na mesma inexiste a imutabilidade[8].

Trata-se de manifesta limitação aos princípios da autonomia e liberdade que caracterizam a vida jurídico-privada dos indivíduos.

A prática judiciária oficial não tem aceitado, com a largueza necessária, a denominada jurisdição voluntária no direito processual trabalhista. Com efeito, são meramente pontuais as hipóteses da jurisdição voluntária no âmbito das relações processuais laborais, como a hipótese prevista no art. 500 da CLT, ou mesmo a homologação de acordo extrajudicial, inserido na CLT a partir da Lei n. 13.467/2017. Em regra, todavia, não se tem admitido a jurisdição voluntária nas demandas trabalhistas, dado que aqueles procedimentos previstos no Título II do Livro IV do CPC não se enquadram na matéria trabalhista.

---

7. CINTRA, Antonio Carlos de Araújo; GRINOVER, Ada Pellegrini; DINAMARCO, Cândido Rangel. *Teoria geral do processo*, cit., p. 152.
8. CASTRO FILHO, José Olymmpio de. *Comentários ao Código de Processo Civil:* arts. 1.103 a 1.220. Rio de Janeiro: Forense, 2007. v. X, p. 24.

Contudo, pensamos que há equívoco em tal concepção, mormente porque é necessária a atuação jurisdicional em mais de um caminho, no sentido da estabilização das relações laborais. Mas tal temática transborda o escopo do presente manual.

2.2. Processo individual e coletivo

O processo individual e o coletivo distinguem-se, de logo, em função da sua origem, no que concerne aos envolvidos. Como ensinam Wagner D. Giglio e Claudia Giglio Veltri Corrêa[9]:

> ... nos dissídios individuais há conflito de interesses concretos de pessoas determinadas, enquanto nos dissídios coletivos se discutem interesses abstratos de uma categoria composta de número indeterminado de pessoas.

Ou seja, enquanto no processo individual há uma pretensão singular, formulada por um sujeito especificamente, na pretensão coletiva há um agrupamento de interesses, de origem subjetivamente diferente, ainda que consolidadas em um único polo, traduzido pela entidade sindical.

Mas não é só. Tal qual já referimos acima, os direitos e interesses coletivos, normalmente, não se confundem com a mera soma dos direitos individuais envolvidos. Os direitos coletivos surgem, desse modo, não apenas como a tradução dessa soma, mas como um *plus*, ou, como apresenta Ronaldo Lima dos Santos[10], "esse interesse [coletivo] constitui uma realidade distinta dos interesses que colaboram para a sua formação, de molde que não é possível confundir os interesses das pessoas que integram o grupo com os do grupo em si, não obstante, por vezes, haver uma correspondência direta entre ambos os interesses".

Perceba-se que, apesar de ser única a parte, no caso o sindicato, os interesses em jogo são de diversos trabalhadores, ou até mesmo daqueles que nem trabalhadores são, embora congreguem a mesma categoria, como é o caso dos desempregados. Afinal, não há dúvida de que um bancário atualmente desempregado pode o ser beneficiado de cláusula normativa que, por exemplo, garanta curso de reciclagem para o reingresso no mercado para aqueles ex-bancários.

Assim, embora o sindicato possua legitimidade para figurar no feito, o titular do direito não é a entidade sindical, mas a própria categoria. Em função dos interesses jurídicos *sub judice*, haverá sensível alteração não apenas da matéria, mas, igualmente, do próprio procedimento a ser seguido, como veremos adiante.

9. GIGLIO, Wagner D.; CORREA, Claudia Giglio Veltri. *Direito processual do trabalho*, cit., p. 175.
10. SANTOS, Ronaldo Lima dos. *Sindicatos e ações coletivas*: acesso à justiça, jurisdição coletiva e tutela dos interesses difusos, coletivos e individuais homogêneos. 2. ed. São Paulo: LTr, 2008. p. 74.

3. NOÇÕES GERAIS SOBRE OS RITOS NO PROCESSO DO TRABALHO

Neste ponto é relevante destacar, apenas, que de uma forma sistemática é possível identificar que no quadro dos processos, dentro da disciplina prevista pelo CPC, há a indicação de que a prestação jurisdicional se dá por meio do denominado processo de conhecimento e de cumprimento de sentença e do processo de execução (extrajudicial), tendo sido suprimido o antigo processo cautelar, dado o poder geral de cautela conferido ao juízo, tal qual evidencia o art. 301 do CPC.

Cumpre mencionar, ademais, consoante será visto oportunamente, que a CLT não tratou de tornar híbrido, digamos, o conteúdo do processo de conhecimento e do processo de execução, consoante a estrita redação dos arts. 880 e seguintes da CLT, em desalinho com a forma definida no CPC para o cumprimento da sentença, mera fase do processo de conhecimento (art. 513 do CPC).

Mantém-se, assim, no âmbito das demandas laborais a noção de que por meio do denominado processo de conhecimento tem-se o resultado da cognição sobre determinado fato e as suas repercussões jurídicas. Trata-se do mecanismo pelo qual o Estado-Juiz pretende identificar, conhecer, qual a contenda e quem possui o direito. No processo de execução, por sua vez, o que se pretende é justamente fazer cumprir, dar efetividade ao direito.

O processo de execução está estruturado no sentido de materializar, entregar efetivamente os bens da vida pretendidos. Contrariamente ao CPC/73, com suas tantas reformas, e o agora CPC, o legislador não tratou, no âmbito trabalhista, do mesmo modo o processo executivo, fato que impõe maior atenção, portanto, como veremos adiante.

De todo modo, ainda é relevante mencionar que, em pouco mais de 250 artigos, na CLT tratou-se de todo o processo de conhecimento e de execução no âmbito do direito processual do trabalho, que fora tratado em um mesmo título, denominado "processo judiciário do trabalho". Ignorou-se a tutela cautelar. Contudo, isso não significa que seja impossível o cabimento das tutelas cautelares nos dissídios trabalhistas. Vamos, mais uma vez, suprir as necessidades para a implementação da Justiça Especializada pela lacuna na normatização, e utilização subsidiária do CPC, seguindo a previsão dos arts. 15 do CPC e 769 da CLT.

Como já dito, a Justiça do Trabalho, como tal, nasceu nos idos de 1943, ou seja, em um momento em que havia uma industrialização ainda incipiente no Brasil, e, portanto, com conflitos relacionados ao trabalho muito simples. Daí por que o processo do trabalho, nessa época, foi pensado para que existissem apenas dois momentos antes da audiência, quais sejam, a postulação do autor, traduzida por meio da petição inicial (que poderia ser escrita ou verbal), e os atos dos órgãos auxiliares. No caso dos órgãos auxiliares do juízo, estes recebem a petição inicial, realizam a distribuição, designam a audiência e notificam as partes. Toda essa sequência é procedida sem a interferência do juiz.

A demanda chega ao juiz, segundo a previsão legal, de regra, apenas na audiência. Nesta, o magistrado mandava a parte ler a petição inicial, e, depois disso, havia a resposta do réu. Logo após haveria a primeira tentativa de conciliação, para que se buscasse encerrar o conflito ainda naquela oportunidade. Não obtendo êxito na conciliação, na mesma audiência, realizava-se a instrução, com a produção das provas orais necessárias ao deslinde do feito.

Concluída a fase probatória, abria-se prazo de dez minutos para que cada uma das partes pudesse expor suas razões finais orais. Logo após, havia uma segunda tentativa de conciliação, e, não sendo atingido o acordo, partia-se imediatamente para a prolação da sentença. Note-se que todo esse processamento se dava na mesma oportunidade.

A partir de 1970, com o advento da Lei n. 5.584, surgiram algumas modificações no rito, dado que se estabeleceu que, se o valor que se pretende em juízo (valor da alçada) fosse até o dobro do salário mínimo legal, a decisão seria irrecorrível. Com tal mudança, criou-se mais um momento processual. Se a petição inicial fosse ilíquida, sem valor determinado, logo após a primeira tentativa conciliatória o juiz fixaria o valor da alçada, na forma do art. 2º da Lei n. 5.584/70.

Em 1995, com o advento da Lei n. 9.022, modificou-se a ordem dos atos processuais, para que houvesse a primeira tentativa de conciliação antes da apresentação da defesa por parte do demandado. O que se viu, na prática, era que a parte ré normalmente apresentava junto a sua defesa muitos documentos e a parte autora deveria se pronunciar sobre todos aqueles antes de se tentar o acordo. Todavia, em havendo o acordo, as partes e o juízo teriam praticado atos processuais absolutamente desnecessários (a manifestação sobre documentos), o que implicaria violação à própria economicidade processual. Daí por que, por meio do Projeto de Lei n. 1.978/91, o Deputado Edison Fidelis propôs a alteração legislativa, no particular.

Ademais, ainda em razão do curto prazo, de apenas vinte minutos, para manifestação sobre documentos por parte do reclamante, para não gerar nenhum prejuízo à parte, entendia-se possível a concessão de prazo de alguns dias para que ele se manifestasse. Tal entendimento não está na lei, mas é amplamente utilizado na prática judiciária. Com isso, o juiz não prolatava sua sentença na mesa de audiência, mas os autos permaneciam conclusos para julgamento.

Visando, de algum modo, reafirmar o quanto originalmente previsto no texto celetista, em 2000 a Lei n. 9.957 instituiu o procedimento sumaríssimo na Justiça do Trabalho, obrigatório para causas de até quarenta salários mínimos. Tal procedimento possui algumas modificações em relação ao procedimento comum ordinário, como no atinente ao número de testemunhas, a impossibilidade de notificação por edital do demandado, dentre outras. O que se percebe, todavia, é que a pretensão do legislador é justamente recuperar o espírito originário da CLT, reafirmando a concentração dos atos processuais em audiência. No rito sumaríssimo a manifestação de documentos deve ser feita em audiência; a sessão deve ser única, salvo a absoluta impossibilidade de assim proceder.

Alguns quiseram concluir pela inexistência do aludido rito sumário, com sua revogação tácita, pela edição de Lei n. 9.957/2000, que instituiu o rito sumaríssimo. Contudo, tal tese não prevaleceu, mesmo porque não há incompatibilidade entre os mesmos ritos. No particular, doutrina e jurisprudência majoritária estão alinhadas ao pensamento de Eduardo Gabriel Saad[11], para quem:

> ... a sobredita Lei n. 9.957/2000 não revogou, expressa e totalmente, a Lei n. 5.584/1970, considerando-se, apenas, derrogadas as disposições desta última que conflitarem com as da primeira. A nosso sentir, vigoram, ainda: arts. 2º e seus §§ 1º, 2º e 3º; 3º; 4º; 5º; 7º e 14 a 20 (assistência judiciária).

A dinâmica dos procedimentos visa permitir às partes, com clareza, saber o caminho a seguir. Em relação aos procedimentos há uma regra geral, uma tendência natural de que todas as pretensões se submetam ao mesmo procedimento, o que enseja no procedimento comum.

No âmbito do processo do trabalho, a simples leitura do texto da CLT evidencia o denominado procedimento ordinário (art. 837 e seguintes) e o sumaríssimo (arts. 852-A e seguintes). A definição do rito do denominado procedimento sumário ficou a cargo da Lei n. 5.584/70 (arts. 2º e seguintes), sendo certo que a definição do trâmite por meio de cada um dos aludidos ritos será definida a partir do valor da causa.

No que concerne aos denominados procedimentos especiais, pode-se dizer que o legislador foi bastante econômico em distinguir hipóteses de procedimentos especiais no âmbito da CLT, contrariamente ao quanto feito no âmbito do Código de Processo Civil.

Desde já, todavia, é preciso que se compreenda que tal afirmação não leva a crer que não caiba procedimento especial na Justiça do Trabalho. Parece evidente, de outro lado que, como há omissão, havendo compatibilidade, faz-se uma aplicação subsidiária do direito processual civil, seguindo a regra dos arts. 15 do CPC e 769 da CLT. As hipóteses dos procedimentos especiais na Justiça do Trabalho, propriamente, serão analisadas adiante.

---

11. SAAD, Eduardo Gabriel. *Curso de direito processual do trabalho*, cit., p. 656.

3.1. Procedimento comum ordinário

Em relação ao procedimento comum ordinário, pode-se consignar algumas peculiaridades, como já delineado acima e cujas repercussões serão devidamente estudadas ao longo do presente Curso.

Até o advento da Lei n. 13.467/2017, a primeira peculiaridade era a de que a inicial, na reclamatória sob tal rito, prescindiria da indicação do valor da causa (considerando o teor do art. 2º da Lei n. 5.584/70, que permite ao juiz suprir a omissão, se for indeterminado no pedido). Todavia, com a alteração do § 1º do art. 840 da CLT, passou a ser obrigatória a indicação do pedido, que deve ser certo, determinado e com indicação de seu valor, sob pena de serem extintos sem julgamento de mérito os pedidos que não atendam ao comando legal (art. 840, § 2º, da CLT).

Uma vez distribuída a inicial, o réu será notificado, no prazo de quarenta e oito horas, para audiência em cinco dias. Não sendo o réu encontrado, poderá o autor requerer a citação por edital, conforme determinado no art. 841, § 1º, da CLT.

Na audiência, o réu apresenta sua resposta, que pode ser realizada por escrito ou oralmente, no prazo de vinte minutos. Poderá, ainda, apresentar defesa escrita pelo sistema de processo judicial eletrônico até a audiência, na forma do parágrafo único do art. 847 da CLT. Apresentada a defesa, embora a previsão do art. 849 da CLT seja no sentido de que a audiência será necessariamente una, ou seja, contínua, em uma única oportunidade, a prática judiciária tem sido complacente com o adiamento da assentada, para permitir às partes um adequado direito de defesa.

Entendemos que a prática demonstra que não há razão que se justifique uma postura intransigente em relação ao tema. Se é verdade que a audiência una pode permitir maior concentração dos atos processuais, e nas demandas mais simples ocasiona o abreviamento da lide, é fato que tal concentração gera manifesto prejuízo para as partes, seja nas demandas mais complexas, seja mesmo naquelas simples, notadamente para o trabalhador, que não sabe de antemão quais as alegações do empregador, não sendo raro observar-se um prejuízo na formação da prova, pelas partes, notadamente em relação ao autor, quando se está diante de uma defesa que sustente uma tese, digamos, inesperada.

Por exemplo, tem-se notícia de demandas em que, na peça de defesa, foram suscitadas teses absolutamente diferentes da verdade dos fatos, mas que, porque não houve um direcionamento da prova nesse sentido, a prova do obreiro restou prejudicada. Então, por cautela, obriga-se o reclamante à prática de atos desnecessários, como a comprovação de todas as suas alegações contidas na petição inicial, já que não sabe ao certo quais seriam seus ônus.

De outro lado, dada a consagração legal de uma possível redistribuição dos ônus de prova, contida no art. 818 a partir da Lei n. 13.467/2017, impõe-se ao juízo que adie a audiência, a fim de permitir à parte que se desincumba dos ônus de prova que lhe foram impostos pelo juiz.

Retomando, em relação ao aludido procedimento, cumpre referir, ainda, que cada parte pode apresentar até três testemunhas, independentemente de notificação, na forma do art. 821 da CLT. Os atos processuais ocorridos durante a audiência serão registrados em ata, na forma do art. 828 da CLT; uma vez colhidas as provas, cabe ao juiz proferir sentença, podendo, inclusive, fazê-lo em audiência. Na sentença haverá relatório, fundamentação e dispositivo; publicada a decisão, contra ela podem ser opostos embargos de declaração ou recurso ordinário.

Na hipótese de apresentado recurso ordinário, o feito vai para o Ministério Público do Trabalho, para que se manifeste sobre discussão, na hipótese de existir interesse público. Recebido o recurso, será distribuído a um desembargador do Trabalho como relator do recurso, sendo responsabilidade dele a produção de voto escrito, o encaminhamento ao desembargador revisor, que, após sua análise, determinará o envio dos autos para a sessão de julgamento.

Na data em que realizado o julgamento, proclama-se o resultado, que será publicada no *Diário Oficial*. Contra esse acórdão é possível a oposição de embargos de declaração ou recurso de revista, sendo este último para o Tribunal Superior do Trabalho. Da decisão final desse recurso e em hipóteses mais restritas, pode ensejar recurso extraordinário para o STF, ou embargos, para o próprio TST, na hipótese prevista no art. 894, *b*, da CLT.

3.2. Rito sumaríssimo

Introduzido no processo do trabalho pela Lei n. 9.957/2000, como já referido, para causas de até quarenta salários mínimos, encontra-se regulamentado pelo quanto previsto nos arts. 852-A a 852-I da CLT. A demanda processada sob o rito sumaríssimo possui peculiaridades desde o momento de seu ajuizamento.

Até o advento da Lei n. 13.467/2017, apenas as demandas sujeitas ao rito sumaríssimo deveriam conter a indicação do valor de todos os seus pedidos. A partir do aludido diploma legal, também passou a ser exigida tal indicação para as demandas sujeitas ao rito ordinário, como já dito.

De todo modo, em relação ao rito sumaríssimo, tal liquidez implica a indicação clara e precisa do valor da pretensão, desde a inicial, assim como regulamentado no CPC.

Na hipótese de não ser cumprido o requisito legal da liquidez dos pedidos, é de longa data a compreensão, pela jurisprudência, no sentido de que a demanda deve ser extinta:

> PROCEDIMENTO SUMARÍSSIMO – INÉPCIA DA INICIAL – LIQUIDAÇÃO DOS PEDIDOS – INOBSERVÂNCIA – ART. 852-B, I, DA CLT – EXTINÇÃO DO FEITO – O procedimento sumaríssimo encontra previsão no art. 852-A e seguintes da CLT, dispondo o inciso I do art. 852-B a obrigatoriedade da indicação dos valores atinentes a cada um dos pedidos formulados. Deixando a parte de proceder à liquidação dos pedidos, resta inepta a inicial, cabendo a extinção do feito, sem julgamento do mérito, nos termos do disposto no art. 852-B, § 1º, c/c o art. 267, I, do CPC. Recurso conhecido e desprovido (TRT – 10ª Região, RO 193-61.2012.5.10.0011, rel. Des. Douglas Alencar Rodrigues, *DJe* 18-5-2012, p. 161).

Pena que a jurisprudência e a doutrina majoritárias não têm entendido como necessária a liquidez, igualmente, na sentença proferida na decisão sob o rito sumaríssimo, embora entendamos que teleologicamente seja adequado assim se exigir, inclusive para a abreviação do procedimento executivo, já que os cálculos não poderão ser mais uma vez questionados quando do início do processo executivo.

Deve-se identificar que o legislador pretendeu, por meio do procedimento sumaríssimo, que as demandas fossem julgadas no prazo de quinze dias, como definido no art. 852-B, III, da CLT.

Tal lapso de tempo determinou alguns condicionantes ao próprio procedimento. De fato, para que as demandas pudessem ser apreciadas com a brevidade exigida pelo legislador, não haveria outro meio senão impedir que houvesse a citação do demandado por edital, ou mesmo a participação da Fazenda Pública, no caso, a administração direta, indireta e fundacional, nos feitos subordinados a esse mesmo rito. Seja a exigência da citação por edital, seja a disciplina dos prazos da Fazenda Pública, na forma do Decreto-lei n. 779/69, impediriam a apreciação das demandas naquele prazo.

Daí por que, se o réu não for localizado, não poderá ser notificado por edital, a teor do art. 852-B, II, da CLT. Havendo essa hipótese, o caminho previsto em lei é a extinção da demanda (art. 852-B, § 1º). A adequada interpretação do dispositivo, todavia, parece-nos ser aquela que permite, antes da medida extrema, que seria facultado ao juiz conferir prazo para que a parte indique o atual endereço do demandado, mormente porque o autor somente tem certeza da mudança do endereço depois de tentado o ato citatório. É o que se depreende:

> RITO SUMARÍSSIMO – OPORTUNIDADE DE INDICAÇÃO DE ENDEREÇO ATUALIZADO – ALÍNEA II, DO ART. 852-B, DA CLT – COMPATIBILI-

DADE COM O RITO SUMARÍSSIMO – O objetivo buscado pelo procedimento sumaríssimo é, senão, imprimir celeridade ao andamento processual, razão pela qual é, de fato, incompatível com a citação por edital (art. 852-B, inc. II, CLT). Contudo, não é vedado no procedimento dar oportunidade à reclamante, ante à devolução da intimação, de informar endereço atualizado da ré para que seja citada, dando regular prosseguimento ao feito. Há que se considerar, a princípio, que a autora cumpriu os requisitos do art. 852-B, inc. II, da CLT, ao fornecer endereço da ré, porquanto ainda não se sabe se supervenientemente ao ingresso da ação tenha havido alteração do endereço da reclamada. Inviável, pois, a extinção abrupta do feito antes da concessão de oportunidade para nova indicação. Dou provimento (TRT – 2ª Região, Proc. 0001120-46.2010.5.02.0067 (20120346510), rel. Marta Casadei Momezzo, *DJe* 30-3-2012).

Não se pode ignorar, ainda, que, dado que se trata de mero pressuposto do "respeito ao formalismo processual", conforme pontua Fredie Didier Jr.[12] em homenagem ao aproveitamento dos atos processuais, e considerando ainda que nem sequer houve a triangulação da relação jurídica processual, parece-nos possível que, diante de hipóteses em que fosse impossível a localização do demandado nas demandas sob o rito sumaríssimo, seria possível o aditamento do feito, com sua conversão para o rito ordinário, com o processamento da mesma demanda, agora sob o rito padrão.

Obviamente, se houver outras razões que imponham a apreciação da lide em prazo superior àquele fixado em lei, é possível que o processamento ocorra para além do quanto definido em lei, desde que justificadamente. Todavia, todos, partes, advogados, juízes e servidores, devem buscar, ao máximo, o cumprimento dos aludidos prazos processuais.

Por isso mesmo será a parte autora responsável por responder a quaisquer incidentes ou exceções propostas em audiência *incontinenti*, na mesma assentada, cabendo ao juízo, no mesmo prazo, decidir sobre a questão, na forma do art. 852-G da CLT. O mesmo ocorrerá em relação à manifestação sobre os documentos, por parte do reclamante (art. 852-H, § 1º).

As testemunhas virão independentemente de qualquer ato oficial. No caso de ausência das testemunhas, apenas se houver a comprovação do convite e a injustificada recusa é que será possível o adiamento. O número de testemunhas é limitado a duas.

12. DIDIER JR., Fredie. *Curso de direito processual civil*: teoria geral do processo e processo de conhecimento, cit., v. I, p. 241.

Se for necessária a prova pericial, ou se a lei o exigir, a própria CLT determina que o juiz deverá fixar o objeto da perícia, o prazo e nomear o perito, e cinco dias terão as partes para se manifestar sobre o resultado da avaliação técnica (art. 852-H, § 6º).

É dispensado o registro completo dos atos processuais em ata. Registram-se apenas atos essenciais, na forma do art. 852-F, sendo ainda dispensado o relatório da decisão.

Na hipótese de ajuizado o recurso ordinário, não será analisado previamente pelo Ministério Público do Trabalho. Sendo necessária a manifestação do Órgão Ministerial, esta se dará apenas durante a sessão de julgamento, quando, querendo, pode emitir parecer oral.

Não haverá voto nem designação de desembargador revisor. O desembargador relator, uma vez recebido o processo, deve encaminhá-lo a julgamento em até dez dias, podendo apresentar suas razões de decidir oralmente, devendo-se consignar apenas as razões de decidir do voto prevalente. Se a sentença for confirmada por seus próprios fundamentos, a certidão de julgamento, registrando essa circunstância, servirá de acórdão, segundo o art. 895, § 1º, da CLT. Será possível a interposição de recurso de revista em face do acórdão proferido, embora seja possível a interposição do aludido recurso apenas na hipótese de contrariedade a súmula de jurisprudência uniforme do Tribunal Superior do Trabalho ou a súmula vinculante do Supremo Tribunal Federal e por violação direta da Constituição, na forma do art. 896, § 9º, da CLT.

3.3. Procedimento de alçada ou sumário

O denominado procedimento de alçada, de pequena aplicação prática, foi criado em 1970, por meio da Lei n. 5.584, em seu art. 2º. Tal rito é definido a partir do momento em que se identifica a pequena relevância econômica da querela. Isso porque o denominado dissídio de alçada tem por base valor da causa extremamente reduzido. Apenas aquelas demandas em que a causa tiver valor igual ou inferior a dois salários mínimos será processada sob tal rito.

A especialização do aludido rito, previsto para demandas de até dois salários mínimos, inicia-se a partir da audiência.

A partir do advento da Lei n. 13.467/2017, é necessária a liquidação dos pedidos ou o valor da causa na inicial. Mas, sendo impossível tornar os pedidos líquidos, o juízo poderá fixar o valor, fixando a alçada em audiência, conforme autorizado no art. 2º da Lei n. 5.584/70.

Na audiência será possível ao juiz apenas registrar suas conclusões sobre a matéria de fato (art. 851, § 1º, e art. 2º, § 3º, da Lei n. 5.584/70), e não necessariamente o resumo dos fatos e atos processuais. Em outras palavras, é dispensável o registro integral do quanto se passou, mas apenas das conclusões quanto à matéria de fato.

O mais relevante efeito, todavia, é a irrecorribilidade imposta às decisões proferidas nesse procedimento. De fato, a sentença somente será recorrível em caso de violação à Constituição, não havendo efeito devolutivo amplo dos recursos.

O entendimento corrente acerca da interpretação da Lei n. 5.584/70, no particular, é no sentido de que somente é possível a interposição de recurso contra a sentença proferida nesse procedimento para a defesa do Texto Constitucional, sendo cabível, em último caso, o recurso extraordinário, para o Supremo Tribunal Federal, na forma do art. 102, III, da CF/88, consoante teria vaticinado o mesmo Tribunal por meio da Súmula 640:

> Recurso extraordinário – Cabimento – Decisão proferida por juiz de primeiro grau – Causas de alçada – É cabível recurso extraordinário contra decisão proferida por Juiz de primeiro grau nas causas de alçada, ou por Turma recursal de Juizado Especial cível e criminal.

Todavia, é preciso estar atento para a adequada interpretação da Súmula n. 640 do STF, diante da inviabilidade do manejo do recurso extraordinário sem o esgotamento da jurisdição ordinária. O TST tem se manifestado no sentido de que é incabível a apresentação de recurso contra a decisão que julga processos sujeitos ao procedimento sumário, de alçada inferior a dois salários mínimos, salvo na hipótese em que a insurgência verse a respeito de matéria constitucional. Nessa hipótese, sendo fundado o recurso em matéria exclusivamente constitucional, caberia necessariamente recurso ordinário para o Tribunal Regional do Trabalho. Apenas após encerrada a jurisdição ordinária seria possível o manejo do recurso extraordinário para o STF:

> RECURSO DE REVISTA. NÃO CONHECIMENTO DO RECURSO ORDINÁRIO. ALÇADA RECURSAL. VALOR DA CAUSA INFERIOR A DOIS SALÁRIOS MÍNIMOS. AÇÃO DE NULIDADE DE CLÁUSULAS DE CONVENÇÃO COLETIVA QUE VEDAM O TRABALHO AOS DOMINGOS NO COMÉRCIO. DISCUSSÃO QUE ENVOLVE O RECONHECIMENTO DE NORMA COLETIVA. MATÉRIA DISCIPLINADA EM DISPOSITIVO CONSTITUCIONAL (ART. 7º, XXVI). RECURSO ORDINÁRIO CABÍVEL. 1. A Corte de origem não conheceu do recurso ordinário do Ministério Público do Trabalho ao entendimento de que, "nas causas de valor de alçada não excedente a dois salários mínimos na data do ajuizamento da ação e que envolvam matéria de natureza constitucional, a parte deverá recorrer apenas via recurso extraordinário, de competência funcional do Supremo Tribunal

> Federal". 2. Conforme dispõe o art. 2º, § 4º, da Lei n. 5.584/70 ("Salvo se versarem sobre matéria constitucional, nenhum recurso caberá das sentenças proferidas nos dissídios da alçada a que se refere o parágrafo anterior, considerado, para esse fim, o valor do salário mínimo à data do ajuizamento da ação.") é incabível a apresentação de recurso contra a decisão que julga processos sujeitos ao procedimento sumário, de alçada inferior a dois salários mínimos, salvo na hipótese em que a insurgência verse a respeito de matéria constitucional. 3. Na hipótese dos autos, o recurso ordinário interposto pelo Ministério Público do Trabalho à sentença que suspendera os efeitos jurídicos de cláusulas coletivas de vedam o trabalho aos domingos no comércio, versa sobre matéria constitucional, uma vez que, além de invocar o direito fundamental ao lazer (art. 6º, caput), articula com o reconhecimento das convenções e acordos coletivos de trabalho (art. 7º, XXVI). 4. Aplicável, pois, a exceção prevista no § 4º do art. 2º da Lei n. 5.584/70. Recurso de revista conhecido e provido (RR 267-73.2012.5.09.0325, rel. Min. Hugo Carlos Scheuermann, 1ª Turma, j. 15-8-2018, *DEJT* 17-8-2018).

Tal compreensão coaduna-se com aquela já manifestada pelo E. STF sobre o assunto, que exige o prévio esgotamento das instâncias recursais ordinárias como pressuposto de admissibilidade do recurso extraordinário:

> RECURSO EXTRAORDINÁRIO – JUSTIÇA DO TRABALHO – CAUSA DE ALÇADA (LEI N. 5.584/70, ART. 2º, § 4º) – AUSÊNCIA DE ESGOTAMENTO DAS VIAS RECURSAIS ORDINÁRIAS – DESCABIMENTO DO APELO EXTREMO – SÚMULA 281/STF – DIRETRIZ JURISPRUDENCIAL FIRMADA PELO SUPREMO TRIBUNAL FEDERAL – RECURSO IMPROVIDO. O prévio esgotamento das instâncias recursais ordinárias constitui pressuposto de admissibilidade do recurso extraordinário. Súmula 281/STF. No âmbito do processo trabalhista, somente decisões emanadas do Tribunal Superior do Trabalho revelam-se passíveis de impugnação mediante recurso extraordinário. Mesmo que haja discussão de matéria constitucional em sede de dissídios individuais, e ainda que se trate de causa de alçada (Lei n. 5.584/70, art. 2º, § 4º), não se mostra lícito interpor recurso extraordinário "per saltum", incumbindo, a quem recorre, exaurir, previamente, perante os órgãos competentes da Justiça do Trabalho, as vias recursais definidas pela legislação processual trabalhista, sob pena de a inobservância desse pressuposto recursal específico tornar insuscetível de conhecimento o apelo extremo deduzido. Precedentes (STF) (RE 638.224 AgR, rel. Min. Celso de Mello, 2ª Turma, j. 7-6-2011, *DJe* 118, divulg. 20-6-2011, public. 21-6-2011, ement., v. 02548-02, p. 00245).

> SÚMULA STF N. 281. LEI 5.584/70. TRABALHISTA DISSÍDIO DE ALÇADA. 1. É incabível recurso extraordinário quando não esgotados os recursos de natureza ordinária. Incidência da Súmula STF n. 281. 2. Agravo regimental improvido (AI 673.517 AgR, rel. Min. Ellen Gracie, 2ª Turma, j. 23-6-2009, *DJe* 148, divulg. 6-8-2009, public. 7-8-2009, ement., v. 02368-16, p. 03398).

A terceira peculiaridade do aludido procedimento tem previsão no art. 4º da mesma Lei n. 5.584/70 e versa sobre a possibilidade de o juiz impulsionar o feito de ofício, quando as partes não estiverem acompanhadas de advogado.

Para que não houvesse qualquer dúvida acerca da constitucionalidade do dispositivo, o E. TST, por meio da sua Súmula 356, consagrou o entendimento de que o art. 2º, § 4º, da Lei n. 5.584/70 foi recepcionado pela CF/88, sendo lícita a fixação do valor da alçada com base no salário mínimo.

CAPÍTULO 11

Da Tutela Provisória e Cautelar no Processo do Trabalho

Sumário: 1. Introdução – **2.** Noções gerais da tutela provisória: da tutela de urgência (antecipada e cautelar) e da tutela da evidência – **3.** Tutela de urgência (antecipada e cautelar); **3.1.** Tutela de urgência antecipada antecedente; **3.2.** Tutela de urgência antecipada incidente – **4.** Tutela cautelar: das medidas cautelares típicas nas relações de trabalho: **4.1.** Tutela cautelar antecedente; **4.2.** Tutela cautelar incidente – **5.** Tutela da evidência – **6.** Tutela provisória no processo do trabalho: da iniciativa para sua concessão.

1. INTRODUÇÃO

Não há novidade alguma em reconhecer que o Estado avocou para si a possibilidade de distribuir a Justiça, impedindo o exercício arbitrário da força privada, bem como que a atividade judicial se exercita por intermédio de diversos atos, praticados ao longo do processo. De longa data[1] se reconhece que

> ... desde que o Estado eliminou e proibiu a justiça de mão própria, monopolizando a distribuição da justiça, salvo pouquíssimas exceções àquela eliminação ou a este monopólio (e.g., arbitragem), tinha de prometer e assegurar a proteção dos que precisassem de justiça, isto é, prometer e assegurar a pretensão à tutela jurídica. Toda técnica legislativa, administrativa e judiciária se empenha no cumprimento desse propósito. Com isso, o Estado realiza o direito objetivo e pacífico. O Poder Judiciário foi criado para isso e o processo judiciário tem por fim organizar a provocação e a prestação da justiça.

O processo judiciário tem por finalidade justamente a organização da provocação e prestação de justiça. É puro método para a resolução de conflitos. Ou, nas precisas palavras de Pontes de Miranda[2], "(...) o processo não é mais do que o corretivo da imperfeita realização automática do direito objetivo".

1. PONTES DE MIRANDA, Francisco Cavalcanti. *Tratado das ações*, cit., p. 244.
2. PONTES DE MIRANDA, Francisco Cavalcanti. *Tratado das ações*, cit., p. 246.

Tal método não é desprovido de valores éticos, todavia. O processo está afetado à satisfação das necessidades daqueles que reclamam a própria Justiça, e constitui instrumento para a tutela do direito substancial, a serviço deste, para garantir sua efetividade. Nesse contexto, luminosas são as considerações de José Roberto dos Santos Bedaque[3], para quem:

> Talvez a noção mais importante do direito processual moderno seja a de instrumentalidade, no sentido de que o processo constitui instrumento para a tutela do direito substancial. Está a serviço deste, para garantir sua efetividade. A consequência dessa premissa é a necessidade de adequação e adaptação do instrumento ao seu objeto. O processo é um instrumento, e, como tal, deve-se adequar-se ao objeto com que opera. Suas regras técnicas devem ser adaptar a servir ao fim a que se destinam, motivo pelo qual se pode afirmar ser relativa a autonomia do direito processual. (...) Por isso, o direito processual deve adaptar-se às necessidades específicas do seu objeto, apresentando formas de tutela e de procedimento adequadas às situações de vantagem asseguradas pela norma substancial. A partir do momento em que se afirma o caráter instrumental do processo, deve ser abandonada qualquer ideia fundada na neutralidade da ciência processual.

De outro lado, o tempo é elemento fundamental à entrega de qualquer tutela. Na verdade, é daqueles males necessários à própria prestação jurisdicional, considerando-se a necessidade, inerente ao processo, de ouvir a outra parte e mesmo a de o juízo formar seu convencimento. Por sua vez, não se ignoram seus efeitos deletérios, tampouco a possibilidade não apenas do perecimento do bem da vida entre a propositura da demanda e sua conclusão, mas também da configuração de manifesta injustiça na submissão de uma das partes a todo o *iter* processual, quando a defesa da outra é eminentemente inconsistente, apenas ditada pela necessidade do cumprimento das inúmeras etapas definidas pela própria lei.

Dessa forma, o cumprimento das etapas e formalidades processuais poderia vir a se tornar não meio de confirmação da justiça, mas objeção à própria prestação jurisdicional. Daí por que, segundo lecionam Fredie Didier Jr., Rafael Alexandria e Paula Sarno[4], o tormento do processualista contemporâneo é justamente a gestão do tempo para a efetivação da tutela jurisdicional, seja na observância do fator "demora irrazoável" – o abuso do tempo –, seja na razoabilidade de quem arcará com os ônus do passar do tempo para a concessão da tutela definitiva.

---

3. BEDAQUE, José Roberto dos Santos. *Direito e processo,* cit., p. 26.
4. DIDIER JR., Fredie; BRAGA, Paula Sarno; OLIVEIRA, Rafael Alexandria de. *Curso de direito processual civil:* teoria da prova, direito probatório, ações probatórias, decisão, precedente, coisa julgada e antecipação dos efeitos da tutela. 10. ed. Salvador: Juspodivm, 2015. v. 2, p. 567.

Se tal realidade se afirma em relação ao direito processual civil dito comum, com muito mais razão deve ser aplicada ao direito processual trabalhista, na medida em que implementa direitos fundamentais, essencialmente.

Neste ponto, interessante notar que o procedimento atinente à prestação jurisdicional no âmbito das relações do trabalho buscou ser estruturado a partir da noção da necessária imediatidade na concessão da tutela (definitiva). Seguindo o rigor legal, uma vez proposta a demanda, e após citado o réu (em apenas cinco dias), ter-se-ia uma audiência com a tentativa de composição, instrução e julgamento na própria assentada (arts. 844 a 850 da CLT), sendo esse o desejo do legislador. Talvez se pudesse justificar, justamente a partir dessa sumariedade, por assim dizer, do procedimento usual nas demandas laborais, ter sido o legislador, na CLT e demais dispositivos legais aplicáveis, extremamente econômico em disciplinar a dinâmica das concessões de tutela, diga-se não definitivas, no âmbito das relações de trabalho, o que poderia dar azo a indagações quanto ao cabimento da tutela provisória no âmbito do processo laboral.

De todo modo, para este momento, parece elementar expor que o processo é apenas meio para que se alcance a necessária justiça, mediante a decisão judicial. E mesmo assim se deve reconhecer a necessária distinção entre a tutela jurídica e a atividade jurisdicional. Deve-se diferenciar[5]

> ... o meio (processo) do resultado que ele busca alcançar (atribuição de um bem da vida – mérito), do que resulta a necessidade também de se distinguir a atividade jurisdicional, relacionada com o processo, e a tutela, jurídica, que diz com o mérito, ou seja, com a atribuição de alguém de determinado bem da vida, porque assim disposto pela ordem jurídica.

Ainda, cumpre mencionar que o Código de Processo Civil de 1973 estava organizado no sentido de que a jurisdição seria realizada mediante processo de conhecimento (Livro I), de execução (Livro II), cautelar (Livro III) e procedimentos especiais (Livro IV), como se depreende da redação do art. 270 do CPC/73. Enquanto cabia, no processo de conhecimento, a tutela jurisdicional voltada à certificação do direito (por meio das ações e processos de cognição), no processo de execução caberia à tutela o papel de impor sua atuação, se já certificado, enquanto no âmbito das providências cautelares cabia à tutela jurisdicional assegurar e garantir o curso eficaz e o resultado útil das outras duas.

A tutela jurisdicional definitiva, assim sendo, estava voltada a satisfazer a pretensão, fosse mediante a certificação (processo de conhecimento) ou a efetivação (processo executivo), de um lado, ou, do outro, mesmo que não satisfativa,

5. PASSOS, José Joaquim Calmon de. *In:* DIDIER JR., Fredie; BRAGA, Paula Sarno (org.). *Ensaios e artigos*. Salvador: Juspodivm, 2016. v. II, p. 163.

a noção de assegurar, cautelar, a própria pretensão principal (processo cautelar). E tal premissa não muda, consoante se depreende do conteúdo do art. 309, parágrafo único, do CPC.

Por sua vez, diversas foram as modificações da organização originária do Código de Processo Civil revogado, sobre as quais não cabe aqui discorrer, bastando que se reconheça, para o momento, que o advento do CPC promoveu uma alteração sistêmica relevante, eliminando a previsão de um processo específico para o exercício da pretensão cautelar, destinado a prestar, tão somente, a tutela cautelar. Doravante, ao longo de toda a prestação jurisdicional poder-se-á adotar as medidas necessárias para assegurar o resultado útil do processo.

De outro lado, além da mera hipótese de cautela, reafirmou-se a possibilidade de ser deferida a tutela em face daquele cuja defesa seja inconsistente. Então, pode-se apontar que fora estruturada, no CPC, a tutela provisória em duas perspectivas bem delineadas, quais sejam, a denominada tutela de urgência e a denominada tutela de evidência, ambas aplicáveis ao processo laboral, embora sujeitas a alguns ajustes em sua implementação, em face da omissão da legislação trabalhista, no particular. Veja-se.

2. NOÇÕES GERAIS DA TUTELA PROVISÓRIA: DA TUTELA DE URGÊNCIA (ANTECIPADA E CAUTELAR) E DA TUTELA DA EVIDÊNCIA

Como é sabido, não inova a compreensão de que a prestação jurisdicional permite a utilização de meios a assegurar o processo, assegurar o próprio bem da vida ou, ainda, a fruição do bem da vida antes de encerrada a demanda, por meio da sentença, cabendo uma compreensão dos aludidos mecanismos, além de suas eventuais peculiaridades em relação ao processo do trabalho.

Existem situações de urgência em que o tempo necessário para a obtenção da tutela definitiva pode ensejar verdadeiro risco para as partes. De outro lado, existem hipóteses em que a evidência do quanto deduzido impõe que o tempo do processo não deve ser suportado pelo titular do direito lastreado em uma "certeza razoável".

O CPC, a partir dos arts. 294 e seguintes, aplicáveis ao processo laboral (arts. 15 do CPC e 769 da CLT), reafirma a noção de que é possível a concessão da tutela jurisdicional, ainda que provisória – gênero que engloba duas espécies, a tutela de urgência (que pode ser antecipada ou cautelar) e a tutela de evidência –, embora ambas, justamente por serem meramente provisórias, sejam substituídas por uma tutela definitiva, que as confirme, revogue ou modifique[6].

6. DIDIER JR., Fredie; BRAGA, Paula Sarno; OLIVEIRA, Rafael Alexandria de. *Curso de direito processual civil*, cit.

A decisão provisória conserva sua eficácia na pendência do processo, mas pode, a qualquer tempo, ser revogada ou modificada (art. 296 do CPC). Ou seja, a tutela provisória não se presta à estabilização por meio da coisa julgada. Tal transitoriedade, portanto, dá a marca ao aludido provimento jurisdicional, na medida em que a revogabilidade e a modificabilidade da decisão proferida acabam por caracterizar a denominada tutela provisória.

Por sua vez, a decisão que defere a tutela provisória está sujeita à fundamentação (art. 298 do CPC). Mas é relevante identificar que, não obstante a previsão legal exija a fundamentação, é da essência da tutela provisória justamente a sumariedade da cognição (análise superficial ou de plano) do objeto litigioso.

A sumariedade da tutela provisória é contraposta pela cognição dita "exauriente", formada a partir do exercício do pleno contraditório. A sumariedade da cognição judicial é exercida pelo juiz por força da plausibilidade do direito pretendido, cujo contraditório será exercido integralmente apenas depois (contraditório diferido), ou por força da conjugação da plausibilidade do direito com o perigo da demora correspondente. A sumariedade da análise, portanto, é também uma marca dessa espécie de tutela.

Ao deferir a tutela provisória, o juiz poderá determinar as medidas que considerar adequadas para sua efetivação (art. 297 do CPC), expressão legal que o autoriza a utilizar um sem-número de medidas, desde que adequadas à garantia pretendida.

Também é importante mencionar que será competente para conhecer do pedido de tutela provisória o juízo da causa e, quando antecedente, o juízo competente para conhecer do pedido principal (art. 299 do CPC), previsões absolutamente aplicáveis ao processo laboral.

3. TUTELA DE URGÊNCIA (ANTECIPADA E CAUTELAR)

As tutelas de urgência são provisórias, revogáveis e autônomas em relação ao objeto principal da tutela jurisdicional (certificação do direito). Por sua vez, a tutela (provisória) de urgência pode ser compreendida como cautelar ou antecipada.

A tutela de urgência cautelar, além das características mencionadas, tem em vista assegurar o resultado útil do processo, acessório, portanto, da pretensão principal (processual). A tutela de urgência cautelar, nesse sentido, é meramente instrumental ao próprio processo.

Já a tutela de urgência antecipada visa assegurar a efetivação do bem da vida pretendido (visa resguardar o direito material envolvido).

É importante identificar que se exige, para a concessão da tutela de urgência, a demonstração da probabilidade do direito pretendido, cumulada com o perigo de dano ou risco ao resultado útil do processo (art. 300 do CPC).

Veja-se que o dispositivo exige, portanto, para a concessão da medida de urgência, não apenas que seja demonstrada a existência do direito, a que usualmente se refere como sendo a "fumaça do bom direito", mas que também o seja o "perigo da demora", a título de "antecipação de tutela", denominação corriqueiramente utilizada para indicar a necessidade de que a medida seja tomada imediatamente, sob pena do perecimento do próprio direito.

Enquadrar-se-ia nesse cenário a hipótese da concessão de medida antecipatória visando resguardar a manutenção do vínculo de emprego do empregado estável, eventualmente ameaçado de despedida, para que o próprio direito ao contrato de trabalho (estabilidade) não pereça, por exemplo.

Além dessas possibilidades, o mesmo dispositivo assegura que a tutela de urgência será concedida ainda em outra hipótese, aquela em que se pretende assegurar o resultado útil do processo (cautelar).

Trata-se da hipótese do bloqueio de ativos do réu que dilapida seu patrimônio deliberadamente, a fim de frustrar a satisfação da execução trabalhista. Nesse caso, visa-se precipuamente preservar a utilidade da prestação jurisdicional (executiva). Isso porque o próprio legislador consignou que a tutela de urgência de natureza cautelar pode ser efetivada mediante arresto, sequestro, arrolamento de bens, registro de protesto contra alienação de bem e qualquer outra medida idônea para asseguração do direito (art. 301 do CPC).

Justamente por isso é que se verifica imperioso demonstrar ou a urgência (art. 300 do CPC) ou a evidência (art. 311 do CPC) ou ambas para a concessão da tutela de urgência, embora a concessão da tutela cautelar somente tenha vez se demonstrada a urgência, dado que é própria dessa modalidade de tutela[7].

De outro lado, a fim de assegurar os ônus decorrentes da concessão da tutela de urgência, o juiz pode, conforme o caso, exigir caução real ou fidejussória idônea para ressarcir os danos que a outra parte possa vir a sofrer, podendo ser dispensada se a parte economicamente hipossuficiente não puder oferecê-la (§ 1º do art. 300 do CPC).

A tutela de urgência pode ser concedida liminarmente ou após justificação prévia, ou seja, após ouvido o requerente, e mesmo antes de apresentada a defesa pelo demandado (§ 2º do art. 300 do CPC).

Por fim, exige a lei que a tutela de urgência de natureza antecipada não seja concedida quando houver perigo de irreversibilidade dos efeitos da decisão (§ 3º do art. 300 do CPC).

A irreversibilidade dos efeitos da decisão é elemento importante para a não concessão da tutela antecipada, e reafirma o conteúdo do revogado art. 273 do CPC/73 e o entendimento firmado pelos Tribunais. Veja-se:

7. DIDIER JR., Fredie; BRAGA, Paula Sarno; OLIVEIRA, Rafael Alexandria de. *Curso de direito processual civil*, cit.

> ... II – RECURSO DE REVISTA DO RECLAMANTE – ANTECIPAÇÃO DE TUTELA. Para a concessão da tutela antecipatória das obrigações de fazer e não fazer, necessário faz-se o preenchimento de seus requisitos autorizadores, quais sejam, a verossimilhança do direito alegado, a reversibilidade da medida e o fundado receio de dano irreparável ou de difícil reparação (art. 273 do CPC), o que não ocorreu no caso. (...) (TST, ARR 88600-72-2012-5-17-0003, j. 11-2-2015, *DEJT* 20-2-2015).

Caso seja revertida a tutela antecipada, a parte responderá pelo prejuízo que a efetivação da tutela de urgência causar à parte adversa, nos próprios autos em que deferida a antecipação de tutela, sempre que possível, se presentes as hipóteses previstas no art. 302 do CPC:

> I – a sentença lhe for desfavorável;
> II – obtida liminarmente a tutela em caráter antecedente, não fornecer os meios necessários para a citação do requerido no prazo de 5 (cinco) dias;
> III – ocorrer a cessação da eficácia da medida em qualquer hipótese legal;
> IV – o juiz acolher a alegação de decadência ou prescrição da pretensão do autor.

Tais medidas exigem, assim, que a parte seja responsável ao pleitear a antecipação da prestação jurisdicional, sob pena de ser obrigada a arcar com a restituição da coisa ao *status quo ante*, ou a indenização correspondente.

Por sua vez, é preciso compreender, ainda, que a tutela de urgência pode ser requerida em caráter antecedente (antes da pretensão principal) ou incidentalmente (no curso da demanda principal).

3.1. Tutela de urgência antecipada antecedente

Embora a tutela provisória de evidência somente possa ser formulada incidentalmente, a tutela de urgência pode ser requerida tanto em caráter antecedente como incidentalmente.

Os arts. 303 e seguintes do CPC disciplinam o procedimento para a tutela provisória em caráter antecedente, ou seja, antes da demanda principal, nos casos em que a urgência for contemporânea à propositura da ação.

Nesse caso, emergem duas possibilidades conferidas ao autor, cuja opção exercida deverá constar expressamente em sua petição inicial (§ 5º).

Ou o autor, em sua petição inicial, limita-se ao requerimento da tutela antecipada (satisfativa) e à indicação do pedido de tutela final, com a exposição da lide, do direito que se busca realizar e do perigo de dano ou do risco ao resultado útil do processo (art. 303), ou formula o pedido provisório urgente antecedente, cumulado com a tutela satisfativa final.

A última hipótese poderia ser encarada como o que exemplificativamente ocorre quando, apresentada a pretensão principal, a parte formula pedido de antecipação da tutela sem a oitiva do demandado, ou seja, liminarmente, cumulado com outros pedidos. Mas a demanda seguirá seu curso normal, depois de apreciado o pedido, com o prosseguimento do feito, apresentada a contestação etc.

De outro lado, na primeira hipótese do art. 303, seguir-se-á o critério de que se faculta à parte autora, na condição de pretender uma antecipação de tutela (satisfativa) apenas, que formule sua pretensão provisória, e que apresente qual seria sua eventual pretensão "ao fim e ao cabo", formulando apenas o pedido de tutela provisória, com uma exposição sumária da causa de pedir, do direito que pretende realizar e do perigo de dano.

Seria a hipótese, por exemplo, em que o trabalhador fosse preavisado do rompimento de seu vínculo de emprego, embora portador de estabilidade convencional, e visasse resguardá-lo, bastando-lhe formular exclusivamente o pedido de manutenção do vínculo de emprego, a título de tutela antecipada.

O art. 303 do CPC faculta ao autor formular o pedido de tutela provisória (satisfativa) antecedente, buscando exclusivamente que lhe seja assegurada a aludida estabilidade no emprego, por meio de petição inicial "simplificada" contendo apenas os elementos básicos para que o juízo se convença da tutela pretendida[8].

Deferida a tutela antecipada, e formulado o pedido simplificado, o autor deverá aditar a petição inicial, com a complementação de sua argumentação, a juntada de novos documentos e a confirmação do pedido de tutela final em quinze dias – ou em outro prazo maior que o juiz fixar (inciso I do § 1º do art. 303) –, dando prosseguimento ao feito, na forma do art. 844 e seguintes da CLT. Não realizado o aditamento mencionado, o processo será extinto sem resolução do mérito.

Caso entenda que não há elementos para a concessão de tutela antecipada, o órgão jurisdicional determinará a emenda da petição inicial em até cinco dias, sob pena de ser indeferida e de o processo ser extinto sem resolução de mérito (§ 6º do art. 303 do CPC).

Na sequência do CPC, o art. 304 apresenta importante inflexão a ser debatida no âmbito das demandas sujeitas à jurisdição laboral. É que, de todo modo, uma vez deferida a tutela de urgência antecedente, e havendo conformação da parte ré com essa iniciativa, a hipótese seria a de estabilização da demanda, na forma do art. 304 do CPC. Veja-se, portanto, que somente na primeira hipótese do art. 303 (do pedido de tutela satisfativa antecedente) seria possível a estabilização da tutela provisória, na forma do art. 304 do CPC.

8. TEIXEIRA FILHO, Manoel Antonio. *Comentários ao Novo Código de Processo Civil sob a perspectiva do processo do trabalho*, cit.

O art. 304 do CPC apresenta a hipótese em que a tutela antecipada, concedida nos termos do art. 303, torna-se estável se da decisão que a conceder não for interposto o respectivo recurso.

A questão ganha ares de dramaticidade na medida em que é sabido que o processo do trabalho não admite a recorribilidade imediata das decisões tidas como interlocutórias (art. 893, § 1º, da CLT). Então, a partir de quando seria possível a estabilização da decisão dada em tutela provisória satisfativa de urgência antecedente no processo laboral?

O TRT da 10ª Região, ao editar os enunciados sobre a aplicação do CPC nos processos sujeitos à jurisdição daquele Regional, reputou por bem eleger como parâmetro o prazo decadencial do mandado de segurança – cento e vinte dias –, considerando-o apto a ensejar a estabilização da demanda.

É que, consoante já cristalizou o Tribunal Superior do Trabalho acerca do assunto, como se depreende da Súmula 414, II, aplicável analogicamente, seria cabível o mandado de segurança para impugnar decisão judicial contra a qual inexistisse recurso específico (sucedâneo recursal). Nesses termos, o prazo da estabilização da tutela antecedente seria o mesmo prazo para o ajuizamento do mandado de segurança, segundo aqueles enunciados:

> Enunciado 14. MANDADO DE SEGURANÇA. CABIMENTO CONTRA DECISÃO QUE DEFERE TUTELA ANTECIPADA. PRAZO DE ESTABILIZAÇÃO DA TUTELA ANTECIPADA ANTECEDENTE. No caso de deferimento de tutela antecipada requerida em caráter antecedente ou de tutela de evidência, por não ser cabível agravo de instrumento contra decisões concessivas de tutela provisória, na Justiça do Trabalho, deve ser impetrado mandado de segurança para impugná-las, operando-se a estabilização da tutela antecipada antecedente (CPC, art. 304) após o decurso do respectivo prazo de decadência de 120 dias.

Esse mesmo prazo fora apontado por Manoel Antonio Teixeira Filho[9] para a hipótese da estabilização da tutela de urgência antecedente. Assim, uma vez proposta a demanda "simplificada", acaso não haja a interposição de um meio de impugnação da decisão judicial, o processo será extinto (§ 1º do art. 304 do CPC).

Aqui é importante pontuar que a estabilidade da decisão concessiva da tutela exige que i) a parte autora a requeira expressamente; ii) que essa parte se manifeste expressamente no sentido de não ter intenção de dar prosseguimento ao processo depois de obtida a tutela pretendida; iii) que seja concedida a tutela antecipatória; e iv) que seja inerte o réu diante da decisão antecipatória.

9. TEIXEIRA FILHO, Manoel Antonio. *Comentários ao Novo Código de Processo Civil sob a perspectiva do processo do trabalho*, cit.

Em relação ao último item, importante pontuar que não se tornará estável a decisão antecipatória, ainda que havida a inércia do réu na apresentação da medida recursal contra a decisão, na hipótese de ter apresentado sua defesa. Como bem dizem Fredie Didier Jr., Rafael Alexandria e Paula Sarno[10],

> ... se, no prazo de recurso, o réu não o interpõe, mas resolve antecipar o protocolo da sua defesa, fica afastada a sua inércia, o que impede a estabilização – afinal, se contesta a tutela antecipada e a própria tutela definitiva, o juiz terá que dar seguimento ao processo para aprofundar sua cognição e decidir se mantém a decisão antecipatória ou não.

De todo modo, ante a inércia do demandado no manejo do meio de impugnação da decisão, qualquer das partes poderá demandar a outra para rever, reformar ou invalidar a tutela antecipada estabilizada (§ 2º do art. 304 do CPC) por meio de ação própria, mantendo-se seus efeitos enquanto não revista, reformada ou invalidada por decisão de mérito proferida na ação de que trata o § 2º (§ 3º).

O juízo em que a tutela antecipada foi concedida torna-se prevento para a aludida ação do § 2º, facultado o desarquivamento dos autos a qualquer das partes.

Por outro lado, o direito de rever, reformar ou invalidar a tutela antecipada, previsto no § 2º, extingue-se após dois anos, contados da ciência da decisão que extinguiu o processo, nos termos do § 1º (na forma do § 5º).

Tal decisão que concede a tutela não fará coisa julgada, mas a estabilidade dos respectivos efeitos só será afastada por decisão que a revir, reformar ou invalidar, proferida em ação ajuizada por uma das partes, nos termos do § 2º do artigo (§ 6º). A decisão proferida em sede de tutela provisória de urgência antecedente faz coisa julgada meramente formal, mas não material, portanto, no prazo dos dois anos subsequentes à decisão em que houve a extinção do processo, em razão da concessão da liminar.

3.2. Tutela de urgência antecipada incidente

A previsão do art. 303 do CPC não retira do autor ou de qualquer das partes a possibilidade de pretender a antecipação dos efeitos da tutela jurisdicional, ainda que no curso da demanda, ou seja, incidentalmente (art. 300 do CPC).

Com efeito, a tutela de urgência poderá ser concedida quando houver os elementos que evidenciem a probabilidade do direito e o perigo de dano, não se inviabilizando, por óbvio, a formulação de pedido, ao longo da demanda, pela parte que reputa ter preenchido os requisitos legais para tanto.

---

10. DIDIER JR., Fredie; BRAGA, Paula Sarno; OLIVEIRA, Rafael Alexandria de. *Curso de direito processual civil*, cit., p. 608.

Tal expediente não guardará maiores formalidades, mormente porque, em se tratando de pedido possível em qualquer fase do processo ou grau de jurisdição, caberá ao juízo assim decidir, não sujeitando, em regra, tal decisão a recurso imediato, na forma do art. 893, § 1º, da CLT.

4. TUTELA CAUTELAR: DAS MEDIDAS CAUTELARES TÍPICAS NAS RELAÇÕES DE TRABALHO

Além da tutela antecipada, seja antecedente ou incidentalmente, o CPC consagrou ainda a possibilidade de o pedido de tutela de urgência cautelar ser formulado, naquelas hipóteses em que o provimento jurisdicional antecipado seja relevante para a própria instrumentalização do processo, no que também não inovou o legislador em relação ao regime cautelar havido anteriormente.

A inovação, por assim dizer, foi a eliminação da figura das denominadas demandas cautelares nominadas, como se identificava ao lidar com as figuras do arresto (CPC/73, arts. 813 a 821), sequestro (CPC/73, arts. 822 a 825), busca e apreensão (CPC/73, arts. 839 a 843), exibição (CPC/73, arts. 844 a 845, 355 a 363, 381 e 382), produção antecipada de provas (CPC/73, arts. 846 a 851), justificação (CPC/73, arts. 861 a 866), atentado (CPC/73, arts. 879 a 881), caução (CPC/73, arts. 826 a 838), entre outras.

A partir do CPC, todas as aludidas medidas foram apresentadas como meras hipóteses do exercício da tutela de urgência de natureza cautelar, sem prejuízo de outras, diga-se, tal qual se deduz do art. 301 do CPC:

> Art. 301. A tutela de urgência de natureza cautelar pode ser efetivada mediante arresto, sequestro, arrolamento de bens, registro de protesto contra alienação de bem e qualquer outra medida idônea para asseguração do direito.

Tal medida é relevante, portanto, apenas no sentido de permitir que se identifique que o que outrora era considerado medida processual autônoma, pretensão própria, doravante deverá ser compreendido apenas como medida instrumental (pedido de tutela provisória) da tutela definitiva.

Tal compreensão, contrariamente ao quanto se pensa, não importa medida exclusivamente conceitual, mas acaba por impor sensível impacto à própria autuação da pretensão cautelar perante os sistemas do Processo Judicial Eletrônico (PJE), a plataforma por meio da qual o Poder Judiciário Trabalhista tem exercido sua função judicante.

Isso porque, tendo em vista o caráter meramente instrumental da medida cautelar, uma vez requerida em caráter antecedente, como se verá adiante, a pretensão principal deverá seguir nos mesmos autos da pretensão cautelar originária, dado que como tal não ganha, por assim dizer, vida própria, mas se encontra vinculada definitivamente à pretensão principal.

Por isso mesmo, o TRT da 10ª Região tomou o cuidado de explicitar, por meio do Enunciado n. 15, a aplicabilidade do CPC ao processo do trabalho, informando que a parte autora terá de formular, por mera petição, nos mesmos autos em que deduzido o pedido de tutela cautelar, sua pretensão principal, respeitando a noção de acessoriedade da medida. É o que se depreende da redação do aludido enunciado:

> Enunciado 15. PROCESSO JUDICIAL ELETRÔNICO. TUTELA CAUTELAR REQUERIDA EM CARÁTER ANTECEDENTE. PROPOSITURA DO PEDIDO PRINCIPAL NOS MESMOS AUTOS, POR SIMPLES PETIÇÃO. MUDANÇA DE CLASSE PROCESSUAL. Aplica-se ao Processo do Trabalho a regra do art. 308, *caput*, do CPC, segundo a qual, efetivada a tutela cautelar requerida em caráter antecedente, o pedido principal, sob pena de extinção da tutela cautelar, terá de ser formulado pelo autor, no prazo de 30 dias, por mera petição, nos mesmos autos em que deduzido o pedido de tutela cautelar. A Secretaria, apresentado o pedido principal, procederá, para fins de apuração estatística, à retificação da autuação dos autos eletrônicos, inserindo a nova classe processual atinente à ação tida por principal.

Cumpre ainda mencionar que existem medidas cautelares específicas, no âmbito das demandas sujeitas ao Judiciário Trabalhista, como defende Wagner Giglio[11]. Trata-se das medidas previstas no art. 659, IX e X, da CLT (transferência de empregado e estabilidade do dirigente sindical). Com efeito, prevê o primeiro dispositivo que é competência das Varas do Trabalho conceder medida liminar, até decisão final do processo, em reclamações trabalhistas que visem tornar sem efeito transferência disciplinada pelos parágrafos do art. 469 da Consolidação. Constitui medida acessória que visa resguardar a prerrogativa do empregado de comparecer ao juízo da localidade em que originalmente laborava, na hipótese de ser obrigado a contestar a remoção de seu local de trabalho a mando de seu empregador (art. 469 e seguintes da CLT). A previsão do inciso X, por sua vez, cuida da hipótese de reintegração liminar no emprego de dirigente sindical afastado, suspenso ou dispensado pelo empregador.

Feitas tais considerações, cumpre apontar que tais medidas cautelares também podem, por igual, ser formuladas de forma antecedente ou incidentalmente à demanda principal. É o que se verá.

11. GIGLIO, Wagner D.; CORRÊA, Claudia Giglio Veltri. *Direito processual do trabalho*, cit.

4.1. Tutela cautelar antecedente

O art. 305 do CPC faculta ao autor a formulação do pedido de tutela de urgência cautelar, em cuja petição inicial indicará a lide e seu fundamento, a exposição sumária do direito que se objetiva assegurar e o perigo de dano ou o risco ao resultado útil do processo.

Caso a pretensão não seja propriamente cautelar, o próprio CPC reputa possível que o juízo entenda que o pedido referido (de natureza antecipada) seja analisado sob o viés do disposto no seu art. 303; cabe então ao magistrado proceder ao enquadramento da pretensão, nos moldes previstos naquela hipótese legal.

Uma vez apresentada a pretensão cautelar antecedente, caberá ao juízo a apreciação ou não da liminar da medida requerida, sem ouvir a parte contrária, levando em conta inclusive o risco de torná-la imprestável.

Deferida ou não a liminar, deverá ser o réu citado para contestar (art. 306 do CPC) e indicar as provas que pretende produzir.

Não sendo contestado o pedido, os fatos alegados pelo autor presumir-se-ão aceitos pelo réu como ocorridos, caso em que o juiz decidirá dentro de cinco dias (art. 307 do CPC). Contestado o pedido no prazo legal, observar-se-á o procedimento comum.

No particular, alia-se a Manoel Antonio Teixeira Filho[12], que entende não ser necessária a designação e a audiência para o recebimento da defesa do demandado, fato que contribuiria apenas para incrementar a sempre já abarrotada pauta das Varas do Trabalho, na hipótese dos pedidos meramente cautelares antecedentes. Assim, a defesa do demandado poderá ser apresentada diretamente na secretaria da Vara, sem a necessidade do comparecimento prévio à audiência para tanto.

Efetivada a tutela cautelar, o pedido principal terá de ser formulado pelo autor no prazo de trinta dias, caso em que será apresentado nos mesmos autos em que for deduzido (art. 308 do CPC). Uma vez apresentado o pedido principal, o feito prosseguirá regularmente, sob o rito ordinário (art. 306, § 3º).

A eficácia da tutela cautelar concedida em caráter antecedente permanece. Todavia, cessa a eficácia da aludida tutela concedida em caráter antecedente, se:

> I – o autor não deduzir o pedido principal no prazo legal;
> II – não for efetivada dentro de 30 (trinta) dias;
> III – o juiz julgar improcedente o pedido principal formulado pelo autor ou extinguir o processo sem resolução de mérito.

12. TEIXEIRA FILHO, Manoel Antonio. *Comentários ao Novo Código de Processo Civil sob a perspectiva do processo do trabalho*, cit.

Uma vez cessada a eficácia da tutela cautelar, deferida com base em uma causa de pedir específica, é vedado à parte renovar o pedido, salvo sob novo fundamento.

4.2. Tutela cautelar incidente

Como é óbvio, dada a abertura do próprio sistema que autoriza a adoção de qualquer medida adequada para asseguração do direito (art. 301 do CPC), o pedido cautelar poderá ser formulado a qualquer tempo, ao longo da demanda, desde que cumpridos os requisitos de lei para tanto, inclusive a necessária urgência da medida.

Não por outra razão, o § 1º do art. 308 do CPC é claro ao indicar que o pedido principal pode ser formulado conjuntamente com o pedido de tutela cautelar, autorizando o manejo da pretensão cautelar inclusive na postulação inaugural, ou mesmo na apresentação da defesa do processo principal, pelo demandado.

O pedido de natureza cautelar é meramente acessório, e normalmente não implica a pretensão principal. Tanto assim que o art. 310 do CPC prevê expressamente que o indeferimento da tutela cautelar não obsta a que a parte formule o pedido principal, nem influi no julgamento deste, ressalvada a hipótese em que esse indeferimento seja o reconhecimento de decadência ou de prescrição, que, uma vez ocorrendo em juízo, resta inviável a formulação do pedido principal.

5. TUTELA DA EVIDÊNCIA

Por fim, cumpre tratar da denominada tutela da evidência. Referido instituto encontrava regulamentação no art. 273 do CPC/73, sob a denominação de "antecipação de tutela".

A tutela de evidência, contrariamente à noção da tutela de urgência, vinculada à noção de perigo da demora, pressupõe a modulação dos ônus inerentes ao transcurso do tempo para o processo, em relação àquele que possui defesa eminentemente inconsistente.

Tal tutela provisória não está atrelada, portanto, à noção de adoção de qualquer medida no sentido de acautelar os interesses de quem quer que seja, tampouco de resguardar o próprio interesse processual.

De outro lado, também não está atrelada à noção de entrega definitiva da prestação jurisdicional, que continuará sendo provisória, sujeita à estabilização posterior, portanto.

O fato que parece relevante, no particular, é evidenciar que a denominada tutela de evidência encontra-se escorada na premissa de que aquele que possui defesa eminentemente inconsistente não deve impor ônus à outra parte, exclusivamente em razão da necessidade do cumprimento do *iter* processual, mas pode e deve ser beneficiado com a prestação jurisdicional, tão logo seja possível.

Ou seja, a tutela de evidência visa permitir àquele que se encontra em juízo, sujeito à demanda, que passe a fruir de determinados bens da vida, antes mesmo da conclusão de toda a sequência inerente ao processo, porque seu ex-adverso não é capaz de apresentar elementos, seja de fato, seja de direito, capazes de, com seriedade, objetar-lhe a pretensão.

O art. 311 do CPC reuniu algumas situações autorizadoras da concessão antecipada da tutela de mérito.

Dentre as hipóteses havidas no aludido dispositivo, a inconsistência da defesa, por parte de cada um dos litigantes, no âmbito das relações de trabalho poderá ficar demonstrada ou i) em razão do abuso do direito de defesa ou do manifesto propósito protelatório da parte, ii) quando as alegações de fato puderem ser comprovadas apenas documentalmente e houver tese firmada em julgamento de casos repetitivos ou em súmula vinculante, ou iii) quando a petição inicial for instruída com prova documental suficiente dos fatos constitutivos do direito do autor, a que o réu não oponha prova capaz de gerar dúvida razoável. São as previsões contidas no art. 311 do CPC.

A primeira hipótese, qual seja, o abuso do direito de defesa ou o manifesto propósito protelatório da parte, como bem leciona Daniel Mitidiero[13], deve ser lida "(...) como uma regra aberta que permite a antecipação da tutela sem urgência em toda e qualquer situação em que a defesa do réu se mostre frágil diante da robustez dos argumentos do autor – e da prova por ele produzida – na petição inicial".

Note-se, ainda, que não apenas o autor possui o direito à tutela da evidência, mas qualquer das partes, desde que caracterizado o abuso do direito de defesa ou manifesto propósito protelatório.

Tal expediente pode e deve ser utilizado no âmbito das relações de trabalho. Se é bem verdade que muitas das matérias sujeitas ao juízo laboral exigem alguma dilação probatória, e que por vezes não é possível a identificação do abuso do direito de defesa da parte, é certo que, uma vez identificando tal situação, poderá a parte formular o pedido, e deverá o juízo deferi-lo.

A segunda hipótese, aquela em que as alegações de fato puderem ser comprovadas apenas documentalmente e houver tese firmada em julgamento de casos repetitivos ou em súmula vinculante, também autoriza a concessão da tutela provisória de evidência.

---

13. Apud WAMBIER, Tereza Arruda Alvim et al. *Breves comentários ao novo Código de Processo Civil*, cit.

O que pretende o legislador, no particular, é facultar à parte o pedido da tutela antes da sentença quando, por meio de documentos, puder ser robustamente comprovada a alegação da parte.

A previsão legal exige, ainda, que tenha sido firmada tese em julgamento de casos repetitivos ou em súmula vinculante, ou seja, que haja alguma estabilidade na compreensão jurídica sobre o tema *sub judice*. No particular, veja-se que a exigência do legislador conforma duas premissas: a de que i) exista alguma probabilidade de certeza quanto aos elementos fáticos que envolvam a questão (porque documentalmente comprovados) e ii) quanto à compreensão do direito a ser aplicado no caso concreto.

Veja-se que a provisoriedade da tutela, no particular, justifica-se porquanto, embora exista alguma probabilidade de certeza quanto aos elementos fáticos que envolvam a questão, porque documentalmente comprovados, tais alegações encontram-se sujeitas à confirmação por meio de outras provas, por exemplo.

Ultrapassado o ponto acima, deve-se mencionar, todavia, que entre as aludidas premissas não está o cumprimento das súmulas (sejam do próprio TRT, do TST ou mesmo do STF), se não editadas sob a égide dos julgamentos dos casos repetitivos.

A omissão, no particular, pode ser lida como um lapso do legislador, na medida em que sistemicamente não parece fazer sentido condicionar a concessão da tutela provisória de evidência apenas às hipóteses em que houver tese firmada em julgamento de casos repetitivos ou em súmula vinculante, quando o próprio art. 332 do CPC, ao cuidar da hipótese da improcedência liminar do pedido, permite a extinção imediata da demanda com julgamento de mérito do pleito, portanto, em que, dispensada a fase instrutória (ou seja, em que exista alguma probabilidade de certeza quanto aos elementos fáticos que envolvam a questão), esteja-se a julgar de acordo com o entendimento cristalizado pelo tribunal local, ou pelos tribunais superiores, ainda que não sujeito à égide dos julgamentos dos casos repetitivos.

Ora, se é possível encerrar definitivamente uma demanda proposta em razão do grau superior da improbabilidade fática e jurídica do pedido, não parece coerente inviabilizar a concessão de tutela meramente provisória, sujeita à confirmação, portanto, quando evidenciada a probabilidade fática e jurídica do pedido.

Por fim, deve-se proceder à leitura da terceira hipótese referida, a atinente à petição inicial instruída com prova documental suficiente dos fatos constitutivos do direito do autor, a que o réu não oponha prova capaz de gerar dúvida razoável (inciso IV do art. 311 do CPC).

Embora tenha o legislador facultado ao autor o pedido de tutela da evidência, parece certo que nada objeta a que o réu também o faça, por meio de pedido contraposto ou mesmo de reconvenção. O inciso III do art. 311 não cuida de hipótese afeta às relações laborais (ação reipersecutória em contrato de depósito).

6. TUTELA PROVISÓRIA NO PROCESSO DO TRABALHO: DA INICIATIVA PARA SUA CONCESSÃO

A ausência de disciplina expressa no âmbito da legislação laboral impõe a utilização subsidiária e supletiva das normas previstas no CPC, como se depreende dos arts. 15 do Código e 769 da CLT. As tutelas provisórias, cautelares ou antecipadas, são mecanismos relevantes para a adequada prestação jurisdicional, plenamente adequadas à realidade dos conflitos submetidos ao Judiciário Trabalhista.

Se é certa a omissão da CLT no particular, com mais razão ainda é desejável um esforço para ser aplicado o CPC naquilo que permita a otimização da prestação jurisdicional no sentido de conferir a máxima efetividade ao valor trabalho, previsto no Texto Constitucional, devendo ser sopesada a pretensa incompatibilidade entre a previsão da CLT e o conteúdo do CPC.

Trata-se de verdadeira colmatação teleológica em preenchimento das omissões da CLT, sempre que possível se materializar melhor ou maiormente a potencialidade para o valor constitucional da Justiça Social e do Trabalho, e em favor dessas mesmas relações. Não há dúvida de que as tutelas provisórias assim se inserem, portanto, de sua aplicabilidade no âmbito do processo do trabalho.

É o que se depreende exemplificativamente a partir da Súmula 405 do TST, que admite expressamente o cabimento do pedido de tutela provisória formulado na petição inicial de ação rescisória ou na fase recursal, visando suspender a execução da decisão rescindenda:

> AÇÃO RESCISÓRIA. TUTELA PROVISÓRIA (nova redação em decorrência do CPC de 2015) – Res. 208/2016, *DEJT* divulgado em 22, 25 e 26-4-2016. Em face do que dispõem a MP 1.984-22/2000 e o art. 969 do CPC de 2015, é cabível o pedido de tutela provisória formulado na petição inicial de ação rescisória ou na fase recursal, visando a suspender a execução da decisão rescindenda (BRASIL, 2016).

De outro lado, a fim de evitar dúvidas quanto à compatibilidade do regime da tutela provisória ao processo do trabalho, o TST pontuou o expresso cabimento da medida no processo laboral por meio da Instrução Normativa n. 39 (art. 3º, VI).

Há, todavia, questão relevante quanto à iniciativa da tutela provisória no âmbito das demandas sujeitas à jurisdição laboral. Afinal, o juízo poderia conceder tutela provisória de ofício?

Sabe-se que a execução no processo laboral pode ser iniciada de ofício (art. 856 da CLT). Além, sabe-se que até então vigorava a previsão do art. 797 do CPC/73. Tais dispositivos permitiam a autorizadas vozes concluir que, com base no poder geral de cautela do magistrado, ser-lhes-ia possível a concessão de tutelas provisórias (cautelares ou antecipatórias) sem mesmo pedido formulado pela parte.

O Poder Judiciário Trabalhista já teve a oportunidade de se pronunciar nesse sentido, reconhecendo a possibilidade da concessão da tutela antecipada de ofício:

> MANDADO DE SEGURANÇA. TUTELA ANTECIPADA DE OFÍCIO. CABIMENTO NO PROCESSO DO TRABALHO. SEGURANÇA DENEGADA. De acordo com o art. 769 da CLT, as normas do processo civil somente serão aplicáveis ao processo do trabalho se forem compatíveis com os princípios deste. Nesse contexto, a exigência (art. 273, "caput", CPC) do prévio requerimento da parte para a concessão da antecipação da tutela não pode ser importada de forma acrítica. Não seria coerente o Juiz do Trabalho pudesse o mais (execução de ofício), não podendo, contudo, poder o menos (antecipação da tutela de ofício). Tal interpretação, além de conflitar com os princípios do processo do trabalho, ignora a garantia constitucional ao acesso a um processo justo, célere e efetivo, especialmente na Justiça do Trabalho. Assim, constatando o Juiz do Trabalho que a reclamada está abusando do direito de litigar, não impugnando sequer documentos anexados à petição inicial, tornando os fatos verossímeis, pode, de ofício, antecipar os efeitos da tutela, determinando o imediato pagamento das verbas rescisórias, que têm natureza alimentar (TRT – 15ª Região, MS 02061-2009-000-15-00-6.189/SP, 000189/2010, rel. Samuel Hugo Lima, data de publicação: 30-7-2010).

Não parece possível, todavia, que a tutela provisória seja deferida de ofício. Com efeito, sendo a tutela satisfativa ou cautelar tutela de direito, em regra somente seria possível a sua concessão mediante pedido (arts. 2º e 141 do CPC).

Todavia, dado que o processo se torna eminentemente colaborativo no processo civil, faculta-se ao juiz, percebendo que é possível a concessão da medida, consultar diretamente a parte a respeito do seu interesse em obter o provimento provisório. Se tal medida seria possível no âmbito das demandas ditas comuns, com muito mais razão poderia sê-lo no âmbito do processo laboral.

CAPÍTULO 12

A Postulação do Autor

Sumário: 1. Noções introdutórias – **2.** Forma e apresentação – **3.** Requisitos da petição inicial no processo do trabalho. Da designação do juízo. Da qualificação das partes. Da breve exposição dos fatos. Do pedido e da indicação de seu valor – **4.** Modificações na postulação inicial. A questão da prescrição aplicável – **5.** Indeferimento da petição inicial.

1. NOÇÕES INTRODUTÓRIAS

O primeiro ato a ser praticado em qualquer demanda individual, sem dúvida, é o pedido para que o Estado pacifique a sociedade, por meio da jurisdição. Não por outra razão Tostes Malta[1] vaticina ser a petição inicial

> ... o pedido de uma pessoa física (pessoa propriamente dita, pessoa, no sentido em que vulgarmente se emprega o vocábulo) ou jurídica (sociedades anônimas, fundações, etc.), invocando o pronunciamento do Estado, mediante seus órgãos jurisdicionais (juntas, tribunais, etc.) sobre um conflito de interesses (...).

A petição inicial é justamente o ato processual responsável pela inauguração da lide, com a indicação, ao Estado, das circunstâncias de fato e de direito relevantes para a solução da contenda, além, e primordialmente, de delinear a própria pretensão, indicar qual o pedido que se pretende ver satisfeito.

Seguindo a velha analogia de que a relação jurídica processual equivale a um silogismo no qual há uma premissa maior, uma menor e uma conclusão, a petição inicial seria a premissa maior, a resposta do réu a premissa menor e a conclusão a decisão judicial, a sentença.

1. MALTA, Christovão Piragibe Tostes. *Prática do processo trabalhista*. 20. ed. Rio de Janeiro: Edições Trabalhistas, 1989. p. 110.

2. FORMA E APRESENTAÇÃO

A petição inicial, como já mencionado, consiste na peça de provocação da instauração da lide. Nas demandas individuais submetidas ao direito processual do trabalho leva o nome de reclamação, correspondendo à inicial.

Aqui é preciso mencionar que a expressão "reclamação trabalhista" é plurissignificativa no processo do trabalho, pois significa tanto a petição inicial quanto o próprio procedimento trabalhista.

Embora sem boa técnica, as ações trabalhistas em geral são denominadas, pela CLT e pela prática diuturna, simplesmente reclamações trabalhistas. Desse modo, além da própria petição inicial, por reclamação trabalhista denomina-se, também, o dissídio individual, ou seja, a ação individual ajuizada pelo empregado contra o empregador.

Como já vimos, o direito processual do trabalho possui uma peculiaridade, qual seja, o exercício do *jus postulandi* pelas partes, e isso gera efeito prático relevante que diz respeito à propositura das reclamatórias. Entre as inúmeras críticas impostas ao legislador, em razão do quando previsto na Lei n. 13.467/2017, sem dúvida está a manutenção da peculiaridade do *jus postulandi* exercido diretamente pelas partes, no âmbito das demandas laborais.

Isso porque, se há a possibilidade de o cidadão ajuizar diretamente uma ação sem estar acompanhado de um profissional técnico, não se pode ignorar as abissais diferenças de cultura entre os diversos trabalhadores, dos mais distantes rincões do país. Afinal, não se pode presumir que sejam igualmente alfabetizados o simples trabalhador rural do sertão da Bahia e o trabalhador bancário de qualquer grande metrópole brasileira. Todavia, não se pode ignorar que a cada dia se torna menos recomendável o exercício desse direito por força da natural complexidade que vêm tomando as questões relacionadas ao trabalho e a seu processo, fato que, se não veda o acesso, tem o condão de gerar inequívoco prejuízo para a parte.

De todo modo, é preciso ter em vista que a outorga do denominado *jus postulandi* se deu de forma ampla, não sendo legítima a limitação desse direito a quem é alfabetizado ou não, apenas por exemplo.

No denominado procedimento ordinário o art. 839 da CLT cuidou de definir como sendo possível a apresentação da reclamação pelos:

a) empregados e empregadores, pessoalmente, ou por seus representantes, e pelos sindicatos de classe; e
b) por intermédio das Procuradorias Regionais da Justiça do Trabalho.

Ou seja, a partir da redação legal é possível identificar que a reclamatória pode ser apresentada pessoalmente, o que apenas reafirma a noção do *jus postu-*

landi, como já mencionado. A redação legal, ainda, determina como possível a apresentação da reclamatória pelo representante, no caso de incapacidade do autor. Seria o consectário lógico da representação do incapaz, previsto na legislação civil, como já referido.

Todavia, nota-se que a noção que pretendeu delinear o legislador no art. 839 da CLT foi a de que seria possível o ajuizamento pelo "representante", sendo que nessa condição estaria a do advogado, o que é o mais comum, repita-se.

O mesmo dispositivo trata, ainda, da denominada representação pelo sindicato de classe. A primeira leitura que se deve fazer em relação ao tema é a do art. 513, *a*, da CLT, que assegura ao sindicato a prerrogativa de este "representar, perante as autoridades administrativas e judiciárias os interesses gerais da respectiva categoria ou profissão liberal ou interesses individuais dos associados relativos à atividade ou profissão exercida", como já mencionamos ao tratarmos das partes e procuradores, neste Curso.

Aqui, interessa-nos ainda pontuar a posição de Wagner Giglio e Claudia Giglio[2], que, em relação à representação pelo sindicato de classe de trabalhador não subordinado, concluem como sendo possível, porque a seu sentir "parece ter maior relevo e importância a função, representativa de toda a categoria, do sindicato".

Desse modo, igualmente esses sindicatos, mesmo que não representem interesses individuais, poderão fazê-lo em face de interesses de toda a categoria. A apresentação pode ser feita, ainda, pelo órgão regional do Ministério Público do Trabalho, que deve atentar para as hipóteses de legitimação do órgão ministerial, como é evidente.

Em relação à forma, é possível o ajuizamento da reclamação trabalhista como escrita ou verbal. Sendo verbal, incumbe ao órgão auxiliar ao qual foi apresentada reduzi-la a termo, na forma do art. 840, § 2º, da CLT. Embora possível, há forte resistência prática à aceitação da denominada reclamação verbal, inclusive pelos próprios usuários do serviço. Há notícia de diversos Tribunais do Brasil que simplesmente extinguiram os setores responsáveis pela redução a termo das iniciais, dado o pequeno número de atendimentos, em homenagem à eficiência administrativa. Atualmente a recomendação tem sido a de encaminhar o trabalhador a sua associação sindical, às associações de advogados trabalhistas ou mesmo aos núcleos de assistência jurídica gratuitas das inúmeras universidades de Direito existentes no país.

Sendo escrita a reclamação, que é o mais comum, devem ser atendidos os requisitos legais do art. 840, § 1º, da CLT, como veremos adiante.

2. GIGLIO, Wagner D.; CORREA, Claudia Giglio Veltri. *Direito processual do trabalho*, cit., p. 127.

Note-se que nem sempre é possível exercer a aludida opção, se escrita ou verbal, em relação à inicial trabalhista. Isso porque há demandas em que necessariamente ter-se-á de adotar a forma escrita, como se exige no tocante ao inquérito judicial para apuração de falta grave, em que somente é possível a proposição por escrito, sendo tal exigência relacionada diretamente ao próprio objeto do denominado inquérito. Isso porque é por meio daquele procedimento que se visa apurar a existência de falta grave praticada por empregado estável. Veja-se a redação do art. 853 da CLT, que trata do assunto:

> Art. 853. Para a instauração do inquérito para apuração de falta grave contra empregado garantido com estabilidade, o empregador apresentará reclamação por escrito à Junta ou Juízo de Direito, dentro de 30 (trinta) dias, contados da data da suspensão do empregado.

A redação legal determina que, no caso do inquérito para a apuração de falta grave, a inicial deverá ser obrigatoriamente escrita. José Augusto Rodrigues Pinto[3] conclui que a aludida exigência decorre da necessidade de uma implementação maior de direitos em favor do trabalhador, já que tal expediente somente é manejado pelo empregador, e, justamente pela delimitação precisa dos aspectos pretendidos em face do trabalhador na petição escrita, nela haveria maior possibilidade de defesa por parte do obreiro.

Desde sua instauração, no caso do procedimento sumaríssimo sempre fora exigido que na reclamação trabalhista se indique claramente o valor monetário do bem jurídico que se pretende, ou seja, que o pedido seja certo ou determinado. Mesmo sendo apresentada oralmente, a inicial, nesse caso, deverá adequar-se a essa formalidade. A partir da Lei n. 13.467/2017, inseriu-se no § 1º do art. 840 a previsão, e passou-se a exigir, também para as demandas sob o rito ordinário, que o pedido seja certo, determinado e com indicação de seu valor. A redação legal, no particular, guarda evidente correspondência com o conteúdo do art. 852-B, I, da CLT, que desde a Lei n. 9.957/2000 contempla tal exigência em relação às demandas sob o rito sumaríssimo. Veremos o efeito prático de tal alteração quando formos tratar especificamente dos requisitos da petição inicial, logo adiante.

De todo modo, por ora, podemos mencionar que a inicial é um ato formal, já que segue determinados requisitos que lhe são intrínsecos; provoca o exercício da jurisdição, e por isso mesmo limita a própria atuação do Judiciário e individualiza a lide, especificando as partes e interesses em conflito. Por fim, deve-se consignar que, seja qual a forma escolhida, em regra a postulação será (re)pro-

3. PINTO, José Augusto Rodrigues. *Processo trabalhista de conhecimento*, cit., 7. ed., p. 371.

duzida em ao menos duas vias, destinando-se a primeira a inaugurar os autos do processo e a segunda a acompanhar a citação do réu. A prática judiciária tem demonstrado ser mais comum a utilização, ainda, de uma terceira via, que fica em poder da parte como uma cópia daquela ajuizada, o que é dispensado no caso do processo judicial eletrônico, por óbvio.

3. REQUISITOS DA PETIÇÃO INICIAL NO PROCESSO DO TRABALHO. DA DESIGNAÇÃO DO JUÍZO. DA QUALIFICAÇÃO DAS PARTES. DA BREVE EXPOSIÇÃO DOS FATOS. DO PEDIDO E DA INDICAÇÃO DE SEU VALOR

Os requisitos são os elementos que devem guarnecer determinado ato para que este seja regular. Em relação à petição inicial não é diferente, já que deve ela conter diversos elementos, conforme a disciplina prevista em lei, para que seja reputada válida e torne viável o prosseguimento da relação jurídica processual.

Podemos dividir os aludidos requisitos como estruturais, quais sejam, aqueles previstos no art. 840 da CLT e, em requisitos extrínsecos, ou seja, os que não se referem propriamente à inicial, mas à propositura da demanda, como documentos essenciais que devem acompanhá-la na forma do art. 320 do CPC e a procuração *ad judicia*, por exemplo.

A inicial para o inquérito para apuração de falta grave, na forma do art. 853, da CLT, como já mencionado, possui obrigatoriamente forma escrita. No mesmo sentido o dissídio coletivo, tal qual previsto no art. 856, da CLT, que deve ter sua representação (petição inicial), por imperativo legal, igualmente pela via escrita.

A disciplina da estrutura da petição inicial no âmbito do processo civil está exposta no art. 319 do CPC. A petição inicial no processo do trabalho encontra-se disciplinada a partir da previsão contida no art. 840 da CLT. Com base no cotejo entre o art. 840 da CLT e o art. 319 do CPC é possível notar a sensível diferença entre o regime cível comum e o da CLT sobre a matéria. Vejamos.

Os art. 319 do CPC e 840 da CLT estão assim vazados:

> CPC, art. 319: A petição inicial indicará:
> I – o juízo a que é dirigida;
> II – os nomes, os prenomes, o estado civil, a existência de união estável, a profissão, o número de inscrição no Cadastro de Pessoas Físicas ou no Cadastro Nacional da Pessoa Jurídica, o endereço eletrônico, o domicílio e a residência do autor e do réu;
> III – o fato e os fundamentos jurídicos do pedido;
> IV – o pedido com as suas especificações;

> V – o valor da causa;
> VI – as provas com que o autor pretende demonstrar a verdade dos fatos alegados;
> VII – a opção do autor pela realização ou não de audiência de conciliação ou de mediação.
> § 1º Caso não disponha das informações previstas no inciso II, poderá o autor, na petição inicial, requerer ao juiz diligências necessárias a sua obtenção.
> § 2º A petição inicial não será indeferida se, a despeito da falta de informações a que se refere o inciso II, for possível a citação do réu.
> § 3º A petição inicial não será indeferida pelo não atendimento ao disposto no inciso II deste artigo se a obtenção de tais informações tornar impossível ou excessivamente oneroso o acesso à justiça.
> CLT, art. 840: A reclamação poderá ser escrita ou verbal.
> § 1º Sendo escrita, a reclamação deverá conter a designação do juízo, a qualificação das partes, a breve exposição dos fatos de que resulte o dissídio, o pedido, que deverá ser certo, determinado e com indicação de seu valor, a data e a assinatura do reclamante ou de seu representante.
> § 2º Se verbal, a reclamação será reduzida a termo, em duas vias datadas e assinadas pelo escrivão ou secretário, observado, no que couber, o disposto no § 1º deste artigo.

Como já mencionamos, a reclamação trabalhista pode ser escrita ou verbal na forma do art. 840 da CLT. Esse artigo tem, aparentemente, todos os requisitos da petição inicial trabalhista. Fazendo um paralelo entre a previsão do aludido dispositivo celetista e o art. 319, I, do CPC, pode-se identificar o primeiro requisito da peça incoativa, qual seja, o endereçamento.

O endereçamento está previsto no art. 840 da CLT, que indica a necessidade da designação do juízo, o então "Presidente da Junta", denominação esta ultrapassada pela EC 24/99, quando extinguiu-se a representação classista na Justiça do Trabalho. A partir de então, deve-se indicar apenas o Juízo da Vara do Trabalho competente.

Através do endereçamento, a parte autora indica o órgão judiciário ao qual a pretensão é dirigida. Com o endereçamento, o reclamante indica a competência em razão do lugar e funcional, mas não se deve confundir a denominação do juízo com a pessoa física do juiz.

O segundo requisito, seguindo a sequência prevista em lei, é a qualificação das partes. O inciso II do art. 319 do CPC indica a necessidade de explicitação dos nomes, os prenomes, o estado civil, a existência de união estável, a profissão, o número de inscrição no Cadastro de Pessoas Físicas ou no Cadastro Nacional da Pessoa Jurídica, o endereço eletrônico, o domicílio e a residência do autor e do réu.

A qualificação das partes se relaciona à individualização dos sujeitos da lide. A redação da CLT exige que as partes sejam qualificadas, embora não se especifique, tal qual o faz o CPC, quais seriam os dados necessários à adequada qualificação. A prática judiciária tem demonstrado alguma flexibilidade em relação à identificação das partes, quando se sabe que em muitas oportunidades, notadamente naquelas em que há flagrante precarização da mão de obra, é difícil para qualquer um, inclusive para o trabalhador, a identificação da correta designação de seu real empregador. E não seria razoável exigir do mais simples obreiro, que não tem formalizada sua relação jurídica, que consiga especificar seu real devedor.

A mesma informalidade tem orientado a jurisprudência a acolher como legítima a indicação do endereço de qualquer estabelecimento empresarial do empregador, quando houver mais de um. Há muito se tem entendido que quem receber a notificação a encaminhará para quem possua, juridicamente, a habilitação legal para o recebimento da citação. É a consagração da denominada teoria da aparência, quando o que parece vale mais do que efetivamente é. Cândido Rangel Dinamarco[4], sobre o tema, pontua:

> Sadia jurisprudência caminha no sentido de considerar válida a citação da empresa, quando feita "na pessoa que, na sua sucursal, se apresenta com poderes de gerência ou de administração, recebendo a contrafé e apondo a nota de ciente no mandado sem nada arguir a respeito da falta de poderes de representação" (STJ). Tal é uma legítima projeção da teoria da aparência, pela qual é juridicamente relevante a crença naquilo que parece ser, ainda quando na realidade possa não ser o que parece. A experiência mostra como às vezes é difícil identificar com precisão quem é o sujeito habilitado por estatuto ou contrato social a receber citações pela empresa; mostra ainda que a rígida exigência de citar somente tais sujeitos abre amplo espaço para as escusas e negaças do demandado que pretenda furtar-se à citação, dificultando o trabalho do oficial de justiça e retardando a tutela jurisdicional.

Tal solução não é imune a críticas, como pontua Tostes Malta[5], para quem, a rigor, somente se deveria considerar válida a indicação do endereço da matriz ou administração empresarial, porque lá seria o local no qual se encontraria aquele capaz de receber a citação em nome da empresa.

Outra hipótese interessante advém da consagração da responsabilidade subsidiária do tomador do serviço, na forma da Súmula 331, IV, do TST, assim vazada:

4. DINAMARCO, Cândido Rangel. *Instituições de direito processual civil*. São Paulo: Malheiros, 2001. v. II, p. 408.
5. MALTA, Christovão Piragibe Tostes. *Prática do processo trabalhista*, cit., 20. ed., p. 114.

> ... IV – O inadimplemento das obrigações trabalhistas, por parte do empregador, implica a responsabilidade subsidiária do tomador dos serviços quanto àquelas obrigações, desde que haja participado da relação processual e conste também do título executivo judicial. (...)

Com efeito, segundo aquela orientação consolidada, haverá a responsabilidade do tomador do serviço pelo adimplemento das verbas devidas ao trabalhador, subsidiariamente ao real empregador, desde que o tomador participe da relação processual e conste do título executivo judicial. Tal exigência torna imperiosa a indicação do responsável subsidiário e sua qualificação, na petição inicial da reclamação trabalhista.

Nesse sentido, cumpre pontuar o entendimento manifestado pelo STF, no sentido de que nenhuma pessoa jurídica ou física que não esteja no título executivo pode ser atraída diretamente na fase de execução, sob pena de violar os incisos XXV, LIV e LV do art. 5º da CF/88. Nos autos do ARE 1160361, relatado pelo Min. Gilmar Mendes, o STF decidiu no sentido de que, na forma do art. 513, § 5º do CPC, dado que o cumprimento da sentença não poderá ser promovido por aquele que não tiver participado da fase de conhecimento, será imperiosa a inserção de todos os coobrigados ou corresponsáveis já no processo de conhecimento, o que implica indicá-los ainda na petição inicial. Veja-se o teor da decisão do STF:

> ARE 1160361
> Relator(a): Min. GILMAR MENDES
> Julgamento: 10-9-2021
> Publicação: 14-9-2021
> Decisão
> (...) Na verdade, observo que há uma situação complexa e delicada na perspectiva do devido processo legal, do contraditório e da ampla defesa no que toca aos processos trabalhistas desde o cancelamento da Súmula n. 205 do TST, em 2003, a qual dispunha: "O responsável solidário, integrante do grupo econômico, que não participou da relação processual como reclamado e que, portanto, não consta no título executivo judicial como devedor, não pode ser sujeito passivo na execução." A esse respeito, sob o pretexto de melhor reflexão do TST sobre a matéria, as motivações e os efeitos do cancelamento de referido enunciado sumular tornaram-se objeto de vívida polêmica doutrinária, conforme se extrai de Sérgio Pinto Martins em sentido oposto ao que se tornou comum na Justiça Trabalhista: "O responsável solidário, para ser executado, deve ser parte no processo desde a fase de conhecimento. Não é possível executar uma das empresas do grupo econômico que não foi parte na fase processual de cognição, incluindo-a no polo passivo da ação apenas a partir da fase da execução,

quando já há coisa julgada". (MARTINS, Sérgio Pinto. *Direito do Trabalho*. 25 ed. São Paulo: Atlas, 2009, p. 188) No entanto, a partir do advento do Código de Processo Civil de 2015, merece revisitação a orientação jurisprudencial do Juízo *a quo* no sentido da viabilidade de promover-se execução em face de executado que não integrou a relação processual na fase de conhecimento, apenas pelo fato de integrar o mesmo grupo econômico para fins laborais. Isso porque o § 5º do art. 513 do CPC assim preconiza: "Art. 513. O cumprimento da sentença será feito segundo as regras deste Título, observando-se, no que couber e conforme a natureza da obrigação, o disposto no Livro II da Parte Especial deste Código. § 5º O cumprimento da sentença não poderá ser promovido em face do fiador, do coobrigado ou do corresponsável que não tiver participado da fase de conhecimento". (grifos nossos) Nesse sentido, ao desconsiderar o comando normativo inferido do § 5º do art. 513 do CPC, lido em conjunto com o art. 15 do mesmo diploma legal, que, por sua vez, dispõe sobre a aplicabilidade da legislação processual na ausência de normas que regulem processos eleitorais, trabalhistas ou administrativos, o Tribunal de origem afrontou a Súmula Vinculante 10 do STF e, por consequência, a cláusula de reserva de plenário, do art. 97 da Constituição Federal. Eis o teor do enunciado sumular: "Viola a cláusula de reserva de plenário (CF, artigo 97) a decisão de órgão fracionário de tribunal que, embora não declare expressamente a inconstitucionalidade de lei ou ato normativo do Poder Público, afasta sua incidência, no todo ou em parte". Por essa razão, o Tribunal *a quo* incorreu em erro de procedimento. Sendo assim, reconhecida essa questão prejudicial, faz-se imprescindível nova análise, sob a forma de incidente ou arguição de inconstitucionalidade, pelo Juízo competente, antes da apreciação, por esta Corte, em sede de recurso extraordinário, da suposta violação aos arts. 5º, II, XXXV, LIV e LV, do texto constitucional. Nessa linha, cito o RE 482.090, Rel. Min. Joaquim Barbosa, Tribunal Pleno, *DJe* 13.3.2009, assim ementado: "CONSTITUCIONAL. PROCESSO CIVIL. RECURSO EXTRAORDINÁRIO. ACÓRDÃO QUE AFASTA A INCIDÊNCIA DE NORMA FEDERAL. CAUSA DECIDIDA SOB CRITÉRIOS DIVERSOS ALEGADAMENTE EXTRAÍDOS DA CONSTITUIÇÃO. RESERVA DE PLENÁRIO. ART. 97 DA CONSTITUIÇÃO. TRIBUTÁRIO. PRESCRIÇÃO. LEI COMPLEMENTAR 118/2005, ARTS. 3º E 4º. CÓDIGO TRIBUTÁRIO NACIONAL (LEI N. 5.172/1966), ART. 106, I. RETROAÇÃO DE NORMA AUTOINTITULADA INTERPRETATIVA. 'Reputa-se declaratório de inconstitucionalidade o acórdão que – embora sem o explicitar – afasta a incidência da norma ordinária pertinente à lide para decidi-la sob critérios diversos alegadamente extraídos da Constituição' (RE 240.096, rel. min. Sepúlveda Pertence, Primeira Turma, *DJ* de 21.05.1999). Viola a reserva de Plenário (art. 97 da Constituição) acórdão prolatado por órgão fracionário em que há declaração parcial de in-

> constitucionalidade, sem amparo em anterior decisão proferida por Órgão Especial ou Plenário. Recurso extraordinário conhecido e provido, para devolver a matéria ao exame do Órgão Fracionário do Superior Tribunal de Justiça." (grifos nossos) Ante o exposto, dou provimento o recurso extraordinário, nos termos do art. 21, § 2º, do RISTF, com a finalidade de cassar a decisão recorrida e determinar que outra seja proferida com observância da Súmula Vinculante 10 do STF e do art. 97 da Constituição Federal, prejudicado o pedido de tutela provisória incidental. Publique-se. Brasília, 10 de setembro de 2021. Relator Ministro Gilmar Mendes. Documento assinado digitalmente.

No particular, note-se que há algum dissenso doutrinário e mesmo jurisprudencial sobre o tema. Como bem pontua Carlos Henrique Bezerra Leite[6], a mesma exigência, a da indicação de todos os coobrigados na petição inicial não ocorre, todavia, em relação à responsabilidade do sócio:

> ... não é necessário indicar o nome dos sócios no polo passivo, pois eventual responsabilidade destes decorrerá da adoção, pelo magistrado, na fase (ou processo) de execução, da teoria da desconsideração da personalidade jurídica da empresa-ré com a qual mantêm ou mantiveram relação jurídica.

Nesse sentido o E. TST já pontuou que há sensível diferença de tratamento entre as hipóteses de responsabilidade subsidiária e da desconsideração da personalidade jurídica. Para esta última não há necessidade de o sócio figurar no título executivo. Vejamos:

> ... Quanto à condenação do reclamado, o Tribunal Regional destacou que a devedora principal não tinha condições adimplir com as suas obrigações e que o fato do Estado do Rio de Janeiro não ter participado do título executivo, não ofendia a coisa julgada, porquanto a sua responsabilidade decorria do fato dele manter, ser sócio majoritário e ser controlador da devedora principal. A sua responsabilidade, portanto, não decorrera da condição de tomador de serviços. Quanto aos juros de mora, a decisão proferida pelo Tribunal a quo está em consonância com a Orientação Jurisprudencial 382 da SDI-1 desta Corte. Agravo de instrumento a que se nega provimento (AIRR 34400-62.2005.5.01.0050, rel. Min. João Batista Brito Pereira, 5ª Turma, j. 14-12-2011, data de publicação: 19-12-2011).

De fato, parece mais acertado, para a desconsideração da personalidade jurídica, não exigir a participação do sócio no processo de conhecimento para sua responsabilidade pelo adimplemento do título executivo. Como bem pontuado

---

6. LEITE, Carlos Henrique Bezerra. *Curso de direito processual do trabalho*, cit., 8. ed., p. 441.

pela 3ª Turma do TST e grifado por nós, na hipótese da desconsideração incidental da personalidade jurídica ter-se-á a posição de legitimado passivo superveniente, como o herdeiro ou sucessor do devedor, ou de um responsável patrimonial, e nesses casos o contraditório quanto à responsabilidade será exercido diretamente pelo sócio no âmbito do eventual incidente que o insere na demanda:

> ... o Regional consignou que o executado era sócio da empresa demandada em parte do período em que foi firmado o pacto laboral com o reclamante. Assim, mesmo que ele não tenha participado do processo de conhecimento, não importa a privação, pelo Demandado, dos seus bens, sem possibilidade de se defender, já que, somente em fase de execução é que se poderá aferir o conteúdo patrimonial do empregador passível de satisfação do crédito trabalhista, sendo cabível embargos, em que a parte considerada prejudicada pelo fato de não ter participado do processo de conhecimento pode apresentar defesa, não havendo que se falar, assim, em negar vigência ao princípio do contraditório e da ampla defesa.
>
> A situação acima descrita revela que o procedimento legal foi rigorosamente obedecido pelo Tribunal Regional. Não pode o reclamado confundir o direito à ampla defesa/devido processo legal, com autorização para subversão do sistema legal processual. A ampla defesa deve ser exercida nos limites estabelecidos pela legislação processual vigente.
>
> A violação do art. 5º, inciso LV, da Constituição da República de 1988, não possibilita a admissibilidade do apelo, já que não se verificou nenhum obstáculo de a parte ter acesso à Justiça, o que foi feito de forma ampla, já que a ela se deu conhecimento da existência da ação e de todos os atos do processo, bem como a possibilidade de reagir aos atos que, supostamente, foram-lhe desfavoráveis (AIRR 6899200-54.2002.5.04.0900, rel. Min. Carlos Alberto Reis de Paula, j. 30-11-2005, 3ª Turma, data de publicação: 17-2-2006).

É o que se pode depreender de situação análoga, prevista na já cancelada Súmula 205[7] do TST, quando tratou da responsabilidade do grupo econômico. Com efeito, na forma do art. 2º, § 2º, da CLT, há solidariedade entre empresas que formem um mesmo grupo econômico quanto ao adimplemento das verbas trabalhistas.

Ora, com o cancelamento da Súmula 205 do TST, pela Resolução n. 121/2003, parece não ser mais necessário que a empresa integrante do grupo econômico conste do título executivo judicial, como devedora, para que a mesma responda

---

7. "*Grupo econômico. Execução. Solidariedade.* – O responsável solidário, integrante do grupo econômico, que não participou da relação processual como reclamado e que, portanto, não consta no título executivo judicial como devedor, não pode ser sujeito passivo na execução."

pelo cumprimento do título executivo. E essa tem sido a posição majoritária, inclusive perante o TST.

Todavia, por força do entendimento manifestado pelo E. STF (ARE 1160361), no que está acompanhado pelas lições de Manoel Antonio Teixeira Filho[8], no sentido de que, apesar de cancelada, não há razão para abandonar o entendimento então existente naquela Súmula 205. Desse modo, se entende ser necessária a indicação na petição inicial, sempre que o autor pretender que mais de um demandado responda pelos direitos eventualmente reconhecidos.

Com todas as ressalvas, se tal compreensão se fazia presente havia algum tempo, com muito mais razão se mostra desmedida a exigência da indicação do sócio na petição inicial quando, por força da Lei n. 13.467/2017, reafirmou-se a aplicação do incidente de desconsideração da personalidade jurídica ao processo do trabalho, na forma do art. 855-A da CLT, como veremos adiante. Ou seja, se é possível a desconsideração da personalidade jurídica no curso da lide, momento no qual o sócio poderá deduzir a sua defesa quanto à responsabilidade pelo adimplemento da obrigação, não há qualquer sentido em exigir tal providência na instauração da pretensão. Veja-se, inclusive, que a posição do legitimado passivo superveniente não é propriamente uma novidade no sistema processual (arts. 137, 779 e 790, VII, CPC). Em nenhum daqueles eventos se exige a indicação do responsável quando do ajuizamento da pretensão.

Outra situação relevante se dá na hipótese de consórcio empresarial, previsto na forma do art. 278, § 1º, da Lei n. 6.404/76, em que para sua constituição regular, segundo o art. 7º da IN 19/2013 do DREI, é exigido o registro do contrato na Junta Comercial do lugar da sede das empresas. Tal registro permite identificar a regularidade da estrutura empresarial, e portanto, a eventual responsabilidade pelos créditos reclamados e quem titulariza tais obrigações em juízo. Todavia, na hipótese de não formalizada a aludida constituição[9], como medida de segurança, deve o autor ajuizar a reclamação contra o empregador direto e as empresas consorciadas, simultaneamente. Tal orientação faz todo o sentido, a fim de que se apure a responsabilidade pelo pagamento das verbas no caso concreto, dado que não se presume a solidariedade entre os consorciados.

O mesmo ocorre, ainda, com os condomínios em que não haja formalização da unidade condominial. Com efeito, nesses casos pode o autor ajuizar a reclamação contra a pessoa dos condôminos, citando a todos, alguns ou apenas um porque

8. TEIXEIRA FILHO, Manoel Antonio. *Curso de direito processual do trabalho*. São Paulo: LTr, 2009. v. II, p. 646.

9. MALTA, Christovão Piragibe Tostes. *Prática do processo trabalhista*, cit., 20. ed., p. 115-116.

"os condôminos, deixando de organizar o condomínio legalmente, assumem a posição de devedores solidários, podendo um só ser reclamado como responsável pelo total da dívida". O mesmo não ocorre na hipótese da formalização da unidade condominial, que terá seu tratamento disciplinado pelo art. 75, XI, do CPC.

Outro requisito, previsto no inciso III do art. 319 do CPC, atém-se à descrição do fato e os fundamentos jurídicos do pedido. O art. 840 da CLT indica que na inicial trabalhista incumbe à parte autora a breve exposição fática de que resulte o dissídio. A doutrina costuma denominar a exposição dos fatos e fundamentos como a causa de pedir.

A breve exposição dos fatos mencionadas na CLT deve ser compreendida como a narração, pelo autor, ainda que concisa, dos fatos relevantes que se relacionem ao contrato de trabalho e sejam igualmente relevantes para a causa. Com isso se pode mencionar que, sem formalismos, é preciso que a parte apresente os fatos relevantes para a compreensão e julgamento da demanda.

É preciso referir, todavia, que, no tocante à extensão dessa exposição e quanto à necessidade ou não de, em sua inicial, a parte autora apresentar além dos fatos, os fundamentos jurídicos do pedido, há algum dissenso.

Segundo alguns, a breve exposição fática da petição inicial trabalhista é apenas semelhante ao requisito previsto no CPC, pois, enquanto na legislação civil comum se trata dos "fatos e fundamentos jurídicos", a legislação laboral cuida de indicar como suficiente uma "breve exposição dos fatos", na petição inicial. Para a indicação de um caminho a seguir, precisamos fazer uma breve digressão, apresentando a distinção entre as teorias da individuação e substanciação, que pretendem estruturar a causa de pedir no direito processual. Socorremo-nos da clássica lição de Humberto Theodoro Júnior[10]:

> Para os que seguem a individuação, basta ao autor apontar genericamente o título com que age em juízo, como, por exemplo, o de proprietário, o de locatário, o de credor etc. Já para a substanciação, adotada por nossa lei processual civil, o exercício do direito de ação deve se fazer à base de uma *causa petendi* que compreenda o fato ou o complexo de fatos de onde se extraiu a conclusão a que chegou o pedido formulado na petição inicial. A descrição do fato gerador do direito subjetivo passa, então, ao primeiro plano, como requisito que, indispensavelmente, tem de ser identificado desde logo. Não basta, por isso, dizer-se proprietário ou credor, pois será imprescindível descrever todos os fatos de onde adveio a propriedade ou o crédito.

10. THEODORO JÚNIOR, Humberto. *Curso de direito processual civil*. 32. ed. Rio de Janeiro: Forense, 2000. v. I, p. 314.

Não podemos deixar de citar, ainda, a lição de Ovídio A. Baptista da Silva e Fábio Gomes[11], que assim delimitam o tema:

> Duas teorias se contrapõem a respeito desse assunto. A chamada teoria da consubstanciação, de maior voga no Brasil, sustenta que cada demanda há de ser caracterizada pelos fatos que o autor descreve na petição inicial, de tal modo que, mudando-se os fatos, muda-se a demanda, que se transforma em outra. Em nosso exemplo da ação de despejo fundada em infração do contrato de locação, segundo essa teoria, se o locador apenas alegar, na causa, a infração consistente no descumprimento da obrigação por parte do inquilino em construir o muro divisório, a outra infração contratual, também verificada, não ficaria absorvida pela sentença, pois esse novo conjunto de fatos – infração do contrato por não haver o inquilino remodelado a instalação elétrica – constituiria uma segunda demanda, possível de ser ajuizada depois, ou cumulada com a primeira. Para a teoria adversa, conhecida por teoria da individualização, a causa – rescisão do contrato – apenas se individualiza pelos fatos narrados na petição inicial. Os fatos, aqui, desempenham um papel diferente e menos decisivo para a determinação da demanda. Para a teoria da individualização não são os fatos descritos pelo autor que delimitam a demanda; eles servem, apenas, para individualizar a relação jurídica posta em causa. Segundo esse entendimento, portanto, a demanda do locador terá como *causa petendi* o fato de haver o inquilino infringido o contrato. Essa seria a relação jurídica litigiosa. Se houve duas ou mais infrações contratuais semelhantes, pouco importa se o autor as tenha descrito integralmente na petição inicial. A sentença que declarar que o inquilino não cometeu infração contratual e, em razão disso, julgar improcedente a demanda, terá automaticamente decidido, também, a respeito das outras infrações contratuais de natureza semelhante, que o autor poderia ter alegado e não alegou, incidindo, por conseguinte, o art. 474 do CPC. (...) Cada demanda, portanto, deve ser identificada pelo respectivo pedido formulado pelo autor, mas também pelos fatos e fundamentos jurídicos que qualificam e substanciam o pedido (art. 282, III, do CPC). O conjunto dos fatos relevantes e dos fundamentos jurídicos constituem a causa de pedir (*causa petendi*). O autor – diz Giancarlo Giannozzi (*Appunti per un corso di diritto processuale civile*, 1980, p. 47) – deve precisar que coisa pretende e por que a pretende. Não seria, destarte, admissível que o autor formulasse a demanda apenas através de um pedido indeterminado, como, por exemplo, se ele pedisse que o Juiz condenasse o réu a restituir-lhe

11. SILVA, Ovídio A. Baptista da; GOMES, Fábio. *Teoria geral do processo civil*. 2. ed. São Paulo: Revista dos Tribunais, 2000. p. 242-243.

> um objeto, digamos um imóvel. Tal pedido terá, necessariamente, de ser substanciado em fatos capazes de individualizarem o fundamento legal onde o pedido se apoia, informando por que o autor se julga com esse direito.

Ou seja, no caso da teoria da individuação seria preciso, apenas, a breve descrição dos fatos, sem a consequente positivação dos fundamentos jurídicos dos pedidos. Seria necessária, apenas, a indicação da qualificação jurídica por meio da qual atua a parte em juízo, como já referido. Como consequência, a eficácia preclusiva da coisa julgada atingiria o pedido calcado em qualquer circunstância de fato que, ao tempo do ajuizamento da demanda, pudesse dar ensejo àquela situação jurídica afirmada.

Já por meio da teoria da substanciação seria exigida da parte autora não apenas a indicação de sua situação jurídica, mas igualmente das circunstâncias de fato que entende serem relevantes para o deslinde do feito, ou seja, deve-se precisar o que pretende e por que pretende, indicando uma relação de causa e efeito. Daí por que, como consequência, quando se adota a denominada teoria da substanciação, a eficácia preclusiva da coisa julgada apenas impede a rediscussão do pedido calcado naquela causa de pedir.

Desse modo, se, por exemplo, um cidadão vier a juízo para dizer que, por conta de um acidente, sofreu dano estético por amputação do braço direito, mas se identifica que além do braço houve lesão igualmente em sua perna, não haveria eficácia preclusiva da coisa julgada quanto aos danos estéticos relacionados à lesão da perna.

A jurisprudência é vacilante no tocante à teoria aplicável no âmbito do direito processual do trabalho. O TST já se pronunciou no sentido de que no direito processual trabalhista seria aplicável a teoria da individualização, conforme se evidencia abaixo:

> Recurso de revista. Quitação rescisória. Julgamento *extra petita*. Diferenças salariais e triênios. Inépcia. Férias escolares. (...) Também não se afigura inepto o pedido de triênios, sob a alegação de afronta ao art. 282 do CPC, pois aplicável, no âmbito do processo trabalhista, a teoria da individualização, que só exige uma breve exposição dos fatos, nos moldes do art. 840 da CLT. Não bastasse isso, o reclamado não sofreu nenhum prejuízo, tendo contestado regularmente o pedido, inclusive sob a alegação de quitação das parcelas. (...) Recurso conhecido, em parte, e nela provido (RR, 690407-73.2000.5.01.5555, rel. Juiz convocado José Pedro de Camargo Rodrigues de Souza, j. 25-5-2005, 5ª Turma, data de publicação: 17-6-2005).

Embora não de forma explícita, podemos mencionar ainda que, em sua jurisprudência consolidada, o TST adota a teoria da individualização em algumas demandas, ao compreender que o juiz não está adstrito à causa de pedir, aos fatos narrados na inicial para o deferimento do pleito. É o que ocorre, por exemplo, nas hipóteses em que se discute o cabimento do adicional de insalubridade, na medida em que seria cabível a condenação ainda que constatada a existência de agente insalubre diverso do apontado na inicial, a partir do que se infere da Súmula 293 do TST:

> Adicional de insalubridade. Causa de pedir. Agente nocivo diverso do apontado na inicial. A verificação mediante perícia de prestação de serviços em condições nocivas, considerado agente insalubre diverso do apontado na inicial, não prejudica o pedido de adicional de insalubridade.

Ou seja, a partir do quanto consagrado naquela súmula, entende-se como possível o deferimento do adicional pedido, ainda que fundado em fatos diferentes daqueles indicados na inicial, dado que basta a enunciação da situação jurídica-base, ou seja, da condição de empregado e da previsão legal que impõe o pagamento do adicional. Isso evidenciaria uma adesão à denominada teoria da individualização.

De outro lado, o mesmo TST já se pronunciou em sentido diametralmente oposto, indicando expressamente ser aplicável ao processo do trabalho justamente a denominada teoria da substanciação, como se depreende do aresto abaixo:

> RECURSO DE REVISTA. COMPLEMENTAÇÃO DE APOSENTADORIA. JULGAMENTO *EXTRA PETITA*. CAUSA DE PEDIR. ALTERAÇÃO. PRINCÍPIO DA ADSTRIÇÃO OU DA CONGRUÊNCIA. TEORIA DA SUBSTANCIAÇÃO. LIMITES. 1. Configura-se o julgamento fora dos limites da lide -*extra petita*- quando o magistrado concede prestação jurisdicional diferente da que postulada na petição inicial ou defere o pedido formulado, porém com base em fundamento não invocado como causa de pedir. 2. No caso vertente, o Tribunal Regional, invocando a teoria da substanciação, manteve a sentença que deferiu pedido de diferenças de complementação de aposentadoria com base na função de assistente jurídico, quando a petição inicial é expressa em postular diferenças em razão do cargo de coordenador jurídico. *3. Todavia, a teoria da substanciação não contém base legal para autorizar o julgamento fora dos limites traçados pela parte, devendo haver a necessária correlação (princípio da congruência ou adstrição) entre o pedido/causa de pedir e o provimento judicial (CPC, arts. 128 e 460), sob pena de nulidade por julgamento citra, extra ou ultra petita.* 4. O provimento judicial está adstrito, não somente ao pedido formulado pela parte na petição inicial, mas também à causa de pedir, que, segundo a teoria da substanciação, adotada em nossa legislação processual, é delimitada pelos fatos narrados na petição inicial, sendo que a livre atuação judicial está limitada ao fato constitutivo do direito, que não poderá ser alterado. 5. Dessa

> orientação divergiu o acórdão recorrido ao manter a sentença proferida fora dos limites da lide, violando os arts. 128 e 460, do CPC. Recurso de revista parcialmente conhecido e provido (TST, RR 743009820085040006, rel. Walmir Oliveira da Costa, 1ª Turma, j. 25-6-2014, *DEJT* 1º-8-2014).
>
> Coisa julgada. IPC de março/90. Servidores públicos celetistas do GDF. Causa de pedir. Identidade. 1. Nos termos do art. 301, § 2º, do Código de Processo Civil, configura-se a coisa julgada quando presente a tríplice identidade dos elementos da ação, referentes às partes, pedido e causa de pedir. Frise-se que, de acordo com a Teoria da Substanciação, adotada na legislação brasileira, a definição da causa de pedir, ou *causa petendi*, resulta da conjugação dos fatos (causa de pedir remota) e dos fundamentos jurídicos do pedido (causa de pedir próxima). (...) (RR, 407978-86.1997.5.10.5555, rel. Juiz Convocado Guilherme Augusto Caputo Bastos, j. 10-6-2002, Subseção I Especializada em Dissídios Individuais, data de publicação: 2-8-2002).

Do ponto de vista doutrinário se pode mencionar que a maioria[12], na qual nos incluímos, tem entendido ser necessária a indicação dos fundamentos jurídicos dos pedidos, por conta da aplicação subsidiária do art. 319, III, do CPC (antigo art. 282, III, do CPC/73), autorizada pelos arts. 769 da CLT e 15 do CPC, para uma adequada conformação da petição inicial.

Todavia, é possível indicar que vacilação quanto ao ponto justifica-se, como já mencionado, a partir da própria existência do *jus postulandi* exercido diretamente pelas partes. Isso porque, dentro de um sistema que privilegia o *jus postulandi* das partes, não faria sentido exigir um profundo conhecimento jurídico para o enquadramento jurídico dos fatos, especificando-os e aos fundamentos jurídicos dos pedidos. Seria dar com uma mão e retirar com a outra o acesso direto à instância judiciária. De outro lado, depois da Lei n. 13.467/2017, dada a necessidade de quantificação dos pedidos, como veremos, é possível que se tenha tornado ainda mais difícil o exercício do *jus postulandi* pelas partes.

Embora não seja requisito da petição inicial do processo do trabalho que o reclamante se refira aos fundamentos jurídicos do pedido, é certo que a própria complexidade das relações trabalhistas tem imposto, na prática, a exposição, além dos fatos, de seus fundamentos jurídicos, dado que é preciso preservar o direito de defesa do demandado, além de possibilitar a exata compreensão da

12. Nesse sentido, TEIXEIRA FILHO, Manoel Antonio. *Curso de direito do trabalho*. São Paulo: LTr, 2009. v. II, p. 649; LEITE, Carlos Henrique Bezerra. *Curso de direito processual do trabalho*, cit., 8. ed., p. 443; SCHIAVI, Mauro. *Manual de direito processual do trabalho*, cit., p. 432, entre outros.

lide pelo juiz, facilitar a produção da prova e refletir maior seriedade e honestidade na pretensão, como pontua Mauro Schiavi[13].

Por fim, é preciso alertar ao leitor que os fundamentos jurídicos do pedido não se confundem com os fundamentos legais. Ou seja, não é preciso que a parte indique quais são os dispositivos legais pretensamente afrontados para viabilizar a sua pretensão.

Há ainda que se falar na repercussão da LGPD (Lei n. 13.709/2018) no que concerne aos requisitos da petição inicial. Com efeito, segundo o art. 6, III da LGPD, aplicável às relações processuais, ao proceder a apresentação de dados pessoais, em uma postulação em juízo, e as provas que a ele acompanhem, o proponente da demanda em juízo deverá fazê-lo exibindo o mínimo necessário de informações das pessoas envolvidas no litígio para o atendimento da sua pretensão, em homenagem ao princípio da necessidade, ou seja, limitando-se o tratamento ao mínimo necessário para a realização de suas finalidades, com abrangência dos dados pertinentes, proporcionais e não excessivos em relação às finalidades do tratamento de dados.

Ou seja, a partir da conjugação do sistema processual e da LGPD, de proteção quanto às informações pessoais, dever-se-á, na "breve exposição dos fatos de que resulte o dissídio", fazê-lo de modo a respeitar-se as informações pessoais dos envolvidos, seguindo os princípios estabelecidos na LGPD e apresentando, quanto às informações pessoais, apenas o necessário ao deslinde do feito, respeitando, assim, ao princípio da necessidade.

Ao formular sua pretensão ou a sua resposta, assim, caberá ao postulante delimitar a que se destina a divulgação de tal informação pessoal. Deverá fazê-lo, ainda, segundo o princípio da adequação, ou seja, deve preocupar-se com a compatibilidade entre a divulgação daqueles dados com as finalidades almejadas, de acordo com o contexto do tratamento. Também deve estar atento ao princípio da finalidade, com a realização do tratamento para propósitos específicos.

As premissas principiológicas previstas na LGPD não deixam de reiterar os mandados de otimização, já originalmente previstos no sistema processual laboral, que sempre estabeleceu a necessidade apenas de "breves exposições dos fatos" para a sua adequada implementação. Ao postular, ao decidir, ao proceder, todos os agentes processuais (partes, advogados, juízes, procuradores, servidores, peritos, testemunhas) devem colaborar no sentido de obterem a melhor solução para a contenda, no tempo razoável, em decisão de mérito justa (art. 6º, CPC), também comprometendo-se a divulgar o menor número de informações pessoais possível, respeitando-se também aqueles princípios encartados na LGPD (art. 6º, LGPD).

13. SCHIAVI, Mauro. *Manual de direito processual do trabalho*, cit., p. 433.

Outro requisito da petição inicial é o pedido (art. 319, IV, CPC). O pedido é a manifestação de vontade de obter do Estado o provimento jurisdicional de determinada natureza sobre algum bem da vida. É o pedido que condiciona e orienta o provimento jurisdicional, pois dele é a razão de existir, inclusive limitando a própria manifestação jurisdicional consoante definem os arts. 141 e 492 do CPC.

O pedido imediato é o provimento jurisdicional, enquanto o mediato é o bem da vida. Tal requisito deve conter suas especificações, dado que incabível pedido incerto ou indeterminado, sendo admitido pedido genérico apenas quando houver autorização legal.

O pedido deve ser certo quanto a seu objeto e determinado, de modo que se permita sua individualização, na forma do § 1º do art. 840, decorrente da Lei n. 13.467/2017. A certeza do pedido se impõe a partir da exigência de que este expresse, de forma clara, qual o objeto da pretensão. As reclamatórias trabalhistas são usualmente formuladas em diversos pedidos, o que reafirma a necessidade de que a parte explicite, sem qualquer margem de dúvida, qual seria a o bem da vida que deseja ter tutelado pelo Poder Judiciário.

Apesar de normalmente os pedidos serem expressos, e devam ser interpretados restritivamente, na forma do art. 322 do CPC, entendem-se como implícitos os juros legais, a correção monetária e as verbas de sucumbência, inclusive os honorários de advogado (§ 1º), devendo-se, ainda, ser interpretado o pedido levando em consideração o conjunto da postulação e o princípio da boa-fé (§ 2º).

Na inicial que não possua pedido, falta um pressuposto processual de existência da relação jurídica. Não há petição inicial apta a produzir efeitos jurídicos. A regra deve ser a de que a prestação jurisdicional está adstrita ao pedido.

Todavia, é preciso que se mencione que a jurisprudência tem entendido ser possível o julgamento, ainda que sem pedido, de algumas parcelas, notadamente quando devidas apenas no curso do processo, como ocorre em relação às relacionadas aos arts. 467 e 496, ambos da CLT, tal qual já manifestamos quando tratamos dos princípios do processo.

Desse modo, tem-se entendido que seja possível o deferimento da multa do art. 467[14] ou mesmo a conversão do pedido de reintegração em indenização, na forma do art. 496[15] da CLT.

14. "Art. 467. Em caso de rescisão de contrato de trabalho, havendo controvérsia sobre o montante das verbas rescisórias, o empregador é obrigado a pagar ao trabalhador, à data do comparecimento à Justiça do Trabalho, a parte incontroversa dessas verbas, sob pena de pagá-las acrescidas de cinquenta por cento."

15. "Art. 496. Quando a reintegração do empregado estável for desaconselhável, dado o grau de incompatibilidade resultante do dissídio, especialmente quando for o empregador pessoa física, o

O mesmo no tocante à imposição de responsabilização subsidiária de uma das partes, quando formulado pedido de sua responsabilização solidária. Neste caso, entendem que, se há pedido de condenação solidária mas há uma limitação do pedido pelo juízo, para que haja a condenação subsidiária do demandado, tal atuação não importaria irregularidade do julgamento.

Em relação à previsão do art. 496 da CLT, é certo que há expressa faculdade prevista em lei, sendo possível ao Tribunal a substituição da reintegração pela indenização correspondente, independentemente do requerimento das partes. Dada a faculdade legal, não parece legítima qualquer dúvida.

Tal circunstância não ocorre em relação à incidência do art. 467 da CLT. Segundo o E. TST, a aludida multa teria o caráter de parcela indenizatória:

> Recurso de revista. Contribuição previdenciária. Não incidência. Acordo homologado em juízo na fase de conhecimento. Multa do art. 467 da CLT. Natureza indenizatória. Esta Corte tem reiteradamente se manifestado no sentido de ser válida a transação, homologada em juízo, em que as partes avençam o pagamento de parcela de natureza indenizatória, no caso, a multa do art. 467 da CLT. Registre-se, ademais que não se cogita, até o oferecimento da defesa, controvérsia acerca das parcelas pleiteadas na inicial. Além disso, não há óbice na lei que afaste a possibilidade de as partes incluírem a multa do art. 467 da CLT no ajuste que será homologado perante o Judiciário, haja vista a liberdade de convenção sobre as verbas que serão acordadas. Precedentes da SBDI-1 do TST. Recurso de revista não conhecido (RR, 84800-67.2008.5.04.0252, rel. Min. Márcio Eurico Vitral Amaro, 8ª Turma, j. 30-11-2011, data de publicação: 2-12-2011).

Não parece adequado tal entendimento. Efetivamente, parece claro que a multa possui nítido caráter processual. A parcela é devida apenas se o demandado, "à data do comparecimento à Justiça do Trabalho", não procede ao pagamento das verbas reputadas incontroversas.

Ou seja, somente haverá a penalidade se: a) houver demanda judicial; b) houver parcela incontroversa; c) a parcela incontroversa não for paga até a data do comparecimento à Justiça do Trabalho.

Em sendo assim, a nosso sentir, a aludida multa possui natureza processual, e uma identidade bastante clara com outras penalidades processuais, entre as quais ganha relevo aquela prevista no art. 523 do CPC (art. 475-J[16] do

---

tribunal do trabalho poderá converter aquela obrigação em indenização devida nos termos do artigo seguinte."

16. "Art. 475-J. Caso o devedor, condenado ao pagamento de quantia certa ou já fixada em liquidação,

CPC/73), que pune o devedor que se nega a proceder ao pagamento do quanto deve, oportunamente.

Em relação à multa do art. 523 do CPC, pontuam Fredie Didier Jr., Paula Sarno Braga e Rafael Oliveira[17] que essa multa serve como fator motivante para o adimplemento, seja funcionando como coerção, seja punindo o inadimplemento, por meio da respectiva sanção. Ora, tratando-se de penalidade de cunho processual, exigível, portanto, apenas após o ajuizamento da reclamatória, não se poderia pretender que o trabalhador fosse obrigado a prever o comportamento processual inadequado de seu adversário, formulando verdadeiro pedido de condenação "condicionado" em sua inicial.

De outro lado, tratando-se de questão meramente processual, é possível o deferimento *ex officio* pelo juízo, ou seja, mesmo sem pedido formulado pela parte autora, sem que daí adviesse qualquer irregularidade.

Por fim, cumpre mencionar que a Lei n. 13.467/2017 trouxe novidade impactante para o processo laboral. Tal norma fez inserir no § 1º do art. 840 da CLT a exigência de que o pedido seja certo, determinado e com indicação de seu valor, nos seguintes termos:

> Art. 840. (...)
>
> § 1º Sendo escrita, a reclamação deverá conter a designação do juízo, a qualificação das partes, a breve exposição dos fatos de que resulte o dissídio, o pedido, que deverá ser certo, determinado e com indicação de seu valor, a data e a assinatura do reclamante ou de seu representante.

Veja-se que a exigência de que o pedido, além de certo e determinado, deve conter a indicação de seu valor torna imperiosa a necessidade de a petição inicial explicitar o valor do pedido. Tal regra guarda equivalente redação àquela prevista do art. 852-B, I, da CLT.

Assim, a princípio, a exigência legal deve ser compreendida nos mesmos termos do quanto se compreendeu no âmbito do procedimento sumaríssimo. Segundo tal previsão, cada um dos pedidos deve corresponder a um valor. Assim sendo, segundo a previsão legal, seria imperioso que a parte apresentasse, juntamente com cada um de seus pedidos, a representação econômica daquela pretensão,

não o efetue no prazo de quinze dias, o montante da condenação será acrescido de multa no percentual de dez por cento e, a requerimento do credor e observado o disposto no art. 614, II, desta Lei, expedir-se-á mandado de penhora e avaliação."

17. DIDIER JR., Fredie; BRAGA, Paula Sarno; OLIVEIRA, Rafael. *Curso de direito processual civil:* meios de impugnação as decisões judiciais e processo nos tribunais. 5. ed. Salvador: Juspodivm, 2010. v. 2, passim.

sendo limitada a pretensão ao quanto apontado. O TST, em algumas oportunidades, já pronunciou-se no sentido de que a simples especificação dos valores na petição inicial seria capaz de ensejar a limitação do pedido ao quanto indicado.

> RECURSO DE EMBARGOS. REGÊNCIA DA LEI N. 13.015/2014. JULGAMENTO *ULTRA PETITA*. LIMITAÇÃO DA CONDENAÇÃO AO VALOR ATRIBUÍDO AO PEDIDO NA PETIÇÃO INICIAL. 1. A Quarta Turma considerou que o requerimento, na petição inicial, de "pagamento de 432 horas" "in itinere" no valor de R$ 3.802,00 (fl. 11 – numeração eletrônica) "traduziu" mera estimativa, tendo o magistrado feito a adequação de acordo com as provas do processo, razão pela qual não reputou violados os arts. 141 e 492 do CPC. 2. Todavia, esta Corte Superior adota firme entendimento no sentido de que a parte autora, ao formular pedidos com valores líquidos na petição inicial, sem registrar qualquer ressalva, limita a condenação a tais parâmetros, por expressa dicção do art. 492 do CPC. Precedentes. Recurso de embargos conhecido e provido (E-ARR-10472-61.2015.5.18.0211, Subseção I Especializada em Dissídios Individuais, Relator Ministro Walmir Oliveira da Costa, *DEJT* 29-5-2020).
>
> RECURSO DE REVISTA REGIDO PELA LEI N. 13.015/2014. JULGAMENTO *ULTRA PETITA*. PEDIDOS LÍQUIDOS. LIMITES DA LIDE. ADSTRIÇÃO DO PROVIMENTO JUDICIAL AO PEDIDO. 1. O Tribunal Regional negou provimento ao Recurso Ordinário das reclamadas ao fundamento de que, nas causas submetidas ao rito ordinário, a parte não é obrigada a indicar específica e exatamente o valor de cada pedido deduzido, ao qual não se vincula a liquidação da sentença. Consignou, ainda, que a exigência de dedução de pedido certo e determinado, no procedimento comum, não se confunde com liquidez, e registrou que o comando exequendo remeteu expressamente a apuração dos valores devidos ao credor à liquidação da sentença. 2. Todavia, ainda que a exigência de liquidação prévia dos pedidos não seja aplicável às ações que tramitam sob o rito ordinário (art. 840 da CLT), a dedução de pedidos líquidos vincula o julgador àqueles valores (CPC, arts. 141 e 492 c/c o art. 769 da CLT), ressalvadas as diferenças decorrentes de juros e atualização monetária. 3. Não se tratando, portanto, de mera indicação do valor atribuído à causa para fins de fixação de alçada, mas de expressa indicação, pela reclamante, de valor específico a cada pedido deduzido na peça de ingresso, imperativa a adstrição do provimento judicial ao pedido. Caracterizada ofensa ao artigo 492 do CPC. Julgados desta Corte. Recurso de revista de que se conhece e a que se dá provimento. (TST-ARR – 1742-82.2013.5.03.0006, Data de Julgamento: 18-9-2019, Relator: Ministro Douglas Alencar Rodrigues, 5ª Turma, Data de Publicação: *DEJT* 27-9-2019.)
>
> 3 – JULGAMENTO *ULTRA PETITA*. PEDIDO LÍQUIDO E CERTO. LIMITAÇÃO DA CONDENAÇÃO AOS VALORES APONTADOS NA INICIAL

PARA CADA UM DOS PEDIDOS. Nos termos dos artigos 128 e 460 do CPC/1973, e dos atuais arts. 141 e 492 do CPC/2015, o juiz está adstrito aos limites da lide para proferir decisão, sendo-lhe vedado proferir sentença de natureza diversa da pedida pelo autor, condenar o réu em quantidade superior ou em objeto diverso do que lhe foi demandado. Dessa forma, tendo o reclamante estabelecido, na inicial, pedidos líquidos, indicando o valor pleiteado em relação a cada uma das verbas, deve o juiz ater-se a tais valores, sobre pena de proferir julgamento *ultra petita*. Recurso de revista conhecido e provido. (TST-ARR – 10043-29.2015.5.03.0109, Data de Julgamento: 14-8-2019, Relatora: Ministra Delaíde Miranda Arantes, 2ª Turma, Data de Publicação: *DEJT* 16-8-2019.)

RECURSO DE REVISTA. ACÓRDÃO REGIONAL PUBLICADO NA VIGÊNCIA DA LEI N. 13.015/2014. 1. JULGAMENTO *ULTRA PETITA*. LIMITAÇÃO DA CONDENAÇÃO AOS VALORES ATRIBUÍDOS A CADA UM DOS PEDIDOS DA PETIÇÃO INICIAL. CONHECIMENTO E PROVIMENTO. I. A Corte Regional decidiu que, "quanto à limitação da condenação aos valores discriminados na petição inicial, a liquidação da sentença não está vinculada ao valor dado ao pedido pela peça inicial, pois os valores atribuídos na inicial representam apenas uma estimativa do conteúdo econômico dos pedidos e são formulados para fins de fixação da alçada, não havendo falar em limite do valor dos pedidos". II. Este Tribunal Superior firmou entendimento de que, na hipótese em que existe pedido líquido e certo na petição inicial, o julgador fica adstrito aos valores atribuídos a cada um desses pedidos, de maneira que a condenação em quantia superior àquela fixada pelo reclamante na reclamação trabalhista caracteriza violação dos arts. 128 e 460 do CPC/1973. III. Recurso de revista de que se conhece, por divergência jurisprudencial, e a que se dá provimento. (TST- RR – 3087-48.2012.5.03.0029, Data de Julgamento: 26-6-2019, rel. Min. Alexandre Luiz Ramos, 4ª Turma, Data de Publicação: *DEJT* 28 6 2019.)

RECURSO DE REVISTA DA 1ª RECLAMADA. JULGAMENTO ULTRA PETITA. LIMITES DA CONDENAÇÃO. VALORES EXPRESSAMENTE INDICADOS NA PETIÇÃO INICIAL. Os pedidos foram apresentados de forma líquida. Desse modo, os valores principais apurados em liquidação não poderão ultrapassar os pedidos na inicial em cada título deferido, nos termos dos artigos 141 e 492 do CPC/2015. Precedentes. Recurso de revista de que se conhece e a que se dá provimento. (TST-ARR – 2354-08.2013.5.15.0096, Data de Julgamento: 10-4-2019, Relatora: Desembargadora Convocada Cilene Ferreira Amaro Santos, 6.ª Turma, Data de Publicação: *DEJT* 12-4-2019.)

II – RECURSO DE REVISTA. JULGAMENTO *ULTRA PETITA* – LIMITAÇÃO DA CONDENAÇÃO AOS VALORES EXPRESSAMENTE DISCRIMI-

> NADOS NA PETIÇÃO INICIAL. A jurisprudência desta Corte, notadamente a da 3ª Turma, é a de que os valores porventura discriminados na petição inicial restringem o montante devido ao trabalhador às importâncias por ele discriminadas em cada um dos pedidos formulados, inclusive nas demandas submetidas ao rito ordinário. Precedentes, inclusive da relatoria dos ministros Alberto Bresciani e Maurício Godinho Delgado. Recurso de revista conhecido por violação dos artigos 141 e 492 do CPC/2015 e provido. (TST-RR – 10970-67.2016.5.03.0106, Data de Julgamento: 5-12-2018, Relator: Ministro Alexandre de Souza Agra Belmonte, 3ª Turma, Data de Publicação: *DEJT* 7-12-2018.)
> RECURSO DE REVISTA – PEDIDOS LÍQUIDOS – LIMITAÇÃO DA CONDENAÇÃO AOS VALORES PLEITEADOS NA INICIAL. Consoante o que determina o art. 460 do CPC, ao juiz é vedado proferir sentença em quantidade superior à pleiteada. Tendo o reclamante formulado pedidos líquidos, traçou os limites para a lide, pelo que devida a observância dos valores postulados na inicial monetariamente atualizados. Recurso de revista conhecido e provido. (TST-RR – 203940-31.2004.5.02.0078, Data de Julgamento: 20-4-2010, rel. Min. Luiz Philippe Vieira de Mello Filho, 1ª Turma, Data de Publicação: *DEJT* 6-8-2010.)

Todavia, após o advento da Lei n. 13.467/2017 o Tribunal se pronunciou no sentido de que, sendo meramente estimativa a quantificação do valor da condenação, tal indicação não é capaz de limitar a pretensão. É o que se depreende:

> I – AGRAVO EM RECURSO DE REVISTA DO RECLAMANTE INTERPOSTO NA VIGÊNCIA DA LEI N. 13.467/2017. LIMITAÇÃO DO VALOR DA CONDENAÇÃO AOS VALORES INDICADOS EXPRESSAMENTE NA PETIÇÃO INICIAL. MENÇÃO EXPRESSA NA INICIAL DE QUE OS VALORES ERAM MERAS ESTIMATIVAS. Constatada violação do art. 840, § 1º, da CLT, é de se prover o agravo para determinar o processamento do recurso de revista. Agravo provido. II – RECURSO DE REVISTA DO RECLAMANTE INTERPOSTO NA VIGÊNCIA DA LEI 13.467/2017. LIMITAÇÃO DO VALOR DA CONDENAÇÃO AOS VALORES INDICADOS EXPRESSAMENTE NA PETIÇÃO INICIAL. MENÇÃO EXPRESSA NA INICIAL DE QUE OS VALORES ERAM MERAS ESTIMATIVAS. 1.1. De acordo com o entendimento desta Corte Superior, quando a petição inicial contém pedido líquido e certo, a condenação em quantidade superior ao indicado na inicial importa em julgamento *ultra petita*. 1.2. No caso, todavia, verifica-se que o reclamante, na inicial, informou expressamente que a indicação dos valores foi realizada por estimativa. Em tal hipótese, não há de se falar em limitação da condenação aos valores atribuídos a cada um dos pedidos da inicial. Precedentes. Recurso de revista

conhecido e provido (Ag-RR-1000570-33.2019.5.02.0321, 8ª Turma, Relatora Ministra Delaide Alves Miranda Arantes, *DEJT* 10-9-2021).

(...) VALOR DA CONDENAÇÃO. LIMITAÇÃO AOS VALORES ESPECIFICADOS NA INICIAL. Há transcendência jurídica quando se constata em exame preliminar a controvérsia sobre questão nova em torno da interpretação da legislação trabalhista. Aconselhável o provimento do agravo de instrumento, para determinar o processamento do recurso de revista para melhor exame da alegada violação do art. 492 do CPC. Agravo de instrumento a que se dá provimento. (...) VALOR DA CONDENAÇÃO. LIMITAÇÃO AOS VALORES ESPECIFICADOS NA INICIAL. 1 – De início, importa esclarecer que o provimento do agravo de instrumento não vincula a decisão a ser proferida no recurso de revista, na qual se faz o juízo definitivo de admissibilidade. 2 – A jurisprudência desta Corte Superior vinha se firmando no sentido de que, na hipótese em que há pedido líquido e certo na petição inicial, eventual condenação deveria se limitar aos valores atribuídos a cada um desses pedidos. 3 – Esse entendimento, contudo, é aplicável aos processos iniciados antes da Lei n. 13.467/2017. Com a Reforma Trabalhista, foi alterado o § 1º do art. 840 da CLT, que passou a ter a seguinte redação: "Sendo escrita, a reclamação deverá conter a designação do juízo, a qualificação das partes, a breve exposição dos fatos de que resulte o dissídio, o pedido, que deverá ser certo, determinado e com indicação de seu valor, a data e a assinatura do reclamante ou de seu representante". 4 – A fim de orientar a aplicação das normas processuais introduzidas pela Lei n. 13.467/2017, foi editada por esta Corte a IN n. 41, que assim dispôs sobre a aplicação do art. 840, § 1º, da CLT: "Art. 12. Os arts. 840 e 844, §§ 2º, 3º e 5º, da CLT, com as redações dadas pela Lei n. 13.467, de 13 de julho de 2017, não retroagirão, aplicando-se, exclusivamente, às ações ajuizadas a partir de 11 de novembro de 2017. [...] § 2º Para fim do que dispõe o art. 840, §§ 1º e 2º, da CLT, o valor da causa será estimado, observando-se, no que couber, o disposto nos arts. 291 a 293 do Código de Processo Civil". 5 – Desta feita, não há se falar em limitação da condenação aos valores estipulados nos pedidos apresentados de forma líquida na inicial, uma vez que estes são apenas estimativas do valor monetário dos pleitos realizados pela parte reclamante. A questão já foi decidida por esta Turma, quando do julgamento do ARR-1000987-73.2018.5.02.0271. 6 – Recurso de revista de que não se conhece (RR-1083-37.2018.5.09.0069, 6ª Turma, rel. Min. Katia Magalhaes Arruda, *DEJT* 17-9-2021).

No âmbito das relações de trabalho, *prima facie*, em muitas pretensões é possível a indicação de seu conteúdo econômico. A parte autora pode indicar o valor pretendido a título de aviso prévio, das férias devidas ou mesmo das diferenças do FGTS não depositado. Caberia, desse modo, formular o pedido indicando com clareza seu valor.

Muitos estão a compreender a nova exigência da liquidação prévia dos pedidos de modo a impor, em tese, ao autor o prévio acesso a documentos que estejam em posse do réu, para a correta liquidação de suas pretensões. Não nos parece que seja o caso. O art. 324 do CPC, aplicável subsidiariamente, determina que o pedido deve ser determinado, indicando, porém, as hipóteses em que pode ser genérico. Segundo aquela previsão legal, é possível a formulação de pedido genérico, nas ações universais, se o autor não puder individuar os bens demandados.

A segunda hipótese prevista no art. 324 do CPC, qual seja, quando não for possível determinar, desde logo, as consequências do ato ou do fato, parece a mais facilmente aplicável ao processo laboral. Com efeito, a previsão legal autoriza a formulação de pedido genérico quando não forem passíveis de determinação todas as consequências do ato ou do fato. Exemplificativamente, seria o caso da formulação do pedido de ressarcimento, decorrente de acidente de trabalho, mesmo que a extensão do dano ou do ressarcimento ainda esteja pendente de delimitação quando do ajuizamento da pretensão. A terceira hipótese contida no art. 324 do CPC, por sua vez, parece, também, nitidamente aplicável às lides laborais, mormente nas hipóteses em que são sonegadas a uma das partes informações relevantes para a determinação do objeto ou valor da condenação.

De fato, a simples sonegação de recibos de pagamento ou de controles de jornada ao trabalhador, ou de outros documentos elementares à delimitação da extensão da obrigação, pode impedir que o autor quantifique adequadamente sua pretensão. Embora se saiba que algo é devido, não se pode quantificar o quanto é devido. Tal circunstância, assim, autorizaria a formulação de pedido genérico, no particular, o que repele a configuração de eventual inépcia.

Parece ser exatamente a hipótese em que formula a parte autora o pedido, mas não tem ou teve acesso aos documentos capazes de delimitar, com precisão, o conteúdo econômico de sua pretensão. Note-se que o TST, mesmo que pontualmente, já teve a oportunidade de se pronunciar nesse sentido:

> PETIÇÃO INICIAL – Pedido de horas extras sem estipular o número pretendido. Pedido inepto. Não configuração. O fato de o empregado, em sua exordial, postular o pagamento de horas extras, sem apontar o seu *quantum*, não configura pedido inepto, na medida em que o art. 286 do CPC, de aplicação subsidiária ao processo do trabalho, possibilita a formulação de pedido genérico, principalmente quando se torna impossível quantificá-lo. Ensina Amaral Santos que "Admite-se o pedido genérico, segundo os termos do art. 286, II, do CPC, quando se sabe o *an debeatur* (o que é devido), mas não o *quantum*

> *debeatur* (o quanto é devido)". No caso das horas extras, a causa de pedir é o trabalho extraordinário e o pedido será o pagamento das horas extras, as quais serão apuradas de acordo com as provas produzidas (TST, AI-RR 735.503/2001.2, 4ª Turma, rel. Min. Milton de Moura França, *DJU* 5-4-2002).

Nas ações em que envolvidos interesses individuais homogêneos ou coletivos é obrigatória a formulação de pedido genérico, no que se reflete a própria sentença, segundo o art. 95 do CDC. A apuração do *quantum debeatur* se dará por meio da competente liquidação.

Ademais, não há dúvidas quanto à possibilidade de cumulação de pedidos, razão pela qual basta a leitura do art. 327 do CPC para que sejam observadas as condições para tanto. Basta que os pedidos sejam compatíveis entre si, seja competente para conhecer deles o mesmo juízo e seja adequado para todos os pedidos o tipo de procedimento. Na hipótese de pedidos sujeitos a procedimentos diversos, será admissível a acumulação se o autor empregar o procedimento comum.

No tocante ao requisito do valor da causa, a questão merece ser observada na perspectiva de que, não obstante a previsão legal fazer consignar como exigível a quantificação do pedido, o legislador não deixou claro se tal exigência equivale ao valor da causa, previsto no CPC. Isso porque o valor da causa e o valor do pedido não consistem no mesmo requisito.

É importante que se compreenda que o dispositivo não pode ser interpretado desconectado do sistema processual, de modo que nem sempre será possível a indicação do valor pretensão. Na verdade, não se deve confundir a liquidez da pretensão com o valor da causa. Nem toda pretensão possui conteúdo econômico, e, por isso mesmo, nem sempre será possível a indicação de um valor para aquela formulação.

Todavia, mesmo no sistema do CPC (art. 291), a toda causa será atribuído valor certo, ainda que não tenha conteúdo econômico imediatamente aferível. Ou seja, ainda que não tenha conteúdo econômico imediatamente aferível, devida a indicação de um valor para a causa. O valor para a causa deverá ser obtido a partir do quanto se verifica do art. 292 do CPC, não se confundindo com a quantificação de cada uma das pretensões formuladas pela parte autora. Também o valor da causa pode ser corrigido, de ofício, pelo juiz (art. 2º da Lei n. 5.584/70) (art. 292, § 3º, do CPC) ou a pedido das partes.

A petição inicial do art. 840 da CLT não previa o requisito do valor da causa. Naquele contexto histórico havia um dispositivo na CLT que vedava a interposição de recurso para o Tribunal, se houvesse condenação em valor inferior ao dobro do salário mínimo. Na verdade, naquela hipótese, havia o então denominado recurso de embargos, por meio do qual se pretendia a retratação por parte da Junta de Conciliação e Julgamento. Na apreciação daquele recurso a Junta reanalisava sua própria decisão. Se se verificasse algum equívoco, a decisão poderia ser modificada.

Acontece que, com o advento da Lei n. 5.584/70, houve modificação dessa disciplina, porque o juízo passou a fixar o valor da causa se e somente se esse valor for indeterminado no pedido, segundo expressa previsão do art. 2º daquele diploma legal.

Se se faz necessária a fixação do valor da causa, mesmo que pelo juízo, concluímos que a partir da Lei n. 5.584/70 o valor da causa é mesmo um requisito da petição inicial trabalhista, sendo, entretanto, um requisito sanável *ex officio*. Nesse sentido, o TST:

> ... Ausência de indicação do valor da causa. Inépcia da petição inicial não configurada. A ausência de indicação do valor da causa não implica inépcia da petição inicial, porque, em tal hipótese, compete ao juízo fixá-lo para determinação da alçada, a teor do art. 2º da Lei n. 5.584/1970. Recurso de revista não conhecido. (...) (RR 784612-16.2001.5.17.5555, rel. Juiz convocado Altino Pedrozo dos Santos, 2ª Turma, j. 27-11-2002, data de publicação: 7-2-2003).

Ainda a propósito do valor da causa, conforme veremos adiante, é preciso consignar que com o advento da Lei n. 9.957/2000, que incluiu os arts. 858-A e seguintes no texto da CLT, foi instituído o denominado procedimento sumaríssimo perante a Justiça Especializada Trabalhista.

A disciplina prevista nos arts. 858-A e seguintes da CLT indica que os dissídios individuais cujo valor da causa seja até o correspondente a quarenta salários mínimos deverão ser processados sob aquele procedimento sumaríssimo. Acontece que, como veremos adiante, o procedimento sumaríssimo exige o preenchimento de alguns requisitos diferentes daqueles previstos para o rito ordinário.

Desse modo, se não for feita a indicação do valor da causa na petição inicial, é possível que surja a dúvida sob qual o rito que pretende seguir o autor.

Em nossa opinião, caso não haja a indicação do valor da causa, presume-se que a ação foi ajuizada sob o rito ordinário e o ônus da impugnação será do reclamado, sendo possível, como visto, a fixação do valor pelo próprio juízo de piso.

Todavia, podemos alertar o leitor de que há, na doutrina, alguns que entendam ser a ausência da indicação do valor da causa um defeito grave o suficiente capaz de gerar a inépcia da inicial e a consequente extinção do processo sem julgamento do mérito, seguindo-se a disciplina do art. 330 do CPC.

Embora não concordemos com tal entendimento, porque demasiadamente formalista e porque destoa da própria tendência processual, e considerando ainda que se trata de evidente requisito da petição inicial, embora sanável de ofício, fica o alerta ao leitor, assim como a menção de que é conveniente, para não haver nenhum prejuízo, que seja indicado o valor da causa, tanto no procedimento comum como no sumaríssimo, na peça inaugural.

Há ainda que fazer referência à exigência da indicação das provas com que o autor pretende demonstrar a verdade dos fatos alegados. Não há previsão no art. 840 da CLT determinando a aludida exigência, e, justamente por isso, podemos mencionar que, do ponto de vista formal, não é necessário deduzir na petição inicial da reclamação trabalhista as provas com que se pretende demonstrar o alegado em juízo. Nesse sentido Manoel Antonio Teixeira Filho[18].

A prática judiciária, todavia, tem demonstrado que a imensa maioria dos advogados que militam naquela Justiça Especializada indica, em sua petição, as provas que pretende produzir, fato que não prejudica ou inviabiliza qualquer pleito. Pelo contrário, além de atender ao princípio da lealdade processual, permite-se, com esse expediente, ao juízo verificar se o meio escolhido é adequado e legítimo para a comprovação de suas alegações.

Devemos mencionar, todavia, que tem ganhado corpo uma construção jurisprudencial no sentido de fixar a instrução processual a partir da eleição do meio de prova pelas partes. Segundo esse entendimento, a parte não pode impugnar a prova que elegeu. Veja-se:

> Documentos. O autor não pode impugnar a prova documental que ele mesmo requisitou nos autos. A alegação de que as extras eram anotadas nos cartões caracteriza, a um só tempo, a eleição do meio de prova e a extinção da faculdade processual para a ela se opor (CPC, art. 158) (SP 02980347676, rel. Rafael E. Pugliese Ribeiro, 6ª Turma, j. 22-6-1999, data de publicação: 6-7-1999).
> Horas extras. Pedido de exibição de cartão de ponto. Eleição desse documento como meio de prova sobre a jornada de trabalho. Se o autor pretendeu que os réus apresentassem os cartões de ponto como prova da sua jornada de trabalho, não lhe é permitido impugnar, de forma genérica, as anotações neles apostas, devendo apenas indicar as diferenças de horas extras que julgar pendentes de quitação. À míngua do apontamento de tais diferenças, incabível o deferimento do seu pleito. Apelo do autor ao qual se nega provimento, no particular. (...) (MT, 01362.2009.071.23.00-6, rel. Des. Beatriz Theodoro, 2ª Turma, j. 17-11-2010, data de publicação: 18-11-2010).

Ou seja, seguindo esse entendimento, se na petição inicial a parte autora formular o requerimento de produção de determinada prova, porque por meio desta pretensamente teria a condição de demonstrar seu direito, uma vez produ-

18. TEIXEIRA FILHO, Manoel Antonio. *Curso de direito processual do trabalho*, cit., v. II, p. 654.

zida a prova, e sendo aquela contrária a seus interesses, não poderia, simplesmente, ignorá-la, partindo para uma nova empreitada, no afã de demonstrar aqueles fatos.

Parece acertada tal compreensão. Ora, se há requerimento da produção de determinada prova, é porque foi eleita pela parte requerente como meio apto para demonstrar o fato controvertido, ocorrendo nítida preclusão lógica em relação ao aproveitamento das demais provas.

Do contrário, estar-se-á a estimular o que mencionamos em sala de aula como verdadeira gincana processual, na qual uma das partes passa a fazer pedidos e exigências e, uma vez cumpridas, dado que por meio delas não conseguiu seu desiderato (confissão, por exemplo), passaria a fazer outras tantas, como se a atividade processual não tivesse fim, fato que afronta a própria lógica processual, no geral, e a vedação do comportamento contraditório, no particular.

No tocante ao requisito do pedido de citação do demandado, assim como o anterior, do ponto de vista eminentemente formal, não se faz necessário tal pleito, dado que o requerimento de citação não consta do rol de elementos da petição inicial trabalhista, na forma do art. 840 da CLT.

Isso ocorre porque há uma peculiaridade nesse ramo especializado. Segundo o rito delineado na CLT (arts. 841 e seguintes), em regra o juiz somente vai conhecer sobre os termos da lide quando da realização da audiência. Assim, todos os atos anteriores à audiência, entre os quais a distribuição da ação, a notificação do reclamado, o agendamento da audiência, a organização dos autos etc., são praticados pelas próprias serventias do juízo, sem a participação do magistrado.

Ou seja, visou-se com tal sistemática imprimir maior otimização da máquina judiciária, remetendo os autos para o juiz apenas quando sua participação pareça relevante. Os atos operacionais, essenciais para a consecução do processo, mas que nada possuem de jurisdição propriamente dita, ficam a cargo das serventias do juízo, cujas atribuições encontram-se determinadas na própria lei (art. 841 da CLT).

Assim, do ponto de vista formal, não há necessidade de fazer o pedido de notificação do demandado, embora seja comum, por uma aproximação do processo do trabalho ao processo civil, e aos formalismos deste último, a formulação de pedido para a citação do réu a fim de que tome ciência dos fatos narrados na inicial e dos pedidos que lhe são formulados.

Segundo o art. 841, § 1º, a notificação é realizada pela via postal, valendo-se de outras modalidades citatórias apenas se houver embaraço a essa regra geral. Desde já, todavia, precisamos alertar ao leitor que há uma peculiaridade em relação ao procedimento sumaríssimo, qual seja, o art. 852-B, II, da CLT proíbe a utilização da notificação por edital.

Por óbvio, se o prazo máximo para a solução da lide sob o rito sumaríssimo é o de quinze dias (art. 852-B, III, da CLT), seria inviável a utilização da notificação editalícia, que, seguindo os prazos previstos no CPC (art. 246, IV), é muito superior àquele número de dias.

Desse modo, no rito sumaríssimo, as notificações devem ser realizadas pela via postal. Se o réu não for encontrado, por expressa vedação legal não se poderá proceder a sua citação por edital, extinguindo-se o feito, sob tal rito. Parece acertado, todavia, nesses casos, conferir à parte autora a possibilidade de aditar sua petição inicial, para que se altere o rito sob o qual tramita a lide, que passará a sê-lo por meio do rito ordinário, e, com isso, permitir o prosseguimento da demanda.

Merece destaque, todavia, o entendimento expressado por alguns magistrados que entendem ser incompatível com o regime do art. 852 a alteração da petição inicial para a conversão do rito, fundado no quanto exposto no art. 852-B, § 1º. Naquele dispositivo há menção de que se o pedido não for certo ou determinado e se for necessária a citação por edital haverá a extinção sem julgamento de mérito da demanda e condenação do autor ao pagamento das custas correspondentes.

Todavia, parece-nos que a aplicação daquele dispositivo (art. 852-B, § 1º) se dá apenas na hipótese em que o reclamante insista na tramitação de sua demanda sob o rito sumaríssimo, mesmo ciente da não localização do demandado e portanto, do não cumprimento dos requisitos legais, no particular, não parecendo haver qualquer óbice ao aditamento da inicial, para que a lide passe a tramitar sob o rito ordinário, dado que nem sequer estabilizada a relação jurídica processual.

Outro requisito da petição inicial é a data e assinatura da petição pela parte ou seu representante. No art. 840 da CLT há a expressa exigência de que a inicial seja assinada pelo reclamante ou seu representante, e datada, o que não aconteceu no art. 330 do CPC.

A assinatura e a data consistem em requisitos que visam autenticar a identidade daquele que postula em juízo, a confirmar a identidade daquele que pratica o ato jurídico-processual. Tanto assim que é possível, no âmbito do processo eletrônico, que exista a denominada autenticação eletrônica, comumente designada "assinatura eletrônica", por meio da qual se afere justamente a legitimidade do subscritor. Trata-se de requisito necessário para a estabilidade da própria relação jurídica processual. Seguindo a mesma lógica dos atos jurídicos, no geral, a assinatura visa assegurar que aquele que pratica o ato é mesmo o sujeito de direito legitimado para tanto.

Destaque deve ser dado ao requisito da assinatura da petição inicial. A inicial deve ser assinada. Sem a assinatura o ato é inexistente. Entretanto, tem-se entendido que o juiz pode conceder prazo para que a parte regularize, na forma da Súmula 263 do TST, caso se constate sua ausência, sob pena de indeferimento da própria inicial. Nesse sentido, veja-se o julgado:

> Ausência de assinatura do advogado na peça inicial dos embargos à execução. Aplicação da Súmula 263 do TST. A falta de assinatura do advogado na peça inicial dos embargos à execução induz o juiz a dar prazo para sanar o defeito, na forma da Súmula 263 do TST, e não extingui-lo de plano (TRT– 1ª Região, AP 0148700-68.2004.5.01.0342, 5ª Turma, rel. Juiz Ivan da Costa Alemão Ferreira, j. 7-11-2011, *DORJ* 17-11-2011).

A Súmula 263 do TST está assim vazada:

> PETIÇÃO INICIAL. INDEFERIMENTO. INSTRUÇÃO OBRIGATÓRIA DEFICIENTE (alterada em decorrência do CPC de 2015) – Res. 208/2016, *DEJT* divulgado em 22, 25 e 26-4-2016. Salvo nas hipóteses do art. 330 do CPC de 2015 (art. 295 do CPC de 1973), o indeferimento da petição inicial, por encontrar-se desacompanhada de documento indispensável à propositura da ação ou não preencher outro requisito legal, somente é cabível se, após intimada para suprir a irregularidade em 15 (quinze) dias, mediante indicação precisa do que deve ser corrigido ou completado, a parte não o fizer (art. 321 do CPC de 2015).

Veja-se que a ausência de assinatura não se enquadra nas hipóteses do art. 319 do CPC, razão pela qual efetivamente parece coerente com a disciplina da súmula o indeferimento da inicial apenas na hipótese de concedido o prazo de dez dias e este decorra sem qualquer manifestação do interessado.

Em regra, não há possibilidade de a parte escolher a designação de audiência para a tentativa de conciliação ou não, no âmbito do processo laboral, tal qual previsto no inciso VII do art. 319 do CPC. A previsão merece algum vagar, pois se trata de importante avanço para a simplificação do procedimento e a otimização do tempo despendido para o desempenho da atividade judicante. Mormente em tempos em que o processo eletrônico permite a formalização dos atos processuais independentemente da realização da audiência, a manifestação prévia da parte, pela iniciativa ou não da tentativa de conciliação, seria capaz de evitar a frustração do desígnio do processual, qual seja, a tentativa de composição.

Outros requisitos podem ser visualizados nas reclamatórias trabalhistas individuais. Além daqueles já listados, previstos no art. 840 da CLT e no art. 319 do CPC, na petição inicial dos dissídios individuais, deve-se indicar, ainda, expressamente o rito sob o qual tramitará a demanda, seja ele o ordinário ou sumaríssimo, obviamente guardando alguma coerência com o valor fixado para a causa.

Requisito que também nos é peculiar é aquele atinente à sujeição da demanda às Comissões de Conciliação Prévia. As aludidas Comissões possuem previsão e disciplina nos arts. 625-A e seguintes da CLT, e, na petição inicial, a parte autora deve deduzir quanto ao atendimento dos requisitos existentes no art. 625-D do Texto Consolidado.

Como se verá oportunamente, segundo esse dispositivo, se houver a Comissão de Conciliação Prévia, no âmbito de competência da daquela relação *sub judice,* a demanda deveria ser primeiramente submetida àquela comissão. No entanto, como será mencionado oportunamente, tal exigência acabou por ser mitigada pelo Supremo Tribunal Federal.

O art. 320 do CPC determina que a petição inicial será instruída com os documentos indispensáveis para a propositura da ação. Quanto à juntada de documentos no âmbito das demandas laborais, todavia, precisamos alertar que o art. 787 da CLT é vazado nos seguintes termos:

> Art. 787. A reclamação escrita deverá ser formulada em 2 (duas) vias e desde logo acompanhada dos documentos em que se fundar.

Ou seja, a partir da leitura do aludido dispositivo se pode depreender que o momento processual adequado para que a parte autora apresentasse os documentos pretensamente aptos a comprovar suas alegações seria juntamente com a petição inicial, tal qual previsto no CPC. Todavia, o art. 845 da CLT, ao referir que "O reclamante e o reclamado comparecerão à audiência acompanhados das suas testemunhas, apresentando, nessa ocasião, as demais provas", tem permitido a juntada de documentos em qualquer momento da instrução processual, desde que respeitado o contraditório e ampla defesa.

Nesse sentido tem entendido a questão o E. TST, conforme evidenciam os arestos transcritos:

> Recurso de revista. Preliminar de nulidade por cerceamento de defesa. Juntada de documentos. No processo do trabalho admite-se a juntada de documentos destinados à produção de provas até o encerramento da instrução, tendo em vista a disciplina constante do art. 845, da CLT, a qual estabelece que as partes comparecerão à audiência com suas testemunhas, apresentando, nessa oportunidade, as demais provas; nelas, portanto, inclui-se a prova documental, dado que a finalidade da instrução é precisamente de reunir todos os elementos de prova, em busca da verdade real. Assim, em face do permissivo legal, que viabiliza aos litigantes a apresentação de provas na audiência, há de se entender que a lei abre possibilidade às partes de, durante a fase instrutória, trazer as provas que lhes podem favorecer. Ademais, o conteúdo da réplica e as provas com ela juntadas aos autos, especialmente cuidando-se de prescrição, integra extraordinariamente a *litiscontestatio*, pois se está a tratar de exceção substancial de que não se conheceria se não oposta

pela defesa e submetida, em seguida, ao contraditório. Recurso de revista conhecido e provido (88500-21.2004.5.01.0011, rel. Augusto César Leite de Carvalho, 6ª Turma, j. 1º-6-2011, *DEJT* 10-6-2011).

... III – Juntada de documentos pelo reclamante em audiência. Possibilidade. Art. 845 da CLT. Na forma do art. 845, da CLT, as partes podem apresentar documentos em audiência, até o término da fase instrutória. Ademais, não se divisa prejuízo à defesa, porque foi concedido prazo para manifestação da reclamada, que exerceu o seu direito de defesa. Recurso de Revista conhecido em parte e desprovido (591996-45.1999.5.04.5555, rel. Maria Cristina Irigoyen Peduzzi, 3ª Turma, j. 22-9-2004, *DJ* 15-10-2004).

Segundo o entendimento manifestado pelo E. TST, portanto, seria possível a juntada de documentos, seja por parte do reclamante, seja pelo reclamado, enquanto perdurar a instrução processual, não havendo falar em preclusão quanto à juntada de documentos se esta não se deu juntamente com a inicial ou com a contestação.

4. MODIFICAÇÕES NA POSTULAÇÃO INICIAL. A QUESTÃO DA PRESCRIÇÃO APLICÁVEL

Imagine-se a hipótese em que a petição inicial já foi ajuizada, mas o trabalhador deixou de formular determinado pedido, ou fundamentou seus pleitos em uma informação equivocada, ou mesmo deixou de acostar um documento importante. Não há dúvidas de que cada uma dessas circunstâncias, por certo, causa dificuldades à parte autora, senão inviabilizam o próprio exercício do seu direito. De outro lado, não é razoável que o exercício da jurisdição se dê de modo tão formalista a ponto de inviabilizar, por esse formalismo, o exercício do direito material em jogo.

Uma leitura do texto celetista nos dá mostra de que não há tratamento específico sobre tais pontos. Desse modo, mais uma vez, valendo-se da expressão do art. 769 da CLT e do art. 15 do CPC, de forma subsidiária, o intérprete deve aplicar as regras do CPC no que diz respeito à modificação da postulação.

Enquanto a modificação é gênero, a emenda da inicial é a espécie que se traduz em mera retificação dos termos originalmente constantes da peça incoativa. Em tese, não há nenhum prejuízo para a parte porque se trata daquilo que designamos como "erro material". Se na indicação, por exemplo, do número da CTPS do trabalhador na inicial houver a supressão de um dígito, mas em razão desse fato não houver nenhum comprometimento da identificação do próprio trabalhador, é passível de emenda, não havendo falar em preclusão. Por isso mesmo é que o art. 321 do CPC autoriza ao juiz, verificando que a petição inicial não preenche os requisitos legais, ou apresenta defeitos e irregularidades capazes de dificultar o julgamento de mérito, determine que o autor, no prazo de quinze dias, emende-a ou a complete, sob pena de indeferimento da petição inicial.

Já a alteração ocorreria quando houvesse a modificação do pedido ou da causa de pedir, na forma do art. 329 do CPC. Seria uma modificação específica em relação a um dos alegados itens.

Por fim, é preciso mencionar a noção de aditamento, cuja ideia encontra-se relacionada à de acréscimo, tal qual se depreende do art. 329, I, do CPC. A disciplina do aditamento no CPC indica que é possível o aditamento da petição inicial antes da citação, independentemente da concordância do demandado. Segundo o inciso II do mesmo art. 329 do CPC, todavia, depois da citação, para haver o aditamento, é preciso a anuência do demandado, desde que seja antes do saneamento.

Veja-se que é importante atentar para a distinção conceitual, na medida em que não se deve tolerar como emenda (ou correção) ou complemento da inicial (CPC, art. 321) a alteração (mudar algo antes existente) ou aditamento (aumentar algo em relação ao que antes existia) do pedido e/ou da causa de pedir formulado na petição inicial (art. 329 do CPC). Com efeito, "há mudança do pedido quando o inicialmente formulado é substituído por outro, conservados os fundamentos da demanda, ou alterando-se os mesmos"[19].

Se é possível a emenda da petição inicial depois de contestado o feito, o mesmo não se pode dizer acerca do aditamento da petição inicial, a mudança de seu pedido. Nesse sentido Fredie Didier Jr.[20]:

> ... é possível, ainda, a emenda da inicial mesmo após a contestação, desde que não enseje modificação do pedido ou da causa de pedir sem o consentimento do réu, quando então não seria emenda, mas alteração ou aditamento da petição inicial (...).

É preciso adaptar tal situação à realidade do processo do trabalho, todavia. Isso porque, como se depreende do art. 841 da CLT, não se faz necessária uma análise perfunctória da inicial para que seja determinada a citação, como dispõe o art. 240, § 1º, do CPC. Do mesmo modo, inexiste momento formal para o saneamento nas demandas submetidas ao procedimento trabalhista.

Assim, é possível identificar algumas teses a investigar a aplicação ou não do aditamento à realidade das demandas laborais. Uma primeira corrente indica

---

19. PASSOS, José Joaquim Calmon de. *Comentários ao Código de Processo Civil*: Lei n. 5.869, de 11 de janeiro de 1973 – arts 270 a 331. Rio de Janeiro: Forense, 2005. v. III, p. 238.

20. DIDIER JR., Fredie. *Curso de direito processual civil*: introdução ao direito processual civil, parte geral e processo de conhecimento, cit., p. 557.

que não há omissão da CLT, no particular, dado que a disciplina que se apresenta é bem clara, e por isso não se aplica o aditamento ao processo do trabalho. Tal entendimento não parece acertado, dado que não há qualquer incompatibilidade entre os regimes do CPC e do processo do trabalho, no particular. Logo, aplicável, subsidiariamente, a previsão do CPC, subsidiariamente, na forma do art. 769 da CLT e do art. 15 do CPC.

Outros remontam à distinção entre a notificação e a citação para disciplinar tal alteração. Como já foi dito, há quem indique que a notificação é o equivalente à citação. Porquanto o art. 329, I, do CPC determine como possível o aditamento da inicial até a citação, "o aditamento da inicial em audiência é extemporâneo porque a parte já fora antes citada", como defende Amauri Mascaro Nascimento[21].

Todavia, não nos parece adequado tal paralelo. Majoritariamente, o que tem sido preservado na prática judiciária é a possibilidade de emenda e a alteração da inicial até o momento imediatamente antes da apresentação da contestação pelo réu, inclusive se apresentada em audiência. A redação do § 3º do art. 841, determinada pela Lei n. 13.467/2017, evidencia que o legislador considera completa a relação processual exclusivamente a partir do momento em que oferecida a contestação. Tanto assim que somente a partir de tal momento não poderá o autor desistir da demanda sem a anuência da outra parte.

Trata-se da consagração de um entendimento lógico, considerando que o juiz do Trabalho somente tomará ciência dos termos da inicial quando da realização da audiência (art. 841 da CLT), e antes da apresentação da defesa será lida a reclamação (art. 847 da CLT). Desse modo, parece correto que seja possível, até esse momento, a modificação da reclamatória. Todavia, em se tratando de processo judicial eletrônico, em que é possível o oferecimento da contestação antes da audiência, parece certo concluir como impossível a modificação dos termos da inicial após apresentada a defesa pelo réu.

De todo modo, é importante ressaltar que, ao se permitir o aditamento, é necessário que se garanta ao reclamado a devolução de seu prazo para a reformulação de sua defesa, cujo interstício mínimo não poderá ser inferior a cinco dias (art. 841 da CLT), salvo, obviamente, se dispensado o aludido prazo.

No tocante ao rito sumaríssimo, há uma dificuldade prática, que deve ser superada. Segundo o art. 852-C, toda a demanda submetida àquele rito deverá ser processada em sessão única de audiência. Tal mandamento tem levado alguns magistrados a entenderem que, na hipótese do rito sumaríssimo, não é possível o

21. NASCIMENTO, Amauri Mascaro. *Curso de direito processual do trabalho*, 25. ed., cit., p. 577.

aditamento, porque, supostamente, assim sendo, estar-se-ia promovendo o adiamento da solução do conflito, e a prorrogação da sessão. Não nos parece a solução mais acertada.

É fato que o procedimento sumaríssimo serviu para simplificar a prestação jurisdicional, e justamente por isso não se deve subordiná-lo a formalismos incompatíveis com tal simplificação. Afinal, de nada adiantaria limitar a possibilidade da inclusão de um novo pedido, que pudesse ser incluído em demanda já existente sob tal rito, se for possível, por exemplo, o ajuizamento de nova medida, para reclamar apenas aquele pedido do aditamento. Em vez de simplificar a prestação jurisdicional por meio de uma demanda apenas, estar-se-ia estimulando o ajuizamento de nova demanda, promovendo uma incoerente implementação do estado de beligerância entre as partes. Perdem as partes, os advogados, o juízo, a sociedade.

Evidentemente tal aditamento deverá seguir os mesmos requisitos da petição inicial submetida ao rito sumaríssimo, a fim de que haja a compatibilidade de todos os pedidos com o procedimento.

De todo modo, há uma polêmica quanto à prescrição aplicável ao aditamento. Com efeito, é sabido que o prazo prescricional é de cinco anos, até o limite de dois anos do encerramento do vínculo, na forma do art. 7º, XXIX.

Quando da análise da prescrição, assim, verifica-se a data do rompimento do vínculo e do ajuizamento da causa, e da data em que foi ajuizada a ação, retroage nos últimos cinco anos. Se houver mais de dois anos entre o rompimento do vínculo e o ajuizamento da ação, encontra-se fulminada pela prescrição a pretensão daquela relação. Todavia, assim não sendo, ajuizada a medida, são exigíveis os créditos devidos a partir da data do ajuizamento, retroagindo pelos últimos cinco anos. O crédito que houver além dos últimos cinco anos encontra-se prescrito.

Imagine-se, pois, a situação na qual o trabalhador deixa de formular um pedido específico em sua inicial. Embora tenha ajuizado a medida dentro dos dois anos limite, a primeira audiência ocorre após o decurso de dois anos do rompimento do contrato. A hipótese é de indagar se há possibilidade de proceder ao aditamento da petição inicial decorridos os dois anos do rompimento do vínculo ou se haveria prescrição em relação ao pedido do aditamento.

A resposta não está clara, notadamente a partir de uma leitura da Lei n. 8.177/1, que em seu art. 39 disciplina a contagem dos juros nas reclamatórias trabalhistas:

> § 1º Aos débitos trabalhistas constantes de condenação pela Justiça do Trabalho ou decorrentes dos acordos feitos em reclamatória trabalhista, quando não cumpridos nas condições homologadas ou constantes do termo de conciliação, serão acrescidos, nos juros de mora previstos no *caput* juros de um

por cento ao mês, contados do ajuizamento da reclamatória e aplicados *pro rata die*, ainda que não explicitados na sentença ou no termo de conciliação.

A partir daquela leitura, depreende-se que os juros serão contados sempre a partir do ajuizamento da reclamatória, ainda que o pedido decorrente do aditamento somente tenha sido formulado em momento posterior. Seria, portanto, a consagração de que o aditamento integraria a petição inicial como um todo.

O TST já albergou essa tese, entendendo que o aditamento à petição inicial integra a peça inicialmente distribuída:

> Recurso de revista. Prescrição. Aditamento à petição inicial. Consentimento do reclamado. Marco para a retroação quinquenal. Ao contrário da Justiça Comum, em que há necessidade de saneamento prévio do processo (CPC, art. 285), na Justiça do Trabalho a petição inicial é considerada distribuída pela simples apresentação no protocolo do Tribunal (CLT, arts. 837 e 838). Por outro lado, aditada a petição inicial sem que haja protesto do reclamado no momento processual oportuno, tem-se por aceito o aditamento, nos termos do art. 795 da CLT, passando o aditamento a ser considerado peça integrante da petição inicial originariamente distribuída. Sendo assim, a contagem do marco prescricional quinquenal é feita a partir do momento do ajuizamento da ação, e não do aditamento consentido pelo reclamado. (...) (146700-59.2004.5.02.0054, rel. Márcio Eurico Vitral Amaro, 8ª Turma, j. 30-11-2011, *DEJT* 2-12-2011).

Em sentido oposto, quando configurada a alteração subjetiva da lide, e a inclusão de novos demandados, o mesmo TST entendeu que restou configurada a aludida prescrição. *Verbis*:

> Recurso de revista. Aditamento da inicial. Alteração dos sujeitos passivos inicialmente apresentados. Não ocorrência de causa interruptiva da prescrição. Decurso do biênio prescricional. Prescrição. Cinge-se a controvérsia em saber se os aditamentos à peça de ingresso corroboraram a petição inicialmente proposta, ao ponto de torná-la causa interruptiva da prescrição. A hipótese fática delineada pelo Regional é que os aditamentos excluíram como devedores principais aqueles inicialmente invocados pelo Autor, ficando, nas referidas adições, remanescido contra estes tão somente o pedido de condenação subsidiária. Ficou ainda registrado no *-decisum-* que os referidos aditamentos, que inovaram os sujeitos passivos da lide, fizeram transcorrer o biênio prescricional. Nesse contexto, verifica-se que a alteração dos sujeitos passivos inicialmente apresentados transmudou o pleito inicial, o que afasta a condição interruptiva da prescrição, inicialmente operada com o ajuizamento da peça de ingresso. Desse modo, transcorridos mais de dois anos entre a rescisão do contrato de trabalho do reclamante e o ajuizamento dos aditamentos, operou-se a prescri-

ção total, da forma como decidido pelo Regional. Nesse contexto, fica prejudicada a alegada ocorrência de interrupção da prescrição prevista na Súmula 268/TST. Recurso de revista não conhecido (189000-11.2005.5.15.0128, rel. Maria de Assis Calsing, 4ª Turma, j. 28-9-2011, *DEJT* 7-10-2011).

O entendimento firmado pela 4ª Turma do TST parece o correto. É que a prescrição é definida como "o modo pelo qual um direito se extingue em virtude da inércia, durante um certo lapso de tempo, do seu titular, que, em consequência, fica sem ação para assegurá-lo", como bem delineia Orlando Gomes[22].

Não há dúvida de que a inércia do credor faz com que este perca a possibilidade de exigir o próprio direito e com isso sua pretensão em relação a um determinado pleito. Tanto assim que o próprio TST já sumulou, por meio do Enunciado n. 268, que a interrupção da prescrição se dá apenas em relação aos pedidos idênticos.

Ora, se estamos a referir que a existência da prescrição ou sua interrupção levará em consideração os pedidos que foram formulados, fica evidenciado que cada pedido alberga uma pretensão.

Daí, portanto, parece-nos claro que, se o aditamento inova a petição inicial, incluindo um novo pedido, uma nova pretensão, seja subjetiva ou objetivamente falando, tal pretensão deverá ser considerada de per si para apuração do prazo prescricional, e não considerada a inicial como única.

Mesmo porque, dada a conjugação de pedidos, mesmo em uma inicial não aditada, a apuração da prescrição aplicável será realizada a partir de cada um dos pedidos, como é óbvio, e não considerando um prazo único.

5. INDEFERIMENTO DA PETIÇÃO INICIAL

A CLT não previa expressamente qualquer hipótese de indeferimento da petição inicial, de modo que se terá por aplicável a disciplina firmada pelo CPC. A má formação da petição inicial poderá determinar sua extinção sem análise do mérito, na forma do art. 330 do CPC.

Tem-se entendido ser possível a aplicação do art. 321 do CPC no processo do trabalho, o que gera o efeito de, ao ser verificado que a petição inicial não preenche os requisitos exigidos nos arts. 319 e 320 do mesmo Código, ou que apresenta defeitos e irregularidades capazes de dificultar o julgamento de mérito, seja determinado que o autor a emende, ou a complete, no prazo de dez dias.

Com efeito, a inicial somente pode ser indeferida se possuir vício insanável, segundo o art. 330 do CPC, ou identificada uma irregularidade, foi conferido à

22. GOMES, Orlando. *Introdução ao direito civil*. 12. ed. Atualização e notas de Humberto Theodoro Júnior. Rio de Janeiro: Forense, 1996. p. 496.

parte prazo para regularização, o que não foi feito. O próprio TST consolidou seu entendimento por meio da Súmula 263, que se encontra assim vazada:

> Salvo nas hipóteses do art. 330 do CPC de 2015 (art. 295 do CPC de 1973), o indeferimento da petição inicial, por encontrar-se desacompanhada de documento indispensável à propositura da ação ou não preencher outro requisito legal, somente é cabível se, após intimada para suprir a irregularidade em 15 (quinze) dias, mediante indicação precisa do que deve ser corrigido ou completado, a parte não o fizer (art. 321 do CPC de 2015).

Se é certo que as hipóteses do art. 330 do CPC podem ser aplicadas ao direito processual do trabalho, é igualmente correto identificar que o Judiciário tem sido tolerante em reconhecer a inépcia, como mecanismo de adequação, inclusive, da forma processual ao exercício do *jus postulandi* pelas partes, além da informalidade e simplicidade processual. Nesse sentido, a jurisprudência já se pronunciou:

> Recurso do reclamante. Reclamação trabalhista. Inépcia da inicial. A inicial trabalhista não deve ser analisada com o rigor formal exigido pela norma processual comum, face aos princípios da simplicidade e da informalidade que têm matizes mais acentuados neste ramo do direito, bastando que a parte exponha brevemente os fatos referentes ao dissídio, e formule os correspondentes pedidos, faça constar a data e a assinatura do autor ou de seu representante, além da identificação e qualificação das partes e a designação do Juízo ao qual é dirigida (art. 840 da CLT). Recurso provido, no particular, determinando-se o retorno dos autos à origem para apreciação do pedido de indenização por danos morais (00532.2004.002.23.00-6, rel. Des. Osmair Couto, j. 3-5-2005, Tribunal Pleno, data de publicação: 24-5-2005).

Nota-se, desse modo, que há evidente tolerância do Poder Judiciário em relação a pequenas irregularidades na petição inicial. Não se pode, porém, em nome da aludida simplicidade, permitir que o exercício da pretensão se dê de modo tão precário que possa inviabilizar não apenas o direito de defesa do demandado, mas igualmente a própria prestação jurisdicional. Assim, quando a irregularidade impuser severa dificuldade para a defesa de uma das partes, a hipótese será a de ver reconhecida a inviabilidade de dar prosseguimento à pretensão.

Com o advento da Lei n. 13.467/2017 passou a ser prevista hipótese de inépcia da petição inicial no processo do trabalho, no § 3º do art. 840 da CLT. Segundo aquela previsão, o não atendimento dos requisitos da certeza, determinação e indicação do valor do pedido deve implicar sua extinção sem julgamento de mérito. Todavia, antes de extinguir o processo sem julgamento de mérito, no particular, deverá o juiz conferir prazo para que a parte possa sanar o vício apontado, tal qual acima indicado.

CAPÍTULO 13

Atos dos Órgãos Auxiliares do Juízo

Sumário: 1. Conceito e natureza – **2.** Órgãos intervenientes. Da distribuição e secretaria da Vara – **3.** Tipos e finalidade dos atos dos órgãos auxiliares – **4.** Participação do órgão jurisdicional nos atos intermediários – **5.** Da CNDT e as novas atribuições da Justiça do Trabalho.

1. CONCEITO E NATUREZA

Por uma questão de método se impõe, neste momento, uma breve indicação dos atos dos órgãos auxiliares do juízo para a adequada compreensão das fases necessárias à prestação jurisdicional. Não se pode ignorar, em tempo algum, que a boa prestação jurisdicional não passa apenas pela boa técnica ou mesmo pela boa vontade do juiz. Sem bons auxiliares o magistrado encontra-se limitado a sua capacidade física, que, por maior que seja, não é capaz de dar azo à sempre crescente demanda pela prestação jurisdicional.

De outro lado, como menciona Chiovenda[1], a origem dos auxiliares do juízo, notadamente o escrivão ou secretário, remete à necessidade de uma função autônoma e necessária como garantia mesmo contra o eventual arbítrio praticado pelo juiz. Daí por que não é demais reafirmar a essencialidade das atividades desempenhadas pelos auxiliares do juízo para a própria prestação jurisdicional e segurança do jurisdicionado.

A fim de bem definir aqueles atos que são objeto de nosso estudo, neste momento devemos consignar que existem atos demandados pelas partes ou pelos órgãos do Tribunal, relacionados ao processo e necessários para o desenvolvimento regular da função jurisdicional[2] mas que não se confundem com a própria manifestação do *jus dicere* ou o dizer o direito. De fato, existem atividades

1. Apud ARAGÃO, E. D. Moniz. *Comentários ao Código de Processo Civil*, cit., v. II, p. 56.
2. CHIOVENDA, José. *Principios de derecho procesal civil.* Tradução de José Casáis y Santaló. Madrid: Reus, 1922. t. I, p. 541.

que, apesar de relevantes para o desenvolvimento da prestação jurisdicional, não se confundem com a própria atividade jurisdicional.

Desse modo, ousamos dizer que a imensa maioria dos atos praticados pelos órgãos auxiliares do juízo, dentre os quais os de registro e controle, muito mais se assemelha aos denominados atos administrativos do que propriamente a atos jurisdicionais, esses sim praticados pelo juiz no exercício da jurisdição.

Assim, passamos à análise daqueles atos que, embora materializem a própria prestação jurisdicional, contando, autuando, organizando ou mesmo cientificando a parte da demanda que lhe é proposta, não se confundem com aquela atividade judicante.

2. ÓRGÃOS INTERVENIENTES. DA DISTRIBUIÇÃO E SECRETARIA DA VARA

No caso da sistemática para a solução dos conflitos relacionados ao trabalho, devemos atentar para o fato de que a noção de oralidade que permeia o procedimento nos dissídios individuais protrai a atuação do órgão jurisdicional, na relação jurídica do processo, para o momento da própria audiência. Em outras palavras, a demanda é submetida ao juiz do Trabalho, em regra, apenas no momento da audiência, sem qualquer imposição legal no sentido de um contato anterior do magistrado com a causa até aquele momento.

Com efeito, na sistemática no direito processual do trabalho, ao menos em relação às demandas que versem sobre dissídios individuais, impõe-se a atuação judiciária apenas no momento da realização da audiência.

Embora a regra seja a da submissão da demanda ao juiz apenas no momento da audiência, por óbvio tal estrutura poderá ser alterada nas hipóteses em que houver a necessidade de uma excepcional participação da autoridade judiciária em momento anterior, seja para garantir algum bem cautelarmente, seja para efetivamente antecipar os efeitos da pretensão que lhe é formulada, como já expusemos, apenas por exemplo.

Em princípio, todavia, segundo a estrita redação legal do art. 841 da CLT, todos os atos intermediários devem ser praticados pelo órgão auxiliar direto do juízo competente para conhecer o dissídio individual, que é a Secretaria da Vara do Trabalho.

Todavia, não se pode ignorar a previsão do art. 838 da CLT e dos arts. 783 e seguintes da CLT, que asseguram a necessidade do efetivo controle e divisão equitativa do serviço entre juízes cumulativamente competentes, além de evitar a escolha, pelos litigantes, do juiz responsável pelo julgamento da causa, como bem destaca Amauri Mascaro do Nascimento[3].

---

3. NASCIMENTO, Amauri Mascaro. *Curso de direito processual do trabalho*, cit., 25. ed., p. 107.

Tal atividade se desenvolve pelo órgão denominado Distribuição, de existência facultativa, dado que necessária apenas naquelas localidades em que houver uma pluralidade de juízos territorialmente competentes para cuidar de uma mesma demanda.

O termo "distribuição" é plurívoco. Indica não apenas o ato de distribuir reclamações, que "é dividi-las, segundo critério legal ou regimental, entre os órgãos judiciários competentes para apreciá-las"[4], mas igualmente remete ao órgão responsável pela prática desses mesmos atos, previstos, como já vimos, nos arts. 783 e seguintes da CLT.

A distribuição é responsável não apenas pela equitativa distribuição do trabalho a ser desempenhado[5] pelos juízes, mas é igualmente encarregada da implementação prática do princípio do juiz natural, já mencionado anteriormente. Afinal de contas, naquelas localidades em que houver mais de um juiz competente não é dado à parte a escolha de qual magistrado apreciará sua demanda, sob pena de malferimento ao aludido princípio.

Em apertada síntese, podemos dizer que, naquelas localidades em que inexiste uma pluralidade de juízos territorialmente competentes, ou seja, em que há apenas uma Vara competente para a apreciação de determinadas demandas, as atividades de recebimento, registro e controle são exercidas diretamente pela Secretaria da Vara.

Desse modo, entre a apresentação da petição inicial e a atuação do juízo teremos a intervenção de ao menos um ou até dois órgãos, quais sejam, a distribuição, naquelas localidades em que houver mais de um juízo territorialmente competente, e da própria Secretaria do Juízo, antes que a demanda seja submetida à apreciação judicial.

Para aquelas hipóteses, cada vez mais raras, em que é possível ao Juízo Estadual o exercício da competência trabalhista, proceder-se-á da mesma forma, sendo incumbência da Distribuição, se houver mais de uma unidade judiciária competente, ou do próprio Cartório o regular recebimento, registro e processamento da reclamatória.

3. TIPOS E FINALIDADE DOS ATOS DOS ÓRGÃOS AUXILIARES

Para permitir ao leitor uma visão sistêmica, podemos indicar que os atos dos Órgãos Auxiliares do Juízo podem ser assim ordenados: recebimento; protocolo; registro; distribuição (facultativo); designação de uma data para a audiência; registro no livro de audiências; expedição da notificação até a disponibilização dos autos para a própria audiência.

4. MALTA, Christovão Piragibe Tostes. *Prática do processo trabalhista*, cit., 20. ed., p. 175.

5. ARAGÃO, Egas Dirceu Moniz de. *Comentários ao Código de Processo Civil*, cit., v. II, p. 333.

A partir dessa sequência, verificamos que o recebimento, protocolo e registro das reclamatórias indicam que o órgão que receber a postulação escrita ou reduzir a termo a reclamação verbal lançará uma chancela, normalmente um carimbo, com número e data de protocolo.

A data assume inequívoca importância, visto, dentre outros, firmar o momento da interrupção da prescrição, segundo entendimento majoritário e, servir como termo inicial da contagem de juros de mora, segundo norma legal expressa no art. 883 da CLT[6].

O registro da ação é feito em livro próprio, servindo o número de protocolo e registro para identificação dos autos do processo até seu arquivamento. Enquanto a distribuição é facultativa, o registro é obrigatório. Mesmo porque "o órgão incumbido de fazê-lo expedirá certidões da existência ou da ausência de litígio, sempre que for necessário (...)"[7]. Ou seja, a partir do registro é que será possível às partes, ao juízo e à própria sociedade identificar quais foram as demandas submetidas àquela unidade judiciária.

A distribuição, como já mencionado, é o ato que ocorre quando há mais de um juízo competente. Havendo apenas um juiz no foro, não há falar, como é óbvio, em distribuição.

A designação de audiência equivale à indicação de uma data para a realização da assentada. A sistemática das demandas sujeitas ao nosso rito indica que o mesmo órgão que recebe a postulação deve, no prazo de até quarenta e oito horas, proceder à designação de dia e hora para audiência.

Quando o órgão responsável pelo recebimento é a distribuição, as designações se processam de acordo com as pautas disponíveis, indicadas por cada Secretaria de cada um dos respectivos juízos. Embora o art. 841 se refira à necessidade de designação de audiência para a primeira disponível após o interregno de cinco dias, o que faria presumir apenas que se deve respeitar apenas aquele prazo entre a data do ajuizamento da reclamatória e a da realização da própria audiência, o dispositivo foi interpretado pela jurisprudência no sentido de que aquele prazo mínimo serve não apenas como medida de celeridade processual, mas igualmente como um prazo razoável para que o demandado possa ordenar seus documentos e demais matérias relacionadas a seus interesses, enfim, possa preparar sua defesa. É o que se depreende dos seguintes julgados:

---

6. "Art. 883. Não pagando o executado, nem garantindo a execução, seguir-se-á penhora dos bens, tantos quantos bastem ao pagamento da importância da condenação, acrescida de custas e juros de mora, sendo estes, em qualquer caso, devidos a partir da data em que for ajuizada a reclamação inicial."

7. ARAGÃO, Egas Dirceu Moniz de. *Comentários ao Código de Processo Civil*, cit., v. II, p. 337.

> Nulidade processual. Violação de dispositivo de Lei. Preliminar acolhida. Inocorrendo o interstício mínimo de cinco dias entre o recebimento da notificação do reclamado e a realização da audiência inaugural, previsto no art. 841, da CLT, anula-se o processo para permitir a apresentação de defesa (TRT – 21ª Região, RO 01571-2002-005-21-00-9, Ac. 48.704, rel. Des. Raimundo de Oliveira, j. 18-11-2003, *DJRN* 16-1-2004).
> Nulidade da sentença por vício de citação e consequente cerceio de defesa. O *caput* do art. 841 da CLT é claro ao exigir respeito ao interstício mínimo de cinco dias entre o recebimento da notificação dando ciência da audiência designada e a sua realização. Tal exigência, porém, não tem propósito quando a segunda notificação enviada teve como única finalidade cientificar a parte acerca da alteração de horário promovida, sendo de todo desarrazoado tivesse de ser respeitado, nesse caso, o quinquídio exigido, cujo objetivo precípuo é apenas assegurar um tempo mínimo para o efetivo conhecimento da demanda e a consequente formulação de defesa. Assim, não configura desrespeito à exigência prefalada o só fato de a reclamada somente ter recebido a notícia da alteração de horário da audiência com apenas três dias de sua realização (TRT – 10ª Região, RO 192500-17.2009.5.10.0021, rel. Juiz Paulo Henrique Blair, *DEJTDF* 28-5-2010, p. 14).
> Ausência de citação válida. Nulidade processual. É de se declarar a nulidade do processo, a partir da citação do reclamado, quando fica evidenciada a não observância do interstício mínimo de cinco dias entre a data da citação e a data da audiência inaugural, previsto no *caput* do art. 841 da CLT (TRT – 9ª Região, Proc. 01209-2002-513-09-00-9, Ac. 27771-2003, 3ª Turma, rel. Juiz Altino Pedrozo dos Santos, j. 5-11-2003, *DJPR* 5-12-2003).

Desse modo, resta assegurado ao demandado o respeito a um intervalo de tempo não inferior a cinco dias entre a data do recebimento da notificação citatória e a realização da própria audiência.

Todavia, não se pode ignorar o entendimento de que, para que efetivamente seja respeitado aquele interstício, a parte demandada seja obrigada a comparecer à audiência ou mesmo formalize pedido de adiamento antes da realização da assentada, em face do não cumprimento daquele prazo processual. Se assim não procede, o demandado não haveria que respeitar o aludido interstício, porquanto o prazo seria para o efetivo exercício do direito de defesa e não para o comparecimento à audiência. É o que se depreende do julgado abaixo:

> Nulidade da sentença. Interstício inferior ao quinquídio previsto no art. 841, da CLT a mediar entre a notificação-citatória e a realização da audiência dita "inicial". Hipótese de não cabimento. Doutrinadores de escol sustentam que é nula a notificação-citatória se não observado o interstício mínimo entre o recebimento e a realização da audiência. Ouso, no entanto, dissentir quanto ao

> aspecto de se considerar nula no caso em comento, haja vista que validamente notificado o reclamado, a simples circunstância de não ter sido observado o interstício mínimo para realização de audiência não pode descambar na inutilidade de todos os atos realizados, uma vez que deve ser provada a impossibilidade do seu comparecimento à audiência. Tenho que, sem laivas de dúvida, estará mais conforme aos princípios informadores do processo do trabalho, uma das seguintes atitudes do reclamado: Comparecer à audiência e pedir o adiamento ou apenas peticionar requerendo a observância do prazo legal, desde que antes da data aprazada para sua realização, constituindo-se a atitude do demandado autêntico menoscabo ao princípio da celeridade processual e à própria justiça do trabalho (TRT – 23ª Região, RO 01475.2006.006.23.00-0, rel. Des. Roberto Benatar, j. 6-2-2007, *DJe-MT* 15-2-2007).

Ainda, há que se falar na necessidade de comunicação às partes. Tal qual prevê o art. 841 da CLT, o mesmo órgão a que compete o recebimento e/ou distribuição deverá comunicar às partes a designação da audiência.

Quanto ao autor, a intimação pode completar-se por meio da ciência pessoal no dia em que for apresentada a postulação, ou em data designada para tanto pelo órgão, ou ainda por via postal, com aviso de recebimento. Já em relação ao réu, a notificação citatória deve ser realizada por via postal, com aviso de recebimento, acompanhada da segunda via da petição inicial ou do termo da reclamação, na forma do mesmo art. 841 da CLT. O § 1º do art. 841 da CLT não prevê a citação por mandado, como se depreende de sua redação:

> § 1º A notificação será feita em registro postal com franquia. Se o reclamado criar embaraços ao seu recebimento ou não for encontrado, far-se-á a notificação por edital, inserto no jornal oficial ou no que publicar o expediente forense, ou, na falta, afixado na sede da Junta ou Juízo.

É fácil identificar que, embora o texto celetista indique como havendo apenas duas modalidades de notificação, quais sejam, a por via postal e, para aquele que criar embaraços a seu recebimento ou não for encontrado, a notificação por edital, tem sido largamente aceita a atuação do Oficial de Justiça para a entrega da notificação citatória, com espeque no art. 246, II, do CPC, aplicável subsidiariamente.

Todavia, é preciso o alerta no sentido de que a notificação citatória, quando o Oficial de Justiça procede à entrega, pessoalmente, da notificação postal, não se confunde com a citação por mandado. Conforme José Augusto Rodrigues Pinto, não há falar em citação por mandado, uma vez que este é assinado pelo juiz, o que não é o caso.

Ainda devemos mencionar que o aviso de recebimento tem a importante função de indicar a data em que houve a recepção da notificação e a identificação daquele que o recebeu para o competente controle.

Como já mencionamos, por meio da Súmula 16, o TST fixou o entendimento de que se presume recebida a notificação citatória, sendo ônus do destinatário fazer a prova de não recebimento ou inobservância do mesmo prazo. Embora criticável a posição firmada pelo Tribunal Superior, é fato que a presunção é justamente do prosseguimento da atividade empresarial e da realização da atividade empresarial em local certo e fixo. Assim a prática tem demonstrado.

Por fim, como ato imediatamente anterior à realização da audiência, tem-se o registro em livro de audiências, ato reservado ao auxiliar direto do juízo como preparo final para a realização daquele ato processual.

O livro de registro de audiências possibilita a certificação e o controle de toda a atividade do órgão jurisdicional. Tal livro reflete, mediante os lançamentos, por dia de sessão, do número de controle e nome das partes de cada ação pautada, a hora prevista para a realização da audiência e o resultado da assentada (que pode ser o adiamento, o arquivamento, o julgamento ou mesmo a desistência por parte do autor).

4. PARTICIPAÇÃO DO ÓRGÃO JURISDICIONAL NOS ATOS INTERMEDIÁRIOS

De regra, o juiz não participa dos atos, digamos, de administração judiciária que medeiam entre o ajuizamento da ação e a própria audiência.

Talvez um dos aspectos que facilitam a tradicional celeridade da tramitação dos processos trabalhistas resida justamente nessa ideia de realização de ofício de tais atos, que tendem, sem dúvida, à automatização, deixando, com o sistema eletrônico, de se tornar atos humanos para se converter em atos do sistema.

Contudo, é um fato que o art. 715 da CLT determina a subordinação direta e imediata do distribuidor à própria Presidência do Tribunal Regional do Trabalho, que, de ordinário, nomeia um juiz para exercer a fiscalização do funcionamento daquele órgão, além de decidir sobre eventuais incidentes em razão da conexão entre demandas ou prevenção do juízo.

5. DA CNDT E AS NOVAS ATRIBUIÇÕES DA JUSTIÇA DO TRABALHO

Mesmo em apertadas linhas, cumpre-nos advertir que, além das atribuições de solucionar os conflitos que lhe são submetidos, a nosso ver o Judiciário Trabalhista ganhou outras atribuições por conta da criação da denominada CNDT – Certidão Negativa de Débitos Trabalhistas.

Isso porque, como é sabido, em 7 de julho de 2011 foi publicada a Lei n. 12.440, que alterou a CLT, incluindo o art. 642-A no texto consolidado, além da Lei n. 8.666/93, a denominada Lei de Licitações, no que toca à redação dos arts. 27 e 29 daquela lei. Com tais alterações foi criada a denominada "Certidão Negativa de Débitos Trabalhistas – CNDT" de expedição gratuita e eletrônica, baseada nas informações de um cadastro eletrônico unificado no Tribunal Superior do Trabalho, para comprovar a inexistência de débitos inadimplidos perante a Justiça do Trabalho.

Para o legislador, seriam débitos inadimplidos perante a Justiça do Trabalho aqueles delimitados pelos §§ 1º e 2º do mesmo art. 642-A, o qual apresenta algumas condições para a não emissão daquele documento, quais sejam:

> I – o inadimplemento de obrigações estabelecidas em sentença condenatória transitada em julgado proferida pela Justiça do Trabalho ou em acordos judiciais trabalhistas, inclusive no concernente aos recolhimentos previdenciários, a honorários, a custas, a emolumentos ou a recolhimentos determinados em lei; ou
> II – o inadimplemento de obrigações decorrentes de execução de acordos firmados perante o Ministério Público do Trabalho ou Comissão de Conciliação Prévia.

Pretendeu-se, por meio da aludida certidão negativa, forçar os devedores à resolução do verdadeiro "calcanhar de Aquiles" do processo, no geral, e do processo do trabalho, no particular, o processo de execução ou de cumprimento da sentença. Isso em razão do quanto se verificam os efeitos pretendidos pela lei.

Em relação aos efeitos, interessante notar que a mesma lei, ao alterar os arts. 27 e 29 da Lei n. 8.666/93, impõe a necessidade daquela certidão negativa como documento essencial para a comprovação da regularidade fiscal e trabalhista da empresa que pretende contratar com o ente público. Em caso de existente a restrição, fica clara a inviabilidade de contratação do devedor com o Poder Público.

Para o fornecimento das informações e emissão da CNDT, foi criado por meio da Resolução Administrativa n. 1.470/2011 o Banco Nacional de Devedores Trabalhistas, gerido por um comitê instituído e regulamentado pela Presidência do Tribunal Superior do Trabalho.

A inclusão, a alteração e a exclusão de dados no Banco Nacional de Devedores Trabalhistas será sempre precedida de determinação judicial expressa. Essa informação exclui, de logo, a viabilidade de as serventias do juízo, *sponte propria*, promoverem qualquer anotação capaz de inviabilizar a emissão daquela CNDT.

Em que pese a relevância daquelas serventias, é certo que sua atuação não se confunde com a própria prestação jurisdicional. De todo modo, devemos consignar que parece certa a criação de mais uma atribuição em favor do Poder Judiciário Trabalhista, além da resolução de conflitos *inter partes*, qual seja, o exercício da efetiva fiscalização quanto ao cumprimento das obrigações relacionadas ao trabalho e a divulgação dos nomes dos devedores que insistem em descumprir suas obrigações sociais.

CAPÍTULO 14

Audiência

Sumário: 1. Introdução – **2.** Conceito – **3.** Distinção entre sessão e audiência – **4.** Requisitos para a abertura válida – **5.** Presenças obrigatórias para a abertura da audiência – **6.** Da abertura da audiência. Presença das partes. Da suspensão da audiência – **7.** Abertura da audiência. Penalidade pela ausência do autor. Pagamento de custas pelo autor ausente. Penalidade pelo duplo arquivamento – **8.** A prescrição e o arquivamento – **9.** Revelia, ausência e confissão. Não produção de efeitos na revelia.

1. INTRODUÇÃO

A Jurisdição Trabalhista possui contornos interessantes. Dada a consagração de técnicas específicas, referidas anteriormente, dentre as quais a da concentração dos atos e da própria oralidade, a audiência é o momento, senão o mais importante, dos mais relevantes para o curso da lide.

Na sessão solene da audiência as partes têm, muitas vezes, a primeira oportunidade de conversar de forma civilizada sobre os termos do conflito. Por isso mesmo é que se busca, na audiência, a solução daquele conflito de forma negociada, por meio do acordo. Em não sendo possível o ajuste, a produção da prova e mesmo o julgamento em audiência impõe dinamismo compatível com as necessidades dos litígios envolvidos.

Pena que a prática judiciária tem demonstrado serem insuficientes os meios atualmente disponibilizados para a solução desses conflitos, sendo cada vez mais comum a designação de audiências meses, e em casos pontuais até mesmo anos, depois de instaurado o conflito, em franca desconsideração ao próprio direito material em litígio.

De todo modo, dada a opção legislativa, acaba-se por concluir que a descrição da audiência no processo do trabalho é, na verdade, quase que a descrição integral do próprio procedimento trabalhista ordinário. É o que veremos.

2. CONCEITO

Como bem definido por Christovão Piragibe Tostes Malta[1], "a palavra audiência significa audição, atenção que se presta a quem fala, recepção dada a pessoa ou pessoas para tratar de determinado assunto". Trata-se de momento processual por meio do qual as partes são ouvidas pelo Estado-Juiz, além de ouvirem-se mutuamente. Podemos dizer, seguindo a posição dominante, que a audiência constitui-se em ato unitário e contínuo, presidido pelo juízo processante para conhecer, instruir e julgar dissídio individual de sua competência.

O fato de ser ato unitário e contínuo é relevante para identificar que, uma vez aberta a audiência, esta não se interrompe, mas pode ser suspensa e adiada, diante da ocorrência de questões diversas, ocupando tantas datas sucessivas quantas sejam necessárias.

É o que acontece, por exemplo, quando o juízo identifica a necessidade da realização da prova pericial, e, para que não haja a quebra da prova oral, resolve protrair a realização dos atos necessários à obtenção dessa prova oral após a apresentação do laudo pericial.

Nesse caso, embora do ponto de vista processual a audiência deva ser encarada como um ato único, será mais do que uma a oportunidade em que as partes se encontrarão em juízo. Por isso mesmo, não é incomum que sejam denominadas como audiências inaugurais ou de conciliação àquelas em que se pretende a tentativa de acordo entre as partes e são apresentadas as respostas do réu; as de instrução, ou seja, as destinadas à obtenção da prova (oral, técnica etc.) e; as audiências de julgamento, aquelas em que são proferidas as decisões pelo juízo de piso.

3. DISTINÇÃO ENTRE SESSÃO E AUDIÊNCIA

Apesar de hoje não haver mais sentido prático na distinção, ao menos perante os órgãos de primeiro grau de jurisdição, é preciso consignar que do ponto de vista técnico não se deve confundir, todavia, os termos sessão e audiência.

Do ponto de vista vocabular[2], o termo "sessão" indica ser o "tempo em que uma assembleia se mantém em reunião". Desse modo, mudando o que se tem de mudar, pode-se dizer que a sessão seria o período em que os julgadores se reúnem para a deliberação acerca das questões que lhes são postas. Enquanto a organização judiciária contava com uma Junta de Conciliação e Julgamento nos órgãos de primeiro grau, dada sua formação colegiada (dois juízes classistas e um juiz togado), havia sentido em falar na sessão de julgamento no primeiro

1. MALTA, Christovão Piragibe Tostes. *Prática do processo trabalhista*, cit., 20. ed., p. 227.
2. Disponível em: <http://www.aulete.com.br>. Acesso em: 3 jun. 2019.

grau. Isso porque a sessão compreendia cada reunião daquele colégio, a Junta, para apreciar tantos processos quantos estivessem incluídos em sua pauta de instruções e julgamentos, nela cabendo todas as audiências designadas para aquele dia, fossem de abertura ou continuação.

Hoje, dada a inexistência de um órgão colegiado nas Varas do Trabalho, não há razão para falar em sessão, perante os órgãos de primeiro grau, mas apenas naqueles de formação colegiada, como nos TRTs ou no TST.

Já a audiência é o ato processual praticado em cada uma das demandas. É preciso consignar, todavia, que o legislador não cuidou de distinguir, com precisão, os aludidos vocábulos, sendo certo que em muitas oportunidades os trata como se fossem equivalentes.

4. REQUISITOS PARA A ABERTURA VÁLIDA

Os arts. 813 e seguintes da CLT indicam uma série de requisitos para a abertura e validade da audiência no dissídio individual:

> Art. 813. As audiências dos órgãos da Justiça do Trabalho serão públicas e realizar-se-ão na sede do Juízo ou Tribunal em dias úteis previamente fixados, entre 8 (oito) e 18 (dezoito) horas, não podendo ultrapassar 5 (cinco) horas seguidas, salvo quando houver matéria urgente.

O primeiro aspecto relevante indicado no texto da lei é justamente o fato de que a audiência deve ser pública. A audiência é um ato processual, e como todos os atos processuais, em regra, está assentada na premissa da publicidade.

Obviamente, como já referido, quando o interesse público determinar, na forma do art. 189 do CPC, aplicável subsidiariamente (art. 769 da CLT), o juízo poderá determinar que seja a audiência realizada sob segredo de justiça.

> Art. 189. Os atos processuais são públicos, todavia tramitam em segredo de justiça os processos:
> I – em que o exija o interesse público ou social;
> II – que versem sobre casamento, separação de corpos, divórcio, separação, união estável, filiação, alimentos e guarda de crianças e adolescentes;
> III – em que constem dados protegidos pelo direito constitucional à intimidade;
> IV – que versem sobre arbitragem, inclusive sobre cumprimento de carta arbitral, desde que a confidencialidade estipulada na arbitragem seja comprovada perante o juízo.
> § 1º O direito de consultar os autos de processo que tramite em segredo de justiça e de pedir certidões de seus atos é restrito às partes e aos seus procuradores.

> § 2º O terceiro que demonstrar interesse jurídico pode requerer ao juiz certidão do dispositivo da sentença, bem como de inventário e de partilha resultantes de divórcio ou separação.

Aquela previsão do interesse público não pode ser interpretada de forma estrita, na medida em que os direitos de personalidade devem ser compreendidos na perspectiva da valorização do ser humano e de sua dignidade.

Desse modo, ainda que o interesse da parte seja diretamente apenas personalíssimo, como o direito de manter em segredo situação vexatória ou condição pessoal degradante, por exemplo, é evidente o reflexo dessa condição no próprio interesse público. Deve ser reconhecida a necessidade do segredo de justiça nessas hipóteses.

Além da publicidade, é possível identificar, a partir do art. 813 da CLT, a previsão de limites temporais para a realização das audiências, as quais devem acontecer em dias úteis, previamente indicados, das 8 às 18 horas, e de duração limitada a cinco horas, podendo ser prosseguida apenas na hipótese de matéria urgente.

Em relação à designação de audiências em dias não úteis, identifica-se que o aludido ato reputa-se nulo, dado o descumprimento da norma cogente.

A indicação prévia da data para a realização da audiência é tão elementar que não merece maiores comentários. Na verdade é a própria tradução de uma lógica processual vinculada à publicidade e à ampla participação da parte nos atos que lhe interessam.

Em relação ao horário, a CLT indica como necessária a prática do ato apenas entre as 8 e as 18 horas. Isso, por óbvio, para impedir que excentricidades inviabilizassem o próprio acesso à Justiça. Note-se que a realização do ato processual fora daquele horário pode implicar sua nulidade. É o que se depreende:

> AUDIÊNCIA TRABALHISTA – HORÁRIO – NULIDADE – Segundo o sistema da CLT (art. 813), nenhuma audiência trabalhista pode começar depois das 18h. Pode ser concluída depois, mas sempre terá que começar antes. Assim, é nula a aplicação da pena de confissão à parte que foi embora após aquele horário, especialmente porque o atraso para o início da audiência foi muito grande, ainda que justificável pelo excesso de serviço (TRT – 9ª Região, RO 22/96, Ac. 2ª Turma 7.779/97, rel. desig. Juiz Ricardo Sampaio, *DJPR* 11-4-1997).

Dada a existência de regra específica, prevista no art. 813 da CLT, não se pode aplicar a regra prevista no art. 770 do mesmo diploma, que prevê como sendo das 6 às 20 horas o horário da prática dos atos processuais. Deve-se compreender que o horário das 6 às 20 horas seria para a prática dos demais atos processuais, excepcionadas as audiências.

O mesmo art. 813 da CLT prevê, todavia, que o ato não poderia "ultrapassar 5 (cinco) horas seguidas". A dúvida que remanesce é: o limite seria de cinco horas por cada audiência ou pela sessão, considerada como um todo? Embora haja diversas discussões a respeito, parece-nos adequada a interpretação que indica como sendo o limite de cinco horas por toda a sessão, ou seja, como bem define o dispositivo, o aludido limite reporta às "audiências", no plural.

O ato audiência, por sua relevância, é cercada de inúmeras tensões, seja pelo juiz, pelas partes ou advogados, para seu adequado acompanhamento. Tal acompanhamento demanda não apenas a tranquilidade do juízo, como das próprias partes e seus advogados. A prática tem demonstrado que, quando não se respeitam tais limites, além de o cansaço dificultar o desenvolvimento regular da própria audiência, há um desgaste acima do normal para a prática do ato, seja pelas partes, testemunhas, advogados, servidores e o próprio juízo. Além de a presença em audiência em mais de cinco horas gerar prejuízo para os demais afazeres do magistrado, sem qualquer dúvida, a espera das partes, advogados e outros envolvidos com a prática do ato igualmente gera inequívoco desequilíbrio de todos para a obtenção da verdade e participação para a adequada prestação jurisdicional.

Quanto ao local de realização, como o mesmo dispositivo aponta, as audiências devem ser realizadas na sede do juízo ou Tribunal. Excepcionalmente se pode, por autorização do § 1º do mesmo art. 813, designar local diverso para a prática do ato, nos seguintes termos:

> § 1º Em casos especiais, poderá ser designado outro local para a realização das audiências, mediante edital afixado na sede do Juízo ou Tribunal, com a antecedência mínima de 24 (vinte e quatro) horas.

A previsão legal é a de que podem ser designados outros locais para a realização das audiências mediante mero edital afixado na sede do juízo ou Tribunal, com antecedência mínima de vinte e quatro horas. Tal previsão não se coaduna com a complexidade que a vida urbana gera a cada dia.

De fato, esperar que o simples trabalhador ou empresário ou mesmo o advogado, no curto espaço de um dia, seja obrigado a acompanhar eventuais editais para a definição do local no qual será designada a audiência é, no mínimo, atentatório ao acesso à justiça.

Espera-se que, no caso concreto, haja algum bom senso do intérprete na aplicação do dispositivo para que não se promovam injustiças, fazendo da atividade processual uma verdadeira gincana na qual prevaleça não o bom direito, mas a habilidade de um ou outro em cumprir os caprichos mais inusitados.

5. PRESENÇAS OBRIGATÓRIAS PARA A ABERTURA DA AUDIÊNCIA

As pessoas indispensáveis para a realização da audiência são o juiz e seu secretário de audiências, servidor responsável pelo registro dos fatos ocorridos e pelo cumprimento das determinações judiciais relacionadas à assentada. As partes, sejam o autor ou o réu, segundo a previsão legal, embora possuam os ônus processuais de estarem presentes na audiência, na verdade não são indispensáveis, pois em caso de ausência apenas sofrerão sanções ou ônus decorrentes daquele fato.

Não se poderá dizer o mesmo do juiz. Se aquele não estiver presente, na verdade não haverá audiência válida. Por isso mesmo existe uma tolerância quanto ao atraso do juiz para a audiência, conforme previsto no art. 815, parágrafo único, da CLT:

> Art. 815. À hora marcada, o juiz ou presidente declarará aberta a audiência, sendo feita pelo secretário ou escrivão a chamada das partes, testemunhas e demais pessoas que devam comparecer. Parágrafo único. Se, até 15 (quinze) minutos após a hora marcada, o juiz ou presidente não houver comparecido, os presentes poderão retirar-se, devendo o ocorrido constar do livro de registro das audiências.

Embora demonstre inequívoco autoritarismo e tratamento desigual entre sujeitos processuais, a mesma tolerância não socorre às partes ou advogados. É o que se depreende da OJ 245 da SDI-I:

> 245. Revelia. Atraso. Audiência. Inexiste previsão legal tolerando atraso no horário de comparecimento da parte na audiência.

Note-se que, na hipótese de o juiz se atrasar em até quinze minutos, não há nenhum prejuízo em relação ao processo ou à audiência. Todavia, ultrapassado esse marco, a parte encontra-se autorizada por lei a retirar-se. É de notar, contudo, que a previsão legal não engloba a hipótese na qual, embora presente o juiz, há atraso na realização da audiência por força de intercorrências na pauta.

Parece um tanto injusta a possibilidade de o juiz designar uma sessão com intervalos de poucos minutos entre as audiências, ou até mesmo de apenas um minuto, como se pode depreender de algumas pautas Brasil afora. Evidente que é impossível a realização de qualquer audiência em apenas um minuto. Em resultado disso – os constantes atrasos –, partes e procuradores seguem insatisfeitos com a demora na prática do ato.

Por isso mesmo, não se pode ignorar a recomendação prevista no art. 46 da CPCGJT – Consolidação dos Provimentos da Corregedoria-Geral da Justiça do Trabalho no sentido de que, adotada audiência una nos processos de rito ordinário, cabe ao juiz elaborar a pauta com intervalo mínimo de quinze minutos entre uma audiência e outra, de modo que não haja retardamento superior a uma hora para a realização da audiência.

Ainda sobre o tema, veja-se que o CPC, no art. 334, § 12, apresenta interessante previsão, no sentido de que a pauta das audiências de conciliação ou de mediação será organizada de modo a respeitar o intervalo mínimo de vinte minutos entre o início de uma e o início da seguinte. Todavia, o E. TST, por meio da IN 39/2016, reputou inaplicável o aludido dispositivo às demandas sujeitas ao Judiciário Trabalhista.

De todo modo, embora não se possa reputar eivado de nulidade o ato processual que atente contra aquelas previsões, é certo que a conduta do magistrado em sentido contrário o sujeitará à atuação correcional, tal qual definido em lei.

6. DA ABERTURA DA AUDIÊNCIA. PRESENÇA DAS PARTES. DA SUSPENSÃO DA AUDIÊNCIA

Constatando o juízo que estão presentes todos os requisitos para a realização da audiência, deverá ele determinar a realização do pregão, com o chamamento público das partes para que possa ter início aquele ato processual.

Não é demais obviar que as partes devem ser notificadas a comparecer à audiência. Se, embora cientes da designação do ato, as partes não comparecem à audiência, será ela realizada, embora sejam impostos os ônus processuais ao ausente, conforme previsto no art. 844 da CLT. Ademais, a partir da Lei n. 13.467/2017, a redação originária do art. 844 da CLT foi alterada, sendo importante identificar seus contornos:

> Art. 844. O não comparecimento do reclamante à audiência importa o arquivamento da reclamação, e o não comparecimento do reclamado importa revelia, além de confissão quanto à matéria de fato.
> § 1º Ocorrendo motivo relevante, poderá o juiz suspender o julgamento, designando nova audiência.
> § 2º Na hipótese de ausência do reclamante, este será condenado ao pagamento das custas calculadas na forma do art. 789 desta Consolidação, ainda que beneficiário da justiça gratuita, salvo se comprovar, no prazo de quinze dias, que a ausência ocorreu por motivo legalmente justificável.
> § 3º O pagamento das custas a que se refere o § 2º é condição para a propositura de nova demanda.
> § 4º A revelia não produz o efeito mencionado no *caput* deste artigo se:
> I – havendo pluralidade de reclamados, algum deles contestar a ação;
> II – o litígio versar sobre direitos indisponíveis;
> III – a petição inicial não estiver acompanhada de instrumento que a lei considere indispensável à prova do ato;

> IV – as alegações de fato formuladas pelo reclamante forem inverossímeis ou estiverem em contradição com prova constante dos autos.
>
> § 5º Ainda que ausente o reclamado, presente o advogado na audiência, serão aceitos a contestação e os documentos eventualmente apresentados.

A regra contida no *caput* do art. 844 da CLT apresenta que a ausência do autor, denominado reclamante, nas demandas subordinadas ao Judiciário Trabalhista importa o arquivamento do processo. A primeira crítica a ser exercida é quanto à denominação, uma vez que o adequado seria a indicação da extinção do processo sem julgamento de mérito, dado que o arquivamento nada mais é que a própria extinção da demanda sem julgamento de mérito. Todavia, remanesce a denominação "arquivamento" pela influência do período em que as demandas juslaborais encontravam-se na instância administrativa.

Como diz José Augusto Rodrigues Pinto[3], a ausência do autor na abertura da audiência, na verdade, provoca a extinção do processo sem julgamento de mérito, por assimilação a seu abandono pela parte autora, consoante a hipótese versada no art. 485, III, do CPC.

No caso das demandas sob o rito sumaríssimo, como já dissemos, a Lei n. 9.957/2000 criou duas formalidades que, se não cumpridas, ensejam o arquivamento da reclamatória sob tal regime, quais sejam, o pedido deve ser certo e determinado e a notificação não poderá ser realizada por meio de citação por edital.

Há fundadas críticas sobre tais hipóteses, dado que seria muito mais prudente que o juízo facultasse ao trabalhador a retificação da pretensão, inclusive convertendo-a para o rito ordinário sem, contudo, que de tal fato adviesse sua extinção, quando não é possível a indicação clara e precisa do atual endereço do reclamado.

Isso porque, embora a rigor se devesse cumprir o quanto previsto taxativamente no aludido art. 852-B da CLT, tem-se conferido interpretação teleológica ao dispositivo, facultando-se ao reclamante a conversão da reclamatória sob tal rito para o rito ordinário, como se pode depreender dos arestos abaixo transcritos, quando identificado o endereço incerto do reclamado depois de proposta a demanda:

> Agravo de instrumento em recurso de revista. 1. Conversão do rito sumaríssimo para ordinário. Citação por edital. Diante da impossibilidade de localização da parte e da necessidade de ser assegurada a tutela jurisdicional ao litigante de pequeno valor, não afronta o art. 852-B, II, § 1º, da CLT a conversão do rito sumaríssimo em ordinário, de modo a que se possa proceder à citação

3. PINTO, José Augusto Rodrigues. *Processo trabalhista de conhecimento*. São Paulo: LTr, 2003. p. 392.

por edital, mormente, porque não trouxe prejuízo à reclamada. (...) (AgInRR, 1880-55.2010.5.18.0000, rel. Min. Dora Maria da Costa, 8ª Turma, j. 11-5-2011, data de publicação: 16-5-2011).

A devolução da citação da reclamada e o procedimento sumaríssimo. O teor do recurso ordinário está na extinção do feito sem resolução de mérito, ante a aplicação literal do art. 852-B, II, combinado com o § 1º, da CLT. A rigor, pelo teor do dispositivo legal, não observados os requisitos quando da propositura, o magistrado trabalhista está autorizado a proceder ao arquivamento da demanda. Apesar do texto legal, impõe-se uma análise sistemática e teleológica na aplicação do procedimento sumaríssimo. Não se pode esquecer que o processo é um instrumento de justiça. A observância dos critérios formais é primordial, contudo, não é a razão de ser do processo, como meio efetivo e constitucional da composição dos conflitos de interesses. Há situações em que o princípio da razoabilidade é a medida exemplar, como exemplos: a) a devolução da citação pelo correio por insuficiência do endereço ou indicação errônea do nome da reclamada; b) pequenas incorreções na formulação da causa de pedir ou do pedido, que podem ser sanadas em audiência, com um simples requerimento ou observação do juiz junto às partes; c) situações em que não é possível a citação pessoal, com a necessidade da citação por edital. Nessas circunstâncias, como em outras que sejam equivalentes, o bom senso do juiz haverá de prevalecer na condução do processo, evitando, assim, o arquivamento da demanda trabalhista. O juiz poderá, simplesmente, desconsiderar o rigor do procedimento sumaríssimo, com as medidas necessárias para o encadeamento processual, valorizando a economia e a celeridade processual, ou fazendo a conversão do rito sumaríssimo em ordinário. Muitas vezes, a empresa desaparece do local, sem que o empregado fique sabendo do ocorrido antes da propositura da demanda. Provavelmente é o caso dos autos (f. 87). O recurso ordinário da reclamante é conhecido e, quanto ao seu conteúdo, dá-se provimento, para determinar o retorno à MM. Vara de origem, para que se dê regular andamento ao feito, concedendo à reclamante o prazo necessário para a indicação do endereço atual da reclamada (01073-2008-007-02-00-8, rel. Francisco Ferreira Jorge Neto, 2ª Turma, j. 18-2-2009, data de publicação: 17-3-2009).

Sentença. Rito sumaríssimo citação por edital. Possibilidade de conversão em rito ordinário. Compete ao Juiz, na qualidade de diretor do processo, converter o rito Sumaríssimo para Ordinário, com suporte nos arts. 130 e 277, §§ 4º e 5º do CPC; e 765 da CLT. (...) (0303100-6120065070032, rel. Dulcina de Holanda Palhano, 2ª Turma, j. 19-10-2009, *DEJT* 12-11-2009).

Ainda em relação à ausência do reclamante, deve-se mencionar que os efeitos são diferentes quanto a sua não participação do ato processual se antes ou depois de apresentada a defesa pelo reclamado.

Com efeito, se a ausência do reclamante se der antes de apresentada a defesa, melhor, a resposta do demandado aos termos da pretensão, segue-se a regra já mencionada, qual seja, a do arquivamento, a extinção do processo sem julgamento de mérito. Todavia, o mesmo não ocorrerá se o reclamante quedar ausente após apresentada a resposta pelo demandado.

À primeira vista, parece ser incompatível esse regime quando se identifica que a redação legal (art. 849 da CLT) faz menção à audiência ser "contínua", o que na prática trabalhista se denomina como "una". Como poderia o reclamante estar ausente depois de apresentada a defesa se o momento da apresentação da defesa é único? A incongruência é apenas aparente. Na verdade a leitura conjugada do próprio art. 849 da CLT com o § 1º do art. 844 evidencia a adequada interpretação do dispositivo:

> Art. 849. A audiência de julgamento será contínua; mas, se não for possível, por motivo de força maior, concluí-la no mesmo dia, o juiz ou presidente marcará a sua continuação para a primeira desimpedida, independentemente de nova notificação. (...)
> Art. 844. (...)
> § 1º Ocorrendo motivo relevante, poderá o juiz suspender o julgamento, designando nova audiência.

Ou seja, a leitura de ambos os dispositivos autoriza, na hipótese de força maior, ou mesmo em caso de motivo relevante, caso haja impedimento de a audiência ser concluída no mesmo dia, seja designada uma nova audiência, para que se continue em relação ao feito.

Como veremos adiante, a prática judiciária demonstra, inclusive, uma interpretação extensiva daquelas possibilidades de adiamento, não sendo rara a realização de uma primeira audiência para a primeira tentativa de conciliação e apresentação de defesa e uma segunda assentada para a obtenção da prova oral e conclusão da instrução.

Assim fica claro que a hipótese tratada versa sobre a realização de uma primeira audiência, com a apresentação de defesa, e a ausência do trabalhador nessa segunda assentada. A ausência nessa segunda oportunidade é aquela prevista na Súmula 9 do E. TST, assim vazada:

> Ausência do reclamante – A ausência do reclamante, quando adiada a instrução após contestada a ação em audiência, não importa arquivamento do processo.

Ou seja, na hipótese de já apresentada a defesa pelo reclamado e ausente o trabalhador, haverá a cominação da pena de confissão ao reclamante, que, ciente da data da audiência, não compareceu. É o que se depreende da Súmula 74 do E. TST:

> CONFISSÃO. I – Aplica-se a confissão à parte que, expressamente intimada com aquela cominação, não comparecer à audiência em prosseguimento, na qual deveria depor. (...)

No mesmo sentido, em relação ao reclamado. Esse, em qualquer hipótese, seja antes ou depois da apresentação da defesa, caso ausente, terá os ônus decorrentes da imputação da revelia e pena de confissão.

Como já referido, mesmo o pequeno atraso não elide os efeitos da ausência do reclamado ou do reclamante.

Com efeito, apesar de ser possível o registro de algumas poucas posições em sentido diverso, a SDI-I do TST já consolidou seu entendimento, como evidencia a OJ 245, nos seguintes termos:

> Revelia. Atraso. Audiência. Inexiste previsão legal tolerando atraso no horário de comparecimento da parte na audiência.

Sendo assim, seja em relação ao reclamante, seja em relação ao reclamado, ambos se encontram vinculados à necessidade do comparecimento tempestivo para a prática do ato processual, não havendo falar em tolerância quanto a eventuais atrasos.

De todo modo, independentemente das aludidas ausências, ou seja, mesmo depois de sua constatação, poderá o juiz, por entender ter havido motivo relevante para tanto, suspender a assentada, designando nova audiência (art. 844, § 1º, da CLT).

O dispositivo em questão autoriza, por assim dizer, a suspensão do ato processual pelo juiz em razão de evento que repute suficientemente importante para fazê-lo. Desde um pedido formulado pelas partes, e apenas trazido ao conhecimento do magistrado quando da realização da audiência, um pedido de homologação de acordo, ou mesmo um fato alheio ao processo, como um evento climático significativo, ou a ausência de qualquer das partes por força de qualquer fato relevante, permite ao juiz que suspenda a prática do ato.

7. ABERTURA DA AUDIÊNCIA. PENALIDADE PELA AUSÊNCIA DO AUTOR. PAGAMENTO DE CUSTAS PELO AUTOR AUSENTE. PENALIDADE PELO DUPLO ARQUIVAMENTO

A Lei n. 13.467/2017 trouxe ainda importante novidade ao processo do trabalho atinente à ausência da parte autora na audiência inaugural. Deve-se compreender, desde já, que a questão da ausência da parte autora em audiência deve levar em consideração a previsão dos §§ 1º, 2º e 3º do art. 844 da CLT. Segundo aquelas previsões, ausente o autor na audiência inaugural, será condenado ao pagamento de custas processuais, nos seguintes termos:

> § 1º Ocorrendo motivo relevante, poderá o juiz suspender o julgamento, designando nova audiência.
> § 2º Na hipótese de ausência do reclamante, este será condenado ao pagamento das custas calculadas na forma do art. 789 desta Consolidação, ainda que beneficiário da justiça gratuita, salvo se comprovar, no prazo de quinze dias, que a ausência ocorreu por motivo legalmente justificável.
> § 3º O pagamento das custas a que se refere o § 2º é condição para a propositura de nova demanda.

Os dispositivos legais referidos buscaram de algum modo evitar que a parte autora deixasse de comparecer para a prática do ato processual. Cumpre dizer que não é propriamente nova a aludida cominação no processo laboral. A extinção do processo, sem julgamento de mérito, segundo a previsão celetista contida no art. 789, II, cumulado com o § 1º, implicava a cominação das custas processuais para aquele que movimentou a máquina judiciária injustificadamente.

Também não é nova a possibilidade de, no momento em que é realizada a audiência, ao juiz ser possível a suspensão da sessão, em face de motivo relevante constatado, antes ou até mesmo durante a assentada, tal qual a previsão contida no § 1º do art. 844.

Não é nova, também dentro da sistemática do processo civil, a possibilidade de extinção do processo, em razão da ausência do autor, e sua condenação ao pagamento custas processuais. É o que se depreende do conteúdo do art. 51 da Lei n. 9.099/95 (Lei dos Juizados Especiais):

> Art. 51. Extingue-se o processo, além dos casos previstos em lei:
> I – quando o autor deixar de comparecer a qualquer das audiências do processo; (...)
> § 1º A extinção do processo independerá, em qualquer hipótese, de prévia intimação pessoal das partes.
> § 2º No caso do inciso I deste artigo, quando comprovar que a ausência decorre de força maior, a parte poderá ser isentada, pelo Juiz, do pagamento das custas.

Note-se que, no âmbito dos Juizados Especiais, a ausência da parte autora também implica a extinção do feito sem julgamento de mérito, com a cominação das custas processuais em desfavor do ausente.

A sistemática contida no art. 844, §§ 1º, 2º e 3º, é importante, todavia, porque reestrutura a forma como deve ser processada a audiência nos feitos laborais.

De fato, não era raro identificar a ausência deliberada, ou decorrente do mero desleixo da parte autora, em comparecer na data e hora designada para a audiência. Tal fato implica não apenas prejuízo para a máquina estatal, a ocupação de um espaço na pauta de audiências, a movimentação da máquina judiciária etc., mas também evidente prejuízo para o réu, que, obrigado a mobilizar toda a estrutura operacional para a prática do ato, vê frustrada tal possibilidade.

Note-se que, não obstante o tratamento conferido pela Lei n. 13.467/2017, a parte autora continua com o benefício da simples extinção sem julgamento de mérito da demanda, em face de sua ausência. O benefício referido se materializa na não cominação da pena de confissão em razão de sua ausência, o que continua a existir apenas em desfavor do réu.

Assim, constatada a ausência do autor, ter-se-á a extinção do processo sem julgamento de mérito; constatada a ausência do réu, tem-se a revelia, com a confissão correspondente (art. 844, *caput*).

De mais a mais, previu, então, o legislador que, aberta a audiência, ocorrendo motivo relevante até aquele momento, o juiz simplesmente poderá suspender o prosseguimento do feito, designando nova data para tanto (§ 1º), sem cominar qualquer penalidade em razão de relevante fato obstativo, para qualquer das partes.

Todavia, seguindo a redação legal, dado início à assentada, sem se constatar qualquer fato obstativo à realização da audiência, identificada a ausência da parte autora à audiência inaugural, ter-se-á a extinção do processo, sem julgamento de mérito, com sua condenação ao pagamento de custas processuais, salvo se, nos quinze dias subsequentes, demonstre que a ausência ocorreu por motivo legalmente justificável.

A primeira questão que precisa ser analisada é quanto à hipótese de incidência da penalidade, correspondente à condenação ao pagamento das custas processuais. Prevê a lei que a ausência do autor, sem justificativa legal, autorizaria a extinção do processo, sem julgamento de mérito, com sua condenação em custas. A redação legal utilizada pelo legislador é sofrível. Isso porque o dispositivo remete a um "motivo legalmente justificável" para a escusa à ausência, mas não há previsão no texto celetista de quais seriam tais motivos. Inexiste rol taxativo ou exemplificativo na lei de quais seriam as escusas para que alguém pudesse deixar de comparecer para a prática do ato.

Assim sendo, deve-se compreender que o motivo legalmente justificável a que se referiu o legislador seria aquilo correspondente à força maior, expressão utilizada pelo legislador celetista como hipótese geral excludente da penalidade, como previsto exemplificativamente nos arts. 775, II, 786, parágrafo único, e 894 da CLT.

A segunda questão que merece ser destacada é que a parte autora passa a ter o prazo de quinze dias para comprovar que sua ausência ocorreu por motivo justificável. Cumpre consignar que se trata de prazo legal, que independe, portanto, de qualquer concessão pela autoridade judiciária. Assim sendo, não há falar em necessidade de nova intimação da parte autora para justificar sua ausência na audiência. Ocorrida a injustificada ausência, com a extinção do processo, inicia-se imediatamente o prazo para a comprovação do motivo justificável, salvo se demonstrado pela parte autora que não foi regularmente cientificada da própria designação da audiência. Em tal hipótese, contar-se-á o prazo da justificativa a partir da ciência da extinção do processo.

A concessão de tal prazo, de outro lado, colaborou para tornar duvidoso o procedimento para a extinção das demandas laborais, doravante. Isso porque, até o presente momento, em regra, constatada a ausência da parte autora, ao juiz, ainda em audiência, cumpria proferir a sentença de extinção do processo, sem julgamento de mérito, apreciando os aspectos atinentes à condenação naquele momento processual.

Dada a previsão legal do prazo, poder-se-ia dizer que o juízo deveria aguardar o decurso do aludido prazo para a extinção do processo ou a cominação do pagamento. Não parece ser esse o melhor entendimento.

Com efeito, parece mais acertado compreender que o juízo deve decidir a questão da ausência do autor no momento da audiência com base nos elementos que possui naquele instante processual. Poderá, identificando motivo relevante, suspender o julgamento (§ 1º). Poderá, ainda, identificando a ausência de qualquer motivo justificável para a ausência da parte autora, determinar a extinção do processo sem julgamento de mérito, com a condenação da parte autora ao pagamento das custas (§ 2º).

Se, todavia, no prazo de quinze dias, a parte autora comprovar motivo justo para sua ausência, deverá o juízo se retratar da aludida extinção e da condenação da parte autora ao pagamento das custas tal qual analogicamente prevê o art. 485, § 7º, do CPC, que faculta ao juiz retratar-se da sentença de extinção do processo sem julgamento de mérito.

Ou seja, apresentando a parte autora a justificativa para sua ausência, deverá o juízo não apenas eximi-la do pagamento das custas, mas, considerando a necessidade do aproveitamento dos atos processuais, determinar também a retomada do feito.

Na hipótese de não demonstrado o motivo justificável para a ausência, ter-se-á a condenação da parte autora ao pagamento das custas processuais.

Tal medida, prevista no art. 844, § 2º da CLT, segundo expresso pelo próprio TST, objetivou aumentar a responsabilidade processual das partes, no sentido de exigir destas uma postura mais comprometida e diligente:

> RECURSO DE REVISTA. INTERPOSIÇÃO EM FACE DE ACÓRDÃO PUBLICADO APÓS A VIGÊNCIA DA LEI N. 13.467/2017. AUSÊNCIA INJUSTIFICADA DO RECLAMANTE À AUDIÊNCIA – ARQUIVAMENTO DA RECLAMAÇÃO TRABALHISTA – RECLAMANTE BENEFICIÁRIO DA JUSTIÇA GRATUITA – PAGAMENTO DE CUSTAS PROCESSUAIS – TRANSCENDÊNCIA JURÍDICA RECONHECIDA. Tratando-se de recurso de revista interposto em face de decisão regional que analisou questão nova em torno da interpretação da legislação trabalhista, revela-se presente a transcendência jurídica da causa, a justificar o prosseguimento do exame do apelo. Na questão de fundo, verifica-se, a partir da análise dos autos, que a reclamação trabalhista foi ajuizada em 17-9-2018, aplicando-se, portanto, o disposto no artigo 844, § 2º, da CLT, o qual foi incluído pela Lei n. 13.467/2017, que objetivou aumentar a responsabilidade processual das partes, no sentido de exigir das mesmas uma postura mais comprometida e diligente. Conforme se extrai da interpretação da referida norma legal (art. 844, § 2º, da CLT), ao mesmo tempo em que o legislador determina que o reclamante que não comparece à audiência seja condenado ao pagamento das custas processuais, mesmo que beneficiário da justiça gratuita, o isenta deste pagamento caso haja a comprovação, no prazo de quinze dias, que o não comparecimento à audiência decorreu de motivo legalmente justificável. Logo, não vislumbro qualquer contraposição entre a norma prevista no artigo 844, § 2º, da CLT, e as garantias constitucionais do acesso à justiça e da assistência judiciária gratuita prestada pelo Estado. Precedentes da 4ª e 8ª Turmas do TST. Recurso de revista não conhecido (RR-1000119-02.2018.5.02.0205, 7ª Turma, rel. Min. Renato de Lacerda Paiva, *DEJT* 9-4-2021).

Ao analisar a constitucionalidade do dispositivo, no âmbito da ADI 5466, o STF acabou por concluir que o aludido art. 844, § 2º da CLT, é tido por constitucional, razão pela qual é legítima a exigência do pagamento de custas pelo beneficiário da justiça gratuita que faltar à audiência inicial de julgamento e não apresente justificativa legal no prazo de 15 dias.

Neste ponto, legislador consignou que mesmo o beneficiário da justiça gratuita deve ser condenado ao pagamento das custas, sendo a quitação daquelas obrigações verdadeira condição para a propositura de nova demanda (§ 3º).

Sobre o tema, deve-se mencionar que a visão sistêmica dos dispositivos faz crer que o legislador reputou que o autor ausente à audiência inaugural sem justificativa possui ônus equivalentes aos litigantes de má-fé. Apenas os litigantes de má-fé são obrigados ao pagamento das custas processuais, mesmo que beneficiários da gratuidade. Assim sendo, fica claro que a opção legislativa demonstra manifesta incoerência e, portanto, violação ao direito à igualdade material (art. 5º, *caput*, da CF/88) entre as partes. A ausência à audiência pelo autor, ato que pode ser meramente culposo, mesmo que reprovável, não pode sofrer sanção equivalente a outros atos dolosos, que por igual provocam prejuízos ao andamento do feito e mesmo à outra parte, como aqueles descritos no art. 793-B da CLT.

De outro lado, a nosso sentido, há inconstitucionalidade, ainda, na compreensão da consequência da aludida condenação ao pagamento das custas. Como já deduzimos anteriormente, a previsão do art. 844, § 3º, da CLT prevê que o pagamento das custas decorrentes do arquivamento anterior seria condição para o exercício do direito de ação em nova demanda.

A primeira questão que nos ocorre é justamente quanto à adequada análise da previsão legal, dado que se indaga se a nova demanda a que se refere o legislador seria quanto às mesmas partes, ou em relação a quaisquer outras demandas titularizadas pelo autor. À primeira vista, parece certo concluir que a propositura de qualquer nova demanda, inclusive em face de outros contratos de trabalho, estaria condicionada ao pagamento das custas, dado que a relação processual se dá por meio da autoridade estatal, que é a mesma em qualquer relação jurídica processual, além da ausência de delimitação por parte do legislador.

Sucede que tais previsões padecem de invencível inconstitucionalidade, a nosso modesto sentir, porque, segundo a própria redação legal (art. 790, § 4º, da CLT) reconhece o legislador que o benefício da justiça gratuita será concedido àquele que não possui recursos para o pagamento das custas do processo. Ou seja, o legislador reconhece que os beneficiários da gratuidade não possuem meios de acessar o Poder Judiciário senão dispensados das aludidas despesas. Assim sendo, condicionar o acesso ao Judiciário, seja naquele conflito específico, seja em qualquer outro conflito que possua no âmbito das relações de trabalho, à quitação prévia das custas fere de morte a inafastabilidade da jurisdição, prevista no art. 5º, XXXV, da CF/88.

A parte que reconhecidamente não possui recursos para o pagamento das custas do processo não pode ter como condição de acesso ao Poder Judiciário justamente no pagamento das mesmas despesas.

De todo modo, ultrapassada a questão da inconstitucionalidade do mesmo § 3º do art. 844 da CLT, a fim de permitir o acesso da parte ao Poder Judiciário, na forma do art. 98, §§ 5º e 6º, do CPC, aplicáveis supletivamente, parece certo que poderá o juiz reduzir percentualmente as despesas processuais ou conceder o direito ao parcelamento das despesas ou mesmo modificar a data de vencimento das aludidas obrigações, tudo com o fito de viabilizar o manejo da pretensão.

Devemos falar, ainda, de uma previsão que remonta ao período em que a tomada dos dados para a apresentação da reclamatória era bastante precária, mesmo pela ausência de meios tecnológicos capazes de permitir a adequada formalização da petição inicial.

Isso porque o texto da CLT nos remete aos idos de 1943. Naquele tempo não havia computador ou outras formas que facilitassem o armazenamento e a reprodução de informações. Daí por que era preciso que o autor comparecesse em juízo, indicando qual sua pretensão, enquanto um servidor da Justiça do Trabalho anotava as informações para sistematizá-las, posteriormente.

Com isso, havia a possibilidade de o autor ser obrigado a retornar à sede do juízo, para conferir e assinar sua reclamação. Para tanto, fixava-se o prazo de quarenta e oito horas para o trabalhador. Se o reclamante não comparecesse para firmar o documento, ratificando as informações que prestou, seria imposta a ele uma sanção, qual seja, a perda do direito de reclamar na Justiça do Trabalho pelo prazo de seis meses. É o que se depreende da redação do art. 731 da CLT:

> Art. 731. Aquele que, tendo apresentado ao distribuidor reclamação verbal, não se apresentar, no prazo estabelecido no parágrafo único do art. 786, à Junta ou Juízo para fazê-lo tomar por termo, incorrerá na pena de perda, pelo prazo de 6 (seis) meses, do direito de reclamar perante a Justiça do Trabalho.

O dispositivo atualmente não possui aplicação, porquanto não há registros da existência da apresentação de reclamações verbais, como já mencionamos. De todo modo, muitos já questionaram a constitucionalidade do art. 731. Manoel Antonio Teixeira Filho[4], por exemplo, sobre o ponto indica que:

> Essa norma, no entanto, segundo estamos convencidos, foi revogada pelo art. 150, § 4º, da Constituição Federal de 1967, que proibiu a exclusão, mesmo por lei, da apreciação pelo Poder Judiciário de qualquer lesão de direito individual. É importante ressaltar que a Carta outorgada em 1937, em cuja vigência surgiu a CLT, não continha disposição dessa natureza.

O dispositivo citado possui a seguinte redação: "§ 4º A lei não poderá excluir da apreciação do Poder Judiciário qualquer lesão de direito individual". Desse modo fica clara a identidade entre seu teor e o próprio art. 5º, XXXV, da atual CF/88.

Em que pese o apreço cultivado pelo autor e suas ideias, não nos parece haver afronta ao princípio da inafastabilidade da jurisdição, sendo o entendimento assentado justamente o de que não há falar no exercício incondicionado do direito de ação. É o que se pode depreender dos julgados abaixo transcritos:

4. TEIXEIRA FILHO, Manoel Antonio. *Curso de direito processual do trabalho,* cit., v. II, p. 1175.

> Perempção e livre acesso ao Poder Judiciário. Compatibilidade. O reclamante perderá, pelo prazo de 6 (seis) meses, o direito de reclamar perante a Justiça do Trabalho, se, por duas vezes seguidas, der causa ao arquivamento de que trata o art. 844 consolidado. Nisso não subsiste afronta ao disposto no art. 5º da CF/1988. Com efeito, o acesso do autor ao Juízo está condicionado à extensa gama de normas procedimentais, as quais têm por escopo organizar e pautar, entre outros aspectos, a atuação das partes, sem se esquecer de que a nenhuma delas se confere o direito de provocar o desnecessário funcionamento do aparato estatal, sob pena de afronta ao princípio basilar da utilidade do processo (TRT – 3ª Região, RO 1345/2009-106-03-00.7, 3ª Turma, rel. Juiz convocado Milton V. Thibau de Almeida, *DJe-MG* 31-5-2010).
> Extinção por ocorrência de 2 arquivamentos anteriores. O acesso à justiça tem sua regulamentação feita pelas normas de natureza infraconstitucional que disciplinam as condições e os pressupostos a serem satisfeitos pelos litigantes para que possam ajuizar suas ações. Há previsão na CLT acerca da penalidade a ser aplicada em caso de perempção temporária (arts. 731 e 732) (TRT – 2ª Região, RO 00278-2007-017-02-00-2, Ac. 2008/0845716, 3ª Turma, rel. Des. Federal Jonas Santana de Brito, *DOESP* 28-10-2008, p. 212).

É nesse mesmo sentido que se deve proceder à leitura do art. 732 da CLT, nos seguintes termos:

> Art. 732. Na mesma pena do artigo anterior incorrerá o reclamante que, por 2 (duas) vezes seguidas, der causa ao arquivamento de que trata o art. 844.

Com efeito, o art. 732 da CLT indica que na mesma pena incorre aquele reclamante que der causa a dois arquivamentos seguidos, desde que os arquivamentos se enquadrem na hipótese de que trata o art. 844 da CLT, ou seja, em face de seu não comparecimento.

Trata-se de nítida hipótese de perempção, que, como diz Fredie Didier Jr.[5], pode ser conceituada como uma "sanção que se aplica à prática de um ato ilícito, consistente em um abuso do direito de demandar. Trata-se de ato ilícito (o abuso de direito é um ato ilícito) que tem por sanção a perda de um direito".

Justamente por seu caráter sancionatório, não se poderá proceder à interpretação extensiva da penalidade. Apenas para a hipótese de extinção do processo sem julgamento de mérito decorrente da ausência do autor é que se autoriza a imposição da penalidade.

5. DIDIER JR., Fredie. *Curso de direito processual civil*: teoria geral do processo e processo de conhecimento, cit., v. I, p. 559.

A partir da leitura dos dispositivos mencionados se pode depreender que, diante do duplo arquivamento, é possível que o trabalhador seja punido com a perda, pelo prazo de seis meses, do direito de reclamar perante a Justiça do Trabalho.

A primeira dúvida que surge é se os arquivamentos computáveis para fins da penalidade prevista no art. 732 são apenas aqueles ocorridos nas demandas em que figuram as mesmas partes, ou se seria possível a sanção quando houver dois arquivamentos seguidos, independentemente de quem sejam os demandados envolvidos.

Para a análise da questão parece relevante identificar a natureza da perempção adotada pelo Código de Processo Civil, aplicável analogicamente por força do art. 769 da CLT.

Como já dissemos, a perempção é evidente penalidade aplicada àquele que descumpre uma obrigação processual e corresponde à perda do direito de ação. Como bem menciona Moniz de Aragão[6], "a perempção implica extinguir a ação, de modo que o direito material, que por ela seria apreciado, somente poderá sê-lo através de defesa, como prevê o art. 268, parágrafo único".

Se a perempção é a perda do direito de ação, ainda que provisoriamente, como previsto no art. 732 da CLT, evidente que os efeitos da sanção atingem apenas as partes envolvidas nos conflitos em que houve a duplicidade de arquivamentos. De fato, a perda do direito de ação se dá apenas em relação àquele demandado em vão, pouco importando o exercício do direito de ação por parte do trabalhador em relação a outras relações jurídicas.

Ainda nesse sentido, o próprio art. 189 do CC dá clara indicação de que a pretensão surge para aquele que tem seu direito violado. Em sendo assim, evidente que para cada lesão causada por diferentes empregadores há o autônomo direito de ação de um mesmo trabalhador, em relação a cada um deles. Não parece razoável que a penalidade da perda do direito de ação em relação a um dos empregadores, por exemplo, seja capaz de impedir o mesmo exercício em face de outro.

Todavia, precisamos referir que há quem sustente em sentido diverso, como Wagner Giglio[7] e Mozart Vitor Russomano[8], para quem, se verificados dois arquivamentos sucessivos, embora em reclamações distintas, o empregado fica subordinado à penalidade mencionada na lei. A penalidade consistiria na proibição de mover ação na Justiça do Trabalho.

Ultrapassado o tema do cabimento, podemos dizer que, à guisa de uma sistematização da questão, são duas as hipóteses de perempção no âmbito do direito processual do trabalho, quais sejam:

6. ARAGÃO, Egas Dirceu Moniz de. *Comentários ao Código de Processo Civil*, cit., v. II, p. 428.

7. GIGLIO, Wagner D.; CORREA, Claudia Giglio Veltri. *Direito processual do trabalho*, cit., p. 201.

8. Apud PINTO, José Augusto Rodrigues. *Processo trabalhista de conhecimento*, cit., 2003, p. 395.

a) quando o reclamante deixa de ratificar a reclamação verbal; ou
b) quando, por duas vezes seguidas, der causa ao arquivamento em razão de sua ausência na audiência.

Mas há, ainda, uma questão a ser pontuada. Como aplicar a aludida penalidade? Ou seja, a quem incumbiria a competência para apuração e aplicação da suspensão do direito de ação? Tal resposta não encontra previsão legal.

Para Wagner Giglio[9], não há falar em incidência automática da penalidade. Assim, o prazo de seis meses contar-se-ia apenas após a demonstração dos arquivamentos anteriores e da aplicação da penalidade.

Para José Augusto Rodrigues Pinto[10], o correto seria a instauração de um auto de infração a ser apreciado pelo juiz do Trabalho. Trata-se de incidente suscitado, seja pela parte, seja pelo Distribuidor, perante o juízo no qual houve o segundo arquivamento (por força do art. 286, II, do CPC o mesmo juízo, obviamente). Dele se dará ciência ao perempto para que seja citado e compareça à audiência, na forma do art. 841 da CLT. A instrução se seguirá a esses atos, sendo proferida a sentença, contra a qual poderá ser interposto recurso ordinário. Não parece ser esse o único caminho para a imposição da penalidade.

Com efeito, se no curso da lide restou evidenciada a penalidade, respeitado o direito de defesa do perempto, parece adequado o reconhecimento da perempção nos próprios autos da reclamação, na forma do art. 485, V, do CPC.

8. A PRESCRIÇÃO E O ARQUIVAMENTO

Outra questão relevante a ser mencionada é quanto ao efeito do arquivamento em relação à prescrição. Com efeito, segundo a Súmula 268 do TST:

> Prescrição. Interrupção. Ação trabalhista arquivada. A ação trabalhista, ainda que arquivada, interrompe a prescrição somente em relação aos pedidos idênticos.

O entendimento consolidado demonstra que, tendo havido a reclamatória, ainda que extinta sem julgamento de mérito, a hipótese seria de interrupção da prescrição em relação aos pedidos idênticos.

O primeiro dispositivo que se remete para a compreensão da súmula é o art. 240, do CPC, que reputa como interrompida a prescrição em razão da citação válida. Para a explicarmos, devemos, em primeiro lugar, identificar a redação do art. 240:

> Art. 240. A citação válida, ainda quando ordenada por juízo incompetente, induz litispendência, torna litigiosa a coisa e constitui em mora o devedor,

9. GIGLIO, Wagner D.; CORREA, Claudia Giglio Veltri. *Direito processual do trabalho*, cit., p. 201.
10. PINTO, José Augusto Rodrigues. *Processo trabalhista de conhecimento*, cit., 2003, p. 396.

> ressalvado o disposto nos arts. 397 e 398 da Lei n. 10.406, de 10 de janeiro de 2002 (Código Civil).

De outro lado, dispondo de outro modo, o art. 202 do CC/2002 nos indica como possível a interrupção da prescrição na hipótese do despacho do juiz, mesmo incompetente, que ordenar a citação. É o que se depreende do aludido dispositivo. Vejamos:

> Art. 202. A interrupção da prescrição, que somente poderá ocorrer uma vez, dar-se-á:
> I – por despacho do juiz, mesmo incompetente, que ordenar a citação, se o interessado a promover no prazo e na forma da lei processual;
> II – por protesto, nas condições do inciso antecedente; (...)
> Parágrafo único. A prescrição interrompida recomeça a correr da data do ato que a interrompeu, ou do último ato do processo para a interromper.

Já tivemos a oportunidade de nos pronunciar em outra obra sobre esse ponto[11] quando indicamos que, "desde que a parte interessada promovesse os atos necessários à efetivação da citação (pagamento das custas, por exemplo) no prazo de lei (dez dias), não mais a data da citação válida, mas sim a data da propositura da ação marcaria a interrupção do prazo prescricional". Tal compreensão é reafirmada a partir da redação do § 2º do art. 240[12] e do art. 312[13] do CPC.

E isso não causaria qualquer colisão entre a disciplina dos arts. 240 do CPC e 202 do CC, porquanto, exarado o despacho positivo inicial de citação ("cite-se"), os efeitos da interrupção do prazo prescricional retroagirão até a data da propositura da ação, desde que a parte promova a citação nos prazos legalmente previstos.

Seria a aplicação do § 3º do mesmo art. 240 do CPC, que determina não ser a parte prejudicada pela demora imputável exclusivamente ao serviço judiciário.

O que se deve levar em consideração é justamente se a parte tem de praticar algum ato para promover a citação no prazo. Isso porque, na Justiça do Trabalho, por exemplo, com a provocação do Poder Judiciário, todos os atos passam a

---

11. GAGLIANO, Pablo Stolze; PAMPLONA FILHO, Rodolfo. *Novo curso de direito civil*, cit.,. 21. ed., v. I, p. 581.
12. CPC: "Art. 240. A citação válida, ainda quando ordenada por juízo incompetente, induz litispendência, torna litigiosa a coisa e constitui em mora o devedor, ressalvado o disposto nos arts. 397 e 398 da Lei n. 10.406, de 10 de janeiro de 2002 (Código Civil). (...) § 2º Incumbe ao autor adotar, no prazo de 10 (dez) dias, as providências necessárias para viabilizar a citação, sob pena de não se aplicar o disposto no § 1º".
13. CPC: "Art. 312. Considera-se proposta a ação quando a petição inicial for protocolada, todavia, a propositura da ação só produz quanto ao réu os efeitos mencionados no art. 240 depois que for validamente citado".

ser praticados de ofício pelos órgãos auxiliares do juízo, pelo que qualquer mora aí incidente somente pode ser imputável ao Poder Judiciário e não ao postulante.

Assim, pode-se afirmar que o que interrompe é a citação, mas se, do despacho que a determina até sua consumação não há qualquer ato imputável à parte, ficticiamente os atos de determinação ("despacho inicial") e citação confundir-se-ão.

Na Justiça do Trabalho não há sequer despacho do juiz para determinar citação, pelo que, nesse caso, é a própria propositura que gerará a interrupção da prescrição, caso seja realizada a cientificação hábil da parte ré.

Todavia, não nos parece que a interrupção ocorra em toda e qualquer hipótese de ajuizamento, mas apenas naquelas em que a parte autora se desincumbiu de todos os encargos necessários à realização da citação válida.

Com efeito, embora não se possa exigir da parte, por exemplo, o pagamento de custas para a prática da notificação citatória, não se pode ignorar que incumbe à parte a correta indicação do endereço do demandado, por exemplo. Ora, se restar evidenciado que o autor não adotou as providências cabíveis para que o Poder Judiciário pudesse proceder à notificação do reclamado de forma regular, indicando, por exemplo, o correto endereço do demandado, e uma vez extinta sem julgamento de mérito a demanda sem que se tenha procedido à notificação daquele, parece certa a inexistência da interrupção da prescrição.

O mesmo se pode dizer naquela hipótese em que seja possível ao juízo o exercício de um juízo negativo da pretensão: com seu indeferimento sem a notificação regular do demandado, parece que a hipótese será de extinção da demanda sem julgamento de mérito, e com isso não haverá a interrupção da prescrição.

Nesse sentido, note-se que Fredie Didier Jr.[14] afirma que não é qualquer despacho liminar que interrompe a prescrição, mas é preciso que o magistrado tenha exercido um juízo positivo sobre a demanda. Assim, "o despacho que determina a emenda da petição inicial, por exemplo, não interrompe a prescrição, tampouco a sentença que indeferiu a petição inicial".

Todavia, no particular nossa opinião não se afina com aquela já apresentada pelo E. TST, que em mais de uma oportunidade já se posicionou no sentido de ser desnecessária a materialização da citação para a interrupção da prescrição:

> Recurso de revista. Prescrição. Interrupção. Ação anterior. Ausência de citação. Desnecessidade. Nos termos do art. 841 da CLT, no processo do trabalho a citação do réu é imediata. Assim, a interrupção da fluência da prescrição ocorre com o simples ajuizamento da reclamação trabalhista, não havendo qualquer

14. DIDIER JR., Fredie. *Curso de direito processual civil:* teoria geral do processo e processo de conhecimento, cit., v. I, p. 485.

condição ao efeito interruptivo do prazo prescricional, que não seja a identidade dos pedidos, conforme preceitua a Súmula 268/TST. Precedentes. Recurso de revista conhecido e provido (RR 150400-89.2006.5.02.0016, rel. Min. Aloysio Corrêa da Veiga, 6ª Turma, j. 29-2-2012, data de publicação: 9-3-2012).

Recurso de revista. Prescrição. Interrupção. Ajuizamento de ação anterior. Arquivamento. Citação da parte contrária. Desnecessidade. Súmula 268 do TST. O art. 202, I, do CC, prevê hipótese de interrupção da prescrição mediante o despacho do juiz que admite a formação da relação jurídica processual e determina a citação do réu. Ocorre que, no processo do trabalho, diante da inexistência da decisão que ordena a citação – porquanto esta fica a cargo do escrivão ou do chefe de secretaria da Vara, independentemente de despacho ou de ato da parte autora, a teor do art. 841 da CLT –, a simples apresentação da reclamatória ao Setor de Distribuição já interrompe a prescrição, a despeito do fato de a demanda ser solucionada com ou sem resolução de mérito. Inteligência da Súmula 268 do TST. Precedentes. Recurso de revista não conhecido. (...) (RR 593900-48.2006.5.09.0016, rel. Min. Luiz Philippe Vieira de Mello Filho, 1ª Turma, j. 14-12-2011, data de publicação: 3-2-2012).

... Interrupção da prescrição. Ausência de citação. A ação trabalhista, ainda que arquivada, interrompe a prescrição somente em relação aos pedidos idênticos – (Súmula 268 desta Corte). No âmbito do processo do trabalho, diferentemente do que ocorre no processo civil, o ajuizamento da ação, por si só, já tem o condão de interromper o fluxo do prazo prescricional, porque inaplicável o dispositivo do CPC, que impõe ao autor da ação o ônus de promover a citação (CPC, art. 219, §§ 2º, 3º e 4º). Recurso de revista não conhecido. (...) (RR 600700-92.2006.5.09.0016, rel. Min. Renato de Lacerda Paiva, 2ª Turma, j. 26-10-2011, data de publicação: 4-11-2011).

9. REVELIA, AUSÊNCIA E CONFISSÃO. NÃO PRODUÇÃO DE EFEITOS NA REVELIA

Segundo o insuperável mestre Aurélio Buarque de Holanda[15], a expressão "à revelia" significa "despercebidamente, ignoradamente, ao acaso, à toa". Sob um prisma eminentemente jurídico, porém, devemos lembrar as lições do Professor Moacyr Amaral Santos[16] ao afirmar que,

15. HOLANDA, Aurélio Buarque de. *Novo dicionário Aurélio da língua portuguesa*. 2. ed. 22. impr. Rio de Janeiro: Nova Fronteira, 1986. p. 1505.

16. SANTOS, Moacyr Amaral. *Primeiras linhas de direito processual civil*. 4. ed. São Paulo: Saraiva, 1979. v. 2, p. 205.

> ... citado o réu para os termos da ação, nasce-lhe o ônus de comparecer e defender-se no prazo estabelecido em lei. Sua inércia, desatento ao ônus de comparecer e responder no prazo, produz o efeito da revelia. Esta é, pois, uma consequência da contumácia total do réu, da sua omissão total, porquanto nem comparece para defender-se.

Em termos mais sintéticos, nos dizeres do Professor Humberto Theodoro Júnior[17], "ocorre a revelia ou contumácia quando, regularmente citado, o réu deixa de oferecer resposta à ação, no prazo legal". Apenas para aprofundarmos mais a matéria, vejamos o magistério de Amauri Mascaro Nascimento[18] na apresentação das quatro correntes caracterizadoras da revelia, sistematizadas por Arruda Alvim[19], que as distingue da seguinte forma:

> A primeira, entendendo que a revelia é uma rebelião ao poder do Juiz, denominada doutrina penal da contumácia ou da revelia, partindo do pressuposto de que existe a obrigação da presença da parte, e da omissão desse dever de comparecimento resulta autêntica rebelião ao poder do magistrado, um desrespeito, portanto. A segunda é a teoria da renúncia do direito de defesa, significando a revelia a desistência da parte em se defender. A terceira é a teoria do não exercício de uma faculdade de agir, para a qual a defesa do réu não é uma obrigação, mas uma mera faculdade que pode ser utilizada ou não. A quarta é a teoria da inatividade, de Betti e Chiovenda, a revelia expressando uma inatividade das partes e acarretando, em consequência, determinados efeitos.

Dessa forma, entendemos, em síntese, que revelia pode ser conceituada como a ausência total de defesa, pela inobservância do chamamento judicial à lide, conceito este que aproveitaremos no desenrolar deste trabalho. Contrariamente à lógica reinante no âmbito do direito processual civil, no processo do trabalho a revelia se materializa pela ausência em juízo da parte ré, na forma dos arts. 843 e 844 da CLT:

> Art. 843. Na audiência de julgamento deverão estar presentes o reclamante e o reclamado, independentemente do comparecimento de seus representantes salvo, nos casos de Reclamatórias Plúrimas ou Ações de Cumprimento,

17. THEODORO JÚNIOR, Humberto. *Curso de direito processual civil*: teoria geral do direito processual civil e processo de conhecimento. 11. ed. Rio de Janeiro: Forense, 1993. v. I, p. 390.
18. NASCIMENTO, Amauri Mascaro. *Curso de direito processual do trabalho*. 15. ed. Saraiva: São Paulo, 1994. p. 232.
19. ARRUDA ALVIM. *Curso de direito processual civil*. São Paulo: Revista dos Tribunais, 1971. p. 460.

> quando os empregados poderão fazer-se representar pelo Sindicato de sua categoria. (...)
> Art. 844. O não comparecimento do reclamante à audiência importa o arquivamento da reclamação, e o não comparecimento do reclamado importa revelia, além de confissão quanto à matéria de fato. (...)

A leitura dos aludidos dispositivos torna certo que a revelia não se confundirá com a noção de confissão, como sói ocorrer naquelas plagas, mas com o descumprimento do ônus processual da parte demandada de estar presente na audiência.

A revelia, no processo do trabalho, decorre do não comparecimento do reclamado à audiência, nos estritos termos do art. 844 da CLT. Assim, fácil depreender que o consolidador exigiu a presença das partes para a audiência, cominando-lhes sérias consequências à desobediência ao *in jus vocatio*, tendo em vista, inclusive, que inexiste, no processo trabalhista, "o oferecimento da defesa antes da audiência e a fixação de prazo a partir da notificação inicial, quando seria possível ocorrer a revelia pelo decurso do prazo com silêncio do réu", conforme aponta Ronald Amorim e Souza[20].

Nunca é demais observar que "revelia não é pena, mas somente a forma de procedimento, ausente o reclamado", como ressalta Wagner D. Giglio[21], sendo, portanto, um estado de fato, declarado pelo Estado-juiz (e não decretado ou condenado, como errônea e, infelizmente, é de hábito compreendido nos meios forenses), que gera consequências no mundo jurídico.

Quanto a essas consequências, o insuperável mestre baiano José Augusto Rodrigues Pinto[22] ensina que:

> ... a declaração da revelia firma os efeitos jurídicos desse fato: confissão presumida dos fatos articulados pelo autor, prosseguimento do processo, na instância, independentemente de cientificação do revel, julgamento antecipado da lide e preclusão dos atos processuais facultados ao réu até o momento em que assuma sua posição no processo, o que corresponde à expressão de que ao revel é autorizado assumi-la no estado em que a encontrar.

Ou seja, ausente o réu na audiência designada, impõe-se a revelia e a cominação da pena de confissão ficta, no particular. Veja-se, portanto, que o efeito fundamental da declaração de revelia, porque desencadeia todos os demais, é a confissão atribuída ao réu, por presunção, dos fatos da postulação do autor.

---

20. SOUZA, Ronald Amorim e. *Apontamentos de processo do trabalho*. Salvador: Contraste, 1995. p. 59.

21. GIGLIO, Wagner D. *Direito processual do trabalho*. 8. ed. São Paulo: LTr, 1993. p. 219.

22. PINTO, José Augusto Rodrigues. *Processo trabalhista de conhecimento*. 2. ed. São Paulo: LTr, 1993. p. 260.

Essa simbiose entre a revelia e a confissão veda a possibilidade de admitir-se que o réu possa escapar da consequência principal da revelia, mesmo que, em tese, o habilitasse a submeter-se ao interrogatório.

Todavia, não se pode ignorar dois atributos que devam ser considerados na confissão resultante da revelia declarada, em face das limitações que estabelecem sobre seus efeitos jurídicos.

O primeiro deles é o de que a confissão presumida se limita apenas aos fatos, não podendo alcançar direitos.

O segundo é que a confissão é presumida, ficta, diferente, portanto, da confissão real. Assim, sujeita-se à confrontação com outros elementos comprobatórios de fato eventualmente residente nos autos, o que impõe sua sujeição a outras provas, desde que melhores do que a própria confissão para a comprovação das alegações do reclamante.

Por isso, embora o juízo esteja autorizado a dispensar a produção de provas, é importante, antes de fazê-lo, examinar o quanto aduzido na inicial, e uma verificação mais firme de sua existência, permitindo uma comparação entre a confissão real e a presumida.

Há que falar, ainda, que nem sempre a confissão presumida decorre da declaração de revelia. Enquanto a revelia somente poderá ser imputada ao reclamado, ambas as partes estão sujeitas à confissão ficta, bastando desatender à exigência de colocar-se à disposição do juízo para o interrogatório. Daí por que é fácil vislumbrar que é possível uma confissão sem revelia, na forma da Súmula 74 do TST, assim vazada:

> N. 74 Confissão. I – Aplica-se a pena de confissão à parte que, expressamente intimada com aquela cominação, não comparecer à audiência em prosseguimento, na qual deveria depor.
> II – A prova pré-constituída nos autos pode ser levada em conta para confronto com a confissão ficta (art. 400, I, CPC), não implicando cerceamento de defesa o indeferimento de provas posteriores.

Ou seja, por exemplo, as partes podem comparecer à primeira audiência, na qual, além da tentativa de acordo, é recebida a defesa e designada uma continuação da assentada para a instrução processual. Naquela segunda oportunidade, se as partes não retornam – e a CLT não trata dessa hipótese, pois a ideia é a de ser realizada apenas uma única audiência –, aplica-se à parte ausente a pena de confissão.

Todavia, não se pode ignorar que para a aplicação dessa sanção é imprescindível que a parte seja notificada da audiência com a previsão de que sua ausência ocasionará a pena de confissão. Segundo o art. 848, § 1º, da CLT:

> § 1º Findo o interrogatório, poderá qualquer dos litigantes retirar-se, prosseguindo a instrução com o seu representante.

Ou seja, ao indicar o final do interrogatório como o momento em que seja possível a ausência da parte, quis o legislador deixar claro que a parte, quando se ausenta, subtrai, tanto da outra parte quanto do juízo, a possibilidade de ouvi-la. Daí por que se aplica a confissão, no particular.

Outra peculiaridade que se deve mencionar é quanto à não aplicação do art. 72 do CPC, com a nomeação de curador especial para o réu revel. A CLT, propositadamente, parece ser omissa a respeito do instituto da curadoria especial, de modo a não ser aplicável o instituto.

Apreendidas as informações *supra*, fundamentais para nosso embasamento, podemos fazer uma análise do conteúdo do § 4º do art. 844, inserido a partir da Lei n. 13.467/2017. Tal dispositivo legal consigna hipóteses em que, não obstante ocorrida a revelia, não se produz o efeito mencionado:

> § 4º A revelia não produz o efeito mencionado no *caput* deste artigo se:
> I – havendo pluralidade de reclamados, algum deles contestar a ação;
> II – o litígio versar sobre direitos indisponíveis;
> III – a petição inicial não estiver acompanhada de instrumento que a lei considere indispensável à prova do ato;
> IV – as alegações de fato formuladas pelo reclamante forem inverossímeis ou estiverem em contradição com prova constante dos autos.
> § 5º Ainda que ausente o reclamado, presente o advogado na audiência, serão aceitos a contestação e os documentos eventualmente apresentados.

A primeira hipótese prevista no § 4º do art. 844 indica que, havendo pluralidade de reclamados, não haverá revelia se algum deles contestar a ação. Trata-se de hipótese coerente com a sistemática do processo, consoante se depreende do art. 344, I, do CPC. Tem-se que, no caso de litisconsórcio, os atos de um dos litisconsortes não prejudicam os demais, mas os aproveitam.

A segunda hipótese a elidir os efeitos da revelia é quando o litígio versar sobre direitos indisponíveis. Trata-se de condição equivalente àquela prevista no art. 393, *caput*, do CPC. Todavia, cumprirá ao demandado demonstrar a pretensa indisponibilidade do direito em questão, mormente porque, no âmbito das relações de trabalho, usualmente se está apenas diante de direitos de cunho patrimonial, disponíveis, portanto.

Como primorosamente apresentam Luiz Guilherme Marinoni e Daniel Mitidiero[23], "o direito da Fazenda Pública, quando arrimado em interesse público primário, também o é [indisponível]. O direito da Fazenda Pública com esteio no interesse público secundário não é indisponível". O mesmo ocorre na hipótese de ação rescisória, consoante consolidado na Súmula 398 do E. TST:

23. MARINONI, Luiz Guilherme, ARENHART, Sérgio Cruz, MITIDIERO, Daniel. *Novo Código Civil comentado*. São Paulo: Revista dos Tribunais, 2015. p. 373.

> Ação rescisória. Ausência de defesa. Inaplicáveis os efeitos da revelia. Na ação rescisória, o que se ataca na ação é a sentença, ato oficial do Estado, acobertado pelo manto da coisa julgada. Assim sendo, e considerando que a coisa julgada envolve questão de ordem pública, a revelia não produz confissão na ação rescisória.

Ou seja, ainda que revel o réu da ação rescisória, tal revelia não produz a confissão.

A terceira hipótese obstativa prevista no referido parágrafo se dá quando a petição inicial não estiver acompanhada de instrumento que a lei considere indispensável à prova do ato. Tal hipótese encontra previsão correspondente no inciso III do art. 345 do CPC.

Mais uma vez se remete à eventual hipótese em que a própria lei exija instrumento específico para a prova do ato. Trata-se de hipótese remota no âmbito das relações de trabalho, dado que, em regra, não exige a lei prova solene de qualquer fato para a viabilidade do pleito.

Outra hipótese importante, manifestada no inciso IV do aludido § 4º do art. 844 da CLT, é justamente aquela em que as alegações de fato formuladas pelo reclamante forem inverossímeis ou estiverem em contradição com prova constante dos autos.

Transpôs-se a lógica estabelecida no inciso IV do art. 345 do CPC para o processo do trabalho, tornando induvidosa a aplicação daquele regramento nas lides laborais. Com efeito, o dispositivo legal reafirma a noção de que a revelia implica uma presunção meramente relativa de verdade, em razão da revelia. Em outras palavras, deve-se exigir que, uma vez ocorrida a revelia, submetam-se as alegações da parte autora ao crivo da plausibilidade ou verossimilhança, e mesmo quanto à prova havida nos autos.

Por fim, estabeleceu o legislador, no âmbito da Lei n. 13.467/2017, o § 5º ao art. 844, por meio do qual se disciplinou que, ainda que ausente o reclamado, presente o advogado na audiência, serão aceitos a contestação e os documentos eventualmente apresentados.

A previsão legal veio no sentido de encerrar controvérsia havida de há muito, no âmbito das relações processuais laborais, acerca do efeito da ausência do reclamado ou de seu preposto na audiência, quando comparece seu advogado para a prática do ato, mormente quando munido de defesa e documentos.

Isso porque, por força do conteúdo do art. 791 da CLT, permite-se aos empregados e empregadores reclamar pessoalmente perante a Justiça do Trabalho e acompanhar suas reclamações até o final. A partir daquela redação se diz que "o processo do trabalho é um processo de partes e não de advogados", como conclui Pedro Paulo Teixeira Manus[24]. E justamente fundado em tal compreensão, até a alteração do § 5º do art. 844 pela Lei n. 13.467/2017, o entendimento majoritário do E. TST, ou o aplicado no foro, era aquele que indefere a juntada da defesa pelo reclamado revel.

É o que se evidencia da leitura do conteúdo da Súmula 122 do TST, superada especificamente no ponto, em razão da previsão legal:

> N. 122. Revelia. Atestado médico. A reclamada, ausente à audiência em que deveria apresentar defesa, é revel, ainda que presente seu advogado munido de procuração, podendo ser ilidida a revelia mediante a apresentação de atestado médico, que deverá declarar, expressamente, a impossibilidade de locomoção do empregador ou do seu preposto no dia da audiência.

Ou seja, segundo aquele entendimento, o E. TST concluía que, uma vez havendo a revelia, inviável a juntada da defesa pelo reclamado. É o que se depreende dos arestos abaixo:

> Recurso ordinário em ação rescisória. Revelia e confissão. Ausência do preposto em audiência. Presença do advogado munido de procuração e contestação. Reconhecimento da revelia e aplicação da pena de confissão ficta quanto à matéria de fato com o indeferimento da juntada da contestação. Violação de preceitos de lei e da constituição federal. Não configuração. O julgado recorrido consignou que a ausência do preposto da reclamada à audiência em que poderia oferecer resposta à inicial e ao depoimento pessoal, bem como participar da tentativa de acordo perante o juiz, implica em revelia e confissão quanto à matéria de fato, sendo irrelevante a presença do advogado habilitado da empresa portando a peça de defesa, cuja juntada aos autos foi corretamente indeferida. Aplicou os termos dos arts. 843, § 1º, 844 e 847 da CLT e da Súmula 122, do TST, ratificando o entendimento sufragado na decisão rescindenda. Conforme se verifica, a discussão em torno da aplicação da revelia e dos efeitos da confissão no caso dos autos é de natureza interpretativa, o que afasta a pretendida violação literal dos dispositivos legais e constitucionais trazidos à colação na ação rescisória e reiterados nas razões do recurso ordinário, notadamente quando a jurisprudência deste Tribunal Superior já se consolidou no sentido da existência de revelia. Desatendido o inciso V do art. 485 do CPC. Recurso ordinário conhecido e desprovido (RO 130800-55.2009.5.01.0000, rel. Min. Luiz Philippe Vieira de Mello Filho, j. 30-11-2010, Subseção II Especializada em Dissídios Individuais, data de publicação: 11-2-2011).

24. MANUS, Pedro Paulo Teixeira. *Consolidação das Leis do Trabalho e legislação complementar em vigor.* São Paulo: Malheiros, 1995. p. 198.

> Agravo de instrumento em recurso de revista. Nulidade da sentença. Cerceamento de defesa. Revelia. Ausência da reclamada. Indeferimento de juntada de contestação pelo advogado. O Tribunal Regional decidiu em consonância com a Súmula 122 desta Corte, o que atrai a incidência do art. 896, §§ 4º e 5º, da CLT. Ademais, a alegação de ofensa ao art. 5º, LV, da CF, não impulsiona o conhecimento do recurso de revista, na forma estabelecida pela alínea *c*, do art. 896 da CLT. Com efeito, eventual violação do referido dispositivo seria meramente reflexa, proveniente de pretensa vulneração da legislação infraconstitucional.
> Revelia. Confissão ficta. Horas extras excedentes à oitava diária. Bancário. Art. 62, II, da CLT. O acórdão recorrido não noticia a produção de provas, a elidir a pena de confissão aplicada à reclamada. Dessa forma, não estão comprovados os argumentos da recorrente, e cai por terra toda sua tese recursal, o que inviabiliza aferir violação de literalidade do dispositivo legal indicado, contrariedade à Súmula 287 desta Corte, bem como divergência com os arestos colacionados. Agravo de instrumento a que se nega provimento (AgInRR, 64240-41.2005.5.04.0016, rel. Min. Pedro Paulo Manus, 7ª Turma, j. 22-10-2008, data de publicação: 24-10-2008).

Tal conclusão, todavia, foi alterada radicalmente, a nosso sentir, com razão. Na verdade, desde há muito consideramos que o processo do trabalho, da maneira como foi previsto pelo consolidador, efetivamente foi criado de modo a não exigir obrigatoriamente a presença do profissional do Direito como representante do litigante, o que acreditamos tem sua razão de ser na origem administrativa, e não judicial, da Justiça do Trabalho.

Entretanto, um questionamento não pode deixar de ser feito: estamos diante de uma hipótese, como já percebemos, de inexigibilidade, e não de proibição, conforme se percebe da literalidade do § 1º do art. 791. Com efeito, não havia previsão legal, até mesmo pelos princípios da oralidade e da concentração de atos em audiência, de apresentação de defesa escrita por advogado, o que somente passou a ser consignado no parágrafo único do art. 847 da CLT. Entretanto, mesmo antes da alteração normativa, essa ausência de previsão expressa não acarretava necessariamente sua impossibilidade.

Por outro lado, não se pode deixar de reconhecer que o ato de contratar um advogado para patrocinar determinada causa infere um intuito inequívoco de defesa por parte do litigante, o denominado *animus defendendi*. Diante de tais premissas, só poderíamos encontrar uma resposta na própria essência do instituto da revelia, demonstrado por meio do seguinte silogismo:

a) se revelia significa "ausência total de defesa, pela inobservância ao chamamento judicial à lide", conforme conceituamos anteriormente;
b) se o ato de contratar um advogado para patrocinar determinada causa infere um intuito inequívoco de defesa por parte do litigante;
c) temos que o comparecimento do advogado do litigante, devidamente constituído, com a defesa escrita e documentos, porém desacompanhado de seu cliente, não pode induzir revelia.

Foi exatamente o espírito consagrado pelo legislador. Contudo, cumpre mencionar que possibilitar a contestação ampla pelo advogado desacompanhado seria emprestar efeito nenhum à ausência do representante da reclamada, o que seria um absurdo lógico, segundo a boa técnica processual, e até mesmo pelo fato de que, como já vimos, o consolidador considerou indispensável a presença dos litigantes na audiência.

Dessa forma, não hesitamos em afirmar que, mesmo admitindo a entrega da defesa escrita por procurador devidamente constituído, prevista no § 5º do art. 844, a consequência de confissão quanto à matéria de fato deve ser reconhecida ao réu ausente, pela inobservância da determinação judicial do comparecimento pessoal a juízo.

Sendo assim, apesar de as alegações fáticas contidas na defesa restarem abarcadas pela *ficta confessio* (o que dispensa a produção de prova oral, por exemplo), eventuais afirmações referentes à matéria de direito (exemplo: prescrição) ou temas que o juízo possa conhecer de ofício (como coisa julgada ou litispendência, por exemplo) podem e devem ser recebidos pelo órgão jurisdicional.

Isso porque, apenas os fatos tornaram-se incontroversos com a contumácia, havendo a ampla possibilidade de o reclamado contestar a repercussão jurídica desses mesmos fatos.

Enganam-se aqueles que imaginam que o direito de defesa assenta-se apenas sobre a negativa dos fatos. Na verdade não são poucas as demandas no foro em geral em que inexiste qualquer controvérsia sobre os fatos, embora não deixe de existir amplo dissenso quanto à consequência jurídica daqueles mesmos fatos.

Desse modo, mesmo revel, dada a ausência de controvérsia quanto aos fatos, parece acertada a opção do legislador que conduz a, necessariamente, ser recebida a defesa, ainda que, no tocante aos aspectos fáticos, esteja absolutamente prejudicada. Isso porque a insurgência quanto a aspectos exclusivamente jurídicos não fica prejudicada pela aplicação da pena de confissão ao reclamado, constituindo-se em matérias desvinculadas.

Diante da previsão do § 5º do art. 844, o réu revel estará autorizado a suscitar questões técnicas, e não querer produzir prova fática, seja documental, testemunhal ou outro meio admitido em direito, com o fito de ilidir a confissão aplicada. Do mesmo modo, ainda segundo a mesma previsão legal, ter-se-ão como aceitos os documentos eventualmente apresentados. Note-se que, no particular, essa prova tem de ser preexistente nos autos, pois, se não fosse assim, o processo se tornaria uma "marcha para trás", com retornos a momentos processuais já superados, desprezando o instituto processual da preclusão.

Isso não impede, contudo, que o juiz, mesmo aplicando a pena de confissão, requisite, se lhe aprouver, os documentos referentes à relação de emprego, trazidos pelo patrono do demandado, ou determine a produção de outra prova que considerar conveniente.

Os benefícios de tal posicionamento são evidentes, pois, quantos mais elementos à disposição do julgador, mais bem fundamentada (e, consequentemente, mais justa) será sua decisão acerca da lide.

O que precisa ficar claro, contudo, é que a requisição desses documentos ou a produção de outras provas é mera faculdade do juízo, no exercício de seu amplo poder de direção do processo, e não um dever jurisdicional, no sentido de obrigatoriedade, ou um direito das partes.

Instruído com documentos, por exemplo, o juízo poderá verificar se houve o regular adimplemento das parcelas requeridas, tendo condições de conhecer matérias relacionadas com o instituto jurídico processual da "objeção", evitando, assim, a prolação de uma decisão injusta, que possibilite o locupletamento ilícito do autor.

Nesse sentido, compartilhamos da manifestação de Valentin Carrion[25], que entende que a "revelia, como um mal necessário, caricatura de Justiça, não deve ser ampliada. Comparecendo o advogado da parte ou mesmo qualquer pessoa com a contestação assinada pelo réu, inexiste revelia". Afirma o autor, ainda, que:

> ... a experiência mostra que a revelia não corresponde a rebeldia, e que, por trás daquela, está o pequeno-grande drama dos desencontros de horários ou de datas, do humilde empregador ignorante, da citação que não chegou senão formalmente ao seu destinatário, ou dos impedimentos que jamais poderão ser provados. E nem se argumente com possíveis abusos generalizáveis, pois tais abusos são extremamente perigosos para que as partes sejam tentadas a adotá-los; pagam-se muito caro.

25. CARRION, Valentin. *Comentários à Consolidação das Leis do Trabalho*. 19. ed. São Paulo: Saraiva, 1995. p. 634.

Note-se que a superação do entendimento manifestado pelo E. TST no item 122 de sua súmula no tocante à juntada da defesa do revel não implica a desconsideração dos demais aspectos daquele verbete.

Isso porque o verbete consagra, ainda, a compreensão de que a revelia poderá ser ilidida, ou seja, impedida, evitada, mediante a apresentação de atestado médico que comprove a inviabilidade da locomoção do empregador ou de seu preposto para a assentada.

CAPÍTULO 15

Da Conciliação

Sumário: 1. Introdução – **2.** Primeiros delineamentos – **3.** Obrigatoriedade, oportunidade e natureza das tentativas de conciliação – **4.** Conciliação: competência para encaminhar e homologar. Da natureza da homologação – **5.** A questão da chamada "lide simulada" e a homologação de acordo extrajudicial.

1. INTRODUÇÃO

O direito material do trabalho foi forjado sob o conflito entre o capital e o trabalho; o dador e o tomador de trabalho; aquele que possui apenas sua força de trabalho como "mercadoria" e aquele que adquire essa mesma "mercadoria". Talvez por isso em nenhum outro ramo da processualística a necessidade de uma composição social seja tão relevante.

Não por outra razão, os juízes do Trabalho da 15ª Região[1], para uma proposta de atualização do processo laboral, fixaram no anteprojeto de reforma do processo do trabalho expressamente o "princípio da conciliabilidade" como um de seus princípios fundamentais.

A relevância da conciliabilidade, como já mencionamos ao tratarmos dos princípios, não passou incólume ao procedimento. A sistemática do procedimento processual do trabalho prestigia o contato entre as partes, mediados pelo juízo, para a tentativa oficial de composição. Daí a relevância do presente tópico.

É bem verdade que, dado o alto volume de demandas apresentadas diariamente, aliado à falta de técnicas específicas para viabilizar uma composição entre as partes, muitas vezes se inviabiliza a adequada tentativa de conciliação, que passa a ser apenas mais uma formalidade no rito, seguindo o comando do art. 764 da CLT.

1. FELICIANO, Guilherme Guimarães (coord.); PISTORI, Gerson Lacerda; MAIOR, Jorge Luiz Souto; TOLEDO FILHO, Carlos (colab.). *Fênix:* por um novo processo do trabalho. São Paulo: LTr, 2011. p. 132.

Todavia, não se deve ignorar que muitas vezes os dissídios envolvendo empregados e empregadores, notadamente os individuais de pequena monta, possuem os delineamentos de uma relação meramente emocional. A disputa judicial torna-se verdadeira questão de honra, embora objetivamente muito pouco se justifique. Se é verdade o assoberbamento, não menos verdade é que uma boa negociação, orientada por magistrado preparado, possui o condão de convencer a todos de que a solução mediada pelo juiz, se não é o melhor dos mundos, ao menos se afigura como o menos pior, para cada um dos envolvidos.

2. PRIMEIROS DELINEAMENTOS

Conciliar, segundo Aulete[2], é aliar, unir, combinar, compatibilizar coisas diferentes ou que sejam ou pareçam incompatíveis. Se a finalidade do direito é harmonizar as relações pessoais, a do direito processual do trabalho sobreleva tal elemento, quando é verdade que "a carga social do dissídio trabalhista é tão pronunciada quanto a transmitida pela relação jurídica de direito material que visa a solucionar"[3].

Por isso se pode dizer, com alguma segurança, ser a conciliação a ideia central de solução de litígios no direito processual do trabalho, tanto no plano individual quanto no coletivo.

Tanto assim que na CLT encontramos uma das primeiras manifestações legislativas impondo a tentativa de conciliação entre as partes. São diversos os dispositivos que podemos mencionar em que há referência à conciliação, tais quais os arts. 667, *b*; 764, 789, § 3º; 835; 847; 850; 860; 862; 872; 876 e 887. Trata-se de verdadeira marca desse ramo do direito processual.

3. OBRIGATORIEDADE, OPORTUNIDADE E NATUREZA DAS TENTATIVAS DE CONCILIAÇÃO

A partir do que já apresentamos, pode-se compreender a razão pela qual o primeiro ato processual da audiência seja, de logo, uma primeira tentativa de conciliação, na forma do art. 846 da CLT.

Assim que qualificadas as partes, antes de qualquer outro ato instrutório, o juízo deve buscar a conciliação.

Note-se que alguns têm criticado a opção do legislador por uma tentativa inicial de conciliação quando uma das partes, o reclamante, sequer conhece a matéria de defesa e os elementos de prova de seu *ex adverso*, o que lhe causaria

2. Disponível em: <http://www.aulete.com.br>. Acesso em: 3 jun. 2019.
3. PINTO, José Augusto Rodrigues. *Processo trabalhista de conhecimento,* cit., p. 438.

uma situação de fragilidade, porquanto, na condição de credor, não conhece os verdadeiros limites processuais de seu devedor. Não sabe quais são ou quão frágeis são as alegações de seu oponente[4].

Tal procedimento não era assim até os idos de 1995. Com efeito, originalmente o processo era marcado e idealizado para que partes não assistidas por advogados pudessem exercer o *jus postulandi* da forma mais plena possível.

Daí por que, como já vimos, os atos preparatórios para a audiência eram praticados pelas serventias do juízo, fato mantido até os dias de hoje.

Até 1995, quando as partes compareciam perante a autoridade judiciária, o primeiro ato do juiz era a leitura da inicial. *Incontinenti*, era apresentada a resposta do réu para somente a partir daí haver um momento processual próprio para a tentativa de conciliação.

Tal situação, como já mencionamos, se é verdade, permitia que o reclamante tivesse ciência de sua situação processual, avaliando os riscos de êxito da demanda, gerava em algumas hipóteses a desnecessária prática de alguns atos processuais, tudo porque o procedimento assim se impunha.

Em 1995, com a edição da Lei n. 9.022, inverteu-se formalmente a ordem dos arts. 846 e 847 da CLT, cujo resultado foi justamente a consagração do primeiro ato judicial, quando da audiência, justamente a tentativa de conciliação.

Havendo a conciliação, estabelecem-se os termos do acordo, quando se deve fixar os termos das obrigações. Inclusive, recomenda-se a existência de uma cláusula penal em caso de inadimplemento do quanto avençado. Tal avença será homologada pelo juízo, por meio de sentença, para que se ponha fim à relação processual com julgamento de mérito, na forma do art. 487, III, *b*, do CPC.

Não sendo possível a celebração do acordo naquela primeira oportunidade, o legislador consagrou outro momento processual em que se oportuniza especificamente a tentativa do ajuste entre as partes. É o que se depreende da redação do art. 850 da CLT:

> Art. 850. Terminada a instrução, poderão as partes aduzir razões finais, em prazo não excedente de 10 (dez) minutos para cada uma. Em seguida, o juiz ou presidente renovará a proposta de conciliação, e não se realizando esta, será proferida a decisão.

Tal proposição seria aquela baseada em um conjunto probatório já conhecido das partes. Seria possível, no caso de insucesso da primeira oportunidade, a mensuração dos riscos no processo, de lado a lado, para a conformação do conflito a partir do que já está posto.

4. ALMEIDA, Isis de. *Manual de direito processual do trabalho*. 8. ed. São Paulo: LTr, 1997. v. 2, p. 51.

Em relação ao denominado rito sumaríssimo, é preciso consignar que nem o art. 852-E da CLT, nem os que lhe seguiram, trataram do momento da avença de forma expressa. Apenas restou consignado o seguinte:

> Art. 852-E. Aberta a sessão, o juiz esclarecerá as partes presentes sobre as vantagens da conciliação e usará os meios adequados de persuasão para a solução conciliatória do litígio, em qualquer fase da audiência.

Embora a redação do art. 852-E seja absolutamente infeliz, dado que cuida do momento da abertura da sessão, mas ao mesmo tempo consigna que a tentativa deve ocorrer em qualquer fase da audiência, parece que a tentativa do legislador foi consignar como necessária a tentativa de conciliação no procedimento sumaríssimo a qualquer tempo. Dado que não há imposição legal quanto ao momento em que seja necessário praticar o ato, parece que não haverá irregularidade se for realizada a tentativa, a qualquer tempo.

A propósito da natureza da tentativa de conciliação, alguns pretendem apresentá-la como verdadeiro pressuposto de desenvolvimento do processo. José Augusto Rodrigues Pinto[5] assim pontua:

> Em ambas as oportunidades de encaminhamento está em causa matéria de relevante interesse social. Portanto, as normas que o determinam (arts. 846 e 850 da Consolidação) são cogentes de ordem pública, e sua falta motiva nulidade absoluta. É verdade que a jurisprudência trabalhista evoluiu, com bom senso, no sentido de considerar simples irregularidade a omissão da primeira tentativa, desde que efetivada a segunda (...). A omissão da segunda tentativa, porém, mesmo que tenha ocorrido a primeira, torna inevitável a declaração de nulidade *ex officio*, exatamente pela subtração dos elementos concretos à avaliação dos dissídios para rever sua postura inicial não conciliatória.

Desse modo, não se pode negar que há o entendimento no sentido de que a segunda tentativa de conciliação, seja no rito ordinário ou sumário, seja obrigatória, sob pena de nulidade processual. É o que se depreende dos seguintes arestos:

> Nulidade processual. Razões finais e segunda proposta de conciliação. A inexistência de razões finais e de renovação da segunda proposta de conciliação constitui afronta ao devido processo legal (art. 850 da CLT) (0071800-21.2006.5.05.0291, rel. Ivana Mércia Nilo de Magaldi, 1ª Turma, data de publicação: 25-3-2009).

5. PINTO, José Augusto Rodrigues. *Processo trabalhista de conhecimento*, cit., 2003, p. 440.

> Nulidade absoluta. Prolação de sentença em audiência de instrução e julgamento. Inocorrência dos atos processuais de encerramento da instrução e de renovação da proposta conciliatória. Sentença destituída de relatório. Os atos processuais previstos no art. 850 da CLT são considerados obrigatórios, principalmente no que tange ao encerramento da instrução processual e renovação da proposta conciliatória, pois, nos termos do art. 831 da CLT, a decisão somente deve ser proferida "depois de rejeitada pelas partes a proposta de conciliação". A inobservância dos referidos preceitos legais é motivo de caracterização da nulidade absoluta, a qual deve ser declarada de ofício com determinação de retorno dos autos à origem e consequente reabertura da instrução processual. Além disso, a sentença encontra-se destituída de relatório (violação ao art. 458, do CPC c/c o art. 851 da CLT) (00076.2005.002.23.00-5, rel. Des. Tarcísio Valente, j. 11-10-2005, Tribunal Pleno, data de publicação: 9-11-2005).

Contudo, não se pode ignorar também que o próprio E. TST já se pronunciou, algumas vezes, no sentido de reconhecer que mesmo a ausência da renovação da proposta de conciliação não enseja irregularidade processual. É o que se depreende dos seguintes arestos:

> Nulidade. Ausência de renovação da proposta de conciliação. Não se pode cogitar de violação do art. 850 da CLT, na medida em que a renovação da proposta de conciliação não se configura essencial para a validade do processo, sendo suficiente, para tanto, a primeira tentativa de conciliação. Além disso, se houvesse interesse do Município em conciliar, poderia fazê-lo a qualquer tempo, nos termos do art. 764, § 3º, da CLT, o que não restou demonstrado, consoante se infere da decisão do Regional. Nesse contexto, não ocorreu prejuízo para as partes, tendo plena aplicação o art. 794 da CLT, que prediz que só haverá nulidade quando resultar, dos atos inquinados de nulidade, manifesto prejuízo. No caso, não houve sequer alegação de prejuízo pelo recorrente, mas apenas alegação de ausência de proposta de conciliação. Quanto à divergência jurisprudencial, incide o óbice da Súmula 333 do TST. Recurso de revista não conhecido. Ilegitimidade passiva *ad causam*. A divergência jurisprudencial apresentada pela parte esbarra no óbice da Súmula 296, item I, do TST, sendo inespecífica ao caso. Recurso de revista não conhecido (RR 5300200-25.2002.5.16.0900, rel. Min. Vantuil Abdala, 2ª Turma, j. 9-9-2009, data de publicação: 25-9-2009).
>
> Recurso de revista. Preliminar de nulidade processual. Ausência de renovação da proposta de conciliação – Ausente a alegada ofensa ao art. 850 da CLT, já que a renovação da proposta de conciliação não se configura essencial. Basta a primeira tentativa. Se houvesse interesse do reclamado em conciliar, poderia fazê-lo a qualquer tempo (art. 764, § 3º, da CLT), o que, consoante o Re-

> gional, não foi manifestado. Divergência não demonstrada, por desatendidas as Súmulas 296 e 337 do TST. Recurso de revista não conhecido. Preliminar de ilegitimidade passiva. A decisão do Regional está em conformidade com a OJ 92 da SBDI-1 do TST. Divergência não caracterizada, por força do disposto no § 4º do art. 896 da CLT. Recurso de revista não conhecido (RR 5299800-11.2002.5.16.0900, rel. Min. Carlos Alberto Reis de Paula, 3ª Turma, j. 9-4-2008, data de publicação: 2-5-2008).
> Conciliação. Ausência de renovação da proposta. Nulidade da sentença. No processo do trabalho o juiz é obrigado a propor a conciliação antes e renovar a proposta depois da instrução, por imperativo de ordem pública (arts. 847 e 850 da CLT). No entanto, a decretação de nulidade no processo trabalhista pressupõe prejuízo processual para a parte (art. 794 da CLT) e registro do inconformismo do litigante na primeira oportunidade em que lhe caiba pronunciar-se nos autos (arts. 794 e 795 da CLT). Não demonstrada a configuração de prejuízo e não arguindo o reclamado a nulidade, na primeira oportunidade que teve para se pronunciar nos autos após o fato do qual, segundo entende, ensejou a nulidade, não há de reconhecê-la. Recurso de revista de que se conhece em parte e a que se nega provimento (6189100-48.2002.5. 16.0900, rel. João Batista Brito Pereira, 5ª Turma, j. 14-11-2007, data de publicação: 7-12-2007).

A nosso sentir, em que pese a relevância social da segunda tentativa de conciliação, não se deveria inquinar como nulo o feito no qual não houvesse a aludida tentativa. Com efeito, se é certo que a paz social é o que se pretende com o processo; não é menos correto dizer que a positivação máxima do conflito se dá justamente perante o Judiciário.

Se houver o sincero interesse de qualquer dos litigantes em compor o conflito, não é a tentativa oficial, ou a falta dela, o suficiente para induzir ou vetar o acordo. Dai por que parece adequado o entendimento majoritário no sentido de ser a segunda tentativa de conciliação apenas uma faculdade, não se presumindo qualquer nulidade. Apenas em sendo evidenciado algum prejuízo seria possível reconhecer a irregularidade. É o que se depreende:

> ... 3 – NULIDADE DO PROCESSO. RENOVAÇÃO DA TENTATIVA DE CONCILIAÇÃO PREVISTA NO ART. 850 DA CLT. Não se divisa de nulidade do processo, em razão da falta de renovação da tentativa de conciliação, prevista no art. 850 da CLT, porquanto, nos termos do art. 764, § 3º, da CLT, as partes podem conciliar a qualquer tempo, não havendo, assim, o manifesto prejuízo exigido no art. 794 da CLT. Recurso de revista não conhecido. (...) (TST, RR 5354120105040292, rel. Delaíde Miranda Arantes, 2ª Turma, j. 17-5-2017, *DEJT* 26-5-2017).
> CERCEAMENTO DE DEFESA. AUSÊNCIA DE AUDIÊNCIA DE CONCILIAÇÃO ANTES DA REALIZAÇÃO DE AUDIÊNCIA DE JULGAMENTO.

A controvérsia cinge-se em saber se a ausência de audiência de conciliação antes da data designada para a audiência de julgamento caracteriza nulidade processual por cerceamento de defesa. No caso, a despeito da notificação das partes por meio de publicação no *Diário Oficial* em 2-2-2016 acerca da realização de audiência de instrução marcada para o dia 28-3-2016, a reclamada permaneceu inerte quanto ao interesse na realização de conciliação. Desse modo, a insurgência da reclamada contra a ausência de proposta de conciliação pelo Juízo de origem antes da realização da audiência de julgamento, por si só, não caracteriza o alegado cerceamento de defesa, notadamente quando a parte interessada na transação se quedou inerte até a prolação da sentença. Assim, não se sustenta a alegação de cerceamento de defesa por ausência de proposta de conciliação, tendo em vista que eventual acordo entre as partes pode ser realizado a qualquer tempo. Incólumes os artigos 849 e 850 da CLT. Recurso de revista não conhecido. (...) (RR 787-51.2015.5.02.0445, rel. Min. José Roberto Freire Pimenta, 2ª Turma, j. 12-6-2018, *DEJT* 15-6-2018).

4. CONCILIAÇÃO: COMPETÊNCIA PARA ENCAMINHAR E HOMOLOGAR. DA NATUREZA DA HOMOLOGAÇÃO

Quem preside e, portanto, dirige a audiência é o juiz. Em sendo assim, a rigor é dele a competência funcional para o encaminhamento das propostas, na forma do art. 659, I, da CLT:

> Competem privativamente aos Presidentes das Juntas, além das que lhes forem conferidas neste Título e das decorrentes de seu cargo, as seguintes atribuições:
> I – presidir às audiências das Juntas;

No entanto, as partes, mesmo destituídas desse poder, dispõem da iniciativa para suscitar a conciliação, bastando que requeiram ao juiz o encaminhamento da proposta.

Mesmo porque, se o art. 139, V, do CPC determina ao magistrado o dever de tentar, a qualquer tempo, conciliar as partes, não seria razoável negar a estas a possibilidade de requererem ao juízo que faça a aludida tentativa.

Formulada a proposta de conciliação por qualquer dos agentes do processo, mas rejeitada pelo outro, não há falar em qualquer efeito. Todavia, uma vez aceita a proposta e homologada pelo juízo, haverá a extinção do processo com julgamento de mérito, na forma do art. 487, III, *b*, do CPC.

A homologação judicial possui a natureza de sentença irrecorrível, conforme expressamente consignado pelo art. 831 da CLT:

> Art. 831. A decisão será proferida depois de rejeitada pelas partes a proposta de conciliação.
> Parágrafo único. No caso de conciliação, o termo que for lavrado valerá como decisão irrecorrível, salvo para a Previdência Social quanto às contribuições que lhe forem devidas.

Desse modo, a decisão judicial convola-se em coisa julgada imediatamente, não permitindo o arrependimento pelas partes.

Além da expressa redação legal, tal entendimento foi consagrado pelo então enunciado, hoje Súmula 259 do TST. Fundado no parágrafo único do art. 831 da CLT, que desde sua redação originária indicava claramente a inviabilidade do manejo recursal contra a decisão homologatória, o TST reafirmou aquele posicionamento. A atual redação do dispositivo mantém o mesmo espírito, mas excepciona exclusivamente em relação aos interesses fiscais da Previdência Social, como indica o parágrafo único, acima transcrito. A imutabilidade do termo conciliatório desafia ação rescisória para sua desconstituição. A Súmula 259 do TST, sobre o tema, está assim delineada:

> Termo de conciliação. Ação rescisória. Só por ação rescisória é impugnável o termo de conciliação previsto no parágrafo único do art. 831 da CLT.

Note-se que tal irrecorribilidade é meramente relativa, dado que, em relação à União, responsável pela arrecadação das parcelas previdenciárias, é possível a interposição de recurso quanto à decisão homologatória do acordo. Há uma justificativa para tal exceção. O ente público, com esse mecanismo, poderá realizar sua função fiscalizatória, no que tange à arrecadação das contribuições previdenciárias. Note-se que, na forma do art. 832, § 3º, da CLT, é preciso que em toda a decisão judicial, seja ela homologatória ou executória, haja a discriminação da natureza das parcelas sujeitas à jurisdição, para efeito de apuração das contribuições previdenciárias e fiscais, nos seguintes termos:

> § 3º As decisões cognitivas ou homologatórias deverão sempre indicar a natureza jurídica das parcelas constantes da condenação ou do acordo homologado, inclusive o limite de responsabilidade de cada parte pelo recolhimento da contribuição previdenciária, se for o caso.

Desse modo, embora não tenha sequer participado da relação jurídica processual inicialmente, a União poderá interpor recurso contra a sentença homologatória, porque, por exemplo, a natureza jurídica das parcelas indicadas no acordo não corresponde ao objeto da lide, ou houve o descumprimento das condições fixadas nos §§ 3º-A e 3º-B do art. 832 da CLT, na fixação da natureza ou montante da base de cálculo das obrigações previdenciárias. A Fazenda figurará como recorrente em relação ao objeto do acordo, na busca pelo seu quinhão, enquanto terceiro interessado.

Relevante ainda indicar que o juízo não está obrigado a homologar os termos do acordo proposto pelas partes. O próprio art. 142 do CPC assim assenta:

> Convencendo-se, pelas circunstâncias, de que autor e réu se serviram do processo para praticar ato simulado ou conseguir fim vedado por lei, o juiz proferirá decisão que impeça os objetivos das partes, aplicando, de ofício, as penalidades da litigância de má-fé.

Seguindo esse mesmo raciocínio, o TST consolidou o seu entendimento, conforme evidencia a Súmula 418 daquela Corte:

> Mandado de segurança visando à concessão de liminar ou homologação de acordo. A concessão de liminar ou a homologação de acordo constituem faculdade do juiz, inexistindo direito líquido e certo tutelável pela via do mandado de segurança.

A nosso sentir, criticável a posição do E. TST, dado que a homologação de acordo, na verdade, não consiste em mera faculdade do juízo. A homologação de acordo é sentença e, como tal, consiste em nítido dever-poder da autoridade judiciária. Todavia, é preciso que se consigne que o deferimento do pedido de homologação não é de acolhimento obrigatório. A decisão que homologa o acordo é de livre apreciação jurisdicional, assim como quaisquer outras devem ser. Uma vez reconhecido o vício que macula conciliação, ou a impede, o juízo deve indeferir o pedido, ou mesmo extinguir sem julgamento de mérito a lide, na forma do art. 485 do CPC.

A decisão que deixa de homologar o acordo não é arbitrária, carece de fundamentação, seguindo os estritos ditames do art. 93, IX, da CF/88. A decisão deve ser fundamentada. Mesmo porque, se o juízo se nega a homologar o acordo, as partes podem apresentar recurso contra essa decisão.

Do ponto de vista eminentemente material, o Código Civil tratou da transação (arts. 840 e seguintes), sendo certo que por meio dela não são transmitidos direitos, mas apenas se os declara ou reconhece. São, portanto, atos jurídicos pelos quais as partes previnem ou terminam litígios.

A lei civil tratou ainda de indicar que as propostas de transação somente são possíveis sobre direitos patrimoniais de caráter privado. Não é demais reafirmar que o mesmo se dá quanto à transação judicial.

A dúvida passa a residir, contudo, a partir do quanto preceitua o art. 200 do CPC, quando se nota que "os atos das partes consistentes em declarações unilaterais ou bilaterais de vontade produzem imediatamente a constituição, modificação ou extinção de direitos processuais".

Indaga-se: seria, então, imperiosa a homologação do acordo para que produza seus jurídicos efeitos? Manoel Antonio Teixeira Filho indica que a hipótese deve ser compreendida em duas vertentes. Do ponto de vista material, não se faz necessária a homologação da vontade das partes. Contudo, do ponto de vista processual, a sentença homologatória é indispensável, já que apenas com a manifestação judicial é que se poderá dar início à execução forçada daquilo que tiver constado na transação inadimplida e mesmo é estabilizada a relação jurídica processual. Ou seja, sem a homologação, o credor fica sem o título executivo judicial, mas na melhor das hipóteses com título executivo extrajudicial.

5. A QUESTÃO DA CHAMADA "LIDE SIMULADA" E A HOMOLOGAÇÃO DE ACORDO EXTRAJUDICIAL

A denominada "lide simulada" tem gerado inúmeras discussões e, inclusive, uma atuação vigorosa da Magistratura e demais órgãos de fiscalização contra a violação dos direitos dos trabalhadores.

Em primeiro lugar, é preciso que se indique que há praticamente duas noções paralelas sobre a denominada lide simulada. Enquanto na primeira delas estar-se-ia a utilizar do processo como mero meio homologatório da rescisão, com a prévia existência de uma relação de emprego, em outro sentido seria compreendida como a utilização do processo para forjar relação jurídica em detrimento de um terceiro, por exemplo.

Do ponto de vista exclusivamente processual, seria fácil destacar que, por essência, o processo se presta a sanar conflitos verdadeiros entre as partes e não simulacros de contenda. Não por outra razão, é possível ao juízo a extinção do processo sem julgamento de mérito diante da ausência de interesse processual (art. 485, VI, do CPC). Também, o próprio conteúdo normativo contido no art. 142 do CPC permite que o juiz fiscalize as partes no desempenho de sua atuação processual, a fim de impedir que autor e réu se serviram do processo para praticar ato simulado ou conseguir fim vedado por lei.

Da mesma forma, a questão pode ser analisada sob o aspecto material, dado que, em essência, trata-se de uma fraude. Quando celebrada para lesar direitos dos trabalhadores, configura-se, inclusive, em crime contra a organização do trabalho, capitulada no art. 203 do Código Penal.

Há, porém, que fazer um contraponto em relação a tais fatos, obviamente sem justificar tal expediente.

Isso porque, durante muitos anos, foi necessário o apontamento de meios efetivamente sérios para a resolução definitiva dos conflitos trabalhistas, e isso passa por maior eficácia no julgamento do fenômeno "quitação" por parte do próprio Poder Judiciário. Se foram diversos os expedientes criados pelo legislador para conferir alguma segurança no momento em que uma relação jurídica laboral se encerrava, não é menos certo dizer que o Poder Judiciário, em algumas oportunidades, faz tábula rasa de tudo quanto realizado em outras instâncias, negando a eficácia aos atos validamente celebrados, ainda que mediante autoridades estatais (inclusive o Ministério do Trabalho) ou entidades coletivas e sindicais.

Ignorou-se que a finalidade do direito é, apenas, a pacificação social. E a pacificação passa por alguma estabilidade nas relações, o que não foi compatível com diversos pronunciamentos judiciais. Bastava o rompimento de um contrato de trabalho qualquer para que o empregador estivesse diante de "um mundo" de adversidades. A insegurança na estabilização das relações trabalhistas, durante muitos anos, fora aquilo que nos parece ser a causa cujo efeito são as denominadas lides simuladas.

Visando equacionar tais dificuldades, o legislador, na Lei n. 13.467/2017, inseriu a possibilidade da denominada homologação de acordo extrajudicial em matéria de competência da Justiça do Trabalho. Trata-se de procedimento de jurisdição voluntária visando, justamente, na hipótese em que as partes estejam de acordo com os termos de eventual alteração contratual ou da sua extinção, formularem pedido conjunto ao juízo a fim de que, submetida a questão ao Poder Judiciário, esteja a solução decorrente da avença albergada pela coisa julgada.

Não é propriamente uma novidade o instituto da homologação de acordo extrajudicial. A hipótese estava contemplada no ordenamento jurídico, segundo a previsão do art. 57 da Lei n. 9.099/95. No particular, todavia, a interpretação do Judiciário Trabalhista sempre foi no sentido de que seria incabível tal expediente. É o que se depreende:

> ACORDO EXTRAJUDICIAL. HOMOLOGAÇÃO. ACORDO EXTRAJUDICIAL. HOMOLOGAÇÃO. Se dos art. 114, da Constituição Federal e art. 643 da Consolidação das Leis do Trabalho, extrai-se indelével que a Justiça do Trabalho tem competência para conciliar e julgar dissídios individuais, ou mais apropriadamente, litígios fundados em uma controvérsia, tem-se que não inserido na sua competência a homologação de acordos extrajudiciais, destituídos de litígio. Portanto, só se justifica que o juiz intervenha quando há litígio, dissídio, uma pretensão resistida. Por outro lado, não vinga a pretensão recursal de aplicação do art. 57 da Lei n. 9.099/95 para justificar a procedência do pleito de reforma para homologação de acordo firmado extrajudicialmente entre os autores, quer em razão de que aludido diploma legal versa sobre os Juizados Especiais de Pequenas Causas, o que não inclui esta Espe-

cializada, quer por não haver omissão na CLT a autorizar a supletividade aludida no seu art. 769. Recurso improvido por unanimidade (TRT – 24ª Região, RO 333200803124001/MS, 00333-2008-031-24-00-1 (RO), rel. João de Deus Gomes de Souza, j. 19-11-2008, *DOMS* n. 440, de 28-11-2008).

A disciplina contida nos arts. 855-B e seguintes da CLT deduz o oposto acerca do entendimento outrora manifestado pelo Poder Judiciário, e por isso mesmo é que há fundadas dúvidas quanto à aplicação prática daquele instituto. A alteração decorrente da Lei n. 13.467/2017 visou tornar induvidosa a compatibilidade da homologação do acordo extrajudicial ao processo laboral. Tal convicção, todavia, não é compartilhada por muitos. Apenas a prática diuturna irá evidenciar se o instituto será daqueles que "não pegam" por falta de aplicação.

A Lei n. 13.467/2017 assim delineou a homologação de acordo extrajudicial na CLT:

> Art. 855-B. O processo de homologação de acordo extrajudicial terá início por petição conjunta, sendo obrigatória a representação das partes por advogado.
> § 1º As partes não poderão ser representadas por advogado comum.
> § 2º Faculta-se ao trabalhador ser assistido pelo advogado do sindicato de sua categoria.'
> Art. 855-C. O disposto neste Capítulo não prejudica o prazo estabelecido no § 6º do art. 477 desta Consolidação e não afasta a aplicação da multa prevista no § 8º art. 477 desta Consolidação.
> Art. 855-D. No prazo de quinze dias a contar da distribuição da petição, o juiz analisará o acordo, designará audiência se entender necessário e proferirá sentença.
> Art. 855-E. A petição de homologação de acordo extrajudicial suspende o prazo prescricional da ação quanto aos direitos nela especificados.
> Parágrafo único. O prazo prescricional voltará a fluir no dia útil seguinte ao do trânsito em julgado da decisão que negar a homologação do acordo.

A primeira questão que chama a atenção, no particular, é que, não obstante esteja contida no Capítulo III-A da CLT, sob a denominação do denominado Processo de Jurisdição Voluntária, a homologação do acordo extrajudicial excepciona a regra geral do *jus postulandi* exercido diretamente pelas partes, na forma do art. 791 da CLT, para exigir que o expediente conte com a necessária participação de um advogado. Aliás, o dispositivo legal não apenas impõe a participação de advogado patrocinando a medida, mas, por igual, exige que cada uma das partes seja assistida por um patrono distinto (art. 855-B, § 1º, da CLT). A nosso sentir, a exigência de mais de um patrono como condição para a transação vem em boa hora, a fim de assegurar minimamente alguma simetria na negociação e na apuração dos efeitos do acordo. Com efeito, a finalidade da exigência foi a de assegurar a cada uma das partes, mormente ao trabalhador, alguma certeza de que o ajuste compõe concessões recíprocas, e não uma simples renúncia.

Por óbvio, faculta-se ao trabalhador ser assistido pelo advogado do sindicato de sua categoria no aludido expediente (§ 2º).

A possibilidade da homologação do acordo extrajudicial, de outro lado, não prejudica o prazo para o adimplemento das verbas rescisórias decorrentes do contrato de trabalho, previstas no § 6º do art. 477 da CLT, nem afasta a aplicação da multa prevista no § 8º do mesmo artigo art. 477 (art. 855-C). Com isso, ainda que sujeito à homologação judicial, caso as partes tenham optado pela extinção do vínculo laboral, devem ser cumpridas as obrigações atinentes à mesma rescisão, ainda que anteriormente à apreciação judicial.

Tal previsão é elementar a fim de evitar que o acordo extrajudicial pudesse ser usado como meio de procrastinar o adimplemento das verbas devidas ao trabalhador.

O legislador cuidou de fixar o prazo de quinze dias no qual o Judiciário deveria proceder à análise dos aludido, facultando, inclusive a designação de audiência, se entender necessário (art. 855-D). A interpretação de tal dispositivo, todavia, deixa claro que o procedimento do acordo extrajudicial deixa de estar inserido na regra geral da designação imediata da audiência logo após a distribuição, tal qual previsto no art. 841 da CLT. Pelo contrário, a designação da audiência, em caso de acordo, será uma exceção, e não uma regra, como a fixada no processo laboral.

Obviamente que o prazo é impróprio e impacta tão somente no aspecto administrativo da prestação jurisdicional, não ensejando qualquer preclusão para o juízo o seu descumprimento.

Por fim, cumpre mencionar que a petição de homologação de acordo extrajudicial suspende o prazo prescricional da ação quanto aos direitos nela especificados, voltando a fluir tal prazo na hipótese de não homologada a avença no dia útil seguinte ao do trânsito em julgado daquela decisão (art. 855-E da CLT).

No particular, cumpre referir, segundo a compreensão do TST sobre o tema, o magistrado não está obrigado a homologar todo acordo extrajudicial celebrado entre as partes, podendo, dentro do seu convencimento, decidir a respeito da homologação ou não. Assim, segundo tal compreensão inexiste direito das partes à homologação dos termos do ajuste, consoante cristalizado na Súmula n. 418 do mesmo Tribunal. Nesse sentido alguns precedentes:

> RECURSO DE REVISTA. ACÓRDÃO REGIONAL PUBLICADO NA VIGÊNCIA DAS LEIS N. 13.015/2014 E 13.467/2017. 1. PROCESSO DE JURIS-

DIÇÃO VOLUNTÁRIA. ART. 855-B DA CLT. ACORDO EXTRAJUDICIAL HOMOLOGADO PARCIALMENTE EM JUÍZO. CLÁUSULA DE QUITAÇÃO GERAL NÃO HOMOLOGADA. AUSÊNCIA DE VÍCIOS. HOMOLOGAÇÃO TOTAL DO ACORDO. TRANSCENDÊNCIA JURÍDICA RECONHECIDA. CONHECIMENTO E PROVIMENTO. I. O Tribunal Regional entendeu que "a outorga de quitação ampla, geral e irrestrita, afronta a garantia constitucional de acesso à Justiça, prevista no art. 5º, XXXV, da Constituição Federal e coloca o empregado em situação de risco". II . Os arts. 855-B a 855-E da CLT, inseridos pela Lei n. 13.467/2017, regulam a homologação judicial de transações extrajudiciais. Referidas disposições prestigiam a composição dos conflitos e dá relevo à manifestação espontânea da vontade das partes. III. No caso, não há discussões acerca do preenchimento dos requisitos estabelecidos nos arts. 855-B a 855-E da CLT. Não se tem registros de descumprimento dos requisitos de validade do negócio jurídico, tampouco indícios de prejuízos manifestos ao trabalhador ou vícios na vontade por ele manifestada. Diante disso, inexiste óbice à homologação total do acordo firmado entre as partes. IV. Nesse sentido, fixa-se o seguinte entendimento: tratando-se de processo de jurisdição voluntária para homologação de acordo extrajudicial, sob a vigência da Lei n. 13.467/2017, cabe ao magistrado o exame de todos os requisitos de validade do negócio jurídico, o que inclui a verificação da ocorrência de vícios de vontade e fraude, bem como do atendimento aos termos dos arts. 855-B a 855-E da CLT. Ausentes tais vícios, o juiz não pode deixar de homologar o acordo extrajudicial firmado pelas partes, inclusive da cláusula de quitação geral e irrestrita do contrato de trabalho. V. Recurso de revista de que se conhece e a que se dá provimento (RR-10277-10.2018.5.15.0129, 4ª Turma, rel. Min. Alexandre Luiz Ramos, *DEJT* 10-9-2021).
EMBARGOS DE DECLARAÇÃO. AGRAVO. AGRAVO DE INSTRUMENTO INTERPOSTO EM RECURSO DE REVISTA. RECUSA JUDICIAL DE HOMOLOGAÇÃO DE ACORDO EXTRAJUDICIAL. INCIDÊNCIA DA SÚMULA N. 418 DO TST. Não subsiste a omissão apontada pelo embargante no que se refere ao exame da Súmula n. 418 do TST, pois, ao contrário do que sustenta a parte, constou expressamente do acórdão embargado que, nos termos da referida súmula desta Corte superior, o magistrado não está obrigado a homologar todo acordo extrajudicial celebrado entre as partes, podendo, dentro do seu convencimento, decidir a respeito da homologação, ou não, do ajuste. Embargos de declaração desprovidos, ante a ausência de vícios a serem sanados (ED-Ag-RR-1000548-21.2020.5.02.0068, 2ª Turma, rel. Min. Jose Roberto Freire Pimenta, *DEJT* 10-9-2021).

Com todas as *venias*, todavia, nos parece que sendo verdade que não há direito das partes à homologação do ajuste firmado, também implica dizer que não parece razoável permitir ao Poder Judiciário que homologue apenas parte do ajuste, permitindo, portanto, que não se perfectibilizem as condições levadas em consideração pelas partes para a celebração do ajuste.

Ou seja, parece que cabe ao juízo trabalhista tão somente a homologação total ou a não homologação do ajuste, com as consequências processuais daí decorrentes. Do contrário, ter-se-ia a inusitada situação em que, sem figurar como parte do processo, o Juízo passaria a estabelecer, em desacordo com o quanto pactuado entre aqueles, outras condições que não as originalmente firmadas entre os agentes do processo como condições para o encaminhamento da demanda.

Capítulo 16

Postulação do Réu

Sumário: 1. Conceito e denominação – **2.** Estrutura nas legislações civil e trabalhista – **3.** Classificação das formas de exercício – **4.** Exercício de direito de ação e de direitos materiais na oportunidade de defesa. Da reconvenção – **5.** A postulação do réu em espécies: **5.1.** Exceções: **5.1.1.** Da exceção de incompetência territorial. Do momento para sua apresentação. Da possibilidade de apresentação conjuntamente com a contestação; **5.1.2.** Da exceção de suspeição; **5.1.3.** Da recorribilidade das decisões que apreciam as exceções de suspeição e incompetência territorial; **5.2.** Contestação: **5.2.1.** Das questões processuais; **5.2.2.** Das questões de mérito; **5.3.** Da reconvenção.

1. CONCEITO E DENOMINAÇÃO

Uma vez apresentados os termos da demanda ao Poder Judiciário, cumpre ao próprio sistema a eleição de um meio pelo qual o demandado possa exercer o sagrado direito de se insurgir contra as alegações que lhe são imputadas. Acontece que tal exercício não se dá de qualquer modo, mas seguindo algum critério objetivamente considerado. É esse o objeto do nosso estudo a partir deste momento.

A legislação trabalhista abarcou toda a postulação do réu sob a denominação de defesa, consoante se nota a partir da redação do art. 847 da CLT, assim vazado:

> Art. 847. Não havendo acordo, o reclamado terá vinte minutos para aduzir sua defesa, após a leitura da reclamação, quando esta não for dispensada por ambas as partes.
>
> Parágrafo único. A parte poderá apresentar defesa escrita pelo sistema de processo judicial eletrônico até a audiência.

Desde o CPC de 1939 havia a segmentação da resposta do demandado sob algumas expressões, dentre as quais a contestação, a exceção ou reconvenção, dependendo do objeto a ser tutelado, disciplina mantida no CPC. Todavia, não obstante tal fato, o legislador não teve o mesmo cuidado no âmbito do texto celetista, que, como se infere acima, não cuidou de distinguir as formas de dedução de defesa.

2. ESTRUTURA NAS LEGISLAÇÕES CIVIL E TRABALHISTA

No âmbito do CPC é possível identificar que a resposta do demandado se materializa em três atos: a contestação, a exceção e a reconvenção, na forma do art. 335 do mesmo Código. Embora seja comum referir-se a essas modalidades como meios de defesa, é preciso identificar a impropriedade da expressão porque, enquanto a contestação e a exceção possuem tal caráter, é inegável que a reconvenção não se enquadra nesse conceito. É esse o entendimento que nos apresenta José Augusto Rodrigues Pinto. Mas a compreensão do professor baiano é contraposta por outro igualmente ilustre baiano, o Professor José Joaquim Calmon de Passos[1], que, sobre a reconvenção, assim se pronuncia:

> Chama-se de reconvenção a esta ação do réu contra o autor, no mesmo procedimento, oferecida como defesa, para impedir ou obstar a plena eficácia da pretensão por este formulada ou sobre ela repercutir qualitativa e quantitativamente.

Enquanto nas demais modalidades a hipótese é de resistência em relação aos termos do processo, da ação ou do direito material em discussão, na reconvenção há verdadeiro contra-ataque, retorsão da ação movida com outra que lhe é conexa.

3. CLASSIFICAÇÃO DAS FORMAS DE EXERCÍCIO

Para facilitar a compreensão como um todo da dinâmica a respeito da defesa pelo demandado, é preciso que se tenha em vista que o próprio processo deve ser encarado sob duas perspectivas: uma em relação à prestação jurisdicional, propriamente dita, e a outra em relação à pretensão material, ao bem da vida querido.

Seguindo essa perspectiva, como diz Calmon de Passos[2]M igualmente a defesa será vista sob duplo enfoque:

> ... defesa dirigida à relação processual, ou, em outros termos, defesa dirigida ao processo ou defesa de conteúdo meramente processual, ou defesa de rito, a par da defesa dirigida à relação de direito material, à relação-conteúdo, ao mérito, também chamada de defesa de mérito ou defesa de fundo.

1. PASSOS, José Joaquim Calmon de. *Comentários ao Código de Processo Civil,* cit., v. III, p. 276.
2. PASSOS, José Joaquim Calmon de. *Comentários ao Código de Processo Civil,* cit., v. III, p. 274.

Isso fica claro quando se apura que o réu poderá responder à demanda que lhe é proposta sob quatro perspectivas diferentes.

Na primeira delas é possível que haja a admissão da procedência do pedido. É a hipótese típica daquele que diz "eu realmente devo, mas não tenho dinheiro para pagar". Além dessa primeira, o demandado poderá responder aos termos da demanda apenas no tocante aos aspectos da relação jurídica processual, àquilo que se denomina defesa indireta.

O que possibilita o exercício de uma defesa indireta é a distinção entre a relação jurídica processual e a relação de direito material conflitado. A relação jurídica processual origina-se da provocação do órgão jurisdicional pelo autor para intermediar e resolver o conflito com o réu. Já a relação de direito material origina-se do conflito de interesses que preexiste e motiva a propositura da ação.

Quando se pretende, por via simplesmente processual, inviabilizar a discussão da relação de direito material em conflito, que forma a essência ou substância da ação, sob o designativo de lide ou demanda, estamos diante de uma solução oblíqua, que visa obstar a resolução da querela do ponto de vista material.

Nesse sentido se pode dizer que as respostas relacionadas aos aspectos da relação jurídica processual poderão ser meramente dilatórias, ou seja, que não põem fim à relação jurídica mencionada, mas apenas deslocam a discussão para outro âmbito, subjetiva ou objetivamente falando, como se verifica do conteúdo do art. 485, VI, do CPC. Nesse caso, a defesa pode ter um conteúdo menos forte, meramente dilatório, ou que tenha a finalidade apenas de retardar, prolongar, quando, por exemplo, se busca evidenciar fatos capazes de objetar a solução direta da demanda, como pretendida, mas que deve seguir um caminho previamente previsto em lei, mesmo que tal caminho seja incapaz de produzir a extinção da relação processual.

De outro lado, as respostas poderão ser peremptórias, ou propriamente impor a própria extinção daquela relação processual, como se verifica do conteúdo do art. 485, V, do CPC. Em outras palavras, podemos dizer que tal defesa pode ter um conteúdo peremptório, quando é terminante ou decisivo, no que ocasiona a extinção da relação processual e arrasta a relação de direito material naquele processo.

No caso das exceções, a situação da atividade defensiva do réu se limita ao processo, sem preocupação com a ação, e mesmo com a pretensão do autor. Tais circunstâncias é que dão a nota do caráter simplesmente processual a esse tipo de defesa, e indireto ou oblíquo, se consideradas a ação exercida e a pretensão que lhe constitui o objeto.

A defesa indireta de mérito, por sua vez, apresenta-se quando o réu procura tornar inócua a pretensão do autor sem ter de discutir-lhe a substância, porque dispõe de fatos ou questões de direito capazes de neutralizar a própria pretensão, independentemente de considerar se esta tem ou não razão de ser. É o caso, por exemplo, da prescrição ou da decadência.

Por fim, na defesa de mérito o réu opõe-se à pretensão do autor, enfrentando-a, mediante o questionamento de sua essência ou substância. A discussão alcança a lide, e a prestação jurisdicional conterá pronunciamento sobre a procedência ou improcedência da pretensão. Nela o demandado deve se manifestar sobre os fatos aduzidos na petição inicial, e deve considerar entre a defesa indireta de processo ou de mérito e a de mérito um nexo pelo princípio da eventualidade. É o que veremos.

4. EXERCÍCIO DE DIREITO DE AÇÃO E DE DIREITOS MATERIAIS NA OPORTUNIDADE DE DEFESA. DA RECONVENÇÃO

Há que verificar que, apesar de boa parte da doutrina entender a reconvenção como um meio de defesa, na verdade, trata-se de verdadeiro contra-ataque. Não seria, em um aspecto estrito, verdadeira defesa, já que a noção da reconvenção é justamente a de ação conexa, fundada em título próprio e exercitável pelo réu na oportunidade da defesa.

Daí que se poderia, por exemplo, ter reconvenção sem contestação, como defende José Augusto Rodrigues Pinto. Do mesmo modo, poder-se-ia dizer que o prazo prescricional para a ação e a reconvenção é contado diversamente, embora conexos os direitos. Adiante serão abordadas questões relacionadas ao procedimento da defesa.

5. A POSTULAÇÃO DO RÉU EM ESPÉCIES

Apresentada tal estrutura da postulação do réu, cumpre agora abordar a postulação do réu em espécie, para indicar suas ocorrências.

5.1. Exceções

A primeira modalidade que ordinariamente se refere quando do estudo da resposta do réu é justamente uma espécie de defesa processual indireta dilatória. São as denominadas exceções, cuja previsão se encontra no art. 799 da CLT:

> Nas causas da jurisdição da Justiça do Trabalho, somente podem ser opostas, com suspensão do feito, as exceções de suspeição ou incompetência.

Segundo Valentin Carrion[3], citando Chiovenda, as exceções são somente as processuais que devem ser arguidas pelo réu, não podendo o juiz conhecê-las de

3. CARRION, Valentin. *Comentários à Consolidação das Leis do Trabalho*. 41. ed. atual. por Eduardo Carrion. São Paulo: Saraiva, 2017. p. 745.

ofício. A redação legal do art. 799 nos leva a crer que, no caso da jurisdição trabalhista, são apenas duas as denominadas propriamente exceções, quais sejam, as de competência e as de suspeição, já que o legislador teria fundido com as hipóteses de suspeição, o que no direito processual civil foi denominado hipóteses de impedimento, seguindo a redação do art. 144 do CPC.

É inequívoca defesa indireta, por visar ao processo, e dilatória, porque não pretende extingui-lo, mas protrair sua tramitação, enquanto se define o órgão jurisdicional que conhecerá da questão. Justamente por possuir natureza dilatória, ambas as exceções, até serem solucionadas, suspendem o curso do feito, mas se processam diferentemente, em função de suas características.

Há alguma controvérsia em relação às exceções no que toca ao procedimento sumaríssimo. Com efeito, a partir da leitura dos arts. 852-C e 852-H, à primeira vista nota-se alguma incompatibilidade entre o tratamento conferido àquele rito, que impõe a solução da demanda em audiência única, e a necessidade de dilação probatória/instrução processual quando da imposição de quaisquer das exceções mencionadas:

> Art. 852-C. As demandas sujeitas a rito sumaríssimo serão instruídas e julgadas em audiência única, sob a direção de juiz presidente ou substituto, que poderá ser convocado para atuar simultaneamente com o titular.
> Art. 852-H. Todas as provas serão produzidas na audiência de instrução e julgamento, ainda que não requeridas previamente.

Em relação a tal discussão, pensamos que são cabíveis tais expedientes, no âmbito do processo sumaríssimo. Todavia, a hipótese será a de instrução e decisão da exceção na própria audiência única, inaplicando-se a previsão do art. 800 ou 802 da CLT, no tocante à designação de nova assentada para a resposta e julgamento do incidente[4]. Parece ser esse o mais razoável entendimento para a questão.

5.1.1. *Da exceção de incompetência territorial. Do momento para sua apresentação. Da possibilidade de apresentação conjuntamente com a contestação*

Dado que a competência territorial de determinado juízo trabalhista (competência relativa) somente se prorroga com a inércia da parte ré, caso o demandado não concorde com a prorrogação pretendida, este pode exigir que a demanda se processe no local territorialmente competente justamente por meio

4. ABREU, Josué Silva. *Procedimento sumaríssimo no processo do trabalho*. Disponível em: <http://www.trt3.jus.br/escola/download/revista/rev_61/Josue_Abreu.pdf>. Acesso em: 20 jul. 2012.

da exceção de incompetência. Ademais, é de notar que, no âmbito das relações laborais, quando a matéria for a incompetência absoluta, qualquer que seja, a hipótese é de matéria de defesa, na forma do art. 799, § 1º, da CLT, devendo ser deduzida a preliminar em sede de contestação.

No particular, deve-se notar que os arts. 64 e 364 do CPC trouxeram importante novidade àquele sistema, dado que impõe que tanto a incompetência absoluta quanto a relativa devam ser alegadas como questão preliminar à contestação, eliminando a hipótese da exceção de incompetência na sistemática do CPC. Não parece aplicável tal disciplina no âmbito do processo do trabalho, todavia, diante da disciplina própria contida na CLT sobre o tema. Por meio do Fórum Nacional de Processo do Trabalho, evidenciou-se o entendimento de que seria inaplicável a sistemática contida no CPC ao processo laboral justamente em razão da inexistência de omissão. É o que se depreende do Enunciado n. 13 daquele Fórum:

> ART. 847 DA CLT E ART. 340 DO CPC-2015. ARGUIÇÃO DE INCOMPETÊNCIA RELATIVA. O art. 340 do CPC-2015, no que diz respeito à arguição de incompetência relativa, não se aplica ao processo do trabalho, na medida em que a resposta deverá ser deduzida em audiência, na forma do art. 847 da CLT, por existir regramento próprio, sendo, portanto, incompatível com a norma processual trabalhista na forma dos arts. 769 da CLT e 15 do CPC-2015 (art. 847 da CLT e art. 340 do CPC-2015).

A partir da redação da Lei n. 13.467/2017, com mais razão se pode compreender que não houve a eliminação da exceção de incompetência no âmbito das relações processuais laborais, a partir da redação conferida ao art. 800 da CLT, que veremos adiante.

Deve-se seguir, no particular, o mesmo critério adotado pelo legislador no CPC/73, que, no art. 301, II, do Código revogado, deixava claro o mecanismo a ser adotado para que fosse suscitada a incompetência absoluta, qual seja, em preliminar da contestação, servindo a exceção de incompetência exclusivamente para a alegação de incompetência relativa.

De outro lado, justamente considerando a peculiaridade daquele ato processual, fica igualmente claro que é parte legítima para suscitar a aludida exceção o demandado, já que o demandante foi quem inaugurou a lide, escolhendo o juízo, fato que impõe nítida preclusão. Dúvida surge quanto à legitimação do terceiro para suscitar a exceção. Segundo Luiz Guilherme Marinoni e Daniel Mitidiero:

> O assistente litisconsorcial (art. 54, CPC), porque se trata em realidade de verdadeiro litisconsorte da parte, igualmente pode fazê-lo. O assistente simples

(art. 50, CPC) poderá opor exceção processual desde que não haja inequívoca manifestação de vontade do assistido em sentido contrário (arts. 52 e 53, CPC). O Ministério Público, quer atue como parte, quer atue como fiscal da lei, pode opor exceção processual (STJ, Corte Especial, AgRg no EDiv no REsp 223.142-MG, rel. Min. Eliana Calmon, j. 1º-2-2011, *DJ* 4-2-2002, p. 251 – *sic*).

Quanto à condição do Ministério Público que autorize o manejo da aludida exceção, notadamente quando atua na condição de fiscal da lei, é preciso ponderar, todavia, que em regra a competência relativa versa sobre direito disponível, tanto que não pode ser conhecida de ofício pelo juiz, como nos relembra a Súmula 33 do STJ. Nesse mesmo sentido o E. TST já se pronunciou:

> Conflito de competência. Competência territorial. Incompetência relativa declarada de ofício. Hipótese em que o Juiz Titular da Vara do Trabalho de Brasília/DF declarou, de ofício, sua incompetência territorial em favor da Vara do Trabalho de Formosa/GO. A competência territorial é relativa, e não absoluta. Ausência de arguição de exceção pela reclamada (art. 112, do CPC). Conflito que se julga procedente, a fim de declarar a competência da Vara do Trabalho de Brasília/DF para prosseguir no julgamento da Ação (2123426-78.2009.5.00.0000, rel. José Simpliciano Fontes de F. Fernandes, j. 25-8-2009, Subseção II Especializada em Dissídios Individuais, data de publicação: 4-9-2009).

No particular, deve-se atentar para a condição apontada pelo próprio E. STJ, qual seja, a necessidade de ser demonstrado o prejuízo para a parte e enfim, legitimar-se a apresentação da exceção territorial:

> Processo civil. Ministério Público. *Custos legis*. Inventário. Qualidade de parte. Incapaz. Competência relativa. Legitimidade do MP para arguir exceção de incompetência. O Ministério Público, quando atua no processo como *custos legis*, o que acontece em inventário no qual haja menor interessado, tem legitimidade para arguir a incompetência relativa do juízo. Para tanto, deve demonstrar prejuízo para o incapaz. Não demonstrado o prejuízo tal legitimidade não se manifesta (REsp 630.968-DF, rel. Min. Humberto Gomes de Barros, 3ª Turma, j. 20-3-2007, *DJ* 14-5-2007, p. 280).

Ainda, deve-se pontuar que o pressuposto para apresentá-la é justamente a ausência de jurisdição do órgão. Acontece que a parte que excepciona deve declinar qual o foro para onde o processo deve se deslocar. Por isso concordamos com José Augusto Rodrigues Pinto, para quem a ausência de indicação do local que se entende como o competente impõe a recusa *incontinenti* da medida.

Fica claro, a partir do quanto já referimos, que o único objeto dessa exceção é o deslocamento do feito de um juízo relativamente incompetente para outro, sendo essa a finalidade do expediente.

Tratando-se de meio de defesa do demandado, a partir da redação conferida ao art. 800 da CLT pela Lei n. 13.467/2017, entendemos que o legislador conferiu duas oportunidades para que aquele possa apresentar a exceção de incompetência, uma antes e uma depois da tentativa de conciliação prevista no art. 847 da CLT. É o que se depreende da redação do dispositivo:

> Art. 800. Apresentada exceção de incompetência territorial no prazo de cinco dias a contar da notificação, antes da audiência e em peça que sinalize a existência desta exceção, seguir-se-á o procedimento estabelecido neste artigo.
> § 1º Protocolada a petição, será suspenso o processo e não se realizará a audiência a que se refere o art. 843 desta Consolidação até que se decida a exceção.
> § 2º Os autos serão imediatamente conclusos ao juiz, que intimará o reclamante e, se existentes, os litisconsortes, para manifestação no prazo comum de cinco dias.
> § 3º Se entender necessária a produção de prova oral, o juízo designará audiência, garantindo o direito de o excipiente e de suas testemunhas serem ouvidos, por carta precatória, no juízo que este houver indicado como competente.
> § 4º Decidida a exceção de incompetência territorial, o processo retomará seu curso, com a designação de audiência, a apresentação de defesa e a instrução processual perante o juízo competente.

Como dito, aparentemente o art. 800 prevê dois procedimentos para o manejo da exceção. A primeira possibilidade contida no art. 800 da CLT seria aquela que prevê que a parte poderá apresentar exceção de incompetência territorial no prazo de cinco dias, contados de sua notificação, independentemente da realização de audiência.

A nosso juízo, trata-se de expediente que visa inequivocamente facilitar o acesso do demandado à prestação jurisdicional. Não se pode negar que, em um país de extensão continental como o Brasil, em muitas oportunidades os custos para o deslocamento da parte e de seu advogado para o comparecimento à audiência, até então a única oportunidade para suscitar a incompetência do juízo, implicavam verdadeira inviabilidade do acesso à prestação jurisdicional. O legislador visou justamente equacionar tal dificuldade permitindo o manejo da exceção de incompetência antes mesmo da audiência, seguindo, de algum modo, uma disciplina equivalente àquela contida no art. 340 do CPC. De outro lado, não se pode negar que a utilização indiscriminada do expediente poderá retardar injustificadamente o prosseguimento do feito, razão pela qual deverá o juízo estar atento à aplicação da novidade, eventualmente cominando responsabilidade por dano processual àquele que abusa do expediente.

Naquela hipótese contida no art. 800, caberá ao excipiente não apenas cumprir o prazo de cinco dias contados de sua notificação, mas apresentar tal expediente em peça que sinalize a existência dessa exceção. Neste ponto, importante reafirmar que no processo do trabalho o prazo conta-se da data em que efetivamente recebida a notificação, e não da juntada do comprovante aos autos.

Protocolada a petição, será suspenso o processo e não se realizará a audiência a que se refere o art. 843 da CLT, até que se decida a exceção (§ 1º do art. 800 da CLT). A suspensão referida, cumpre dizer, não se trata de ato dependente de decisão judicial, mas decorrente de efeito legal expresso. Suspensa a audiência, os autos serão imediatamente conclusos ao juiz, que intimará o reclamante e, se existentes, os litisconsortes, para manifestação no prazo comum de cinco dias (§ 2º do art. 800 da CLT).

Se entender necessária a produção de prova oral, o juízo designará audiência. Todavia, restou assegurado ao excipiente o direito de ser ouvido, assim como suas testemunhas, por carta precatória perante o juízo que houver indicado como competente (§ 3º do art. 800 da CLT).

Decidida a exceção de incompetência territorial, o processo retomará seu curso, com a designação de audiência, a apresentação de contestação ou reconvenção e a instrução processual, quanto ao mérito, perante o juízo competente (§ 4º do art. 800 da CLT).

Na hipótese de decorrido o prazo e não manejada a exceção de incompetência nos moldes previstos no art. 800 da CLT, parece caber ainda a apresentação da exceção de incompetência pelo demandado, em audiência, juntamente com sua defesa. Nessa hipótese não se seguiria o procedimento estabelecido no art. 800 da CLT, mas a matéria seria deduzida como preliminar da contestação, apresentada logo após a tentativa de conciliação prevista no art. 847 da CLT. É o que se depreende da parte final do art. 800 da CLT, que remete a uma hipótese: apresentada a exceção de incompetência naquele prazo, seguir-se-ia o procedimento estabelecido no art. 800; se não apresentada a exceção de incompetência naquele prazo, seguir-se-ia outro procedimento. É o que se pode inferir da redação do dispositivo.

É preciso salientar que há quem sustente inexistir a oportunidade de ser suscitada a exceção de incompetência em audiência, juntamente com as demais defesas, mas que a oportunidade passou a ser apenas aquela contida na primeira parte do art. 800 da CLT. Segundo Manoel Antonio Teixeira Filho[5], "agora o prazo para a parte (réu, em geral) apresentar a exceção de incompe-

5. TEIXEIRA FILHO, Manoel Antonio. *O processo do trabalho e a reforma trabalhista*, cit., p. 109.

tência é de cinco dias, contado da data em que for notificado, ou, melhor, em que for citado para responder à ação. Decorrido esse prazo, sem que a parte ingresse com a exceção, a competência se fixará em relação ao juízo no qual a ação foi exercida".

No mesmo sentido, cumpre advertir que o TST já teve a oportunidade de se pronunciar sobre o ponto, concluindo em sentido diametralmente oposto, qual seja, o da preclusão da oportunidade de defesa do demandado que não apresenta, no prazo de cinco dias, a exceção de incompetência. Com efeito, a SBDI-2/TST firmou tese no sentido de que o art. 800 da CLT contém expressa disposição para que a exceção de incompetência territorial seja apresentada antes da audiência. É o que se depreende:

> RECURSO ORDINÁRIO EM MANDADO DE SEGURANÇA. ATO COATOR QUE ACOLHEU EXCEÇÃO DE INCOMPETÊNCIA APRESENTADA INTEMPESTIVAMENTE. DECISÃO PROFERIDA NA VIGÊNCIA DA LEI 13.467/2017. MITIGAÇÃO DA APLICAÇÃO DA OJ N. 92 DA SBDI-2. Trata-se de mandado de segurança impetrado contra decisão da Juíza da 3ª Vara do Trabalho de Lages que, durante a audiência inicial, acolheu exceção de incompetência e remeteu os autos à Vara do Trabalho de Florianópolis. Com efeito, da nova redação do art. 800 da CLT, extrai-se que o prazo de cinco dias para apresentação da exceção de incompetência é de caráter preclusivo. Nesse sentido, a SBDI-2/TST firmou tese no sentido de que "o art. 800 da CLT contém expressa disposição para que a exceção de incompetência territorial seja apresentada antes da audiência, no prazo de 5 dias, a contar da notificação" (CC-10467-93.2019. 5.15.0013, Relator Ministro Luiz Jose Dezena da Silva, *DEJT* 25-9-2020). Assim, a alteração do juízo depois de operada a "perpetuatio jurisdictionis" sem qualquer oposição da parte ré no prazo previsto no art. 800 da CLT, além de ilegal, impõe relevante prejuízo à marcha processual, o que justifica a admissão da via mandamental. Desta feita, sendo incontroverso que a exceção de incompetência não foi apresentada tempestivamente, impõe-se reconhecer a prorrogação da competência do juízo onde foi ajuizada a ação subjacente. Não merece reparos o acórdão regional que concedeu a segurança. Recurso ordinário não provido (RO-142-82.2019.5.12.0000, Subseção II Especializada em Dissídios Individuais, rel. Min. Maria Helena Mallmann, *DEJT* 19-3-2021).

Parece-nos possível, todavia, o manejo da exceção de incompetência em audiência, juntamente com a defesa. Em tal hipótese, segundo o art. 847 da CLT, seria suscitável a matéria em sede de contestação, logo após a negativa do acordo, ou seja, no momento apropriado para a defesa no dissídio individual, cabendo ao juiz fixar prazo para que a parte autora responda aos termos da exceção:

> Art. 847. Não havendo acordo, o reclamado terá vinte minutos para aduzir sua defesa, após a leitura da reclamação, quando esta não for dispensada por ambas as partes.

Uma vez apresentada a aludida exceção de incompetência, em audiência, com seu recebimento ter-se-ia a suspensão do feito, na forma do ar. 799 da CLT, até a decisão da exceção. Há, na prática, uma hesitação: tal matéria seria apresentada juntamente com as matérias de defesa restantes, inclusive a contestação, ou se deve apresentar e processar em petição apartada a exceção de incompetência e, apenas após concluído o julgamento do incidente, apresentar as demais matérias de defesa?

Valentin Carrion[6] indica que no processo civil as exceções de incompetência devem ser oferecidas em separado para serem autuadas em apenso aos autos principais, enquanto no processo do trabalho não se processariam em separado, posto que recorríveis apenas quando da sentença final. Tal expressão nos leva a crer que juntamente com a exceção deveria ser apresentada a contestação para instrução e processamento em conjunto.

Na hipótese de manejada a exceção de incompetência antes da realização da audiência (art. 800 da CLT), não parece haver dúvidas de que se trata de peça apartada da contestação, em que, se sinaliza expressamente a existência desta.

Todavia, em relação à exceção de incompetência manejada depois de tentada a conciliação (art. 847 da CLT), não parece remanescer dúvida, seja porque, tal qual já mencionado, todas as matérias serão submetidas a recurso apenas quando da sentença, mormente diante da dinâmica assentada pelo CPC, a partir de seu art. 64, que remete a matéria como questão preliminar de contestação.

No particular, parece que o legislador ordinário optou pelo manejo da exceção de incompetência como peça apartada apenas se apresentada antes da audiência, no prazo previsto no art. 800 da CLT. De outro lado, a hipótese será de suscitar a matéria em sede de preliminar da contestação, ou seja, na mesma peça processual, se apresentada a exceção de incompetência em mesa de audiência, no contexto da defesa prevista no art. 847 da CLT, à guisa do art. 64 do CPC. Tal dinâmica remete, de algum modo, àquela disciplina contida no art. 340 do CPC, que permite, tal qual o art. 800 da CLT, seja alegada a matéria atinente à incompetência territorial no foro do domicílio do réu, desde que em sede de contestação. Assim sendo, até mesmo para evitar dilações desnecessárias, caso deseje se insurgir quanto ao foro escolhido pelo autor, caberá ao réu deduzir sua irresignação juntamente com toda a sua matéria de defesa, eventualmente instruindo

6. CARRION, Valentin. *Comentários à Consolidação das Leis do Trabalho*, cit., 33. ed., p. 616.

o conteúdo da exceção de incompetência, e, uma vez verificando o juízo ser o incompetente para cuidar do caso, deverá aquele decidir, remetendo o feito para o juízo competente.

Embora não haja previsão legal expressa quanto à possibilidade de instrução do incidente, é evidente que tal é possível, na forma do art. 848 da CLT[7], para que o juízo obtenha as informações necessárias para seu julgamento. A competência para julgamento é do próprio juízo da causa. Uma vez acolhida, os autos são remetidos para o juízo competente, quando se prosseguirá a audiência. Rejeitada a exceção, o feito seguirá na mesma audiência em que se resolveu o incidente.

5.1.2. *Da exceção de suspeição*

Em relação à exceção de suspeição, assim como em relação às exceções de incompetência, também essa é uma defesa processual dilatória. Vincula-se à imparcialidade do juízo. Edilton Meireles e Leonardo Dias Borges[8] pontuam com clareza:

> ... enquanto na exceção de incompetência a pretensão do excipiente é deslocar o processo do juízo (do incompetente para outro competente), na exceção de suspeição ou de impedimento, o objetivo é deslocar o juiz do processo, transferindo sua apreciação para outro (do suspeito ou impedido para o juiz imparcial).

No particular, é preciso mencionar que no CPC o legislador foi muito mais sistemático ao cuidar do assunto do que na CLT.

De fato, a partir dos arts. 144 e 145 do CPC é possível apurar hipóteses em que há suspeição ou impedimento do magistrado responsável pela apreciação da causa:

> Art. 144. Há impedimento do juiz, sendo-lhe vedado exercer suas funções no processo:
> I – em que interveio como mandatário da parte, oficiou como perito, funcionou como membro do Ministério Público ou prestou depoimento como testemunha;
> II – de que conheceu em outro grau de jurisdição, tendo proferido decisão;
> III – quando nele estiver postulando, como defensor público, advogado ou membro do Ministério Público, seu cônjuge ou companheiro, ou qualquer parente, consanguíneo ou afim, em linha reta ou colateral, até o terceiro grau, inclusive;

7. "Art. 848. Terminada a defesa, seguir-se-á a instrução do processo, podendo o presidente, *ex officio* ou a requerimento de qualquer juiz temporário, interrogar os litigantes."
8. MEIRELES, Edilton; BORGES, Leonardo Dias. *Primeiras linhas de processo do trabalho*, cit., p. 265.

IV – quando for parte no processo ele próprio, seu cônjuge ou companheiro, ou parente, consanguíneo ou afim, em linha reta ou colateral, até o terceiro grau, inclusive;
V – quando for sócio ou membro de direção ou de administração de pessoa jurídica parte no processo;
VI – quando for herdeiro presuntivo, donatário ou empregador de qualquer das partes;
VII – em que figure como parte instituição de ensino com a qual tenha relação de emprego ou decorrente de contrato de prestação de serviços;
VIII – em que figure como parte cliente do escritório de advocacia de seu cônjuge, companheiro ou parente, consanguíneo ou afim, em linha reta ou colateral, até o terceiro grau, inclusive, mesmo que patrocinado por advogado de outro escritório;
IX – quando promover ação contra a parte ou seu advogado.
§ 1º Na hipótese do inciso III, o impedimento só se verifica quando o defensor público, o advogado ou o membro do Ministério Público já integrava o processo antes do início da atividade judicante do juiz.
§ 2º É vedada a criação de fato superveniente a fim de caracterizar impedimento do juiz.
§ 3º O impedimento previsto no inciso III também se verifica no caso de mandato conferido a membro de escritório de advocacia que tenha em seus quadros advogado que individualmente ostente a condição nele prevista, mesmo que não intervenha diretamente no processo.
Art. 145. Há suspeição do juiz:
I – amigo íntimo ou inimigo de qualquer das partes ou de seus advogados;
II – que receber presentes de pessoas que tiverem interesse na causa antes ou depois de iniciado o processo, que aconselhar alguma das partes acerca do objeto da causa ou que subministrar meios para atender às despesas do litígio;
III – quando qualquer das partes for sua credora ou devedora, de seu cônjuge ou companheiro ou de parentes destes, em linha reta até o terceiro grau, inclusive;
IV – interessado no julgamento do processo em favor de qualquer das partes.
§ 1º Poderá o juiz declarar-se suspeito por motivo de foro íntimo, sem necessidade de declarar suas razões.
§ 2º Será ilegítima a alegação de suspeição quando:
I – houver sido provocada por quem a alega;
II – a parte que a alega houver praticado ato que signifique manifesta aceitação do arguido.

A partir do rol referido acima, é possível entender que, enquanto na hipótese de suspeição haja fundado receio, dada uma tendência à imparcialidade do julgador, quando houver o impedimento essa imparcialidade não é mais presumível, mas certa, daí por que a proibição de sua atuação na lide. É por isso mesmo que o impedimento gera óbice que persiste inclusive após o trânsito em julgado, enquanto a suspeição, se não alegada, será suplantada com a validade dos atos praticados.

No caso do direito processual do trabalho, não há a mesma disciplina normativa na distinção, como se pode notar a partir da redação do art. 801:

> Art. 801. O juiz, presidente ou vogal, é obrigado a dar-se por suspeito, e pode ser recusado, por algum dos seguintes motivos, em relação à pessoa dos litigantes:
> a) inimizade pessoal;
> b) amizade íntima;
> c) parentesco por consanguinidade ou afinidade até o terceiro grau civil;
> d) interesse particular na causa.
> Parágrafo único. Se o recusante houver praticado algum ato pelo qual haja consentido na pessoa do juiz, não mais poderá alegar exceção de suspeição, salvo sobrevindo novo motivo. A suspeição não será também admitida, se do processo constar que o recusante deixou de alegá-la anteriormente, quando já a conhecia, ou que, depois de conhecida, aceitou o juiz recusado ou, finalmente, se procurou de propósito o motivo de que ela se originou.

Para Valentin Carrion[9] e Carlos Henrique Bezerra Leite[10], entre outros, teria havido alteração da CLT pelo CPC, de modo que se deveria aplicar a regra do CPC, na fixação das regras de impedimento e suspeição, e não mais aquela previsão da CLT. A nosso sentir, parece ser justamente a hipótese.

O legitimado para a apresentação da exceção é qualquer das partes, sendo que o juízo pode, ainda, dar iniciativa a sua incompetência, ainda que decline a cláusula genérica de "motivo de foro íntimo".

Como bem anotam Luiz Guilherme Marinoni e Sérgio Cruz Arenhart[11], a suspeição constitui defeito "de ordem subjetiva do juiz" ou, nos dizeres de Carlos Henrique Bezerra Leite[12], decorrente de "motivos intrínsecos", sendo que, nesses casos, o juiz tem o dever ético de declará-la de ofício, quando as circunstâncias assim o impuserem, como pilar da imparcialidade dos julgamentos, de um lado, e da independência funcional do magistrado, de outro.

---

9. CARRION, Valentin. *Comentários à Consolidação das Leis do Trabalho*, 33. ed., cit., p. 620.
10. LEITE, Carlos Henrique Bezerra. *Curso de direito processual do trabalho*, cit., 8. ed., p. 506.
11. MARINONI, Luiz Guilherme; ARENHART, Sérgio Cruz. *Manual do processo de conhecimento*. 4. ed. São Paulo: Revista dos Tribunais, 2005. p. 144.
12. LEITE, Carlos Henrique Bezerra *Curso de direito processual do trabalho*. 5. ed. São Paulo: LTr, 2007. p. 488.

Daí por que a parte não tem qualquer direito de se opor à declaração de suspeição *ex officio* pelo juízo, que tem, inclusive, a faculdade legal de não externar sua causa.

De todo modo, o art. 801 da CLT aponta as causas legais para a arguição da exceção, como vimos acima. Desde já é de bom-tom que se alerte que as hipóteses de suspeição, no geral, se referem à pessoa dos litigantes e não a seus advogados, ressalvadas as hipóteses expressamente consignadas no texto legal, como a previsão do art. 144, VIII, do CPC.

Em regra, a lei refere-se à inimizade pessoal ou amizade íntima, parentesco por consanguinidade ou afinidade até o terceiro grau, do juiz com as partes.

Todavia, ainda que se entenda inaplicável a dinâmica do CPC, no particular, em relação ao interesse particular na causa, parece que essa deve ser compreendida de forma ampla, dado que resta evidente o interesse do juiz no sucesso da causa quando alguém de seu círculo de intimidade, seu consorte, por exemplo, é patrono de uma das partes e, em razão do resultado da demanda, possua, ainda que indiretamente, créditos a receber.

José Augusto Rodrigues Pinto entende que, no caso de parentesco, dado que o juiz é obrigado a declarar-se suspeito, sua insistência implica nulidade dos atos que praticar, independentemente da iniciativa da parte de provocar o afastamento pela via incidental.

Ainda quanto às hipóteses, é preciso reafirmar o teor do aludido art. 801 da CLT na parte em que refere expressamente que a suspeição não será, também, admitida se do processo constar que o recusante deixou de alegá-la anteriormente, quando já a conhecia, ou que, depois de conhecida, aceitou o juiz recusado ou, finalmente, se procurou de propósito o motivo de que ela se originou.

São hipóteses em que se reafirma a noção de preclusão em relação à oportunidade em que se deveria suscitar a exceção quanto ao juiz e que não se fez. Se a parte deixa de alegar a preclusão, quando já a conhecia, ou quando depois de conhecida aceitou o juiz recusado, não há falar em inviabilidade da participação do juiz na causa.

Do mesmo modo, não se pode falar em imparcialidade quando a própria parte pretende gerar a animosidade capaz de infirmar a isenção.

No tocante ao procedimento, deve-se alertar que não existe momento certo para tanto. A oportunidade, contudo, é a primeira em que o excipiente tiver de falar na audiência ou nos autos, a partir do momento em que o fundamento legal existir, salvo em relação ao parentesco, que pode ser alegado a qualquer momento.

Não atacado no momento oportuno, há preclusão da matéria. Obviamente, se advir novo impedimento, isso não impede que seja suscitado/conhecido.

Uma vez apresentada a exceção, como já referido, o efeito naturalmente é suspender o curso do processo.

Ainda mais sumário que o processamento da exceção de incompetência, no caso da exceção de suspeição, uma vez recebida, o juízo deve designar audiência em quarenta e oito horas para instrução e julgamento. Não se prevê sequer a oitiva da outra parte, já que, seguindo a própria noção apresentada pelo art. 146, § 1º, do CPC, é o juiz que é ouvido.

Para Isis de Almeida, o juízo não deveria julgar, apenas instruir. Quem deveria julgar seria o Tribunal, por aplicação supletiva do art. 146, § 1º, do CPC. Parece-nos ser o mais razoável.

Contudo, a redação dos arts. 802 e 653, *c*, da CLT indica que seria o próprio juízo o responsável pelo julgamento:

> Art. 802. Apresentada a exceção de suspeição, o juiz ou Tribunal designará audiência dentro de 48 (quarenta e oito) horas, para instrução e julgamento da exceção.
> § 1º Nas Juntas de Conciliação e Julgamento e nos Tribunais Regionais, julgada procedente a exceção de suspeição, será logo convocado para a mesma audiência ou sessão, ou para a seguinte, o suplente do membro suspeito, o qual continuará a funcionar no feito até decisão final. Proceder-se-á da mesma maneira quando algum dos membros se declarar suspeito.
> § 2º Se se tratar de suspeição de Juiz de Direito, será este substituído na forma da organização judiciária local.
> Art. 653. Compete, ainda, às Juntas de Conciliação e Julgamento: (...)
> c) julgar as suspeições arguidas contra os seus membros

Perdeu-se, com o advento da Lei n. 13.467/2017, uma excelente oportunidade para corrigir tal procedimento. Quando da edição da CLT fazia sentido que a própria Junta apreciasse a ocorrência ou não da suspeição de um de seus membros porquanto o órgão era colegiado, formado por um vogal e dois classistas, como já vimos. Nos dias atuais, contudo, em que não existe mais a figura do juízo colegiado no primeiro grau, não parece razoável a manutenção da prerrogativa do julgamento daquele a quem se reputa imparcial por si mesmo. Necessária a alteração legislativa.

5.1.3. *Da recorribilidade das decisões que apreciam as exceções de suspeição e incompetência territorial*

Fato relevante é aquele relacionado à recorribilidade das decisões proferidas no âmbito das exceções. Efetivamente não há falar na formação de autos suplementares ou apensos para o processamento das exceções. Todas devem tramitar no âmbito da própria reclamação. E, tratando-se de decisão meramente dilatória, a natureza de sua decisão é inequivocamente interlocutória.

Diante disso, não será possível a apresentação de recurso, salvo quando a decisão for terminativa do feito na forma do art. 799, § 2º, da CLT[13]. A propósito do dispositivo, deve-se mencionar que evidencia uma série de equívocos[14]. Todavia, o mesmo dispositivo é interpretado pelo E. TST, que em seu entendimento consolidado, traduzido na Súmula 214, assim dispõe:

> Decisão interlocutória. Irrecorribilidade. Na Justiça do Trabalho, nos termos do art. 893, § 1º, da CLT, as decisões interlocutórias não ensejam recurso imediato, salvo nas hipóteses de decisão: a) de Tribunal Regional do Trabalho contrária à Súmula ou Orientação Jurisprudencial do Tribunal Superior do Trabalho; b) suscetível de impugnação mediante recurso para o mesmo Tribunal; c) que acolhe exceção de incompetência territorial, com a remessa dos autos para Tribunal Regional distinto daquele a que se vincula o juízo excepcionado, consoante o disposto no art. 799, § 2º, da CLT.

Ou seja, segundo a previsão da jurisprudência do E. TST, a regra é justamente a inviabilidade recursal contra a decisão que aprecia a exceção, seja ela de incompetência relativa ou de suspeição.

Importante salientar, todavia, que, quando o acolhimento da exceção implicar a remessa dos autos para Tribunal Regional distinto daquele a que se vincula o juízo excepcionado, seria possível a interposição, imediata, de recurso ordinário. De fato, a exceção de incompetência acolhida, e que determina a remessa imediata do feito para outro Regional, encerra a prestação jurisdicional do Tribunal ao qual se vincula o juízo que acolhe a exceção. Na prática, assim, deve-se tornar viável a revisão e controle, pelo mesmo Tribunal Regional local, do teor da aludida decisão. Do contrário, estar-se-ia a violar o princípio do duplo grau de jurisdição por impedir a revisão, pelo Tribunal local, da decisão proferida pelo Juízo de piso. De

13. "Art. 799. Nas causas da jurisdição da Justiça do Trabalho, somente podem ser opostas, com suspensão do feito, as exceções de suspeição ou incompetência. (...) § 2º Das decisões sobre exceções de suspeição e incompetência, salvo, quanto a estas, se terminativas do feito, não caberá recurso, podendo, no entanto, as partes alegá-las novamente no recurso que couber da decisão final."

14. É o que demonstram Elisson Miessa dos Santos e Henrique Correia: "A regra estampada nesse dispositivo, portanto, tem como enfoque as decisões da Justiça do Trabalho, que deslocam sua competência para outro ramo do Judiciário (Justiça comum ou Justiça Federal). Dessa forma, tratando-se de decisão incidente, pois o processo prosseguirá na justiça competente, tem-se nesse caso uma decisão interlocutória, a qual excepcionalmente cabe recurso, por força do art. 799, § 2º, da CLT" (SANTOS, Elisson Miessa dos; CORREIA, Henrique. *Súmulas e orientações jurisprudenciais do TST:* comentadas e organizadas por assunto. Salvador: Juspodivm, 2012. p. 845).

outro lado, também, ao impedir o recurso imediato contra aquela decisão estar-se-ia a impor severo ônus à parte excepta, que somente poderia debater o eventual desacerto da mesma decisão perante o outro Regional, ao final do processo, o que seria por demais oneroso. Assim, acertada a compreensão do TST sobre o tema, ao permitir a imediata recorribilidade da aludida decisão.

5.2. Contestação

É na contestação que o reclamado possui sua principal modalidade de resposta. Por meio dela são postas em debate, perante o juízo, as questões não apenas de mérito, mas igualmente as processuais relevantes para a causa.

Trata-se da mais contundente e ampla resposta do réu. Nessa peça o demandado deve exercer plenamente seu direito de defesa, lembrando-se, sempre, de que esse é o ato processual adequado para que se possa apresentar toda a matéria capaz de beneficiar seus interesses. Por isso mesmo, nela, o réu deve suscitar todo e qualquer tipo ou modalidade de resistência à pretensão do autor, para que o juiz conheça das posteriores eventualmente, se as anteriores forem repelidas (art. 336 do CPC).

Há que respeitar, ainda, o previsto no art. 341 do CPC, quanto à necessidade de articular a defesa de mérito com manifestação precisa, isto é, específica, contra todos os pedidos do autor, individuados, a fim de evitar a defesa por negação geral ou simples omissão.

Na forma do art. 847 da CLT, o momento oportuno para a apresentação da defesa é a audiência. Se não apresenta o ato processual, exercendo o direito de refutar as alegações do demandante nesse momento, preclusa a oportunidade. De outro lado, o legislador não ignorou a aplicação do denominado PJE – Processo Judicial Eletrônico ao processo do trabalho. Com efeito, o PJE permite às partes e aos advogados, por meio da *web*, o acesso aos autos eletrônicos, inclusive durante a audiência. E é justamente por força da possibilidade do acesso aos autos a qualquer tempo que se permite à parte a apresentação de defesa pelo sistema do processo judicial eletrônico até a audiência, na forma do parágrafo único do art. 847 da CLT, a partir da Lei n. 13.467/2017.

E uma vez apresentada a contestação, ainda que eletronicamente, na forma do art. 841, § 3º da CLT, o reclamante não poderá, sem o consentimento do reclamado, desistir da reclamação. Nesse sentido, há entendimento manifestado pela 4ª Turma do TST sobre o tema:

> RECURSO DE REVISTA. INTERPOSTO NA VIGÊNCIA DA LEI N. 13.467/2017. TRANSCENDÊNCIA. Considerando a existência de questão nova em torno da interpretação da legislação trabalhista, em razão do trata-

> mento conferido pela Lei n. 13.467/2017 ao instituto da desistência da ação após o oferecimento de contestação, verifica-se a transcendência jurídica, nos termos do artigo 896-A, § 1º, IV, da CLT. DESISTÊNCIA DE AÇÃO APÓS A APRESENTAÇÃO ELETRÔNICA DA CONTESTAÇÃO. DISCORDÂNCIA DA PARTE CONTRÁRIA. ARTIGO 841, § 3º, DA CLT. PROVIMENTO. À luz do artigo 485, § 4º, do CPC, aplicado subsidiariamente ao Processo do Trabalho, uma vez oferecida a contestação, o autor não poderá, sem o consentimento do réu, desistir da ação. Já o parágrafo único do artigo 847 da CLT, incluído pela Lei n. 13.467/2017, determina que a parte poderá apresentar defesa escrita pelo sistema de processo judicial eletrônico até a audiência. A propósito, o *caput* do artigo 10 da Lei n. 11.419/2006, relativo à instituição do processo eletrônico no âmbito da Justiça do Trabalho, bem como o *caput* do artigo 22 da Resolução n. 185/2017 do CSJT, que trata do protocolo da contestação via PJe, não deixam dúvida acerca da automaticidade do procedimento de juntada da peça de defesa. Com efeito, nas Varas do Trabalho que adotam o processo eletrônico, o encaminhamento da contestação deve ocorrer antes da audiência. É o que preconiza o *caput* do artigo 29 da Resolução n. 136/2017 do CSJT. Não bastasse, o § 3º, incluído ao artigo 841 da CLT, por intermédio da Lei n. 13.467/2017 é expresso ao determinar que "oferecida a contestação, ainda que eletronicamente, o reclamante não poderá, sem o consentimento do reclamado, desistir da ação". De acordo com a legislação aplicável à matéria, tem-se, portanto, que a possibilidade de desistência da ação, independentemente da anuência da parte contrária, se encerra com a apresentação da contestação, ainda que de forma eletrônica. Na hipótese, a presente reclamação trabalhista foi ajuizada em 22-1-2018. Sujeita-se, pois, ao que determina o artigo 841, § 3º, da CLT, na forma do artigo 1º da Instrução Normativa n. 41/2018 desta Corte Superior. Nesse contexto, o Tribunal Regional, ao consignar que a juntada da contestação ocorreu, mediante o sistema PJe, em momento anterior à realização da audiência e, ainda assim, manter a decisão de primeira instância que determinou a extinção do processo sem resolução de mérito, ante a homologação do pedido de desistência da ação formulado pelo reclamante na ocasião da referida audiência, violou o § 3º do artigo 841 da CLT. Esse entendimento vem prevalecendo no âmbito desta Corte Superior, mesmo antes da vigência da Lei n. 13.467/2017. Precedentes. Recurso de revista de que se conhece e a que se dá provimento (RR-33-71.2018.5.08.0014, 4ª Turma, Relator Ministro Guilherme Augusto Caputo Bastos, *DEJT* 5-3-2021).

Não obstante a literalidade do art. 841, § 3º da CLT, a 5ª Turma do TST entende que o momento para a apresentação da defesa é aquele que sucede à tentativa de acordo, razão pela qual seria possível a desistência, ainda que inserida a contestação no sistema eletrônico. É o que se depreende:

> I – RITO SUMARÍSSIMO. AGRAVO DE INSTRUMENTO. RECURSO DE REVISTA INTERPOSTO SOB A VIGÊNCIA DA LEI N. 13.467/2017. PEDIDO DE DESISTÊNCIA. POSSIBILIDADE ANTES DO MOMENTO PRÓPRIO PARA APRESENTAÇÃO DA CONTESTAÇÃO. Esta e. Turma tem firme entendimento de que o momento de apresentação da defesa é aquele que sucede à tentativa de acordo. E, ainda, que a inserção da contestação no sistema eletrônico, de forma antecipada, não se presta a impedir o pedido de desistência da ação. Precedente. Agravo de instrumento a que se nega provimento (AIRR-10128-82.2019.5.03.0009, 5ª Turma, Relator Desembargador Convocado Joao Pedro Silvestrin, *DEJT* 18-12-2020).

Vige a opção feita pelo legislador de considerar possível a impugnação, na contestação, de várias matérias, sejam ligadas aos fatos ou ao direito, ou mesmo ligadas ao processo e à própria relação material impugnada.

Dado o amplo espectro que deve abranger a defesa, pode-se dizer que uma parte da contestação será voltada contra o processo, enquanto outra parte, da mesma defesa, repita-se, será voltada para as questões de mérito, propriamente.

5.2.1. *Das questões processuais*

Na parte em que se volta contra o processo, ou mais propriamente contra a relação jurídica processual, o réu não ataca o pedido, mas impugna o processo. Nessa parte, o demandado alega que não foram satisfeitos os pressupostos processuais (incompetência absoluta, inépcia da inicial, coisa julgada, litispendência etc.) ou qualquer outra matéria passível de impugnação.

O art. 337 do CPC nos apresenta rol das questões a serem suscitadas preliminarmente, que deve ser utilizado subsidiariamente no âmbito do direito processual do trabalho:

> Art. 337. Incumbe ao réu, antes de discutir o mérito, alegar:
> I – inexistência ou nulidade da citação;
> II – incompetência absoluta e relativa;
> III – incorreção do valor da causa;
> IV – inépcia da petição inicial;
> V – perempção;
> VI – litispendência;
> VII – coisa julgada;
> VIII – conexão;

IX – incapacidade da parte, defeito de representação ou falta de autorização;
X – convenção de arbitragem;
XI – ausência de legitimidade ou de interesse processual;
XII – falta de caução ou de outra prestação que a lei exige como preliminar;
XIII – indevida concessão do benefício de gratuidade de justiça. (...)

Antes de discutir o mérito, o réu deve alegar uma série de matérias. Seguindo o rol do art. 337 do CPC, tem-se como primeira hipótese justamente a possibilidade de suscitar a inexistência ou nulidade de citação.

Veja-se que sem a citação ou a notificação citatória válida é inviável a existência de uma relação jurídica processual. Na forma do art. 239, § 1º, do CPC, o comparecimento espontâneo do réu ou do executado supre a falta ou a nulidade de citação. Todavia, adotou-se solução diversa daquela prevista no CPC, fluindo a partir do comparecimento espontâneo o prazo para apresentação de defesa ou embargos, e não mais a partir da decisão acerca da nulidade. Assim, parece ultrapassado o entendimento outrora manifestado no sentido de que, quando a parte suscita a nulidade da citação, apenas após a apreciação e acolhimento da nulidade, com a intimação do demandado para que apresente defesa[15], é que se iniciaria o aludido prazo.

O CPC trouxe a possibilidade de ser suscitada, ainda, a incompetência absoluta ou relativa, no âmbito das questões preliminares ao mérito. É preciso ficar atento à dinâmica das exceções de incompetência, previstas no art. 800 da CLT, tal qual acima se deduziu. De todo modo, faz-se necessário suscitar como preliminar na contestação a incompetência absoluta do juízo. Uma vez reconhecida a incompetência deste, surge a dúvida: deve-se extinguir sem julgamento de mérito a demanda ou meramente remeter os autos para o juízo competente?

A solução encontra-se positivada no art. 795, § 2º, da CLT, e de solução análoga ao art. 64, § 3º, do CPC, que em seu § 2º indica que deve o juiz remeter os autos ao juízo competente.

15. Caso não impugnada a nulidade da citação como preliminar da contestação, já se entendeu que, para que seja reconhecida a aludida irregularidade, a parte deverá mencioná-la na primeira oportunidade em que deva falar nos autos, seguindo a forma dos arts. 794 e 795 da CLT: "*Nulidade processual. Citação para o processo. Revelia. Arguição na primeira oportunidade.* – A disciplina dos arts. 794 e 795, §§ 1º e 2º, da CLT, não deixa qualquer margem a dúvida: somente se declara a nulidade de atos, quando a parte prejudicada suscitá-la, na primeira vez que falar nos autos. O Código de Processo Civil, ao tratar das nulidades, traz a mesma orientação, no sentido de que devem ser arguidas na primeira oportunidade em que a parte tem para falar nos autos, sob pena de preclusão (CPC, art. 245). Tal dispositivo, no caso de citação, deve ser aplicado em consonância com o disposto no art. 214, § 1º, do mesmo diploma legal, que estabelece a convalidação do ato pelo comparecimento espontâneo do réu. Recurso conhecido e não provido" (00110-1997-006-10-00-7, rel. Des. Braz Henriques de Oliveira, 3ª Turma, j. 13-10-2005, data de publicação: 21-10-2005).

O STJ, ao pronunciar-se sobre o ponto, evidencia as razões de o legislador assim proceder:

> Recurso especial. Negativa de prestação jurisdicional. Não ocorrência. Reconhecimento da incompetência absoluta. Remessa dos autos ao juízo reputado competente. Necessidade. Extinção do processo sem julgamento do mérito, sob o argumento de que o juizado especial federal, em razão de resolução expedida pela justiça federal, somente processará o ajuizamento das ações pelo sistema eletrônico. Impossibilidade. Recurso provido. I – O § 2º de seu art. 113 do CPC, ao determinar que o Juízo remeta os autos ao Juízo tido por competente, após o reconhecimento de sua incompetência absoluta, tem por objetivo precípuo afastar o risco de perecimento do direito do demandante. Vale dizer, tendo a parte exercido seu direito de ação, ainda que perante Juízo incompetente, é certo que a interrupção do prazo prescricional, que se dá com a citação válida, retroagirá à data da propositura da ação (*ut* § 1º do art. 219 do CPC); II – Outro aspecto relevante que o mencionado preceito legal busca preservar é o financeiro, uma vez que sua observância enseja o aproveitamento das custas processuais até então suportadas pelo demandante, o que, aliás, não se daria, em regra, com a extinção do processo sem julgamento do mérito; III – Não se admite, assim, imputar à parte autora o ônus de promover nova ação, com todos os empecilhos financeiros e processuais, por impossibilidade técnica do Poder Judiciário, nos termos consignados pelo r. Juízo *a quo*, o que, em última análise, confunde-se com a própria obstrução do acesso ao Poder Judiciário; IV – Recurso especial provido (1098333 RS 2008/0221960-1, rel. Min. Massami Uyeda, 3ª Turma, j. 8-9-2009, *DJe* 22-9-2009).

Nesse mesmo sentido, algumas Cortes justrabalhistas, inclusive o TST:

> Preliminar de nulidade por negativa de prestação jurisdicional. Conforme autoriza a Súmula 297, item III, do TST, deixa-se de pronunciar a nulidade, considerando prequestionada a matéria proposta pela recorrente, uma vez que a questão envolve discussão eminentemente de direto. Recurso não conhecido. Incompetência da justiça do trabalho. Danos morais e materiais por acidente de trabalho. Extinção do processo sem julgamento do mérito. Não se verifica a apontada ofensa ao art. 267, IV, do CPC. Conquanto a declaração de incompetência absoluta evidencie a ausência de pressuposto de validade do processo, essa hipótese obedece a disciplinamento específico no art. 113, § 2º, do CPC, segundo o qual, declarada a incompetência absoluta, o processo deverá ser remetido ao juiz competente. Os arestos colacionados não abordam a peculiaridade do presente caso, no sentido de que a extinção do processo sem julgamento do mérito se daria por inércia da parte autora (art. 267, III, do CPC). Incidência da Súmula 296 do TST. Recurso não conhecido

> (113600-70.2003.5.03.0103, rel. Antônio José de Barros Levenhagen, 4ª Turma, j. 15-2-2006, *DJ* 10-3-2006).
> Declaração de incompetência absoluta: impropriedade do decreto judicial de extinção do processo sem resolução de mérito a envolver todos os pedidos: exigência de declinação e remessa dos autos ao juízo competente: CPC, art. 113, § 2º, parte final. Incide em equívoco o Juízo ao extinguir o processo, sem exame de mérito, quanto a todos os pedidos descritos na exordial, ao instante em que declara sua incompetência material, quando a referida decisão deveria ensejar, nesse caso, o decreto de remessa dos autos ao Juízo ou Tribunal que entendesse competente para a causa, a teor do art. 114, § 2º (*sic*), parte final, do Código de Processo Civil. (...) (DF 01095-2005-014-0-00-0, rel. Des. Alexandre Nery de Oliveira, 2ª Turma, j. 26-4-2006, data de publicação: 12-5-2006).

Assim, fica claro que a hipótese não será a de extinção do feito, sem julgamento de mérito, mas de remessa do feito para o juízo competente, e, salvo decisão judicial em sentido contrário, conservam-se os efeitos de decisão proferida pelo juízo incompetente até que outra seja proferida, se for o caso, pelo juízo competente (§ 4º do art. 64 do CPC).

A matéria pode ser alegada a qualquer tempo, inclusive de ofício pelo Juízo de primeiro e segundo graus, até o trânsito em julgado:

> Recurso ordinário em agravo regimental-precatório. Cabimento do recurso. Regimento interno. Limites horizontais da cognição. Enunciado 321 do TST. Nos termos do art. 70, I, *i*, do Regimento Interno do TST, compete ao Tribunal Pleno – julgar os recursos ordinários opostos a agravo regimental e a mandado de segurança que tenha apreciado despacho de Presidente do Tribunal Regional em sede de precatório. A natureza do precatório é realmente administrativa, não lhe tendo retirado essa feição o art. 70, I, *i*, do Regimento Interno. Portanto, aplicam-se ao presente recurso os limites de cognição impostos pelo Enunciado n. 321 do TST. Remessa oficial em agravo regimental. Precatório. Não conhecimento – Não se conhece de Remessa Oficial em sede de precatório, considerada sua natureza administrativa. Precatório. Arguição de incompetência absoluta. Preclusão quanto ao processo de conhecimento. Inexistência de incompetência na execução – a incompetência absoluta é suscitável a qualquer momento até o trânsito em julgado. Depois deste, apenas por meio de ação rescisória é possível desconstituir a sentença proferida por juízo absolutamente incompetente (art. 485, II, do CPC). Em sede de execução, a discussão acerca da regra de competência só pode realizar-se nos termos da parte final do art. 114 da CF/1988. Nesse diapasão, é sabido que a Justiça do Trabalho é competente para executar seus julgados. Arguição de

> incompetência absoluta rejeitada (7885000-18.2003.5.03.0900, rel. Maria Cristina Irigoyen Peduzzi, j. 20-5-2004, Tribunal Pleno, *DJ* 4-6-2004).

Não é factível, todavia, que a matéria seja suscitada de ofício diretamente pelo TST por não preenchido o pressuposto do prequestionamento, como veremos adiante.

Ainda sob tal tópico, devemos lembrar das hipóteses previstas no art. 286 do CPC, no que é atinente à distribuição por dependência em razão da conexão ou continência (inciso I) e, igualmente, da prevenção do juízo que conheceu a demanda anteriormente ajuizada e aquele em cujo processo foi extinto sem julgamento de mérito (incisos II e III). Tais hipóteses impõem a competência de determinado juízo para conhecer da demanda, sendo que tal matéria deverá ser suscitada pela parte, igualmente a título de preliminar.

Ao demandado é possível, ainda, suscitar a incorreção no valor da causa, na forma do inciso III do art. 337. Mormente por força da redação conferida pela Lei n. 13.467/2017 ao art. 840, § 1º, da CLT, em que se impôs ao autor a indicação do valor certo, determinado e com sua indicação na petição inicial, parece ser ônus do demandado, caso deseje impugnar o valor atribuído à causa pelo autor, fazê-lo por meio da competente impugnação, em sede de preliminar.

É possível, também, suscitar os defeitos na petição inicial, que ensejem a sua inépcia. Resta configurada a inépcia quando a petição inicial não preenche os requisitos formais que a legislação lhe impõe[16]. O reclamado deve suscitar a inépcia da inicial em sua defesa, por desobediência aos critérios fixados no art. 319 do CPC, na forma do § 1º do art. 330 do CPC. Segundo o dispositivo:

> § 1º Considera-se inepta a petição inicial quando:
> I – lhe faltar pedido ou causa de pedir;
> II – o pedido for indeterminado, ressalvadas as hipóteses legais em que se permite o pedido genérico;
> III – da narração dos fatos não decorrer logicamente a conclusão;
> IV – contiver pedidos incompatíveis entre si.

Desse modo, caso entenda o demandado que a petição inicial enquadra-se como inepta, deve suscitar tal matéria em sede de preliminar a sua defesa.

Há dúvida, todavia, se em face do reconhecimento da inépcia o juízo deveria extinguir sem julgamento de mérito a demanda, à guisa do art. 485, I, do CPC, ou se a hipótese seria de conferir prazo para que o reclamante possa emendar a

16. MARINONI, Luiz Guilherme; MITIDIERO, Daniel. *Código de Processo Civil:* comentado artigo por artigo. 4. ed. São Paulo: Revista dos Tribunais, 2012. p. 310.

inicial, retificando a peça inaugural. O TST, em diversas oportunidades, já se pronunciou sobre o assunto, indicando não haver obrigatoriedade de abrir prazo para a emenda da inicial na hipótese de inépcia:

> ... V – Acha-se consolidado nesta Corte, por meio da Súmula 263 desta Corte, em sua primeira parte, o entendimento de que, nas hipóteses descritas no art. 330 do CPC de 2015, a petição inicial deve ser indeferida sem que a parte seja intimada para suprir a irregularidade. VI – Dessa forma, o Regional, ao concluir pela impossibilidade de concessão de prazo para a emenda no caso de petição inicial inepta (art. 330, I do CPC de 2015), decidiu em consonância com a Súmula 263 desta Corte, em sua primeira parte, o que atrai o óbice do artigo 896, § 7º, da CLT. VII – Recurso não conhecido (RR 10460-14.2015.5.15.0055, rel. Min. Antonio José de Barros Levenhagen, 5ª Turma, j. 15-3-2017, *DEJT* 17-3-2017).
>
> RECURSO DE REVISTA INTERPOSTO PELO RECLAMANTE. (...) INÉPCIA DA PETIÇÃO INICIAL. EMENDA. PRAZO. PEDIDO INESPECÍFICO. 1. Consoante jurisprudência consagrada na Súmula n. 263 desta Corte superior, a concessão de prazo para suprir irregularidade na petição inicial não se aplica na hipótese de inépcia da peça de ingresso. 2. De outro lado, o artigo 840, § 1º, da Consolidação das Leis do Trabalho estabelece a necessidade de "uma breve exposição dos fatos de que resulte o dissídio" 3. Tem-se, ainda, que o processo do trabalho é regido, entre outros, pelos princípios da simplicidade e da instrumentalidade das formas. 4. Na hipótese dos autos, no entanto, constata-se que o reclamante, conquanto tenha discriminado corretamente todas as parcelas que deveriam suportar a integração das horas extras e das demais parcelas reconhecidas em juízo, registrou ao final, de forma genérica, que a integração também deveria ocorrer sobre as demais parcelas, o que enseja o reconhecimento da inépcia da parte final do pedido formulada, porquanto genérica, ainda que se considere o princípio da informalidade, norteador das regras processuais trabalhistas. 5. Recurso de Revista não conhecido. (...) (RR 135900-36.2003.5.17.0006, rel. Des. convocado Marcelo Lamego Pertence, 1ª Turma, j. 16-9-2015, *DEJT* 18-9-2015).
>
> AGRAVO DE INSTRUMENTO. RECURSO DE REVISTA. PETIÇÃO INICIAL. INÉPCIA. EMENDA. SÚMULA N. 263 DO TST 1. O Tribunal Superior do Trabalho, mediante a Súmula n. 263, consagrou diretriz no sentido de que a extinção do processo, sem resolução de mérito, com fulcro em um dos vícios previstos no art. 295 do CPC, prescinde de intimação prévia da parte para suprir a irregularidade detectada. 2. Caso em que o TRT de origem mantém a extinção do processo em virtude de inépcia da petição inicial (art. 295,

> I, do CPC) e adota tese no sentido de não haver necessidade de intimação prévia para sanar o vício. Decisão em conformidade com a Súmula n. 263 do TST. 3. Agravo de instrumento de que se conhece e a que se nega provimento (AIRR 230700-40.2008.5.02.0025, rel. Min. João Oreste Dalazen, 4ª Turma, j. 10-9-2014, *DEJT* 19-9-2014).
>
> ... INÉPCIA DA PETIÇÃO INICIAL. EMENDA. PRAZO. Consoante jurisprudência consagrada na Súmula n. 263 desta Corte superior, a concessão de prazo para suprir irregularidade na petição inicial não se aplica na hipótese de inépcia da peça de ingresso. Precedentes desta Corte superior. Revelando a decisão recorrida sintonia com a jurisprudência pacífica do Tribunal Superior do Trabalho, não se habilita a conhecimento o recurso de revista, nos termos do artigo 896, § 5º, da Consolidação das Leis do Trabalho. Agravo de instrumento a que se nega provimento (AIRR 1297-03.2010.5.06.0001, rel. Min. Lelio Bentes Corrêa, 1ª Turma, j. 4-6-2014, *DEJT* 6-6-2014).

Como se deduz, a interpretação do dispositivo conferida pelo TST por meio da Súmula 263[17] daquela Corte excepciona a necessidade de intimação do reclamante para emendar a petição inicial justamente nas hipóteses de indeferimento dessa peça com base no disposto no art. 330 do CPC.

De todo modo, caso seja a hipótese de correção de algum vício da petição inicial, deve-se rememorar que a emenda deve estar contida nos limites do art. 329, II, do CPC, ou seja, não pode importar alteração do pedido e/ou causa de pedir, salvo autorização expressa do réu, como já ressaltado ao longo deste Curso.

Deve-se falar, ainda, das hipóteses de perempção (inciso V). Já nos referimos às hipóteses de perempção, no âmbito do direito processual do trabalho, consoante previsto nos arts. 731 e 732 da CLT.

Outra questão que deve ser suscitada preliminarmente pelo demandado é a ocorrência de litispendência (inciso VI e § 3º) e/ou de coisa julgada (inciso VII e § 4º). Há litispendência quando se repetem duas ações, sendo que ambas estão em curso, isto é, quando há duas ações idênticas tramitando perante o mesmo juízo ou em juízo diversos. Já a coisa julgada existe quando se reproduz ação anteriormente julgada.

A litispendência impõe verdadeiro retrabalho por parte do Poder Judiciário, já que nessa hipótese se repete a ação que está em curso; o que se caracteriza

17. Salvo nas hipóteses do art. 330 do CPC de 2015 (art. 295 do CPC de 1973), o indeferimento da petição inicial, por encontrar-se desacompanhada de documento indispensável à propositura da ação ou não preencher outro requisito legal, somente é cabível se, após intimada para suprir a irregularidade em quinze dias, mediante indicação precisa do que deve ser corrigido ou completado, a parte não o fizer (art. 321 do CPC de 2015).

quando há identidade de partes, causa de pedir e pedido, na forma do art. 337, §§ 1º e 2º, do CPC.

Não há maiores dúvidas de que a litispendência impõe uma limitação ao conhecimento da demanda, e a extinção sem julgamento de mérito do feito na forma do art. 485, V, do CPC.

Grave problema, todavia, tem sido enfrentado no tocante ao reconhecimento da litispendência com a implementação das denominadas ações coletivas. Com efeito, há quem entenda inexistir litispendência ou coisa julgada entre ação individual e ação coletiva, como é o caso de Carlos Henrique Bezerra Leite[18], fundado no argumento de que inexistiria identidade de partes, além do que não haveria identidade de pedidos, sendo essa a regra. Nesse sentido a jurisprudência majoritária do E. TST:

> Ação civil pública. Direitos difusos e coletivos. Não configuração da litispendência. Arts. 301, §§ 1º, 2º e 3º, do CPC e 104 do CDC. O art. 301, §§ 1º, 2º e 3º, do CPC dispõe que deve ser reconhecida a litispendência entre ações que possuam identidade de pedido, causa de pedir e partes. Por outro lado, o art. 104, do CDC consigna que as ações coletivas, em que se discutem direitos difusos ou coletivos, não induzem litispendência para as ações individuais. Na hipótese, o Regional se limitou a analisar a questão pelo prisma de que a ação coletiva não induz litispendência com a ação individual, não tendo consignado se ficou demonstrada a ocorrência do mesmo pedido e da mesma causa de pedir, o que atrai os óbices das Súmulas 126 e 297 do TST. 3. Ainda, considerando que às ações civis públicas ajuizadas pelos sindicatos e pelo Ministério Público do Trabalho tem aplicação o teor do supramencionado art. 104 do CDC, pelo permissivo do art. 769 da CLT, é de se concluir pelo não conhecimento do recurso de revista da reclamada, em que se pretende o reconhecimento da litispendência, por violação à lei. Recurso de revista não conhecido (626-24.2010.5.22.0004, rel. Maria Doralice Novaes, 7ª Turma, j. 8-6-2011, *DEJT* 17-6-2011).
>
> Ação civil pública. Não configuração da litispendência. Art. 104 do CDC. 1. O art. 104 do CDC estabelece que as ações coletivas não induzem litispendência para as ações individuais. 2. Na hipótese, o Regional concluiu que há litispendência no presente caso, uma vez que o Ministério Público do Trabalho propôs ação civil pública buscando a tutela de direitos individuais homogêneos. Dessa forma, restaria claro que a reclamante está representada na ação coletiva, pois se trata de direitos individuais divisíveis e cindíveis, no qual é titular pessoa determinada. Por fim, entende que a ação civil pública e a ação individual proposta pela Obreira possuem a mesma causa de pedir e o mesmo pedido, o que induziria inegavelmente a litispendência. 3. Ora,

18. LEITE, Carlos Henrique Bezerra. *Curso de direito processual do trabalho*, cit., 8. ed., p. 515.

> como o art. 104 do CDC dispõe que os efeitos da coisa julgada na ação coletiva não beneficiarão os autores das ações individuais que não forem suspensas, o perigo de duas decisões conflitantes ou superpostas sobre a mesma matéria inexistente. 4. Nesse contexto, considerando que se aplica o teor do art. 104 do CDC, pelo permissivo do art. 769 da CLT, às ações civis públicas ajuizadas pelos sindicatos e pelo Ministério Público do Trabalho, é de se concluir pelo provimento do recurso de revista da reclamante, para que se afaste a litispendência. Recurso de revista conhecido e provido (RR, 2140-64.2010.5.12.0012, rel. Min. Ives Gandra Martins Filho, 7ª Turma, j. 9-8-2011, data de publicação: 12-8-2011).

Tal entendimento funda-se na interpretação dos arts. 103 e 104 do CDC.

> Art. 103. Nas ações coletivas de que trata este código, a sentença fará coisa julgada:
> I – *erga omnes*, exceto se o pedido for julgado improcedente por insuficiência de provas, hipótese em que qualquer legitimado poderá intentar outra ação, com idêntico fundamento valendo-se de nova prova, na hipótese do inciso I do parágrafo único do art. 81;
> II – *ultra partes*, mas limitadamente ao grupo, categoria ou classe, salvo improcedência por insuficiência de provas, nos termos do inciso anterior, quando se tratar da hipótese prevista no inciso II do parágrafo único do art. 81;
> III – *erga omnes*, apenas no caso de procedência do pedido, para beneficiar todas as vítimas e seus sucessores, na hipótese do inciso III do parágrafo único do art. 81.
> § 1º Os efeitos da coisa julgada previstos nos incisos I e II não prejudicarão interesses e direitos individuais dos integrantes da coletividade, do grupo, categoria ou classe.
> § 2º Na hipótese prevista no inciso III, em caso de improcedência do pedido, os interessados que não tiverem intervindo no processo como litisconsortes poderão propor ação de indenização a título individual.
> § 3º Os efeitos da coisa julgada de que cuida o art. 16, combinado com o art. 13 da Lei n. 7.347, de 24 de julho de 1985, não prejudicarão as ações de indenização por danos pessoalmente sofridos, propostas individualmente ou na forma prevista neste código, mas, se procedente o pedido, beneficiarão as vítimas e seus sucessores, que poderão proceder à liquidação e à execução, nos termos dos arts. 96 a 99.
> § 4º Aplica-se o disposto no parágrafo anterior à sentença penal condenatória.
> Art. 104. As ações coletivas, previstas nos incisos I e II e do parágrafo único do art. 81, não induzem litispendência para as ações individuais, mas os efeitos da coisa julgada *erga omnes* ou *ultra partes* a que aludem os incisos II e III do artigo anterior não beneficiarão os autores das ações individuais, se não for

requerida sua suspensão no prazo de trinta dias, a contar da ciência nos autos do ajuizamento da ação coletiva.

Todavia, parece mais acertada a visão que nos apresentam Edilton Meireles[19] e Leonardo Dias Borges. Com efeito, às ações coletivas no âmbito do processo do trabalho são aplicadas as regras do Código de Defesa do Consumidor, mais propriamente nos arts. 103 e 104 do aludido diploma.

Em sendo assim, na forma do art. 104 do CDC, efetivamente não haverá litispendência entre as ações individuais e as ações coletivas para proteção de interesses difusos, conforme indicado no inciso I do art. 81 do CDC, ou mesmo na hipótese de interesses coletivos, indicados no inciso II do mesmo art. 81.

Todavia, é preciso ficar atento a algumas conjunturas excepcionais, relacionadas aos direitos individuais homogêneos, como mencionam Edilton Meireles[20] e Leonardo Dias Borges. Dada a didática dos autores, pedimos autorização para transcrever seus ensinamentos:

> O CDC prevê, entretanto, duas opções ao demandante a título individual quando está em curso ação de natureza coletiva: requerer ou não a suspensão da ação individual (art. 104 do CDC). Na segunda hipótese (não suspensão), querendo o autor prosseguir com sua ação individual, ele ficará excluído da extensão subjetiva do julgado que vier a ser proferido na ação coletiva. Se preferir, no entanto, requerer a suspensão do processo individual, no prazo de 30 (trinta) dias a contar da ciência nos autos do ajuizamento da ação coletiva, será beneficiado pela coisa julgada favorável que se formar na ação coletiva. Sendo, porém, julgada improcedente a ação coletiva, o processo individual retomará seu curso, podendo ainda o autor ver acolhida sua demanda individual (não se fará coisa julgada contra o demandante individual – § 1º do art. 103 do CDC). Tratamento diverso, no entanto, é dado à hipótese em que está em curso ação individual e ação coletiva para a defesa de interesses individuais homogêneos. Neste caso, a questão se resolve pelo regime da suspensão prejudicial ou pela litispendência. A princípio, nesta última hipótese, há litispendência, considerando-se que na ação coletiva para defesa dos interesses individuais homogêneos e na ação individual, proposta pelo interessado, substituído naquela primeira, "há coincidência perfeita dos sujeitos passivos e, quanto aos sujeitos ativos, a identidade resulta da circunstância de que o legitimado à ação coletiva é o 'adequado representante' de todos os membros da classe, sendo portador, em juízo, dos interesses de cada um e de todos". Assim, a ação individual, ainda que anteriormente proposta, deverá ser extin-

19. MEIRELES, Edilton; BORGES, Leonardo Dias. *Primeiras linhas de processo do trabalho*, cit.
20. MEIRELES, Edilton; BORGES, Leonardo Dias. *Primeiras linhas de processo do trabalho*, cit.

> ta em face da litispendência. Contudo, para que isso ocorra é necessário que o autor da demanda individual intervenha na ação coletiva para defesa dos interesses individuais homogêneos como litisconsorte, quando, inclusive, sofrerá os efeitos da coisa julgada em relação a si, ainda que improcedente este processo. (...)
>
> Pode-se concluir portanto, em resumo, que:
>
> a) Entre a ação individual e ação coletiva para defesa de interesses difusos ou coletivos:
>
> 1. Não há litispendência:
>
> 2. O autor da ação individual poderá requerer a suspensão ou não de seu feito individual:
>
> a. Se não requerer a suspensão da ação individual, o autor respectivo deve ser excluído da ação coletiva;
>
> b. Se requerer a suspensão da ação individual, o autor individual será afetado pela decisão prolatada na ação coletiva (para defesa dos interesses difusos ou coletivos), salvo se ela for julgada improcedente por falta de prova, ou seja:
>
> • Se a ação coletiva for julgada procedente ou improcedente mas com base nas provas produzidas, a ação individual deverá ser extinta em face da coisa julgada da ação coletiva;
>
> • Se a ação coletiva for julgada improcedente por falta de provas, a ação individual poderá seguir em seu curso natural.
>
> b) Já entre a ação individual e a ação coletiva proposta para defesa de interesses individuais homogêneos:
>
> 1. Há litispendência se o autor da ação individual intervier na ação coletiva como litisconsórcio (*sic*):
>
> a. Neste caso, a ação individual deve ser extinta;
>
> 2. Se o autor da ação individual não intervier na ação coletiva aquela ficará suspensa:
>
> a. Neste caso, se a ação coletiva for julgada procedente, sua decisão beneficiará o autor da ação individual o que acarretará a extinção dessa mesma ação em face da coisa julgada daquela outra;
>
> b. Se, no entanto, a ação coletiva for julgada improcedente, a ação individual poderá prosseguir em seu curso natural.

Ou seja, em regra inexistirá litispendência, mas é preciso identificar se a hipótese é de direitos difusos, coletivos ou individuais homogêneos, porque, em se enquadrando neste último o direito em litígio, haverá litispendência se o autor intervier como litisconsorte, ou mesmo se beneficiará dos efeitos daquele feito coletivo caso este seja julgado procedente, quando sua ação individual ficar suspensa. Nesse sentido:

> Recurso de revista. Litispendência. Configuração. Ação coletiva e ação individual. Art. 104 do CDC. Aplicabilidade ao processo do trabalho. A coletivização das ações tem como resultado pronunciamento judicial com autoridade para solucionar lesões de direto que se repetem, de modo que tenha ele força suficiente para se estender aos direitos individuais homogêneos e coletivos, evitando, com isso, o entulhamento de processos que assoberbam os órgãos jurisdicionais. As ações coletivas têm a mesma natureza jurídica, quer sejam elas de origem trabalhista, quer sejam consumeristas. Deste modo, não há falar em litispendência, na medida em que a autora apenas será abrangida pela coisa julgada, que se formará na decisão coletiva, se buscar a suspensão do seu processo individual, com o fim de receber os efeitos daquela ação, o que não consta no presente caso. Aplica-se, portanto, o art. 104 do CDC ao processo do trabalho, que assegura a propositura de ações individuais e coletivas sem caracterização de litispendência. (...) (11300-48.2009.5.04.0020, rel. Aloysio Corrêa da Veiga, 6ª Turma, j. 19-10-2011, *DEJT* 28-10-2011).

É preciso consignar, ainda, existirem julgados apontando a existência da litispendência entre a ação individual e a ação coletiva quando a hipótese for de discussão sobre interesses individuais homogêneos, porquanto o art. 104 do CDC determina não induzir litispendência apenas quando se tratar de direito difuso ou coletivo na ação coletiva, mas não individual homogêneo. Nesse sentido:

> Recurso ordinário. Litispendência entre ação coletiva em que o sindicato atua como substituto processual e ação individual. O art. 104 do CDC é específico em estabelecer que as ações coletivas que não induzem litispendência em relação às ações individuais são aquelas tratadas nos incisos I e II do parágrafo único do seu art. 81, que são as ações para a defesa de interesses ou direitos difusos e interesses ou direitos coletivos. Não há menção quanto às ações coletivas que tratam de interesses ou direitos individuais homogêneos (objeto do art. 81, parágrafo único, inciso III) e é nessa modalidade que se encaixam as ações em que o sindicato atua como substituto processual na busca de direitos próprios dos integrantes da categoria. Assim, aplicáveis a parte dos pedidos deduzidos na presente demanda as regras gerais da litispendência, nos termos do art. 301 do CPC. Adicional de periculosidade. Radiação ionizante. (...) (RS 0000244-72.2010.5.04.0023, rel. Lenir Heinen, j. 17-5-2012, 23ª Vara do Trabalho de Porto Alegre).

Já a coisa julgada acontece quando se repete a ação que já foi decidida por sentença de mérito transitada em julgado, segundo os arts. 337, § 4º, do CPC.

Como dizem Marinoni e Mitidiero[21]: "A coisa julgada material obsta o exame de uma ação já julgada por sentença de mérito transitada em julgado sendo essa a função negativa da sua autoridade".

Note-se que, assim como em relação à litispendência, a coisa julgada das demandas individuais, em relação às demandas coletivas, seguirá o mesmo regime já acima delineado.

A conexão é outra matéria que deve ser suscitada em preliminar na contestação, ensejando a semelhança entre duas ou mais demandas, pendentes de julgamento. Tal matéria tem nítido caráter dilatório e serve para garantir a inexistência de julgamentos contraditórios porque seu acolhimento determina apenas a remessa dos autos para o juízo prevento, enquanto sua rejeição nenhum óbice gera para o trâmite da demanda.

Há quem entenda, inclusive, que a matéria pode ser suscitada a qualquer tempo e grau de jurisdição, obviamente se atendidos seus pressupostos:

> Conexão arguida em preliminar de contestação. Acolhimento obrigatório. Matéria de ordem pública. Conquanto o art. 105 do CPC mencione que o juiz "pode" ordenar a reunião das ações, não se trata de uma faculdade do magistrado, mas sim de uma imposição legal, por constituir matéria de ordem pública (art. 301, VII e § 4º, do CPC), não sujeita à preclusão, de modo que pode ser alegada a qualquer tempo e em qualquer grau de jurisdição (00867-2008-003-22-00-0, rel. Enedina Maria Gomes dos Santos, 1ª Turma, j. 31-8-2009, *DJT/PI* 16-9-2009).

Todavia, não há falar em conexão, ou melhor, em distribuição por dependência de causas conexas quando uma delas já tenha sido julgada, na forma do art. 57 do CPC, porque a finalidade do instituto é a de que as demandas sejam reunidas e decididas conjuntamente:

> Conflito negativo de competência. Conexão. Inexistência. Processos já julgados. Súmula 235 do STJ. – Não se justifica a reunião das ações, por conexão ou continência, quando uma delas já se encontra julgada, eis que o objetivo do art. 105 do CPC é que as demandas sejam reunidas e decididas simultaneamente a fim de que sejam evitadas sentenças conflitantes. Assim, não havendo temor de decisões contraditórias, eis que os processos prévios já foram decididos, nos termos da Súmula 235 do STJ, merece ser reconhecida a competência do MM. Juízo suscitado, para onde inicialmente foi distribuída a ação. Conflito negativo conhecido e julgado procedente (00319-2009-000-16-00-4, rel. Américo Bedê Freire, j. 28-1-2010, data de publicação: 22-2-2010).

21. MARINONI, Luiz Guilherme; MITIDIERO, Daniel. *Código de Processo Civil*, cit., 4. ed., p. 310.

A incapacidade processual é, também, matéria que deve ser suscitada a título de preliminar. Tal incapacidade se atém à própria incapacidade da parte, o defeito de representação ou mesmo a falta de autorização para o manejo da ação. No nosso caso, poder-se-ia falar da autorização assemblear para ajuizamento do dissídio coletivo, na forma do art. 859 da CLT, ou mesmo na hipótese de representação processual, já que em caso de substituição não é necessária a autorização.

Caso seja a hipótese de reconhecida a irregularidade, na forma do art. 76 do CPC, deve o juízo conferir prazo para que a parte regularize sua situação processual. A extinção do processo sem julgamento de mérito deve ser excepcional, somente sendo cabível se não atendido o comando judicial de regularização processual.

Todavia, tal entendimento não ressoa na jurisprudência defensiva dos Tribunais Superiores, notadamente do TST, que objeta o conhecimento de diversas pretensões, notadamente as recursais que lhe são submetidas, fundado nas irregularidades processuais albergadas naquele inciso IX do art. 337 do CPC, como já se viu anteriormente.

A convenção de arbitragem, compreendida como cláusula compromissória ou compromisso arbitral na forma da Lei n. 9.307/96, é, igualmente, matéria que deve ser suscitada pela parte reclamada em sede de defesa. Já tivemos a oportunidade de debater sobre a questão da arbitragem no âmbito das relações individuais de trabalho, cuja previsão restou autorizada na forma do art. 507-A da CLT, a partir da Lei n. 13.467/2017, razão pela qual remetemos o leitor para aquele tópico. De todo modo, com o advento da ampliação das competências da Justiça do Trabalho é certo que a vida demonstrará ser possível tal expediente perante essa Justiça Especializada.

Diante de tais possibilidades, cumpre mencionar que, em havendo convenção de arbitragem, caberá ao demandado suscitar a matéria em sede de preliminar de sua defesa.

O mesmo se deve dizer em relação à falta de caução ou de outra prestação que a lei exige como pressuposto de admissibilidade da demanda. No tocante à falta de caução, pela própria conjuntura do direito individual do trabalho, em que de um lado normalmente há uma parte economicamente hipossuficiente, é evidente que não há que falar, em regra, de caução. Todavia, dada a ampliação da competência da Justiça do Trabalho, é possível que assim se o faça. De todo modo, há hipótese bastante comum ao direito processual laboral da exigência de caução, como previsto na hipótese do depósito prévio da ação rescisória, na forma do art. 836 da CLT:

> Art. 836. É vedado aos órgãos da Justiça do Trabalho conhecer de questões já decididas, excetuados os casos expressamente previstos neste Título e a ação

> rescisória, que será admitida na forma do disposto no Capítulo IV do Título IX da Lei n. 5.869, de 11 de janeiro de 1973 – Código de Processo Civil, sujeita ao depósito prévio de 20% (vinte por cento) do valor da causa, salvo prova de miserabilidade jurídica do autor.

Deve-se alertar o leitor que, não obstante a redação do art. 836 da CLT remeta ainda à Lei n. 5.869/73, salutar é que se compreenda que a análise se dará a partir do quanto previsto na Lei n. 13.105/2015, o CPC. De todo modo, não há dúvidas quanto à aplicação da exigência do depósito prévio, bem como quanto ao fato de que a ausência de tal depósito implica o não preenchimento daquele pressuposto, a ser suscitado em sede de preliminar de defesa. Nesse sentido:

> Agravo regimental. Ação rescisória. Depósito prévio. Concessão dos benefícios da justiça gratuita. Empregador. Indeferimento. Art. 836 da CLT. Prova do estado de miserabilidade. Ausência. – É indevida a concessão da justiça gratuita no presente caso para efeito de dispensa de caução em ação rescisória, uma vez que o autor não figurou como trabalhador e sim contratante em contrato de empreitada, na relação jurídica subjacente. Ainda que assim não fosse, o art. 836, parte final, da CLT, exige demonstração do estado de miserabilidade, para efeito de isenção do aludido depósito prévio na ação rescisória, ônus do qual não se desincumbiu o autor (RO 0001899, rel. Des. Vulmar de Araújo Coêlho Junior, j. 17-8-2010, Tribunal Pleno, *DETRT14*, n. 0150, 19-8-2010).

Tem-se, assim, uma hipótese factível para a exigência da caução.

Por fim, cumpre ao demandado impugnar a concessão de gratuidade em favor da parte autora, tal qual previsto no inciso XII do art. 337 do CPC, aplicável ao processo laboral.

Como já referido, o momento apropriado para que se suscitem as matérias acima enumeradas é justamente no momento da apresentação da defesa. De todo modo, consoante expressa previsão do art. 337, § 5º, do CPC, salvo em relação ao compromisso arbitral e à incompetência relativa, todas as aludidas matérias podem ser suscitadas de ofício pelo juízo.

Depois da contestação, somente é lícito ao réu deduzir novas alegações, na forma do art. 342 do CPC, aplicado subsidiariamente, quando:

> I – relativas a direito ou a fato superveniente;
> II – competir ao juiz conhecer delas de ofício;
> III – por expressa autorização legal, puderem ser formuladas em qualquer tempo e grau de jurisdição.

Tal previsão parece claramente aplicável ao processo laboral. Constatada a alegação de quaisquer das aludidas matérias, poderá o réu deduzir novas alegações.

5.2.2. *Das questões de mérito*

Note-se que, em sua defesa, incumbe ao demandado responder a todos os termos da petição inicial, naquilo que se convencionou denominar "princípio da impugnação específica". Em outras palavras, a defesa deve ser pormenorizada, reputando-se verdadeiros os fatos não impugnados (art. 336 do CPC).

Tal conjuntura impede a apresentação de uma contestação genérica, em que se limita o réu a pedir a improcedência dos pedidos do autor, sem especificar razões que subsidiam essa conclusão.

Desse modo, caso assim não proceda o demandado, haverá presunção legal de veracidade dos fatos não impugnados (art. 341 do CPC), salvo quando a própria lei assim excepciona.

Neste momento, impõe-se indicarmos ainda que no mérito a defesa pode referir-se a fatos ou direitos que objetam, diretamente, a pretensão ou apenas indiretamente a inviabilizam. É aquilo que se convencionou denominar defesa direta e indireta de mérito. Vejamos.

Na hipótese das denominadas defesas indiretas de mérito o réu opõe um fato impeditivo, modificativo ou extintivo do pedido formulado na petição inicial. Exemplo típico dessa hipótese é justamente quando se suscita a ocorrência de prescrição ou decadência. Enquanto a prescrição atinge a pretensão (decorrente de um direito subjetivo) extinguindo-a, a decadência fulmina o próprio direito (potestativo).

Em relação à prescrição e à decadência, são suscitadas como defesa indireta de mérito, que, por não constar do rol do art. 337 do CPC, devendo ser entendida como prejudicial de mérito, e não como preliminar. Ocorrendo alguma dessas hipóteses, teremos a extinção do processo com julgamento de mérito, na forma do art. 487, II, do CPC.

O regime da prescrição, no âmbito do direito do trabalho, possui claro delineamento constitucional, no art. 7º, XXIX:

> XXIX – ação, quanto aos créditos resultantes das relações de trabalho, com prazo prescricional de cinco anos para os trabalhadores urbanos e rurais, até o limite de dois anos após a extinção do contrato de trabalho.

Recomenda-se ao leitor, ainda, que dê uma olhada nas diversas súmulas e OJs que cuidam da matéria[22], além das previsões contidas no art. 11 da CLT, mormente em razão das previsões decorrentes da redação conferida pela Lei n. 13.467/2017.

---

22. Súmulas 6, 95, 114, 153, 156, 168, 198, 199, 206, 268, 294, 308, 326, 327, 350, 362, 373, 382. Além das OJ da SDI I: 38, 46, 63, 76, 83, 128, 129, 130, 156, 175, 242, 243, 271, 344. Nas OJ transitórias da SDI-I: 27.

O regime da decadência, de outro lado, também possui alguma evidenciação no âmbito do direito processual do trabalho, que pode ser compreendida por meio do entendimento consolidado em alguns enunciados da súmula dos Tribunais Superiores.

Segundo o STF, configura-se, por exemplo, em decadência a hipótese do inquérito para apuração de falta grave, previsto no art. 853 da CLT, tal qual consagrado no item 403 da Súmula daquele Tribunal:

> É de decadência o prazo de trinta dias para instauração do inquérito judicial, a contar da suspensão, por falta grave, de empregado estável.

Do mesmo modo, é possível identificar o delineamento de algumas hipóteses de decadência pelo E. TST em sua jurisprudência consolidada, por meio das Súmulas 62 e 100.

Há que falar, ainda, na possibilidade do pronunciamento de ofício da decadência ou da prescrição. Em relação à aplicação de ofício da decadência, o E. TST já se pronunciou em diversas oportunidades, notadamente na apreciação de ações rescisórias, tendo-se como pacífica[23] a aplicação da decadência, de ofício.

No tocante à aplicação de ofício da prescrição, tal questão tem trazido, ainda, algumas dúvidas.

De acordo com o art. 332, § 1º, do CPC passou a ser passível o pronunciamento de ofício da prescrição e da decadência pelo juiz da causa.

Alguns advogam a aplicabilidade do referido dispositivo no direito processual do trabalho, como é o caso de Carlos Henrique Bezerra Leite[24], com base no dever de colaboração das partes e do juízo em favor da utilidade do processo, desde que o magistrado confira a oportunidade de manifestação às partes sobre o assunto.

O TST, todavia, tem se inclinado em sentido oposto, com o que concordamos, para indicar como inviável a aplicação do aludido artigo ao sistema processual do trabalho:

> AGRAVO DE INSTRUMENTO EM RECURSO DE REVISTA. 1. PRESCRIÇÃO. O Regional registrou que a reclamada, nas razões do recurso ordinário, não teceu uma única linha sobre a ocorrência da prescrição bienal. Inviável, portanto, a caracterização de contrariedade à Súmula 153 do TST. Ademais, o entendimento desta Corte Superior é o de que o artigo 219, § 5º, do CPC, que possibilita a pronúncia de ofício da prescrição pelo juiz, não se aplica

23. *Vide* TST, RO 4578-56.2010.5.10.0000, rel. Min. Alexandre de Souza Agra Belmonte, *DJe* 26-3-2013.

24. LEITE, Carlos Henrique Bezerra. *Curso de direito processual do trabalho*, cit., 8. ed., p. 521.

> subsidiariamente ao processo do trabalho, porque não se coaduna com a natureza alimentar dos créditos trabalhistas e com o princípio da proteção ao hipossuficiente. Precedentes. Dessarte, incide ao caso, quanto à segunda alegação da parte, o óbice da Súmula 333 do TST e do art. 896, § 7º, da CLT (...) (TST, AIRR 7511020155020089, rel. Dora Maria da Costa, 8ª Turma, j. 22-3-2017, *DEJT* 24-3-2017).
>
> Recurso de revista. 1. Prescrição. Declaração *ex officio*. Impossibilidade. – O cerne da controvérsia está em saber se o juízo de primeiro grau poderia, *ex officio*, declarar a prescrição quinquenal de pretensões declinadas na inicial do reclamante. A jurisprudência desta colenda Corte Superior caminha no sentido de que o artigo 219, § 5º, do CPC, com a redação dada pela Lei n. 11.280/2006, não é aplicável à Justiça do Trabalho, que, por seus princípios e peculiaridades, impedem seja declarada, de ofício, a prescrição de pretensões dos trabalhadores. Isso porque o trabalhador, além de parte hipossuficiente, busca com o processo do trabalho o reconhecimento de verbas alimentares, que, apesar de protegidas constitucionalmente (art. 7º, X, da CF/1988), deixaram de ser pagas no curso do contrato de trabalho. Dessa forma, seja pela incidência do princípio tuitivo ou da proteção ao hipossuficiente, seja pelo caráter alimentar das verbas trabalhistas, a prescrição de pretensões relacionadas aos contratos de trabalho não podem ser declaradas *ex officio*. Com esse entendimento privilegia-se não só a dignidade do trabalhador, mas a especialidade do ramo juslaboral, que não tem regra legal específica permitindo tal declaração. Precedentes. Incidência da Súmula 333 e do art. 896, § 4º, da CLT. Recurso de revista não conhecido (RR, 78600-23.2007.5.05.0132, rel. Min. Guilherme Augusto Caputo Bastos, 2ª Turma, j. 26-10-2011, data de publicação: 4-11-2011).

Além dos argumentos referidos acima, é fato que a prescrição decorre do sentido sistêmico de que é preciso conferir alguma estabilidade às relações, por meio da proteção àquele que, em tese, é a parte mais fraca da relação, qual seja, o devedor da obrigação. A prescrição seria, então, uma proteção de ordem pública conferida ao devedor, em face da inércia de seu credor. Todavia, no caso do credor trabalhista, em regra esse é justamente a parte mais fraca da relação (trabalhador), que busca justamente a satisfação de seus créditos, dada a desobediência aos comandos legais por parte do devedor (o empregador). Não parece razoável conferir o benefício da declaração de ofício ao empregador.

Em relação às ações coletivas movidas pela entidade sindical como substituto processual, restou consagrado o entendimento firmado pelo E. TST, por meio da OJ 359 da SDI-I, que assim pontua:

> A ação movida por sindicato, na qualidade de substituto processual, interrompe a prescrição, ainda que tenha sido considerado parte ilegítima "ad causam".

O fundamento para o aludido entendimento baseia-se no fato de que, ao atuar em defesa dos direitos dos membros da categoria, na forma do art. 8º, III, da CF/88, ainda que extinta sua pretensão, a atuação sindical não poderia ser desprovida de qualquer eficácia. Mesmo porque o art. 202, I, do CC evidencia a ocorrência da interrupção da prescrição em face da atuação de qualquer interessado, e não necessariamente da parte (E-ED-RR, 1552/2002-003-18-00, *DJ* 7-12-2007).

Outro aspecto que merece destaque é justamente quanto ao momento-limite para que a parte suscite a prescrição quando deixou de fazê-lo em sua contestação. Com efeito, o art. 193 do CC está assim assentado:

> Art. 193. A prescrição pode ser alegada em qualquer grau de jurisdição, pela parte a quem aproveita.

O TST, sobre o momento-limite para o reconhecimento da prescrição, já se pronunciou no sentido de que não se conhecerá da matéria suscitada exclusivamente perante aquele Tribunal, como se depreende do conteúdo da Súmula 153:

> Não se conhece de prescrição não arguida na instância ordinária.

O entendimento manifestado por aquela Corte revela apenas o apego ao requisito do prequestionamento para fins recursais, à guisa da Súmula 297 do mesmo TST. Se a matéria não foi questionada na instância ordinária, não poderá ser conhecida na instância extraordinária, o próprio TST. Todavia, não responde à pergunta: qual o último momento para suscitar a prescrição?

A instância ordinária seria formada pelo juízo de piso, de primeiro grau, e pelos Tribunais Regionais do Trabalho. Daí alguns defenderem a hipótese de se suscitar a prescrição nas razões de recurso ordinário, mesmo que a matéria não tenha sido conhecida pelo juízo de piso. Outros defendem ainda a possibilidade de ser suscitada a matéria em sede de sustentação oral do mesmo recurso ordinário.

A nosso sentir, não deveria ser possível a uma das partes suscitar a prescrição sem que se possa permitir à outra o direito de responder aos termos daquela objeção.

De todo modo, o E. TST já se pronunciou mais de uma vez no sentido de que seja possível a alegação da ocorrência da prescrição em diversas oportunidades, seja na defesa, nas razões finais, nas razões recursais e nas contrarrazões, desde que antes do julgamento do recurso ordinário:

> Ação rescisória. Prescrição. Momento oportuno de ser arguida. – A prescrição somente pode ser aplicada mediante provocação da parte interessada, po-

dendo ser arguida tanto na defesa, razões finais, como nas razões recursais e nas contrarrazões, antes do julgamento do recurso ordinário. Não se opera, pois, a preclusão consumativa para fazê-lo se invocada em recurso ordinário, mormente quando a prescrição teve por fundamento a transmudação do regime jurídico de celetista para estatutário, que só poderia ser reconhecida se os autores tivessem logrado obter o reconhecimento da validade do vínculo empregatício. Pertinência do Enunciado 153, desta Corte. De resto, nesse sentido é expresso o art. 162 do CC. Recurso ordinário a que se nega provimento (ROAR-774.219/2001.5, rel. Juíza convocada Anélia Li Chum, *DJU* 19-4-2002).

Agravo de instrumento. Recurso de revista. Prescrição. Momento de arguição. – Com amparo no art. 162 do CC/1916 e no atual art. 193 do CC/2002, aplicado de forma subsidiária ao processo do trabalho, é admitida a possibilidade de se conhecer da prescrição em qualquer grau de jurisdição, desde que arguida na instância ordinária, o que efetivamente ocorreu na hipótese, quando a prescrição foi arguida em razões finais. Neste sentido a Súmula 153 desta Corte. Agravo de instrumento a que se nega provimento (AIRR 1201/2002-670-09-40.0, rel. Min. Guilherme Augusto Caputo Bastos, 7ª Turma, j. 18-12-2007, data de publicação: 8-2-2008).

Recurso ordinário. Ação rescisória. Prescrição arguida em razões finais. Possibilidade. Violação de lei. – Ofende o art. 162 do CC/1916 a decisão que rejeita a prescrição alegada em razões finais, ao argumento de que ela deveria ter sido invocada na contestação. Isto porque, interpretando tal dispositivo, esta Corte firmou o entendimento de que a prescrição pode ser arguida em qualquer momento processual que não ultrapasse o recurso ordinário (Súmula 153/TST). Apelo ordinário desprovido (ROAR, 12731/2002-000-02-00.7, rel. Min. José Simpliciano Fontes de F. Fernandes, j. 6-6-2006, Subseção II Especializada em Dissídios Individuais, data de publicação: 23-6-2006).

Prescrição. – Impõe-se o provimento do recurso, para acatar a prescrição quinquenal arguida em razões finais, nos termos do Enunciado 153 do TST, declarando prescritos os créditos do reclamante/recorrido anteriores aos cinco anos da propositura da ação (OJ 204, SDI-1/TST). A retificação da CTPS não é alcançada pela prescrição, dado seu conteúdo declaratório. Recurso de revista conhecido e provido (RR, 751618/2001.0, rel. Juíza convocada Rosita de Nazaré Sidrim Nassar, j. 15-10-2003, 5ª Turma, data de publicação: 31-10-2003).

Ademais, é preciso referir a possibilidade de compensação, retenção e dedução como defesas indiretas previstas no art. 767 da CLT. Trata-se, por ordem expressa daquele dispositivo, de matéria de defesa.

A compensação é forma de extinção de obrigações, em função da reunião recíproca da qualidade de devedor e credor aos envolvidos. Trata-se de modalidade de extinção das obrigações em que haja reciprocidade e liquidez das dívidas, além de homogeneidade entre estas (hora extra com hora extra, por exemplo), além de serem reciprocamente exigíveis, como defendem Edilton Meireles e Leonardo Dias Borges[25]. Já a dedução é a justa autorização de abatimento para evitar o enriquecimento sem causa de uma das partes.

Por sua vez, a retenção é um exercício de autotutela. Trata-se da possibilidade de negativa da entrega de determinado bem a alguém.

Tais matérias devem ser suscitadas, tal qual referido expressamente no texto de lei, obrigatoriamente na contestação. Caso o reclamado assim não proceda, não poderá fazê-lo em outra oportunidade, dado que preclusa a matéria conforme entendimento consolidado na Súmula 48 do E. TST.

Por fim, cumpre à parte, na defesa direta de mérito, suscitar:

a) ou a negativa dos fatos constitutivos do direito do autor;
b) ou a negativa dos efeitos jurídicos dos fatos constitutivos.

É muito comum que no final da contestação se façam requerimentos finais, que são requerimentos sobre produção de prova, de observância de regras próprias para a incidência das normas coletivas, observância da legislação previdenciária, fiscal, prescrição se for a quinquenal ou absoluta etc.

5.3. Da reconvenção

Além dos mecanismos de resposta acima indicados, é possível à parte ré responder aos termos da demanda sob a modalidade da reconvenção. No que toca à reconvenção, deve-se aduzir, inicialmente, que se trata de verdadeiro contra-ataque. Não há regulamentação sobre o assunto no âmago do texto celetista, de modo que se utiliza a regulamentação prevista nos arts. 343 e seguintes do CPC.

Todavia, parece inexistir dúvida quanto ao cabimento do aludido expediente no âmbito do processo laboral, mormente porque a Lei n. 13.467/2017 prevê expressamente serem cabíveis honorários de sucumbência na hipótese de reconvenção, consoante a redação conferida ao § 5º do art.791-A da CLT. Logo, o legislador admite a hipótese da reconvenção no processo laboral.

Diante da omissão quanto à propositura da reconvenção no âmbito da CLT, deve-se, à guisa do art. 769 da CLT e do art. 15 do CPC, aplicar as previsões contidas no art. 343 e seguintes daquele Código. Tal qual explicita o conteúdo do art. 343 do CPC, por meio daquela medida processual, nos mesmos autos, o réu

25. MEIRELES, Edilton; BORGES, Leonardo Dias. *Primeiras linhas de processo do trabalho*, cit., p. 294.

(reconvinte) passa de apenas demandado a postular algo conexo com o inicialmente apresentado pelo autor (reconvindo) contra este último.

Trata-se de uma ação como outra qualquer que, apenas por medida de economia processual, reside em um mesmo caderno processual. Tanto que a desistência da ação principal não obsta o prosseguimento da reconvenção[26], bem como pode o réu propor reconvenção independente de oferecer contestação (§ 6º do art. 343).

Todavia, é preciso estipular alguns requisitos para que seja possível o processamento conjunto daquelas demandas. Podemos listar que são requisitos para sua admissibilidade[27]:

a) que o juiz da causa principal seja competente para a reconvenção;
b) que haja compatibilidade entre os ritos processuais adotados;
c) que haja processo pendente;
d) que haja conexão entre a reconvenção e a ação principal (conexão instrumental, de um mesmo regime instrutório).

No direito processual do trabalho, a jurisprudência de longa data tem tolerado que a reconvenção seja aduzida no corpo da própria contestação, dado algum caráter de informalidade. Tal medida fora consagrada no art. 343 do CPC, que permite expressamente ao réu deduzir a reconvenção em sede da própria contestação.

Do ponto de vista prático, deve-se referir ser possível o manejo da reconvenção em separado da contestação. Com efeito, o § 6º do art. 343 do CPC autoriza o manejo independentemente da reconvenção e da contestação. Tal independência autoriza dizer, portanto, ser possível a propositura da reconvenção em separado da peça de defesa.

A reconvenção pode ser escrita ou verbal (reduzida a termo em audiência), mas deve obedecer aos critérios da petição inicial, indicados no art. 840 da CLT. Em relação às testemunhas, o reclamado terá as testemunhas para a reconvenção e para a pretensão inicial, sem prejuízo, sendo certo que a ação e a reconvenção devem ser julgadas na mesma sentença.

Já em relação ao procedimento, dada a omissão do texto celetista sobre a matéria, há algumas nuances que precisam ser devidamente explicitadas.

Segundo a disciplina prevista no CPC, a reconvenção deve ser proposta no prazo de defesa (art. 343 do CPC), sob pena de preclusão. Todavia, na forma do art. 847 da CLT, o prazo para defesa do reclamado é o de vinte minutos, durante a audiência:

26. MEIRELES, Edilton; BORGES, Leonardo Dias. *Primeiras linhas de processo do trabalho*, cit., p. 302.
27. MEIRELES, Edilton; BORGES, Leonardo Dias. *Primeiras linhas de processo do trabalho*, cit., p. 301.

> Art. 847. Não havendo acordo, o reclamado terá vinte minutos para aduzir sua defesa, após a leitura da reclamação, quando esta não for dispensada por ambas as partes.

A prática judiciária tem demonstrado dois entendimentos no tocante ao procedimento reconvencional. O primeiro deles leva em consideração que o regramento da CLT prevê que o momento processual para a apresentação da defesa seria justamente a audiência.

Desse modo, sendo a reconvenção verdadeira ação, a hipótese seria da designação de nova audiência, desta feita para a apresentação da defesa pelo reclamante-reconvindo sobre os termos da aludida reconvenção, respeitado o interstício de cinco dias entre a data da ciência dos termos da reconvenção e a nova audiência. Daí em diante, prosseguir-se-ia nos mesmos termos da instrução processual de qualquer outra demanda, apenas levando em conta que o objeto da lide seria ampliado.

Já outra corrente entende que seria a hipótese de aplicar o procedimento previsto no § 1º do art. 343 do CPC, determinando-se ao reconvindo o prazo de quinze dias para contestar os termos da reconvenção. Parece-nos mais acertado o primeiro procedimento porque de maior identidade com o procedimento das demandas em curso nesta Especializada.

É de notar, todavia, que, segundo a previsão do CPC, uma vez apresentada a reconvenção, será o autor intimado para apresentar resposta no prazo de quinze dias (§ 1º). Tal previsão permite concluir como sendo possível a existência de reconvenções sucessivas, considerando que a oportunidade será a de apresentação de "resposta", e a reconvenção é justamente uma das respostas possíveis ao demandado.

A desistência ou a existência de causa extintiva da demanda, que implique a extinção do feito, não obsta o prosseguimento da reconvenção (art. 343, § 2º). Ademais, a reconvenção pode ser proposta contra o autor e terceiro (§ 3º) e mesmo pelo réu em litisconsórcio com terceiro (§ 4º), inserindo-se nova parte no processo, desde que, obviamente, preservados os pressupostos acima delineados.

Há questão relevante, todavia, atinente ao substituto processual. O § 5º do art. 343 do CPC estabelece a possibilidade de ser manejada a reconvenção em face do autor que estiver demandando como substituto processual, para pretender direito titularizado pelo substituído:

> § 5º Se o autor for substituto processual, o reconvinte deverá afirmar ser titular de direito em face do substituído, e a reconvenção deverá ser proposta em face do autor, também na qualidade de substituto processual.

Tal matéria ganha relevo na medida em que a entidade sindical poderá figurar como substituto processual inclusive para pretender direito individual heterogêneo, como já tivemos a chance de discutir. Deverá, assim, ser demandada a entidade sindical, mesmo que na qualidade de substituto processual.

No caso do procedimento sumário e do sumaríssimo, a reconvenção não se mostra, em tese, cabível porque afronta a celeridade que envolve tais ritos. Todavia, parece cabível o pedido contraposto, no bojo da própria contestação, analogicamente aplicável por força do art. 31 da Lei n. 9.099/95, tal qual já teve a oportunidade de decidir o E. TST em diversos precedentes: AIRR 3057-69.2012.5.22.0001, rel. Min. João Oreste Dalazen, 4ª Turma, *DEJT* 7-10-2016; AIRR 271-36.2013.5.20.0013, rel. Min. Maria de Assis Calsing, 4ª Turma, *DEJT* 11-12-2015; RR-567-53.2011.5.01.0079, rel. Min. Kátia Magalhães Arruda, 6ª Turma, *DEJT* 27-11-2015; RR-26800-65.2009.5.18.0053, rel. Min. José Roberto Freire Pimenta, 2ª Turma, *DEJT* 25-9-2015. É ainda o que se depreende:

> AGRAVO DE INSTRUMENTO EM RECURSO DE REVISTA – PROCEDIMENTO SUMARÍSSIMO – PEDIDO CONTRAPOSTO FORMULADO EM CONTESTAÇÃO – COMPATIBILIDADE. A Lei n. 9.957/2000, que acrescentou os dispositivos da CLT referentes à instituição do procedimento sumaríssimo para dissídios individuais cujo valor não exceda a quarenta vezes o salário mínimo, não contém disposição expressa quanto à admissão de pedido contraposto, nem de reconvenção nos processos sob esse rito. A questão deve ser analisada a partir da interpretação simétrica com as leis que disciplinam mecanismos de celeridade na prestação jurisdicional em causas de valores limitados. Nesse sentido, a Lei n. 9.099/95, que disciplina os Juizados Especiais Cíveis para causas cujo valor não exceda a quarenta vezes o salário mínimo, e a Lei n. 9.245/95, que instituiu dispositivos do Código de Processo Civil para adoção do rito sumário nas causas cujo valor não exceda a sessenta vezes o salário mínimo, não admitem a reconvenção, restringindo a resposta do réu à formulação de pedido contraposto, que deve ser fundado nos mesmos fatos da inicial. A jurisdição como exercício do poder soberano do Estado é una, motivo pelo qual a instituição de procedimentos que busquem impingir celeridade na prestação jurisdicional a causas com valores limitados deve buscar a harmonia entre institutos correlatos. Com fulcro no princípio da duração razoável do processo e amparo no art. 769 da CLT, a lacuna de norma específica na legislação do trabalho deve ser suprida pela observância do disposto nos arts. 31 da Lei n. 9.099/95 e 278, § 1º, do CPC. Por corolário, deve ser admitida, em processos submetidos ao rito sumaríssimo, a pretensão formulada em contestação como pedido contraposto, a qual deve ser fundada nos mesmos fatos da inicial. Logo, incólume o princípio do devido processo

> legal gravado no art. 5º, LIV, da Constituição Federal, em face da compatibilidade do instituto do pedido contraposto nas reclamações trabalhistas sob rito sumaríssimo. Agravo de instrumento desprovido (TST, AIRR 63961201 15030151 639-61.2011.5.03.0151, rel. Luiz Philippe Vieira de Mello Filho, 4ª Turma, j. 15-8-2012).

Do ponto de vista pessoal, porém, não vislumbramos restrição legal necessária no caso concreto, sem previsão legal específica, uma vez que aceitar a reconvenção, do ponto de vista da celeridade e economia processuais, talvez seja a melhor forma de realizar o princípio da duração razoável do processo, evitando, por exemplo, que haja ajuizamento de ações autônomas que, pela conexão, deveriam ser reunidas.

CAPÍTULO 17

Do Valor de Alçada (da Causa)

Sumário: 1. Valor da causa e o tratamento conferido ao tema – **2.** Valor da alçada: finalidade, competência e limites para a fixação.

1. VALOR DA CAUSA E O TRATAMENTO CONFERIDO AO TEMA

No direito processual civil, o valor da causa reflete o direto interesse do Estado no conteúdo econômico do litígio. A partir da análise do valor da causa abre-se verdadeiro leque de possibilidades para o processo, dentre as quais, por exemplo, a definição da competência, a determinação do rito, a base de cálculo das taxas judiciárias e para o arbitramento dos honorários advocatícios, dentre outras possibilidades.

Há, como já vimos, no âmbito do direito processual comum a criação de verdadeiros tribunais de alçada, como aqueles previstos na Lei n. 9.099/95, os chamados Juizados Especiais, por meio dos quais, em função do valor da potencial condenação, instituem-se juízos próprios para conhecer da reclamação.

No caso do direito processual do trabalho, todavia, não se aplica boa parte das soluções indicadas no direito processual comum, dado que o conteúdo econômico do pedido não repercute da mesma maneira na Justiça Especializada. Com efeito, a lei trabalhista não define a competência em função do conteúdo econômico do dissídio.

Todavia, o valor da causa não nos é irrelevante ou assintomático. Tal elemento é importante para a fixação da base de cálculo para custas e taxas judiciárias, na hipótese de extinção do processo sem julgamento de mérito (art. 789, II, da CLT); para a indicação do procedimento a ser seguido (sumário, sumaríssimo ou ordinário), como veremos adiante; para os honorários de sucumbência (art. 791-A, *fine,* da CLT); ou indica a transcendência da matéria para fins de admissibilidade do recurso de revista (art. 896-A, § 1º, I, da CLT), por exemplo. Pode ser parâmetro, ainda, para a fixação das multas por litigância de má-fé (arts. 81 do CPC e 793-C da CLT).

Em primeiro lugar, como já tivemos a oportunidade de dizer, no tocante ao valor da causa, a questão merece ser observada na perspectiva de que, não obstante as mudanças no regime da petição inicial, a partir da Lei n. 13.467/2017, tenham consignado como exigível a indicação do valor do pedido (art. 840, § 1º, da CLT), tais mudanças não deixaram às claras a mesma exigência, no tocante ao valor da causa, no processo do trabalho.

Isso porque o valor da causa e o valor do pedido não consistem no mesmo requisito, embora em regra o sistema indique que o valor da causa deva ser fixado em consideração ao proveito econômico pretendido pela parte. Por uma questão de método, todavia, cumpre evidenciar que, em regra, o valor da causa corresponde ao conteúdo econômico do pedido formulado pelo autor, premissa que se deve aplicar ao processo do trabalho. Não por outra razão, o CPC reafirma a equivalência entre o conteúdo econômico das prestações desejadas pelo autor e o próprio valor da causa, como se vê a partir do rol contido no art. 292 do CPC. De outro lado, com base na previsão contida no art. 840, § 1º, da CLT, que exige seja o pedido, certo, determinado e com indicação de seu valor, com muito mais razão se passará a vincular o conteúdo econômico da pretensão da parte autora com o denominado valor da causa, no processo laboral.

De outro lado, não se pode ignorar, todavia, a previsão do art. 291 do CPC, que prevê existir um valor para a causa, ainda que não exista conteúdo econômico aferível no pedido formulado. É o que se deduz em obrigações de fazer, inerentes ao contrato de trabalho, por exemplo, a assinatura da CTPS ou a entrega das guias rescisórias. Pode-se deduzir, então, que tais obrigações podem não possuir conteúdo econômico imediatamente aferível, mas, ainda que a pretensão formulada envolva exclusivamente tais obrigações, tal causa terá um valor.

Reafirmamos, assim, que, não obstante a alteração da previsão do art. 840 da CLT, não se exige que o reclamante decline o valor da causa, embora seja obrigado a quantificar seus pedidos. De todo modo, quantificados os pedidos, em regra, ter-se-á o valor da causa, que pode ser aquele declinado na petição inicial, ou em razão da omissão do autor, será fixado pelo juízo, após a tentativa de conciliação, na forma do art. 2º da Lei n. 5.584/70:

> Art. 2º Nos dissídios individuais, proposta a conciliação, e não havendo acordo, o Presidente, da Junta ou o Juiz, antes de passar à instrução da causa, fixar-lhe-á o valor para a determinação da alçada, se este for indeterminado no pedido. (...)
> § 3º Quando o valor fixado para a causa, na forma deste artigo, não exceder de 2 (duas) vezes o salário mínimo vigente na sede do Juízo, será dispensável

o resumo dos depoimentos, devendo constar da Ata a conclusão da Junta quanto à matéria de fato.

§ 4º Salvo se versarem sobre matéria constitucional, nenhum recurso caberá das sentenças proferidas nos dissídios da alçada a que se refere o parágrafo anterior, considerado, para esse fim, o valor do salário mínimo à data do ajuizamento da ação.

2. VALOR DA ALÇADA: FINALIDADE, COMPETÊNCIA E LIMITES PARA A FIXAÇÃO

O valor da causa gera, como uma de suas maiores repercussões no processo do trabalho, justamente a fixação do rito, em razão da alçada. Com efeito, no processo do trabalho, quanto menor o valor da causa, mais simplificado o rito, em razão da alçada correspondente. Para as demandas de valor da causa acima de quarenta salários mínimos, processar-se-á a demanda sob o rito ordinário; para aquelas cujo valor não exceda os quarenta salários mínimos, processar-se-á sob o rito sumaríssimo (art. 852-A); e, para as demandas sujeitas a até dois salários mínimos, devem ser processadas sob o rito sumário (art. 2º da Lei n. 5.584/70).

A finalidade da identificação do aludido valor é justamente a definição do rito a ser seguido (sumário ou ordinário). Segundo Christovão Piragibe Tostes Malta[1], "alçada é o limite que indica competência em função do valor de demanda".

A partir da identificação do valor de alçada se identificará justamente o rito a ser seguido, cuja grande consequência, além da modificação quanto ao *iter* procedimental, é justamente a recorribilidade ou não da decisão.

Com efeito, o que se entende é que, a partir da redação da Lei n. 5.584/70, para as demandas cujo valor de alçada seja de zero a dois salários mínimos, a decisão nela proferida seja irrecorrível, à guisa do art. 2º, §§ 3º e 4º, da mesma lei, salvo se a demanda versar sobre matéria constitucional. Tal regra se presta não apenas para as ações tipicamente trabalhistas, mas igualmente para os demais procedimentos em curso na Justiça do Trabalho:

> RECURSO DE REVISTA RECURSO INTERPOSTO SOB A ÉGIDE DA LEI N. 13.467/2017. TRANSCENDÊNCIA. Considerando a possibilidade de a decisão recorrida contrariar jurisprudência pacifica desta Corte Superior, verifica-se a transcendência política, nos termos do artigo 896-A, § 1º, II, da CLT. RECURSO ORDINÁRIO. DISCUSSÃO SOBRE A PRESCRIÇÃO BIENAL PREVISTA NO ARTIGO 7º, XXIX, DA CONSTITUIÇÃO FEDERAL. MA-

1. MALTA, Christovão Piragibe Tostes. *Prática do processo trabalhista*, cit., 20. ed., p. 235.

> TÉRIA DE CUNHO CONSTITUCIONAL. CAUSA COM VALOR DE ALÇADA INFERIOR A DOIS SALÁRIOS MÍNIMOS. POSSIBILIDADE DE EXAME PELO TRIBUNAL REGIONAL. PROVIMENTO. Tratando-se de causas em que o valor de alçada é inferior a dois salários mínimos, a jurisprudência deste Tribunal Superior tem sido de que é cabível recurso ordinário contra a sentença, caso a discussão envolva matéria constitucional. Nesse sentido, precedentes de todas as turmas. Na hipótese , o egrégio Tribunal Regional não conheceu do recurso ordinário da reclamada, por entender que, tendo o valor atribuído à causa sido inferior a dois salários mínimos, não caberia recurso ordinário, exceto se o apelo versasse sobre matéria constitucional, na forma do artigo 2º, § 4º, da Lei n. 5.584/1970. Concluiu que, embora a reclamada tenha apontado ofensa ao artigo 7º, XXIX, da Constituição Federal, a discussão acerca do tipo de prescrição, se total ou parcial, não impulsionaria o conhecimento do apelo, por se tratar de matéria infraconstitucional. Ocorre que, consoante se infere da sentença, o juiz de primeiro grau afastou a preliminar de prescrição, por entender que a pretensão da autora seria de cunho declaratório, já que buscava declaração de vínculo de emprego com a União. Não houve, portanto, discussão acerca do tipo de prescrição, se parcial ou total. Ademais, não se observa nas razões do recurso ordinário que a União tenha trazido discussão sobre tipo de prescrição. O que defendeu, em verdade, foi que a pretensão da autora, de reconhecimento do vínculo de emprego com a União, estaria fulminada pela prescrição bienal, na forma prevista no artigo 7º, XXIX, da Constituição Federal. E contra o acórdão que não conheceu do seu recurso ordinário, a União opôs embargos de declaração, no qual ressaltou que a matéria debatida era de natureza constitucional, requerendo ao Tribunal Regional que fosse analisada a prescrição bienal prevista no artigo 7º, XXIX, da Constituição Federal. Nesse contexto, não obstante o valor da causa seja inferior a dois salários mínimos, havendo nas razões do recurso ordinário debate sobre questão constitucional, no caso, acerca da prescrição bienal estabelecida no artigo 7°, XXIX, da Constituição Federal, há que ser superada a barreira do conhecimento, no particular, para que o Colegiado Regional enfrente a matéria de fundo, sob pena de vulnerar os princípios do acesso à Justiça e da ampla defesa, insculpidos no artigo 5º, XXXV e LV, da Constituição Federal. Recurso de revista de que se conhece e a que se dá provimento (RR-1343-83.2017.5.10.0017, 4ª Turma, Relator Ministro Guilherme Augusto Caputo Bastos, *DEJT* 13-11-2020).

Cumpre ressaltar, por fim, que a proposta original prevista na Lei n. 9.957/2000 era a de que a sentença proferida no procedimento sumaríssimo seria irrecorrível. Todavia, tal previsão sofreu o veto presidencial, sob o argumento de que o princípio do duplo grau de jurisdição seria constitucional, e, dessa forma, tal vedação seria inconstitucional. Com isso alguns defendem que a irrecorribilidade do dissídio de alçada não mais exista, embora a maioria da doutrina e da jurisprudência continue a entender que deva existir um fracionamento, e que a Lei n. 5.584/70 não foi revogada, com o que concordamos.

Dentro dessa dinâmica, uma vez proposta a conciliação, depois de recebida a defesa do reclamado, compete ao juiz, antes de passar à instrução da causa, fixar o valor para determinação da alçada, apenas se não fora determinado o valor da causa pelo autor.

Nessa parte, caberá ao juízo valorar o conteúdo econômico da pretensão, em tese, para identificar o valor da causa para fins da definição da alçada, fato que impõe a necessária parcimônia, para evitar prejuízos para as partes:

> Rito sumaríssimo. Alteração do rito. Indevido reenquadramento. – A limitação do valor da causa para a submissão a rito sumaríssimo refere-se ao momento do ajuizamento da ação. Assentou o Tribunal Regional que tal requisito foi observado na ocasião. Tem-se que o valor da causa é o equivalente ao benefício patrimonial pretendido pelas partes, e não aquele que o autor arbitrariamente consigna na petição inicial. Da análise dos autos pode o magistrado ajustar tal importância. A alteração do valor da condenação pelo Tribunal Regional não resultou em prejuízo às partes, uma vez que as matérias arguidas foram devidamente analisadas, não havendo, portanto, falar em alteração do rito processual para o ordinário. Recurso de revista não conhecido. (...) (Proc. TST, RR 882/2003-084-15-00.6, 1ª Turma, rel. Lelio Bentes Corrêa, J. Brasília, 22-3-2006).

Dada a necessidade da fixação do aludido valor de alçada pelo juízo, cumpre assegurar às partes a oportunidade de se pronunciarem a respeito do assunto. Até as razões finais, qualquer das partes pode impugnar o valor de alçada, e, se o juízo o mantiver, pedir revisão da decisão, no prazo de quarenta e oito horas, ao Presidente do TRT. É o que se depreende do texto do art. 2º, §§ 1º e 2º, da Lei n. 5.584/70:

> § 1º Em audiência, ao aduzir razões finais, poderá qualquer das partes, impugnar o valor fixado e, se o Juiz o mantiver, pedir revisão da decisão, no prazo de 48 (quarenta e oito) horas, ao Presidente do Tribunal Regional.
> § 2º O pedido de revisão, que não terá efeito suspensivo deverá ser instruído com a petição inicial e a Ata da Audiência, em cópia autenticada pela Secretaria da Junta, e será julgado em 48 (quarenta e oito) horas, a partir do seu recebimento pelo Presidente do Tribunal Regional.

Ou seja, as partes podem impugnar o valor de alçada fixado, e, caso mantido o mesmo valor, podem elas se valer do denominado pedido de revisão, verdadeiro recurso inominado, interposto diretamente no TRT no prazo de quarenta e oito horas, e cuja regulamentação encontra-se na própria Lei n. 5.584/70.

De todo modo, quando na inicial haja a indicação do valor da causa, sua impugnação será realizada em sede de preliminar de defesa, como já mencionado (art. 293 do CPC). Nessa hipótese, obviamente que apenas o reclamado tem legitimidade para impugnar o valor da causa dado pelo autor, considerando que foi o próprio reclamante quem apontou o valor da causa para fins de alçada, em sua exordial.

Cumpre advertir, ainda, que, se a parte não impugnou o valor da causa no momento oportuno, este se torna inalterável, na forma da Súmula 71 do TST:

> A alçada é fixada pelo valor dado à causa desde seu ajuizamento, desde que não impugnado, sendo inalterável no curso do processo.

Ainda é interessante mencionar que há quem entenda inaplicável o aludido pedido de revisão pela revogação tácita da Lei n. 5.584/70 pela nova disciplina proposta pela Lei n. 9.957/2000, ao estipular o rito sumaríssimo. É como entende Rodolfo Pamplona Filho, coautor deste livro.

Outros, como Carlos Henrique Bezerra Leite[2], defendem o não cabimento do pedido de revisão diretamente ao Tribunal Regional quando o valor de alçada foi fixado pela parte, ou seja, quando não arbitrado pelo juiz, porque a hipótese prevista naquele dispositivo (§ 1º do art. 2º da Lei n. 5.584/70) seria próprio para quando houvesse o arbitramento judicial.

Curiosamente, a Lei n. 5.584/70 pretendeu limitar os recursos, vedando, expressamente, a possibilidade recursal para as demandas de menor valor, mas acabou criando justamente um novo recurso, não previsto no texto celetista.

Na prática, o que se tem notado é a pouca repercussão da matéria, seja porque as demandas, em sua maior parte, possuem valores superiores àqueles fixados na lei, seja porque, na imensa maioria das demandas, têm sido fixados valores da causa em montante superior ao limite de alçada.

---

2. LEITE, Carlos Henrique Bezerra. *Curso de direito processual do trabalho*, cit., 8. ed., p. 542.

CAPÍTULO 18

Sobre a Teoria Geral da Prova no Direito Processual do Trabalho

1. NOÇÕES GERAIS. CONCEITO, OBJETO E FINALIDADE DA PROVA

O direito se constitui dentro do universo dos fatos, pois das consequências perceptíveis que a razão humana retira deles é que são gerados os interesses jurídicos. Essa é uma inafastável premissa a que se deve atentar quando da lida com os aspectos relacionados à prova.

A outra premissa é justamente o fato de que "a decisão judicial é legitimada pelo procedimento que a precede"[1]. Ainda, de acordo com Luiz Guilherme Marinoni e Sérgio Cruz Arenhart[2], essa legitimação se materializa justamente na possibilidade de os sujeitos envolvidos no processo manejarem instrumentos aptos à formação do convencimento judicial.

Chiovenda[3], de longa data, nos ensina que "provar significa formar a convicção do juiz sobre a existência ou não de fatos relevantes no processo". A prova seria qualquer mecanismo capaz de evidenciar os fatos relevantes para a formação do convencimento judicial. Todavia, não é todo e qualquer fato que demanda comprovação em juízo.

1. MARINONI, Luiz Guilherme; ARENHART, Sérgio Cruz. *Prova*. 2. ed. São Paulo: Revista dos Tribunais, 2011. p. 53.
2. MARINONI, Luiz Guilherme; ARENHART, Sérgio Cruz. *Prova*, cit., p. 53.
3. CHIOVENDA, Giuseppe. *Instituições de direito processual civil*. São Paulo: Saraiva, 1965. v. III, p. 92.

O objeto da prova, em regra, são apenas os fatos que não sejam reconhecidos, como bem evidencia o art. 374 do CPC, aplicado ao processo do trabalho:

> Art. 374. Não dependem de prova os fatos:
> I – notórios;
> II – afirmados por uma parte e confessados pela parte contrária;
> III – admitidos no processo como incontroversos;
> IV – em cujo favor milita presunção legal de existência ou de veracidade.

É preciso destacar, todavia, que em caráter excepcional o direito pode ser objeto da prova, como descrito no art. 376 do CPC, em que se determina à parte que alegar direito municipal, estadual, estrangeiro ou consuetudinário a prova de seu teor e vigência, se assim o juiz determinar.

Especificamente em relação ao processo do trabalho, há que ser interpretado analogicamente o dispositivo. Notamos a necessidade de ser comprovado o teor das convenções coletivas, acordos coletivos, sentenças normativas e demais espécies normativas, sob pena de indeferimento da pretensão, por não provada a existência do direito. Nesse sentido alguns julgados:

> Agravo de instrumento em recurso de revista. Multa normativa. Convenção coletiva. Ausência de juntada. – Improcedência do pedido. Os documentos indispensáveis ao ajuizamento da ação – Art. 283 do CPC – São aqueles aptos a demonstrar o preenchimento das condições da ação e dos pressupostos processuais, sem os quais impossível o exame de mérito da lide, estando ligados diretamente à essência da ação. Na hipótese, a convenção coletiva na qual se baseia o pedido de condenação ao pagamento de multa normativa é, na verdade, prova essencial do direito do autor e não documento indispensável à propositura da ação, porquanto a sua ausência não impede o julgamento de mérito do litígio, mas conduz à improcedência do pedido por ausência de prova do fato constitutivo do direito, nos termos do art. 333, I, do CPC. Agravo de instrumento desprovido (TST, AgInRR 1404/2002-223-01-41.2, 1ª Turma, rel. Min. Vieira de Mello Filho, *DEJT* 5-2-2010, p. 575).
>
> Cesta básica. Previsão normativa. Inexistência da convenção coletiva de trabalho nos autos. – As condições de trabalho alcançadas por força de sentença normativa vigoram no prazo assinado, não integrando, de forma definitiva, os contratos, segundo os ditames da Súmula 277 do TST. E inexistindo, nos autos, instrumento normativo prevendo a concessão de cesta básica, sob pena de indenização substitutiva, no período pleiteado, não há como acolher a pretensão (TRT – 3ª Região, RO 1553/2008-028-03-00.4, 10ª Turma, rel. Juíza convidada Wilméia da Costa Benevides, *DJe-MG* 16-9-2009).
>
> ... REDUÇÃO DO FGTS – CLÁUSULA DE INCENTIVO À CONTINUIDADE – AUSÊNCIA DA CCT – ÔNUS DA PROVA – Tendo a reclamada alegado

> direito fundado em convenção coletiva, cabia a ela juntar o respectivo instrumento, encargo do qual não se desincumbiu e que não é remediado nem pela ausência de impugnação no aspecto, considerando que o exame quanto à regularidade formal, vigência, validade, representatividade dos signatários e ao conteúdo da cláusula é matéria de direito, cuja análise depende da efetiva juntada do instrumento. Recurso conhecido e não provido (TRT – 10ª Região, RO 295-24.2010.5.10.0021, rel. Des. Mário Macedo Fernandes Caron, *DJe* 24-2-2012, p. 42).

De todo modo, não se pode ignorar que, com base no art. 321 do CPC e na Súmula 263 do TST, alguns juízes têm entendido ser possível conferir à parte o prazo para a juntada dos documentos, sob o argumento de que, em se tratando de documentos essenciais para a propositura da ação, seria possível a correção da impropriedade em momento posterior.

Segundo esse entendimento, na pior das hipóteses, teríamos de extinguir o processo sem julgamento de mérito, dada a ausência do pretendido documento essencial. Com esse posicionamento não concordamos.

De todo modo, cumpre salientar que a prova, então, assume importante função, qual seja, a de conectar os fatos da vida à relação jurídica processual, como instrumento de convencimento do juízo sobre aquilo que é relevante para a aplicação do direito, obviamente pautada por algum critério de racionalidade.

É lugar comum dizer que a prova tem como destinatário o juiz. Provar, na verdade, significaria formar o convencimento do juiz sobre a existência ou inexistência, falsidade ou veracidade de determinado fato.

Embora não seja escopo do presente Curso uma análise mais detida sobre o tema, pensamos ser necessária uma luz sobre essa questão na perspectiva do art. 93, IX, da CF/88. De fato, se todos os julgamentos dos órgãos do Poder Judiciário serão públicos, e fundamentadas todas as decisões, sob pena de nulidade, parece clara a opção do constituinte de que, se o juiz é o destinatário da prova, apenas se poderia dizê-lo como destinatário imediato. O destinatário mediato da prova é toda a coletividade, a quem se deve apresentar os elementos capazes de formar algum convencimento racional sobre o assunto em litígio.

2. DOS PRINCÍPIOS ORIENTADORES DA PROVA

Como em relação a todo o restante do sistema jurídico, os princípios se prestam a fixar as traves mestras de todo o arcabouço normativo, além de irrigar o próprio sistema dos valores políticos que o compõem. Em relação às provas não é diferente. Faz-se necessário apresentar alguns dos princípios que orientam a prova, no processo trabalhista.

O princípio do contraditório e da ampla defesa permeia todo o sistema processual normativo, razão pela qual inequívoca sua influência na obtenção da prova. Todavia, cabe ao juiz determinar as provas necessárias à instrução do processo, bem como indeferir diligências inúteis ou meramente protelatórias. Umbilicalmente vinculado àquele princípio encontra-se o princípio da igualdade. Este refere-se à igualdade de oportunidade de produção de prova. O contraditório e a igualdade de tratamento são garantias mínimas do devido processo legal. Os sujeitos processuais devem ter iguais oportunidades de se manifestar em juízo.

O princípio da necessidade indica que a prova deve ser relevante para o julgamento da demanda, porque não basta a simples alegação das partes acerca dos fatos importantes para a formação do convencimento do julgador. As alegações devem estar respaldadas pelo conteúdo fático, no processo. O magistrado não pode julgar, decidir apenas com base nas alegações das partes. Mas não são quaisquer alegações as relevantes para o julgamento do feito. Apenas aquelas que possuam pertinência com o objeto em litígio. Estas é que devem ser comprovadas por meio da realização da prova.

Há que falar, ainda, do princípio da unidade, por meio do qual se conclui que a prova, não importa sob qual de suas formas tenha ingressado no processo, deve ser considerada em seu conjunto, como uma unidade. O conjunto probatório constituirá a prova dos autos.

Também se deve referir ao princípio da lealdade ou probidade da prova. De fato, dada a relevância da prova como instrumento materializador da Justiça, cumpre a todos os envolvidos da relação jurídica processual obedecer aos ditames da boa-fé e probidade em sua obtenção. As partes devem colaborar para que a lei seja cumprida e para que o processo se desenvolva sem vícios.

Há outro vinculado àquele primeiro que é o princípio da legalidade da prova, que assegura às partes o direito de produzir a prova seguindo uma forma específica. Se há previsão legal determinando a forma para a produção da prova, deve ser a seguida.

Já o princípio da imediação refere-se à intervenção necessária do juiz na direção da produção da prova. O juiz intervém diretamente na produção da prova porque é seu destinatário imediato. As diligências para a produção de prova passam pela valoração, pelo magistrado, da potencialidade ou não do ato para formar seu convencimento.

Deve-se falar, ainda, do princípio da aquisição processual, que traduz a ideia de que, uma vez adquirida a prova, independentemente de quem a produziu, servirá ao processo. É princípio nitidamente eticizante da relação processual, porque impõe a qualquer das partes, e não apenas ao que a produziu, a sujeição à verdade revelada pela prova.

Há que falar, ainda, no denominado princípio da obrigatoriedade da prova, por meio do qual se conclui que as provas não interessam apenas às partes, mas igualmente ao juízo. Assim, a produção de provas é obrigatória, não apenas para as partes, mas também para aquele.

3. O SISTEMA DE AVALIAÇÃO DAS PROVAS

São variados os sistemas de valoração da prova. Dentro da processualística moderna, existem, basicamente, dois sistemas, quais sejam, o da denominada prova tarifada e o do denominado convencimento motivado ou persuasão racional.

Na sistemática da prova tarifada há uma enumeração taxativa de modo a estabelecer qual a prova e seu valor, a fim de comprovar cada um dos fatos. Seria, mudando o que se tem de mudar, a hipótese em que as provas possuam um valor predeterminado para a instrução processual.

Como resquícios dessa sistemática de valoração da prova, conforme menciona Chiovenda[4], há ainda hoje a imposição de que determinados fatos não sejam provados, senão por meio de determinadas provas, tais quais em relação à prova documental, no tocante à comprovação do pagamento de salários (art. 464 da CLT), ou mesmo o acordo de prorrogação de jornada (art. 59 da CLT).

Já em relação ao que se denomina convencimento motivado ou persuasão racional, assegura-se ao juiz a possibilidade de analisar as provas para formar seu convencimento. Mas isso não significa que o juiz seja exonerado para, arbitrariamente, valorar a prova. A atuação jurisdicional, na valoração da prova, deve ser dotada do caráter de razoabilidade e previsibilidade, próprios do sistema constitucional processual, em que se valoriza a dignidade humana, as liberdades pessoais, o contraditório e a ampla defesa, como o sistema processual vigente. Em tal sistemática, pode-se dizer que, em regra, não há predeterminação legal quanto ao valor ou quanto às provas a serem adotadas no caso concreto, mas o convencimento deve advir da motivação exposta pelo juiz em sua decisão. Pode-se dizer ser esse justamente o sistema brasileiro (art. 371, 489, § 1º, II e IV, do CPC, c/c o art. 93, IX, da CF/88 e o art. 832 da CLT).

4. ÔNUS DA PROVA

Das questões mais tormentosas é justamente a definição de quem das partes possui o ônus, dentro da relação jurídica processual, de demonstrar os fatos relevantes para o deslinde do feito.

4. CHIOVENDA, Giuseppe. *Instituições de direito processual civil*, cit., v. III, p. 93.

Com efeito, como bem apresenta José Augusto Rodrigues Pinto[5], cada uma das partes, em tese, tem interesse em demonstrar os fatos que sustentam sua postulação. Daí derivaria a noção dos ônus assumidos por cada um dos beneficiários de demonstrar os fatos que alberguem seu direito, dentro da instrução. Trata-se de regra de julgamento por meio da qual se estipula qual das partes arcará com a consequência da ausência de comprovação de suas alegações.

O ônus de prova, seria, portanto, a cominação sistêmica por meio da qual se impõe, a cada um dos sujeitos do processo, a noção de que precisa demonstrar, perante o juiz, os fatos necessários ao julgamento da causa. Em regra, a conveniência da prova segue de acordo com o interesse privado de cada sujeito. Caberá à parte demonstrar os fatos que lhe são favoráveis. Ao autor caberia a comprovação dos fatos constitutivos de seu direito, e ao réu caberia a comprovação dos fatos impeditivos, modificativos ou extintivos do direito do autor.

A divisão do ônus da prova, portanto, indica que é dever de cada postulante o de desenvolver a atividade probatória, seja dando suporte a sua postulação, por meio dos fatos constitutivos, seja retirando esse mesmo suporte, por meio dos fatos extintivos, modificativos ou impeditivos.

4.1. Da distribuição estática do ônus da prova

O CPC, em seu art. 373, estabelece que a prova dos fatos constitutivos incumbe ao autor, enquanto a prova dos fatos impeditivos, modificativos ou extintivos do direito incumbe ao réu.

A regra-base da distribuição do ônus de prova no direito processual do trabalho encontra-se prevista na redação do art. 818 da CLT, alterado pela Lei n. 13.467/2017:

> Art. 818. O ônus da prova incumbe:
> I – ao reclamante, quanto ao fato constitutivo de seu direito;
> II – ao reclamado, quanto à existência de fato impeditivo, modificativo ou extintivo do direito do reclamante.

A redação do art. 818 da CLT passou a ser transcrição quase que literal do art. 373 do CPC. A partir daquele dispositivo se identifica, em síntese, que às partes cabe a prova das alegações que fizer. Ou seja, em tese seguimos a velha máxima "quem alegou tem de provar".

O autor precisa, quando deduz em juízo, fazer uma suma dos fatos em que fundamenta seu pedido. A base, a causa de pedir, são os fatos que devem ser pro-

5. PINTO, José Augusto Rodrigues. *Processo trabalhista de conhecimento*, cit., 2003, p. 459.

vados pelo autor para que o processo possa seguir adiante. Quando, porém, simplesmente se negam esses fatos, essa premissa, o ônus da prova continua com o autor. Se, entretanto, a parte contrária apresentar fatos que impeçam, modifiquem ou extingam o pedido do autor, a essa parte caberá o ônus da prova de tais fatos, já que estará fazendo uma nova alegação, para contrariar a afirmação autoral.

Desse modo, podemos dizer que, se uma parte alegar fatos e a parte contrária apenas negá-los, o ônus da prova se manterá com a primeira. Entretanto, se o demandado atacar as alegações feitas, apresentando novos fatos, este última atrairá para si o ônus da prova.

Por fim, não se deve ignorar que, mesmo depois de proposta a ação, é possível a qualquer das partes ou mesmo ao juiz, de ofício, a invocação de fatos supervenientes, como previsto no art. 493 do CPC, aplicável ao processo do trabalho, na forma da Súmula 394 do TST:

> FATO SUPERVENIENTE. ART. 493 DO CPC DE 2015. ART. 462 DO CPC DE 1973. O art. 493 do CPC de 2015 (art. 462 do CPC de 1973), que admite a invocação de fato constitutivo, modificativo ou extintivo do direito, superveniente à propositura da ação, é aplicável de ofício aos processos em curso em qualquer instância trabalhista. Cumpre ao juiz ou tribunal ouvir as partes sobre o fato novo antes de decidir.

Chama a atenção, todavia, a especificidade em relação à distribuição dos ônus de prova, no tocante à matéria atinente ao tratamento de dados pessoais, previsto na LGPD e aplicável, como regra especial que é, no âmbito do processo laboral, em razão da própria redação da primeira parte do § 1º do 818 da CLT, que estabelece que o ônus poderá ser fixado em previsão legal específica em sentido diverso da regra geral (contida nos incisos I e II do mesmo art. 818). Ter-se-á por obrigatória a modificação dos ônus, diante da regra legal específica.

Note-se que a LGPD acaba por impor específica distribuição do ônus de prova quando o tratamento de dados se dê em razão de prévio consentimento do titular.

De fato, se o controlador justificar o tratamento dos dados em razão do consentimento do titular, na forma do art. 8º, § 2º da LGPD, caberá ao mesmo controlador a demonstração de que o aludido consentimento foi obtido segundo os ditames daquela lei. É o que se depreende:

> Art. 8º O consentimento previsto no inciso I do art. 7º desta Lei deverá ser fornecido por escrito ou por outro meio que demonstre a manifestação de vontade do titular.
>
> (...) § 2º Cabe ao controlador o ônus da prova de que o consentimento foi obtido em conformidade com o disposto nesta Lei.

Assim, dada a especificidade legal, na hipótese de suscitado pelo controlador que o aludido tratamento se dera em razão do consentimento, mesmo em uma relação de trabalho, caber-lhe-á desincumbir-se de tais ônus, em detrimento da regra geral contida no *caput* do art. 818 da CLT.

Mas não apenas. A LGPD também estabelece, no tocante à distribuição do ônus de prova, em matéria de proteção de dados, mais uma exceção às regras gerais de distribuição dos ônus de prova usualmente estabelecidas.

De fato, segundo o § 2º do art. 42 da LGPD o Juiz poderá distribuir de forma diversa os ônus de prova, em razão de hipóteses diferentes daquelas previstas no § 1º do art. 818 da CLT. Vejamos a redação do art. 42 da LGPD:

> Art. 42. O controlador ou o operador que, em razão do exercício de atividade de tratamento de dados pessoais, causar a outrem dano patrimonial, moral, individual ou coletivo, em violação à legislação de proteção de dados pessoais, é obrigado a repará-lo.
>
> (...)
>
> § 2º O juiz, no processo civil, poderá inverter o ônus da prova a favor do titular dos dados quando, a seu juízo, for verossímil a alegação, houver hipossuficiência para fins de produção de prova ou quando a produção de prova pelo titular resultar-lhe excessivamente onerosa.

Conjugando-se as disposições do § 2º, art. 42 da LGPD, e do art. 818, § 1º da CLT, tem-se mais uma especificidade aplicável ao processo laboral, em matéria de tratamento de dados. Nessa situação, o Juiz poderá inverter o ônus da prova apenas a favor do titular dos dados quando, a seu juízo, for verossímil a alegação, além daquelas outras já referidas no § 1º do art. 818, da CLT.

Ou seja, para além das peculiaridades da causa relacionadas à impossibilidade ou à excessiva dificuldade de cumprir o encargo, ou à maior facilidade de obtenção da prova do fato contrário, contidas no art. 818 da CLT, em matéria de privacidade surge uma outra possibilidade de inversão do ônus da prova, em favor do titular dos dados, qual seja, uma vez configurada a verossimilhança das suas alegações, por aplicável o art. 42, § 2º da LGPD.

4.2. Da distribuição dinâmica do ônus da prova

A distribuição dinâmica do ônus da prova, ou teoria das cargas dinâmicas, que tem como precursor o processualista argentino Jorge Walter Peryano[6], tem como ideia central a apuração da aptidão para a produção da prova. No caso,

6. ZANETI, Paulo Rogerio. *Flexibilização das regras sobre ônus da prova*. São Paulo: Malheiros, 2011. p. 116.

deve suportar o encargo de provar aquele que estiver em melhores condições, fáticas, técnicas, econômicas e jurídicas, de produzi-la, à luz das circunstâncias do caso concreto.

No âmbito do direito processual do trabalho muitas discussões existiram acerca da aplicação da distribuição dinâmica dos ônus de prova. A partir da Lei n. 13.467/2017, todavia, houve alteração do art. 818 da CLT para prever expressamente tal possibilidade no âmbito das relações processuais laborais. É o que se depreende especialmente do conteúdo dos parágrafos contidos no art. 818:

> Art. 818. O ônus da prova incumbe:
> I – ao reclamante, quanto ao fato constitutivo de seu direito;
> II – ao reclamado, quanto à existência de fato impeditivo, modificativo ou extintivo do direito do reclamante.
> § 1º Nos casos previstos em lei ou diante de peculiaridades da causa relacionadas à impossibilidade ou à excessiva dificuldade de cumprir o encargo nos termos deste artigo ou à maior facilidade de obtenção da prova do fato contrário, poderá o juízo atribuir o ônus da prova de modo diverso, desde que o faça por decisão fundamentada, caso em que deverá dar à parte a oportunidade de se desincumbir do ônus que lhe foi atribuído.
> § 2º A decisão referida no § 1º deste artigo deverá ser proferida antes da abertura da instrução e, a requerimento da parte, implicará o adiamento da audiência e possibilitará provar os fatos por qualquer meio em direito admitido.
> § 3º A decisão referida no § 1º deste artigo não pode gerar situação em que a desincumbência do encargo pela parte seja impossível ou excessivamente difícil.

Com efeito, no âmbito das relações de direito material do trabalho é fácil identificar uma prática laboral sujeita a condições inadequadas, fato que repercute igualmente no âmbito processual, quando se nota a ausência de informação e a falta de meios para instrumentalizar satisfatoriamente as vias judiciais. Não raro a parte encontra dificuldade para reunir testemunhas ou depara-se com a insuficiência de recursos econômicos ou técnicos para realizar uma prova complexa.

De outro lado, parece certo, também, identificar que a própria legislação trabalhista já impõe a alguma das partes, inclusive ao empregador, dada a relevância das questões relacionadas ao trabalho, o encargo de satisfazer uma série de procedimentos e formalidades, até mesmo para permitir melhor fiscalização pelos órgãos relacionados ao trabalho (v. arts. 67, parágrafo único, 74, § 1º; 156, I; 157, IV; 360 e outros da CLT).

Os encargos de ordem material, dentre os quais os de cumprir e fazer cumprir uma série de normas trabalhistas pelo empregador, podem, por exemplo, ensejar melhores condições para que este reúna provas que comprovem o adimplemento de suas obrigações, o que pode repercutir na demonstração dos mesmos fatos em juízo.

Não se pode ignorar, ainda, que é por meio da prova que entra em contato o mundo ideal, de previsões abstratas, com o mundo real, o mundo dos fatos. Uma distribuição equitativa dos ônus de prova permite aduzir que esse ponto de conexão, por assim dizer, teria o verdadeiro condão de materializar os direitos fundamentais. Nesse mesmo sentido, impede, senão dificulta, os chamados "posicionamentos estratégicos" dos litigantes, fazendo, por meio da distribuição do ônus da prova, o processo como fim em si mesmo.

Seguindo esse entendimento, portanto, o encargo probatório não deve ser distribuído de modo prévio e abstrato, mas de acordo com cada caso. Tal premissa nos impõe concluir no sentido de que a distribuição não pode ser estática e inflexível, mas sim dinâmica. Ademais, não interessa à distribuição a posição assumida pela parte no processo (se sujeito ativo ou passivo), ou mesmo a natureza do fato, seja este constitutivo, modificativo, impeditivo ou extintivo do direito, tampouco o interesse em prová-lo, mas sim quem tem mais possibilidade de fazer a prova.

Por isso o legislador previu, no § 1º do art. 818, que, nos casos previstos em lei ou diante de peculiaridades da causa relacionadas à impossibilidade ou à excessiva dificuldade de cumprir o encargo, ou à maior facilidade de obtenção da prova do fato contrário, poderá o juízo atribuir o ônus da prova de modo diverso.

A regra contida no mesmo parágrafo guarda equivalência com a sistemática empreendida pelo CPC sobre o assunto. A primeira hipótese conferida no § 1º do 818 é aquela em que os fatos a serem provados sejam previstos em lei. Obviamente, havendo cominação legal em sentido diverso da regra geral (contida nos incisos I e II), ter-se-á por obrigatória a modificação dos ônus, diante da regra específica.

Todavia, deve-se atentar, ainda, a que a definição dos requisitos legais para a distribuição dinâmica encerra hipóteses cumulativas, ao menos no tocante a dois dos requisitos: que se esteja diante de peculiaridades da causa relacionadas à impossibilidade ou à excessiva dificuldade de cumprir o encargo nos termos da regra geral; e que se esteja diante da maior facilidade de obtenção da prova do fato contrário.

No sentido contrário, se não houvesse a aludida cumulatividade, poder-se-ia sustentar, por exemplo, que bastaria estar diante de peculiaridades da causa relacionadas à impossibilidade ou à excessiva dificuldade de cumprir o encargo nos termos da regra geral, mas, mesmo que não houvesse qualquer facilidade de obtenção da prova do fato contrário, poder-se-ia impor os ônus de prova de modo diverso. Por isso mesmo o § 3º do art. 818 da CLT prevê que tal decisão não pode gerar situação em que a desincumbência do encargo pela parte seja impossível ou excessivamente difícil.

De mais a mais, cumpre deduzir que alterações quanto aos ônus de prova demandam que a decisão seja fundamentada, caso em que se deverá dar à parte a oportunidade de a parte se desincumbir do ônus que lhe foi atribuído. Importa dizer, por isso mesmo, que, na forma do § 2º, tal decisão deverá ser proferida antes da abertura da instrução e, a requerimento da parte, implicará o adiamento da audiência e possibilitará provar os fatos por qualquer meio em direito admitido, tudo para permitir que a parte se desincumba de seus ônus processuais.

4.3. Da inversão do ônus da prova e sua casuística nas súmulas do TST

Fixados os ônus de prova prévia e abstratamente pela lei, cumpre indicar ainda que é possível ao juiz, à luz do caso concreto, inverter tais ônus (art. 6º, VII, do CDC). Tal possibilidade decorre da faculdade, conferida pelo ordenamento jurídico ao juiz, para que este, diante da hipossuficiência de uma das partes e da verossimilhança de suas alegações, imponha a inversão do ônus de prova, ou seja, subverta a regra geral quanto às distribuições dos encargos de provar.

Cumpre dizer que a inversão dos ônus de prova não se confunde com a distribuição dinâmica dos ônus de prova. De fato, enquanto a distribuição dinâmica volta-se para a aptidão para a prova, e permite a distribuições dos ônus entre as partes, de forma livre, no caso concreto, na hipótese de inversão dos ônus de prova se exige a presença da verossimilhança das alegações do autor, e sua hipossuficiência, na produção da prova, invertendo apenas o sentido dos ônus previamente fixados pela lei. Como bem dito por Eduardo Cambi[7]:

> Com efeito, na distribuição do ônus de prova, não há uma verdadeira inversão, porque só se poderia falar em inversão caso o ônus fosse estabelecido prévia e abstratamente. Não é o que acontece com a técnica de distribuição dinâmica que se dá no caso concreto. O magistrado continua sendo o gestor da prova, agora com poderes ainda maiores, porquanto, ao invés de partir do modelo clássico (CPC-73, art. 333), para depois inverter o *onus probandi* (CDC, art. 6º, inc. VIII), cabe verificar, no caso concreto, quem está em melhores condições de produzir a prova e, destarte, distribuir este ônus entre as partes (CPC, art. 373, § 1º).

No âmbito do processo civil, o sistema jurídico autoriza a inversão do ônus de prova convencionada pelas partes. De fato, é possível às partes, desde há

7. CAMBI, Eduardo. Teoria das cargas probatórias dinâmicas (distribuição dinâmica dos ônus da prova) – exegese do artigo 373, § 1º e 2º do CPC-2015. *In*: DIDIER JR., Fredie (coord. geral); FERREIRA, Willian Santos Ferreira; JOBIM, Marco Félix (coord.). *Grandes temas do novo CPC*: direito probatório. Salvador: Juspodivm. 2015. v. 5, p. 191.

muito, a fixação de ônus de prova de modo diverso daquele prefixado na lei, em decorrência de um negócio entre as partes, consoante se depreende da então redação do art. 333, parágrafo único, do CPC/73. Do mesmo modo, desde o Código de Defesa do Consumidor se tem como certa à autoridade judiciária a fixação dos ônus de prova de modo diverso daquele prefixado pela lei. Nem sempre a igual distribuição do ônus de prova atenta à lógica de que o processo se presta à operacionalização da Justiça. A leitura às cegas dos dispositivos que distribuem de forma prévia e linear os ônus de prova faria com que o processo pudesse ser instrumento de verdadeira injustiça para a parte hipossuficiente, e de instrumento de opressão para aquele que já conta com alguma força, no caso, o empregador.

A possibilidade da inversão dos ônus de prova tem gerado, por parte da jurisprudência, notadamente a do TST, algumas presunções e fixado alguns parâmetros para as regras de distribuição do ônus da prova, de modo diverso daquele previsto pura e simplesmente nos incisos I e II do art. 818 da CLT. Tal disciplina segue critérios equivalentes aos delineados na inversão do ônus da prova nas relações de consumo, prevista no art. 6º, VIII, do CDC, com a aplicação cumulada do art. 8º da CLT:

> CDC, art. 6º: São direitos básicos do consumidor: (...)
> VIII – a facilitação da defesa de seus direitos, inclusive com a inversão do ônus da prova, a seu favor, no processo civil, quando, a critério do juiz, for verossímil a alegação ou quando for ele hipossuficiente, segundo as regras ordinárias de experiências;
> CLT, art. 8º: As autoridades administrativas e a Justiça do Trabalho, na falta de disposições legais ou contratuais, decidirão, conforme o caso, pela jurisprudência, por analogia, por equidade e outros princípios e normas gerais de direito, principalmente do direito do trabalho, e, ainda, de acordo com os usos e costumes, o direito comparado, mas sempre de maneira que nenhum interesse de classe ou particular prevaleça sobre o interesse público.
> § 1º O direito comum será fonte subsidiária do direito do trabalho.

A CLT não possui qualquer regra atinente à inversão do ônus da prova, embora seja possível sua aplicação ao processo do trabalho, a partir das regras de inversão previstas no CDC. Neste caso, deve-se observar que a inversão dos ônus de prova é a) faculdade do juiz (a partir de sua análise pessoal) quando b) for verossímil a alegação (for aparentemente verdadeiro o fato alegado) ou c) quando for ele hipossuficiente (não no sentido econômico, mas para a produção da prova), segundo as regras ordinárias de experiência.

Há quem entenda[8] que o art. 852-D[9] da CLT tenha autorizado a inversão dos ônus de prova em todo o processo laboral, e não apenas especificamente no procedimento sumaríssimo. Para tanto, seria necessário que se identificasse se estão presentes os requisitos, quais sejam, o exercício da faculdade pelo juiz, a verossimilhança das alegações ou quando, no particular, evidenciada a hipossuficiência da parte em produzir a prova, segundo as regras de experiência.

Nesse mesmo sentido, há quem defenda a possibilidade da aludida inversão apenas em razão do poder de direção do processo por parte do juiz, na forma do art. 139 do CPC e do art. 765 da CLT, que preveem:

> CPC, art. 139. O juiz dirigirá o processo conforme as disposições deste Código, incumbindo-lhe: (...)
> I – assegurar às partes igualdade de tratamento;
> II – velar pela duração razoável do processo; (...)
> VI – dilatar os prazos processuais e alterar a ordem de produção dos meios de prova, adequando-os às necessidades do conflito de modo a conferir maior efetividade à tutela do direito; (...)
> CLT, art. 765. Os Juízos e Tribunais do Trabalho terão ampla liberdade na direção do processo e velarão pelo andamento rápido das causas, podendo determinar qualquer diligência necessária ao esclarecimento delas.

Há outra questão que permeia a definição da inversão do ônus de prova. É aquela atinente ao momento em que se deverá inverter os ônus de prova. De fato há autorizadas vozes que entendem ser possível que a inversão do ônus probatório se dê no momento em que o juízo for proferir a sentença, sem prévio esclarecimento das partes a respeito. Todavia, tal compreensão não se coaduna com o princípio da não decisão surpresa, contida nos arts. 9º e 10 do CPC.

Outros pensam ser necessária a definição, antes de início da fase instrutória, do prévio esclarecimento, por parte do juízo, de seu intuito de inverter o ônus da prova, permitindo que as partes possam exercer seu direito de produzir a prova, a fim de desincumbir-se do encargo definido judicialmente.

Para que o processo seja minimamente racional e o menos arbitrário possível, a nós parece certo que o juiz deve deixar claro, no curso da lide, e não no momento da sentença, se pretende ou não inverter as regras atinentes aos ônus de prova, inclusive permitindo à parte que se desincumba do aludido ônus de

---

8. LEITE, Carlos Henrique Bezerra. *Curso de direito processual do trabalho*, cit., 3. ed., p. 569.
9. "Art. 852-D. O juiz dirigirá o processo com liberdade para determinar as provas a serem produzidas, considerado o ônus probatório de cada litigante, podendo limitar ou excluir as que considerar excessivas, impertinentes ou protelatórias, bem como para apreciá-las e dar especial valor às regras de experiência comum ou técnica."

prova. Por isso mesmo o legislador, ao proceder à alteração da CLT por intermédio da Lei n. 13.467/2017, inseriu a regra contida no § 2º do art. 818, segundo o qual, havendo alteração dos ônus de prova de uma das partes, e em razão de requerimento do novo destinatário do aludido ônus, será determinado o adiamento da audiência, a fim de que lhe seja possível provar os fatos que lhe incumbir.

Ao cuidar da inversão do ônus da prova, o TST tem mitigado a rigidez dos incisos I e II dos arts. 818 e 373 do CPC. A jurisprudência historicamente abrandou o traçado rígido da divisão de ônus, invertendo-o quanto ao fato constitutivo cuja produção seja problemática para o empregado, em razão de sua hipossuficiência, e da verossimilhança de suas alegações. Tal abrandamento se faz por meio do artifício de presumir o fato constitutivo alegado, que reverte ao empregador o dever da prova em sentido contrário. Seria a aplicação da mesma premissa lógica apontada no art. 6º do CDC[10], como já mencionamos.

A casuística nos leva a analisar a questão da inversão dos ônus de prova no tocante à equiparação salarial. Segundo o verbete sumular sob o n. 6, VIII, do TST, é do empregador o ônus da prova do fato impeditivo, modificativo ou extintivo da equiparação salarial. Desse modo, incumbirá ao trabalhador a demonstração do fato constitutivo de seu direito, qual seja, de que laborou para o mesmo empregador, na mesma localidade, desenvolvendo os mesmos serviços, em trabalho de igual valor, enquanto ao empregador incumbirá o ônus de demonstrar o pagamento de igual salário, ou mesmo a maior qualidade técnica do serviço prestado pelo paradigma ou diferente produtividade entre ambos.

Há ainda a presunção definida a partir da Súmula 12 do TST, no tocante à existência do vínculo de emprego e seu desfazimento, assim redigida:

> Despedimento. Ônus da prova. – O ônus de provar o término do contrato de trabalho, quando negados a prestação de serviço e o despedimento, é do empregador, pois o princípio da continuidade da relação de emprego constitui presunção favorável ao empregado.

A alegação do reclamado de que não dispensou o empregado equivaleria à alegação de que foi do trabalhador a iniciativa da rescisão, não sendo de presumir esse fato, porquanto não é o que de ordinário acontece. Desse modo, caberá ao empregador a demonstração robusta da iniciativa para o rompimento do contrato. Pode-se dizer que, uma vez negada a existência do vínculo de emprego, a prova do fato constitutivo, qual seja, a prestação do serviço, ficará a cargo do trabalhador, enquanto ao réu incumbirá a prova dos fatos impeditivos, modifica-

---

10. V. *Inversão do ônus da prova*, p. 599.

tivos ou extintivos do pedido do autor, dentre os quais a prova da cessação do contrato de trabalho, justamente porque a continuidade do contrato de trabalho é presunção que milita em favor do trabalhador.

No mesmo sentido, há presunção firmada no tocante ao termo inicial da obrigação do benefício do salário-família. Na forma da Súmula 254 do TST:

> O termo inicial do direito ao salário-família coincide com a prova da filiação. Se feita em juízo, corresponde à data de ajuizamento do pedido, salvo se comprovado que anteriormente o empregador se recusara a receber a respectiva certidão.

Ou seja, se o trabalhador demonstrar que comprovou os requisitos para o gozo do salário-família (apresentação da certidão de nascimento do filho ou documentação equivalente do equiparado e a apresentação do cartão de vacinação e comprovante de frequência à escola) diretamente ao empregador, devido o benefício a partir da data daquela comprovação. Tal premissa se mantém se a comprovação se dá apenas em juízo, contando-se somente a partir da comprovação dos requisitos de lei, quando do ajuizamento da inicial, portanto, para o termo inicial do cabimento do benefício.

No atinente ao controle de jornada, a Súmula 338 do TST consolida o entendimento da corte sobre alguns aspectos:

> Súmula 338. Jornada de trabalho. Registro. Ônus da prova
> I – É ônus do empregador que conta com mais de 10 (dez) empregados o registro da jornada de trabalho na forma do art. 74, § 2º, da CLT. A não apresentação injustificada dos controles de frequência gera presunção relativa de veracidade da jornada de trabalho, a qual pode ser elidida por prova em contrário.
> II – A presunção de veracidade da jornada de trabalho, ainda que prevista em instrumento normativo, pode ser elidida por prova em contrário.
> III – Os cartões de ponto que demonstram horários de entrada e saída uniformes são inválidos como meio de prova, invertendo-se o ônus da prova, relativo às horas extras, que passa a ser do empregador, prevalecendo a jornada da inicial se dele não se desincumbir.

A aludida súmula materializa uma série de premissas, relacionadas não apenas à aptidão do empregador para melhor comprovar suas alegações, mas mesmo em relação às presunções geradas a partir do que de mais comum acontece.

O inciso I faz transbordar ao empregador que conta com mais de dez empregados a obrigação de meramente realizar o controle da jornada de seus empregados, na forma do art. 74 da CLT. Diante da obrigatoriedade do empregador de proceder ao controle da jornada, nada mais justo que imprimir àquela obrigação material repercussão processual equivalente, embora seja possível ao empregador, diante da omissão em assim proceder, de comprovar por outros mecanismos a inexistência do labor extraordinário.

O inciso II do mesmo verbete aponta para aquela hipótese em que a previsão de jornada em sede da avença coletiva apenas faz presumir a validade da jornada de trabalho, o que não inviabilizaria a comprovação, no caso concreto, em sentido contrário.

Por fim, o item III daquela súmula faz presumir que não há validade no controle de jornada se houver invariabilidade da jornada apontada. Trata-se daqueles controles conhecidos como "britânicos". Há alguma controvérsia sobre a previsão, havendo quem mencione ser esse um dos verbetes em que o TST se arvora a exercer típica atividade legislativa[11].

Críticas à parte, é fato que não se pode presumir como regular aquele documento em que há jornadas absolutamente invariáveis porque a vida é muito mais rica do que se pode imaginar. E essa mesma riqueza não permite a ninguém, muito menos a um trabalhador, desenvolver durante anos a fio as mesmas atividades, nos mesmos horários, sem qualquer variação. Em um contrato de prestação continuada não é razoável acreditar que nunca houve um atraso no transporte público, um mal-estar, uma chuva inesperada, enfim, qualquer fato capaz de alterar o termo inicial ou final da jornada.

Todavia, é preciso admitir que a prática empresarial é fundada, a cada dia mais, em uma lógica de procedimentos e previsibilidades. Desse modo, é possível que se reconheça a validade dos controles de jornada, mesmo que invariáveis, simplesmente porque as partes (empregado e empregador) sempre desprezaram uns poucos minutos a mais ou a menos no exercício da atividade, já que esses foram considerados irrelevantes para fins do cômputo da jornada, na forma do art. 58, § 1º, da CLT[12].

Desse modo, somos no sentido de que haja mera presunção de fraude dos denominados cartões britânicos, previstos no inciso III, cabendo ao empregador o ônus de demonstrar que efetivamente aquele controle equivale à jornada realmente exercida, sem sua invalidação.

Por fim, no atinente à comprovação do pagamento de salário, a partir da previsão do art. 464 da CLT, entende-se que o ônus da prova de seu pagamento é do empregador.

---

11. MARTINS, Sergio Pinto. *Comentários às súmulas do TST*, cit., p. 226.
12. "Art. 58. A duração normal do trabalho, para os empregados em qualquer atividade privada, não excederá de 8 (oito) horas diárias, desde que não seja fixado expressamente outro limite. § 1º Não serão descontadas nem computadas como jornada extraordinária as variações de horário no registro de ponto não excedentes de cinco minutos, observado o limite máximo de dez minutos diários."

4.4. Da aplicação do *in dubio pro misero* na distribuição do ônus de prova

Pode-se aplicar o princípio do *in dubio pro misero* no processo laboral? Considerando o rigor técnico, essa regra deve ser entendida como do direito material. Nesse caso, havendo dúvida entre qual norma aplicar ao caso concreto, deve-se aplicar, induvidosamente, a mais benéfica ao empregado. Quando se fala, porém, em avaliação técnica de prova, não se deve aplicar essa regra, pois já existe regra expressa na CLT, que estabelece ser o ônus da prova da parte que fizer as alegações.

O princípio do *in dubio pro misero* traduz a noção de que, na dúvida, deveria o juiz pender, inclusive na valoração da prova, em favor da parte mais frágil da relação processual. Seria, então, a possibilidade de o juiz, em caso de dúvida razoável, interpretar a prova em benefício do empregado.

Tal princípio encontraria farta aplicação na chamada "prova dividida", ou seja, naquela em que há, para um mesmo fato, duas versões incompatíveis entre si. Sem dúvida, uma das questões tormentosas no âmbito probatório. Tanto que não há consenso na doutrina e na jurisprudência sobre sua aplicabilidade.

Evaristo de Moraes Filho[13], sobre o ponto, já se pronunciou:

> Filio-me também ao princípio *in dubio pro operario* em seus casos típicos e indiscutíveis. Não só em livros, como também, assim votei, com Catharino e Russomano, na revisão do Anteprojeto de Código Judiciário do Trabalho, de autoria do último. Dispunha o art. 330: "Em dúvida, o juiz decidirá a favor do empregado". Não chegou a ser direito positivo, porque o Anteprojeto, apesar de enviado ao Congresso, não teve andamento.

A jurisprudência, por sua vez, assim já consignou:

> ÔNUS DE PROVA – *IN DUBIO PRO MISERO* – INAPLICABILIDADE – Os princípios que norteiam o direito do trabalho não têm o condão de influir tão decisivamente na apreciação do ônus da prova. De outro modo, de nada valeriam os preceitos do artigo 818 da CLT. Sua aplicação é mais afeita à interpretação dos institutos e contratos e, em casos excepcionais, à interpretação da prova efetivamente produzida, em respeito à hipossuficiência do trabalhador. O ônus de prova é legalmente delimitado. Neste caso, não cabe ao aplicador do Direito exceder os limites legais. (...) (TRT – 2ª Região, RO 00745006520 095020026 (00745200902602007), (20110852391), 12ª Turma, rel. Juiz Francisco Ferreira Jorge Neto, *DOESP* 8-7-2011).

---

13. MORAES FILHO, Evaristo de. Prefácio. *In:* SILVA, Luiz de Pinho Pedreira da. *Principiologia do direito do trabalho.* São Paulo: LTr, 1997. p. 7.

> PRINCÍPIO *IN DUBIO PRO MISERO* – APLICABILIDADE NA INTERPRETAÇÃO DE NORMAS – INAPLICABILIDADE QUANTO ÀS PROVAS – DISTRIBUIÇÃO DO ÔNUS DA PROVA – O princípio *in dubio pro misero* se aplica na interpretação das normas trabalhistas, mas não em matéria probatória, cabendo às partes o ônus de se desincumbir do encargo que lhe compete. A prova constitui o meio, o instrumento, pelo qual o juízo pode aferir as alegações de cada parte, formando seu convencimento a respeito de matérias controvertidas no processo, pelo sistema da persuasão racional ou livre convencimento motivado, adotado em nosso ordenamento jurídico e preconizado no art. 131 do CPC (TRT – 3ª Região, RO 562-58.2011.5.03.0052, rel. Juiz convocado João Bosco Pinto Lara, *DJe* 21-12-2011, p. 165).

Nesse momento cumpre ressaltar apenas que parece ser o entendimento majoritário aquele que reconhece como inaplicável o princípio ao âmbito do direito processual do trabalho. Em nosso sentir, não há falar em aplicação do aludido princípio no âmbito da dinâmica processual.

5. FATOS QUE NÃO NECESSITAM DE PROVA

É preciso fazer menção, ainda, àqueles fatos que independem de prova para sua aceitação, como os previstos no art. 374 do CPC.

Os fatos notórios são aqueles perceptíveis por qualquer pessoa e que, portanto, não precisam ser provados. Os fatos incontroversos são os fatos alegados por uma parte e confirmados pela parte contrária.

Já os fatos em que milita a presunção de veracidade são aqueles em que o legislador se antecipa ao eventual conflito que possa surgir e faz presumir a veracidade do fato[14], por exemplo, na hipótese de revelia. Nesse mesmo contexto há que falar das máximas da experiência, em que, segundo o art. 375 do CPC, aplicável subsidiariamente, na falta de norma própria, a lei permite ao juiz decidir de acordo com o que ordinariamente acontece, segundo sua experiência, sua vivência.

6. PRESSUPOSTOS E CLASSIFICAÇÃO DAS PROVAS

Muitos são os conceitos que pretendem definir o que seja a prova. Feliz é a expressão de Luiz Guilherme Marinoni e Sergio Cruz Arenhart[15], que indicam ser a prova "todo meio retórico, regulado pela lei, e dirigido, dentro dos parâme-

---

14. NERY JUNIOR, Nelson; NERY, Rosa Maria de Andrade. *Código de Processo Civil comentado e legislação extravagante*. 11. ed. São Paulo: Revista dos Tribunais, 2010. p. 640.
15. MARINONI, Luiz Guilherme; ARENHART, Sérgio Cruz. *Prova*, cit., p. 59.

tros fixados pelo direito e de critérios racionais, a convencer o Estado-juiz da validade das proposições, objeto de impugnação, feitas no processo".

A prova é, portanto, todo o meio de demonstração de uma verdade relevante para a relação jurídica processual.

Efetivamente, a alegação de um fato cria a suposição de que sua existência é verdadeira. Contudo, é por meio da prova que se converte a suposição em certeza. Por isso sua importância.

A dilação probatória não é mais do que o momento em que o processo oferece ao juízo e às partes a oportunidade de estabelecer a cognição dos fatos. É importante notar que a prova está orientada para um fim. O objeto da prova deve ser pensado em termos da relação estrita dos fatos articulados nas postulações com o interesse de estabelecer a verdade que se supõe. Ou seja, os fatos que não atendam a essa relação são absolutamente irrelevantes, e, por isso, devem ser afastados de qualquer atividade investigatória.

A finalidade da prova deve ser pensada em termos de formação do convencimento sobre a verdade.

A destinação da prova é ao órgão jurisdicional, ao qual está entregue a tarefa de dar solução ao dissídio. O juízo não é o destinatário único, mas o primeiro, já que a destinação da prova concerne a todos os que tenham interesse no processo.

Há diversos critérios classificatórios dos meios de prova, sendo o mais adotado o do jurista italiano Malatesta[16], que classifica os meios de prova sob o ponto de vista do objeto, do sujeito e da forma.

Quanto ao objeto, prova seria classificada pelos fatos que interessam à solução do dissídio. Nesse aspecto a prova pode ser direta, quando demonstra a existência de um fato investigado em si mesmo. É assim enquadrada quando se estabelece relação direta entre a fonte da prova e o fato noticiado, por exemplo, o recibo que atesta o pagamento na forma do art. 464 da CLT.

A prova poderia ser, ainda, indireta ou circunstancial, como aquela que demonstre a existência de fato diverso daquele que se pretende provar, mas por meio do qual se pode estabelecer alguma ilação sobre o fato que se pretende comprovar. No dizer de José Augusto Rodrigues Pinto[17], "o raciocínio sobre fato conhecido, o convencimento sobre o fato investigado". Seria a prova das circunstâncias de um acidente de trabalho em função da posição das máquinas após o mesmo acidente.

Quanto ao sujeito, a prova pode ser pessoal, quando a existência é atestada mediante a percepção consciente de alguém, por exemplo, a prova testemunhal.

16. Apud PINTO, José Augusto Rodrigues. *Processo trabalhista de conhecimento*, cit., 2003, p. 457.

17. PINTO, José Augusto Rodrigues. *Processo trabalhista de conhecimento*, cit., 2003, p. 458.

A prova real, por outro lado, segundo esse mesmo critério, qualifica-se pela demonstração, por uma coisa ou situação, de um fato.

Quanto à forma, a prova pode ser escrita, oral ou técnica. Em relação à forma, classifica-se de acordo com seus caracteres materiais em escrita, como os documentos em geral, a oral, como os depoimentos das partes, e a prova técnica, como os sons, vistorias, inspeções e positivações dependentes de conhecimentos especializados para a investigação.

De início, todos os meios de obtenção de prova são cabíveis. Mas são três os tradicionais: os documentos, os testemunhos ou informações e as perícias. Há meios menos ortodoxos, como os registros de som e imagem. Tais meios podem ser entendidos como casuais (produzidos no curso da demanda) ou pré-constituídos, quando a existência dos fatos é positivada previamente, para serem utilizados nela.

Os fatos interessam à prova em função dos efeitos jurídicos que podem produzir para a formação do convencimento. Esses efeitos podem ser constitutivos, modificativos, impeditivos ou extintivos do direito.

Constitutivos são aqueles que criam o direito por meio da relação jurídica que demonstram. Os modificativos são os que alteram a inteireza da relação jurídica. Já os impeditivos são os que desviam o curso natural do fato jurídico, obstando os efeitos naturais, enquanto os extintivos são os fatos que põem termo à relação jurídica de que seriam retirados efeitos correspondentes a sua natureza.

7. DISPENSA, OPORTUNIDADE E ORDEM DE PRODUÇÃO DA PROVA

O regime do CPC, previsto no art. 374 desse Código, alinha hipóteses em que o fato independe da prova, levando à dispensa do ônus de produzi-la, como já mencionado. Não dependem de prova os fatos notórios, assim considerados os que se acham sob o conhecimento de todos. Não se deve confundir, todavia, com o denominado fato verossímil, que é meramente possível, mas sua prova, ainda que indiciária, precisa ser realizada.

A presunção legal de existência ou de veracidade deve ser compreendida com base na noção de presunção. Presumir é estabelecer uma verdade especulativa até que, por outro meio, se possa identificar sua existência. A presunção legal é parcimoniosa na CLT, mas podemos indicar a presunção de veracidade prevista no art. 844 decorrente da revelia. No processo civil, presume-se verdadeira a alegação de hipossuficiência da pessoa natural quanto às despesas processuais (art. 99, § 3º, do CPC).

A dispensa da prova é do fato presumido, mas não dos fatos nos quais a lei funda a presunção. Ademais, é preciso que se diga ainda que a presunção pode ser relativa ou absoluta.

Quanto ao momento da produção da prova, o legislador fixou, no art. 787 da CLT, que a reclamação trabalhista, ao ser apresentada, deveria ser seguida dos documentos em que se fundar. Essa a redação do dispositivo:

> Art. 787. A reclamação escrita deverá ser formulada em 2 (duas) vias e desde logo acompanhada dos documentos em que se fundar.

Tal previsão nos faria concluir, em uma leitura preliminar, que o único momento para a juntada de documentos, no processo do trabalho, seria na petição inicial, no caso do reclamante, ou na defesa, por parte do reclamado.

No entanto, tem-se interpretado com maior largueza o aludido dispositivo, no sentido de que a produção da prova, inclusive a documental, seja possível durante toda a instrução processual. Assim, desde a propositura da demanda até o momento imediatamente anterior às razões finais, a qualquer instante seria possível a produção da prova.

Tal entendimento encontra assento no art. 845 da CLT, que, embora sintético, indica ser possível a apresentação das "demais provas" pelas partes, justamente em audiência:

> Art. 845. O reclamante e o reclamado comparecerão à audiência acompanhados das suas testemunhas, apresentando, nessa ocasião, as demais provas.

Assim, dizemos que a prova documental pode vir juntamente com a inicial e a defesa, portanto, antes da dilação probatória, como já se verificou, a teor do art. 787 da CLT.

Do mesmo modo, tem-se entendido que, após o encerramento da instrução, somente é possível produzir prova cuja omissão decorreu de força maior ou fato superveniente, como já consolidou o E. TST na Súmula 8:

> Juntada de documento. – A juntada de documentos na fase recursal só se justifica quando provado o justo impedimento para sua oportuna apresentação ou se referir a fato posterior à sentença.

Existe, no entanto, alguma conveniência em estabelecer a ordem da produção da prova em benefício da clareza processual. Podemos dizer que em regra é conveniente que a instrução se desenvolva, em primeiro lugar, a partir da prova escrita ou documental, seguida pela prova técnica ou pericial e, por fim, a partir da prova testemunhal, sem que se possa dizer, todavia, que haja nulidade em alterar tal ordem na produção da prova, dado que o regime do art. 765 da CLT determina ampla liberdade ao juízo na instrução processual:

> Art. 765. Os Juízos e Tribunais do Trabalho terão ampla liberdade na direção do processo e velarão pelo andamento rápido das causas, podendo determinar qualquer diligência necessária ao esclarecimento delas.

Aliás, o art. 775, § 2º, da CLT, decorrente da alteração promovida pela Lei n. 13.467/2017, prevê ser possível ao juízo alterar a ordem de produção dos meios de prova, adequando-os às necessidades do conflito de modo a conferir maior efetividade à tutela do direito. Tal medida é importante porque faculta ao juízo, na análise do caso concreto, determinar a melhor ordem na produção da prova, de modo a evitar diligências inúteis ou desnecessárias.

Por fim, é possível falar em outras regras sobre prova, como aquela que autoriza ao juízo assentar seu convencimento sobre as denominadas máximas da experiência, na forma do art. 375 do CPC:

> Art. 375. O juiz aplicará as regras de experiência comum subministradas pela observação do que ordinariamente acontece e, ainda, as regras de experiência técnica, ressalvado, quanto a estas, o exame pericial.

Ou seja, é possível que, diante da omissão legal específica, o juiz possa firmar seu convencimento com base naquilo que ordinariamente acontece, nas máximas da própria experiência vivida. Tais experiências podem ser comuns àquilo que advém da experiência social, ou mesmo técnica, quando conhecimentos técnicos são incorporados ao conhecimento geral de uma comunidade.

O CPC ainda cuida da aplicação de regra específica acerca da alegação de direito municipal, estadual, estrangeiro ou consuetudinário (art. 376), igualmente aplicável, como já dissemos. Note-se, no particular, que é necessário que o juízo determine à parte a comprovação do teor e vigência daqueles direitos, não sendo obrigação da parte comprovar tal conteúdo se não houver determinação judicial nesse sentido.

CAPÍTULO 19

Das Provas em Espécie no Direito Processual do Trabalho

1. INTRODUÇÃO

Uma vez realizada uma análise da teoria geral da prova no direito processual do trabalho, cumpre-nos fazer uma digressão acerca dos meios, em espécie, aptos à comprovação dos fatos relevantes para o juízo.

Aqui, uma vez mais, o leitor verá quão fragmentado ainda se encontra o nosso ramo do direito. Em diversas oportunidades será necessária uma análise sistemática, para a solução de entraves práticos sem qualquer previsão na CLT, ou mesmo de tratamento diferenciado no CPC.

Não será rara a observância de situações práticas em que os Tribunais lidarão com a questão probatória de modo diverso, reputando ora como válida, ora como inválida a produção da prova sob tal ou qual forma. Vejamos.

2. DA OUVIDA DAS PARTES – DEPOIMENTO PESSOAL E INTERROGATÓRIO

A primeira prova em espécie a ser analisada é justamente aquela atinente à manifestação das partes acerca do objeto do litígio. A CLT cuida em algumas oportunidades do depoimento pessoal, como se depreende dos arts. 819, 820 e 848 da CLT, embora não o faça de forma sistemática.

2.1. Da conceituação e dos ônus decorrentes do depoimento pessoal

A primeira questão que surge, embora doutrina e jurisprudência pouco a ela se dediquem, é quanto ao ônus da parte de dizer a verdade em juízo.

Talvez em nenhuma outra sociedade civilizada, sob os mais variados argumentos travestidos do exercício do direito de defesa, se defenda com tamanha voracidade o direito de deliberadamente alterar a verdade dos fatos em juízo. Dada a extensão da matéria e o escopo do presente Curso, não nos cabe aqui discorrer sobre esse assunto. Mas não se pode deixar de lado o fato de que, por meio do depoimento pessoal, a parte possui o dever de apresentar sua versão sobre as questões postas em juízo, sob uma perspectiva de um mínimo de lealdade e boa-fé, sob pena de o Poder Judiciário perder sua credibilidade como mecanismo de pacificação social. Como já enunciado, o direito de postular, seja por parte do autor ou do réu, não pode ser assentado na leviandade, como já teve a oportunidade de se pronunciar o Poder Judiciário:

> Litigância de má-fé. O direito de defesa não é atividade de lazer. – A Lei adjetiva (CPC, art. 14) impõe o dever de lealdade e boa-fé (ética processual), proibindo o uso da mentira e todo expediente capaz de artificializar a controvérsia. A defesa só é direito constitucional quando inserido no contexto da utilidade para a tutela de interesse validamente protegido. Não se faz defesa por capricho. O descumprimento a esse dever impõe a censura do art. 17 e a indenização autorizada pelo art. 18 do CPC. A negativa de acidente se a defesa emitiu o CAT caracteriza má-fé (TRT– 2ª Região, RO 00654-2007-253-02-00-9, Ac. 2009/0877130, 6ª Turma, rel. Des. Federal Rafael Edson Pugliese Ribeiro, *DOESP* 16-10-2009, p. 167).

Desse modo, parece claro que, por meio do depoimento pessoal, embora não se possa aplicar outras cominações por ausência de disposição expressa a respeito, é possível a imposição da penalidade prevista no art. 793-A da CLT, e mesmo no art. 80 do CPC, quando configurada a má-fé do declarante em, por exemplo, alterar a verdade dos fatos em sua versão narrada em juízo.

Poderíamos mencionar, assim, que o primeiro ônus a que se pode reportar em relação ao depoimento pessoal é aquele de a parte dizer a verdade, sob pena de configurada a litigância temerária.

Ademais, é preciso ainda fazer a análise sobre se há, e qual seria, a distinção entre o denominado depoimento pessoal e o interrogatório da parte. Embora muito se discuta a respeito, como veremos adiante, parece correto o entendimento de que tanto o interrogatório quanto o depoimento pessoal são meios que podem levar a um mesmo fim, que é a confissão.

Sendo assim, do ponto de vista material, os dois institutos se assemelham porque ambos se caracterizam por ser fruto do contato direto entre o juiz e a parte, para que esta última apresente sua visão sobre os fatos em litígio para o julgador.

Do ponto de vista técnico, todavia, os dois institutos são diferentes. Depoimento pessoal é, de fato, um meio de prova, algo que está à disposição da parte para, requerendo, produzir prova e obter aquela que é denominada a rainha das provas: a confissão. Já no interrogatório, tem-no como uma prerrogativa do magistrado. Como dizem Luiz Guilherme Marinoni e Daniel Mitidiero[1], enquanto no interrogatório se objetiva ao juiz um melhor esclarecimento dos fatos, sendo dele a iniciativa da oitiva, no depoimento pessoal o que uma das partes pretende justamente é a obtenção da confissão.

2.2. Do depoimento pessoal e da confissão

A prática demonstra que por meio do interrogatório é possível obter a confissão, mas sua finalidade principal não seria essa, mas sim esclarecer determinados fatos da lide. Se a parte, quando for esclarecer, confessar, melhor. Sobre a confissão, remetemos desde já o leitor para o Capítulo 14, em que expusemos detalhes acerca da audiência trabalhista. De todo modo, devemos aduzir, ainda, que confissão, de outro lado, é o reconhecimento de um fato alegado pelo *ex adverso*, contrário a seu interesse e favorável ao do adversário, como indica o art. 389 do CPC:

> Art. 389. Há confissão, judicial ou extrajudicial, quando a parte admite a verdade de fato contrário ao seu interesse e favorável ao do adversário.

A confissão versa sobre fatos que sejam contrários aos interesses da parte, e afins aos interesses de seu adversário. Neste ponto é preciso consignar expressamente que a confissão se relaciona apenas com os fatos envolvidos na demanda, e não de eventuais direitos. Tal assertiva se faz necessária porque a confissão não pressupõe o julgamento da ação procedente em favor de quem dela se beneficia, dado que tal parte pode não ter o direito alegado.

Podemos dizer, ainda, que a confissão pode ser real, quando há o reconhecimento explícito de um fato alegado pela parte contrária. Mas igualmente a confissão pode ser ainda presumida ou ficta, quando, em razão do descumprimento de alguma obrigação processual, se possa impor à parte uma presunção em seu desfavor, acerca dos fatos que lhe prejudicam.

1. MARINONI, Luiz Guilherme; MITIDIERO, Daniel. *Código de Processo Civil*, cit., 4. ed., p. 347.

Caso típico da confissão ficta é aquele originário da ausência da parte na sessão de audiência em que seria realizado seu interrogatório. Diante de sua ausência, ou seja, do descumprimento do ônus processual de estar presente na assentada, aplicar-se-á a pena de confissão, como já mencionado no capítulo em que foi tratada a audiência, e consoante a Súmula 74 do TST:

> CONFISSÃO. I – Aplica-se a confissão à parte que, expressamente intimada com aquela cominação, não comparecer à audiência em prosseguimento, na qual deveria depor.
> II – A prova pré-constituída nos autos pode ser levada em conta para confronto com a confissão ficta (arts. 442 e 443, do CPC de 2015 – art. 400, I, do CPC de 1973), não implicando cerceamento de defesa o indeferimento de provas posteriores.
> III – A vedação à produção de prova posterior pela parte confessa somente a ela se aplica, não afetando o exercício, pelo magistrado, do poder/dever de conduzir o processo.

A partir da consolidação da jurisprudência do TST é possível identificar que, uma vez descumprido o ônus processual de comparecimento à audiência, na qual deveria depor, a parte incorrerá na pena de ter presumido como verdadeiro(s) o(s) fato(s) que prejudique(m) seus interesses. O inciso II da mesma súmula trata da hipótese em que a prova pré-constituída poderia ser levada em consideração, para a elisão dos efeitos da penalidade, no que foi reafirmada a partir da redação conferida ao art. 844, § 5º, da CLT, não implicando, todavia, cerceamento de defesa o indeferimento de provas posteriores. Como já dito, é possível a elisão da confissão, dado que a parte pode fazer prova em sentido contrário daqueles fatos presumidamente verdadeiros, mas não há cerceamento de defesa no indeferimento de provas posteriores. Por fim, cumpre mencionar que, como alerta o item III daquela súmula, a existência da revelia ou confissão não impedem que o juízo exerça seu poder/dever de bem apurar a verdade dos fatos, a fim de promover a verdadeira justiça, entendimento este consagrado no inciso IV do § 4º do art. 844 da CLT, que nega o efeito da confissão para as alegações de fato inverossímeis ou que estejam em contradição com a prova constante dos autos. Neste caso, caberá ao juízo a apuração da verdade ocorrida.

2.3. Das espécies de confissão e seus efeitos

Ainda sobre a confissão, esta pode ser judicial, quando ocorre no âmbito do processo, ou extrajudicial, quando emanada de um ato jurídico qualquer, fora da relação jurídica processual. Pode-se mencionar, ainda, a confissão espontânea, quando a parte toma a iniciativa de reconhecer aquele fato que lhe é prejudicial, ou provocada, quando em razão da atuação de um terceiro (juiz ou parte por exemplo) o confitente é induzido a responder sobre aqueles fatos.

Dentre seus principais efeitos, a confissão torna incontroverso o fato confessado, o que dispensa sua prova. Na forma do art. 391 do CPC:

> Art. 391. A confissão judicial faz prova contra o confitente, não prejudicando, todavia, os litisconsortes.

Desse modo, havendo a confissão, não seria possível ao juízo conceder a quem confessa a oportunidade de contraprovar o quanto fora confessado, sob pena de a marcha processual configurar-se em uma disputa sem fim. Nesse sentido, o indeferimento de provas posteriormente à confissão não configuraria qualquer cerceamento à atuação processual da parte:

> Confissão. Indeferimento de prova oral. Cerceamento de defesa. Não configurado. – Não configura cerceio do direito de defesa o indeferimento de prova oral que o autor tencionava produzir a fim de comprovar a realização de horas extras, ainda que seus protestos tenham sido formulados oportunamente, diante da confissão do autor quanto à veracidade das anotações lançadas nos cartões de ponto apresentados pela ré. Nesse contexto, é impróspera a pretensão de reabertura da instrução processual. Apelo do autor ao qual se nega provimento (637201004123006/MT, 00637.2010.041.23.00-6, rel. Des. Beatriz Theodoro, 2ª Turma, j. 8-6-2011, data de publicação: 9-6-2011).

Todavia, é preciso salientar que o alcance da confissão é limitado ao confitente. Desse modo, no caso de litisconsórcio, se o objeto da controvérsia for comum a ambos os litisconsortes, não se pode impor àqueloutro que nada confessou os efeitos da verdade presuntiva. Nessa hipótese, embora haja a confissão, não será capaz de produzir seus efeitos.

> ... Litisconsórcio passivo. Revelia da primeira reclamada. Efeitos. Contestação apresentada pela segunda reclamada. (...) – O entendimento desta 3ª Turma é o de que Em se tratando de litisconsórcio passivo, a declaração de revelia de um dos litisconsortes não acarreta a confissão dos demais (art. 320, I, do CPC). A apresentação de contestação específica por um dos reclamados obsta a presunção de veracidade dos fatos alegados na inicial. Recurso de revista não conhecido (Processo RR 219400-69.2008.5.15.0106, rel. Min. Alberto Luiz Bresciani de Fontan Pereira, 3ª Turma, j. 22-6-2011, *DEJT* 1º-7-2011); (...) (RR 26600-74.2006.5.01.0073, rel. Min. Horácio Raymundo de Senna Pires, 3ª Turma, j. 23-5-2012, data de publicação: 25-5-2012).

Em hipóteses tais, em que houve confissão por apenas uma das partes, mantêm-se os mesmos ônus de prova, porque a confissão só se limita ao confitente e não a seu litisconsorte.

Do mesmo modo, é preciso consignar que a confissão não gerará efeitos em relação aos direitos indisponíveis, à guisa da disposição do art. 392 do CPC.

Tal previsão reafirma nosso entendimento no sentido de que inexiste a propalada indisponibilidade de direitos patrimoniais, seja do trabalhador, seja do empregador, no âmbito do processo do trabalho. Não parece existir previsão de indisponibilidade de qualquer crédito. A indisponibilidade é dos direitos do trabalhador, jamais dos créditos deles decorrentes.

Há ainda que referir ao efeito da indivisibilidade da confissão. Com efeito, segundo disposição expressa do CPC (art. 395), aplicável por força do art. 15 do CPC e 769 da CLT, a parte não pode pretender se beneficiar de parte da confissão e rejeitá-la noutra parte:

> Art. 395. A confissão é, em regra, indivisível, não podendo a parte que a quiser invocar como prova aceitá-la no tópico que a beneficiar e rejeitá-la no que lhe for desfavorável, porém cindir-se-á quando o confitente a ela aduzir fatos novos, capazes de constituir fundamento de defesa de direito material ou de reconvenção.

Não se pode ignorar, todavia, as menções de José Augusto Rodrigues Pinto[2] a Affonso Fraga, para quem "a confissão faz plena fé do fato confessado, supre a insuficiência da prova, ou seus defeitos, sana e revalida os erros da ação e do processo, faz as vezes da coisa julgada e serve de base par por ela se proferir o julgamento".

2.4. Da forma do depoimento pessoal

Não há previsão sistêmica, no texto consolidado, do modo como deverá ser obtido o depoimento pessoal. Há, apenas, menção expressa no sentido de que caberá ao juiz interrogar aos litigantes, como se depreende do art. 848 da CLT:

> Art. 848. Terminada a defesa, seguir-se-á a instrução do processo, podendo o presidente, *ex officio* ou a requerimento de qualquer juiz temporário, interrogar os litigantes.

Tal previsão implica deduzir que caberá ao juiz, e não à parte, formular perguntas aos litigantes, no âmbito do processo laboral. Os questionamentos à ou-

2. PINTO, José Augusto Rodrigues. *Processo trabalhista de conhecimento*, cit., 2003, p. 477.

tra parte, decorrentes de eventuais requerimentos, serão formulados por intermédio do juiz, portanto.

Como ocorre em relação a todos os atos orais, o juiz do Trabalho é o interlocutor da parte, intermediando os termos e registros de declarações. As perguntas são direcionadas ao juízo, que as formulará à parte, filtrando eventuais excessos ou inutilidades. As perguntas são formuladas e das respostas é que são reduzidas a termo. Manteve-se, na CLT, a sistemática havida no CPC/73.

Por fim, dado que o interrogatório faz parte da defesa da parte, é dispensado o compromisso legal. Portanto, a parte, em seu depoimento pessoal, não tem o potencial de incorrer no crime capitulado no art. 342 do CP, qual seja, o de falso testemunho.

Há omissão na CLT quanto à oitiva, por uma das partes, do depoimento de seu *ex adverso*. Em outras palavras, indaga-se se a previsão do § 2º do art. 385 do CPC seria aplicável na instrução trabalhista, ou seja, se seria vedado a quem ainda não depôs assistir ao interrogatório da outra parte:

> Art. 385. Cabe à parte requerer o depoimento pessoal da outra parte, a fim de que esta seja interrogada na audiência de instrução e julgamento, sem prejuízo do poder do juiz de ordená-lo de ofício.
>
> § 2º É vedado a quem ainda não depôs assistir ao interrogatório da outra parte.

Como se deduz do § 2º do art. 385 do CPC, a parte cujo depoimento ainda não tenha sido colhido não poderia presenciar o interrogatório da outra parte. O TST, fundado na aludida regra, já teve a oportunidade de reconhecer o prejuízo causado a uma das partes, em razão da presença de seu *ex adverso* durante o interrogatório:

> AGRAVO DE INSTRUMENTO EM RECURSO DE REVISTA. CERCEAMENTO DE DEFESA. TOMADA DO DEPOIMENTO PESSOAL DA AUTORA. INDEFERIMENTO DO PEDIDO DE RETIRADA DO PREPOSTO DA RECLAMADA. NULIDADE. IMPOSSIBILIDADE DE OBTENÇÃO DA CONFISSÃO REAL. PREJUÍZO. PROVIMENTO. O agravo de instrumento deve ser provido, por possível ofensa ao art. 344, parágrafo único, do CPC. Agravo de instrumento provido. RECURSO DE REVISTA. CERCEAMENTO DE DEFESA. TOMADA DO DEPOIMENTO PESSOAL DA AUTORA. INDEFERIMENTO DO PEDIDO DE RETIRADA DO PREPOSTO DA RECLAMADA. NULIDADE. IMPOSSIBILIDADE DE OBTENÇÃO DA CONFISSÃO REAL. PREJUÍZO. Configura prejuízo à parte reclamante, passível de declaração de nulidade, nos termos do art. 794 da CLT, o indeferimento do pedido de retirada do preposto da reclamada da sala de audiência quando da tomada do depoimento pessoal da reclamante, ante a consequente impossibilidade de obtenção de confissão real do preposto da ré e da probabilidade de

influência no conteúdo do depoimento daquele que foi ouvido por último. Aplica-se, pois, ao Processo do Trabalho, na forma do art. 769 da CLT, a norma do art. 344, parágrafo único, do CPC, que estabelece que "É defeso, a quem ainda não depôs assistir ao interrogatório da outra parte". Recurso de revista conhecido e provido (RR 121-71.2014.5.03.0020, rel. Min. Aloysio Corrêa da Veiga, 6ª Turma, j. 19-10-2016, *DEJT* 21-10-2016).

I – AGRAVO DE INSTRUMENTO EM RECURSO DE REVISTA. PRELIMINAR DE NULIDADE POR CERCEAMENTO DE DEFESA. REQUERIMENTO DE RETIRADA DO PREPOSTO DA SALA DE AUDIÊNCIA DURANTE O DEPOIMENTO DO RECLAMANTE. INDEFERIMENTO. PREJUÍZO À CONFISSÃO DO PREPOSTO. ART. 344, PARÁGRAFO ÚNICO, DO CPC. APLICABILIDADE AO PROCESSO DO TRABALHO. CERCEAMENTO DE DEFESA CONFIGURADO. Demonstrada possível violação do art. 5º, LV, da Constituição Federal, impõe-se o provimento do agravo de instrumento para determinar o processamento do recurso de revista. Agravo de instrumento provido. II – RECURSO DE REVISTA. PRELIMINAR DE NULIDADE POR CERCEAMENTO DE DEFESA. REQUERIMENTO DE RETIRADA DO PREPOSTO DA SALA DE AUDIÊNCIA DURANTE O DEPOIMENTO DO RECLAMANTE. INDEFERIMENTO. PREJUÍZO À CONFISSÃO DO PREPOSTO. ART. 344, PARÁGRAFO ÚNICO, DO CPC. APLICABILIDADE AO PROCESSO DO TRABALHO. CERCEAMENTO DE DEFESA CONFIGURADO. 1 – Hipótese em que o juízo de origem indeferiu o pedido do reclamante para que a preposta, que ainda não havia prestado depoimento, se retirasse da sala de audiência, o que obstou a que se apurasse a confissão da representante da reclamada. 2 – Consoante disciplina o parágrafo único do art. 344 do CPC, "é defeso, a quem ainda não depôs, assistir ao interrogatório da outra parte". 3 – O referido dispositivo compatibiliza-se perfeitamente com o Processo do Trabalho, nos termos do que dispõe o art. 769 da CLT, principalmente pelo fato de que, no caso, a preposta se fazia acompanhar por advogado que, permanecendo no local, poderia efetuar as perguntas que considerasse pertinentes. 4 – Assim, patente o prejuízo do reclamante, obstado de viabilizar a confissão da preposta, por meio de um procedimento legal, perfeitamente aplicável no processo do Trabalho, impõe-se reconhecer a nulidade processual, por cerceamento de defesa. Precedentes. Recurso de revista conhecido e provido (RR 398-46.2012.5.03.0024, rel. Min. Delaíde Miranda Arantes, 2ª Turma, j. 3-2-2016, *DEJT* 12-2-2016).

Segundo se compreende dos aludidos arestos, aplica-se a regra prevista no CPC, por entender ser ela plenamente compatível com o direito processual do trabalho, por ausência de tratamento diferenciado na CLT, no particular e da autorização do art. 769 da CLT e do art. 15 do CPC.

A nosso sentir, todavia, essa regra é de aplicação duvidosa, por força da faculdade do exercício do *jus postulandi* pessoalmente pelas partes.

Ora, enquanto houver possibilidade de a parte atuar diretamente em juízo, e se note que o legislador não fez qualquer limitação, no particular; se aquela não precisa de representante para exercer sua prerrogativa de falar em juízo, não lhe poderia ser negada a participação na obtenção da prova. Mesmo que não haja o direito de perguntar ou reperguntar, não se pode negar o direito de a parte participar da obtenção da prova, mesmo porque é da parte o interesse em fiscalizar a lisura da prova. Então, parece que essa regra não pode ser aplicada no nosso caso.

Ainda sobre a forma, deve-se fazer menção à previsão do art. 385, § 1º do CPC, igualmente aplicável (art. 769 da CLT), em que se dispõe caber à parte comparecer para que lhe seja tomado o depoimento em audiência, ou caso compareça, em caso de recusa a responder os fatos que lhe são imputados, lhe será aplicada a confissão, no particular:

> Art. 385. Cabe à parte requerer o depoimento pessoal da outra parte, a fim de que esta seja interrogada na audiência de instrução e julgamento, sem prejuízo do poder do juiz de ordená-lo de ofício.
> § 1º Se a parte, pessoalmente intimada para prestar depoimento pessoal e advertida da pena de confesso, não comparecer ou, comparecendo, se recusar a depor, o juiz aplicar-lhe-á a pena.

Ou seja, fica claro que a parte tem o dever de responder ao juiz o que lhe foi perguntado. Na hipótese de a parte demonstrar seu desinteresse em responder objetivamente àquilo o que lhe foi perguntado, ou mesmo por meio da negativa geral, presumir-se-á a confissão, mesmo porque, na forma do art. 843, § 1º, da CLT, o preposto tem a obrigação de conhecer os aspectos relevantes para a demanda.

2.5. Outras questões relevantes

Há, ainda, outras questões envolvendo a oitiva pessoal no processo do trabalho. A primeira delas é se há, por aqui, o denominado interrogatório ou o depoimento pessoal. Em outras palavras, o entendimento predominante ainda hoje é o de que não existe no direito processual do trabalho o depoimento pessoal, mas apenas o interrogatório da parte, na forma dos arts. 819 e 820 da CLT.

Tal fato seria relevante porque, em inexistindo o depoimento pessoal, no âmbito do processo do trabalho, não haveria, para a parte, o direito subjetivo de arguir a parte contrária. O que haveria seria apenas a faculdade de o juízo proceder à colhida do depoimento pessoal das partes. O TST, em diversas oportunidades, já se pronunciou nesse sentido, indicando ser o interrogatório das partes mera faculdade do julgador:

> Agravo de instrumento em recurso de revista. Cerceamento de defesa. Indeferimento do depoimento da parte adversa. – A teor dos arts. 820 e 848 da CLT, o interrogatório das partes é faculdade do julgador. Assim, não configura cerceamento de defesa o indeferimento de oitiva de depoimento pessoal do reclamante, mormente quando o juiz se mostra satisfeito com as provas já produzidas. Precedentes desta Corte. 2. Horas extras. Trabalho externo. – O Regional deixou assentado, pela prova produzida nos autos, que o reclamante estava sujeito a controle de horário. Para se chegar a conclusão diversa, necessária seria a incursão nas provas dos autos, o que é impossível nesta esfera recursal, a teor da Súmula 126, do TST. 3. Indenização de jantar. – Constata-se que o Regional não examinou a questão à luz da matéria de que trata o art. 5º, II, da CF/1988, tampouco foi instado a fazê-lo por meio de embargos de declaração. Incide, pois, o óbice da Súmula 297, I, do TST, ante a ausência de prequestionamento. Agravo de instrumento conhecido e não provido (AgInRR, 461-33.2010.5.06.0000, rel. Min. Dora Maria da Costa, 8ª Turma, j. 15-9-2010, data de publicação: 17-9-2010).

> AGRAVO DE INSTRUMENTO – CERCEAMENTO DE DEFESA – DISPENSA DO DEPOIMENTO PESSOAL DAS PARTES – NÃO PROVIMENTO – A egrégia Corte Regional rejeitou a preliminar de cerceamento de defesa ao fundamento de que, de acordo com o artigo 848, *caput*, da CLT, o interrogatório dos litigantes se constitui em faculdade do juízo. Com efeito, no processo do trabalho, o interrogatório decorre de faculdade do juiz (artigos 820 c/c 848, *caput*, da CLT), mesmo porque o juiz tem a direção do processo (artigo 765 da CLT). No caso, a agravante pretendia obter a confissão judicial, não comprovando, contudo, perante a egrégia Corte Regional, a existência de prejuízo capaz de propiciar a nulidade do ato, além do que o ônus da prova, quanto ao labor extraordinário, competia ao autor. Nesse prisma, o indeferimento da oitiva da parte, por si só, não ofende o artigo 5º, incisos LIV e LV, da Constituição Federal, não logrando êxito a parte em demonstrar divergência jurisprudencial específica (Aplicação da Súmula n. 296 do TST). Agravo de instrumento a que se nega provimento, no particular (TST, AIRR 1056/2002-015-06-40.2, 1ª Turma, rel. Juiz convocado Guilherme Bastos, *DJU* 4-11-2005).

Todavia, as mais recentes decisões do E. TST são em sentido diametralmente oposto, reconhecendo o cerceamento de defesa em face do indeferimento do depoimento pessoal da outra parte. É o que se deduz dos seguintes arestos:

> RECURSO DE REVISTA. CERCEAMENTO DE DEFESA. DEPOIMENTO PESSOAL. INDEFERIMENTO. CONFIGURAÇÃO 1. Se há controvérsia acerca

de fato relevante e controvertido da lide, configura cerceamento de defesa o indeferimento da tomada do depoimento pessoal da parte, uma vez que tal meio de prova constitui peça fundamental na instrução, na medida em que se busca a confissão do outro litigante, contribuindo, assim, para a apuração da verdade real e, em última análise, para a simplificação e celeridade do processo na medida em que fatos confessados prescindem da produção de outras provas. 2. A prerrogativa conferida ao Juiz de dispensar o depoimento da parte há de se utilizar apenas nas situações em que não mais subsista controvérsia sobre os fatos, à luz dos limites balizados pela petição inicial e contestação, não advindo, assim, prejuízo algum ao litigante. 3. É certo que cabe ao juiz a direção do processo, mas essa atividade encontra limites na lei. Não há direito absoluto e, por isso, tampouco poder absoluto do juiz na direção do processo. 4. Viola, pois, o art. 5º, LV, da Constituição Federal, ante o inegável cerceamento de defesa, o indeferimento sumário do depoimento do Reclamante, com a consequente condenação ao pagamento de horas extras. 5. Recurso de revista da Reclamada de que se conhece e a que se dá provimento, no particular (TST, RR 8723020115040022, rel. João Oreste Dalazen, 4ª Turma, j. 16-8-2017, *DEJT* 25-8-2017).

RECURSO DE REVISTA DA RECLAMADA. CERCEAMENTO DE DEFESA. INDEFERIMENTO DO DEPOIMENTO PESSOAL DO RECLAMANTE. No caso, o juízo de primeiro grau indeferiu a oitiva do depoimento pessoal do reclamante, sob protesto da reclamada. O Tribunal Regional entendeu que a dispensa do depoimento do reclamante não configura cerceamento de defesa, sob o fundamento de que no processo do trabalho, a oitiva das partes constitui faculdade do julgador, nos termos do art. 848 da CLT. O depoimento pessoal é meio de prova com o intuito de fazer com que a parte que o requereu alcance a confissão, real ou ficta, da parte adversa, acerca de fatos relevantes ao deslinde da lide, tornando até desnecessária a coleta de outras provas. É bem verdade que sendo o juiz o destinatário da prova, compete a ele decidir sobre as provas necessárias à instrução do processo, podendo indeferir as diligências inúteis ou meramente protelatórias, até mesmo dispensando a oitiva das partes, caso entenda, em decisão fundamentada, que o depoimento se mostre desnecessário diante do contexto probatório produzido nos autos. Todavia, tal prerrogativa do juiz deve ser conjugada com o princípio do contraditório e da ampla defesa, na medida em que o direito à produção de prova é garantia constitucional que rege nosso ordenamento jurídico, sob pena de se incorrer em nulidade por cerceamento de defesa. Assim, existindo controvérsia acerca dos fatos narrados nos autos, imperioso conceder às partes oportunidade para que produzam as provas que julguem indispensáveis para a solução da lide, motivo pelo qual o indeferimento de prova requerida pela reclamada, consistente na oitiva do reclamante, sem a devida fundamentação, acarreta na nulidade do processo por cerceio de defesa. Precedente da 2ª Turma. Recurso de revista conhecido e provido (TST, RR 195669201150 60391, rel. Delaíde Miranda Arantes, 2ª Turma, j. 30-8-2017, *DEJT* 8-9-2017).

Em nosso sentir[3], efetivamente cerceia o direito da parte o indeferimento do depoimento pessoal de seu *ex adverso*.

Se é certo que o juiz é o destinatário direto da prova, toda a comunidade tem interesse em que a decisão judicial seja a mais abalizada possível (daí por que a previsão expressa do próprio Texto Constitucional, exigindo a legitimação da decisão judicial pela fundamentação na forma do art. 93, IX), assim como os envolvidos na demanda, os que, diga-se, têm direitos em jogo, e, portanto, são aqueles que mais têm interesse em evidenciar uma verdade. E suprimir da parte o direito de obter a maior prova que existe, que é a confissão real, não parece o mais razoável, notadamente nas hipóteses em que há o patrocínio por advogados.

A justificativa do entendimento anteriormente apresentado remonta às origens da Justiça do Trabalho, em que se estava diante de um mecanismo basicamente inquisitório, na qual seria o juiz quem tem a livre disposição da atuação jurisdicional, inclusive para determinar a produção de prova (art. 765 da CLT). Todavia, esse modelo processual não mais se conforma à sistemática do processo cooperativo, em que todos devem buscar, em tempo razoável, a decisão de mérito justa e efetiva, e se assegura a paridade de tratamento às partes, no curso do processo, tal qual constitucionalmente assegurado e tão bem estruturado no CPC.

Outra questão que merece destaque é aquela relacionada à possibilidade de consulta a textos preparados pelo depoente, cuidada pelo art. 387 do CPC, durante o depoimento pessoal:

> Art. 387. A parte responderá pessoalmente sobre os fatos articulados, não podendo servir-se de escritos anteriormente preparados, permitindo-lhe o juiz, todavia, a consulta a notas breves, desde que objetivem completar esclarecimentos.

Como dizem Luiz Guilherme Marinoni e Daniel Mitidiero[4], "a parte não pode servir-se de escritos para fraudar a oralidade do seu depoimento", mas lhe é possível a "consulta a notas breves, desde que objetivem completar esclarecimentos". O TST já se pronunciou a respeito, reconhecendo ser possível a consul-

3. No mesmo sentido Edilton Meireles e Leonardo Borges (MEIRELES, Edilton; BORGES, Leonardo Dias. *Primeiras linhas de processo do trabalho*, cit., p. 326-327).

4. MARINONI, Luiz Guilherme; MITIDIERO, Daniel. *Código de Processo Civil*, cit., 4. ed., p. 352.

ta a breves notas, mas negando a possibilidade de a parte servir-se de escritos para fraudar seu depoimento pessoal. Vejamos:

> ... Cerceamento de defesa. Confissão ficta do preposto. Consulta de escritos durante o depoimento em audiência. – Inexiste o alegado cerceamento de defesa em razão da confissão aplicada, pois registrado pelo E. TRT que o preposto em audiência foi flagrado utilizando-se de escritos intencionalmente preparados, e não consulta de breves notas, conforme previsão contida no art. 346, do CPC. Único aresto inespecífico, a teor da Súmula 296, do TST, por tratar somente dos efeitos da confissão ficta. Recurso de revista não conhecido (Processo TST-RR-132700-26.2006.5.15.0053, rel. Min. Aloysio Corrêa da Veiga, j. 23-5-2012).

Com efeito, tem-se entendido ser possível à parte apenas a consulta a breves notas, a fim de se lembrar de um fato cujo esquecimento pareça razoável, no particular. Em casos tais, mais recomendável seria que o próprio depoente solicitasse ao juízo a autorização para obter as aludidas informações, consultando suas anotações, ao longo de seu depoimento pessoal.

De todo modo, não se deve ignorar o fato de que a parte pode se negar a depor sem sofrer qualquer ônus, quando, por razões éticas e morais, não se deva exigir o contrário, como se depreende da redação do art. 388 do CPC:

> Art. 388. A parte não é obrigada a depor sobre fatos:
> I – criminosos ou torpes que lhe forem imputados;
> II – a cujo respeito, por estado ou profissão, deva guardar sigilo;
> III – acerca dos quais não possa responder sem desonra própria, de seu cônjuge, de seu companheiro ou de parente em grau sucessível;
> IV – que coloquem em perigo a vida do depoente ou das pessoas referidas no inciso III.

Ou seja, há expressa limitação ao poder instrutório do juiz quanto àquilo que não pode exigir da parte quando a matéria estiver circunscrita às hipóteses legais.

Tal previsão merece relevo notadamente nas hipóteses em que houver discussão quanto à ocorrência ou não da justa causa para a rescisão do contrato de trabalho, na forma dos arts. 482 e seguintes da CLT, quando, sobre a matéria, a parte deva guardar segredo, ou mesmo possa desaguar na desonra, seja do empregado, seja do empregador, apenas por exemplo. Em hipóteses tais não se deve aplicar a pena de confissão.

Por fim, deve-se referir ainda que é possível, igualmente no processo do trabalho, a anulação da confissão, na forma do art. 393 do CPC, em caso de vício em sua obtenção:

> Art. 393. A confissão é irrevogável, mas pode ser anulada se decorreu de erro de fato ou de coação.

Note-se que a previsão legal está a referir-se à anulação da confissão, seja ela real ou ficta. A confissão pode ser anulada, por ação própria, quando obtida mediante erro de fato ou coação, dado que o art. 214 do Código Civil exclui o dolo das hipóteses de revogação da confissão, fato que justifica a redação do art. 393 do CPC, que igualmente exclui o dolo das hipóteses de anulação da confissão. Tal anulação poderá ser manejada tanto simultaneamente à ação principal, por meio de ação anulatória cujos autos deverão ser apensados ao processo principal, quanto por meio de ação rescisória, cujo processamento deverá seguir as demais previsões a respeito.

3. PROVA TESTEMUNHAL

Talvez nenhuma outra espécie de prova seja tão contestada quanto a prova testemunhal. Não por outra razão é comum ouvir dizer que a prova testemunhal seja a "prostituta das provas", dada a dificuldade de apurar a verdade por meio dessa espécie probatória. O testemunho é o meio de prova que consiste na declaração representativa que uma pessoa física, que não é parte no processo, faz ao juiz, com fins processuais, sobre o que sabe a respeito de um fato de qualquer natureza.

Note-se que por meio da prova testemunhal exercita-se uma síntese acerca das pretensas "verdades", como indica Jacques Derrida[5]. A prova testemunhal seria um mecanismo de captação da verdade pela intervenção humana direta. Cada testemunha apresentaria em juízo sua visão sobre determinado tema, a sua "verdade", relevante sob o ponto de vista processual. Daí a natural dificuldade na obtenção da verdade, diante da corruptibilidade, ora voluntária, ora involuntária, do ser humano. Afinal, qual a cor dos ponteiros de seu relógio? Qual a roupa utilizada na última sexta-feira à noite? Qual a cor da capa deste Curso? São apenas exemplos de que muitos de nós podemos ter dúvidas, pela nossa interpretação falha, ou mesmo ausência de destaque sobre determinados fatos da vida, o que pode repercutir em juízo.

Por isso, ao proceder à valoração dos depoimentos o juízo deve ter a necessária parcimônia para compreender não apenas a fragilidade daquele que, por vezes assustado com tantas formalidades, comparece perante o Poder Judiciário para verbalizar circunstâncias às vezes sutis, de difícil compreensão, mas igualmente para perceber as reais intenções daquele que, valendo-se da boa fé de to-

5. DERRIDA, Jacques. *A escritura*: a diferença. 2. ed. São Paulo: Perspectiva, 1995.

dos os presentes, tende a deliberadamente beneficiar ou prejudicar uma das partes. Na CLT há algumas previsões relacionadas com a prova testemunhal e que merecem nossa atenção. Cada uma delas será detidamente analisada adiante. De todo modo, além das previsões contidas na CLT, há ainda outras do CPC, a partir dos arts. 442 e seguintes, que devem orientar na obtenção da prova, naquilo que for possível, em nosso caso.

3.1. Da relevância da prova testemunhal no direito processual do trabalho e da inviabilidade da prova

É fato que, dada a própria primazia do conteúdo sobre a forma, no âmbito das relações de trabalho, consoante se depreende dos arts. 9º e 442 da CLT, é bastante relevante o efeito prático da prova testemunhal, dado que é por meio daquela, senão exclusivamente, que se pode ultrapassar a forma para identificar o real conteúdo das relações contratuais *sub judice*. Mas não se pode ignorar, todavia, que nem sempre a prova testemunhal seja possível, a teor do art. 442 do CPC, aplicado subsidiariamente:

> Art. 442. A prova testemunhal é sempre admissível, não dispondo a lei de modo diverso.

O próprio dispositivo, embora reconheça que em regra a prova testemunhal seja possível, indica que há hipóteses em que a lei não lhe permite a utilização. Parece ser justamente essa a hipótese quando se observa a exigência legal do instrumento público como da substância do ato, oportunidade na qual nenhuma outra prova, por mais especial que seja, pode suprir-lhe a falta, consoante a previsão do art. 406 do CPC. Em hipótese tal, quando a lei exige instrumento público como da substância do ato, não se pode utilizar, por exemplo, a prova testemunhal para suprir-lhe a falta, por exemplo.

No particular, todavia, é importante que se identifique a revogação do art. 227 do CC, que permitia a prova testemunhal exclusivamente para negócios jurídicos cujo valor não ultrapassasse o décuplo do maior salário mínimo vigente no país. Ou seja, a limitação para a prova testemunhal, no particular, deixou de existir no Código Civil, razão pela qual não há falar, inclusive no âmbito das relações de trabalho, em qualquer óbice na utilização da prova oral como meio de demonstração de negócios jurídicos, independentemente do valor envolvido.

O art. 443 do CPC determina que o juiz indefira a inquirição de testemunhas sobre fatos já provados por documentos ou por confissão da parte, ou sobre aqueles fatos que só por documento ou por exame pericial puderem ser provados. Pautando-se naquele preceito, que replica as restrições contidas no art. 400 do CPC/73, não se pode ignorar que no âmbito das relações de trabalho a jurisprudência tem se inclinado no sentido de reputar como inviável a comprovação de determinados fatos por meio da prova testemunhal. Podemos citar o entendimento firmado de que não comporta prova testemunhal para a demonstração das condições de insalubridade ou periculosidade, a partir da interpretação do art. 195 da CLT, que está assim vazado:

> Art. 195. A caracterização e a classificação da insalubridade e da periculosidade, segundo as normas do Ministério do Trabalho, far-se-ão através de perícia a cargo de Médico do Trabalho ou Engenheiro do Trabalho, registrados no Ministério do Trabalho.

Fundado naquele dispositivo, a jurisprudência tem entendido que necessariamente a comprovação da insalubridade e periculosidade deve se dar por meio da prova técnica realizada nos autos do processo judicial.

> ... II – ADICIONAL DE INSALUBRIDADE – A simples prova testemunhal não é capaz de comprovar a insalubridade, sobretudo quando não há nos autos perícia ou parecer técnico, nos termos dos arts. 195 e 818 da CLT, e do art. 333, I, do CPC. (...) (TRT – 8ª Região, RO 0000269-67.2011.5.08.0014, rel. Des. Federal Georgenor de Sousa Franco Filho, *DJe* 31-8-2011, p. 23).
>
> APURAÇÃO DE INSALUBRIDADE – EXIGÊNCIA DE PROVA TÉCNICA – INDEFERIMENTO DE PROVA TESTEMUNHAL – AUSÊNCIA DE CERCEAMENTO DE DEFESA – Afigura-se legítimo o ato praticado pelo MM. Juízo *a quo* que rejeita a prova testemunhal requerida pela reclamante para comprovar a insalubridade, sobretudo considerando o poder genérico de iniciativa judicial trabalhista, a teor do artigo 659, inciso II, 878 e 765, todos da Consolidação das Leis do Trabalho, bem como o dispositivo constante do artigo 130 do Código de Processo Civil, que impõe ao juiz, ao determinar as provas necessárias à instrução do processo, indeferir as diligências inúteis ou meramente protelatórias, uma vez que a insalubridade não se comprova através de testemunhas, mas exige prova técnica para sua apuração, consoante dispõe o artigo 195 da Consolidação das Leis do Trabalho. Não há que se falar em cerceamento do direito de defesa (TRT – 2ª Região, RO 00407-2001-312-02-00-0, (20070608509), 12ª Turma, rel. Juíza Vania Paranhos, *DOESP* 17-8-2007).

Tal interpretação não está longe de algumas críticas. Por exemplo, com a redação imposta ao art. 193 da CLT, passaram a ser consideradas atividades perigosas as atividades profissionais de segurança pessoal ou patrimonial (art. 193, II), bem como as atividades do trabalhador em motocicleta (art. 193, § 4º), as quais não demandam, do ponto de vista fático, qualquer prova técnica para a caracterização do risco. Não será o perito quem determinará se há ou não risco na atividade desenvolvida pelo trabalhador. Os riscos são caracterizados, fixados e reconhecidos pela própria lei. A controvérsia, no particular, pode se assentar no desenvolvimento ou não de tais funções (vigilante ou motociclista), o que seria solucionado por meio da prova testemunhal ou documental, e implica uma necessária reinterpretação do aludido art. 195 à luz da nova redação do art. 193, ambos do Texto Celetista. Afinal, nem sempre a caracterização e a classificação da insalubridade e da periculosidade serão feitas por meio de perícia técnica.

De mais a mais, é possível mencionar que mesmo o TST tem entendido ser possível a mitigação do entendimento majoritário, que reafirma ser essencial a prova pericial para a apuração da insalubridade ou da periculosidade, quando, por exemplo, identifica-se ser inviável a realização da perícia pelo fechamento da empresa ou mesmo por meio da utilização da prova técnica emprestada, como assenta a SDI-TST, no particular.

> Adicional de insalubridade. Prova pericial. Art. 195, § 2º, da CLT. Vulneração ao art. 896 da CLT. – A realização de perícia técnica é obrigatória para a verificação da existência de insalubridade no ambiente de trabalho. Em determinados casos, porém, essa exigência deve ser mitigada, como na hipótese em que a prova técnica torna-se inviável em face do fechamento da empresa, já que ninguém é obrigado a fazer o impossível. Ademais, no caso específico, a própria empresa determinou que um médico seu, especialista, fizesse a verificação das condições do ambiente de trabalho em face do ruído, e este concluiu pela existência de insalubridade. Embargos não conhecidos (Processo TST-E-RR-337.806/97.0, E-RR, 337806-76.1997.5.08.5555, rel. Min. Rider de Brito, j. 11-6-2001, Subseção I Especializada em Dissídios Individuais, data de publicação: 29-6-2001).
>
> Adicional de insalubridade – prova emprestada. – A inespecificidade dos arestos constitui fator processual impeditivo do conhecimento do recurso, nos termos do Enunciado 296 desta Corte. A hipótese de violação ao art. 195, § 2º, da CLT é de improvável evidência, porque a tese em discussão não se contrapõe à exigência legal de realização da perícia para a apuração da insalubridade. A matéria envolve a aplicação dos princípios gerais da prova, orientados no sentido do objetivo precípuo da prova, que é a apuração da verdade dos fatos fundamentais da ação e da defesa, o que permite a utilização da prova emprestada, inclusive a pericial, oriunda de regular processo no qual figuravam as mesmas partes. Embargos não conhecidos (RR, 337492-33.1997.5.08.5555, rel. Min. João Batista Brito Pereira, j. 18-9-2000, Subseção I Especializada em Dissídios Individuais, data de publicação: 10-11-2000).

As dificuldades do caso, portanto, permitiram ao juízo valer-se de outros meios de comprovar as alegações das partes, o que implica a admissão inclusive da prova testemunhal para tal desiderato.

O mesmo se dá em relação à comprovação da realização dos pagamentos, a partir da previsão do art. 464 da CLT. Segundo aquela previsão:

> Art. 464. O pagamento do salário deverá ser efetuado contra recibo, assinado pelo empregado; em se tratando de analfabeto, mediante sua impressão digital, ou, não sendo esta possível, a seu rogo.

Com base no dispositivo, tem-se entendido que a comprovação dos pagamentos deverá ser realizada necessariamente por meio da prova escrita, não sendo admissível a prova testemunhal. É o que se depreende:

> SALÁRIO – PAGAMENTO CONTRA RECIBO – ARTIGO 464 DA CLT Nos termos do artigo 464 da Consolidação das Leis do Trabalho, "o pagamento do salário deverá ser efetuado contra recibo, assinado pelo empregado". Trata-se de prova pré-constituída, ou seja, baseia-se em documentos pré-constituídos porque, por expressa determinação legal, são criados para fazer prova futura de determinado ato ou acontecimento. Logo, ainda que se trate de documento *ad probationem*, o pagamento de salários, conforme doutrina de Valentin Carrion, "somente se prova documentalmente, mediante recibo solto ou em folha de pagamento da empresa" (*in Comentários à Consolidação das Leis do Trabalho*, São Paulo: Saraiva, 27ª edição, p. 314). (...) (TRT – 1ª Região, RO 00101850320145010019/RJ, rel. Evandro Pereira Valadão Lopes, 5ª Turma, j. 9-6-2015, data de publicação: 12-6-2015).

Embora não haja dúvidas de que a comprovação da quitação se dê primordialmente por escrito, como se inclina a jurisprudência majoritária, a nós parece que há hipóteses em que seja possível a utilização da prova testemunhal para a comprovação da quitação. É o que se depreende das previsões do art. 320 do CC e mesmo do art. 445 do CPC[6].

Os dispositivos em questão indicam que será possível, a partir das circunstâncias do caso concreto, constatar o pagamento por outro meio de prova que não a prova documental, caso tais elementos permitam concluir como tendo sido paga a dívida. É o que acontece com diversos empregadores, notadamente aque-

6. "Art. 320. A quitação, que sempre poderá ser dada por instrumento particular, designará o valor e a espécie da dívida quitada, o nome do devedor, ou quem por este pagou, o tempo e o lugar do pagamento, com a assinatura do credor, ou do seu representante. Parágrafo único. Ainda sem os requisitos estabelecidos neste artigo valerá a quitação, se de seus termos ou das circunstâncias resultar haver sido paga a dívida."

"Art. 445. Também se admite a prova testemunhal quando o credor não pode ou não podia, moral ou materialmente, obter a prova escrita da obrigação, em casos como o de parentesco, de depósito necessário ou de hospedagem em hotel ou em razão das práticas comerciais do local onde contraída a obrigação."

les empreendedores individuais ou mesmo empregadores domésticos, ou mesmo aqueles vínculos de emprego entre parentes, cuja informalidade permeia a própria relação de emprego.

Não se pode, a nosso ver, permitir o enriquecimento sem causa de um dos atores do processo, embora se possa constatar a realização da adimplência, no caso concreto, por meio de outros meios de prova.

Desse modo, parece certo que é preciso identificar a compatibilidade, ou melhor, a (im)possibilidade de a prova testemunhal colaborar na elucidação do objeto a ser provado para que se lhe indefira a produção de modo válido, à guisa do art. 443, II, do CPC.

3.2. Da classificação das testemunhas e da forma de comparecimento em juízo

Entende-se por testemunha justamente aquele alheio ao processo, chamado a expor e dizer em juízo suas observações sobre os fatos de seu conhecimento. A expressão indica as condições para ser testemunha. É preciso que seja uma pessoa física; que conheça o fato litigioso (ou por tê-lo presenciado ou por ter ouvido falar a respeito); que seja estranha à relação processual e que tenha capacidade para depor.

A doutrina costuma classificar as testemunhas como extrajudiciais ou instrumentárias, e judiciais, que por sua vez se subdividem em testemunhas numerárias e referidas. As extrajudiciais, instrumentárias, são aquelas exigidas pelo sistema jurídico para conferir validade ao ato jurídico praticado. Não se confundem com as outras, judiciais, que exercem seu múnus em juízo. Como diz José Augusto Rodrigues Pinto[7], as testemunhas instrumentais comparecem para atestar a verdade de fato ou ato registrado em documento. Estão relacionadas à forma prevista em lei para a validade do ato jurídico praticado.

Podemos mencionar a hipótese do art. 17 da CLT, relacionado à emissão da CTPS na impossibilidade de apresentação de documento que qualifique o interessado:

> Art. 17. Na impossibilidade de apresentação, pelo interessado, de documento idôneo que o qualifique, a Carteira de Trabalho e Previdência Social será fornecida com base em declarações verbais confirmadas por 2 (duas) testemunhas, lavrando-se, na primeira folha de anotações gerais da carteira, termo assinado pelas mesmas testemunhas.

7. PINTO, José Augusto Rodrigues. *Processo trabalhista de conhecimento*, cit., 2003, p. 527.

Já as judiciais podem ser classificadas como numerárias e referidas. Em substância, elas não se diferenciam porque ambas estão sujeitas aos mesmos compromissos e podem gerar a mesma convicção. A distinção, todavia, é apenas no tocante à convocação, já que as numerárias têm sua participação em juízo decorrente da atuação das partes, enquanto as referidas decorrem da faculdade do juízo.

O número máximo de testemunhas no procedimento ordinário é de três para cada parte (art. 821 da CLT). O mesmo limite quanto ao número de testemunhas é tomado em relação ao procedimento sumário. Em relação ao procedimento sumaríssimo o limite é de duas testemunhas por parte (art. 852-H da CLT). Na hipótese do inquérito judicial para a apuração de falta grave (art. 821 da CTL), o número máximo de testemunhas é de seis para cada parte.

Na hipótese de litisconsórcio ativo facultativo entende-se que o limite quanto ao número de testemunhas deve ser tomado em relação ao polo (ativo), uma vez que escolheram figurar em juízo no mesmo processo. Na hipótese dos litisconsortes passivos, entende-se que os limites devam ser considerados em relação a cada uma das partes, dado que não tiveram opção de figurar conjuntamente em juízo, como os autores.

Não se pode ignorar, todavia, que a distinção ganha relevo porquanto o juízo não pode simplesmente rejeitar a oitiva da testemunha numerária sem o possível comprometimento do direito de defesa da parte que a indica. Se é certo que o juízo tem a prerrogativa de presidir a instrução processual, não é menos certo concluir que a parte tem direito subjetivo a produzir a prova apta a comprovar suas alegações. Se do indeferimento na produção da prova restar evidenciado o prejuízo para a parte, manifesta a irregularidade processual.

Cumpre dizer ainda que o juízo não está obrigado a realizar a convocação de quem quer que seja, dado que a oitiva da testemunha referida é apenas uma faculdade conferida ao juízo. Ademais, tal classificação repercute, ainda, no que toca à forma em que a testemunha comparece em juízo, sobre o que é possível identificar que existem algumas possibilidades.

A primeira hipótese é justamente aquela em que o comparecimento é espontâneo, consoante se depreende do art. 825 da CLT:

> Art. 825. As testemunhas comparecerão a audiência independentemente de notificação ou intimação.
> Parágrafo único. As que não comparecerem serão intimadas, *ex officio* ou a requerimento da parte, ficando sujeitas a condução coercitiva, além das penalidades do art. 730, caso, sem motivo justificado, não atendam à intimação.

Nesse caso, fica claro que a regra, no direito processual do trabalho, é justamente a de que não há prévia formalidade para o comparecimento da testemunha à audiência.

Tal lógica foi a mesma empreendida pelo CPC (art. 455), dado que cabe ao advogado da parte informar ou intimar a testemunha acerca do dia, hora e local da audiência, dispensando-se a intimação do juízo. No CPC, apenas na hipótese em que frustrada a intimação realizada diretamente pelo advogado, ou em hipóteses excepcionais, é que será determinada a intimação da testemunha pelo Poder Judiciário (art. 455, § 4º).

De todo modo, consoante pacífico na jurisprudência, inclusive no âmbito do TST, em face da previsão do art. 825 da CLT, não há falar em exigência do arrolamento prévio das testemunhas no âmbito do processo laboral, dado que cabe à parte exclusivamente providenciar o comparecimento daquelas à audiência, independentemente de qualquer ato prévio no processo:

> ... B) Recurso de revista. Nulidade processual por cerceamento do direito de defesa. Indeferimento de prova testemunhal. – Tendo em vista as normas inscritas nos arts. 825, parágrafo único, e 845 da CLT, no processo trabalhista as testemunhas comparecerão à audiência juntamente com as partes, independentemente de intimação, não havendo lugar para o arrolamento prévio. E, para a hipótese de não comparecerem, deverão ser intimadas a fazê-lo, sob pena de condução coercitiva, sendo incabível que se declare a preclusão do direito de produzir a prova testemunhal. Por conseguinte, verifica-se que o julgador de primeira instância, ao indeferir a produção da prova testemunhal, sem prévia intimação das testemunhas, porque as reclamadas não procederam ao arrolamento prévio e não compareceram à audiência acompanhadas daquela que pretendiam fosse ouvida, decidiu em descompasso com a legislação processual trabalhista, cerceando o direito de defesa da parte, sobretudo no caso vertente, em que as recorrentes comprovaram por meio de atestado médico a impossibilidade de comparecimento da testemunha à audiência. Recurso de revista conhecido e provido (RR 22-90.2011.5.03.0090, rel. Min. Dora Maria da Costa, 8ª Turma, j. 21-3-2012, data de publicação: 23-3-2012).
>
> Condução coercitiva de testemunha. Preclusão. Cerceamento de defesa. – O indeferimento da intimação ou da condução coercitiva de testemunha convidada, ausente à audiência de instrução, representa ofensa ao devido processo legal e aos pilares do contraditório e da ampla defesa. Na esfera trabalhista, o ordinário é o comparecimento espontâneo da testemunha, e apenas na audiência a parte poderá requerer, ou o Juízo determinar *ex officio*, o comparecimento do faltoso (art. 825 da CLT). A cominação de preclusão da prova antes da audiência, com o consequente encerramento da instrução, contraria todo o procedimento que orienta aprova testemunhal no processo do trabalho e obsta irremediavelmente a comprovação de questões fáticas que não podem ser aferidas por outro meio probatório. Preliminar de nulidade por cerceio de defesa acolhida (TRT – 2ª Região, RO 0000903-24.2010.5.02.0254,

> Ac. 2011/1369473, 8ª Turma, rel. Des. Federal Rovirso Aparecido Boldo, *DJeSP* 25-10-2011).
> Testemunhas. Rol prévio. Processo do trabalho. Desobrigação das partes. – Nos termos do art. 825 da CLT, *caput*, a apresentação de rol prévio de testemunhas não é obrigatório no processo do trabalho. Considerando-se a celeridade que deve nortear os lindes trabalhistas, a legislação de regência suprimiu a exigência de intimação prévia das testemunhas, concedendo às partes, em um primeiro momento, a prerrogativa de convidarem as testemunhas a prestar depoimento. Ausente a testemunha, o Juízo providenciará a sua intimação; por se tratar de múnus público, o absenteísmo injustificado sujeita o infrator à condução coercitiva e à aplicação de multa, nos termos do art. 730 da CLT (TRT – 2ª Região, RO 01324-2006-042-02-00-0, Ac. 2008/0797126, 8ª Turma, rel. Des. Federal Rovirso Aparecido Boldo, *DOESP* 23-9-2008, p. 300).

Embora de regra não seja necessária a requisição de testemunha, excepcionalmente há tal hipótese no processo laboral, como se deduz do art. 823 da CLT:

> Art. 823. Se a testemunha for funcionário civil ou militar, e tiver de depor em hora de serviço, será requisitada ao chefe da repartição para comparecer à audiência marcada.

O texto legal impõe, portanto, que, se a testemunha for funcionário civil ou militar, e tiver de depor em hora de serviço, a requisição de seu comparecimento em juízo deverá ser encaminhada pelo juiz para o chefe da repartição, a fim de que seja determinado a seu subordinado que compareça em juízo.

Tal medida visa respeitar o princípio da continuidade do serviço público, dado que a ausência do servidor, acaso não previamente comunicada a seu superior hierárquico, poderia ensejar prejuízos maiores ao funcionamento da máquina pública. É de notar, ademais, que o não cumprimento daquela formalidade, com a não oitiva da testemunha, poderá importar cerceamento do direito de defesa, e consequente nulidade processual:

> Preliminar de nulidade de sentença por cerceamento de defesa. Oitiva de testemunha denegada. Art. 794 da CLT. – Considerando que a demanda envolve matéria fática controvertida, e verificado *in casu* o prejuízo da parte quanto ao seu direito de defesa, não se justifica o indeferimento do pleito da reclamada de fracionamento da audiência para fins de oitiva de suas testemunhas, as quais, por serem servidores públicos, haveriam de ser notificadas nos termos do art. 823 da CLT. Assim, atendido o disposto no art. 794 da CLT, impõe-se declarar a nulidade da sentença, determinando-se o retorno dos autos à Vara de origem, a fim de que seja reaberta a instrução processual, oportunizando-se aos litigantes

> a produção de suas provas (TRT, 7ª Região, RO 1184-92.2010.5.07.0010, 2ª Turma, rel. Des. Maria Roseli Mendes Alencar, *DEJTCE* 19-10-2011, p. 13).

Note-se que a previsão do art. 823 da CLT não excepciona, e, por isso mesmo, deve ser aplicável inclusive quando o ente público for parte na demanda. Isso porque, embora a regra geral seja a de que as partes possuem os ônus de conduzir suas testemunhas à audiência, tal regra geral é suplantada pela regra especial, no tocante ao servidor público. A presença da testemunha servidor público, em juízo, depende da requisição prevista no art. 823 da CLT.

Por fim, pode-se falar ainda da denominada condução coercitiva da testemunha. Aquela medida possui previsão expressa no parágrafo único do art. 825 da CLT:

> Parágrafo único. As [testemunhas] que não comparecerem serão intimadas, *ex officio* ou a requerimento da parte, ficando sujeitas a condução coercitiva, além das penalidades do art. 730, caso, sem motivo justificado, não atendam à intimação.

Ou seja, o legislador identificou que nas demandas trabalhistas apenas as testemunhas que não comparecerem espontaneamente serão intimadas, e que apenas as que intimadas, não comparecendo, estarão sujeitas à condução coercitiva, além das penalidades do art. 730 da CLT. A condução coercitiva implica seja a testemunha submetida à prática do ato (audiência), ainda que para tanto seja necessária a força. A experiência demonstra que a condução coercitiva da testemunha é pouco producente para a realidade do processo. Se com alguma boa vontade, em muitas oportunidades, as informações trazidas pelas testemunhas são imprestáveis para a elucidação dos fatos, com muito menos razão serão aproveitáveis as informações se falta à testemunha qualquer interesse em colaborar com a justiça.

Justamente por se tratar de medida excepcional a condução coercitiva da testemunha, a nosso sentir, abusa o juízo que determina a condução coercitiva ou aplica a penalidade indicada, imediatamente, sem seguir a sequência prevista em lei. Nesse sentido:

> Nulidade processual. Cerceamento de defesa. Não comparecimento da testemunha. Condução coercitiva. Impossibilidade. – A condução coercitiva de que trata o parágrafo único do art. 825, da CLT, que o reclamante invoca em seu favor, só pode ser aplicada quando a testemunha, devidamente intimada, sem motivo justificado, não comparece a audiência, o que não ocorreu *in casu*, porquanto não consta nos autos qualquer documento que comprove a recusa nesse sentido. Preliminar rejeitada (TRT – 8ª Região, RO

0000365-19.2010.5.08.0111, 4ª Turma, rel. Des. Federal Pastora do Socorro Teixeira Leal, *DJEPA* 15-12-2010, p. 19).

A decisão que impõe a condução coercitiva indevidamente, no curso do processo, desafia correição parcial ou até mesmo a utilização do *habeas corpus*[8], dada a inexistência de recurso imediato contra decisões interlocutórias no processo do trabalho.

Por fim, cumpre mencionar que as testemunhas não podem sofrer descontos pelas faltas ao serviço, em razão de sua presença em audiência (arts. 473, VIII, e 822 da CLT).

3.3. Das restrições ao testemunho

Em tese, toda pessoa física pode ser testemunha. O art. 477 do CPC assegura que podem depor como testemunhas todas as pessoas, exceto as incapazes, impedidas ou suspeitas A pessoa jurídica, por óbvio, é impossível figurar em juízo porque não possui capacidade de compreender, por si, os fatos que a cercam.

Todavia, a própria previsão do art. 477 do CPC indica que há pessoas com restrições para depor. O legislador reputa que não seria admissível o depoimento de algumas pessoas como testemunhas. De antemão, podemos dizer que não há identidade plena entre os sistemas processual civil e processual trabalhista, pelo que devemos ficar especialmente atentos. A disciplina dos impedimentos no sistema processual civil é prevista no art. 447:

> Art. 447. Podem depor como testemunhas todas as pessoas, exceto as incapazes, impedidas ou suspeitas.
> § 1º São incapazes:
> I – o interdito por enfermidade ou deficiência mental;
> II – o que, acometido por enfermidade ou retardamento mental, ao tempo em que ocorreram os fatos, não podia discerni-los, ou, ao tempo em que deve depor, não está habilitado a transmitir as percepções;
> III – o que tiver menos de 16 (dezesseis) anos;
> IV – o cego e o surdo, quando a ciência do fato depender dos sentidos que lhes faltam.

8. "*Habeas corpus*. Determinação de detenção de testemunha na véspera da audiência designada, com o fim de garantir sua condução à audiência para prestar depoimento. – A legislação pertinente à matéria, arts. 730 e 825, da CLT, não prevê a detenção do paciente na véspera da audiência, inexistindo, portanto, suporte jurídico para determinar sua detenção com o fim de garantir sua condução à audiência para prestar depoimento nesta condição. Ordem de *habeas corpus* concedida" (TRT – 2ª Região, HC 13.113, Ac. 2006004113, Secretaria de Dissídios Individuais, rel. Juíza Sônia Maria de Oliveira Prince Rodrigues Franzini, j. 28-3-2006, *DOESP* 19-5-2006).

> § 2º São impedidos:
> I – o cônjuge, o companheiro, o ascendente e o descendente em qualquer grau e o colateral, até o terceiro grau, de alguma das partes, por consanguinidade ou afinidade, salvo se o exigir o interesse público ou, tratando-se de causa relativa ao estado da pessoa, não se puder obter de outro modo a prova que o juiz repute necessária ao julgamento do mérito;
> II – o que é parte na causa;
> III – o que intervém em nome de uma parte, como o tutor, o representante legal da pessoa jurídica, o juiz, o advogado e outros que assistam ou tenham assistido as partes.
> § 3º São suspeitos:
> I – o inimigo da parte ou o seu amigo íntimo;
> II – o que tiver interesse no litígio.
> § 4º Sendo necessário, pode o juiz admitir o depoimento das testemunhas menores, impedidas ou suspeitas.
> § 5º Os depoimentos referidos no § 4º serão prestados independentemente de compromisso, e o juiz lhes atribuirá o valor que possam merecer.

Ou seja, a partir da redação do CPC é possível concluir que existem restrições àqueles reputados incapazes, impedidos e aos suspeitos. Naquele sistema processual os incapazes não preenchem o requisito mínimo de exercerem o testemunho, por sua inaptidão total, no que coincidem com as incapacidades para a prática dos demais atos da vida civil, na forma do art. 4º do CC. Os impedidos, por seu tempo, evidenciam situações em que, como indica José Augusto Rodrigues Pinto[9], há uma relação entre a pessoa que deve depor e as partes que tornam incompatível o exercício dessa atividade.

Os suspeitos são os que perderam a "isenção para depor motivada pelo interesse em favorecer ou prejudicar uma das partes em decorrência de sentimentos nutridos para com ela ou do proveito direto que pode ser auferido do dissídio"[10].

Todavia, o sistema previsto na CLT, no art. 829, está assim assentado:

> Art. 829. A testemunha que for parente até o terceiro grau civil, amigo íntimo ou inimigo de qualquer das partes, não prestará compromisso, e seu depoimento valerá como simples informação.

Aquele dispositivo indica que, no âmbito do Texto Celetista, existem apenas três hipóteses de restrição ao compromisso, quais sejam, o parentesco, a amizade íntima e a inimizade, não se seguindo o critério sistêmico apregoado pelo CPC.

---

9. PINTO, José Augusto Rodrigues. *Processo trabalhista de conhecimento*, cit., 2003, p. 536.
10. PINTO, José Augusto Rodrigues. *Processo trabalhista de conhecimento*, cit., 2003, p. 536.

Por honestidade é preciso dizer, desde já, que, ao que parece, a jurisprudência majoritária tem se inclinado na utilização da sistemática do CPC, sob o argumento da existência de omissão. Embora efetivamente haja omissão, e se aplique a normatização do CPC, no particular, é preciso estar atento para não desvirtuar as peculiaridades da sistemática do processo do trabalho.

Veja-se que o legislador trabalhista não apontou nenhuma restrição fundada na incapacidade para a prática do ato jurídico-processual.

A nosso sentir, todavia, houve omissão do legislador trabalhista, a qual deve ser corrigida, senão com a leitura do CPC, ao menos com a constatação da incapacidade para a prática dos atos jurídicos, no geral e, por conseguinte, dos atos jurídico-processuais, no particular, previstos no art. 3º do CC. Desse modo, naturalmente não poderiam praticar os atos jurídicos processuais relacionados ao testemunho aqueles absolutamente incapazes de exercer os atos da vida civil, tal qual previsto no art. 3º do CC:

> Art. 3º São absolutamente incapazes de exercer pessoalmente os atos da vida civil os menores de 16 (dezesseis) anos.

No particular, note-se que, embora o próprio CPC traga tal hipótese como de incapacidade, também no regime processual comum (art. 447, § 1º, III) a CLT nada traz a respeito da incapacidade decorrente da idade da testemunha, fato que, segundo alguns, demonstraria um intuito deliberado do legislador de ampliar os passíveis da prova testemunhal.

A nosso sentir, todavia, inviável a participação do menor de dezesseis anos na produção da prova testemunhal, dado que incapaz para a prática de todos os atos da vida civil, inclusive os processuais. Assim, não teria cabimento sua participação na prática de ato jurídico-processual.

Para aqueles maiores de dezesseis e menores de dezoito anos, Rodolfo Pamplona Filho, como a maioria, entende que o compromisso deva ser dispensado, dada a inimputabilidade penal do menor de dezoito anos. Para Tercio Roberto Peixoto Souza não seria a hipótese, porquanto, embora o crime do falso testemunho, previsto no art. 342 do CP, decorra da imputabilidade penal, o adolescente (desde que maior de 16 e menor de 18 anos) poderá se comprometer a praticar o ato em juízo sob pena de praticar ato infracional, na forma do art. 103 do ECA – Estatuto da Criança e do Adolescente, caso falseie suas declarações em juízo. Ademais, a própria sistemática do CPC autoriza o depoimento do maior de dezesseis anos.

De todo modo, em relação às demais hipóteses previstas na legislação civil como aptas a ensejar a incapacidade, estas naturalmente repercutiriam na incapacidade para a prática do ato jurídico-processual. Todavia, deve-se referir ao fato de que o art. 228, § 2º, do CC autoriza a pessoa portadora de deficiência a testemunhar, sendo-lhe assegurados todos os recursos de tecnologia assistiva. Obviamente, não há falar em testemunho na hipótese em que a deficiência comprometa a ciência dos fatos em questão (art. 447, § 1º, do CPC).

As lacunas havidas na CLT quanto à sistemática da prova testemunhal deixam claro que no sistema judicial trabalhista não há maior distinção entre impedimento e suspeição, sendo tudo tratado sob o epíteto de suspeição, de forma ampla. Segundo o texto celetista (art. 829), a primeira hipótese de suspeição é justamente o parentesco em linha reta, até o terceiro grau. Além do terceiro grau, não existe qualquer restrição ao compromisso.

Já a hipótese dos cônjuges é peculiar. Do ponto de vista técnico, cônjuges não são parentes. Mas é evidente o seu enquadramento na hipótese posterior, qual seja, a da amizade íntima ou inimizade.

Segundo José Augusto Rodrigues Pinto[11], a hipótese de restrição ao compromisso fundado no interesse no dissídio foi deliberadamente excluída do rol da CLT, porque naturalmente o trabalhador teria interesse na demanda, porquanto se trataria de questão relacionada a seu ambiente de trabalho. Tal entendimento, embora guarde alguma coerência, não encontrou guarida na jurisprudência.

O TST já teve a oportunidade de se manifestar, mais de uma vez, no sentido de concluir como possível o indeferimento do compromisso fundado na existência do interesse na causa da testemunha, mesmo sem previsão no texto celetista:

> Embargos. Cerceamento de defesa. Testemunha. Suspeição. Esposa do preposto. Ocorrência. – 1. Consoante disposto no inciso IV do § 3º do art. 405 do Código de Processo Civil, considera-se suspeita a testemunha que tiver interesse no litígio. 2. Dispõe, a seu turno, o art. 843, § 1º, da Consolidação das Leis do Trabalho ser "facultado ao empregador fazer-se substituir pelo gerente, ou qualquer outro preposto que tenha conhecimento do fato, e cujas declarações obrigarão o preponente". 3. Extrai-se do ordenamento legal a conclusão de que o preposto atua no processo como substituto do empregador, e com tal importância que as suas declarações obrigam o preponente. 4. Resulta evidenciado, daí, o impedimento da esposa do preposto para depor como testemunha, ante o manifesto interesse na solução do litígio, com evidente comprometimento da sua imparcialidade. 4. Irretocável a decisão da Turma por meio da qual não se conheceu do recurso de revista empresarial, no particular. Incólume, o art. 896, da CLT. 5. Recurso de embargos não conhecido (RR, 666539-12.2000.5.03.5555, redator Min. Lelio Bentes Corrêa, j. 6-3-2007, Subseção I Especializada em Dissídios Individuais, data de publicação: 8-8-2008).

11. PINTO, José Augusto Rodrigues. *Processo trabalhista de conhecimento*, cit., 2003, p. 537.

Fica claro, desse modo, que se entende inviável a participação, como testemunha, daquele que possua interesse no litígio. Todavia, tal compreensão deve sofrer alguns temperamentos para que não haja injustiça. O primeiro deles é atinente à existência do vínculo de emprego entre a testemunha e o empregador ou o rompimento do mesmo vínculo.

Ora, as questões passadas no âmbito privado da empresa normalmente ou são do conhecimento daqueles que foram ou dos que continuam sendo empregados. Desse modo, não se pode falar em suspeição da testemunha levada a juízo que mantém o vínculo de emprego, tampouco àquela que já não conta com o aludido vínculo. Aliás, nem nas relações civis assim se entende[12].

Perceba-se que o TST já consolidou o entendimento de que a testemunha, apenas ao litigar com o empregador, não gera a pretendida restrição. É o que se encontra consolidado por meio da Súmula 357 do TST:

> Testemunha. Ação contra a mesma reclamada. Suspeição. Não torna suspeita a testemunha o simples fato de estar litigando ou de ter litigado contra o mesmo empregador.

Contudo, a questão ainda é tormentosa na doutrina, que entende ser o litígio importante óbice para a isenção de ânimo em depor. A nosso sentir, a interpretação do art. 829 da CLT deve levar em consideração que o simples ajuizamento de ação contra o empregador não torna automaticamente a testemunha suspeita. Todavia, não é menos verdade o fato de que, apurando-se, no caso concreto, que em razão da demanda há verdadeira inimizade entre uma das partes e/ou testemunhas, fica clara a inviabilidade do compromisso, no particular.

O mesmo raciocínio se dá em relação à testemunha que possua ação trabalhista com idêntico objeto e mesmo patrono. Nessas hipóteses, embora tal fato não faça gerar, por si, a restrição ao compromisso, pode restar evidenciado o comprometimento da testemunha, ou mesmo a troca de favores entre testemunhas, comportamento que deve ser impedido pelo juiz.

Aos incapazes, ao juízo e aos representantes ou assistentes das partes, a própria lógica induz como sendo impossível o reconhecimento de sua isenção para depor, tal qual previsto pelo CPC.

Há questão, no entanto, que merece alguma reflexão, qual seja, quanto ao fato de o gerente da empresa poder figurar como testemunha. Dada a omissão do texto celetista, em face da redação do art. 829, como já mencionado, a hipótese do impedimento é prevista no art. 447, § 1º do CPC, que sobre o tema, assim dispõe:

12. NERY JUNIOR, Nelson; NERY, Rosa Maria de Andrade. *Código de Processo Civil comentado e legislação extravagante*, cit., p. 669.

> Art. 447. Podem depor como testemunhas todas as pessoas, exceto as incapazes, impedidas ou suspeitas.
> § 1º São incapazes:
> (...)
> § 2º São impedidos:
> (...) III – o que intervém em nome de uma parte, como o tutor, o representante legal da pessoa jurídica, o juiz, o advogado e outros que assistam ou tenham assistido as partes.
> § 3º São suspeitos:
> (...) II – o que tiver interesse no litígio.

Há quem pretenda sustentar que, na forma do quanto disposto no art. 447, § 2º, III, do CPC, o gerente do empregador se confundiria com a figura do representante legal da pessoa jurídica, o que o tornaria automaticamente impedido de atuar no feito como testemunha. Com tal compreensão não concordamos, contudo.

De fato, o texto celetista, ao tratar da figura do gerente, o fez na forma do art.62, II, da CLT, denominando-os como aqueles exercentes de cargos de gestão. Já o Código Civil, ao tratar da figura do gerente, no art. 1.172, assim dispõe:

> Art. 1.172. Considera-se gerente o preposto permanente no exercício da empresa, na sede desta, ou em sucursal, filial ou agência.

Segundo a compreensão legal decorrente da legislação material, seja o CC, seja a CLT, portanto, o gerente equivale ao gestor de negócios em nome de terceiro, e sua atuação está muito mais próxima à de um administrador que pratica os atos pertinentes à gestão da sociedade e à execução do objetivo social consoante definido pelos sócios da pessoa jurídica.

De outro lado, ao tratar da questão de a quem seria atribuída a representação legal das pessoas jurídicas em juízo, cumpre mencionar que há regra expressa no CPC. O art. 75, VIII do CPC, indica que a representação legal da pessoa jurídica se dará por quem os respectivos atos constitutivos assim designarem. Tal previsão, dessa maneira, impõe concluir que, em juízo, os que assim forem designados no estatuto social da pessoa jurídica são os impedidos de depor, na forma do art. 447, § 2º, III, importando o art. 75, VIII do CPC, em verdadeira interpretação autêntica da extensão do impedimento previsto no mesmo art. 447.

Assim, segundo a expressa redação legal, o gerente não designado nos atos constitutivos da empresa como representante da pessoa jurídica não figura como um dos impedidos para depor, não se enquadrando na hipótese do aludido inciso III, do § 2º do art. 447 do CPC, mesmo na forma do CPC, tampouco deve ser enquadrado como suspeito, na forma da previsão da CLT.

De tal modo, nos parece claro que o mero exercício de cargo de confiança por testemunha arrolada pela parte ré, como gerente, não é suficiente para torná-la suspeita, uma vez que tal circunstância, por si só, não se confunde com a previsão do § 2º, inciso III, do art. 447 do CPC. Em tal perspectiva, portanto, automaticamente não há que se considerar o gerente da pessoa jurídica como impedido, embora seja possível afastar-se o seu depoimento na hipótese de demonstrada a sua falta de isenção de ânimo para tanto. Ou seja, apenas caberia a contradita e portanto a proibição para depor sob o compromisso, quando demonstrado que a fidúcia especial do gerente acabaria por confundi-lo com a figura do empregador, seja pela expressa designação nos atos sociais, seja ao revelar algum interesse do profissional na ação. Nesse sentido, aliás, o TST já teve a oportunidade de decidir:

> AGRAVO INTERNO EM AGRAVO DE INSTRUMENTO EM RECURSO DE REVISTA. CPC/1973. CONTRADITA. SUSPEIÇÃO. TESTEMUNHAS. CARGO DE CONFIANÇA. GERENTE-GERAL DE AGÊNCIA BANCÁRIA. AUSÊNCIA DE ISENÇÃO DE ÂNIMO PARA DEPOR NÃO DEMONSTRADA. A jurisprudência desta Corte Superior firmou-se no sentido de que o mero exercício de cargo de confiança por testemunha arrolada pela parte ré não é suficiente para torná-la suspeita, uma vez que tal circunstância, por si só, não demonstra falta de isenção de ânimo para depor. Todavia, cabe a contradita quando demonstrada fidúcia suficiente a confundi-la com a figura do empregador ou de revelar interesse na ação, aspectos que devem ser aferidos em cada caso concreto. (...) (Ag-AIRR-1578-14.2012.5.10.0021, 7ª Turma, rel. Min. Claudio Mascarenhas Brandao, *DEJT* 25-10-2019).
>
> RECURSO DE REVISTA INTERPOSTO PELO RECLAMADO. RECURSO DE REVISTA INTERPOSTO ANTES DA VIGÊNCIA DA LEI N. 13.015/2014. ARGUIÇÃO DE NULIDADE POR CERCEAMENTO DE DEFESA. NÃO CONFIGURAÇÃO. CONTRADITA À TESTEMUNHA PATRONAL. SUSPEIÇÃO. EXERCÍCIO DE CARGO DE CONFIANÇA COM AMPLOS PODERES DE GESTÃO (GERENTE GERAL). Esta Corte superior tem firmado o entendimento de que o exercício de cargo de confiança, por si só, não enseja o acolhimento da contradita por suspeição, exceto nos casos em que estão presentes poderes de mando semelhantes aos do próprio empregador, como também para admitir e dispensar empregados. (...) (ARR-312-39.2013.5.03.0057, 2ª Turma, rel. Min. José Roberto Freire Pimenta, *DEJT* 2-8-2019).
>
> NULIDADE DA SENTENÇA. CERCEAMENTO DE DEFESA. CONTRADITA DA TESTEMUNHA PATRONAL OCUPANTE DO CARGO DE GERENTE DA LOJA. AUSÊNCIA DE ISENÇÃO DE ÂNIMO. REQUISITOS DO ARTIGO 896, § 1º-A, DA CLT, ATENDIDOS. O exercício do cargo de

> confiança, por si só, não torna suspeita a testemunha. A prova deve ser apreciada pelo juiz conforme sua convicção, sendo suficiente que a testemunha detenha os conhecimentos sobre os fatos relacionados ao deslinde da questão. Nesse contexto, cumpre à parte contrária demonstrar o interesse direto da testemunha contraditada no resultado do litígio, notadamente em relação a ser tendencioso o seu depoimento. (...) (RR-1001233-27.2017.5.02.0070, 6ª Turma, rel. Min. Augusto César Leite de Carvalho, *DEJT* 4-12-2020).

3.4. Do local para depor. Da qualificação, compromisso e forma para a produção da prova testemunhal

Em regra, o depoimento das testemunhas será realizado na sede do juízo, em audiência, perante o juiz da causa (arts. 848, § 2º, da CLT e 449 do CPC). Todavia, permite-se que seja designado pelo juiz, conforme as circunstâncias, dia, hora e lugar para inquirir a testemunha quando, por enfermidade ou por outro motivo relevante, estiver impossibilitada de comparecer, mas não de prestar depoimento (art. 449, parágrafo único, do CPC). Na hipótese de a testemunha residir fora dos limites territoriais do Tribunal, ou da Vara, poderá ser obtida a prova por meio da expedição de carta (de ordem, precatória ou rogatória), na forma do art. 237 do CPC (art. 653, *e*, da CLT).

Por expressa previsão legal (art. 454 do CPC), algumas autoridades possuem a prerrogativa de serem inquiridas em sua residência ou onde exercem sua função. Tais autoridades devem indicar o dia, hora e local a fim de ser inquirida, devendo o juiz remeter-lhe cópia da petição inicial ou da defesa oferecida pela parte que a arrolou como testemunha (§ 1º do art. 459 do CPC).

Cumpre às partes a apresentação de suas testemunhas em juízo, independentemente de notificação ou intimação (art. 825 da CLT), como já mencionado. Apregoada a testemunha, a primeira providência é qualificá-la, na forma do art. 828 da CLT, oportunidade em que será individualizado aquele que prestará o compromisso:

> Art. 828. Toda testemunha, antes de prestar o compromisso legal, será qualificada, indicando o nome, nacionalidade, profissão, idade, residência, e, quando empregada, o tempo de serviço prestado ao empregador, ficando sujeita, em caso de falsidade, às leis penais.
> Parágrafo único. Os depoimentos das testemunhas serão resumidos, por ocasião da audiência, pelo secretário da Junta ou funcionário para esse fim designado, devendo a súmula ser assinada pelo Presidente do Tribunal e pelos depoentes.

Aqui reside questão prática interessante, qual seja, a atinente à ausência de documentação da testemunha como apta a identificá-la. Tal ausência seria capaz de vedar a participação no ato? Como evidencia Mauro Schiavi[13], com o que concordamos, não se poderia vedar a participação da testemunha na prática do ato porque a identificação faz parte apenas da qualificação da testemunha, da aferição da real identidade do depoente, não contaminando o próprio ato. Seria o mesmo que negar validade ao ato praticado por advogado ou juiz que não apresenta sua carteira funcional durante a audiência, por exemplo. Não é razoável confundir a identificação da parte com a validade de sua conduta se há outros meios para viabilizar sua correta identificação. Se for possível a identificação da testemunha para a prática do ato, parece possível sua participação na audiência. No particular, coadunamos com o entendimento já manifestado:

> RECURSO DE REVISTA. NULIDADE POR CERCEAMENTO DE DEFESA. INDEFERIMENTO DE OITIVA DE TESTEMUNHA. EXIGÊNCIA DE DOCUMENTO DE IDENTIFICAÇÃO. IMPOSSIBILIDADE. O artigo 828 da CLT não exige a apresentação de documento de identidade, mas apenas a qualificação da testemunha. Note-se que, no caso, houve prejuízo para a parte, pois se tratava do único meio de prova do qual dispunha. Logo, o indeferimento de oitiva de testemunha, pelo fato de não comparecer à audiência portando documento de identidade, configura cerceamento do direito de defesa da reclamante. Há precedentes. Recurso de revista conhecido e provido (TST, RR 14750520115020202, rel. Augusto César Leite de Carvalho, 6ª Turma, j. 28-5-2014, *DEJT* 30-5-2014).
>
> RECURSO ORDINÁRIO. CERCEAMENTO DE DEFESA. INDEFERIMENTO DE OITIVA DE TESTEMUNHA SEM DOCUMENTOS DE IDENTIFICAÇÃO. NULIDADE. Ocorre cerceamento de defesa quando o juízo indefere oitiva de testemunha por não portar documento de identidade, devendo tal questão ser resolvida posteriormente, se necessário (TRT – 24ª Região, 00253132620155240007, rel. Amaury Rodrigues Pinto Junior, 2ª Turma, data de publicação: 2-6-2016).
>
> CERCEAMENTO DE DEFESA. INDEFERIMENTO DE OITIVA DE TESTEMUNHA SEM DOCUMENTOS DE IDENTIFICAÇÃO. NULIDADE DO PROCESSADO. Ocorre cerceamento de defesa quando o juízo indefere importante oitiva de testemunha simplesmente por não portar ela documento de identidade. (...) (TRT – 4ª Região, RO 1340024199350405 41/RS, 0013400-24.1993.5.04.0541, rel. Cleusa Regina Halfen, j. 12-12-1995, Vara do Trabalho de Palmeira das Missões).

13. SCHIAVI, Mauro. *Manual de direito processual do trabalho*, cit., 2010.

Qualificada a testemunha, será submetida ao compromisso de dizer a verdade. Segundo José Augusto Rodrigues Pinto[14], o compromisso é a "obrigação solenemente assumida pela testemunha perante o juízo de depor dentro da estrita exatidão sobre o fato que conhece".

Isso porque a testemunha é instrumento do processo, não da parte. Por isso, tem obrigação de depor dentro de estrita exatidão dos fatos que conhece, sob pena de ser configurado, em tese, o crime de falso testemunho, previsto no art. 342 do CP, um dos crimes capitulados contra a administração da justiça.

De regra, salvo em relação às questões já pontuadas, não existe proibição para que alguém sirva como testemunha. A vedação legal prevista no art. 829 da CLT é em relação ao compromisso, como se depreende da redação legal da CLT, e cuja previsão encontra equivalência no § 5º do art. 447 do CPC. Sendo inviável o compromisso, por qualquer dos óbices mencionados, permite-se à testemunha que preste seu depoimento na condição de informante, sem prestar o compromisso legal, sendo-lhe conferida a credibilidade que reputar conveniente o juízo.

Uma vez qualificada a testemunha, deverá prestar o compromisso de dizer a verdade. Somente ficarão dispensadas aquelas testemunhas reconhecidas como suspeitas.

3.5. Da impugnação ao compromisso: oportunidade, procedimento e efeito

Nenhuma das partes está sujeita a aceitar o deferimento do compromisso de uma testemunha. Assim, sabendo existir alguma restrição ao compromisso, deve a parte impugná-lo. Não há previsão da impugnação ao compromisso, denominada contradita da testemunha na CLT. O aplicador deve valer-se da previsão do art. 457 do CPC:

> Art. 457. Antes de depor, a testemunha será qualificada, declarará ou confirmará seus dados e informará se tem relações de parentesco com a parte ou interesse no objeto do processo.
> § 1º É lícito à parte contraditar a testemunha, arguindo-lhe a incapacidade, o impedimento ou a suspeição, bem como, caso a testemunha negue os fatos que lhe são imputados, provar a contradita com documentos ou com testemunhas, até 3 (três), apresentadas no ato e inquiridas em separado.
> § 2º Sendo provados ou confessados os fatos a que se refere o § 1º, o juiz dispensará a testemunha ou lhe tomará o depoimento como informante.
> § 3º A testemunha pode requerer ao juiz que a escuse de depor, alegando

14. PINTO, José Augusto Rodrigues. *Processo trabalhista de conhecimento*, cit., 2003, p. 534.

os motivos previstos neste Código, decidindo o juiz de plano após ouvidas as partes.

Note-se que o momento para a arguição da contradita é entre a qualificação da testemunha e o início do seu depoimento. Uma vez iniciado o depoimento, restará preclusa a oportunidade da contradita[15].

> SUSPEIÇÃO DE TESTEMUNHA – AUSÊNCIA DE CONTRADITA – PRECLUSÃO – A suspeição da testemunha deve ser arguida por meio de contradita, ato a ser praticado no interregno entre a qualificação e o compromisso da testemunha. Não tendo sido apresentada a contradita no momento oportuno, inviável a arguição de suspeição em sede de recurso ordinário, eis que incide a preclusão (TRT – 18ª Região, RO 1005-86.2012.5.18.0171, rel. Breno Medeiros, *DJe* 30-7-2012, p. 46).

Nessa arguição, a parte deve suscitar os motivos da impugnação, requerendo seja indeferido o compromisso da testemunha. Arguida a impugnação, o juízo deve ouvir a testemunha contraditada sobre o motivo alegado. Se forem confirmadas as razões, ficará dispensado o compromisso, podendo o juízo tomar o depoimento daquela como simples informante.

Se houver negativa dos fatos suscitados, o impugnante terá a oportunidade de comprovar os fatos por meio de instrução incidental limitada à matéria do incidente, que seguirá as mesmas regras do procedimento em curso.

O juízo deverá decidir a impugnação de plano, prosseguindo a oitiva da testemunha sob o compromisso, caso indefira o incidente, ou como informante, caso entenda procedente a impugnação.

Desse modo, nota-se que o principal efeito da impugnação é a oitiva da testemunha sem o compromisso de dizer a verdade, como mera informante.

Note-se que a interpretação que tem sido conferida ao art. 829 da CLT é no sentido de que a oitiva da testemunha cujo compromisso foi indeferido como informante é mera autorização legal, não havendo falar em imposição ao juízo. Desse modo, pode-se dizer que a parte não tem o direito de ouvir a testemunha cuja contradita foi indeferida como mera informante.

> Recurso de revista. Preliminar de cerceamento do direito de defesa. – O art. 829 da CLT estatui que – "A testemunha que for parente até o terceiro grau civil, amigo íntimo ou inimigo de qualquer das partes, não prestará compromisso,

15. NERY JUNIOR, Nelson; NERY, Rosa Maria de Andrade. *Código de Processo Civil comentado e legislação extravagante*, cit., p. 673.

> e seu depoimento valerá como simples informação". Conforme se depreende da exegese do referido preceito legal, o magistrado não tem a obrigação de ouvir a testemunha contraditada como mera informante; trata-se, sim, de mera faculdade. Assim sendo, o fato de o magistrado não ter ouvido a testemunha contraditada como mera informante não importa em cerceamento do direito de defesa da parte. Recurso de Revista não conhecido. (...) (RR 145485-04.2004.5.12.0011, rel. Min. Maria de Assis Calsing, 4ª Turma, j. 10-11-2010, data de publicação: 19-11-2010).

Todavia, assim não entendemos porque não há previsão legal que vede a oitiva daquele cujo compromisso foi indeferido. Sendo assim, não há razão para o indeferimento da produção da prova pela parte. Na prática, é possível identificar que muitos juízes não consideram o depoimento dos informantes porque é substancialmente mais difícil apurar a verdade nas declarações daquele que não possui o dever de abraçar-se com ela.

3.6. Das questões técnicas para a produção da prova testemunhal

Uma vez deferido o compromisso, os depoimentos das testemunhas seguirão a previsão dos arts. 820 e 828 da CLT, no particular.

> Art. 820. As partes e testemunhas serão inquiridas pelo juiz ou presidente, podendo ser reinquiridas, por seu intermédio, a requerimento dos vogais, das partes, seus representantes ou advogados. (...)
> Art. 828. (...)
> Parágrafo único. Os depoimentos das testemunhas serão resumidos, por ocasião da audiência, pelo secretário da Junta ou funcionário para esse fim designado, devendo a súmula ser assinada pelo Presidente do Tribunal e pelos depoentes.

A primeira questão que surge a partir da redação do art. 820 da CLT é que, segundo tal previsão legal, caberá ao juiz formular as perguntas, interrogando a testemunha sobre os fatos articulados, assim como em relação ao depoimento pessoal. Todavia, o CPC trouxe importantes modificações quanto à sistemática para a obtenção da prova testemunhal, a partir do momento em que passou a prever que as perguntas seriam formuladas pelas partes diretamente à testemunha, começando pela que a arrolou, não admitindo o juiz aquelas que puderem induzir a resposta, não tiverem relação com as questões de fato objeto da atividade probatória ou importarem repetição de outra já respondida (art. 459 do CPC). Seria, então, aplicável o art. 459 do CPC ao processo do trabalho? Há quem entenda ser plenamente aplicável ao processo laboral a aludida previsão.

Todavia, por meio da IN 39/2016, o E. TST reputou inaplicável a previsão do art. 459 do CPC ao processo do trabalho, diante da expressa redação do art. 820 da CLT, razão pela qual, ao menos enquanto vigente o entendimento referido, caberá às partes formular a quesitação ao juízo, a quem cumprirá direcionar o questionamento à testemunha. Ultrapassada tal questão, dada a omissão legal quanto ao modo ou à ordem da produção da prova no processo do trabalho, aplicam-se as demais previsões contidas no art. 459 do CPC, inclusive quanto à ordem dos questionamentos da testemunha (começando pela que a arrolou), não admitindo, ainda, o juiz aquelas que puderem induzir a resposta, não tiverem relação com as questões de fato objeto da atividade probatória ou importarem repetição de outra já respondida.

Na forma do art. 456 do CPC, o juiz inquirirá as testemunhas separada e sucessivamente, primeiro as do autor e depois as do réu, e providenciará para que uma não ouça o depoimento das outras. Por força da previsão do art. 775, § 2º, da CLT, parece certo que o juiz poderá alterar a ordem estabelecida na produção da prova, independentemente da concordância das partes, desde que adequado às necessidades do conflito e de modo a conferir maior efetividade à tutela do direito.

Em regra, todavia, caberá à parte que trouxe a testemunha formular primeiramente suas perguntas ao juízo, as quais serão dirigidas à testemunha. Encerrada a inquirição por uma das partes, iniciar-se-á a inquirição pela outra. Note-se que tal regime é diferenciado em relação ao do depoimento pessoal, no qual o advogado não formula perguntas para seu constituinte. Em relação à prova testemunhal, o advogado formulará, por intermédio do juízo, perguntas para a testemunha levada pela parte, como já dito.

As informações prestadas pela testemunha serão devidamente registradas em ata, que, ao final, será assinada pelo juízo, além da própria testemunha.

No tocante ao procedimento sumaríssimo, previsto nos arts. 852-A e seguintes da CLT, há algumas peculiaridades que devem ser pontuadas. A primeira delas atine à indicação de que devem ser registrados, apenas resumidamente, os atos praticados, o que implica a consignação apenas em resumo do quanto exposto pela testemunha (art. 852-F). Outra questão relevante é aquela atinente à produção das provas em audiência, inclusive a testemunhal:

> Art. 852-H. Todas as provas serão produzidas na audiência de instrução e julgamento, ainda que não requeridas previamente. (...)
> § 2º As testemunhas, até o máximo de duas para cada parte, comparecerão à audiência de instrução e julgamento independentemente de intimação.
> § 3º Só será deferida intimação de testemunha que, comprovadamente convidada, deixar de comparecer. Não comparecendo a testemunha intimada, o juiz poderá determinar sua imediata condução coercitiva.

De fato, as testemunhas comparecerão independentemente de notificação, e somente se comprovado seu convite e ausência será deferida não mais sua notificação, como no procedimento ordinário, mas sua condução coercitiva imediata.

Seguindo a previsão do art. 461, II, do CPC, parece possível ao juiz acarear as testemunhas, embora esse não seja um expediente usual, nem no procedimento civil, tampouco no trabalhista.

Para a testemunha que, embora ciente, não comparecer para depor, além de sua condução coercitiva o legislador cominou a penalidade prevista no art. 730 da CLT:

> Art. 730. Aqueles que se recusarem a depor como testemunhas, sem motivo justificado, incorrerão na multa de Cr$ 50,00 (cinquenta cruzeiros) a Cr$ 500,00 (quinhentos cruzeiros).

Tal penalidade encontra alguns óbices práticos, seja pela inexistência de previsão específica de seu procedimento, seja pela desatualização dos valores mencionados. A prática judiciária tem se valido do dispositivo para o arbitramento da penalidade.

Há novidade importante, decorrente da Lei n. 13.467/2017 que inseriu os arts. 793-C e 793-D na CLT. Os aludidos dispositivos legais cuidam da aplicação de penalidades processuais não apenas em desfavor daqueles que sejam considerados litigantes de má-fé, mas também, na forma do art. 793-D da CLT, previu-se que será aplicada penalidade equivalente para a testemunha que intencionalmente alterar a verdade dos fatos ou omitir fatos essenciais ao julgamento da causa. Estabeleceu-se, desse modo, a penalidade em desfavor de quem não é parte no processo.

Além disso, cumpre indicar ainda que, por força do parágrafo único do art. 793-D, a execução da multa dar-se-á nos mesmos autos da reclamação trabalhista, instaurando-se, dessa forma, um incidente para a execução da multa em face da testemunha. De todo modo, deve-se referir que, dada a existência de penalidade em desfavor da testemunha, não se pode ignorar a necessidade de conferir-lhe o exercício do contraditório e ampla defesa. Ademais, deve-se atentar para as hipóteses legais para a aplicação da penalidade. Será preciso que o juiz apure a real intencionalidade da testemunha na alteração da verdade dos fatos. De outro lado, a hipótese legal atinente à omissão quanto a fatos essenciais ao julgamento da causa somente poderá ser caracterizada diante de eventuais questionamentos essenciais ao julgamento da causa que lhe tenham sido feitos, mas intencionalmente ocultados pela testemunha.

Ao empregador que dificulte a produção da prova testemunhal há a previsão do art. 729, § 2º, da CLT, que identifica a existência de multa, a ser imposta, no particular, a qual possui as mesmas dificuldades acima narradas para sua aplicação prática.

3.7. Substituição de testemunhas

Na CLT não há previsão para a substituição da testemunha como previsto no art. 451 do CPC:

> Art. 451. Depois de apresentado o rol de que tratam os §§ 4º e 5º do art. 357, a parte só pode substituir a testemunha:
> I – que falecer;
> II – que, por enfermidade, não estiver em condições de depor;
> III – que, tendo mudado de residência ou de local de trabalho, não for encontrada.

Há severa controvérsia acerca da aplicação do aludido expediente no âmbito do processo laboral. O próprio TST já se pronunciou no sentido de ser inviável a substituição das testemunhas fora das hipóteses previstas no dispositivo legal referido. É o que se depreende dos seguintes julgados, inclusive pela 4ª Turma do E. TST:

> Agravo de instrumento em recurso de revista. Preliminar de nulidade. Cerceamento do direito de defesa. Oitiva de testemunha. Ausência de arrolamento. – (...) Assim procedendo, é inequívoco que para exercer o seu direito de substituir a testemunha a ser ouvida em juízo a reclamada deveria ter comprovado algumas das hipóteses previstas no art. 408 do CPC, o que deixou de ser por ela observado. A rejeição da preliminar de nulidade por cerceamento do direito de defesa afigura-se perfeitamente plausível, amparada na constatação de que não havia justificativa (art. 408 do CPC) para a substituição da testemunha, não se constatando, pois, violação direta e literal do art. 5º, LIV e LV, da Carta Magna. Aplicabilidade da Súmula 221, II, do TST. (...) (AgInRR, 48740-75.2008.5.03.0009, rel. Min. Maria de Assis Calsing, 4ª Turma, j. 25-5-2011, data de publicação: 3-6-2011).
> Testemunha. Substituição. Hipóteses do art. 408 do CPC. – Deve ser indeferida a substituição de testemunha quando a hipótese não se enquadra nos incisos do art. 408, do CPC, de aplicação subsidiária na Justiça do Trabalho (TRT – 5ª Região, RO 121900-76.2008.5.05.0010, 4ª Turma, rel. Des. Nélia de Oliveira Neves, *DEJTBA* 16-4-2010).
> Cerceamento de defesa. Substituição de testemunha. Não configuração. Embora a substituição de testemunha seja livre, deve ser feita nas restritas hipóteses do art. 408 do CPC. Logo, não se configura o cerceamento de defesa quando o Juízo indefere o requerimento do demandante no sentido de, sem

> motivação jurídica plausível, pretender substituir testemunha por ele mesmo arrolada e intimada pelo Juízo (TRT – 12ª Região, RO-V 01241-2003-006-12-00-0, Ac. 03046/2005, 2ª Turma, rel. Juíza Lourdes Dreyer, j. 11-3-2005).
>
> Testemunha única. Substituição. Indeferimento. Cerceamento de defesa não configurado. A substituição de testemunha limita-se às hipóteses previstas no art. 408 do CPC, aplicado subsidiariamente ao processo do trabalho. Indeferido a substituição da única testemunha apresentada, depois de contraditada em razão de parentesco com o reclamante, não há que se falar em cerceamento do direito de defesa, posto que além do requerimento ter sido formulado em momento processual inadequado, devem as partes comparecer em audiência acompanhadas de no máximo três testemunhas, independentemente de notificação ou intimação, como dispõe o art. 825 da CLT. Recurso improvido (TRT – 19ª Região, Processo 98012414-69, rel. Juiz Pedro Inácio da Silva, j. 19-10-1999).

O mesmo TST, de outro lado, agora na composição das 5ª e 6ª Turmas, em mais de uma oportunidade já se pronunciou sobre o assunto, em sentido diverso, para indicar ser incompatível o rol do art. 451 do CPC com a dinâmica do processo do trabalho, porquanto a mesma previsão exigiria o arrolamento prévio das testemunhas, o que inexiste no âmbito das lides laborais. É o que se depreende a partir dos seguintes julgados:

> Recurso de revista. Preliminar de nulidade por cerceamento de defesa. Substituição de testemunha. – O processo do trabalho possui regra própria no que diz respeito à prova testemunhal, no sentido de que as partes deverão comparecer à audiência de instrução e julgamento acompanhadas de suas testemunhas, conforme preceitua o art. 845 da CLT. Segundo essa sistemática, não há necessidade do depósito em cartório, previamente à audiência, do rol de testemunhas, na medida em que referido dispositivo preconiza que elas deverão comparecer independentemente de notificação. Nesse contexto, as disposições insertas no art. 408 do CPC não se aplicam, ainda que subsidiariamente, ao processo do trabalho. Com efeito, o art. 408 do CPC explicita que -depois de apresentado o rol, de que trata o artigo antecedente, a parte só pode substituir a testemunha: I – que falecer; II – que, por enfermidade, não estiver em condições de depor; III – que, tendo mudado de residência, não for encontrada pelo oficial de justiça-. Observa-se, pois, que referido dispositivo remete, expressamente, aos preceitos do art. 407 do CPC, que, por sua vez, estabelece a necessidade de as partes depositarem em cartório o rol de testemunhas. Nessa esteira, verifica-se que o art. 408 do CPC não pode ser interpretado isoladamente, mas tão somente, em consonância com o disposto no art. 407 do mesmo diploma, que ao exigir a necessidade de depósito em cartório do rol de testemunhas,

> mostra-se incompatível com o processo do trabalho, *ex vi* do art. 769 da CLT. Sendo certo que no processo do trabalho vigora o princípio da informalidade, e que a parte pode comparecer à audiência acompanhada de suas testemunhas, independentemente de intimação (art. 845 da CLT), não há razão para se adotar o rigorismo do processo civil, que admite a substituição da testemunha arrolada apenas nas situações que elenca. Recurso de revista conhecido e provido (RR, 2103-29.2010.5.12.0047, rel. Min. Aloysio Corrêa da Veiga, 6ª Turma, j. 5-9-2012, data de publicação: 14-9-2012).
>
> Agravo. Substituição de testemunha. Motivação. Ausência de violação do art. 408 do CPC.– Não há que falar em violação do art. 408 do CPC, na medida em que as disposições ali contidas não são compatíveis com o processo do trabalho, a teor do art. 769 da CLT. Agravo a que se nega provimento (TST, A-RR 575.508/1999.9, 5ª Turma, rel. Min. Emmanoel Pereira, *DJU* 14-12-2007, p. 1175).

Todavia, a nós parece que mais razão haverá quando o aplicador se utilizar do critério estipulado pela legislação civil, mas orientado para a celeridade processual. Ou seja, seria possível a aplicação subsidiária desse dispositivo embora, sem a mesma taxatividade, desde que a aludida substituição não tivesse o condão de gerar contratempos à marcha processual, com o eventual adiamento da audiência. É o que se depreende dos seguintes julgados:

> Substituição de testemunhas. Direito processual do trabalho. Possibilidade. – A sistemática processual do trabalho atribui à parte o dever de levar à audiência as testemunhas que pretender apresentar ao juiz do trabalho, de modo a ensejar aplicação eficaz aos princípios de informação deste ramo da ciência jurídica. Por questão de segurança, muitos se preocupam em apresentar rol de testemunhas, a fim de que, havendo algum problema em relação às mesmas, possa a parte promover a substituição, nos mesmos moldes do que ocorre no processo comum. A referida apresentação de rol, no entanto, não importa em renúncia aos benefícios inerentes do processo do trabalho, que autoriza a substituição de testemunha de modo muito mais fluido, isto é, fora das hipóteses do art. 408 do CPC, razão pela qual cabe ao magistrado tolerar a substituição, desde que o fato não importe em adiamento da audiência, pois, neste caso, o fato processual importa em alargamento do prazo de instrução, o que milita em desproveito da celeridade, e, por isso, se torna incompatível com a nossa principiologia (TRT – 3ª Região, RO 54700-42.2009.5.03.0020, 3ª Turma, rel. Juiz convocado Vitor Salino de M. Eca, *DJEMG* 18-7-2011, p. 39).
>
> Agravo de instrumento. Processo civil. Reconhecimento de tempo de serviço rural para aposentadoria. Procedimento sumário. Indeferimento de pedido de substituição de testemunhas. – É pertinente e necessária a produção de

prova testemunhal diante de pretensão de reconhecimento de tempo de serviço rural para a consequente aposentadoria. Atitude irrefletida do advogado, indicando testemunhas imaginárias, com a petição inicial, não pode prejudicar o interesse da parte em produzir prova em prol de suas alegações. A substituição de testemunha é expediente aceito, fora das hipóteses do art. 408 do CPC, quando o pedido vem com antecedência razoável e o réu não se opõe. Deferimento de substituição de testemunhas que se acolhe, ausente prejuízo ao INSS e com o fim maior de busca da verdade real. Agravo de instrumento provido (TRF – 3ª Região, AI 0075155-82.2003.4.03.0000/SP, 8ª Turma, rel. Juíza Federal convocada Márcia Hoffmann, j. 25-10-2010, *DEJF* 18-11-2010, p. 3314).

Desse modo, parece possível a substituição das testemunhas, mesmo fora das hipóteses do art. 451 do CPC, quando tal substituição não causar maior embaraço à instrução processual, ou mesmo adiamentos desnecessários. Assim, a testemunha não notificada pelo juízo, ainda que a parte a tenha arrolado previamente, poderia ser substituída sem maior dificuldade, mesmo que fora das hipóteses do art. 451 do CPC.

Note-se, ademais, que a hipótese de substituição da testemunha quando levada diretamente pela parte não se confunde com aquela em que fora necessária a prática de um ato processual anterior pelo juízo, como naqueles casos em que a testemunha foi notificada a comparecer pelo Poder Judiciário, porque ali a parte já indicou seu verdadeiro intuito de ouvir aquela testemunha, cuja substituição estaria condicionada às hipóteses previstas naquele dispositivo do CPC, dado que adequados à dinâmica daquele Código.

Tal disciplina, por óbvio, não poderia ser aplicada à testemunha que se escuse de depor, no exercício da faculdade prevista no art. 448 do CPC, porque surpreenderia a parte arrolante. A escusa da testemunha, sob tal fundamento, faculta a substituição da testemunha, consoante defende José Augusto Rodrigues Pinto[16], porque do contrário estar-se-ia a afrontar decisivamente o direito de defesa da parte[17].

16. PINTO, José Augusto Rodrigues. *Processo trabalhista de conhecimento*, cit., 2003, p. 542.

17. "Apelação cível. Ação indenizatória. Jornal. Publicação de crônica. Agravo retido. Processo civil. Substituição de testemunha. Possibilidade. Cerceamento de defesa caracterizado. – Hipótese dos autos em que as testemunhas arroladas pelo réu se recusaram a depor. Na espécie, é legítima a recusa das testemunhas, porquanto são parentes do autor – irmão e cunhada (art. 406, I, do CPC c/c o art. 229, II, do CC). De outro vértice, as hipóteses de substituição previstas no Código de Processo Civil não são taxativas, especialmente porque há outras circunstâncias que justificam a substituição. Assim, o julgador não está adstrito às hipóteses elencadas no art. 408, do CPC. Precedentes doutrinários e jurisprudenciais. No caso concreto, é viável a substituição das testemunhas arroladas que se escusaram de depor em juízo, sob pena de violação ao direito à ampla defesa,

4. DA PROVA DOCUMENTAL

O contrato de trabalho, por definição legal, pode ser acordado tácita ou expressamente, verbalmente ou por escrito, por prazo determinado ou indeterminado, ou para prestação de trabalho intermitente, tal qual previsto no art. 443 da CLT, com a redação que lhe foi conferida pela Lei n. 13.467/2017. Não é preciso muito para que se conclua que tal amplitude normativa permite precisamente a identificação da relação jurídica laboral, independentemente do meio de prova que lhe aparelhe, o que a princípio pode sugerir um completo desprestígio da prova documental, no âmbito das relações laborais. Afinal, se o próprio contrato de trabalho pode ser tácito e mesmo verbal, qual seria a importância da prova documental? No mesmo sentido se poderia concluir também pela preterição da prova documental, no âmbito do processo laboral, também a partir da constatação das parcas previsões que cuidam especificamente acerca da produção desse meio de prova, na legislação, e mesmo a partir da noção de informalidade que permeia o processo laboral.

Todavia, tais premissas devem ser tomadas *cum grano salis*. Basta uma leitura sistemática do texto legal para que se identifique que a mesma CLT menciona diversas situações em que se exige, para a prática dos atos jurídicos envolvendo a lida laboral, a emissão ou consulta a documentos. Apenas por exemplo, exige a lei o registro do início da relação laboral, inclusive por meio da própria CTPS, como se depreende do art. 13 do Texto Consolidado. Exige, da mesma forma, o registro do término da mesma relação, o qual imperativamente deve ser realizado e formalizado, segundo o art. 477 da CLT. Entre tantas obrigações, a lei ainda estabelece um sem-número de registros entre o nascimento e o término da relação laboral. Ora, como compatibilizar tais dispositivos afinal?

Deve-se interpretar a previsão do art. 443 da CLT, aquela mesma que possibilita seja o contrato de trabalho acordado tácita ou expressamente, verbalmente ou por escrito, não no sentido do absoluto desprestígio da prova documental, no âmbito das relações laborais, mas exclusivamente para que se compreenda serem tais registros apenas instrumentais, e jamais da substância do ato, de modo que outros meios, nos quais se incluem outros documentos, podem lhe suprir a falta (art. 406 do CPC), no âmbito do processo judicial.

Com efeito, não se pode ignorar que a partir da prova documental tem-se maior estabilidade das relações, permitindo não apenas a clareza acerca dos fatos, para fins

---

constitucionalmente assegurado. Agravo retido de f. provido, restando prejudicados os demais recursos. Unânime" (TJRS, AC 70030354674, Pelotas, 9ª Câmara Cível, rel. Des. Tasso Caubi Soares Delabary, j. 30-9-2009, *DJERS* 15-10-2009, p. 37).

processuais, mas inclusive para outros tantos, notadamente a fiscalização do trabalho. Tal opção reflete justamente a maior vantagem desse instrumento probatório, qual seja, a segurança das relações. Com efeito, a prova documental tem o condão de permitir o registro, para a posteridade, sobre fatos relevantes, a fim de que esses mesmos fatos possam ser, caso necessário, oportunamente apurados. Todavia, é preciso consignar, desde já, que tal relevância não se refletiu no tratamento sistêmico da matéria, no campo do processo laboral. É o que veremos adiante.

4.1. Da prova documental e sua definição

É possível dizer que no tocante à prova documental existem, na CLT, poucas e assistemáticas previsões sobre esse instrumento probatório, sendo algumas menções apenas indiretas. De outro lado, a matéria foi muito mais bem tratada pelo legislador no âmbito do CPC, razão pela qual, mais uma vez, deveremos nos valer daquela disciplina, na forma do art. 769 da CLT e do art. 15 do CPC.

O legislador não delineou o que considera prova documental, cabendo à doutrina e a jurisprudência seu delineamento. Nesse sentido, como bem dito por Tostes Malta[18], documento é "todo objeto capaz de permitir comprovar-se alguma proposição". De outro lado, a concepção clássica indica serem documentos os registros físicos diretos de determinado fato, expressão que segue os ensinamentos de Carnelutti[19].

Ou seja, para que algo seja reputado como documento é preciso que daquilo se extraia imediatamente a representação de um fato. Desse modo, enquadra-se no conceito de documento tudo aquilo que é tido por escrito, usualmente em papel, capaz de expressar um conteúdo. Mas essa definição é por certo imprecisa, porque pode limitar de modo equivocado a compreensão do assunto, ao menos nos dias atuais.

Na verdade não se deve limitar o conceito de documento àqueles ditos objetos materiais, capazes de consignar e expressar uma ideia diretamente. As tecnologias evidenciam, por exemplo, que textos, vídeos, áudios e outros arquivos eletrônicos deverão ser considerados como documentos porque, ainda que se trate de objetos imateriais, armazenados sob a forma eletrônica e codificados em dígitos binários, por meio daqueles se é capaz de deduzir alguma ideia.

A Lei n. 11.419/2006, ao disciplinar o processo judicial eletrônico, já previa a existência de documentos produzidos eletronicamente, ou seja, sem um suporte

18. MALTA, Christovão Piragibe Tostes. *Prática do processo trabalhista,* cit., 20. ed., p. 322.

19. Apud CINTRA, Antonio Carlos de Araújo. *Comentários ao Código de Processo Civil:* arts. 332 a 475. Rio de Janeiro: Forense, 2008. v. IV, p. 93.

físico, embora absolutamente admissíveis no processo judicial, desde que fossem capazes de ter assegurada sua origem e seu signatário. Seriam documentos eletrônicos, portanto, aqueles que, mesmo imateriais, seriam capazes de exprimir diretamente um conteúdo, sendo admissível sua utilização no processo como originais, preenchidos aqueles requisitos.

De outro lado o CPC, a partir do art. 439 e seguintes, visou apresentar algumas previsões sobre os documentos eletrônicos, aplicáveis ao processo laboral. O art. 439 do CPC dispõe que a utilização dos documentos eletrônicos no processo judicial somente seria admissível quando possível sua conversão em prova impressa e a verificação de sua autenticidade. Melhor seria se o legislador tivesse reafirmado as noções explicitadas pelo art. 11 da Lei n. 11.419/2006, na medida em que mais relevante do que a conversão do documento eletrônico em físico é observar exatamente a origem e sua autenticidade, por meio de seu signatário. Afinal, essencialmente não é a possibilidade de materialização (impressão) do escrito eletrônico que determinará sua autenticidade.

Por fim, por meio dos arts. 440 e 441 do CPC o legislador visou estabelecer que são admissíveis, no processo, os documentos eletrônicos, mas se impõe a obediência à legislação que os rege (MP 2.200-2/2001, Lei n. 12.682/2012), sempre respeitado o contraditório e a ampla defesa. Tais previsões não se afastam, mas antes confluem para a realidade do processo laboral.

Não se pode ignorar que há documentos que possuem maior força probante do que outros. Para que isso possa ficar devidamente claro, precisamos nos socorrer nas lições José Augusto Rodrigues Pinto[20], que se refere à existência de uma distinção entre os denominados documentos e os instrumentos. Embora ambos tenham o viés de representar, por escrito, um fato, o documento se vincula ao conteúdo daquele, enquanto os instrumentos se referem à forma como descrito o mesmo fato, sem qualquer preocupação com a função reservada ao conteúdo. Seria, em uma visão simplificada, identificar que, enquanto o documento pretende o aspecto interno, o instrumento visa a seu aspecto externo.

De outro lado, os instrumentos classificam-se, em sua mais notável distinção, quanto à origem, entre públicos e particulares. Os públicos são os instrumentos elaborados por oficial público competente, enquanto os particulares são aqueles elaborados pelas pessoas em geral.

Do ponto de vista probatório, a superioridade do instrumento público sobre o particular reside no fato de que o primeiro já se forma revestido de autentici-

20. PINTO, José Augusto Rodrigues. *Processo trabalhista de conhecimento*, cit., 2003, p. 486.

dade e fé pública do funcionário que os elaborou. Ao menos há presunção de verdade da autenticidade, de sua autoria e formação, embora não necessariamente de seu conteúdo. Os instrumentos particulares, pelo contrário, não gozam dessa mesma presunção.

Houve, durante muito tempo, certa celeuma acerca da maior força probante dos documentos originais em relação às cópias. Tanto assim que a redação pretérita do art. 830 da CLT[21] exigia que a comprovação dos fatos em juízo se desse apenas por meio dos documentos originais ou das respectivas certidões. Tal lógica não se sustentou com o advento das tecnologias de reprodução de documentos, no que acabou refletindo na atual redação do mesmo art. 830 da CLT, bem como em uma série de outros dispositivos legais.

Com efeito, as cópias possuem, hoje, o mesmo valor probante dos originais, salvo se impugnadas, como se pode depreender do art. 425, IV, do CPC, e mesmo do art. 225 do CC[22].

A vigente redação do art. 830 da CLT segue no mesmo sentido, evidenciando que o documento em cópia pode ser declarado autêntico pelo próprio advogado, sob sua responsabilidade pessoal, mas, uma vez impugnada a autenticidade do mesmo documento, a parte deverá ser intimada para apresentar cópias autenticadas ou o original, a fim de certificar-se sua validade:

> Art. 830. O documento em cópia oferecido para prova poderá ser declarado autêntico pelo próprio advogado, sob sua responsabilidade pessoal.
> Parágrafo único. Impugnada a autenticidade da cópia, a parte que a produziu será intimada para apresentar cópias devidamente autenticadas ou o original, cabendo ao serventuário competente proceder à conferência e certificar a conformidade entre esses documentos.

O regime previsto no art. 425 do CPC, ainda, indica haver equiparação aos originais das certidões, traslados e reproduções, seguindo estritamente as hipóteses legais, não havendo qualquer óbice para sua aplicação ao processo laboral.

Do mesmo modo, em relação aos instrumentos normativos: justamente por serem documentos comuns às partes, a cópia não autenticada possui valor pro-

21. "Art. 830. O documento oferecido para prova só será aceito se estiver no original ou em certidão autêntica, ou quando conferida a respectiva pública-forma ou cópia perante o juiz ou Tribunal."

22. "Art. 425. Fazem a mesma prova que os originais (...) IV – as cópias reprográficas de peças do próprio processo judicial declaradas autênticas pelo advogado, sob sua responsabilidade pessoal, se não lhes for impugnada a autenticidade; (...) Art. 225. As reproduções fotográficas, cinematográficas, os registros fonográficos e, em geral, quaisquer outras reproduções mecânicas ou eletrônicas de fatos ou de coisas fazem prova plena destes, se a parte, contra quem forem exibidos, não lhes impugnar a exatidão."

bante equivalente ao original, desde que não haja impugnação a seu conteúdo, como evidencia a redação da OJ 36 da SDI-I.

Não se deve ignorar, de outro lado, que, no tocante às pessoas jurídicas de direito público, estas estão dispensadas de autenticar fotocópias, na forma da Medida Provisória n. 1.360/96[23], dada a presunção legal de autenticidade dos mesmos documentos, sendo assim presumida a validade dos documentos apresentados em juízo pela entidade pública, o que restou reconhecido pelo E. TST por meio de sua SDI-I, como se deduz do conteúdo da OJ 134:

> Autenticação. Pessoa jurídica de direito público. Dispensada. Medida Provisória 1.360, de 12-3-1996. – São válidos os documentos apresentados, por pessoa jurídica de direito público, em fotocópia não autenticada, posteriormente à edição da Medida Provisória 1.360/1996 e suas reedições.

4.2. Oportunidade de juntada e manifestação

As previsões legais referem-se à aceitabilidade do documento, à oportunidade de sua apresentação e à manifestação sobre eles. Tais previsões devem ser analisadas sob o enfoque do processo do trabalho, sob a perspectiva da realização de uma sessão única de audiência, em que devem ser realizados todos os atos, inclusive a decisão. A rigor, todo documento que se deseje apresentar como prova deve ser trazido e permanecer nos autos até a extinção do processo.

Contudo, tal fato pode gerar inconvenientes para o processo, razão pela qual o juízo pode indeferir a juntada aos autos do documento com que pretende fazer prova, ou mesmo substituir a juntada pela exibição do mesmo documento em audiência. Não é incomum, na prática, a leitura do documento com o registro, a síntese, das informações nele constantes. É o que se denomina extratação, a retirada do extrato, o resumo do conteúdo daquele documento.

No tocante ao momento para a juntada dos documentos, a previsão da CLT com relação a esse ponto é apenas indireta. A partir da leitura do art. 845 da CLT se identifica que as partes devem apresentar suas provas em audiência:

> Art. 845. O reclamante e o reclamado comparecerão à audiência acompanhados das suas testemunhas, apresentando, nessa ocasião, as demais provas.

Todavia, a leitura do art. 787 da CLT indica que a inicial deve ser instruída com os documentos em que se fundar. Ou seja, desde a inicial a parte autora teria o ônus de acostar a sua pretensão os documentos que comprovariam suas alegações.

23. "Art. 20. As pessoas jurídicas de direito público são dispensadas de autenticar as cópias reprográficas de quaisquer documentos que apresentem em juízo."

> Art. 787. A reclamação escrita deverá ser formulada em 2 (duas) vias e desde logo acompanhada dos documentos em que se fundar.

Daí por que se tem entendido que seria ônus da parte autora a juntada dos documentos originalmente com a petição inicial (art. 787 da CLT), e à parte demandada caberia a juntada dos documentos no primeiro momento em que lhe fora permitida a apresentação da defesa, qual seja, na audiência (art. 845 da CLT, c/c o art. 434 do CPC), até mesmo para que fosse permitido um tratamento bilateral, igualitário entre as partes, como indica Carlos Henrique Bezerra Leite[24].

Nesse sentido, então, não seria possível a juntada de documentos em momento posterior, salvo nas hipóteses autorizadas pelo art. 435 do CPC, quais sejam, quando destinados a fazer prova de fatos ocorridos depois dos articulados ou para contrapô-los aos que foram produzidos nos autos, bem como quando os próprios documentos se tornaram conhecidos, acessíveis ou disponíveis após esses atos, cabendo à parte que os produzir comprovar o motivo que a impediu de juntá-los anteriormente e incumbindo ao juiz, em qualquer caso, avaliar a conduta da parte.

Ou seja, apenas seria possível a juntada de documentos posteriormente à inicial ou à defesa para a comprovação ou de fatos novos, ou mesmo para contrapor esses mesmos fatos, com o que concordamos. Apenas quando ocorresse um fato posterior ao ajuizamento da ação ou mesmo a título de contraprova seria possível a juntada de documentos nos autos. Nesse sentido, a 8ª e a 4ª Turmas do TST já se pronunciaram:

> Agravo de instrumento. Recurso de revista. Nulidade do julgado por cerceamento de defesa. Indeferimento de juntada de documentos após a apresentação da inicial. – O indeferimento da juntada de documentos em momento posterior à audiência inicial constitui procedimento regular, amparado na legislação processual, não se havendo falar em violação dos arts. 5º, LV, da CF/1988 e 845, da CLT. Precedentes. Agravo de instrumento conhecido e não provido (AgInRR, 674-13.2010.5.20.0012, rel. Min. Dora Maria da Costa, 8ª Turma, j. 17-10-2012, data de publicação: 19-10-2012).
> Recurso de revista. Cerceamento do direito de defesa. Indeferimento de prazo para juntada de documentos. Não configuração. – Nos termos do art. 396, do CPC: Compete à parte instruir a petição inicial (art. 283), ou a resposta (art. 297), com os documentos destinados a provar-lhe as alegações. Com base no referido preceito legal, o indeferimento de prazo para juntada de

24. LEITE, Carlos Henrique Bezerra. *Curso de direito processual do trabalho*, cit., 8. ed., p. 585.

> documentos não caracteriza o cerceamento do direito de defesa, uma vez que não demonstrado justo motivo para a ausência de sua juntada com a contestação, sobretudo porque decorridos mais de dois meses entre a notificação da reclamada e a realização da audiência inaugural. Ileso o art. 5º, LV, da CF/1988. Recurso de revista não conhecido, no tópico. (...) (RR, 492300-92.2009.5.12.0016, rel. Min. Maria de Assis Calsing, 4ª Turma, j. 11-4-2012, data de publicação: 13-4-2012).

Todavia, é possível identificar os que entendam que a concepção do processo do trabalho é a de que a sessão de audiência seria única, una, de forma que todos os elementos de prova deveriam ser trazidos no mesmo momento processual, enquanto aberta a instrução processual.

Desse modo, seria possível a juntada de documentos em qualquer momento da instrução processual, independentemente das condições previstas no art. 435 do CPC, desde que durante a audiência. É o que se depreende do posicionamento adotado pela 6ª Turma do TST, no particular:

> Recurso de revista. Preliminar de nulidade por cerceamento de defesa. Juntada de documentos. – No processo do trabalho admite-se a juntada de documentos destinados à produção de provas até o encerramento da instrução, tendo em vista a disciplina constante do art. 845 da CLT, a qual estabelece que as partes comparecerão à audiência com suas testemunhas, apresentando, nessa oportunidade, as demais provas; nelas, portanto, inclui-se a prova documental, dado que a finalidade da instrução é precisamente de reunir todos os elementos de prova, em busca da verdade real. Assim, em face do permissivo legal, que viabiliza aos litigantes a apresentação de provas na audiência, há de se entender que a lei abre possibilidade às partes de, durante a fase instrutória, trazer as provas que lhes podem favorecer. Ademais, o conteúdo da réplica e as provas com ela juntadas aos autos, especialmente cuidando-se de prescrição, integra extraordinariamente a *litiscontestatio*, pois se está a tratar de exceção substancial de que não se conheceria se não oposta pela defesa e submetida, em seguida, ao contraditório. Recurso de revista conhecido e provido (RR, 88500-21.2004.5.01.0011, rel. Min. Augusto César Leite de Carvalho, 6ª Turma, j. 1º-6-2011, data de publicação: 10-6-2011).

Há ainda aqueles que entendam ser possível ao juiz, fundado em seu poder diretivo do processo, aceitar ou não a juntada posterior de documentos. Para aqueles que advogam tal tese, seria lícito ao juiz indeferir tal pedido, haja vista que a juntada em momento posterior à audiência não constituiria direito subjetivo da parte. Note-se, todavia, que o TST, por intermédio da SDI-I, já teve a oportunidade de declarar a nulidade processual quando indeferida a juntada de documentos, no curso da instrução, quando esses documentos não estavam na posse de uma das partes. É o que se depreende do seguinte aresto:

> Preliminar de nulidade por negativa de prestação jurisdicional. – A Turma, mediante a decisão recorrida, apresentou solução judicial para o conflito, mesmo que contrária ao interesse da embargante, configurando-se efetiva prestação jurisdicional. Violação ao art. 896. Nulidade do acórdão regional por negativa de prestação jurisdicional. – Reconhecida a nulidade da decisão regional, deixa-se de declarar a nulidade em face da regra do art. 249, § 2º, da CLT. Cerceamento de defesa. Impedimento da juntada de documentos em poder de terceiros. – Se a reclamada não pôde juntar com a contestação documentos em poder de terceiros, é lícita a juntada posterior, no curso da instrução. A devolução dessa documentação, a causar real prejuízo na defesa da reclamada, especialmente por ensejar pagamento de comissão de negócio que, segundo alega a reclamada, não teria sido realizado pelo reclamante, implica cerceamento de defesa, à luz do art. 5º, LV, da Constituição da República. Recurso de embargos de que se conhece parcialmente e a que se dá provimento (EDcl-RR 1374356-71.2004.5.02.0900, rel. Min. João Batista Brito Pereira, j. 12-6-2006, Subseção I Especializada em Dissídios Individuais, data de publicação: 4-8-2006).

Ou seja, por meio deste último julgado, o TST, em sua composição plenária, teria identificado que haveria direito subjetivo à juntada de documentos em momento posterior à inicial e à defesa, quando não tenha sido possível a juntada daqueles documentos por óbices alheios à vontade da parte.

De todo modo, para evitar a preclusão, o mais sugestivo seria que a parte demonstre, com base no art. 435 do CPC, os motivos pelos quais requer a juntada posterior dos documentos, a fim de que não se alegue ser inviável a sua juntada.

Há outra questão envolvendo a juntada de documentos, ainda. É aquela atinente aos documentos denominados essenciais. É que, em relação aos documentos essenciais, deveriam ser juntados juntamente com a inicial, mas não seria possível o indeferimento imediato da petição inicial desacompanhada desses mesmos documentos. Como já dito, tal entendimento foi consolidado na redação da Súmula 263 do TST:

> Salvo nas hipóteses do art. 330 do CPC de 2015 (art. 295 do CPC de 1973), o indeferimento da petição inicial, por encontrar-se desacompanhada de documento indispensável à propositura da ação ou não preencher outro requisito legal, somente é cabível se, após intimada para suprir a irregularidade em 15

(quinze) dias, mediante indicação precisa do que deve ser corrigido ou completado, a parte não o fizer (art. 321 do CPC de 2015).

Segundo os que advogam a posição manifestada pelo E. TST, se somente seria cabível o indeferimento da petição inicial após intimada a parte para suprir a irregularidade, a oportunidade para a juntada dos documentos indispensáveis seria a petição inicial, no momento do ajuizamento da ação; mas mesmo em relação a esses documentos seria possível a juntada no prazo da regularização.

Essa mesma lógica não prevalecerá em relação ao mandado de segurança, cuja pré-constituição da prova é um dos requisitos essenciais, consoante consolidado na Súmula 415 do TST:

> MANDADO DE SEGURANÇA. PETIÇÃO INICIAL. ART. 321 DO CPC DE 2015. ART. 284 DO CPC DE 1973. INAPLICABILIDADE. Exigindo o mandado de segurança prova documental pré-constituída, inaplicável o art. 321 do CPC de 2015 (art. 284 do CPC de 1973) quando verificada, na petição inicial do "mandamus", a ausência de documento indispensável ou de sua autenticação.

Por fim, no que toca à juntada de documentos na instância recursal, a jurisprudência do TST consolidou o entendimento de que tal juntada somente se justifica ou pelo justo impedimento da apresentação em momento anterior ou pelo acontecimento do fato posterior à própria sentença, como cristalizado no conteúdo da Súmula 8 daquela Corte:

> Juntada de documento. A juntada de documentos na fase recursal só se justifica quando provado o justo impedimento para sua oportuna apresentação ou se referir a fato posterior à sentença.

De todo modo, uma vez juntados os documentos, seja juntamente com a petição inicial, seja incidentalmente no curso do processo, fato é que não se deve descurar do sagrado direito do contraditório e ampla defesa. À outra parte deverá ser conferida a oportunidade de manifestação sobre os documentos juntados.

Deve-se consignar, ainda, acerca da oportunidade de manifestação pelas partes que, seguindo a lógica originalmente prevista pelo legislador na CLT, já que a audiência seria una, todas as manifestações seriam realizadas *incontinenti*, na própria assentada, não havendo falar em, necessariamente, deferir prazo para as partes para que assim pudessem fazê-lo. Há, todavia, previsão expressa sobre o assunto apenas em relação às demandas sob o rito sumaríssimo, consoante se depreende a partir do art. 852-H:

> Art. 852-H. Todas as provas serão produzidas na audiência de instrução e julgamento, ainda que não requeridas previamente.

> § 1º Sobre os documentos apresentados por uma das partes manifestar-se-á imediatamente a parte contrária, sem interrupção da audiência, salvo absoluta impossibilidade, a critério do juiz. (...)

Nas causas sob o rito sumaríssimo, necessariamente haverá manifestação imediata por uma das partes, embora se faculte ao juiz o adiamento em razão da absoluta impossibilidade. Não é preciso muito esforço para entender que o intuito da norma é tornar imperiosa a manifestação sobre os documentos na própria audiência quando a demanda tramita sob o aludido rito.

No que toca às demandas sob o rito ordinário, há questões que merecem destaque. A primeira delas é o expediente, relativamente comum, do fracionamento das audiências em inaugurais e de instrução, sendo que na primeira oportunidade é tentado o acordo e são recebidas as defesas e documentos, e, com o adiamento da sessão para um novo dia, promove-se a prova oral o encerramento da instrução e nova tentativa de acordo (art. 849 da CLT):

> Art. 849. A audiência de julgamento será contínua; mas, se não for possível, por motivo de força maior, concluí-la no mesmo dia, o juiz ou presidente marcará a sua continuação para a primeira desimpedida, independentemente de nova notificação.

Desse modo, o adiamento seria possível apenas quando constatado o motivo de força maior. Em razão dessa interpretação, muitos juízes realizam as denominadas audiências unas, e apenas excepcionalmente fracionam as sessões, razão pela qual a manifestação sobre os documentos seria ali mesmo, em audiência.

Assim, sobre a apresentação de documentos por uma das partes, manifestar-se-á imediatamente a parte contrária sem interrupção da audiência, salvo absoluta impossibilidade, a critério do juiz, seja no rito sumaríssimo ou no ordinário.

No entender de Tércio Roberto Peixoto Souza, todavia, não há mais razão para adotar a audiência una como regra. A experiência mostra que as audiências unas são incompatíveis com a complexidade das questões que são levadas ao Poder Judiciário. As pautas dos Tribunais cada dia mais se avolumam, e as questões nelas debatidas tornam-se mais complexas. Não raro os juízes são obrigados a cumprir pautas de dez, vinte audiências em um mesmo dia.

Naqueles juízos em que são realizadas audiências unas são absolutamente usuais os atrasos para a prática do ato processual, porquanto qualquer demanda é capaz de ensejar o atraso no desenvolvimento da pauta, causando desconforto e muitas vezes desequilíbrio para as partes, advogados e testemunhas, além do próprio juízo. Ademais, a audiência única, sob o argumento de permitir maior celeridade na prestação jurisdicional, prejudica o maior interessado na demanda, o jurisdicionado, mormente a parte autora, quando lhe nega a possibilidade de analisar os documentos que seguiram a defesa (notadamente naqueles casos em que, embora sem previsão legal, seja fixado prazo para que a parte possa se manifestar sobre os aludidos documentos) bem como de levar à audiência as testemunhas capazes de comprovar os fatos capazes de infirmar a tese suscitada pelo reclamado. Em última análise, o pretenso beneficiário da celeridade da justiça torna-se o maior prejudicado.

Na hipótese do fracionamento da audiência, contrariamente ao quanto ocorre na audiência una, a parte terá a oportunidade de se manifestar sobre os documentos juntados em audiência, no prazo conferido pelo juízo. Mas há também a hipótese da juntada de documentos fora da sessão de audiência. Nessa hipótese, o próprio CPC já indica a necessidade não apenas da abertura de vistas à parte contrária, mas define, inclusive, o prazo para tanto. É o que se depreende do art. 437, § 1º, do CPC, aplicável subsidiariamente:

> § 1º Sempre que uma das partes requerer a juntada de documento aos autos, o juiz ouvirá, a seu respeito, a outra parte, que disporá do prazo de 15 (quinze) dias para adotar qualquer das posturas indicadas no art. 436.

Note-se que, dados os poderes de livre direção e investigação no processo, o juízo possui amplos poderes para determinar diligências, a fim de formar seu convencimento. Assim, pode determinar, inclusive de ofício, a juntada de documentos (art. 765 da CLT).

4.3. Exibição de documento em poder de parte ou de terceiro

No tocante aos documentos em posse de terceiros ou da própria parte, a CLT não possui qualquer tratamento, restando-nos o socorro junto às previsões do CPC. A matéria encontra-se disciplinada nos arts. 396 e seguintes do CPC.

A hipótese prevista no art. 396 do CPC autoriza o juiz a ordenar que a parte exiba documento ou coisa que se ache em seu poder. Quando o documento estiver em poder da parte contrária, a regra está prevista nos arts. 397 e 400 do CPC:

> Art. 397. O pedido formulado pela parte conterá:
> I – a individuação, tão completa quanto possível, do documento ou da coisa;
> II – a finalidade da prova, indicando os fatos que se relacionam com o documento ou com a coisa;
> III – as circunstâncias em que se funda o requerente para afirmar que o documento ou a coisa existe e se acha em poder da parte contrária. (...)
> Art. 400. Ao decidir o pedido, o juiz admitirá como verdadeiros os fatos que, por meio do documento ou da coisa, a parte pretendia provar se:

> I – o requerido não efetuar a exibição nem fizer nenhuma declaração no prazo do art. 398;
> II – a recusa for havida por ilegítima.
> Parágrafo único. Sendo necessário, o juiz pode adotar medidas indutivas, coercitivas, mandamentais ou sub-rogatórias para que o documento seja exibido.

Em síntese, pode-se dizer que incumbirá à parte que requerer a exibição dos documentos a individuação, a finalidade e as circunstâncias que amparam a afirmação de aqueles documentos estarem em poder do adversário. A parte denunciada terá cinco dias para manifestar-se sobre o pedido, cabendo-lhe ou aceitar e exibir o documento; ou negar ser possuidor do documento; ou recusar a exibição, por motivo que repute justo. Tais questões serão sumariamente decididas. Se aceito o pedido de recusa, segue-se; se não, importa admitir como verdadeiro o fato que se haveria de provar com o documento não exibido. Diante da interlocutoriedade da decisão, não há recurso direto no processo laboral.

Fundado na redação do art. 396 do CPC, bem como no art. 765 da CLT, é comum o entendimento judicial no sentido de que a simples intimação da parte para que apresente documento ou coisa, seja de ofício pelo juiz ou a pedido do seu *ex adverso*, sob pena de confissão, tem sido o suficiente para resolver tal situação. É o que se depreende dos seguintes arestos:

> EXIBIÇÃO DE DOCUMENTOS. DETERMINAÇÃO JUDICIAL. COMINAÇÃO DE PENA DE CONFISSÃO. DESCUMPRIMENTO. Uma vez desatendida a determinação judicial de apresentação do recibo de devolução do cartão de transporte (Salvador Card), com a cominação de aplicação da confissão, devem ser reputados verdadeiros os fatos indicados na inicial, revelando-se indevidos os descontos efetuados a título de adiantamento de vale-transporte (TRT – 5ª Região, RO 00004941920125050020/BA, 0000494-19.2012.5.05.0020, rel. Edilton Meireles, 1ª Turma, *DJ* 31-3-2015).
>
> RECURSO ORDINÁRIO – DOCUMENTOS – REGISTRO DE JORNADA – RECUSA DA EXIBIÇÃO – PENA DE CONFISSÃO. 1. A recusa injustificada de exibir documentos de inegável interesse das partes, apesar da determinação judicial sob pena de confissão, enseja a aplicação da penalidade processual cominada, tornando certo o direito para cuja prova fora requerida a exibição. 2. Recurso ordinário desprovido (TRT – 6ª Região, RO 951200200706000/PE, 2002.007.06.00.0, data de publicação: 2-10-2003).

Obviamente, na hipótese de fundada a recusa da parte, quanto à aludida exibição, seja pela inexistência do documento, seja por sua desnecessidade ou outro argumento legítimo, não há falar em cominação de confissão, sendo a hipótese de admitida a recusa.

Quando o documento estiver em posse de terceiro, todavia, a forma a ser obtida necessariamente levará em conta a regra dos arts. 401 e seguintes do CPC. Neste caso, o terceiro deverá ser citado para, em quinze dias, responder aos termos do incidente. O terceiro poderá responder, entregando a coisa, ou negar a exibição, sob o argumento de que há questões que o impeçam de exibir, consoante definido pelo art. 403 do CPC. A questão será igualmente decidida imediatamente; decidindo o juízo pela exibição, no local e prazo determinado, se não cumprida a ordem judicial, pode ainda determinar a busca e apreensão, sem prejuízo da apuração da existência do crime de desobediência. Tal decisão é igualmente interlocutória.

4.4. Da arguição de falsidade

Se é certa a relevância da prova documental, como já mencionamos, não menos certo é acreditar ser possível que o documento apresentado por qualquer das partes não seja verdadeiro. Deve-se, então, contar com algum expediente para atacar a aludida falsidade. Sobre o tema, todavia, a CLT também é omissa. Mas desde já é importante consignar que existem vários meios para o exercício de um juízo crítico acerca da prova documental em juízo.

Desde a análise no contexto da valoração da prova, sem maiores formalidades, ou mesmo por meio de ação declaratória autônoma, na forma do art. 19, II, do CPC, ou ainda em sede ação rescisória, na hipótese do art. 966, VI, do CPC, e inclusive por meio do incidente de arguição de falsidade, disciplinado nos arts. 430 a 433 do CPC, são diversos os mecanismos processuais disponíveis para a valoração da prova documental.

Segundo Antonio Carlos de Araújo Cintra[25], a natureza da arguição de falsidade incidental é a de ação declaratória incidental:

> ... o incidente de falsidade em exame é caso de ação declarativa incidental. A esta corresponde verdadeiro processo incidente que, embora acessório a outro – que é principal – tem objeto próprio, que é a declaração da falsidade do documento questionado. A falsidade do documento, portanto, é apreciada *principaliter* e não *incidenter tantum*, no incidente de falsidade.

O efeito da coisa julgada, desse modo, atingiria não somente o pedido principal, mas igualmente a questão incidental da falsidade. Como dissemos, em re-

25. CINTRA, Antonio Carlos de Araújo. *Comentários ao Código de Processo Civil*, cit., v. IV, p. 137.

gra, não haverá necessidade do aludido incidente para a resolução das questões postas em juízo, porquanto o mesmo incidente não é essencial para a valoração da prova. Assim, o primeiro questionamento a fazer é justamente quanto à aplicação do incidente de arguição de falsidade, previsto nos arts. 430 e seguintes do CPC, no âmbito do processo laboral.

Edilton Meireles e Leonardo Dias Borges[26] defendem a inaplicabilidade do incidente porquanto a ação declaratória incidental parece atentar contra os princípios e regras processuais trabalhistas, seja pela ausência de previsão na CLT, no particular, seja pela modificação do procedimento estabelecido para a reclamação trabalhista, dada a incompatibilidade do expediente com a redação do art. 848 da CLT. Segundo defendem, bastaria que o problema do falso fosse resolvido sob o manto da questão prejudicial.

Não concordamos, no particular, com tal compreensão, dado que a desnecessidade não pode ser traduzida como incompatibilidade do expediente no âmbito do direito processual do trabalho. Não há incompatibilidade do incidente, no particular. Ademais, os próprios Tribunais, inclusive o TST (art. 78, III, do RITST), disciplinam o processamento daqueles incidentes, fato que remete ao reconhecimento da compatibilidade do expediente ao processo laboral.

Mas é preciso salientar que não seria todo e qualquer falso que autorizaria o manejo daquele instrumento, todavia. Com efeito, a falsidade é o caráter daquilo que é falso, oposto à verdade. Mas a falsidade pode ser material, quando se relaciona com a forma, com o instrumento, ou a falsidade pode ser ideológica, quando, embora verdadeiro o documento, a ideia nele representada não seja verdadeira, seu conteúdo é falso. Por exemplo, se possuo um registro civil com nomeação de pais distintos dos meus, o documento pode ser verdadeiro, mas a informação nele constante é falsa.

Parece-nos que somente a falsidade material ou quanto à integridade do documento autorizaria a propositura do incidente de falsidade, no que concordamos com Edilton Meireles e Leonardo Dias Borges[27], Mauro Schiavi[28], Antonio Carlos Araújo Cintra[29], entre outros. Nesse sentido, já se teve:

> INCIDENTE DE FALSIDADE IDEOLÓGICA – DESCABIMENTO – Além do fato de que a arguição de falsidade ideológica deva ser feita nos próprios autos, nos termos do art. 372, parágrafo único, do Código de Processo Civil,

26. MEIRELES, Edilton; BORGES, Leonardo Dias. *Primeiras linhas de processo do trabalho*, cit., p. 342.

27. MEIRELES, Edilton; BORGES, Leonardo Dias. *Primeiras linhas de processo do trabalho*, cit., p. 342.

28. SCHIAVI, Mauro. *Manual de direito processual do trabalho*, cit., p. 604.

29. CINTRA, Antonio Carlos de Araújo. *Comentários ao Código de Processo Civil*, cit., v. IV, p. 139.

> não ensejando o ajuizamento da ação declaratória de incidente de falsidade, afigura-se incabível o questionamento acerca da falsidade ideológica, *in casu*. E isso porque o autor, em momento algum, argui a inveracidade dos documentos acostados pela ré, admitindo tais documentos como válidos materialmente e também ideologicamente, mesmo porque não desautoriza os fatos neles declarados, consistentes nos pagamentos das contribuições assistenciais, Acordos e Convenções Coletivas de Trabalho celebrados entre a recorrida e o Sindicato dos Trabalhadores em Fast Food – SINDFAST. Verifica-se, pois, que o autor pretende, na realidade, a declaração de nulidade de um fato, qual seja, da representação dos empregados da ré pelo Sindicato dos Trabalhadores em Fast Food (SINDFAST), sendo totalmente desarrazoado o manejo do incidente arguido com tal intento pelo SINTHOi (TRT – 2ª Região, RO 02881-2005-066-02-00-7, 12ª Turma, rel. Juíza Vania Paranhos, *DOESP* 28-11-2008).

A legitimação para suscitar o incidente é exclusiva da parte contra quem foi produzido o documento no processo. Não seria lógico facultar ao que apresentou o documento a impugnação. Todavia, o TST já teve a oportunidade de processar incidente suscitado pela própria parte que acostou o documento, evidenciando a compatibilidade do expediente ao processo do trabalho:

> INCIDENTE DE FALSIDADE – Aspecto *sui generis* neste processo é que não suscitou uma das partes o documento produzido por outra, mas sim a mesma parte a quem se atribuiu a feitura da peça foi quem disse-a falsa, como de resto a firma nela lançada, o que se confirmou com a perícia. Havendo as partes concordado com a conclusão da perícia de que falso o documento e a firma nele lançada é de se declarar a falsidade do documento acostado aos autos principais. Incidente julgado procedente (TST, IncFal 9621-79.2012.5.00.0000, rel. Min. Alexandre de Souza Agra Belmonte, *DJe* 26-3-2013, p. 326).

No tocante à oportunidade, seguindo a lógica impressa no art. 430 do CPC, é possível identificar que a arguição de falsidade poderá ocorrer na contestação, na réplica ou no prazo de quinze dias a partir da intimação da juntada do documento aos autos. Mesmo diante da redação do antigo art. 390 do CPC/73 o Judiciário já teve a oportunidade de indicar que efetivamente é preciso respeitar o prazo para a arguição da falsidade, sob pena de preclusão:

> PRELIMINAR DE NULIDADE DA R. SENTENÇA POR AUSÊNCIA DE FUNDAMENTAÇÃO – Cabe ao julgador a realização da atividade exegética, que pode não coincidir com as perspectivas da parte em relação à demanda. A prestação jurisdicional se deu de forma ampla, contudo a solução empres-

> tada à lide não atendeu às expectativas da autora que, equivocadamente, argui a nulidade do julgado. Preliminar rejeitada. INCIDENTE DE FALSIDADE – PRECLUSÃO – Quando a Lei, no art. 390 do CPC, dispõe que o incidente pode ser proposto "em qualquer tempo e grau de jurisdição", não significa que, juntado o documento, a parte pode deixar para arguir a nulidade em momento posterior, eis que a falsidade deve processar-se no curso do procedimento em que o documento foi produzido. A falsidade documental há de ser arguida até 10 (dez) dias após a juntada do documento, sob pena de preclusão. Recurso ordinário conhecido, rejeitada a preliminar de nulidade da r. Sentença por ausência de fundamentação e, no mérito, desprovido, indeferindo-se o processamento do incidente de falsidade (TRT – 10ª Região, RO 01412-2005-102-10-00-6, 3ª Turma, rel. Juíza Márcia Mazoni Cúrcio Ribeiro, j. 18-12-2006).

Uma vez apresentado o documento com a inicial, o prazo-limite para a impugnação é juntamente com a contestação. Se os documentos apresentados o forem com a contestação, na hipótese da audiência una, deverá a parte suscitar a falsidade durante a audiência, quando deverá ser suspenso o prosseguimento do feito (art. 849 da CLT). De outro lado, na hipótese de fracionamento da audiência, o prazo seria de quinze dias a partir da abertura de vistas dos mesmos documentos, valendo esta última regra para ambas as partes. Assim, não se pode confundir o prazo mencionado no art. 430 do CPC com aquele para a manifestação aos documentos, dado que são substancialmente diferentes.

O incidente será suscitado ao juízo da causa principal e no Tribunal, perante o relator. Uma vez suscitado o incidente, naturalmente será aberta a oportunidade para a parte que produziu o documento, para sua resposta, o que se dará no mesmo prazo de quinze dias, seguindo o art. 432 do CPC. Caso na resposta a parte reconheça o falso, a questão será decidida de pronto, o que não se dará se negá-lo, quando o juízo deve determinar a realização da prova pericial à guisa do mesmo dispositivo.

Não há mais previsão que determine a instrução ou tramitação do incidente em apenso aos autos principais (como previsto no art. 393 do CPC/73), razão pela qual o incidente será processado nos mesmos autos do processo principal.

A instrução do incidente será sumária, indeferindo o juiz as diligências inúteis, embora por determinação legal deva produzir a prova pericial para apuração da falsidade. Dada a ausência de resposta, presume-se falso.

O julgamento à improcedência do incidente ensejará o reconhecimento da autenticidade do documento. O ônus de provar o falso é de quem alega. A decisão do incidente poderá ser resolvida como questão incidental (art. 430, parágrafo único, do CPC), o que implica que a decisão seja meramente interlocutória, e a torna irrecorrível[30]. Caso o incidente seja resolvido como questão principal, a decisão será definitiva e constará da sentença objetivamente complexa, como menciona Antonio Carlos Araújo Cintra[31]. Dada a natureza da decisão, o recurso seria o adequado ao caso concreto (recurso ordinário, recurso de revista etc.), sendo que sobre ela incidirá a autoridade da coisa julgada.

5. PROVA TÉCNICA (PERICIAL)

A apuração da verdade por meio das diversas tecnologias fruto da inventividade humana não é nova. Modernamente são diversas as técnicas e tecnologias utilizadas com o afã de desvelar a realidade dos fatos. Tais instrumentos não são alheios aos conflitos havidos no âmbito das relações de trabalho. A prova técnica tem cabimento, então, quando o fato, para ser compreendido pelo juízo e pelas partes, depender de conhecimento especial, de natureza técnica ou científica. Essa prova desempenha o papel normalmente complementar da prova documental e da prova oral constante dos autos. Há algumas menções, na CLT, à prova técnica, mas há que fazer menção, ainda, à previsão da Lei n. 5.584/70, que em seu art. 3º, ao tratar dos exames periciais no processo do trabalho, assim dispõe:

> Art. 3º Os exames periciais serão realizados por perito único designado pelo Juiz, que fixará o prazo para entrega do laudo.
> Parágrafo único. Permitir-se-á a cada parte a indicação de um assistente, cujo laudo terá que ser apresentado no mesmo prazo assinado para o perito, sob pena de ser desentranhado dos autos.

Embora haja disposição na CLT tratando do assunto, não se pode ignorar, ainda, as previsões do CPC, dado que o tratamento conferido à prova técnica na legislação geral é muito mais técnica do que a utilizada no texto celetista.

A importância da prova técnica é revelada quando se compreende que no processo de formação de sua convicção é preciso rememorar que o juiz, como qualquer humano, não conhece todas as técnicas e ciências, notadamente nos dias atuais, em que cada vez mais se tornam complexas as relações produtivas e humanas.

Ademais, dado o dever de fundamentação por parte do Poder Judiciário, constitucionalmente exigido, não se pode, de igual modo, permitir que as con-

30. CINTRA, Antonio Carlos de Araújo. *Comentários ao Código de Processo Civil*, cit., v. IV, p. 205.
31. CINTRA, Antonio Carlos de Araújo. *Comentários ao Código de Processo Civil*, cit., v. IV, p. 145.

clusões judiciais sejam fundadas em premissas falsas ou desprovidas de alguma racionalidade. Muito menos se pode permitir que o Poder Judiciário emita seus pronunciamentos fundado em preconceitos, ou em compreensões individuais, sem que se faculte às partes o momento de colaborar junto ao Poder, no sentido de demonstrar sua visão sobre determinado ponto, ainda que esse ponto seja eminentemente técnico e fuja às concepções jurídicas ou comuns.

A prova técnica possui como objeto o fato ou fatos que foram alegados pelas partes e que necessitem de sua comprovação por meio da análise técnica ou científica. Diríamos que, mais do que isso, a prova técnica permite às partes a demonstração, nos autos, de que aspectos que demandem conhecimento específico podem ou devem ser conhecidos sob determinada perspectiva. É que, como diz Humberto Theodoro Junior[32], a oportunidade de colaborar com o Poder Judiciário, inclusive sob o aspecto técnico, é a concretização do acesso à própria Justiça:

> Não é só o acesso de todos à Justiça estatal que se resta assegurado. Diante de qualquer lesão ou ameaça de direito, o que a Constituição garante é que, através do judiciário, seja disponibilizada uma tutela efetiva, capaz de proporcionar a todos o desfrute real (concreto) tanto dos direitos subjetivos individuais como, principalmente, que se efetive essa tutela de modo a fazer respeitar e cumprir tudo aquilo que na Constituição fora estabelecido em torno das garantias fundamentais.

A lida forense cotidiana tem apresentado como situações mais comuns as diligências técnicas relacionadas à apuração de condições de insalubridade e periculosidade, além das perícias médicas, a fim de apurar a situação de saúde dos trabalhadores. Mas não são apenas essas as modalidades da perícia.

A complexidade das relações de trabalho e o desenvolvimento de determinadas técnicas tem facultado a cada vez maior número de profissionais a participação em processos judiciais, sempre no afã de colaborar com o Poder Judiciário. Hoje já não é incomum a participação de engenheiros, economistas, fisioterapeutas e contadores, por exemplo, no auxílio ao Poder Judiciário. A riqueza da vida se incumbirá de demonstrar que as oportunidades são muitas.

Mas tal amplitude não pode ser compreendida como ilimitada. A própria previsão do art. 464, § 1º, do CPC deixa claro que o juiz poderá dispensar a prova

32. THEODORO JÚNIOR, Humberto. Direito processual constitucional. *Revista Magister de Direito Civil e Processual Civil*, Porto Alegre, v. 1, jul.-ago. 2004. p. 27.

técnica quando entender suficientes os elementos que existam nos autos para a apreciação da questão *sub judice*, ou seja inviável a aludida pesquisa técnica.

Tal dispensa não pode ser confundida com aquela hipótese em que o conhecimento técnico é exclusivamente do juiz e inexistam outros elementos nos autos para amparar tais conclusões. É que, se além de juiz o magistrado possui formação em medicina, por exemplo, isso não retira a necessidade de que sejam procedidas as diligências a fim de apurar a existência ou não de determinados fatos da área médica, em nosso sentir. Afinal, sempre haverá a possibilidade do julgamento da demanda por outro juiz, ainda que em grau recursal.

Tal conclusão não se choca com a premissa de que o magistrado é livre para valorar a prova como bem lhe aprouver e não se encontra vinculado às conclusões periciais. O convencimento do juiz, em um Estado de Direito, deve ser, sempre, livre e desembaraçado. O juiz sempre terá a liberdade de avaliar as conclusões do seu assistente, de modo a poder discordar das conclusões e consequências dos fatos revelados pela prova técnica. Como toda e qualquer decisão judicial, obviamente, essa não excepciona o dever de fundamentação, no particular.

No mesmo sentido, caso entenda como não tendo sido suficientemente esclarecida a matéria, por meio daqueles elementos, o juízo terá a liberdade de determinar a realização de novas diligências direcionadas ao esclarecimento das questões técnicas.

5.1. Classificação

Há diversos critérios para a classificação da prova técnica. Foi o legislador que indicou, no art. 464 do CPC, que a prova técnica consiste em exame, vistoria e avaliação, embora sem delinear o conceito de cada uma daquelas.

A doutrina conceituou que o exame e a vistoria somente seriam possíveis em relação aos objetos de natureza material, capazes de possibilitar contato físico com o perito. Enquanto a vistoria seria manifestada sobre imóveis, os exames o seriam sobre os móveis. Já a avaliação seria a estimação judicial do valor, em moeda, de coisas, direitos ou obrigações. Seria, na verdade, modalidade especial de arbitramento, que recebe essa denominação quando feita em inventários, partilhas ou em processos administrativos, e nas execuções ou ações executivas, para estimação do valor da coisa penhorada[33].

33. CINTRA, Antonio Carlos de Araújo. *Comentários ao Código de Processo Civil*, cit., v. IV, p. 209-210.

Há quem pretenda classificar as perícias, ainda, quanto a sua oportunidade para indicá-las como judiciais ou extrajudiciais, caso realizadas no âmbito da relação jurídica processual principal ou das relações jurídicas, em geral.

Há ainda que falar nas perícias cautelares, quando ocorra em sede de processo cujo objeto seja especificamente a função preventiva de resguardar a prova para ação em curso ou ainda a ser proposta.

Quanto à obrigatoriedade da realização, há quem classifique as perícias como obrigatórias ou facultativas. A facultativa é aquela meramente pertinente ao objeto da demanda. Já a perícia obrigatória, como sugere a expressão, seria aquela em que a prova técnica é imperiosa, como já vimos, em relação à compreensão do art. 195, § 2º, da CLT, atinente à comprovação da insalubridade ou periculosidade:

> Art. 195. A caracterização e a classificação da insalubridade e da periculosidade, segundo as normas do Ministério do Trabalho, far-se-ão através de perícia a cargo de Médico do Trabalho ou Engenheiro do Trabalho, registrados no Ministério do Trabalho. (...)
>
> § 2º Arguida em juízo insalubridade ou periculosidade, seja por empregado, seja por Sindicato em favor de grupo de associado, o juiz designará perito habilitado na forma deste artigo, e, onde não houver, requisitará perícia ao órgão competente do Ministério do Trabalho.
>
> § 3º O disposto nos parágrafos anteriores não prejudica a ação fiscalizadora do Ministério do Trabalho, nem a realização *ex officio* da perícia.

Como já fora suscitado, há quem pretenda ser essencial a realização da prova técnica, fundada na redação do art. 195 da CLT, para fins de apuração da insalubridade e periculosidade. Todavia, situação interessante surge a partir da redação conferida ao art. 193 da CLT, com a redação conferida aos incisos II e ao § 4º do mesmo dispositivo, que consideram sujeitos ao adicional de periculosidade aqueles trabalhadores cujas atividades estejam sujeitas a roubo ou outras espécies de violência física nas atividades profissionais de segurança pessoal ou patrimonial, e àqueles trabalhadores em motocicleta. A prática demonstra que não há qualquer pertinência da prova técnica com as situações narradas. Pelo contrário, o meio apto a comprovar o labor em ambiente violento ou sujeito ao perigo decorrente da motocicleta seria ou a prova oral ou mesmo a documental. Não seria necessária a prova técnica, no particular, o que demonstra a inadequação do entendimento demonstrado pela jurisprudência, no caso concreto. Desse modo, ao menos em relação a tais hipóteses, é desnecessária a realização da prova técnica, devendo como tal ser considerado pela jurisprudência, como já mencionamos.

5.2. Dos peritos. Das classes de peritos e de quesitos e da ordem da produção da prova

No âmbito da prova pericial há a figura do perito judicial, que é o auxiliar do juiz na obtenção da verdade (art. 149 do CPC), quando a prova depender de conhecimento técnico ou científico (art. 156 do CPC).

O perito pode ser nomeado como profissional autônomo (pessoa física) ou pode ser integrante de um órgão técnico ou científico devidamente inscrito em cadastro mantido pelo Tribunal ao qual o juiz está vinculado (art. 156, § 1º, do CPC). Para a formação desse cadastro, os Tribunais devem realizar consulta pública, na forma do § 2º do mesmo art. 156 do CPC, devendo ainda realizar avaliações e reavaliações periódicas para manutenção do cadastro, considerando a formação profissional, atualização do conhecimento e experiência dos peritos.

Naqueles locais em que não houver inscrito no cadastro disponibilizado pelo Tribunal, a nomeação do perito é livre escolha do juiz, embora deva recair sobre profissional ou órgão técnico ou científico comprovadamente detentor do conhecimento necessário à realização da perícia (§ 5º do art. 156 do CPC). O que há de comum, no particular, em relação às aludidas nomeações é a necessária identidade entre a técnica possuída pelo profissional e o objeto a ser submetido à investigação científica. Com efeito, não parece razoável supor seja possível a nomeação, como perito, encargo que pressupõe a compreensão técnica necessária à investigação, de alguém que não possui tal capacidade científica. E por isso mesmo o art. 465 do CPC determina seja nomeado perito especializado no objeto da perícia, quando se fixará de imediato o prazo para a entrega do laudo.

O CPC permite que as partes possam, de comum acordo, escolher o perito (art. 471 do CPC). A perícia consensual substituiria, para todos os efeitos, a que seria realizada pelo perito nomeado pelo juiz. A possibilidade da escolha do perito pelas partes, no processo do trabalho, já não é incomum. Por exemplo, não é rara a indicação, em mesa de audiência, de um perito consensualmente escolhido pelas partes, que figurará como o perito designado pelo juízo. Do mesmo modo, não é raro que, em sendo designado o perito em mesa de audiência, indague o juízo se alguma das partes tem alguma objeção à aludida nomeação, prosseguindo com o feito diante da ausência de impugnação. Parece aplicável, portanto, à realidade do processo laboral tal expediente, não obstante tenha o E. TST consignado na IN 39/2016 ser inaplicáveis ao processo do trabalho negócios jurídicos processuais.

De todo modo, foi facultada às partes a indicação de seus técnicos para acompanhar a realização da prova técnica. Assim, podemos dizer que os técnicos serão classificados como peritos assistentes (do juízo) e em assistentes técnicos (das partes).

A técnica da perícia deve ser orientada para a obtenção de uma verdade. E tal verdade deve ser obtida pela identificação, por meio de perguntas, das questões relevantes para a lide. É através dos denominados quesitos que as partes e o juízo orientam o técnico para que a verdade seja retratada nos autos. O momento processual para a apresentação dos quesitos é no prazo de quinze dias da nomeação do perito oficial (art. 465, § 1º, do CPC) ou em outro prazo, fixado pelo juízo.

Alguns entendem que, diante da oralidade que orienta o processo do trabalho, as partes deveriam consignar seus quesitos imediatamente, em audiência, quando seriam cientificadas da nomeação do perito. Não entendemos pertinente essa exigência. Embora a CLT seja omissa no tocante à fixação de prazo para a formulação dos quesitos, parece mais adequada a obediência ao prazo firmado pelo CPC.

Os quesitos suplementares (art. 469 do CPC), por sua vez, são questionamentos a serem realizados no decorrer da diligência, até a entrega do laudo, à vista de suprir lacunas ou obter esclarecimentos, sem ignorar o objeto examinado. Por meio daqueles se busca a evidência de determinados aspectos relevantes para o escopo da perícia, o que nos permite acreditar que mesmo aquele que não formulou quesitos da perícia possa colaborar com sua investigação durante a investigação.

Por fim, há os denominados quesitos explicativos (art. 477, § 2º, do CPC), destinados à obtenção de esclarecimentos quanto aos termos da opinião técnica, do laudo. Em outras palavras, tais quesitos servem para explicar a resposta aos quesitos, nos pontos em que não foram compreendidas ou consideradas completas pelas partes ou juízo.

Seguindo a lógica apresentada pelo CPC, o prazo para formular esses quesitos seria de quinze dias (art. 477, § 2º, do CPC), e apenas se ainda houver necessidade de esclarecimentos a parte poderá requerer ao juiz que mande intimar o perito a comparecer à audiência.

Em relação à ordem da produção da prova técnica, se antes ou depois da prova oral, não há falar em uma ordem predeterminada. Mesmo a posição topográfica remete à produção da prova técnica antes da prova oral, como se depreende da redação dos arts. 826, 827 e 828 da CLT. No processo laboral se tem entendido que não haverá irregularidade se alterada a sequência na produção da prova, dado que sua obtenção decorrerá da conveniência do juízo, já que lhe é facultado alterar a ordem de produção dos meios de prova e adequá-los às necessidades do conflito, de modo a conferir maior efetividade à tutela do direito, consoante a redação do art. 775, § 2º, da CLT.

Desse modo, entendemos que, se do exame do fato se concluir pela inviabilidade de obtenção da certeza por meio dos testemunhos, a precedência deve ser dada à perícia, que pode atalhar a colheita da prova testemunhal. De todo modo, é preciso consignar que a prova pericial deve ser feita sob a forma escrita.

Como já mencionamos, o laudo é elaborado a partir da formulação de quesitos objetivos pelo juiz e pelas partes, as quais devem ser respondidas de forma igualmente objetiva. Não há mais a previsão legal da tomada do compromisso por parte do perito, embora se presuma a fidelidade ao encargo. O perito pode se escusar do encargo, ou ser recusado por impedimento ou suspeição (art. 467 do CPC).

As hipóteses de impedimento e suspeição do perito estão previstas nos arts. 134 e 135 do CPC.

Para a realização da perícia não há prazo legal, devendo o juízo fixar um prazo razoável para o cumprimento do encargo. As partes, todavia, devem ser intimadas da data do início da realização da perícia, na forma do art. 431-A do CPC.

Para a entrega do laudo, todavia, há fixado o prazo de, pelo menos, vinte dias antes da audiência, seguindo a previsão do art. 477 do CPC. Aos assistentes cabe a manifestação sobre os termos do laudo no prazo comum de quinze dias.

Uma vez apresentado o laudo, o juízo determinará a intimação das partes para se manifestarem sobre ele (§ 1º do art. 477 do CPC). Como já mencionamos, o perito pode ser ouvido, ainda, em audiência, para prestar esclarecimentos na forma do art. 827 da CLT.

Neste ponto é interessante destacar que a nomeação e a destituição do perito são atos discricionários do juízo, sendo sua destituição autorizada na hipótese do art. 468 do CPC. O STJ já se pronunciou, inclusive, no sentido de que não seria necessário assegurar o contraditório e ampla defesa ao perito nessas hipóteses[34], não havendo razão para a não aplicação desse entendimento no âmbito do processo laboral.

Por fim, cumpre mencionar que, mesmo no tocante ao processo civil, há expressa autorização legal para tornar tal prova menos formal quando a natureza do fato assim permitir, consoante definido pelo art. 464, §§ 2º, 3º e 4º, do CPC:

> § 2º De ofício ou a requerimento das partes, o juiz poderá, em substituição à perícia, determinar a produção de prova técnica simplificada, quando o ponto controvertido for de menor complexidade.

34. RMS 12.963-SP, rel. Min. Jorge Scartezzini, 4ª Turma, j. 21-10-2004.

> § 3º A prova técnica simplificada consistirá apenas na inquirição de especialista, pelo juiz, sobre ponto controvertido da causa que demande especial conhecimento científico ou técnico.
> § 4º Durante a arguição, o especialista, que deverá ter formação acadêmica específica na área objeto de seu depoimento, poderá valer-se de qualquer recurso tecnológico de transmissão de sons e imagens com o fim de esclarecer os pontos controvertidos da causa.

Na hipótese da denominada prova técnica simplificada não há a elaboração de laudo; pelo contrário, o perito comparecerá à audiência, quando será inquirido pelo juízo e pelas partes sobre o ponto controvertido que demande o especial conhecimento técnico ou científico. Durante sua oitiva, será possível ao perito valer-se de recursos tecnológicos com o fim de esclarecer os pontos controvertidos.

5.3. Da remuneração dos peritos

Os custos para a realização da perícia no âmbito do processo do trabalho possuem tratamento absolutamente diverso daquele preconizado pelo direito processual civil, como já referimos no tópico próprio das despesas processuais. Daí por que necessária especial atenção, no particular.

Como já vimos, as despesas processuais no âmbito do processo do trabalho recebem tratamento específico nos arts. 789 e seguintes da CLT. A concepção, no nosso caso, é a de que os atos processuais primeiramente devam ser realizados e apenas após sua realização é que restará definido o montante e a responsabilidade pelos custos do ato. Essa concepção se reflete nas despesas para a realização da prova pericial.

Veja-se que a sucumbência mencionada não pode ser concebida como aquela consignada pelo perito, em suas conclusões, mas do acolhimento ou não pelo juízo, do pleito investigado pela prova pericial.

Já em relação aos assistentes técnicos das partes, essa despesa é meramente contratual, não se relacionando com o processo, tal qual previsto na Súmula 341 do TST:

> A indicação do perito assistente é faculdade da parte, a qual deve responder pelos respectivos honorários, ainda que vencedora no objeto da perícia.

A conclusão do E. TST sobre o assunto decorre da própria natureza da relação entre a parte e seus assistentes, como já mencionamos.

6. DA INSPEÇÃO JUDICIAL

Por meio da inspeção judicial possibilita-se ao juiz que tenha contato diretamente com as coisas, lugares ou pessoas a fim de esclarecer eventuais fatos que sejam relevantes para a lide. Não há previsão na CLT para o aludido meio de prova, o que não inviabiliza sua utilização no processo do trabalho, por certo, adotando-se as previsões dos arts. 481 e seguintes do CPC, albergando-se, mais uma vez, nos arts. 769 da CLT e 15 do CPC.

Como mencionamos, é cabível tal expediente para a investigação sobre pessoas ou coisas. O pedido para sua realização pode decorrer da iniciativa de qualquer das partes, a qualquer momento da instrução, ou mesmo *ex officio* pelo juízo.

No tocante a seu procedimento, em feliz síntese, assim indicam Luiz Guilherme Marinoni e Daniel Mitidiero[35]:

> Acertada a necessidade de inspeção judicial, deve ser fixado o seu objeto, extensão e metodologia a ser aplicada, bem como o lugar, dia e hora para a sua realização, intimando-se as partes e dando-se oportunidade para que essas possam participar da formação da prova, acompanhando a inspeção, indicando, se for o caso, assistente técnico, e fazendo os requerimentos que se apresentarem necessários, bem como eventuais impugnações (...).

Ou seja, respeitada a dinâmica do contraditório e ampla defesa, inexistem maiores formalidades na realização da prova, cabendo ao juízo determinar o modo como a prova deverá ser produzida, evidentemente sem descuidar dos preceitos atinentes ao contraditório e ampla defesa e demais valores constitucionais. Todavia, não se pode ignorar que da diligência resultará auto circunstanciado, por meio do qual se mencione aquilo que for útil ao deslinde da matéria.

35. MARINONI, Luiz Guilherme; MITIDIERO, Daniel. *Código de Processo Civil*, cit., 4. ed., p. 413.

CAPÍTULO 20

Razões Finais e Segunda Proposta de Conciliação

Sumário: 1. Das razões finais. Sua relevância e a impugnação ao valor de alçada – **2.** Da segunda proposta de conciliação.

1. DAS RAZÕES FINAIS. SUA RELEVÂNCIA E A IMPUGNAÇÃO AO VALOR DE ALÇADA

Uma vez concluída a instrução processual, o legislador entendeu ser relevante dar oportunidade às partes de se pronunciarem, entre o final da instrução e imediatamente antes do julgamento, seja para a consolidação das respectivas posições processuais, seja para uma tentativa de acordo.

Então restou assentado que, ao final da instrução, seria definido um momento para as razões finais, seguido de uma segunda proposta de conciliação.

As razões finais traduzem justamente a oportunidade de as partes reafirmarem as questões de fato e de direito que sejam relevantes para o deslinde da causa, antes do pronunciamento judicial.

Tal manifestação surge tanto para fins de reafirmar a lógica da oralidade, prestigiando a palavra em audiência, tanto para facultar às partes mais uma oportunidade de influir no julgamento da demanda, na formação do convencimento do juiz, quanto para o destaque a alguma nulidade ocorrida no curso da lide.

Não se pode ignorar alguns nuances desse momento processual, embora usualmente se repute que tal momento é desprovido de maior relevância prática. Com efeito, a CLT foi muito concisa, no particular, ao prever as chamadas razões finais. É o que se depreende a partir da redação do art. 850 da CLT:

> Terminada a instrução, poderão as partes aduzir razões finais, em prazo não excedente de 10 (dez) minutos para cada uma. Em seguida, o juiz ou presidente renovará a proposta de conciliação, e não se realizando esta, será proferida a decisão.

Todavia, dado o tratamento específico conferido na legislação trabalhista, é preciso identificar quais os limites desse ato processual, no âmbito do processo laboral, inclusive no tocante ao procedimento. Entre as finalidades das razões finais, como já mencionamos, está precipuamente a reafirmação, por cada uma das partes, acerca dos fatos processuais relevantes para o julgamento da causa.

Nesse momento processual seria possível não apenas o destaque às questões de fato e de direito que sejam relevantes para o julgamento da demanda, dentre as quais, inclusive, as questões atinentes às nulidades. Como já dissemos, há fundada dúvida acerca do momento processual adequado para que a parte suscite a nulidade processual.

Não se pode ignorar que o momento das razões finais seria o último momento em que a parte poderia se pronunciar acerca de quaisquer fatos, inclusive aqueles passíveis de ocasionar alguma nulidade, havendo quem entenda ser, na verdade, esse o único momento apropriado para discutir tais matérias, sob pena de preclusão. Seguindo a redação estrita do art. 850, c/c o art. 795 da CLT, a impressão que resta seria a de que as únicas finalidades das razões finais seriam justamente a reafirmação das questões relevantes ou o pedido de reconhecimento das nulidades.

Mas não se pode ignorar o fôlego que foi conferido a esse momento processual por força da redação do art. 2º da Lei n. 5.584/70. Vejamos a redação legal:

> Art. 2º Nos dissídios individuais, proposta a conciliação, e não havendo acordo, o Presidente, da Junta ou o Juiz, antes de passar à instrução da causa, fixar-lhe-á o valor para a determinação da alçada, se este for indeterminado no pedido.
>
> § 1º Em audiência, ao aduzir razões finais, poderá qualquer das partes, impugnar o valor fixado e, se o Juiz o mantiver, pedir revisão da decisão, no prazo de 48 (quarenta e oito) horas, ao Presidente do Tribunal Regional.
>
> § 2º O pedido de revisão, que não terá efeito suspensivo deverá ser instruído com a petição inicial e a Ata da Audiência, em cópia autenticada pela Secretaria da Junta, e será julgado em 48 (quarenta e oito) horas, a partir do seu recebimento pelo Presidente do Tribunal Regional.
>
> § 3º Quando o valor fixado para a causa, na forma deste artigo, não exceder de 2 (duas) vezes o salário mínimo vigente na sede do Juízo, será dispensável o resumo dos depoimentos, devendo constar da Ata a conclusão da Junta quanto à matéria de fato. (...).

A simples leitura daquele dispositivo aponta na direção de as partes, em razões finais, poderem impugnar o valor de alçada fixado pelo juízo. Como já verificamos, a partir da definição do valor de alçada será fixado o procedimento a ser adotado e, consequentemente, a apuração da recorribilidade ou não da sentença proferida naquela demanda. Assim, o momento apropriado para a impugnação ao valor fixado pelo juízo a título de alçada seria justamente aquele designado para as razões finais (§ 1º). Logo após a impugnação, seria facultado ao juízo o acolhimento da impugnação, com a consequente alteração do aludido valor, diante das razões suscitadas pela parte impugnante.

No tocante ao procedimento, seguindo a estrita previsão do art. 850 da CLT, as razões finais são, em regra, orais, cabendo às partes, sucessivamente, o prazo de dez minutos para cada uma exercer seu direito. A prática tem demonstrado pouco apreço por esse momento processual, não sendo rara a utilização da expressão *"razões finais reiterativas"* como suficiente para a materialização do ato.

Ao cuidar do tema, todavia, o CPC disciplinou o assunto por meio do art. 364, de forma um tanto diversa daquela prevista no art. 850 da CLT:

> Art. 364. Finda a instrução, o juiz dará a palavra ao advogado do autor e do réu, bem como ao membro do Ministério Público, se for o caso de sua intervenção, sucessivamente, pelo prazo de 20 (vinte) minutos para cada um, prorrogável por 10 (dez) minutos, a critério do juiz.
> § 1º Havendo litisconsorte ou terceiro interveniente, o prazo, que formará com o da prorrogação um só todo, dividir-se-á entre os do mesmo grupo, se não convencionarem de modo diverso.
> § 2º Quando a causa apresentar questões complexas de fato ou de direito, o debate oral poderá ser substituído por razões finais escritas, que serão apresentadas pelo autor e pelo réu, bem como pelo Ministério Público, se for o caso de sua intervenção, em prazos sucessivos de 15 (quinze) dias, assegurada vista dos autos.

Como visto, o CPC aponta no sentido de que é possível a conversão dos "debates orais" em memoriais escritos, quando a demanda for complexa (§ 2º). A nosso juízo, nada há que desautorize a utilização desse expediente no âmbito do direito processual do trabalho, mormente diante da complexidade das inúmeras demandas submetidas ao Judiciário Trabalhista.

Todavia, não se pode ignorar que haja quem entenda ser impossível a aplicação da previsão do CPC ao processo laboral por força da necessária segunda proposta de conciliação em audiência, prevista igualmente no art. 850 da CLT.

2. DA SEGUNDA PROPOSTA DE CONCILIAÇÃO

Já tratamos da segunda proposta de conciliação no Capítulo 15 deste Curso, quando cuidamos especificamente da conciliação, no âmbito do processo laboral. De todo modo, reafirmamos, tal qual já mencionamos oportunamente, que o direito processual do trabalho prima pela conciliabilidade. A oportunidade da conciliação opera-se antes e depois da instrução e objetiva o mesmo resultado, qual seja, o de pôr fim ao dissídio por intermédio da transigência entre os litigantes.

A segunda proposta conciliatória parece mais coerente para as partes, porque cada um dos litigantes já soube quais os seus ônus e a forma como se desenrolou a relação processual no geral e a instrução, no particular.

A prática tem demonstrado que, se a segunda proposta conciliatória levar em consideração os aspectos existentes nos autos, é possível uma resolução das demandas de maneira muito mais satisfatória. Todavia, isso nem sempre é possível, porque não se vê, por parte dos litigantes, a cultura do ajuste, mas antes o contrário, a falsa expectativa de que o Poder Judiciário é a panaceia para todos os males.

Como já dito, o entendimento majoritário tem se inclinado no sentido de ser a segunda tentativa de conciliação apenas uma faculdade, não se presumindo qualquer nulidade. Todavia, em sendo evidenciado o prejuízo, é possível reconhecer a irregularidade. É o que se depreende:

> ... 3 – NULIDADE DO PROCESSO. RENOVAÇÃO DA TENTATIVA DE CONCILIAÇÃO PREVISTA NO ART. 850 DA CLT. Não se divisa de nulidade do processo, em razão da falta de renovação da tentativa de conciliação, prevista no art. 850 da CLT, porquanto, nos termos do art. 764, § 3º, da CLT, as partes podem conciliar a qualquer tempo, não havendo, assim, o manifesto prejuízo exigido no art. 794 da CLT. Recurso de revista não conhecido. (...) (TST, RR 5354120105040292, rel. Delaíde Miranda Arantes, 2ª Turma, j. 17-5-2017, *DEJT* 26-5-2017).
>
> CERCEAMENTO DE DEFESA. AUSÊNCIA DE AUDIÊNCIA DE CONCILIAÇÃO ANTES DA REALIZAÇÃO DE AUDIÊNCIA DE JULGAMENTO. A controvérsia cinge-se em saber se a ausência de audiência de conciliação antes da data designada para a audiência de julgamento caracteriza nulidade processual por cerceamento de defesa. No caso, a despeito da notificação das partes por meio de publicação no *Diário Oficial* em 2-2-2016 acerca da realização de audiência de instrução marcada para o dia 28-3-2016, a reclamada permaneceu inerte quanto ao interesse na realização de conciliação. Desse modo, a insurgência da reclamada contra a ausência de proposta de conciliação pelo Juízo de origem antes da realização da audiência de julgamento, por si só, não caracteriza o alegado cerceamento de defesa, notadamente quando a parte interessada na transação se quedou inerte até a prolação da sentença. Assim, não se sustenta a alegação de cerceamento de defesa por ausência de proposta de conciliação, tendo em vista que eventual acordo entre as partes pode ser realizado a qualquer tempo. Incólumes os artigos 849 e 850 da CLT.

> Recurso de revista não conhecido. (...) (RR 787-51.2015.5.02.0445, rel. Min. José Roberto Freire Pimenta, 2ª Turma, j. 12-6-2018, *DEJT* 15-6-2018).

Assim, efetivamente, não parece haver razão para sustentar a nulidade processual a partir da mera ausência das aludidas razões finais. A conciliação é uma faculdade conferida às partes a qualquer momento do processo, de modo que não parece haver razão para considerar imperativa a formalização de um novo questionamento quanto ao acordo. Se o ato é relevante para a formação do convencimento do juízo ou mesmo para a constatação de alguma irregularidade, não há essencialidade no ato capaz de justificar a interrupção da marcha processual, no particular.

CAPÍTULO 21

Sentença

1. INTRODUÇÃO

Uma vez positivada uma pretensão em juízo, cumpre ao Estado-Juiz formular uma resposta quanto ao quanto lhe foi posto. A prestação jurisdicional, desse modo, cuida de "solucionar o conflito de interesses, acolhendo ou rejeitando a pretensão, produzindo, ao final, a coisa julgada"[1].

Mas não se pode ignorar que entre a apresentação do pedido e a concretização da solução dada pela entidade estatal há um caminho, que o direito processual visa justamente tornar um tanto racional e orientado por alguns valores. Nesse caminho, que poderíamos dizer ser o próprio processo, é possível identificar que os atos do juiz podem ser de duas espécies, quais sejam, ordinatórios ou decisórios.

Enquanto os atos ordinatórios possuem o fito apenas de proporcionar o impulsionamento do feito (art. 712, *c*, da CLT), os atos decisórios contêm em si a própria manifestação do Estado-Juiz sobre a existência ou não do direito, no caso concreto.

Os atos decisórios, por sua vez, dividem-se entre decisões interlocutórias, as que apenas resolvem questões incidentes no feito (art. 893, § 1º, e art. 855-A, § 1º, da CLT), e aquelas decisões que concluem a própria prestação jurisdicional (arts. 832 e 893, *caput*, da CLT). Tal resultado pode voltar-se apenas para a relação

1. MEIRELES, Edilton; BORGES, Leonardo Dias. *Primeiras linhas de processo do trabalho*, cit., p. 396.

processual, concluindo-se o processo, mas sem o exame do mérito propriamente dito, mas pode igualmente dedicar-se ao conteúdo dos pedidos formulados, o mérito das questões submetidas à prestação jurisdicional.

Ao enfrentar o mérito, o Estado cuida de solucionar o conflito de interesses acolhendo ou rejeitando a pretensão, produzindo, ao final, a coisa julgada, cuja consequência seria a estabilidade conferida pela imutabilidade da decisão.

2. CONCEITO DE SENTENÇA

O texto normativo celetista não conceitua o que seja sentença, razão pela qual mais uma vez devamos nos socorrer nas previsões do CPC para nos orientarmos sobre o tema. Todavia, ciente das dificuldades conceituais, nem mesmo o legislador se arvorou em conceituar tal ato, de modo que passou a disciplinar situações solucionadas por tal ato. Mas as previsões que atualmente orientam o assunto não são propriamente satisfatórias.

Com efeito, até o advento da Lei n. 11.232/2005, que alterou o § 1º do art. 162 do CPC/73, o conceito de sentença estava adstrito ao ato pelo qual o juiz punha termo ao processo, decidindo ou não o mérito da causa, apenas. Ou seja, até então a visão era essencialmente topográfica, e levava em consideração apenas a posição do ato no curso do processo (se definitiva ou terminativa), e por isso mesmo estava sujeita a diversas críticas. Daí por que a doutrina conceitua a sentença como a "decisão final da causa"[2].

Todavia, a partir da alteração do art. 162 do CPC/73, cuja sistemática foi mantida no CPC, houve significativa alteração no tratamento da questão para se entender por sentença a decisão judicial em que a lide é solucionada em alguma das situações previstas nos arts. 485 e 487, tal qual previsto no art. 354 do CPC. Houve uma profunda modificação acerca da concepção daquela decisão.

Fundamentalmente porque a concepção originária era a de que havia um processo de conhecimento e um o processo executivo, diferentes, portanto. Todavia, com a alteração mencionada, entende-se que, de fato, no âmbito do processo civil, o conhecimento e a execução são meras fases do mesmo processo sincrético. A partir desse novo conceito, a sentença judicial não mais põe fim ao processo, mas a apenas uma fase do procedimento, resolvendo ou não o mérito ou extinguindo o processo. É o que se depreende da redação do art. 203, § 1º, do CPC:

> Art. 203. Os pronunciamentos do juiz consistirão em sentenças, decisões interlocutórias e despachos.

2. João Monteiro, apud PINTO, José Augusto Rodrigues. *Processo trabalhista de conhecimento*, cit., 2003, p. 553.

> § 1º Ressalvadas as disposições expressas dos procedimentos especiais, sentença é o pronunciamento por meio do qual o juiz, com fundamento nos arts. 485 e 487, põe fim à fase cognitiva do procedimento comum, bem como extingue a execução.

A sentença passou, portanto, segundo a previsão do art. 203 do CPC, a pôr fim à fase cognitiva ou executiva da demanda. Mauro Schiavi[3] indica que, no processo do trabalho, a doutrina majoritária se posicionou no sentido de que a execução é mera fase do processo e não processo autônomo, em razão da aludida alteração normativa. Todavia, ao menos enquanto for conferido o atual tratamento legal, inclusive a necessidade de citação no processo executivo, nos moldes do art. 880 da CLT, assim não entendemos.

Para a adequada sistematicidade do assunto no processo laboral, todavia, mais do que nunca é importante estar atento não apenas ao art. 203, § 1º, mas também ao art. 316, ambos do CPC. Este último está assim vazado:

> Art. 316. A extinção do processo dar-se-á por sentença.

Com efeito, além de vinculado ao conteúdo, não se pode ignorar, no processo laboral, o aspecto relacionado à posição em que a decisão é tomada, com seu condão de pôr fim ao processo, sob pena de se impor severa alteração de toda a estrutura recursal, no procedimento trabalhista, o que não nos parece adequado. Explicamos.

É que, seguindo a redação legal do art. 203 do CPC, exclusivamente, a decisão judicial que extingue o processo sem resolução de mérito, de acordo com uma das hipóteses dos incisos do art. 485 do CPC seria sentença. Acontece que, como bem defendem Edilton Meireles e Leonardo Dias Borges[4], é jurídica e substancialmente idêntica a decisão que rejeita as preliminares previstas no art. 485, V, VI, VII, e a que as acolhe, apenas por exemplo. Todavia, dado o sentido conferido, apenas se houvesse a extinção do processo é que se teria uma sentença, propriamente, enquanto, na hipótese em que for indeferida a preliminar, a hipótese seria de mera decisão interlocutória. Daí por que defendem os autores acima citados que devemos vincular a sentença que não aprecia o mérito a seu conteúdo, ainda que o juiz aprecie as matérias referidas no art. 485 do CPC, tal qual previsto no art. 203 do CPC.

Com isso, teríamos de concluir que a sentença "seria, então, toda decisão que, sem apreciar o mérito, põe fim, ainda que parcialmente, à ação, ainda

---

3. SCHIAVI, Mauro. *Manual de direito processual do trabalho*, cit., p. 638.
4. MEIRELES, Edilton; BORGES, Leonardo Dias. *Primeiras linhas de processo do trabalho*, cit., p. 397.

que o processo não tenha sido extinto; põe fim à ação e não, ao processo". Mas não apenas.

É preciso estar especialmente atento aos efeitos do art. 316 do CPC no processo laboral. Com efeito, além do aspecto topográfico, o dispositivo auxilia na adequada compreensão do critério da definitividade da prestação jurisdicional para pôr fim ao processo (decisão terminativa ou definitiva).

Assim, em especial diante do sistema recursal laboral, e da inviabilidade de apresentar-se recurso imediatamente em face das decisões meramente interlocutórias, mas apenas àquelas definitivas ou terminativas, parece adequado ficar atento não apenas ao conteúdo, mas à posição, no processo, em que a decisão foi tomada, na fixação do conceito de sentença. O art. 895, I, da CLT nos orienta exatamente nesse sentido, ao observar o caráter definitivo ou terminativo das decisões para viabilizar-se o manejo recursal (recurso ordinário).

Mais do que nunca, no processo laboral, parece adequada a noção de que sentença é a manifestação do Estado-Juiz acerca das questões que lhe são postas, mas que não se restringe ao ato judicial que decide segundo uma das hipóteses dos arts. 203, § 1º, 485 e 487, todos do CPC, mas que, cumulativamente, deve pôr fim ao processo, seja em caráter definitivo ou terminativo (art. 316 do CPC, c/c o art. 895, I, da CLT). Somente assim se poderia reafirmar a noção de que não seja possível, por exemplo, apresentar recurso em face de decisão meramente interlocutória, ainda que o juiz decida segundo uma das hipóteses dos arts. 485 ou 487 do CPC.

Tal hipótese é ventilada, por exemplo, na noção apresentada pelo TST no tocante à decisão que reconhece a existência do vínculo de emprego (acolhe o pedido de reconhecimento de vínculo, portanto) e determina o retorno dos autos ao juízo de origem para o julgamento dos demais pedidos fundados em tal premissa.

Em tese, o reconhecimento do vínculo de emprego constituiria o acolhimento de uma das pretensões formuladas em juízo, à guisa da previsão do art. 487, I, do CPC. Uma leitura simplificada do dispositivo nos faria acreditar que a decisão consistiria em sentença, portanto sujeita a recurso imediato. Todavia, o próprio TST não entende como possível a recorribilidade imediata da decisão que assim reconhece, daí porque se deve necessariamente conjugar não apenas o conteúdo da decisão (art. 203, § 1º, do CPC), mas também sua posição, ou seja, seu condão de pôr fim ao processo como requisito para o reconhecimento de sua natureza (art. 316 do CPC) e de sua recorribilidade (art. 895, I, da CLT).

É o que evidencia, de longa data, o E. TST:

> DECISÃO INTERLOCUTÓRIA. IRRECORRIBILIDADE. O TRT de origem deu provimento ao recurso ordinário do reclamante para, reformando a r. sentença que o havia declarado carecedor do direito de ação, reconhecer a existên-

cia de vínculo empregatício no período de 24.09.98 a 14.05.2001, na função de segurança, com salário de R$ 550,00 (quinhentos e cinquenta reais), determinando o retorno dos autos à MM. Vara do Trabalho de origem para apreciação dos demais pedidos constantes da inicial, como entender de direito. Logo, a decisão recorrida afigura-se meramente interlocutória, não terminativa do feito, o que atrai a incidência da regra contida na Súmula n. 214 do TST, *verbis*: -DECISÃO INTERLOCUTÓRIA. IRRECORRIBILIDADE – Nova redação – Res. 127/2005, *DJ* 16.03.2005. Na Justiça do Trabalho, nos termos do art. 893, § 1º, da CLT, as decisões interlocutórias não ensejam recurso imediato, salvo nas hipótese de decisão: a) de Tribunal Regional do Trabalho contrária à Súmula ou Orientação Jurisprudencial do Tribunal Superior do Trabalho; b) suscetível de impugnação mediante recurso para o mesmo Tribunal; c) que acolhe exceção de incompetência territorial, com a remessa dos autos para Tribunal Regional distinto daquele a que se vincula o juízo excepcionado, consoante o disposto no art. 799, § 2º, da CLT. Isto porque, o entendimento do Regional quanto ao reconhecimento do vínculo de emprego com o reclamante, policial militar, está em perfeita consonância com a Súmula n. 386, desta colenda Corte Superior, assim editada: POLICIAL MILITAR. RECONHECIMENTO DE VÍNCULO EMPREGATÍCIO COM EMPRESA PRIVADA (conversão da Orientação Jurisprudencial n. 167 da SDI-1) – Res. 129/2005 – *DJ* 20.04.2005. Preenchidos os requisitos do art. 3º da CLT, é legítimo o reconhecimento de relação de emprego entre policial militar e empresa privada, independentemente do eventual cabimento de penalidade disciplinar prevista no Estatuto do Policial Militar (ex-OJ 167, inserida em 26-3-1999). Recurso de revista não conhecido (TST, RR 1209000272002508, 1209000-27.2002.5.08.0900, rel. Maria Doralice Novaes, 4ª Turma, j. 29-3-2006, *DJ* 20-4-2006).

AGRAVO DE INSTRUMENTO. ACÓRDÃO REGIONAL QUE DECLARA O VÍNCULO DE EMPREGO. RETORNO DOS AUTOS À VARA DE ORIGEM. DECISÃO INTERLOCUTÓRIA. DESPROVIMENTO. A decisão interlocutória não admite recurso de imediato no processo do trabalho, exceto quando se enquadra nas exceções previstas na Súmula n. 214 do C. TST, o que não é o caso. Agravo de instrumento desprovido (TST, AIRR 204232720145040204, rel. Aloysio Corrêa da Veiga, j. 3-5-2017, 6ª Turma, *DEJT* 5-5-2017).

Como é sabido, em relação à natureza, há doutrinas diversas que pretendem o enquadramento da sentença ou como ato de vontade (vontade da lei), ou como ato de inteligência do juiz (um trabalho lógico de crítica dos fatos e do direito ou mesmo um conteúdo complexo)[5].

5. PINTO, José Augusto Rodrigues. *Processo trabalhista de conhecimento*, cit., 2003, p. 554.

Por sua vez, na sentença o juiz pode pôr termo ao processo por um defeito de constituição ou de procedimento, ou por qualquer outro motivo que torne impossível a decisão na lide, quando estamos diante de uma denominada sentença terminativa, ou pode decidir no todo ou em parte o mérito da causa, sendo aí denominada sentença definitiva ou sentença em sentido estrito[6].

3. CLASSIFICAÇÃO DA SENTENÇA

As sentenças podem ser classificadas de acordo com a natureza da prestação jurisdicional concedida como a) declaratórias; b) constitutivas e c) condenatórias. A sentença é declaratória[7] se

> ... declara simplesmente a existência ou inexistência de uma relação jurídica ou situação jurídica, ou a autenticidade, ou falsidade de um documento. O bem da vida pretendido é a própria certeza, que é alcançada com o provimento jurisdicional. Com a declaração de certeza, fica satisfeita a pretensão do autor ou do réu (declaratória incidente).

A sentença que julga improcedente a pretensão é igualmente declaratória, embora negativa, porque torna clara a inexistência de direito.

A sentença pode ser ainda constitutiva, sendo assim considerada aquela que "cria, modifica, conserva ou extingue uma relação jurídica ou situação jurídica, provocando uma alteração de ordem fática ou jurídica"[8].

Por fim, a sentença pode ser condenatória, que é aquela "que impõe ao réu o cumprimento de uma obrigação de (dar, fazer, não fazer), ou seja, condena ou réu a uma prestação"[9].

Há, ainda, hoje, certa dúvida quanto à existência de decisões judiciais de natureza diversa daquelas apontadas acima. Pontes de Miranda diz existir ainda outra categoria, qual seja, a sentença mandamental. Segundo seus defensores, a sentença mandamental consiste na decisão em que há precipuamente uma ordem. Mas obviamente não é uma ordem de pagar. Aí, estar-se-ia diante de uma sentença condenatória. É aceita pela doutrina como a imposição de uma ordem de conduta, determinando a imediata realização de um ato pela parte vencida ou sua abstenção quanto a certa prática. Como bem evidenciado por Mauro Schiavi[10], tal

6. ALVIM, José Eduardo Carreira. *Teoria geral do processo*. Rio de Janeiro: Forense, 2008. p. 282.
7. ALVIM, José Eduardo Carreira. *Teoria geral do processo*, cit., p. 291.
8. ALVIM, José Eduardo Carreira. *Teoria geral do processo*, cit., p. 292.
9. ALVIM, José Eduardo Carreira. *Teoria geral do processo*, cit., p. 292.
10. SCHIAVI, Mauro. *Manual de direito processual do trabalho*, cit., p. 645.

decisão não comporta a fase de execução porque o próprio comando judicial já contém uma ordem para cumprimento imediato.

4. ESTRUTURA DA SENTENÇA

Toda sentença, e a proferida no procedimento trabalhista não é diferente, está assentada em alguns primados, dentre os quais a legalidade, dado que a decisão judicial deve pautar-se de acordo com o quanto previsto em lei; o convencimento motivado do juiz, consoante previsto nos arts. 371 do CPC e 765 da CLT; a vinculação ao quanto pedido, segundo os arts. 10, 148 e 492 do CPC.

De todos os princípios orientadores da prestação jurisdicional, parece ser o mais importante para a concretização de um Estado de Direito justamente a publicidade da decisão, além de sua fundamentação, prevista no art. 93, IX, da CF/88[11], c/c o art. 832 da CLT[12].

Com efeito, decisão sem a respectiva fundamentação é a mais pura essência do arbítrio. A decisão judicial é legitimada essencialmente a partir da apresentação, por parte do juízo, dos argumentos que o fizeram acreditar ser aquela a prestação jurisdicional efetivamente justa. Fora disso, o que se tem é apenas o arbítrio travestido.

Note-se que, desde a teoria geral do direito processual civil, identifica-se que a sentença é composta pela conjugação de três partes de funções bem distintas. No tocante aos requisitos estruturais da sentença trabalhista, pode-se indicar que estão elencados no art. 832 da CLT:

> Art. 832. Da decisão deverão constar o nome das partes, o resumo do pedido e da defesa, a apreciação das provas, os fundamentos da decisão e a respectiva conclusão.
> § 1º Quando a decisão concluir pela procedência do pedido, determinará o prazo e as condições para o seu cumprimento.
> § 2º A decisão mencionará sempre as custas que devam ser pagas pela parte vencida.
> § 3º As decisões cognitivas ou homologatórias deverão sempre indicar a natureza jurídica das parcelas constantes da condenação ou do acordo homologado, inclusive o limite de responsabilidade de cada parte pelo recolhimento da contribuição previdenciária, se for o caso.

---

11. "IX – Todos os julgamentos dos órgãos do Poder Judiciário serão públicos, e fundamentadas todas as decisões, sob pena de nulidade, podendo a lei limitar a presença, em determinados atos, às próprias partes e a seus advogados, ou somente a estes, em casos nos quais a preservação do direito à intimidade do interessado no sigilo não prejudique o interesse público à informação;"

12. "Art. 832. Da decisão deverão constar o nome das partes, o resumo do pedido e da defesa, a apreciação das provas, os fundamentos da decisão e a respectiva conclusão."

> § 3º-A Para os fins do § 3º deste artigo, salvo na hipótese de o pedido da ação limitar-se expressamente ao reconhecimento de verbas de natureza exclusivamente indenizatória, a parcela referente às verbas de natureza remuneratória não poderá ter como base de cálculo valor inferior:
> I – ao salário mínimo, para as competências que integram o vínculo empregatício reconhecido na decisão cognitiva ou homologatória; ou
> II – à diferença entre a remuneração reconhecida como devida na decisão cognitiva ou homologatória e a efetivamente paga pelo empregador, cujo valor total referente a cada competência não será inferior ao salário mínimo.
> § 3º-B Caso haja piso salarial da categoria definido por acordo ou convenção coletiva de trabalho, o seu valor deverá ser utilizado como base de cálculo para os fins do § 3º-A deste artigo.
> § 4º A União será intimada das decisões homologatórias de acordos que contenham parcela indenizatória, na forma do art. 20 da Lei n. 11.033, de 21 de dezembro de 2004, facultada a interposição de recurso relativo aos tributos que lhe forem devidos.
> § 5º Intimada da sentença, a União poderá interpor recurso relativo à discriminação de que trata o § 3º deste artigo.
> § 6º O acordo celebrado após o trânsito em julgado da sentença ou após a elaboração dos cálculos de liquidação de sentença não prejudicará os créditos da União.
> § 7º O Ministro de Estado da Fazenda poderá, mediante ato fundamentado, dispensar a manifestação da União nas decisões homologatórias de acordos em que o montante da parcela indenizatória envolvida ocasionar perda de escala decorrente da atuação do órgão jurídico.

A partir daquele dispositivo é possível identificar, desde já, a existência das três partes principais da sentença, quais sejam, o relatório, a fundamentação e o dispositivo, ou decisão.

A parte da decisão denominada relatório é aquela na qual é mencionado o resumo dos pedidos e das questões submetidas à jurisdição. Tal parte tem sido desprestigiada, razão pela qual se tem entendido ser possível, inclusive, sua supressão sem qualquer vício.

No relatório o juiz descreve a pretensão. Começa com a indicação das partes, depois a exposição dos fatos da causa mais ou menos condensada. É no relatório que o juiz indexa as postulações, inicial e defesa, a tentativa obrigatória de conciliação, a fixação do valor de alçada, os diversos tipos de prova utilizados para o deslinde do feito etc. Na hipótese do rito sumaríssimo, na forma do art. 852, I, da CLT[13], o legislador autorizou expressamente a supressão desse requisito sentencial.

13. "Art. 852-I. A sentença mencionará os elementos de convicção do juízo, com resumo dos fatos relevantes ocorridos em audiência, dispensado o relatório."

Já a fundamentação é aquela parte da decisão em que se legitima a atividade jurisdicional, tal qual facilmente se depreende dos arts. 5º e 93, IX, da CF/88. Por meio da fundamentação, espera-se que o juízo apresente um suporte lógico para a demonstração de sua vontade. José Carlos Barbosa Moreira[14] indica ser necessária a explicação, pelo juízo, de sua convicção e de sua decisão, já que não é possível a intervenção no patrimônio jurídico de quem quer que seja sem a correspondente justificação. Por isso mesmo a parte em que exposta a fundamentação é a mais detalhada da sentença.

Há hipóteses em que o legislador autorizou a concisão na fundamentação, como se depreende da leitura do art. 852-F, na hipótese do rito sumaríssimo.

Todavia, o legislador delimitou os critérios que devem orientar a prestação jurisdicional, os quais devem ser aplicados ao processo laboral:

> § 1º Não se considera fundamentada qualquer decisão judicial, seja ela interlocutória, sentença ou acórdão, que:
> I – se limitar à indicação, à reprodução ou à paráfrase de ato normativo, sem explicar sua relação com a causa ou a questão decidida;
> II – empregar conceitos jurídicos indeterminados, sem explicar o motivo concreto de sua incidência no caso;
> III – invocar motivos que se prestariam a justificar qualquer outra decisão;
> IV – não enfrentar todos os argumentos deduzidos no processo capazes de, em tese, infirmar a conclusão adotada pelo julgador;
> V – se limitar a invocar precedente ou enunciado de súmula, sem identificar seus fundamentos determinantes nem demonstrar que o caso sob julgamento se ajusta àqueles fundamentos;
> VI – deixar de seguir enunciado de súmula, jurisprudência ou precedente invocado pela parte, sem demonstrar a existência de distinção no caso em julgamento ou a superação do entendimento.
> § 2º No caso de colisão entre normas, o juiz deve justificar o objeto e os critérios gerais da ponderação efetuada, enunciando as razões que autorizam a interferência na norma afastada e as premissas fáticas que fundamentam a conclusão.
> § 3º A decisão judicial deve ser interpretada a partir da conjugação de todos os seus elementos e em conformidade com o princípio da boa-fé.

Não se pode ignorar, todavia, que fundamentação concisa não se confunde com fundamentação vaga ou incerta ou mesmo com a falta de fundamentação.

---

14. MOREIRA, José Carlos Barbosa. Prueba y motivacione de la sentencia. *In: Temas de direito processual:* 8ª série. São Paulo: Saraiva, 2004. p. 107.

Ademais, é preciso indicar que ganha corpo o movimento na doutrina e na jurisprudência no sentido de que o Judiciário não seja obrigado a refutar os argumentos apontados pelas partes, sendo inclusive essa a posição dominante, mesmo depois do CPC.

> ... Não há falar, ainda, que seja necessário ao juízo enfrentar todos os argumentos trazidos pelas partes, desde que fundamente o seu posicionamento. Assim, basta que o órgão julgador indique na decisão as razões da formação de seu convencimento, o que efetivamente ocorreu no caso dos autos (artigo 371 do CPC-2015). Cabe salientar que o mero inconformismo da parte com a decisão que lhe é desfavorável não enseja a nulidade do julgado por negativa de prestação jurisdicional. Incólumes, portanto, os artigos 93, IX, da CF/1988 e 832 da CLT. Agravo de instrumento a que se nega provimento. (...) (TST, AIRR 761001820065150042, rel. Maria Helena Mallmann, 2ª Turma, j. 26-4-2017, *DEJT* 26-5-2017).

Todavia, não se pode ignorar que há negativa de prestação jurisdicional quando o juízo deixa de se manifestar acerca das premissas aptas a justificar sua conclusão. Nesse sentido, o próprio TST já reconheceu a irregularidade da decisão assim proferida:

> Recurso de revista. Preliminar. Nulidade. Negativa de prestação jurisdicional. Caracterização. – A decisão regional que, não obstante a oposição de embargos de declaração, deixa de sanar omissão quanto à análise de matéria de extrema relevância, contém vício de procedimento que eiva de nulidade o julgado, pois configura típica negativa de prestação jurisdicional, afrontando o disposto nos arts. 93, IX, da CF/1988, art. 832 da CLT e art. 458, II, do CPC. No presente caso, a egrégia Corte Regional, em nenhum momento, analisou provas, tampouco expôs os motivos pelos quais deveria ser mantida a r. sentença que afastou a responsabilidade subsidiária da LTA Transportes e Logística Ltda. e da Expresso Jundiaí São Paulo Ltda. (art. 131 do CPC). Não consta da decisão a análise das questões de fato e de direito (art. 458, II, do CPC), no tocante à responsabilização de tais reclamadas, omissão que persistiu, mesmo após a oposição dos pertinentes embargos de declaração pelo reclamante. É certo que o julgador não está obrigado a rebater, um a um, os argumentos expendidos pela parte. No entanto, em se tratando de matéria fática, é necessária a detalhada análise de todo o conjunto probatório produzido nos autos, com o registro, no acórdão, de todas as premissas em que fundamentada a conclusão do julgado, para que se permita à parte insurgir-se contra o enquadramento jurídico dado pelo magistrado, e possibilite a esta Corte Superior o pronunciamento sobre a correção de tal enquadramento. Recurso de revista de

que se conhece e a que se dá provimento (RR, 252800-98.2005.5. 15.0132, rel. Min. Guilherme Augusto Caputo Bastos, 2ª Turma, j. 23-5-2012, data de publicação: 1º-6-2012).
Recurso de revista. Nulidade do acórdão por negativa de prestação jurisdicional. – De acordo com o teor dos arts. 93, IX, da CF/1988, art. 832 da CLT e art. 458 do CPC, os fundamentos são requisito da decisão judicial. Compete ao julgador, portanto, expor explicitamente e de forma circunstanciada as razões de fato e de direito que conduziram ao convencimento expresso no *decisum*, sob pena de se impedirem os desdobramentos possíveis do processo, como, por exemplo, a submissão do feito à apreciação da Instância Superior pelo recurso de revista. É pela fundamentação que o julgador analisa as alegações das partes e as provas para, num desencadeamento lógico, demonstrar as razões da formação do convencimento em determinada direção. Não podem ser desprezadas as questões de fato indispensáveis ao deslinde da causa. Embora seja aceitável a decisão sucinta, o mesmo não ocorre com o julgado que carece da devida motivação, com análise deficiente de aspectos relevantes discutidos na demanda. Se, nessa hipótese, a omissão persiste, mesmo se opostos embargos de declaração, considera-se vulnerado o direito da parte de exame das questões trazidas à apreciação do Poder Judiciário, configurando-se a ausência de prestação jurisdicional. Recurso de revista conhecido e provido (RR, 219800-80.2008.5.15.0010, rel. Min. Mauricio Godinho Delgado, 6ª Turma, j. 22-6-2011, data de publicação: 1º-7-2011).
Recurso de revista. 1. Negativa de prestação jurisdicional. Violação do art. 93, IX, da CF/1988. Configuração. Provimento. – Ocorre a nulidade do acórdão, por negativa de prestação jurisdicional, na hipótese em que o egrégio Tribunal Regional se silencia sobre questões de fato e de direito trazidas pelo demandante, não obstante a oposição de embargos de declaração (condenação ao pagamento da multa prevista no art. 535, § 1º, do CPC, por embargos de declaração protelatórios, pelo juiz de primeiro grau, e incidência do FGTS e da multa de 40% sobre o aviso prévio adicional, previsto em norma coletiva). A complementação do julgado é medida que se impõe, porquanto o prequestionamento é um dos principais requisitos de admissibilidade do recurso de revista, sendo imprescindível a emissão de tese explícita pelo Tribunal Regional quanto às matérias trazidas no apelo, até mesmo para viabilizar a análise de possíveis violações da Constituição Federal ou de lei federal ou de divergência jurisprudencial. Recurso de revista conhecido e parcialmente provido (RR, 36100-90.2003.5.15.0038, rel. Min. Guilherme Augusto Caputo Bastos, 2ª Turma, j. 24-11-2010, data de publicação: 17-12-2010).

Por fim, há que falar no requisito denominado dispositivo. Dispositivo e conclusão são expressões sinônimas, e servem para indicar a resposta do Estado-Juiz acerca da demanda que lhe foi submetida. Tal conclusão deve observar coerência com as demais partes da sentença, porquanto é a conclusão, a desembocadura daquilo que foi argumentado na fundamentação.

Todavia, não se pode ignorar que é justamente a parte que traduz o exercício da própria atividade jurisdicional, o dizer o direito, razão pela qual sua ausência desvirtua a própria existência do ato (sentença).

O aludido art. 832 da CLT não indica apenas os requisitos previstos no direito processual civil. Pelo contrário, como já foi possível notar, a partir de sua redação se identifica uma série de outros requisitos, que devem igualmente ser contemplados para que a decisão seja correta.

A primeira questão que se deve notar é que, segundo a lógica evidenciada pelo art. 831 da CLT, quanto à forma, de regra deveria ser oral a decisão, porque a audiência seria una, tanto para instrução quanto para o julgamento. Por isso mesmo é que o legislador indicou que a decisão seria proferida após a tentativa de acordo, naquele item. Ora, se já está sujeito a crítica o expediente da audiência de instrução una, com muito mais razão a crítica em relação à exigência da decisão imediata, em audiência.

A cada dia se tornam mais complexas as demandas, não havendo que confundir decisão célere com decisão açodada ou, por que não, afobada. Não parece ser comum a prolação de decisões em audiência, seguida da própria instrução, consoante previsto no art. 831 da CLT.

Ademais, temos algumas questões peculiares em relação à sentença trabalhista. Além das verbas objeto da condenação, o dispositivo deve conter os parâmetros para liquidação, a modalidade de liquidação e a época de correção; a responsabilidade pelos recolhimentos fiscais e previdenciários, especificando quais parcelas serão objeto da incidência das parcelas devidas ao INSS, na forma do art. 832, § 3º, além de ser definido o prazo para cumprimento. Ainda sobre a definição judicial das parcelas sujeitas à incidência das contribuições previdenciárias, deve-se pontuar o seguinte: como já dito, é possível ao Juízo a homologação de acordo em qualquer momento do processo. Mas, por força do art. 832, § 3º, da CLT, as decisões homologatórias de acordo devem indicar a natureza jurídica das parcelas, inclusive o limite de responsabilidade de cada parte pelo recolhimento das contribuições previdenciárias. A Lei n. 13.876/2019 inseriu os §§ 3º-A e 3º-B, no art. 832 da CLT, fixando critérios mínimos para a fixação das aludidas bases de cálculo para as contribuições previdenciárias. Tais parágrafos reafirmam importante questão, qual seja, a necessidade de a sentença homologatória de acordo estabelecer uma correlação entre a natureza dos pedidos formulados na petição inicial (se indenizatórios, remuneratórios, etc.), mesmo aqueles reconhecidos em sentença transitada em julgado, e a natureza das parcelas objeto da composição, posteriormente realizada. A definição prevista nos parágrafos acrescidos reafirma a compreensão do TST sobre o tema, como se depreende a partir da redação da OJ 376 da SDI I, que de há muito impedia, por exemplo, que acordos posteriores à prolação da sentença transitada em julgado fossem realizados sem considerar a natureza das verbas deferidas. Assim sendo, na sentença homologatória de acordo, está o Juízo adstrito a reconhecer a existência de parcelas de natureza remuneratória na pretensão inicial, salvo na hipótese de o pedido da ação limitar-se expressamente ao reconhecimento de verbas de natureza exclusivamente indenizatória. Na hipótese de reconhecimento de vínculo de emprego em juízo, as parcelas de natureza remuneratória não poderão ter como base de cálculo, considerando-se a competência tributária respectiva, valor inferior ao salário mínimo. O mesmo salário mínimo foi estabelecido como piso, referente ainda a cada competência, para as diferenças entre a remuneração reconhecida como devida e a efetivamente paga pelo empregador, ressalvada a hipótese de piso salarial fixado em acordo ou convenção coletiva, que prevalecerá por ser superior ao salário mínimo, obviamente. Percebe-se que a partir daqueles dispositivos, na prática, o legislador buscou impedir que as partes formulem acordo elidindo a hipótese de incidência das contribuições previdenciárias, em detrimento do erário, impondo-se ao Juiz o dever de atribuir, na sentença homologatória do acordo, a natureza jurídica das parcelas objeto do acordo segundo o que fora pretendido e/ou decidido em processo de conhecimento, sempre respeitando o valor do salário mínimo ou convencional como base da incidência das aludidas contribuições previdenciárias.

Não se pode ignorar, ainda, a necessidade de se fixarem as custas processuais, seja em face do valor líquido da condenação, seja em relação ao montante arbitrado para tal fim, pelo juízo.

No tocante à fixação da forma de cumprimento da decisão, há uma questão interessante. A doutrina e a jurisprudência majoritária, inclusive a do TST, têm entendido ser incompatível a previsão do art. 523, § 1º, do CPC (art. 475-J do CPC) – aquela que determina ao devedor condenado o pagamento de quantia certa no prazo de quinze dias, sob pena do acréscimo, a título de multa, do correspondente a 10% – com o regime do cumprimento de sentença previsto na CLT.

Ou seja, segundo o entendimento majoritário, inviável a utilização do art. 523, § 1º, do CPC, no particular, dada a existência de forma expressamente prevista pelo legislador para a execução das sentenças condenatórias no âmbito da jurisdição trabalhista.

Diante da autorização do art. 832, mencionado, alguns têm entendido ser possível ao juízo, a partir desse permissivo, fixar a forma de cumprimento da decisão seguindo o mesmo critério firmado no art. 523 do CPC, cominando penalidade àquele que não pague, no prazo de quinze dias, o valor da condenação.

Ou seja, se o juízo poderia fixar as condições de cumprimento da sua decisão, ser-lhe-ia facultado determinar a mesma forma de cumprimento do *decisum* prevista na legislação civil, no tocante à condenação ao pagamento de dinheiro.

A nosso sentir, as coisas mudaram, e por isso mesmo se deve interpretar o aludido art. 832 da CLT a permitir ao juiz a fixação das condições para o cumprimento da decisão judicial, inclusive a cominação de multa dentro dos poderes que lhe foram assegurados no art. 139, IV, do CPC, segundo os quais o juiz poderá determinar todas as medidas indutivas, coercitivas, mandamentais ou sub-rogatórias necessárias para assegurar o cumprimento de ordem judicial, inclusive nas ações que tenham por objeto prestação pecuniária.

Apenas na hipótese de omisso o juízo sobre a previsão de cumprimento seguir-se-ia a regra geral prevista no art. 880 do Texto Consolidado, em que se fixa qual deva ser a forma de cumprimento das obrigações no âmbito do processo laboral, inclusive em relação à expedição de mandado de citação e penhora, na hipótese de condenação ao pagamento de dinheiro.

Tal posição se dá no sentido de guardar coerência com o quanto já dissemos outrora, quando se estava diante de obrigação não pecuniária cuja forma de cumprimento não fosse expressamente fixada. Nessa hipótese, a partir do conteúdo do art. 139, IV, do CPC, parece possível a fixação das condições e forma de cumprimento da obrigação, qualquer que seja sua natureza, no âmbito do processo laboral. Caberá ao TST a reformulação de sua jurisprudência.

Por fim, é preciso esclarecer acerca da forma de intimação das partes da sentença. Segundo o art. 852, as partes serão cientificadas da decisão na própria audiência:

> Da decisão serão os litigantes notificados, pessoalmente, ou por seu representante, na própria audiência. No caso de revelia, a notificação far-se-á pela forma estabelecida no § 1º do art. 841.

Ou seja, as partes deveriam ser cientificadas da decisão na própria audiência, ou, na hipótese do revel, deveria o confesso ser notificado por edital. Verifica-se que, supletivamente, pode-se imaginar a notificação por edital, se o réu estiver em local desconhecido, ou, ainda, a notificação por carta precatória, se o réu estiver fora da sede do juízo.

Por fim, deve-se referir que há hipótese da designação de audiência para a publicação de sentença. Uma leitura sistêmica da CLT nos permite concluir que a vontade do legislador foi no sentido de que a audiência seria para a tentativa de conciliação, instrução e julgamento. Ou seja, toda a demanda seria resolvida em uma só oportunidade. É o que se pode depreender, como já verificamos. Todavia, o mesmo legislador já vislumbrava a hipótese em que, embora o convencimento da Junta (formada pelo juiz vogal e os classistas) pudesse ser formado no momento da audiência, a redação da decisão poderia ficar pendente para um momento posterior. Tal expediente ainda é comum nos Tribunais cujo julgamento depende de órgão colegiado, em que, apesar de expostas as razões de votação durante a sessão, a formalização, ou seja, a redação do voto, e, por consequência, do próprio acórdão, se dá em momento posterior. É o que se conclui da redação do art. 851, § 2º, da CLT:

> Art. 851. Os trâmites de instrução e julgamento da reclamação serão resumidos em ata, de que constará, na íntegra, a decisão. (...)
> § 2º A ata será, pelo presidente ou juiz, junta ao processo, devidamente assinada, no prazo improrrogável de 48 (quarenta e oito) horas, contado da audiência de julgamento, e assinada pelos juízes classistas presentes à mesma audiência.

Ou seja, o legislador determinou ao juiz que analisasse a demanda, proferisse seu julgamento, mas a materialização daquele julgamento, por meio da própria ata na qual consignada a sentença, poderia ser protraída para momento posterior. Assim foi determinado ao juiz que acostasse aos autos, no prazo improrrogável de quarenta e oito horas, a ata na qual constasse justamente aquele julgamento para que a ciência das partes, ocorrida em audiência, tivesse valor como termo inicial do prazo.

Não acostada a decisão aos autos naquele prazo, mesmo que proferida em audiência, não se considerariam notificadas as partes, devendo o juízo realizar a ciência seguindo os demais expedientes previstos na própria CLT.

Desse modo, embora as partes não tenham tido acesso aos termos da decisão, já que não acostada a ata aos autos, uma vez juntado aquele instrumento no prazo de quarenta e oito horas, ter-se-á como regular a ciência ocorrida em audiência, de modo que o início do prazo se dará no dia seguinte ao da própria audiência, e não daquele em que disponível a decisão nos autos. É o que se depreende, inclusive, do teor das Súmulas 30 e 197 do TST:

> Súmula 30: Intimação da sentença. Quando não juntada a ata ao processo em 48 horas, contadas da audiência de julgamento (art. 851, § 2º, da CLT), o prazo para recurso será contado da data em que a parte receber a intimação da sentença.
> Súmula 197: Prazo. O prazo para recurso da parte que, intimada, não comparecer à audiência em prosseguimento para a prolação da sentença conta-se de sua publicação.

5. DA METODOLOGIA DA SENTENÇA

No tocante à metodologia a ser aplicada à sentença, é preciso que se tenha como premissa a necessidade de que seja clara, precisa e incondicionada.

Como já referimos, entendemos necessário que na sentença o juízo aborde as questões suscitadas pelas partes, confrontando todo os argumentos apresentados, fundamentando suas conclusões e refutando tais argumentos.

Todavia, é necessário consignar que a maioria da doutrina e da jurisprudência tenha entendimento oposto, no sentido de que não seria necessário ao juízo rebater um a um os argumentos apresentados pelas partes, bastando que de suas conclusões se depreenda alguma ilação lógica, posição esta que afronta a direta e literal previsão legal (art. 489, IV, do CPC). Como bem diz Cléber Lucio de Almeida[15],

> ... é corrente a afirmação de que o juiz não está obrigado a enfrentar todas as alegações das partes. Esta afirmação deve ser entendida no sentido de que o acolhimento de uma pretensão em razão de determinada alegação dispensa o exame das demais alegações em que se funda aquela pretensão. Ao juiz, como resulta do art. 515, § 2º do CPC de 1973, é vedado deixar de examinar questões que tenham relevância para a solução do dissídio.

A propósito do pretenso encadeamento lógico da decisão, inexiste previsão legal determinando a ordem das matérias que devam ser apreciadas na sentença. Todavia, há algum consenso na doutrina e na jurisprudência no sentido de que a decisão judicial deva apreciar as questões relativas à defesa indireta de processo, que, se acolhida, determina a conclusão do julgamento com extinção do processo e sem o julgamento do mérito; a defesa indireta de mérito, em que, acolhido qualquer dos fundamentos, tem-se como conclusão o julgamento do processo com a improcedência da demanda; e a defesa direta de mérito, apreciando-se cada um dos pedidos, podendo ser englobados em uma mesma epígrafe os pedidos fundados em um mesmo fato gerador.

É recomendável, ainda, que se faça a individualização de todos os itens da condenação, na última parte da sentença, que conterá seu dispositivo, medida que permite a apuração do atendimento de todos os itens analisados.

Nesse mesmo sentido, a sentença deve consignar a autorização à compensação e/ou retenção dos valores devidos a partir da decisão. Pode haver, ainda reconvenção, de modo que, nessa hipótese, a decisão acerca da reconvenção será apreciada após a reclamação trabalhista, embora na mesma decisão.

---

15. ALMEIDA, Cleber Lúcio de. *Direito processual do trabalho*, cit., p. 574.

6. DOS VÍCIOS DA SENTENÇA

A prestação jurisdicional é apenas a resposta àquilo que foi apresentado pelas partes. Não pode o Poder Judiciário, ao menos não no nosso sistema processual, arvorar-se a apreciar aquilo que não foi pedido. É o que se depreende de diversas previsões legais, como os arts. 659, VI, 832 e 852-I da CLT e os art. 10, 141 e 492 do CPC.

É verdade que não existe no âmbito da CLT a previsão de que a sentença deva conter fundamentação exaustiva. Basta o simples compulsar do texto celetista para que se verifique inexistir previsão em grau equivalente àquele havido no âmbito do CPC. Todavia, nada parece afastar as previsões do CPC

A partir daqueles dispositivos, amplamente aplicáveis a nossa realidade, depreende-se serem os vícios do julgamento os atinentes à decisão *citra petita, ultra petita* e *extra petita*. Em apertada síntese, a decisão é *citra petita* quando decide aquém do que foi pedido, *ultra petita* é aquela que decide além do que foi pedido e *extra petita* é aquela que decide fora do que foi pedido. E as razões para não tolerar tais vícios são bem apresentados por Cândido Rangel Dinamarco[16]:

> Decidir menos do que foi pedido significaria denegar justiça, com infração à promessa constitucional de tutela jurisdicional (CF, art. 5º, XXXV) (*supra*, n. 41). Decidir menos não é o mesmo que conceder ao autor menos do que ele pedira. Aqui, a procedência parcial da demanda (art. 459) é legítima consequência da medida da razão que o autor demonstre ter; decidir menos, ou *citra petita*, é omitir pronunciamento quanto a uma das parcelas do objeto do processo, ou quanto a um dos fundamentos, ou quanto a uma das partes. É dever do juiz julgar por inteiro a demanda, ou demandas propostas, seja para acolhê-las, para rejeitá-las ou para acolhê-las parcialmente (art. 126 – *supra*, n. 510).
>
> Resumindo: por severíssimas razões sistemáticas e político-constitucionais, a norma da correlação entre a tutela jurisdicional e a demanda desdobra-se (a) no veto a sentenças que, no todo ou em parte, apoiem-se em elementos não constantes da demanda proposta e (b) na exigência de que todos os elementos subjetivos e objetivos desta sejam exauridos. Tanto são ilícitas as decisões extra ou *ultra petita*, que extravasam os limites da demanda, quanto as decisões *citra petita*, que deixam sem resposta ou solução alguma parcela desta. A parte, tendo direito à apreciação integral da demanda, dispõe de um meio destinado a provocar o suprimento de omissões, que são os embargos de declaração (arts. 535 ss. – *infra*, n. 1.238); não atendida, recorrerá ao tribunal imediatamente superior.

16. DINAMARCO, Cândido Rangel. *Instituições de direito processual civil*. São Paulo: Malheiros, 2001. v. III, p. 940.

> Não só na procedência da demanda é configurável uma sentença *extra* ou *ultra petita*. Também na improcedência isso pode ocorrer, quando o juiz leva em conta na decisão alguma outra pessoa, algum outro fundamento ou algum outro objeto, rejeitando a demanda. Se em ação reivindicatória pedi a posse de dado imóvel e o juiz me negou a posse desse imóvel e mais outro, o réu acabou recebendo tutela jurisdicional mais ampla do que aquela que, nos limites do litígio posto, poderia ser-lhe concedida.

É possível identificar alguns julgados entendendo ser nula a sentença *citra petita*. É o que se depreende do aresto:

> SENTENÇA *CITRA PETITA* – NULIDADE – Da mesma forma que não se pode ultrapassar os limites da *litiscontestatio*, nem examinar a pretensão sob ótica diversa daquilo que foi pretendido, não pode o julgador deixar de examinar pedido posto sob sua apreciação, o que resulta em evidente negativa de prestação jurisdicional, com afronta direta ao art. 5º, XXXV, da Constituição Federal. Preliminar de nulidade processual suscitada pelo Ministério Público do Trabalho acolhida (TRT – 5ª Região, RO 0001103-06.2011.5.05.0612, 5ª Turma, rel. Des. Esequias de Oliveira, *DJe* 22-6-2012).
> Nulidade sentença *citra petita* – É nula a sentença que não aprecia todos os pedidos postulados pela parte sendo, dessa forma, necessário o retorno dos autos à origem, para complementação da prestação jurisdicional, para que não haja supressão de instância (0109300-6320085070011, rel. Paulo Régis Machado Botelho, 1ª Turma, j. 27-4-2011, *DEJT* 5-5-2011).

Há ainda os que entendam haver nulidade parcial apenas da parte em que houve omissão, sendo possível a preservação da decisão nos demais tópicos:

> Recurso ordinário. Sentença "citra petita". Nulidade parcial. Possibilidade. – O julgamento "citra petita" enseja a nulidade da sentença, ainda que parcial, uma vez que não pode ser suprida pela instância revisora, sob pena de supressão de instancia e violação ao princípio do duplo grau de jurisdição. Todavia, sendo o ato renovável, e por serem os pedidos independentes entre si, entendo ser possível a declaração de nulidade parcial da sentença. Seguindo esse entendimento, anulada parcialmente a sentença, em prestígio aos princípios da celeridade e economia processual, aproveita-se o que já foi decidido e que não se relaciona com a nulidade processual (RO, 0007900-52.2010.5.14.0007, rel. Des. Carlos Augusto Gomes Lôbo, 2ª Turma, j. 1º-7-2010, *DETRT14*, n. 0118, 5-7-2010).

O TST tem entendimento consolidado no sentido de que contra a decisão *citra petita* seja possível, inclusive, o manejo de ação rescisória. Esse é o conteúdo da OJ 41 da SDI-II:

AÇÃO RESCISÓRIA. SENTENÇA "CITRA PETITA". CABIMENTO. Revelando-se a sentença "citra petita", o vício processual vulnera os arts. 141 e 492 do CPC de 2015 (arts. 128 e 460 do CPC de 1973), tornando-a passível de desconstituição, ainda que não interpostos embargos de declaração.

A mesma nulidade pode ser verificada na hipótese em que a decisão seja *ultra petita*, dado que vai além do pedido, ou *extra petita*, aquela que decide fora do quanto pedido, como já vimos. Nesses casos, tem-se entendido que basta a adequação daquilo que foi decidido nos termos do pedido para a regularização da decisão:

> Nulidade. Sentença *ultra petita*. – Nulidade da sentença por suposto julgamento *ultra* (ou *extra*) *petita* que não se configura (se fosse o caso, ademais, bastaria a adequação da decisão recorrida aos limites da lide). Limites traçados na petição inicial e na defesa que autorizam o deferimento de diferenças de horas extras, observada a supressão integral do intervalo destinando ao repouso e alimentação, e, em item próprio, o pagamento do intervalo para repouso e alimentação suprimido, com acréscimo de 50% e reflexos. Pelos mesmos motivos, não procede o recurso quanto à pretensão de exclusão do item (...) (RS 01013-2008-402-04-00-5, rel. Maria Inês Cunha Dornelles, j. 1º-7-2009, 2ª Vara do Trabalho de Caxias do Sul).
> Sentença Judicial. Nulidade. Julgamento *ultra petita*. Julgamento *extra petita*. Nulidade da sentença. Julgamento *ultra* ou *extra petita*. – O julgamento *ultra et extra petita* não desafia a nulidade do *decisum*, ao contrário do julgamento *citra petita*, que equivale à negativa de prestação jurisdicional a parcela da sentença que extrapola a litiscontestação, concedendo mais que o pedido ou parcela não pleiteada, merece reforma na parte excedente, a fim de adequá-la aos limites da lide, questão sediada no mérito recursal (RJ, 00327-2006-046-01-00-7, rel. Des. Alexandre de Freitas Bastos Cunha, 7ª Turma, j. 16-1-2008, *DORJ* 28-1-2008, p. III, S. II, Federal).

7. APLICABILIDADE DA SENTENÇA DE IMPROCEDÊNCIA LIMINAR AO PROCESSO DO TRABALHO. DO ART. 332 DO CPC

O legislador fez incluir no CPC o art. 332, por meio do qual há a possibilidade de a demanda ser julgada liminarmente, ou seja, sem a oitiva da parte adversa. É essa a previsão do aludido dispositivo:

> Art. 332. Nas causas que dispensem a fase instrutória, o juiz, independentemente da citação do réu, julgará liminarmente improcedente o pedido que contrariar:
> I – enunciado de súmula do Supremo Tribunal Federal ou do Superior Tribunal de Justiça;

> II – acórdão proferido pelo Supremo Tribunal Federal ou pelo Superior Tribunal de Justiça em julgamento de recursos repetitivos;
> III – entendimento firmado em incidente de resolução de demandas repetitivas ou de assunção de competência;
> IV – enunciado de súmula de tribunal de justiça sobre direito local.
> § 1º O juiz também poderá julgar liminarmente improcedente o pedido se verificar, desde logo, a ocorrência de decadência ou de prescrição.
> § 2º Não interposta a apelação, o réu será intimado do trânsito em julgado da sentença, nos termos do art. 241.
> § 3º Interposta a apelação, o juiz poderá retratar-se em 5 (cinco) dias.
> § 4º Se houver retratação, o juiz determinará o prosseguimento do processo, com a citação do réu, e, se não houver retratação, determinará a citação do réu para apresentar contrarrazões, no prazo de 15 (quinze) dias.

Ou seja, naquelas demandas em que já tenha sido firmado o entendimento sobre o tema, o legislador ordinário indicou a possibilidade de julgamento expresso das demandas que forem improcedentes. Note-se que as hipóteses previstas no art. 332 do CPC não encerram rol exaustivo para a hipótese da improcedência liminar. Explicamos.

É de notar, por exemplo, a omissão, na redação do art. 332 do CPC, daquelas hipóteses em que o entendimento firmado sobre o tema tenha advindo de decisão, pelo STF, em sede de ADIn e ADC, não obstante o caráter *erga omnes* decorrente das decisões proferidas naqueles feitos.

Sucede que, segundo o parágrafo único do art. 28 da Lei n. 9.868/99, a declaração de constitucionalidade ou de inconstitucionalidade, inclusive a interpretação conforme à Constituição e a declaração parcial de inconstitucionalidade sem redução de texto, têm eficácia contra todos e efeito vinculante em relação aos órgãos do Poder Judiciário e à Administração Pública federal, estadual e municipal.

Imaginando que o rol do art. 332 do CPC encerrasse hipóteses exaustivas, ter-se-ia a absurda compreensão de que o juízo de piso, ao receber petição inicial fundada em posição já superada por meio de ADIn ou ADC, não poderia aplicar o efeito conferido pela decisão do E. STF, porque aquela hipótese não está contida no rol. Dada a inviabilidade da compreensão referida, tem-se que deve ser interpretado o aludido rol como sendo efetivamente aquelas hipóteses em que a matéria *sub judice* contrarie o entendimento já firmado pelas Cortes Superiores.

Nessa modalidade, ao receber a inicial, o juízo já identifica a improcedência da demanda e aprecia a causa, para negar-lhe provimento, julgá-la improcedente.

Trata-se de previsão para as demandas em que a matéria for unicamente de direito, ou seja, cuja prova seja eminentemente documental, e já houver sido proferida sentença em demanda semelhante. Há quem questione a constitucionalidade do dispositivo. Contudo, o TST já se pronunciou no sentido de reputar cabível a extinção da demanda em hipóteses tais, entendendo viável a aplicação daquele dispositivo no direito processual do trabalho:

> Agravo de instrumento em recurso de revista. Julgamento *prima facie*. Art. 285-A do CPC. – Ao constatar que a matéria objeto da ação é unicamente de direito e que no juízo já foi proferida sentença de total improcedência em outros casos idênticos, o juízo está autorizado a dispensar a citação e proferir de imediato a sentença. Portanto, observados os requisitos impostos pelo art. 285-A do CPC, o julgamento imediato da lide, pelo juízo de primeira instância, sem a notificação da reclamada, não fere os princípios do contraditório e da ampla defesa. (...) (AgInRR, 414-81.2010.5.02.0061, rel. Min. Luiz Philippe Vieira de Mello Filho, 4ª Turma, j. 26-9-2012, data de publicação: 5-10-2012).

A solução da demanda por meio da denominada improcedência liminar não é incontroversa porquanto sugere um expediente diferente daquele usual do processo do trabalho, em que se exige o comparecimento das partes para a audiência, com a necessidade da tentativa de conciliação, porque inexiste propriamente omissão da CLT, no particular, e ainda há verdadeira descaracterização do procedimento, em que o juiz toma ciência da demanda em audiência, além de não haver citação ou despacho saneador. Todavia, não entendemos incompatível com a dinâmica das relações processuais sua aplicação ao processo laboral.

8. DA COISA JULGADA

Não há maior distinção entre os conceitos de coisa julgada no âmbito do direito processual civil e no direito processual do trabalho. Em ambos os sistemas, identifica-se a necessidade de estabilização da decisão judicial. Os arts. 502 a 504 do CPC nos apresentam algumas noções:

> Art. 502. Denomina-se coisa julgada material a autoridade que torna imutável e indiscutível a decisão de mérito não mais sujeita a recurso.
> Art. 503. A decisão que julgar total ou parcialmente o mérito tem força de lei nos limites da questão principal expressamente decidida.
> § 1º O disposto no *caput* aplica-se à resolução de questão prejudicial, decidida expressa e incidentemente no processo, se:
> I – dessa resolução depender o julgamento do mérito;
> II – a seu respeito tiver havido contraditório prévio e efetivo, não se aplicando no caso de revelia;

> III – o juízo tiver competência em razão da matéria e da pessoa para resolvê-la como questão principal.
> § 2º A hipótese do § 1º não se aplica se no processo houver restrições probatórias ou limitações à cognição que impeçam o aprofundamento da análise da questão prejudicial.
> Art. 504. Não fazem coisa julgada:
> I – os motivos, ainda que importantes para determinar o alcance da parte dispositiva da sentença;
> II – a verdade dos fatos, estabelecida como fundamento da sentença.

Ou seja, com base nos aludidos dispositivos, nota-se que o efeito da coisa julgada é o de tornar imutável e indiscutível a sentença. A coisa julgada é o efeito ou qualidade da sentença que se torna imutável, dentro da mesma relação jurídica processual, em razão de já terem escoado as possibilidades recursais. A coisa julgada é, por assim dizer, a preclusão máxima do processo. Não por outra razão a própria CF consagra, no art. 5º, XXXVI, ser a coisa julgada um direito fundamental.

Do mesmo modo, é preciso identificar que não produzem coisa julgada os motivos, ainda que importantes para determinar o alcance da parte dispositiva da sentença, a verdade dos fatos, estabelecida como fundamento da sentença, ou a apreciação da questão prejudicial, decidida incidentemente no processo, na forma do art. 504 do CPC, desde que a questão prejudicial não seja apreciada como ação declaratória incidental

Há que falar, em relação aos efeitos práticos, que a coisa julgada pode ser material ou formal. Como bem sintetiza Amauri Mascaro[17]:

> Os efeitos da coisa julgada formal são intraprocessuais, no interior do processo, enquanto os efeitos da coisa julgada material são ultraprocessuais, *erga omnes*, mais amplos, projetando-se, com a sentença definitiva de mérito, sobre as questões de mérito discutidas em função da demanda.

A coisa julgada material é a eficácia da decisão que projeta efeitos fora da relação jurídica processual *sub judice*, pois aprecia o mérito da causa, acolhendo ou rejeitando o pedido ou pedidos de forma definitiva.

Já a coisa julgada formal é a impossibilidade de alteração da decisão, por esgotados os recursos ou eles não serem mais possíveis. Na verdade, a coisa julgada formal é mera preclusão, atinente a não ser mais possível a recorribilidade da sentença dentro da mesma relação jurídica processual.

17. NASCIMENTO, Amauri Mascaro. *Curso de direito processual do trabalho*, cit., 27. ed., p. 683.

No tocante aos limites subjetivos, dispõe o art. 506 do CPC que a sentença faz coisa julgada para as partes entre as quais é dada, de modo que, de regra, apenas vincula as partes que participaram do processo e também os litisconsortes que nele intervieram. A coisa julgada não pode vincular um terceiro, em regra, embora seja possível, por exemplo, a vinculação aos herdeiros. No que toca às ações coletivas em que se discutem direitos difusos, coletivos e individuais homogêneos, a coisa julgada tem efeitos *erga omnes* e *ultra partes*, nos termos do art. 103 do CDC.

Mas há, igualmente, limites objetivos à decisão, de acordo com o art. 507 do CPC. Tal previsão indica que os limites objetivos são fixados pelo pedido e pelas questões decididas.

A coisa julgada torna imutáveis os efeitos da sentença, mas o art. 505 do CPC indica a possibilidade de mudança, em caso de relações jurídicas continuativas, como aquela que se prolonga no tempo, ou seja, que tem continuidade após a decisão final, desde que sobrevenha modificação no estado de fato ou de direito. Isso pode acontecer, por exemplo, com os benefícios acidentários ou questões atinentes à reintegração do empregado estável. Em tais hipóteses, poderá a parte requerer a revisão do que foi estatuído por sentença (art. 505, I, do CPC).

CAPÍTULO 22

Teoria Geral dos Recursos Trabalhistas

1. BREVE HISTÓRICO

De um lado, é natural do ser humano a irresignação. De outro, o sistema jurídico brasileiro foi pensado sob um critério de pesos e contrapesos, tudo a justificar um controle do poder pelo próprio poder. Daí a necessidade de um sistema recursal.

Do ponto de vista histórico, todavia, é preciso ponderar que as Juntas de Conciliação e Julgamento não tinham sequer a competência para impor coercitivamente suas decisões, mas apenas declinavam como deveria ser aplicado o direito material do trabalho, no caso concreto. Se a parte não cumprisse espontaneamente a decisão, restaria a seu beneficiário buscar o cumprimento daquela junto à Justiça Comum.

Em um sistema assim assentado, parecia coerente não haver recurso contra toda espécie de decisão, dado que, quando de sua execução, seria possível o reconhecimento da nulidade pelo Poder Judiciário. Assim, de fato, não havia recurso contra todas as decisões proferidas. Havia a possibilidade recursal, limitada à hipótese em que houvesse a fixação de multa ou demais penalidades[1-2], mas todas

1. O art. 24 do Decreto n. 22.132, de 1932, assim previa: "Art. 24. Nas decisões das Juntas que impuserem multa ou demais penalidades, caberá recurso, para o Diretor Geral do Departamento Nacio

limitadas à instância administrativa, ressalte-se, já que, como vimos, não havia uma estrutura hierarquizada para cuidar dos conflitos do trabalho. Isso só passou a existir com a estruturação da Justiça do Trabalho, apenas em 1939, por meio do Decreto-lei n. 1.237, em que as Comissões Mistas de Conciliação e o Conselho Nacional do Trabalho foram transformados respectivamente nos equivalentes aos atuais TRT e ao TST. Assim, podemos dizer, assentaram-se as premissas da lógica recursal no âmbito dos conflitos do trabalho. A partir desse momento histórico é que podemos dizer que passaram a surgir propriamente os recursos, que naquela época estavam restritos a apenas quatro: o recurso de embargos; o agravo de petição; o recurso ordinário; o recurso extraordinário.

2. CONCEITO, FUNDAMENTO E LEGITIMAÇÃO

Não há um conceito legal do que seja recurso, cabendo sua delimitação conceitual à doutrina. A partir da leitura do texto da CLT, nota-se que há apenas a menção aos recursos admissíveis contra as decisões proferidas nas demandas sujeitas ao Poder Judiciário Trabalhista:

> Art. 893. Das decisões são admissíveis os seguintes recursos:
> I – embargos;
> II – recurso ordinário;
> III – recurso de revista;
> IV – agravo.

A síntese apresentada por Manoel Antonio Teixeira Filho[3] evidencia os limites para a conceituação dos recursos como mecanismos que "(...) buscam, em essência, a invalidação, ou reforma, total ou parcial, da decisão (sentença ou acórdão) da

nal do Trabalho, das que forem aplicadas pelas Juntas no Distrito Federal, e, para os Inspetores Regionais, das que forem aplicadas pelas Juntas nos Estados ou no Território do Acre".

2. O art. 1º do Decreto n. 22.131, de 1932, assim previa: "Art. 1º De toda decisão que impuser multa ou outras penalidades pecuniária por infração das leis e disposições reguladoras do trabalho caberá recurso voluntário, interposto, pelo infrator, para autoridade imediatamente superior à cominadora, na forma seguinte: a) das que forem impostas por funcionários federais nas zonas das Inspetorias Regionais e pelos encarregados do processo das declarações e ulterior expediente relativo ás carteiras profissionais, para o respectivo inspetor; b) das que forem impostas pelas Juntas de Conciliação e Julgamento nos Estados ou Território do Acre, para o inspetor Regional, e, das que o forem pelas Juntas de Conciliação e Julgamento do Distrito Federal, para o diretor geral do Departamento Nacional do Trabalho; c) das que forem impostas pelos inspetores Regionais, para o diretor geral do Departamento Nacional do Trabalho; d) das que forem impostas por funcionários do Departamento Nacional do Trabalho, para o respectivo diretor geral; e) das que forem impostas pelas Comissões Mistas de Conciliação, pelo Conselho Nacional do Trabalho e pelo diretor do Departamento Nacional do Trabalho, para o ministro do Trabalho, Indústria e Comércio".

3. TEIXEIRA FILHO, Manoel Antonio. *Curso de direito processual do trabalho*, cit., v. II, p. 1424.

qual foram interpostos. Em regra, são apreciados por órgão colegiado diverso e superior ao que proferiu a decisão. Os recursos não instauram um novo processo; apenas dilatam, ampliam a mesma relação processual em que se manifestaram". Mais adiante o mestre[4] assevera que o recurso "é o direito que a parte vencida ou terceiro possui de, na mesma relação processual, e atendidos os pressupostos de admissibilidade, submeter a matéria contida na decisão recorrida ao reexame, pelo mesmo órgão prolator ou por outro órgão distinto e hierarquicamente superior, com o objetivo de anulá-la, ou de reformá-la, total ou parcialmente".

Tal indicação permite que apresentemos a noção de que o recurso seja o meio, previsto em determinado ordenamento jurídico, fora do conceito de ação autônoma de impugnação, que a lei coloca à disposição das partes, Ministério Público e terceiro visando, dentro de uma mesma relação jurídica processual, a anulação, reforma, integração ou aclaração da decisão judicial.

O sentido dos recursos no processo do trabalho surge justamente com a construção e autonomia da Justiça do Trabalho como órgão do Poder Judiciário. Um de seus fundamentos, assim como de toda a teoria geral dos recursos, é justamente a falibilidade humana. Na condição de ser humano, o juiz que profere a decisão pode errar, e, por isso mesmo, há hipóteses em que é possível uma revisão. Daí ser possível a utilização de determinado instrumento para a retificação daquele erro. Essa seria a trave mestra do sistema recursal.

Todavia, não se pode ignorar o imenso conflito que estamos vivenciando. Nos dias atuais, em que o primado da velocidade, a cultura do *fast,* envolve avassaladoramente as relações sociais (não à toa temos não apenas o *fast-food*, mas mesmo o *fast sleep* [conceito que envolve o descanso em aeroportos]), não se poderia vislumbrar maior choque.

Estamos diante de uma evidente crise. Enquanto de um lado se exige maior celeridade do procedimento e, portanto, quanto menos recursos, em tese, sejam cabíveis, mais rápido será o processo, de outro lado parece muito caro o primado da segurança, reafirmado pela necessária confirmação ou revisão das decisões proferidas.

O choque entre a celeridade e a segurança se reafirmará com muito maior intensidade no âmbito das relações laborais, em que, de regra, em um dos lados da relação jurídica processual há aquele que possui como único meio de subsistência sua força de trabalho, e que, por isso mesmo, não tem disponibilidade de tempo para esperar... suas necessidades e as de sua família não esperam. Embora muito relevante, tal questão transcende os limites deste Curso.

4. TEIXEIRA FILHO, Manoel Antonio. *Curso de direito processual do trabalho,* cit., v. II, p. 1436.

3. PRINCÍPIOS DO SISTEMA RECURSAL

A fim de orientar o leitor, entendemos por bem declinar alguns dos princípios aplicáveis à dinâmica recursal, que, como já seria de imaginar, não destoa, mas apenas reafirma a lógica prevista na principiologia do próprio direito processual do trabalho.

O primeiro desses princípios seria o do denominado duplo grau de jurisdição. Por meio dele, entende-se que o sistema prevê a possibilidade de controle dos atos judiciais dos órgãos inferiores pelos órgãos superiores. Como já dissemos, não existe previsão legal expressa que albergue o duplo grau no sistema recursal brasileiro. Alguns pretendem que tal princípio não possua assento constitucional. Outros entendem que ele estaria implícito no conteúdo do arts. 5º, 102 e 105 da CF/88, que indicam ser o sistema judiciário hierarquizado, alguns órgãos possuindo mais autoridade do que outros. A própria estrutura recursal estaria assentada de sorte a permitir a recorribilidade de algumas decisões.

Todavia, não se pode ignorar que ainda hoje há quem entenda inexistir o aludido princípio, uma vez que caberia à legislação a definição do que seria o próprio devido processo "legal", de modo que seria o legislador o verdadeiro responsável pela definição daquilo que estaria ou não sujeito a revisão por uma instância superior, tudo com vistas a conferir efetividade ou celeridade ao próprio processo.

Há que falar, ainda, na noção de taxatividade, que orienta a dinâmica recursal ao dispor que somente são cabíveis os recursos expressamente previstos na legislação. Ou seja, quando não houver previsão legal autorizando a interposição de recurso, não seria possível a utilização desse expediente processual. Há, no caso do processo do trabalho, interessante previsão que materializa muito bem esse princípio, qual seja, aquela do art. 893, § 1º, da CLT, em que se identifica ser impossível a apresentação de recurso imediato em face das decisões interlocutórias praticadas no curso do processo, mas apenas em recursos da decisão definitiva. É o que se depreende:

> Embargos infringentes. Não cabimento nos tribunais trabalhistas. Rol taxativo de recursos previstos pela CLT. – Na hipótese vertente, desmerecem conhecimento os embargos infringentes aviados pela reclamada, pois não integram o rol de recursos que o legislador da CLT houve por bem disciplinar de forma taxativa em seus arts. 893 a 901, inexistindo previsão legal para tal modalidade recursal nos tribunais regionais, sendo certo que, via de regra, aplicam-se somente ao processo civil comum e nas estritas hipóteses reguladas regimentalmente pelo colendo TST. Com efeito, à míngua de detalhamento em norma do Texto Consolidado, os embargos infringentes são recurso incabível nos tribunais trabalhistas enquanto meio de reforma pela própria corte

revisora do acórdão prolatado sem unanimidade (TRT – 23ª Região, rel. Des. Roberto Benatar, j. 17-3-2009).

Há que falar, ainda, do princípio da unirrecorribilidade, que se traduz na noção de que seja cabível apenas um recurso para cada decisão, isto é, não seria possível a cada uma das partes a apresentação de mais de um recurso em face de uma mesma decisão, consequência lógica da preclusão. O TST reconhece largamente o princípio:

> Agravo de instrumento em recurso de revista adesivo. Preclusão consumativa. Princípio da unirrecorribilidade. – É inadmissível o recurso de revista adesivo quando a parte já tenha se utilizado do recurso principal para atacar o acórdão regional. Aplicação do princípio da unirrecorribilidade e do instituto da preclusão consumativa. Precedentes. Agravo de instrumento não provido (100740-28.2004.5.17.0001, rel. Delaíde Miranda Arantes, 7ª Turma, j. 7-8-2012, *DEJT* 10-8-2012).
>
> Agravo de instrumento em recurso de revista adesivo. Existência de recurso de revista anterior da mesma parte. Princípio da unirrecorribilidade das decisões. Preclusão consumativa. – Não se conhece de recurso de revista adesivo quando, em face da mesma decisão, houve interposição, pela mesma parte, de recurso de revista anterior, tendo em vista o princípio da unirrecorribilidade das decisões judiciais. Ocorreu, no caso, a preclusão consumativa. Agravo de instrumento a que se nega provimento (2514-03.2010.5.09.0000, rel. Pedro Paulo Manus, 7ª Turma, j. 25-4-2012, *DEJT* 11-5-2012).

Não se pode ignorar, de outro lado, que há quem sustente que seja possível a apresentação de recursos simultâneos, desde que sejam compatíveis entre si, mas esse entendimento tem se firmado enquanto minoritário.

Podemos falar ainda do denominado princípio da fungibilidade recursal, ou da conversibilidade, que nada mais é que a reafirmação do valor finalístico do processo, em detrimento da forma como tal. Explicamos. Fungível é aquilo que pode ser substituído por outro equivalente. Baseada na noção de fungibilidade recursal, permite-se ao recorrente interpor um recurso ao invés de outro, atentando-se em maior monta para o conteúdo do recurso, em detrimento da forma adotada pelo recorrente. O TST reconhece expressamente a existência do aludido princípio como se nota a partir da OJ 69 da SDI-II:

> 69. Fungibilidade recursal. Indeferimento liminar de ação rescisória ou mandado de segurança. Recurso para o TST. Recebimento como agravo regimental e devolução dos autos ao TRT. – Recurso ordinário interposto contra despacho monocrático indeferitório da petição inicial de ação rescisória ou de

> mandado de segurança pode, pelo princípio de fungibilidade recursal, ser recebido como agravo regimental. Hipótese de não conhecimento do recurso pelo TST e devolução dos autos ao TRT, para que aprecie o apelo como agravo regimental.

Em sendo medida excepcional, a fungibilidade recursal é admitida apenas quando seja possível apurar a existência dos seguintes requisitos: a) dúvida objetiva; b) inexistência de erro grosseiro ou má-fé; e c) interposição no prazo do recurso correto.

A denominada dúvida objetiva não se confunde com a falta de conhecimento do subscritor do recurso. A dúvida reputada como objetiva deriva, na verdade, da própria dificuldade, com base na análise da lei, de identificar a real natureza da decisão recorrida, fato que repercute no entendimento da doutrina e da jurisprudência acerca do recurso cabível, ou mesmo do juiz, sobre qual seja a natureza de sua decisão.

O requisito da inexistência de erro grosseiro, segundo alguns, poderia ser delimitado a partir de quando, embora a lei defina expressamente qual seria o recurso cabível, a parte simplesmente deixa de observar aquele comando legal. Sobre o erro grosseiro o TST já pontuou:

> OJ 152 da SDI II. Ação rescisória e mandado de segurança. Recurso de revista de acórdão regional que julga ação rescisória ou mandado de segurança. Princípio da fungibilidade. Inaplicabilidade. Erro grosseiro na interposição do recurso. – A interposição de recurso de revista de decisão definitiva de Tribunal Regional do Trabalho em ação rescisória ou em mandado de segurança, com fundamento em violação legal e divergência jurisprudencial e remissão expressa ao art. 896 da CLT, configura erro grosseiro, insuscetível de autorizar o seu recebimento como recurso ordinário, em face do disposto no art. 895, *b*, da CLT.

Por fim, há que falar ainda que o prazo recursal a ser observado deve ser o daquele recurso adequado ao caso concreto. Ou seja, apreciar-se-á o critério da tempestividade a partir do prazo do recurso adequado, e não do recurso equivocadamente apresentado pela parte. A razão para tal pressuposto fica evidente quando se nota que, em não sendo assim, aquele que tivesse deixado transcorrer seu prazo regular, poderia adotar uma pretensa fungibilidade, para fins de apresentar seu recurso mesmo após o decurso do prazo correto.

Ainda, há que falar do princípio da proibição da *reformatio in pejus*. Em apertada síntese, persiste o entendimento de que não se deve agravar, se piorar, a situação do recorrente. Esse princípio também reafirma a máxima da preclusão: se uma das partes teve a oportunidade de recorrer e não o fez, em relação àquele que recorreu não se poderá piorar sua situação, sob pena de o processo estar retrocedendo à situação anterior ao termo final do prazo, renovando-se as matérias em discussão indefinidamente.

Obviamente, enquanto aplicação das máximas da preclusão, não se pode aplicar tal princípio em face das matérias que o Tribunal pode conhecer de ofício, dado que são de ordem pública. Nesse sentido:

> Agravo de petição. Ilegitimidade de parte. Matéria de ordem pública. Efeito translativo dos recursos. – Parte no processo não detém legitimidade para impugnar a penhora de numerário pertencente a terceiro (art. 6º do CPC). Embargos à execução extinto sem resolução do mérito na instância revisora em sede de julgamento do agravo de petição interposto pela parte vencida. Não se alegue que haveria *reformatio in pejus* pois a ilegitimidade de parte é matéria de ordem pública (§ 3º do art. 267 c/c o § 4º do art. 301 do CPC), sendo devolvida ao órgão revisor por meio do efeito translativo dos recursos de índole ordinária (§§ 1º e 2º do art. 515 do CPC). Entendimento consubstanciado na Súmula 393, do C. TST (TRT – 15ª Região, 02727-1998-015-02-00-2, rel. Marcelo Freire Gonçalves, 12ª Turma, j. 2-7-2009, data de publicação: 17-7-2009).

As matérias de ordem pública, ainda que prejudiciais ao recorrente, podem ser conhecidas, inclusive *ex officio*, pelo Judiciário.

4. DAS DECISÕES E SUA RECORRIBILIDADE. PROTESTO ANTIPRECLUSIVO

Como já dissemos, a noção de recurso passa pela autorização, prevista em cada sistema jurídico, para a parte impugnar determinado pronunciamento jurisdicional. Todavia, como consectário lógico da afirmação acima, apenas com base na análise daquilo que determinado sistema jurídico permite é possível identificar a recorribilidade ou não de determinadas manifestações jurisdicionais. A CLT indica o rol dos recursos aplicáveis no âmbito do direito processual do trabalho, a partir da redação do art. 893 da CLT.

> Art. 893. Das decisões são admissíveis os seguintes recursos:
> I – embargos;
> II – recurso ordinário;
> III – recurso de revista;
> IV – agravo.
> § 1º Os incidentes do processo são resolvidos pelo próprio Juízo ou Tribunal, admitindo-se a apreciação do merecimento das decisões interlocutórias somente em recursos da decisão definitiva.

> § 2º A interposição de recurso para o Supremo Tribunal Federal não prejudicará a execução do julgado.

Tal leitura nos permitiria indicar que são apenas quatro os recursos no âmbito do direito processual do trabalho, quais sejam, os embargos, os recursos ordinários, os recursos de revista e os agravos.

De outro lado, não se pode ignorar a dinâmica das nulidades no processo laboral, como já consignamos outrora. Com efeito, consoante a previsão do art. 795 da CLT, diante da inviabilidade do manejo de recurso em face de um despacho ou decisão interlocutória, imediatamente, a irresignação da parte deve ser registrada por meio do correspondente protesto. Deve-se reafirmar que o protesto não possui caráter recursal, mas apenas e tão somente impede a preclusão de questionar a decisão no momento processual adequado, quando do manejo do recurso contra a decisão definitiva ou terminativa.

4.1. Das decisões interlocutórias e sua recorribilidade

Em primeiro lugar, cumpre mencionar que reside importante regra no § 1º do art. 893 da CLT, sendo aquela que indica, expressamente não ser possível a apresentação de recurso imediato em face das decisões denominadas interlocutórias. Tal regra, todavia, não deve ser compreendida enquanto regra de irrecorribilidade das decisões interlocutórias, mas tão somente quanto à inviabilidade do manejo recursal imediatamente, como regra.

Não há previsão no texto celetista acerca de quais sejam as denominadas decisões interlocutórias, razão pela qual mais uma vez nos socorreremos da previsão do CPC, à guisa da aplicação do art. 769 da CLT, no particular. O § 2º do art. 203 do CPC indica que a decisão interlocutória é o ato pelo qual o juiz, no curso do processo, resolve questão incidente, como já tratamos neste Curso.

A irrecorribilidade das decisões interlocutórias, expressamente referida, além de adequar-se ao procedimento concebido pelo legislador celetista – que define inclusive uma audiência em que se teria a tentativa de conciliação, instrução e julgamento, tudo na mesma oportunidade –, conforma-se ainda à própria simplicidade processual, buscada pelo legislador.

Embora criticável por alguns, dada a ausência de exceção que assim autorize, o E. TST editou súmula indicando ser possível a apresentação de recurso imediato, ainda que se trate de decisão interlocutória, em algumas hipóteses, consoante se depreende a partir da Súmula 214:

> Decisão Interlocutória. Irrecorribilidade. – Na Justiça do Trabalho, nos termos do art. 893, § 1º, da CLT, as decisões interlocutórias não ensejam recurso imediato, salvo nas hipóteses de decisão: a) de Tribunal Regional do Trabalho

> contrária à Súmula ou Orientação Jurisprudencial do Tribunal Superior do Trabalho; b) suscetível de impugnação mediante recurso para o mesmo Tribunal; c) que acolhe exceção de incompetência territorial, com a remessa dos autos para Tribunal Regional distinto daquele a que se vincula o juízo excepcionado, consoante o disposto no art. 799, § 2º, da CLT.

A interpretação sistêmica realizada pelo TST, consolidada no verbete, dá conta de que, quando a decisão, ainda que interlocutória, afrontar súmula ou orientação jurisprudencial do TST, baseando-se na máxima da celeridade e efetividade do provimento jurisdicional, seria possível a apresentação de recurso imediato.

Segundo defendem Elisson Santos e Henrique Correia, "(...) isso ocorre porque nestes casos, se não admitida a impugnação imediata, o processo retornaria ao juízo de primeiro grau e, em seguida, voltaria ao Tribunal Regional, sendo posteriormente encaminhado ao Tribunal Superior do Trabalho, via recurso de revista por estar a decisão em confronto com súmula ou orientação de jurisprudência do TST (art. 896, *a*, da CLT). Assim, para encurtar esse caminho e tutelar de forma mais eficaz o jurisdicionado, admite-se o recurso de imediato"[5]. A hipótese prevista em relação ao item *b* do mesmo verbete dá conta de que é possível, dentro de um órgão colegiado, como um Tribunal, que o relator profira decisões monocraticamente, sem submeter o caso a seus pares. Todavia, partindo-se da premissa de que os julgamentos no âmbito dos Tribunais são eminentemente colegiados, seria necessário que se facultasse à parte uma modalidade de impugnação, a fim de que a decisão proferida individualmente pudesse ser submetida aos demais membros daquele órgão, a fim de que se respeitasse a revisibilidade da decisão. Seria justamente essa a possibilidade contemplada na alínea *b*.

Em relação ao item *c* da mesma forma há controvérsia, dado que não é propriamente decisão final. A hipótese delineada naquela alínea se consubstancia como aquela em que há o acolhimento da exceção de incompetência territorial, com a remessa dos autos para Tribunal Regional do Trabalho diverso daquele a que se vincula o juízo excepcionado. Seria amparada no art. 799, § 2º, da CLT:

> Art. 799. Nas causas da jurisdição da Justiça do Trabalho, somente podem ser opostas, com suspensão do feito, as exceções de suspeição ou incompetência.
> (...)
> § 2º Das decisões sobre exceções de suspeição e incompetência, salvo, quanto a estas, se terminativas do feito, não caberá recurso, podendo, no entanto, as partes alegá-las novamente no recurso que couber da decisão final.

5. SANTOS, Elisson Miessa dos; CORREIA, Henrique. *Súmulas e orientações jurisprudenciais do TST*, cit., p. 842.

Segundo o entendimento do TST a hipótese ali contemplada seria, por exemplo, aquela em que um trabalhador, tendo ajuizado ação em Salvador, sujeito à jurisdição do TRT da 5ª Região, tenha contra si apresentada exceção de incompetência, em uma das varas do trabalho de Salvador, e tendo a mesma sido acolhida para determinar a remessa dos autos para o TRT da 20ª Região, dado o fato de que o reclamante pretensamente teria laborado na cidade de Aracaju, no aprazível Estado de Sergipe.

Dada a premissa de que inviável a apresentação de recurso contra decisões interlocutórias, somente quando da sentença de mérito de sua reclamatória, cujo trâmite seria processado no juízo excepto, poderia o reclamante se irresignar contra a decisão que remeteu os autos para a cidade de Aracaju.

Interpretou-se então o aludido dispositivo para permitir o recurso imediato, em face da inviabilidade do reexame da matéria atinente à competência pelo Tribunal Regional do Trabalho da 5ª Região. Sim, porque, diante da remessa dos autos, caberia ao reclamante o processamento da demanda no juízo excepto e apenas da decisão que extinguisse a demanda seria possível discutir a matéria.

Todavia, parece que o entendimento do TST está inadequado. De fato, a redação do art. 799, em seu § 2º, é deficiente, mas leva a acreditar que a real hipótese prevista pelo legislador seria tão somente a possibilidade recursal imediata quando houver a remessa do feito para juízo diverso do trabalhista, ou seja, quando reconhecida a incompetência material para a causa (remetendo-se para a Justiça Comum Estadual ou federal, por exemplo), encerrando-se a jurisdição laboral.

4.2. Dos denominados dissídios de alçada. Procedimento sumário

Embora muitos entendam que essa hipótese nem sequer persista, diante das alterações sofridas ao longo do tempo, há que fazer menção ainda à hipótese da irrecorribilidade da decisão proferida nos denominados dissídios de alçada, previstos na Lei n. 5.584/70. De fato, nos processos sujeitos ao procedimento sumário, no tocante à dinâmica recursal, estão assim vazados:

> Art. 2º Nos dissídios individuais, proposta a conciliação, e não havendo acordo, o Presidente, da Junta ou o Juiz, antes de passar à instrução da causa, fixar-lhe-á o valor para a determinação da alçada, se este for indeterminado no pedido. (...)
>
> § 4º Salvo se versarem sobre matéria constitucional, nenhum recurso caberá das sentenças proferidas nos dissídios da alçada a que se refere o parágrafo anterior, considerado, para esse fim, o valor do salário mínimo à data do ajuizamento da ação.

Consoante definido, no procedimento sumário não seria possível a apresentação de recurso, salvo se versar sobre matéria constitucional, como já tivemos a oportunidade de apresentar.

5. DO PRAZO, FORMA DE INTERPOSIÇÃO E JUNTADA DE DOCUMENTOS

De regra, os prazos dos recursos trabalhistas são de oito dias, sendo a exceção o prazo de cinco dias. Obviamente, diante da redação contida no art. 775 da CLT, tais prazos devem ser contados em dias úteis. Veremos adiante os prazos de cada um deles. Por ora, cumpre reafirmar que no processo do trabalho os recursos são interpostos por simples petição, na forma do art. 899 da CLT, *caput*:

> Art. 899. Os recursos serão interpostos por simples petição e terão efeito meramente devolutivo, salvo as exceções previstas neste Título, permitida a execução provisória até a penhora.

Simples petição seria o meio de compatibilizar a exigência da formalidade recursal com a premissa do *jus postulandi* pessoal do trabalhador da Justiça do Trabalho, atendendo aos pressupostos exigidos (tempestividade, preparo etc.), por mais mal elaborada que esteja. Tal expressão indicaria maior desprendimento do legislador trabalhista quanto aos requisitos formais estabelecidos pelo CPC. Todavia, não se pode ignorar por completo a previsão do art. 1.010 do CPC, a ser utilizada analogicamente quanto ao apelo à instância superior, no âmbito do processo laboral:

> Art. 1.010. A apelação, interposta por petição dirigida ao juízo de primeiro grau, conterá:
> I – os nomes e a qualificação das partes;
> II – a exposição do fato e do direito;
> III – as razões do pedido de reforma ou de decretação de nulidade;
> IV – o pedido de nova decisão.

Aquela previsão nos indica ser importante a apresentação dos elementos capazes de permitir uma nova decisão. Daí por que é possível dizer que, embora a simplicidade do processo laboral seja uma máxima, não se pode ignorar, todavia, que é preciso um mínimo de formalidade, inclusive, porque sem o ataque específico da decisão não seria possível sequer um adequado exercício do contraditório.

Em consonância com tudo isso, o E. TST consolidou seu entendimento no sentido de que, para ser apreciado o recurso, é necessário que o apelo ataque os fundamentos da decisão recorrida. Esse é o teor da Súmula 422 do TST:

> RECURSO. FUNDAMENTO AUSENTE OU DEFICIENTE. NÃO CONHECIMENTO
> I – Não se conhece de recurso para o Tribunal Superior do Trabalho se as razões do recorrente não impugnam os fundamentos da decisão recorrida, nos termos em que proferida.
> II – O entendimento referido no item anterior não se aplica em relação à motivação secundária e impertinente, consubstanciada em despacho de admissibilidade de recurso ou em decisão monocrática.
> III – Inaplicável a exigência do item I relativamente ao recurso ordinário da competência de Tribunal Regional do Trabalho, exceto em caso de recurso cuja motivação é inteiramente dissociada dos fundamentos da sentença.

Quem se insurge quanto aos termos de uma decisão precisa indicar claramente as razões que impõem sua modificação. Trata-se da expressão do princípio da dialeticidade, o questionamento acerca dos desacertos da decisão de piso, e que em apertada síntese pode ser compreendida a partir do seguinte aresto:

> Recurso ordinário em ação rescisória. Ausência de impugnação aos fundamentos do acórdão recorrido. Incidência da Súmula 422 do TST. Não conhecimento. – (...) 2. Consoante destaca a doutrina: – A parte ao buscar reforma de posicionamento que lhes foi desfavorável, deve demonstrar os desacertos da sentença, apontando objetivamente a desconformidade dela com o ordenamento jurídico, suas incorreções, vícios e defeitos que estão a justificar o pedido de nova decisão (CPC, art. 514, III). Assim, inequívoco que as razões do apelo devem se voltar contra o julgado e seus fundamentos, pena de não se delimitar, devidamente, a matéria trazida à discussão. – (Morais, Jomar Francisco de. A fundamentação como requisito de admissibilidade do recurso ordinário: breve análise à luz da Orientação Jurisprudencial do Tribunal Superior do Trabalho. Apud Dani. Marcos Ulhoa. *Direito processual do trabalho no TST* – teoria e prática modernas. Rio de Janeiro: Forense, 2012). Assim, a mera renovação das alegações da ação rescisória jamais pode ser considerada motivação recursal pertinente, pois não há o devido enfrentamento da decisão recorrida, ignorando o próprio ato impugnado, em frontal desconsideração aos princípios da dialeticidade e do devido processo legal. Nesse rumo, a parte incorre em inépcia recursal, aplicando-se o entendimento da Súmula 422, do TST. Precedentes desta e. Subseção. Recurso ordinário que não se conhece (RO, 356300-79.2006.5.07.0000, rel. Min. Hugo Carlos Scheuermann, j. 19-2-2013, Subseção II Especializada em Dissídios Individuais, data de publicação: 22-2-2013).

Além disso, é possível indicar que, apresentada a petição de interposição de recurso, a parte deve anexar suas razões, para que sejam examinadas pela instância *ad quem*. É preciso pontuar que já houve muita discussão a esse respeito, tendo prevalecido o entendimento de que seria adequada a apresentação de uma petição de encaminhamento para o juízo recorrido, seguida das razões de recurso, a serem conhecidas pela instância recursal.

Dito isso, fica claro que em regra o recurso é apresentado perante o órgão julgador identificando se estão presentes os requisitos do recurso.

Quanto à juntada de documentos, como já vimos, segundo os arts. 787 e 845 da CLT, os documentos devem acompanhar a inicial e a defesa. A juntada de documento na fase recursal, de acordo com Súmula 8 do TST, é possível tão somente quando provado o justo impedimento para sua oportuna apresentação ou se referir a fato posterior à sentença:

> A juntada de documentos na fase recursal só se justifica quando provado o justo impedimento para sua oportuna apresentação ou se referir a fato posterior à sentença.

Por fim, cumpre mencionar que, segundo o art. 900 da CLT, uma vez interposto o recurso, o recorrido será intimado a oferecer contrarrazões, em prazo igual ao que tiver o recorrente para apresentar o prazo. No âmbito do processo civil, uma vez apresentado o recurso, não há mais a necessidade do exercício de um juízo de admissibilidade (art. 1.010, § 3º, do CPC), dado que, recebida a apelação, os autos serão remetidos ao juízo competente para a apreciação recursal. Uma vez regular o recurso, a parte *ex adversa* se pronuncia sobre seus termos e aquele é remetido para a instância julgadora.

Todavia, entende-se que é inaplicável a previsão do § 3º do art. 1.010 do CPC, tal qual previsto na IN 39/2016. Assim, persiste o exame de admissibilidade recursal no âmbito do processo laboral, inclusive porque não alteradas as diversas previsões legais que enunciam existir o recurso de agravo de instrumento contra a decisão que denega a interposição de recursos. De todo modo, o exame realizado pelo juízo *a quo*, ou seja, o juízo recorrido, não vincula o Tribunal, o juízo responsável pelo julgamento do recurso. Desse modo, além do exame da admissibilidade recursal quando da interposição do recurso, perante o juízo de origem, a instância recursal procederá à análise desses mesmos pressupostos.

Caso se entenda que inexista um dos requisitos recursais, pelo juízo de piso, a parte inconformada pode apresentar recurso de agravo de instrumento a fim de que seja possível a subida do recurso principal. Se houver a admissão recursal, contra essa decisão não há recurso específico, devendo a eventual impugnação a essa decisão ser suscitada em sede de contrarrazões. Já se houver inadmissão recursal pelo Tribunal, a hipótese é de a parte utilizar do mesmo meio recursal disponível na hipótese de este ser julgado.

Recebido o recurso pelo órgão *ad quem*, os autos são registrados, remetidos ao Ministério Público do Trabalho e, logo após, distribuídos para um dos relatores, no TRT.

6. RENÚNCIA, DESISTÊNCIA E EFEITOS DO RECEBIMENTO

A qualquer tempo, desde que seja antes da sua apreciação, sem necessitar da anuência da parte contrária, o recorrente pode desistir da pretensão recursal que se materializou por meio do recurso interposto ou mesmo renunciar ao direito de recorrer, na forma dos arts. 998 e 999, ambos do CPC, aplicáveis subsidiariamente.

A distinção entre a desistência e a renúncia reside justamente no fato de que, na primeira hipótese, o recurso foi apresentado, ou seja, foi exercido o direito de recorrer, enquanto na renúncia a parte manifesta o desejo de não recorrer. Já quanto aos efeitos podemos dizer que, por essência, a instância recursal gera importantes efeitos para o processo.

Em primeiro lugar, podemos mencionar que a dinâmica recursal está assentada na lógica de devolver ao Poder Judiciário a apreciação das matérias decididas pelo juízo *a quo*. Trata-se de do denominado efeito devolutivo, em que se "devolve ao conhecimento do tribunal aquilo que foi decidido pela sentença, sendo-lhe vedado, em regra, conhecer de matéria diversa da decidida em primeiro grau de jurisdição"[6]. Nesse caso, em regra o efeito dos recursos é meramente devolutivo, consoante se depreende do próprio art. 899[7].

A CLT foi omissa na regulamentação do efeito devolutivo, como fez o art. 1.013 do CPC, quando tratou do recurso de apelação. No tocante aos recursos da jurisdição extraordinária (recurso de revista, recurso de embargos no TST, recurso extraordinário etc.), tal devolutividade é limitada, notadamente porquanto as hipóteses de cabimento daqueles são restritas.

Mas há ainda efeito recursal importante, qual seja, o suspensivo. Aludido efeito suspende a eficácia da decisão, no que se impede sua execução enquanto pendente de apreciação recursal. Segundo ainda o mesmo art. 899 da CLT, nota-se que os recursos no âmbito do direito processual do trabalho não possuem efeito suspensivo, sendo possível a execução provisória da sentença, embora apenas até a penhora (art. 899 da CLT).

Note-se, ademais, que, embora a regra seja a da ausência do efeito suspensivo nos recursos no âmbito do processo do trabalho, excepcionalmente tal efeito poderá ser concedido, consoante previsto no art. 932, II, do CPC, ou mesmo

6. MARINONI, Luiz Guilherme; MITIDIERO, Daniel. *Código de Processo Civil*, cit., 4. ed., p. 548.

7. "Art. 899. Os recursos serão interpostos por simples petição e terão efeito meramente devolutivo, salvo as exceções previstas neste Título, permitida a execução provisória até a penhora."

disciplinado na Lei n. 7.701/88, em seu art. 7º, § 6º, no tocante ao recurso ordinário contra sentença normativa.

Há, ainda que falar em efeito translativo. Com efeito, segundo Luiz Guilherme Marinoni e Daniel Mitidiero[8], "independentemente de efetiva impugnação pela parte, restam submetidas ao tribunal, em face do efeito translativo, as questões conhecíveis de ofício". Nesse mesmo contexto se pode falar ainda da hipótese da causa madura, em que o Tribunal, conhecendo do recurso, pode julgar desde logo a lide, se a questão versar exclusivamente sobre matéria de direito e estiver em condições de imediato julgamento, consoante previsto no § 3º do art. 1.013.

Por fim, não se pode ignorar o denominado efeito substitutivo, por meio do qual se identifica que o julgamento proferido pelo Tribunal substituirá a sentença ou decisão recorrida, naquilo que for objeto do recurso, segundo a previsão do art. 1.008 do CPC.

Há ainda quem mencione a existência do chamado efeito regressivo, que seria aquele por meio do qual se permite, em algumas modalidades recursais, ao órgão prolator da decisão recorrida a reconsideração/revisão da sua decisão (art. 487, § 7º, do CPC), também aplicável.

7. PRESSUPOSTOS RECURSAIS

Visando impor alguma racionalidade ao sistema recursal, o legislador apontou itens que devam ser preenchidos, como questões consideradas antecedentes de outras no recurso. Os pressupostos recursais são denominados requisitos de admissibilidade, pois constituem requisitos prévios que o recorrente deve preencher para que seu apelo seja conhecido e julgado pelo Tribunal. Esses pressupostos, verdadeiras exigências para o conhecimento da pretensão recursal, não podem ser desarrazoados, sob pena de verdadeira afronta ao direito de ação e à inafastabilidade do Poder Judiciário.

É bom que se perceba que os pressupostos recursais não têm o condão de influir no mérito do recurso, razão pela qual não se classificam como questões prejudiciais. Tais requisitos variam de acordo com cada recurso em particular, mas possuem regras genéricas que serão abordadas oportunamente. De todo modo, dada a amplitude da matéria, é possível desde já indicar que os pressupostos são divididos em subjetivos e objetivos.

7.1. Dos pressupostos subjetivos

Os pressupostos subjetivos são apurados a partir da legitimação, capacidade e interesse das partes para recorrer.

8. MARINONI, Luiz Guilherme; MITIDIERO, Daniel. *Código de Processo Civil*, cit., 4. ed., p. 548.

A legitimidade possui relação com a identidade do recorrente, ou seja, se aquele que pretende recorrer possui autorização em lei para assim proceder.

Em tese, as pessoas legítimas para recorrer são as partes (autor e réu). Porém, excepcionalmente há pessoas que não fazem parte da relação jurídica processual e que possuem autorização legal para recorrer, como o Ministério Público do Trabalho, o terceiro prejudicado e, no caso da execução das contribuições previdenciárias, a União. No tocante à legitimidade para recorrer, há algumas posições consolidadas na jurisprudência do TST atinentes, principalmente, à atuação do Ministério Público do Trabalho.

A OJ 237 da SDI-I indicou que o Ministério Público do Trabalho não possui legitimidade para recorrer na defesa do interesse patrimonial privado, inclusive de empresas públicas:

> Ministério Público do Trabalho. Ilegitimidade para recorrer. – O Ministério Público não tem legitimidade para recorrer na defesa de interesse patrimonial privado, inclusive de empresas públicas e sociedades de economia mista.

Todavia, o mesmo TST entende haver legitimidade na atuação do mesmo Ministério Público do Trabalho quando se declara a existência de vínculo empregatício com sociedade de economia mista ou empresa pública, após a CF/88, sem a aprovação em concurso público. Esse é o teor da OJ 338 da SDI-I:

> Ministério Público do Trabalho. Legitimidade para recorrer. Sociedade de economia mista e empresa pública. Contrato nulo (*DJ* 4-5-2004). – Há interesse do Ministério Público do Trabalho para recorrer contra decisão que declara a existência de vínculo empregatício com sociedade de economia mista ou empresa pública, após a CF/88, sem a prévia aprovação em concurso público.

Mas não é só. É preciso apurar ainda a capacidade, ou seja, se o recorrente no momento da apresentação do recurso está plenamente capaz, consoante os arts. 3º, 4º e 5º do CC.

Por fim, é preciso identificar se há interesse recursal. O interesse processual assenta-se no binômio necessidade e utilidade. Segundo José Carlos Barbosa Moreira[9]:

> ... o interesse em recorrer, assim, resulta da conjugação de dois fatores: de um lado, é preciso que o recorrente possa esperar, da interposição do recurso, a consecução de um resultado a que corresponda situação mais vantajosa, do

9. MOREIRA, José Carlos Barbosa. *Comentários ao Código de Processo Civil:* arts. 476 a 565. Rio de Janeiro: Forense, 2010. v. V, p. 298.

ponto de vista prático, do que a emergente da decisão recorrida; de outro lado, que lhe seja necessário usar o recurso para alcançar tal vantagem.

Daí se pode dizer que em regra, a legitimidade para recorrer decorre da sucumbência, ou seja, da derrota. Todavia, parece mais correto dizer que o mais relevante a ser apurado, neste ponto, é a utilidade do provimento jurisdicional. A parte pode não ter sucumbido, mas deixou de auferir todos os benefícios que determinado provimento jurisdicional lhe poderia conferir. Em sentido oposto, se a parte teve "tudo o que ela poderia esperar, pressuposta a existência do feito"[10], então não há interesse recursal.

Essa análise nos leva à conclusão de que, na hipótese de extinção do processo sem julgamento de mérito, haveria interesse recursal em favor do demandado. Isso porque a parte teria maior proveito da prestação jurisdicional na hipótese em que o Judiciário encerrasse, de uma vez por todas, a questão *sub judice*, evitando ações subsequentes. O mesmo raciocínio nos leva a crer existir interesse recursal do reclamado quando a hipótese for de improcedência total da demanda, desde que, obviamente, haja algum proveito ao recorrente com o novo pronunciamento jurisdicional.

7.2. Dos pressupostos objetivos

Os pressupostos objetivos, também denominados extrínsecos do recurso, são atinentes a aspectos externos deste, tais quais adequação, tempestividade, depósito recursal, preparo e representação processual.

O recurso deve ser o adequado para alterar a decisão. Para cada espécie de decisão há recurso próprio para sua revisão. É preciso estar atento a essa correlação.

A tempestividade é a óbvia exigência de que seja apresentada a demanda recursal no prazo fixado pela lei para a interposição do recurso. Tal exigência decorre da essencial preservação da lógica de que a relação processual sempre caminha para a frente e a indefinição acerca do momento em que isso poderia acontecer ocasionaria inequívoco prejuízo.

A tempestividade é apurada em relação aos recursos apresentados depois de escoado o prazo recursal, sendo em regra tempestivos os recursos apresentados antes do momento processual adequado (art. 218, § 4º, do CPC). Ultrapassado, assim, o entendimento de que a interposição de recurso antes da publicação do acórdão implicaria a extemporaneidade da medida recursal, tendo sido cancelada a Súmula 434 do TST. O STF, ademais, inclina-se no mesmo sentido, creditan-

10. MOREIRA, José Carlos Barbosa. *Comentários ao Código de Processo Civil*, cit., v. V, p. 300.

do validade ao ato praticado mesmo antes do início do prazo, dado que assim se otimiza a própria prestação jurisdicional:

> Embargos de declaração nos embargos de divergência nos embargos de declaração nos embargos de declaração no agravo regimental no agravo de instrumento. Conversão em agravo regimental. Interposição de embargos de divergência antes da publicação do acórdão embargado. Extemporaneidade. Instrumentalismo processual. Preclusão imprópria para prejudicar a parte que contribui para a celeridade processual. Boa-fé exigida do estado-juiz. Agravo regimental provido. 1. A extemporaneidade não se verifica com a interposição de recurso antes do termo *a quo* e consequentemente não gera a ausência de preenchimento de requisito de admissibilidade da tempestividade. 2. O princípio da instrumentalidade do Direito Processual reclama a necessidade de interpretar os seus institutos sempre do modo mais favorável ao acesso à justiça (art. 5º, XXXV, CRFB) e à efetividade dos direitos materiais (OLIVEIRA, Carlos Alberto Alvaro de. O formalismo-valorativo no confronto com o formalismo excessivo. *In: Revista de Processo*, São Paulo: RT, n. 137, p. 7-31, 2006; DINAMARCO, Cândido Rangel. *A instrumentalidade do processo*. 14ª ed. São Paulo: Malheiros, 2009; BEDAQUE, José Roberto dos Santos. *Efetividade do Processo e Técnica Processual*. 3ª ed. São Paulo: Malheiros, 2010). 3. As preclusões se destinam a permitir o regular e célere desenvolvimento do feito, não sendo possível penalizar a parte que age de boa-fé e contribui para o progresso da marcha processual com o não conhecimento do recurso por ela interposto antecipadamente, em decorrência de purismo formal injustificado. 4. Os embargos de declaração opostos objetivando a reforma da decisão do relator, com caráter infringente, devem ser convertidos em agravo regimental, que é o recurso cabível, por força do princípio da fungibilidade (Precedentes: Pet 4.837-ED, rel. Min. Cármen Lúcia, Tribunal Pleno, *DJ* 14.3.2011; Rcl 11.022-ED, rel. Min. Cármen Lúcia, Tribunal Pleno, *DJ* 7.4.2011; AI 547.827-ED, rel. Min. Dias Toffoli, 1ª Turma, *DJ* 9.3.2011; RE 546.525-ED, rel. Min. Ellen Gracie, 2ª Turma, *DJ* 5.4.2011). 5. *In casu*, pugna-se pela reforma da seguinte decisão: "EMBARGOS DE DIVERGÊNCIA. PETIÇÃO DE INTERPOSIÇÃO PROTOCOLADA ANTES DA PUBLICAÇÃO DO ACÓRDÃO EMBARGADO. EXTEMPORANEIDADE. INTERPOSIÇÃO DE DOIS RECURSOS CONTRA A MESMA DECISÃO. OFENSA AO POSTULADO DA SINGULARIDADE DOS RECURSOS. AUSÊNCIA DE DEMONSTRAÇÃO, DE MANEIRA OBJETIVA, MEDIANTE ANÁLISE COMPARATIVA ENTRE O ACÓRDÃO PARADIGMA E A DECISÃO EMBARGADA, DA EXISTÊNCIA DO ALEGADO DISSÍDIO JURISPRUDENCIAL. EMBARGOS DE DIVERGÊNCIA NÃO ADMITIDOS". 6. Agravo regimental provido para cassar a decisão de inadmissão dos embargos de divergência com

> fundamento na extemporaneidade recursal (AI 703269 AgR-ED-ED-EDv-ED, rel. Min. Luiz Fux, Tribunal Pleno, j. 5-3-2015, processo eletrônico *DJe* 085, divulg. 7-5-2015, public. 8-5-2015).

Cumpre dizer, ainda, que a Lei n. 13.545, de 19 de dezembro de 2017, alterou o art. 775-A da CLT para determinar a suspensão do curso dos prazos processuais entre os dias 20 de dezembro e 20 de janeiro. Assim, não há falar em decurso de prazo, no período indicado pela lei. A previsão legal trouxe importantes considerações acerca dos prazos recursais. Vejamos:

> Art. 775-A. Suspende-se o curso do prazo processual nos dias compreendidos entre 20 de dezembro e 20 de janeiro, inclusive. (*Incluído dada pela Lei n. 13.545, de 2017.*)
> § 1º Ressalvadas as férias individuais e os feriados instituídos por lei, os juízes, os membros do Ministério Público, da Defensoria Pública e da Advocacia Pública e os auxiliares da Justiça exercerão suas atribuições durante o período previsto no *caput* deste artigo.
> § 2º Durante a suspensão do prazo, não se realizarão audiências nem sessões de julgamento.

Tais previsões tornam incontroverso que entre os dias 20 de dezembro de cada ano e 20 de janeiro do ano subsequente, sem prejuízo do funcionamento dos Órgãos Judiciários, Ministério Público, Defensoria Pública e Advocacia Pública e Auxiliares da Justiça, os prazos processuais estarão suspensos.

Tal previsão legal torna ultrapassada a discussão havida em torno do período de recesso forense, que se dá entre 20 de dezembro e 6 de janeiro. Segundo o art. 177, § 1º, do Regimento Interno do TST, o recesso forense e as férias coletivas dos ministros do TST suspendem os prazos recursais. Sobre a matéria, aquele Tribunal firmou a Súmula 262, com o seguinte conteúdo:

> Prazo judicial. Notificação ou intimação em sábado. Recesso forense – I. Intimada ou notificada a parte no sábado, o início do prazo se dará no primeiro dia útil imediato e a contagem, no subsequente.
> II. O recesso forense e as férias coletivas dos Ministros do Tribunal Superior do Trabalho (art. 177, § 1º, do RITST) suspendem os prazos recursais.

No tocante aos prazos recursais do Ministério Público do Trabalho, o entendimento que tem prevalecido é o de que é compatível com o regramento do processo do trabalho a previsão dos arts. 180 e 183 do CPC, que estabelecem prazo em dobro para se manifestar nos autos, em favor do Ministério Público, obviamente se estendendo tal previsão às hipóteses recursais. No mesmo sentido a Fazenda Pública possui prazo em dobro para recorrer, por força do art. 183 do CPC e do Decreto-lei n. 779/69.

O prazo recursal, no âmbito do processo do trabalho, em regra é de oito dias (art. 6º da Lei n. 5.584/70), salvo em relação aos embargos de declaração, cujo prazo é de cinco dias (art. 897-A da CLT).

Obviamente, deve-se mencionar ainda que o recurso deve ser manejado por quem regularmente representa o recorrente, para a prática do ato, consoante já expusemos quando da representação processual.

No tocante ao preparo, consubstancia-se com a imposição de pagamento de custas e a realização de depósito recursal, eventualmente exigidos, para que o recurso possa ser admitido.

O cálculo das custas, como já vimos no Capítulo 9, deve observar a dualidade ainda persistente entre o processo de conhecimento e o processo de execução. No processo de execução as custas sempre são pagas ao final, a teor dos arts. 789-A e seguintes da CLT. Já no atinente ao processo de conhecimento, serão calculadas respeitando-se o critério ficado no art. 789 da CLT.

Ou seja, a redação legal impõe que no caso de recurso, no processo de conhecimento, haja o adimplemento das custas processuais, seguindo os parâmetros referidos. Nesse momento o importante é destacar que há previsão expressa, no texto legal, indicando que na hipótese de recurso as custas devem ser pagas no prazo recursal. É o que se depreende do § 1º do mesmo art. 789 da CLT.

Note-se que as custas, no processo do trabalho, são fixadas em sentença (art. 832, § 2º, da CLT). Desse modo, as custas serão exigidas nesse momento, seja em razão do término da prestação jurisdicional, seja em razão da apresentação de recurso, dado o prazo para o recolhimento das custas recursais.

Tem-se que, na hipótese de procedência total ou parcial dos pedidos, ficará a cargo do reclamado o pagamento das custas, as quais devem ser comprovadas quando da interposição do recurso. Na hipótese de improcedência, o reclamante deve pagar as custas para recorrer, salvo se beneficiário de justiça gratuita. Na hipótese de extinção do processo sem resolução de mérito, em tese o reclamante pagará as custas, nas mesmas condições da decisão de improcedência.

Nesse momento é preciso que se fique atento à ampliação da competência da Justiça do Trabalho e à consequência do julgamento das ações diversas das relações de emprego. Com efeito, quando não se estiver a lidar com relações de emprego, a IN 27/2005 do TST indica que o juízo deve utilizar o critério da sucumbência recíproca, no atinente às custas.

Com isso, aplica-se a previsão do art. 86 do CPC, que autoriza a fixação proporcional das despesas. Não há falar em fixação proporcional das custas, pelo autor vencedor da ação, ainda que parcialmente, todavia, quando se estiver a discutir questões atinentes à relação de emprego.

Ademais, no que toca às outras questões, não se pode ignorar que estão dispensados do pagamento das custas processuais os beneficiários da justiça gratuita; as pessoas jurídicas de direito público; o Ministério Público do Trabalho e os que gozem da gratuidade da justiça (previsto no art. 790, § 3º, da CLT).

Por fim, nos dissídios coletivos, as partes vencidas responderão solidariamente pelo pagamento das custas, calculadas sobre o valor arbitrado na decisão, ou pelo presidente do Tribunal.

Mas o preparo envolve ainda o denominado depósito recursal, que também deve ser feito na mesma oportunidade da interposição do recurso, regulamentado pelo art. 899 da CLT. É o que veremos.

7.2.1. *Do depósito recursal*

A redação do art. 899 da CLT, de há muito, determina que no processo laboral apenas será admitido o recurso, inclusive o extraordinário, mediante depósito prévio da quantia da condenação, até um valor máximo. Como leciona Wagner Giglio[11], "essa imposição visa coibir os recursos protelatórios, a par de assegurar a satisfação do julgado, pelo menos parcialmente, pois o levantamento do depósito em favor do vencedor será ordenado de imediato, por simples despacho do juiz, após a ciência do trânsito em julgado da decisão".

O depósito recursal, portanto, possui dupla finalidade: a de garantia recursal, impondo-se ao condenado o ônus de dispor de algum valor para que possa insistir na discussão da matéria; mas também a de garantia do juízo. Nesse sentido já afirmou o TST, categoricamente, que o depósito recursal teria natureza de "garantia do juízo recursal, [o] que pressupõe decisão condenatória ou executória de obrigação de pagamento em pecúnia, com valor líquido ou arbitrado", como se depreende da redação do item I da Instrução Normativa n. 3 daquele Tribunal.

Não se nega a controvérsia quanto à constitucionalidade desse expediente, dado que inegavelmente se cria um óbice ao direito de recorrer. O STF já se pronunciou sobre a inconstitucionalidade da exigência do depósito prévio para a interposição recursal no âmbito administrativo, consoante se identifica:

> Agravo regimental no agravo de instrumento. Ausência de violação ao art. 97 da CF/1988. Recurso administrativo. Necessidade de depósito prévio. Inconstitucionalidade da exigência. Repercussão geral reconhecida. Precedentes. – 1. Não ofende a cláusula de reserva de plenário a decisão do relator que se limita a aplicar entendimento anteriormente firmado pelo Plenário do Supremo Tribunal Federal no sentido da inconstitucionalidade de norma. 2. O Plenário

11. GIGLIO, Wagner D.; CORRÊA, Claudia Giglio Veltri. *Direito processual do trabalho*, cit., p. 486.

> desta Corte, na Questão de Ordem no AgIn 698.626-SP, rel. Ministra Ellen Gracie, concluiu pela existência da repercussão geral da matéria versada nos presentes autos, ratificando, na ocasião, a Jurisprudência do Supremo Tribunal Federal no sentido de ser inconstitucional a exigência de depósito prévio como requisito de admissibilidade de recurso administrativo. 3. Agravo regimental não provido (AgIn 639.805, AgRg, rel. Min. Dias Toffoli, 1ª Turma, j. 31-8-2010, *DJe*, 223, divulg. 19-11-2010, public. 22-11-2010, ementário, v. 02435-02, p. 316).

Todavia, em relação à exigência do depósito recursal no âmbito judicial, tem o mesmo STF entendido que a matéria seria meramente infraconstitucional, o que não ensejaria análise por parte da Suprema Corte:

> Trabalhista. Depósito recursal. Lei n. 8.177/1991. Alegada contrariedade ao art. 5º, II, da Constituição. A discussão em torno do depósito recursal na justiça do trabalho e da ocorrência da deserção cinge-se ao âmbito da legislação ordinária, sendo inadequada a apreciação pelo supremo tribunal federal. Agravo regimental improvido (AgIn 153.269 AgRg, rel. Min. Ilmar Galvão, 1ª Turma, j. 7-6-1994, *DJ* 10-2-1995, p. 1876, ementário, v. 01774-04, p. 777).
>
> Direito do trabalho e direito processual civil. Agravo regimental em recurso extraordinário. Matéria trabalhista. Pressuposto de admissibilidade. Depósito recursal. Ofensa reflexa. Interpretação de norma processual. – 1. O debate acerca do recolhimento de custas ou de depósito recursal não autoriza a interposição de recurso extraordinário ante a exigência de interpretação de norma processual infraconstitucional. Precedentes. 2. Agravo regimental improvido (RE 585.379, AgRg, rel. Min. Ellen Gracie, 2ª Turma, j. 16-12-2008, *DJe*, 038, divulg. 26-2-2009, public. 27-2-2009, ementário, v. 2350-05, p. 866).

Na doutrina e jurisprudência o que se tem entendido é que tal exigência se conforma à sistemática de um processo célere e eficaz, portanto constitucional, sendo necessária a compreensão de seu delineamento. Vejamos.

7.2.1.1. Dos valores e formalidades para a validade do depósito recursal

O dispositivo legal mais relevante para a compreensão e delimitação do depósito recursal no âmbito do processo laboral é justamente o art. 899 da CLT, que foi importantemente alterado pela Lei n. 13.467/2017, e está atualmente assim vazado:

> Art. 899. Os recursos serão interpostos por simples petição e terão efeito meramente devolutivo, salvo as exceções previstas neste Título, permitida a execução provisória até a penhora.

> § 1º Sendo a condenação de valor até 10 (dez) vezes o salário mínimo regional, nos dissídios individuais, só será admitido o recurso inclusive o extraordinário, mediante prévio depósito da respectiva importância. Transitada em julgado a decisão recorrida, ordenar-se-á o levantamento imediato da importância de depósito, em favor da parte vencedora, por simples despacho do juiz.
> § 2º Tratando-se de condenação de valor indeterminado, o depósito corresponderá ao que for arbitrado, para efeito de custas, pela Junta ou Juízo de Direito, até o limite de 10 (dez) vezes o salário mínimo da região.
> § 4º O depósito recursal será feito em conta vinculada ao juízo e corrigido com os mesmos índices da poupança.
> § 5º (Revogado).
> § 6º Quando o valor da condenação, ou o arbitrado para fins de custas, exceder o limite de 10 (dez) vezes o salário mínimo da região, o depósito para fins de recursos será limitado a este valor.
> § 7º No ato de interposição do agravo de instrumento, o depósito recursal corresponderá a 50% (cinquenta por cento) do valor do depósito do recurso ao qual se pretende destrancar.
> § 8º Quando o agravo de instrumento tem a finalidade de destrancar recurso de revista que se insurge contra decisão que contraria a jurisprudência uniforme do Tribunal Superior do Trabalho, consubstanciada nas suas súmulas ou em orientação jurisprudencial, não haverá obrigatoriedade de se efetuar o depósito referido no § 7º deste artigo.
> § 9º O valor do depósito recursal será reduzido pela metade para entidades sem fins lucrativos, empregadores domésticos, microempreendedores individuais, microempresas e empresas de pequeno porte.
> § 10. São isentos do depósito recursal os beneficiários da justiça gratuita, as entidades filantrópicas e as empresas em recuperação judicial.
> § 11. O depósito recursal poderá ser substituído por fiança bancária ou seguro garantia judicial.

Como já dito, para a interposição do recurso, deve ser cumprido pelo recorrente o pressuposto do denominado depósito recursal. E a leitura do § 1º do art. 899 da CLT permite a conclusão de alguns delineamentos relevantes sobre o tema.

O primeiro deles leva em consideração que o depósito deve ser feito "*previamente*" à interposição do recurso. A disposição legal precisa ser compreendida, todavia, no sentido de que o depósito recursal deve ser realizado e comprovado no prazo do respectivo recurso, de modo que a interposição recursal no primeiro dia do prazo, com a realização do depósito em momento posterior, mas ainda dentro do prazo recursal, não implica a deserção daquele. É o que se depreende da Súmula 245 do TST:

> DEPÓSITO RECURSAL. PRAZO. O depósito recursal deve ser feito e comprovado no prazo alusivo ao recurso. A interposição antecipada deste não prejudica a dilação legal.

Veja-se que tal compreensão deve ser a mesma para as hipóteses em que a parte deseje substituir o depósito recursal por fiança bancária ou seguro garantia judicial, consoante facultado doravante, a partir da redação conferida ao art. 899, § 11, da CLT.

Nesse caso, a parte também deverá comprovar a garantia do juízo, por meio da fiança ou do seguro, no prazo recursal. É o que foi consagrado, inclusive, pelo Enunciado n. 216 do FPPT – Fórum Permanente de Processualistas do Trabalho, como se depreende:

> (Art. 899, § 11, da CLT) A parte recorrente deverá apresentar os documentos representativos da fiança bancária ou do seguro-garantia previstos no art. 899, § 11, da CLT, no prazo recursal.

No tocante ao prazo, ainda, com a alteração do art. 10 da IN 39/2016 do TST, que regulamentou a aplicabilidade do art. 932, parágrafo único, e 938, §§ 1º a 4º, e 1.007, todos do CPC, ao processo laboral, permite-se que, diante da insuficiência do depósito recursal, tal diferença seja complementada. A insuficiência do depósito, não mais impõe, assim, a deserção do recurso. Nesse sentido, a SDI 1 do TST cristalizou seu entendimento na OJ 140 daquela Corte:

> DEPÓSITO RECURSAL E CUSTAS PROCESSUAIS. RECOLHIMENTO INSUFICIENTE. DESERÇÃO (nova redação em decorrência do CPC de 2015) – Em caso de recolhimento insuficiente das custas processuais ou do depósito recursal, somente haverá deserção do recurso se, concedido o prazo de 5 (cinco) dias previsto no § 2º do art. 1.007 do CPC de 2015, o recorrente não complementar e comprovar o valor devido.

Veja-se que, mesmo o entendimento cristalizado pelo E. TST que determina que, havendo dúvida quanto à regularidade e comprovação do depósito recursal mediante apresentação de apólice de seguro garantia, deve ser conferido prazo para a regularização:

> A – RECURSO DE REVISTA INTERPOSTO PELA RECLAMADA. ACÓRDÃO REGIONAL PUBLICADO NA VIGÊNCIA DAS LEIS N. 13.015/2014 E 13.467/2017. RECURSO ORDINÁRIO. DESERÇÃO. SEGURO GARANTIA JUDICIAL. APÓLICE. REQUISITOS. TRANSCENDÊNCIA JURÍDICA RECONHECIDA. CONHECIMENTO E PROVIMENTO. I. Hipótese em que

> se discute a regularidade e comprovação do depósito recursal mediante apresentação de apólice de seguro garantia. II. Pelo prisma da transcendência, trata-se de questão jurídica nova, uma vez que se refere à interpretação da legislação trabalhista (art. 899, § 11, da CLT), sob enfoque em relação ao qual ainda não há jurisprudência consolidada no âmbito do Tribunal Superior do Trabalho ou em decisão de efeito vinculante no Supremo Tribunal Federal. Logo, reconheço a transcendência jurídica da causa (art. 896-A, § 1º, IV, da CLT). III. No caso, foi ofertada apólice de seguro garantia com validade de três anos, mas o Tribunal Regional entendeu pela deserção do recurso ordinário. IV. O não conhecimento do recurso ordinário por deserção devido a existência de cláusula de validade, ou outras cláusulas que eventualmente poderiam inviabilizar a garantia do Juízo, em época anterior ao Ato Conjunto n. 1/TST.CSJT.CGJT, de 1º-10-2019, sem que ao menos fosse concedido prazo para a apresentação de nova apólice de seguro, realmente viola o art. 899, § 11, da CLT. VI. Recurso de revista de que se conhece e a que se dá provimento, resultando prejudicado o exame do recurso de revista interposto pelo Reclamante (RR-1000606-05.2017.5.02.0464, 4ª Turma, rel. Min. Alexandre Luiz Ramos, *DEJT* 7-5-2021).

Mas o mesmo § 1º do art. 899 da CLT ainda expõe outro delineamento igualmente relevante, qual seja, o de que somente é devida a garantia pelo recorrente em havendo condenação em pecúnia. Tal compreensão foi reafirmada, inclusive, pela Súmula 161 do TST:

> Depósito. Condenação a pagamento em pecúnia. – Se não há condenação a pagamento em pecúnia, descabe o depósito de que tratam os §§ 1º e 2º do art. 899 da CLT.

Ainda, cumpre mencionar que, segundo o entendimento assentado até o momento, de regra a parcela é devida apenas pelo empregador sucumbente. Assim, indevida a exigência da parcela àquele contra quem não houve condenação ao pagamento de valores, na hipótese do trabalhador recorrente. Nesse sentido o TST:

> Exigência de depósito recursal por parte do reclamante. Impossibilidade – O depósito recursal não tem natureza jurídica de taxa de recurso, mas de garantia do juízo recursal (Instrução Normativa n. 03/93 do TST), ou seja, objetiva garantir o cumprimento da condenação. A medida é voltada exclusivamente para atender o interesse do trabalhador que, embora tendo de aguardar o julgamento do recurso interposto, terá a certeza de que ao menos parte do valor da condenação imposta encontra-se reservado para a execução da sen-

> tença. Além disso, embora o *caput* do art. 899 da CLT não declare expressamente que o depósito recursal é exigido apenas do recorrente empregador, tal conclusão é facilmente extraída dos §§ 4º e 5º do mencionado dispositivo legal, quando estabelecem que o depósito far-se-á na conta vinculada do trabalhador, que deverá ser aberta em seu nome, se ainda não a tiver. Recurso de revista conhecido e provido (634654-82.2000.5.10.5555, rel. Rider de Brito, 5ª Turma, j. 17-12-2003, *DJ* 26-3-2004).

O mesmo § 1º do art. 899 da CLT permite identificar, ainda, que os depósitos recursais estão sujeitos a limites. De fato, deve-se notar, também, que o aludido depósito possui um valor máximo, qual seja, justamente o valor da condenação.

Desse modo, se alcançado o valor correspondente ao total da condenação, nada mais é devido a título de garantia da instância. E, naquelas hipóteses em que o valor da condenação for indeterminado, o valor arbitrado pelo juízo servirá como mesmo limite (§ 2º do art. 899 da CLT).

O valor máximo (teto) do depósito recursal será o montante da condenação. Todavia, visando permitir o acesso à instância superior, estabeleceu o legislador não apenas um teto (correspondente ao valor total da condenação), mas um limitador, aquilo que pode ser denominado um subteto, por meio do qual se limitam os valores do depósito recursal a cada uma das espécies recursais, consoante previsto no § 6º do art. 899 da CLT.

Por meio da Lei n. 8.542/92, especialmente em seu art. 40, o legislador estabeleceu limites ao depósito recursal no caso de interposição do recurso ordinário, de recurso de revista, embargos infringentes e recursos extraordinários, sendo devido um novo depósito a cada novo recurso interposto, no decorrer do processo. Assim, enquanto não alcançado o valor integral da condenação, cada depósito recursal deve ser realizado, respeitando-se os limites fixados, todavia.

Tal compreensão foi cristalizada pelo E. TST, consoante se depreende do teor da Súmula 128 do Tribunal:

> DEPÓSITO RECURSAL
>
> I – É ônus da parte recorrente efetuar o depósito legal, integralmente, em relação a cada novo recurso interposto, sob pena de deserção. Atingido o valor da condenação, nenhum depósito mais é exigido para qualquer recurso.
>
> II – Garantido o juízo, na fase executória, a exigência de depósito para recorrer de qualquer decisão viola os incisos II e LV do art. 5º da CF/1988. Havendo, porém, elevação do valor do débito, exige-se a complementação da garantia do juízo.
>
> III – Havendo condenação solidária de duas ou mais empresas, o depósito recursal efetuado por uma delas aproveita as demais, quando a empresa que efetuou o depósito não pleiteia sua exclusão da lide.

O citado enunciado da súmula do E. TST traz a lume, ainda, duas questões importantes. A primeira delas, prevista no inciso II da súmula, indica que, realizada a garantia integral do juízo, em sede de execução, torna-se inexigível o depósito recursal, na hipótese de manejado recurso na mesma fase, justamente por estar a instância totalmente assegurada. Apenas na hipótese de incrementado o valor da execução ter-se-ia como possível tal exigência.

A segunda questão relevante consignada no verbete é que, havendo condenação solidária, será possível que apenas um dos condenados realize o depósito, desde que nenhum dos recorrentes pretenda sua exclusão da lide. Nesta última hipótese, ambos os recorrentes devem garantir o juízo.

Ao determinar que o depósito recursal seja feito em conta vinculada ao juízo, o § 4º do art. 899 trouxe importante modificação a sua dinâmica. A redação contida no mesmo dispositivo indicava a necessidade de o aludido depósito ter sido realizado em conta vinculada do empregado, a que se refere o art. 2º da Lei n. 5.107/66, a lei que regia o FGTS – Fundo de Garantia do Tempo de Serviço.

Diante da especificação da natureza da conta em que seria realizado o depósito, tal disposição fazia crer ser necessária a utilização da guia correspondente, na conta do empregado no FGTS, a denominada guia GFIP – Guia de Recolhimento do FGTS e de Informações à Previdência Social, para sua formalização. Nesse sentido, a compreensão corrente era a de que o recolhimento do depósito em guia diversa, que não a GFIP (na conta vinculada do FGTS), impunha o não conhecimento recursal.

Ou seja, mesmo realizado o depósito, mesmo garantida a instância, dado que os valores não estavam alocados em conta vinculada do FGTS, entendia-se não atendido o requisito. Nesse sentido a Súmula 426 do TST:

> DEPÓSITO RECURSAL. UTILIZAÇÃO DA GUIA GFIP. OBRIGATORIEDADE. Nos dissídios individuais o depósito recursal será efetivado mediante a utilização da Guia de Recolhimento do FGTS e Informações à Previdência Social – GFIP, nos termos dos §§ 4º e 5º do art. 899 da CLT, admitido o depósito judicial, realizado na sede do juízo e à disposição deste, na hipótese de relação de trabalho não submetida ao regime do FGTS.

Cumpre deduzir que o entendimento sumular *está superado* por força da redação conferida pela Lei n. 13.467/2017 ao § 4º do art. 899.

Doravante será possível a realização do depósito recursal em conta à disposição do juízo, independentemente de sua natureza. Sempre nos pareceu injustificável o formalismo, no particular, em inadmitir o recolhimento recursal em outra modalidade que não fosse o depósito na conta vinculada do FGTS, quando qualquer depósito colocado à disposição do juízo, independentemente da natureza da conta, não apenas asseguraria a instância como, por certo, remuneraria de forma mais efetiva o capital colocado à disposição do juízo, fato positivo para o devedor, que ao final seria onerado de forma menos gravosa no cumprimento da decisão judicial; para o credor, porque teria posto a sua disposição de forma mais efetiva o crédito que pretende no processo; e para a própria administração judiciária, dado que conseguiria cumprir sua decisão, integralmente, da forma mais célere, economizando inclusive recursos públicos para a mesma prestação jurisdicional.

Não é demais dizer que o saldo da conta vinculada do FGTS é remunerado à razão de míseros 3% ao ano (art. 13 da Lei n. 8.036/90). Aliás, o FGTS é corrigido pela TR – Taxa Referencial, acrescido de 3% de juros ao ano, enquanto a poupança, o investimento tido por todos como o mais conservador de mercado, é igualmente corrigido pela TR, mas remunerado à razão de 6,17%, no mesmo período. Ao menos nos últimos vinte anos, segundo a imprensa especializada, o rendimento do FGTS perde para a poupança e não cobre nem a inflação[12].

De todo modo, em face da alteração da redação do § 4º do art. 899 da CLT, permite-se concluir que doravante seja possível a realização do depósito recursal em qualquer conta bancária, desde que à disposição do juízo, condicionando-se apenas que seu saldo seja corrigido segundo os mesmos índices da poupança.

Parece certo concluir, então, que não há mais qualquer imposição quanto à natureza da conta bancária a ser utilizada para a realização do depósito, desde que obviamente essa conta esteja à disposição da autoridade judicial e remunere os recursos àquela razão.

Mas deve ser destacado ainda que, apesar de a redação legal indicar ser imperioso que o depósito seja "corrigido com os mesmos índices da poupança", não parece haver qualquer razão para afastar os depósitos realizados em contas com índices superiores aos da poupança. Com efeito, diante das mudanças do mercado financeiro, é muito possível que existam contas remuneradas em índices superiores aos da caderneta de poupança, cujos recursos sejam igualmente passíveis de serem colocados à disposição do juízo. Dada tal realidade, não parece existir óbice a sua implementação dado que, isso mesmo, otimizaria a própria prestação jurisdicional, à guisa do denominado princípio da razoável duração do processo (art. 5º, LXXVIII, da CF/88).

Por fim, cumpre mencionar ainda que, uma vez realizado o depósito recursal, tais valores, segundo a previsão do § 1º do art. 899 da CLT, ficam à disposição

12. Disponível em: <https://economia.uol.com.br/noticias/redacao/2017/02/01/em-20-anos-rendimento-do-fgts-perde-para-poupanca-e-nao-cobre-nem-inflacao.htm>. Acesso em: 3 jun. 2019.

do juízo e estarão sujeitos a levantamento imediato, em favor da parte vencedora, por simples despacho da autoridade judicial. Tal determinação impõe que, uma vez colocados os valores à disposição do juízo, transitada em julgado a decisão recorrida, caberá a este a definição quanto ao destino daqueles recursos. Tal fato se mostra relevante porquanto reafirma que os valores utilizados no depósito recursal sujeitam-se doravante à gestão judicial, fato que impacta importantemente nas novidades trazidas no § 11 do art. 899 da CLT, quanto ao seguro-garantia e à fiança bancária.

Sem dúvida, a fim de que os aludidos valores permaneçam à disposição da autoridade judicial, é certo que incumbe à parte a regularidade e manutenção daquelas garantias até a extinção do processo ou sua substituição. Essas foram as conclusões encartadas no Enunciado n. 217 do FPPT – Fórum Permanente de Processualistas do Trabalho:

> (Art. 899, § 11, da CLT e art. 835, *caput,* do CPC) É ônus da parte recorrente manter atualizada a fiança bancária ou seguro-garantia desde a data da interposição do recurso até a extinção do processo ou a substituição por outro meio hábil a garantir à execução, respeitada a ordem de preferência do art. 835, *caput*, do CPC.

Neste ponto, parece relevante deduzir, todavia, que tal ônus não pode ser confundido com decisões surpresa, ou eventuais incertezas, no curso do feito. Em cumprimento ao art. 10 do CPC, acaso constate o juízo ou qualquer dos litigantes ter havido o vencimento do prazo das garantias referidas, ou qualquer outra irregularidade, deve-se conferir à parte razoável prazo para que tenha a oportunidade para regularizar a situação processual, seja renovando as garantias originalmente postas, seja substituindo-as. Mesmo porque a eventual cessação da garantia nos chamados "tempos mortos" do processo, ou seja, enquanto se aguarda um pronunciamento ou mesmo o cumprimento de determinação jurisdicional, usualmente não tem o condão de implicar qualquer prejuízo. Apenas decorrido o prazo fixado pelo juízo, sem a regularização da situação, parece certa a cominação dos ônus processuais decorrentes da inércia da parte. Com efeito, se, ainda que feito o depósito recursal em montante inferior ao devido, não há que ser determinada *incontinenti* a extinção do feito, com muito mais razão não se deve fazê-lo a quem promoveu a diligência, mas, em razão do próprio decurso do tempo, teve a eficácia de sua atuação limitada.

7.2.1.2. Das exceções ao regime geral do depósito recursal

Apresentado o regime geral do depósito recursal, cumpre agora expor algumas das suas exceções, muitas delas trazidas pela Lei n. 13.467/2017.

A primeira exceção trazida ao regime geral do depósito recursal é justamente aquela prevista no § 7º do art. 899 da CLT, que determina a redução do valor do depósito recursal para a hipótese do recurso de agravo de instrumento. Antes mesmo de tratar do aludido recurso, desde já é preciso alertar ao leitor para que não confunda o recurso de agravo de instrumento previsto no CPC com aquele de mesma denominação, mas absolutamente diverso, existente no âmbito do processo do trabalho. Com efeito, é próprio do direito processual do trabalho a irrecorribilidade imediata das decisões interlocutórias. Todavia, a lógica que permeia o CPC é no sentido oposto, havendo previsão expressa, nos arts. 1.015 e seguintes, do recurso de agravo de instrumento como sendo o meio processual apto a atacar as decisões interlocutórias especificadas em lei, proferidas nos processos diretamente submetidos àquele diploma legal.

Na hipótese do processo do trabalho, dada a própria dinâmica recursal em que os recursos, em regra, são apresentados perante o juízo prolator da decisão, a fim de que se apreciem os pressupostos da irresignação, será possível ao juízo de piso a negativa de seguimento ao próprio recurso, quando não respeitados os pressupostos recursais mínimos. Acontece que, diante de tal negativa, é necessário garantir às partes um meio impugnatório contra o despacho que nega seguimento ao recurso. Daí por que o art. 897, *b*, da CLT prevê o cabimento do agravo de instrumento, a ser manejado contra os despachos que denegarem a interposição de recursos pelos respectivos juízos de piso.

Historicamente não havia qualquer obrigatoriedade da garantia da instância no manejo do agravo de instrumento. Todavia, a partir da Lei n. 12.275/2010, passou a ser obrigatória, também em sede do recurso de agravo de instrumento, a realização do depósito recursal, todavia, limitado a 50% do valor do depósito recursal do recurso que se pretendida destrancar. Tal imposição legislativa decorreu da atuação do TST, que, visando limitar o número de agravos de instrumento em curso naquela Corte, pretendeu acrescer mais essa obrigação ao recorrente. Embora efetivamente se tenha notado alguma redução do número de recursos dessa natureza na Corte máxima justrabalhista, na verdade pensamos que a eficácia dessa nova obrigação é menor, quando se nota, a partir de resultados estatísticos do CNJ, que os maiores litigantes no âmbito da Corte superior ou são entes públicos ou grandes conglomerados financeiros, portanto não sujeitos a limitações de ordem orçamentária para fins recursais.

Quando do advento da Lei n. 13.015/2014, foi inserido no art. 899 da CLT o § 8º, por meio do qual se passou a prever uma verdadeira exceção à regra geral contida no § 7º do mesmo dispositivo. Explico. Prevê aquele dispositivo que, quando o agravo de instrumento tem a finalidade de destrancar recurso de revista que se insurge contra decisão que contraria a jurisprudência uniforme do Tribunal Superior do Trabalho, consubstanciada em suas súmulas ou em orientação jurisprudencial, não haverá obrigatoriedade de efetuar o depósito referido no § 7º. Ou seja, enquanto seja regra a realização do depósito recursal também em sede do recurso de agravo de instrumento, quando o objeto deste for recurso de revista fundado na jurisprudência uniforme do TST, ter-se-ia a dispensa da realização do aludido depósito recursal. Ou seja, firmada a posição por meio de súmula ou OJ, o recorrente não se vê obrigado a realizar tal depósito. Tal medida foi instaurada no sentido de prestigiar o cumprimento do entendimento manifestado pelo TST, ou seja, de obedecer a suas súmulas e OJs.

Mas é importante mencionar que, se em um mesmo recurso há mais de uma matéria recursal, sendo uma delas abrangida pela exceção e outra não, o recorrente deverá fazer o aporte financeiro mencionado, sob pena de não conhecimento do recurso, ao menos naquela parte não prevista no § 8º do art. 899.

Os §§ 9º e 10 do art. 899 da CLT, por sua vez, trouxeram exceções igualmente relevantes à dinâmica do depósito recursal, por igualmente excepcionarem o regime geral da exigência daquela parcela. Diante de sua relevância, reproduzimos mais uma vez os dispositivos:

> § 9º O valor do depósito recursal será reduzido pela metade para entidades sem fins lucrativos, empregadores domésticos, microempreendedores individuais, microempresas e empresas de pequeno porte.
>
> § 10. São isentos do depósito recursal os beneficiários da justiça gratuita, as entidades filantrópicas e as empresas em recuperação judicial.

A redação do § 9º trouxe hipótese de redução dos valores do depósito recursal. Mas seria melhor que o legislador tivesse seguido a técnica redacional prevista no § 7º do mesmo art. 899. Afinal, ao estabelecer que o depósito recursal será reduzido "pela metade" sem determinar qual seria o todo, pode remanescer alguma dúvida quanto a qual seria a parte exigida. Assim, deve-se interpretar o dispositivo no sentido de que o valor do depósito recursal daqueles entes que o legislador especifica no § 9º será reduzido pela metade do valor do depósito do respectivo recurso.

Feitas tais considerações, deve-se considerar que o legislador determinou hipóteses de redução do depósito em favor de alguns. Os primeiros destinatários da redução são as denominadas entidades sem fins lucrativos. Embora pareça elementar a definição, a demonstração de que a parte seja efetivamente uma "entidade sem fins lucrativos" não é tão simples. Com efeito, embora não seja propriamente adequada ao legislador a conceituação, a redação contida na Lei n. 9.532/97 visa delimitar as entidades sem fins lucrativos, nos seguintes termos:

> § 3° Considera-se entidade sem fins lucrativos a que não apresente superávit em suas contas ou, caso o apresente em determinado exercício, destine referido resultado, integralmente, à manutenção e ao desenvolvimento dos seus objetivos sociais.

Note-se que a definição normativa acima indicada pressupõe ou a não existência de resultado positivo (superávit) ou a não distribuição de lucros. Assim, é importante identificar que mesmo entidades que executem atividades comerciais (aqui no sentido da intermediação de bens e serviços) necessariamente não perderão a característica de entidades sem fins lucrativos, sendo necessária a apuração caso a caso. Tal premissa é relevante, pois existem diversas associações, instituições, clubes de futebol, que, mesmo fazendo a gestão de ativos economicamente relevantes, e desenvolvendo atividades no comércio (de intermediação), não perderão o enquadramento como entidades sem fins lucrativos. Assim, ainda que executem atividades superavitárias economicamente, tais entidades estariam albergadas pelo benefício legal da redução.

O mesmo benefício da redução do depósito recursal deve ser implementado em relação aos empregadores domésticos, segundo a delimitação constante da Lei Complementar n. 150/2015, aos microempreendedores individuais, microempresas e empresas de pequeno porte, previstos na Lei Complementar n. 123/2006.

Ladeada ao aludido benefício da redução do depósito recursal, a Lei n. 13.467/2017 trouxe ainda, no § 10 do art. 899, a previsão de isenção do depósito recursal em favor dos beneficiários da justiça gratuita, das entidades filantrópicas e das empresas em recuperação judicial.

A isenção do depósito recursal conferida em favor dos beneficiários da justiça gratuita, prevista no § 10 do art. 899, de algum modo tornou incontroversa a aplicação do art. 98, VIII, do CPC ao processo laboral. A previsão do CPC de há muito indicava ser a gratuidade de justiça suficiente a exonerar o beneficiário da realização de depósitos previstos em lei para a interposição de recurso. Tal expediente veio para sepultar a celeuma quanto à possibilidade de dispensa do depósito recursal, notadamente quando o reclamado gozar dos benefícios da justiça gratuita. Havia quem pretendesse, por força do tratamento conferido pela LC 132/2009 e a Lei n. 1.060/50, além da previsão do art. 899, § 1º, da CLT, a inexigibilidade da parcela. Todavia, essa não era a posição majoritária dos Tribunais, notadamente do TST, que entendia ser devido o depósito, mesmo ao beneficiário da gratuidade, como se depreende:

> AGRAVO DE INSTRUMENTO EM RECURSO DE REVISTA. RECURSO DE REVISTA INTERPOSTO NA VIGÊNCIA DA LEI N. 13.015/2014. SO-

CIEDADE PRIVADA SEM FINS LUCRATIVOS. DESERÇÃO DO RECURSO DE REVISTA. AUSÊNCIA DE RECOLHIMENTO DO DEPÓSITO RECURSAL. ASSISTÊNCIA JUDICIÁRIA GRATUITA. NÃO ABRANGÊNCIA DO DEPÓSITO RECURSAL. NÃO APLICAÇÃO DO TEOR DO ART. 3º, INCISO VII, DA LEI N. 1.060/50, COM ALTERAÇÃO DA LC N. 132/2009, NO PROCESSO DO TRABALHO. Na hipótese, conforme consignado pelo Juízo de admissibilidade regional, não se pode admitir o recurso de revista da reclamada por deserção, ante a ausência de comprovação de recolhimento do depósito recursal. A concessão de assistência judiciária gratuita, no âmbito do processo do trabalho, não implica a dispensa de que seja efetuado o depósito recursal, dada a sua natureza de garantia do juízo da execução. Nesse sentido é o entendimento prevalecente desta Corte. Esclarece-se, por oportuno, que não se aplica o disposto no inciso VII do art. 3º da Lei n. 1.060/50, com a alteração dada pela Lei Complementar n. 132/2009, no processo trabalhista. O preceptivo assim dispõe: "Art. 3º A assistência judiciária compreende as seguintes isenções (...) VII – dos depósitos previstos em lei para interposição de recurso, ajuizamento de ação e demais atos processuais inerentes ao exercício da ampla defesa e do contraditório". A alteração implementada no art. 3º da Lei n. 1.060/50, que conferiu nova redação ao seu inciso VII como citado, decorreu da Lei Complementar n. 132, de 2009, cujo principal objetivo foi alterar os dispositivos da Lei Complementar n. 80, de 12 de janeiro de 1994, que se refere, essencialmente, à organização da Defensoria Pública. Tem-se que os preceitos constantes da referida Lei n. 1.060/50, incluindo-se a redação do inciso VII do seu art. 3º conferida mediante lei complementar, ainda que de hierarquia superior, somente têm aplicação no processo do trabalho quando houver omissão na legislação trabalhista e, ainda assim, apenas naquilo em que com ele for compatível. Esse é o princípio norteador da incidência ou não dos preceitos constantes de diplomas legais inseridos no ordenamento jurídico civil de forma subsidiária à sistemática trabalhista, nos exatos termos do art. 769 da CLT. E é exatamente sob essa ótica que se impõe concluir pela impossibilidade de aplicação do teor do art. 3º, inciso VII, da Lei n. 1.060/50, com a redação conferida pela Lei Complementar n. 132 de 2009, no processo do trabalho relativamente ao depósito recursal, visto que, nesta esfera, tal depósito constitui garantia do juízo da execução, que, ao final de demanda, poderá ser levantado de imediato pelo autor da ação caso vencedor, não se identificando, portanto, com aqueles "depósitos previstos em lei para interposição de recurso" de que trata a lei (precedentes desta Corte). Agravo de instrumento desprovido (TST, AIRR 217304320145040001, rel. José Roberto Freire Pimenta, 2ª Turma, j. 30-8-2017, *DEJT* 8-9-2017).

A alteração do § 10 do art. 899, assim, *torna superado* o entendimento consolidado pelo E. TST sobre o tema, em que se compreendia a assistência judiciária gratuita não abranger o depósito recursal, como exemplifica o julgado acima transcrito.

A isenção dos beneficiários da justiça gratuita é justificável por si só, dada a inviabilidade daquele em suportar as despesas processuais sem prejuízo seu ou de sua família, reconhecida pelo próprio Poder Judiciário. Parece que a previsão legal veio conferir alguma coerência sistêmica ao instituto da gratuidade de justiça, no âmbito do processo laboral, eximindo aquele reconhecidamente pobre do desembolso de valores antes de sua condenação.

No tocante às entidades filantrópicas, estas por igual foram beneficiadas com tratamento diferenciado. Trata-se de benefício a ser operado mediante a comprovação da condição do requerente, e que visa conferir condição diferenciada às entidades que assim se enquadrem pelo papel social que desempenham. Visando explicitar algum delineamento para a comprovação da condição de filantrópica à recorrente, por meio do Enunciado n. 215, o FPPT – Fórum Permanente de Processualistas do Trabalho indica ser necessário que a entidade comprove o preenchimento dos requisitos previstos em lei, especialmente nas Leis n. 8.742/93 e 8.212/91, para o gozo do benefício:

> (Art. 899, § 10, da CLT; Lei n. 8.742/93 e 8.212/91) Para obter a isenção de depósito judicial prevista no § 10 do art. 899 da CLT, é necessário que a entidade comprove o preenchimento dos requisitos previstos nas Leis n. 8.742/93 e n. 8.212/91, anexando o Certificado emitido pelo Conselho Nacional de Assistência Social – CNAS ou Conselho Nacional de Saúde – CNS, atualizado, ou prova de requerimento de renovação ainda pendente de apreciação.

No tocante às empresas em recuperação judicial, deixa-se de exigir a garantia do juízo na medida em que todos os ativos da empresa, durante o expediente da recuperação, estão à disposição do Juízo, e direcionados à manutenção da própria atividade empresarial. Também a matéria foi solucionada pela Lei n. 13.467/2017, superando-se, por igual, o entendimento no sentido de que a previsão da Lei n. 11.101/2005 não previa a isenção das empresas em recuperação judicial do recolhimento do depósito recursal.

Por fim, dada a inexigibilidade de garantia por parte da Fazenda Pública, não há falar em depósito recursal para a Administração Pública ou o Ministério Público do Trabalho.

Ademais, mencione-se a exigência do depósito recursal em face da ampliação das competências da Justiça do Trabalho. Com efeito, aplica-se a exigência desse depósito nas relações de trabalho ou que não evolvam parcela trabalhista *stricto sensu*.

Presume-se, no processo executivo, que a instância esteja garantida integralmente, já que se trata de pressuposto para a apresentação dos embargos à execução. Desse modo, na execução, se o juízo já estiver garantido, não há necessidade do depósito recursal. Tais conclusões foram consolidadas na jurisprudência do E. TST, consoante prevê a Súmula 128:

> Depósito recursal. – I. É ônus da parte recorrente efetuar o depósito legal, integralmente, em relação a cada novo recurso interposto, sob pena de deserção. Atingido o valor da condenação, nenhum depósito mais é exigido para qualquer recurso.
> II. Garantido o juízo, na fase executória, a exigência de depósito para recorrer de qualquer decisão viola os incisos II e LV do art. 5º da CF/1988. Havendo, porém, elevação do valor do débito, exige-se a complementação da garantia do juízo.
> III. Havendo condenação solidária de duas ou mais empresas, o depósito recursal efetuado por uma delas aproveita às demais, quando a empresa que efetuou o depósito não pleiteia sua exclusão da lide.

Na hipótese de recurso ordinário em ação rescisória, a parcela somente é devida se julgada procedente a rescisão, impondo-se a condenação em pecúnia, na forma da Súmula 99 do TST:

> Ação rescisória. Deserção. Prazo. – Havendo recurso ordinário em sede de rescisória, o depósito recursal só é exigível quando for julgado procedente o pedido e imposta condenação em pecúnia, devendo este ser efetuado no prazo recursal, no limite e nos termos da legislação vigente, sob pena de deserção.

Por fim, dado que o depósito recursal possui natureza de garantia do juízo, por meio do § 11 do art. 899 da CLT, prevê-se que poderá ser substituído por fiança bancária ou seguro-garantia judicial.

De rigor, a hipótese da substituição da penhora por fiança bancária não é propriamente nova, muito menos no âmbito do processo laboral. Com efeito, desde há muito prevê a Lei de Execução Fiscal, a Lei n. 6.830/80, aplicável subsidiariamente ao processo executivo, em seu art. 15, ser possível a substituição da penhora por depósito em dinheiro ou fiança bancária, e cuja aplicabilidade foi reconhecida pelo Judiciário Trabalhista, consoante explicitado na redação anterior da OJ 59 da SDI II.

A novidade trazida pela Lei n. 13.467/2017 fica por conta da ampliação objetiva quanto aos meios de garantia admitidos (fiança e seguro garantia), em sede de depósito recursal. Note-se que, mesmo com a ampliação das hipóteses, as inovações previstas no aludido dispositivo não ensejaram alteração quanto à natureza do depósito, mesmo quando substituído por fiança ou seguro-garantia, tendo sido essas as conclusões consolidadas no Enunciado 214 do Fórum Permanente de Processualistas do Trabalho:

> (Art. 899, § 11, da CLT) A substituição do depósito recursal por fiança ou seguro não retira a sua natureza de garantia da execução e deve ser colocado à disposição do juízo para que este possa liberá-lo em favor da parte quando assim cabível.

Alguma dúvida tem remanescido, todavia, quanto às condições e ao importe da garantia, quando substituir o depósito recursal. Com efeito, muitos estão a sustentar que a garantia seja apresentada em valor não inferior ao do débito do recurso, acrescido de 30%, por aplicação do art. 835, § 2º, do CPC, no particular. Ousamos discordar.

Temos que a previsão do art. 835, § 2º, do CPC cuida de hipótese específica, qual seja, aquela em que a garantia (o seguro ou a fiança) visa substituir a penhora. Sucede que o depósito recursal, *prima facie*, não deixa de garantir o juízo, mas serve primordialmente com requisito para que a parte possa acessar a instância superior. Assim sendo, parece-nos ser exigido, na melhor das hipóteses, o acréscimo de 30% apenas e tão somente na hipótese de ser utilizada a aludida garantia na fase executiva, especificamente para fins de penhora, portanto.

O próprio art. 882 da CLT, com a redação inserida também a partir da Lei n. 13.467/2017, que autoriza a utilização do seguro-garantia na fase executiva, explicita que aquela condição deve ser observada segundo a ordem preferencial prevista no art. 835 do CPC, dispositivo que cuida justamente da penhora.

Assim, na melhor das hipóteses, tem-se como possível o incremento dos 30% sobre o valor do débito, apenas perante o processo executivo, e a partir do CPC/2015, compreensão esta firmada, inclusive, pelo E. TST, consoante se depreende do conteúdo da nova redação da OJ 59 da SDI II daquela Corte:

> 59. MANDADO DE SEGURANÇA. PENHORA. CARTA DE FIANÇA BANCÁRIA. SEGURO GARANTIA JUDICIAL. A carta de fiança bancária e o seguro garantia judicial, desde que em valor não inferior ao do débito em execução, acrescido de trinta por cento, equivalem a dinheiro para efeito da gradação dos bens penhoráveis, estabelecida no art. 835 do CPC de 2015 (art. 655 do CPC de 1973).

Ademais, há quem mencione, na doutrina, ser a previsão do art. 835, § 2º, do CPC atinente ao acréscimo de 30% destinado "a cobrir a atualização monetária do débito (constante da inicial até o momento da substituição da penhora) e a inclusão dos encargos da mora (v.g. juros), das despesas processuais e dos honorários advocatícios"[13].

Ou seja, aludido acréscimo tem por finalidade permitir apenas que os valores postos à disposição do juízo cível mantenham seu valor, considerando que as despesas processuais e honorários de advogado já integram a execução. Sucede que, como já dito, a redação do § 4º do mesmo art. 899 da CLT indicou precisamente qual o critério fixado pelo legislador para a atualização dos valores postos à disposição do juízo em sede recursal, qual seja, que o crédito que assegure a instância seja corrigido segundo os mesmos índices da poupança.

Assim, parece que o único critério que se deve exigir da garantia, quando utilizado à guisa do § 11 do art. 899, é que respeite ao menos os mesmos critérios de correção fixados em favor do depósito em dinheiro, ou seja, que seu saldo, ou montante segurado, como queira, sejam corrigidos seguindo os mesmos índices da poupança.

Desse modo, está-se a dar cumprimento não apenas ao § 4º do art. 899 da CLT, que exige critério mínimo de remuneração do saldo colocado à disposição do juízo, mas também o § 11 do mesmo artigo, dado ter sido o seguro-garantia e/ou fiança bancária equiparados a dinheiro.

Por fim, cumpre mencionar que, na hipótese de ser utilizada a fiança ou seguro-garantia a título de depósito recursal, transitada em julgado a decisão, ter-se-á como possível ao juízo a determinação de sua liberação imediata, consoante previsto no § 1º do art. 899 da CLT, como já deduzido, ordenando-se ao devedor que pague imediatamente os valores, sob pena de pagamento pela seguradora.

Na hipótese de o juízo entender necessária a discussão quanto à extensão do crédito exequendo, portanto, de se instaurar o processo executivo, uma vez convolado o depósito recursal em penhora, deve-se determinar ao executado ou o reforço do depósito recursal (à razão dos 30% previstos no art. 835 do CPC), ou o reforço da penhora, no correspondente ao valor executado, acrescido dos 30%, caso pretenda assegurar o juízo por meio de fiança bancária ou seguro-garantia.

Transitada em julgado a decisão recorrida, ordenar-se-á o levantamento imediato da importância de depósito, em favor da parte vencedora.

7.2.2. *Do prequestionamento*

Consolidou-se na jurisprudência dos Tribunais Superiores pátrios a exigência de requisito recursal agora previsto expressamente em lei (art. 896, § 1º-A, I).

13. REDONDO, Bruno Garcia. *In:* WAMBIER, Tereza Arruda Alvim... [et al.]. *Breves comentários ao novo código de processo civil.* 2. ed. rev. e atual. São Paulo: Editora Revista dos Tribunais, 2016.

Trata-se do denominado prequestionamento ou prévia manifestação, pelo juízo de origem, acerca da matéria jurídica a ser conhecida pelo Tribunal.

O argumento adotado pela corrente que advoga como possível essa exigência, consagrada pelo legislador, indica que, sendo função do Tribunal Superior a pacificação do entendimento jurídico acerca de determinada tese, em não havendo manifestação por parte do Tribunal de grau inferior, não haveria como exercer a contento tal incumbência, dada a ausência da divergência. Trata-se, em apertada síntese, da necessidade de que a matéria submetida a recurso perante a instância especial/extraordinária se subordine a pronunciamento por parte do Poder Judiciário.

Tal exigência somente seria possível perante o TST, na apreciação do recurso de revista, como se nota na redação do art. 896 do Texto Consolidado:

> Art. 896. Cabe Recurso de Revista para Turma do Tribunal Superior do Trabalho das decisões proferidas em grau de recurso ordinário, em dissídio individual, pelos Tribunais Regionais do Trabalho, quando: (...)
> § 1º-A. Sob pena de não conhecimento, é ônus da parte:
> I – indicar o trecho da decisão recorrida que consubstancia o prequestionamento da controvérsia objeto do recurso de revista;

O legislador apenas consagrou a posição prevalecente nos Tribunais Superiores, inclusive no TST, que há muito já haviam cristalizado seu entendimento no sentido de entender exigível o aludido requisito, tal qual evidencia o teor da Súmula 297 do TST:

> Prequestionamento. Oportunidade. Configuração – I. Diz-se prequestionada a matéria ou questão quando na decisão impugnada haja sido adotada, explicitamente, tese a respeito.
> II. Incumbe à parte interessada, desde que a matéria haja sido invocada no recurso principal, opor embargos declaratórios objetivando o pronunciamento sobre o tema, sob pena de preclusão.
> III. Considera-se prequestionada a questão jurídica invocada no recurso principal sobre a qual se omite o Tribunal de pronunciar tese, não obstante opostos embargos de declaração.

CAPÍTULO 23

Recursos Trabalhistas em Espécie

Após a apresentação da sistemática recursal como um todo, cabe agora identificar os recursos aplicáveis no âmbito do direito processual do trabalho. Nesse momento, podemos dizer que o legislador fez a opção de determinar a espécie recursal adequada, em razão do tipo de prestação jurisdicional que se pretende impugnar.

Por isso mesmo existem diferentes recursos aplicáveis ao processo de conhecimento ou ao processo de cognição, sendo esse o critério que adotamos para encadear tais hipóteses recursais. Vejamos.

1. DOS RECURSOS TÍPICOS NO PROCESSO DE COGNIÇÃO

Neste tópico, abordaremos recursos em espécie de disciplina legal específica do processo trabalhista de cognição.

1.1. Da revisão do valor da causa

1.1.1. *Conceito e previsão legal*

Segundo a previsão da Lei n. 5.584/70, em seu art. 2º, nos dissídios individuais, caso omisso ou indeterminado o valor da causa para fins de definição da alçada, deve o juiz fixar-lhe o valor.

Todavia, caso qualquer das partes não concorde com o valor fixado pelo juiz, poderá impugná-lo e, sendo mantida a decisão, pode ainda pedir a revisão desta, no prazo de quarenta e oito horas, ao presidente do TRT. É o que se depreende da redação legal:

> Art. 2º Nos dissídios individuais, proposta a conciliação, e não havendo acordo, o Presidente, da Junta ou o Juiz, antes de passar à instrução da causa, fixar-lhe-á o valor para a determinação da alçada, se este for indeterminado no pedido.
>
> § 1º Em audiência, ao aduzir razões finais, poderá qualquer das partes, impugnar o valor fixado e, se o Juiz o mantiver, pedir revisão da decisão, no prazo de 48 (quarenta e oito) horas, ao Presidente do Tribunal Regional.
>
> § 2º O pedido de revisão, que não terá efeito suspensivo deverá ser instruído com a petição inicial e a Ata da Audiência, em cópia autenticada pela Secretaria da Junta, e será julgado em 48 (quarenta e oito) horas, a partir do seu recebimento pelo Presidente do Tribunal Regional.
>
> § 3º Quando o valor fixado para a causa, na forma deste artigo, não exceder de 2 (duas) vezes o salário mínimo vigente na sede do Juízo, será dispensável o resumo dos depoimentos, devendo constar da Ata a conclusão da Junta quanto à matéria de fato.
>
> § 4º Salvo se versarem sobre matéria constitucional, nenhum recurso caberá das sentenças proferidas nos dissídios da alçada a que se refere o parágrafo anterior, considerado, para esse fim, o valor do salário mínimo à data do ajuizamento da ação.

Nota-se que a Lei n. 5.584/70 definiu a existência do procedimento sumário, tendo acabado por criar um novo expediente recursal, desta feita para a impugnação da decisão judicial que fixa o valor de alçada. Ou seja, excepcionou-se a regra de que, no direito processual do trabalho, inexistem recursos imediatos em face das decisões interlocutórias. Note-se que, ademais, como já dissemos, o aludido valor de alçada possui relevância como definitória do rito sob o qual a demanda irá ser processada.

Desse modo, podemos dizer que o denominado pedido de revisão é o expediente recursal apto a reformar a decisão interlocutória do juízo de piso que define o valor arbitrado pelo juiz à causa.

Há muitos que entendem ser de pouca valia tal expediente, na medida em que, com o advento da Lei n. 9.957/2000, e com a criação do rito sumaríssimo por meio da redação conferida aos arts. 852-A e seguintes da CLT, teria havido revogação tácita da Lei n. 5.584/70, com a extinção do denominado rito sumário.

A partir do art. 852-A da CLT, nota-se que o legislador determinou a submissão ao rito sumaríssimo para aquelas demandas cujo valor não exceder a quarenta vezes o salário mínimo:

> Art. 852-A. Os dissídios individuais cujo valor não exceda a quarenta vezes o salário mínimo vigente na data do ajuizamento da reclamação ficam submetidos ao procedimento sumaríssimo.

Para esses, há apenas o chamado rito sumaríssimo e o rito ordinário. Desse modo, diante da extinção das hipóteses do denominado rito sumário, não faria sentido a previsão recursal.

Ademais, mesmo para os que entendem que não houve a revogação, revela-se de pouco interesse prático tal recurso, porquanto apenas as demandas cujo valor fixado fosse inferior ao dobro do mínimo legal estariam sujeitas à consequência prática daquela decisão, qual seja, a irrecorribilidade da sentença proferida sob o aludido procedimento, não sendo comum a fixação do valor de alçada em tão pouca monta. Daí por que Carlos Henrique Bezerra Leite[1] indica que o valor da causa fixado em valor igual ou inferior a dois salários mínimos seria verdadeiro pressuposto recursal específico.

De todo modo, não se pode ignorar que é possível o equívoco do juízo de piso, restando às partes o manejo do instrumento adequado, consoante já decidiram as cortes pátrias:

> Agravo de instrumento. Valor de alçada. No processo do trabalho a fixação do valor da causa visa determinar o procedimento e a alçada (art. 2º da Lei n. 5.584/1970). Com efeito, a Súmula 71 do C. TST orienta que "a alçada é fixada pelo valor dado à causa na data de seu ajuizamento, desde que não impugnado, sendo inalterável no curso do processo". Igualmente, a Súmula 356 do C. TST consagrou o entendimento de que "o art. 2º, § 4º, da Lei n. 5.584, de 26.06.1970 foi recepcionado pela CF/1988, sendo lícita a fixação do valor da alçada com base no salário mínimo". Diante disso, verificando-se que o valor de R$ 500,00 atribuído à causa (f.), que interessa para os fins previstos na Lei n. 5.584/1970 e que foi considerado pelo juízo sentenciante para fixação das custas (f.), era inferior a dois salários mínimos por ocasião do ajuizamento da

1. LEITE, Carlos Henrique Bezerra. *Curso de direito processual do trabalho*, cit., 8. ed., p. 886.

ação, a ação é de alçada, sendo, portanto, irrecorrível. Ressalta-se que a alçada recursal no processo do trabalho, tanto quanto à irrecorribilidade de certas decisões ou quanto à utilização do salário mínimo como base de cálculo para a sua fixação, não foi extinta pela Constituição Federal, que ainda admite instância única, como se depreende do disposto nos arts. 103, III, e 105, III. Assim, no caso em análise, ante o valor atribuído à causa, o processo é da alçada exclusiva do órgão de primeira instância, nos termos do § 4º do art. 2º da Lei n. 5.584/1970 (SP 00113-2009-030-02-01-5, rel. Marcelo Freire Gonçalves, 12ª Turma, j. 10-9-2009, data de publicação: 25-9-2009).

1.1.2. *Do procedimento recursal*

No atinente ao procedimento recursal, como já vimos acima, a Lei n. 5.584/70 tentou explicitar que a impugnação ao valor fixado poderá ser apresentada por qualquer das partes, ao aduzir razões finais, cabendo ao juízo de primeiro grau a reconsideração ou não da decisão.

Mantida ou não a decisão, mas persistindo a irresignação da parte, caberá a esta apresentar o pedido de revisão da decisão a fim de que o Tribunal determine o adequado valor da causa, para fins da definição da alçada.

O recurso correspondente ao pedido de revisão possui o prazo de quarenta e oito horas para sua interposição, as quais devem ser contadas seguindo o mesmo critério fixado no art. 774 da CLT.

O mesmo pedido não terá efeito suspensivo e deverá ser instruído com a cópia da petição inicial e da ata da audiência. A redação da Lei n. 5.584/70 indica que a autenticação daqueles documentos deveria ser feita pela Secretaria da Vara. Todavia, diante da redação do art. 830 da CLT, conferida pela Lei n. 11.925/2009, entendemos que houve revogação tácita do dispositivo no tocante a aludida exigência, sendo facultada ao próprio advogado a declaração de autenticidade das cópias, o que seria suficiente para o cumprimento da exigência legal.

O mesmo dispositivo deixa de prever, todavia, a exigência de abertura de vistas à outra parte acerca do incidente. Na verdade, a previsão seria a de que o expediente seria encaminhado diretamente para a presidência do Tribunal Regional, a quem incumbiria a decisão no prazo de quarenta e oito horas.

Não há previsão legal para a abertura de prazo para que o recorrido pudesse se manifestar imediatamente acerca do pedido de revisão, fato justificado em razão da necessidade de que o incidente seja apreciado em tempo hábil para que o recorrente, caso queira, possa apresentar o recurso em face da sentença de mérito, dado que esse recurso não objeta qualquer outro. Ter-se-ia o diferimento do contraditório para momento posterior.

1.2. Dos embargos declaratórios

1.2.1. *Conceito e previsão legal*

Dos recursos mais criticados, mas ainda assim absolutamente relevante para a materialização de uma prestação jurisdicional clara e completa, os embargos de declaração ainda hoje possuem sua natureza recursal contestada.

Há alguns que refutam a ideia de que tal instrumento seria, efetivamente, um recurso, porque são submetidos e julgados pelo mesmo órgão jurisdicional que proferiu a decisão impugnada, dentre outros argumentos. Outros, ainda, defendem o caráter recursal da medida quando por meio dela é possível a reforma da decisão, respeitando-se inclusive o preceito do contraditório. Mas não é só. Havia, ainda, resistência de alguns quanto à aplicabilidade, no âmbito da Justiça do Trabalho, dos embargos declaratórios, dada a então ausência de previsão na CLT a respeito do expediente.

Somente a partir da alteração da CLT, com a inclusão do art. 897-A no texto consolidado, é que enfim a dúvida acerca da aplicabilidade ou não desse expediente restou dissipada, porquanto passou a ser expressamente previsto:

> Art. 897-A. A Caberão embargos de declaração da sentença ou acórdão, no prazo de cinco dias, devendo seu julgamento ocorrer na primeira audiência ou sessão subsequente a sua apresentação, registrado na certidão, admitido efeito modificativo da decisão nos casos de omissão e contradição no julgado e manifesto equívoco no exame dos pressupostos extrínsecos do recurso.
> § 1º Os erros materiais poderão ser corrigidos de ofício ou a requerimento de qualquer das partes.
> § 2º Eventual efeito modificativo dos embargos de declaração somente poderá ocorrer em virtude da correção de vício na decisão embargada e desde que ouvida a parte contrária, no prazo de 5 (cinco) dias.
> § 3º Os embargos de declaração interrompem o prazo para interposição de outros recursos, por qualquer das partes, salvo quando intempestivos, irregular a representação da parte ou ausente a sua assinatura.

Enquanto inexistia aquela previsão legal, os que admitiam o expediente entendiam que a hipótese seria a de aplicar as previsões do então art. 535 do CPC/73, subsidiariamente, correspondente ao atual art. 1.022 do CPC:

> Art. 1.022. Cabem embargos de declaração contra qualquer decisão judicial para:
> I – esclarecer obscuridade ou eliminar contradição;
> II – suprir omissão de ponto ou questão sobre o qual devia se pronunciar o juiz de ofício ou a requerimento;

> III – corrigir erro material.
> Parágrafo único. Considera-se omissa a decisão que:
> I – deixe de se manifestar sobre tese firmada em julgamento de casos repetitivos ou em incidente de assunção de competência aplicável ao caso sob julgamento;
> II – incorra em qualquer das condutas descritas no art. 489, § 1º.

O TST deixou claro, no do art. 9º da Resolução n. 203/2016, a opção política do Tribunal quanto à compreensão do sistema processual trabalhista, admitindo a aplicação supletiva do art. 1.022 do CPC ao processo laboral. A partir daquelas previsões, tanto a celetista quanto a do CPC, podemos dizer que os embargos de declaração são o remédio processual destinado a corrigir qualquer decisão judicial, seja omissa, contraditória ou obscura. Sim, embora uma análise apressada pudesse nos fazer acreditar ser cabível o recurso de embargos de declaração apenas quando houvesse obscuridade, contradição ou omissão em sentença ou acórdão (art. 897-A), na verdade, parece cabível aludido recurso contra qualquer decisão judicial, inclusive as interlocutórias e os despachos[2]. Pelo menos esse parece ser o mais adequado entendimento acerca da matéria. Tal conclusão, inclusive, poderia ser observada a partir da redação conferida pela Súmula 421 do TST, em que se aceita expressamente a apresentação de embargos em face de decisão interlocutória:

> EMBARGOS DE DECLARAÇÃO. CABIMENTO. DECISÃO MONOCRÁTICA DO RELATOR CALCADA NO ART. 932 DO CPC DE 2015. ART. 557 DO CPC DE 1973.
> I – Cabem embargos de declaração da decisão monocrática do relator prevista no art. 932 do CPC de 2015 (art. 557 do CPC de 1973), se a parte pretende tão somente juízo integrativo retificador da decisão e, não, modificação do julgado.
> II – Se a parte postular a revisão no mérito da decisão monocrática, cumpre ao relator converter os embargos de declaração em agravo, em face dos princípios da fungibilidade e celeridade processual, submetendo-o ao pronunciamento do Colegiado, após a intimação do recorrente para, no prazo de 5 (cinco) dias, complementar as razões recursais, de modo a ajustá-las às exigências do art. 1.021, § 1º, do CPC de 2015.

Todavia, deve-se alertar que há quem aponte o entendimento no sentido de serem incabíveis os embargos de declaração em face das decisões interlocu-

2. MOREIRA, José Carlos Barbosa. *Comentários ao Código de Processo Civil*, cit., v. V, p. 549.

tórias[3], fundado no exclusivo critério da regulamentação infraconstitucional do aludido recurso. Tal compreensão não é imune a críticas, dado que todo provimento jurisdicional merece ser inteligível para cumprir o requisito da fundamentação (art. 93, IX, da CF/88).

A fim de consagrar a superação daquela compreensão, cumpre mencionar que durante muitos anos a jurisprudência majoritária do TST não admitia tal recurso em face do despacho denegatório de recurso de revista, em interpretação restritiva do art. 897, *b*, c/c o art. 897-A, ambos da CLT. Tinha-se quanto àquela que sua natureza seria a de mero despacho, e os despachos seriam irrecorríveis. É o que se depreendia da redação da OJ 377 da SDI-I, atualmente cancelada:

> Embargos de declaração. Decisão denegatória de recurso de revista exarado por presidente do TRT. Descabimento. Não interrupção do prazo recursal. – Não cabem embargos de declaração interpostos contra decisão de admissibilidade do recurso de revista, não tendo o efeito de interromper qualquer prazo recursal.

O cancelamento daquela orientação jurisprudencial, aliado às previsões da Instrução Normativa n. 40/2016, dá conta da compreensão de que são cabíveis os embargos de declaração em face de qualquer decisão jurisdicional, inclusive os despachos (art. 1º, § 1º), a partir do reconhecimento da aplicabilidade do art. 1.022 de forma integral ao processo do trabalho, e a consagração daquilo que se denomina "princípio da ampla embargalidade"[4], sendo suficiente que a decisão impugnada contenha os vícios indicados.

1.2.2. *Cabimento*

O recurso de embargos de declaração possui intrigante associação entre suas hipóteses de cabimento e as hipóteses em que o recurso seja procedente. Evidente que os âmbitos de cabimento e de procedência recursal são diferentes. Todavia, o próprio legislador acabou por fundi-los na hipótese dos declaratórios, fato que ocasiona diversas dificuldades práticas.

De todo modo, podemos dizer que, quanto ao cabimento, seguindo essencialmente as hipóteses previstas nos arts. 1.022 do CPC e/ou 897-A da CLT, ter-se-á, em síntese, como cabíveis os declaratórios quando houver na

---

3. EÇA, Vitor Salino de Moura (coord.). *Embargos de declaração no processo do trabalho*. São Paulo: LTr, 2010. p. 39.
4. BRANDÃO, Claudio. *Reforma do sistema recursal trabalhista:* de acordo com o CPC/2015, as Instruções Normativas do TST n. 39 e 40/2016 e Emenda Constitucional n. 92/2016. 2. ed. São Paulo: LTr, 2016. p. 286.

decisão, sentença ou acórdão omissão, obscuridade ou contradição, além da hipótese do denominado manifesto equívoco no exame dos pressupostos extrínsecos do recurso.

A *omissão* que dá azo ao recurso de embargos é aquela que diz respeito a um ou alguns pedidos ou mesmo argumentos suscitados pelas partes. Não houve pronunciamento jurisdicional acerca de tese, fato ou pedido relevante para a integral prestação jurisdicional. Cumpre reafirmar que não há distinção daquilo que se denomina omissão no âmbito do processo laboral, em relação ao processo civil. Visando delimitar conceitualmente em que consistiriam as omissões, o legislador assim consignou, no âmbito do CPC, aplicável:

> Art. 1.022. (...)
> Parágrafo único. Considera-se omissa a decisão que:
> I – deixe de se manifestar sobre tese firmada em julgamento de casos repetitivos ou em incidente de assunção de competência aplicável ao caso sob julgamento;
> II – incorra em qualquer das condutas descritas no art. 489, § 1º. (...)
> Art. 489. (...)
> § 1º Não se considera fundamentada qualquer decisão judicial, seja ela interlocutória, sentença ou acórdão, que:
> I – se limitar à indicação, à reprodução ou à paráfrase de ato normativo, sem explicar sua relação com a causa ou a questão decidida;
> II – empregar conceitos jurídicos indeterminados, sem explicar o motivo concreto de sua incidência no caso;
> III – invocar motivos que se prestariam a justificar qualquer outra decisão;
> IV – não enfrentar todos os argumentos deduzidos no processo capazes de, em tese, infirmar a conclusão adotada pelo julgador;
> V – se limitar a invocar precedente ou enunciado de súmula, sem identificar seus fundamentos determinantes nem demonstrar que o caso sob julgamento se ajusta àqueles fundamentos;
> VI – deixar de seguir enunciado de súmula, jurisprudência ou precedente invocado pela parte, sem demonstrar a existência de distinção no caso em julgamento ou a superação do entendimento.

Sobre a omissão, é possível identificar que sua ocorrência poderia autorizar não apenas a oposição de embargos de declaração, mas mesmo a interposição de recurso ordinário, suscitando-se como preliminar a nulidade da decisão, ou mesmo a proposição de ação rescisória, sob o fundamento da violação aos arts. 141 e 492 do CPC. Segundo o entendimento consolidado pela SDI II, em sua OJ 41, a hipótese é de sentença *citra petita*, cuja cindibilidade é reconhecida:

> 41. AÇÃO RESCISÓRIA. SENTENÇA "CITRA PETITA". Revelando-se a sentença "citra petita", o vício processual vulnera os arts. 141 e 492 do CPC de 2015 (arts. 128 e 460 do CPC de 1973), tornando-a passível de desconstituição, ainda que não interpostos embargos de declaração.

Há que falar ainda na hipótese de *obscuridade*, ou seja, quando não fica claro qual a solução dada ao litígio pelo Judiciário, conceito que guarda a mesma coerência, no processo laboral, em relação ao sistema do direito processual civil. Ademais, é hipótese recursal ainda quando se está adiante de *contradição*, ou seja, quando o pronunciamento jurisdicional contém em si premissas ou conclusões incompatíveis.

No tocante ao denominado *manifesto equívoco no exame dos pressupostos extrínsecos do recurso*, hipótese específica do art. 897-A da CLT, sua ocorrência se expressa quanto àquele erro perceptível de plano, que, para sua retificação, não demanda maiores divagações ou reflexões. Com efeito, o manifesto equívoco no exame dos pressupostos extrínsecos corresponde à verificação do cumprimento dos aludidos pressupostos por simples e mera constatação daquilo que, de fato, há nos autos, na análise da tempestividade, representação, autenticidade e preparo, por exemplo.

1.2.3. *Procedimento e efeitos*

Os embargos são cabíveis no prazo de cinco dias, assim como previsto no CPC e no art. 897-A da CLT. Até o advento da Lei n. 9.957/2000 havia grande polêmica acerca do prazo aplicável, dado que o art. 6º da Lei n. 5.584/70 indicava o prazo de oito dias para interpor ou contra-arrazoar qualquer recurso. Com a fixação expressa do prazo no art. 897-A da CLT, tal discussão foi superada.

No tocante aos efeitos, os embargos possuem dois efeitos importantes, quais sejam: o de interromper o prazo do recurso principal e o de eventualmente modificar, ou conferir efeito infringente ao recurso, em razão da sanação do vício apontado. De outro lado, deve-se alertar por igual que os embargos não possuem, de regra, efeito suspensivo (art. 1.026 do CPC). Todavia, não se pode ignorar que poderá ser conferido o efeito suspensivo pelo juiz ou relator (§ 1º do art. 1.026 do CPC).

No tocante ao *efeito interruptivo*, devemos nos socorrer da hipótese expressa no art. 1.026 do CPC e no § 3º do art. 897-A da CLT. Ou seja, tendo havido a apresentação de embargos de declaração regular, ter-se-á a interrupção do prazo para a apresentação do recurso principal, em relação a todas as partes.

Todavia, deve-se destacar que, para que haja o aludido efeito é preciso que os embargos sejam regulares, que sejam conhecidos pela instância julgadora. Na hipótese de intempestividade, irregularidade de representação do advogado ou ausência de autenticidade da peça, estar-se-ia diante de evidente inviabilidade daquele efeito. É o que se depreende da redação legal em que se fixa, com clareza, que os embargos de declaração interrompem o prazo para interposição de outros recursos, por qualquer das partes, salvo quando intempestivos, irregular a representação da parte ou ausente sua assinatura.

Há movimento na doutrina e jurisprudência no sentido de que os embargos não conhecidos por pretensa inadequação (ausente uma das hipóteses de cabimento) não teriam o condão de interromper o prazo recursal. Todavia, parece que esse entendimento é equivocado na medida em que, embora improcedentes os embargos, para que se apure a existência de omissão, contradição ou obscuridade, no particular, inequivocamente estar-se-ia diante da análise do próprio mérito do recurso. Assim sendo, tendo havido análise do recurso, ensejaria a interrupção do mesmo prazo.

Ademais, com base na redação do § 3º do art. 897-A parece que a interpretação restritiva não deve ser a adotada, considerando que a própria lei definiu quais seriam as hipóteses em que não teria havido a interrupção do prazo recursal.

Em relação ao denominado *efeito modificativo* dos declaratórios, trata-se daquele que enseja possível alteração, seja quanto às premissas, seja quanto às conclusões do julgado, em razão do provimento do recurso horizontal. Por meio do efeito modificativo ou infringente, tem-se a possibilidade de alteração, de reforma da decisão embargada, mesmo que em princípio esse não seja o objeto dos embargos declaratórios.

Note-se que a previsão do art. 897-A indica as hipóteses em que seja cabível o aludido efeito modificativo, não se excluindo, para o processo do trabalho, a obscuridade como hipótese de cabimento dos embargos declaratórios, na forma do art. 1.022, I, do CPC.

Notadamente nas hipóteses em que seja possível a imposição de efeito modificativo do julgado, a fim de que se preserve o contraditório e a ampla defesa, é elementar que seja intimado o embargado para, querendo, manifestar-se, no prazo de cinco dias, sobre os embargos opostos, caso seu eventual acolhimento implique a modificação da decisão embargada. Trata-se do cumprimento do quanto previsto no art. 1.023, § 2º, do CPC. Tal opção normativa reafirma o entendimento consolidado do TST no sentido de que se deve conceder vistas, obrigatoriamente, à parte embargada, na hipótese de se vislumbrar algum efeito modificativo no recurso. É o que se depreende da OJ 142 da SDI-I do TST:

> 142. EMBARGOS DE DECLARAÇÃO. EFEITO MODIFICATIVO. VISTA PRÉVIA À PARTE CONTRÁRIA. É passível de nulidade decisão que acolhe

> embargos de declaração com efeito modificativo sem que seja concedida oportunidade de manifestação prévia à parte contrária.

Deve-se ressaltar, ademais, que, com a redação legal do art. 1.023 do CPC, não parece apenas passível de nulidade a decisão que acolhe os declaratórios. Na verdade parece necessariamente viciada a decisão proferida sem conceder vistas à parte embargada quando os embargos forem manejados em sede de sentença ou de outra decisão de primeiro grau.

Encontra-se ultrapassada a compreensão de que a concessão obrigatória de vistas à parte contrária seria necessária apenas em sede de embargos de declaração perante o Tribunal Regional, sendo desnecessária sua concessão em face dos embargos opostos contra a sentença.

Isso porque, segundo a previsão do § 2º do art. 897-A, na redação que lhe conferiu a Lei n. 13.015/2014, eventual efeito modificativo dos embargos de declaração somente poderá ocorrer em virtude da correção de vício na decisão embargada e desde que ouvida a parte contrária, no prazo de cinco dias.

Dado o caráter impositivo da aludida redação, desde aquela alteração parece imperiosa a concessão do efeito modificativo apenas depois de ouvida a parte embargada, não havendo razões para excepcionar tal disciplina em relação às decisões proferidas em primeiro grau de jurisdição.

A petição dos embargos é dirigida ao relator do recurso, ou ao juiz da causa, com a indicação da(s) hipótese(s) de cabimento do recurso, observado o prazo de cinco dias, contados da ciência da decisão.

Note-se, que em relação às pessoas jurídicas de direito público, o prazo para opor embargos é em dobro (art. 183 do CPC, c/c o art. 1º, III, do Decreto-lei n. 779/69), aplicável tal qual consolidado pelo TST por meio da OJ 192 SDI-I:

> 192. Embargos declaratórios. Prazo em dobro. Pessoa jurídica de direito público. Dec.-lei 779/1969. – É em dobro o prazo para a interposição de embargos declaratórios por pessoa jurídica de direito público.

Não há preparo. Os embargos devem ser decididos no prazo de cinco dias (art. 1.024 do CPC) ou na primeira audiência ou sessão subsequente a sua apresentação (art. 897-A, *caput*, da CLT). Sendo prazo impróprio, dado que, para o juízo, a desobediência a ele não implicará qualquer irregularidade para o processo.

O pedido a ser formulado nesse recurso será, necessariamente, o preenchimento, aclaramento ou correção dos termos da decisão. Não há audiência, assim como não há previsão de sustentação oral.

Na hipótese de manejado o recurso perante o Tribunal, o relator apresentará os embargos em mesa na sessão subsequente, proferindo voto. Não havendo julgamento nessa sessão, será o recurso incluído em pauta automaticamente (art. 1.024 do CPC).

Ademais, quando os embargos de declaração forem opostos contra decisão de relator ou outra decisão unipessoal proferida em Tribunal, o órgão prolator da decisão embargada decidi-los-á monocraticamente. Ou seja, sendo a decisão embargada meramente monocrática, preserva-se ao juízo, também monocraticamente, a apreciação dos declaratórios. Em sentido oposto, sendo embargada a própria decisão colegiada, deve-se, por igual, respeitar o quórum para apreciação do recurso horizontal.

1.2.4. *Dos embargos para fins de prequestionamento e da imposição de multa por embargos procrastinatórios*

Como já vimos, consolidou-se na jurisprudência brasileira a exigência do denominado prequestionamento para fins do conhecimento da medida recursal pela instância extraordinária.

Diante dessa realidade, exige-se que a instância inferior tenha previamente se pronunciado acerca de determinada matéria para que o Tribunal Superior possa se pronunciar na instância extraordinária.

Daí por que há diversos verbetes sumulares, sejam do STF ou mesmo do TST, tratando da matéria, admitindo a oposição de embargos de declaração com o propósito de prequestionamento das matérias que se pretende reformar.

A legislação visou disciplinar de algum modo a utilização dos declaratórios com o efeito de prequestionamento. O TST, de outro lado, não deixou dúvidas quanto à aplicação do art. 1.025 do CPC ao processo laboral (art. 9º da IN 203/2016).

Em sendo assim, deve-se considerar incluídos no acórdão os elementos que o embargante suscitou, para fins de prequestionamento, ainda que os embargos de declaração sejam inadmitidos ou rejeitados, caso o Tribunal Superior considere existentes erro, omissão, contradição ou obscuridade, tal qual previsto no art. 1.025 do CPC.

As Súmulas 282 e 356 do STF assim dispõem a respeito:

> Súmula 282. É inadmissível o recurso extraordinário, quando não ventilada, na decisão recorrida, a questão federal suscitada.
> Súmula 356. O ponto omisso da decisão, sobre o qual não foram opostos embargos declaratórios, não pode ser objeto de recurso extraordinário, por faltar o requisito do prequestionamento.

Por sua vez, a jurisprudência do TST também tratou do assunto:

> Súmula 297, do TST. Prequestionamento. Oportunidade. Configuração.
> I. Diz-se prequestionada a matéria ou questão quando na decisão impugnada haja sido adotada, explicitamente, tese a respeito.
> II. Incumbe à parte interessada, desde que a matéria haja sido invocada no recurso principal, opor embargos declaratórios objetivando o pronunciamento sobre o tema, sob pena de preclusão.
> III. Considera-se prequestionada a questão jurídica invocada no recurso principal sobre a qual se omite o Tribunal de pronunciar tese, não obstante opostos embargos de declaração.

Diante do aludido tratamento, em muitas oportunidades as partes pretendem, indiscriminadamente, o manejo dos embargos declaratórios, com o fito de atender ao entendimento do E. TST. Todavia, é preciso parcimônia, principalmente porquanto o prequestionamento não é uma das hipóteses de cabimento dos embargos declaratórios.

Na verdade, parecem cabíveis os declaratórios para fins de prequestionamento apenas quando tiver sido suscitada determinada matéria em sede do recurso principal, em relação à qual seria necessária a manifestação pelo juízo recorrido, mas não houve pronunciamento acerca da mesma matéria. Assim estaria configurada a omissão, o que autorizaria o manejo dos declaratórios.

Todavia, não há necessidade do prequestionamento quando a violação do direito surgir na própria decisão recorrida[5]. Tampouco há falar em cabimento dos declaratórios quando não houve alusão a determinada questão no recurso principal. A partir da Súmula 297, II, desde que a matéria haja sido invocada no recurso principal, incumbe à parte interessada suscitar o pronunciamento expresso do Regional a respeito, sob pena de preclusão. Em não havendo sido suscitada a questão jurídica, incabível o manejo dos declaratórios, por ausente quaisquer de suas hipóteses de cabimento.

Tendo sido suscitada a matéria no recurso principal, omisso o Regional, cumpre à parte a apresentação dos embargos declaratórios. Se ainda assim mantido o não pronunciamento a respeito da matéria pelo Regional, o TST considera devidamente prequestionada a matéria.

Tal compreensão foi a consagrada, inclusive, pelo CPC, tal qual já indicamos. Assim, em tendo havido os embargos de declaração, independentemente do pronunciamento pelo Tribunal acerca do tema, ter-se-á como prequestionada a matéria (art. 1.025 do CPC).

5. "119. *Prequestionamento inexigível. Violação nascida na própria decisão recorrida. Súmula 297 do TST. Inaplicável.* – É inexigível o prequestionamento quando a violação indicada houver nascido na própria decisão recorrida. Inaplicável a Súmula 297 do TST."

Nesse contexto, é preciso reafirmar que não são procrastinatórios os embargos em que se pretenda o prequestionamento. Aplicável, no particular, o entendimento apresentado pelo E. STJ a respeito:

> Súmula 98. Embargos de declaração manifestados com notório propósito de prequestionamento não têm caráter protelatório.

A propósito dos *embargos procrastinatórios*, é preciso que se identifique a intolerância à utilização dos expedientes recursais, notadamente os embargos declaratórios, como verdadeira chicana.

Tal intuito fez com que o legislador, no CPC, editasse regras limitantes ao exercício da prerrogativa recursal, tudo no afã de permitir a otimização da prestação jurisdicional. É o que se depreende dos §§ 2º, 3º e 4º do art. 1.025 do CPC.

Segundo se conclui da leitura de tais dispositivos, quando manifestamente protelatórios os embargos de declaração, o juiz ou o Tribunal, em decisão fundamentada, condenará o embargante a pagar ao embargado multa não excedente a 2% sobre o valor atualizado da causa.

Havendo reiteração do manejo impróprio dos declaratórios, a multa necessariamente será elevada a até 10% sobre o valor atualizado da causa, e a interposição de qualquer recurso ficará condicionada ao depósito prévio do valor da multa, à exceção da Fazenda Pública e do beneficiário de gratuidade da justiça, que a recolherão ao final. Tal previsão não impede, ainda, a incidência do art. 793-C da CLT, com a condenação do litigante temerário a indenizar a parte contrária pelos prejuízos que esta sofreu e a arcar com os honorários advocatícios e com todas as despesas que efetuou em relação àquele excesso.

De todo modo, limita-se a possibilidade do manejo dos embargos de declaração, que não serão admitidos se os dois anteriores houverem sido considerados protelatórios.

O recurso manifestamente protelatório[6] é aquele cuja finalidade é unicamente a de retardar o andamento do feito. Todavia, é preciso que se identifique que o condicionamento do depósito imediato da sanção pecuniária para a apresentação do recurso subsequente é somente exigível quando há a reiteração dos embargos protelatórios.

Note-se que a imposição da multa deve seguir à risca o comando dos arts. 1.026 do CPC e 793-C da CLT, não havendo falar em incidência sobre o valor da condenação, mas apenas sobre o valor da causa. Nesse sentido o TST já se pronunciou:

6. MARINONI, Luiz Guilherme; ARENHART, Sérgio Cruz. *Prova*, cit., p. 572.

> RECURSO DE REVISTA. EMBARGOS DE DECLARAÇÃO MANIFESTAMENTE PROTELATÓRIOS. MULTA. BASE DE CÁLCULO. VALOR DA CAUSA. O parágrafo único do art. 538 do Código de Processo Civil de 1973, aplicável à espécie, é claro quanto à imposição de multa "não excedente de 1% (um por cento) sobre o valor da causa" na hipótese de embargos de declaração reputados manifestamente protelatórios. Nesse contexto, o Tribunal Regional, ao cominar a referida multa sobre o valor da condenação, e não sobre o valor da causa, violou o art. 538, parágrafo único, do CPC/73. Recurso de revista parcialmente conhecido e provido (TST, RR 660004120085050194, rel. Walmir Oliveira da Costa, 1ª Turma, j. 29-8-2018, *DEJT* 31-8-2018).

1.3. Recurso ordinário

1.3.1. *Previsão legal*

O recurso ordinário é o mais amplo dos expedientes recursais no processo de conhecimento, porquanto por meio dele é possível a impugnação das decisões definitivas ou terminativas proferidas em dissídios individuais. Sua disciplina encontra guarida nos arts. 893 e 895 da CLT:

> Art. 893. Das decisões são admissíveis os seguintes recursos: (...)
> II – recurso ordinário; (...)
> § 1º Os incidentes do processo são resolvidos pelo próprio Juízo ou Tribunal, admitindo-se a apreciação do merecimento das decisões interlocutórias somente em recursos da decisão definitiva. (...)
> Art. 895. Cabe recurso ordinário para a instância superior:
> I – das decisões definitivas ou terminativas das Varas e Juízos, no prazo de 8 (oito) dias; e
> II – das decisões definitivas ou terminativas dos Tribunais Regionais, em processos de sua competência originária, no prazo de 8 (oito) dias, quer nos dissídios individuais, quer nos dissídios coletivos.

A partir daqueles dispositivos é possível identificar que cumprirá ao recurso ordinário o papel de mecanismo de impugnação das decisões definitivas ou terminativas das Varas do Trabalho. Mas tal previsão legal não deve ser lida isoladamente. Com efeito, a partir do art. 893, § 1º, da CLT, também será por meio do denominado recurso ordinário que a parte prejudicada poderá impugnar as decisões interlocutórias proferidas no curso do processo, já que a apreciação do merecimento das decisões interlocutórias somente se dará nos recursos contra decisão definitiva. A dinâmica no processo laboral aproxima-se da disciplina do art. 1.009, § 1º, do CPC, uma vez que as questões resolvidas na fase de conhecimento, dado que as decisões a seu respeito não comportam recurso imediato, não são cobertas pela preclusão e devem ser suscitadas em preliminar de recurso ordinário, eventualmente interposta contra a decisão final, ou nas contrarrazões.

Com isso, podemos dizer que aludido recurso servirá para a reforma não apenas das decisões definitivas ou terminativas, mas também daquelas interlocutórias proferidas no curso da lide.

Também é preciso mencionar que o mesmo recurso se presta à revisão das decisões proferidas por Tribunais Regionais, em processos de sua competência originária. Desse modo o recurso adequado para a revisão das decisões proferidas em feitos de competência originária dos Tribunais, tais quais mandados de segurança, ações rescisórias etc., ou seja, iniciados perante o Tribunal Regional do Trabalho, pelo Tribunal Superior do Trabalho, será também o recurso ordinário.

O Regimento Interno do TST, ao tratar sobre o recurso ordinário no âmbito daquela Corte, assim dispôs:

> Art. 224. Cabe recurso ordinário para o Tribunal das decisões definitivas proferidas pelos Tribunais Regionais do Trabalho em processos de sua competência originária, no prazo legal, contado da publicação do acórdão ou de sua conclusão no órgão oficial.
> Art. 225. É cabível recurso ordinário em:
> I – ação anulatória;
> II – ação cautelar;
> III – ação declaratória;
> IV – agravo regimental;
> V – ação rescisória;
> VI – dissídio coletivo;
> VII – *habeas corpus*;
> VIII – *habeas data*; e
> IX – mandado de segurança.

Todavia, não se pode ignorar a previsão do art. 2º da Lei n. 5.584/70, que impõe o não cabimento do recurso na hipótese do denominado procedimento sumário. Embora sob a mesma denominação, o presente recurso não se confunde com aquele de previsão constitucional, consoante se depreende da leitura dos arts. 102, II, e 105, II, da CF/88.

1.3.2. *Noções gerais/procedimento*

No tocante ao procedimento, o recurso deve ser apresentado por escrito, no prazo *recursal*, que é de oito dias. Tal prazo deverá ser contado da data em que a parte tomou ciência da decisão, devendo ser contado em dobro para as entidades de direito público da União, dos Estados, do Distrito Federal, dos Municípios e das autarquias ou fundações de direito público federais, estaduais ou municipais que não explorem atividade econômica, indicadas no Decreto-lei n. 779/69. No particular, chama-se a atenção para a hipótese prevista na Súmula 30 do TST:

> Súmula 30 do TST. Intimação da sentença. – Quando não juntada a ata ao processo em 48 horas, contadas da audiência de julgamento (art. 851, § 2º, da CLT), o prazo para recurso será contado da data em que a parte receber a intimação da sentença.

Como já tivemos a oportunidade de indicar, na hipótese de designada audiência de julgamento (art. 851, § 2º, da CLT), a contagem do prazo recursal dependerá da juntada da decisão, no prazo de quarenta e oito horas. Cumprido o prazo de juntada da sentença, o termo *a quo* do prazo é justamente o da data designada para a audiência de julgamento. Tendo o juízo deixado de cumprir o prazo de juntada da aludida ata, tem-se o termo inicial apenas a partir do momento em que efetivamente intimada a parte dos termos da sentença.

Outra questão importante é aquela atinente ao *preparo recursal*. Com efeito, como já vimos, para viabilizar o conhecimento do recurso, cabe ao recorrente o pagamento das *custas* fixadas pela sentença, recolhidas no prazo recursal (art. 789, § 1º), mediante guia específica.

Como já referido, em se tratando de condenado, além daquela parcela, caberá ainda o pagamento do denominado *depósito recursal*, igualmente no prazo de recurso, como já mencionamos. Remetemos o leitor ao capítulo anterior quanto à disciplina e regulamentação deste.

No que toca aos *efeitos*, de regra não há o *efeito suspensivo* no recurso ordinário, sendo desnecessário que o juiz, ao receber o recurso, os declare, porque a lei já os indica (art. 899 da CLT). Como já dissemos, tem-se entendido, à guisa da Lei n. 10.192/2001, ser possível o manejo do pedido de efeito suspensivo cautelar ao recurso ordinário, a fim de que lhe seja conferido o efeito suspensivo correspondente, caso demonstrada a necessidade da cautela. Seguir-se-ia o mesmo procedimento do art. 1.012, § 3º, do CPC, sendo necessário o deferimento pelo relator.

O *efeito devolutivo* é primordial no recurso ordinário. Não se pode negar a equivalência desse expediente recursal com a apelação, prevista no art. 1.013 do CPC. Segundo tal compreensão, o recurso devolverá ao Tribunal o conhecimento da matéria impugnada. Todas as questões suscitadas e discutidas no processo, ainda que não tenham sido solucionadas, desde que relativas ao capítulo impugnado, serão objeto de apreciação e julgamento pelo tribunal.

Quando o pedido ou a defesa tiver mais de um fundamento e o juiz acolher apenas um deles, o recurso devolverá ao Tribunal o conhecimento dos demais.

Nesse sentido, o próprio TST já reconheceu a aplicação do denominado efeito devolutivo em profundidade:

> RECURSO ORDINÁRIO. EFEITO DEVOLUTIVO EM PROFUNDIDADE. ART. 1.013, § 1º, DO CPC DE 2015. ART. 515, § 1º, DO CPC DE 1973.
> I – O efeito devolutivo em profundidade do recurso ordinário, que se extrai do § 1º do art. 1.013 do CPC de 2015 (art. 515, § 1º, do CPC de 1973), transfere ao Tribunal a apreciação dos fundamentos da inicial ou da defesa, não examinados pela sentença, ainda que não renovados em contrarrazões, desde que relativos ao capítulo impugnado.
> II – Se o processo estiver em condições, o tribunal, ao julgar o recurso ordinário, deverá decidir desde logo o mérito da causa, nos termos do § 3º do art. 1.013 do CPC de 2015, inclusive quando constatar a omissão da sentença no exame de um dos pedidos.

Por fim, cumpre referir que, se o processo estiver em condições de imediato julgamento, o Tribunal deve decidir desde logo o mérito quando houver reforma da sentença proferida sem a resolução de mérito, tal qual previsto no art. 485 do CPC, ou for decretada a nulidade da sentença por não ser congruente com os limites do pedido ou da causa de pedir, ou por falta de fundamentação, ou ainda constatar o Tribunal a omissão no exame de um dos pedidos, hipótese em que poderá julgá-lo.

Mas não apenas. O Tribunal ainda deve conhecer imediatamente das questões que lhe foram devolvidas quando reformar sentença que reconheça a decadência ou a prescrição. Se possível, deverá o Tribunal julgar o mérito, examinando as demais questões, sem determinar o retorno do processo ao juízo de primeiro grau.

Apresenta-se o recurso perante o juízo que proferiu a decisão recorrida. Esse mesmo juiz exerce o denominado juízo de admissibilidade, quando há a verificação do cumprimento dos pressupostos objetivos e subjetivos do recurso. Preenchidos os aludidos pressupostos, haverá a notificação da parte contrária para apresentação de contrarrazões, no prazo de oito dias (art. 900 da CLT).

Garantido o contraditório, o recurso sobe à instância superior, sendo os autos remetidos ao Ministério Público do Trabalho para emissão de parecer, se a hipótese assim determinar. Sorteados desembargador relator e revisor, ao primeiro cabe estudar e preparar um relatório do processo, que é apresentado oralmente aos demais julgadores na sessão de julgamento, podendo ele promover, inclusive, as diligências necessárias (por exemplo, mandar processar incidentes de falsidade e suspeição, despachar desistências etc.).

Caberão ao relator a direção e a ordenação do recurso perante o Tribunal, sendo-lhe facultada, inclusive, a decisão imediata e monocrática do recurso, bem como a apreciação de pedidos cautelares, seguindo as hipóteses do art. 932 do CPC:

> Art. 932. Incumbe ao relator:
> I – dirigir e ordenar o processo no tribunal, inclusive em relação à produção de prova, bem como, quando for o caso, homologar autocomposição das partes;
> II – apreciar o pedido de tutela provisória nos recursos e nos processos de competência originária do tribunal;
> III – não conhecer de recurso inadmissível, prejudicado ou que não tenha impugnado especificamente os fundamentos da decisão recorrida;
> IV – negar provimento a recurso que for contrário a:
> a) súmula do Supremo Tribunal Federal, do Superior Tribunal de Justiça ou do próprio tribunal;
> b) acórdão proferido pelo Supremo Tribunal Federal ou pelo Superior Tribunal de Justiça em julgamento de recursos repetitivos;
> c) entendimento firmado em incidente de resolução de demandas repetitivas ou de assunção de competência;
> V – depois de facultada a apresentação de contrarrazões, dar provimento ao recurso se a decisão recorrida for contrária a:
> a) súmula do Supremo Tribunal Federal, do Superior Tribunal de Justiça ou do próprio tribunal;
> b) acórdão proferido pelo Supremo Tribunal Federal ou pelo Superior Tribunal de Justiça em julgamento de recursos repetitivos;
> c) entendimento firmado em incidente de resolução de demandas repetitivas ou de assunção de competência;
> VI – decidir o incidente de desconsideração da personalidade jurídica, quando este for instaurado originariamente perante o tribunal;
> VII – determinar a intimação do Ministério Público, quando for o caso;
> VIII – exercer outras atribuições estabelecidas no regimento interno do tribunal.
> Parágrafo único. Antes de considerar inadmissível o recurso, o relator concederá o prazo de 5 (cinco) dias ao recorrente para que seja sanado vício ou complementada a documentação exigível.

A disciplina contida no dispositivo é integralmente aplicável ao processo do trabalho, segundo entendimento consolidado do TST:

> DECISÃO MONOCRÁTICA. RELATOR. ART. 932 DO CPC DE 2015. ART. 557 DO CPC DE 1973. APLICAÇÃO SUBSIDIÁRIA AO PROCESSO DO TRABALHO. Aplica-se subsidiariamente ao processo do trabalho o art. 932 do CPC de 2015 (art. 557 do CPC de 1973).

Ao revisor cabe examinar o processo para confirmar ou não o relatório. Nas sessões, cabe a todos os membros do colegiado participar do julgamento do processo, podendo pedir esclarecimentos ao relator, após a leitura do relatório, e proferir voto, usando da palavra. O Presidente da Turma encaminha a votação e vota para desempate.

Ao relator compete redigir o acórdão, salvo quando a tese que sustenta é vencida, caso em que o redige o desembargador que primeiro a expôs na sessão, cabendo aos vencidos, se quiserem, redigir seus votos em separado. Redigido e assinado o acórdão, é publicado o resumo na imprensa oficial, com o que os interessados ficam intimados da decisão, para fins de interposição de recurso de revista.

A Lei n. 13.467/2017 trouxe importantes modificações à dinâmica do recurso ordinário. A Lei n. 13.015/2014 havia trazido a necessidade de observância, pela Turma, do entendimento manifestado pelo Regional no julgamento do incidente de uniformização de jurisprudência então previsto no art. 896, § 3º, com a redação que lhe foi conferida pela Lei n. 13.015/2014. Todavia, diante da revogação do dispositivo pela Lei n. 13.467/2017, há fundadas dúvidas acerca da necessidade de o Tribunal Regional manter a uniformização de sua jurisprudência, bem como os mecanismos para assim proceder.

Não obstante autorizadas vozes em contrário, parece certa a necessidade de ser mantida a uniformidade da jurisprudência. Trata-se de expediente que reafirma a aplicação do art. 926 do CPC, tal qual já se pronunciou expressamente o TST no âmbito do art. 18 da IN 41/2018.

Assim, a princípio, uma vez fixada a tese jurídica prevalente do Regional, tal entendimento vincula as Turmas do Regional, devendo-se impor a posição majoritária aos processos existentes que versem sobre a idêntica questão, e também aos futuros, senão por força do art. 896, § 3º, revogado, ao menos por força da redação do art. 926 do CPC.

Como veremos adiante, definida a tese jurídica pelo Tribunal, a parte poderá, ao arrazoar o recurso ou suas contrarrazões, ou em petição avulsa, requerer que o julgamento obedeça ao entendimento firmado pelo Regional.

Em não sendo observada a posição firmada, pela Turma, independentemente do cabimento do recurso específico contra a decisão que aprecia o recurso ordinário (recurso de revista), parece-nos cabível, também, e embora sem natureza recursal, expediente próprio, qual seja, a reclamação.

A petição avulsa prevista no art. 988 do CPC dá conta da possibilidade de ser adotado incidente dessa natureza, visando à manutenção da coerência interna do Tribunal. Dada a omissão da CLT, no particular, parece-nos adequado nos valermos de incidente equivalente, que doravante deverá ser denominado "reclamação", seguindo a lógica e denominação prevista no CPC, como demonstra seu art. 985, em que se visará, em essência, ver respeitada a autoridade do Tribunal ao definir a tese jurídica prevalente naquele Regional.

Note-se, no particular, inclusive, que as teses jurídicas prevalecentes e os enunciados de súmulas decorrentes do julgamento dos incidentes de uniformização de jurisprudência suscitados ou iniciados anteriormente à edição da Lei n. 13.467/2017, no âmbito dos Tribunais Regionais do Trabalho, conservam sua natureza vinculante à luz dos arts. 926, §§ 1º e 2º, e 927, III e V, do CPC, tal qual preconizado pelo E. TST no âmbito do § 3º do art. 18 da IN 41/2018.

1.3.3. *Das peculiaridades do recurso ordinário no procedimento sumaríssimo (art. 895, §§ 1º e 2º, da CLT)*

Como já vimos, o procedimento sumaríssimo determina forma específica em relação a uma série de atos. Na hipótese de ser apresentado recurso, não há alteração quanto ao encadeamento dos atos perante o juízo de piso. A distinção começa a partir da chegada do recurso perante o TRT. Nesse momento o feito é imediatamente distribuído e direcionado ao relator. O parecer do Ministério Público do Trabalho é oral, durante a sessão de julgamento, se assim entender seu representante, havendo prazo para apreciação do recurso, qual seja, o de dez dias.

Não há o revisor. O acórdão poderá ser instrumentalizado apenas na certidão de julgamento, com a indicação do processo e parte dispositiva, e das razões de decidir do voto prevalente, podendo ser ainda mais sumário se a sentença for confirmada pelos próprios fundamentos. Note-se que tal hipótese, a nosso sentir, possui constitucionalidade duvidosa, em face do art. 93, IX, da CF/88.

1.4. Recurso de revista

1.4.1. *Considerações gerais/previsão legal*

O Tribunal Superior do Trabalho, em essência, possui a atribuição de pacificar as diversas compreensões acerca do direito aplicável às relações de trabalho, seja no âmbito material ou processual. Um dos mecanismos aptos a essa uniformização é justamente o denominado recurso de revista.

Do ponto de vista histórico, o CPC de 1939 previa o recurso de revista como instrumento para a uniformização da jurisprudência da cada Tribunal. Tal função mantém-se, e hoje podemos dizer que se trata de recurso de natureza extraordinária, ao lado do recurso especial, para o Superior Tribunal de Justiça, e do recurso extraordinário, para o Supremo Tribunal Federal.

É recurso de jurisdição extraordinária cabível contra acórdão proferido pelo TRT em dissídio individual. Em face do dissídio coletivo a hipótese, como já vimos, seria a apresentação de recurso ordinário. Tal expressão, no entanto, merece temperamentos.

Com efeito, a leitura do art. 896 da CLT nos dá conta de que cabe recurso de revista para Turma do Tribunal Superior do Trabalho das decisões proferidas em grau de recurso ordinário, em dissídio individual, pelos Tribunais Regionais do Trabalho. Todavia, como bem aponta Manoel Mendes de Freitas, pode nos induzir a erro a expressão atinente ao cabimento do manejo do recurso de revista das decisões proferidas em grau de recurso ordinário "em dissídio individual". Ora, tal expressão vedaria, em uma interpretação ligeira, o manejo do recurso de revista contra o acórdão proferido, por exemplo, no âmbito das ações coletivas proposta perante o juízo de primeiro grau, ainda que aquelas visassem à tutela dos direitos transindividuais. Para evitar enganos, é preciso explicar.

De fato, a expressão assinalada parece vinculada ao anterior entendimento de que a competência originária para a ação civil pública, assim como daquelas demandas em que se pretendia a tutela de direitos transindividuais, seria não dos juízos de primeiro grau, mas dos Tribunais do Trabalho. Hoje prevalece a compreensão de que a competência para o julgamento das demandas que envolvam tais direitos (sejam individuais, coletivos em sentido estrito, individuais homogêneos ou difusos) é do órgão de primeiro grau, variando apenas em função da extensão territorial abrangida pela ação (estadual ou nacional), a competência territorial para conhecer da demanda, como se depreende do teor da OJ 130 da SBDI-II do E. TST.

Assim, dado que o juízo de primeiro grau é o competente para julgar as demandas que envolvam direitos individuais, coletivos em sentido estrito, individuais homogêneos ou difusos, parece ficar claro que, em tais hipóteses, será cabível o recurso de revista contra os acórdãos que decidirem tais matérias. O mesmo não ocorrerá, todavia, em relação aos denominados dissídios coletivos, ações específicas manejadas diretamente no âmbito dos Tribunais Regionais do Trabalho por meio das quais o Poder Judiciário exerce o denominado poder normativo, como veremos adiante.

É preciso que se alerte o leitor de que o recurso de revista não visa à precípua justiça no caso concreto, mas apenas permitir a uniformização do entendimento acerca de determinadas matérias, para servir de parâmetro a todo o Judiciário Especializado. A aplicação da justiça ao caso concreto é mera consequência da uniformização/correta aplicação do direito.

Trata-se de recurso a ser apresentado no prazo de oito dias, respeitados os prazos diferenciados dos entes públicos, dentre os quais inclusive o Ministério

Público. Do ponto de vista da regularidade formal, a petição recursal deve ser acompanhada das razões respectivas. Dada sua tecnicidade, é preciso que no recurso haja a demonstração de uma de suas hipóteses de cabimento, previstas nas alíneas *a*, *b* ou *c* do *caput* ou das previsões dos §§ 9º e 10 do art. 896 da CLT, além de cumprir outras formalidades, como aquelas previstas no § 1º-A do art 896 da CLT.

Nessa hipótese recursal, igualmente, há legitimidade recursal das partes, terceiros interessados e Ministério Público do Trabalho. Haverá interesse recursal, nos mesmos moldes do que já mencionamos acima.

Além desses pressupostos, há ainda o requisito do prequestionamento, do prévio debate da hipótese jurídica acerca de dispositivos específicos, como já referimos, consoante previsto no art. 896-A, I, da CLT e na Súmula 297 do TST.

Neste ponto, deve-se reafirmar que, para a viabilidade recursal, a parte recorrente deve impugnar especificamente o acórdão recorrido, devendo transcrever o trecho da decisão que evidencie o pronunciamento jurisdicional sobre o tópico. Deve, ainda, o recorrente cumprir uma série de formalidades na peça recursal, dentre as quais indicar o dispositivo de lei que reputa violado assim como as razões pelas quais entende ter havido violação do dispositivo legal, e mesmo transcrever na peça recursal o trecho dos embargos em que foi requerido o pronunciamento pelo Regional acerca do ponto relevante para a causa, na hipótese de fundado o recurso na negativa de prestação jurisdicional. É o que se depreende da redação do § 1º-A do art. 896 da CLT:

> § 1º-A. Sob pena de não conhecimento, é ônus da parte:
> I – indicar o trecho da decisão recorrida que consubstancia o prequestionamento da controvérsia objeto do recurso de revista;
> II – indicar, de forma explícita e fundamentada, contrariedade a dispositivo de lei, súmula ou orientação jurisprudencial do Tribunal Superior do Trabalho que conflite com a decisão regional;
> III – expor as razões do pedido de reforma, impugnando todos os fundamentos jurídicos da decisão recorrida, inclusive mediante demonstração analítica de cada dispositivo de lei, da Constituição Federal, de súmula ou orientação jurisprudencial cuja contrariedade aponte;
> IV – transcrever na peça recursal, no caso de suscitar preliminar de nulidade de julgado por negativa de prestação jurisdicional, o trecho dos embargos declaratórios em que foi pedido o pronunciamento do tribunal sobre questão veiculada no recurso ordinário e o trecho da decisão regional que rejeitou os embargos quanto ao pedido, para cotejo e verificação, de plano, da ocorrência da omissão.

O prequestionamento, seja explícito, seja ficto (Súmula 297, III, do TST), consiste no pronunciamento pelo Tribunal de origem acerca da tese jurídica aplicada, sendo requisito essencial para o recurso de revista, como referido no capítulo anterior.

O art. 896-A prevê o pressuposto da transcendência. Segundo aquele dispositivo legal, o TST somente deve julgar o recurso se se identificar a relevância e repercussão acerca da matéria que se está submetendo ao Tribunal Superior. É mais um dos elementos cuja tentativa é justamente a de inviabilizar o acesso à instância superior. A Lei n. 13.467/2017 buscou de algum modo disciplinar o aludido pressuposto, ultrapassando a compreensão do E. TST. Exemplifica-se a seguir, no sentido da ausência de regulamentação:

> Transcendência. – O primeiro reclamado, em suas razões de recurso de revista, com o objetivo de evitar dúvidas a respeito do cabimento do apelo, esclarece que a matéria discutida sobre o reconhecimento do vínculo empregatício de telefonista com o Banco do Brasil, empresa de economia mista administrada pelo governo federal, possui relação aos reflexos gerais de natureza econômica, de natureza social e de natureza jurídica. Fundamenta seu esclarecimento no art. 896-A da CLT. Entretanto, a regulamentação do art. 896-A da CLT, que trata do princípio da transcendência, ainda não foi procedida por esta Corte, razão pela qual não é exigível a demonstração da transcendência como requisito necessário para a admissibilidade do recurso de revista. Recurso de revista não conhecido neste tema. (...) (RR, 115400-65.2004.5.15.0071, rel. Min. José Roberto Freire Pimenta, 2ª Turma, j. 18-12-2012, data de publicação: 15-2-2013).

O § 1º do art. 896-A dispõe sobre quais seriam os indicadores da transcendência, bem como disciplina o meio de sua apuração e as consequências da decisão do TST que reputa inexistir o pressuposto:

> I – econômica, o elevado valor da causa;
> II – política, o desrespeito da instância recorrida à jurisprudência sumulada do Tribunal Superior do Trabalho ou do Supremo Tribunal Federal;
> III – social, a postulação, por reclamante-recorrente, de direito social constitucionalmente assegurado;
> IV – jurídica, a existência de questão nova em torno da interpretação da legislação trabalhista.
> § 2º Poderá o relator, monocraticamente, denegar seguimento ao recurso de revista que não demonstrar transcendência, cabendo agravo desta decisão para o colegiado.
> § 3º Em relação ao recurso que o relator considerou não ter transcendência, o recorrente poderá realizar sustentação oral sobre a questão da transcendência, durante cinco minutos em sessão.

> § 4º Mantido o voto do relator quanto à não transcendência do recurso, será lavrado acórdão com fundamentação sucinta, que constituirá decisão irrecorrível no âmbito do tribunal.
> § 5º É irrecorrível a decisão monocrática do relator que, em agravo de instrumento em recurso de revista, considerar ausente a transcendência da matéria.
> § 6º O juízo de admissibilidade do recurso de revista exercido pela Presidência dos Tribunais Regionais do Trabalho limita-se à análise dos pressupostos intrínsecos e extrínsecos do apelo, não abrangendo o critério da transcendência das questões nele veiculadas.

O *caput* do § 1º do art. 896-A indica que são indicadores de transcendência a relevância econômica, política, social, jurídica das questões em debate. Trata-se, na verdade, de pressuposto equivalente à repercussão geral, prevista para o recurso extraordinário, perante o STF. Todavia, o texto normativo deixa claro ser o rol meramente exemplificativo, dado ser capaz de existirem outros indicadores, a serem aferidos pelo Tribunal, no caso específico. O dispositivo indica existir repercussão econômica, diante do elevado valor da causa, enquanto a repercussão política existe quando há desrespeito da instância recorrida à jurisprudência sumulada do Tribunal Superior do Trabalho ou do Supremo Tribunal Federal. A repercussão social existe quando a postulação funda-se em direito social constitucionalmente assegurado, quando reclamante o recorrente. A repercussão jurídica, por fim, existe diante da existência de questão nova em torno da interpretação da legislação trabalhista.

Caberá ao relator, monocraticamente, analisar a existência ou não de aludida transcendência, denegando seguimento ao recurso de revista que não a demonstrar. Diante da compreensão monocrática de que inexiste a transcendência, caberá agravo, sendo facultada a sustentação oral ao recorrente, durante cinco minutos em sessão, e ao recorrido, apenas no caso de divergência entre os componentes da Turma quanto à transcendência da matéria. Mantido o voto do relator quanto à não transcendência do recurso, será lavrado acórdão com fundamentação sucinta, que constituirá decisão irrecorrível no âmbito do tribunal. A transcendência será analisada também em sede de agravo de instrumento para destrancar recurso de revista. Todavia, será irrecorrível a decisão monocrática do relator que, em agravo de instrumento em recurso de revista, considerar ausente a transcendência da matéria.

Ainda, visando deixar claro o papel dos Tribunais Regionais quanto ao tema, a Lei n. 13.467/2017 indicou expressamente que o juízo de admissibilidade do recurso de revista exercido pela Presidência dos Tribunais Regionais do Trabalho limita-se à análise dos pressupostos intrínsecos e extrínsecos do apelo, não abrangendo o critério da transcendência das questões nele veiculadas. A transcendência é, portanto, avaliada exclusivamente pelo próprio TST.

Há ainda pressuposto negativo a ser cumprido pelo recorrente, qual seja, a obediência à vedação do reexame de fatos e provas. De fato, na instância extraordinária não é possível o exame, a investigação ou discussão probatória. Nesse sentido, a Súmula 126 do TST:

> Recurso. Cabimento. – Incabível o recurso de revista ou de embargos (arts. 896 e 894, *b*, da CLT) para reexame de fatos e provas.

Não é possível, no âmbito da jurisdição extraordinária, a avaliação quanto à boa ou má interpretação dos fatos. Tendo sido os fatos valorados ou avaliados pelo Tribunal, todavia, poderá o Tribunal Superior identificar se foram adequadamente juridicizados.

Mas não apenas. Deve-se atentar que, para a interposição do recurso de revista, faz-se necessário ainda o pagamento do preparo. São devidas as custas e o depósito recursal, devendo-se atentar para o valor do depósito recursal, que deve respeitar o valor da condenação, mas igualmente o valor específico do recurso, como já mencionamos.

No tocante aos *efeitos*, o recurso de revista é recebido apenas no efeito devolutivo. Discute-se se há possibilidade de apreciação de questões de ordem pública, tomando-se como possível o efeito translativo. Parte da doutrina admite o efeito translativo, pois não haveria vedação legal. Outros pensam que não seria possível tal expediente, em razão da necessidade do prequestionamento. Nesse sentido, o próprio TST já se pronunciou, quando da edição da OJ 62 pela SDI-I:

> Prequestionamento. Pressuposto de admissibilidade em apelo de natureza extraordinária. Necessidade, ainda que se trate de incompetência absoluta. – É necessário o prequestionamento como pressuposto de admissibilidade em recurso de natureza extraordinária, ainda que se trate de incompetência absoluta.

O recurso de revista não possui efeito suspensivo. Contudo, a jurisprudência tem admitido a propositura do pedido cautelar para atribuição de efeito suspensivo ao recurso, consoante previsto na Súmula 414, I, *fine,* do TST:

> MANDADO DE SEGURANÇA. TUTELA PROVISÓRIA CONCEDIDA ANTES OU NA SENTENÇA (nova redação em decorrência do CPC de 2015)
> I – A tutela provisória concedida na sentença não comporta impugnação pela via do mandado de segurança, por ser impugnável mediante recurso ordinário. É admissível a obtenção de efeito suspensivo ao recurso ordinário mediante requerimento dirigido ao tribunal, ao relator ou ao presidente ou ao vice-presidente do tribunal recorrido, por aplicação subsidiária ao processo do trabalho do artigo 1.029, § 5º, do CPC de 2015. (...)

1.4.2. *Cabimento*

As hipóteses de cabimento do recurso de revista são eminentemente restritivas, devendo ser observadas pelo recorrente. Estão previstas, em geral, nas alíneas do art. 896 da CLT:

> Art. 896. Cabe Recurso de Revista para Turma do Tribunal Superior do Trabalho das decisões proferidas em grau de recurso ordinário, em dissídio individual, pelos Tribunais Regionais do Trabalho, quando:
> a) derem ao mesmo dispositivo de lei federal interpretação diversa da que lhe houver dado outro Tribunal Regional do Trabalho, no seu Pleno ou Turma, ou a Seção de Dissídios Individuais do Tribunal Superior do Trabalho, ou contrariarem súmula de jurisprudência uniforme dessa Corte ou súmula vinculante do Supremo Tribunal Federal;
> b) derem ao mesmo dispositivo de lei estadual, Convenção Coletiva de Trabalho, Acordo Coletivo, sentença normativa ou regulamento empresarial de observância obrigatória em área territorial que exceda a jurisdição do Tribunal Regional prolator da decisão recorrida, interpretação divergente, na forma da alínea *a*;
> c) proferidas com violação literal de disposição de lei federal ou afronta direta e literal à Constituição Federal.

Já mencionamos que é cabível recurso inclusive quando do julgamento de demandas em que se discutam direitos coletivos, em sentido estrito, ou individuais homogêneos, ou difusos, por meio de ações cuja competência originária seja da Vara do Trabalho (ação civil pública etc.). Assim deve ser interpretado o *caput* do art. 896.

Ainda é preciso que se interprete, também, que a expressão "das decisões proferidas em grau de recurso ordinário" seja compreendida com temperamentos. Com efeito, não parece haver dúvida quanto ao cabimento do recurso de revista contra a decisão proferida pelo TRT em grau agravo regimental, quando a decisão que se pretende discutir naquele agravo é justamente a decisão monocrática que negou seguimento ao recurso ordinário. Com efeito, em hipóteses tais, como menciona o Ministro Claudio Brandão[7], trata-se, "na essência, da apreciação em momento diferido da pretensão nele contida [no recurso ordinário], inicialmente sob exame de forma monocrática". Parece possível, portanto, o manejo do recurso de revista também contra a decisão proferida em sede de agravo regimental, em tal hipótese, porquanto o objeto do julgamento, essencialmente, é justamente o conteúdo do recurso ordinário manejado.

7. BRANDÃO, Claudio. *Reforma do sistema recursal trabalhista*: comentários à Lei n. 13.015/2014. São Paulo: LTr, 2015. p. 51.

Como já dissemos, a função do recurso de revista é, eminentemente, o respeito às normas vigentes, e a uniformização do entendimento pelo próprio Poder Judiciário especializado, acerca do direito material e processual, desde que aplicado pelo Judiciário Trabalhista.

Daí por que a previsão primeira de cabimento do recurso, seguindo a previsão da alínea *a*, é justamente quando o julgado der "ao mesmo dispositivo de lei federal interpretação diversa da que lhe houver dado outro Tribunal Regional do Trabalho, no seu Pleno ou Turma, ou a Seção de Dissídios Individuais do Tribunal Superior do Trabalho, ou contrariarem súmula de jurisprudência uniforme dessa Corte ou súmula vinculante do Supremo Tribunal Federal".

Note-se, então, que a hipótese recursal visa observar justamente o confronto da tese vencedora em dois Tribunais Regionais (aquela ventilada no recurso e a paradigma), ou mesmo a decisão de um Regional com aquela já proferida pela Seção de Dissídios Individuais do TST, ou mesmo com o entendimento consolidado, por meio da súmula do Tribunal Superior do Trabalho ou da súmula vinculante do Supremo Tribunal Federal. Prevalece, assim, a função uniformizadora do E. TST.

Além da aludida função, parece ter-se explicitado outra, qual seja, a de adequação da decisão judicial ao quanto pronunciado pela Corte Suprema. Com a redação que foi imposta ao dispositivo pela Lei n. 13.015/2014, consagrou-se o entendimento firmado pelo E. TST nos autos do RR 70300-28.2009.5.04.0521, em que se entendeu caber ao TST, também, a função de defesa da autoridade da decisão proferida no âmbito das denominadas súmulas vinculantes, condicionando-se a decisão Regional ao quanto decidido pelo STF.

Com efeito, as previsões da EC 45/2004, que inseriu no Texto Constitucional o art. 103-A, e da Lei n. 11.417/2006, que o regulamentou, remeteram ao próprio STF, por meio da reclamação constitucional, a prerrogativa de fiscalizar[8] o cumprimento e fazer preservar a autoridade das decisões da Suprema Corte, proferidas no âmbito das referidas súmulas vinculantes.

Todavia, sem prejuízo daquela regulamentação, é certo que a jurisdição constitucional brasileira cabe a todo o Poder Judiciário, embora o controle concentrado de constitucionalidade caiba ao STF. Assim, como não poderia deixar de ser, incumbe ao E. TST a defesa da Constituição e da autoridade da decisão emanada pelo STF no âmbito das aludidas súmulas vinculantes, ou seja, da própria interpretação da Constituição Federal. Caberá ao TST, assim, nos recursos

8. Art. 7º Da decisão judicial ou do ato administrativo que contrariar enunciado de súmula vinculante, negar-lhe vigência ou aplicá-lo indevidamente caberá reclamação ao Supremo Tribunal Federal, sem prejuízo dos recursos ou outros meios admissíveis de impugnação.

de revista fundados na hipótese de divergência à súmula vinculante do STF, a adequação da decisão do Regional ao entendimento manifestado pela Suprema Corte, no particular.

Tal situação gera, em um primeiro momento, algum impacto, na medida em que não se pode ignorar que caberá ao STF, por óbvio, em última instância, decidir sobre a afronta ou não de sua decisão pelo Tribunal Regional do Trabalho, ou mesmo pelo TST, preservando-se a competência de pronunciar-se, definitivamente, sobre o conteúdo dos direitos constitucionais.

A alteração normativa reafirmou a necessidade do respeito às decisões proferidas pelo E. STF, em sede de súmula vinculante pelo Judiciário Trabalhista. E é evidente a necessidade de preservar a autoridade da decisão da Suprema Corte, inclusive pelo E. TST, dado que caberá ao Tribunal Superior, como a todo o Judiciário, o respeito à CF/88, e a sua interpretação, dada pela Corte máxima do país.

Na verdade, a nosso juízo, qualquer pronunciamento do STF deveria autorizar, para adequação, o manejo do recurso de revista, de modo a preservar a autoridade da Suprema Corte no controle de constitucionalidade perante o Poder Judiciário. Assim, estar-se-ia a permitir ao TST não apenas a identificação da correlação entre o pronunciamento do STF e a decisão do Regional, mas, por igual, a correção do desajuste do Regional que insistir em afrontar a decisão da Corte Suprema em seus pronunciamentos, adequando-os. A hipótese seria de cabimento do recurso de revista não apenas em relação aos acórdãos, mas das súmulas, inclusive as não vinculantes, além das decisões proferidas sob o pálio da repercussão geral proferidas pelo Supremo Tribunal Federal em matérias afetas às relações de trabalho.

De outro lado, é preciso que se reafirme que não cabe esse recurso quando a divergência existir entre as Turmas de um mesmo regional.

A comprovação da divergência demanda a obediência a uma série de aspectos, os quais foram consagrados no texto legal, reafirmando o entendimento consolidado pelo TST. Segundo o art. 896, nos §§ 7º e 8º, especificamente em relação à divergência, o recurso deve preencher os seguintes critérios:

> § 7º A divergência apta a ensejar o recurso de revista deve ser atual, não se considerando como tal a ultrapassada por súmula do Tribunal Superior do Trabalho ou do Supremo Tribunal Federal, ou superada por iterativa e notória jurisprudência do Tribunal Superior do Trabalho.
> § 8º Quando o recurso fundar-se em dissenso de julgados, incumbe ao recorrente o ônus de produzir prova da divergência jurisprudencial, mediante certidão, cópia ou citação do repositório de jurisprudência, oficial ou credenciado, inclusive em mídia eletrônica, em que houver sido publicada a decisão

> divergente, ou ainda pela reprodução de julgado disponível na internet, com indicação da respectiva fonte, mencionando, em qualquer caso, as circunstâncias que identifiquem ou assemelhem os casos confrontados.

Veja-se que a redação legal, na verdade, reafirmou o entendimento cristalizado na Súmula 337 do E. TST, que impôs seja observado quando da demonstração da divergência jurisprudencial, o seguinte:

> COMPROVAÇÃO DE DIVERGÊNCIA JURISPRUDENCIAL. RECURSOS DE REVISTA E DE EMBARGOS
> I – Para comprovação da divergência justificadora do recurso, é necessário que o recorrente:
> a) Junte certidão ou cópia autenticada do acórdão paradigma ou cite a fonte oficial ou o repositório autorizado em que foi publicado; e
> b) Transcreva, nas razões recursais, as ementas e/ou trechos dos acórdãos trazidos à configuração do dissídio, demonstrando o conflito de teses que justifique o conhecimento do recurso, ainda que os acórdãos já se encontrem nos autos ou venham a ser juntados com o recurso.
> II – A concessão de registro de publicação como repositório autorizado de jurisprudência do TST torna válidas todas as suas edições anteriores.
> III – A mera indicação da data de publicação, em fonte oficial, de aresto paradigma é inválida para comprovação de divergência jurisprudencial, nos termos do item I, "a", desta súmula, quando a parte pretende demonstrar o conflito de teses mediante a transcrição de trechos que integram a fundamentação do acórdão divergente, uma vez que só se publicam o dispositivo e a ementa dos acórdãos;
> IV – É válida para a comprovação da divergência jurisprudencial justificadora do recurso a indicação de aresto extraído de repositório oficial na internet, desde que o recorrente:
> a) transcreva o trecho divergente;
> b) aponte o sítio de onde foi extraído; e
> c) decline o número do processo, o órgão prolator do acórdão e a data da respectiva publicação no Diário Eletrônico da Justiça do Trabalho.
> V – A existência do código de autenticidade na cópia, em formato pdf, do inteiro teor do aresto paradigma, juntada aos autos, torna-a equivalente ao documento original e também supre a ausência de indicação da fonte oficial de publicação.

A divergência deve ser oriunda dos órgãos específicos da Justiça do Trabalho e atinentes à aplicação de fatos e direitos equivalentes. Dado que a Lei n. 11.341/2006 faculta a utilização de acórdãos disponíveis na internet, o TST acresceu a sua jurisprudência o inciso IV da aludida súmula, para reconhecer como válida a comprovação da divergência mediante aresto extraído da internet, desde que obedecidos os requisitos indicados.

Ainda acerca do acórdão paradigma, mesmo depois das alterações promovidas pela Lei n. 13.015/2014, prevalece a posição firmada na Súmula 23 do TST no sentido de que é inadmissível a revista, por divergência, se a decisão recorrida soluciona a questão por vários argumentos, mas o acórdão paradigma não abranger a todos.

O TST, ao sistematizar o entendimento das hipóteses recursais, identificou que seria igualmente possível a apresentação de recurso de revista em face de divergência entre o acórdão recorrido e a orientação jurisprudencial firmada pelo TST. Esse é o teor da OJ 219 da SDI-I:

> Recurso de revista ou de embargos fundamentado em orientação jurisprudencial do TST. – É válida, para efeito de conhecimento do recurso de revista ou de embargos, a invocação de Orientação Jurisprudencial do Tribunal Superior do Trabalho, desde que, das razões recursais, conste o seu número ou conteúdo.

Faz todo o sentido a Orientação Jurisprudencial n. 219 da SDI I do TST. É que a orientação jurisprudencial nada mais é que a positivação do entendimento firmado pelo TST a respeito de determinada questão no âmbito da Seção de Dissídios Individuais, seja por intermédio da Subseção I ou II. Desse modo, a posição traduzida nas OJ necessariamente refletirá o adotado em diversos arestos daquela Seção, os quais poderiam ser igualmente adotados como paradigmas para a evidência da divergência.

Na mesma linha de entendimento, cumpre mencionar que, segundo a compreensão dada pela SDI I do TST, é possível o conhecimento de recuso de revista por contrariedade a precedente normativo do mesmo Tribunal, pois, embora o art. 896, *a*, da CLT, com redação dada pela Lei n. 13.015/2014, refira-se a "súmula de jurisprudência uniforme", pode-se afirmar que jurisprudência uniformizada é gênero, do qual súmulas, orientações jurisprudenciais e precedentes normativos são espécies. Nesse sentido, ainda, se a Orientação Jurisprudencial n. 219 da SBDI-I admite invocar orientação jurisprudencial do TST para conhecimento de recurso de revista ou de embargos, independentemente da origem do verbete (SBDI-I, SBDI-II, Tribunal Pleno/Órgão Especial ou SDC), não se justifica inadmitir o recurso por contrariedade a precedente normativo, simplesmente pelo fato de consolidar entendimento jurisprudencial firmado no âmbito dos dissídios coletivos. É o que se identifica:

> RECURSO DE EMBARGOS. CONTRIBUIÇÃO ASSISTENCIAL. DESCONTOS INDEVIDOS. CONHECIMENTO DO RECURSO DE REVISTA POR CONTRARIEDADE A PRECEDENTE NORMATIVO DA SEÇÃO DE DISSÍDIOS COLETIVOS – SDC. POSSIBILIDADE. A controvérsia remete à possibilidade de conhecimento do recurso de revista por contrariedade a precedente normativo da Seção de Dissídios Coletivos desta Corte, à luz do que dispõe o art. 896, "a", da CLT, com a redação dada pela Lei n. 13.015/2014. Em uma leitura finalística, a norma legal, ao fazer referência à expressão "súmulas de jurisprudência uniforme", dispôs sobre a jurisprudência uniformizada como gênero, dos quais as súmulas, as orientações jurisprudenciais e os precedentes normativos são espécie. Isto porque, conquanto o dispositivo se refira a "súmula", não há controvérsia quanto ao conhecimento de recurso de revista por contrariedade a orientação jurisprudencial desta Corte, nos termos da Orientação Jurisprudencial n. 219 da SDI-1, sem distinção sobre a procedência, se da SDI, do Pleno ou da SDC. Assim, não parece haver justificativa plausível para não se admitir o conhecimento do recurso de revista por contrariedade a precedente normativo, tão somente por se tratar de entendimento relativo a dissídios coletivos, se este representa a jurisprudência consolidada no âmbito de todos os órgãos fracionários desta Corte sobre a matéria posta em discussão, que remete à impossibilidade de cobrança de contribuição sindical a trabalhadores não filiados, matéria inclusive já objeto da Súmula Vinculante n. 40 do e. STF. Recurso de embargos conhecido e desprovido (E-RR, 2294-39.2012.5.02.0029, rel. Min. Aloysio Corrêa da Veiga, j. 6-9-2018, Subseção I Especializada em Dissídios Individuais, *DEJT* 21-9-2018).

Por fim, é preciso dizer ainda que a divergência deve ser atual e não ultrapassada por súmula ou iterativa jurisprudência do TST ou do próprio STF. Esse é o conteúdo do art. 896, § 7º:

> § 7º A divergência apta a ensejar o recurso de revista deve ser atual, não se considerando como tal a ultrapassada por súmula do Tribunal Superior do Trabalho ou do Supremo Tribunal Federal, ou superada por iterativa e notória jurisprudência do Tribunal Superior do Trabalho.

Ou seja, é preciso que persista a controvérsia sobre o assunto, no particular.

A segunda hipótese recursal, prevista na alínea *b* do mesmo art. 896 da CLT, evidencia hipótese incomum em boa parte dos Regionais brasileiros. Naquela alínea prevê-se a utilização da revista com o fito de uniformizar a divergência jurisprudencial na interpretação de lei estadual, convenção ou acordo coletivo de trabalho, sentença normativa ou regulamento empresarial de aplicação territorial que exceda a jurisdição do TRT prolator da decisão recorrida, e que dê interpretação divergente, na forma da alínea *a*, esses dispositivos.

Em outras palavras, a previsão legal é a de ser cabível o recurso de revista quando se está diante de hipótese normativa, privada ou pública, cuja aplicação se dê em mais de um Regional e houver a divergência entre os regionais, no particular. É o que se depreende:

> Embargos recurso de revista conhecimento. Art. 896, *b*, da CLT CEEE. Complementação de aposentadoria adicional de periculosidade. Integração. – Quando a admissibilidade do recurso de revista estiver condicionada à interpretação de lei estadual, vincular-se-á à hipótese da alínea *b* do art. 896 da CLT. As normas que instituíram a complementação de aposentadoria, no âmbito da Companhia Estadual de Energia Elétrica, não excedem a jurisdição do TRT da 4ª Região. Assim, a divergência jurisprudencial, na interpretação daquelas normas, não enseja recurso de revista. Está incólume o art. 896 da CLT. Embargos não conhecidos (E-RR-446.098/1998.1, 1ª Turma, TST, j. 20-9-2004, rel. Min. Maria Cristina Irigoyen Peduzzi, *DJU* 1º-10-2004).

Em relação à alínea *b*, deve-se seguir as mesmas recomendações no tocante à demonstração da divergência, consoante indicado na alínea *a* do mesmo art. 896.

Mas não se pode ignorar que houve alguma discussão acerca da constitucionalidade daquela hipótese contemplada na alínea *b*, o que foi superado pela Súmula 312 do TST:

> Constitucionalidade. Alínea "b" do art. 896 da CLT. – É constitucional a alínea "b" do art. 896 da CLT, com a redação dada pela Lei n. 7.701, de 21-12-1988.

A discussão passou a existir notadamente porque a configuração de tal hipótese possibilitaria a apreciação de fatos e provas. Todavia, entendeu-se como desprovida de fundamento tal inconstitucionalidade.

Há ainda a previsão da alínea *c* do art. 896. Aquela se traduz na hipótese em que há violação literal de dispositivo de lei federal ou da Constituição Federal. No particular, não se exige divergência, bastando a afronta ao dispositivo. A oposição deve ser literal e específica, sendo que o recorrente deve indicar expressamente o preceito e, se o texto é de interpretação controvertida, resta incabível a revista, na forma da Súmula 221 do TST:

> Recurso de revista. Violação de lei. Indicação de preceito. – A admissibilidade do recurso de revista por violação tem como pressuposto a indicação expressa do dispositivo de lei ou da Constituição tido como violado.

Há ainda outra restrição no tocante ao cabimento do recurso de revista. É a atinente aos processos sob o rito sumaríssimo, cujo cabimento da revista somente se dará quando houver contrariedade a súmula e violação direta da CF/88:

> § 9º Nas causas sujeitas ao procedimento sumaríssimo, somente será admitido recurso de revista por contrariedade a súmula de jurisprudência uniforme do Tribunal Superior do Trabalho ou a súmula vinculante do Supremo Tribunal Federal e por violação direta da Constituição Federal.

Note-se que, em não cabendo a revista para a hipótese de simples divergência jurisprudencial para as demandas processadas sob o rito sumaríssimo, não será cabível a apresentação do recurso, nos feitos sujeitos a tal rito, em face do entendimento firmado em orientação jurisprudencial do TST.

Veremos, na parte atinente ao recurso de revista no processo executivo, suas peculiaridades.

1.4.3. *Uniformização de jurisprudência e recursos repetitivos*

As questões atinentes à uniformização da jurisprudência merecem destaque dentro da temática do recurso de revista porquanto, a partir da revogação dos §§ 3º e seguintes do art. 896 da CLT, pela Lei n. 13.467/2017, houve significativa alteração da dinâmica da uniformização da jurisprudência no âmbito do TST ou dos Regionais, não obstante a matéria tivesse sido alterada, também de forma significativa, a partir da Lei n. 13.015/2014.

Com efeito, por força da Lei n. 13.015/2014, foi inserida a previsão, no então § 3º do art. 896 da CLT, no sentido de que caberia aos Tribunais o ônus de manter sua jurisprudência uniformizada. Todavia, tal estipulação foi revogada, agora pela Lei n. 13.467/2017. Como já mencionamos, no entanto, tal situação não afastou a obrigação do Regional de manter sua jurisprudência estável, íntegra e coerente, na forma do art. 926 do CPC.

Com efeito, sempre chamou a atenção o fato de ser possível o manejo do recurso de revista para o Tribunal Superior do Trabalho, a fim de que este unificasse o entendimento do direito sobre determinado assunto, sem que se impusesse, previamente, a uniformização do entendimento do próprio Regional sobre a matéria.

Embora não fosse propriamente nova a possibilidade de uniformização da jurisprudência no âmbito dos Tribunais (Lei n. 9.756/98), fato é que, nos Tribunais Regionais do Trabalho, muito pouco se fez no sentido de impor a uniformização de entendimentos acerca das teses jurídicas decididas pelos mesmos Tribunais. Afinal, até então, não seria obrigatória tal medida. Todavia, seja com base na alteração legislativa imposta pela Lei n. 13.015/2014, seja bom base no próprio CPC, passou-se a exigir expressamente tal fato. Embora a Lei n. 13.467/2017 tenha acabado por revogar também os parágrafos seguintes (§§ 4º, 5º e 6º) do mesmo art. 896, retirando a perspectiva de ser utilizado o incidente de uniformização da jurisprudência no âmbito do processo laboral, parece certo concluir que o sistema processual laboral não se encontra desprovido de qualquer meio para a uniformização de seus entendimentos.

Sucede que tal revogação ocasionou algumas divergências acerca dos mecanismos para o alcance dessa uniformização. Há quem entenda que, uma vez revogado o § 3º e seguintes do art. 896 da CLT, tal revogação seria suficiente para remeter exclusivamente ao IRDR (incidente de resolução de demandas repetitivas – arts. 976 a 987 do CPC) e ao IAC (incidente de assunção de competência – art. 947) os mecanismos de uniformização jurisprudencial, também no processo laboral[9].

Parece claro concluir, todavia, que essencialmente a uniformização da jurisprudência, no âmbito dos Regionais, no processo laboral, será regulamentada com base nas previsões dos arts. 926 e seguintes do CPC, sem prejuízo das previsões do regimento interno de cada um dos Tribunais locais. O próprio TST, em seu Regimento Interno (art. 169), indica que a uniformização da jurisprudência reger-se-á pelos arts. 702, I, *f*, 896-B e 896-C da CLT, pelos preceitos do regimento e, no que couber, pelos arts. 926 a 928, 947, 976 a 987 e 1.036 a 1.041 do CPC.

Pode-se, concluir, assim, que a uniformização da jurisprudência, no âmbito dos Tribunais, inclusive os Regionais, será imperiosa, podendo tal uniformização decorrer dos denominados IRDR (incidente de resolução de demandas repetitivas – arts. 976 a 987 do CPC), dos IAC (incidente de assunção de competência – art. 947) ou da edição de súmulas, segundo as formalidades elencadas no art. 702, I, *f*, e § 4º, da CLT, ou ainda apoiada apenas nas orientações dos respectivos plenários, enquanto não alcançadas tais formalidades, tal qual previsto no regimento interno de cada Regional, e seguindo a forma do art. 927, V, do CPC.

Tal compreensão parece tornar coerente o sistema, na medida em que, enquanto não formadas as maiorias necessárias para a edição de determinadas súmulas, não se pode ignorar a necessidade de ser mantida a integridade e coerência da jurisprudência do Tribunal (art. 926 do CPC).

Tais conclusões buscam guardar alguma simetria com a interpretação do revogado art. 479 do CPC/73, que previa que, para a uniformização da jurisprudência, o julgamento seria tomado pelo voto da maioria absoluta dos membros

9. Disponível em: <http://emporiododireito.com.br/leitura/alteracoes-no-sistema-recursal-trabalhista-lei-13-467-2017-por-juliane-faco>. Acesso em: 3 jun. 2019.

que integram o Tribunal e, uma vez obtido tal quórum, tal decisão seria objeto de súmula e constituiria em precedente na uniformização da jurisprudência. Enquanto não obtido tal quórum qualificado, ter-se-ia firmada a tese jurídica, mas não o entendimento sumulado. Era o que se depreendia das lições de José Carlos Barbosa Moreira[10], que indicava ser necessária a maioria absoluta para que uma tese jurídica fosse objeto de súmula:

> Em resumo: a norma do art. 479, *caput*, não impõe que participem do "julgamento" membros em número superior à metade do total, mas exclui a produção do efeito ali indicado quer na hipótese de não votarem tantos membros, quer ainda na de tese vitoriosa não obter o sufrágio da maioria absoluta. A eficácia da deliberação, em casos tais, cingir-se-á ao processo em que o incidente houver sido suscitado: o órgão suscitante tem de julgar o recurso ou a causa à luz da solução dada pelo tribunal à *quaestio juris*, mas nenhum outro efeito se produz.

Ou seja, cumpridas as formalidades, seguir-se-á a edição de súmula pelo Regional. Enquanto não supridas as formalidades, ter-se-á fixada a tese jurídica prevalecente por aquele Regional, sem a aludida edição sumular. Mas, uma vez uniformizado o entendimento sobre o tema, no âmbito dos Regionais, deve-se estar atento para o quanto originalmente decidido.

Tendo o Regional fixado tese jurídica, ou editado súmula regional, e sendo essa posição divergente daquela conferida por outro Regional, seguir-se-á o julgamento da controvérsia no E. TST, que, por sua vez, fixará o adequado entendimento sobre o tema. Mas não é só.

É preciso ainda que se identifique se a posição manifestado pela Regional está de acordo com súmula ou orientação jurisprudencial do TST. Caso a decisão do Regional esteja consoante o entendimento espelhado pelo TST sobre o assunto, por igual também será inviável o conhecimento do recurso de revista.

Ou seja, após a uniformização da jurisprudência pelo Tribunal Regional, unicamente a súmula regional ou a tese jurídica prevalecente no Tribunal Regional do Trabalho e não conflitante com súmula ou orientação jurisprudencial do Tribunal Superior do Trabalho servirá como paradigma para viabilizar o conhecimento do recurso de revista, por divergência.

Também, deve-se indicar que serão aplicáveis ao recurso de revista as normas relativas ao julgamento dos recursos extraordinário e especial repetitivos, consoante a previsão do art. 896-B da CLT. A fim de ajustar algumas peculiaridades atinentes àquelas questões, assim dispôs na CLT:

10. MOREIRA, José Carlos Barbosa. *Comentários ao Código de Processo Civil*, cit., v, V, p. 25.

Art. 896-C. Quando houver multiplicidade de recursos de revista fundados em idêntica questão de direito, a questão poderá ser afetada à Seção Especializada em Dissídios Individuais ou ao Tribunal Pleno, por decisão da maioria simples de seus membros, mediante requerimento de um dos Ministros que compõem a Seção Especializada, considerando a relevância da matéria ou a existência de entendimentos divergentes entre os Ministros dessa Seção ou das Turmas do Tribunal.

§ 1º O Presidente da Turma ou da Seção Especializada, por indicação dos relatores, afetará um ou mais recursos representativos da controvérsia para julgamento pela Seção Especializada em Dissídios Individuais ou pelo Tribunal Pleno, sob o rito dos recursos repetitivos.

§ 2º O Presidente da Turma ou da Seção Especializada que afetar processo para julgamento sob o rito dos recursos repetitivos deverá expedir comunicação aos demais Presidentes de Turma ou de Seção Especializada, que poderão afetar outros processos sobre a questão para julgamento conjunto, a fim de conferir ao órgão julgador visão global da questão.

§ 3º O Presidente do Tribunal Superior do Trabalho oficiará os Presidentes dos Tribunais Regionais do Trabalho para que suspendam os recursos interpostos em casos idênticos aos afetados como recursos repetitivos, até o pronunciamento definitivo do Tribunal Superior do Trabalho.

§ 4º Caberá ao Presidente do Tribunal de origem admitir um ou mais recursos representativos da controvérsia, os quais serão encaminhados ao Tribunal Superior do Trabalho, ficando suspensos os demais recursos de revista até o pronunciamento definitivo do Tribunal Superior do Trabalho.

§ 5º O relator no Tribunal Superior do Trabalho poderá determinar a suspensão dos recursos de revista ou de embargos que tenham como objeto controvérsia idêntica à do recurso afetado como repetitivo.

§ 6º O recurso repetitivo será distribuído a um dos Ministros membros da Seção Especializada ou do Tribunal Pleno e a um Ministro revisor.

§ 7º O relator poderá solicitar, aos Tribunais Regionais do Trabalho, informações a respeito da controvérsia, a serem prestadas no prazo de 15 (quinze) dias.

§ 8º O relator poderá admitir manifestação de pessoa, órgão ou entidade com interesse na controvérsia, inclusive como assistente simples, na forma da Lei n. 5.869, de 11 de janeiro de 1973 (Código de Processo Civil).

§ 9º Recebidas as informações e, se for o caso, após cumprido o disposto no § 7º deste artigo, terá vista o Ministério Público pelo prazo de 15 (quinze) dias.

§ 10. Transcorrido o prazo para o Ministério Público e remetida cópia do relatório aos demais Ministros, o processo será incluído em pauta na Seção Especializada ou no Tribunal Pleno, devendo ser julgado com preferência sobre os demais feitos.

> § 11. Publicado o acórdão do Tribunal Superior do Trabalho, os recursos de revista sobrestados na origem:
> I – terão seguimento denegado na hipótese de o acórdão recorrido coincidir com a orientação a respeito da matéria no Tribunal Superior do Trabalho; ou
> II – serão novamente examinados pelo Tribunal de origem na hipótese de o acórdão recorrido divergir da orientação do Tribunal Superior do Trabalho a respeito da matéria.
> § 12. Na hipótese prevista no inciso II do § 11 deste artigo, mantida a decisão divergente pelo Tribunal de origem, far-se-á o exame de admissibilidade do recurso de revista.
> § 13. Caso a questão afetada e julgada sob o rito dos recursos repetitivos também contenha questão constitucional, a decisão proferida pelo Tribunal Pleno não obstará o conhecimento de eventuais recursos extraordinários sobre a questão constitucional.
> § 14. Aos recursos extraordinários interpostos perante o Tribunal Superior do Trabalho será aplicado o procedimento previsto no art. 543-B da Lei n. 5.869, de 11 de janeiro de 1973 (Código de Processo Civil), cabendo ao Presidente do Tribunal Superior do Trabalho selecionar um ou mais recursos representativos da controvérsia e encaminhá-los ao Supremo Tribunal Federal, sobrestando os demais até o pronunciamento definitivo da Corte, na forma do § 1º do art. 543-B da Lei n. 5.869, de 11 de janeiro de 1973 (Código de Processo Civil).
> § 15. O Presidente do Tribunal Superior do Trabalho poderá oficiar os Tribunais Regionais do Trabalho e os Presidentes das Turmas e da Seção Especializada do Tribunal para que suspendam os processos idênticos aos selecionados como recursos representativos da controvérsia e encaminhados ao Supremo Tribunal Federal, até o seu pronunciamento definitivo.
> § 16. A decisão firmada em recurso repetitivo não será aplicada aos casos em que se demonstrar que a situação de fato ou de direito é distinta das presentes no processo julgado sob o rito dos recursos repetitivos.
> § 17. Caberá revisão da decisão firmada em julgamento de recursos repetitivos quando se alterar a situação econômica, social ou jurídica, caso em que será respeitada a segurança jurídica das relações firmadas sob a égide da decisão anterior, podendo o Tribunal Superior do Trabalho modular os efeitos da decisão que a tenha alterado.

Tais previsões deixam clara a grande novidade no Processo do Trabalho, qual seja, o estabelecimento das rotinas antes afetas apenas ao Supremo Tribunal Federal e ao Superior Tribunal de Justiça, atinentes ao julgamento das denominadas demandas repetitivas.

A necessidade de uniformidade acerca do entendimento jurídico das questões em debate envolverá, por igual, adequação do julgamento das causas, no âmbito da Justiça Laboral, àqueles procedimentos relativos ao julgamento dos recursos extraordinário e especial repetitivos.

Não há dúvidas sobre os benefícios sistêmicos da uniformização da solução judicial das denominadas demandas de massa. Por isso mesmo não dedicaremos mais tempo a abordar efeitos como a consagração da imparcialidade e a previsibilidade do provimento jurisdicional, decorrentes da adoção de tais soluções, naquelas hipóteses.

Todavia, não podemos nos furtar a apresentar outras considerações. Parece-nos que dificuldades práticas certamente advêm da aplicação de tal uniformização, dado que as circunstâncias factuais são sempre bastante relevantes no delineamento do direito aplicado no processo do trabalho.

As opções sistêmicas por princípios como o da primazia da realidade conduzem a Justiça Laboral, cada vez mais, à necessidade de adoção de soluções customizadas, adequando-se a realidade do caso concreto ao quanto previsto normativamente e não simplesmente à adoção ou rejeição de uma tese. Daí, o risco que corremos é o de confundirmos questões de fato com questões de direito, na adoção de demandas meramente parecidas como se fossem absolutamente iguais, a fim de definirmos as chamadas idênticas controvérsias.

Mas não é só. Contrariamente ao processo civil, em que não raro a demanda judicial envolve apenas um pedido, ou um caso jurídico apenas, no âmbito das relações de trabalho, ou das demandas em que se discutem tais relações, há uma pluralidade de pedidos que são quase inatos à relação trabalhista. Assim, não é incomum a existência de reclamações trabalhistas em que se verifica uma multiplicidade de pedidos, fundados em aspectos diversos da demanda. Tal pluralidade, por certo, na hipótese de encerrada uma controvérsia acerca de um ou mais de um ponto da pretensão, ocasionalmente, poderá ensejar alguma demora na prestação jurisdicional relativa às demais questões, cujas teses jurídicas já estejam de algum modo pacificadas. Em função desses fatos, talvez passemos a contar com algumas controvérsias, hoje menos presentes, como as atinentes à recorribilidade das decisões judiciais em capítulos (ou em "fatias"); a possibilidade de tutela definitiva das parcelas incontroversas da demanda[11] ou a execução das parcelas decorrentes da antecipação de tutela fundada na "evidência" do direito em discussão.

A previsão legal sobre o incidente dos recursos repetitivos indica, com clareza meridiana, ser cabível tal expediente quando houver multiplicidade de recur-

11. *Vide*: PEREIRA, Rafael Caselli. *Tutela definitiva da parcela incontroversa da demanda*: compreensão dogmática à luz dos direitos fundamentais e da legislação infraconstitucional. São Paulo: LTr, 2011.

sos de revista fundados em idêntica questão de direito, na forma do art. 896-C da CLT. Para que seja legítimo tal expediente, portanto, é preciso que as controvérsias, no particular, sejam absolutamente iguais.

Por meio daquele expediente estar-se-á a reafirmar que o TST não é, porque não pode ser, um Tribunal que vise à justiça no caso concreto, mas cuja função institucional relevante é justamente a definição do entendimento jurídico aplicável aos denominados "grupos de caso"[12], nas palavras de Fredie Didier Jr. e Lucas Buril de Macêdo.

É legitimado para suscitar o incidente qualquer um dos ministros que compõem a SBDI I, desde que identifique a multiplicidade de recursos de revista fundados em idêntica questão de direito, e considerando a relevância da matéria ou a existência de entendimentos divergentes entre os ministros dessa Seção ou das Turmas do Tribunal.

Assim, deve-se atentar para a existência tanto da multiplicidade de recursos de revista fundados em idêntica questão de direito, para que a expressão "repetitivos" faça sentido, quanto da relevância da matéria ou da existência de entendimentos divergentes entre os ministros da Seção ou das Turmas do Tribunal.

Os §§ 1º e 2º do art. 896-C evidenciam, de outro lado, que caberia também ao Presidente da Turma a afetação de um ou mais recursos representativos da controvérsia para julgamento da SBDI I. Com vistas a tal redação legal, por meio da Resolução n. 201/2015, o TST acabou por facultar a qualquer das Turmas do TST, quando entender necessária a adoção do procedimento de julgamento de recursos de revista repetitivos, que seu Presidente submeta à Presidência da Subseção de Dissídios Individuais I a proposta de afetação do recurso de revista.

Havendo multiplicidade de recursos, expressão que nos leva à conclusão de que sejam ao menos quatro os havidos sobre determinada matéria, o requisito da relevância corre o sério risco de cair no vazio, dada a natural dificuldade em estipular critérios claros para a definição de qual seja a relevância que se quis abranger.

Já o requisito da divergência de entendimento sobre a matéria entre os ministros da SBDI I ou das Turmas do Tribunal parece absolutamente adequado e de mais fácil observação.

Caberá à própria Seção Especializada em Dissídios Individuais a deliberação sobre a caracterização ou não do caráter repetitivo da controvérsia. O julgamento da questão poderá ser afetado à Seção Especializada em Dissídios Individuais ou ao Tribunal Pleno.

Para que a solução das demandas sob o rito dos recursos repetitivos seja submetida ao Tribunal Pleno, medida excepcional, diga-se, parece-nos essencial que

12. Apud BRANDÃO, Claudio. *Reforma do sistema recursal trabalhista*, cit., p. 157.

a matéria em discussão seja tomada na forma de IRDR (Incidente de Resolução de Demandas Repetitivas – arts. 976 a 987 do CPC) ou IAC (incidente de assunção de competência – art. 947). Ou seja, decidir-se-á não apenas a repercussão geral, mas, por igual, fixar-se-á o entendimento da Corte, desde que cumpridas as demais formalidades para tanto. Tal entendimento decorre inclusive da atual redação do art. 75, VIII, do Regimento Interno do Tribunal, que atribui ao Tribunal Pleno a competência para apreciar os julgar os incidentes de assunção de competência e os incidentes de recursos repetitivos afetados ao órgão. Não se poderia afetar ao Pleno o julgamento do incidente, sem qualquer critério.

Apresentada a proposta ao Colegiado, havendo multiplicidade de recursos de revista ou de embargos para a Subseção I da Seção Especializada em Dissídios Individuais fundados em idêntica questão de direito, esta poderá ser afetada à Subseção ou ao Tribunal Pleno, por decisão da maioria simples dos membros da SDI I, mediante requerimento de um dos ministros que a compõem, considerando a relevância da matéria ou a existência de entendimentos divergentes entre os ministros da Subseção ou das Turmas do Tribunal.

Ou seja, o Presidente da SBDI deve submeter a proposta de afetação do recurso de revista, para fins do art. 896-C da CLT, se formulada por escrito, no prazo máximo de trinta dias de seu recebimento, ou de imediato, se suscitada em questão preliminar quando do julgamento de determinado processo pela Subseção I da Seção Especializada em Dissídios Individuais, após o que, em sendo acolhida a proposta, por maioria simples, o colegiado decidirá se a questão será analisada pela própria Subseção I da Seção Especializada em Dissídios Individuais ou pelo Tribunal Pleno, salvo quando se tratar de matéria disciplinada em súmula ou orientação jurisprudencial – nesse caso o incidente será necessariamente afetado ao Tribunal Pleno. Em tal hipótese, o processo será autuado e distribuído a relator e a revisor do órgão jurisdicional correspondente, para sua tramitação nos termos do art. 896-C da CLT, não concorrendo a sorteio, quando possível, os ministros que, previamente, tenham recebido processo da mesma classe. De outro lado, rejeitada a proposta, se for o caso, os autos serão devolvidos ao órgão julgador respectivo, para que o julgamento do recurso prossiga regularmente, sendo submetida no prazo máximo de trinta dias de seu recebimento à Seção.

Acolhida a proposta, a desistência da ação ou do recurso não impedirá a análise da questão objeto de julgamento de recursos repetitivos.

Como diz Cláudio Brandão[13], a fim de qualificar o incidente, em virtude de sua importância, é preciso que os recursos representativos da controvérsia sejam admissíveis e contenham abrangente argumentação e discussão a respeito da

13. BRANDÃO, Claudio. *Reforma do sistema recursal trabalhista*, cit., p. 166.

questão a ser decidida. De fato, somente poderão ser afetados recursos representativos da controvérsia que sejam admissíveis e que, a critério do relator do incidente de julgamento dos recursos repetitivos, contenham abrangente argumentação e discussão a respeito da questão a ser decidida (art. 283 do RITST).

Selecionados os recursos, o relator, na Subseção Especializada em Dissídios Individuais ou no Tribunal Pleno, constatada a presença do pressuposto do *caput* do art. 896-C da CLT, proferirá decisão de afetação, sempre fundamentada, na qual identificará com precisão a questão a ser submetida a julgamento; ou poderá determinar a suspensão dos recursos de revista ou de embargos de que trata o § 5º do art. 896-C da CLT; ou, ainda, poderá solicitar aos Tribunais Regionais do Trabalho informações a respeito da controvérsia, a serem prestadas no prazo de quinze dias, e requisitar aos Presidentes ou Vice-Presidentes dos Tribunais Regionais do Trabalho a remessa de até dois recursos de revista representativos da controvérsia. Ainda, concederá o prazo de quinze dias para a manifestação escrita das pessoas, órgãos ou entidades interessados na controvérsia, que poderão ser admitidos como *amici curiae*, devendo ainda informar aos demais ministros sobre a decisão de afetação, podendo conceder vista ao Ministério Público e às partes, nos termos e para os efeitos do § 9º do art. 896-C da CLT.

Também, o Presidente do TST deve oficiar aos Presidentes dos TRTs (§ 3º) para que se identifiquem não apenas os casos que versem sobre a mesma matéria, mas seja possível àquele a suspensão dos recursos representativos da controvérsia, enquanto pendente a apreciação da questão pelo TST, e ainda se permita o encaminhamento de até dois recursos representativos da controvérsia.

Note-se que a redação do art. 286 do RITST indica que seria possível ao Presidente do TRT o encaminhamento de um ou mais recursos representativos da controvérsia ao TST. Tal redação poderia induzir a que se concluísse que, seja quanto à quantidade, seja quanto à qualidade, o legislador não teria apresentado qualquer restrição à Presidência do Regional, daí por que se poderia, equivocadamente, concluir como sendo possível o encaminhamento de quaisquer recursos (inclusive ordinários, agravos etc.), ou seja, independentemente da espécie recursal, para permitir o julgamento das questões repetitivas. Não parece ser esse o entendimento acertado, todavia, porquanto é preciso que haja identidade entre os recursos representativos da referida controvérsia para espelhar a aludida tese, além do fato de que a definição da tese jurídica se dará por meio do julgamento do próprio recurso.

O próprio art. 287 do RITST indica que seria possível o encaminhamento de apenas dois recursos e de revista, por cada Regional, representativos da controvérsia.

O relator, no TST, deverá intimar as partes da decisão de suspensão de seu processo. A parte poderá requerer o prosseguimento de seu processo se demonstrar a intempestividade do recurso nele interposto ou a existência de distinção entre a questão de direito a ser decidida em seu processo e aquela a ser julgada sob o rito dos recursos repetitivos. Tal pedido será formulado diretamente ao juiz, se o processo sobrestado estiver em primeiro grau; ao relator, se o processo sobrestado estiver no Tribunal de origem; ao relator do acórdão recorrido, se for sobrestado recurso de revista no Tribunal de origem; ao relator do recurso de revista ou de embargos cujo processamento houver sido sobrestado no Tribunal Superior do Trabalho.

Não concordando a parte com a decisão, poderá requerer o prosseguimento de seu processo. Estabelecer-se-á o contraditório, sendo a outra parte ouvida sobre o requerimento, no prazo de cinco dias. Decidir-se-á sobre a impugnação, sendo tal decisão irrecorrível imediatamente (art. 893, § 1º, da CLT).

Os recursos afetados devem ser julgados no prazo de um ano e terão preferência sobre os demais feitos; não ocorrendo o julgamento no aludido prazo, cessariam automaticamente a afetação e a suspensão dos processos.

O recurso repetitivo será distribuído a um dos ministros da SBDI ou do Pleno, e ao revisor. Ao relator incumbirá, se entender pertinente, solicitar aos Regionais informações a respeito da controvérsia, assim como poderá admitir a manifestação de terceiro (*amicus curiae*), desde que a pessoa (física ou jurídica, de direito privado ou público), órgão ou entidade tenha interesse na controvérsia. Note-se que, aqui, permanecerá aplicável o entendimento manifestado pelo TST no sentido de que o interesse que autoriza tal intervenção não pode ser meramente econômico, mas jurídico (Súmula 82 do TST).

Recebidas as informações, conceder-se-ão vistas ao MPT, no prazo de quinze dias (§ 9º). Decorrido o prazo do MPT, ou apresentada a manifestação, será remetida cópia do relatório aos demais ministros e o feito será incluído em pauta na SBDI ou no Pleno, para julgamento, tendo o feito preferência sobre os demais (§ 10).

Ao decidir, o Tribunal está obrigado a analisar todos os fundamentos integrantes do debate acerca da questão jurídica (art. 291 do RITST), dando-se concretude ao comando do art. 93, IX, da CF/88.

Solucionada a questão, por meio da publicação do acórdão do TST, os recursos que foram obstados na origem ou terão seguimento negado, na hipótese de o acórdão recorrido coincidir com a orientação do TST, ou, caso a decisão de piso divirja da orientação do TST, no particular, será novamente examinado pelo Tribunal de origem, na forma do § 11 do aludido dispositivo.

Após decidida a questão no TST, os recursos de embargos e de revista sobrestados, manejados em sentido contrário ao entendimento firmado pelo Tribunal, terão seguimento denegado, considerando que a tese recursal foi superada pela jurisprudência do próprio Tribunal, consoante a previsão do art. 896, § 7º, da CLT. O mesmo se dará no âmbito dos Tribunais Regionais, já que caberá ao Presidente do TRT negar seguimento ao recurso, porquanto já não atende a um dos requisitos recursais.

A tese jurídica prevalecente, os fundamentos jurídicos que sustentam a decisão, são aplicáveis obrigatoriamente, não apenas aos processos em que há recurso de revista pendente, mas também em relação aos feitos em curso nos primeiro e segundo graus, eventualmente suspensos.

Todavia, havendo distinção quanto à hipótese fática ou à questão jurídica examinada, obviamente não será possível tal imposição aos Tribunais inferiores. Assim, seja a Vara do Trabalho, seja o Tribunal, para fundamentar a decisão de manutenção do entendimento no acórdão recorrido demonstrará fundamentadamente a existência de distinção, por se tratar de caso particularizado por hipótese fática distinta ou questão jurídica não examinada, a impor solução jurídica diversa.

O § 12 do mesmo dispositivo autoriza que, uma vez devolvida a matéria para o Tribunal de origem, mantida a decisão divergente, far-se-á novo exame de admissibilidade do recurso de revista. Mantido o acórdão divergente pelo Tribunal de origem, o recurso de revista será remetido ao Tribunal Superior do Trabalho.

Perceba-se que não se trata de novo recurso de revista, ou seja, não será facultado à parte o manejo de outro expediente recursal, uma vez devolvida a matéria para o Tribunal de origem. A Turma examinará o posicionamento adotado, ratificando ou não a decisão proferida.

Todavia, realizado o juízo de retratação, com alteração do acórdão divergente, o Tribunal de origem, se for o caso, decidirá as demais questões ainda não decididas, cujo enfrentamento se tornou necessário em decorrência da alteração.

Circunstância interessante, todavia, é aquela decorrente da inversão da sucumbência quando da devolução da matéria para o Tribunal de origem.

Com efeito, aquele que venceu o recurso ordinário, e teve a decisão que lhe atendeu modificada por força da devolução mencionada acima, poderá passar a ter direito subjetivo a manejar o recurso de revista, a partir do acórdão que modificou aquele anteriormente adotado. Nesse caso, a parte poderia manejar o recurso fundado em alguma das alíneas previstas no art. 896, *caput*, justificando, por exemplo, que o caso é distinto da tese jurídica prevalente, seja por se tratar de caso particularizado ou questão jurídica não examinada.

Muitas serão as dificuldades de tal manejo, em face da inviabilidade do revolvimento de fatos e provas na instância extraordinária, como já mencionamos. No entanto, não nos parece inviável o manejo do recurso, no particular, pelo até então vencedor, vencido a partir da retratação realizada pela Turma.

Não obstante o TST exerça a jurisdição constitucional, como todo o Poder Judiciário o faz de forma concreta ou difusa, tal atuação não concorrerá ou obstará o conhecimento de eventuais recursos extraordinários sobre a questão constitucional. Ou seja, o TST poderá apreciar questão direta ou indiretamente atrelada ao Texto Constitucional afetada e julgada sob o rito dos recursos repetitivos, e tal fato não ensejará qualquer prejuízo para o conhecimento de eventuais recursos extraordinários pelo STF. Esse é o conteúdo do § 13 do art. 896-C da CLT.

Todavia, independentemente da decisão julgada sob o rito dos recursos repetitivos, deve-se dar o encaminhamento das questões atinentes à repercussão geral nos recursos extraordinários advindos das decisões proferidas pelo Judiciário Trabalhista, nos mesmos moldes do processamento previsto no CPC, consoante o § 14 do art. 896-C. A lógica atinente à seleção dos recursos representativos da controvérsia e o encaminhamento ao STF, sobrestando-se o andamento dos demais até o pronunciamento definitivo, na forma do § 15 do art. 896-C, permanece.

Por fim, é preciso que se mencione que é possível a revisão do entendimento jurídico firmado pelo Tribunal Superior do Trabalho, quando se alterar a situação econômica, social ou jurídica. A possibilidade de revisão do entendimento do direito não pode ser utilizada para criar insegurança jurídica, mas deve servir para oxigenar o sistema. Daí é relevante reafirmar ser necessário o respeito à segurança jurídica das relações firmadas sob a égide da decisão anterior, podendo o Tribunal Superior do Trabalho, inclusive, modular os efeitos da decisão que a tenha alterado, na forma do § 17 do mesmo dispositivo.

1.4.4. *Procedimento*

No tocante ao procedimento, o prazo de interposição do recurso é de oito dias. Deve ser apresentada a petição seguida das razões recursais perante o TRT em cuja decisão recorrida foi proferida. Naquele juízo será realizado o juízo de admissibilidade a teor dos §§ 4º e 5º do art. 896.

Uma vez dado seguimento ao recurso, será encaminhado para o TST, a fim de que seja distribuído a um de seus ministros, para julgamento em sua composição da Turma.

Não se pode ignorar à sensível modificação no processamento do recurso no tocante à existência de vícios. Com efeito, seguindo a previsão do § 11 do art. 896, quando o recurso tempestivo contiver defeito formal que não se repute grave, o

Tribunal Superior do Trabalho poderá desconsiderar o vício ou mandar saná-lo, julgando o mérito, dispositivo que infirma a denominada jurisprudência defensiva do Tribunal.

A antiga redação do § 5º do art. 896 permitia que, quando a decisão recorrida estivesse em consonância com enunciado da súmula da jurisprudência do Tribunal Superior do Trabalho, poderia o ministro relator, indicando-o, negar seguimento ao recurso de revista, aos embargos, ou ao agravo de instrumento. Mesmo diante da ausência de previsão expressa na CLT, parece-nos acertada a aplicação da previsão do CPC, no particular, que autoriza, na forma do art. 932, ao relator a apreciação monocrática do referido expediente recursal, caso manifestamente inadmissível, improcedente, prejudicado ou em confronto com súmula ou jurisprudência dominante do respectivo Tribunal ou do Supremo Tribunal Federal.

Nesse caso caberá recurso de agravo interno (regimental) no TST contra essa decisão, com base no Regimento Interno do TST, que será apreciado pela Turma que apreciaria o recurso.

O TST regulamentou o processamento do recurso de revista por meio da IN 23/2003.

Há ainda que se falar que o recurso de revista adesivo é compatível com o processo do trabalho, consoante prevê a Súmula 283 do TST:

> Recurso adesivo. Pertinência no processo do trabalho. Correlação de matérias. – O recurso adesivo é compatível com o processo do trabalho e cabe, no prazo de 8 (oito) dias, nas hipóteses de interposição de recurso ordinário, de agravo de petição, de revista e de embargos, sendo desnecessário que a matéria nele veiculada esteja relacionada com a do recurso interposto pela parte contrária.

Não cabe recurso de revista pela Fazenda Pública no recurso de ofício, salvo se sucumbente em relação a esse recurso, consoante a OJ 334 SDI-I:

> OJ-SDI1-334 remessa "ex officio". Recurso de revista. Inexistência de recurso ordinário voluntário de ente público. Incabível. – Incabível recurso de revista de ente público que não interpôs recurso ordinário voluntário da decisão de primeira instância, ressalvada a hipótese de ter sido agravada, na segunda instância, a condenação imposta.

1.5. Embargos no Tribunal Superior do Trabalho

1.5.1. *Considerações gerais/previsão legal*

A modalidade recursal dos embargos visa uniformizar o entendimento firmado pelo Tribunal Superior do Trabalho, seja nas demandas individuais, seja nas coletivas. Está disciplinado no art. 894 da CLT:

> Art. 894. No Tribunal Superior do Trabalho cabem embargos, no prazo de 8 (oito) dias:
> I – de decisão não unânime de julgamento que:
> a) conciliar, julgar ou homologar conciliação em dissídios coletivos que excedam a competência territorial dos Tribunais Regionais do Trabalho e estender ou rever as sentenças normativas do Tribunal Superior do Trabalho, nos casos previstos em lei; e
> II – das decisões das Turmas que divergirem entre si ou das decisões proferidas pela Seção de Dissídios Individuais, ou contrárias a súmula ou orientação jurisprudencial do Tribunal Superior do Trabalho ou súmula vinculante do Supremo Tribunal Federal.

A Lei n. 7.701/88, sobre os embargos, assim define:

> Art. 2º Compete à seção especializada em dissídios coletivos, ou seção normativa: (...)
> II – em última instância julgar: (...)
> c) os embargos infringentes interpostos contra decisão não unânime proferida em processo de dissídio coletivo de sua competência originária, salvo se a decisão atacada estiver em consonância com procedente jurisprudencial do Tribunal Superior do Trabalho ou da Súmula de sua jurisprudência predominante; (...)
> Art. 3º Compete à Seção de Dissídios Individuais julgar: (...)
> II – em única instância: (...)
> b) os embargos das decisões das Turmas que divergirem entre si, ou das decisões proferidas pela Seção de Dissídios Individuais;

Os embargos são espécie recursal cabível tão somente no âmbito do TST, a fim de pacificar a jurisprudência nesse Tribunal. Não se aplica tal expediente no âmbito dos TRTs ou das Varas do Trabalho.

Tal recurso, denominado impropriamente embargos de divergência, é cabível para a impugnação de acórdão das turmas do TST na hipótese de divergência jurisprudencial, na interpretação de dispositivo da lei federal ou da CF/88. Os cuidados para a evidenciação da divergência, inclusive no tocante a sua demonstração, devem ser os mesmos do recurso de revista fundado na hipótese da alínea *a* do art. 896 da CLT, sendo, portanto, aplicável a Súmula 337 do TST e as disposições legais atinentes à forma do aludido recurso.

Segundo o § 2º do art. 894 da CLT, a divergência apta a ensejar os embargos deve ser atual, não se considerando tal a ultrapassada por súmula do Tribunal Superior do Trabalho ou do Supremo Tribunal Federal, ou superada por iterativa e notória jurisprudência do Tribunal Superior do Trabalho. Para tanto, deve-

-se observar os critérios de uniformização de jurisprudência mencionados quando da análise do recurso de revista.

Cumpre, por meio dos embargos, impugnar a decisão proferida pelas Turmas do Tribunal Superior do Trabalho, no julgamento de recurso de revista, na hipótese de interpretação divergente, nos dissídios individuais.

Em relação à hipótese de violação de norma jurídica, essa já foi uma das hipóteses recursais do recurso de embargos no TST. Eram os chamados embargos de nulidade. Todavia, atualmente não há mais essa possibilidade, cabendo, desse modo, às Turmas a palavra final acerca do controle de legalidade no âmbito dos conflitos do trabalho.

As hipóteses de cabimento dos embargos estão restritas às hipóteses em que as decisões das turmas do TST em dissídios individuais divergirem entre si ou que a decisão da Turma divirja da proferida pela Seção de Dissídios Individuais. Todavia, tal recurso não é cabível quando a decisão recorrida estiver em consonância com súmula do TST, com OJ do TST, com súmula do STF ou se a decisão da Turma pretensamente violar Lei Federal.

Como já dissemos, na hipótese de afronta à lei, caberá à Turma do TST a análise, em último grau, nesse caso. Se no julgado houver violação da Constituição Federal, todavia, caberá o recurso extraordinário para o STF.

Há que falar ainda ser incabível o recurso de embargos quanto às decisões que julgam agravos, excepcionando-se esse entendimento segundo o quanto consolidado na Súmula 353:

> EMBARGOS. AGRAVO. CABIMENTO
> Não cabem embargos para a Seção de Dissídios Individuais de decisão de Turma proferida em agravo, salvo:
> a) da decisão que não conhece de agravo de instrumento ou de agravo pela ausência de pressupostos extrínsecos;
> b) da decisão que nega provimento a agravo contra decisão monocrática do Relator, em que se proclamou a ausência de pressupostos extrínsecos de agravo de instrumento;
> c) para revisão dos pressupostos extrínsecos de admissibilidade do recurso de revista, cuja ausência haja sido declarada originariamente pela Turma no julgamento do agravo;
> d) para impugnar o conhecimento de agravo de instrumento;
> e) para impugnar a imposição de multas previstas nos arts. 1.021, § 4º, do CPC de 2015 ou 1.026, § 2º, do CPC de 2015 (art. 538, parágrafo único, do CPC de 1973, ou art. 557, § 2º, do CPC de 1973).
> f) contra decisão de Turma proferida em agravo em recurso de revista, nos termos do art. 894, II, da CLT.

No particular, note-se a alteração consubstanciada na alínea *f* do mesmo verbete, que, em um primeiro momento, pode nos induzir a erro. Na verdade, o verbete do TST deve ser entendido como a permissão do Tribunal no manejo dos embargos apenas contra a decisão proferida no agravo interno (regimental) contra a decisão monocrática que aprecia o recurso, e a decisão do agravo interno não esteja de acordo com súmula e orientação do TST ou do STF. Ou seja, a previsão da alínea *f* não deve ser entendida como a decisão proferida em sede de agravo de instrumento para destrancar o conhecimento do recurso de revista. Persiste o entendimento de que não é cabível o recurso de embargos contra as decisões proferidas em sede de agravo de instrumento pelo E. TST, não obstante não nos pareça que tal entendimento seja razoável.

Em relação às restrições, muitas daquelas impostas ao recurso de revista são aplicáveis ao recurso de embargos, dentre as quais a inviabilidade da análise de fatos e provas, além da necessidade de que as decisões sejam atuais e não sujeitas a superação (Súmulas 126, 333 e 23 do TST).

Havendo no acórdão da Turma do TST divergência com outra Turma ou da SDI do TST e violação da CF, deve-se apresentar o recurso de embargos e apenas ao final, mantida a irresignação, o recurso extraordinário, sendo esse o entendimento de Estêvão Mallet[14], com o qual concordamos.

Mas há quem pense em sentido oposto, quando a parte possa apresentar recurso extraordinário imediatamente, em face da parte unânime, sendo sobrestado o recurso nessa parte, enquanto julgado o recurso acerca da parte em que haja divergência. O TST já se pronunciou da seguinte forma:

> Recurso de embargo à SDI/TST e recurso extraordinário. Interposição simultânea. Possibilidade. – Parece inquestionável que a nova redação do art. 894 da CLT, introduzida pela Lei n. 11.496/2007, deu ensejo a uma cisão do procedimento trabalhista, de maneira que cabe à SDI uniformizar a jurisprudência interna e cabe, doravante, ao Supremo Tribunal Federal, examinar diretamente se for o caso, os aspectos constitucionais da decisão proferida por Turma do Tribunal Superior do Trabalho. Logo, se a parte pretende impugnar, de um lado, o capítulo do acórdão turmário com denúncia de mácula à Constituição Federal e, de outro, com alegação de divergência jurisprudencial, afigura-se razoável não descartar o manejo, concomitantemente, do recurso extraordinário e do recurso de embargos, sobrestando-se, aquele, no aguardo do julgamento dos embargos, não sendo a hipótese de incidência do princípio da unirrecorribilidade. Rejeitada, por maioria, a preliminar de inad-

---

14. Disponível em: <http://aplicacao.tst.jus.br/dspace/bitstream/handle/1939/3617/malletestevao.pdf?sequence=1>. Acesso em: 11 mar. 2013.

> missibilidade do recurso de embargos (660023-73.2000.5.03.5555, rel. Horácio Raymundo de Senna Pires, j. 7-4-2008, Subseção I Especializada em Dissídios Individuais, *DJ* 2-5-2008).

Mas não é só. É preciso reportar ainda acerca dos embargos ditos infringentes. Essa hipótese recursal, apresentada exclusivamente perante a SDC – Seção de Dissídios Coletivos, visa precipuamente modificar a decisão proferida pelo TST em dissídio coletivo originário, cuja decisão, em qualquer de suas cláusulas, seja não unânime, salvo se a decisão recorrida estiver em consonância com precedente do TST ou súmula.

1.5.2. *Do processamento*

No tocante ao processamento do recurso de embargos, o RITST prevê algumas informações relevantes.

> Art. 103. À distribuição dos embargos infringentes não concorrerá o Ministro que já tenha atuado no processo como relator e/ou redigido o acórdão embargado.
> Art. 104. Os embargos interpostos contra decisão de Turma serão distribuídos entre os Ministros não integrantes do Colegiado prolator da decisão embargada. (...)
> Art. 231. Cabem embargos, por divergência jurisprudencial, das decisões das Turmas do Tribunal, no prazo de oito dias, contados de sua publicação, na forma da lei.
> Parágrafo único. Registrado o protocolo na petição a ser encaminhada à Coordenadoria da Turma prolatora da decisão embargada, esta juntará o recurso aos autos respectivos e abrirá vista à parte contrária para impugnação no prazo legal. Transcorrido o prazo, o processo será remetido à unidade competente para ser imediatamente distribuído.
> Art. 232. Cabem embargos infringentes das decisões não unânimes proferidas pela Seção Especializada em Dissídios Coletivos, no prazo de oito dias, contados da publicação do acórdão no órgão oficial, nos processos de Dissídios Coletivos de competência originária do Tribunal.
> Parágrafo único. Os embargos infringentes serão restritos à cláusula em que há divergência, e, se esta for parcial, ao objeto da divergência.
> Art. 233. Registrado o protocolo na petição a ser encaminhada à Secretaria do órgão julgador competente, esta juntará o recurso aos autos respectivos e abrirá vista à parte contrária, para impugnação, no prazo legal. Transcorrido o prazo, o processo será remetido à unidade competente, para ser imediatamente distribuído.

> Art. 234. Não atendidas as exigências legais relativas ao cabimento dos embargos infringentes, o relator denegará seguimento ao recurso, facultada à parte a interposição de agravo regimental.

Cumpre ainda mencionar que, na forma do § 3º do art. 894, será negado seguimento aos embargos se a decisão recorrida estiver em consonância com súmula da jurisprudência do Tribunal Superior do Trabalho ou do Supremo Tribunal Federal, ou com iterativa, notória e atual jurisprudência do Tribunal Superior do Trabalho, cumprindo-lhe indicá-la; ou nas hipóteses de intempestividade, deserção, irregularidade de representação ou de ausência de qualquer outro pressuposto extrínseco de admissibilidade. Por fim, cumpre indicar que da decisão denegatória dos embargos caberá agravo, no prazo de oito dias, na forma do § 4º do art. 894.

O recurso de embargos deve ser direcionado à Presidência do órgão que proferiu a decisão recorrida, respeitada a competência regimental, com petição acompanhada das razões, sendo então encaminhada para o exame de admissibilidade. O recorrente deve demonstrar a divergência havida entre as Turmas do TST, bem como pedir a reforma da decisão. Aos embargos aplica-se o regime do depósito recursal e custas do recurso de revista.

1.6. Recurso extraordinário para o Supremo Tribunal Federal

1.6.1. *Considerações gerais/previsão legal*

Embora o STF não se enquadre na jurisdição trabalhista, é inegável que, dado seu papel de guardião da Constituição e a relevância constitucional conferida ao direito do trabalho, algumas questões debatidas no âmbito da jurisdição trabalhista poderão resvalar na Suprema Corte.

De outro lado, é certo que, sendo o direito um pretenso sistema, é essencial que haja alguma uniformidade no tratamento das questões constitucionais, cabendo ao Judiciário, e especialmente ao STF, o papel de sintetizar os preceitos previstos no Texto Magno.

Daí por que é relevante referir acerca do recurso extraordinário no âmbito trabalhista e sua compatibilidade com a sistemática recursal. Porquanto não sendo o Judiciário Trabalhista uma ilha, isolado dos demais subsistemas jurídicos, é essencial que haja compatibilidade acerca de suas compreensões do texto com aquelas impostas a todos os demais.

A previsão do recurso extraordinário está contida não apenas na CF/88 mas igualmente no CPC e na CLT. Vejamos. O art. 102, III, da CF/88 indica claramente caber ao E. STF julgar, mediante recurso extraordinário, as causas decididas em única ou última instância, quando a decisão recorrida contrariar dispositivo da Constituição; declarar a inconstitucionalidade de tratado ou lei federal; julgar válida lei ou ato de governo local contestado em face da Constituição ou julgar válida lei local contestada em face de lei federal.

Visando regulamentar a matéria, o legislador ordinário trata do mesmo recurso nos arts. 1.029 e seguintes do CPC, aplicáveis a nossa realidade naquilo que for compatível. No que tange à CLT, é preciso dizer que houve, durante algum tempo, previsão expressa no texto celetista regulamentando o recurso. Todavia, suprimiu-se tal regulamentação, embora se tenham mantido algumas previsões, que autorizam concluir como persistente tal possibilidade recursal.

É o que se depreende dos arts. 896-B, e mesmo o art. 899, § 1º, em que se prevê exigência específica, qual seja, o depósito recursal, para aquele recurso extraordinário, quando apresentado perante o Judiciário Trabalhista.

Afora a peculiaridade apresentada expressamente no texto celetista, parece certo que é cabível o recurso extraordinário apenas e tão somente nas hipóteses previstas no Texto Constitucional. Do mesmo modo que entendemos ser inviável a limitação ao exercício recursal, não há falar em ampliação daquelas possibilidades.

Devemos nos reportar, ainda, à previsão do art. 2º, § 4º, da Lei n. 5.584/70, dado que a sentença proferida sob o procedimento sumário é irrecorrível, salvo em questão constitucional, no que seria possível a interposição justamente do recurso extraordinário.

Por fim, deve-se analisar a previsão da Lei n. 7.701/88, que em seu art. 4º, *a*, confere ao TST a competência para analisar a constitucionalidade de determinados dispositivos. Tal previsão é compatível com a redação do art. 896, *c*, especialmente na parte em que autoriza o controle de constitucionalidade pelo TST. Veja-se que tais dispositivos, longe de tornarem incompatível o sistema recursal trabalhista com a prerrogativa constitucional do Supremo Tribunal Federal de reconhecer ou não a constitucionalidade de determinados dispositivos, reafirmam a autoridade da Suprema Corte porquanto a declaração de constitucionalidade ou não dos dispositivos por parte do Tribunal do Trabalho poderá ser infirmada pela Corte Superior. Ao final, caberá sempre ao STF a manifestação final acerca da constitucionalidade ou não da matéria.

1.6.2. *Procedimento*

No que toca ao procedimento, devemos dizer que o recurso deve ser interposto por escrito, acompanhada das razões, embora não se possa propriamente dizer que seria por meio de simples petição, dado o caráter eminentemente técnico do recurso.

Ademais, sabe-se que é incompatível o aludido recurso com o *jus postulandi*, justamente por força da necessária técnica recursal. No mesmo sentido, não se pode discutir fatos e provas naquele recurso, tal qual previsto na Súmula 279 do STF, quando reafirma que "para simples reexame de prova não cabe recurso extraordinário".

Ademais, o STF já se pronunciou a respeito do não cabimento do recurso extraordinário enquanto cabível recurso na justiça de origem. Esse é o teor da Súmula 281 daquela Corte:

> É inadmissível o recurso extraordinário, quando couber na justiça de origem, recurso ordinário da decisão impugnada.

Tal fato repercute diretamente em nossa realidade recursal, porquanto em regra o recurso extraordinário somente será cabível contra a decisão proferida pelo Tribunal Superior do Trabalho, dado que aquela seria a última instância para o julgamento da matéria no âmbito da jurisdição trabalhista.

Assim, somente será cabível o recurso extraordinário quando a decisão proferida o for nas demandas de alçada, sob o rito sumário, depois de exaurida a instância ordinária, embora seja cabível o recurso ordinário apenas se atacar a constitucionalidade da sentença, por força do art. 2º, § 4º, da Lei n. 5.584/70. É o que se depreende:

> EMENTA: RECURSO EXTRAORDINÁRIO – JUSTIÇA DO TRABALHO – CAUSA DE ALÇADA (LEI N. 5.584/70, ART. 2º, § 4º) – AUSÊNCIA DE ESGOTAMENTO DAS VIAS RECURSAIS ORDINÁRIAS – DESCABIMENTO DO APELO EXTREMO – SÚMULA 281/STF – DIRETRIZ JURISPRUDENCIAL FIRMADA PELO SUPREMO TRIBUNAL FEDERAL – RECURSO IMPROVIDO. O prévio esgotamento das instâncias recursais ordinárias constitui pressuposto de admissibilidade do recurso extraordinário. Súmula 281/STF. No âmbito do processo trabalhista, somente decisões emanadas do Tribunal Superior do Trabalho revelam-se passíveis de impugnação mediante recurso extraordinário. Mesmo que haja discussão de matéria constitucional em sede de dissídios individuais, e ainda que se trate de causa de alçada (Lei n. 5.584/70, art. 2º, § 4º), não se mostra lícito interpor recurso extraordinário "per saltum", incumbindo, a quem recorre, exaurir, previamente, perante os órgãos competentes da Justiça do Trabalho, as vias recursais definidas pela legislação processual trabalhista, sob pena de a inobservância desse pressuposto recursal específico tornar insuscetível de conhecimento o apelo extremo deduzido. Precedentes (STF) (RE 638224 AgR, rel. Min. Celso de Mello, 2ª Turma, j. 7-6-2011, *DJe*, 118, divulg. 20-6-2011, public. 21-6-2011, ement., v. 02548-02, p. 00245).

> SÚMULA STF N. 281. LEI 5.584/70. TRABALHISTA DISSÍDIO DE ALÇADA. 1. É incabível recurso extraordinário quando não esgotados os recursos de natureza ordinária. Incidência da Súmula STF n. 281. 2. Agravo regimental improvido (AI 673517 AgR, rel. Min. Ellen Gracie, 2ª Turma, j. 23-6-2009, *DJe*, 148, divulg. 6-8-2009, public. 7-8-2009, ement., v. 02368-16, p. 03398).

O prazo para a apresentação do recurso, segundo a previsão expressa do CPC, é de quinze dias, devendo-se, ainda, proceder ao depósito recursal correspondente, cuja limitação continuará sendo o valor da condenação.

1.7. Agravo de instrumento

1.7.1. *Considerações gerais/previsão legal*

Antes mesmo de tratar do aludido recurso, desde já é preciso alertar ao leitor para que não confunda o recurso de agravo de instrumento previsto no CPC (art. 994, II) com aquele de mesma denominação, mas absolutamente diverso, existente no âmbito do processo do trabalho.

Com efeito, ao longo deste Curso, já indicamos em algumas passagens ser própria do direito processual do trabalho a irrecorribilidade imediata das decisões interlocutórias. Todavia, a lógica que permeia o CPC é no sentido oposto, havendo previsão expressa, no art. 1.015, quanto ao cabimento do denominado recurso de agravo de instrumento como o meio processual apto a atacar as decisões interlocutórias proferidas nos processos submetidos àquele diploma legal.

No nosso caso, dada a própria dinâmica recursal em que os recursos, em regra, são apresentados perante o juízo prolator da decisão, a fim de que se apreciem os pressupostos da irresignação, será possível ao juízo de piso a negativa de seguimento ao próprio recurso, quando não respeitados os pressupostos recursais mínimos.

Acontece que, diante de tal negativa, faz-se necessário garantir às partes um meio impugnatório contra o despacho que nega seguimento ao recurso. Daí por que o art. 897 da CLT assim prevê:

> Art. 897. Cabe agravo, no prazo de 8 (oito) dias: (...)
> b) de instrumento, dos despachos que denegarem a interposição de recursos.
> (...)
> § 2º O agravo de instrumento interposto contra o despacho que não receber agravo de petição não suspende a execução da sentença. (...)
> § 4º Na hipótese da alínea *b* deste artigo, o agravo será julgado pelo Tribunal que seria competente para conhecer o recurso cuja interposição foi denegada.

> § 5º Sob pena de não conhecimento, as partes promoverão a formação do instrumento do agravo de modo a possibilitar, caso provido, o imediato julgamento do recurso denegado, instruindo a petição de interposição:
> I – obrigatoriamente, com cópias da decisão agravada, da certidão da respectiva intimação, das procurações outorgadas aos advogados do agravante e do agravado, da petição inicial, da contestação, da decisão originária, do depósito recursal referente ao recurso que se pretende destrancar, da comprovação do recolhimento das custas e do depósito recursal a que se refere o § 7º do art. 899 desta Consolidação;
> II – facultativamente, com outras peças que o agravante reputar úteis ao deslinde da matéria de mérito controvertida.
> § 6º O agravado será intimado para oferecer resposta ao agravo e ao recurso principal, instruindo-a com as peças que considerar necessárias ao julgamento de ambos os recursos.
> § 7º Provido o agravo, a Turma deliberará sobre o julgamento do recurso principal, observando-se, se for o caso, daí em diante, o procedimento relativo a esse recurso.

Há ainda alguns atos do TST regulamentando a matéria, como se depreende da Instrução Normativa n. 16 e suas alterações.

1.7.2. *Cabimento e procedimento*

O agravo de instrumento é exercitável em face do despacho denegatório proferido, seja pelo juízo da Vara do Trabalho, pelo Tribunal Regional ou mesmo pelo TST, em face da negativa de conhecimento ao recurso extraordinário, por exemplo.

Nota-se, assim, que a função específica do aludido expediente recursal é justamente a de permitir o recebimento do recurso trancado pelo juízo *ad quem*.

O recurso de agravo de instrumento será apresentado perante o juízo que negou seguimento ao recurso principal, acompanhado das razões e do próprio instrumento. Com efeito, nos termos do § 5º, I, do art. 897 da CLT, o agravo de instrumento será instruído com diversas peças, obrigatoriamente.

O objetivo da juntada das peças é propiciar ao Tribunal *ad quem*, provido o agravo, passar ao julgamento imediato do recurso que fora trancado, conforme dispõe o § 7º do mesmo art. 897. Note-se que, a rigor a correção pela formação do instrumento é do agravante. Todavia, com o advento do art. 932, parágrafo único, do CPC, diante da má formação do instrumento, antes de considerar inadmissível o recurso, o relator concederá o prazo de cinco dias ao recorrente para que seja sanado o vício ou complementada a documentação exigível. Diante da previsão legal, não restou alternativa ao TST senão o cancelamento da Súmula 272, que impunha a inadmissão recursal imediatamente. Todavia, não havendo a adequação, pelo recorrente, não deverá ser conhecido o recurso.

Contudo, é preciso fazer algumas considerações. O art. 1.042 do CPC disciplina o recurso de agravo para o destrancamento do recurso extraordinário e especial, no tocante a seu processamento. Vê-se que, não admitido o recurso extraordinário ou o recurso especial, caberá agravo nos próprios autos. Tal previsão autoriza, desse modo, o processamento do agravo para o STJ e para o STF nos próprios autos do recurso principal.

Tal alteração adveio do natural processo de informatização dos Tribunais, notadamente dos Superiores, em que, ao fim e ao cabo, eram obrigados a proceder uma dupla autuação, a primeira correspondente ao agravo de instrumento formado por diversos documentos, senão a integralidade de determinado processo, e ainda dos autos do próprio recurso principal.

Ou seja, quando o recurso de agravo for dirigido ao TST, o agravante deve apresentar seu recurso de agravo, o qual será autuado nos autos do recurso principal, e remetidos ao TST, em formato virtual, para conhecimento.

Nesse sentido, embora não se note qualquer participação do recorrente na autuação ou mesmo digitalização dos autos, a posição do TST continua firme para imputar ao recorrente os ônus decorrentes da má formação do instrumento ou equívoco na digitalização das peças:

> Agravo de instrumento em recurso de revista. Cópia incompleta do despacho agravado. – Não se conhece de agravo de instrumento, quando é juntada aos autos cópia incompleta do despacho que denegou seguimento ao recurso de revista. Incumbe à parte interessada velar pela adequada formalização de seu recurso. Incidência do disposto no art. 897, § 5º, da CLT e da Instrução Normativa 16/1999 do TST. Ademais, não obstante o dever da parte em zelar pela correta transmissão das peças processuais, esta Corte determinou o retorno dos autos ao Tribunal Regional de origem, a fim de que regularizasse a digitalização e procedesse à revisão da digitalização de todo conteúdo do processo eletrônico. Conquanto tenha sido procedida nova digitalização, verifica-se que o despacho ainda se encontra incompleto, ante a ausência de parte da fundamentação, do que se conclui que a reclamante, ao proceder originalmente à formação do instrumento, não apresentou a íntegra do despacho agravado. Agravo de instrumento de que não se conhece (AgInRR, 170830-87.2010.5.05.0000, rel. Min. Pedro Paulo Manus, 7ª Turma, j. 14-11-2012, data de publicação: 19-11-2012).

Essa posição, a nosso sentir, obviamente deve ser mitigada, dado que não se pode imputar ao recorrente os ônus em razão da conduta de alguém completamente alheio à relação processual, mormente quando é elementar a necessidade de permitir a adequação formal do recurso, como já dito. Não parece razoável imputar à parte, os prejuízos decorrentes da falta de estrutura da administração judiciária, com muito mais razão quando o § 11 do art. 896 da CLT expressamente autoriza a desconsideração do vício formal que não se repute grave.

Note-se, ademais, que o processamento do recurso de agravo, quando deva ser realizado pelo Tribunal Regional, continua sujeito aos mesmos ônus no que toca à formação do instrumento previstos no mencionado § 5º do art. 897, incumbindo à parte recorrente a juntada dos documentos ditos essenciais e/ou úteis para o deslinde do feito, na formação do instrumento.

Consoante acima descrito, o agravo de instrumento deve ser obrigatoriamente instruído com cópias da decisão agravada, da certidão da respectiva intimação, das procurações outorgadas aos advogados do agravante e do agravado, da petição inicial, da contestação, da decisão originária, do depósito recursal referente ao recurso que se pretende destrancar e da comprovação do recolhimento das custas.

Mas é preciso ainda que o recorrente instrua o agravo de instrumento, no prazo do recurso, com a guia comprobatória da realização do depósito recursal do equivalente a 50% do valor do depósito recursal do recurso principal, consoante a redação do inciso I do § 5º do art. 897 da CLT.

Segundo o art. 899, no ato de interposição do agravo de instrumento, o depósito recursal corresponderá a 50% do valor do depósito do recurso que se pretende destrancar, mas, quando o agravo de instrumento tem a finalidade de destrancar recurso de revista que se insurge contra decisão que contraria a jurisprudência uniforme do Tribunal Superior do Trabalho, consubstanciada em suas súmulas ou em orientação jurisprudencial, não haverá obrigatoriedade de efetuar o depósito referido.

Tal imposição legislativa decorreu da atuação do TST, que, visando limitar o número de agravos de instrumento em curso naquela Corte, pretendeu acrescer mais essa obrigação ao recorrente. Embora, efetivamente se tenha notado alguma redução do número de recursos dessa natureza na Corte máxima justrabalhista, na verdade pensamos que a eficácia dessa nova obrigação seja menor, quando se nota, a partir de resultados estatísticos do CNJ, que os maiores litigantes no âmbito da Corte Superior ou são entes públicos, ou grandes conglomerados financeiros, portanto não sujeitos a limitações de ordem orçamentária para fins recursais.

Por fim, é importante mencionar a exceção prevista no § 8º do art. 899 da CLT, que exonera o recorrente de realizar o aludido depósito se o recurso visa atacar acórdão que contraria a jurisprudência uniforme do Tribunal Superior do

Trabalho, consubstanciada em suas súmulas ou em orientação jurisprudencial. Ou seja, firmado o entendimento por meio de súmula ou OJ, o recorrente não se vê obrigado a realizar tal depósito. Importante mencionar que, se em um mesmo recurso, há mais de uma matéria recursal, sendo uma delas abrangidas pela exceção e outra não, o recorrente deverá fazer o aporte financeiro mencionado, sob pena de não conhecimento do recurso, ao menos naquela parte não prevista na lei.

O prazo para a interposição do agravo de instrumento é de oito dias. O agravo possui apenas efeito devolutivo, não havendo falar em efeito suspensivo do processo.

Se houver admissibilidade parcial do recurso principal, em razão das modificações sistêmicas impostas pelo CPC, passou a ser possível a interposição do agravo, dado que seu cabimento será na medida de cada capítulo da decisão em que foi negado seguimento à irresignação recursal. Tal compreensão encontra-se, inclusive, disciplinada por meio da IN 40/2016 do TST.

Assim, sendo admitido apenas parcialmente o recurso de revista, constitui ônus da parte impugnar, mediante agravo de instrumento, o capítulo denegatório da decisão, sob pena de preclusão.

Do mesmo modo, se houver omissão no juízo de admissibilidade do recurso de revista quanto a um ou mais temas, é ônus da parte opor embargos de declaração para o órgão prolator da decisão embargada supri-la (CPC, art. 1.024, § 2º), sob pena de preclusão. Não sanada a omissão, incorre em nulidade a decisão regional que se abstiver de exercer controle de admissibilidade sobre qualquer tema objeto de recurso de revista, não obstante interpostos embargos de declaração (CF/88, art. 93, IX, e § 1º do art. 489 do CPC).

Compreende-se, a partir do entendimento manifestado pelo E. TST sobre o tema, que, no caso da ausência de manifestação pela Presidência do TRT sobre o ponto, sem prejuízo da nulidade, a recusa do Presidente a emitir juízo de admissibilidade sobre qualquer tema equivale à decisão denegatória. Sendo, assim, é ônus da parte, após a intimação da decisão dos embargos de declaração, impugná-la mediante agravo de instrumento (CLT, art. 896, § 12), sob pena de preclusão.

Diante da revogação do § 5º do art. 896 da CLT, não parece mais possível ao ministro relator determinar a restituição do agravo de instrumento ao Presidente do Tribunal Regional do Trabalho de origem para que complemente o juízo de admissibilidade, desde que interpostos embargos de declaração, como previsto no RITST (art. 255, I).

Apresentado o recurso de agravo de instrumento, a parte recorrida é intimada a se manifestar acerca daquele e do recurso principal, na forma do art.

897, § 6º. Segundo a redação do § 7º do art. 897, provido o agravo, a Turma deliberará sobre o julgamento do recurso principal, observando-se, se for o caso, daí em diante, o procedimento relativo a esse recurso.

No tocante ao dispositivo, discute-se se o julgamento é ato contínuo ou se deve ser procedida a redistribuição ou designação de relator, sendo a matéria tratada regimentalmente pelos TRT. No âmbito do TST, o Regimento Interno prevê que, distribuído o agravo de instrumento (art. 255), o relator poderá, além de remeter o agravo para a Presidência do TRT (como já referido no art. 255, I), não conhecer do agravo de instrumento inadmissível, prejudicado ou daquele que não tenha impugnado especificamente todos os fundamentos da decisão recorrida. Pode ainda o relator conhecer do agravo de instrumento para negar-lhe provimento em caso de recurso de revista inadmissível, prejudicado ou em que não tenha havido impugnação específica de todos os fundamentos da decisão recorrida, inclusive nas hipóteses do art. 896, § 1º-A, da CLT; ou negar-lhe provimento nos casos em que o recurso for contrário a tese fixada em julgamento de recursos repetitivos ou de repercussão geral, a posição firmada em incidente de assunção de competência ou de demandas repetitivas, a súmula vinculante do Supremo Tribunal Federal ou a súmula ou orientação jurisprudencial do Tribunal Superior do Trabalho ou, ainda, a jurisprudência dominante acerca do tema. Pode o relator, ainda, dar provimento nos casos em que o recurso impugnar acórdão contrário a tese fixada em julgamento de casos repetitivos ou de repercussão geral, a entendimento firmado em incidente de assunção de competência ou de demandas repetitivas, a súmula vinculante do Supremo Tribunal Federal ou a súmula ou orientação jurisprudencial do Tribunal Superior do Trabalho ou, ainda, a jurisprudência dominante acerca do tema, determinando sua autuação como recurso ordinário ou recurso de revista, observando-se, daí em diante, os procedimentos respectivos.

Deve se atentar para o fato de que, no caso de ser provido o agravo de instrumento, mas ficando vencido o relator, será designado redator do acórdão e relator do recurso de revista o ministro prolator do primeiro voto vencedor no julgamento do agravo de instrumento.

1.8. Agravo regimental

Devemos mencionar ainda a existência do chamado agravo regimental. A rigor há uma impropriedade, porquanto não seria o Regimento Interno do Tribunal o que pudesse criá-lo considerando as noções de taxatividade recursal e sua previsão legal. No entanto, como veremos, a lei acaba por autorizar ao Tribunal a regulamentação do expediente, por meio de seus regimentos internos, de modo que assim é tratado.

Tal recurso possui a finalidade de impugnar as decisões monocráticas proferidas pelos relatores das Turmas dos Tribunais Regionais do Trabalho e do TST, e também do juiz corregedor nas correições parciais, tudo para permitir o respeito ao princípio da colegialidade. Tal espécie recursal não encontra previsão no elenco recursal do art. 893 da CLT, mas no art. 709, § 1º, da CLT:

> Art. 709. Compete ao Corregedor, eleito dentre os Ministros togados do Tribunal Superior do Trabalho: (...)
> § 1º Das decisões proferidas pelo Corregedor, nos casos do artigo, caberá o agravo regimental, para o Tribunal Pleno.

A Lei n. 7.701/88, que cuida das competências no âmbito do TST, também trata do recurso, assim dispondo:

> Art. 2º Compete à seção especializada em dissídios coletivos, ou seção normativa: (...)
> II – em última instância julgar: (...)
> d) os embargos de declaração opostos aos seus acórdãos e os agravos regimentais pertinentes aos dissídios coletivos; (...)
> Art. 3º Compete à Seção de Dissídios Individuais julgar: (...)
> II – em única instância:
> a) os agravos regimentais interpostos em dissídios individuais; e (...)
> III – em última instância: (...)
> c) os agravos regimentais de despachos denegatórios dos Presidentes das Turmas, em matéria de embargos, na forma estabelecida no Regimento Interno; (...)
> Art. 5º As Turmas do Tribunal Superior do Trabalho terão, cada uma, a seguinte competência: (...)
> c) julgar, em última instância, os agravos regimentais; (...).

Diante do princípio da simetria, dado que os Tribunais Regionais são estruturados seguindo a mesma lógica organizacional do TST, quando compatível, tem-se autorizado sua utilização, desde que haja previsão no regimento interno de cada Tribunal Regional.

A definição acerca do prazo e procedimento do recurso dependerá da análise de cada Regimento Interno. É possível mencionar, todavia, que, além de sua aplicação contra as decisões denegatórias de seguimento de recurso, em substituição ao agravo de instrumento, é possível identificar uma série de decisões recorríveis por meio de agravo regimental.

Não há previsão de custas e preparo. Não há previsão para intimação das partes, contrarrazões ou sustentação oral. É processado nos mesmos autos do processo principal, salvo se existir previsão expressa no regimento em contrário.

1.9. Agravo interno

Há quem entenda ser o agravo interno o mesmo agravo regimental, acima indicado. De fato, o art. 46 do RITST dá mostras de que se trataria do mesmo expediente recursal. Todavia, parece que sob o mesmo *nomen juris* estejamos diante de expedientes recursais diferentes.

Cabe agravo interno contra decisão dos Presidentes do Tribunal e das Turmas, do Vice-Presidente, do Corregedor-Geral da Justiça do Trabalho ou de relator, no âmbito do TST, nos termos da legislação processual, no prazo de oito dias úteis, pela parte que se considerar prejudicada.

O art. 855-A da CLT, ao cuidar do incidente de desconsideração da personalidade jurídica, expressamente consignou sobre ao cabimento do denominado agravo interno (inciso III), se a decisão proferida pelo relator se der em incidente instaurado originariamente no Tribunal.

O RITST prevê o recurso de agravo interno contra decisão dos Presidentes do Tribunal e das Turmas, do Vice-Presidente, do Corregedor-Geral da Justiça do Trabalho ou de relator, nos termos da legislação processual, no prazo de oito dias úteis, pela parte que se considerar prejudicada, ressalvados os casos em que haja recurso próprio ou decisão de caráter irrecorrível, nos termos do próprio Regimento ou da lei.

Os agravos internos contra ato ou decisão do Presidente do Tribunal, do Vice-Presidente e do Corregedor-Geral da Justiça do Trabalho, desde que interpostos no período do respectivo mandato, serão por eles relatados.

Os agravos internos interpostos após o término da investidura no cargo do prolator do ato ou decisão serão conclusos ao ministro sucessor.

Os agravos internos interpostos contra decisão monocrática do relator, na hipótese de seu afastamento temporário ou definitivo, serão conclusos, em relação aos processos de Turmas, ao desembargador convocado ou ao ministro nomeado para a vaga, conforme o caso, e, nos processos das Seções Especializadas, ao ministro que ocupar a vaga, ou redistribuídos na forma do Regimento.

Os agravos internos interpostos contra decisão monocrática do Presidente do Tribunal, proferida durante o período de recesso forense e férias coletivas, serão julgados pelo relator do processo principal, salvo nos casos de competência específica da Presidência da Corte.

Se o ministro relator for vencido no resultado do agravo interno ou quanto ao fundamento determinante da decisão, mesmo que prevalecente o resultado, será designado redator do acórdão o ministro prolator do primeiro voto vencedor, a quem devem ser redistribuídos os embargos, promovendo-se a compensação.

Quando o agravo interno for declarado manifestamente inadmissível ou improcedente em votação unânime, o órgão colegiado, em decisão fundamentada, condenará o agravante a pagar ao agravado multa fixada entre 1 e 5% do valor atualizado da causa, sendo que a interposição de qualquer outro recurso está condicionada ao depósito prévio do valor da aludida multa, à exceção da Fazenda Pública e do beneficiário da gratuidade da justiça, que farão o pagamento ao final. Note-se que não há dispensa da multa, mas apenas o diferimento quanto ao prazo de seu adimplemento.

Não há previsão para contrarrazões, havendo alguns julgados que evidenciam não haver irregularidade nesse expediente[15]. Todavia, parece-nos elementar que há necessidade de intimar o agravado para responder aos termos do recurso, até mesmo em respeito à previsão do art. 10 do CPC. Nesse sentido, o STJ já se pronunciou:

> Processual civil. Agravo de instrumento. Decisão do relator. Art. 557, § 1º-A, do CPC. Ausência de intimação da parte agravada para resposta. Violação ao princípio do contraditório. – 1. A intimação do recorrido para apresentar contrarrazões é procedimento natural de preservação do princípio do contraditório, previsto em qualquer recurso, inclusive no de agravo de instrumento (CPC, art. 527, V). Justifica-se a sua dispensa quando o relator nega seguimento ao agravo (art. 527, I), já que a decisão vem em benefício do agravado. Todavia, a intimação para a resposta é condição de validade da decisão monocrática que vem em prejuízo do agravado, ou seja, quando o relator acolhe o recurso, dando-lhe provimento (art. 557, § 1º-A). Nem a urgência justifica a sua falta: para situações urgentes há meios específicos e mais apropriados de atribuir efeito suspensivo ao recurso (art. 558), ou deferir, em antecipação da tutela, total ou parcialmente, a pretensão recursal (CPC, art. 525, III). 2. Os autos devem retornar ao Tribunal de origem para imprimir o regular processamento ao agravo de instrumento interposto. 3. Recurso especial provido (REsp 1158154-RS, rel. Min. Castro Meira, 2ª Turma, j. 19-11-2009, *DJe* 27-11-2009).

1.10. Correição parcial

Embora a correição parcial seja trazida nesse contexto, tal expediente não é propriamente um recurso, mas mero meio assegurado aos interessados para

15. "Processual civil. Agravo interno no agravo de instrumento. Julgamento monocrático liminar. Contraditório. Prescindibilidade. Infração ambiental. Constatação 'in loco'. Prova suficiente da infração recurso a que se nega provimento. – I. Não viola o princípio do contraditório a decisão monocrática (art. 557 do CPC) do agravo de instrumento sem a intimação do agravado para apresentação das contrarrazões. Esta possibilidade se justifica pela prevalência dos princípios da efetividade e da celeridade processual, não havendo assim afronta ao disposto no art. 527, V, do CPC. (...)" (48089001407/ES, 48089001407, rel. Maurílio Almeida de Abreu, j. 25-11-2008, 4ª Câmara Cível, data de publicação: 24-3-2009).

provocar a intervenção de uma autoridade judiciária superior, em face de atos que tumultuam o processo, praticados por autoridade jurisdicional inferior, consoante leciona Amauri Mascaro Nascimento[16].

A previsão legal da correição parcial é identificada, na CLT, em alguns dispositivos:

> Art. 709. Compete ao Corregedor, eleito dentre os Ministros togados do Tribunal Superior do Trabalho: (...)
> II – decidir reclamações contra os atos atentatórios da boa ordem processual praticados pelos Tribunais Regionais e seus presidentes, quando inexistir recurso específico;
> Art. 678. Aos Tribunais Regionais, quando divididos em Turmas, compete: (...)
> d) julgar em única ou última instâncias: (...)
> 2) as reclamações contra atos administrativos de seu presidente ou de qualquer de seus membros, assim como dos juízes de primeira instância e de seus funcionários. (...)
> Art. 682. Competem privativamente aos Presidentes dos Tribunais Regionais, além das que forem conferidas neste e no título e das decorrentes do seu cargo, as seguintes atribuições: (...)
> XI – exercer correição, pelo menos uma vez por ano, sobre as Juntas, ou parcialmente sempre que se fizer necessário, e solicitá-la, quando julgar conveniente, ao Presidente do Tribunal de Apelação relativamente aos Juízes de Direito investidos na administração da Justiça do Trabalho; (...).

Trata-se, então, de expediente aplicável contra os atos tumultuários do processo por parte da autoridade judicial. Os Regimentos Internos dos Tribunais definirão o processamento daquele incidente.

2. RECURSOS TÍPICOS DA EXECUÇÃO

No processo do trabalho ainda persiste a divisão entre o denominado processo de conhecimento e o de execução, embora, consoante veremos, seja cada vez mais comum lidar com uma pretensa compatibilidade entre o regime executivo da CLT e aquele previsto no CPC.

O tratamento diferenciado entre o processo de conhecimento e o de execução persiste, inclusive, na existência de recursos próprios do processo executivo,

16. NASCIMENTO, Amauri Mascaro. *Curso de direito processual do trabalho*, cit., 25. ed., 2010.

ou mesmo de condições específicas para o manejo recursal, inexistente no processo de conhecimento.

2.1. Recurso de agravo de petição

2.1.1. *Considerações gerais/previsão legal*

O recurso de agravo de petição possui previsão no art. 897 da CLT:

> Art. 897. Cabe agravo, no prazo de 8 (oito) dias:
> a) de petição, das decisões do Juiz ou Presidente, nas execuções;

Trata-se do recurso cabível em face das decisões do juiz proferidas em execução. Note-se que tal hipótese de cabimento gera, ainda hoje, alguma controvérsia, porquanto, contrariamente à redação do art. 895, I, da CLT, que determina hipótese recursal do recurso ordinário em face das decisões definitivas ou terminativas, por aqui não há igual consignação.

Há quem entenda possível a apresentação do agravo de petição inclusive em face de decisões interlocutórias, proferidas ao longo do processo executivo. É a posição de Edilton Meireles e Leonardo Dias Borges[17]. Todavia, o entendimento que tem prevalecido é no sentido de que se trata de recurso cabível contra a sentença proferida no processo executivo, sendo incompatível com as decisões interlocutórias, inclusive em consideração à Súmula 214 do TST. É a posição de José Augusto Rodrigues Pinto[18] e outros. Nessa mesma linha o TST já se pronunciou:

> Agravo de instrumento. Recurso de revista. Decisão interlocutória. Não cabimento. Súmula 214 do TST. – O acórdão que dá provimento ao agravo de petição interposto à decisão que extinguiu o processo sem resolução de mérito, determinando o prosseguimento da execução em primeira instância, configura mera decisão interlocutória. Por conseguinte, referido acórdão é insuscetível de recorribilidade imediata por meio de recurso de revista, ante o que preceituam a norma inscrita no art. 893, § 1º, da CLT e a Súmula 214 desta Corte Superior. Agravo de instrumento conhecido e não provido (AgInRR, 543-37.2010.5.09.0661, rel. Min. Dora Maria da Costa, 8ª Turma, j. 29-8-2012, data de publicação: 31-8-2012).

2.1.2. *Procedimento*

O prazo para a interposição do recurso é de oito dias, como indicam os arts. 897 da CLT e em consonância com o art. 6º da Lei n. 5.584/70. A Fazenda

17. MEIRELES, Edilton; BORGES, Leonardo Dias. *Primeiras linhas de processo do trabalho*, cit., p. 548.
18. PINTO, José Augusto Rodrigues. *Processo trabalhista de conhecimento*, cit., 7. ed.

Pública, na forma do Decreto-lei n. 779/69, em seu art. 1º, III, continua a prever prazo em dobro para recorrer.

No tocante à forma de interposição, deve-se seguir as previsões do art. 899, ou seja, a apresentação do recurso deverá se dar por meio de petição.

Todavia, há requisito importantíssimo, que se revela como pressuposto exclusivo do agravo de petição. Trata-se da delimitação das matérias previstas no § 1º do art. 897 da CLT, *verbis:*

> § 1º O agravo de petição só será recebido quando o agravante delimitar, justificadamente, as matérias e os valores impugnados, permitida a execução imediata da parte remanescente até o final, nos próprios autos ou por carta de sentença.

À guisa de interpretação do dispositivo, há dúvida acerca do que seria a mesma delimitação. Com efeito, segundo Mauro Schiavi[19], "o agravante deve declinar na petição do agravo as matérias que impugna expressamente, bem como os valores incontroversos, a fim de possibilitar a execução da parte não impugnada, que será definitiva". Segundo esse entendimento, tal previsão imporia ao recorrente o ônus, por exemplo, da juntada de cálculos delimitando o montante de sua impugnação, o que permitiria a execução imediata do remanescente.

Todavia, há hipóteses em que tal exigência deve ser mitigada. Por exemplo, não parece razoável a exigência quando seja o credor aquele que recorra, dado que, na melhor das hipóteses, o "incontroverso" teria sido aquilo quanto fixado pelo reclamado. Já tivemos a oportunidade de defender a desnecessidade da delimitação dos aludidos valores, em algumas hipóteses[20]. O TST se pronunciou no sentido de que a delimitação dos valores impugnados a que alude o art. 897, § 1º, da CLT é pressuposto de admissibilidade do agravo de petição e visa à execução imediata da parte incontroversa, razão pela qual somente é exigível do executado. É o que se depreende:

> RECURSO DE EMBARGOS EM RECURSO DE REVISTA. INTERPOSIÇÃO SOB A ÉGIDE DA LEI 13.015/2014. EXECUÇÃO. AGRAVO DE PETIÇÃO DO EXEQUENTE. DELIMITAÇÃO DE VALORES PREVISTA NO ART. 897, § 1º, DA CLT. INEXIGIBILIDADE. VIOLAÇÃO DO ART. 5º, LV, DA CONSTITUIÇÃO FEDERAL. A exigência da delimitação dos valores

19. SCHIAVI, Mauro. *Manual de direito processual do trabalho*, cit., p. 778.

20. PAMPLONA FILHO, Rodolfo; SOUZA, Tercio Roberto Peixoto. Sobre o (não) dever de delimitação dos valores, pelo recorrente, no agravo de petição. *In:* LEITE, Carlos Henrique Bezerra; COLNAGO, Lorena Rezende; GUNTHER, Luiz Eduardo (coord.). *Execução trabalhista*: uma homenagem ao Professor Wagner Giglio. São Paulo: LTr, 2015. p. 355-363.

> prevista no § 1º do art. 897 da CLT, que se constitui em pressuposto de admissibilidade do agravo de petição, visa à execução imediata da parte incontroversa e, em decorrência, somente é exigível do executado, porquanto o exequente, via de regra, objetiva obter um acréscimo ao valor já apurado e o descumprimento desta norma não acarreta qualquer prejuízo ao prosseguimento da execução. Portanto, se inexiste norma que exige do exequente a delimitação dos valores no agravo de petição, o não conhecimento do seu recurso, tão somente, porque não delimitou os valores, importa em violação direta do art. 5º, LV, da CF. Recurso de embargos conhecido e provido (E-RR 143500-80.2004.5.01.0342, rel. Min. Hugo Carlos Scheuermann, j. 8-2-2018, Subseção I Especializada em Dissídios Individuais, *DEJT* 11-5-2018).

O mesmo se diga nas hipóteses em que envolvida a Fazenda Pública, em que nem sequer há a possibilidade de execução provisória. Nesses casos, existe fundada dúvida se a juntada de cálculos é mesmo essencial para a delimitação do conteúdo recursal. Veja-se, ademais, que o TST já se pronunciou em sentido diverso em relação à Fazenda Pública, fazendo crer ser essencial a juntada dos cálculos, mesmo quando se tratar de impugnação pelo ente público:

> Agravo de instrumento em recurso de revista. Execução. Agravo de petição não conhecido. Ausência de delimitação dos valores. – O art. 897, § 1º, da CLT, ao dispor sobre um pressuposto objetivo específico de admissibilidade do agravo de petição, não excetuou a Fazenda Pública, tal como o fez o art. 467, parágrafo único, também da Carta Magna (*sic*), quanto à aplicabilidade da multa de que trata o *caput* deste artigo. Logo, não há previsão legal para que se exclua a Fazenda Pública da exigência de satisfazer o comando normativo inserto no § 1º acima referido. Ademais, embora a finalidade precípua da delimitação de valores seja propiciar a execução imediata da parte incontroversa, pelo exequente, outro objetivo é evitar que as partes não utilizem o agravo de petição como instrumento para protelar a execução, alegando, aleatoriamente, excessos ou erros cometidos na conta de liquidação, sem apontar específica e detalhadamente quais seriam os supostos erros. Assim, alegando a Fazenda Pública excesso nos cálculos, como qualquer outro executado, deve apontar especificamente em qual ponto ele teria ocorrido. Ileso, portanto, o art. 5º, XXXV e LV, da CF/1988. Precedentes. Agravo de instrumento conhecido e não provido (AgInRR, 186700-68.2005.5.09.0411, rel. Min. Dora Maria da Costa, 8ª Turma, j. 13-3-2013, data de publicação: 15-3-2013).

Esse entendimento não nos parece adequado, porquanto a execução em face da Fazenda Pública é sempre única, não havendo possibilidade de verdadeiro parcelamento do débito, com a satisfação parcial das obrigações oponíveis em face do ente público, a depender da extensão de sua impugnação. Aliás, tal possibilidade faria ruir inclusive a lógica do precatório, prevista no art. 100 da CF/88.

Bastaria a impugnação parcial para permitir a emissão de ordem de pagamento igualmente parcial. Não seria possível a emissão de duas requisições de pequeno valor (a primeira quando da impugnação parcial e a segunda ao final da demanda), sob pena de verdadeira burla ao sistema de pagamentos do precatório. Daí por que não parece fazer sentido a exigência em face da Fazenda Pública.

De todo modo, podemos dizer que o recurso deve ser interposto perante o juiz da Vara do trabalho onde se processa a execução em petição acompanhada das respectivas razões, com a delimitação da matéria e valores. Sua apresentação não suspende a execução, admitindo-se a apresentação de ação cautelar para que se possa conferir tal efeito.

De regra, não se faz necessária a realização de depósito recursal, porquanto o pressuposto do processo executivo é justamente a garantia da instância, o que tornaria dispensável a realização de depósito. Todavia, se houver elevação do valor do débito, como já vimos, na forma da Súmula 128, II, do TST, é possível a exigência do depósito complementar.

No tocante ao julgamento, devemos referir que o agravo será julgado pelo Tribunal Regional, na forma do art. 897, § 3º, da CLT:

> § 3º Na hipótese da alínea *a* deste artigo, o agravo será julgado pelo próprio tribunal, presidido pela autoridade recorrida, salvo se se tratar de decisão de Juiz do Trabalho de 1ª Instância ou de Juiz de Direito, quando o julgamento competirá a uma das Turmas do Tribunal Regional a que estiver subordinado o prolator da sentença, observado o disposto no art. 679, a quem este remeterá as peças necessárias para o exame da matéria controvertida, em autos apartados, ou nos próprios autos, se tiver sido determinada a extração de carta de sentença.

Diante daquela redação, é possível que haja a tramitação do recurso em autos apartados, seja pela extração de carta de sentença (§ 3º do art. 897 da CLT), seja quando houver a discussão apenas sobre as contribuições previdenciárias (§ 8º do art. 897 da CLT).

2.2. Recurso de revista em execução

O recurso de revista não é recurso típico da fase executiva, mas quando interposto no processo de execução possui algumas peculiaridades, as quais deverão ser observadas pelas partes.

Com efeito, segundo o § 2º do art. 896 da CLT, em regra, das decisões proferidas em execução de sentença, inclusive em processo incidente de embargos de terceiro, não caberá recurso de revista, salvo na hipótese de ofensa direta e literal da CF/88:

> § 2º Das decisões proferidas pelos Tribunais Regionais do Trabalho ou por suas Turmas, em execução de sentença, inclusive em processo incidente de embargos de terceiro, não caberá Recurso de Revista, salvo na hipótese de ofensa direta e literal de norma da Constituição Federal.

Note-se que a restrição normativa, quanto à hipótese de cabimento do recurso, é exclusiva em relação à execução do título executivo judicial. Na hipótese de irresignação quanto à decisão proferida em processo executivo extrajudicial, portanto, deve-se seguir a regra geral do recurso de revista, dado que não caberia ao intérprete vedar hipótese recursal em desacordo com a previsão legal.

Todavia, o legislador visou pontuar especificamente em relação às execuções fiscais e às controvérsias da fase de execução que envolvam a CNDT– Certidão Negativa de Débitos trabalhista. Por meio do § 10 do art. 896 da CLT, o legislador explicitou como cabível o recurso de revista, no executivo fiscal e nas controvérsias em execução, que envolvam a CNDT, não apenas por violação à lei federal e por ofensa à Constituição Federal, mas igualmente por divergência jurisprudencial. Esse o conteúdo do § 10 do art. 896:

> § 10. Cabe recurso de revista por violação a lei federal, por divergência jurisprudencial e por ofensa à Constituição Federal nas execuções fiscais e nas controvérsias da fase de execução que envolvam a Certidão Negativa de Débitos Trabalhistas (CNDT), criada pela Lei n. 12.440, de 7 de julho de 2011.

A nosso sentir, a previsão legal autoriza concluir que a revista, na hipótese de discussão sobre tais matérias (execução fiscal e controvérsias que envolvam a CNDT), será cabível por violação a lei federal, por divergência jurisprudencial e por ofensa à Constituição Federal, independentemente da natureza do título executivo.

Na hipótese em que a execução envolver título executivo extrajudicial, não nos parece existir dúvida acerca do cabimento do recurso de revista, na forma do art. 896 da CLT. Nesse sentido, o E. TST já se pronunciou quanto à inaplicabilidade da restrição do § 2º do art. 896 quanto às execuções fiscais:

> EXECUÇÃO FISCAL – MULTA ADMINISTRATIVA – DÍVIDA DE PEQUENO VALOR – REMISSÃO – MATÉRIA FÁTICA – 1 – A admissibilidade do recurso de revista interposto em execução fiscal de dívida ativa regulada pela Lei n. 6.830/80 não se sujeita à restrição contida no § 2º do artigo 896 da Consolidação das Leis do Trabalho, porquanto não se trata de execução fundada em sentença judicial. (...) (TST, AIRR 123-95.2010.5.05.0191, rel. Min. Lelio Bentes Corrêa, *DJe* 26-3-2013, p. 363).

Tal opção, embora à primeira vista seja interessante, gera importante consequência prática, notadamente nos atuais tempos, depois que houve alteração significativa do procedimento executivo no CPC, uma vez que não caberá ao TST orientar o pensamento jurídico acerca da aplicação ou não dos dispositivos relacionados ao processo executivo para todo esse Judiciário Especializado, ficando tal encargo para cada um dos Tribunais Regionais pátrios.

Ademais, note-se que tal restrição não tem sido aplicada apenas no processo executivo, em sentido estrito, mas igualmente no procedimento liquidatório e nos processos incidentais da execução. Nessa linha a Súmula 266 do TST:

> Recurso de revista. Admissibilidade. Execução de sentença. – A admissibilidade do recurso de revista interposto de acórdão proferido em agravo de petição, na liquidação de sentença ou em processo incidente na execução, inclusive os embargos de terceiro, depende de demonstração inequívoca de violência direta à Constituição Federal.

CAPÍTULO 24

Execução Trabalhista

1. CONSIDERAÇÕES GERAIS. A NATUREZA DA EXECUÇÃO E A APLICAÇÃO

O direito contém em si a marca da definição de padrões de conduta gerais e abstratas. Todavia, seria de todo inútil que houvesse a definição desses mesmos padrões sem a correspondente autoridade da imposição. Em algumas oportunidades, notadamente nos conflitos do trabalho, nota-se essa autoridade por meio da autotutela, principalmente quando se está diante dos conflitos coletivos do trabalho[1].

De outro lado, o direito nem sempre tolera o exercício da autotutela como mecanismo apto à solução dos conflitos, notadamente quando há evidente descompasso entre os litigantes, razão pela qual avocou para si o exercício da força.

Daí se pode dizer que cabe ao processo executivo justamente a materialização, a efetivação do direito reconhecido por meio da atuação do Estado, in-

1. BELTRAN, Ari Possidonio. *A autotutela nas relações de trabalho*, cit., p. 33.

clusive, se necessário for, utilizando-se da força bruta. Sem dúvida o processo de execução é dos mais tormentosos momentos processuais porquanto converte aquilo que é puramente fruto do intelecto, de premissas teóricas, em algo sensível no mundo dos fenômenos, o que se concebe usualmente como a "vida real".

A ampla maioria das demandas movidas perante o Judiciário Trabalhista possui natureza condenatória. E o trabalhador não pretende apenas o reconhecimento de seu direito pelo Estado; pretende sim a materialização desse direito nos recursos aptos a permitir seu sustento e o de sua família.

Não raro, o processo executivo tem sido encarado como o verdadeiro problema da efetividade da jurisdição no Brasil. E não deixa de ser. Segundo dados do CNJ – Conselho Nacional de Justiça[2], no ano de 2012, a taxa de congestionamento média, na Justiça do Trabalho de primeiro grau, no processo de execução foi de 69%, enquanto no processo de cognição foi de 30,7%. Ou seja, estatisticamente, o processo de execução revela-se duas vezes mais trabalhoso que o processo de conhecimento, fato que dificulta sua conclusão.

Em função desses fatos, muitos movimentos foram e continuam sendo gestados, todos no sentido de imprimir maior celeridade ao processo executivo. Tal movimento repercutiu no atual entendimento acerca do próprio procedimento executivo perante o CPC, fato que ainda gera dúvidas acerca de sua repercussão no âmbito do processo laboral. De todo modo, cumpre-nos identificar o modo eleito pelo legislador para a satisfação do direito reconhecido.

A primeira questão que merece alguma consideração, neste momento, é justamente a indicação da natureza jurídica da execução trabalhista. Com efeito, com a atual sistemática apresentada pelo CPC, a partir das alterações promovidas pela Lei n. 11.232/2005, desde o CPC/73, podemos dizer que existem duas concepções acerca da autonomia da execução, quais sejam: a) aqueles que entendem ser a execução um processo autônomo; e b) aqueles que entendem ser a execução nada mais que simples fase do processo de conhecimento.

Para os que advogam a segunda tese, a do denominado sincretismo processual, esse, dentre outros argumentos, teria por finalidade tornar a prestação jurisdicional mais ágil, célere e eficaz[3], razão pela qual afinada aos propósitos dessa Jurisdição Social. Assim, a hipótese seria de aplicar-se a sistemática prevista no CPC, no particular.

2. Disponível em: <http://www.cnj.jus.br/images/pesquisas-judiciarias/Publicacoes/rel_completo_trabalho.pdf>. Acesso em: 25 mar. 2012.

3. LEITE, Carlos Henrique Bezerra. *Curso de direito processual do trabalho*, cit., 7. ed., p. 806.

Em que pese a relevância dos argumentos apresentados, todavia, entendemos que a razão está com aqueles que entendem que persistimos, enquanto vigente a sistemática disposta no texto celetista, com uma divisão entre o processo de conhecimento e o de execução.

Por questão de princípio, entendemos não se pode simplesmente ignorar o modo como foi definido pelo legislador para a satisfação dos créditos no âmbito dos conflitos laborais, mesmo porque das cláusulas constitucionais de maior relevância para o processo é justamente aquela que se atém ao devido processo legal.

Assim sendo, enquanto vigente a sistemática prevista no art. 880 da CLT, que impõe inclusive a citação do executado, para o início do processo executivo, parece certa a autonomia do processo de conhecimento e executivo, por estas plagas.

2. PREVISÃO LEGAL

A redação da CLT indica, no Capítulo V do Título X, o tratamento a ser conferido ao processo executivo, nos arts. 876 a 892. Nesse contexto, todavia, é relevante destacar a previsão do art. 889 da mesma CLT, o qual reconhece a possibilidade de omissão, e por isso mesmo remete ao executivo fiscal as normas processuais a serem adotadas no caso concreto, na hipótese de omissão da CLT.

Tal menção é fruto da constante equivalência entre os créditos devidos à Fazenda e aos trabalhadores, o que persiste até os dias atuais. A Lei n. 11.101/2005, denominada Nova Lei de Falências, indica, por exemplo, em seu art. 83, I e III, que tanto os créditos trabalhistas (desde que sujeitos ao limite de 150 salários mínimos) quanto os tributários são igualmente privilegiados, em relação aos demais créditos.

Do ponto de vista histórico, podemos mencionar ainda que as decisões decorrentes das Juntas de Conciliação e Julgamento, nos tempos embrionários da Justiça do Trabalho, eram executadas da mesma forma que os créditos devidos à Fazenda Pública perante o Poder Judiciário.

A atual Lei de Execução Fiscal, sob o n. 6.830/80, é aplicável subsidiariamente ao processo executivo laboral. Todavia, não se pode ignorar que aquela mesma lei (art. 1º) indica como fonte subsidiária ao executivo fiscal justamente o CPC.

Daí podemos dizer que, para a aplicação do processo executivo, devemos observar as previsões da CLT, e, em não as havendo, da Lei de Execução Fiscal (Lei n. 6.830/80), e apenas quando persistir a omissão voltarmo-nos para as previsões do CPC no tocante à execução de títulos executivos judiciais.

3. ESTRUTURA DA EXECUÇÃO

No tocante à estrutura, é preciso dizer que os atos praticados no processo executivo podem ser agrupados como atos de acertamento, de constrição e, por fim, de alienação. Os atos de acertamento são aqueles praticados com a finalidade de conferir liquidez à sentença que transitou em julgado, impondo uma obrigação apenas certa, porém ilíquida. Nem sempre tais atos são necessários, notadamente quando a sentença indica, com clareza, quanto representa a condenação.

Todavia, quando, embora certificada a existência do direito, não seja possível a indicação de seu montante, não resta outra medida senão buscar a prévia quantificação da decisão condenatória.

Há que mencionar, ainda, a existência dos atos de constrição. Esses são os praticados para o efeito de compelir o devedor ao cumprimento da obrigação determinada pela coisa julgada.

Por fim, podemos falar ainda dos denominados atos de alienação. Estes são os praticados para o efeito de tornar efetiva a expropriação do patrimônio do devedor para, com o produto da alienação, satisfazer a obrigação reconhecida e imposta pela coisa julgada.

Cada um deles será estudado, detidamente, logo mais à frente. Vejamos.

4. LIQUIDAÇÃO NA EXECUÇÃO TRABALHISTA

Antes de qualquer incursão, é preciso ressaltar que uma sentença ilíquida não é uma sentença que se revela incerta quanto à existência do crédito, mas tão somente quanto a seu valor.

Uma sentença incerta quanto à certificação do direito é uma contradição em termos, nula de pleno direito, enquanto uma sentença ilíquida cumpre a prestação jurisdicional, exigindo, apenas, a realização de atos específicos para a determinação do *quantum* devido. Conforme ensina Manoel Antonio Teixeira Filho[4]:

> ... em um plano ideal, as obrigações consubstanciadas em títulos executivos judiciais deveriam ser sempre líquidas, ou seja, conter todos os elementos necessários à sua imediata execução, porquanto a certeza do credor, em relação ao montante do seu crédito – e, em contrapartida, a do devedor, quanto ao total da dívida – propiciaria uma execução rápida, livre, em boa parte, dos incidentes que a entravam, dentre os quais se incluem os respeitantes à determinação do *quantum debeatur*.

4. TEIXEIRA FILHO, Manoel Antonio. *Liquidação da sentença no processo do trabalho*. 4. ed. São Paulo: LTr, 1994. p. 286.

Entretanto, tal ideal, na prática, é difícil de ser alcançado, seja pela própria natureza do pedido, seja pela absoluta falta de elementos nos autos, ou mesmo pela enorme quantidade de pedidos formulados ou feitos acumulados para julgamento.

4.1. Conceito de liquidação

Etimologicamente, podemos dizer que liquidação (de *liqueo, liquere*) significa estar claro, ser fluido, ser filtrado, tornar manifesto, evidente. Aplicada à terminologia jurídica, a liquidação consiste no conjunto de atos que visam à quantificação dos valores devidos, por força do comando sentencial exequendo. Nos termos propostos por Wagner Giglio[5],

> ... a liquidação visa, portanto, apenas individuar o objeto da condenação, regra generalíssima através da "quantificação" em dinheiro das verbas previstas na decisão; em outras palavras: tornar certo, claro e definido o que virtualmente já se continha na condenação, cujos limites não poderá ultrapassar.

Sintetizando, podemos dizer que a liquidação consiste em uma

> ... fase preparatória da execução, em que um ou mais atos são praticados, por uma ou por ambas as partes, com a finalidade de estabelecer o valor da condenação ou de individualizar o objeto da obrigação, mediante a utilização, quando necessário, dos diversos meios de prova admitidos em lei[6].

Por óbvio, na liquidação, não se poderá modificar, ou inovar, a sentença liquidanda nem discutir matéria pertinente à causa principal, mas tão somente exprimir, de forma definitiva, o conteúdo do título executivo.

Apenas a título informativo, aproveitando as lições de Paulo Furtado[7], deve-se reafirmar que

> ... somente podem ser objeto de liquidação os títulos judiciais (sentenças), uma vez que os extrajudiciais hão de ser líquidos já antes do ajuizamento da execução. Estes últimos, se não têm liquidez, não se revestem das características que os tornariam aptos à execução. A certeza, a liquidez e a exigibilidade devem encontrar-se no título extrajudicial, antes mesmo do ajuizamento da execução: não há liquidação de título extrajudicial.

5. GIGLIO, Wagner D. *Direito processual do trabalho*, cit., p. 495.
6. TEIXEIRA FILHO, Manoel Antonio. *Liquidação da sentença no processo do trabalho*. 4. ed. São Paulo: LTr, 1994. p. 231-232.
7. FURTADO, Paulo. *Execução*. 2. ed. São Paulo: Saraiva, 1991. p. 106.

4.2. Natureza jurídica da liquidação

De maneira concisa, sintetiza Christovão Piragibe Tostes Malta[8] que, "no sistema do Código de Processo Civil, a liquidação não é uma fase da execução e sim um processo de conhecimento preparatório de uma futura execução forçada". Trata-se de um raciocínio teleológico, com o qual partilhamos, pois a liquidação da sentença só tem razão de ser para preparar a execução do título judicial.

Entretanto, mesmo que somente para fins histórico-didáticos, não podemos deixar de colocar que o insuperável Pontes de Miranda[9], quando da vigência do CPC de 1939, analisava a liquidação como um processo incidente dentro do de execução, considerando que "duas ações fundadas em duas pretensões diferentes, uma a liquidar e outra a executar dois processos metidos num só, o que explica a diferença de tratamento da liquidação pelas duas proposições do art. 917".

Esse raciocínio, porém, não se aplica mais na vigência do atual diploma processual civil, tanto que foi reformulado pelo próprio Pontes de Miranda[10], que passou a prelecionar, em seus comentários ao CPC de 1973, que, no caso, trata-se de "duas ações: a de liquidação e a de execução. O que há, na espécie, é acessoriedade preparatória, sem que isso afaste poder qualquer credor ou devedor pedir, em ação de plena autonomia, a liquidação da dívida: o que era ilíquido passou a ser líquido, para a eficácia da relação jurídica".

4.3. Das modalidades de liquidação

Como já vimos, na CLT há previsão das modalidades de liquidação. É o que se depreende dos termos do art. 879:

> Art. 879. Sendo ilíquida a sentença exequenda, ordenar-se-á, previamente, a sua liquidação, que poderá ser feita por cálculo, por arbitramento ou por artigos.
>
> § 1º Na liquidação, não se poderá modificar, ou inovar, a sentença liquidanda nem discutir matéria pertinente à causa principal.
>
> § 1º-A. A liquidação abrangerá, também, o cálculo das contribuições previdenciárias devidas.
>
> § 1º-B. As partes deverão ser previamente intimadas para a apresentação do cálculo de liquidação, inclusive da contribuição previdenciária incidente.

---

8. MALTA, Christovão Piragibe Tostes. *Prática do processo trabalhista*. 24. ed. São Paulo: LTr, 1993. p. 673.

9. PONTES DE MIRANDA. *Comentários ao Código de Processo Civil*. 2. ed. Rio de Janeiro: Forense, 1961. v. XIV, p. 163.

10. PONTES DE MIRANDA. *Comentários ao Código de Processo Civil*. Rio de Janeiro: Forense, 1976. v. IX, p. 512.

> § 2º Elaborada a conta e tornada líquida, o juízo deverá abrir às partes prazo comum de oito dias para impugnação fundamentada com a indicação dos itens e valores objeto da discordância, sob pena de preclusão.
> § 3º Elaborada a conta pela parte ou pelos órgãos auxiliares da Justiça do Trabalho, o Juiz procederá à intimação da União para manifestação, no prazo de 10 (dez) dias, sob pena de preclusão.
> § 4º A atualização do crédito devido à Previdência Social observará os critérios estabelecidos na legislação previdenciária.
> § 5º O Ministro de Estado da Fazenda poderá, mediante ato fundamentado, dispensar a manifestação da União quando o valor total das verbas que integram o salário de contribuição, na forma do art. 28 da Lei n. 8.212, de 24 de julho de 1991, ocasionar perda de escala decorrente da atuação do órgão jurídico.
> § 6º Tratando-se de cálculos de liquidação complexos, o juiz poderá nomear perito para a elaboração e fixará, depois da conclusão do trabalho, o valor dos respectivos honorários com observância, entre outros, dos critérios de razoabilidade e proporcionalidade.
> § 7º A atualização dos créditos decorrentes de condenação judicial será feita pela Taxa Referencial (TR), divulgada pelo Banco Central do Brasil, conforme a Lei n. 8.177, de 1º de março de 1991.

Desde já é importante mencionar que, a fim de dar efetividade ao comando do art. 879 da CLT, deve-se compreender que a liquidação, em regra, será operacionalizada pelas partes.

Todavia, deve-se estar atento ao comando do art. 878-A da CLT, na parte em que se impõe a cobrança das parcelas devidas à Previdência Social, *ex officio.*

Com efeito, ao proceder à leitura de ambos os dispositivos (arts. 879 e 878-A), deve-se inferir que é também possível a liquidação diretamente pelo juízo. De fato, somente a partir da liquidação iniciada *ex officio,* poderia desincumbir-se o juízo dos ônus de proceder à cobrança das contribuições previdenciárias, parcelas acessórias da condenação principal, contida no título. Ademais, veja-se que a previsão do art. 878 da CLT indica que apenas não é permitida a iniciativa, pelo juízo, da execução, mas não há vedação quanto à iniciativa da liquidação pela autoridade judicial. Tal conclusão nos induz, portanto, à conclusão de que é possível ao juízo iniciar a liquidação do julgado, valendo-se inclusive do auxílio de um perito (perícia contábil) ou mesmo de órgão auxiliar do juízo (Contadoria ou Setor de Cálculos) para a quantificação do título.

4.3.1. *Liquidação por cálculos*

A liquidação por cálculos é a espécie mais usual no processo trabalhista. Com efeito, tal expediente é possível quando existem nos autos todos os elementos suficientes para a quantificação do julgado, bastando a mera conversão daquelas informações, a quantificação, no correspondente em valor pecuniário.

4.3.2. *Liquidação por artigos (ou pelo procedimento comum)*

A liquidação por artigos, ou, segundo a denominação contida no art. 509, II, do CPC, liquidação pelo procedimento comum, se dá quando inexistem nos autos provas suficientes para a quantificação do julgado.

Poderíamos exemplificar a utilização desse expediente quando, embora o juízo tenha concluído como procedentes as alegações da parte, não tenha sido capaz de evidenciar a extensão da pretensão, ou do dano, por exemplo. Desse modo, embora condenada a parte demandada, ainda faltam os elementos para definir o *quantum* da obrigação, fato que impõe o arremate sobre aqueles fatos, para a definição do valor da condenação. É o desdobramento da hipótese indicada no art. 324, II, do CPC.

Segundo a previsão do art. 509, II, do CPC, que pode ser utilizada subsidiariamente, quando a sentença condenar ao pagamento de quantia ilíquida, proceder-se-á a sua liquidação, pelo procedimento comum, quando houver necessidade de alegar e provar fato novo.

Desse modo, podemos dizer que a liquidação por artigos, ou simplesmente pelo procedimento comum, implica, no que couber, obediência ao procedimento ordinário para a delimitação dos fatos alegados em juízo. Sobre a matéria, ensina Humberto Theodoro Júnior[11]:

> O credor, em petição articulada, indicará os fatos a serem provados (um em cada artigo) para servir de base à liquidação. Não cabe a discussão indiscriminada de quaisquer fatos arrolados ao puro arbítrio da parte. Apenas serão arrolados e articulados os fatos que tenham influência na fixação do valor da condenação ou na individuação do seu objeto. E a nenhum pretexto será lícito reabrir a discussão em torno da lide, definitivamente decidida na sentença de condenação.

Pedro Paulo Teixeira Manus[12], a seu tempo, define:

> Lança-se mão dos artigos de liquidação quando há necessidade da prova de fatos novos, relegados pela sentença exequenda a esta fase. Exemplificativamente: a sentença exequenda mandou pagar duas horas extras, com adicional

11. THEODORO JÚNIOR, Humberto. *Curso de direito processual civil*. 11. ed. Rio de Janeiro: Forense, 1993. v. II, p. 95.

12. MANUS, Pedro Paulo Teixeira. *Consolidação das Leis do Trabalho e legislação complementar em vigor*, cit., p. 206.

de 50%, nos dias efetivamente trabalhados, num período determinado. Apurar-se-ão nos artigos os dias efetivamente trabalhados, os valores devidos dia a dia, bem como os acessórios.

Ou seja, nessa hipótese, ter-se-á a necessidade de alegar e demonstrar fatos necessários à adequada delimitação do conteúdo do título executivo.

4.3.3. *Liquidação por arbitramento*

A liquidação por arbitramento, por sua vez, dar-se-á quando determinado pela sentença, convencionado pelas partes ou exigido pela natureza do objeto da liquidação (art. 509, I, do CPC). Valentin Carrion[13], em seus consagrados *Comentários à Consolidação das Leis do Trabalho*, afirma que:

> ... por arbitramento, se liquida a sentença, quando a apuração não depende de simples cálculos, nem de prova de fatos novos, mas seja necessário o juízo ou parecer de profissionais ou técnicos (Almeida Amazonas, *Do arbitramento*). Arbitrar está aqui não no sentido de julgar, mas de estimar. Em princípio, o arbitrador será um perito, mas pode ocorrer que na impossibilidade de calcular-se com exatidão o débito, a estimativa não tenha outro fundamento que o bom senso, o prudente arbítrio de um cidadão ou até do próprio juiz; isto para que a ausência de elementos não impeça a reparação, quando não há possibilidade de encontrar elementos bastantes.

Desse modo, conclui-se que o fundamental é fixar um valor para a quantificação do julgado, evitando, dessa forma, o que se convencionou chamar de "ganhar e não levar", pois, como já se deve ter percebido, o arbitramento é, de todos os métodos liquidatórios, o único incapaz de demonstrar realmente o *quantum debeatur* determinado pela sentença exequenda, que, definitivamente, jamais será conhecido realmente, tendo em vista inexistirem dados, tanto nos autos quanto fora deles, para a quantificação do julgado.

4.3.3.1. Da liquidação por arbitramento e dos danos morais

Tal método de quantificação nos parece, por sua vez, o ideal para a liquidação de reparações pecuniárias por danos morais, pois, como ensina Miguel Reale[14], trata-se de um

13. CARRION, Valentin. *Comentários à Consolidação das Leis do Trabalho*. 17. ed. São Paulo: Revista dos Tribunais, 1993. p. 663.
14. REALE, Miguel. *O dano moral no direito brasileiro*: temas de direito positivo. São Paulo: Revista dos Tribunais, 1992. p. 25-26.

> ... domínio em que não se pode deixar de conferir ampla discricionariedade ao magistrado que examina os fatos em sua concretitude. Nesse ponto, é inegável a existência de lacuna em nosso sistema legal, não se podendo invocar senão o disposto no art. 1.553 que prevê a fixação da indenização por arbitramento. Eis uma norma translativa do problema de conteúdo, pertinente aos critérios de arbitramento, que não podem ser os usuais aplicáveis em assuntos de ordem econômica e patrimonial, exatamente em razão da natureza "não patrimonial" do dano moral.

De fato, dispunha o art. 1.553 do Código Civil de 1916, referente à "Liquidação das obrigações resultantes de atos ilícitos", que, nos casos não previstos naquele capítulo, "se fixará por arbitramento a indenização", havendo previsão equivalente no art. 953 do CC/2002.

A doutrina nacional tem reconhecido a importância desse dispositivo, lembrando José de Aguiar Dias[15] que "não é razão para não indenizar, e assim beneficiar o responsável, o fato de não ser possível estabelecer equivalente exato, porque, em matéria de dano moral, o arbitrário é até da essência das coisas", observando, inclusive, que "o arbitramento, de sua parte, é, por excelência, o critério de indenizar o dano moral, aliás, o único possível, em face da impossibilidade de avaliar matematicamente o *pretium doloris*"[16].

Na verdade, consideramos que o arbitramento é o procedimento natural da liquidação do dano moral, até mesmo por aplicação direta do art. 509, I, do CPC, já referido.

Ora, o objeto da liquidação da reparação pecuniária do dano moral é uma importância que compense a lesão extrapatrimonial sofrida. Não há como evitar a ideia de que, efetivamente, a natureza do objeto da liquidação exige o arbitramento, uma vez que os simples cálculos ou os artigos são inviáveis, na espécie.

Na liquidação por arbitramento, o juiz intimará as partes para a apresentação de pareceres ou documentos elucidativos, no prazo que fixar, e, caso não possa decidir de plano, nomeará perito, observando-se, no que couber, o procedimento da prova pericial. A leitura do dispositivo sugere a nomeação do perito, enquanto etapa do procedimento liquidatório.

Uma questão que normalmente é omitida por muitos dos que se aventuram a escrever sobre a responsabilidade civil por danos morais, no que diz respeito a sua liquidação, é a seguinte: no arbitramento, a prova pericial é indispensável? Ora, a própria dinâmica do dispositivo supratranscrito indica não ser elementar, embora usual, a realização da prova pericial.

---

15. DIAS, José de Aguiar. *Da responsabilidade civil*. 9. ed. Rio de Janeiro: Forense, 1994. v. II, p. 739.
16. DIAS, José de Aguiar. *Da responsabilidade civil*, cit., v. II, p. 759.

Com efeito, entendemos que a prova pericial é efetivamente o meio de liquidação natural para aferir, por exemplo, danos materiais como os lucros cessantes. É esse o exemplo clássico apontado por Paulo Furtado[17] para as "hipóteses em que a sentença não pode, de logo, determinar que o *quantum* se apure por cálculo do contador, porque esse cálculo dependeria de atividade do 'árbitro', ou perito, que forneceria elementos de que não se dispõe ainda".

Todavia, no que diz respeito à reparação dos danos morais, a prova pericial terá pouca (se não nenhuma!) valia, pois inexistem dados materiais a serem apurados para a efetivação da liquidação. Dessa forma, a resposta à questão suscitada deve ser negativa.

Mas como pode ser procedida a liquidação por arbitramento sem a prova pericial? A resposta nos parece lógica. O juiz, investindo-se na condição de árbitro, deverá fixar a quantia que considere razoável para compensar o dano sofrido. Para isso, pode o magistrado valer-se de quaisquer parâmetros sugeridos pelas partes[18] ou, mesmo, adotados de acordo com sua consciência e noção de equidade, entendida esta na visão aristotélica de "justiça no caso concreto", valendo-se, no caso dos danos pretendidos no âmbito das relações de trabalho, da previsão do art. 223, *g* e § 1º, da CLT.

Nesse sentido, ensina Washington de Barros Monteiro[19] que "inexiste, de fato, qualquer elemento que permita equacionar com rigorosa exatidão o dano moral, fixando-o numa soma em dinheiro. Mas será sempre possível arbitrar um *quantum*, maior ou menor, tendo em vista o grau de culpa e a condição social do ofendido".

Sobre a matéria, já escrevemos anteriormente[20] que existem, no vigente ordenamento jurídico brasileiro, diversas hipóteses legais de decisão por equidade. Entre elas, podemos elencar, por exemplo, a previsão do art. 85, § 8º, do CPC, no que diz respeito à fixação de honorários nas causas de pequeno valor, nas de valor inestimável e nas execuções, embargadas ou não, em que se delega ao prudente arbítrio do julgador a estipulação do *quantum debeatur*.

---

17. FURTADO, Paulo. *Execução*, cit., p. 112.
18. Consideramos, inclusive, bastante razoável que o próprio autor, em sua petição inicial, proponha um parâmetro para a quantificação ou mesmo um valor que considere suficiente para a compensação do dano moral. Tal procedimento facilitaria sobremaneira a prestação jurisdicional, pois estabeleceria limites objetivos à lide no que diz respeito à estipulação da condenação.
19. MONTEIRO, Washington de Barros. *Curso de direito civil:* direito das obrigações. 26. ed. São Paulo: Saraiva, 1993. p. 414.
20. PAMPLONA FILHO, Rodolfo. A equidade no direito do trabalho. *Forum* (*Revista do IAB – Instituto dos Advogados da Bahia*), edição especial do 1º Centenário de Fundação, Salvador: Nova Alvorada Edições, 1997. p. 144-145.

Claríssima, ainda, é a hipótese do art. 723 do CPC, em que tem-se, nos procedimentos de jurisdição voluntária, não ser o juiz "obrigado a observar critério de legalidade estrita, podendo adotar em cada caso a solução que considerar mais conveniente ou oportuna".

Em todos esses casos, é facultado expressamente que o julgador possa valer-se de seus próprios critérios de justiça, quando vai decidir, não estando adstrito às regras, parâmetros ou métodos de interpretação preestabelecidos. Conforme ensina Tércio Sampaio Ferraz[21], o

> ... juízo por equidade, na falta de norma positiva, é o recurso a uma espécie de intuição, no concreto, das exigências da justiça enquanto igualdade proporcional. O intérprete deve, porém, sempre buscar uma racionalização desta intuição, mediante uma análise das considerações práticas dos efeitos presumíveis das soluções encontradas, o que exige juízos empíricos e de valor, os quais aparecem fundidos na expressão juízo por equidade.

É preciso, sem sombra de dúvida, que o magistrado, na condição de órgão jurisdicional, não fique com seu raciocínio limitado à busca de um parâmetro objetivo definitivo (que não existe, nem nunca existirá) para todo e qualquer caso, como se as relações humanas pudessem ser solucionadas como simples contas matemáticas.

Dessa forma, propugnamos pela ampla liberdade do juiz para fixar o *quantum* condenatório já na decisão cognitiva que reconheceu o dano moral. Saliente-se, inclusive, que, se o valor arbitrado for considerado insatisfatório ou excessivo, as partes poderão expor sua irresignação a uma instância superior, revisora da decisão prolatada, por força do duplo (quiçá triplo ou quádruplo, se contarmos a instância extraordinária) grau de jurisdição.

Neste ponto, merece alguma reflexão a redação do art. 223-G, § 1º, da CLT, que busca estabelecer parâmetros para a fixação dos danos morais. Essencialmente não se deve compreender o dispositivo como uma simples tabela de danos morais, mas tão somente em critérios, balizas, a serem adotadas pelo Poder Judiciário, na fixação das indenizações. Mas é preciso ter bastante clareza de que, no caso concreto, poderá o juízo reconhecer que os limites fixados pelo dispositivo não são capazes de comportar a extensão dos danos propalados. Em assim sendo, poderá o juízo reconhecer, incidentalmente, a inconstitucional limitação do dispositivo quanto à extensão dos danos morais, acaso tais montantes se mostrem incapazes de restituir integralmente a extensão das lesões demonstradas

21. FERRAZ JUNIOR, Tércio Sampaio. *Introdução ao estudo do direito*. 2. ed. 2. tir. São Paulo: Atlas, 1996. p. 304.

em juízo, uma vez que o inciso X do art. 5º do Texto Constitucional assegura o direito ao ressarcimento integral pelo dano material ou moral.

4.3.4. *Do procedimento da liquidação de sentença*

Conhecidos as espécies de liquidação de sentença, verifiquemos agora os procedimentos utilizados para tais quantificações no processo trabalhista.

4.3.4.1. Procedimento para liquidação por cálculos

Note-se que, embora de regra a iniciativa da liquidação deva ser imputada às partes, por força da redação contida no art. 878 da CLT é legitima a iniciativa de qualquer interessado para dar início à liquidação.

Todavia, como já mencionamos, parece possível a iniciativa da liquidação *ex officio*, pelo próprio juiz ou Presidente ou Tribunal competente. Todavia, deve-se alertar no sentido de que tal iniciativa é medida excepcional que se justifica apenas a fim de dar cumprimento ao art. 878-A da CLT, ou seja, para que se permita a apuração das contribuições previdenciárias. Caso não haja potencial execução de parcelas previdenciárias, não parece legítima a iniciativa da liquidação pela autoridade judicial, de ofício.

Mas não apenas se deve estar atento ainda às demais condições contidas no art. 878 da CLT. Com efeito, o aludido diploma indica que a iniciativa da execução, de ofício, está adstrito àquelas possibilidades em que as partes não estiverem representadas por advogado. Nesse ponto, importante reafirmar que tal autorização normativa deve ser compreendida como a hipótese de que qualquer das partes não esteja representada por advogado, e não a de que ambas as partes estejam desassistidas, como erroneamente pode parecer. Do contrário, bastaria que o demandado estivesse assistido por procurador para que se pudesse inviabilizar a iniciativa executiva pelo juízo, em manifesto desrespeito à coisa julgada e mesmo ao acesso à justiça.

Note-se que, quanto à iniciativa, de longa data havia quem discordasse da ampla possibilidade de iniciativa *ex officio* pelo juízo, por força do que já constava no art. 4º da Lei n. 5.584/70. Segundo esses, aquele dispositivo apenas permitiria o impulso *ex officio* nas demandas de alçada e naquelas em que empregados ou empregadores litigavam pessoalmente, ou seja, sem o patrocínio de advogado. A alteração decorrente da Lei n. 13.467/2017, de algum modo, no art. 878 da CLT, reafirmou a compreensão daqueles que entendiam pela limitação da iniciativa judicial àquelas hipóteses em que a parte esteja desassistida.

Superados os questionamentos acerca da iniciativa, deve-se indicar que o primeiro a fazer, no tocante à definição do procedimento para a liquidação por cálculos, consiste justamente nas ponderações ao denominado procedimento facultativo, vigente até o advento da Lei n. 13.467/2017.

Com efeito, até o advento da Lei n. 13.467/2017, o procedimento liquidatório contava com a faculdade prevista no art. 879, § 2º, da CLT. Tratava-se da faculdade conferida ao magistrado de que, uma vez constatado ter sido elaborada a conta e tornada líquida, poderia ou não abrir às partes prazo sucessivo de dez dias para impugnação fundamentada com a indicação dos itens e valores objeto da discordância, sob pena de preclusão.

Como já se afirmou há pouco, a execução compreende atos de acertamento, constrição e alienação que, em regra, são praticados sucessivamente, esgotando-se cada fase. Entretanto, no processo do trabalho, pode ocorrer uma interpenetração dos atos de acertamento e de constrição, o que merecerá maior aprofundamento nos próximos pontos a serem analisados.

Havia uma particularidade do processo trabalhista, desde a Lei n. 8.432/92, que alterou diversos dispositivos da Consolidação das Leis do Trabalho, e acabou por criar uma faculdade de procedimento ao juiz do Trabalho. Era uma impropriedade procedimental, nos dizeres de José Augusto Rodrigues Pinto[22], "uma infelicidade a toda prova", pois "basta ter-se em mente a aspiração vital do processo de uniformizar e simplificar o procedimento, o que é impossível de ser conseguido com sua dualidade numa única área de dissídio". Essa dualidade/alternatividade de procedimentos, então prevista pela própria legislação processual da Justiça Especializada, tornava, na prática, a execução da sentença trabalhista uma via-crúcis, em que cada juízo adotava um procedimento distinto, muitas vezes com particularidades de entendimento divergentes uns dos outros, "criando" procedimentos próprios e gerando insegurança e perplexidade aos litigantes.

Com o advento da Lei n. 13.467/2017, houve a alteração do § 2º, implicando apenas um procedimento, como regra, a ser seguido no *iter* liquidatório. A partir da redação do mesmo parágrafo, elaborada a conta e tornada líquida, o juízo necessariamente deverá abrir às partes prazo comum de oito dias para impugnação fundamentada, com a indicação dos itens e valores objeto da discordância, sob pena de preclusão.

Tal *iter* procedimental leva em consideração o elementar. Tendo sido as partes intimadas a apresentar seus cálculos (§ 1º-A do art. 879), ter-se-iam desincumbido de tal ônus. Com efeito, desde a Lei n. 11.232/2005, ao instituir o art. 475-B do CPC/73, tinha-se que o credor requereria o cumprimento da sentença, instruindo-o com a memória de cálculos correspondente, sendo a parte contrária intimada para impugnar os cálculos da liquidação. Não havia dúvida de que era

22. PINTO, José Augusto Rodrigues. *Processo trabalhista de conhecimento*, cit., 7. ed., p. 61.

aplicável o procedimento liquidatório previsto no CPC/73 a nossa realidade, dada a omissão na CLT, no particular.

Apresentados os cálculos por uma das partes (art. 879, § 1º-A), deve-se conferir a seu adversário a oportunidade de impugnar fundamentadamente e com a indicação dos itens e valores objeto da discordância. Tendo as partes se pronunciado acerca dos cálculos, caberia ao juízo a delimitação da obrigação contida na sentença.

Mas há algo ainda a ser pontuado. No processo do trabalho, segundo o *caput* do art. 878 da CLT, a liquidação será promovida pelas partes, mas é permitida a execução de ofício pelo juiz ou pelo Presidente do Tribunal nos casos em que as partes não estiverem representadas por advogado. Desse modo, mesmo que a iniciativa executiva do juiz seja uma exceção, tal possibilidade permanece contemplada, no sistema executivo. E justamente em tal hipótese, quando as partes não estiverem representadas por advogado, deverá o juízo elaborar as contas, por meio de suas serventias, e determinar a intimação das partes, no prazo comum de oito dias, para impugnação fundamentada (§ 2º do art. 879 da CLT).

Elaborada a conta pela parte ou pelos órgãos auxiliares da Justiça do Trabalho, o juiz procederá à intimação da União para manifestação, no prazo de dez dias, sob pena de preclusão (§ 3º). A impugnação da União será igualmente fundamentada, com a indicação dos itens e valores objeto da discordância, sob pena de preclusão.

Tratando-se de cálculos de liquidação complexos, o juiz poderá nomear perito para a elaboração e fixará, depois da conclusão do trabalho, o valor dos respectivos honorários, com observância, entre outros, dos critérios de razoabilidade e proporcionalidade, sem prejuízo dos demais critérios fixados no art. 790-B.

Uma vez formado o convencimento do juízo acerca da extensão da condenação, será decidida a liquidação por meio da denominada sentença de liquidação, cuja natureza veremos adiante.

A existência de apenas um *iter* procedimental para aqueles feitos em que necessária a liquidação por cálculo deve seguir estritamente as previsões do art. 879 da CLT.

De outro lado, não se pode ignorar que a CLT prevê também a possibilidade da interpenetração dos atos de acertamento e constrição, o que não ocorre no procedimento previsto no § 2º do art. 879. Ainda que não tenha havido os atos de acertamento previsto no § 2º do art. 879, prevê a CLT, segundo os arts. 880 e seguintes, a possibilidade de os atos de acertamento e constrição serem praticados simultaneamente, gerando a já citada interpenetração, como a seguir explicaremos. Nessa hipótese, requerida a execução, sendo desnecessária a prévia liquidação, o juiz conferirá as contas apresentadas e as homologará, determinando a expedição de mandado de citação e penhora, a fim de que cumpra a decisão ou o acordo no prazo, pelo modo e sob as cominações estabelecidas, ou, em se tratando de pagamento em dinheiro, incluídas as contribuições sociais devidas ao INSS, para que pague em quarenta e oito horas, ou garanta a execução, sob pena de penhora, conforme preceitua o art. 880 consolidado.

Aqui, imprescindível analisar o que significa a expressão "garantir a execução" acima referida. Trata-se de alternativa conferida ao devedor que não apenas pode realizar o pagamento (quitação do débito) mas, caso queira impugnar a sentença de liquidação/embargar a execução, pode igualmente colocar à disposição do juízo bens suficientes para assegurar o cumprimento da obrigação exequenda, enquanto discute a extensão daquela obrigação. Tal garantia pode se dar mediante depósito do valor em conta vinculada, à disposição do juízo, ou nomeação de bens à penhora, os quais devem responder pelo cumprimento da obrigação até o julgamento da execução. Havendo a regular quitação, libera-se o crédito do reclamante (credor), extinguindo-se a execução.

De modo inverso, garantida a execução (por meio de penhora ou depósito), terá o executado cinco dias para apresentar embargos, cabendo igual prazo ao exequente para impugnação, inclusive aos termos da decisão de liquidação, nos termos do *caput* do art. 884 da CLT. Tal previsão impõe, desse modo, que são os embargos o momento processual adequado para discutir os cálculos homologados ou a sentença de liquidação, consoante se prevê a partir do art. 884, § 3º, da CLT, não cabendo qualquer recurso imediato, portanto, quanto à sentença que homologou os cálculos inicialmente apresentados. Nesse sentido, Pedro Paulo Teixeira Manus[23] enuncia:

> A impugnação à sentença de liquidação, que pode ser interposta pelo exequente e pelo executado, discute a sentença que fixou o valor da condenação, ao apreciar a liquidação promovida. Tanto os embargos quanto a impugnação à sentença de liquidação seguem idêntica tramitação. Se na liquidação as partes houverem silenciado sobre fatos alegados pelo outro litigante, tendo sido devidamente instadas à manifestação, resulta precluso o direito de discuti-los na impugnação à sentença de liquidação. Note-se que na manifestação anterior, quando se processa a liquidação (art. 879), temos os litigantes discutindo entre si. Agora, na oportunidade do art. 884, § 3º, trata-se de uma impugnação aos fundamentos e à conclusão da decisão do juízo ao fixar o valor da condenação. E porque não se admite discussão antes da garantia do juízo, a chamada sentença de liquidação é, no processo do trabalho, mera

23. MANUS, Pedro Paulo Teixeira. *Consolidação das Leis do Trabalho e legislação complementar em vigor.* São Paulo: Malheiros, 1995. p. 208.

decisão interlocutória, irrecorrível de imediato, o que só pode ocorrer no prazo de embargos.

4.3.4.2. Procedimento de liquidação das contribuições previdenciárias

Por força da EC 45/2004, há previsão no art. 114 da Constituição Federal de 1988 (no tocante às regras de competência material trabalhista) assegurando à Justiça do Trabalho (inciso VIII) a competência para processar e julgar a execução, de ofício, das contribuições sociais previstas no art. 195, I, *a*, e II, da CF/88, e seus acréscimos legais, decorrentes das sentenças que proferir.

Dispõe o art. 195, I, *a*, e II, da Constituição Federal:

> Art. 195. A seguridade social será financiada por toda a sociedade, de forma direta e indireta, nos termos da lei, mediante recursos provenientes dos orçamentos da União, dos Estados, do Distrito Federal e dos Municípios, e das seguintes contribuições sociais:
> I – do empregador, da empresa e da entidade a ela equiparada na forma da lei, incidentes sobre:
> a) a folha de salários e demais rendimentos do trabalho pagos ou creditados, a qualquer título, à pessoa física que lhe preste serviço, mesmo sem vínculo empregatício; (...)
> II – do trabalhador e dos demais segurados da previdência social, não incidindo contribuição sobre aposentadoria e pensão concedidas pelo regime geral de previdência social de que trata o art. 201.

Buscando disciplinar essa manifestação da competência executória, foi editada a Lei n. 10.035, de 2000, inserindo diversos dispositivos na CLT. Quanto à quantificação do julgado, os §§ 1-A e 1º-B do art. 879 impõem que seja quantificada, junto com o débito principal, as contribuições previdenciárias correspondentes.

Sobre a liquidação de tais contribuições sociais (previdenciárias), foram estabelecidas as regras inseridas nos §§ 3º e 4º do art. 879, nos seguintes termos:

> § 3º Elaborada a conta pela parte ou pelos órgãos auxiliares da Justiça do Trabalho, o juiz procederá à intimação por via postal do Instituto Nacional do Seguro Social – INSS, por intermédio do órgão competente, para manifestação, no prazo de 10 (dez) dias, sob pena de preclusão.
> § 4º A atualização do crédito devido à Previdência Social observará os critérios estabelecidos na legislação previdenciária.

Daí por que, como já foi dito, parece possível ao juízo a iniciativa, de ofício, da liquidação do julgado quando identificado pela autoridade judiciária, em tese, eventual crédito previdenciário a ser apurado em razão do título executivo contido nos autos. Uma vez liquidada a obrigação previdenciária, deve o juízo iniciar de ofício a execução apenas e tão somente da obrigação previdenciária, considerando que a sentença reconheceu a existência do crédito em favor da administração.

Visando estipular alguns critérios, inclusive para a liquidação, a Súmula 368 do TST encontra-se assim vazada:

> DESCONTOS PREVIDENCIÁRIOS. IMPOSTO DE RENDA. COMPETÊNCIA. RESPONSABILIDADE PELO RECOLHIMENTO. FORMA DE CÁLCULO. FATO GERADOR (aglutinada a parte final da Orientação Jurisprudencial n. 363 da SBDI-I à redação do item II e incluídos os itens IV, V e VI em sessão do Tribunal Pleno realizada em 26-6-2017) – Res. 219/2017, republicada em razão de erro material – *DEJT* divulgado em 12, 13 e 14-7-2017
>
> I – A Justiça do Trabalho é competente para determinar o recolhimento das contribuições fiscais. A competência da Justiça do Trabalho, quanto à execução das contribuições previdenciárias, limita-se às sentenças condenatórias em pecúnia que proferir e aos valores, objeto de acordo homologado, que integrem o salário de contribuição (ex-OJ 141 da SBDI-1, inserida em 27-11-1998).
>
> II – É do empregador a responsabilidade pelo recolhimento das contribuições previdenciárias e fiscais, resultantes de crédito do empregado oriundo de condenação judicial. A culpa do empregador pelo inadimplemento das verbas remuneratórias, contudo, não exime a responsabilidade do empregado pelos pagamentos do imposto de renda devido e da contribuição previdenciária que recaia sobre sua quota-parte (ex-OJ 363 da SBDI-1, parte final);
>
> III – Os descontos previdenciários relativos à contribuição do empregado, no caso de ações trabalhistas, devem ser calculados mês a mês, de conformidade com o art. 276, § 4º, do Decreto n. 3.048/1999 que regulamentou a Lei n. 8.212/1991, aplicando-se as alíquotas previstas no art. 198, observado o limite máximo do salário de contribuição (ex-OJs 32 e 228 da SBDI-1 – inseridas, respectivamente, em 14-3-1994 e 20-6-2001).
>
> IV – Considera-se fato gerador das contribuições previdenciárias decorrentes de créditos trabalhistas reconhecidos ou homologados em juízo, para os serviços prestados até 4-3-2009, inclusive, o efetivo pagamento das verbas, configurando-se a mora a partir do dia dois do mês seguinte ao da liquidação (art. 276, "caput", do Decreto n. 3.048/1999). Eficácia não retroativa da alteração legislativa promovida pela Medida Provisória n. 449/2008, posteriormente convertida na Lei n. 11.941/2009, que deu nova redação ao art. 43 da Lei n. 8.212/91.
>
> V – Para o labor realizado a partir de 5.3.2009, considera-se fato gerador das contribuições previdenciárias decorrentes de créditos trabalhistas reconhecidos ou homologados em juízo a data da efetiva prestação dos serviços. Sobre

as contribuições previdenciárias não recolhidas a partir da prestação dos serviços incidem juros de mora e, uma vez apurados os créditos previdenciários, aplica-se multa a partir do exaurimento do prazo de citação para pagamento, se descumprida a obrigação, observado o limite legal de 20% (art. 61, § 2º, da Lei n. 9.430/96).

VI – O imposto de renda decorrente de crédito do empregado recebido acumuladamente deve ser calculado sobre o montante dos rendimentos pagos, mediante a utilização de tabela progressiva resultante da multiplicação da quantidade de meses a que se refiram os rendimentos pelos valores constantes da tabela progressiva mensal correspondente ao mês do recebimento ou crédito, nos termos do art. 12-A da Lei n. 7.713, de 22-12-1988, com a redação conferida pela Lei n. 13.149/2015, observado o procedimento previsto nas Instruções Normativas da Receita Federal do Brasil.

Assim sendo, estabelecido o momento de discussão das contas de liquidação, as partes (ou órgãos auxiliares ou o próprio juízo) deverão também quantificar tais contribuições, somente se operando, em definitivo, a chancela judicial sobre elas após a intimação da União (Procuradoria Previdenciária).

Caso o órgão previdenciário não concorde com os valores apresentados, poderá impugná-los, o que somente será julgado em definitivo quando dos embargos à execução (art. 884, § 4º, da CLT). Daí por que se entende que o momento adequado para a intimação do órgão previdenciário poderá ser apenas após a garantia do juízo.

A execução das contribuições previdenciárias seguirá o mesmo curso da execução dos créditos trabalhistas, podendo, todavia, ser feito parcelamento pela via administrativa (art. 889-A, § 1º, da CLT).

4.3.4.3. Procedimento da liquidação por arbitramento

No tocante ao procedimento da liquidação por arbitramento, precisamos identificar que a CLT apenas menciona a possibilidade de a liquidação ser assim operacionalizada, mas não explicita qual seria seu procedimento. Daí seguir-se-ia o procedimento previsto nos arts. 475-D e seguintes do CPC/73 ou 510 do CPC.

Como já mencionado, requerida a liquidação por arbitramento, o juiz intimará as partes para a apresentação de pareceres ou documentos elucidativos, no prazo que fixar, e, caso não possa decidir de plano, nomeará perito, observando-se, no que couber, o procedimento da prova pericial.

Havendo necessidade, o juiz pode designar audiência, ou, independentemente da aludida assentada, proferir decisão.

4.3.4.4. Procedimento da liquidação por artigos (procedimento comum)

A CLT não disciplina o procedimento da liquidação articulada, devendo-se, de longa data, recorrer à disciplina do CPC a respeito, como se depreendia dos arts. 475-E e 475-F, ambos do CPC/73 e dos arts. 511 e seguintes do CPC. Naqueles dispositivos vislumbra-se que se deve observar, no que couber, o procedimento comum. Assim sendo, na liquidação articulada o juiz determinará a intimação do requerido, na pessoa de seu advogado ou da sociedade de advogados a que estiver vinculado, para, querendo, apresentar contestação. Entendemos que deve ser obedecido o rito sob o qual tramita o feito para fins da definição da liquidação articulada. A liquidação por artigos, assim, seguirá o rito ordinário, sumário ou sumaríssimo, com as mesmas peculiaridades quanto ao rito da própria decisão liquidanda.

Não sendo considerados provados os artigos, e tendo-os por improcedentes em razão da falta ou insuficiência de provas, os mesmos artigos podem ser renovados, a fim de que se possa dar efetividade ao conteúdo do título.

4.3.5. *Revelia na liquidação e da liquidação zerada*

No tocante à possibilidade de imputar a revelia quando da liquidação, há fundada controvérsia. Há quem entenda que, embora a liquidação tenha natureza constitutiva, não há falar em efeitos da revelia em nenhuma das modalidades de liquidação, mesmo na liquidação por artigos. Esse é o entendimento apresentado por Mauro Schiavi[24], dentre outros. Segundo essa perspectiva, incumbiria ao exequente o ônus de alegar e provar fato novo. Sendo assim, a contumácia do executado não geraria os efeitos pretendidos.

Em sentido oposto, José Augusto Rodrigues Pinto[25] e outros entendem que os efeitos da revelia são plenamente aplicáveis quando contumaz o executado em seu ônus de resistir aos termos da liquidação. Alguns Tribunais pátrios já se pronunciaram sobre o tema nessa mesma linha. Vejamos:

> Liquidação por artigos. Revelia do executado. Efeitos. – A liquidação por artigos tem por finalidade alegar e provar fatos necessários para determinar o valor da condenação, conforme o disposto no art. 608 do CPC. Desta forma, sendo revel a executada, presumem-se verdadeiros os fatos articulados na petição inicial da liquidação por artigos, o que não elide que o exame da matéria de direito seja em desfavor do exequente. Agravo de petição parcialmente provido no aspecto. Vistos e relatados estes autos de agravo de petição, inter-

24. SCHIAVI, Mauro. *Manual de direito processual do trabalho*, cit., p. 807.
25. PINTO, José Augusto Rodrigues. *Execução*. São Paulo: LTr, 2003.

posto de decisão do Exmo. Juiz do Trabalho da 1ª Junta de Conciliação e Julgamento de Porto Alegre, sendo agravante Construtora Prates Galvão S/A e agravado Luiz Zeferino Nogueira da Silva. A executada, inconformada com a decisão de primeiro grau, que julgou improcedentes os embargos à execução que opôs, agrava de petição, pretendendo, preliminarmente, ver reconhecida a nulidade do feito a partir da citação (...) (RS, 9069800-41.1991.5.04.0001, rel. Valdir de Andrade Jobim, j. 11-10-1995, 1ª Vara do Trabalho de Porto Alegre).

Parece-nos ser acertado este último entendimento, porquanto não se pode negar os efeitos da contumácia ao demandado, sob pena de evidente inversão da lógica processual, afastando-se, inclusive, do quanto previsto no procedimento comum.

Além daquele, é preciso que se refira ainda à possibilidade da denominada "liquidação zero" ou liquidação sem resultado positivo. Tal hipótese nada mais é que o resultado zero na fase de liquidação, e ocorre quando não se consegue evidenciar os aspectos capazes de atestar a extensão do crédito pretendido na liquidação. Sobre esse ponto, pedimos vênia para transcrever as lições de Antônio Adonias Bastos[26]:

> Pode ocorrer, no entanto, de a apuração indicar um saldo nulo, a exemplo do que acontece (a) na liquidação por artigos, quando o autor não consegue se desincumbir do *onus probandi* dos fatos alegados no requerimento, ou quando há a compensação de prestações recíprocas; (b) na liquidação individual dos títulos formados nas ações coletivas, quando um indivíduo, especificamente, nada tem a receber; ou (c) quando o juiz condena o réu a entregar certa coisa ao autor e a indenizá-lo pelos danos decorrentes do tempo em que o bem permaneceu indevidamente em poder do demandado, e também determina que o demandante lhe faça o ressarcimento pelas benfeitorias necessárias realizadas no imóvel. É possível que, quantificando os danos e as benfeitorias, chegue-se a saldo nulo ou mesmo negativo, isto é, favorável ao réu, e não ao autor. Trata-se de matéria que ainda não está pacificada.

É possível identificar alguns julgados nesse sentido, como exemplifica o seguinte aresto:

> Agravo de petição interposto pelos executados. Liquidação por artigos. Fatos novos não comprovados. Dano zero. – Hipótese em que, no curso da fase de liquidação por artigos, revelou-se a inexistência de resultado positivo em

26. BASTOS, Antônio Adonias. *Teoria geral da execução*. Salvador: Faculdade Baiana de Direito, 2010. p. 149.

> favor do exequente. A ausência de comprovação de fatos novos capazes de ensejar a liquidação do direito inviabiliza o reconhecimento de crédito pecuniário em favor do exequente. Apelo a que se dá provimento para julgar improcedente a liquidação por artigos promovida pelo exequente. (...) (RS, 0110200-30.2003.5.04.0003, rel. Ana Rosa Pereira Zago Sagrilo, j. 6-12-2011, 3ª Vara do Trabalho de Porto Alegre).

Apesar da controvérsia reconhecida acerca do tema, entendemos possível a existência da liquidação sem valor positivo, ou zero, porquanto não se pode ignorar que a relação processual somente se presta a positivar os fatos da vida, e não o oposto. Se a vida demonstrar que inexistem os elementos aptos a ensejar a lesão na extensão pretendida no processo, então é certo que ao Judiciário não será facultado decidir em sentido diverso.

4.3.6. *Natureza da decisão que decide a liquidação*

Já referimos que a decisão que decide a liquidação, inclusive no CPC, é decisão interlocutória, consoante o tratamento dispensado no art. 1.015, parágrafo único.

Mesmo assim, não se deve ignorar que, seguindo a previsão do art. 884, § 3º, da CLT, tal decisão teria a natureza jurídica de sentença porque, segundo aquele dispositivo, somente nos embargos à penhora poderá o executado impugnar a sentença de liquidação. Embora o dispositivo legal se refira à sentença de liquidação, na verdade se estaria diante de flagrante equívoco do legislador, dado que, em regra, a decisão seria meramente interlocutória.

Todavia, o próprio TST já fixou o entendimento de que a decisão homologatória de cálculos, se apreciar o mérito de sua controvérsia, pode ser impugnável pela via da ação rescisória, consoante indica a Súmula 399 desse Tribunal:

> Ação rescisória. Cabimento. Sentença de mérito. Decisão homologatória de adjudicação, de arrematação e de cálculos. – (...) II – A decisão homologatória de cálculos apenas comporta rescisão quando enfrentar as questões envolvidas na elaboração da conta de liquidação, quer solvendo a controvérsia das partes quer explicitando, de ofício, os motivos pelos quais acolheu os cálculos oferecidos por uma das partes ou pelo setor de cálculos, e não contestados pela outra.

Embora absolutamente controversa a natureza da decisão homologatória de cálculo, a bem da verdade, a doutrina mais abalizada tem defendido que tal decisão, mesmo sendo interlocutória, tem pronunciamento equiparável à sentença, razão pela qual seria rescindível.

Uma vez homologados os cálculos, após a garantia do juízo, o executado pode impugnar os cálculos de liquidação, no corpo dos embargos à execução. Ao exequente caberá a impugnação à sentença de liquidação no mesmo momento dos embargos, consoante previsto no art. 884, § 3º, da CLT. A decisão proferida nos embargos, em que se questionam os cálculos, ou na impugnação do reclamante é recorrível por meio de agravo de petição, na forma do art. 897 da CLT.

Não se pode ignorar que há hipóteses em que se tem entendido ser possível a interposição imediata de recurso contra a denominada sentença de liquidação, como naquelas em que há o reconhecimento de saldo zero, ou mesmo naquelas em que há sensível limitação do crédito exequendo.

Nesse sentido, Edilton Meireles e Julio Bebber entendem que é possível a impugnação imediata da decisão da liquidação, como a sentença que julgar não provados os artigos de liquidação, uma vez que inviabiliza, ainda que em parte, o prosseguimento da própria execução.

Há divergência sobre qual seria o recurso cabível, se se entender como possível a impugnação imediata, considerando que, embora a liquidação faça parte da fase de conhecimento, o que ensejaria o manejo do recurso ordinário, na verdade o legislador disciplinou a liquidação, no texto da CLT, no capítulo concernente ao da execução. Desse modo, parece que o recurso cabível seria o agravo de petição.

4.3.7. *Liquidação de títulos executivos extrajudiciais*

Como já mencionamos, na doutrina há quem defenda a inviabilidade do procedimento liquidatório de títulos executivos extrajudiciais, porquanto "devem representar, documentalmente, norma jurídica individualizada, contendo obrigação líquida, certa e exigível de entregar coisa, de fazer ou de não fazer ou de pagar quantia"[27]. Não há previsão no CPC ou na CLT da liquidação de títulos executivos extrajudiciais, já que a liquidez seria requisito essencial para o título executivo extrajudicial para que tenha força executiva.

Todavia, não se pode ignorar as lições de José Augusto Rodrigues Pinto[28], para quem seria cabível tal expediente, notadamente nas hipóteses em que se pretende o acertamento do *quantum debeatur* por simples cálculos ou de prestações sucessivas. No mesmo sentido, Mauro Schiavi[29], que entende possível a apli-

27. ZAVASCKI, Teori Albino. *Processo de execução*: parte geral. São Paulo Revista dos Tribunais, 2004 (Coleção Estudos de Direito e Processo Enrico Tullio Liebman, v. 42). p. 319.

28. PINTO, José Augusto Rodrigues. *Execução trabalhista:* estática, dinâmica, prática. 11. ed. São Paulo: LTr, 2006.

29. SCHIAVI, Mauro. *Manual de direito processual do trabalho*, cit., 2010.

cação, analogicamente, das modalidades de liquidação já referidas à liquidação do título executivo extrajudicial.

Por fim, sobre o tema, vale a pena transcrever as lições de Nelson Nery Júnior e Rosa Maria de Andrade Nery[30], que evidenciam, a nosso sentir, o correto entendimento sobre o assunto:

> É possível o ajuizamento de ação de liquidação para determinar-se o *quantum debeatur* de título executivo extrajudicial (CPC 585). Quando o título, ao qual a lei empresta eficácia executiva, for certo e exigível, mas ilíquido, será desnecessária a propositura de ação condenatória, porque o credor já tem título executivo. Basta liquidá-lo antes de promover a execução. Essa liquidação só será admissível se tiver de ser feita por arbitramento ou artigos. Tratando-se de situação que demande mero cálculo aritmético para chegar-se ao *quantum*, o credor pode ajuizar ação direta de execução, apresentando com a petição inicial a memória do cálculo que fundamenta o valor atribuiu ao título.

Ou seja, diante da existência do título executivo extrajudicial, somente se houver necessidade de liquidação por arbitramento ou artigos é que será necessário o expediente liquidatório, seguindo-se a forma prevista em lei para tal liquidação. Para a hipótese de meros cálculos, pode a parte iniciar o processo executivo diretamente, apenas instruindo a petição inicial com a memória de cálculo.

4.4. Cumprimento da sentença e a execução propriamente dita

Não se pode ignorar o fato de que a execução se consubstancia justamente como o ato de cumprir, realizar, levar a efeito o quanto decidido em juízo. A sentença voluntariamente cumprida encerra a prestação jurisdicional, dada a entrega do bem da vida pretendido. A parte que assim não procede enseja outra atividade jurisdicional, destinada à satisfação da obrigação consagrada anteriormente. Assim, pode-se referir à inadimplência do devedor como pressuposto específico da execução.

Pode-se falar, ainda, em alguns princípios, os quais orientam a prestação jurisdicional no processo executivo.

O primeiro princípio que se deve levar em consideração é justamente o da primazia do credor trabalhista. Com efeito, não se pode ignorar que a execução se faz no interesse do credor, o maior interessado na plena prestação juris-

30. NERY JUNIOR, Nelson; NERY, Rosa Maria de Andrade. *Código de Processo Civil comentado e legislação extravagante*, cit., p. 751.

dicional. O credor é o destinatário da prestação jurisdicional. Como diz Antônio Adonias Bastos[31]:

> O processo deve atender plenamente ao seu escopo pacificador e deve estar apto tanto a certificação de direitos, como para o seu cumprimento. Desta forma, o acesso à justiça não se resume ao direito de ingressar com uma demanda perante o Judiciário e dele extrair uma sentença que afirme a existência de um direito a uma prestação. Ele também envolve a garantia de obter o bem da vida perseguido.

Todavia, não se pode ignorar que a execução "volta-se à satisfação do direito do credor e não à punição do devedor"[32], e, por isso mesmo, a execução deve ser orientada no sentido de que seja promovida pelos meios menos onerosos para o executado. A execução deve igualmente resguardar a dignidade da pessoa do executado.

Tais premissas devem ser ancoradas na eficácia executiva daquilo que se pretende implementar. Com efeito, o princípio do título indica que, no processo executivo, em geral, e no processo do trabalho, em particular, do ponto de vista sistêmico se exige uma âncora, a comprovação da probabilidade de um direito material a ser satisfeito. E tal exigência estaria materializada na designação não apenas de quais seriam os títulos executivos, mas igualmente na adstrição do processo executivo ao comando previsto no título.

A atenção ao comando executivo previsto no título, pode-se dizer, redunda em natural limitação do contraditório. Não se está aqui a defender a limitação do próprio direito ao contraditório, assegurado constitucionalmente, mas evidente que o contraditório não será exercido do mesmo modo no processo de conhecimento e no processo de execução.

Tal fato pode redundar na mitigação do contraditório no processo de execução, porquanto a obrigação já está constituída, restando apenas, em regra, a forma como deve ser cumprida[33]. Na verdade, inexiste porquanto a obrigação já constituída no título deve ser cumprida, ou de forma espontânea ou coercitiva.

Da mesma forma, devemos dizer que o procedimento executivo está voltado exclusivamente à satisfação de obrigações patrimoniais. Daí falarmos de um princípio da patrimonialidade, dado que a execução não está orientada para a satisfação das obrigações sobre a pessoa do devedor, mas sim sobre seus bens.

31. BASTOS, Antônio Adonias. *Teoria geral da execução*, cit., p. 74.
32. BASTOS, Antônio Adonias. *Teoria geral da execução*, cit., p. 78.
33. SCHIAVI, Mauro. *Manual de direito processual do trabalho*, cit., p. 818.

Podemos dizer, ainda, da existência do princípio da efetividade, que se impõe, diante da necessidade de que a atuação jurisdicional seja implementada. O cumprimento de sentença está orientado para a materialização da obrigação consagrada no título que tem força executiva.

Nesse mesmo sentido, é preciso que a execução tenha seus atos orientados para alguma utilidade. Com efeito, não se deve impor ao Judiciário ou às partes atos inúteis, sem repercussão relevante para o deslinde do feito.

No tocante à disponibilidade, é preciso ter em conta que o credor possui a mera faculdade de prosseguir ou não com o processo executivo, o que é reafirmado com base na redação do art. 878 da CLT a partir da Lei n. 13.467/2017. A faculdade conferida pelo legislador ao juiz de poder iniciar o procedimento executivo não tornaria a execução indisponível. A parte credora, embora possa ser beneficiária da atuação do juiz que inicia de ofício a execução, continuará tendo a possibilidade de renunciar ao crédito ou mesmo de conferir a quitação, dando por satisfeita a obrigação, ainda que não efetivamente paga a totalidade do montante pretendido.

4.4.1. *Considerações gerais sobre a execução trabalhista*

No âmbito do processo do trabalho há, ainda hoje, intensa discussão doutrinária e jurisprudencial no tocante à manutenção do binômio (processo de conhecimento x processo de execução) ou à conversão da execução em mera fase do processo de conhecimento, atentando-se para as novidades do processo civil. Conforme ensina Manoel Antonio Teixeira Filho:

> ... anteriormente ao advento do CPC de 1939, e mesmo durante a sua vigência, estabeleceu-se intensa disputa doutrinária a respeito da natureza jurídica da execução. Sustentava-se, de um lado, que ela era mera fase do procedimento, um componente, uma parte integrante da ação; de outro, afirmava-se a sua autonomia em face do processo de conhecimento, mediante o argumento de que a execução constituía – para utilizarmos a linguagem da época – uma nova instância, um juízo novo, tanto que se iniciava pela citação do devedor[34].

Com a vigência do Código de Processo Civil de 1973, tal divergência tornou-se superada, tendo em vista que se passou a considerar o processo de execução como autônomo, já que lhe foi dedicado, inclusive, um livro próprio, abrangendo do art. 566 ao art. 795 do CPC/73. A CLT, de outro lado, igualmen-

34. TEIXEIRA FILHO, Manoel Antonio. *Execução no processo do trabalho*. 4. ed. São Paulo: LTr, 1994. p. 35.

te cuidou do processo de execução em capítulo próprio, a partir do art. 876 do Texto Celetista.

Todavia, seja diante do advento da Lei n. 11.232/2005, que alterou o CPC/73, seja a partir do CPC, a polêmica foi reestabelecida. Com efeito, as alterações introduzidas pelo aludido diploma foram no sentido de que, no âmbito do direito processual civil, toda a relação jurídica processual seria única, havendo, no entanto, fases processuais de conhecimento e de execução. Alguns, como o próprio Manoel Antonio Teixeira Filho, entendem que a execução seria mera fase do procedimento judicial trabalhista, enquanto, por exemplo, José Augusto Rodrigues Pinto[35] afirma, convictamente, que a execução trabalhista, apesar de se processar nos mesmos autos da reclamatória original, consiste em um processo, ou seja, uma série de atos ordenados e destinados a alcançar, disciplinadamente, um fim determinado, que é, *in casu*, "o exato cumprimento da vontade do Estado manifestada através da sentença judicial".

Diante da expressa previsão legal, embora soe conveniente, não nos parece legal a aplicação direta da disciplina do CPC, no particular, dado que a CLT ainda conta com norma expressa acerca do modo como o Estado-Juiz deve implementar suas decisões. Sendo assim, ao menos enquanto não alterada a CLT, não nos convence a aplicação irrestrita da novel forma executiva prevista no CPC.

Mas não é só. Os atos processuais executórios, ao mesmo tempo que estão coordenados entre si, distinguem-se e agrupam-se de acordo com os fins imediatos a que objetivam. Como já vimos, os atos processuais executórios podem ser agrupados como atos de acertamento, que são aqueles praticados para o fim de dar liquidez ao título, atos de constrição, que são os praticados para o efeito de compelir o devedor ao cumprimento da obrigação determinada pelo título, e atos de alienação, que são os praticados a fim de tornar efetiva a expropriação do patrimônio do devedor, satisfazendo, assim, a obrigação reconhecida e imposta pelo título.

4.4.2. *A legislação aplicável. Das fontes do processo executivo trabalhista*

No tocante à legislação aplicável ao processo executivo trabalhista, a primeira fonte que deve orientar o que o maneja é justamente a redação dos arts. 876 e seguintes da CLT. Não se pode ignorar, todavia, que o art. 889 da CLT indica a LEF – Lei de Execuções Fiscais, Lei n. 6.830/80, como sendo essa que deve ser utilizada em caso de omissão do texto celetista. Segundo aquele dispositivo, a LEF deve ser utilizada subsidiariamente:

35. PINTO, José Augusto Rodrigues. *Execução trabalhista*. 5. ed. São Paulo: LTr, 1992. p. 25.

> Aos trâmites e incidentes do processo da execução são aplicáveis, naquilo em que não contravierem ao presente Título, os preceitos que regem o processo dos executivos fiscais para a cobrança judicial da dívida ativa da Fazenda Pública Federal.

Todavia, não se pode ignorar que, na prática diária, muitos juízes e advogados pretendem a aplicação do CPC, sem atentar para a preferência eleita pelo legislador, qual seja, justamente a aplicação daquele diploma.

4.4.3. *Modalidades de execução*

A execução pode ser classificada com base em uma série de critérios. Elencaremos alguns deles para facilitar a compreensão do fenômeno.

4.4.3.1. Quanto à definitividade

No que diz respeito à definitividade da execução, classificam-se estas em definitivas, que são aquelas movidas com base em sentença transitada em julgado, ou seja, aquela em que o direito já foi completamente certificado, não pendendo mais qualquer recurso; ou provisórias, que são aquelas intentadas com fundamento em título executório, ainda pendente de recurso.

Apenas a título de curiosidade, vale registrar que os recursos trabalhistas, em regra geral, têm efeito meramente devolutivo (art. 899). Como já referimos, o recurso de revista pode ter efeito suspensivo, na antiga redação do art. 896, § 2º (modificado pela Lei n. 9.756/98), e o agravo de petição tem sido equivocadamente entendido como tendo efeito suspensivo, a partir da interpretação do art. 897, § 1º, da CLT.

Todavia, é preciso atentar para o fato de que o próprio art. 899 da CLT define o limite da atuação estatal quando da execução provisória, qual seja a penhora, como veremos adiante.

A execução provisória, conforme ensina Amauri Mascaro Nascimento[36], não seguirá todo o seu curso, porque deverá paralisar-se com a penhora dos bens do executado, restabelecendo-se após a decisão transitada em julgado, se favorável ao exequente. Para alguns, não será a penhora o momento da paralisação, pois admitem os embargos e o agravo de petição, suspendendo o processo só diante da praça. Reformada a sentença e julgada improcedente a ação, a execução provisória torna-se ineficaz, a penhora é levantada em favor do executado e as responsabilidades por essa execução frustrada recaem sobre o exe-

36. NASCIMENTO, Amauri Mascaro. *Curso de direito processual do trabalho*, cit., 15. ed., p. 326.

quente que a requereu, que terá de pagar as despesas processuais a que tiver dado causa.

4.4.3.2. Quanto à obrigação a cumprir

Pelo fato de haver várias espécies de execução, quanto à modalidade da obrigação a cumprir, analisemos, separadamente, cada uma delas. Vejamos.

4.4.3.2.1. Execução de obrigação de dar coisa certa

Certa é a coisa que se encontra perfeitamente individuada, que se identifica segundo suas características, não sendo, por isso, confundível com qualquer outra. As controvérsias doutrinárias e jurisprudenciais acerca de seu cabimento na Justiça no Trabalho ainda persistem, mas, em nosso entendimento, é perfeitamente aplicável ao processo do trabalho, inclusive na hipótese do julgamento de ação possessória cuja pretensão esteja intimamente relacionada com o contrato de trabalho, consoante definido na Súmula Vinculante 23:

> A Justiça do Trabalho é competente para processar e julgar ação possessória ajuizada em decorrência do exercício do direito de greve pelos trabalhadores da iniciativa privada.

Mas não seria apenas. Poderíamos ainda exemplificar que, havendo a resilição do contrato de trabalho e recusa do empregado em deixar o imóvel, pode o empregador deduzir pretensão de natureza possessória perante o pretório trabalhista, destinada a reaver o bem, indevidamente retido pela outra parte. Assim como o caso de o empregado ter seus instrumentos de trabalho (ferramentas, mostruários etc.) retidos arbitrariamente pelo empregador após a terminação da vigência contratual, ou, hipótese mais comum, eventual retenção da CTPS do reclamante pelo reclamado.

4.4.3.2.2. Execução das obrigações de fazer ou não fazer

As obrigações de fazer, consoante indica a denominação, são aquelas que definem uma imposição ao devedor. Como consectário lógico, as obrigações de não fazer são evidenciadas como a imposição de uma abstenção por parte do devedor. São as hipóteses mais corriqueiras de obrigações (trabalhistas) de fazer a determinação de entrega de guias para a movimentação do Fundo de Garantia por Tempo de Serviço ou do seguro-desemprego, ou mesmo a assinatura e baixa da CTPS, ou ainda a reintegração de empregado estável.

Já as obrigações de não fazer mais comuns são aquelas que decorrem da execução de TAC – Termos de Ajuste de Conduta, firmados no âmbito do Ministério Público do Trabalho, naquelas hipóteses em que assumida, por parte do compromissário, a obrigação de não fazer algo previamente estipulado, sob pena de multa. Carlos Henrique Bezerra Leite[37] menciona ainda a proibição de transferência ilegal de empregado para localidade diversa (art. 469 da CLT) e a proibição de ato do empregador que implique prejuízo direto ou indireto ao empregado.

A CLT e a Lei de Execução Fiscal não possuem qualquer previsão no sentido da execução das obrigações de fazer ou não fazer. Desse modo, deve-se utilizar as previsões dos arts. 815 e seguintes do CPC, no particular.

Cumpre ressaltar que, na hipótese de descumprimento da obrigação de fazer, o direito positivo brasileiro não consagrou a coerção *manu militari*, convertendo-se em obrigação de indenizar, ou se estabelecendo *astreintes*. Com efeito, se o executado não satisfizer a obrigação no prazo designado, é lícito ao exequente, nos próprios autos do processo, requerer a satisfação da obrigação à custa do executado ou perdas e danos, hipótese em que se converterá em indenização (art. 816 do CPC).

4.4.3.2.3. Execução por quantia certa (obrigação de pagar)

Trata-se da principal e mais comum modalidade de execução trabalhista, existindo, conforme Amauri Mascaro Nascimento[38], "(...) sempre que o objeto da execução for a reposição de um valor patrimonial em benefício do exequente, com o pagamento em dinheiro de uma determinada importância, correspondente ao direito que lhe foi assegurado pela sentença".

Considerando que essa é justamente a forma mais comum de execução, com os contornos que lhe são específicos, será analisada oportunamente.

4.4.3.3. Quanto à natureza da dívida

No que diz respeito à natureza da dívida, as execuções podem ser referentes à obrigação principal (por exemplo, a própria dívida trabalhista, como valor que constitui a pretensão do exequente) ou a obrigações acessórias (juros, correção monetária, honorários advocatícios e periciais, custas não pagas etc.).

37. LEITE, Carlos Henrique Bezerra. *Curso de direito processual do trabalho*, cit., 8. ed.

38. NASCIMENTO, Amauri Mascaro. *Curso de direito processual do trabalho*. 27. ed. São Paulo: Saraiva, 2012. p. 795-796.

4.4.3.4. Quanto à natureza do título

Dado que o título executivo é a base da execução, fica claro que a origem do processo executivo pode ser a atuação judicial estatal (título executivo judicial) ou a atuação privada ou mesmo pública extrajudicial (título executivo extrajudicial). No que toca ao processo do trabalho, não é diferente. Identificamos que o Poder Judiciário Trabalhista estaria autorizado a implementar não apenas as decisões fruto da atuação do próprio Judiciário, mas igualmente aquelas outras certezas geradas a partir da ação extrajudicial. Assim se depreende do art. 876 da CLT:

> Art. 876. As decisões passadas em julgado ou das quais não tenha havido recurso com efeito suspensivo; os acordos, quando não cumpridos; os termos de ajuste de conduta firmados perante o Ministério Público do Trabalho e os termos de conciliação firmados perante as Comissões de Conciliação Prévia serão executada pela forma estabelecida neste Capítulo.
> Parágrafo único. A Justiça do Trabalho executará, de ofício, as contribuições sociais previstas na alínea *a* do inciso I e no inciso II do *caput* do art. 195 da Constituição Federal, e seus acréscimos legais, relativas ao objeto da condenação constante das sentenças que proferir e dos acordos que homologar.

4.4.3.4.1. Títulos executivos judiciais

A leitura do dispositivo permite que se admitam como título executivo judicial as decisões, passadas ou não em julgado, e ainda os acordos firmados em juízo. A sentença trabalhista transitada em julgado é aquela já estabilizada, sob o manto da coisa julgada; enquanto a sentença pendente de julgamento de recurso é justamente aquela que, embora possua eficácia imediata, tem seus efeitos limitados pelo recebimento de expediente recursal no efeito devolutivo.

De fato, com a interposição de recurso a sentença poderá ser executada apenas provisoriamente, nos termos do art. 899 da CLT.

Além desses, podemos falar ainda dos acordos homologados e não cumpridos espontaneamente, cuja força executiva é imediata, e da decisão homologatória irrecorrível, salvo em relação ao INSS, na forma do parágrafo único do art. 831 da CLT.

Parece ter havido omissão do legislador no âmbito da CLT, razão pela qual devemos nos socorrer nas previsões do CPC para identificar outros títulos judiciais passíveis de execução na Justiça do Trabalho. A nosso sentir, podemos falar ainda da sentença penal condenatória, que pode ser executada quanto aos danos patrimoniais e morais causados ao empregado ou decorrentes da relação de trabalho no âmbito da Justiça do Trabalho, quando, na forma do art. 91, I, do CP, a sentença penal tornar certa a obrigação de indenizar o dano causado pelo crime.

A sentença penal homologatória no âmbito do Juizado Especial Criminal também pode ser considerada nessa hipótese, na medida em que, nos arts. 72, 73 e 74 da Lei n. 9.099/95, ao tratar dos Juizados Especiais Criminais, indicou que a conciliação obtida no âmbito criminal, homologada pelo juiz, teria eficácia de título a ser executado no juízo cível competente. A nós parece que tal execução pode ser implementada inclusive perante o Judiciário Trabalhista, se a lesão que se pretende reparar decorrer de relação de emprego.

E ainda a sentença arbitral, a denominada transação extrajudicial homologada pela Justiça do Trabalho, e a sentença estrangeira, homologada pelo Superior Tribunal de Justiça, hipóteses previstas no art. 513 do CPC, ainda controversas no âmbito do Judiciário Trabalhista.

Segundo o TST, a execução de sentença arbitral seria incompatível com o regime processual do trabalho porquanto não previsto no rol do art. 876 da CLT, além de inviável a utilização da arbitragem para a solução de dissídios individuais:

> Recurso de revista. 1. Execução. Sentença arbitral. Incompatibilidade com a justiça do trabalho. – Extrai-se da redação do art. 769, da CLT as hipóteses e os requisitos a serem observados na aplicação subsidiária da norma processual comum, quais sejam, a falta de disposição específica e compatibilidade da norma supletiva com os princípios do processo do trabalho. Neste contexto, tendo o art. 876, da CLT previsto expressamente quais títulos serão executados pela Justiça do Trabalho, dos quais não se inclui a sentença arbitral, não há falar em violação direta aos arts. 769 e 876 da CLT e 475-N, IV, do CPC. Ademais, a SBDI-1 desta Corte já decidiu ser inválida a utilização do instituto da arbitragem como supedâneo da homologação da rescisão do contrato de trabalho. De igual sorte, o recurso de revista não se viabiliza por afronta direta ao art. 5º, II, da Constituição Federal visto que o princípio da legalidade nele insculpido mostra-se como norma geral do ordenamento jurídico pátrio, sendo necessária a análise da ocorrência de violação de norma infraconstitucional para que se reconheça, somente de maneira indireta ou reflexa, afronta ao seu texto. Recurso de revista conhecido e não provido (RR, 127600-31.2008.5.02.0070, rel. Min. Guilherme Augusto Caputo Bastos, 2ª Turma, j. 26-11-2012, data de publicação: 30-11-2012).
>
> Recurso de revista. Acordo homologado pelo juízo arbitral. Incompatibilidade com o direito individual do trabalho. – No direito do trabalho não há como se entender compatível a arbitragem, pela inserção no contrato de trabalho da cláusula compromissória, ou pelo compromisso arbitral posterior ao fim da

> relação contratual, com o fim de solucionar o conflito decorrente da relação de emprego, visto que a essência do instituto é a disponibilidade dos direitos que as partes pretendem submeter, conforme art. 1º da Lei da Arbitragem. Ainda que se recepcione, em diversos ramos do direito, a arbitragem como solução de conflitos que acaba por desafogar o judiciário, é preciso enfrentar que o ato de vontade do empregado não é concreto na sua plenitude, no momento da admissão na empresa, em face da subordinação ínsita ao contrato de trabalho e à hipossuficiência do empregado, a inviabilizar que se reconheça validade à sentença arbitral como óbice ao ajuizamento de ação trabalhista, porque incompatível com os princípios que regem o direito do trabalho. Isso porque à irrenunciabilidade e à indisponibilidade está adstrita ao conteúdo do contrato de trabalho em razão do princípio fundamental a ser protegido – o trabalho –, e as parcelas de natureza alimentar dele decorrentes, por consequência. Para submeter o conflito trabalhista ao juízo arbitral necessário seria relevar todos os princípios que regem esse ramo do direito, em especial a hipossuficiência, presumida em face da relação contratual em que se coloca o empregado, como a parte mais fraca, a indisponibilidade das verbas decorrentes do trabalho, a sua natureza alimentar e, em especial, a impossibilidade da manifestação volitiva plena, própria do processo arbitral. Recurso de revista conhecido e desprovido. (...) (RR 104100-20.2007.5.02.0021, rel. Min. Aloysio Corrêa da Veiga, 6ª Turma, j. 15-2-2012, data de publicação: 24-2-2012).

Embora não se ignorem as questões atinentes à utilização do expediente arbitral no âmbito das relações de emprego e das discussões acerca de seu cabimento em relação a direitos individuais ou coletivos, como já tivemos a oportunidade de expor, não parece correto o entendimento esposado pelo TST, no particular, no tocante ao não reconhecimento da sentença arbitral como título executivo, porquanto o art. 876 não listou todos os títulos executivos admissíveis no âmbito do processo do trabalho, consoante o próprio TST tem reconhecido, mormente diante da possibilidade da utilização da arbitragem, nas relações de trabalho, como previsto no art. 507-A da CLT. Se há irregularidade na utilização do expediente arbitral, essa é outra matéria a ser enfrentada.

A mesma discussão se dá no âmbito da transação extrajudicial homologada pelo Poder Judiciário (652, f, CLT). De há muito existia a previsão no art. 57 da Lei n. 9.099/95 autorizando a homologação de acordo extrajudicial, de qualquer natureza ou valor, valendo a sentença como título executivo judicial:

> Art. 57. O acordo extrajudicial, de qualquer natureza ou valor, poderá ser homologado, no juízo competente, independentemente de termo, valendo a sentença como título executivo judicial.

> Parágrafo único. Valerá como título extrajudicial o acordo celebrado pelas partes, por instrumento escrito, referendado pelo órgão competente do Ministério Público.

Antes das alterações impostas pelos arts. 855-B e seguintes da CLT não era raro o Judiciário negar-se a proceder à homologação sob o argumento de que a Justiça do Trabalho não se prestaria à homologação dos acordos. É o que se depreende do seguinte julgado:

> Acordo extrajudicial. Homologação pela justiça do trabalho. Impossibilidade. – Não se presta a justiça do trabalho a homologar acordos em lides inexistentes, apenas para dar segurança jurídica ao empregador que não quer processos correndo contra si. Inteligência do art. 477, da CLT (TRT – 15ª Região, RO 0001917-81.2011.5.15.0113, Ac. 67847/2012, 4ª Turma, rel. Des. Claudinei Zapata Marques, *DEJTSP* 31-8-2012, p. 655).

Já defendíamos que não parecia ser esse o mais adequado entendimento. Nada havia que objetasse a aplicação do aludido expediente à Jurisdição Trabalhista. Aliás, tal expediente seria muito eficazmente utilizado para evitar as denominadas "lides simuladas", pois nada impede que no procedimento homologatório do acordo extrajudicial o juízo investigue os termos da transação, validando-a ou não a partir da disciplina dos arts. 840 e seguintes do CC. Com o advento da Lei n. 13.467/2017, e o estabelecimento do processo de homologação de acordo extrajudicial, parece não haver mais dúvidas quanto a tais títulos.

4.4.3.4.2. Títulos executivos extrajudiciais

Além dos títulos executivos judiciais, a redação do art. 876 indica a possibilidade de execução de dois outros títulos, de natureza extrajudicial, a saber: o termo de ajuste de conduta firmado perante o Ministério Público e os termos de conciliação firmados perante as Comissões de Conciliação Prévia.

Não se pode ignorar que aquele mesmo dispositivo permite digressões acerca da possibilidade da execução ampla de títulos executivos extrajudiciais, desde que firmados em decorrência de uma relação de emprego.

Em outras palavras, indaga-se se seria possível o reconhecimento de outros títulos executivos extrajudiciais, notadamente aqueles previstos no art. 784 do CPC, pelo Judiciário Trabalhista.

Em primeiro lugar, cumpre mencionar que entendemos que o rol dos títulos executivos extrajudiciais previstos na CLT não é taxativo. Essa foi a conclusão a que se chegou no âmbito do FPPT – Fórum Permanente de Processualistas do Trabalho, consoante explicita o Enunciado n. 120:

ENUNCIADO 120 – FPPT – (art. 784 do CPC; art. 876 da CLT) O rol dos títulos executivos extrajudiciais previstos na CLT não é taxativo, admitindo-se, dentre outros, a execução fundada em cheque e nota promissória desde que documentalmente comprovada que a dívida decorre da relação de trabalho.

Com efeito, a nosso sentir, nada há que objete o reconhecimento da eficácia executiva dos títulos previstos naquele rol do CPC, desde que, por óbvio, seja a Justiça do Trabalho competente para apreciar as questões atinentes ao aludido título. Com efeito, consoante leciona Teori Albino Zavascki[39]:

> ... a nota característica dos títulos extrajudiciais, sejam eles produzidos pelo poder negocial dos particulares, sejam eles originários de ato de autoridade, consiste, portanto, na sujeição dos seus atos constitutivos ao controle de validade (= relação de conformidade entre norma individual e norma geral) pelo poder jurisdicional do Estado.
>
> Sendo assim, se couber ao Poder Judiciário Trabalhista a competência para exercer o controle de validade acerca do conteúdo do título, parece ser possível a execução daquele perante aquela Justiça Especializada, independentemente da redação do art. 876 da CLT, que apenas exemplifica alguns títulos executivos, mas não os expõe taxativamente. Nesse sentido, alguns julgados já se pronunciaram:
>
> Constitucional e processual. Justiça do trabalho. Competência. Execução de título extrajudicial. Exigência de controvérsia oriunda de relação do trabalho. Cheque executado indicado como decorrente de contrato de prestação de serviços advocatícios. Falta de vinculação do pagamento constituído pelo cheque com os serviços alegados como prestados pelo profissional. Hipótese de competência residual da justiça comum. – A competência da justiça do trabalho alcança as controvérsias envolvendo cobrança de honorários advocatícios pelo respectivo profissional liberal, porque a prestação de serviços autônomos, ainda que regulada pelo Código Civil, não constitui substrato imune ao art. 114, I, da CF/1988, não envolvendo o rito eleito nem ainda o direito material envolvido óbices à atuação desta justiça especializada. Em se tratando de execução de título executivo extrajudicial, exige o art. 114 constitucional a demonstração da relação de trabalho havida entre as partes para a emissão do título executado como pagamento frustrado dos serviços prestados para a definição da competência da justiça do trabalho. No caso, não tendo os cheques executados indicação de vinculação com serviços advocatí-

39. ZAVASKI, Teori Albino. *Processo de execução*, cit., p. 321.

cios prestados pelo exequente em favor dos executados, inclusive por emitidos em favor de terceira pessoa, e não havendo, sequer, contrato de prestação de serviços que os indicasse como forma de pagamento, não se afigura a competência da justiça do trabalho, mas da justiça comum. Recurso do exequente conhecido e desprovido (TRT – 10ª Região, AP 0001388-46.2010.5.10.0013, rel. Des. Alexandre Nery Rodrigues de Oliveira, *DEJTDF* 30-9-2011, p. 90).

Todavia, o TST, em sua 4ª Turma, já se pronunciou em sentido contrário à ampliação do aludido rol, para entender que a previsão do art. 876 seria taxativa, não reconhecendo a competência da Justiça Laboral para a execução de cheque, ainda que relacionado à quitação de obrigação decorrente de relação de emprego, por exemplo:

> Incompetência absoluta da justiça do trabalho – execução direta de cheque emitido sem provisão de fundos. – 1. Os títulos executivos extrajudiciais passíveis de serem executados nesta Justiça Especializada são aqueles elencados taxativamente no art. 876 da CLT, a saber: acordo não cumprido; termo de ajuste de conduta firmado perante o órgão do Ministério Público do Trabalho e os termos de conciliação firmados perante as Comissões de Conciliação Prévia. 2. No caso, o título executivo extrajudicial que está sendo executado perante esta Especializada é o cheque sem fundo emitido por advogado a seu cliente, tendo em vista que o causídico, valendo-se da procuração que tinha, efetuou, inicialmente, o repasse de montante bem aquém do que havia levantado perante o juízo trabalhista, repassando ao Autor da reclamação apenas R$ 8.000,00 e, cerca de um mês depois, entregou-lhe um cheque sem fundo no importe de R$ 21.415,00, cheque esse que está sendo executado na Justiça do Trabalho. 3. Todavia, esta Especializada não detém competência material para julgar esse tido de demanda, até porque o cheque sem fundo é título executivo extrajudicial em que não se precisa comprovar sua origem para executá-lo perante o Poder Judiciário, bastando a simples comprovação da devolução pela instituição bancária, como ocorreu *in casu*, sendo irrelevante que o cheque sem fundo tenha se originado em pendência trabalhista. Recurso de revista provido (RR 76600-46.1996.5.15.0071, rel. Min. Ives Gandra Martins Filho, 4ª Turma, j. 29-3-2006, data de publicação: 28-4-2006)

Todavia, devemos ponderar que o próprio TST, em sua 5ª Turma, já se pronunciou no sentido de que seria cabível a execução fiscal fundada em título executivo extrajudicial (CDA – Certidão de Dívida Ativa), à guisa inclusive da possibilidade firmada no art. 896, § 10, da CLT, como enunciam os seguintes arestos:

> Agravo de instrumento 1. Execução fiscal. Recurso de revista. Art. 896, § 2º, da CLT. Inaplicabilidade. – A Emenda Constitucional 45/2004 acresceu ao

> art. 114 da Constituição da República o inc. VII, atribuindo à Justiça do Trabalho competência para processar e julgar – as ações relativas às penalidades administrativas impostas aos empregadores pelos órgãos de fiscalização das relações de trabalho –, donde se inclui a execução fiscal regida pela Lei n. 6.830/1980. Ora, a ausência de quitação da multa administrativa imposta pelos órgãos de fiscalização do trabalho acarreta a inscrição do devedor na Dívida Ativa da Fazenda Pública, sendo que, nos termos do art. 3º da referida Lei, – a Dívida Ativa regularmente inscrita goza da presunção de certeza e liquidez –. Observe-se que o procedimento da execução fiscal permite ao executado, no prazo dos embargos, – alegar toda matéria útil à defesa, requerer provas e juntar aos autos os documentos e rol de testemunhas, até três, ou, a critério do juiz, até o dobro desse limite – (art. 16, § 2º), de sorte que não há restrição quanto às matérias a serem abordadas, quer quanto à execução em si, quer quanto ao título executivo, o que diferencia o referido procedimento da execução de título judicial. É o Termo de Inscrição na Dívida Ativa, portanto, título executivo extrajudicial, autorizando, assim, que se promova a execução direta. Dessa forma, tem-se que, em se tratando de execução fiscal, amparada que é em título executivo extrajudicial, não se aplica ao exame do Recurso de Revista o disposto no § 2º do art. 896 da CLT e na Súmula 266 desta Corte, devendo-se proceder a análise do Recurso sob o enfoque do art. 896, alíneas *a* e *c*, da CLT. Precedentes. 2. Execução fiscal. Multa administrativa. Responsabilidade do sócio. – Nega-se provimento a agravo de instrumento quando suas razões, mediante as quais se pretende demonstrar que o recurso de revista atende aos pressupostos de admissibilidade inscritos no art. 896 da CLT, não conseguem infirmar os fundamentos do despacho agravado. Agravo de Instrumento a que se nega provimento (120600-83.2006.5.12.0033, rel. João Batista Brito Pereira, 5ª Turma, j. 15-2-2012, *DEJT* 2-03-2012).

Há julgado no mesmo sentido, por Tribunal Regional:

> Execução de certidão de dívida ativa (CDA). Bloqueio de valores existentes em conta-corrente. Sistema Bacen jud. – A execução dos créditos da União se sujeitam à Lei de Executivos Fiscais (Lei n. 6.830/1980), portanto a penhora em dinheiro está em primeiro lugar na escala de preferência, nos termos do art. 11, I, da Lei n. 6.830/1980 e do art. 655, I, do CPC, utilizados subsidiariamente por esta Especializada (art. 889 da CLT), pois a execução deve se processar de maneira menos gravosa ao devedor, na forma do artigo 620 do CPC, todavia, deve-se levar em conta o interesse do credor, consoante o artigo 612 do mesmo diploma de Lei (TRT – 11ª Região, AP 1157700-35.2007.5.11.005, 2ª Turma, rel. Des. Luíza Maria de Pompei Falabela Veiga, *DOJTAM* 25-3-2011).

Com entendimento semelhante, é possível identificar julgado reconhecendo a competência da Justiça do Trabalho para a execução de confissão de dívida como título executivo extrajudicial:

> Agravo de petição. Competência da justiça do trabalho. Execução de título extrajudicial. Confissão de dívida. – O objeto do título executivo extrajudicial determina a competência da Justiça do Trabalho para apreciar a execução, nos termos do art. 877-A, da CLT. Agravo de petição provido. (...) (RS 00580-2008-811-04-00-8, rel. Cláudio Antônio Cassou Barbosa, j. 1º-4-2009, 1ª Vara do Trabalho de Bagé).
>
> Competência da justiça do trabalho. Execução de título executivo extrajudicial, decorrente do inadimplemento de acordo entre sindicato e empresa, versando sobre contribuições sindicais assistenciais. – Inteligência dos arts. 114, III, da CF/1988, 877-A da CLT, 585, II, do CPC, *ex vi* do art. 769 da CLT. Se o art. 114, III, da CF/1988 prevê na competência da justiça do trabalho para as ações relativas a representação sindical, entre sindicatos e trabalhadores e entre sindicatos e empregadores, nela inclui as ações de cobrança de contribuições sindicais, bem como a execução de título extrajudicial que contempla tal matéria. Ainda, vale lembrar que a carta federal, no art. 114, VIII, confere competência à justiça do trabalho, para as ações relativas às penalidades administrativas impostas aos empregadores, pelos órgãos de fiscalização das relações de trabalho, nela incluída a execução de certidão de dívida ativa, da Fazenda Pública, de débito não tributário. Donde se conclui que o rol dos títulos extrajudiciais, exequíveis na justiça do trabalho, enunciado no art. 876 da CLT, não é taxativo, mas exemplificativo, eis que deve abranger, pela *vis atractiva* competencial, também o documento particular, assinado pela empresa devedora e por duas testemunhas; bem como, a certidão da dívida ativa da união (arts. 585, II e VII, do CPC e 769 da CLT). Tal conclusão encontra suporte, também, na literalidade do art. 877-A, consolidado, que comanda que é competente para a execução de título executivo extrajudicial o juiz que teria competência para o processo de conhecimento relativo à matéria. Desta forma, resta clara a competência da justiça do trabalho para a execução do acordo de confissão de dívida, inadimplido, firmado entre sindicato e empresa, versando sobre contribuições sindicais assistenciais, que equivale a documento particular assinado pelo devedor (empresa) e por duas testemunhas, de que trata o art. 585, II, do CPC, aplicável no processo do trabalho *ex vi* do art. 769 da CLT (TRT – 2ª Região, AP 01288-0069-201-05-02-0372, Ac. 2010/1303283, 4ª Turma, rel. Des. Federal Ivani Contini Bramante, *DOESP* 21-1-2011, p. 23).

A nosso sentir, não há razão para inviabilizar a execução de título executivo extrajudicial, mesmo fora do rol previsto no art. 876 da CLT, desde quando seja possível justamente aferir sua relação com o trabalho desenvolvido por uma das partes. Todavia, como já verificamos, essa matéria ainda não foi pacificada.

Deve-se referir, ainda, que, segundo a dicção do art. 877-A, é competente para a execução de título executivo extrajudicial o juiz que teria competência para o processo de conhecimento relativo à matéria.

4.4.3.4.2.1. *Iniciativa e legitimidade*

Quanto à legitimidade para o processo executivo, é preciso dizer que, assim como no processo de conhecimento, neste igualmente é preciso apurar a relação entre os sujeitos e o papel que assumem na relação jurídica processual.

A legitimidade se divide em ativa, a daquele que quer ver satisfeita sua pretensão, e passiva, a daquele contra quem se dirige a pretensão executória.

4.4.3.4.2.2. *Legitimidade ativa*

Para a apuração da legitimidade ativa, deve-se atentar à leitura do art. 878 da CLT. Segundo o dispositivo, a execução poderá ser promovida por qualquer das partes, permitida a execução de ofício pelo juiz ou pelo Presidente do Tribunal apenas nos casos em que as partes não estiverem representadas por advogado.

A interpretação do dispositivo deve ser feita restritivamente, uma vez que somente podem promover a execução as partes que figuram no título, seja no polo ativo ou passivo, já que as legítimas para exigir o cumprimento daquela obrigação.

De todo modo, o dispositivo traz uma curiosidade, dado que excepciona a regra de legitimação do direito processual comum quando autoriza ao próprio juízo a iniciativa da execução, embora apenas na hipótese de uma das partes não estar assistida por advogado. Não há qualquer previsão equivalente no âmbito do direito processual civil.

Veja-se, todavia, que a aludida faculdade, longe de importar uma obrigação do magistrado, é mera faculdade, que pode ser exercida caso constatada, na situação concreta, a necessidade da atuação jurisdicional.

Ademais, não se pode ignorar que há quem pretenda, diante da redação do art. 4º da Lei n. 5.584/70[40], que o art. 878 da CLT seja interpretado no sentido de que apenas nas situações em que haja dissídios de alçada fosse possível tal iniciativa de ofício.

Todavia, devemos nos lembrar de que, em relação aos créditos de ordem tributária, deverá o juiz iniciar de ofício a execução, na forma do art. 876, parágrafo único, da CLT, em lamentável impropriedade sistêmica.

---

40. "Art. 4º Nos dissídios de alçada exclusiva das Juntas e naqueles em que os empregados ou empregadores reclamarem pessoalmente, o processo poderá ser impulsionado de ofício pelo Juiz."

Desse modo, parece que ao juiz é possível a instauração da execução de ofício, nas hipóteses previstas no art. 4º da Lei n. 5.584/70, sendo obrigatória a execução dos créditos de natureza tributária.

De todo modo, seguindo a mesma lógica empreendida pelo CPC, parece possível promover a execução forçada ou nela prosseguir, em sucessão ao exequente originário, o Ministério Público, nos casos previstos em lei; o espólio, os herdeiros ou os sucessores do credor, sempre que, por morte deste, lhes for transmitido o direito resultante do título executivo.

Sobre a legitimação do Ministério Público, parece-nos limitada às execuções proferidas originariamente pelos Tribunais Regionais, do mesmo modo que é atribuída no processo comum para os casos previstos em lei, como bem anotado por José Augusto Rodrigues Pinto[41]. Obviamente, haverá por parte do Ministério Público legitimidade ativa para a execução das obrigações firmadas em termo de ajuste de conduta, como já vimos, título executivo extrajudicial, na forma do art. 876 da CLT.

Mas não é só. A iniciativa do processo executivo pode ser ainda do devedor. Com efeito, o devedor pode ter interesse em ver-se desonerado das obrigações referidas no título, inexistindo qualquer limitação, no particular. Aliás, o próprio art. 878-A faculta ao devedor o pagamento imediato da parte que entender devida à Previdência Social, sem prejuízo da cobrança de eventuais diferenças encontradas na execução *ex officio*.

Se pode cumprir a obrigação assessória, com muito mais razão poderá exonerar-se da obrigação principal.

Quanto às hipóteses de legitimação ativa previstas no CPC, há que identificar a compatibilidade sistêmica. Ou seja, caberá ao juízo, quando da análise no caso concreto, apurar a identidade entre o pretenso credor e seu envolvimento na relação *sub judice*. De fato, não parece inviável o prosseguimento da execução quando houve sucessão de credor em razão de seu falecimento, por exemplo. Nesse sentido:

> Execução trabalhista. Falecimento do credor. Efeitos. – Não obstante se reconheça que a habilitação da sucessão do credor falecido no curso da execução deve se dar segundo a regra do art. 1º da Lei n. 6.858/1980 que prioriza, em detrimento dos herdeiros na ordem civil, os dependentes econômicos do trabalhador credenciados junto à Previdência Social, na ausência desses no momento da liquidação final do montante apurado em favor do *de cujus*, e con-

41. PINTO, José Augusto Rodrigues. *Execução trabalhista*, cit., 11. ed., p. 115.

siderando o montante do valor em execução, retoma-se a linha sucessória da lei civil. (...) (RS 0001522-59.2011.5.04.0028, rel. Beatriz Renck, j. 14-8.2012, 28ª Vara do Trabalho de Porto Alegre).

É absolutamente controversa, todavia, a legitimidade da sucessão nas hipóteses de cessão ou sub-rogação do crédito, dado que deixaremos de ter como objeto da pacificação social uma controvérsia relacionada às relações de trabalho (art. 114 da CF/88). Assim se depreende do teor do Provimento n. 6 da CGJT do TST.

4.4.3.4.2.3. *Legitimação passiva*

No que toca à legitimação passiva, será, em regra, observada em face daquele que deva responder aos termos do processo executivo. Com efeito, de regra o devedor é o legitimado passivo, qual seja, o responsável pelo cumprimento da obrigação, sendo essa a abordagem geral do assunto.

Todavia, a nosso sentir, a questão merece um adendo. É que será legitimado passivo, igualmente, o credor, naquelas hipóteses em que o devedor inicia o processo de cumprimento da obrigação definida no título, cabendo ao credor, inclusive, momento próprio para demonstrar sua irresignação acerca dos termos do cumprimento da obrigação, como definido no § 3º do art. 884 da CLT.

Ora, como diz Liebman[42], parte legítima é aquela que pode promover e contra a qual se pode promover a execução. E definitivamente é possível ao devedor pretender o cumprimento da decisão judicial em juízo, em face do credor. Aliás, a iniciativa para o cumprimento da obrigação como sendo do devedor não é nova, sendo cabível inclusive no âmbito do direito processual civil. É o que se pode depreender do seguinte julgado:

> Processual civil e previdenciário. Cumprimento de sentença. Execução iniciada pelo devedor. Concordância do credor com os cálculos apresentados. Verba honorária. Não cabimento. Recurso especial a que se nega seguimento. – 1. São cabíveis os honorários advocatícios na fase de cumprimento de sentença, a fim de remunerar o advogado pela prática de atos processuais necessários a impulsionar, ou contestar, a pretensão executiva, sendo certo, ainda, que, havendo o cumprimento espontâneo da obrigação pelo devedor, não há falar em verba honorária. 2. Agravo regimental desprovido (AgRg no REsp 1243124-PR, rel. Min. Laurita Vaz, 5ª Turma, j. 2-8-2011, *DJe* 15-8-2011).

42. Apud ASSIS, Araken de. *Manual do processo de execução*. 7. ed. São Paulo: Revista dos Tribunais, 2001. p. 236.

Ademais, outros podem ser igualmente legitimados a responder aos termos da obrigação contida no título, na forma do art. 4º da Lei n. 6.830/80 (LEF). Note-se que aquela previsão não destoa da regra geral de cumprimento das obrigações no âmbito processual civil comum.

Ou seja, estipula-se a legitimação para suportar o cumprimento da obrigação prevista no título não apenas ao titular principal da obrigação, mas a outros igualmente responsáveis por seu cumprimento, atentando para os requisitos para o cumprimento da obrigação por parte do terceiro. Como diz Valentin Carrion[43]:

> A execução se dirige contra os réus condenados na sentença (únicos, solidários ou subsidiários), seus sucessores *causa mortis* (espólio, herdeiro, CPC/15, arts. 779 e 771), civis (quem assumiu a obrigação, fiador ou responsável, CPC/15, art. 779) e empresariais (CLT, arts. 2º, 10 e 448); às vezes contra os bens dos sócios (art. 883/2) ou do cônjuge (art. 883/3) e em geral contra os mencionados no CPC/15, art. 779. A execução contra a Fazenda Pública tem procedimento especial (art. 880/3).

Deverão ser observadas, desse modo, as previsões no tocante às obrigações para a responsabilidade dos sucessores *causa mortis*, civis e empresariais. Na hipótese de sucessão trabalhista, ter-se-á a continuidade da atividade na forma dos arts. 10 e 448 da CLT, razão pela qual o sucessor responderá pela integralidade da dívida, salvo em caso de fraude, em que a sucedida responderá solidariamente.

Com efeito, segundo a previsão do art. 448-A da CLT, caracterizada a sucessão empresarial ou de empregadores prevista nos arts. 10 e 448, as obrigações trabalhistas, inclusive as contraídas na época em que os empregados trabalhavam para a empresa sucedida, são de responsabilidade do sucessor. Todavia, a empresa sucedida responderá solidariamente com a sucessora quando ficar comprovada fraude na transferência. A redação do art. 448-A, decorrentes da Lei n. 13.467/2017, reflete a compreensão empreendida pela jurisprudência sobre o tema:

> Recurso ordinário. Sucessão empresarial. Responsabilidade. – Na sucessão empresarial a responsabilidade pelas obrigações trabalhistas é da empresa sucessora (arts. 10 e 448 da CLT). Rejeitada a pretensão do recorrente no sentido de ser declarada a responsabilidade solidária das empresas recorridas, eis que não restou comprovado qualquer ato fraudulento nem a existência de grupo econômico que a justificasse (RO 01022.2005.031.14.00, rel. Juiz Vulmar de Araújo Coêlho Junior, Tribunal Pleno, j. 28-6-2006, *DOJT*, 121, 5-7-2006).

43. CARRION, Valentin. *Comentários à Consolidação das Leis do Trabalho*, cit., 41. ed., p. 893.

4.4.3.4.2.3.1. Da legitimação passiva do sócio e equivalentes

Em regra, caberá à pessoa jurídica a responsabilidade pelo adimplemento das obrigações contraídas em seu nome. A responsabilidade do sócio pelo cumprimento das obrigações sociais firmadas em nome da pessoa jurídica perante terceiros será definida a partir do tipo social adotado, assim como das previsões constantes nos atos de constituição social.

Não se trata de questão pacificada, mas antes absolutamente tormentosa. É que se convive com um verdadeiro dilema: a absoluta irresponsabilidade do sócio; sua irrestrita responsabilidade, ou a responsabilidade condicionada a apenas algumas hipóteses. O Código Civil assim indica:

> Art. 1.023. Se os bens da sociedade não lhe cobrirem as dívidas, respondem os sócios pelo saldo, na proporção em que participem das perdas sociais, salvo cláusula de responsabilidade solidária. (...)
> Art. 1.052. Na sociedade limitada, a responsabilidade de cada sócio é restrita ao valor de suas quotas, mas todos respondem solidariamente pela integralização do capital social.

A fazer prevalecer tal entendimento, o sócio participaria na responsabilidade social obedecendo aos limites de sua condição societária, embora solidariamente pela integralização do capital social.

Entendimento em sentido oposto, o da responsabilidade irrestrita, tem encontrado guarida em diversos julgados, que entendem haver solidariedade entre o sócio e a sociedade ou mesmo entre sociedades diversas, em algumas condições.

A primeira hipótese de solidariedade seria entre as empresas pertencentes ao mesmo grupo econômico, a teor do art. 2º, § 2º, da CLT. Segundo tal previsão, sempre que uma ou mais empresas, tendo, embora, cada uma delas, personalidade jurídica própria, estiverem sob a direção, controle ou administração de outra, ou ainda quando, mesmo guardando cada uma sua autonomia, integrem grupo econômico, serão responsáveis solidariamente pelas obrigações decorrentes da relação de emprego. Tal previsão tem autorizado a responsabilidade de empresas de mesmo grupo econômico:

> Responsabilidade solidária. Hipótese em que os contratos sociais trazidos aos autos demonstram que as empresas reclamadas pertencem ao mesmo grupo familiar, devendo responder solidariamente para os efeitos da relação de emprego, nos termos do disposto no art. 2º, § 2º, da CLT. (...) (RS 0000157-49.2010.5.04.0401, rel. Fernando Luiz de Moura Cassal, j. 13.12.2011, 1ª Vara do Trabalho de Caxias do Sul).

No mesmo sentido, em relação às obrigações relativas à seguridade social, cuja obrigação solidária se impõe aos sócios:

> Execução Fiscal. Responsabilidade solidária dos sócios pelas dívidas da sociedade. Lei n. 8.620/1993. – 1. Tratando-se de débitos da sociedade em relação à Seguridade Social, decorrentes de inadimplemento das contribuições previdenciárias, há responsabilidade solidária dos sócios, nos termos do art. 13 da Lei n. 8.620/1993. 2. Nessas hipóteses, a responsabilidade atribuída pela Lei independe de perquirição de dolo ou culpa, da solvabilidade da sociedade, de sua irregular dissolução ou ainda de fraude à lei. 3. Ante o exposto, conheço do recurso e dou-lhe provimento para determinar a inclusão dos sócios da reclamada no polo passivo da execução (PI 00062-2006-003-22-00-4, rel. Francisco Meton Marques de Lima, 1ª Turma, j. 16-2-2009, *DJTPI* 11-3-2009).

Note-se que, quanto a este último dispositivo, o STF já se pronunciou acerca de sua inconstitucionalidade, nos autos do RE 562.276, porquanto seria necessário, para que houvesse a responsabilidade, que esta guardasse relação com o fato gerador ou com o contribuinte.

Já em relação à terceira hipótese, qual seja, a da necessária apuração de algumas condições para a responsabilidade do sócio, quando sua obrigação extrapolar o montante de suas cotas, podemos dizer que há uma dualidade de opiniões.

Há os que entendam que a responsabilidade do sócio somente poderá ser imputada quando houver abuso, desvio ou confusão patrimonial, dado que assim se estaria diante da necessidade de desvelar o véu que separa as obrigações sociais da pessoa do sócio, pois ambas se confundiriam, a teor do art. 50 do CC.

Outros entendem que o simples inadimplemento das obrigações sociais impõe a responsabilidade do sócio, porquanto do contrário estar-se-ia imputando ao empregado os riscos do empreendimento, que na verdade devem ser suportados pelo sócio, que igualmente se beneficiou de seus lucros, como defende Wagner Giglio[44]. No particular, em parte nossa opinião se coaduna com a de José Augusto Rodrigues Pinto[45], que sumariamente assim conclui:

> 1. No caso de gestão dolosa ou culposa da empresa ou de mau uso da pessoa jurídica, deve ser considerada a solidariedade passiva do sócio para responder pela execução trabalhista contra a sociedade.
> 2. No caso de simples esgotamento da capacidade econômica da sociedade para responder pela execução, deve ser considerada a responsabilidade subsidiaria dos sócios para responder pela execução, observada a ordem de preferência para a constrição dos responsáveis diretos pela gestão da empresa.

44. Apud PINTO, José Augusto Rodrigues. *Execução trabalhista,* cit., 11. ed., p. 127.
45. PINTO, José Augusto Rodrigues. *Execução trabalhista,* cit., 11. ed., p. 132.

> 3. A constrição patrimonial decorrente da solidariedade subsidiaria do sócio deve ser precedida de comunicação de prazo para indicar bens societários ainda capazes de responder pela execução e, em caso negativo, de prazo para oferecimento de embargos próprios, após a penhora;
> 4. Sobrevindo à constrição sobre bens do sócio a comprovação de existência de novos bens da sociedade capazes de responder pela execução, deve o juiz ordenar sua imediata liberação da garantia.
> 5. Não deve ser exercida constrição sobre bens de sócio que se retirou da sociedade antes de iniciada a ação cuja sentença esteja sendo executada, salvo se comprovada intenção fraudulenta do ato, nem sobre bens incorporados ao seu patrimônio pessoal antes do seu ingresso na sociedade.

Ou seja, aplicar-se-ia a responsabilidade do sócio sempre que a personalidade jurídica da sociedade seja, de alguma forma, obstáculo ao ressarcimento de prejuízos causados ao trabalhador. A ampliação da responsabilidade do sócio tem sido a linha adotada pela jurisprudência.

Por fim, no tocante ao aspecto temporal, podemos dizer que, em regra, será responsável o sócio pelo adimplemento das parcelas relativas ao trabalho prestado no período em que fez parte do quadro social. Assim, inviável a responsabilidade do sócio quando o trabalho prestado não é contemporâneo a sua participação nos quadros da empresa:

> Agravo de petição. Responsabilidade de ex-sócios da executada. – Inviável a responsabilização de ex-sócios minoritários pela satisfação de créditos relativos ao trabalho prestado em período posterior a sua retirada da sociedade. (...) (219007419995040022-RS 0021900-74.1999.5.04.0022, rel. Beatriz Renck, j. 10-8-2011, 22ª Vara do Trabalho de Porto Alegre).

A Lei n. 13.467/2017 visou equacionar a questão da responsabilidade do sócio retirante fazendo inserir no art. 10-A da CLT que o sócio retirante responde subsidiariamente pelas obrigações trabalhistas da sociedade relativas ao período em que figurou como sócio somente em ações ajuizadas até dois anos depois de averbada a modificação do contrato, desde que observada a seguinte ordem de preferência: a empresa devedora; os sócios atuais; os sócios retirantes. Todavia, o mesmo dispositivo estabelece que o sócio retirante responderá solidariamente com os demais quando ficar comprovada fraude na alteração societária decorrente da modificação do contrato.

Tal previsão legal surgiu em razão do dissenso quanto à aplicação da previsão que limita a responsabilidade do sócio a dois anos da averbação do contrato, prevista no art. 1.003 do CC. Alguns julgados pretendiam fazer crer ser inaplicável o dispositivo, com base no princípio da proteção, o que redundaria na não limitação temporal da responsabilidade do ex-sócio:

> Agravo de petição. Responsabilidade de ex-sócio da executada. – Inaplicável nesta Justiça do Trabalho os arts. 1.003 e 1.032 do Código Civil, diante da aplicação do princípio da proteção, devendo ser mantido o redirecionamento da execução contra o ex-sócio da executada que se beneficiou do trabalho do exequente. (...) (RS 0035100-81.2008.5.04.0201, rel. Clóvis Fernando Schuch Santos, j. 17-11-2011, 1ª Vara do Trabalho de Canoas).

De outro lado, seguindo a compreensão enunciada no atual art. 10-A da CLT, já se entendia que fosse cabível a aplicação do Código Civil para que a responsabilidade do sócio fosse limitada. A nós não parecia haver óbice à aplicação do dispositivo às obrigações decorrentes dos vínculos de emprego:

> Ex-sócio. Responsabilidade. Limite temporal. – A melhor exegese do parágrafo único do art. 1.003 do CC revela que a responsabilidade do sócio pelas obrigações decorrentes de sua participação no capital social da empresa subsiste até dois anos após a averbação de sua retirada ou exclusão. Assim, despiciendo que a demanda causadora da execução tenha sido proposta após dois anos da formalização da retirada dos sócios retirantes, haja vista que o débito exequendo está adstrito ao período em que os agravados se beneficiaram dos serviços do exequente (RO 0047100, rel. Des. Maria Cesarineide de Souza Lima, 1ª Turma, j. 10-5-2011, *DETRT14*, 085, 11-5-2011).

4.4.3.4.2.3.2. Legitimação do devedor subsidiário

Deve-se ainda falar da hipótese da imputação da responsabilidade ao denominado devedor subsidiário, aqui não compreendido o sócio. Com efeito, de há muito o Poder Judiciário tem entendido que cumpre ao tomador dos serviços, por meio de empresa interposta, ser responsabilizado subsidiariamente pelo pagamento das obrigações decorrentes do contrato de trabalho devidos por esta última. Tal compreensão, originalmente cristalizada na forma da Súmula 331 do TST, foi reafirmada na Lei n. 6.019/74 por meio dos arts. 5º-A, § 5º, e 10, § 7º.

Nesse sentido, Amauri Mascaro Nascimento[46] demonstra que a intenção da Súmula 331, consagrada pela Lei n. 6.019/74, foi justamente apurar o princípio finalístico da prestação do serviço, qual seja, o de que o inadimplemento das obrigações trabalhistas, por parte do empregador, implica a responsabili-

46. NASCIMENTO, Amauri Mascaro do. *Curso de direito do trabalho*. 14. ed. São Paulo: Saraiva, 1997. p. 374.

dade subsidiária do tomador dos serviços quanto àquelas obrigações, desde que este tenha participado da relação processual e conste também do título executivo judicial.

Afinal, em última instância, o tomador teria sido beneficiário do serviço prestado pelo trabalhador, além de ser responsável pela escolha inadequada, capaz de ensejar prejuízos para os obreiros. No que toca especialmente ao entendimento cristalizado pelo TST no inciso IV da aludida súmula, que trata da responsabilidade do tomador do serviço, merece especial atenção o Incidente de Uniformização de Jurisprudência n. 297.751/96, relatado pelo Ministro Milton de Moura França, por meio do qual foi autorizada a redação da súmula. Sem ingressar no mérito da argumentação apresentada pelo E. TST, suas razões de decidir devem ser apreciadas:

> Embora o art. 71 da Lei n. 8.666/1993 contemple a ausência de responsabilidade da Administração Pública pelo pagamento dos encargos trabalhistas, previdenciários, fiscais e comerciais resultantes da execução do contrato, é de se consignar que a aplicação do referido dispositivo somente se verifica na hipótese em que o contratado agiu dentro de regras e procedimentos normais de desenvolvimento de suas atividades, assim como de que o próprio órgão da administração que o contratou pautou-se nos estritos limites e padrões da normatividade pertinente. Com efeito, evidenciado, posteriormente, o descumprimento de obrigações, por parte do contratado, entre elas as relativas aos encargos trabalhistas, deve ser imposta à contratante a responsabilidade subsidiária. (...)
>
> Registre-se, por outro lado, que o art. 37, § 6º, da CF/1988 consagra a responsabilidade objetiva da Administração, sob a modalidade de risco administrativo, estabelecendo, portanto, sua obrigação de indenizar sempre que cause danos a terceiro. Pouco importa que esse dano se origine diretamente da Administração, ou, indiretamente, de terceiro que com ela contratou e executou a obra ou serviço, por força ou decorrência de ato administrativo. (...)
>
> Por força da norma em exame, a irresponsabilidade da Administração Pública, em decorrência de inadimplemento de obrigações trabalhistas por parte daquele com quem contratou a execução de obra ou serviço, assenta-se no fato de sua atuação adequar-se aos limites e padrões da normatividade disciplinadora da relação contratual. (...)
>
> Evidenciado, no entanto, que o descumprimento das obrigações, por parte do contratado, decorreu igualmente de seu comportamento omisso ou irregular em não fiscalizá-lo, em típica culpa *in vigilando*, inaceitável que não possa pelo menos responder subsidiariamente pelas consequências do contrato administrativo que atinge a esfera jurídica de terceiro, no caso, o empregado.

(...)

Realmente, admitir-se o contrário, partindo de uma interpretação meramente literal da norma em exame, em detrimento de uma exegese sistemática, seria menosprezar todo um arcabouço jurídico de proteção ao empregado e, mais do que isso, olvidar que a Administração Pública deve pautar seus atos não apenas atenta aos princípios da legalidade, da impessoalidade, mas sobretudo, pelo da moralidade pública, que não aceita e não pode aceitar, num contexto de evidente ação omissiva ou comissiva, geradora de prejuízos a terceiro, que possa estar ao largo de qualquer corresponsabilidade do ato administrativo que pratica. (...)

Aliás, outra não é a dicção do art. 173 da CF/1988, com a redação dada pela EC 19/1998, que ao dispor, "que a lei estabelecerá o estatuto jurídico da empresa pública, da sociedade de economia mista e de seus subsidiários que explorem atividade econômica de produção ou comercialização de bens ou de prestação de serviços", enfatiza em seu inciso III que referidas pessoas deverão observar, em relação à licitação e contratação de obras, serviços, compras e alienações, os princípios da Administração Pública. (...)

Some-se aos fundamentos expostos que o art. 195, § 3º, também da Constituição Federal é expresso ao preconizar que "a pessoa jurídica em débito com o sistema da seguridade social, como estabelecido em lei, não poderá contratar com o Poder Público, nem dele receber incentivos ou benefícios fiscais", o mesmo ocorrendo com o art. 29, IV, da Lei n. 8.666/1993, com a redação que lhe foi dada pela Lei n. 8.883/1994, ao dispor que "prova de regularidade relativa à Seguridade Social e ao Fundo de Garantia por Tempo de Serviço (FGTS), demonstrando situação regular no cumprimento dos encargos sociais instituídos por lei", providências essas todas evidenciadoras do dever que tem a Administração Pública de se acautelar com aqueles que com ela pretendam contratar, exigindo que tenham comportamento pautado dentro da idoneidade econômico-financeira para suportar os riscos da atividade objeto do contrato administrativo. (...)

Registre-se, finalmente, que o art. 37, § 6º, da CF/1988 consagra a responsabilidade objetiva da Administração, sob a modalidade de risco administrativo, estabelecendo, portanto, sua obrigação de indenizar sempre que cause danos a terceiro. (...)

Pouco importa que esse dano se origine diretamente da Administração, ou, indiretamente, de terceiro que com ela contratou e executou a obra ou serviço, por força ou decorrência de ato administrativo.

Como ensina Hely Lopes Meirelles, em caso de dano resultante de obra, que, guardada a peculiaridade, mas perfeitamente aplicável à hipótese em exame, porque evidencia a natureza da responsabilidade sem culpa da Administra-

> ção, "o só fato da obra causar danos aos particulares, por estes danos responde objetivamente a Administração que ordenou os serviços, mas, se tais danos resultam não da obra em si mesma, porém da má execução dos trabalhos pelo empreiteiro, a responsabilidade é originariamente do executor da obra, que, como particular, há de indenizar os lesados pela imperfeição de sua atividade profissional e, subsidiariamente, da Administração, como dona da obra que escolheu mal o empreiteiro" (*Direito administrativo*. 16. ed. São Paulo: Ed. Revista dos Tribunais, 1991, p. 553). (...).

Ou seja, foi reconhecido pelo E. TST, como premissa para o raciocínio, que é constitucionalmente válida a imputação de responsabilidade patrimonial ao tomador do serviço, seja ele ente público ou privado, porque inegáveis as parcelas que se pretende proteger, no caso os direitos materiais dos trabalhadores. É nesse sentido que o E. Tribunal Superior do Trabalho compreende a questão da responsabilidade, que, nos dizeres do Ministro Ives Gandra da Silva Martins Filho[47], pode ser assim pontuada:

> 4. *In casu*, a responsabilidade subsidiária decorre de dois fatores: a) a prestação direta dos serviços do empregado é para a empresa estatal, que se beneficia da força de trabalho alheia; e b) se a prestadora dos serviços que forneceu a mão de obra não é idônea ou não paga os salários de seus empregados, a estatal que a contratou tem culpa *in eligendo* ou *in vigilando* com relação à empresa terceirizada.
> 5. O que não se admite em matéria de direito do trabalho é a empresa tomadora dos serviços beneficiar-se do esforço humano produtivo e depois o trabalhador que o despendeu ficar sem receber a retribuição que tem caráter alimentar.
> 6. Assim, não há que se falar em violação do art. 37, *caput*, da CF/1988, que prevê que a investidura em cargo ou emprego público depende de prévia aprovação em concurso público, uma vez que não se discutiu, na decisão rescindenda, se era ou não necessário o concurso público antes da Constituição Federal de 1988, até porque reconhecida a inexistência de vínculo empregatício entre a reclamante e o Banco, pois o foco da controvérsia voltou-se para o fato de que este se beneficiou do labor da Autora (digitadora), uma vez que ela exercia função típica de sua atividade-fim, de modo que o *decisum* está devidamente respaldado numa interpretação sistemática do ordenamento jurídico-trabalhista.

47. Acórdão unânime da SDI II do E. TST, proferido nos autos do Proc. ROAR 1940-2001-000-15-00, publicado no *DJ* de 6-2-2004, que teve como relator o ilustre Ministro Ives Gandra da Silva Martins Filho.

Ou seja, o fundamento apresentado pelo E. Tribunal Superior do Trabalho para a consolidação do entendimento apontado na Súmula 331 é justamente a afetação da riqueza gerada pelo trabalhador em favor do pagamento de suas verbas contratuais, de um lado, e a responsabilidade civil do tomador, que, dada sua *culpa eligendo* ou *in vigilando*, de outro, pode permitir que sejam causados danos em desfavor dos trabalhadores. Para aquele tomador do serviço, consoante consagrado na redação da Súmula 331 do TST, e nos dispositivos referidos da Lei n. 6.019/74, sua legitimação passiva deve ser assentada sobre as seguintes premissas: 1) inadimplência do devedor principal; 2) prestação dos serviços em favor do tomador; 3) desídia na escolha ou na vigilância quanto à execução contratual.

Atente-se, ainda, para o fato de que a doutrina e a jurisprudência majoritária têm exigido a participação do devedor subsidiário da formação do título executivo para como condição para responder aos termos da reclamatória, tudo em favor do exercício do contraditório e ampla defesa por parte do tomador dos aludidos serviços.

4.4.4. *Competência*

Para a definição da competência do juízo executivo, será necessário identificar a natureza do título. Na hipótese de execução de título executivo judicial, será competente para cuidar do feito justamente o juízo que tiver certificado o direito, criando o título, ao conciliar ou julgar originariamente o dissídio, consoante definido no art. 877 da CLT:

> Art. 877. É competente para a execução das decisões o Juiz ou Presidente do Tribunal que tiver conciliado ou julgado originariamente o dissídio.

Como diz Valentin Carrion[48], "significa o juízo perante o qual se processou a ação em primeiro grau, não a pessoa física deste ou daquele magistrado". Isso implica que, em sendo a decisão exequenda proferida originariamente perante Tribunal, lá mesmo se dará o cumprimento. Todavia, como vimos, há títulos executivos judiciais (sentença penal condenatória ou sentença arbitral, por exemplo) que não possuem juízo trabalhista anterior. Nesses casos, portanto, ter-se-á em regra o mesmo critério de competência fixado no art. 651 da CLT, que, já vimos, leva em consideração o local da prestação do serviço, a sede ou filial do empregador, dentre outros. Afinal, mesmo que se siga o critério fixado no art. 781, c/c o art. 53, III, *d*, do CPC, são justamente aqueles os locais em que a "obrigação deve ser satisfeita".

48. CARRION, Valentin. *Comentários à Consolidação das Leis do Trabalho*, cit., 41. ed., p. 883.

Caso esse critério seja inaplicável, quando não tivermos em discussão uma relação de trabalho, por exemplo, deveremos nos socorrer no critério de fixação de competência previsto no parágrafo único do art. 516 do CPC, qual seja, a fixação do local considerando onde se encontram bens sujeitos à expropriação ou seja o atual domicílio do executado. Nesse sentido, Nelson Nery Junior e Rosa Maria de Andrade Nery[49].

Por fim, no tocante aos títulos executivos extrajudiciais, a fixação da competência se dará com base na apuração do juízo que teria competência para o processo de conhecimento, na forma do art. 877-A da CLT:

> Art. 877-A. É competente para a execução de título executivo extrajudicial o juiz que teria competência para o processo de conhecimento relativo à matéria.

Tal qual em relação aos títulos executivos judiciais, deveremos ficar igualmente atentos às regras de fixação da competência para o processo de conhecimento previstas nos arts. 651 e seguintes da CLT, como já vimos. Todavia, quando inadequado o critério fixado nos arts. 651 e seguintes da CLT à realidade do título, parece aplicável a previsão do art. 46, § 5º, do CPC, em sua totalidade, dada a equivalência do regime executivo fiscal e trabalhista, para a fixação da competência da execução do título extrajudicial, nos seguintes termos:

> A execução fiscal será proposta no foro de domicílio do réu, no de sua residência ou no do lugar onde for encontrado.

Deve-se interpretar o dispositivo como se lá estivesse prevista a execução trabalhista, dada a equivalência entre aqueles regimes. Naquilo em que há menção à Fazenda Pública, devemos entender como o próprio credor.

4.4.5. *Estrutura dos atos da execução*

Já cuidamos de classificar as modalidades de execução, cabendo, nesta oportunidade, a sistematização do procedimento a ser adotado.

4.4.5.1. Execução provisória (cumprimento provisório de sentença)

Como vimos, a execução poderá ser provisória, ou, como denominado no CPC, a sentença pode ser provisoriamente cumprida. Essa modalidade executiva, em regra, inicia-se com a citação e limita-se até a penhora, nos termos do art. 899

49. NERY JUNIOR, Nelson; NERY, Rosa Maria de Andrade. *Código de Processo Civil comentado e legislação extravagante*, cit., p. 791.

da CLT. Segundo parte da doutrina e da jurisprudência, tal dispositivo deve ser interpretado no sentido de que o feito executivo se limita até a garantia do juízo. Ou seja, a provisoriedade da execução implicaria apenas os atos de restrição patrimonial aptos a assegurar o resultado final do processo executivo. Nada mais. Sergio Pinto Martins[50], por exemplo, posiciona-se da seguinte maneira:

> O juiz não irá julgar os embargos eventualmente apresentados, pois o julgamento pode tornar-se inútil se a sentença for modificada por meio de recurso.

Todavia, entendemos que, efetivamente e de acordo com o disposto no art. 899 da CLT, esse tipo de execução pode ir até a penhora, mas não só. Assim, a execução provisória, por seu caráter precário, limita-se à constrição judicial de bens, restando defesa a liberação de numerário em favor do credor, fato que obsta, inclusive, à adoção das previsões em sentido diverso constantes do CPC, dado o tratamento explícito da CLT acerca da matéria.

Todavia, a previsão celetista não objetaria o prosseguimento dos demais atos processuais, inclusive a apresentação de embargos à execução e o julgamento desses mesmos embargos. A nosso sentir, então, a execução provisória contempla todos os atos executivos, salvo os atos de expropriação, que veremos adiante.

Nesse caso, o exequente formará os autos suplementares para a execução provisória (carta de sentença) e seguirá, naquilo que for compatível com a sistemática do processo do trabalho, o quanto está posto no art. 520 do CPC.

Note-se que, diante das alterações sofridas no CPC, há diversas manifestações na jurisprudência e doutrina no sentido de que seja possível inclusive o levantamento de valores em execução provisória, aplicando-se as previsões do art. 520 do CPC, como se depreende a partir dos arestos abaixo.

Há aqueles que já se pronunciaram no sentido de que a execução poderá avançar, inclusive sendo cabível a liberação de crédito independentemente de caução, aplicando-se o art. 520 do CPC diante de lacuna nas normas de processo do trabalho e de clara compatibilidade de seus efeitos e propósitos com os princípios e objetivos da legislação tutelar trabalhista. Alguns julgados refletem a interpretação dos arts. 899 da CLT e 520 do CPC:

> ... EXECUÇÃO DE SENTENÇA. LEVANTAMENTO DE VALORES DEPOSITADOS – INAPLICABILIDADE DO ARTIGO 520 DO NOVO CPC (ARTIGO 475-O DO CPC/73) AO PROCESSO DO TRABALHO. A controvérsia cinge-se a definir se pode ser aplicado no processo do trabalho o artigo 520 do novo CPC, artigo 475-O do CPC/73. O sistema de aplicação subsidiária de

50. MARTINS, Sergio Pinto. *Direito processual do trabalho*. 34. ed. São Paulo: Atlas, 2013. p. 758.

normas no processo de execução trabalhista passa pela análise dos dispositivos contidos nos artigos 769 e 889 da CLT. O primeiro deles enuncia que as normas do processo comum serão aplicadas somente em caso de omissão da CLT e desde que haja compatibilidade com os princípios desse ramo processual especializado. Por sua vez, o artigo 889 da CLT estabelece que, em caso de omissão, aplicam-se ao processo executivo trabalhista as normas da Lei de Execuções Fiscais e, posteriormente, as normas do Direito Processual comum. Esse critério de aplicação subsidiária de normas somente não prevalecerá quando a regra subsidiária for oposta à norma processual trabalhista. Como se infere do artigo 769 da CLT, para aplicação nas normas do Direito Processual comum no processo do trabalho, é necessário que haja lacuna na legislação trabalhista e que a norma a ser aplicada supletiva ou subsidiariamente seja compatível com os princípios fundamentais do processo do trabalho. Essas lacunas podem ser normativas, ontológicas ou axiológicas. Por uma perspectiva positivista do direito, admitiu-se que a extensão do artigo 769 da CLT se referia exclusivamente às lacunas normativas, ou seja, quando há ausência literal de norma regulando, dada a situação jurídica. Nesse panorama, vozes da jurisprudência afirmaram que o artigo 520 do novo CPC (artigo 475-O do CPC/73) não seria aplicável ao processo do trabalho em razão da existência de regra própria nesse ramo processual, qual seja o artigo 899 da CLT. Por outro lado, ainda que se pudesse observar que o artigo 899 da CLT impeça que se considere haver omissão literal das normas processuais trabalhistas na regulamentação da matéria, verifica-se haver, a respeito, genuíno caso de omissão ontológica ou axiológica capaz de justificar a aplicação subsidiária do artigo 520 do novo CPC. Isso porque, na atual visão pós-positivista, ficou superado o dogma de completude do ordenamento jurídico, tanto que o artigo 769 da CLT denota essa ausência de integral regulamentação dos fatos sociais pela legislação trabalhista. Nesse sentido, o pós-positivismo não ignora o direito legislado, no entanto também não abandona os ideais de Justiça, por meio de uma leitura moral do Direito. Para tanto, reconhece-se a carga normativa dos princípios constitucionais, os quais são suficientes para influenciar o intérprete na aplicação do ordenamento jurídico. O princípio da efetividade da tutela jurisdicional demanda não somente que o Poder Judiciário pronuncie o Direito, como também entregue a tutela à parte que tiver reconhecido seu direito em juízo. Pelo referido princípio, todos os esforços também se concentram na efetivação e instrumentalização da tutela jurisdicional, sob pena de ineficácia do comando contido na sentença e, consequentemente, descrédito da sociedade no Poder Judiciário. Pautando-se em uma interpretação sistemática dos artigos 5º, incisos XXXV e LXXVIII, da Constituição Federal e 899 da CLT, concomitantemente com os princípios tutelares do Direito material do Trabalho, constata-se a existência de lacunas no artigo 899 da CLT. Dar uma interpretação rígida ao artigo 769 da CLT, de que a subsidiariedade se aplicaria apenas em caso de lacuna normativa literal, significaria negar vigência aos direitos fundamentais de efetividade e celeridade da tutela jurisdicional (artigo 5º, incisos XXV e LXXVIII, Constituição Federal). Tratando-se de direitos fundamentais, cabe ao Poder Judiciário fazer as adequações necessárias das normas para adaptá-las ao comando constitucional que enuncia preceito fundamental. A tarefa de efetivação dos direitos fundamentais vincula todos os níveis de atividade jurisdicional, até mesmo a fase executiva. As inovações trazidas no CPC, a partir da década de 90, tornaram o processo civil em muitos pontos mais moderno e efetivo do que o processo do trabalho, principalmente na fase de cumprimento da sentença. A alteração legislativa trazida pela Lei n. 11.232/2005, que acrescentou o artigo 475-O, § 2º, inciso I, ao CPC/73, e, atualmente, a Lei n. 13.105/2015, que manteve o dispositivo nos artigos 520, inciso IV, e 521, incisos I e II, no novo CPC, representa esse progresso, ao admitir o levantamento do depósito em dinheiro em execução provisória, independentemente de caução, nos casos de crédito de natureza alimentar ou quando o exequente demonstrar situação de necessidade. Enquanto isso, no processo do trabalho, o artigo 899 da CLT limita-se a enunciar que a execução provisória se processará até a penhora. Assim, ainda que uma interpretação meramente gramatical do artigo 769 da CLT pressuponha a aplicação das normas de processo comum apenas quando se identificar omissão legislativa, é necessário dar ao artigo 769 da CLT uma interpretação em conformidade com a Constituição Federal. Conforme o exposto, verifica-se a existência de uma lacuna ontológica no processo trabalhista, porquanto a CLT foi historicamente concebida para ser mais efetiva e, no período de sua elaboração, como referido, o processo do trabalho era considerado mais moderno, tendo inspirado diversas alterações no CPC. Entretanto, não se pode olvidar que atualmente o processo de execução trabalhista não acompanhou a evolução da realidade social, havendo o ancilosamento do artigo 899 da CLT. Com isso, percebe-se que as lacunas ontológicas ocorrem quando a norma, em que pese existente, não é condizente com sua realidade, tampouco tem capacidade para concretizar a finalidade para a qual foi elaborada. No caso em questão, o artigo 520 do novo CPC apresenta maior utilidade na entrega da prestação jurisdicional. O processo é um instrumento de realização e concretização do direito material. Desse modo, não pode ser deixado de lado o caráter instrumental do processo, o qual serve para efetivar o direito material, mormente no caso do processo do trabalho, que existe para a concretização do direito material do trabalho, o qual, por sua natureza, detém um caráter alimentar, pois objetiva garantir o mínimo existencial ao trabalhador. Não se pode esquecer também que o princípio da dignidade da pessoa humana (artigo 1º, inciso III, da Constituição Federal) é o eixo em torno do qual gravita todo o ordenamento jurídico. Portanto, a lei deve ser aplicada em consonância com esse postulado. De outro lado, também se revela a existência de uma lacuna axiológica, que se caracteriza quando a norma existente é injusta por não produzir os efeitos jurídicos esperados. É exatamente o que acontece com o artigo 899 da CLT, cujo dispositivo revela-se desarrazoado e injusto, por não ser mais adequado para a efetivação do crédito trabalhista. Conclui-se desse modo, porque não se pode admitir que o processo civil tenha um procedimento mais efetivo do que o processo do trabalho, que tutela um crédito de natureza superprivilegiada, dado o caráter alimentar do crédito trabalhista. Dessa forma, a aplicação do artigo 520 do novo CPC ao processo do trabalho revela-se como uma das possíveis soluções para a crise de efetividade do processo do trabalho, tendo em vista a quantidade de ações ajuizadas que assoberbam os órgãos jurisdicionais trabalhistas em todas as suas instâncias e, também, esta Corte superior. Isso porque o referido dispositivo, que trata da execução provisória, funda-se nos mesmos princípios que também são peculiares à antecipação da tutela e, da mesma forma, busca antecipar os efeitos práticos de uma decisão que ainda não transitou em julgado, mas que, em virtude da natureza e da relevância dos direitos materiais em jogo, a critério do legislador, tem força suficiente para tanto, porque já é produto de uma cognição plena e exauriente, capaz de justificar o risco de produzir efeitos imediatos. Por fim, é importante esclarecer que o artigo 889 da CLT não impede a aplicação do artigo 520 do novo CPC ao processo do trabalho, uma vez que o dispositivo celetista propugna pela aplicação da Lei n. 6.830/80 nos processos de execução definitiva e o artigo 520 do novo CPC regula o cumprimento provisório da sentença, etapa processual distinta, antecedente à execução provisória. Assim, a incidência subsidiária do CPC à hipótese é direta, já que a Lei n. 6.830/80 trata de execução fiscal, que se baseia em Certidão de Dívida Ativa (artigo 2º, § 6º, da Lei n. 6.830/80), título executivo extrajudicial (artigo 784, inciso IX, do CPC), sendo sempre definitiva a execução fundada nesse tipo de título executivo. Nesse contexto, diante da existência incontroversa de lacuna nas normas de processo do trabalho e de clara compatibilidade de seus efeitos e de seus propósitos com os princípios e os objetivos da legislação tutelar trabalhista, entende-se aplicável o artigo 520 do novo CPC à esfera trabalhista. Recurso de revista não conhecido. HONORÁRIOS ADVOCATÍCIOS. BASE DE CÁLCULO. RECURSO AMPARADO EM DIVERGÊNCIA JURISPRUDENCIAL INSERVÍVEL. A reclamada requer, com amparo em divergência jurisprudencial, seja a verba honorária calculada sobre o valor líquido atribuído à condenação. No entanto, a alegada divergência jurisprudencial não ficou demonstrada, na medida em que os arestos trazidos para cotejo são oriundos do mesmo órgão prolator da deci-

> são recorrida, em desatendimento, portanto, ao disposto no artigo 896, alínea *a*, da CLT. Recurso de revista não conhecido (TST, RR 2635005820095030058, rel. José Roberto Freire Pimenta, data de julgamento: 5-12-2017, 2ª Turma, *DEJT* 7-12-2017).
>
> Agravo de petição. Execução provisória. Liberação de crédito. Caução. – Nos casos de execução provisória em que pende decisão do TST, demonstrado que o decisum encontra-se sujeito a recurso sem qualquer efeito suspensivo e com chances ínfimas de reversão do julgado, tratando-se de crédito de natureza alimentar, nos termos do art. 475-O, do CPC (2º, I e II), é possível a liberação dos valores depositados pela executada, até o limite de 60 (sessenta) salários mínimos (PB 00226.2006.003.13.00-2, rel. Wolney de Macedo Cordeiro, 1ª Turma, j. 3-2-2009, data de publicação: 3-3-2009).
>
> Agravo de petição do exequente. Execução provisória. Pedido de liberação de valores sem caução. Art. 475-O, II, do CPC. Provimento. – O princípio de proteção ao trabalhador, cuja essência se irradia tanto no direito material quanto no direito instrumental do trabalho, autoriza o juiz a desviar-se do caminho árduo e pedregoso traçado pela CLT, para enveredar pela nova trilha, célere e progressista, edificada pelo legislador no corpo do diploma processual civil. Nesse cenário, entendo perfeitamente aplicável ao caso em disceptação a aplicação dos incisos I e II do 2º do art. 475-O, II, do CPC, possibilitando ao exequente o levantamento dos valores do depósito recursal constante nos autos, equivalente a aproximadamente 50% (cinquenta por cento) do saldo devedor remanescente, sem necessidade de prestação de caução, eis que, mesmo considerando a não alegação do credor de que se encontra desempregado, diante da própria essência do crédito em questão, afigura-se plausível a situação de necessidade prevista na norma. Agravo provido (PB 00061.2007.008.13.00-1, rel. Francisco de Assis Carvalho e Silva, 2ª Turma, j. 25-3-2009, data de publicação: 5-5-2009).

No mesmo sentido, por meio do Enunciado n. 112 da 2ª Jornada de Direito Material e Processual do Trabalho da Anamatra – Associação Nacional dos Magistrados da Justiça do Trabalho, explicitou-se não apenas ser possível a aplicação dos arts. 520 e 521 do CPC, mas também a liberação de depósito em dinheiro, independentemente de caução:

> Execução provisória. Liberação de depósito em dinheiro: aplicação dos artigos 520 e 521 do CPC. Os artigos 520 e 521 do CPC são aplicáveis ao processo do trabalho, sendo admitida a liberação de depósito em dinheiro, independentemente de caução (CPC, art. 521, II).

A matéria não é pacífica, todavia. A jurisprudência majoritária do E. TST, por intermédio da SEDI II, é no sentido diametralmente oposto, reconhecendo ser inaplicáveis as previsões do CPC quanto ao cumprimento provisório de sentença, notadamente por força do art. 899 da CLT, que não só limita a execução provisória até a penhora como prevê o levantamento do depósito recursal somente após o trânsito em julgado da decisão. É o que se identifica:

> RECURSO ORDINÁRIO EM AGRAVO REGIMENTAL EM MANDADO DE SEGURANÇA. 1 – EXECUÇÃO PROVISÓRIA. ATO COATOR CONSUBSTANCIADO NA EXPEDIÇÃO DE ALVARÁ PARA LEVANTAMENTO DOS DEPÓSITOS JUDICIAIS E RECURSAIS. AUSÊNCIA DE TRÂNSITO EM JULGADO DA RECLAMAÇÃO TRABALHISTA ORIGINÁRIA. INAPLICABILIDADE DOS ARTS. 520 E 521 DO CPC DE 2015 (ART. 475-O DO CPC DE 1973). OFENSA A DIREITO LÍQUIDO E CERTO. 1.1 – Hipótese em que o mandado de segurança foi impetrado para atacar o ato que determinou, a favor do reclamante, a liberação dos depósitos judiciais e recursais, com juros e correção monetária, nos termos dos arts. 521, I e III, do CPC de 2015 e 769 da CLT. 1.2 – Esta Corte tem reiteradamente concluído pela inaplicabilidade do art. 475-O do CPC de 1973 (arts. 520 e 521 do CPC de 2015) ao processo do trabalho, tendo em vista que a CLT não é omissa com relação à matéria, vez que possui regramento próprio, notadamente o art. 899, que não só limita a execução provisória até a penhora, como também prevê o levantamento do depósito recursal somente após o trânsito em julgado da decisão. 1.3 – Precedentes. Recurso ordinário conhecido e provido. Segurança concedida nos termos do art. 1º, da Lei n. 12.016/2009. 2 – VALOR DA CAUSA. MAJORAÇÃO DE OFÍCIO. 2.1 – No mandado de segurança não se reivindica uma vantagem econômica imediata, e, sim, a proteção a suposto direito líquido e certo, razão pela qual não necessita corresponder fielmente àquele valor do processo a que se refere. 2.2 – Na hipótese, as impetrantes não discutem o valor dos depósitos judiciais e recursais propriamente ditos de maneira a justificar a vinculação dessa quantia ao mandado de segurança, mas, sim, questionam a ordem de liberação em fase de execução provisória. Nesse cenário, considerando que o valor indicado na petição inicial não se revela desproporcional em relação à discussão da matéria do presente mandado de segurança, é de se restabelecer a referida quantia. Recurso ordinário conhecido e provido (RO 11164-60.2017.5.03.0000, rel. Min. Delaíde Miranda Arantes, j. 28-8-2018, Subseção II Especializada em Dissídios Individuais, *DEJT* 31-8-2018).
>
> RECURSO ORDINÁRIO EM MANDADO DE SEGURANÇA. ATO COATOR CONSUBSTANCIADO NO DEFERIMENTO DO PEDIDO DE LEVANTAMENTO DO DEPÓSITO RECURSAL. AUSÊNCIA DE TRÂNSITO EM JULGADO DA RECLAMAÇÃO TRABALHISTA DE ORIGEM. ART. 899, § 1º, DA CLT. EXECUÇÃO PROVISÓRIA. APLICAÇÃO SUBSIDIÁRIA

> DOS ARTS. 520 E 521 DO CPC/15 (antigo art. 475-O DO CPC/73). IMPOSSIBILIDADE. Cinge-se a controvérsia acerca da aplicação na esfera trabalhista dos arts. 520 e 521 do CPC/15 (antigo 475-O do CPC/73), que autorizam a liberação de valores em sede de execução provisória. O art. 899, § 1º, da CLT estabelece que o valor depositado passa a compor crédito à disposição do autor com vistas a garantir, mesmo que não totalmente, a satisfação futura da demanda trabalhista, sendo que, após o trânsito em julgado da decisão condenatória, o depósito recursal será liberado em favor da parte vencedora. O art. 769 da CLT autoriza a aplicação subsidiária do regramento processual civil nos casos omissos e quando compatível com as normas do processo do Trabalho, o que não se verifica no caso, uma vez que existe norma específica no diploma celetista. Na hipótese dos autos, houve decisão judicial na qual foi autorizado o levantamento de depósitos recursais efetivados nos autos da execução provisória, não obstante a pendência do julgamento de agravo de instrumento em recurso de revista. A jurisprudência desta Corte é no sentido da não aplicação do disposto no artigo 475-O do CPC/73 (atuais artigos 520 e 521 do CPC/15) às execuções provisórias de sentenças trabalhistas. Precedentes. Recurso Ordinário conhecido e a que se dá provimento para, reformando a decisão recorrida, denegar a segurança postulada (RO 32-49.2017.5.05.0000, rel. Min. Alexandre de Souza Agra Belmonte, j. 6-3-2018, Subseção II Especializada em Dissídios Individuais, *DEJT* 9-3-2018).

A nosso sentir, embora seja inegável o avanço para a concretização do crédito do trabalhador, não há como aplicar a previsão dos arts. 520 e seguintes do CPC no tocante a levantamentos de crédito (atos de expropriação) sem malferir o quanto previsto no art. 899 da CLT.

Por fim, veja-se que, no caso de execução provisória, o TST alterou drasticamente seu entendimento até então consolidado acerca da viabilidade de proceder a penhora em dinheiro, sendo a partir de então reconhecida a legalidade da penhora realizada em dinheiro, ainda que em sede de execução provisória, para garantir crédito exequendo, pois tal modalidade é prioritária e obedece à gradação prevista no art. 835 do CPC de 2015. É o que se depreende da redação da Súmula 417 do TST:

> MANDADO DE SEGURANÇA. PENHORA EM DINHEIRO
> I – Não fere direito líquido e certo do impetrante o ato judicial que determina penhora em dinheiro do executado para garantir crédito exequendo, pois é prioritária e obedece à gradação prevista no art. 835 do CPC de 2015 (art. 655 do CPC de 1973).
> II – Havendo discordância do credor, em execução definitiva, não tem o executado direito líquido e certo a que os valores penhorados em dinheiro fi-

quem depositados no próprio banco, ainda que atenda aos requisitos do art. 840, I, do CPC de 2015 (art. 666, I, do CPC de 1973) (ex-OJ 61 da SBDI-2 – inserida em 20-9-2000).

Em sendo possível a execução provisória, para além da mera penhora prevista no art. 899 da CLT, não se deve ignorar que, segundo as previsões do art. 520 e seguintes do CPC, a execução corre por iniciativa e responsabilidade do exequente, que se obriga, se a sentença for reformada, a reparar os danos que o executado haja sofrido. A execução fica sem efeito sobrevindo decisão que modifique ou anule a sentença em questão, devendo as partes restituir-se ao estado anterior e liquidando eventuais prejuízos nos mesmos autos. Por isso mesmo, exige-se que o levantamento de depósito em dinheiro e a prática de atos que importem transferência de posse ou alienação de propriedade ou de outro direito real, ou dos quais possa resultar grave dano ao executado, dependem de caução suficiente e idônea, arbitrada de plano pelo juiz e prestada nos próprios autos.

Deve-se destacar, ainda, ser inviável a execução provisória em face da Fazenda Pública, na forma da Lei n. 9.494/97, art. 2º-B, dado que qualquer sentença que tenha por objeto a liberação de recurso, inclusão em folha de pagamento, reclassificação, equiparação, concessão de aumento ou extensão de vantagens a trabalhadores da União, dos Estados, do Distrito Federal e dos Municípios, inclusive de suas autarquias e fundações, somente poderá ser executada após seu trânsito em julgado.

Por óbvio, se a sentença objeto de cumprimento provisório for modificada ou anulada apenas em parte, somente nesta ficará sem efeito a execução.

4.4.5.2. Execução definitiva contra devedor solvente

No tocante à execução definitiva, como já dissemos, a CLT disciplina alguns atos a serem adotados no processo executivo e que podem ser assim agrupados: quantificação; citação para pagamento; constrição patrimonial; defesa do executado; e expropriação.

Já vimos como se dá a quantificação quando estudamos o procedimento liquidatório. Uma vez tornada líquida a obrigação, a citação para pagamento se dará na forma do art. 880 da CLT. A partir da redação daquele dispositivo identifica-se que, requerida a execução, o juiz ou Presidente do Tribunal mandará expedir o mandado de citação do executado, a fim de que cumpra a decisão ou o acordo no prazo, pelo modo e sob as cominações estabelecidas ou, quando se tratar de pagamento em dinheiro, inclusive de contribuições sociais devidas à União, para que o faça em quarenta e oito horas ou garanta a execução, sob pena de penhora.

A fim de permitir ao executado que tenha ciência dos exatos termos da obrigação que lhe é imputada, determina a lei ainda que o mandado de citação contenha a decisão exequenda ou o termo de acordo não cumprido.

Visando assegurar o adequado cumprimento da ordem e maior certeza quanto ao efetivo recebimento desta pelo devedor, estabelece ainda a CLT (art. 880, § 2º) que a citação seja feita por meio de oficial de justiça. Contrariamente ao processo de conhecimento, em que a regra será a notificação por meio dos Correios, no processo executivo a regra será a citação pelo oficial de justiça.

Se procurado o devedor e não encontrado por duas vezes, no espaço de quarenta e oito horas, far-se-á citação por edital, publicado no jornal oficial ou, na falta deste, afixado na sede da Vara, durante cinco dias. Note-se que apenas para aqueles juízos que não contem com o *Diário Oficial* se faz válida a afixação do edital na sede do juízo, exclusivamente. Com a informatização do processo, não se têm notícias de que exista qualquer unidade judiciária no Brasil que não conte com o *Diário Oficial.*

O sistema entabulado impõe que a citação deverá ser recebida pelo próprio devedor, para que seja válida. Como diz José Augusto Rodrigues Pinto[51],

> sem nenhum valor, portanto, a citação feita na pessoa de preposto do devedor, como ocorre comumente, pois este não tem legitimação para recebê-la, segundo se percebe da redação do art. 880 consolidado. Se a tivesse, deixaria de existir qualquer justificativa para a quebra do sistema de notificação postal adotado para o processo de cognição (CLT, art. 841).

Deve-se destacar, ainda, que há dissenso quanto à aplicação do art. 523 do CPC ao processo laboral, mormente na parte em que permite a mera intimação do devedor para cumprir a obrigação consubstanciada no título. Tal intimação se daria, portanto, no sistema do CPC, por meio do *Diário Oficial,* e a ciência da execução se perfectibilizaria a partir da figura do advogado da parte. Segundo a previsão do CPC, uma vez realizada a intimação, sem o respectivo pagamento, ter-se-ia a aplicação de uma multa processual, correspondente a 10% sobre o valor não pago. Todavia, o entendimento majoritário tem sido no sentido da não aplicação do art. 523 ao processo laboral:

> AGRAVO DE PETIÇÃO. EXECUÇÃO. MULTA PREVISTA NO ART. 523 DO CPC-2015 (ART. 475-J DO CPC DE 1973). INAPLICABILIDADE AO PROCESSO DO TRABALHO. O artigo 523 do CPC-2015 (art. 475 do CPC/1973), que determina multa de 10% a quem não pagar dívida no prazo de quinze

51. PINTO, José Augusto Rodrigues. *Execução trabalhista*, cit., 11. ed., p. 195.

> dias, é incompatível com a norma trabalhista, uma vez que enquanto a multa do CPC estabelece prazo de quinze dias para pagamento, o art. 880 da CLT determina a execução em 48 horas, sob pena de penhora, e não de multa. Apenas na hipótese de omissão da CLT e da Lei n. 6.830/1980, conforme art. 889 da CLT, é que as disposições do Código de Processo Civil na fase de execução são aplicáveis subsidiariamente ao Processo do Trabalho. (...) (TRT – 1ª Região, AP 00451008120095010010, rel. Eduardo Henrique Raymundo Von Adamovich, 9ª Turma, j. 7-2-2017, data de publicação: 14-2-/2017).

Uma vez procedida a citação, passa a contar o prazo para que o executado pague ou indique os bens necessários para a garantia do juízo, seguindo a previsão do art. 882 da CLT. Se não o fizer, o oficial de justiça identificará os bens necessários à garantia do juízo, segundo o art. 883 do mesmo texto. Com efeito, decorrido o prazo para a indicação de bens ou pagamento, diante da omissão do devedor, far-se-á a penhora. Podemos dizer, assim, que a penhora seja o meio coercitivo para vencer o devedor desobediente. Através de tal ato, o Estado individualiza o bem, garante o juízo, gera preferência ao credor. Serão penhorados quantos bens bastem para a garantia da satisfação do crédito.

O CPC indica serem alguns bens impenhoráveis, na redação de seu art. 833, o que, em regra, se aplica ao direito processual do trabalho. O dispositivo indica serem impenhoráveis os bens inalienáveis, assim entendidos aqueles não sujeitos à constrição. A inalienabilidade poderá decorrer de mera expressão de vontade, ou ainda de determinação legal (art. 100 do CC).

São impenhoráveis, ainda, os móveis, os pertences e as utilidades domésticas que guarneçam a residência do executado, salvo os de elevado valor ou os que ultrapassem as necessidades comuns correspondentes a um médio padrão de vida, assim como os vestuários, bem como os pertences de uso pessoal do executado, salvo se de elevado valor.

São impenhoráveis, ainda, os vencimentos, os subsídios, os soldos, os salários, as remunerações, os proventos de aposentadoria, as pensões, os pecúlios e os montepios, bem como as quantias recebidas por liberalidade de terceiro e destinadas ao sustento do devedor e de sua família, os ganhos de trabalhador autônomo e os honorários de profissional liberal, ressalvadas as importâncias excedentes a cinquenta salários mínimos mensais, que passam a ser penhoráveis.

O TST já se pronunciou, em mais de uma oportunidade, pela aplicação irrestrita do aludido dispositivo ao processo do trabalho, para reconhecer a impenhorabilidade de salário, ressalvado o limite fixado:

> Recurso ordinário. Mandado de segurança. Penhora sobre parte dos salários. Ilegalidade. – Os salários são alcançados pela impenhorabilidade absoluta,

> prevista no art. 649, IV, do CPC. Portanto, reveste-se de ilegal a determinação de penhora sobre os salários do sócio da Executada, ainda que limitada a determinado percentual dos valores recebidos mensalmente, devendo ser cassado o ato coator. Incidência da O.J. 153, da SBDI-2, do TST. Recurso ordinário não provido (219-54.2012.5.15.0000, rel. Emmanoel Pereira, j. 19-2-2013, Subseção II Especializada em Dissídios Individuais, *DEJT* 22-2-2013).
>
> Recurso ordinário. Ação rescisória. Decisão rescindenda que determinou a ordem de penhora a 20% dos proventos de aposentadoria da executada. Violação do art. 649, IV, do CPC. Art. 649, IV, do CPC. – Os valores pagos a título de proventos de aposentadoria são alcançados pela impenhorabilidade absoluta prevista no art. 649, IV, do CPC. Não se admite a interpretação ampliativa do preceito legal para incluir os créditos deferidos em reclamação trabalhista na definição de prestação alimentícia. Portanto, a decisão rescindenda, ao determinar a penhora dos proventos de aposentadoria da recorrente, violou a literalidade do dispositivo de lei mencionado. Recurso ordinário a que se dá provimento (954-30.2011.5.04.0000, rel. Pedro Paulo Manus, j. 21-8-2012, Subseção II Especializada em Dissídios Individuais, *DEJT* 24-8-2012).

O entendimento do TST encontra-se pacificado acerca do tema, consoante evidencia a OJ 153 da SDI-II:

> 153. MANDADO DE SEGURANÇA. EXECUÇÃO. ORDEM DE PENHORA SOBRE VALORES EXISTENTES EM CONTA SALÁRIO. ART. 649, IV, DO CPC DE 1973. ILEGALIDADE (atualizada em decorrência do CPC de 2015). Ofende direito líquido e certo decisão que determina o bloqueio de numerário existente em conta salário, para satisfação de crédito trabalhista, ainda que seja limitado a determinado percentual dos valores recebidos ou a valor revertido para fundo de aplicação ou poupança, visto que o art. 649, IV, do CPC de 1973 contém norma imperativa que não admite interpretação ampliativa, sendo a exceção prevista no art. 649, § 2º, do CPC de 1973 espécie e não gênero de crédito de natureza alimentícia, não englobando o crédito trabalhista.

Alguns Regionais, todavia, têm adotado a regra da impenhorabilidade com bastante parcimônia, permitindo, por exemplo, a penhora de parte de salários ou aposentadorias sob a justificativa da equivalência dos créditos (o que se pretende executar e o executado):

> Penhora parcial de conta salário ou receptora de aposentadoria. Possibilidade. – A impenhorabilidade dos salários goza de proteção estatal, através do art. 649, IV, CPC, que visa preservar a dignidade do devedor de maneira a lhe garantir os meios necessários de provimento da própria subsistência e da sua família. Por outro lado, o princípio da dignidade da pessoa humana, funda-

mento da República Federativa do Brasil, que dá o envoltório geral do capítulo dos direitos fundamentais explicitados na Carta Magna, não discrimina quem é o seu destinatário; antes ao contrário, alberga em si todos os que no solo pátrio estejam, porquanto também estabelece a Constituição que todos são iguais perante a lei. Assim, uma vida humana não se sobrepõe a outra, fundamentalmente, e não há por que proteger-se uma em detrimento de outra que lhe é semelhante. Nesse sentido, contra o direito é interpretar-se a norma restritiva da constrição apenas pelo viés da proteção ao devedor, para que a execução lhe seja menos gravosa. Ao assim fazer-se, se está violando o princípio da isonomia, constitucionalmente insculpido, e se valora desigualmente vidas humanas, todas dignas de proteção do Estado, deixando ao revés o crédito de natureza alimentar do obreiro. Desse modo, em nome dos princípios da dignidade da pessoa humana, da isonomia, da proporcionalidade, da razoabilidade, da economia e celeridade processuais e da razoável duração do processo, ante a ponderação de interesses em conflito, entendo possível a penhora parcial em proventos de aposentadoria do devedor (Processo n. 0033200-22.2007.5.05.0023/AP, Ac. 134713/2013, rel. Des. Luíza Lomba, 2ª Turma, *DJ* 26-2-.2013).

Agravo de petição. Salários. Impenhorabilidade. – A impenhorabilidade prevista no art. 649, IV, do CPC não pode ser considerada absoluta quando o crédito exequendo também é de natureza alimentar. É possível a penhora dos salários quando inviável o prosseguimento da execução por outros meios e não houver prejuízo ao sustento do executado. Agravo de petição parcialmente provido para reduzir a penhora ao percentual de 20% (vinte por cento) sobre os salários. (...) (249002219985040021/RS, 0024900-22.1998.5.04.0021, rel. Denis Marcelo de Lima Molarinho, j. 21-7-2011, 21ª Vara do Trabalho de Porto Alegre).

As mesmas ponderações são realizadas em relação a todas as hipóteses previstas no rol de impenhorabilidades previsto no art. 833 do CPC.

Quanto ao denominado bem de família, no particular, note-se a relevância da previsão do art. 3º, I, da Lei n. 8.009/90, que explicita a impenhorabilidade do bem assim considerado, inclusive no processo de execução trabalhista ou de outra natureza, mas excepciona tal impenhorabilidade em razão dos créditos de trabalhadores da própria residência e das respectivas contribuições previdenciárias. Desse modo, em relação aos créditos devidos pelos empregados domésticos, e as contribuições previdenciárias daí decorrentes, poderão ser satisfeitos inclusive pelo bem de família, de regra considerado impenhorável.

Do mesmo modo, por força da Lei n. 9.514/97, c/c o § 2º do art. 1.361 do CC, na hipótese de bem dado em alienação fiduciária restará inviável sua penhora, porquanto nessa hipótese o bem fiduciariamente alienado, enquanto pender a condição resolutiva da compra e venda, não pode ser penhorado ou garantir o juízo[52].

São ainda impenhoráveis os livros, as máquinas, as ferramentas, os utensílios, os instrumentos ou outros bens móveis necessários ou úteis ao exercício da profissão do executado, assim como o seguro de vida, os materiais necessários para obras em andamento, salvo se estas forem penhoradas; e a pequena propriedade rural, assim definida em lei, desde que trabalhada pela família.

Do mesmo modo, é impenhorável, ainda, a quantia depositada em caderneta de poupança, até o limite de quarenta salários mínimos; os recursos públicos recebidos por instituições privadas para aplicação compulsória em educação, saúde ou assistência social; ou os recursos públicos do fundo partidário recebidos por partido político, nos termos da lei. São ainda impenhoráveis os créditos oriundos de alienação de unidades imobiliárias, sob regime de incorporação imobiliária, vinculados à execução da obra.

Identificada a possibilidade de penhora do bem, aquela será realizada mediante auto ou termo, que conterá a indicação do dia, do mês, do ano e do lugar em que foi feita; os nomes do exequente e do executado; a descrição dos bens penhorados, com suas características; e a nomeação do depositário dos bens. Formalizada a penhora por qualquer dos meios legais, dela será imediatamente intimado o executado.

Dada a omissão da CLT, deve-se seguir a ordem preferencial da penhora prevista no art. 11 da LEF (Lei n. 6.830/90). Tal previsão enuncia a ordem prioritária da penhora como sendo em dinheiro; em títulos da dívida pública, bem como títulos de crédito, desde que estes últimos tenham cotação em bolsa; pedras e metais preciosos; imóveis; navios e aeronaves; veículos; móveis ou semoventes; e, por fim, direitos e ações.

A penhora dos aludidos bens, inclusive os imóveis, obedece à mesma sequência prevista no CPC, razão pela qual, inclusive, recaindo a penhora sobre bem imóvel ou direito real sobre imóvel, será intimado também o cônjuge do executado, salvo se forem casados em regime de separação absoluta de bens. Para presunção absoluta de conhecimento por terceiros, cabe ao exequente providenciar a averbação do arresto ou da penhora no registro competente, mediante apresentação de cópia do auto ou do termo, independentemente de mandado judicial. Se não houver averbação determinada, a venda do imóvel ao terceiro presume-se como sendo realizada de boa-fé.

52. PINTO, José Augusto Rodrigues. *Execução trabalhista*, cit., 11. ed., p. 220.

Por fim, há que falar, ainda, da possibilidade da penhora de faturamento da empresa, sobre estabelecimento comercial, industrial ou agrícola, bem como em plantações ou edifícios em construção (art. 11, § 1º, da LEF). A fim de que não houvesse dúvidas acerca da possibilidade da penhora de parte da renda de estabelecimento comercial, o TST explicitou sua aplicabilidade, consoante previsto na OJ 93 da SDI-II:

> 93. PENHORA SOBRE PARTE DA RENDA DE ESTABELECIMENTO COMERCIAL. POSSIBILIDADE. Nos termos do art. 866 do CPC de 2015, é admissível a penhora sobre a renda mensal ou faturamento de empresa, limitada a percentual, que não comprometa o desenvolvimento regular de suas atividades, desde que não haja outros bens penhoráveis ou, havendo outros bens, eles sejam de difícil alienação ou insuficientes para satisfazer o crédito executado.

A compreensão do E. TST foi reafirmada pelo CPC, que em seu art. 866 prevê, se o executado não tiver outros bens penhoráveis, ou se, tendo-os, estes forem de difícil alienação ou insuficientes para saldar o crédito executado, seja possível ao juiz ordenar a penhora de percentual de faturamento de empresa. Veja-se, portanto, que, embora seja uma possibilidade, a penhora de percentual de faturamento de empresa é verdadeira exceção.

Para a implementação dessa penhora, deve-se seguir o caminho previsto no art. 862 do CPC, ou seja, será fixado percentual que propicie a satisfação do crédito exequendo em tempo razoável, mas que não torne inviável o exercício da atividade empresarial. O juiz deverá nomear administrador-depositário, que submeterá à aprovação judicial a forma de sua atuação e prestará contas mensalmente, entregando em juízo as quantias recebidas, com os respectivos balancetes mensais, a fim de serem imputadas no pagamento da dívida. Veja-se que tal medida é extremada, porque inviabiliza a atuação do próprio empresário no desenvolvimento de sua atividade comercial. Todavia, não nos parece haver qualquer vedação a assim se proceder.

Havendo cumulação de penhoras sobre um mesmo bem, a satisfação do crédito será em razão da anterioridade da penhora, na forma dos arts. 797 e 908 do CPC.

Feita a penhora, lavra-se o respectivo auto, que é o ato mediante o qual se descreve o bem e se nomeia o depositário, na forma dos arts. 12 da LEF e 838 do CPC. No auto de penhora haverá necessariamente a indicação do dia, mês, ano e lugar em que foi feita; os nomes do exequente e do executado; a descrição dos bens penhorados, com suas características; e a nomeação do depositário dos bens.

A CLT não indica a forma para a intimação da penhora. Há quem entenda ser possível apenas a notificação pessoal. Outros entendem ser possível a ciência por outro meio, inclusive mediante publicação no *Diário Oficial*, por força da aplicação dos arts. 12 da Lei n. 6.830/80 e 841, § 1º, do CPC:

> Intimação da penhora. Desnecessidade de realização por oficial de justiça. Art. 884 da CLT c/c o art. 12 da Lei n. 6.830/1980. – O art. 884 da CLT não impõe que o devedor seja intimado pessoalmente da penhora nem que se proceda à nova citação para eventual oposição de embargos à execução. Ante a pouca clareza do texto consolidado, cabível a aplicação subsidiária, na forma do art. 889 da CLT, c/c o art. 12 da Lei n. 6.830/1980, segundo o qual, "na execução fiscal, far-se-á a intimação da penhora ao executado, mediante publicação, no órgão oficial, do ato de juntada do termo ou do auto de penhora". Agravo parcialmente conhecido e desprovido (TO 01514-2003-801-10-00-0, rel. Des. Ribamar Lima Junior, 3ª Turma, j. 17-11-2004, data de publicação: 26-11-2004).
>
> Intimação da penhora. Violação ao art. 12, § 3º, da Lei n. 6.830/1980. – É assente que o mencionado dispositivo legal exige que, em se tratando de execuções fiscais, o executado seja intimado pessoalmente, para ter ciência da penhora, caso o aviso de recebimento de sua citação pelo correio não contenha a sua própria assinatura ou a de seu representante legal. Contudo, tal norma não possui aplicação subsidiária no processo do trabalho, já que a CLT adota o sistema da impessoalidade da citação/intimação, no qual se considera válida a comunicação, por registro postal, quando encaminhada ao endereço correto do destinatário, conforme dispõem os arts. 774 e 841, § 1º, da CLT. Recurso ordinário conhecido e improvido (CE 0208800-3220095070023, rel. José Antônio Parente da Silva, 1ª Turma, j. 2-2-2012, *DEJT* 10-2-2012).
>
> Intimação da penhora feita na pessoa do advogado. Validade. – A intimação da penhora, dirigida ao advogado regularmente constituído nos autos, é válida, porque não vigora no processo do trabalho a regra da pessoalidade. Agravo parcialmente conhecido e, no mérito, desprovido (TRT – 10ª Região, 1108200380110008/TO, 01108-2003-801-10-00-8, rel. Juíza Cilene Ferreira Amaro Santos, 1ª Turma, j. 17-8-2005, data de publicação: 26-8-2005).

Parece-nos possível a ciência da penhora por meio do patrono do executado. Mesmo porque a penhora, na condição de ato processual, pode ser realizada não apenas no estabelecimento, mas recair sobre qualquer patrimônio disponível do devedor, não se exigindo deste que "adivinhe" quando será praticado o ato processual. Uma vez praticado o ato, a parte poderá ser cientificada de sua realização por intermédio do oficial de justiça, ou a ciência deverá ser realizada por meio de seu patrono, seguindo a previsão do art. 12 da Lei n. 6.830/80.

A avaliação se dá pelo próprio oficial de justiça, no mesmo auto de penhora. A impugnação da avaliação pode ser realizada por petição, mas poderá ser feita nos embargos, sendo essa a conduta mais adequada. A impugnação deve ser sempre fundamentada. Se no curso do processo houver variação do valor, o juiz pode determinar uma reavaliação do bem.

Todavia, se a penhora recair sobre imóvel, far-se-á a intimação ao cônjuge, observadas as normas previstas para a citação, tal qual previsto no art. 12, § 2º, da Lei n. 6.830/90.

Uma vez realizada a penhora, *incontinenti* nomeia-se o depositário, ou seja, aquele que responderá pela guarda e conservação dos bens penhorados, devendo colocá-los à disposição da Justiça quando instado para tal finalidade. Há quem entenda que seja o caso, inclusive, de aquele obrigado a exercer esse múnus ser remunerado. Há, na jurisprudência, alguns que entendam que não pode ser obrigatória a nomeação, mas meramente voluntária, notadamente pelos ônus decorrentes do encargo. Caso não haja depositário voluntário, cumprirá ao juízo a nomeação do depositário.

4.4.5.2.1. Meios de defesa/impugnação pelos envolvidos

A leitura do art. 876 da CLT, bem como de alguns dispositivos do CPC, poderia, inicialmente, levar-nos à conclusão de que os títulos executivos, depois de liquidados, se for o caso, outorgariam ao credor o direito de executar seu crédito sem que houvesse qualquer possibilidade de discussão a respeito da dívida por parte do devedor.

Contudo, essa primeira impressão é modificada ante a constatação de que, na prática, podem ocorrer irregularidades formais e materiais no processo de satisfação do crédito, ou, ainda, surgir fatos novos que venham a beneficiar o devedor.

Assim, se por acaso fosse vedado todo e qualquer debate, estaríamos sancionando a lesão a direitos do executado, violando os princípios da ampla defesa, não se olvidando, ainda, que direitos de terceiros, e até mesmo do próprio exequente, também poderiam ser atingidos.

Encontra-se aí o fundamento para a existência de algumas medidas processuais que são asseguradas àqueles juridicamente interessados ou envolvidos na execução para a defesa de seus direitos. Destarte, em tais hipóteses o debate pode se estabelecer por meio de alguns instrumentos.

Acompanhando a sequência procedimental, uma vez realizada a penhora, permitir-se-á ao devedor o exercício de seu direito de defesa ou, no caso do credor, a faculdade de corrigir os rumos do processo executivo. É o que veremos.

4.4.5.2.1.1. *Impugnação à liquidação (art. 879, § 2º, e art. 884, § 3º)*

A mera existência do procedimento liquidatório, com a abertura da oportunidade de impugnação, na forma do art. 879, § 2º, da CLT, não torna indiscutíveis os cálculos obtidos naquela fase. Com efeito, já dissemos que, com a abertura de vistas, surge para as partes, tanto exequente quanto executado, o ônus de se pronunciar ainda na fase liquidatória acerca dos cálculos, impugnando a liquidação, no prazo de dez dias, sob pena de preclusão (§ 2º). Uma vez impugnada a liquidação, haverá seu julgamento, com aquilo que se denomina "sentença de liquidação" embora, como vimos, a rigor seja questionável tal denominação. Sucede que a limitação da conta, ou a majoração do cálculo no processo liquidatório, poderá ser mais uma vez discutida no processo executivo, na oportunidade prevista no art. 884 da CLT, salvo se as partes tiverem deixado de discutir o assunto oportunamente.

De todo modo, a partir do confronto do art. 879, § 2º, com o art. 884, § 3º, ambos da CLT, conseguimos identificar que existem dois momentos processuais aptos à delimitação da obrigação contida no título. Se não foram intimadas a se pronunciar em momento anterior, em regra, as partes impugnarão a liquidação quando atacarem a extensão da condenação, por meio dos embargos, consoante a previsão do art. 884, § 3º.

Mas em relação ao credor há situação interessante. É que, caso entenda o credor que o montante executado foi injustamente limitado, ser-lhe-á permitido impugnar a liquidação, no mesmo prazo e oportunidade dos embargos do devedor. A decisão apreciará a impugnação à liquidação e os embargos do devedor, no mesmo momento. É o que se depreende do art. 884:

> § 3º Somente nos embargos à penhora poderá o executado impugnar a sentença de liquidação, cabendo ao exequente igual direito e no mesmo prazo.
> § 4º Julgar-se-ão na mesma sentença os embargos e as impugnações à liquidação apresentadas pelos credores trabalhista e previdenciário.

Todavia, como bem destaca José Augusto Rodrigues Pinto, há dificuldade em indicar o dia inicial do prazo para a impugnação porquanto, segundo a mesma redação legal, o prazo para o devedor embargar é contado a partir da garantia da execução ou penhora dos bens. Nem sempre o credor terá ciência desse ato. Daí por que nos parece inequívoca a necessidade de que o juízo determine a intimação do credor para que, querendo, exerça seu direito de impugnar a conta de liquidação. José Augusto Rodrigues Pinto[53] chega a sistematizar algumas hipóteses:

> Diante da imprecisão da lei, a solução mais segura e equitativa é determinar o juízo da execução, exercendo seu poder de comando do processo, que se notifique o credor, especificamente para impugnar a sentença de liquidação, quando se der:
> I – a quitação da obrigação pelo cumprimento voluntário do devedor;
> II – a efetivação de garantia pelo depósito em conta de FGTS ou em juízo;
> III – a intimação da penhora feita sobre bens do devedor.

De todo modo, seguindo este último procedimento, caso não tenha sido conferido prazo para que o credor possa exercer o direito de impugnar a liquidação, deve-se contar o prazo para sua impugnação quando inequivocamente tiver ciência dos termos da liquidação.

Mas não é só. No tocante ao prazo, há quem sustente que seria o de cinco dias contados da garantia da execução, desconsiderando o aumento do prazo decorrente da Medida Provisória n. 2.102-27, de 2001. Para a hipótese de assim proceder, deve-se reconhecer a inconstitucionalidade da alteração procedida, como veremos adiante.

Em relação à matéria arguível, devemos ter em conta que a finalidade da impugnação é demonstrar "que os valores constitutivos da liquidação estão errados, foram usados aritmeticamente mal ou extravasaram o alcance da própria coisa julgada"[54].

4.4.5.2.1.2. *Embargos do devedor/embargos à penhora (art. 884)*

Os embargos à execução constituem gênero de que são espécies os embargos do devedor, os embargos à penhora, os embargos à arrematação, os embargos à adjudicação, os embargos à remição e os embargos de terceiro[55]. Ou ainda os embargos do devedor devem ser compreendidos como ação ajuizada por este em face do credor, no prazo e forma legais, com o objetivo de extinguir, no todo ou em parte, a execução, desconstituindo ou não o título em que esta se funda, como bem indica Manoel Antonio Teixeira Filho.

Assim é que o devedor, para se defender da execução que lhe é dirigida, pode se valer de todas as medidas acima referidas, e não apenas dos embargos do devedor ou à penhora, como poderia parecer sugerir o art. 884 da CLT.

---

53. PINTO, José Augusto Rodrigues. *Execução trabalhista*, cit., 11. ed., p. 226.
54. PINTO, José Augusto Rodrigues. *Execução trabalhista*, cit., 11. ed., p. 223.
55. LEITE, Carlos Henrique Bezerra. *Curso de direito processual do trabalho*. 15. ed. São Paulo: Saraiva, 2017. p. 1461.

Deve-se alertar, todavia, acerca do entendimento manifestado pelo Professor Wagner Giglio, para quem os embargos à execução constituem, na verdade, espécie, enquanto os embargos do executado é que seriam o gênero[56].

Os embargos são objeções apresentadas pelo demandado na execução, por meio dos quais se pretende opor à execução proposta. Veja-se que nem sempre o acolhimento dos embargos implicará o desfazimento do título em que a execução se funda, podendo seu provimento ocasionar médias diversas de alteração da execução, sem necessariamente o desfazimento da obrigação, por exemplo, nos casos em que for reconhecida a ilegitimidade *ad causam* do credor ou a incompetência do juízo.

Segundo a melhor doutrina, a natureza jurídica dos embargos é de ação de cognição, incidental ao processo de execução, e não modalidade de defesa, como sugere a literalidade do § 1º do art. 884 da CLT. Neste ponto, deve-se lembrar que, na execução trabalhista, o devedor é citado não para responder, mas para cumprir a obrigação constante do título exequendo, por isso que "(...) o executado se coloca na posição de opoente, de quem ataca, o que vale dizer que o executado age, exerce direito de ação (...) pela qual ele formula uma pretensão consistente na anulação do processo de execução ou no desfazimento da eficácia do título executório", como bem diz Moacir Amaral Santos[57].

Manoel Antonio Teixeira Filho sustenta que os embargos do devedor rendem ensejo a uma fase de conhecimento, que lhe é própria, e que somente poderia ser chamada de incidental se levássemos em conta o fato de que essa fase se estabelece quando em curso a execução – mas não no curso da execução.

A doutrina costuma divergir sobre a existência dos denominados embargos à execução e dos embargos à penhora, embora inexista distinção na própria CLT. A redação do art. 884, § 3º, da CLT, ao indicar que somente nos embargos à penhora poderá o executado impugnar a sentença de liquidação, faz pressupor a existência dos denominados embargos à penhora. A partir da aludida redação, em apertada síntese, pode-se identificar três posições. A primeira dirá que o artigo encerra posição infeliz, não existindo embargos à penhora, cabendo eventuais impugnações à penhora serem atacadas por simples petição. O entendimento que parece ser o majoritário, por sua vez, é no sentido de que nos embargos à execução há a impugnação da execução, como tal, inclusive em razão do título, enquanto nos embargos à penhora há impugnação apenas dos atos de constrição judicial. Por fim, há quem entenda que sejam sinônimas as expressões

56. GIGLIO, Wagner D. *Direito processual do trabalho*, cit., p. 541.

57. Apud GIGLIO, Wagner D. *Direito processual do trabalho*, cit., p. 541.

embargos à execução e penhora, não havendo qualquer distinção ontológica entre ambas.

O prazo para a apresentação dos embargos à penhora é o mesmo dos embargos à execução. E, como já dissemos, nele seria impugnada a penhora realizada, inclusive no tocante à penhora incorreta e à avaliação errônea (art. 525, IV, do CPC), inclusive no tocante à forma definida no CPC.

Em relação aos embargos, a CLT contém previsão expressa acerca das matérias suscitáveis (art. 884, § 1º). A redação legal faz crer que a matéria de defesa será restrita às alegações de cumprimento da decisão ou do acordo, quitação ou prescrição da dívida. De outro lado, a doutrina trabalhista e a própria jurisprudência sobre o tema ainda são oscilantes, pois se tem proclamado a aplicação subsidiária dos arts. 525 e seguintes do CPC. Sustenta-se, para tanto, que, tendo os embargos natureza jurídica de ação cognitiva, não poderia a CLT, legislação ordinária que é, limitar o amplo acesso da parte ao Poder Judiciário. É preciso, pois, interpretar o art. 884, § 1º, do texto consolidado à luz do princípio da inafastabilidade da jurisdição, inscrito no inciso XXXV do art. 5º da CF/88.

Ressalte-se, inclusive, que, nos embargos à execução fundada em título extrajudicial, o campo de cognição deve ser bem mais amplo, podendo alegar qualquer matéria que lhe seja lícito deduzir, tal qual enuncia o art. 917 do CPC.

Esclareça-se, também, que, em se tratando de execução fundada em título judicial, a alegação de cumprimento de sentença, de quitação da dívida e de prescrição só constitui matéria própria de embargos do devedor se essas matérias surgirem após o trânsito em julgado da sentença proferida no processo de conhecimento.

De todo modo, pode-se dizer que é majoritário o entendimento no sentido de que o rol previsto no § 1º do art. 884 não é taxativo, dado que há matérias outras que podem ser conhecidas, inclusive de ofício, pelo juízo. É o que se depreende dos seguintes arestos:

> Inaplicável o princípio da fungibilidade para conhecer os embargos de terceiros como embargos à execução. – O rol do § 1º do art. 884 da CLT não é taxativo. O mencionado dispositivo legal não veda que as matérias de ordem pública, que poderiam ser conhecidas de ofício pelo Juiz, tais como os pressupostos processuais e condições da ação, não possam ser invocadas nos embargos à execução. Já, os Embargos de Terceiros constitui ação autônoma de natureza possessória incidental ao processo de conhecimento ou de execução, que tem por finalidade desconstituir constrição judicial sobre bens pertencentes a terceiros que não têm relação com o processo, tampouco respondem patrimonialmente pela dívida. Não é possível, no caso em tela, a aplica-

> ção do princípio da fungibilidade, ante a disparidade dos procedimentos e de finalidade (SP 01408-2009-008-02-00-5, rel. Ivani Contini Bramante, 4ª Turma, j. 15-12-2009, data de publicação: 12-2-2010).
> Embargos à execução. Matéria de defesa. – O rol do art. 884, § 1º, da CLT não é taxativo, sendo pertinente a discussão acerca da liquidação judicial da executada em sede de embargos opostos pelo executado, porquanto se trata de matéria relevante para o processo de execução. Agravo não provido. (...) (01476.003/93-9, TRT – 4ª Região, rel. Carlos Alberto Robinson, Porto Alegre, 24-8-2000).

Pode-se dizer, de outro lado, que o cumprimento da decisão e a quitação em sede de embargos são as objeções suscitáveis, por natureza, dado o exaurimento material da própria obrigação. Se, ao ser citado, o devedor já houver cumprido, por inteiro, a obrigação executada, esse fato deverá ser alegado em seus embargos. Dada a natureza do ato (pagamento), a prova correspondente deverá ser, a princípio, documental, embora possa o juiz permitir que em situações especiais o devedor produza a prova necessária por outros meios legais, hipótese em que designará audiência para a instrução processual (§ 2º do art. 884 da CLT) ou determinará a realização de exame pericial.

O mesmo se diga no tocante à quitação. A quitação é o ato pelo qual alguém se desobriga da obrigação que lhe é imputada. Pode advir de causas diversas, entre as quais está o próprio pagamento da dívida ou o cumprimento do acordo. O poder de dar quitação não se compreende na cláusula *ad judicia*, devendo, por isso, estar expresso no mandato que for outorgado ao advogado (art. 105 do CPC).

A compensação ou a retenção não podem ser objeto da ação de embargos do devedor, manejado em sede de execução de título executivo judicial, porquanto, nos termos do art. 767 da CLT, tais matérias somente podem ser arguidas no processo de conhecimento, especificamente na contestação, sob pena de preclusão.

A dedução, por seu turno, pode ser autorizada de ofício pelo juiz, por traduzir matéria de ordem pública e evitar o enriquecimento sem causa de uma das partes.

No tocante à prescrição, há que referir o seguinte. Efetivamente, a prescrição pode ser suscitada como matéria de objeção à execução, no âmbito dos embargos. Todavia, deve-se alertar o leitor acerca de algumas posições relevantes. A primeira questão é a atinente ao momento-limite para que a parte demandada suscite a prescrição, como objeção ao direito do autor. Como já vimos, o TST tem entendido ser possível suscitar a prescrição até a instância ordinária, na forma da Súmula 153 daquele Tribunal, o que implicaria dizer que o limite para o reconhecimento da prescrição seria o processo de conhecimento, na instância ordinária. Então, a qual prescrição o art. 884, § 1º, estaria se referindo? Hoje parece estarmos diante de duas possibilidades. Explicamos.

Em resposta a essa indagação, a primeira questão que se deve ter em vista é redação conferida ao art. 11-A da CLT pela Lei n. 13.467/2017, e a superação da Súmula 114 do TST, por meio das quais passou a ser aplicável na Justiça do Trabalho a prescrição intercorrente.

Antes da previsão do art. 11-A, e enquanto parecia ser inaplicável a prescrição intercorrente, causava perplexidade a expressão do § 1º do art. 884, se o momento-limite para que a parte suscitasse a prescrição seria na instância ordinária, no processo de conhecimento. Quando partíamos para a leitura da Súmula 327 do STF, que enuncia a admissibilidade da prescrição intercorrente no direito trabalhista, nossas dúvidas não paravam de crescer.

No entanto, desde antes da edição do art. 11-A da CLT, a antinomia sempre nos pareceu apenas aparente. A análise dos precedentes daquela súmula do STF nos ajuda em sua compreensão. A partir dos precedentes daquele verbete é possível identificar que a posição adotada pelo Supremo foi no sentido de que a prescrição aplicável para o processo de conhecimento seria a mesma aplicável para o processo de execução (RE 52.902 e RE 53.881). Desse modo, o que entendeu o STF como prescrição intercorrente deve ser interpretado como a prescrição da pretensão executiva, e não a aplicação da prescrição no curso do processo, em razão da inércia da parte em dar seguimento ao feito. A primeira leitura do § 1º do art 884 da CLT permite concluir ser a prescrição à pretensão executiva arguível como meio de defesa do demandado.

No tocante à execução, portanto, dado que sua instauração de ofício do processo executivo pelo magistrado é mera faculdade, e existe apenas em hipótese taxativa (art. 878 da CLT), o crédito encontra-se sujeito à prescrição da pretensão executiva, portanto. Todavia, deve-se fazer ponderação relevante. O art. 879 da CLT exige, no § 1º-B, que as partes sejam previamente intimadas para a apresentação do cálculo de liquidação, inclusive da contribuição previdenciária incidente. Em assim sendo, parece ser considerado o termo inicial da contagem da aludida prescrição apenas após a prévia intimação das partes para que deem início ao processo executivo.

Tal compreensão, ademais, deve ser a empreendida na leitura do § 1º do art. 11-A da CLT. A fluência do prazo prescricional intercorrente inicia-se apenas quando o exequente deixa de cumprir determinação judicial no curso da execução. Em outras palavras, depois que o processo executivo se iniciou, dada a inércia da parte em adotar as providências que lhe cabe, haveria a prescrição da pretensão executória. Tal prescrição, a intercorrente, em que o exequente deixa de cumprir determinação judicial no curso da execução, seria outra modalidade prescricional suscitável pelo devedor à guisa do § 1º do art. 884.

Veja-se que esta é a compreensão expressa pelo E. TST sobre o tema:

> I – AGRAVO DE INSTRUMENTO. RECURSO DE REVISTA. EXEQUENTE. LEI N. 13.467/2017. TRANSCENDÊNCIA. EXECUÇÃO. PRESCRIÇÃO INTERCORRENTE DECLARADA MESMO JÁ EXISTINDO BENS PENHORADOS PARA GARANTIA DA EXECUÇÃO. (...) II – RECURSO DE REVISTA. EXEQUENTE. LEI N. 13.467/2017. EXECUÇÃO. PRESCRIÇÃO INTERCORRENTE DECLARADA MESMO JÁ EXISTINDO BENS PENHORADOS PARA GARANTIA DA EXECUÇÃO. 1 – A controvérsia diz respeito à declaração da prescrição intercorrente no caso dos autos, tendo em vista que, conforme o TRT, em 13-1-2018, "após a vigência do artigo 11-A da CLT, o exequente foi advertido sobre a prescrição intercorrente", contudo, "ainda que advertido para indicar meios de prosseguimento da execução, informado, ainda, sobre a existência de bens penhorados, o exequente quedou-se inerte, pelo que correta a decisão que pronunciou a prescrição intercorrente e extinguiu a execução". 2 – Em exame detido dos autos, verifica-se que não era o caso de se aplicar prescrição intercorrente. 3 – Registre-se que a prescrição intercorrente era incompatível com a dinâmica do processo trabalhista anterior à Reforma Trabalhista, o que impossibilitava a punição do exequente por inércia e a perda da pretensão executiva, consoante a expressa dicção da Súmula n. 114 do TST, segundo a qual, para casos anteriores à Lei n. 13.467/2017, "É inaplicável na Justiça do Trabalho a prescrição intercorrente". 4 – Fernando da Fonseca Gajardoni define prescrição intercorrente como sendo "aquela que se consuma no curso do processo judicial, desde que o demandante deixe de promover diligência a seu cargo pelo tempo estabelecido como prazo prescricional para a pretensão, sendo causa de extinção da execução". 5 – Eis a disposição do art. 11-A da CLT, incluído pela Lei n. 13.467/2017: "Art. 11-A. Ocorre a prescrição intercorrente no processo do trabalho no prazo de dois anos. § 1º A fluência do prazo prescricional intercorrente inicia-se quando o exequente deixa de cumprir determinação judicial no curso da execução.". Nesse contexto, após a Reforma Trabalhista, foi fixada a seguinte diretriz no artigo 2º da Instrução Normativa n. 41 do TST: "Art. 2º. O fluxo da prescrição intercorrente conta-se a partir do descumprimento da determinação judicial a que alude o § 1º do art. 11-A da CLT, desde que feita após 11 de novembro de 2017 (Lei n. 13.467/2017).". 6 – Conforme se observa o art. 11-A da CLT contém disposição no sentido de que o início da prescrição intercorrente se dá no momento em que o exequente deixa de

cumprir determinação judicial no curso da execução. Contudo, é necessário observar a interpretação teleológica do referido dispositivo legal, ou seja, deve-se levar em conta a finalidade pretendida pelo legislador ao instituir a prescrição intercorrente, a qual tem íntima relação com o princípio constitucional da duração razoável do processo, insculpido no art. 5º, LXXVIII, da Constituição Federal. Nesse sentido, leciona Humberto Theodoro Júnior: "Justifica-se a prescrição intercorrente com o argumento de que a eternização da execução é incompatível com a garantia constitucional de duração razoável do processo e de observância de tramitação conducente à rápida solução dos litígios (CF, art. 5º, LXXVIII).". 7 – Importante ainda destacar a disposição do art. 921 do CPC/2015, quanto à suspensão da execução nos casos de inexistência de bens penhoráveis como ato anterior à contagem de prazo para a prescrição intercorrente: "Art. 921. Suspende-se a execução: (...) III – quando o executado não possuir bens penhoráveis; (...) § 1º Na hipótese do inciso III, o juiz suspenderá a execução pelo prazo de 1 (um) ano, durante o qual se suspenderá a prescrição. (...) § 4º Decorrido o prazo de que trata o § 1º sem manifestação do exequente, começa a correr o prazo de prescrição intercorrente.". 8 – Com base nessa disposição, leciona Humberto Theodoro Júnior: "Daí a criação pretoriana da apelidada prescrição intercorrente, agora adotada expressamente pelo NCPC (art. 921, § 4º), que se verifica justamente quando a inércia do processo perdure por tempo superior ao lapso da prescrição prevista para a obrigação disputada em juízo. Assim é que, decorrido o prazo de um ano de suspensão da execução por ausência de bens penhoráveis, sem que o exequente se manifeste, 'começa a correr o prazo de prescrição intercorrente'". Da mesma forma explica Fredie Didier Jr.: "A falta de bens penhoráveis é motivo para a suspensão de qualquer execução. (...) A execução fiscal somente será suspensa se, além de não encontrado o executado, também não forem localizados bens penhoráveis.". 9 – Nesse sentido, tem-se que o instituto da prescrição intercorrente tem por objetivo impedir a eternização do processo de execução pela ausência de bens penhoráveis do devedor, o que não se verificou no presente caso. 10 – No caso , ainda que exista despacho publicado em 13-1-2018 intimando o exequente para indicar meios para o prosseguimento da execução, sob pena de prescrição intercorrente, constata-se, conforme registrado no acórdão recorrido, que nos autos já existiam bens penhorados para a garantia da execução desde 26-7-2016. 11 – Se já existiam nos autos bens penhorados (e, registre-se, inicialmente avaliados pelo oficial de Justiça em valor superior ao apurado na conta), não poderia o magistrado declarar prescrição intercorrente, sob o fundamento de que a parte permaneceu inerte sem indicar meios para o prosseguimento da execução, já que os referidos meios já existiam e estavam à disposição do juízo. 12 – Por outro lado, acres-

> centa-se que o STJ firmou entendimento no sentido de que a constrição patrimonial e a efetiva citação são aptas a interromper o curso da prescrição intercorrente. Julgado do STJ. 13 – Portanto, a má-aplicação da prescrição intercorrente no caso dos autos ofende a coisa julgada (art. 5º, XXXVI, da Constituição Federal), uma vez que impossibilitou o regular cumprimento da sentença exequenda. 14 – Recurso de revista de que se conhece e a que se dá provimento (RR-10039-38.2015.5.03.0029, 6ª Turma, rel. Min. Katia Magalhães Arruda, *DEJT* 10-9-2021).

Todas as matérias previstas no art. 525 do CPC traduzem questões de ordem pública e de relevante interesse social, de modo a propiciar que a execução se possa processar sem excessos e sem ofensa ao devido processo legal e à dignidade do devedor, como bem apontado por Carlos Henrique Bezerra Leite[58].

No tocante à falta ou nulidade de citação no processo de conhecimento, se a ação lhe correu à revelia, segundo Manoel Antonio Teixeira Filho, seria hipótese incompatível com o processo do trabalho, que não admite os embargos do devedor aviados por esse fundamento, só cabendo nesse caso a ação rescisória. No mesmo sentido, há quem entenda ainda ser inaplicável a previsão do CPC, no particular, dada a peculiaridade prevista no art. 852 da CLT, que determina a notificação, na forma do § 1º do art. 841, dos termos da sentença ao réu revel[59]. Todavia, podemos dizer que esse entendimento não é pacífico. Com efeito, tem-se entendido que a nulidade de citação, se o processo correu à revelia, também é uma das matérias arguíveis em sede de embargos à execução, pela aplicação da disciplina contida na legislação comum. O próprio TST já se pronunciou da seguinte forma:

> Agravo de instrumento. Recurso de revista em execução. Nulidade da citação inicial. Arguição em embargos à execução. Possibilidade. Art. 741, I, do CPC. – De acordo com o art. 741, I, do CPC, de aplicação subsidiária ao direito processual do trabalho consoante o art. 769 da CLT, a nulidade da citação inicial no processo de conhecimento, no caso de a ação ter corrido à revelia da reclamada, pode ser arguida em embargos à execução. Logo, viola os princípios do contraditório e da ampla defesa, insculpidos no inciso LV do art. 5º da CF, decisão do Tribunal Regional que deixa de apreciar a questão, por entender incompatível com o referido meio processual. Recurso de revista co-

58. LEITE, Carlos Henrique Bezerra. *Curso de direito processual do trabalho,* 15. ed., cit., p. 754.

59. "§ 1º A notificação será feita em registro postal com franquia. Se o reclamado criar embaraços ao seu recebimento ou não for encontrado, far-se-á a notificação por edital, inserto no jornal oficial ou no que publicar o expediente forense, ou, na falta, afixado na sede da Junta ou Juízo."

> nhecido e provido (426200-48.2002.5.02.0900, rel. Lelio Bentes Corrêa, 1ª Turma, j. 10-9-2003, *DJ* 5-3-2004).

Estamos com aqueles que entendem que a nulidade de citação é matéria suscitável em sede de embargos, que pode ser conhecida na fase executiva, mas sempre a partir da iniciativa do devedor, na hipótese. Com efeito, a irregularidade da citação é vício que envolve a própria prestação jurisdicional e não pode ser ignorada, sob pena de evidente injustiça.

No tocante à inexigibilidade do título, tem-se como compatível com o processo do trabalho. A exigibilidade exprime a ideia de que o credor poderá reclamar ao devedor a contraprestação que a este corresponde, sem que tenha, para tanto, de atender a quaisquer outras condições.

Mas há ainda a possibilidade de a parte suscitar a inexigibilidade do título como matéria de defesa contra a pretensão executiva. Com efeito, é possível que o direito pretendido esteja sob condição ou termo, e à parte executada incumbirá sustentar a inexigibilidade do crédito, por não atender àquelas condições. Nesse mesmo sentido, há que pontuar que o título fundado em preceito reputado inconstitucional pelo STF pode ser inexigível a teor do art. 884, § 5º, da CLT, sendo o mesmo regime do CPC.

Há quem pretenda a inconstitucionalidade desse dispositivo porquanto a eficácia da coisa julgada estaria condicionada, o que parece incompatível com a própria natureza da coisa julgada. Todavia, o TST já aplicou o dispositivo, como se vê no aresto a seguir:

> Agravo de instrumento. Recurso de revista. Execução. Coisa julgada. Título executivo inexigível. Base de cálculo do adicional de insalubridade. Salário contratual. – Nos termos de r. despacho do e. Presidente do excelso Pretório, fixando a inteligência do julgamento que ensejou a edição da Súmula Vinculante 4, -o adicional de insalubridade deve continuar sendo calculado com base no salário mínimo, enquanto não superada a inconstitucionalidade [art. 192, da CLT] por meio de lei ou convenção coletiva- (Rcl-6266-DF). Nesse contexto, não poderia a e. Corte Regional ter estabelecido outra base de cálculo para o adicional de insalubridade que não o salário mínimo. No presente caso, consta do título executivo o pagamento das diferenças do adicional de insalubridade à luz do salário contratual em detrimento do salário mínimo. Correta a inexigibilidade do título com base no disposto no art. 884, § 5º, da CLT. Indene o art. 5º, XXXVI, da CF/1988. Agravo de instrumento não provido (AgInRR 185700-86.2006.5.15.0134, rel. Min. Alexandre de Souza Agra Belmonte, 3ª Turma, j. 29-10-2012, data de publicação: 31-10-2012).

Fundado em preceito análogo existente no CPC, o STJ igualmente se pronunciou sobre o tema, para reputar ter sido conferida aos embargos à execução eficácia rescisória de sentenças inconstitucionais:

> Previdenciário. Auxílio-acidente. Embargos à execução. Inexigibilidade de título executivo judicial. Inocorrência. – 1. O art. 741, parágrafo único, do CPC, atribuiu aos embargos à execução eficácia rescisória de sentenças inconstitucionais. Por tratar-se de norma que excepciona o princípio da imutabilidade da coisa julgada, deve ser interpretada restritivamente, abarcando, tão somente, as sentenças fundadas em norma inconstitucional, assim consideradas as que: (a) aplicaram norma declarada inconstitucional; (b) aplicaram norma em situação tida por inconstitucional; ou (c) aplicaram norma com um sentido tido por inconstitucional. Precedente: REsp 1189619-PE, rel. Min. Castro Meira, Primeira Seção, j. 25.08.2010, *DJe* 02.09.2010. 2. A Lei n. 9.032/1995, que introduziu a alteração no art. 86, § 1º, da Lei n. 8.213/1991, unificando o percentual do auxílio-acidente em 50% do salário de benefício, não foi declarada inconstitucional, não incidindo, portanto, a hipótese prevista no art. 741, II, § 1º, do CPC. Agravo regimental provido (AgRg no AgREsp 126.531-RS, rel. Min. Humberto Martins, 2ª Turma, j. 24-4-2012, *DJe* 2-5-2012).

O STF ainda não se pronunciou definitivamente sobre o assunto. Há que destacar, todavia, o entendimento firmado nos autos do RE 590.880, que deu mostras de que haveria inconstitucionalidade do disposto no art. 884, § 5º, da CLT, não obstante a matéria se encontre em franco dissenso:

> Após o voto da Senhora Ministra Ellen Gracie (relatora), conhecendo e dando provimento ao recurso extraordinário para (...) e, em relação ao período anterior, declarar a insubsistência do título executivo judicial, tal como previsto no art. 884, § 5º, da CLT, no que foi acompanhada pelos Senhores Ministros Cármen Lúcia e Ricardo Lewandowski; após os votos dos Senhores Ministros Eros Grau, Ayres Britto e Cezar Peluso, negando provimento ao recurso, e o voto do Senhor Ministro Marco Aurélio, negando-lhe provimento e declarando a inconstitucionalidade do art. 884, § 5º, da CLT, pediu vista dos autos o Senhor Ministro Gilmar Mendes (Presidente). Impedido o Senhor Ministro Dias Toffoli. Ausentes, licenciados, os Senhores Ministros Celso de Mello e Joaquim Barbosa. Falaram, pela União, o Ministro Luís Inácio Lucena Adams, Advogado-Geral da União e, pelo recorrido, o Dr. Stênio Campelo Bezerra. Plenário, 24.03.2010.

A ilegitimidade de partes é evidentemente aplicável ao processo do trabalho, não havendo maiores digressões a serem desenvolvidas nesse tópico.

A cumulação indevida de execuções também é matéria oponível. Com efeito, embora compatível com o processo do trabalho, é quase nenhuma sua aplicação prática, porquanto no processo do trabalho as execuções se processam nos mesmos autos em que foram proferidas as decisões exequendas e os processos raramente são reunidos. De todo modo, a vida se incumbirá de demonstrar ser possível tal cumulação no âmbito de nossas demandas.

Por óbvio, nos embargos o devedor poderá suscitar como matéria de defesa, ainda, o excesso de execução, quando se pretende quantia superior à mencionada no título.

Há excesso de execução quando o credor pleiteia quantia superior à do título; quando recai sobre coisa diversa daquela declarada no título; quando se processa de modo diferente do que foi determinado na sentença; quando o credor, sem cumprir a prestação que lhe corresponde, exige o adimplemento da do devedor (*exceptio non adimpleti contractus*); ou se o credor não provar que a condição se realizou.

O executado pode suscitar, ainda, qualquer causa impeditiva, modificativa ou extintiva da obrigação, como pagamento, novação, compensação com execução aparelhada, transação ou prescrição, desde que supervenientes à sentença. De modo geral, o embargante pode alegar qualquer causa capaz de modificar, impedir ou extinguir o direito do autor, desde que superveniente à sentença exequenda. Cumpre mencionar que, como o embargante alega um fato modificativo, impeditivo ou extintivo do direito do credor, a ele incumbe o ônus da prova (art. 818 da CLT).

A incompetência do juízo da execução, suspeição ou impedimento do juiz merece alguma ponderação. Tais matérias não serão manejadas no bojo dos embargos, mas deverão ser opostas, juntamente com aqueles, por meio da correspondente exceção. É o que se depreende do § 2º do art. 525. No particular, de há muito Manoel Antonio Teixeira Filho ponderava que melhor seria que houvesse dito o legislador de 1973 "concomitantemente com os embargos", pois a incompetência (relativa), a suspeição e o impedimento, consistindo em modalidades específicas de resposta, deviam, desde o sistema do CPC/73, ser arguidas como exceção, e como tal processadas autonomamente.

Ainda acerca dos embargos, é possível dizer que em regra são processados no juízo no local onde se processa a execução. Se a execução se der por carta (precatória), os embargos podem ser propostos tanto no juízo deprecante quanto no deprecado, mas o julgamento deve ser levado a efeito pelo deprecante, salvo se os embargos versarem exclusivamente sobre vícios da penhora, na forma do art. 20 da Lei n. 6.830/80. Tal entendimento foi inclusive reafirmado pelo TST, na Súmula 419, nos seguintes termos:

> Competência. Execução por carta. Embargos de terceiro. Juízo deprecante. – Na execução por carta precatória, os embargos de terceiro serão oferecidos no juízo deprecante ou no juízo deprecado, mas a competência para julgá-los é do juízo deprecante, salvo se versarem, unicamente, sobre vícios ou irregularidades da penhora, avaliação ou alienação dos bens, praticados pelo juízo deprecado, em que a competência será deste último.

O prazo para a apresentação dos embargos é de cinco dias, consoante a redação do art. 884, *caput,* da CLT. Note-se que a Medida Provisória n. 2.180/2001 alterou o art. 884 com relação ao prazo, dilatando-o para trinta dias, nos seguintes termos:

> ... Art. 4º A Lei n. 9.494, de 10 de setembro de 1997, passa a vigorar acrescida dos seguintes artigos: (...) "Art. 1º-B. O prazo a que se refere o *caput* dos arts. 730 do Código de Processo Civil, e 884 da Consolidação das Leis do Trabalho, aprovada pelo Dec.-lei 5.452, de 1º de maio de 1943, passa a ser de trinta dias." (NR)

Há duvidosa constitucionalidade da referida medida provisória, sendo que o TST já reconheceu sua inconstitucionalidade, em seu pleno, para definir que o prazo para a apresentação de embargos por parte do devedor deve ser mesmo o de cinco dias. Todavia, há ponderação a ser feita.

É que, se o devedor for a Fazenda Pública, consoante definido pelo STF, o prazo para a apresentação de embargos será mesmo o de trinta dias, como definido naquela medida provisória, a teor da decisão liminar proferida na ADIn 11/2007:

> Fazenda Pública. Prazo processual. Embargos à execução. Prazos previstos no art. 730 do CPC e no art. 884 da CLT. Ampliação pela Medida Provisória 2.180-35/2001, que acrescentou o art. 1º-B à Lei federal 9.494/1997. Limites constitucionais de urgência e relevância não ultrapassados. Dissídio jurisprudencial sobre a norma. Ação direta de constitucionalidade. Liminar deferida. Aplicação do art. 21, *caput,* da Lei n. 9.868/1999. Ficam suspensos todos os processos em que se discuta a constitucionalidade do art. 1º-B da Medida Provisória 2.180-35 (ADC 11/MC, rel. Min. Cezar Peluso, Tribunal Pleno, j. 28-3-2007, *DJe*, 047, divulg. 28-6-2007, public. 29-6-2007).

O principal argumento utilizado pelo STF para o deferimento da medida liminar referida seria o fato de que a Medida Provisória n. 2.180/2001 é anterior à EC 32/2001, sendo convalidada por aquela alteração constitucional, fato que igualmente autorizaria o reconhecimento de sua constitucionalidade, ao menos em face da Advocacia Pública, dada a evidente falta de estrutura da Fazenda, no particular.

Diante da decisão do STF e de sua vinculação, ao menos em face da Fazenda Pública, devem ser suspensos os feitos em que haja a discussão acerca do assunto ou deverá o juízo reputar como sendo o prazo o de trinta dias para a apresentação de embargos, aplicando aquela previsão em relação à Fazenda Pública.

Os embargos seguirão a mesma lógica do processo de conhecimento respectivo, inclusive no que toca à dilação probatória.

No que tange ao procedimento, a disciplina dos embargos à execução, é insatisfatória a disciplina da CLT, daí a necessidade de invocação supletiva da Lei dos Executivos Fiscais (6.830/80) e do próprio CPC.

Assim, exceto no caso de execução de obrigação de fazer ou não fazer, há necessidade de garantia do juízo. Se a penhora não for realizada, ou se os bens nomeados pelo devedor não forem suficientes para satisfazer a integralidade do crédito do exequente, não começará a correr o prazo para a oposição dos embargos do devedor. A garantia do juízo tem sido reputada como requisito indispensável ao regular exercício do direito de o devedor oferecer embargos à execução (*caput* do art. 884 da CLT). Somente a Fazenda Pública está dispensada do cumprimento dessa exigência.

Para garantir a execução, o devedor poderá depositar, à ordem do juízo, a quantia expressa no mandado, ou nomear bens livres e desembaraçados, suficientes ao pagamento da dívida, com os acréscimos legais. A exigência de garantia eficiente do juízo justifica-se em virtude da autoridade e da força da coisa julgada material, subsumida na sentença exequenda.

Manoel Antonio Teixeira Filho frisa que o juízo só estará realmente garantido se o valor depositado ou bens nomeados à penhora forem suficientes para satisfazer, de maneira integral, o direito do credor (principal, correção monetária, juros da mora), assim como as despesas processuais *lato sensu* (custas, emolumentos, honorários periciais etc.). Aponta que certo segmento da jurisprudência vem, "em atitude de perigosa tolerância", permitindo que o devedor embargue a execução mesmo que o valor do depósito ou dos bens penhorados não seja suficiente para satisfazer o direito do credor em sua plenitude.

Atualmente há dúvida se seria necessária a garantia integral ou meramente parcial do juízo para que se inicie o prazo dos embargos. Diversos julgados demonstram que seria necessária a garantia total do juízo para fins do início do prazo de embargos, como exemplifica o seguinte:

> Agravo de petição. Embargos à execução. Penhora parcial. Prazo a contar da garantia do juízo. – O prazo para a interposição dos embargos à execução

> conta-se a partir da garantia integral do juízo, por inteligência do art. 884 da CLT. Nada obsta, contudo, que o embargante se antecipe a tal prazo e ofereça os embargos, como ocorreu nos presentes autos. Desse modo, considerando que a penhora efetivada não foi suficiente para garantir o juízo, tem-se que o prazo dos embargos à execução ainda não teve início. Destarte, não há falar em intempestividade dos embargos à execução, pelo que deve o processo retornar à origem, para que a magistrada de primeiro grau aprecie o mérito dos embargos, como entender de direito (RO 0012100, rel. Juíza Federal do Trabalho convocada Arlene Regina do Couto Ramos, 2ª Turma, j. 14-7-2011, *DETRT14*, n. 130, 15-7-2011).
>
> Embargos à execução. Ausência de garantia do juízo. Inadmissibilidade. Novos embargos à execução. Garantia do juízo. Preclusão afastada. – Nos termos dos arts. 737 do CPC e 884 da CLT a segurança do juízo é uma das condições de admissibilidade dos embargos à execução, sendo imprescindível, assim, na execução por quantia certa ou de entrega de coisa, que o juízo esteja integralmente garantido pelo devedor. Os embargos à execução de f., não preencheram a um pressuposto de admissibilidade, qual seja, a garantia à execução, porquanto protocolizados em 25.02.2008 e a penhora apenas efetivou-se em 05.12.2008 (f.), razão pela qual não foi conhecido. Em conformidade com o art. 884 da CLT, a garantia prévia do juízo constitui um pressuposto processual, ou seja, uma das condições de admissibilidade dos embargos à execução, sem a qual o incidente deve ser extinto sem resolução de mérito nos termos do art. 267, IV, do CPC. Destarte, não se há falar em preclusão consumativa dos embargos à execução apresentados às f., porquanto os embargos anteriormente apresentados não produzem efeito algum, já que não preencheu os requisitos de admissibilidade. Dessa feita, dou parcial provimento ao recurso da Agravante para conhecer dos embargos à execução de f. e estando a causa madura para julgamento, com base nos art. 515, § 3º, c/c o art. 330, I, todos do CPC, passo ao imediato julgamento da lide. (...) (1238200500623008/MT, 01238.2005.006.23.00-8, rel. Des. Leila Calvo, 2ª Turma, j. 18-8-2010, data de publicação: 30-9-2010).

Todavia, o próprio TST, por meio da SDI II, já se pronunciou no sentido de que, para fins do início do prazo, a garantia do juízo, mesmo que parcial, o ensejaria. É o que se depreende:

> Mandado de segurança. Garantia do juízo para interposição de embargos à execução. Renovação do prazo até a garantia total do juízo. – A garantia da execução de que trata o art. 884 da CLT não assegura ao devedor que a contagem do prazo para a interposição de embargos à execução seja ampliada,

> em face da garantia parcial do juízo. Recurso ordinário a que se dá provimento (ROMS – 773445-19.2001.5.02.5555, rel. Min. Gelson de Azevedo, j. 10-12-2002, Subseção II Especializada em Dissídios Individuais, data de publicação: 7-2-2003).

Não parece acertado esse entendimento, como já indicamos acima. Ao menos por ora, deve-se exigir a garantia integral da instância para a admissão dos embargos.

Na hipótese de o devedor indicar bens à penhora, com vistas a embargar a execução, deverá o juiz intimar o credor para que se manifeste no prazo que lhe fixar. Sendo aceita a nomeação (expressa ou tacitamente), incumbirá ao juiz ordenar a comprovação da propriedade dos bens indicados e, quando for o caso, a apresentação da certidão negativa de ônus. Cumpridas essas determinações, a nomeação será reduzida a termo, tendo-se por apreendidos os bens.

O art. 835 do CPC, aplicável ao processo do trabalho por expresso comando do art. 882 da CLT, trata da ordem preferencial de nomeação de bens à penhora, a qual, uma vez desatendida, poderá levar o juiz a ter a nomeação por ineficaz. Deve-se referir que é prioritária a penhora em dinheiro, podendo o juiz, nas demais hipóteses, alterar a ordem prevista no *caput* do art. 835 do CPC, de acordo com as circunstâncias do caso concreto. Por fim, cumpre reafirmar que se equiparam a dinheiro a fiança bancária e o seguro-garantia judicial, desde que em valor não inferior ao do débito constante da inicial, acrescido de 30%.

Manoel Antonio Teixeira Filho enfatiza ainda que, se ficar provado nos autos que o devedor, embora possua dinheiro suficiente para garantir a execução, venha a oferecer outros bens à penhora, o juiz não deverá admitir os embargos que opuser, exceto se, no prazo que lhe for estabelecido, substituir os bens por dinheiro. Afinal, não há fundamento jurídico para que se elimine a preferência legal pelo dinheiro, em cotejo com outros bens em geral (art. 835 do CPC).

No processo do trabalho, a petição de embargos deverá ser elaborada com atendimento aos requisitos legais exigidos pela CLT, e, diferentemente do que ocorre no processo civil, aqui os embargos do devedor são processados nos mesmos autos da execução, isto é, não tramitam em autos apartados. O executado deverá alegar nos embargos toda matéria útil à defesa (§ 2º do art. 16 da Lei n. 6.830/80), incumbindo-lhe, ainda, requerer provas e juntar aos autos documentos e rol de testemunhas (§ 2º do art. 884 da CLT).

Caso necessário, o juiz poderá designar audiência para produção de provas. O número de testemunhas não deverá ultrapassar três (CLT, art. 821), segundo Manoel Antonio Teixeira Filho. Carlos Henrique Bezerra Leite, no entanto, explica que, se o juiz entender necessária a realização de audiência, cada parte poderá apresentar até seis testemunhas, a teor do § 2º do art. 16 da Lei n. 6.830/80, aplicado subsidiariamente à espécie por força do disposto no art. 889 da CLT.

Quando o executado alegar que o exequente, em excesso de execução, pleiteia quantia superior à resultante da sentença, cumprir-lhe-á declarar de imediato o valor que entende correto, apresentando demonstrativo discriminado e atualizado de seu cálculo.

Não será admitida, em sede de embargos, reconvenção ou compensação (§ 3º do art. 16 da Lei n. 6.830/80), e, se os embargos do devedor forem meramente protelatórios, poderá o juiz aplicar multa ao embargante.

Recebidos os embargos, o juiz mandará intimar o credor, para impugná-los no prazo de cinco dias. Apresentada a defesa, não tendo sido arroladas testemunhas ou se os embargos versarem exclusivamente sobre matéria de direito, ou, ainda, sendo de direito e de fato, a prova for apenas documental, o juiz proferirá decisão, no prazo de cinco dias (art. 885 da CLT).

Se houverem sido arroladas testemunhas, ou sendo necessária a produção de outras provas orais, o juiz designará audiência, no prazo de cinco dias, após o que proferirá decisão (*caput* do art. 886 da CLT), na qual serão julgados os embargos à execução e a impugnação à sentença de liquidação (§ 4º do art. 884 da CLT).

Cabe destacar que, nos dias atuais, os oficiais de justiça da Justiça do Trabalho acumulam a função de avaliadores, ou seja, quando a penhora é realizada, simultaneamente, o meirinho procede à avaliação do bem, agilizando, assim, o processo de execução.

Com isso, não há mais espaço para a aplicação dos arts. 886, § 2º, 887 e 888 (primeira parte), todos da CLT. Resolvidos os embargos do devedor propostos, ou esgotado o prazo para tal, seguir-se-á à arrematação dos bens já avaliados no momento da constrição judicial. "Julgada subsistente a penhora, o juiz mandará que se proceda à avaliação dos bens sobre os quais ela incidiu", como indica o § 2º do art. 886 da CLT.

Estabelece o art. 18 da Lei n. 6.830/80 que, se não forem oferecidos embargos, o credor deverá manifestar-se acerca da garantia da execução. Para Manoel Antonio Teixeira Filho, no processo do trabalho, esse pronunciamento do credor deve ocorrer logo em seguida à formalização da garantia, não sendo prudente que se aguarde o decurso em branco do prazo para o oferecimento de embargos, para que o faça.

No processo do trabalho, a sentença que indefere a petição inicial de embargos pode ser impugnada por meio de recurso de agravo de petição, uma vez que se trata de sentença e não de decisão interlocutória, como se possa imaginar, pois dotada de eficácia para dar fim ao processo de embargos decidindo ou não o mérito.

Note-se que, ainda, os embargos não possuem efeito suspensivo. Todavia, o juiz poderá, a requerimento do embargante, atribuir efeito suspensivo a eles quando, sendo relevantes seus fundamentos, o prosseguimento da execução manifestamente possa causar ao executado grave dano de difícil ou incerta reparação, e desde que a execução já esteja garantida por penhora, depósito ou caução suficientes. A decisão relativa aos efeitos dos embargos poderá, a requerimento da parte, ser modificada ou revogada a qualquer tempo, em decisão fundamentada, cessando as circunstâncias que a motivaram.

Todavia, quando o efeito suspensivo atribuído aos embargos disser respeito apenas a parte do objeto da execução, ou seja, a apenas um dos capítulos da sentença, ou a mera parte de um capítulo, esta prosseguirá quanto à parte restante.

Deve-se aduzir, ainda, que a concessão de efeito suspensivo aos embargos oferecidos por um dos executados não suspenderá a execução contra os que não embargaram quando o respectivo fundamento disser respeito exclusivamente ao embargante.

Parece aplicável ao processo do trabalho a previsão do § 6º do art. 525 do CPC, quando dispõe no sentido de que os embargos/impugnação não impedem a prática dos atos executivos, inclusive os de expropriação, podendo o juiz, a requerimento do executado e desde que garantido o juízo com penhora, caução ou depósito suficientes, atribuir-lhe efeito suspensivo, se seus fundamentos forem relevantes e se o prosseguimento da execução for manifestamente suscetível de causar ao executado grave dano de difícil ou incerta reparação.

Neste ponto, a concessão do efeito suspensivo referido não impedirá a efetivação dos atos de substituição, de reforço ou de redução da penhora e de avaliação dos bens. Todavia, cumpre reafirmar que todos os aludidos atos suspensivos dependem de expressa manifestação pelo juiz, sendo certo, ainda, identificar que, quando o efeito suspensivo atribuído à impugnação disser respeito apenas a parte do objeto da execução, esta prosseguirá quanto à parte restante.

Do ponto de vista subjetivo, a concessão de efeito suspensivo à impugnação deduzida por um dos executados não suspenderá a execução contra os que não impugnaram, quando o respectivo fundamento disser respeito exclusivamente ao impugnante. Havendo solidariedade entre devedores, parece certa a necessária extensão dos efeitos da decisão.

Ademais, o oferecimento de embargos por um dos devedores não suspenderá a execução contra os que não a embargaram, salvo se o respectivo fundamento disser respeito a todos os devedores.

Ainda que atribuído efeito suspensivo aos embargos, é lícito ao exequente requerer o prosseguimento da execução, oferecendo e prestando, nos próprios autos, caução suficiente e idônea a ser arbitrada pelo juiz.

Da decisão proferida nos embargos, como já vimos, é cabível o recurso de agravo de petição.

4.4.5.2.1.3. *Dos embargos de terceiro*

Além daqueles instrumentos acima indicados, é possível ainda mencionar a existência dos denominados embargos de terceiro, mecanismo apto a refutar a ação executiva. Como diz Amauri Mascaro Nascimento, "embargos de terceiro são um meio de impugnação destinado a permitir que aquele que, não sendo parte na relação jurídica processual, sofra penhora dos seus bens, possa defender-se".

Não há previsão do expediente no âmbito da CLT, de modo que devemos nos valer das previsões do CPC, no particular. A previsão normativa comum indica que quem, não sendo parte no processo, sofrer constrição ou ameaça de constrição sobre bens que possua ou sobre os quais tenha direito incompatível com o ato constritivo poderá requerer seu desfazimento ou sua inibição por meio de embargos de terceiro.

Ostentam a qualidade de terceiros, para fins do manejo dos embargos, o cônjuge ou companheiro, quando defende a posse de bens próprios ou de sua meação, ressalvada sua quota-parte, que será resguardada sobre o resultado da alienação do bem; o adquirente de bens cuja constrição decorreu de decisão que declara a ineficácia da alienação realizada em fraude à execução; quem sofre constrição judicial de seus bens por força de desconsideração da personalidade jurídica, de cujo incidente não fez parte; e o credor com garantia real para obstar expropriação judicial do objeto de direito real de garantia, caso não tenha sido intimado, nos termos legais dos atos expropriatórios respectivos.

Os embargos podem ser opostos a qualquer tempo no processo de conhecimento enquanto não transitada em julgado a sentença, e, no cumprimento de sentença ou no processo de execução, até cinco dias depois da adjudicação, da alienação por iniciativa particular ou da arrematação, mas sempre antes da assinatura da respectiva carta.

De todo modo, caso identifique a existência de terceiro titular de interesse em embargar o ato, o juiz deverá mandar intimá-lo pessoalmente.

Os embargos serão distribuídos por dependência ao juízo que ordenou a constrição e autuados em apartado.

Todavia, nos casos de ato de constrição realizado por carta, os embargos serão oferecidos no juízo deprecado, salvo se indicado pelo juízo deprecante o bem constrito ou se já devolvida a carta.

É ônus do embargante, na petição inicial, fazer a prova sumária de sua posse ou de seu domínio e da qualidade de terceiro, oferecendo documentos e rol de testemunhas. Todavia, sendo impossível ou insuficiente a prova, poderá requerer a comprovação sumária de sua condição por meio de audiência preliminar ou de justificação.

Será legitimado passivo o sujeito a quem o ato de constrição aproveita, assim como o será seu adversário no processo principal quando for sua a indicação do bem para a constrição judicial.

A decisão que reconhecer suficientemente provado o domínio ou a posse determinará a suspensão das medidas constritivas sobre os bens litigiosos objeto dos embargos, bem como a manutenção ou reintegração provisória da posse, se o embargante a houver requerido. Todavia, o juiz poderá condicionar a ordem de manutenção ou de reintegração provisória de posse à prestação de caução pelo requerente, ressalvada a impossibilidade da parte economicamente hipossuficiente.

Recebidos os embargos, deve-se conferir prazo de defesa aos embargados, não inferior a quinze dias, após o que deve o juízo identificar a necessidade da designação ou não de audiência. Acolhido o pedido inicial, o ato de constrição judicial indevida será cancelado, com o reconhecimento do domínio, da manutenção da posse ou da reintegração definitiva do bem ou do direito ao embargante.

4.5. Execução contra a Fazenda Pública e seu pagamento

Do ponto de vista ontológico, não há distinção entre os mecanismos de defesa contra a demanda executiva da Fazenda Pública e dos demais executados. Todavia, há peculiaridades no que toca ao procedimento, dado que os bens da Fazenda Pública são impenhoráveis pela indisponibilidade e interesse público.

Desse modo, a execução em face dos órgãos públicos da Administração deverão fundar-se em preceitos diferenciados, em relação ao devedor privado, para a satisfação do crédito. São diversos os dispositivos aplicáveis a essa espécie de execução.

Note-se que o Estado, como empregador, sempre respondeu como se particular fosse, não tendo mais prerrogativas do que eventualmente a lei estabeleça. Dentre as prerrogativas mencionadas acima, podemos indicar ainda aquelas previstas no Decreto-lei n. 779/69, como a de, por exemplo, não precisar autenticar documentos.

Assim, o Estado, quando assume uma relação contratual empregatícia, é considerado como particular, sendo-lhe aplicada a CLT e, consequentemente, a atuação da Justiça do Trabalho. Isso ocorreu desde 1943. Com a CF/67, afastou-se a competência da Justiça do Trabalho dizendo-se que essa matéria, ainda que tivesse sido redigida pela CLT, teria de ser decidida pela Justiça Comum, seja a

Federal, seja a Estadual. Isso perdurou até a CF/88, quando se remeteu de volta a competência da Justiça do Trabalho para apreciar esse processo. Claro que posteriormente se afastou novamente a atuação, mas não por causa da pessoa do Estado *lato sensu*, mas sim por causa da matéria, pois se instituíram na maior parte dos Estados e da União regimes jurídicos únicos estatutários.

De fato, hoje, a Justiça do Trabalho é competente para apreciar reclamações trabalhistas contra a União, Estados-membros, Municípios e Distrito Federal, desde que a relação jurídica seja celetista, seja trabalhista contratual. Essa seria uma peculiaridade quanto à cognição.

Para a execução, há uma peculiaridade, que é a premissa da impenhorabilidade dos bens públicos. Não se pode citar o Estado para pagar uma dívida sob pena de penhora, pois não poderá haver a penhora de seus bens, afinal eles estão fora do comércio. Então, no processo do trabalho, assim como ocorre no processo civil, cita-se o Estado para ter ciência e, querendo, embargar. Essa citação é pessoal, por oficial de justiça, na pessoa do procurador-geral do ente público.

Como já vimos, em relação ao prazo para embargar, dados os termos da decisão proferida nos autos da ADC 11 pelo STF, o prazo para embargos à execução em face da Fazenda Pública deve ser entendido como de trinta dias.

A citação não é feita para que o ente público pague ou nomeie bens, mas para lhe dar ciência dos cálculos e, querendo, embargar. Embargando, o processo segue normalmente, inclusive com os recursos, como no processo civil.

Não haverá remessa necessária, pois não há condenação à Fazenda Pública. Os embargos à execução não são defesa, mas sim uma ação autônoma que visa desconstituir o título. A lógica da remessa necessária consiste em condicionar o trânsito em julgado a um duplo grau de jurisdição necessário, por força de se estar condenando o Estado em sentido amplo que tem como patrimônio algo que não é dele (seu pressuposto é que haja algum tipo de gravame ao Estado). Assim, havendo execução contra o ente público, há essa premissa, a de que este só seja condenado ultrapassados os dois graus de jurisdição.

Só há duas previsões de remessa necessária para a Fazenda Pública, no art. 496 do CPC, quais sejam, quando houver condenação da Fazenda ou quando forem julgados procedentes os embargos opostos à execução de dívida ativa. Deve-se observar as peculiaridades para fins de incidência do aludido duplo grau, contidas no CPC.

De todo modo, transitada em julgado a decisão ou não sendo opostos embargos, podemos indicar que caberá ao juiz requisitar o pagamento por intermédio do Presidente do Tribunal correspondente (art. 535, § 3º, do CPC). Nesse sentido, a própria regra constitucional indica que o pagamento será realizado por ordem cronológica (art. 100, *caput,* da CF/88,), seguindo a rigorosa ordem de apresentação do precatório.

Todavia, há uma série de questões a serem discutidas. Vejamos. A primeira delas é justamente a aplicabilidade do regime de precatórios previsto na Constituição Federal (art. 100, *caput,* da CF/88) ao processo do trabalho. Com efeito, a Lei n. 9.469/97 dispôs, em consonância com o art. 100 da CF/88, nos seguintes termos:

> Art. 6º Os pagamentos devidos pela Fazenda Pública federal, estadual ou municipal e pelas autarquias e fundações públicas, em virtude de sentença judiciária, far-se-ão, exclusivamente, na ordem cronológica da apresentação dos precatórios judiciários e à conta do respectivo crédito.
> Parágrafo único. É assegurado o direito de preferência aos credores de obrigação de natureza alimentícia, obedecida, entre eles, a ordem cronológica de apresentação dos respectivos precatórios judiciários.

Ou seja, a leitura aligeirada do dispositivo indica que este estaria assegurando "o direito de preferência aos credores de obrigação de natureza alimentícia, obedecida, entre eles, a ordem cronológica de apresentação dos respectivos precatórios judiciários", o que poderia encetar, em uma interpretação de que os "créditos de natureza alimentícia" não estão excluídos dos precatórios, mas sim da ordem de apresentação em relação aos créditos de outra natureza.

Dito isso, cumpre evidenciar que, no caso de dívida de natureza alimentar, haverá também precatório, sendo conformadas duas "filas": uma dos débitos de natureza alimentar e outra de natureza não alimentar. Tratando-se de crédito de natureza alimentar, não estará configurada a preterição se, porventura, aqueles forem pagos antes dos créditos não alimentares. As dívidas contra o Estado têm de seguir a ordem cronológica de adimplemento, entre as duas sequências, respeitadas as naturezas dos débitos.

No que toca aos requisitos formais do precatório, o TST editou a IN 11/97, revogada pela IN 32/2007, que assim trata do assunto:

> Instrução Normativa n. 32/2007
> Uniformiza procedimentos para a expedição de Precatórios e Requisições de Pequeno Valor no âmbito da Justiça do Trabalho e dá outras providências.
> Art. 1º Os pagamentos devidos pelas Fazendas Públicas Federal, Estadual, Distrital ou Municipal, em virtude de sentença judicial transitada em julgado, serão realizados exclusivamente na ordem de apresentação dos precatórios e à conta dos créditos respectivos, na forma da lei.
> Parágrafo único. Não estão sujeitos à expedição de precatórios os pagamentos de obrigações definidas em lei como de pequeno valor.

Art. 2º É obrigatória a inclusão, no orçamento das entidades de Direito Público, de verba necessária ao pagamento de seus débitos oriundos de sentenças transitadas em julgado, constantes de precatórios judiciários, apresentados até 1º de julho, fazendo-se o pagamento até o final do exercício seguinte, quando terão seus valores atualizados monetariamente.
Art. 3º Reputa-se de pequeno valor o crédito cuja importância atualizada, por beneficiário, seja igual ou inferior a:
I – 60 (sessenta) salários mínimos, se a devedora for a Fazenda Pública Federal;
II – 40 (quarenta) salários mínimos, ou o valor estipulado pela legislação local, se as devedoras forem as Fazendas Públicas Estadual e Distrital; e
III – 30 (trinta) salários mínimos, ou o valor estipulado pela legislação local, se a devedora for a Fazenda Pública Municipal.
Art. 4º Ao credor de importância superior à estabelecida na definição de pequeno valor, fica facultado renunciar ao crédito do valor excedente e optar pelo pagamento do saldo dispensando-se o precatório.
§ 1º Não é permitido o fracionamento do valor da execução relativamente ao mesmo beneficiário, de modo que se faça o pagamento, em parte, por intermédio de requisição de pequeno valor e, em parte, mediante expedição de precatório.
§ 2º Na hipótese de crédito de valor aproximado ao de pequeno valor legalmente previsto, o Presidente do Tribunal ou o Juízo Auxiliar de Conciliação de Precatórios consultará o credor quanto ao interesse em renunciar parcialmente ao crédito de modo a afastar a necessidade de expedição do precatório.
Art. 5º As requisições de pagamento que decorram de precatório ou as de pequeno valor, quando a devedora for a União, serão expedidas pelo Juiz da execução e dirigidas ao presidente do Tribunal, a quem compete:
a) examinar a regularidade formal da requisição;
b) corrigir, de ofício ou a requerimento das partes, inexatidões materiais ou retificar erros de cálculos, vinculados à utilização de critério em descompasso com a lei ou com o título executivo judicial, desde que o critério não haja sido objeto de debate quer na fase de conhecimento, quer na fase de execução;
c) expedir o ofício requisitório; e
d) zelar pela obediência à ordem de preferência de pagamento dos créditos, na hipótese de precatórios.
Art. 6º Nos casos de créditos de pequeno valor de responsabilidade das Fazendas Públicas Estadual, Distrital ou Municipal, as requisições serão encaminhadas pelo Juiz da execução ao próprio devedor.
Art. 7º Na hipótese de reclamação plúrima será considerado o valor devido a cada litisconsorte, expedindo-se, simultaneamente, se for o caso:
a) requisições de pequeno valor em favor dos exequentes cujos créditos não ultrapassam os limites definidos no art. 3º desta Instrução; e

b) requisições mediante precatório para os demais credores.

Parágrafo único. Os honorários advocatícios e periciais serão considerados parcela autônoma, não se somando ao crédito dos exequentes para fins de classificação do requisitório de pequeno valor.

Art. 8º É vedado requisitar pagamento em execução provisória.

Art. 9º O Juiz da execução informará na requisição os seguintes dados constantes do processo:

I – número do processo;

II – nomes das partes e de seus procuradores;

III – nomes dos beneficiários e respectivos números no CPF ou no CNPJ, inclusive quando se tratar de advogados, peritos e outros;

IV – natureza do crédito (comum ou alimentar) e espécie da requisição (RPV ou precatório);

[V – *sic*]

VI – valor individualizado por beneficiário e valor total da requisição;

VII – data-base considerada para efeito de atualização monetária dos valores; e

VIII – data do trânsito em julgado da sentença ou acórdão.

Parágrafo único. Ausentes quaisquer dos dados especificados, o Tribunal restituirá a requisição à origem, para regularização.

Art. 10. Os precatórios e as requisições de pequeno valor serão processados nos próprios autos do processo que os originaram.

Art. 11. O pagamento das requisições obedecerá estritamente à ordem cronológica de apresentação nos Tribunais.

Art. 12. Os valores destinados aos pagamentos decorrentes de precatórios e de requisições de pequeno valor serão depositados em instituição bancária oficial, abrindo-se conta remunerada e individualizada para cada beneficiário.

Art. 13. Incumbirá ao Juiz da execução comunicar ao Presidente do Tribunal ou ao Juízo Auxiliar de Conciliação de Precatórios, no prazo de 5 (cinco) dias, a efetivação do pagamento ao credor.

Art. 14. O Presidente do Tribunal, exclusivamente na hipótese de preterição do direito de precedência do credor, fica autorizado a proceder ao sequestro de verba do devedor, desde que requerido pelo exequente e depois de ouvido o Ministério Público.

Art. 15. As requisições de pequeno valor – RPV encaminhadas ao devedor deverão ser pagas no prazo de 60 (sessenta) dias.

Parágrafo único. Na hipótese de não cumprimento da requisição judicial, o Juiz determinará o sequestro do numerário suficiente ao cumprimento da decisão.

Art. 16. Os Tribunais Regionais do Trabalho instituirão Juízo Auxiliar de Conciliação de Precatórios, com o objetivo de incluir em pauta, observada a ordem cronológica de apresentação, os precatórios e as requisições de pequeno valor (RPV) já consignadas em precatório, para tentativa de acordo.

Parágrafo único. Caberá ao Juízo Auxiliar de Conciliação de Precatórios, sem prejuízo de outras atribuições, o controle da listagem da ordem preferencial dos credores, a realização de cálculos, o acompanhamento de contas bancárias e a celebração de convênios entre os entes públicos devedores e o Tribunal Regional do Trabalho, para repasse mensal de verbas necessárias ao pagamento dos precatórios.

Art. 17. Será designado pelo Presidente do Tribunal um Juiz do Trabalho substituto para atuar no Juízo Auxiliar de Conciliação de Precatórios.

§ 1º O Juízo Auxiliar de Conciliação de Precatórios determinará a inclusão em pauta de todos os precatórios, observada a ordem cronológica, para tentativa de conciliação.

§ 2º As partes e seus procuradores serão convocados para audiência de conciliação, que poderá ser realizada apenas com a presença dos procuradores, desde que possuam poderes para transigir, receber e dar quitação.

§ 3º O Ministério Público do Trabalho será comunicado do dia, local e horário da realização da audiência de conciliação.

Art. 18. As partes poderão, a qualquer tempo, solicitar a reinclusão do precatório em pauta, para nova tentativa de conciliação.

Art. 19. Os precatórios conciliados serão quitados, na ordem cronológica, observando-se o repasse realizado pelo ente público devedor.

Art. 20. Os precatórios que não foram objeto de conciliação serão pagos na ordem cronológica de apresentação.

Art. 21. Frustrada a tentativa de conciliação referente a precatório cujo prazo para pagamento já venceu os autos serão encaminhados à Presidência do Tribunal, para deliberar sobre eventual pedido de intervenção.

Art. 22. O Presidente do Tribunal deverá fundamentar a decisão relativa ao encaminhamento do pedido de intervenção, justificando a necessidade da adoção da medida excepcional.

Art. 23. O pedido de intervenção deverá ser instruído, obrigatoriamente, com as seguintes peças:

a) petição do credor, dirigida ao Presidente do Tribunal Regional do Trabalho, requerendo o encaminhamento do pedido de intervenção ao Supremo Tribunal Federal ou ao Tribunal de Justiça, conforme o caso;

b) impugnação do ente público ao pedido, se houver;

c) manifestação do Ministério Público do Trabalho da Região;

d) decisão fundamentada do Presidente do Tribunal Regional do Trabalho relativa à admissibilidade do encaminhamento do pedido de intervenção; e

> e) ofício requisitório que permita a verificação da data de expedição do precatório e o ano de sua inclusão no orçamento.
> Parágrafo único. O pedido de intervenção em Estado-membro será encaminhado ao Supremo Tribunal Federal por intermédio da Corregedoria-Geral da Justiça do Trabalho, enquanto o pedido de intervenção em município será enviado diretamente pelo Presidente do Tribunal Regional do Trabalho ao Tribunal de Justiça do respectivo Estado.
> Art. 24. Fica revogada a Resolução 67, de 10 de abril de 1997, que aprovou a Instrução Normativa 11.
> Art. 25. Esta Resolução entra em vigor na data de sua publicação.
> Brasília, 19 de dezembro de 2007.
> Min. Rider Nogueira de Brito
> Ministro Presidente do Tribunal Superior do Trabalho.

Em síntese, a partir daquela redação podemos dizer que, uma vez concluída a apuração do crédito exequendo, expedir-se-á a ordem de pagamento contra a Administração Pública. Tal ordem encontra previsão justamente no art. 100 da CF/88, bem como nas demais previsões sobre o tema.

Uma vez transitada em julgado a parte da execução quanto à quantificação, não há penhora, e o valor torna-se incontroverso. Aqui, deve-se lembrar da premissa da impenhorabilidade dos bens públicos. Então, a execução contra a Fazenda ocorre, tradicionalmente, pela via do precatório.

O precatório é um processo de natureza administrativa para a requisição de verba suficiente para o pagamento de uma dívida judicial, incluindo-o no orçamento. O art. 100 da CF/88 impõe que deve ser formado esse processo administrativo para a formalização do requerimento de verba necessária para o adimplemento. Não se trata de uma ordem para pagar, mas sim de uma solicitação ao Presidente do Tribunal para que se encaminhe o precatório a fim de que seja incluído no orçamento do ano seguinte, ou melhor, seja destinada a verba necessária para o pagamento.

Desde o advento da EC 30/2000, houve a previsão de que, relativamente à expedição de precatórios, não se aplica tal expediente aos pagamentos de obrigações definidas em lei como de pequeno valor – RPV, que a Fazenda Federal, Estadual, Distrital ou Municipal deva fazer em virtude de sentença judicial transitada em julgado. A EC 62/2009 assim disciplinou o assunto:

> § 4º Para os fins do disposto no § 3º, poderão ser fixados, por leis próprias, valores distintos às entidades de direito público, segundo as diferentes capacidades econômicas, sendo o mínimo igual ao valor do maior benefício do regime geral de previdência social.

E o art. 97 do ADCT passou a possuir a seguinte redação:

> § 12. Se a lei a que se refere o § 4º do art. 100 não estiver publicada em até 180 (cento e oitenta) dias, contados da data de publicação desta Emenda Constitucional, será considerado, para os fins referidos, em relação a Estados, Distrito Federal e Municípios devedores, omissos na regulamentação, o valor de:
> I – 40 (quarenta) salários mínimos para Estados e para o Distrito Federal;
> II – 30 (trinta) salários mínimos para Municípios.

Assim, não sendo caso de expedir-se o precatório, a execução será realizada diretamente. Todavia, as normas que tratam do assunto são de uma pobreza franciscana. Só a lei dos Juizados Especiais Federais regula de algum modo a matéria. A omissão é flagrante.

No âmbito dos Tribunais Regionais do Trabalho foram editados vários atos cuja pretensão é justamente o de regulamentar a matéria, como fez o TRT da 5ª Região, por meio do Provimento GP/CR TRT5 n. 3/2011.

Em apertada síntese, podemos dizer que, fixado o valor do débito, sendo a hipótese de expedição de RPV – Requisição de Pequeno Valor, o juiz intima o ente público para que, no prazo de sessenta dias, pague o débito, sob pena de, não o fazendo, ser comunicado o fato à Presidência do Tribunal, para que se proceda ao sequestro do valor correspondente.

4.6. Atos de constrição

Após o trânsito em julgado, caberá ao juiz, se a penhora foi em dinheiro, a liberação do valor atualizado. Se a penhora não for realizada em dinheiro, caberá ao juiz a intimação do executado para que este pague o valor, sob pena de alienação pública dos bens, mediante praça ou leilão.

Ao proceder à penhora, houve avaliação pelo oficial de justiça. Todavia, na forma do § 2º do art. 886 da CLT, determina-se a realização de nova avaliação após a decisão definitiva. Se não há receio de que a avaliação esteja equivocada, torna-se desnecessária a avaliação posterior, após a prolação da sentença. Não se deve reputar irregular a execução por força da ausência de nova avaliação.

De todo modo, estabelece o art. 888, *caput*, da CLT que, uma vez transitada em julgado a sentença da execução, deve ser designada praça e leilão para alienação dos bens dados em penhora.

Não há distinção substancial entre a praça e o leilão. Do ponto de vista conceitual, a praça seria realizada no átrio do fórum para a venda de imóveis, e o leilão, onde estiverem os bens e móveis. A partir da redação do art. 888, § 1º, da CLT, parece que a pública venda, no direito processual do trabalho, se dá em única oportunidade.

Em única praça, os bens serão vendidos pelo maior lance. Se não houver nenhum licitante, ou o exequente não requerer a adjudicação, o juiz poderá designar nova data para uma nova praça, devendo-se falar em leilão apenas se participar do ato processual a figura do leiloeiro.

Note-se que a pública venda demanda ampla divulgação da operação. Por essa razão, o edital deve ser preciso, devendo constar a descrição detalhada do bem, inclusive eventuais ônus. A nosso sentir, a intimação das partes pode ser realizada na pessoa de seus advogados. Todavia, valendo-se da previsão do art. 22, § 2º, da LEF, o TST já decidiu que seria a hipótese de intimação pessoal:

> Agravo de instrumento. Recurso de revista. Hasta pública. Ausência de intimação do devedor. Arrematação. Invalidade. – O art. 888 da CLT não é exaustivo quanto aos atos de alienação judicial, tanto que o art. 889 expressamente determina a aplicação dos preceitos que regem o processo dos executivos fiscais para a cobrança da dívida ativa da Fazenda Pública Federal. E o art. 22, § 2º, da Lei n. 6.830/1980 determina a intimação pessoal do representante judicial da Fazenda Pública. Infere-se daí a necessidade de as partes serem comunicadas da praça pessoalmente em face da incidência supletiva de referido dispositivo legal. No mesmo sentido, o art. 687, § 5º, do CPC, cujo conteúdo não transgride nenhuma norma celetista afeta à execução, nos seguintes termos: "O executado terá ciência do dia, hora e local da alienação judicial por intermédio de seu advogado ou, se não tiver procurador constituído nos autos, por meio de mandado, carta registrada, edital ou outro meio idôneo". A intimação das partes, nesse contexto, visa a possibilitar o exercício das prerrogativas de remição (pelo devedor – art. 651 do CPC) e de adjudicação (pelo credor – art. 888, § 1º, da CLT). Já o art. 888, *caput*, da CLT, estipula que a arrematação será anunciada por edital afixado na sede do Juízo ou Tribunal e publicado no jornal local, se houver, com a antecedência de vinte dias. Diferentemente da intimação pessoal das partes, o edital de praça objetiva dar publicidade do ato a terceiros, a fim de que possam, caso interessados nos bens a serem expropriados, oferecer lanços. Portanto imprescindível a intimação do devedor quando da realização da hasta pública, por força do § 5º do art. 687 do CPC, aplicável ao processo do trabalho em razão da omissão da CLT sobre o tema (art. 769 da CLT). Intimação por via postal, evidentemente, e não por mandado (oficial de justiça), respeitado o critério geral das intimações trabalhistas. Estando assente no acórdão a circunstância de não ter havido intimação do devedor proprietário do bem, sequer de seu advogado, deve ser mantida a decisão que considerou nula a arrematação e os atos a ela subsequentes. Agravo de instrumento desprovido (AgInRR 836040-12.2005.5. 12.0034, rel. Min. Mauricio Godinho Delgado, 6ª Turma, j. 6-5-2009, data de publicação: 5-6-2009).

No tocante à arrematação, trata-se da expropriação dos bens do responsável pela dívida trabalhista. Os bens devem ser vendidos pelo maior lance, como já vimos no art. 888, § 1º, da CLT. A arrematação faz surgir uma série de consequências jurídicas, dentre as quais: opera a transferência ao arrematante do domínio dos bens antes pertencentes ao devedor; transfere ao arrematante o direito aos frutos pendentes, com a consequente obrigação de cobrir as despesas realizadas com estes; faz surgir para o depositário a obrigação de transferir ao arrematante a posse dos bens expropriados; provoca a extinção da hipoteca pertinente à coisa expropriada, pois o gravame adere ao preço, ocorrendo a sub-rogação legal (art. 849, VII, do CC) e desloca para o preço depositado pelo arrematante o vínculo da penhora, conforme pontifica Lopes da Costa[60]:

> O dinheiro pago toma, com efeito, o lugar dos bens arrematados, entra provisoriamente para o patrimônio do executado, mas no mesmo momento fica sujeito ao vínculo da penhora, porque deverá ser distribuído entre os credores, depois de pagas as custas; o que sobrar eventualmente será devolvido à livre disposição do devedor.

Todavia, há fundada dúvida se se aplica ao processo do trabalho o conceito do denominado lanço vil, ou seja, em notável desproporção com a avaliação judicial. Grande parte da doutrina e jurisprudência entende cabível a previsão processo do trabalho. Tomando-se como critério a previsão do art. 891 do CPC, considera-se vil o preço inferior ao mínimo estipulado pelo juiz e constante do edital, e, não tendo sido fixado preço mínimo, o preço inferior a 50% do valor da avaliação. Tal dispositivo acabou por consagrar a posição da jurisprudência, que há muito assim qualificava o lance que fosse inferior a 50% do valor atribuído ao bem.

Deferido o lanço, o arrematante deve efetuar um depósito de 20% do valor oferecido e disporá de vinte e quatro horas para depositar o valor remanescente, sob pena de perda do sinal. A arrematação está perfeita e acabada depois de lavrado o auto de arrematação, na forma do art. 903 do CPC.

Antes da lavratura do auto de arrematação, o credor pode requerer a adjudicação dos bens, na forma do mesmo art. 888, § 1º, da CLT. Pode o credor adjudicar os bens vendidos, pelo lanço vencedor. Eventual diferença entre seu crédito e o valor do lanço deve ser depositada em trinta dias, na forma do art. 24 da LEF.

A adjudicação se consubstancia no "ato jurisdicional por meio do qual se transfere ao patrimônio do credor, a requerimento deste, e de forma impositiva,

60. COSTA, Lopes da. *Direito processual civil*. Rio de Janeiro: José Konfino, 1946. p. 186.

bens penhorados ao devedor, que haviam sido levados à praça ou leilão", como leciona Manoel Antonio Teixeira Filho. Trata-se de ato de *imperium*, e não de alienação propriamente, previsto no art. 888 e parágrafos da CLT, dado que por meio dele se impõe a transferência do patrimônio e não sua venda.

Por fim, é possível ainda a remição da execução. É a hipótese prevista no art. 826 do CPC, que exige que, antes de adjudicados ou alienados os bens, pode o executado, a todo tempo, remir a execução, pagando ou consignando a importância atualizada da dívida, mais juros, custas e honorários advocatícios.

Trata-se do resgate, liberação do domínio de outrem, de bem ou dívida. Nesse ponto bom é deixar claro que o instituto é diametralmente oposto à remissão, que equivale ao perdão.

Ou seja, pode o devedor, a fim de salvar o bem alienado publicamente, pagar o valor correspondente da condenação, a fim de remir a execução. Note-se que a remição somente pode ser realizada antes da adjudicação ou arrematação. De todo modo, há quem, na doutrina, entenda ser incabível a remição de bens no DPT, porquanto preclusa a oportunidade de adimplir o débito por parte do executado, dada a ausência de previsão nesse sentido na CLT.

4.7. Execução em Regime Centralizado de Execuções (Lei n. 14.193/2021) e a Execução contra devedor em estado falimentar

Deve-se ter em conta que o pagamento das obrigações pode ser realizado diretamente a cada um dos credores, através do regime executivo acima indicado, a que se pode designar como o sistema geral de execução.

A prática judiciária demonstra, todavia, que não é propriamente raro o verdadeiro problema social decorrente da ineficácia da tutela jurisdicional quando são múltiplas as pretensões executivas em face de um mesmo devedor. O que se verifica é que a existência de uma miríade de atos executivos descoordenados, praticados em processos judiciais distintos, mas em face de um mesmo grupo de bens, enseja a concorrência entre órgãos judiciários diversos, cada qual encarregado de satisfazer apenas uma demanda em específico. Tal situação acaba por ensejar um dispêndio de energia desnecessário e por vezes capaz de ensejar óbices importantes na satisfação de cada um dos créditos em questão. A existência de inúmeros atos executivos em face de um mesmo devedor, sem qualquer orquestração, pode ensejar em verdadeiro desserviço à própria prestação jurisdicional.

Por força do art. 28, *caput* e § 1º da Lei n. 6.830/90, aplicável por força do art. 899, CLT, e ainda baseado na cooperação jurisdicional, na forma do art. 69, II do CPC, diversos Tribunais do Trabalho estabelecem, por meio de Provimentos

Internos, a possibilidade da reunião de execuções, o que foi de algum modo disciplinado através da Consolidação dos Provimentos da Corregedoria-Geral da Justiça do Trabalho.

Tal disciplina, pretende, de um lado, impor condições específicas, sistemáticas e estruturadas para que o devedor proceda ao adimplemento das suas obrigações perante o Poder Judiciário e de outro limita, veda qualquer forma de constrição ao patrimônio ou às receitas, por penhoras ou bloqueios de qualquer natureza. Com inequívoco sucesso, inúmeros foram os expedientes executivos que conseguiram, através desta metodologia, entregar de forma efetiva o bem da vida em discussão para os seus respectivos credores.

Neste ponto, deve-se fazer menção à previsão da Lei n. 14.193/2021. Embora possua escopo específico de atuação, qual seja, o saneamento daquilo o que a Lei prevê como "pessoa jurídica original" ou sociedade dedicada ao fomento e à prática do futebol, através da Lei n. 14.193/2021, positivou-se a possibilidade do exercício de dois caminhos sistemáticos para o adimplemento das obrigações pelo devedor dedicado ao desporto, quais sejam: o RCE – Regime Centralizado de Execuções ou a RJ/RE – Recuperação Judicial ou Extrajudicial, nos termos da Lei n. 11.101/2005.

Não obstante a norma seja dedicada a regulamentar hipótese específica, qual seja, a daquelas demandas em que seja parte os clubes e a "pessoa jurídica original", parece ser possível a adoção dos mesmos critérios por ela estabelecidos também para a satisfação das obrigações decorrentes das relações de trabalho, ainda que não ligadas ao âmbito das relações desportivas.

O RCE – Regime Centralizado de Execuções, na forma do art. 14 da Lei n. 14.193/2021, e aplicável ao processo laboral (art. 15, CPC), consiste em concentrar no juízo centralizador as execuções, as suas receitas e os valores arrecadados, bem como a distribuição desses valores aos credores em concurso e de forma ordenada. Através deste regime, estabelece-se que a pessoa jurídica será responsável por destinar 20% (vinte por cento) das receitas correntes mensais, conforme plano aprovado pelos credores, ou a destinação de 50% (cinquenta por cento) dos dividendos, juros sobre capital próprio ou outra remuneração recebida na condição de acionista.

O pedido de adoção do Regime Centralizado de Execuções, quanto às dívidas trabalhistas, deverá ser formulado pela pessoa jurídica junto à Presidência do Tribunal Regional do Trabalho, devendo ser seguido de um plano de credores (art. 16), que deve apresentar o balanço patrimonial; as demonstrações contábeis dos últimos três exercícios sociais; as obrigações consolidadas em execução e a estimativa auditada das suas dívidas da fase de conhecimento;

o fluxo de caixa e sua projeção de três anos e um termo de compromisso de controle orçamentário.

Caberá ao órgão centralizador, definido pelos Tribunais, o exercício da concertação dos atos executivos ou, na ausência deste, no âmbito do Regional, a competência para os atos será definida por aquele juízo que tiver ordenado o pagamento da dívida em primeiro lugar.

O Tribunal Regional disciplinará o Regime Centralizado de execuções, por meio de atos próprios, e conferirá prazo de 6 (seis) anos para o pagamento dos credores (art. 15). Na ausência de disciplina pelo Tribunal Local, caberá ao TST suprir a omissão.

Uma vez deferido o prazo e condições para escalonamento das dívidas, se a pessoa jurídica comprovar a adimplência de ao menos 60% (sessenta por cento) do seu passivo original, será permitida a prorrogação do RCE por mais 4 (quatro) anos.

Por fim, cumpre mencionar ainda que no RCE consideram-se credores preferenciais, para ordenação do pagamento (art. 17), os idosos; pessoas com doenças graves; créditos de natureza salarial inferior a 60 (sessenta) salários mínimos, gestantes, vítimas de acidentes de trabalho e aqueles com os quais haja acordo que preveja redução de pelo menos 30% da dívida original.

Uma vez centralizados os débitos, os mesmos serão corrigidos pela taxa SELIC.

A fim de evitar qualquer questionamento quanto à possibilidade de que o credor trabalhista possa conceder maior desconto nos seus créditos, eventualmente a fim de lhe ser possível o recebimento de forma antecipada destes, o art. 21 estabelece ser facultada a sua anuência ao aludido deságio.

A Lei traz ainda importante novidade, qual seja, permite expressamente a cessão do crédito trabalhista a terceiro, que ficará sub-rogado em todos os direitos e todas as obrigações do credor, ocupando a mesma posição do titular do crédito na fila de credores (art. 22). Tal medida é relevante, eis que permite ao credor trabalhista negociar o seu crédito não apenas com o seu então empregador, mas também com o mercado em geral, o que tende a lhe permitir ser mais bem retribuído pelo mesmo crédito, pelo simples incremento da concorrência. Quanto às críticas de que eventual medida poderia desnaturar o "caráter social" do Judiciário Trabalhista, penso que são absolutamente indevidas tais críticas, na medida em que a maior relevância do Poder Judiciário se dá enquanto mais efetivo for o meio de entrega do crédito ao seu titular. Se a fruição, pelo empregado, do seu crédito, puder ser antecipada por quaisquer meios legítimos, através da atuação do Poder Judiciário, parece que o ente público incrementa a relevância do seu papel.

No que toca aos devedores em estado falimentar, algumas ponderações deveremos fazer, em complemento às questões já debatidas quando tratamos das exclusões expressas da competência da Jurisdição Trabalhista. A primeira diz respeito à sujeição do devedor em recuperação judicial à jurisdição trabalhista. Nesse ponto, é possível identificar três correntes, dentre as quais as que pregam:

a) a execução seria atraída para o juízo da falência, devendo nele ser seguida;
b) a competência da Justiça do Trabalho é definida constitucionalmente e, em razão disso, prescinde de habilitação na falência; e
c) se os bens forem penhorados antes da decretação da falência, não serão alcançados pelo juízo falimentar.

Se a penhora pretender bens sujeitos ao juízo falimentar, o juiz do Trabalho expede certidão de habilitação legal do crédito trabalhista junto à massa falimentar a fim de que o credor trabalhista lá se habilite.

A última parece ser a posição mais razoável. Em todo o caso, deve-se atender aos privilégios do crédito trabalhista, mesmo na recuperação judicial, embora tal privilégio seja limitado.

Em relação ao devedor sujeito à liquidação extrajudicial, nada há que objete a jurisdição trabalhista, razão pela qual continuará a Justiça do Trabalho competente para seu processamento. Esse é o entendimento consubstanciado na OJ 143 da SBDI I:

> 143. Empresa em liquidação extrajudicial. Execução. Créditos trabalhistas. Lei n. 6.024/74 (inserida em 27-11-1998) – A execução trabalhista deve prosseguir diretamente na Justiça do Trabalho mesmo após a decretação da liquidação extrajudicial. Lei n. 6.830/80, arts. 5º e 29, aplicados supletivamente (art. 889 da CLT e art. 114 da CF/88).

4.8. Da fraude à execução

Por fim, devemos abordar assunto espinhoso, que leva muitas dificuldades à solução das demandas em curso na Justiça do Trabalho. Não é rara a prática de atos pelo devedor lesando direito do credor, comprometendo a execução de obrigação já posta em juízo. É a configuração da denominada fraude à execução.

Note-se que não há previsão na CLT sobre o assunto, de modo que deveremos adotar o disposto no art. 792 do CPC. A disciplina legal considera haver fraude à execução quando sobre o bem pender ação fundada em direito real ou com pretensão reipersecutória, desde que a pendência do processo tenha sido averbada no respectivo registro público, se houver; quando tiver sido averbada, no registro do bem, a pendência do processo de execução; quando tiver sido averbada, no registro do bem, hipoteca judiciária ou outro ato de constrição judicial originário do processo onde foi arguida a fraude; quando, ao tempo da alienação ou da oneração, tramitava contra o devedor ação capaz de reduzi-lo à insolvência ou qualquer outro caso, eventualmente previsto em lei.

Configura fraude à execução a prática de atos capazes de conduzir o executado à insolvência, tais como a venda de bens, móveis ou imóveis, no curso da demanda judicial, desde que a parte executada tenha sido devidamente citada. É nesse sentido o entendimento jurisprudencial majoritário, senão vejamos:

> Ementa: Processual civil. Fraude à execução. Art. 593, II, do CPC. Configuração. – Para que se tenha como fraude à execução a alienação de bens, de que trata o inciso II do art. 593, do CPC, é necessária a presença concomitante dos seguintes elementos: a) que a ação já tenha sido aforada; b) que o adquirente saiba da existência da ação, ou por já constar no cartório imobiliário algum registro (*presunção juris et de jure* contra o adquirente), ou porque o exequente, por outros meios, provou que dela o adquirente já tinha ciência; c) que a alienação ou a oneração dos bens seja capaz de reduzir o devedor à insolvência, militando em favor do exequente a presunção *juris tantum* (TRT – 5ª Região, 2ª Turma, Ac. 016124/08, rel. Des. Débora Machado).
>
> Ementa: Fraude à execução: o principal efeito do seu reconhecimento é a ineficácia da alienação procedida pelo devedor (TRT – 5ª Região, 1ª Turma, Ac. 011793/08, rel. Des. Alcino Felizola).
>
> Ementa: Agravo de petição. Fraude à execução. Penhora. Subsistência – Não é pacífica a defesa do bem quando sua alienação é tentada ainda na vigência da promessa de compra e venda, até porque esta não confere direito de propriedade, somente assegurado com o registro em cartório. Ainda que não inscrita a penhora, a fraude à execução se configura se a alienação do bem é feita pendente demanda contra o alienante (TRT – 5ª Região, 4ª Turma, Ac. 017875/2004, rel. Des. Débora Machado).

De todo modo, questão a ser abordada é justamente a distinção entre a denominada fraude à execução e a fraude a credores. De pronto, dizemos que, enquanto a primeira é regulada pelo direito processual, a segunda o é pelo direito material (mais precisamente o Código Civil, arts. 106 a 111).

Na fraude à execução, a má-fé é presumida, enquanto na fraude a credores o ônus da prova é do credor.

> Embargos de terceiro. Fraude à execução. – Hipótese em que, após o ajuizamento de ação contra o executado, capaz de reduzi-lo à insolvência, são alienados bens de sua propriedade. Configurada fraude à execução, nos termos do art. 593, II, do CPC, independentemente da boa-fé da adquirente. Provimento negado. (...) (7653520115040232/RS, 0000765-35.2011.5.04.0232, rel. Lucia Ehrenbrink, j. 28-8-2012, 2ª Vara do Trabalho de Gravataí).

Enquanto na fraude à execução o interesse pertence ao credor, mas também ao Estado, pois configura um dos atos atentatórios à dignidade da justiça, na fraude a credores somente o credor, na condição de particular prejudicado, tem interesse em ver declarada a fraude. Daí resulta que na fraude à execução os atos são ineficazes, e na fraude a credores os atos são anuláveis.

A fraude à execução pode ser declarada, incidentalmente, nos autos do processo de execução em que se verificar, mas a fraude a credores deve ser objeto de ação própria, anulatória, portanto autônoma e específica. Note-se que, diante da responsabilização do sócio, o TST, em sua 8ª Turma já reputou hipótese de fraude à execução quando o sócio aliena seu patrimônio pessoal, no curso de ação requerida contra a sociedade, elastecendo o conceito de devedor constante do CPC:

> Agravo de instrumento. Recurso de revista. Execução. Fraude à execução. Alienação de bens. – O Regional considerou estar caracterizada a fraude à execução, nos termos do inciso II do art. 593 do CPC, pois o sócio responsável pela reclamada alienou imóvel de sua propriedade, mesmo estando evidente a insolvabilidade da empresa. Aplicação da Súmula 126 do TST. Agravo de Instrumento não provido (1204009820095010026, 120400-98.2009.5.01.0026, rel. Sebastião Geraldo de Oliveira, 8ª Turma, j. 11-10-2011, *DEJT* 14-10-2011).

Mas o mesmo TST, em sua 1ª Turma, já se pronunciou em sentido diametralmente oposto, no que nos parece ser o adequado tratamento da matéria, para reputar fraude à execução apenas quando efetivamente direcionada a pretensão em face de um dos sócios para que se configure a hipótese do então art. 593, II, do CPC/73 (atual previsão do art. 792, IV, CPC):

> Agravo de instrumento. Execução. Fraude à execução. Alienação de bem do sócio antes de desconstituída a personalidade jurídica da empresa. Inexistência de conluio entre o sócio alienante e o adquirente. – Evidenciada a existência de violação do art. 5º, XXII, da Constituição da República, dá-se provimento ao agravo de instrumento para determinar o processamento do recurso de revista. Agravo de instrumento conhecido e provido. Recurso de revista. Exe-

> cução. Fraude à execução. Alienação de bem do sócio antes de desconstituída a personalidade jurídica da empresa. Inexistência de conluio entre o sócio alienante e o adquirente. – Enquanto não direcionada a execução contra o patrimônio dos sócios da empresa por meio da desconstituição da personalidade jurídica da sociedade não há como vislumbrar a existência de ação contra o sócio capaz de reduzi-lo à insolvência. Nesse contexto, a alienação de bem de propriedade particular do sócio, antes de afastada a autonomia da empresa, não configura fraude à execução com base no inciso II do art. 593 do CPC, considerando que, no caso, não se tem notícia da existência de conluio entre a sócia alienante e os adquirentes do imóvel com o fim de inviabilizar a execução contra a empresa. Recurso de revista conhecido e provido (609-56.2010.5.04.0014, rel. Lelio Bentes Corrêa, 1ª Turma, j. 15-2-2012, *DEJT* 2-3-2012).

Como visto, falta muito para que tenhamos uniformidade sobre o assunto.

CAPÍTULO 25

Procedimentos Especiais na Justiça do Trabalho

1. CONSIDERAÇÕES GERAIS

Existem pretensões que, por sua essência, não se conformam com a sistemática adotada para os pedidos ditos "comuns". Daí a necessidade de a tutela jurisdicional ser adaptada à peculiaridade em tela, o que autoriza que sejam adotados os denominados "procedimentos especiais", ou seja, que se diferenciam dos denominados procedimentos comuns, sob o rito ordinário ou sumário.

Os motivos que induzem à criação dos procedimentos especiais são diversos. Podem decorrer de questões relacionadas à expressão econômica, jurídica ou dadas as peculiaridades que cercam a tutela jurisdicional pretendida. Assim, todos os procedimentos previstos em lei que não adotam o rito do procedimento comum, tendo as disposições que regem este último procedimento como fonte subsidiária, são qualificados como de rito especial, para fins didáticos. Neste ponto, não se pode ignorar as lições de Calmon de Passos[1] no sentido de que

1. Apud BUENO, Cassio Scarpinella. *Curso sistematizado de direito processual civil*: procedimentos especiais do Código de Processo Civil, Juizados Especiais. 2. ed. São Paulo: Saraiva, 2013. v. 2, t. II, p. 24.

inexiste uma teoria geral dos procedimentos especiais. A própria análise da disciplina normativa e a constatação de suas incongruências evidencia que, ao fim e ao cabo, são denominados procedimentos especiais aqueles que o legislador, por política legislativa, assim optou por denominar.

A CLT mesmo não trata de modo coerente e sistemático o enquadramento de demandas que poderiam ser enquadradas como procedimentos especiais. Basta a leitura do texto celetista, em especial os arts. 39 e 137, § 1º, para que se observe existir hipóteses em que, apesar de haver pretensão específica (anotação da CTPS e fixação de férias, respectivamente), tais pretensões não foram alçadas à condição de procedimentos especiais.

Tais reflexões são importantes para que se distinga, no mesmo sentido, que não se enquadram como procedimentos especiais, para fins do nosso estudo, as previsões atinentes aos denominados negócios jurídicos processuais (art. 190 do CPC), não obstante tal previsão legal autorize a adaptação do procedimento pelas partes. Tratar-se-ia, segundo se pode depreender, de um procedimento especialíssimo, adequado exclusivamente àquelas partes ou àquela demanda, mas não poderiam ser compreendidas como procedimentos especiais.

De todo modo, cumpre dizer que no âmbito da CLT poucos são os procedimentos especiais. Todavia, nada impede que nos apoiemos nos procedimentos previstos em outras normas, dentre as quais o próprio CPC, por expressa previsão nos arts. 769 da CLT e 15 do CPC, ou mesmo na legislação esparsa.

A competência da Justiça do Trabalho, constitucionalmente prevista no art. 114 da CF/88, esclarece que existem diversas questões submetidas à Justiça do Trabalho, como já indicamos oportunamente.

Por isso mesmo, é preciso alertar que a própria CLT confere às Varas do Trabalho a competência para o julgamento dos "demais dissídios concernentes ao contrato individual de trabalho", bem como a quaisquer "outras atribuições que decorram da sua jurisdição", consoante previsto nos arts. 652, IV, e 653, *f*, da CLT. Tais previsões facilmente permitem depreender que deve ser compreendida a competência da Justiça Laboral para o exercício da jurisdição trabalhista também nos ditos procedimentos especiais, não apenas nos processos sujeitos à jurisdição contenciosa, aquilo que é mais comum, mas também em relação aos denominados procedimentos de jurisdição voluntária.

Tal premissa fica cristalina a partir do advento da EC 45/2004, e da ampliação das competências da Justiça do Trabalho. A partir de tal momento foi identificada a necessidade de equacionar questões decorrentes da ampliação da competência da Justiça do Trabalho e os respectivos procedimentos aplicáveis, razão pela qual o E. TST editou a IN 27/2005, na qual buscou aquele Tribunal exatamente fixar a compreensão da Corte no tocante à aplicação dos procedimentos às novas demandas sujeitas à jurisdição trabalhista.

De fato, a partir da redação daquela instrução normativa, como veremos, as demandas em curso na Justiça do Trabalho devem ser processadas conforme os ritos (ordinários, sumário ou sumaríssimo) previstos na CLT, excepcionando-se, apenas, as que, por disciplina legal expressa, estejam sujeitas a rito especial, tal como mandado de segurança, *habeas corpus, habeas data*, ação rescisória, ação cautelar, consignação em pagamento, sem prejuízo da adaptação necessária de outros procedimentos especiais.

Fixou-se ainda o entendimento de que o depósito recursal é sempre exigível como requisito para o recurso, quando houver condenação em pecúnia, mesmo que se esteja diante de demanda sujeita a procedimento especial. O mesmo em relação às custas. É o que se depreende da própria IN 27/2005 (arts. 2º e 3º).

Veremos adiante alguns procedimentos mais comuns ao direito processual do trabalho, em suas questões essenciais.

Não podemos deixar de consignar que existem os denominados procedimentos de jurisdição voluntária, em que não há propriamente uma lide, mas a necessidade da prestação jurisdicional como fiscal da fidedigna aplicação da lei. Como sabemos, existem procedimentos especiais sujeitos à jurisdição voluntária, outros sujeitos ao contencioso.

No processo do trabalho, até o advento da EC 45/2004, e mais especialmente da Lei n. 13.467/2017, não era fácil identificar hipóteses de cabimento da jurisdição voluntária, já que, de ordinário, esses procedimentos são voltados para debates que envolvem questões relacionadas ao estado da pessoa (separação, interdição, tutela, curatela etc.).

2. ALVARÁ JUDICIAL PARA LIBERAÇÃO DE SALDO DAS CONTAS VINCULADAS DO FGTS E DO PIS-PASEP

O alvará para levantamento do saldo da conta vinculada do FGTS e do PIS-PASEP tem previsão na Lei n. 6.858/80 e está assim conformado:

> Art. 1º Os valores devidos pelos empregadores aos empregados e os montantes das contas individuais do Fundo de Garantia do Tempo de Serviço e do Fundo de Participação PIS-PASEP, *não recebidos em vida pelos respectivos titulares*, serão pagos, em quotas iguais, *aos dependentes habilitados perante a Previdência Social ou na forma da legislação específica dos servidores civis e militares, e, na sua falta, aos sucessores previstos na lei civil, indicados em alvará judicial*, independentemente de inventário ou arrolamento.

Segundo se depreende da previsão legal, independentemente de inventário ou arrolamento, seria possível aos dependentes habilitados perante a previdência social, ou, na sua falta, aos sucessores previstos em lei, o levantamento dos saldos das contas vinculadas do FGTS e do PIS-PASEP do trabalhador falecido, uma vez que não recebidos em vida por seus respectivos titulares.

Embora controversa a competência da Justiça do Trabalho para o processamento do aludido procedimento especial, deve-se referir que há quem sustente ser a Justiça do Trabalho, e não a Justiça Comum, a competente para apreciar os alvarás para liberação do saldo da conta vinculada do FGTS, mormente por força da reconhecida natureza trabalhista das parcelas pelo E. STF no RE 522.897/RN. Ora, se a prescrição do FGTS deve ser contada no mesmo modo que as demais parcelas decorrentes do contrato de trabalho, porque decorrente do contrato laboral, parece certo que caberá à Justiça do Trabalho cuidar de verificar o cabimento do levantamento do saldo da conta vinculada do FGTS, na forma do art. 114, I, da CF/88.

Nesse sentido o TST já se pronunciou, no que guardou coerência com a Súmula 63 da 1ª Jornada de Direito Material e Processual da Justiça do Trabalho. É o que se depreende:

> INCIDENTE DE UNIFORMIZAÇÃO DE JURISPRUDÊNCIA. COMPETÊNCIA MATERIAL DA JUSTIÇA DO TRABALHO. FGTS ALVARÁ. JURISDIÇÃO VOLUNTÁRIA. SÚMULA 176. CANCELAMENTO 1. Inscreve-se na competência material da Justiça do Trabalho, no exercício de jurisdição voluntária, apreciar pretensão de ex-empregado de expedição de alvará judicial para fins de saque dos depósitos do FGTS junto à CAIXA ECONÔMICA FEDERAL – CEF, tendo em vista a vinculação do pleito a uma relação de emprego, espécie da relação de trabalho de que cogita o novel art. 114, inciso I, da Constituição Federal de 1988, com a redação da Emenda Constitucional n. 45/04. 2. O aspecto central para a determinação da nova competência material da Justiça do Trabalho, desde o advento da EC n. 45/04, repousa na circunstância de o pedido e a causa de pedir dimanarem de uma relação de trabalho, ainda que não entre os respectivos sujeitos. Superada a estreita e arraigada vinculação de tal competência meramente aos dissídios entre empregado e empregador. 3. Cancelamento da Súmula 176 do TST (Processo n. TST-IUJ-RR-619872/00.2, rel. Min. João Oreste Dalazen, *DJ* 26-8-2005).

Não se pode ignorar, todavia, que o E. STJ tem entendido que cabe à jurisdição civil, e não à justiça laboral, a competência para processar tal pleito. É o que se depreende:

> CONFLITO DE COMPETÊNCIA N. 154.367-ES (2017/0232537-1) RELATOR: MINISTRO BENEDITO GONÇALVES SUSCITANTE: JUÍZO FEDERAL DA 1ª VARA DE SERRA – SJ/ES SUSCITADO: JUÍZO DE DIREITO

DA 1ª VARA CÍVEL DE SERRA-ES INTERES.: ADENES LIMA DE REZENDE ADVOGADO: ERNANDES GOMES PINHEIRO – ES004443 INTERES.: CAIXA ECONÔMICA FEDERAL PROCESSO CIVIL. CONFLITO DE COMPETÊNCIA. JUIZ DE DIREITO E JUIZ FEDERAL. LEVANTAMENTO DE VALORES DEPOSITADOS EM CONTA DO PIS/PASEP. ALVARÁ JUDICIAL. PROCEDIMENTO DE JURISDIÇÃO VOLUNTÁRIA. INEXISTÊNCIA DE CONFLITO DE INTERESSES. PRECEDENTES. CONFLITO DE COMPETÊNCIA CONHECIDO PARA DECLARAR COMPETENTE O JUÍZO DE DIREITO, ORA SUSCITADO. DECISÃO Trata-se de Conflito de Competência suscitado pelo Juízo Federal da 1ª Vara da Seção Judiciária de Serra/ES em face do Juízo de Direito da 1ª Vara Cível de Serra/ES, em sede de Pedido de Expedição de Alvará Judicial para levantamento de valores referentes a saldos de PIS/PASEP. O Juízo Estadual declinou da competência, ao argumento de que há claro interesse da Caixa Econômica Federal no feito, pois é gestora dos valores pleiteados. Por sua vez, o Juízo Federal, observando a natureza voluntária da jurisdição, suscitou o presente conflito. O Ministério Público Federal opinou pela declaração da competência do juízo suscitado, conforme parecer de fls. 32/35. É o relatório. Decido. A jurisprudência desta Corte é firme no sentido de que é de jurisdição voluntária a natureza dos feitos que visam à obtenção de alvarás judiciais para levantamento de importâncias relativas a FGTS, PIS/PASEP, seguro-desemprego e benefícios previdenciários, competindo, portanto, o seu julgamento à Justiça Estadual, salvo se configurada a litigiosidade, manifestada por qualquer dos entes indicadas no art. 109, I da CF/88, caso em que se desloca a competência para a Justiça Federal. Nesse sentido: PROCESSUAL CIVIL. CONFLITO NEGATIVO DE COMPETÊNCIA. PEDIDO DE ALVARÁ JUDICIAL. LEVANTAMENTO DE VERBAS DO FGTS. RESISTÊNCIA DA CEF. JURISDIÇÃO CONTENCIOSA. COMPETÊNCIA DA JUSTIÇA FEDERAL. 1. A jurisprudência da Primeira Seção do STJ firmou-se no sentido de que, sendo, em regra, de jurisdição voluntária a natureza dos feitos que visam à obtenção de alvarás judiciais para levantamento de importâncias relativas a FGTS, PIS/PASEP, seguro-desemprego e benefícios previdenciários, a competência para julgá-los é da Justiça Estadual. 2. Por outro lado, havendo resistência da CEF, competente para processar e julgar a causa é a Justiça Federal, tendo em vista o disposto no art. 109, I, da CF/1988. 3. *In casu*, verifico que houve obstáculo por parte da Caixa Econômica Federal quanto ao levantamento do FGTS requerido pelo autor, o que evidencia a competência da Justiça Federal para o julgamento da demanda, nos termos do art. 109, I, da Constituição da República. 4. Constatada a competência de um terceiro Juízo, estranho aos autos, admite-se-lhe a remessa do feito. 5. Conflito conhecido para declarar competente a Justiça Federal de Santos/SP, apesar de não integrar o presente conflito (CC 105.206/SP, Rel. Min. Herman Benjamin, *DJe* 28.08.2009). CONFLITO NEGATIVO DE COMPETÊNCIA. JUSTIÇA COMUM E JUIZADO ESPECIAL. ALVARÁ LIBERATÓRIO. LEVANTAMENTO DE VALORES DEPOSITADOS NO PROGRAMA DE INTEGRACAO SOCIAL – PIS. PEDIDO FUNDADO NA LEI 6.858/80. MORTE DO TITULAR DA CONTA. INCIDÊNCIA DA SÚMULA 161/STJ. COMPETENTE A JUSTIÇA COMUM ESTADUAL. 1. Em se tratando de pedido de expedição de alvará judicial requerido nos termos da Lei n. 6.858/80, ou seja, em decorrência do falecimento do titular da conta, inexiste lide a ser solucionada. Cuida-se, na verdade, de medida de jurisdição voluntária com vistas à mera autorização judicial para o levantamento, pelos sucessores do *de cujus*, de valores incontestes depositados em conta de titularidade de pessoa falecida "independente de inventário ou arrolamento". 2. Desse modo, a Caixa Econômica Federal não é parte integrante da relação processual, mas mera destinatária do alvará judicial, razão por que deve ser afastada a competência da Justiça federal. 3. Incide, à espécie, o enunciado 161 da súmula do STJ, segundo o qual: "É da competência da Justiça estadual autorizar o levantamento dos valores relativos ao PIS/Pasep e FGTS, em decorrência do falecimento do titular da conta". 4. Conflito conhecido para declarar a competência do Juízo de Direito da 2ª Vara de Cotia (CC 102.854/SP, Rel. Min. Benedito Gonçalves, Primeira Seção, *DJe* 23-3-2009) PROCESSUAL CIVIL. CONFLITO (NEGATIVO) DE COMPETÊNCIA. FGTS. ALVARÁ JUDICIAL. PROCEDIMENTO DE JURISDIÇÃO VOLUNTÁRIA. INEXISTÊNCIA DE CONFLITO DE INTERESSES. COMPETÊNCIA DA JUSTIÇA ESTADUAL. 1. A orientação da Primeira Seção desta Corte firmou-se no sentido de que, não havendo conflito de interesses, compete à Justiça Estadual autorizar o levantamento dos valores relativos ao FGTS e PIS/PASEP nos procedimentos de jurisdição voluntária. Aplica-se, analogicamente, o disposto na Súmula 161/STJ: "É da competência da Justiça Estadual autorizar o levantamento dos valores relativos ao PIS/PASEP e FGTS, em decorrência do falecimento do titular da conta." 2. Conflito conhecido para declarar a competência do Juízo de Direito da 1ª Vara de Andradina, o suscitado (CC 92.053/SP, Rel. Ministra Denise Arruda, Primeira Seção, *DJe* 4-8-2008) CONFLITO NEGATIVO DE COMPETÊNCIA. JUSTIÇA DO TRABALHO E JUSTIÇA FEDERAL. PIS/PASEP. FALECIMENTO. ALVARÁ DE LEVANTAMENTO. EMENDA CONSTITUCIONAL N. 45/2004. INEXISTÊNCIA DE RELAÇÃO DE TRABALHO. DEMANDA CONTENCIOSA. INAPLICABILIDADE DA SÚMULA 161 DO STJ. COMPETÊNCIA DA JUSTIÇA FEDERAL. 1. Não se enquadra na competência da Justiça do Trabalho, nem mesmo com a ampliação da competência da Justiça do Trabalho promovida pela EC n. 45/2004, causa relativa a levantamento de saldo de PIS, movida por herdeiros do titular do benefício, contra a Caixa Econômica Federal. Além de os depósitos efetuados na conta vinculada decorrerem de obrigação de natureza estatutária (imposta pela Lei n. 9.715/98) e não contratual, não há vínculo trabalhista entre os sujeitos da relação jurídica litigiosa, nem qualquer espécie de relação de trabalho. Por isso a competência é da Justiça Comum. 2. O STJ firmou entendimento de que o pedido de levantamento do FGTS, do PIS, do PASEP, em sede de jurisdição voluntária, sem haver litígio, deve ser apreciado e julgado pela Justiça Estadual, uma vez que incide, por analogia, o teor da Súmula 161/STJ: AgRg no CC 60374/RJ, 1ª S., Min. Castro Meira, *DJ* de 11.09.2006; RMS 22663/SP, 2ª T., Min. João Otávio de Noronha, *DJ* de 29.03.2007; CC 67153/SP, 1ª S., Min. Luiz Fux, *DJ* de 30.04.2007. Sendo contenciosa a demanda, a competência para o processamento e julgamento da causa é da Justiça Federal, de acordo com a regra de competência do art. 109, I, da CF/88. 3. Conflito conhecido para declarar competente o Juízo Federal da 3ª Vara da Subseção Judiciária de Piracicaba-SP, o suscitado (CC 88.633/SP, Rel. Min. Teori Albino Zavascki, *DJe* 10.12.2007). No caso dos autos, consoante bem assentado pela Juízo Federal suscitante, não há manifesto conflito com a CEF, de forma que não há como afastar-se a competência estadual. Ante o exposto, conheço do conflito para declarar a competência do Juízo de Direito da 1ª Vara Cível de Serra/ES, o suscitado. Publique-se. Intimem-se. Brasília, 27 de março de 2018. MINISTRO BENEDITO GONÇALVES Relator (STJ, CC 154.367/ES, 2017/0232537-1, rel. Min. Benedito Gonçalves, *DJ* 3-4-2018).

Em se mantendo o entendimento manifestado pelo E. TST, do qual partilhamos, deve ser processado o feito perante uma das Varas do Trabalho.

Por meio do procedimento especial do alvará judicial, pretende o herdeiro, em juízo, o mero levantamento do saldo efetivamente depositado na conta vinculada do *de cujus*, não disponibilizado a seu credor em vida. Nessa hipótese, não há réu. A parte formula pedido ao juiz, que analisando a legitimação material, determina a liberação ou não do saldo. Uma vez determinada a liberação do saldo, expede-se ordem para que a instituição financeira disponibilize os recursos ao legitimado.

3. HOMOLOGAÇÃO DE ACORDO EXTRAJUDICIAL (ART. 855-B DA CLT)

Na Lei n. 13.467/2017, o legislador trouxe expressamente a hipótese da homologação do acordo extrajudicial para o âmbito da CLT. Trata-se de procedimento de jurisdição voluntária visando, justamente, na hipótese em que as partes estejam de acordo com os termos de eventual alteração contratual ou de sua extinção, formular pedido conjunto ao juízo a fim de que, submetida a questão ao Poder Judiciário, esteja a solução decorrente da avença albergada pela coisa julgada.

Não é propriamente uma novidade o instituto da homologação de acordo extrajudicial. A hipótese estava contemplada no ordenamento jurídico, segundo a previsão do art. 57 da Lei n. 9.099/95. No particular, todavia, a interpretação do Judiciário Trabalhista sempre foi no sentido de que seria incabível tal expediente. É o que se depreende:

> ACORDO EXTRAJUDICIAL. HOMOLOGAÇÃO.ACORDO EXTRAJUDICIAL. HOMOLOGAÇÃO. Se dos art. 114, da Constituição Federal e art. 643 da Consolidação das Leis do Trabalho, extrai-se indelével que a Justiça do Trabalho tem competência para conciliar e julgar dissídios individuais, ou mais apropriadamente, litígios fundados em uma controvérsia, tem-se que não inserido na sua competência a homologação de acordos extrajudiciais, destituídos de litígio. Portanto, só se justifica que o juiz intervenha quando há litígio, dissídio, uma pretensão resistida. Por outro lado, não vinga a pretensão recursal de aplicação do art. 57 da Lei n. 9.099/95 para justificar a procedência do pleito de reforma para homologação de acordo firmado extrajudicialmente entre os autores, quer em razão de que aludido diploma legal versa sobre os Juizados Especiais de Pequenas Causas, o que não inclui esta Especializada, quer por não haver omissão na CLT a autorizar a supletividade aludida no seu art. 769. Recurso improvido por unanimidade (TRT – 24ª Região, RO 333200803124001/MS, 00333-2008-031-24-00-1 (RO), rel. João de Deus Gomes de Souza, j. 19-11-2008, *DO/MS,* n. 440, 28-11-2008).

A disciplina contida nos arts. 855-B e seguintes da CLT, a partir da Lei n. 13.467/2017, todavia, deduz o oposto acerca do entendimento outrora manifestado pelo Poder Judiciário, e por isso mesmo é que há fundadas dúvidas quanto à aplicação prática daquele instituto.

A alteração decorrente da Lei n. 13.467/2017 visou tornar induvidosa a compatibilidade da homologação do acordo extrajudicial ao processo laboral. Tal convicção, todavia, não é compartilhada por muitos.

A Lei n. 13.467/2017 assim delineou a homologação de acordo extrajudicial na CLT:

> Art. 855-B. O processo de homologação de acordo extrajudicial terá início por petição conjunta, sendo obrigatória a representação das partes por advogado.
> § 1º As partes não poderão ser representadas por advogado comum.

> § 2º Faculta-se ao trabalhador ser assistido pelo advogado do sindicato de sua categoria.
> Art. 855-C. O disposto neste Capítulo não prejudica o prazo estabelecido no § 6º do art. 477 desta Consolidação e não afasta a aplicação da multa prevista no § 8º art. 477 desta Consolidação.
> Art. 855-D. No prazo de quinze dias a contar da distribuição da petição, o juiz analisará o acordo, designará audiência se entender necessário e proferirá sentença.
> Art. 855-E. A petição de homologação de acordo extrajudicial suspende o prazo prescricional da ação quanto aos direitos nela especificados.
> Parágrafo único. O prazo prescricional voltará a fluir no dia útil seguinte ao do trânsito em julgado da decisão que negar a homologação do acordo.

A primeira questão que chama a atenção, no particular, é que, não obstante esteja contida no Capítulo III-A da CLT, sob a denominação do denominado Processo de Jurisdição Voluntária, a homologação do acordo extrajudicial excepciona a regra geral do *jus postulandi* exercido diretamente pelas partes, na forma do art. 791 da CLT, para exigir que o expediente conte com a necessária participação de um advogado.

Aliás, o dispositivo legal não apenas impõe a participação de advogado patrocinando a medida, mas, por igual, exige que cada uma das partes seja assistida por um patrono distinto (art. 855-B, § 1º, da CLT). A nosso sentir, a exigência de mais de um patrono como condição para a transação vem em boa medida, a fim de assegurar minimamente alguma simetria na negociação e na apuração dos efeitos do acordo. Com efeito, a finalidade da exigência foi a de assegurar a cada uma das partes, mormente ao trabalhador, alguma certeza de que o ajuste compõe concessões recíprocas, e não uma simples renúncia.

Por óbvio, faculta-se ao trabalhador ser assistido pelo advogado do sindicato de sua categoria no aludido expediente (§ 2º).

A possibilidade da homologação do acordo extrajudicial, de outro lado, não prejudica o prazo para o adimplemento das verbas rescisórias decorrentes do contrato de trabalho, previstas no § 6º do art. 477 da CLT, nem afasta a aplicação da multa prevista no § 8º do mesmo art. 477 (art. 855-C). Com isso, ainda que sujeito à homologação judicial, caso as partes tenham optado pela extinção do vínculo laboral, devem ser cumpridas as obrigações atinentes à mesma rescisão, mesmo anteriormente à apreciação judicial.

Tal previsão é elementar a fim de evitar que o acordo extrajudicial pudesse ser usado como meio de procrastinar o adimplemento das verbas devidas ao trabalhador.

O legislador cuidou de fixar o prazo de quinze dias no qual o Judiciário deve proceder à análise do aludido, facultando, inclusive a designação de audiência, se entender necessário (art. 855-D). A interpretação de tal dispositivo, todavia, deixa claro que o procedimento do acordo extrajudicial deixa de estar inserida da regra geral da designação imediata da audiência logo após a distribuição, tal qual previsto no art. 841 da CLT. Pelo contrário, a designação da audiência, em caso de acordo, será uma exceção, e não uma regra, como a fixada no processo laboral.

Obviamente que o prazo referido é impróprio e impacta tão somente no aspecto administrativo da prestação jurisdicional, não ensejando qualquer preclusão para o juízo o seu descumprimento.

Por fim, cumpre mencionar que a petição de homologação de acordo extrajudicial suspende o prazo prescricional da ação quanto aos direitos nela especificados, voltando a fluir tal prazo na hipótese de não homologada a avença no dia útil seguinte ao do trânsito em julgado daquela decisão (art. 855-E da CLT).

4. INQUÉRITO JUDICIAL PARA APURAÇÃO DE FALTA GRAVE (ART. 853 DA CLT)

Trata-se de verdadeira ação constitutiva (negativa) necessária para apuração da falta grave que autoriza a resolução do contrato de trabalho do empregado estável por iniciativa do empregador.

Como diz Amauri Mascaro Nascimento[2], "(...) atualmente, o inquérito judicial para apuração de falta grave é exigível para a rescisão do contrato individual do dirigente sindical com estabilidade no emprego em razão da sua função sindical e inexigível para a dispensa de empregados portadores de outros tipos de estabilidade".

Não custa lembrar que, do ponto de vista material, o empregado comete falta grave quando incorre em alguma das hipóteses descritas no art. 482, c/c o art. 493 da CLT. A previsão legal do procedimento, de outro lado, encontra corpo nos arts. 853 a 855 da CLT.

Como se vê, a redação do art. 853 indica que a instauração do inquérito para apuração da falta grave seria contra o empregado estável. Todavia, é preciso analisar com temperamentos a previsão, para que não se incorra no engano de imaginar que toda e qualquer estabilidade determinará, para que seja possível a extinção do vínculo, o prévio ajuizamento do inquérito judicial.

Parece-nos fazer jus a tal formalidade apenas o trabalhador dirigente sindical (art. 543, § 3º, da CLT); o estável decenal (art. 492 da CLT); os diretores de coo-

2. NASCIMENTO, Amauri Mascaro. *Curso de direito processual do trabalho*, cit., 27. ed., p. 874.

perativas (art. 55 da Lei n. 5.764/71); os membros, eleitos pelos empregados, de comissão de conciliação prévia (art. 625-B da CLT) e os representantes dos trabalhadores no Conselho Curador do FGTS (art. 3º, § 9º, da Lei n. 8.036/90) ou no Conselho Nacional de Previdência Social (art. 3º, § 7º, da Lei n. 8.213/91, c/c o art. 301 do Decreto n. 3.048/99).

Com efeito, o art. 165, parágrafo único, da CLT deixa claro, por exemplo, que o componente da CIPA, embora possua estabilidade, não tem a validade de sua despedida condicionada ao prévio inquérito, tanto que caberá ao empregador comprovar a existência da justificativa disciplinar, técnica, econômica ou financeira, em caso de reclamação à Justiça do Trabalho.

O mesmo se pode dizer em relação ao acidentado ou a gestante, dado que inexiste previsão legal assim autorizando.

De fato, na hipótese da extinção do contrato de trabalho de dirigente sindical por falta grave, necessário o manejo do aludido procedimento. É esse o entendimento que sobreleva das Súmulas 379 do TST e 197 do STF:

> Súmula 379 do TST: Dirigente sindical. Despedida. Falta grave. Inquérito judicial. Necessidade. – O dirigente sindical somente poderá ser dispensado por falta grave mediante a apuração em inquérito judicial, inteligência dos arts. 494 e 543, § 3º, da CLT.
> Súmula 197 do STF: O empregado com representação sindical só pode ser despedido mediante inquérito em que se apure a falta grave.

Note-se que o TST já consagrou o entendimento no sentido de que não se faz necessário, para a demissão de empregado público, o prévio ajuizamento do aludido inquérito:

> Recurso de embargos. Servidor público. Estabilidade. Art. 19 do ADCT. Demissão. Falta grave. Inquérito judicial. – O art. 19 do ADCT consagra a estabilidade extraordinária ou excepcional no serviço público, que se assemelha àquela delimitada no art. 41, § 1º, da CF/1988, em que o servidor estável tem a garantia de não ser demitido senão em virtude de sentença judicial transitada em julgado ou mediante processo administrativo em que lhe seja assegurada a ampla defesa, sendo desnecessário, pois, a instauração do inquérito judicial previsto no art. 853 da CLT para apuração da falta grave, que era exigido nos casos de dispensa de empregados detentores da estabilidade decenal ou definitiva garantida aos trabalhadores antes da Constituição Federal de 1988. Recurso de embargos conhecido e não provido (481730-84.1998.5.09.5555, rel. Aloysio Corrêa da Veiga, j. 28-5-2007, Subseção I Especializada em Dissídios Individuais, *DJ* 8-6-2007).

Isso porque, se ao servidor público dispensou-se a prévia decisão judicial autorizativa da rescisão do vínculo, mas desde que haja processo administrativo prévio em que se respeite o contraditório e a ampla defesa, igual tratamento merece ser dispensado ao empregado público.

Ao vislumbrar-se o objeto da mencionada ação, movida necessariamente pelo empregador em face do empregado para rescindir seu contrato de trabalho, por óbvio se imporá maior formalidade para sua regularidade.

A petição inicial necessariamente será apresentada por escrito (art. 853 da CLT). Como vimos, José Augusto Rodrigues Pinto pontua esse aspecto como relevante para majorar a segurança do trabalhador quanto aos termos da increpação. O número de testemunhas é mais amplo, podendo ser ouvidas seis para cada uma das partes (art. 821 da CLT), o que é igualmente justificado em face da sensibilidade do bem jurídico em litígio, não apenas o vínculo de emprego, mas a própria representatividade sindical. O prazo decadencial para a apresentação da medida é de trinta dias a partir da suspensão do trabalhador (art. 853 da CLT). Todavia, como diz Sergio Pinto Martins[3], não é requisito legal que o empregador suspenda o empregado, sendo uma faculdade, na forma do art. 494 da CLT.

O TST, por seu modo, tem consolidado na sua jurisprudência, por meio da Súmula 62, que o prazo, para a hipótese do abandono de emprego, deve ser contado a partir do momento em que o empregado pretendeu seu retorno ao serviço:

> Abandono de emprego. – O prazo de decadência do direito do empregador de ajuizar inquérito em face do empregado que incorre em abandono de emprego é contado a partir do momento em que o empregado pretendeu seu retorno ao serviço.

A compreensão do TST envolve o fato de que, à medida em que o tempo passa, maior gravidade se impõe à conduta do trabalhador, somente havendo certeza quanto à extensão de sua falta funcional, e, portanto, o início do prazo decadencial por parte do empregador, a partir do momento em que o obreiro pretenda seu retorno ao trabalho.

Tal verbete não é isento de críticas. Sergio Pinto Martins[4] entende que, "se o empregado incorreu em abandono de emprego, o prazo de decadência não é contado a partir do momento em que o empregado pretendeu seu retorno ao serviço, mas sim a partir do momento em que o obreiro abandonou o emprego".

3. MARTINS, Sergio Pinto. *Direito processual do trabalho*. 33. ed. São Paulo: Atlas, 2012. p. 501.
4. MARTINS, Sergio Pinto. *Comentários às Súmulas do TST*, cit., p. 40.

Parece-nos que tal crítica não tem razão. É que não se confunde o início do prazo decadencial para a proposição da medida pelo empregador com a própria extensão da infração.

Independentemente do prazo decadencial, fato é que o não ajuizamento da medida em pequeno lapso de tempo – na jurisprudência entende-se como razoável justamente o prazo de trinta dias – da ciência do empregador acerca dos fatos capazes de ensejar o rompimento justo do contrato poderá ensejar o reconhecimento, pelo Poder Judiciário, do perdão tácito pelo empregador, dado ser o requisito da imediatidade um dos exigidos para a configuração da rescisão por justa causa e, portanto, da improcedência da demanda.

No atinente às custas, note-se que houve alteração da disciplina legal, equivalendo o regime das custas do inquérito judicial ao das demais demandas, ou seja, calculadas ao final, na forma dos arts. 789 e seguintes da CLT.

A audiência seguirá os mesmos ditames do processo de conhecimento comum ordinário (art. 854 da CLT), comparecendo o requerente (empregador) e o requerido (empregado) para tentativa de conciliação, apresentação de defesa, instrução e julgamento.

O empregado será notificado para comparecer à audiência de instrução e julgamento. Caso não compareça, será decretada sua revelia com a cominação da confissão quanto à matéria de fato. Do mesmo modo, a ausência do requerente importará o arquivamento do feito. Frustrada a conciliação, as partes prestarão depoimento pessoal, e em seguida serão ouvidas as testemunhas, podendo, ainda, outras provas serem produzidas, a critério do juiz.

Sendo proferida sentença de procedência, haverá a desconstituição do vínculo, com reconhecimento da falta grave. Sendo assim, o contrato do estável será tido por rescindido. No caso de improcedência,

> fica o empregador (autor) obrigado a reintegrá-lo (e não a readmiti-lo no serviço, como consta do art. 495 da CLT) no emprego e a pagar-lhe os salários e demais vantagens a que teria direito no período do afastamento, o que demonstra a natureza dúplice desta ação[5].

De todo modo, se o estável permaneceu no emprego, nele continua. Caso o empregador resista à reintegração, o empregado poderá requerer mandado de reintegração acompanhado por oficial de justiça. Na hipótese de o juízo entender inconveniente a reintegração, pode deferir a indenização correspondente (art. 496 da CLT), inclusive em dobro na hipótese de extinção do estabelecimento (art. 497 da CLT).

---

5. LEITE, Carlos Henrique Bezerra. *Curso de direito processual do trabalho*, cit., 3. ed., p. 1022.

A sentença será cumprida seguindo-se o procedimento para a satisfação das obrigações de fazer (reintegração) ou é executada segundo o procedimento das obrigações de pagar quantia certa (indenização fixada por liquidação).

5. DISSÍDIO COLETIVO (ART. 114, § 2º, DA CF/88)

Antes de tratar propriamente dos dissídios coletivos, não podemos deixar de consignar alguns delineamentos ao denominado poder normativo da Justiça do Trabalho. Como já defendemos outrora[6], o direito do trabalho, por natureza, apresenta diversidade quanto a seu centro de positivação de normas jurídicas. Historicamente, o direito do trabalho se consolidou por meio das diversas ingerências que as associações de trabalhadores promoveram no que tange à existência e às condições dos contratos individuais de trabalho.

Foi a partir dos conflitos coletivos que o direito do trabalho foi forjado. Com efeito, apenas quando os trabalhadores assimilaram a noção de categoria, portadora de interesses comuns, e a necessidade do atendimento desses mesmos interesses de forma homogênea e não apenas individual é que se compreenderam como uma classe. Tais circunstâncias permearam todo o processo histórico e persistem até os dias atuais. A atuação das entidades sindicais é desenvolvida em torno da proteção de interesses coletivos dos grupos por ela representadas.

Nesse sentido é que o art. 8º, III, da CF/88 consigna. Ocorre que não são apenas os interesses coletivos os tutelados pela entidade sindical. Na verdade o interesse coletivo é aquele que se relaciona à própria categoria, ou parcela dela, ultrapassando as pessoas que a integram justamente porque indeterminado.

Como já vimos, no exercício da jurisdição trabalhista estamos a lidar com importantes direitos materiais, muitas vezes voltados para a própria sobrevivência dos que dependem de sua mão de obra para sobreviver. Daí por que o Judiciário foi concebido como mecanismo para o equacionamento de pretensões. Aplica a lei ao caso concreto.

Com o advento da Constituição Federal de 1946 instituiu-se o denominado poder normativo em favor do Poder Judiciário do Trabalho, por meio do qual haveria a necessária intervenção do Estado nos meios de produção para a adequação dos interesses individuais ao denominado interesse público. Por intermédio do poder normativo, o Judiciário soluciona a controvérsia, criando dispositivos que deverão pautar as relações entre as categorias profissionais e econômicas

6. SOUZA, Tercio Roberto Peixoto. A *negociação coletiva e extinção compulsória do contrato de trabalho*, cit., p. 51.

durante determinado período. O poder normativo autorizaria ao Poder Judiciário a atuação no vazio da lei.

Há severa controvérsia acerca desse poder, com argumentos favoráveis e contrários a sua existência. Alguns principais argumentos a favor podem ser enumerados, como a garantia de equilíbrio na solução do conflito coletivo; a redução da litigiosidade e pacificação social. Outros argumentos são apresentados como indicativos dos prejuízos daquele, como a interferência do Poder Judiciário na atividade legislativa; a acomodação das categorias e o despreparo técnico do Poder Judiciário para tratar de tais questões. O melhor método de solução das controvérsias seria a resolução direta, e não por o Poder Judiciário. Contudo, sob o argumento da fragilidade sindical brasileira, entende-se como ainda necessário o poder normativo.

Cabe ao procedimento especial do dissídio coletivo a materialização do denominado poder normativo.

Mas antes cumpre noticiar que há quem defenda a possibilidade de adoção de outros expedientes, como a ação civil pública, como via alternativa ao dissídio coletivo, inclusive a fim de, em alguma medida, por meio daquela se possa exercer o poder normativo por tal expediente, como indica Paulo Américo Maia Filho[7].

5.1. Noções sobre o dissídio coletivo

Em síntese didática, Amauri Mascaro Nascimento[8] indica que o

> ... dissídio coletivo é um processo judicial de solução dos conflitos coletivos que no Brasil ganhou máxima expressão como um importante mecanismo de criação de normas e condições de trabalho por meio dos tribunais trabalhistas, que proferem sentenças denominadas normativas quando as partes que não se compuseram na negociação coletiva acionam a jurisdição.

A partir daquele conceito podemos dizer que os dissídios coletivos são relações jurídicas formais, da competência originária dos Tribunais, destinadas à elaboração de normas gerais. Confia-se, assim, à jurisdição a função de criar direito novo, como meio de resolver as controvérsias dos grupos coletivos em conflito.

Mas é preciso estar atento para que não se confunda o dissídio coletivo, procedimento especial com finalidade específica, com o denominado dissídio

7. MAIA FILHO, Paulo Américo. *Ação civil pública como via alternativa ao dissídio coletivo*, cit.
8. NASCIMENTO, Amauri Mascaro. *Curso de direito processual do trabalho*, cit., 25. ed., p. 899.

individual plúrimo, que nada mais é que qualquer reclamação trabalhista em que há litisconsórcio.

No tocante às partes, no dissídio plúrimo, as pessoas são individualmente consideradas enquanto no dissídio coletivo estar-se-á diante de disputas envolvendo grupos econômicos e profissionais. Aqui merece algum destaque a hipótese do art. 872, parágrafo único, da CLT, quando, já vimos, a entidade sindical atua como substituto processual. Nessa hipótese estaremos diante de um dissídio individual, porque essencialmente se evidenciam os interesses concretos dos sujeitos. Na lide coletiva, por sua vez, estar-se-á diante do interesse de um grupo de trabalhadores, de um lado, e de uma universalidade que é o interesse econômico[9], de outro.

A competência também é algo que merece ser observado porque o julgamento das demandas individuais remete aos órgãos de primeira instância, em que os Tribunais somente atuam em decorrência de competência recursal, como já vimos; mas, nos dissídios coletivos, a competência originária é dos órgãos jurisdicionais de segunda instância, ou mesmo do TST, mas igualmente de forma originária.

Tal distinção ainda se vê facilmente em relação à finalidade, dado que no dissídio individual cabe à jurisdição decidir a controvérsia entre duas ou mais pessoas individualizadas, segundo a normatização legal, ou decorrente da vontade individual, como o contrato, ou mesmo a vontade coletiva, como no caso dos acordos coletivos, convenções coletivas ou sentenças normativas aplicáveis.

A finalidade da jurisdição coletiva, por outro lado, estará voltada à constituição de sentenças normativas e à extensão ou revisão de regulamentos coletivos existentes.

Por isso mesmo é que há diferenças procedimentais, dado que no processo individual há ampla normatização, enquanto no processo coletivo há maior simplificação, não obstante se valha de diversas previsões do processo individual para sua orientação.

Por fim, quanto aos efeitos, estes são significativamente diferentes. Enquanto na demanda individual os efeitos da jurisdição são oponíveis aos sujeitos individualizados da relação jurídica processual, no dissídio coletivo estaremos diante de verdadeiro efeito normativo, com alcance até mesmo daqueles que não foram partes do processo, desde que integrem uma das categorias envolvidas no litígio, ou mesmo com a cessação desse efeito para aqueles que, pertencendo à categoria por ocasião do pronunciamento, dela se afastam.

9. NASCIMENTO, Amauri Mascaro. *Curso de direito processual do trabalho*, cit., 25. ed., p. 902.

5.2. Finalidade e regulamentação legal do dissídio coletivo

A finalidade precípua do dissídio coletivo nos parece ser o debate do interesse abstrato de toda uma categoria profissional ou econômica, buscando o exercício do poder normativo, manifestado pela criação de regras jurídicas, instituídas a partir do contexto jurídico-econômico e social em determinado momento histórico.

Veja-se que já se disse que o julgamento do dissídio coletivo ficaria a cargo, essencialmente, de um juízo de equidade por parte do Tribunal. Foi esse o entendimento manifestado pelo próprio TST no acórdão da lavra do Ministro baiano Carlos Coqueijo Costa:

> O juiz do trabalho está permanentemente autorizado a decidir por equidade (art. 8º, VIII, da CLT), mormente no julgamento de ação coletiva de interesse ou econômico, em que o Tribunal cria a norma, partindo do branco, como se diz na doutrina (TST, RODC n. 300/79, j. 14.02.1980, Tribunal Pleno, *DJ* 23.05.1980). O poder normativo, atribuído à Justiça do Trabalho, limita-se, ao norte, pela Constituição Federal; ao sul, pela lei, a qual não pode contrariar; a leste, pela equidade e o bom senso; e a oeste, pela regra consolidada do art. 766, conforme a qual nos dissídios coletivos serão estipuladas condições que assegurem justo salário aos trabalhadores, mas permitam também justa retribuição às empresas interessadas (TST, RODC 30/82, j. 27-5-1982, Tribunal Pleno, *DJ* 12-8-1982).

O poder normativo deveria ser aplicado, sempre no vazio da lei. Mas esse posicionamento é criticável. Segundo José Luciano de Castilho Pereira[10], não faz sentido afirmar que o poder normativo somente atua no vazio da lei, porquanto, a partir da redação do art. 114, § 2º, da CF/88, a lei se tornaria piso para a regulamentação das relações mencionadas. Caberia ao Judiciário justamente a integração daquilo que a lei deixou de fazer. Mas tal posição não é seguida pelo TST e pelo STF, que mantêm o entendimento de que o poder normativo encontra-se condicionado ao vazio normativo.

Há alguns dispositivos que regulamentam, de algum modo, o dissídio coletivo, a começar pela Constituição Federal (art. 114, §§ 1º, 2º e 3º). A CLT, por seu modo, dedica um capítulo aos dissídios coletivos (arts. 856 a 875). A Lei n. 4.725, de 1965, também trata do processo dos dissídios coletivos. De outro lado, a Lei n. 7.701/88, ao dispor acerca da competência do TST, disciplinou o processa-

10. PEREIRA, José Luciano de Castilho. Dissídios coletivos. *In*: CHAVES, Luciano Athayde (org.). *Curso de processo do trabalho*. São Paulo: LTr, 2009. p. 788.

mento do dissídio coletivo e do recurso ordinário interposto contra as decisões proferidas em processo dessa natureza.

Na Lei de Greve, a Lei n. 7.783/89, há previsões relevantes para os dissídios coletivos. Do mesmo modo, o Regimento Interno do TST igualmente cuida de questões relativas aos dissídios coletivos, assim como os Regimentos Internos dos Tribunais Regionais. Há ainda diversas súmulas e orientações jurisprudenciais tratando do assunto, o que veremos adiante.

5.3. Classificação dos dissídios coletivos

Note-se que os dissídios coletivos podem ser classificados seguindo diversos critérios. O RITST, em seu art. 241, assim menciona:

> Art. 241. Os dissídios coletivos podem ser:
> I – de natureza econômica, para a instituição de normas e condições de trabalho;
> II – de natureza jurídica, para interpretação de cláusulas de sentenças normativas, de instrumentos de negociação coletiva, acordos e convenções coletivas, de disposições legais particulares de categoria profissional ou econômica e de atos normativos;
> III – originários, quando inexistentes ou em vigor normas e condições especiais de trabalho, decretadas em sentença normativa;
> IV – de revisão, quando destinados a reavaliar normas e condições coletivas de trabalho preexistentes que se tornarem injustas ou ineficazes pela modificação das circunstâncias que as ditaram;
> V – de declaração sobre a paralisação do trabalho decorrente de greve.

Nessa classificação, os denominados dissídios de natureza econômica são aqueles em que há propriamente a criação de condições/normas para o exercício das atividades profissionais, fato que impõe sua decisão possua natureza constitutiva. Como diz Amauri Mascaro Nascimento[11], "(...) é aquele no qual, perante a Justiça do Trabalho, os trabalhadores reivindicam novas e melhores condições de trabalho ou a renovação daquelas que vigoravam no contrato coletivo cujo prazo de vigência expirou-se sem possibilidade de manutenção por acordo".

Os dissídios de natureza jurídica, por sua vez, que podem ser reputados como jurídicos ou de interpretação, assim serão considerados quando têm por escopo apenas a declaração do alcance de determinado dispositivo legal, conven-

11. NASCIMENTO, Amauri Mascaro. *Curso de direito processual do trabalho*, cit., 25. ed., p. 907.

cional ou regulamentar. Nesse caso, a jurisdição é exercida por meio de ação declaratória, já que o cerne da demanda é a mera explicitação do conteúdo de determinadas normas já existentes.

Os dissídios originários ou inaugurais são aqueles estabelecidos quando não há norma coletiva anterior. Já os dissídios coletivos revisionais são aqueles em que se pretende justamente a revisão do conteúdo de determinada norma coletiva.

Há ainda o denominado dissídio de greve, com previsão no art. 8º da Lei n. 7.783/89, também considerado de natureza mista. Primeiro porque a Justiça do Trabalho julgará se a greve é ou não abusiva. Ultrapassada tal questão, será analisado o conteúdo das cláusulas econômicas, constantes da pauta de reivindicações que conduziram ao impasse que justifica o movimento paredista, exercendo-se aí o poder normativo.

Por fim, podemos falar ainda da existência do denominado dissídio coletivo de extensão, cuja finalidade é justamente estender a eficácia de cláusulas fixadas em favor de apenas uma parte da categoria, para todo o resto, consoante previsto nos arts. 868 a 871 da CLT. Essa hipótese se dá, por exemplo, quando a decisão normativa abrange apenas fração dos empregados de uma empresa, mas se pretende que os efeitos da decisão sejam impostos a todos os empregados da mesma categoria. Isso acontece por solicitação de um ou mais empregadores, ou de seu sindicato; por solicitação do sindicato profissional; *ex officio* pelo TRT que tiver proferido a decisão; ou ainda por solicitação do Ministério Público do Trabalho, na forma do art. 869 da CLT.

Note-se que, longe de ser matéria irrelevante, a jurisprudência tem creditado a classificação dos dissídios coletivos como mecanismo importante para a análise da viabilidade jurídica da pretensão e, inclusive, a apuração da legitimação do suscitante. Note-se, apenas por exemplo, que o E. TST já se pronunciou no sentido da falta de interesse processual da categoria econômica para a propositura de dissídio coletivo de natureza econômica:

> RECURSO ORDINÁRIO. DISSÍDIO COLETIVO DE NATUREZA ECONÔMICA AJUIZADO PELA EMPRESA. FALTA DE INTERESSE DE AGIR. ILEGITIMIDADE ATIVA. EXTINÇÃO DO PROCESSO SEM RESOLUÇÃO DO MÉRITO. ART. 485, VI, DO CPC/2015. A jurisprudência predominante nesta corte é de que a categoria patronal carece de interesse processual (necessidade e utilidade) para ajuizar dissídio coletivo de natureza econômica, uma vez que a categoria patronal, em tese, pode espontaneamente, conceder aos seus empregados quaisquer vantagens, prescindindo da autorização judicial. Efetivamente, a legitimidade ativa para o ajuizamento da representação coletiva de caráter econômico é restrita ao sindicato representante da cate-

goria profissional, que atua na busca para obter melhores condições de trabalho em favor dos trabalhadores por ele representados. Precedentes da SDC. Processo extinto, sem resolução do mérito, com base no art. 485, VI, do CPC de 2015 (RO 1000938-40.2016.5.02.0000, rel. Min. Kátia Magalhães Arruda, j. 11-9-2017, Seção Especializada em Dissídios Coletivos, *DEJT* 22-9-2017).

5.4. Pressupostos para a ação coletiva

Veja-se que, embora se tenha dito antes que o dissídio coletivo seja menos formalista do que o dissídio individual, isso não significa completa ausência da forma. Adaptando-se à teoria geral do processo contida no CPC, e à eliminação das denominadas condições da ação, também no processo coletivo dever-se-á observar os requisitos para que a relação processual seja validamente manejada, na forma do art. 485 do CPC.

5.4.1. *Pressupostos subjetivos*

Neste tópico, enfrentaremos os pressupostos referentes aos sujeitos da relação jurídica processual do dissídio coletivo.

5.4.1.1. Da competência do órgão julgador

Como já mencionamos, a competência para conhecer do dissídio coletivo é do TRT, quando a base dos sindicatos envolvidos estiver inserida na jurisdição de um Regional, apenas, ou do TST, quando ultrapassá-la. No âmbito dos Tribunais Regionais, dadas as disposições acima mencionadas, e que regem a matéria, o julgamento ficará a cargo da SDC – Seção de Dissídios Coletivos, ou do Tribunal Pleno nos TRTs que não contemplarem aquela estrutura, e, na hipótese de a competência originaria ficar a cargo do TST, tal procedimento será conhecido pela SDC – Seção de Dissídios Coletivos.

5.4.1.2. Legitimação das partes

No atinente à legitimação, é preciso arguir a condição pessoal do suscitante, quanto ao atendimento das formalidades legais para que possa tornar-se legítimo a figurar em juízo.

Trata-se da capacidade para estar em juízo, ou a legitimação *ad processum*, como já tratamos. Desse modo, deve o sindicato comprovar a formalização de seu registro no Ministério do Trabalho ou órgão correspondente da Administração Pública Federal, a fim de evidenciar sua legitimação. É o que se depreende da OJ 15 da SDC:

> Sindicato. Legitimidade *ad processum*. Imprescindibilidade do registro no ministério do trabalho. – A comprovação da legitimidade *ad processum* da entidade sindical se faz por seu registro no órgão competente do Ministério do Trabalho, mesmo após a promulgação da Constituição Federal de 1988.

Tal legitimação passa pela apuração, portanto, da regular constituição sindical, como indica o aresto abaixo:

> Recurso ordinário em dissídio coletivo de natureza econômica. Representação da categoria. Registro sindical. Legitimidade para a causa. – Enquanto não houver concessão de registro sindical pelo Ministério do Trabalho e Emprego, órgão competente, inviável reconhecer-se a legitimidade passiva *ad causam* de sindicato (Súmula 677 do STF e OJ 15 da SDC/TST). Recurso Ordinário do Sindicato patronal opoente a que se dá provimento para julgar o processo extinto, sem resolução do mérito, nos termos do art. 267, VI, do CPC (RODC 123900-71.2006.5.15.0000, rel. Min. Márcio Eurico Vitral Amaro, j. 8-3-2010, Seção Especializada em Dissídios Coletivos, data de publicação: 19-3-2010).

Há ainda que indagar acerca da possibilidade da atuação, em juízo, diretamente pela empresa empregadora, sem a intermediação de sua entidade sindical representativa. Parece certo que a empresa é parte legítima para manejar o dissídio coletivo que pretenda o reconhecimento da abusividade de greve, sendo essa a compreensão da matéria pelo E. TST, que já teve a oportunidade de se pronunciar nesse sentido:

> RECURSO ORDINÁRIO. AÇÃO DECLARATÓRIA DE ABUSIVIDADE DE GREVE. COMPETÊNCIA DA JUSTIÇA DO TRABALHO. ILEGITIMIDADE ATIVA *AD CAUSAM*. ART. 114, INC. II e § 3º, DA CONSTITUIÇÃO FEDERAL. EMENDA CONSTITUCIONAL N. 45/2004. 1. A Justiça do Trabalho, mesmo após a edição da Emenda Constitucional n. 45/2004, é competente para declarar a abusividade, ou não, de movimento grevista. 2. É concorrente a legitimidade do Ministério Público do Trabalho e do empregador para ajuizamento de ação declaratória de abusividade de greve em atividades consideradas essenciais. Precedente desta Seção Normativa. Nas atividades não essenciais permanece a legitimidade do empregador individualmente considerado ou do sindicato representante da categoria econômica para ajuizamento dessa ação coletiva. 3. Hipótese em que o Tribunal Regional decretou a extinção do processo sem resolução do mérito, por ilegitimidade ativa *ad causam*, sob o entendimento de que, após o advento da Emenda Constitucional n. 45/2004, em que se acrescentou o inc. II e o § 3º ao art. 114 da Constituição Federal, a Justiça do Trabalho não detém mais competência

> para declarar a abusividade, ou não, de movimento grevista, e a legitimidade para ajuizar dissídio coletivo de greve é exclusiva do Ministério Público do Trabalho. Recurso ordinário a que dá provimento, para afastar a declaração de ilegitimidade ativa *ad causam* e determinar o retorno dos autos ao Tribunal Regional de origem, a fim de que prossiga no exame da presente ação coletiva, como entender de direito (RODC 61300-97.2008.5.09.0909, rel. Min. Fernando Eizo Ono, j. 9-11-2009, Seção Especializada em Dissídios Coletivos, *DEJT* 28-5-2010).

A doutrina também tem concluído no mesmo sentido. Raimundo Simão de Melo[12] defende que, na forma do art. 611, § 1º, da CLT, é possível a participação da empresa também no dissídio coletivo, inclusive porque, em se tratando de conflito coletivo restrito ao âmbito daquela pessoa jurídica, se o constituinte lhe faculta a utilização da negociação coletiva, sendo o dissídio coletivo o mero corolário da inviabilidade desta, não há outra forma a concluir. O mesmo Raimundo Simão de Melo defende, ainda, que apenas no caso de greve, e desde que não haja sindicato organizado da categoria, poderia ser atribuída a uma comissão eleita pelos trabalhadores a prerrogativa de representação na negociação coletiva e no dissídio coletivo, fundada nos termos da Lei n. 7.783/89.

Há ainda que analisar a questão da titularidade do direito material que se postula ou em face de quem se postula, traduzido na legitimação para a causa. Note-se que quem instaura a instância é denominado suscitante, enquanto a parte contrária será denominada suscitado. Em regra, pode-se dizer que quem suscita são as categorias econômicas ou profissionais em discussão. Ocorre que, não havendo sindicato representativo de determinada categoria, a instância pode ser instaurada pela federação ou, na falta desta, pela confederação respectiva.

O art. 856 da CLT indica, ainda, que a instância pode ser instaurada mediante representação escrita ao Presidente do TRT ou por iniciativa deste. Há quem defenda a revogação desse dispositivo pela Lei de Greve, ou mesmo pela redação do art. 114 da CF/88, dado que seria inconcebível a atuação de ofício do Judiciário, no particular.

No caso do Ministério Público do Trabalho, possui legitimidade para suscitar o dissídio em caso de greve em atividade essencial, como prevê o § 3º do art. 114 da CF/88. Há quem pretenda uma interpretação extensiva dessa legitimidade, por força da Lei n. 7.783/89 e da LC 75/93, que legitimariam o Ministério Público do Trabalho a instaurar os dissídios coletivos em qualquer hipótese, desde

12. MELO, Raimundo Simão. *Processo coletivo do trabalho*: dissídio coletivo, ação de cumprimento, ação anulatória. 2. ed. São Paulo: LTr, 2011. p. 76.

que necessário para a defesa da ordem jurídica ou se o interesse público assim exigir. O TST tem creditado ao Ministério Público do Trabalho a legitimação para suscitar o dissídio de greve independentemente de a atividade ser essencial.

Note-se que houve alteração do sentido da jurisprudência do TST, de modo que atualmente se tem entendido ser possível, inclusive ao sindicato profissional, suscitar o dissídio coletivo de greve. Tal entendimento decorre da acertada superação da OJ 12 da SDC, que se manifestava em sentido oposto. Encontra-se ultrapassado o entendimento outrora manifestado. É o que se depreende:

> Dissídio coletivo de greve. Legitimidade ativa. Dissídio de natureza econômica. Art. 114, §§ 2º e 3º, CF. – A partir da EC 45/2004, só é viável o dissídio coletivo econômico havendo mútuo consenso entre as partes (art. 114, § 2º, CF). Porém, havendo greve em andamento, torna-se possível a propositura de dissídio coletivo por qualquer das partes, empregador e sindicato de trabalhadores, ou pelo Ministério Público do Trabalho (art. 114, § 3º, CF; art. 8º, Lei n. 7.783/1989). No dissídio coletivo de greve, o conteúdo pode ser também econômico, em face de a Constituição determinar, genericamente, caber à Justiça do Trabalho decidir o conflito (§ 3º do art. 114), ao passo que o art. 8º da Lei de Greve se refere a decisão sobre todo o conteúdo do dissídio (A Justiça do Trabalho... decidirá sobre a procedência, total ou parcial, ou improcedência das reivindicações...). Dissídio coletivo de greve. Movimento paredista em conformidade com o art. 9º da CF e com os requisitos da Lei n. 7.783/1989. Greve não abusiva. A Carta Constitucional reconhece a greve como um direito fundamental de caráter coletivo, resultante da autonomia privada coletiva inerente às sociedades democráticas. Não constitui abuso no seu exercício quando há observância dos requisitos estabelecidos pela ordem jurídica do país para a validade do movimento paredista: tentativa de negociação; aprovação da respectiva assembleia de trabalhadores; aviso prévio à parte adversa. Na hipótese dos autos, percebe-se que o direito de greve foi exercido pelos empregados dentro dos limites legais. Não houve atentado à boa-fé coletiva. Relembro que a empresa tem unidades em praticamente todos os municípios do país – são mais de 5.000 municípios. No caso concreto, não se teve notícias de grandes incidentes durante todo o movimento da categoria profissional. Tal fato corrobora com a conclusão de que a greve não foi abusiva. Declaro não abusiva a greve (DC 6535-37.2011.5.00.0000, rel. Min. Mauricio Godinho Delgado, j. 11-10-2011, Seção Especializada em Dissídios Coletivos, data de publicação: 17-10-2011).

De outro lado, no tocante à legitimação de entidade sindical quando o dissídio coletivo envolve uma empresa específica, tem-se entendido que a legitimidade da entidade sindical para a instauração da instância está condicionada à prévia autorização dos trabalhadores da suscitada diretamente envolvidos no conflito. É o que se depreende da orientação cristalizada na OJ 19 da SDC:

> Dissídio coletivo contra empresa. Legitimação da entidade sindical. Autorização dos trabalhadores diretamente envolvidos no conflito (inserido dispositivo). – A legitimidade da entidade sindical para a instauração da instância contra determinada empresa está condicionada à prévia autorização dos trabalhadores da suscitada diretamente envolvidos no conflito.

Com efeito, *in casu*, a categoria como a titular dos interesses postulados em juízo pelo sindicato deve legitimá-lo para o dissídio coletivo, por meio de assembleia geral, convocada pela entidade de classe, na forma do art. 859 da CLT, c/c a IN 4/93, VII, *c* e *d*. Clara a exigência da manifestação dos trabalhadores envolvidos.

Por fim, além da questão acima, ainda é preciso identificar a relação entre o direito material pretendido e o ente sindical que se arvora em representá-lo, devendo ser reputado ilegítimo aquele ente sindical que pretende negociar acerca das condições para o desenvolvimento do trabalho pelos membros de outra categoria:

> DISSÍDIO COLETIVO DE GREVE. RECURSO ORDINÁRIO DO SUSCITADO. MOVIMENTO PAREDISTA LIDERADO POR ENTIDADE SINDICAL QUE NÃO REPRESENTA CATEGORIA PROFISSIONAL. ILEGITIMIDADE. GREVE ABUSIVA. A jurisprudência desta Corte não reconhece legitimidade, para liderar greve, à entidade sindical que não representa efetivamente a categoria dos trabalhadores. No caso, por força de decisão prolatada pelo Juízo competente, com trânsito em julgado, o suscitado não tem a representatividade dos trabalhadores vinculados à empresa-suscitante. Nessa condição, forçoso é declarar a abusividade da greve, por falta de legitimidade do sindicato que capitaneou o movimento paredista. Acrescente-se que não foi possível encontrar nos autos a comprovação de que a contraparte foi notificada previamente sobre a decisão da categoria de paralisação do trabalho. Também a não observância desse requisito formal implica na abusividade do movimento paredista. Correta a decisão do Regional, que declarou abusiva a greve. Recurso ordinário a que se nega provimento (RO 1000426-91.2015.5.02.0000, rel. Min. Kátia Magalhães Arruda, j. 21-11-2016, Seção Especializada em Dissídios Coletivos, *DEJT* 19-12-2016).
>
> Recurso ordinário em dissídio coletivo. Trabalhadores em movimentação de mercadorias em geral. Categoria diferenciada. Legitimidade para a causa. – Os trabalhadores na movimentação de mercadoria em geral constituem categoria profissional diferenciada, consoante a Portaria 3.084/1988 do Ministé-

rio do Trabalho e Emprego e art. 511, § 3º, c/c o art. 570, ambos da CLT. Ademais, a Lei n. 12.023/2009, que dispõe sobre as atividades de movimentação de mercadorias em geral e sobre o trabalho avulso, reforça o estatuto profissional da categoria. Nessa qualidade, pode o Sindicato ajuizar dissídio coletivo contra empresa ou representação patronal de qualquer ramo econômico, que tenha ou possa ter em seu quadro de pessoal o profissional que exerce as atividades próprias da categoria, afastada a ilegitimidade para a causa. Recurso ordinário a que se nega provimento (RO 2019900-17.2004.5.02.0000, rel. Min. Márcio Eurico Vitral Amaro, j. 11-4-2011, Seção Especializada em Dissídios Coletivos, data de publicação: 29-4-2011).

Dissídio coletivo – Ajuizamento da ação por sindicato representativo de segmento profissional – impossibilidade – Critério de organização sindical por categoria mantido pela CF/1988 – Imprescindibilidade de correspondência com a atividade exercida pelo setor econômico suscitado. – Não há falar em conflito coletivo autêntico e especificamente caracterizado, para cuja solução seja necessária a interferência do poder Judiciário, na atual ordem jurídica, sem que haja correspondência entre os segmentos profissional e econômico envolvidos, sob o prisma da atividade desenvolvida por cada qual (RODC 377074/1997, rel. Min. Armando de Brito, *DJ* 5-6-1998, decisão unânime).

Por fim, cumpre aduzir que a representação sindical deve ser aferida com base na atividade preponderante da unidade empresarial, sendo certo que, ressalvadas as questões atinentes às ditas categorias profissionais diferenciadas, que serão representadas por seus respectivos sindicatos, não se deve tergiversar acerca da maior ou menor dimensão de cada ramo ou empresa para a definição da legitimação sindical. É o que se depreende da OJ 23 da SDC:

> 23. Legitimidade "ad causam". Sindicato representativo de segmento profissional ou patronal. Impossibilidade. A representação sindical abrange toda a categoria, não comportando separação fundada na maior ou menor dimensão de cada ramo ou empresa.

5.4.2. *Pressupostos objetivos*

No tocante aos pressupostos objetivos para o adequado manejo do dissídio coletivo, deve-se observar ainda o seguinte.

5.4.2.1. Prévia tentativa de negociação (art. 14, §§ 1º e 2º, da CF/88)

Deve-se comprovar, de pronto, a existência de negociação coletiva prévia. Ou seja, deve-se comprovar que as partes buscaram, antes de se socorrer no Poder Judiciário, a resolução da questão referida, extrajudicialmente. Afinal, a autocomposição é um dos objetivos do direito coletivo do trabalho. Trata-se de exigência bastante rígida na jurisprudência do TST, fundada na CF/88, no art. 114, §§ 1º e 2º, na CLT, art. 616, § 4º, e na Lei n. 7.783/89 (art. 3º, *caput*).

Com efeito, a demonstração da prévia tentativa de negociação é elemento essencial para evidenciar o interesse em pretender que o Judiciário intervenha no conflito coletivo, como espelha o seguinte aresto:

> RECURSO ORDINÁRIO EM DISSÍDIO COLETIVO NEGOCIAÇÃO PRÉVIA – IMPRESCINDIBILIDADE DO ESGOTAMENTO DAS TENTATIVAS NEGOCIAIS AUTÔNOMAS – A atuação dos Órgãos Públicos na negociação entre as categorias profissional e patronal para estabelecer novas relações de trabalho deve dar-se por exceção, isto, tanto na ingerência da Delegacia Regional do Trabalho quanto do Poder Judiciário, na instauração da instância, pois somente devem intervir quando já esgotados todos os meios de negociação autônoma. REPRESENTATIVIDADE DA CATEGORIA – PRESENÇA E VOTAÇÃO NA ASSEMBLEIA – O processo de elaboração da norma coletiva deve constituir verdadeiro instrumento da real vontade da categoria, o que não se atinge sem uma expressiva presença e atuação de seus membros nas respectivas assembleias (TST, RODC 5391782919995185555 539178-29.1999.5.18.5555, rel. Carlos Alberto Reis de Paula, j. 24-5-1999, Seção Especializada em Dissídios Coletivos, *DJ* 18-6-1999).

A negociação prévia deve ser instrumentalizada ou diretamente pelas partes ou por intermédio de outros órgãos, como o Ministério Público do Trabalho ou o Ministério do Trabalho (Portaria MTb n. 3.122/88).

Deve-se consignar que há quem pretenda[13] que tal previsão implique verdadeira condição da ação, ou seja, sua ausência implica falta de interesse de agir do suscitante, na medida em que o bem da vida reivindicado poderia ser alcançado sem a intervenção do Poder Judiciário.

5.4.2.2. Inexistência de litispendência e norma coletiva em vigor (arts. 614, § 3º, 867 e 873 da CLT)

Há ainda que conferir se não há litispendência. De fato, em se tratando de prestação jurisdicional, deve-se atentar para a matéria *sub judice*, a fim de evitar a sujeição de um mesmo conflito coletivo, mais de uma vez e simultaneamente, perante o Poder Judiciário.

13. LEITE, Carlos Henrique Bezerra. *Curso de direito processual do trabalho*. 15. ed. São Paulo: Saraiva, 2017. p. 1597.

De outro lado, não há falar em reconhecimento de litispendência entre dissídio coletivo e ação individual trabalhista, dado que os provimentos jurisdicionais pretendidos são diversos, logo as ações são diversas (art. 337, § 1º, do CPC).

No mesmo sentido, deve ainda o suscitante identificar se há norma coletiva em vigor, dado que existe época própria para o ajuizamento do dissídio. Com efeito, as normas coletivas (tanto os acordos como as convenções) possuem prazos de vigência definidos (art. 614, § 3º). Há alguma estabilidade das decisões coletivas, que em "caráter temporário" possuem vigência mínima de um ano, na forma do art. 873 da CLT.

A exceção a essa regra é justamente aquela prevista na Lei de Greve (Lei n. 7.783/89), cuja previsão no art. 14, parágrafo único, II, possibilita a revisão quando se dê a superveniência de fato novo ou acontecimento imprevisto que modifique substancialmente a relação de trabalho.

A propósito da época própria para ajuizamento, a ação coletiva não está sujeita a prazo prescricional, mas há previsão legal do período dentro do qual deve ser ajuizado o dissídio, relacionado com a noção de data-base. Segundo Wilson de Souza Campos Batalha, "Entende-se como data-base a de início de vigência de acordo ou convenção coletiva, ou sentença normativa". Logo, até mesmo por uma questão matemática, coincide com o "termo final da norma coletiva vigente".

Sua importância, do ponto de vista pragmático, relaciona-se ao art. 616 da CLT, notadamente em seu § 3º, que indica "(...) havendo convenção, acordo ou sentença normativa em vigor, o dissídio coletivo deverá ser instaurado dentro dos 60 (sessenta) dias anteriores ao respectivo termo final, para que o novo instrumento possa ter vigência no dia imediato a esse termo".

Daí por que teremos dois momentos para a definição da eficácia da sentença normativa, quais sejam, a partir da data de sua publicação, quando ajuizado o dissídio após o prazo do art. 616, § 3º, da CLT, quando não existir acordo, convenção ou sentença normativa em vigor, na data do ajuizamento; ou a partir do dia imediato ao termo final de vigência do acordo, convenção ou sentença normativa, quando ajuizado o dissídio no prazo do art. 616, § 3º.

Na hipótese de não ser possível o ajuizamento do dissídio coletivo no prazo do § 3º do art. 616, é possível a apresentação de protesto judicial, na forma do (§ 1º do art. 240 do RITST), que assim dispõe:

> § 1º Na impossibilidade real de encerramento da negociação coletiva em curso antes do termo final a que se refere o art. 616, § 3º, da CLT, a entidade interessada poderá formular protesto judicial em petição escrita, dirigida ao Presidente do Tribunal, a fim de preservar a data-base da categoria.

> § 2º Deferida a medida prevista no item anterior, a representação coletiva será ajuizada no prazo máximo de 30 (trinta) dias úteis, contados da intimação, sob pena de perda da eficácia do protesto.

5.4.2.3. Interesse processual e comum acordo (art. 114, § 2º, da CF/88)

Exige-se ainda a demonstração, pelas partes, do interesse do provimento jurisdicional. Na tutela do direito coletivo, deve-se estar diante da necessidade de criação de direito novo pela alteração das condições fáticas de prestação do trabalho assalariado. Daí por que é essencial igualmente apurar a existência do interesse processual, na modalidade necessidade e adequação em sede coletiva:

> Recurso ordinário em dissídio coletivo. Ajuizamento pelo sindicato representante da categoria econômica. Extinção de ofício do processo por ausência de interesse de agir. – Esta Seção Especializada firmou o entendimento de que carece de interesse de agir o sindicato de categoria patronal em dissídio coletivo de natureza econômica mediante oferta de cláusulas. Fortalece essa conclusão a circunstância de que, no caso concreto, o dissídio coletivo desvirtuou-se completamente da finalidade prevista em lei, de estipular condições de trabalho para reger as relações de trabalho entre as categorias envolvidas, porquanto se discute exclusivamente a representatividade da categoria econômica. Processo extinto, sem julgamento do mérito, nos termos do art. 267, VI, do CPC (RODC 191600-98.2005.5.15.0000, rel. Min. Márcio Eurico Vitral Amaro, j. 10-8-2009, Seção Especializada em Dissídios Coletivos, data de publicação: 28-8-2009).

Como já vimos, o constituinte conferiu às entidades sindicais sensível poder para a melhoria das condições sociais dos trabalhadores, na forma dos arts. 7º e seguintes da CF/88. De outro lado, a intervenção estatal, por meio do Poder Judiciário, no exercício do poder normativo, deve ser condicionado, restando possível o conhecimento do dissídio coletivo apenas quando adotada uma série de providências por parte dos envolvidos.

A primeira providência, estabelecida constitucionalmente, é a demonstração de que as partes reconhecem sua incapacidade de equacionar suas questões, sem a intervenção coercitiva de um terceiro, demonstrada através do denominado "comum acordo". De fato, teria exigido o constituinte que, uma vez recusada a negociação coletiva ou arbitragem, para o ajuizamento do dissídio coletivo, seria necessário o acordo entre os negociantes para que a matéria pudesse ser colocada à apreciação pelo Poder Judiciário.

Com efeito, o § 2º do art. 114 da CF/88 estipulou a condição do "comum acordo" para a instauração da instância. É o que se depreende:

> § 2º Recusando-se qualquer das partes à negociação coletiva ou à arbitragem, é facultado às mesmas, de comum acordo, ajuizar dissídio coletivo de natureza econômica, podendo a Justiça do Trabalho decidir o conflito, respeitadas as disposições mínimas legais de proteção ao trabalho, bem como as convencionadas anteriormente.

A partir daquele dispositivo, fruto da EC 45/2004, diversas posições têm sido tomadas, pela doutrina, que passam desde o reconhecimento da inconstitucionalidade do § 2º do art. 114, pela pretensa afronta ao princípio da inafastabilidade da jurisdição, de um lado; até a não se falar em inconstitucionalidade, dado que o preceito visa justamente favorecer o desenvolvimento da atividade sindical brasileira, de outro.

Ademais, ultrapassada tal questão, há ainda outra, atinente ao momento em que se poderia exigir o cumprimento daquele pressuposto. Alguns entendem que o requisito do comum acordo não precisa ser prévio ao ajuizamento do dissídio coletivo, o que implicaria a possibilidade da demonstração do pressuposto no curso do processo; para outros o pressuposto deve ser demonstrado previamente ao ajuizamento da demanda, encarando tal exigência como verdadeira condição para o conhecimento da matéria.

Até o momento, a jurisprudência do TST tem se pronunciado no sentido de que a exigência do comum acordo é plenamente constitucional, podendo ser tácita ou expressa, anterior ou posterior ao ajuizamento da demanda, mas imprescindível nos dissídios coletivos:

> ... Falta do mútuo consenso para o ajuizamento do dissídio coletivo. Art. 114, § 2º, da CF/1988. Extinção do feito. – Com a edição da EC 45/2004, estabeleceu-se novo requisito para o ajuizamento da ação coletiva de natureza econômica, qual seja, que haja comum acordo entre as partes. Trata-se de requisito constitucional para instauração de instância do dissídio coletivo e diz respeito à admissibilidade do processo. A expressão "comum acordo", de que trata o mencionado dispositivo constitucional, não significa, necessariamente, petição conjunta das partes, expressando concordância com o ajuizamento da ação coletiva, mas a não oposição da parte, antes ou após a sua propositura, que se pode caracterizar de modo expresso ou tácito, conforme a sua explícita manifestação ou o seu silêncio. No caso dos autos, houve a recusa expressa do suscitado quanto à instauração do dissídio coletivo, a qual foi feita em momento oportuno, ao teor do art. 301, X, do CPC, o que resulta na extinção do processo sem resolução de mérito, ante a falta de pressuposto de desenvolvimento válido e regular do processo. Recurso ordinário provido. (...) (RO 2030700-36.2006.5.02.0000, rel. Min. Kátia Magalhães Arruda, j. 15-4-2013, Seção Especializada em Dissídios Coletivos, data de publicação: 10-5-2013).

Todavia, precisamos consignar que o mútuo acordo não se faz necessário nos denominados dissídios de greve, como tem mencionado o TST:

> Dissídio coletivo. Comum acordo entre as partes. Pressuposto processual (art. 114, § 2º, CF/1988). Recusa expressa da suscitada. Extinção. – 1. A Emenda Constitucional 45/04 trouxe substancial alteração na disciplina jurídica do Processo Coletivo do Trabalho, ao exigir, para ajuizamento de dissídio coletivo, o "comum acordo" das partes em submeterem o conflito à Justiça do Trabalho. A clareza solar do § 2º do art. 114 da CF quanto à exigência não permite exegese que admita o dissídio por vontade unilateral do suscitante. Num regime democrático republicano de separação de poderes, não cabe ao Judiciário sobrepor-se à vontade legítima e expressa do Constituinte Derivado que, no caso, manifestou-se pela conveniência de limitação do Poder Normativo da Justiça do Trabalho, conforme anais da votação da referida emenda constitucional. 2. O TST, no limite de flexibilização hermenêutica que o art. 114, § 2º, da CF/1988 comporta, tem assentado que a EC 45/2004 não reduziu o exercício do Poder Normativo da Justiça do Trabalho, mas apenas criou pressuposto processual adicional, consistente na necessidade do mútuo acordo das partes em conflito para a instauração do dissídio coletivo, excepcionadas as hipóteses de greve em serviço essencial, nas quais o Ministério Público pode suscitar isoladamente o dissídio. 3. Embora o pretendido consenso dependesse da subscrição conjunta da petição inicial do dissídio coletivo, a jurisprudência do TST, sensível ao provável desgaste do relacionamento entre as Partes numa negociação frustrada, tem admitido a hipótese de concordância tácita, de forma que apenas a recusa expressa da entidade suscitada obsta a resolução do conflito pela via judicial. 4. No caso, mostra-se inequívoco o dissentimento da Suscitada, tendo em vista que, na contestação, arguiu expressamente a ausência de comum acordo como causa de extinção do feito, por ausência de condição da ação. 5. Assim, não merece reforma a decisão regional que acolheu a preliminar de ausência de comum acordo e extinguiu o processo, sem resolução de mérito, nos termos do art. 267, VI, do CPC. Recurso ordinário desprovido (RODC 1600700-15.2006.5.09.0909, rel. Min. Ives Gandra Martins Filho, j. 13-12-2007, Seção Especializada em Dissídios Coletivos, data de publicação: 22-2-2008).
>
> Recurso ordinário do segundo suscitado (sindicato dos hospitais beneficentes, religiosos e filantrópicos do Rio Grande do Sul). Recurso ordinário do terceiro suscitado (Sindicato Nacional das Empresas de Medicina de Grupo – Sinamge). Dissídio coletivo de natureza econômica. Ajuizamento. Comum acordo. Nova redação do § 2º do art. 114, da CF atual após a promulgação da EC 45/2004. – A Seção Especializada em Dissídios Coletivos deste Tribunal Superior do Trabalho firmou jurisprudência no sentido de que a nova reda-

> ção do § 2º do art. 114 da CF/1988 estabeleceu o pressuposto processual intransponível do mútuo consenso das partes para o ajuizamento do dissídio coletivo de natureza econômica. A EC 45/2004, incorporando críticas a esse processo especial coletivo, por traduzir excessiva intervenção estatal em matéria própria à criação de normas, o que seria inadequado ao efetivo Estado Democrático de Direito instituído pela Constituição (de modo a preservar com os sindicatos, pela via da negociação coletiva, a geração de novos institutos e regras trabalhistas, e não com o Judiciário), fixou o pressuposto processual restritivo do § 2º do art. 114, em sua nova redação. Nesse novo quadro jurídico, apenas havendo "mútuo acordo" ou em casos de greve, é que o dissídio de natureza econômica pode ser tramitado na Justiça do Trabalho. Ressalvadas, contudo, as situações fáticas já constituídas, a teor do art. 6º, § 3º, da Lei n. 4.725/1965. Recursos ordinários providos. (...) (RO 380200-70.2009.5.04. 0000, rel. Min. Mauricio Godinho Delgado, j. 15-4-2013, Seção Especializada em Dissídios Coletivos, data de publicação: 26-4-2013).

Mas não é só. Além da questão do mútuo acordo, o suscitante deverá demonstrar o preenchimento de outros requisitos para o ajuizamento do dissídio coletivo.

Há que demonstrar o cumprimento do requisito firmado no art. 4º da Lei n. 7.783/89, correspondente à convocação da categoria para a deliberação, na forma do estatuto do sindicato. Do mesmo modo, deve-se observar o cumprimento das OJ 28 e 29 da SDC, concernentes à comprovação da publicação do edital em jornal de circulação em cada localidade componente da base territorial, sendo esse documento, juntamente com a ata assemblear documento, essencial para o ajuizamento do dissídio coletivo:

> 28. Edital de convocação da AGT. Publicação. Base territorial. Validade. O edital de convocação para a AGT deve ser publicado em jornal que circule em cada um dos municípios componentes da base territorial.
> 29. Edital de convocação e ata da assembleia geral. Requisitos essenciais para instauração de dissídio coletivo. O edital de convocação da categoria e a respectiva ata da AGT constituem peças essenciais à instauração do processo de dissídio coletivo.

Mas não se deve ignorar, ainda, que, em havendo disposição estatutária específica no tocante à realização da assembleia, deve-se cumpri-la, rigorosamente, sob pena de não preencher o aludido requisito. É o que se depreende da OJ 35 da SDC:

> 35. Edital de convocação da AGT. Disposição estatutária específica. Prazo mínimo entre a publicação e a realização da assembleia. Observância obrigató-

> ria. Se os estatutos da entidade sindical contam com norma específica que estabeleça prazo mínimo entre a data de publicação do edital convocatório e a realização da assembleia correspondente, então a validade desta última depende da observância desse interregno.

Note-se que, em relação ao quórum para a aprovação do dissídio, há alguma discussão, diante da fixação de parâmetros diferentes no art. 859 da CLT e no art. 4º, § 1º, da Lei n. 7.783/89. Enquanto o texto celetista prevê o quórum de 2/3 dos associados, em primeira convocação, ou 2/3 dos presentes, em segunda, na Lei n. 7.783/89 faculta-se ao estatuto da entidade sindical a definição.

Há quem entenda ser possível a atenção apenas ao quanto previsto no estatuto sindical, dado que a norma interna da categoria[14]. Todavia, o TST tem entendido ser aplicável o previsto no art. 859 da CLT:

> Recurso ordinário. Dissídio coletivo de natureza econômica. Extinção do processo sem resolução do mérito. Ilegitimidade ativa *ad causam*. Insuficiência de *quorum*. – 1. Decisão regional em que se decretou a extinção do processo sem resolução do mérito, em relação ao Sindicato dos Concessionários e Distribuidores de Veículos no Estado de Santa Catarina – Sincodiv/SC, em razão de ilegitimidade ativa *ad causam*, por inobservância do *quorum* previsto nos arts. 612 e 859 da CLT. 2. Após o cancelamento no âmbito desta Corte das Orientações Jurisprudenciais 13 e 21 da SEDC/TST, bem como da superveniência da EC 45/2004, em que se ampliou a competência da Justiça do Trabalho, firmou-se a jurisprudência desta Seção Especializada no sentido de que o *quorum* exigível para a assembleia geral sindical deliberar sobre o ajuizamento de dissídio coletivo não é o estabelecido no art. 612 da CLT, próprio para viabilizar a celebração de convenção ou acordo coletivos de trabalho, mas aquele específico previsto no art. 859 da CLT, em que se exige, em primeira convocação, a participação de 2/3 dos associados interessados ou, em segunda convocação, a aprovação de 2/3 dos presentes, independentemente da sua qualidade de associados. 3. Hipótese em que observado o *quorum* previsto no art. 859 da CLT, com a demonstração de que, na assembleia geral sindical, as deliberações a respeito do ajuizamento do presente dissídio coletivo foram tomadas, em segunda convocação, por unanimidade dos 93 (noventa e três) trabalhadores presentes, dentre eles, inclusive, 18 (dezoito) associados ao sindicato profissional suscitante. (...) (RO 378-78.2012.5.12.0000, rel. Min. Fernando Eizo Ono, j. 15-4-2013, Seção Especializada em Dissídios Coletivos, data de publicação: 10-5-2013).

14. MELO, Raimundo Simão. *Processo coletivo do trabalho*, cit., p. 87.

5.4.2.4. Inviabilidade do manejo do dissídio coletivo

O sistema jurídico remete a algumas hipóteses em que se reputa inviável a pretensão por meio do respectivo dissídio coletivo. Deve-se atentar para a previsão, no ordenamento jurídico estatal, de proteção ao direito material do autor, no particular. Por exemplo, o TST já se pronunciou entendendo ser inviável a apresentação de dissídio coletivo em face da Administração Pública, inclusive as autarquias corporativas destinadas à regulamentação e fiscalização de profissão:

> Recurso ordinário em dissídio coletivo. Conselho de fiscalização da profissão. Entidade de direito público. Impossibilidade jurídica do pedido. – De acordo com a jurisprudência atual, as autarquias corporativas destinadas à regulamentação e fiscalização de profissão exercem função tipicamente pública, vinculando-se ao regime de direito público, em particular quanto à gestão administrativa e financeira, já que todos os entes, no âmbito da Administração Pública, submetem-se aos dispositivos regulamentadores da matéria, constantes dos arts. 37 a 41 e 163 a 169 da CF/1988, excetuados apenas os entes designados no art. 173, § 1º, da referida Carta. Se suscitada em dissídio coletivo, a entidade não pode ser compelida à destinação compulsória de dotação orçamentária futura, ou à alocação de recursos não previstos no orçamento, uma vez que não cabe ao órgão julgador decidir sobre os critérios de oportunidade e conveniência do interesse público, procedimento que há de se submeter à iniciativa de previsão orçamentária pela autoridade competente, consoante os ditames do art. 169, § 1º, da Carta Política. Carece de possibilidade jurídica, assim, o pedido formulado em dissídio coletivo de natureza econômica contra o conselho de regulamentação e fiscalização de profissão. Contudo, no tocante à Ordem dos Advogados do Brasil, o Supremo Tribunal Federal não tem reafirmado a natureza jurídica de autarquia nem de direito público da entidade, o que a torna passível de figurar no polo passivo de dissídio coletivo de natureza econômica. Recurso a que se dá provimento parcial para afastar o decreto de carência da ação, por impossibilidade jurídica do pedido, apenas em relação à Ordem dos Advogados do Brasil – Seccional Rio Grande do Sul, determinando o retorno dos autos à origem para que prossiga no exame do feito, como entender de direito (RODC 288200-85.2008.5.04.0000, rel. Min. Márcio Eurico Vitral Amaro, j. 12-4-2010, Seção Especializada em Dissídios Coletivos, data de publicação: 23-4-2010).

Todavia, cumpre mencionar, o TST reconhece como possível o manejo do dissídio coletivo em face de pessoa jurídica de direito público no tocante às denominadas cláusulas sociais. É o que se depreende da OJ 5 da SDC:

> 5. DISSÍDIO COLETIVO. PESSOA JURÍDICA DE DIREITO PÚBLICO. POSSIBILIDADE JURÍDICA. CLÁUSULA DE NATUREZA SOCIAL. Em face de pessoa jurídica de direito público que mantenha empregados, cabe dissídio coletivo exclusivamente para apreciação de cláusulas de natureza social. Inteligência da Convenção n. 151 da Organização Internacional do Trabalho, ratificada pelo Decreto Legislativo n. 206/2010.

A compreensão do TST foi alterada em razão da perspectiva de que a Convenção n. 151 da OIT prevê que a resolução dos conflitos surgidos quanto à fixação das condições de trabalho será procurada de maneira adequada às condições nacionais, por meio da negociação entre as partes interessadas ou por um processo que dê garantias de independência e imparcialidade.

Tendo passado tal resolução a integrar o ordenamento jurídico brasileiro, inclusive com *status* constitucional (art. 5º, § 2º, da CF/88), nada há que afastar sua aplicabilidade. Assim, aplicável o dissídio coletivo para a solução de conflitos seletivos envolvendo empregados públicos e demais servidores celetistas.

Mas não é só. A Lei n. 10.192/2001 (Lei do Plano Real) estipula importante previsão legal vedando a estipulação de cláusula de reajuste ou correção salarial automática:

> Art. 13. No acordo ou convenção e no dissídio, coletivos, é vedada a estipulação ou fixação de cláusula de reajuste ou correção salarial automática vinculada a índice de preços.
> § 1º Nas revisões salariais na data-base anual, serão deduzidas as antecipações concedidas no período anterior à revisão.
> § 2º Qualquer concessão de aumento salarial a título de produtividade deverá estar amparada em indicadores objetivos.

Tal vedação, contudo, não impede que seja conferido reajuste salarial superior aos índices inflacionários, com base no crescimento do setor, segundo o TST, como evidencia o julgado abaixo:

> Agravo regimental. Efeito suspensivo a recurso ordinário de sentença normativa. Cláusula que estabelece aumento real de salários com base no crescimento do setor econômico das empresas envolvidas no conflito coletivo. Possibilidade. – 1. Segundo a jurisprudência prevalente na E. Seção Especializada em Dissídios Coletivos do Tribunal Superior do Trabalho, é possível fixar aumento real de salários, mediante sentença normativa, quando presentes indicadores robustos e objetivos de produtividade (art. 13, § 2º, da Lei n. 10.192/2001). 2. Na espécie, os documentos carreados aos autos demonstram, pelo menos em sede de cognição sumária, típica da apreciação de medida cautelar, aque-

> cimento da economia capixaba, em especial do setor da construção civil. 3. Agravo regimental em Efeito Suspensivo a que se nega provimento (AgRg-ES 7602-03.2012.5.00.0000, rel. Min. João Oreste Dalazen, j. 9-10-2012, Seção Especializada em Dissídios Coletivos, data de publicação: 19-10-2012).

Enquanto a possibilidade jurídica do pedido encontrava-se no rol de matérias exclusivamente processuais, ter-se-ia a extinção do feito, sem julgamento de mérito, uma vez configurada quaisquer das aludidas hipóteses. Todavia, dada a nova dinâmica imposta pelo CPC, tem-se que a configuração daquelas hipóteses deve implicar a improcedência da pretensão, no particular.

Por fim, o TST entendeu ainda que a dispensa em massa de trabalhadores não desafia o manejo de dissídio coletivo de natureza jurídica. Na compreensão do TST, dado que o dissídio jurídico limita-se à interpretação das normas aplicáveis a determinada categoria, é inviável o manejo do dissídio coletivo para as denominadas dispensas coletivas:

> Matéria afetada ao Tribunal Pleno. Art. 77, II, do RITST/2008. Dispensa em massa de trabalhadores. *Ajuizamento de dissídio coletivo de natureza jurídica. Inadequação da via eleita.* Configuração de dissídio individual plúrimo. Extinção do processo sem resolução de mérito. É incabível o ajuizamento de dissídio coletivo de natureza jurídica para obter o reconhecimento da nulidade da dispensa em massa e a condenação da suscitada à reintegração dos trabalhadores e ao pagamento dos respectivos consectários legais. *No caso, consignou-se que o provimento pretendido era condenatório, configurando, portanto, hipótese de ajuizamento de dissídio individual plúrimo, de competência da Vara do Trabalho, visto que o dissídio coletivo de natureza jurídica é limitado à interpretação de norma autônoma ou heterônoma específica de uma categoria, nos moldes do disposto na Orientação Jurisprudencial n. 7 da SDC.* Sob esse fundamento, o Tribunal Pleno, por maioria, negou provimento ao recurso ordinário interposto pelo sindicato profissional, mantendo a extinção do processo, sem resolução do mérito, por inadequação da via eleita em matéria de dispensa coletiva. Vencidos os Ministros Kátia Magalhães Arruda, relatora, Augusto César Leite de Carvalho, José Roberto Freire Pimenta, Delaíde Miranda Arantes, Hugo Carlos Scheuermann, Cláudio Mascarenhas Brandão, Maria Helena Mallmann, Lelio Bentes Corrêa, Alberto Luiz Bresciani de Fontan Pereira, Walmir Oliveira da Costa e Mauricio Godinho Delgado (TST, RO 10782-38.2015.5.03.0000, Tribunal Pleno, rel. Min. Kátia Magalhães Arruda, red. p/ acórdão Min. Maria Cristina Irigoyen Peduzzi, 18-12-2017. (Grifos nossos.)

O entendimento manifestado pelo E. TST parece ainda mais robustecido a partir da redação conferida pela Lei n. 13.467/2017 ao art. 477-A da CLT, que expressamente consigna que as dispensas imotivadas individuais, plúrimas ou coletivas equiparam-se para todos os fins, não havendo necessidade de autorização prévia de entidade sindical ou de celebração de convenção coletiva ou acordo coletivo de trabalho para sua efetivação.

5.5. Elementos da petição inicial do dissídio coletivo

A petição inicial do dissídio coletivo guarda alguma equivalência com aquela do procedimento comum ordinário, devendo ser escrita, na forma do art. 856 da CLT. Deverá ser apresentada em quantas vias forem os reclamados e conterá a designação e qualificação dos envolvidos e motivos do dissídio, na forma do art. 858 da CLT. Veja-se que a petição inicial do dissídio coletivo prescinde de que o pedido seja certo, determinado e com a indicação do valor do pedido tal qual previsto nas demandas individuais, na forma do art. 840, § 1º, da CLT.

Com efeito, a SDC tem reiteradamente entendido não haver julgamento *extra* ou *ultra petita* no âmbito dos dissídios coletivos, já que o art. 858 da CLT não indica como requisito da petição inicial a existência de pedido (alínea *b*), sendo ainda da essência da lide coletiva a criação de novas ou a interpretação de antigas normas:

> ... 2. Horas compensadas – julgamento *extra petita*. – A SDC tem reiteradamente entendido que não há julgamento *extra* ou *ultra petita* em dissídio coletivo (art. 858, *b*, da CLT) (Precedentes. Além disso, a decisão do Tribunal Regional, ao adaptar a redação da cláusula aos seus precedentes normativos, para que fosse – concedido o adicional de 100% (cem por cento) para as horas extraordinárias prestadas em dias pontes já compensados –, proferiu decisão dentro dos limites da competência desta Justiça especializada, conforme dispõe o art. 114, § 2º, da CF/1988 e em sintonia com a atual jurisprudência desta Corte. Ilesos, sob esse aspecto, os arts. 128 e 460, do CPC. Recurso ordinário a que se nega provimento (RO 2013300-67.2010.5.02.0000, rel. Min. Kátia Magalhães Arruda, j. 12-3-2012, Seção Especializada em Dissídios Coletivos, data de publicação: 27-4-2012).
>
> ... 4. Por suas peculiaridades, em particular pela amplitude do poder normativo, a sentença normativa não se submete aos mesmos rígidos limites de outras decisões, no que toca à possibilidade de julgamento *extra* ou *ultra petita*. Jurisprudência assentada neste sentido pela Seção Especializada em Dissídios Coletivos do Tribunal Superior do Trabalho. 5. Agravo Regimental a que se nega provimento (AgRg-ES 3834-06.2011.5.00.0000, rel. Min. João Oreste Dalazen, j. 12-12-2011, Seção Especializada em Dissídios Coletivos, data de publicação: 3-2-2012).

Seguindo a mesma linha, a SDI entende também não haver espaço para revelia, mesmo diante da inércia do suscitado, dado que: "(...) está em debate o interesse abstrato de toda uma categoria profissional ou econômica, razão pela qual a decisão a ser proferida transcende à iniciativa das partes, já que nela se busca o exercício do poder normativo, manifestado pela criação de regras jurídicas, instituídas em dado contexto jurídico, político, econômico e social"[15]. É o que se depreende:

> Dissídio coletivo. Greve. Recurso ordinário interposto pela empresa seara alimentos S/A. 1. Não apresentação de documentos pelo suscitado. Revelia. – Nos dissídios coletivos não há falar em revelia, já que, mesmo não comparecendo a parte à audiência, o presidente submeterá o processo a julgamento, depois de realizadas as diligências que entender necessárias. Todavia, a falta de apresentação de documentos, pelo sindicato profissional suscitado, principalmente do estatuto social e da ata da assembleia de trabalhadores, que decidiu pela deflagração da greve, pode comprometer a análise da abusividade do movimento, feita nos estritos termos da Lei n. 7.783/1989. Preliminar renovada de revelia a que se nega provimento. (...) 3. Condenação do suscitante ao pagamento de indenizações e multa. Pedido de reparação de danos. Meio processual inadequado. – Embora assista razão à Empresa recorrente quanto à abusividade da greve de seus empregados, o dissídio coletivo não é o meio processual adequado para se pleitear a condenação do Sindicato profissional ao pagamento de indenizações por danos materiais e morais, eventualmente causados à suscitante, ainda que decorrentes de movimento paredista de trabalhadores. Nega-se, provimento ao recurso, no tópico (RO 1319-96.2010.5. 12.0000, rel. Min. Dora Maria da Costa, j. 12-9-2011, Seção Especializada em Dissídios Coletivos, data de publicação: 23-9-2011).

Por isso mesmo, como evidencia o aresto acima transcrito, na segunda parte, o dissídio coletivo não é meio apto a pugnar pela condenação ao pagamento de indenização.

A petição inicial deve ser instruída com o instrumento de mandato outorgado pelo representante legal da entidade suscitante a seu patrono, devendo-se indicar a delimitação territorial do conflito e a exposição das reivindicações da categoria, de forma clausulada, segundo dispõe a OJ 32 da SDC:

> 32. Reivindicações da categoria. Fundamentação das cláusulas. Necessidade. Aplicação do precedente Normativo 37 do TST. É pressuposto indispensável

15. LEITE, Carlos Henrique Bezerra. *Curso de direito processual do trabalho*, cit., 8. ed., p. 1134.

> à constituição válida e regular da ação coletiva a apresentação em forma clausulada e fundamentada das reivindicações da categoria, conforme orientação do item VI, letra *e*, da IN 4/1993.

A petição inicial é chamada de representação, da mesma forma que no dissídio individual é chamada de reclamação.

5.6. Fases procedimentais do dissídio

O procedimento do dissídio coletivo é significativamente menos formal do que o procedimento comum. Todavia, deve-se atentar para o fato de que, além de configurar-se como um pressuposto de acesso à jurisdição, são reiteradas as tentativas de conciliação em todos os instantes do processo, como se depreende dos arts. 860, 862 e 863 da CLT.

Uma vez apresentado o dissídio, caberá à Presidência do Tribunal, na forma do art. 860 da CLT, a tentativa de conciliação, em audiência designada para tal fim, podendo, inclusive, apresentar soluções não ventiladas pelas partes. Celebrado o acordo, o feito será distribuído ao um dos desembargadores ou ministros a quem incumbirá a relatoria do feito, sendo submetido ao Tribunal, para homologação.

Havendo homologação, não caberá qualquer recurso, na forma da Lei n. 7.701/88, em seu art. 7º, § 5º, salvo em relação ao Ministério Público do Trabalho.

Tal tentativa de conciliação, todavia, pode ser buscada por outro agente público. Embora seja medida excepcional, há previsão expressa na CLT no sentido de que, quando o dissídio ocorrer fora da sede do Tribunal, poderá o Presidente, se julgar conveniente, delegar à autoridade local as atribuições de que tratam os arts. 860 e 862.

Nesse caso, não havendo conciliação, a autoridade delegada encaminhará o processo ao Tribunal, fazendo exposição circunstanciada dos fatos e indicando a solução que lhe parecer conveniente.

Não aceitos os termos do suscitado pelo suscitante, o Presidente da sessão submeterá aos interessados a solução que lhe pareça capaz de resolver o dissídio. Não havendo acordo, passa-se à fase seguinte, que podemos denominar instrutória, na forma do art. 864 da CLT.

É o que se vê na cláusula genérica das diligências necessárias, consoante a previsão do art. 864 da CLT:

> Art. 864. Não havendo acordo, ou não comparecendo ambas as partes ou uma delas, o presidente submeterá o processo a julgamento, depois de realizadas as diligências que entender necessárias e ouvida a Procuradoria.

A audiência de tentativa de conciliação nos dissídios coletivos ocorrerá no prazo máximo de dez dias (art. 860 da CLT), salvo na hipótese de greve, em que se realizará no menor tempo possível, notificadas as partes dissidentes por mandado, telefonema, telegrama ou fax, e o Ministério Público, na forma da lei.

Merece destaque, todavia, a menção de que da notificação do suscitado constará, expressamente, que suas razões escritas e a proposta de conciliação, também por escrito, deverão ser apresentadas na audiência de conciliação.

Nesse momento, deve o suscitado esclarecer destacadamente as condições financeiras das empresas, bem como a situação econômica do respectivo setor de atividades, de forma a justificar possível oposição às cláusulas que importem majoração salarial. Segundo Amauri Mascaro Nascimento:

> O procedimento, nos dissídios coletivos, é mais simplificado, apesar da sua importância, do que o dos dissídios individuais, uma vez que neles não há instrução probatória, inquirição das partes e de testemunhas, embora a juntada de um ou outro documento deva ser permitida. A estrutura procedimental do dissídio coletivo visa atender a sua função de meio de solução do conflito coletivo, jurídico ou de interesses[16].

Podemos compreender a instrução como a coleta de elementos fáticos necessários ao perfeito conhecimento da causa e das condições de trabalho da categoria. Apesar da relevância teórica, na prática tanto os litigantes, quanto o Estado-Juiz dispensam essa produção de provas.

Por fim, impossibilitada a conciliação (e encerrada a instrução), já que sorteado o desembargador ou ministro relator, encaminham-se os autos ao Ministério Público do Trabalho, para o parecer obrigatório, na forma da Lei n. 7.701/88, art. 11, c/c a LC 75/93, art. 83, IX.

O parecer do *Parquet* pode ser proferido oralmente na própria audiência de instrução, ou na sessão de julgamento, quando oportuna se mostrar a impressão de maior celeridade ao feito, notadamente nos casos de greve. Segundo o RITST:

> Art. 242. Para julgamento, o processo será incluído em pauta preferencial, se for caso de urgência, sobretudo na ocorrência ou iminência de paralisação do trabalho.
> Parágrafo único. Na hipótese de greve em serviços ou atividades essenciais, poderá o Presidente do Tribunal, justificando a urgência, dispensar a inclusão do processo em pauta, convocar sessão para julgamento do dissídio coletivo,

16. NASCIMENTO, Amauri Mascaro. *Curso de direito processual do trabalho*, 27. ed., cit., p. 909.

notificando as partes, por meio de seus patronos, e cientificando o Ministério Público, tudo com antecedência de, pelo menos, 12 (doze) horas.

Ou seja, o prazo para análise dos processos por sua relatoria pode ser bastante exíguo, embora inexista definição legal acerca desse mesmo prazo.

Ao submeter o feito a julgamento, procede-se à votação, uma a uma, das cláusulas objeto da lide, orientando-se muitas vezes de acordo com os precedentes normativos da casa (TST ou TRT), devendo a decisão ser devidamente fundamentada, de modo a traduzir, em seu conjunto, a justa composição do conflito de interesse das partes, e guardar adequação com o interesse da coletividade. Concluído o julgamento, dar-se-á sua publicação, na forma do art. 867 da CLT.

5.7. Recursos no dissídio coletivo. As despesas processuais das custas e honorários.

Há ainda a possibilidade de interposição de recurso contra a sentença normativa, proferida no âmbito dos dissídios coletivos.

Da decisão proferida em dissídio coletivo perante o TRT caberá recurso ordinário para o TST, no prazo de oito dias. O prazo recursal inicia-se a partir da notificação postal, seguindo o *caput* do art. 867 da CLT. Todavia, havendo publicação no *Diário Oficial*, a partir da Lei n. 11.419/2006, tem-se como iniciado o prazo a partir da mera publicação:

> RECURSO ORDINÁRIO. ACÓRDÃO RECORRIDO PUBLICADO NO DIÁRIO DA JUSTIÇA ELETRÔNICO. POSTERIOR NOTIFICAÇÃO POSTAL. APELO INTEMPESTIVO. A contagem do prazo processual se faz levando em conta a data de publicação do ato pelo Diário da Justiça eletrônico, nos termos da Lei n. 11.419/2006. A notificação postal posterior às Partes não pode servir de parâmetro para o cômputo do prazo recursal, pelo que se afigura intempestivo o Apelo. Recurso Ordinário não conhecido (RO 138-47.2011.5.22.0000, rel. Min. Maria de Assis Calsing, j. 15-10-2013, Seção Especializada em Dissídios Coletivos, *DEJT* 18-10-2013).

Para o dissídio coletivo originário no âmbito do TST, seu julgamento, como já vimos, dar-se-á perante a SDC, e contra a sentença normativa proferida naquela Seção caberão embargos infringentes para a própria SDC, como já verificamos quando cuidamos dos recursos em espécie, se a decisão não for unânime e a decisão recorrida não estiver em consonância com precedente normativo do próprio TST.

No tocante ao preparo, só há necessidade do recolhimento das custas, não havendo falar em depósito recursal, mesmo porque não há condenação em pecúnia, conforme a IN 3/93, item V:

> V – Nos termos da redação do § 3º do art. 40, não é exigido depósito para recurso ordinário interposto em dissídio coletivo, eis que a regra aludida atribui apenas valor ao recurso, com efeitos limitados, portanto, ao cálculo das custas processuais.

Atualmente, por força do art. 14 da Lei n. 10.192/2001, o recurso ordinário interposto da sentença normativa sempre terá efeito suspensivo, mas exclusivamente nos termos do quanto deferido pelo Presidente do Tribunal Superior do Trabalho:

> Art. 14. O recurso interposto de decisão normativa da Justiça do Trabalho terá efeito suspensivo, na medida e extensão conferidas em despacho do Presidente do Tribunal Superior do Trabalho.

Contra a decisão de que trata o aludido dispositivo, caberá, no âmbito do TST, o recurso de agravo regimental, para sujeitar a decisão monocrática ao colegiado daquela Corte. Note-se, ademais, que o TST tem entendido que, para que seja conferido o efeito suspensivo, é necessária a existência dos requisitos gerais de cautela, nos quais não se enquadra apenas a irreversibilidade da decisão, como evidencia o seguinte aresto:

> Agravo regimental. Efeito suspensivo. Dissídio coletivo. Requisitos para a concessão. Ausência. – 1. O pedido de Efeito Suspensivo a que alude o art. 14 da Lei n. 10.192/2001 ostenta natureza de tutela cautelar, condicionando-se o seu acolhimento à presença concomitante de dois requisitos: fundado perigo de dano iminente (*periculum in mora*) e plausibilidade jurídica da pretensão almejada (*fumus boni iuris*). 2. Carece de plausibilidade jurídica a alegação de ilegitimidade ad causam relativamente a entidade sindical com a qual a requerente negocia desde 1988. Em sede de cognição sumária, torna-se impossível o necessário aprofundamento no conjunto fático-probatório. 3. Quanto ao perigo da demora, a requerente não cuidou de articular, em nenhum momento, de que forma os efeitos da sentença normativa causar-lhe-iam dano iminente. 4. A pretensão fundada tão somente na alegação de irreversibilidade dos efeitos econômicos da sentença normativa não justifica, por si só, a concessão de efeito suspensivo ao julgado, sob pena de se condicionar a eficácia dessa decisão ao desprovimento do recurso contra ela interposto. 5. Quisesse o legislador privilegiar o argumento da irreversibilidade dos efeitos econômicos decorrentes das cláusulas deferidas em sentença normativa, teria conferido, como regra, efeito suspensivo ao recurso contra ela interposto, além de revogar o art. 14, da Lei n. 10.192/2001. 5. Agravo regimental a que se nega provimento (AgRg-ES 8961-85.2012.5.00.0000, rel. Min. João Oreste Dalazen, j. 19-2-2013, Seção Especializada em Dissídios Coletivos, data de publicação: 26-4-2013).

Obviamente, caberá recurso extraordinário ao STF, no prazo de quinze dias, desde que preenchidos os requisitos para tanto.

A coisa julgada formada a partir do julgamento do dissídio coletivo é meramente formal, mormente porque a sentença normativa, como norma coletiva que é, vige também por tempo determinado. Nesse sentido, as Súmulas n. 397 do TST:

> Súmula n. 397 do TST. AÇÃO RESCISÓRIA. ART. 966, IV, DO CPC DE 2015. ART. 485, IV, DO CPC DE 1973. AÇÃO DE CUMPRIMENTO. OFENSA À COISA JULGADA EMANADA DE SENTENÇA NORMATIVA MODIFICADA EM GRAU DE RECURSO. INVIABILIDADE. CABIMENTO DE MANDADO DE SEGURANÇA. Não procede ação rescisória calcada em ofensa à coisa julgada perpetrada por decisão proferida em ação de cumprimento, em face de a sentença normativa, na qual se louvava, ter sido modificada em grau de recurso, porque em dissídio coletivo somente se consubstancia coisa julgada formal. Assim, os meios processuais aptos a atacarem a execução da cláusula reformada são a exceção de pré-executividade e o mandado de segurança, no caso de descumprimento do art. 514 do CPC de 2015 (art. 572 do CPC de 1973) (ex-OJ 116 da SBDI-2, *DJ* 11-8-2003).

Quanto aos honorários de advogado, no âmbito do dissídio coletivo, o regime será o mesmo previsto no art. 791-A da CLT, qual seja, o das demandas individuais, tendo sido ultrapassada a compressão sobre o tema explicitada na redação da S. 219, III, sobre o tema. Nesse sentido a SDI II do TST já consagrou:

> RECURSO ORDINÁRIO EM DISSÍDIO COLETIVO DE NATUREZA ECONÔMICA INTERPOSTO PELO SINDICATO DA INDÚSTRIA DA CONSTRUÇÃO CIVIL DE JOÃO PESSOA. HONORÁRIOS ADVOCATÍCIOS SUCUMBENCIAIS. PROCESSO AJUIZADO APÓS A VIGÊNCIA DA LEI N. 13.467/2017. VALOR FIXADO. A Lei n. 13.467/2017, apesar de não mencionar, no art. 791-A da CLT, os dissídios coletivos, objetivou, por meio desse dispositivo, uniformizar os honorários advocatícios sucumbenciais no Processo do Trabalho, o que afasta, a meu ver, no caso em tela, a aplicação do item III da Súmula n. 219 deste Tribunal, na forma da jurisprudência até então pacificada desta SDC. Quanto ao percentual a ser aplicado, em observância aos parâmetros delineados no *caput* e no § 2º do art. 791-A da CLT, e considerando a extinção do processo, sem resolução de mérito, entendo por razoável a fixação da verba honorária, no percentual de 15% sobre o valor da causa, majorado pelo Tribunal Regional para R$5.000,00 (cinco mil reais). Recurso ordinário conhecido e parcialmente provido (RO-314-31.2018.5.13.0000, Seção Especializada em Dissídios Coletivos, rel. Min. Dora Maria da Costa, *DEJT* 30-11-2020).

5.8. Dissídios coletivos de extensão (arts. 868 a 871 da CLT) e de revisão (arts. 873 a 875 da CLT)

Cumpre-nos aduzir ainda algumas peculiaridades acerca dos dissídios coletivos de extensão e de revisão.

No dissídio coletivo de extensão, tem-se que o órgão jurisdicional aumenta o âmbito de aplicação da regulamentação coletiva de trabalho. A lei prevê a extensão de sentenças normativas que podem ocorrer quando os processos coletivos são instaurados pelo sindicato dos trabalhadores, no interesse de parte de empregados de uma empresa.

Isso é possível quando os demais empregados da mesma empresa não estão beneficiados pelas disposições instituídas por uma regulamentação coletiva de sindicato a cuja categoria não pertencem. Para uniformização de direitos, na mesma empresa, dois expedientes são utilizados: a instauração de dissídio pelo sindicato ou pelos sindicatos que representam os demais trabalhadores da mesma empresa, ainda que em litisconsórcio, ou a extensão da decisão pelo órgão jurisdicional.

Note-se que não são comuns casos de extensão, que eram mais frequentes na época em que os sindicatos não representavam toda a categoria, mas apenas seus associados. Nessa ocasião, era preciso estender os efeitos da decisão, para beneficiar toda a categoria.

Nesse caso, havendo a extensão dos efeitos da sentença normativa, o Tribunal fixará os termos em que deverá ser cumprida, sendo certo que, no tocante ao prazo, na forma do art. 871 da CLT.

Em relação ao dissídio de revisão, deve ser concebido quando o órgão jurisdicional, considerando que houve sensível alteração nas condições de fato que determinaram a estipulação de certas normas em uma regulamentação coletiva de trabalho, dispõe-se a modificá-las, para uma atualização, segundo as necessidades e os imperativos do interesse social. A revisão é admitida pelo direito positivo brasileiro, dispondo o art. 873 da CLT que:

> ... decorrido mais de 1 (um) ano de sua vigência, caberá revisão das decisões que fixarem condições de trabalho, quando se tiverem modificado as circunstâncias que as ditaram, de modo que tais condições se hajam tornado injustas ou inaplicáveis.

Na forma do art. 874 do mesmo diploma, poderá promovê-la o próprio Tribunal *de ofício*, o Ministério Público do Trabalho ou as organizações sindicais envolvidas. A competência para cuidar do dissídio coletivo revisional é do mesmo Tribunal responsável pelo julgamento do dissídio originário.

6. AÇÃO DE CUMPRIMENTO (ART. 872, PARÁGRAFO ÚNICO, DA CLT)

Outro procedimento especial que merece nossa atenção é o atinente à ação de cumprimento. Já vimos que com base no exercício do poder normativo da Justiça do Trabalho esse ramo especializado do Poder Judiciário estatui normas gerais e abstratas que regerão as relações entre empregados e empregadores durante determinado lapso de tempo.

Dada a generalidade e abstração dos preceitos editados em razão daquele poder normativo, é necessária a adoção de algum mecanismo para a concretização, a materialização da sentença normativa. Um dos instrumentos para a execução daqueles preceitos é justamente a ação de cumprimento. Por isso Amauri Mascaro Nascimento[17] indica que "ação de cumprimento é o dissídio individual executório de sentença normativa".

Segundo o art. 872, parágrafo único, da CLT, quando os empregadores deixarem de satisfazer as obrigações contidas na decisão proferida em sede de sentença normativa, poderão, individual ou coletivamente, apenas juntando o conteúdo daquela decisão, apresentar o pedido de seu cumprimento, perante a Vara do Trabalho competente.

Veja-se, desse modo, que a ação de cumprimento nada mais é que uma demanda por meio da qual se pretende o cumprimento do quanto normatizado coletivamente. É uma "ação trabalhista individual como as demais, movida em primeira instância, tendo como objetivo condenar o empregador a pagar ou a fazer, nos termos da sentença normativa que não cumpriu espontaneamente"[18].

Poderá ser movida tanto pelo sindicato representativo da categoria quanto pelo trabalhador, individualmente considerado.

No que toca a seu cabimento, a partir da redação do art. 872 da CLT, parece possível a utilização da ação de cumprimento apenas para fazer cumprir as sentenças normativas, mas não os acordos ou convenções coletivos de trabalho. Todavia, há quem pretenda, de outro lado, mormente a partir da Lei n. 8.984/95, em seu art. 1º, que a ação de cumprimento seja o meio processual adequado para a defesa dos interesses ou direitos constantes não apenas de sentença normativa, mas também de acordo coletivo ou convenção coletiva de trabalho, não espontaneamente cumpridos.

O TST tem entendido ser possível o manejo da ação de cumprimento quanto à observância do conteúdo de acordo e convenção coletiva, em interpretação extensiva do art. 872 da CLT. É o que se depreende da Súmula 286 daquela Corte:

---

17. NASCIMENTO, Amauri Mascaro. *Curso de direito processual do trabalho*, cit., 27. ed., p. 952.
18. NASCIMENTO, Amauri Mascaro. *Curso de direito processual do trabalho*, cit., 27. ed., p. 952.

> SINDICATO. SUBSTITUIÇÃO PROCESSUAL. CONVENÇÃO E ACORDO COLETIVOS. A legitimidade do sindicato para propor ação de cumprimento estende-se também à observância de acordo ou de convenção coletivos.

No mesmo sentido, na doutrina há quem entenda possível a utilização ampla da ação de cumprimento, para a defesa dos interesses ou direitos constantes nas convenções e acordos coletivos. Carlos Henrique Bezerra Leite[19] expressamente assim consigna, assim como Mauro Schiavi[20], apenas por exemplo.

A nós parece possível o manejo das ações de cumprimento para a implementação do quanto pactuado em sede de acordo ou de convenção coletivo de trabalho, além do quanto contido nas sentenças normativas, mas não apenas. À guisa de ser implementada a Lei n. 7.347/75 (art. 11), parece possível a proposição da ação de cumprimento, perante o Judiciário Trabalhista, inclusive para a execução fundada em título executivo extrajudicial outro (como os termos de ajustamento de conduta, previstos no art. 5º, § 6º, da Lei n. 7.347/75). O cabimento da ação de cumprimento não resta limitado à previsão do art. 872 da CLT.

A nosso juízo, ainda, para a materialização do quanto previsto nos acordos coletivos e convenções coletivas, ou mesmo as previsões das sentenças normativas, parece certo que poderão as partes se socorrer, inclusive, das reclamações trabalhistas sob o rito comum ordinário para a satisfação do direito previsto coletivamente. Obviamente, se assim o fizerem, as partes não se beneficiarão das condições próprias do aludido procedimento especial, mas não nos parece que exista qualquer previsão legal que impeça a parte de, querendo, sujeitar-se ao procedimento comum ordinário para ter satisfeita sua pretensão. Todavia, cumpre mencionar que o TST concluiu de forma absolutamente diversa ao entender que falta interesse de agir para a ação individual, singular ou plúrima, quando o direito já tiver sido reconhecido por decisão normativa, sendo imperioso o manejo da pretensão por meio de ação de cumprimento.

É o que se depreende da OJ 188 da SDI I:

> Falta interesse de agir para a ação individual, singular ou plúrima, quando o direito já foi reconhecido através de decisão normativa, cabendo, no caso, ação de cumprimento.

Com o cancelamento da Súmula 359 do TST, parece agora possível, inclusive às federações sindicais, exigirem o cumprimento das sentenças normativas na qualidade de substituto processual da categoria profissional inorganizada.

---

19. LEITE, Carlos Henrique Bezerra. *Curso de direito processual do trabalho*, cit., 15. ed., p. 1627.

20. SCHIAVI, Mauro. *Manual de direito processual do trabalho*. 10. ed. São Paulo: LTr, 2016. p. 1344.

No tocante à forma, a ação de cumprimento será processada nos mesmos termos das demandas ajuizadas sob o rito comum ordinário. Será sujeita aos mesmos regramentos, inclusive os recursais. Há especificidade, contudo, porquanto se exige que juntamente com a petição inicial se apresentem os termos daquilo que se pretende executar juntamente com documento atestando o descumprimento daquele conteúdo. O usual é que tal comprovação decorra de procedimentos instaurados nas Superintendências Regionais do Trabalho e/ou no Ministério Público do Trabalho.

Mas há questão relevante ainda. Isso porque a sentença normativa, como regra, não está sujeita a qualquer efeito suspensivo, na hipótese de recurso ordinário objetando aquela decisão. Tal medida permite, portanto, sua execução imediata.

Todavia, no tocante ao prazo prescricional, o entendimento consolidado da jurisprudência do TST é no sentido de que tal prazo seja contado apenas a partir do trânsito em julgado da sentença normativa. É o que se conclui da Súmula 350 daquele Tribunal:

> Prescrição. Termo inicial. Ação de cumprimento. Sentença normativa. O prazo de prescrição com relação à ação de cumprimento de decisão normativa flui apenas da data de seu trânsito em julgado.

Tal fato gera repercussão interessante. É que, se poderemos ajuizar ação de cumprimento fundada em sentença normativa, sem que esta última tenha transitado em julgado, poderemos ter a coisa julgada da ação de cumprimento antes da coisa julgada da própria sentença normativa. Note-se, no particular, que o STF já teve a oportunidade de se pronunciar a respeito do tema nos autos do RE 428.154. Naquele julgamento restou evidenciado que a extinção da sentença proferida em ação de cumprimento, quando decorrente da perda da eficácia da sentença normativa que a ensejou, não implica violação da coisa julgada:

> DIREITO PROCESSUAL. RECURSO EXTRAORDINÁRIO. DISSÍDIO COLETIVO. EXTINÇÃO DA AÇÃO DE CUMPRIMENTO DIANTE DA PERDA DE EFICÁCIA DA SENTENÇA NORMATIVA. AUSÊNCIA DE VIOLAÇÃO À COISA JULGADA. 1. A extinção da ação de cumprimento, quando decorrente da perda da eficácia da sentença normativa que a ensejou, não implica violação à coisa julgada. Precedente: RE 394.051-AgR, Rel. Min. Dias Toffoli. 2. O acórdão do Tribunal de origem apresenta fundamentação suficiente, embora em sentido contrário aos interesses da parte recorrente, circunstância que não configura violação ao arts. 5º, LIV e LV, e 93, IX, da CF/88. 3. Recurso extraordinário a que se nega provimento (RE 428.154, rel.

Min. Marco Aurélio, rel. p/ acórdão Min. Roberto Barroso, Tribunal Pleno, j. 7-5-2015, acórdão eletrônico *DJe*, 151, divulg. 31-7-2015, public. 3-8-2015).

Veja que, diante desse fato, parece certo que, em caso de extinção da decisão precedente, há perda da eficácia executória da sentença da ação de cumprimento, justamente em razão da declaração de inexistência jurídica do preceito que se pretende executar, sendo inviável, inclusive, a ação rescisória para atacar o julgado da ação de cumprimento. Nesse sentido o TST, na Súmula 397:

> AÇÃO RESCISÓRIA. ART. 966, IV, DO CPC DE 2015. ART. 485, IV, DO CPC DE 1973. AÇÃO DE CUMPRIMENTO. OFENSA À COISA JULGADA EMANADA DE SENTENÇA NORMATIVA MODIFICADA EM GRAU DE RECURSO. INVIABILIDADE. CABIMENTO DE MANDADO DE SEGURANÇA. Não procede ação rescisória calcada em ofensa à coisa julgada perpetrada por decisão proferida em ação de cumprimento, em face de a sentença normativa, na qual se louvava, ter sido modificada em grau de recurso, porque em dissídio coletivo somente se consubstancia coisa julgada formal. Assim, os meios processuais aptos a atacarem a execução da cláusula reformada são a exceção de pré-executividade e o mandado de segurança, no caso de descumprimento do art. 514 do CPC de 2015 (art. 572 do CPC de 1973) (ex-OJ 116 da SBDI-2, *DJ* 11-8-2003).

Da decisão proferida na ação de cumprimento é cabível recurso ordinário para o Tribunal Regional do Trabalho. Sua execução segue o rito de execução por título judicial da Justiça do Trabalho.

7. AÇÃO ANULATÓRIA DE CLÁUSULAS CONVENCIONAIS (ART. 83, IV, DA LC 75/83)

É preciso tratar, ainda, da ação anulatória de cláusulas convencionais, prevista no art. 83, IV, da Lei Complementar n. 75/93. Embora a Constituição Federal assegure o reconhecimento das convenções e acordos coletivos de trabalho (art. 7º, XXVI), bem como o art. 8º, § 3º indique que o Judiciário balizará sua atuação pelo princípio da intervenção mínima na autonomia da vontade coletiva, é sabido que nenhum poder é ilimitado. Por isso, também as previsões convencionadas coletivamente estão sujeitas à jurisdição, a fim de evitar excessos. E, assim, assegura-se ao Ministério Público do Trabalho a prerrogativa de propor as ações cabíveis para declaração de nulidade de cláusula de contrato, acordo coletivo ou convenção coletiva que viole as liberdades individuais ou coletivas ou os direitos individuais indisponíveis dos trabalhadores.

Trata-se, portanto, de procedimento especial voltado à conformação das vontades coletivas estipuladas por meio dos acordos ou convenções coletivos de trabalho, ou mesmo às pactuações em sede individual, às liberdades individuais ou direitos indisponíveis dos trabalhadores. Possui como objeto a anulação das cláusulas das convenções ou acordos coletivos, ou ainda contratos individuais de trabalho em que se violem tais liberdades ou direitos.

As sentenças proferidas em tais procedimentos especiais são constitutivas negativas, justamente por terem como objeto a desconstituição dos termos daquilo que foi coletivamente pactuado pelas entidades sindicais, ou convencionado, em desacordo com o ordenamento jurídico. Tal procedimento especial não admite pedido condenatório, como vem se posicionando o E. TST.

7.1. Hipótese de cabimento

Segundo se depreende do inciso IV do art. 83 da LC 75/93, o cabimento da ação de cumprimento está adstrito às hipóteses em que configurada a violação de liberdades individuais e coletivas (tais como a intimidade, privacidade, filiação ou desfiliação) ou a violação de direitos individuais indisponíveis, como previsto no art. 444 da CLT (as disposições de proteção ao trabalho, aos contratos coletivos que lhes sejam aplicáveis e às decisões das autoridades competentes).

Historicamente, as hipóteses mais comuns de utilização das denominadas ações anulatórias pelo MPT eram aquelas em que se buscava desconstituir os descontos instituídos pelas assembleias sindicais, as que instituíam contribuições confederativas para os não filiados e outros descontos. Todavia, nada impedia que existissem outros fundamentos para o manejo das ações anulatórias. É o que se conclui:

> 3.4. AÇÃO ANULATÓRIA DE CLÁUSULAS CONVENCIONAIS (art. 83, IV, LC 75/93) RECURSO ORDINÁRIO EM AÇÃO ANULATÓRIA PROPOSTA PELO MINISTÉRIO PÚBLICO DO TRABALHO. ACORDO COLETIVO DE TRABALHO. REGIME DE PRESTAÇÃO DE SERVIÇOS EM JORNADAS DE 12 HORAS DURANTE QUINZE DIAS, SEGUIDOS DE QUINZE DIAS DE FOLGA. INTERVALO INTRAJORNADA. SUPRESSÃO. EXCLUSÃO DA REDUÇÃO FICTA DA HORA NOTURNA SEM COMPENSAÇÃO ADICIONAL. INVALIDADE DA CLÁUSULA. 1. A cláusula do acordo coletivo de trabalho fixou o regime de prestação de serviços em jornada de 12 horas durante quinze dias, seguidos de quinze dias de folga, implicando, portanto, o cumprimento de 84 (oitenta e quatro) horas semanais, o que extrapola o limite de 44 horas imposto no art. 7º, XIII, da Constituição Federal. 2. Além

disso, a cláusula coletiva prevê a supressão do intervalo para descanso e refeição, o que também a invalida, uma vez que o intervalo intrajornada constitui medida de higiene, saúde e segurança do trabalho, garantido por norma de ordem pública (art. 71 da CLT e art. 7º, XXII, da CF/1988), infenso à negociação coletiva, nos termos do item II da Súmula n. 437 deste Tribunal. Relativamente à hora noturna ficta, de igual modo, é nula a cláusula que a suprimiu sem compensação aos trabalhadores (Súmula n. 60 do TST). Recurso ordinário a que se dá provimento (TST, RO 16396020105080000, 1639-60.2010.5. 08.0000, rel. Walmir Oliveira da Costa, j. 13-5-2013, Seção Especializada em Dissídios Coletivos, *DEJT* 17-5-2013).

Todavia, parece que a Lei n. 13.467/2017 trouxe uma série de novos parâmetros a serem tomados em conta para a apuração do cabimento da aludida ação anulatória. É que o art. 611-B, com a redação conferida pela Lei n. 13.467/2017, trouxe rol de objetos ilícitos em sede de convenção coletiva ou de acordo coletivo. Ora, parece que, ao ter explicitado rol de direitos impassíveis de transação, o legislador fixou com meridiana clareza, mas sem taxatividade, diga-se, os limites convencionais da vontade coletiva. Excedidos tais limites pela negociação coletiva, parece possível o manejo da ação anulatória correspondente.

7.2. Competência e procedimento

A competência para processar e julgar a ação anulatória será fixada a partir do negócio sujeito a anulação. Em se tratando de acordo ou convenção coletiva, considerando a existência do interesse coletivo tutelado pelas entidades sindicais, ter-se-á a competência originária do Tribunal Regional do Trabalho cuja jurisdição abranja a extensão da negociação coletiva em discussão. Embora não exista previsão legal que assim imponha, tem-se a ação anulatória como o reverso da mesma moeda, atinente aos dissídios coletivos. Assim, por força do art. 678, I, *a*, tem-se o procedimento como de competência originária do TRT:

RECURSO ORDINÁRIO. AÇÃO ANULATÓRIA. COMPETÊNCIA HIERÁRQUICA DO TRIBUNAL REGIONAL DO TRABALHO. Conforme jurisprudência desta Corte Superior, embora não haja lei que disponha sobre a competência funcional para julgamento de ação anulatória, aplica-se por analogia o disposto no art. 678, I, a, da CLT, atribuindo-se aos Tribunais Regionais a competência funcional originária para conhecer e julgar a ação anulatória que objetiva a declaração de nulidade de cláusula coletiva. Precedentes. Recurso ordinário a que se nega provimento. (...) (TST, RO 26432420105120000,

> 2643-24.2010.5.12.0000, rel. Kátia Magalhães Arruda, j. 13-8-2012, Seção Especializada em Dissídios Coletivos).
>
> RECURSO ORDINÁRIO EM AÇÃO ANULATÓRIA. RECURSO DO MINISTÉRIO PÚBLICO. COMPETÊNCIA FUNCIONAL DO TRIBUNAL REGIONAL PARA JULGAR AÇÃO ANULATÓRIA. Em decorrência de a ação anulatória ter por objetivo a nulidade de cláusula inserida em instrumento normativo, atingindo toda uma determinada categoria, induvidoso o seu enquadramento no âmbito do poder normativo dos Tribunais. Isto porque, em sendo atribuição originária dos Tribunais Regionais do Trabalho conciliar e julgar os dissídios coletivos, conforme estabelecido no art. 678, I, da Consolidação das Leis do Trabalho, tem-se que a competência, *in casu*, é dos Tribunais Regionais e não das Varas do Trabalho, que têm sua competência restrita a ações cujo objeto se traduza em condição estabelecida em contrato individual (art. 650 da CLT), diversamente da hipótese dos autos. Recurso provido. (...) (TST, ROAA 7327362220015175555, 732736-22.2001.5.17.5555, rel. Wagner Pimenta, j. 12-9-2002, Seção Especializada em Dissídios Coletivos, *DJ* 4-10-2002).

De outro lado, na hipótese em que o objeto da ação anulatória seja a previsão contida em contrato de trabalho, tem-se como primordial o interesse individual de uma das partes, e, portanto, a competência seria do juízo de primeiro grau, na forma do art. 652, *a*, IV, da CLT.

Julgada a ação anulatória, cabível o recurso ordinário para a instância superior.

7.3. Legitimidade

Quanto à legitimidade para a ação anulatória de cláusula convencional, tem-se como incontroversa a legitimação ativa do Ministério Público do Trabalho para tanto. É o que se depreende da expressa redação do art. 83, IV, da LC 75/93.

Tem-se, todavia, entendido que a legitimação do MPT não é exclusiva. Excepcionalmente se reconhece a legitimação dos sindicatos convenentes e à empresa signatária a legitimação para o manejo da ação anulatória, quando demonstrado o vício de vontade, segundo precedente do TST:

> RECURSO ORDINÁRIO. AÇÃO ANULATÓRIA DE CLÁUSULA DE CONVENÇÃO COLETIVA PROPOSTA PELO MINISTÉRIO PÚBLICO DO TRABALHO. PRELIMINAR DE ILEGITIMIDADE ATIVA E DE AUSÊNCIA DE INTERESSE DE AGIR DO MPT. A jurisprudência desta SDC, quanto à matéria, é no sentido de que a legitimidade para o ajuizamento de ação anu-

> latória de convenção coletiva está, essencialmente, adstrita ao Ministério Público do Trabalho, consoante previsão legal (art. 83, IV, da LC 75/93), e, excepcionalmente, aos sindicatos convenentes e à empresa signatária, quando demonstrado vício de vontade. (...) (TST, RO 10023998120155020000, rel. Mauricio Godinho Delgado, j. 14-8-2017, Seção Especializada em Dissídios Coletivos, *DEJT* 29-8-2017).

No mesmo sentido, o TST tem reconhecido ser legítimo para propor a demanda o sindicato que não celebrou norma coletiva, mas que tenha sido prejudicado pelo instrumento objeto da impugnação:

> RECURSO ORDINÁRIO – AÇÃO ANULATÓRIA – LEGITIMIDADE ATIVA. Na Ação Anulatória, a C. SDC entende pela legitimidade ativa do sindicato que não celebrou a norma coletiva, mas que tenha sido prejudicado pelo instrumento objeto da impugnação. (...) (TST, RO 114247420165030000, rel. Maria Cristina Irigoyen Peduzzi, j. 9-10-2017, Seção Especializada em Dissídios Coletivos, *DEJT* 18-10-2017).

A nosso modesto sentir, parece que, diante da ausência de sistematicidade da questão, deveria o Poder Judiciário aproximar a legitimação para a proposição da ação anulatória das perspectivas equivalentes àquelas estabelecidas pelo STF, no tocante à denominada pertinência temática, no âmbito do controle de constitucionalidade.

Segundo o STF, o requisito da pertinência temática se traduz na relação de congruência que necessariamente deve existir entre os objetivos estatutários ou as finalidades institucionais da entidade autora e o conteúdo material da norma questionada em sede de controle abstrato, como expôs na ADIn 1.157-MC o Ministro Celso de Mello. A matéria não é estranha às demandas laborais, consoante se infere da Súmula 630 do STF:

> A entidade de classe tem legitimação para o mandado de segurança ainda quando a pretensão veiculada interesse apenas a uma parte da respectiva categoria.

Nesse sentido, parece adequado, guardando o que se deve guardar, que para a identificação da legitimação para a propositura da ação anulatória se deva identificar, do ponto de vista subjetivo, se existe alguma congruência entre os objetivos institucionais da pessoa jurídica autora e os da demanda. Se se permitir a identificação do envolvimento da própria pessoa jurídica titularizada (sindicato), ou cujo patrimônio jurídico se pretenda instrumentalizar na avença sujeita a anulação seja igualmente representada pela entidade coletiva, parece certa sua legitimação para o manejo do procedimento especial.

Nesse sentido, não parece haver legitimação para o manejo da ação anulatória de cláusula coletiva para a pretensão formulada individualmente. Foi exatamente essa a vedação contida no art. 611-A, § 5º, *in fine*, da CLT, quando explicitou ser vedada a apreciação de conteúdo anulatório de cláusula negocial por ação individual. Tal previsão legal já contava com algum amparo jurisprudencial, consoante se infere:

> ACORDO COLETIVO DE TRABALHO E CONVENÇÕES – AÇÃO ANULATÓRIA DE CLÁUSULAS – ATRIBUIÇÃO DO MINISTÉRIO PÚBLICO DO TRABALHO – RECONHECIMENTO – "Ação anulatória. Legitimidade ativa exclusiva do Ministério Público do Trabalho (arts. 127 e seguintes da Constituição Federal, c/c o art. 83 da Lei Complementar n. 75, de 20.05.1993). Ilegitimidade ativa do empregado. O membro de uma categoria, seja econômica seja profissional, não tem legitimidade para pleitear, em ação anulatória, a declaração de nulidade, formal ou material, de uma ou de algumas das condições de trabalho constantes de instrumento normativo. Se entende que seu direito subjetivo está ameaçado ou violado, cabe-lhe discutir, por meio de dissídio individual, a validade, formal ou material, seja da Assembleia Geral, seja das condições de trabalho, postulando não a sua nulidade, mas sim a sua ineficácia, com efeitos restritos no processo em que for parte. Realmente, permitir que o trabalhador ou uma empresa, isoladamente, em ação anulatória, venha se sobrepor à vontade da categoria, econômica ou profissional, que representa a legítima manifestação da Assembleia, quando seus associados definem o objeto e o alcance de seu interesse a ser defendido, é negar validade à vontade coletiva, com priorização do interesse individual, procedimento a ser repelido nos exatos limites da ordem jurídica vigente. Ação anulatória extinta sem apreciação do mérito, nos termos do art. 267 do CPC" (TST, ROAA 771/2002.000.12.00.1, SDC, rel. Min. João Oreste Dalazen, *DJU*, 1, 11-4-2006).

Mas o mesmo art. 611-A, § 5º, trouxe ainda outra questão relevante. Segundo tal previsão legal, os sindicatos subscritores de convenção coletiva ou de acordo coletivo de trabalho participarão, como litisconsortes necessários, em ação coletiva que tenha como objeto a anulação de cláusulas desses instrumentos. Não se está a exigir, portanto, como inadvertidamente se entendeu em algum momento, que em qualquer demanda em que se pretenda a discussão quanto à interpretação ou efeito do ajuste convencional seja elementar a participação, como litisconsorte necessário, das entidades sindicais subscritoras da convenção ou acordo. A participação das aludidas entidades se dará, necessariamente, apenas, quando houver pretensão anulatória dos termos convencionados.

8. PROCEDIMENTO ESPECIAL DE CONSIGNAÇÃO EM PAGAMENTO (ARTS. 539 A 549 DO CPC)

O procedimento especial de consignação em pagamento nada mais é que o instrumento processual cabível para que o responsável pelo adimplemento de determinada obrigação obtenha a extinção de sua obrigação, em face do credor ou terceiro, seja definindo o titular do bem da vida, seja dando por cumprida a obrigação, com a consequente declaração judicial de quitação.

Ainda hoje há alguma polêmica acerca da aplicação desse expediente no âmbito da Justiça do Trabalho, notadamente da consignação extrajudicial, em face das próprias peculiaridades do processo do trabalho. De todo modo, majoritariamente se tem admitido tal expediente.

Por meio da ação consignatória o devedor ou terceiro requer, com efeito de pagamento, a consignação da coisa ou dinheiro devido, inclusive quanto à forma de cumprir a obrigação. Segundo os arts. 335 e 336 do CC, cabe a consignação quando:

> Art. 335. A consignação tem lugar:
> I – se o credor não puder, ou, sem justa causa, recusar receber o pagamento, ou dar quitação na devida forma;
> II – se o credor não for, nem mandar receber a coisa no lugar, tempo e condição devidos;
> III – se o credor for incapaz de receber, for desconhecido, declarado ausente, ou residir em lugar incerto ou de acesso perigoso ou difícil;
> IV – se ocorrer dúvida sobre quem deva legitimamente receber o objeto do pagamento;
> V – se pender litígio sobre o objeto do pagamento.
> Art. 336. Para que a consignação tenha força de pagamento, será mister concorram, em relação às pessoas, ao objeto, modo e tempo, todos os requisitos sem os quais não é válido o pagamento.

A partir da redação dos referidos dispositivos legais se verifica que, na verdade, as hipóteses de cabimento da consignatória não estão dispostas na legislação processual, mas na regulamentação do direito material em discussão. Assim, deve-se compreender que tal procedimento não encontra restrição, quanto a seu cabimento ou processamento, nos estritos termos do quanto previsto na legislação processual civil.

Trata-se de procedimento especial bastante usual na Justiça do Trabalho, embora, para que seja procedente a consignatória, seja necessária a configuração de alguma daquelas possibilidades. Fora de uma daquelas hipóteses, evidente a improcedência da pretensão consignatória:

> Ação de consignação em pagamento. Improcedência. – A ação de consignação em pagamento, na Justiça do Trabalho, possui como objetivo precípuo evitar a *mora debitoris* por parte do empregador, no caso de o obreiro recusar-se a receber as verbas rescisórias e dar quitação da resilição contratual. Inexistindo *in casu* a recusa do empregado e não tendo o consignante sequer entrado em contato com o obreiro, resta configurada a ausência do pressuposto essencial à procedência da demanda. Recurso conhecido e improvido (00177/2007-009-07-00-0, rel. Manoel Arízio Eduardo de Castro, j. 2-2-2009, 7ª Região, 1ª Turma, *DOJT* 12-3-2009).

Veja-se, no particular, que as hipóteses mais comuns quanto ao cabimento do aludido expediente são justamente quando a parte recusa receber o pagamento (i), o credor não for, nem mandar receber a coisa no lugar, tempo e condição devidos (ii), se o credor for incapaz de receber, for desconhecido, declarado ausente ou residir em lugar incerto ou de acesso perigoso ou difícil (iii), ocorrer dúvida sobre quem deva legitimamente receber o objeto do pagamento (iv) ou se pender litígio sobre o objeto do pagamento (v).

Todavia, não se pode ignorar o fato de que é também hipótese da ação consignatória aquela em que pretende a parte "dar quitação na devida forma" a sua obrigação, tal qual previsto no inciso I do art. 335, *in fine*, do Código Civil.

Assim porque, por exemplo, é admissível a ação consignatória ainda que os eventuais valores devidos a título de parcelas rescisórias, por exemplo, já tenham sido disponibilizados à parte trabalhadora, mas quando falta ao demandado a eficácia liberatória da rescisão, inclusive a entrega dos documentos rescisórios. Nesse sentido:

> AÇÃO DE CONSIGNAÇÃO EM PAGAMENTO. ENTREGA DE DOCUMENTOS. A ação de consignação em pagamento é o instrumento jurídico-processual indicado para que o devedor, ou terceiro de uma obrigação de dar coisa ou de pagar quantia em favor do credor, obtenha reconhecimento da sua liberação e, assim também, a quitação. Portanto, não há que se declarar extinta, sem resolução do mérito, a *actio* consignatória que pretende a entrega dos documentos referentes à extinção do pacto laboral e, por conseguinte, o cumprimento de sua obrigação (TRT – 3ª Região, RO 00017201405403006 0000017-74.2014.5.03.0054, rel. Taisa Maria M. de Lima, 3ª Turma, data de publicação: 9-6-2014, 6-6-2014. *DEJT/TRT3*, Cad. Jud., p. 45. Boletim: Sim).

Por fim, no tocante à consignatória extrajudicial, no art. 539, § 1º, do CPC, pode ser sintetizada como a hipótese de o devedor optar pelo depósito da quantia em instituição financeira oficial, notificando o credor para que manifeste sua recusa em receber, no prazo de dez dias. Decorrido o prazo, o devedor estaria exonerado da obrigação, ficando o montante à disposição do credor.

Pode-se dizer que as disposições legais referentes àquele procedimento, embora sejam compatíveis com o processo judicial do trabalho, possuem pouca utilidade prática, porquanto o TST sempre teve posicionamento firme no sentido de que, dada a redação do art. 477, §§ 1º e 2º, da CLT, seria inadmissível a eficácia liberatória do depósito para o trabalhador que possua mais de um ano de vínculo de emprego:

> Quitação. Consignação em pagamento extrajudicial. Empregado com mais de um ano de serviço. – 1. A quitação de parcelas oriundas do contrato de trabalho, mediante consignação em pagamento extrajudicial, na hipótese de o empregado contar com tempo de serviço superior a 1 (um) ano, é incompatível com o direito e o processo do trabalho porquanto devem ser satisfeitas as exigências do art. 477, §§ 1º e 2º, da CLT. Não viola o art. 890, §§ 1º e 2º, do CPC e art. 769 da CLT decisão nesse sentido. 2. Recurso de revista não conhecido (599554-78.1999.5.18.5555, rel. João Oreste Dalazen, 1ª Turma, j. 11-10-2000, *DJ* 2-2-2001).

Tal entendimento poderá ser alterado diante da revogação do § 1º do art. 477 da CLT, bem como pela indicação, no *caput* do artigo, de que, na extinção do contrato de trabalho, o empregador deverá proceder à anotação na Carteira de Trabalho e Previdência Social, comunicar a dispensa aos órgãos competentes e realizar o pagamento das verbas rescisórias no prazo e na forma estabelecidos neste artigo, tornando desnecessária a exigência da homologação sindical, outrora prevista. A nosso sentir, todavia, a questão merece algum vagar, na medida em que inúmeras convenções coletivas de trabalho podem continuar a prever a homologação da rescisão contratual perante as entidades sindicais. Assim, em se mantendo a exigência prevista no então *caput* e § 1º do art. 477 da CLT, deve se manter o entendimento então firmado pelo E. TST.

Em relação ao procedimento judicial, podemos dizer que a petição inicial será escrita, por analogia ao art. 853 da CLT.

Como menciona Edilton Meireles[21], deve-se observar o procedimento ordinário do CPC, com adaptação naquilo que for peculiar do procedimento laboral. Daí por que é preciso estar atento se o objeto da prestação é coisa indeterminada, e a escolha cabe ao credor, devendo-se se facultar sua opção, dentro de cinco dias.

21. MEIRELES, Edilton. Procedimentos especiais na Justiça do Trabalho. *In*: CHAVES, Luciano Athayde (org.). *Curso de processo do trabalho*. São Paulo: LTr, 2009. p. 1109.

Note-se que, em se tratando de obrigação de pagar, na apreciação da petição inicial da ação consignatória, deve o juízo analisar se foi ou não realizado o depósito, dado que, se o devedor não houver cumprido esse encargo, há que ser deferido prazo para a realização do depósito. Caso não o faça no prazo, a ação deve ser extinta.

Citado o credor consignado e não comparecendo à audiência, quando deverá apresentar defesa, ter-se-á configurada a revelia, na forma do art. 844 da CLT e do art. 549 do CPC, com a consequente exoneração do devedor das obrigações consignadas. Comparecendo o credor e aceitando-se o valor, ter-se-á o mesmo efeito, na forma do art. 546, parágrafo único, do CPC.

Não comparecendo o devedor consignante na audiência, ter-se-á como arquivada a demanda, não havendo falar em interrupção da contagem dos juros e os riscos.

Caso a consignatória seja julgada improcedente, caberá ao credor o levantamento da quantia. Ainda nessa hipótese, consignará o juízo o montante devido em sentença, tendo esta o caráter de título executivo, facultando-se ao credor promover sua execução. A sentença de improcedência terá efeitos declaratórios e condenatórios. Na hipótese de ser julgada procedente, não há falar em levantamento por parte do credor.

No tocante à resposta do consignado, podemos dizer que poderá ele se valer de todos os meios de defesa, inclusive as exceções (territorial e de impedimento), além da contestação. No atinente à contestação, por óbvio, há uma limitação quanto às matérias suscitáveis contra o consignante, consoante dispõe o art. 544 do CPC, aplicável.

Note-se, no particular, que há alguma discussão acerca dos termos da resposta, se esta poderá ser seguida da reconvenção. No âmbito do processo civil há muitas discussões, já tendo o E. STJ se pronunciado acerca do cabimento do aludido expediente (REsp 26.830-RS, rel. Min. Cesar Asfor Rocha, 4ª Turma, j. 10-12-1996, *DJ* 22-4-1997, p. 14428).

No âmbito do Judiciário Trabalhista muito menos controvérsia há, de modo que se entende plenamente cabível a adoção da reconvenção em sede do procedimento especial de consignação, fazendo-se uma única instrução e decidindo-se tanto a ação consignatória quanto a reconvenção na mesma oportunidade. De outro modo, se o consignado suscita ser o depósito apenas parcial, será possível ao consignante completar o valor, em dez dias.

No tocante aos demais trâmites, são absolutamente semelhantes às demais reclamações trabalhistas. De todo modo, essencial identificar que a coisa julgada somente se formará acerca da questão relativa ao pagamento.

9. MANDADO DE SEGURANÇA

Como diz Amauri Mascaro, o "mandado de segurança é meio impugnativo constitucional para a proteção de direito individual, próprio, líquido e certo, não amparado por *habeas corpus*". Trata-se de importante garantia constitucional, que visa proteger direito líquido e certo, não amparado por *habeas corpus* e *habeas data*, na forma do art. 5º, LXIX e LXX, da CF/88, contra autoridade pública ou agente no exercício de função pública. Nesse sentido:

> O mandado de segurança (como também o *habeas corpus*, a ação popular e, hoje, o *habeas data* e o mandado de injunção) não são simples ações reconduzíveis ao princípio de que a lei não excluirá da apreciação do Poder Judiciário lesão ou ameaça a direito. Assim fosse, e não haveria necessidade de a Constituição delinear, em separado, os referidos remédios. O certo é que os instrumentos constitucionais-processuais são ações a que a constituição atribuiu – na feliz expressão de Kazuo Watanabe – eficácia potenciada (Grinover, Ada Pellegrini. "Mandado de segurança coletivo: legitimação e objeto." *RePro* 57).

Como se vê, a partir da redação do art. 1º da Lei n. 12.016/2009, nota-se que o mandado de segurança tanto pode ser preventivo (para prevenir a lesão) como repressivo (quando já houver ocorrido a lesão ao direito do impetrante). Para a utilização do *writ* faz-se necessária a presença do direito líquido e certo, ou seja, aquele cuja comprovação dos fatos o seja desde o ajuizamento da ação. Como diz Sergio Pinto Martins[22], direito líquido e certo é o que não suscita dúvida, que é apurado de plano, de imediato. Por isso não se pode confundir o direito líquido e certo com os pressupostos da fumaça do bom direito e o perigo da demora, para a concessão da tutela liminar ou cautelar.

Com efeito, o que se exige em sede de mandado de segurança é a comprovação do fato *sub judice* de plano, por meio de prova pré-constituída, não que o direito em discussão seja incontroverso ou que o pedido seja procedente. Fica clara tal distinção quando se identifica a seguinte situação, que serve apenas para evidenciar tais noções: em uma reclamação trabalhista, não obstante seja revel a parte demandada, a ação é julgada improcedente. Ou seja, embora haja certeza (decorrente da confissão ficta) acerca dos fatos envolvidos na demanda, a mesma certeza não ocasiona a procedência dos pedidos formulados.

22. MARTINS, Sergio Pinto. *Processo do trabalho*. 34. ed. São Paulo: Atlas, 2013. p. 528.

9.1. Cabimento

Como já vimos, caberá mandado de segurança para a proteção de direito líquido e certo, não amparável por *habeas corpus* ou *habeas data*. É o que se depreende da CF/88, em seus arts. 5º, LXIX (individual) e LXX (coletivo):

> LXIX – conceder-se-á mandado de segurança para proteger direito líquido e certo, não amparado por *habeas corpus* ou *habeas data*, quando o responsável pela ilegalidade ou abuso de poder for autoridade pública ou agente de pessoa jurídica no exercício de atribuições do Poder Público;
> LXX – o mandado de segurança coletivo pode ser impetrado por:
> a) partido político com representação no Congresso Nacional;
> b) organização sindical, entidade de classe ou associação legalmente constituída e em funcionamento há pelo menos um ano, em defesa dos interesses de seus membros ou associados;

Atualmente a regulamentação do *writ* se dá por meio da Lei n. 12.016/2009, tendo sido revogada a Lei n. 1.535/51.

A disciplina legal vigente indica que será concedido mandado de segurança para proteger direito líquido e certo, não amparado por *habeas corpus* ou *habeas data*, sempre que, ilegalmente ou com abuso de poder, qualquer pessoa física ou jurídica sofrer violação ou houver justo receio de sofrê-la por parte de autoridade, seja de que categoria for e sejam quais forem as funções que exerça. Para tanto, a lei ainda equipara às autoridades, para os efeitos da lei, os representantes ou órgãos de partidos políticos e os administradores de entidades autárquicas, bem como os dirigentes de pessoas jurídicas ou as pessoas naturais no exercício de atribuições do Poder Público, no que disser respeito a essas atribuições.

A hipótese de cabimento do mandado de segurança, portanto, necessariamente exclui o *habeas corpus* ou o *habeas data*. Se cabível qualquer um dos últimos, incabível o primeiro. No tocante aos legitimados passivos, de outro lado, equiparam-se às autoridades, em especial nas relações laborais, os administradores e dirigentes de pessoas jurídicas no exercício de atribuições do Poder Público. Ao regulamentar o *writ*, de outro lado, o legislador impôs algumas restrições à utilização desse expediente. Também por força de lei, não cabe mandado de segurança contra os atos de gestão comercial praticados pelos administradores de empresas públicas, de sociedade de economia mista e de concessionárias de serviço público. Assim, atos de mera gestão de pessoal não são passíveis de correção por meio de mandado de segurança, mesmo que envolvam empregados públicos.

Deve-se estar atento, todavia, para as questões atinentes à competência da Justiça do Trabalho, para o manejo do mandado de segurança, uma vez que a

Especializada não possui a atribuição de lidar com a matéria de natureza eminentemente administrativa. Nesse sentido:

> Incompetência da Justiça do Trabalho. Mandado de segurança. Ato do Superintendente Regional do Trabalho. Seguro-desemprego. Não concessão. Matéria de natureza administrativa. A Justiça do Trabalho é incompetente para processar e julgar mandado de segurança contra ato do Superintendente Regional do Trabalho que obstou a concessão de seguro-desemprego. No caso, a pretensão ao pagamento de parcelas do benefício em questão tem natureza administrativa, pois não decorre de vínculo de emprego com o Estado, nem se caracteriza como obrigação atribuída ao empregador. Assim, não se trata de matéria sujeita à jurisdição da Justiça do Trabalho, nos termos do art. 114, IV, da CF. Sob esse fundamento, a SBDI-I, por unanimidade, conheceu dos embargos, por divergência jurisprudencial, e, no mérito, deu-lhes provimento para declarar a incompetência absoluta da Justiça do Trabalho para apreciar o mandado de segurança e, com fundamento no art. 64, § 4º, do CPC de 2015, anular todos os atos decisórios praticados até então e determinar a remessa dos autos a uma das Varas da Justiça Federal – Seção Judiciária de São Paulo (TST. E-RR 144740-36.2008.5.02.0084, SBDI-I, rel. Min. João Oreste Dalazen, 5-5-2016).
>
> Mandado de segurança. Licença para o exercício de comércio ambulante em local público municipal administrado por concessionária de rodovia estadual. Incompetência absoluta da Justiça do Trabalho. Declaração de ofício. A controvérsia em torno do direito de uso do espaço público municipal localizado em rodovia estadual administrada por concessionária, para o exercício de comércio ambulante, foge à competência da Justiça do Trabalho, especialmente na hipótese em que a insurgência é dirigida contra atos do Município, que negou a licença para o comércio, e da concessionária, que teria colocado pedras do local onde a atividade vinha se desenvolvendo, e não contra o empregador ou o tomador dos serviços. Sob esses fundamentos, a SBDI-II, por unanimidade, negou provimento ao recurso ordinário e, de ofício, declarou a incompetência absoluta da Justiça do Trabalho para o exame da pretensão mandamental, determinando o retorno dos autos à Corte de origem, a fim de que seja providenciada a remessa do feito ao setor de distribuição das Varas do Tribunal de Justiça de São Paulo em Cubatão/SP, na forma do art. 12, § 2º, da Lei n. 11.419/2006 c/c art. 64, § 3º, do CPC de 2015 (TST, RO 1000407-85.2015.5.02.0000, SBDI II, rel. Min. Douglas Alencar Rodrigues, 20-9-2016).

Por fim, também por força da regulamentação legal, não se concederá mandado de segurança quando se tratar de ato do qual caiba recurso administrativo com efeito suspensivo, independentemente de caução; de decisão judicial da qual caiba recurso com efeito suspensivo; ou de decisão judicial transitada em julgado.

A regulamentação legal é coerente com o entendimento consolidado pelos tribunais. A Súmula 33 do TST, antes da redação do art. 5º, já indicava não caber mandado de segurança em face de decisão transitada em julgado, no que fica reafirmada:

> Mandado de segurança. Decisão judicial transitada em julgado (mantida) – Não cabe mandado de segurança de decisão judicial transitada em julgado.

Note-se que o TST entende, há muito, ser incabível tal expediente inclusive em se tratando de decisão transitada em julgado apenas formalmente, como se vê no verbete cristalizado na OJ 99 da SDI II:

> Mandado de Segurança. Esgotamento de todas as vias processuais disponíveis. Trânsito em julgado formal. Descabimento. – Esgotadas as vias recursais existentes, não cabe mandado de segurança.

Outra objeção identificada na prática judiciária trabalhista, consagrada na regulamentação legal, é aquela atinente à inviabilidade do mandado de segurança quando a decisão for passível de recurso próprio. Isso porque o mandado de segurança não pode ser encarado como mero recurso, ou aquilo que se denomina na prática "sucedâneo recursal". Tal entendimento encontra-se consolidado inclusive na OJ 92 da SDI II:

> Mandado de Segurança. Existência de recurso próprio – Não cabe mandado de segurança contra decisão judicial passível de reforma mediante recurso próprio, ainda que com efeito diferido.

A casuística acerca do entendimento manifestado por meio daquela OJ fez surgir alguns novos verbetes, inclusive súmula no âmbito do TST, para vedar a apresentação de mandado de segurança contra a decisão que antecipa a tutela em sentença, admitindo-o apenas quando a antecipação se dá antes da decisão final, diante da ausência de recurso imediato. É o que se depreende da Súmula 414 do TST:

> MANDADO DE SEGURANÇA. TUTELA PROVISÓRIA CONCEDIDA ANTES OU NA SENTENÇA (nova redação em decorrência do CPC de 2015)
> I – A tutela provisória concedida na sentença não comporta impugnação pela via do mandado de segurança, por ser impugnável mediante recurso ordiná-

> rio. É admissível a obtenção de efeito suspensivo ao recurso ordinário mediante requerimento dirigido ao tribunal, ao relator ou ao presidente ou ao vice-presidente do tribunal recorrido, por aplicação subsidiária ao processo do trabalho do art. 1.029, § 5º, do CPC de 2015.
> II – No caso de a tutela provisória haver sido concedida ou indeferida antes da sentença, cabe mandado de segurança, em face da inexistência de recurso próprio.
> III – A superveniência da sentença, nos autos originários, faz perder o objeto do mandado de segurança que impugnava a concessão ou o indeferimento da tutela provisória.

O mesmo se dá em relação à liminar concedida ou denegada em outro mandado de segurança, dado que, ao permitir-se tal impugnação, estar-se-ia abrindo o caminho para a impetração em série, com o mesmo objeto. Esse é o teor da OJ 140 da SDI II:

> Mandado de segurança contra liminar, concedida ou denegada em outra segurança. Incabível (art. 8º da Lei n. 1.533/51) – Não cabe mandado de segurança para impugnar despacho que acolheu ou indeferiu liminar em outro mandado de segurança.

Há que referir, ainda, que o TST, por meio da SDI II, tem entendimento assentado no sentido de que é cabível o manejo do mandado de segurança para atacar a decisão judicial tida por teratológica ou abusiva, mesmo havendo no ordenamento jurídico previsão de medida processual específica para combatê-los, quando ela não tem a força de fazer cessar, de imediato, o prejuízo que possa ser causado ao impetrante. É o que se depreende:

> REEXAME NECESSÁRIO E RECURSO ORDINÁRIO EM MANDADO DE SEGURANÇA – RELATÓRIO DA SEÇÃO DE PESQUISA PATRIMONIAL VINCULADA AO NÚCLEO DE CENTRALIZAÇÃO DE EXECUÇÃO E CONCILIAÇÃO DA SECRETARIA-GERAL DA PRESIDÊNCIA DO 1º TRT – RECONHECIMENTO DE RESPONSABILIDADE EXECUTIVA DE VÁRIAS EMPRESAS – ESTABELECIMENTO DE CADEIA SUCESSÓRIA – INDICAÇÃO DOS PROCEDIMENTOS PARA SATISFAÇÃO DAS EXECUÇÕES – DISPONIBILIZAÇÃO A DIVERSAS VARAS DO TRABALHO – CONTEÚDO DECISÓRIO – PRODUÇÃO DE EFEITOS CONCRETOS – CABIMENTO DO *MANDAMUS* – OFENSA A DIREITO LÍQUIDO E CERTO. 1. Sob a aparência de mera sugestão ou opinião, o ato impugnado apresenta conteúdo decisório e conclusivo sobre a responsabilidade das diversas empresas ali identificadas nominalmente pelos débitos trabalhistas da Funda-

ção Ruben Berta. 2. O documento relaciona um a um os procedimentos para a satisfação das execuções a partir da inclusão das empresas no polo passivo como responsáveis solidárias (bloqueio *on line*, transferência dos valores para a conta do juízo, penhora de veículos via RENAJUD, penhora de imóveis e, por fim, citação). 3. O relatório tem, assim, aptidão para produzir efeitos concretos, a exemplo do bloqueio em contas bancárias da impetrante, já determinado, e da iminência de sofrer outras constrições patrimoniais. 4. É pacífica a jurisprudência desta Subseção sobre o cabimento do *mandamus* contra atos que se afigurem abusivos ou teratológicos, mesmo havendo no ordenamento jurídico previsão de medida processual específica para combatê-los, quando ela não tem a força de fazer cessar, de imediato, o prejuízo que possa ser causado ao impetrante. 5. Comprovado que, em função do ato impugnado, há possibilidade de penhora imediata de numerário da impetrante em processos nos quais ela não figura como executada, é evidente a ocorrência de lesão patrimonial cuja reparação não pode ser postergada ao julgamento de eventuais embargos à execução ou embargos de terceiro, ocasião em que o dano poderá se tornar irreparável. 6. Mesmo ostentando natureza de órgãos jurisdicionais, não se infere no ato normativo que criou os núcleos de pesquisa patrimonial que lhes tenha sido conferida atribuição ou competência para promoverem a desconsideração da personalidade jurídica dos executados, reconhecer a existência de grupo econômico e estabelecer responsabilidade solidária de pessoas físicas ou jurídicas por débitos trabalhistas. 7. Esse é, contudo, o teor do relatório, que, em vista do ofício n. 254/2014 da 43ª Vara do Trabalho do Rio de Janeiro requerendo a consulta ao Registro Civil de Pessoas Jurídicas para a obtenção dos atos constitutivos da Fundação Ruben Berta, foi muito além, extrapolando o âmbito de atuação estabelecido pelo CSJT. 8. Nele foi traçada uma cadeia de responsabilidade societária, chegando à inusitada conclusão de que todas as empresas que tivessem alguma participação acionária na antecedente seriam responsáveis solidárias pelos débitos trabalhistas da Fundação Ruben Berta. 9. Autorizou-se, desse modo, que nas execuções fossem incluídas vinte e quatro empresas, dentre elas a impetrante, que sequer foi intimada a fim de que pudesse se contrapor às conclusões adotadas, vindo a ser surpreendida com a iminência de bloqueio de numerário em suas contas bancárias em processos nos quais não figura como executada. 10. Sobressai, portanto, a constatação de que o ato impugnado extrapola os limites de atuação previstos na Resolução n. 138 do CSJT e afigura-se abusivo, por violar o direito líquido e certo ao contraditório e ao devido processo legal. Reexame necessário e recurso ordinário desprovidos (ReeNec e RO 884-55.2015.5.01.0000, redator Min. Luiz Philippe Vieira de Mello Filho, j. 12-6-2018, Subseção II Especializada em Dissídios Individuais, *DEJT* 17-8-2018).

No mesmo sentido, o TST, por meio da SDI II, tem entendido que é cabível mandado de segurança contra decisão que, embora ostente caráter interlocutório, contraria a jurisprudência pacífica, reiterada e notória do TST:

> RECURSO ORDINÁRIO EM MANDADO DE SEGURANÇA. ACÓRDÃO REGIONAL EM AÇÃO CIVIL PÚBLICA. DECISÃO REGIONAL INTERLOCUTÓRIA. ADMISSÃO EXCEPCIONAL DO *MANDAMUS*. CONTRATOS DE TRABALHO. NULIDADE. AUSÊNCIA DE CONCURSO PÚBLICO. NULIDADE PROCESSUAL. DECRETAÇÃO DE OFÍCIO. LISTISCONSORTES PASSIVOS NECESSÁRIOS. CITAÇÃO. DESNECESSIDADE. 1. Mandado de segurança impetrado contra acórdão proferido em recurso ordinário pelo Egrégio TRT da 5ª Região, no qual anulada de ofício sentença prolatada na ação civil pública proposta pelo Impetrante – Ministério Público do Trabalho, com a determinação de citação de todos os empregados ocupantes de funções de confiança, na condição de litisconsortes passivos necessários. Situação em que as investiduras desses servidores públicos foram reputadas nulas, porque não precedidas de concurso público (CF, artigo 37, II). 2. Decisão regional de conteúdo interlocutório e, portanto, irrecorrível de imediato (artigo 893, § 1º, da CLT c/c a Súmula 214 do TST), mas que contraria a jurisprudência pacífica desta Corte, segundo a qual, em ação civil pública voltada à defesa de direitos e interesses difusos e coletivos, não há litisconsórcio passivo necessário entre a pessoa natural ou jurídica demandada e os sujeitos, físicos ou morais, que possam ser alcançados pelos efeitos do provimento judicial a ser editado. O litisconsórcio na ação civil pública apenas se viabiliza em relação aos demais legitimados ativos para o debate coletivo (artigo 5º, §§ 1º e 5º, da Lei n. 7.347/85), situação absolutamente estranha à delineada no caso concreto. Não se tratando de ação civil coletiva, que se destina à defesa de direitos individuais homogêneos (artigo 81, III, da Lei n. 8.078/90) e na qual está expressamente facultada a formação de litisconsórcio (artigo 103, § 2º, da Lei n. 8.078/90), não há espaço para a atuação judicial concorrente de sujeitos não expressamente habilitados em lei para o embate judicial coletivo (artigo 82 da Lei n. 8.078/90). Afinal, a tutela judicial de direitos difusos e coletivos foi delegada a entes exponenciais específicos (artigo 82 da Lei n. 8.078/90), razão pela qual a defesa da conduta questionada na ação civil pública caberá ao próprio ente moral que figurar no polo passivo da relação processual coletiva. Do contrário, além da confusão entre a natureza, os objetos e os limites de cognição nas jurisdições coletiva e individual, haveria o risco de inviabilização das ações coletivas, que poderiam, em casos determinados, restar prejudicadas pela própria pluralidade de sujeitos potencialmente afetados pela decisão judicial almejada e que poderiam, em tese, de

> forma difusa e desordenada, questionar a autoridade da coisa julgada coletiva. 3. Mandado de Segurança admitido para cassar o acórdão e determinar o processamento regular do recurso ordinário na ação civil pública, como entender de direito a Corte Regional. Recurso ordinário conhecido e provido (RO 144-28.2011.5.05.0000, rel. Min. Douglas Alencar Rodrigues, j. 6-11-2018, Subseção II Especializada em Dissídios Individuais, *DEJT* 9-11-2018).

A casuística, porém, poderá nos demonstrar ainda uma série de hipóteses em que (in)cabível o remédio heroico, notadamente no âmbito das relações de trabalho. De todo modo, deve-se estar atento para o prazo decadencial de cento e vinte dias para o manejo do *writ*.

9.2. Partes e processamento

No tocante às partes, o autor é denominado impetrante, enquanto aquele que pratica o ato impugnado ou impugnável denomina-se autoridade coatora. Note-se que, embora não se confunda com recurso, tem-se entendido possível o manejo desse expediente para atacar ato praticado no curso do processo judicial, quando a decisão judicial (ato) por si ocasionar a lesão ao direito líquido e certo do interessado.

Ademais, tal qual já mencionado, será enquadrado no conceito de autoridade pública, para fins do mandado de segurança, todo aquele que estiver no "exercício de atribuições do Poder Público", fato que permite seja autoridade coatora não apenas os agentes estatais (juiz, desembargador, Diretor de Secretaria, Fiscal do Trabalho, Procurador do Trabalho etc.) mas igualmente os particulares que eventualmente estejam no exercício de função pública.

Todavia, em diversos julgados a jurisprudência tem se pronunciado no sentido de que os meros atos de gestão praticados no âmbito das empresas públicas não estão sujeitos a mandado de segurança, consoante previsto no art. 1º, § 3º, da Lei n. 12.016/2009:

> Mandado de segurança. Não cabimento. Ato de gestão praticado por dirigente de empresa pública. – Para efeito de impetração de mandado de segurança, o Texto Constitucional atribui o *status* de "autoridade coatora" tanto à autoridade pública propriamente dita como ao "agente de pessoa jurídica no exercício de atribuições do Poder Público" (inc. LXIX do art. 5º da CF/1988). Partindo dessa premissa, o legislador ordinário, por intermédio da Lei n. 12.016/2009, tratou da figura da "autoridade coatora por equiparação", incluindo nesse rol os dirigentes de pessoas jurídicas, que, em regime de delegação, realizam atribuições de caráter público, esclarecendo que o

> *mandamus* somente poderá ser manejado quando o ato impugnado se referir ao exercício dessas atribuições. Dentro dessa diretriz, o § 2º do art. 1º da Lei em comento deixa claro ao intérprete que o mandado de segurança não é cabível contra "atos de gestão", levados a efeito por esses dirigentes para atender a interesses privados do estabelecimento que administram. No caso em tela, a decisão administrativa que se busca desconstituir por meio desta ação foi praticada pela parte *ex adversa*, enquanto dirigente de empresa pública, no exercício de incumbências afetas à gestão do empreendimento, vale dizer, fora do âmbito das atribuições públicas que lhe foram delegadas, logo, a hipótese não autoriza falar em "autoridade coatora por equiparação", o que enseja a extinção do feito sem resolução de mérito, com fulcro no que dispõem os arts. 1º, § 2º, e 10 da Lei n. 12.016/2009 c/c o art. 267, I, do CPC (TRT – 23ª Região, RO 1365201000823007/MT, 01365.2010.008.23.00-7, rel. Des. Tarcísio Valente, 1ª Turma, j. 19-4-2011, data de publicação: 26-4-2011).

Há ainda que falar da possibilidade da substituição processual prevista no art. 3º do mesmo dispositivo, quando o titular de direito líquido e certo decorrente de direito, em condições idênticas, de terceiro poderá impetrar mandado de segurança a favor do direito originário, se seu titular não o fizer, no prazo de trinta dias, quando notificado judicialmente.

O mandado de segurança poderá ser impetrado por telegrama ou radiograma, ou por outro meio eletrônico, em caso de urgência.

Sua petição inicial deverá preencher os requisitos estabelecidos pela lei processual (art. 319 do CPC) e ser apresentada em duas vias com os documentos que instruírem a primeira reproduzidos na segunda e indicará, além da autoridade coatora, a pessoa jurídica que esta integra, à qual se acha vinculada ou da qual exerce atribuições.

No caso de mandado de segurança interposto contra ato praticado em processo judicial, as partes originárias na relação trabalhista são litisconsortes necessários no *writ*, devendo integrar igualmente essa demanda.

No caso em que o documento necessário à prova do alegado se ache em repartição ou estabelecimento público ou em poder de autoridade que se recuse a fornecê-lo por certidão ou de terceiro, o juiz ordenará, preliminarmente, por ofício, a exibição desse documento em original ou em cópia autêntica e marcará, para o cumprimento da ordem, o prazo de dez dias. Note-se, todavia, que é preciso que haja a recusa, tácita ou expressa, da autoridade coatora no fornecimento dos documentos. Não basta a mera alegação, na petição inicial, de que se deixa de acostar os documentos essenciais, porque sonegados pela autoridade. Deve-se ao menos comprovar a solicitação para fins de viabilizar o controle judicial do ato administrativo da negativa. Esse é o entendimento manifestado pelo STJ, que já decidiu que: "À luz do parágrafo único do art. 6º da Lei do Mandado de Segurança, somente se procede à requisição de documentos necessários à prova do alegado se a autoridade responsável se recusa a fornecê-los" (RMS 11.978-RS, *DJ* 2-2-2004).

O desatendimento da imposição legal no que toca à instrução da petição inicial com os documentos essenciais não se permitirá a retificação posterior, nos termos da Súmula 415 do TST, ao prescrever:

> MANDADO DE SEGURANÇA. PETIÇÃO INICIAL. ART. 321 DO CPC DE 2015. ART. 284 DO CPC DE 1973. INAPLICABILIDADE. Exigindo o mandado de segurança prova documental pré-constituída, inaplicável o art. 321 do CPC de 2015 (art. 284 do CPC de 1973) quando verificada, na petição inicial do "mandamus", a ausência de documento indispensável ou de sua autenticação (ex-OJ 52 da SBDI-2, inserida em 20-9-2000).

Ao despachar a petição inicial, à guisa do art. 7º da Lei n. 12.016/2009, o juiz ordenará:

> I – que se notifique o coator do conteúdo da petição inicial, enviando-lhe a segunda via apresentada com as cópias dos documentos, a fim de que, no prazo de 10 (dez) dias, preste as informações;
> II – que se dê ciência do feito ao órgão de representação judicial da pessoa jurídica interessada, enviando-lhe cópia da inicial sem documentos, para que, querendo, ingresse no feito;
> III – que se suspenda o ato que deu motivo ao pedido, quando houver fundamento relevante e do ato impugnado puder resultar a ineficácia da medida, caso seja finalmente deferida, sendo facultado exigir do impetrante caução, fiança ou depósito, com o objetivo de assegurar o ressarcimento à pessoa jurídica.

Poderá, ainda, o juízo, caso entenda estar demonstrado o requisito da fumaça do bom direito e o do perigo da demora, deverá deferir medida liminar, embora haja algumas restrições, no particular, dado que não será concedida medida liminar que tenha por objeto a compensação de créditos tributários, a entrega de mercadorias e bens provenientes do exterior, a reclassificação ou equiparação de servidores públicos e a concessão de aumento ou a extensão de vantagens ou pagamento de qualquer natureza.

Com o indeferimento da petição inicial, quando o mandado for apresentado no juízo de primeiro grau, será possível a interposição de recurso ordinário. Se a competência for de Tribunal, será possível o recurso de agravo regimental. Obviamente que, em havendo extinção do processo sem julgamento de mérito, poderá a parte renovar o mandado de segurança, desde que preenchidos todos os requisitos quando da nova impetração.

A autoridade coatora é notificada a apresentar suas informações, no prazo de dez dias, o que não se confunde com contestação. Caberá, ainda, a intervenção do órgão de representação judicial da pessoa jurídica interessada, para que, querendo, ingresse no feito.

Findo o prazo, o Ministério Público do Trabalho será ouvido no prazo de oito dias, na forma do art. 5º da Lei n. 5.584/70. Não se deve aplicar o prazo geral da Lei n. 12.016/2009, dado que há regulamentação específica no âmbito do processo do trabalho. Logo após, os autos serão conclusos ao juiz relator.

O prazo recursal é o mesmo do processo de conhecimento. Esse o entendimento traduzido na Súmula 201 do TST:

> Recurso ordinário em mandado de segurança (Revisão do Enunciado 154). Da decisão de Tribunal Regional do Trabalho em mandado de segurança cabe recurso ordinário, no prazo de 8 dias, para o Tribunal Superior do Trabalho, correspondendo igual dilação para o recorrido e interessados apresentarem razões de contrariedade.

Os mandados de segurança possuem prioridade de julgamento, salvo em relação ao *habeas corpus*, na forma do art. 20 da Lei n. 12.016/2009. Não cabe condenação em honorários advocatícios no *mandamus*, segundo o art. 25 dessa lei:

> Art. 25. Não cabem, no processo de mandado de segurança, a interposição de embargos infringentes e a condenação ao pagamento dos honorários advocatícios, sem prejuízo da aplicação de sanções no caso de litigância de má-fé.

Concedida a segurança, a decisão estará sujeita, necessariamente, ao duplo grau de jurisdição (art. 14, § 1º, da Lei n. 12.016).

No caso do mandado de segurança coletivo, poderá ser impetrado por partido político com representação no Congresso Nacional, na defesa de interesses legítimos relativos a seus integrantes ou à finalidade partidária, ou por organização sindical, entidade de classe ou associação legalmente constituída e em funcionamento há pelo menos um ano, em defesa de direitos líquidos e certos da totalidade, ou de parte, de seus membros ou associados, na forma de seus estatutos e desde que pertinentes a suas finalidades, dispensada, para tanto, autorização especial.

Note-se que é indevida a exigência de um ano de constituição e funcionamento para a atuação da entidade sindical, porquanto essa restrição destina-se apenas às associações (RE 198.919, rel. Min. Ilmar Galvão, *DJ* 24-9-1999).

Todavia, é necessário que haja pertinência temática entre a atuação sindical e o interesse *sub judice*, já que se exige a existência de um direito subjetivo comum aos integrantes da categoria, conforme a Súmula 630 do STF:

> A entidade de classe tem legitimação para o mandado de segurança ainda quando a pretensão veiculada interesse apenas a uma parte da respectiva categoria.

Ademais, não é necessária a autorização dos sindicalizados para a legitimação da atuação sindical. O Supremo Tribunal Federal já editou a Súmula 629 a esse respeito:

> A impetração de mandado de segurança coletivo por entidade de classe em favor dos associados independe da autorização destes.

Os direitos protegidos pelo mandado de segurança coletivo podem ser coletivos, assim entendidos os transindividuais, de natureza indivisível, de que seja titular grupo ou categoria de pessoas ligadas entre si ou com a parte contrária por uma relação jurídica básica ou ainda os individuais homogêneos, assim entendidos os decorrentes de origem comum e da atividade ou situação específica da totalidade ou de parte dos associados ou membros do impetrante.

No mandado de segurança coletivo, a sentença fará coisa julgada limitadamente aos membros do grupo ou categoria substituídos pelo impetrante, segundo o art. 22 da Lei n. 12.016/2009.

O mandado de segurança coletivo não induz litispendência para as ações individuais, mas os efeitos da coisa julgada não beneficiarão o impetrante a título individual se não requerer a desistência de seu mandado de segurança, no prazo de trinta dias, a contar da ciência comprovada da impetração da segurança coletiva.

No mandado de segurança coletivo a liminar só poderá ser concedida após a audiência do representante judicial da pessoa jurídica de direito público, que deverá se pronunciar no prazo de setenta e duas horas.

10. *HABEAS CORPUS* E *HABEAS DATA*

O *habeas corpus* e o *habeas data* não são usuais no âmbito do processo do trabalho. Do ponto de vista histórico, o habeas corpus se presta a preservar a liberdade de alguém que se ache sofrendo ou ameaçado de sofrer violência ou coação em sua liberdade de locomoção, por ilegalidade ou abuso de poder, consoante previsto no art. 5º, LXVIII, da CF/88.

O próprio objeto do *habeas corpus* o afasta, um pouco, do cerne das questões de competência da Justiça do Trabalho, dado que voltado eminentemente para as soluções penais. Não por outra razão, a própria regulamentação do *habeas corpus* se dá no âmbito do Código de Processo Penal. Trata-se de ação, nos dizeres de Julio Bebber[23], "(...) na verdade, ação mandamental que integra a chamada jurisdição constitucional das liberdades, e que tem por escopo a proteção da liberdade de locomoção, quando coarctada ou ameaçada de sê-lo, por ilegalidade ou abuso do Poder Público".

Cumpre lembrar que o STF se manifestou no sentido de que não mais é cabível a prisão civil do depositário judicial, esse o mais claro exemplo de aplicação do *habeas corpus* no âmbito da Justiça do Trabalho:

> Ementa: *Habeas corpus*. Prisão civil. Depositário judicial. Revogação da súmula 619/STF. A questão da infidelidade depositária. Convenção americana de direitos humanos (art. 7º, n. 7). Natureza constitucional ou caráter de supralegalidade dos tratados internacionais de direitos humanos? Pedido deferido. Ilegitimidade jurídica da decretação da prisão civil do depositário infiel, ainda que se cuide de depositário judicial. – Não mais subsiste, no sistema normativo brasileiro, a prisão civil por infidelidade depositária, independentemente da modalidade de depósito, trate-se de depósito voluntário (convencional) ou cuide-se de depósito necessário, como o é o depósito judicial. Precedentes. Revogação da Súmula 619/STF. Tratados internacionais de direitos humanos: as suas relações com o direito interno brasileiro e a questão de sua posição hierárquica. – A Convenção Americana sobre Direitos Humanos (art. 7º, n. 7). Caráter subordinante dos tratados internacionais em matéria de direitos humanos e o sistema de proteção dos direitos básicos da pessoa humana. – Relações entre o direito interno brasileiro e as convenções internacionais de direitos humanos (CF, art. 5º e §§ 2º e 3º). Precedentes. – Posição hierárquica dos tratados internacionais de direitos humanos no ordenamento positivo interno do Brasil: natureza constitucional ou caráter de supralegalidade? – Entendimento do rel. Min. Celso de Mello, que atribui hierarquia constitucional às convenções internacionais em matéria de direitos humanos. A interpretação judicial como instrumento de mutação informal da constituição. – A questão dos processos informais de mutação constitucional e o papel do Poder Judiciário: a interpretação judicial como instrumento juridicamente idôneo de mudança informal da Constituição. A legitimidade da adequação, mediante interpretação do Poder Judiciário, da própria Constituição da República, se e quando imperioso compatibilizá-la, mediante exegese atualizadora, com as novas exigências, necessidades e transformações resultantes dos processos sociais, econômicos e políticos que caracterizam, em seus múltiplos e

23. BEBBER, Julio César. *Processo do trabalho:* temas atuais. São Paulo: LTr, 2003. Apud LEITE, Carlos Henrique Bezerra. *Curso de direito processual do trabalho*, cit., 8. ed., p. 1230.

complexos aspectos, a sociedade contemporânea. Hermenêutica e direitos humanos: a norma mais favorável como critério que deve reger a interpretação do poder judiciário. – Os magistrados e Tribunais, no exercício de sua atividade interpretativa, especialmente no âmbito dos tratados internacionais de direitos humanos, devem observar um princípio hermenêutico básico (tal como aquele proclamado no art. 29 da Convenção Americana de Direitos Humanos), consistente em atribuir primazia à norma que se revele mais favorável à pessoa humana, em ordem a dispensar-lhe a mais ampla proteção jurídica. – O Poder Judiciário, nesse processo hermenêutico que prestigia o critério da norma mais favorável (que tanto pode ser aquela prevista no tratado internacional como a que se acha positivada no próprio direito interno do Estado), deverá extrair a máxima eficácia das declarações internacionais e das proclamações constitucionais de direitos, como forma de viabilizar o acesso dos indivíduos e dos grupos sociais, notadamente os mais vulneráveis, a sistemas institucionalizados de proteção aos direitos fundamentais da pessoa humana, sob pena de a liberdade, a tolerância e o respeito à alteridade humana tornarem-se palavras vãs. – Aplicação, ao caso, do art. 7º, n. 7, c/c o art. 29, ambos da Convenção Americana de Direitos Humanos (Pacto de São José da Costa Rica): um caso típico de primazia da regra mais favorável à proteção efetiva do ser humano (HC 96.772, rel. Min. Celso de Mello, 2ª Turma, j. 9-6-2009, *DJe*, 157, divulg. 20-8-2009, public. 21-8-2009, ementário, v. 2370-04, p. 811, *RTJ*, v. 218, p. 327, *RT*, v. 98, n. 889, 2009, p. 173-183).

Diante deste fato, caso os Tribunais de grau inferior obedeçam à jurisprudência firmada pela Suprema Corte, maior dificuldade prática se vislumbrará na aplicação do expediente no âmbito da Justiça do Trabalho. É o que se verifica:

Habeas corpus. Prisão civil do depositário infiel. Não cabimento. – Entendia-se, outrora, que, não obstante a ratificação pelo Brasil da Convenção Americana sobre Direitos Humanos, em virtude da sede eminentemente constitucional da prisão civil como técnica para compelir o depositário infiel a restituir a coisa que lhe foi confiada, nosso país não estaria obrigado a adotar o compromisso alvitrado em tal tratado internacional de vedar expressamente a aplicação de tal modalidade de restrição da liberdade. Ocorre, porém, a excelsa Suprema Corte vem perfilhando o entendimento de que a ratificação da Convenção Americana sobre Direitos Humanos importou no respectivo ingresso em nosso ordenamento jurídico com *status* supralegal, pairando acima da legislação infraconstitucional pátria para ditar, doravante, apenas a possibilidade da prisão civil do responsável pelo inadimplemento voluntário e injustificável de prestação alimentícia, vedando a prisão civil como técnica para obter a entrega do bem confiado ao depositário infiel. Daí, na hipótese vertente, é de se reputar atentatória da liberdade de locomoção, cuja matriz constitucional é o inciso LXVIII do art. 5º da Carta da República, a determinação do juízo *a quo* de mandar para a prisão quem foi havido como depositário infiel, emergindo como necessária a concessão definitiva do salvo-conduto pretendida em *habeas corpus* (TRT – 23ª Região, HC 134201000023005/MT, 00134.2010.000.23.00-5, rel. Des. Roberto Benatar, j. 27-9-2010, Tribunal Pleno, data de publicação: 4-10-2010).

O TST já teve a oportunidade de entender ser possível o manejo do *habeas corpus*, por exemplo, para outras questões atinentes à liberdade do paciente, ainda que essa liberdade esteja adstrita, por exemplo, à liberdade de trabalho[24], o que seria outro exemplo para aplicação do procedimento. É o que se depreende:

> AGRAVO REGIMENTAL INTERPOSTO CONTRA DECISÃO DA RELATORA QUE DEFERIU O PEDIDO LIMINAR EM SEDE DE *HABEAS CORPUS*. JOGADOR DE FUTEBOL. DIREITO À LIBERDADE DO TRABALHO. RESCISÃO INDIRETA. VERIFICAÇÃO DA OCORRÊNCIA, EM JUÍZO PERFUNCTÓRIO, DA FUMAÇA DO BOM DIREITO E DO PERIGO DA DEMORA. 1 – Agravo regimental interposto pelo Esporte Clube Internacional de Lajes-SC contra a decisão monocrática desta relatora que deferiu o pedido liminar em *habeas corpus* para autorizar o paciente, Marcelo dos Santos, a exercer livremente a profissão de atleta de futebol, participando de jogos e treinamentos em qualquer localidade e para qualquer empregador, conforme sua livre escolha. 2 – Constatação do cabimento de *habeas corpus* na Justiça do Trabalho, ainda que não atrelado às hipóteses de prisão civil e depositário infiel, para abranger não apenas a tutela da liberdade de locomoção, mas também toda e qualquer matéria afeta à atividade jurisdicional trabalhista. 3 – Exame do caso concreto se deu em sede de liminar, cujo juízo próprio é perfunctório e exige apenas o concurso dos requisitos da aparência do bom direito e do perigo da demora. Não se procede à análise percuciente acerca da rescisão indireta, a qual deve ser objeto na seara própria em sede da reclamação trabalhista. 4 – Relativamente ao *fumus boni iuris*, permanece plausível o fato de o paciente encontrar-se impedido de exercer a função de jogador de futebol no clube que lhe interessa, em suposta inobservância aos arts. 1º, II e IV, 5º, XIII, 6º e 7º da Constituição Federal. 5 – No tocante ao *periculum in mora*, tem-se que manter por tempo indeterminado o paciente vinculado ao empregador sob o qual impôs a pecha de mau cumpridor das obri-

24. Disponível em: <http://www.tst.jus.br/home/-/asset_publisher/nD3Q/content/tst-concede-hc-ao-jogador-oscar-que-podera-trabalhar-onde-desejar-atualizada>. Acesso em: 3 jun. 2019.

> gações trabalhistas, até porque a própria reclamação trabalhista deve durar longos anos, ofende o direito de liberdade de locomoção, consubstanciado no livre exercício da profissão em qualquer localidade e para qualquer clube de futebol que acaso tenha interesse na sua contratação. 6 – Não fosse só isso, a hipótese reclamava medida urgente, pois está em debate questão que envolve o exercício de profissão de curta duração – jogador de futebol – e cujo atleta já tem 41 anos de idade, não sendo crível entender que estaria no auge, mas sim que se encontra em fim de carreira. 7 – Precedentes. Agravo regimental conhecido e não provido (AgR-HC 5451-88.2017.5.00.0000, rel. Min. Delaíde Miranda Arantes, j. 8-8-2017, Subseção II Especializada em Dissídios Individuais, *DEJT* 10-8-2017).

Todavia, a própria SDI II do TST, ao analisar a questão mais recentemente, acabou por entender que não obstante a competência da Justiça do Trabalho para conhecer de *habeas corpus* cujo ato questionado envolva matéria sujeita a sua jurisdição, a mera discussão de cláusula contratual de atleta profissional, com pedido de transferência imediata para outra agremiação desportiva e de rescisão indireta do contrato de trabalho, justamente por não afetar restrição ou privação da liberdade de locomoção, não permite o manejo do *habeas corpus*. Nesse sentido:

> *HABEAS CORPUS*. ATLETA PROFISSIONAL. LIBERAÇÃO PARA EXERCÍCIO EM OUTRA AGREMIAÇÃO ESPORTIVA. AUSÊNCIA DE RESTRIÇÃO DO DIREITO PRIMÁRIO DE LIBERDADE DE LOCOMOÇÃO (DIREITO DE IR, VIR E PERMANECER). SUPERAÇÃO DA DOUTRINA BRASILEIRA DO *HABEAS CORPUS*. NÃO CABIMENTO. A Justiça do Trabalho tem competência constitucional para apreciação de *habeas corpus*, quando o ato questionado envolver matéria sujeita à sua jurisdição. Contudo, tal competência deve observar os limites de cabimento da referida ação constitucional garantidora de liberdades fundamentais, em respeito à instrumentalidade das ações constitucionais. A jurisprudência do Supremo Tribunal Federal e do Superior Tribunal de Justiça é firme no sentido de que o *habeas corpus* tem cabimento restrito à defesa da liberdade de locomoção primária, assim entendida como o direito de ir, vir e permanecer. Admissível, portanto, como meio de proteção de direitos que tenham na liberdade física condição necessária para o seu exercício. Precedentes do STF e do STJ. Contraria o entendimento majoritário dessas Cortes, portanto, a admissão de *habeas corpus* para discutir cláusula contratual de atleta profissional, com pedido de transferência imediata para outra agremiação desportiva e de rescisão indireta do contrato de trabalho, por não afetar restrição ou privação da liberdade de locomoção. Se a discussão afeta somente secundariamente a liberdade de locomoção, decorrente

> de liberdade de exercício de profissão ou trabalho, não cabe *habeas corpus*, caso em que o direito deve ser tutelado por outro meio admitido em Direito. Eventuais restrições do exercício de atividade por atleta profissional não autorizam a impetração de *habeas corpus*, porquanto não põem em risco a liberdade primária de ir, vir ou permanecer. Ademais, na hipótese dos autos, o *habeas corpus* foi utilizado como substitutivo de decisão a ser proferida na reclamatória trabalhista, âmbito apropriado para a análise probatória da alegação de descumprimento do contrato, uma vez que o paciente apresentou reclamatória trabalhista, cujo pedido de tutela de urgência de natureza antecipada foi indeferido e contra o qual impetrou mandado de segurança. O presente *habeas corpus* foi impetrado contra decisão em agravo regimental da Seção Especializada do Tribunal Regional, que cassou a liminar concedida no mandado de segurança. *Habeas corpus* extinto sem resolução de mérito, nos termos do artigo 485, IV, do CPC/2015 (HC 1000678-46.2018.5.00.0000, Subseção II Especializada em Dissídios Individuais, rel. Min. Alexandre Luiz Ramos, 13-11-2018).

O Ministério Público do Trabalho poderá impetrar *habeas corpus* quando houver interesse público que justifique sua intervenção.

Em relação ao procedimento, deve-se atentar à forma prevista para os regimentos internos dos Tribunais.

Quanto ao *habeas data*, a CF/88 assim consigna:

> LXXII – conceder-se-á *habeas data*: a) para assegurar o conhecimento de informações relativas à pessoa do impetrante, constantes de registros ou bancos de dados de entidades governamentais ou de caráter público; b) para a retificação de dados, quando não se prefira fazê-lo por processo sigiloso, judicial ou administrativo;

O *habeas data* consiste em evidente garantia fundamental, que se presta à publicização das informações acerca de determinado interessado. Segundo a Lei n. 9.507/97:

> Art. 7º Conceder-se-á *habeas data*:
> I – para assegurar o conhecimento de informações relativas à pessoa do impetrante, constantes de registro ou banco de dados de entidades governamentais ou de caráter público;
> II – para a retificação de dados, quando não se prefira fazê-lo por processo sigiloso, judicial ou administrativo;
> III – para a anotação nos assentamentos do interessado, de contestação ou explicação sobre dado verdadeiro mas justificável e que esteja sob pendência judicial ou amigável.

> Art. 8º A petição inicial, que deverá preencher os requisitos dos arts. 282 a 285 do CPC, será apresentada em duas vias, e os documentos que instruírem a primeira serão reproduzidos por cópia na segunda.
> Parágrafo único. A petição inicial deverá ser instruída com prova:
> I – da recusa ao acesso às informações ou do decurso de mais de dez dias sem decisão;
> II – da recusa em fazer-se a retificação ou do decurso de mais de quinze dias, sem decisão; ou
> III – da recusa em fazer-se a anotação a que se refere o § 2º do art. 4º ou do decurso de mais de quinze dias sem decisão.
> Art. 9° Ao despachar a inicial, o juiz ordenará que se notifique o coator do conteúdo da petição, entregando-lhe a segunda via apresentada pelo impetrante, com as cópias dos documentos, a fim de que, no prazo de dez dias, preste as informações que julgar necessárias.

Note-que, em face da regulamentação legal do tema, a Lei n. 9.507/97, faz-se necessário o pedido administrativo anterior, para legitimar a atuação do Poder Judiciário, aliado à forma prevista nos arts. 319 e seguintes do CPC.

A inicial, uma vez distribuída, será despachada, a fim de que se dê ciência ao coator das informações pretendidas, e obedecerá a esta sequência procedimental:

> Art. 11. Feita a notificação, o serventuário em cujo cartório corra o feito, juntará aos autos cópia autêntica do ofício endereçado ao coator, bem como a prova da sua entrega a este ou da recusa, seja de recebê-lo, seja de dar recibo.
> Art. 12. Findo o prazo a que se refere o art. 9º, e ouvido o representante do Ministério Público dentro de cinco dias, os autos serão conclusos ao juiz para decisão a ser proferida em cinco dias.
> Art. 13. Na decisão, se julgar procedente o pedido, o juiz marcará data e horário para que o coator:
> I – apresente ao impetrante as informações a seu respeito, constantes de registros ou bancos de dadas; ou
> II – apresente em juízo a prova da retificação ou da anotação feita nos assentamentos do impetrante.
> Art. 14. A decisão será comunicada ao coator, por correio, com aviso de recebimento, ou por telegrama, radiograma ou telefonema, conforme o requerer o impetrante.
> Parágrafo único. Os originais, no caso de transmissão telegráfica, radiofônica ou telefônica deverão ser apresentados à agência expedidora, com a firma do juiz devidamente reconhecida.

> Art. 15. Da sentença que conceder ou negar o *habeas data* cabe apelação.
> Parágrafo único. Quando a sentença conceder o *habeas data*, o recurso terá efeito meramente devolutivo.

Obviamente que se deve ler, no art. 15, que o recurso cabível em face da sentença que decide o *habeas data* é o ordinário, no prazo de oito dias, dada a especificidade do processo do trabalho, previsto no art. 6º da Lei n. 5.584/70.

No tocante à competência, note-se que dificilmente vislumbramos o cabimento desse expediente na Justiça do Trabalho, embora haja previsão expressa no art. 114 da CF/88 para assim fazê-lo. Uma vez cumprido o requisito da competência material e do cabimento, deveremos igualmente adequar às disposições da Lei n. 9.507/97, no que toca à competência funcional para o julgamento da demanda:

> Art. 20. O julgamento do *habeas data* compete:
> I – originariamente:
> a) ao Supremo Tribunal Federal, contra atos do Presidente da República, das Mesas da Câmara dos Deputados e do Senado Federal, do Tribunal de Contas da União, do Procurador-Geral da República e do próprio Supremo Tribunal Federal;
> b) ao Superior Tribunal de Justiça, contra atos de Ministro de Estado ou do próprio Tribunal;
> c) aos Tribunais Regionais Federais contra atos do próprio Tribunal ou de juiz federal;
> d) a juiz federal, contra ato de autoridade federal, excetuados os casos de competência dos tribunais federais;
> e) a tribunais estaduais, segundo o disposto na Constituição do Estado;
> f) a juiz estadual, nos demais casos;
> II – em grau de recurso:
> a) ao Supremo Tribunal Federal, quando a decisão denegatória for proferida em única instância pelos Tribunais Superiores;
> b) ao Superior Tribunal de Justiça, quando a decisão for proferida em única instância pelos Tribunais Regionais Federais;
> c) aos Tribunais Regionais Federais, quando a decisão for proferida por juiz federal;
> d) aos Tribunais Estaduais e ao do Distrito Federal e Territórios, conforme dispuserem a respectiva Constituição e a lei que organizar a Justiça do Distrito Federal;
> III – mediante recurso extraordinário ao Supremo Tribunal Federal, nos casos previstos na Constituição.

Os processos de *habeas data* terão prioridade sobre todos os atos judiciais, exceto *habeas corpus* e mandado de segurança. Dado que são gratuitos o procedimento administrativo para acesso a informações e retificação de dados e para anotação de justificação, bem como a ação de *habeas data*, não há falar em custas processuais.

11. AÇÃO RESCISÓRIA

A estabilidade gerada a partir da coisa julgada é apenas relativa durante algum tempo. É que, desde o processo romano, o legislador vislumbrava a possibilidade de alterar o conteúdo de decisão já estabilizada, porque aquela decisão essencialmente foi forjada sobre vícios como o erro, dolo ou a fraude.

Como diz Coqueijo Costa[25],

> ... pela rescisória se pede, em nova instância, a "desconstituição de sentença transita em julgado, com eventual rejulgamento, a seguir, da matéria nela julgada" (J.C. Barbosa Moreira). É o ataque à coisa julgada, no todo ou em parte, formada em qualquer grau de jurisdição, irrecorrível até extraordinariamente, embora pendente de execução, forçada ou voluntária. Já o recurso é o ataque à decisão que ainda não transitou em julgado (prestação jurisdicional apresentada, mas não entregue).

O art. 836 da CLT, que prevê a aludida ação no processo laboral, assim indica:

> Art. 836. É vedado aos órgãos da Justiça do Trabalho conhecer de questões já decididas, excetuados os casos expressamente previstos neste Título e a ação rescisória, que será admitida na forma do disposto no Capítulo IV do Título IX da Lei n. 5.869, de 11 de janeiro de 1973 – Código de Processo Civil, sujeita ao depósito prévio de 20% (vinte por cento) do valor da causa, salvo prova de miserabilidade jurídica do autor.

Todavia, dada a parca regulamentação da ação rescisória no âmbito da CLT, deveremos nos valer da regulamentação prevista no CPC, no particular. Segundo os arts. 966 e seguintes, como veremos.

Note-se que a supletividade da legislação comum, no particular, não somente se dará por autorização do art. 836, mas igualmente pela permissão do art. 769 da CLT.

Do ponto de vista histórico da ação rescisória na Justiça do Trabalho, podemos dizer que originalmente inexistia qualquer previsão expressa no corpo da CLT, salvo a partir de fevereiro de 1967.

25. COSTA, Coqueijo. *Ação rescisória*. 4. ed. São Paulo: LTr, 1986. p. 14.

Tanto que, a partir dessa omissão legislativa, o STF editou a Súmula 338, que expressamente indica não caber ação rescisória no âmbito da Justiça do Trabalho. Mesmo porque a redação original do art. 836 impedia a aplicação do art. 769 da CLT.

Todavia, a partir do Prejulgado n. 16, do TST, de 1966, acabou-se por proclamar ser "cabível a ação rescisória no âmbito da Justiça do Trabalho", no que pode ser visto na redação da então Súmula 144:

> Ação rescisória. É cabível a ação rescisória no âmbito da Justiça do Trabalho. Ex-prejulgado n. 16.

A partir do Decreto-lei n. 229, de 1967, houve a alteração da redação do art. 836 da CLT para, mantendo o princípio nele inscrito, ressalvar o cabimento da ação rescisória, "que será admitida, no prazo de dois anos, nos termos dos arts. 798 a 800 do CPC".

Com o advento do CPC de 1973, originou-se a polêmica das hipóteses de aplicabilidade da ação rescisória, pacificada de algum modo pelo Prejulgado n. 49, convertido na Súmula 169:

> Ação rescisória. Justiça do Trabalho. Depósito prévio (Revisto pelo Enunciado 194). Nas ações rescisórias ajuizadas na Justiça do Trabalho e que só serão admitidas nas hipóteses dos arts. 798 a 800 do CPC/1939, desnecessário o depósito a que aludem os arts. 488, II, e 494 do CPC/73. Ex-prejulgado n. 49.

Eliminando a anomalia de três textos legais disciplinadores (art. 836 da CLT; arts. 798 a 800 do CPC/39; e arts. 488 a 494 do CPC/73), foi editada a Lei n. 7.351, de.1985, que deu a atual redação ao art. 836 da CLT.

11.1. Hipóteses de cabimento

O art. 966 do CPC nos apresenta as hipóteses em que é cabível o juízo rescisório. Em homenagem à estabilidade da coisa julgada, e à excepcionalidade do juízo rescisório, evidentemente o rol apresentado no art. 966 do CPC deve ser interpretado taxativamente. Essa é a compreensão corrente da jurisprudência:

> AGRAVO REGIMENTAL. AÇÃO RESCISÓRIA. TAXATIVIDADE DAS HIPÓTESES DE CABIMENTO. O cabimento da ação rescisória possui a peculiaridade de exigir que num juízo prévio a situação alegada seja pertinente com uma das causas apontadas no art. 485 do CPC. Significa dizer que são taxativas as hipóteses de cabimento da ação rescisória, devendo estas serem comprova-

das sem quaisquer dúvidas, o que não se configurou na situação sob análise. Agravo regimental não provido (TRT – 13ª Região, AGR 00309006120125130000, 0030900-61.2012.5.13.0000, j. 16-8-2012, Tribunal Pleno, data de publicação: 22-8-2012).

AÇÃO RESCISÓRIA. NEGLIGÊNCIA DO SINDICATO DE CLASSE E DO ADVOGADO DO AUTOR, QUE NÃO RECORRERAM DA R. SENTENÇA. IMPOSSIBILIDADE, ANTE A TAXATIVIDADE DO ROL PREVISTO NO ART. 485, DO CPC. No caso *sub judice*, a pretensão rescisória fulcra-se no fato de ter sido negligente o Sindicato e o advogado do autor, os quais não recorreram da decisão que extinguiu o processo com resolução de mérito por ter acolhido a prescrição total. Tal fato não autoriza o manejo da ação rescisória, eis que não há nos incisos do art. 485, do CPC, essa previsão. Sendo medida extrema o acolhimento da ação rescisória, o rol descrito nos incisos do art. 485, do CPC é taxativo e deve ser interpretado restritivamente (TRT – 15ª Região, AR 54/SP, 000054/2010, rel. Olga Aida Joaquim Gomieri, data de publicação: 12-2-2010).

O *caput* do art. 966 do CPC em regra permite a rescisão apenas da decisão de mérito, transitada em julgado, ressalvadas aquelas que, embora não sejam de mérito, impeçam nova propositura da demanda ou a admissibilidade do recurso correspondente (§ 2º do art. 966 do CPC). Assim, de regra não caberá ação rescisória contra a decisão que extingue o processo sem julgamento de mérito, tampouco aquela que não tenha transitado em julgado.

Dentre as hipóteses previstas em lei, quanto ao cabimento da rescisória, a primeira delas é quando se verifica que a decisão de mérito que foi proferida o foi por força de prevaricação, concussão ou corrupção do juiz. O mesmo em relação ao juiz impedido ou por juízo absolutamente incompetente, uma vez que tais irregularidades não são passíveis de convalidação.

Também será possível a rescisão da decisão que resultar de dolo ou coação da parte vencedora em detrimento da parte vencida ou, ainda, de simulação ou colusão entre as partes, a fim de fraudar a lei ou ofender a coisa julgada.

Prevê o dispositivo, ainda, o cabimento da ação rescisória contra a decisão que violar manifestamente norma jurídica, ou for fundada em prova cuja falsidade tenha sido apurada em processo criminal ou venha a ser demonstrada na própria ação rescisória.

O CPC trouxe ainda hipótese interessante quanto ao cabimento da ação rescisória, qual seja, quando tenha obtido o autor, posteriormente ao trânsito em julgado, prova nova cuja existência ignorava ou de que não pôde fazer uso, capaz, por si só, de lhe assegurar pronunciamento favorável. Explicitou, ainda, o cabimento da ação rescisória quando for fundada em erro de fato verificável do exame dos autos.

A fim de esclarecer a noção de erro de fato, o legislador cuidou ainda de indicar que há erro de fato quando a decisão rescindenda admitir fato inexistente ou quando considerar inexistente fato efetivamente ocorrido, sendo indispensável, em ambos os casos, que o fato não represente ponto controvertido sobre o qual o juiz deveria ter se pronunciado. Nesta hipótese tem-se que, se o juízo exerceu uma valoração sobre o fato, embora tenha errado nessa valoração, não será admissível a ação rescisória.

A lei consagrou, ainda, a possibilidade de rescisão meramente parcial da sentença, ou de capítulo da decisão.

Por fim, o legislador cuidou de explicitar ainda que os atos de disposição de direitos, praticados pelas partes ou por outros participantes do processo e homologados pelo juízo, bem como os atos homologatórios praticados no curso da execução, embora não estejam propriamente sujeitos à ação rescisória, estão sujeitos à anulação, nos termos da lei.

Dada a expressa previsão legal, não há falar em suspensão da execução pelo simples ajuizamento da ação rescisória (art. 969 do CPC), sabendo, ainda, que o prazo decadencial para a propositura da ação é de dois anos contados do trânsito em julgado. Todavia, não se pode ignorar ser possível o deferimento, pelo juízo rescisório, de medida cautelar que determine o sobrestamento da execução, a fim de que se preserve o resultado do processo rescisório.

Há questão importante a ser debatida, ainda, quanto às decisões transitadas em julgado na vigência do CPC de 1973, diante da vigência do Código de 2015. Indaga-se: quais hipóteses de rescindibilidade devem ser observadas, as vigentes quando da prolação da sentença rescindenda ou as havidas quando da propositura da ação rescisória, no novo Código? O TST tem entendido que em hipóteses tais a parte autora da pretensão rescisória deve observar a legislação vigente quando da prolação da sentença rescindenda, pois o corte rescisório vincular-se-ia ao sistema normativo vigente até então. É o que se depreende:

> I – RECURSO ORDINÁRIO DO AUTOR AÇÃO RESCISÓRIA AJUIZADA SOB A ÉGIDE DO CPC DE 2015. DECISÃO TRANSITADA EM JULGADO NA VIGÊNCIA DO CPC DE 1973. INVOCAÇÃO DE CAUSA DE RESCINDIBILIDADE DO CPC DE 2015. 1. Cuida-se de ação desconstitutiva intentada após o advento do CPC de 2015, com fundamento em causa de rescindibilidade prevista no referido diploma legal, embora o trânsito em julgado da sentença rescindenda tenha ocorrido sob a égide do CPC de 1973. 2. Transitando em julgado a decisão rescindenda na vigência do CPC de 1973, a ação

rescisória deve ser proposta com fundamento nas hipóteses de rescindibilidade listadas no aludido diploma legal. Afinal, como explica Celso Neves, "o juízo rescisório vincula-se às hipóteses previstas na lei vigente ao tempo do trânsito em julgado da sentença rescindenda". 3. No caso, a indicação de hipótese de desconstituição da coisa julgada previstas no CPC de 2015 em nada compromete o exame da controvérsia, ante a existência, no Diploma de 1973, de causa com exata correspondência. ART. 485, III, IV, V E IX DO CPC DE 1973 (RO 20404-46.2017.5.04.0000, rel. Min. Douglas Alencar Rodrigues, j. 2-10-2018, Subseção II Especializada em Dissídios Individuais, *DEJT* 5-10-2018). RECURSO ORDINÁRIO EM AÇÃO RESCISÓRIA AJUIZADA NA VIGÊNCIA DO CPC/15. SENTENÇA RESCINDENDA TRANSITADA EM JULGADO SOB A ÉGIDE DO CPC/73. PRETENSÃO DESCONSTITUTIVA FUNDADA EM PROVA NOVA. RECONHECIMENTO DE MOLÉSTIA PROFISSIONAL PERANTE O JUÍZO CÍVEL EM AGOSTO/2016. DECADÊNCIA. INAPLICABILIDADE DO ART. 975, § 2º, DO CPC/15. IRRETROATIVIDADE DA LEI PROCESSUAL. 1. Trata-se de ação rescisória ajuizada em 17-10-2017 objetivando, com fundamento no art. 966, VII, do CPC/15, desconstituir a r. sentença que julgou improcedente o pedido da ora Autora de indenização por dano moral e material decorrente de moléstia profissional. O que se alega como prova nova é o acórdão proferido em ação acidentária movida contra o INSS e publicado em agosto de 2016, que, com base em laudo pericial, reconheceu que a ora Autora é portadora de moléstia profissional. 2. A r. sentença rescindenda transitou em julgado em 24-12-2012 e o e.g. Tribunal Regional, prolator da decisão recorrida, não obstante o reconhecimento da moléstia perante o juízo cível em agosto de 2016, pronunciou a decadência e extinguiu o feito com resolução do mérito, nos termos do art. 487, II, do CPC/15. Concluiu que, como o prazo decadencial se exauriu ainda na vigência do CPC/73, não haveria como retroagir a disposição contida no CPC/15, referente à contagem do prazo decadencial em ação rescisória fundada em prova nova (art. 975, § 2º). 3. É certo que o art. 975, § 2º, do CPC/15 estabeleceu termo inicial diferenciado para a contagem do prazo decadencial quando a ação rescisória é fundada em prova nova, ao dispor que será a data da descoberta da prova nova, observado o prazo de cinco anos, contado do trânsito em julgado da última decisão proferida no processo. 4. Contudo, no caso dos autos, não há como utilizar como marco inicial da contagem do prazo decadencial a data da publicação do acórdão proferido na Justiça Cível. 5. Isso porque é entendimento desta c. Subseção que é a data do trânsito em julgado da decisão rescindenda que define o regramento processual a ser aplicado, não podendo ser atribuído efeito retroativo à nova legislação processual, em observância ao princípio de direito intertemporal *tempus regit actum*.

Precedentes. 6 . Mais especificamente sobre o art. 975, § 2º, do CPC/15, o próprio Enunciado 341, aprovado no VIII Fórum Permanente de Processualistas Civis, estabelece: "o prazo para ajuizamento da ação rescisória é estabelecido pela data de trânsito em julgado da decisão rescindenda, de modo que não se aplicam as regras dos §§ 2º e 3º do art. 975 do CPC à coisa julgada constituída antes de sua vigência". 7. Dessa forma, transitada em julgado a r. sentença rescindenda em 2012, e não havendo possibilidade de se alterar o início da contagem do prazo decadencial para momento diverso, deve ser mantido v. acórdão recorrido que pronunciou a decadência, em razão de a ação rescisória ter sido ajuizada em 2017, muito além do prazo previsto no art. 495 do CPC/73. Recurso ordinário conhecido e desprovido (ROT-7994-47.2017.5.15.0000, Subseção II Especializada em Dissídios Individuais, Relator Ministro Alexandre de Souza Agra Belmonte, *DEJT* 21-5-2021).

11.2. Juízo competente, legitimidade e prazo

Em regra, a competência para o julgamento da ação rescisória será do último Tribunal a analisar o mérito da demanda. Assim, se não houver o conhecimento de recurso de revista ou de embargos, a competência para julgar ação que vise rescindir a decisão de mérito é do Tribunal Regional do Trabalho, consoante entendimento firmado pelo E. TST na Súmula 192.

Ainda a Súmula 192 do TST nos orienta acerca da competência para o exercício do juízo rescisório (se por um dos TRT ou TST), ao indicar que o acórdão rescindendo do Tribunal Superior do Trabalho que não conhece de recurso de embargos ou de revista, analisando arguição de violação de dispositivo de lei material ou decidindo em consonância com súmula de direito material ou com iterativa, notória e atual jurisprudência de direito material da Seção de Dissídios Individuais (Súmula 333), examina o mérito da causa, cabendo ação rescisória da competência do Tribunal Superior do Trabalho. A Súmula 333 do TST, por sua vez, indica que não ensejam recurso de revista decisões superadas por iterativa, notória e atual jurisprudência do Tribunal Superior do Trabalho. Por fim, a decisão proferida pela SBDI, em agravo regimental, calcada na Súmula 333, substitui acórdão de Turma do TST, porque emite juízo de mérito, comportando, em tese, o corte rescisório. Em todos os casos acima descritos há julgamento de mérito, por isso admissível o corte rescisório.

A Súmula 192 indica ainda que, sob a égide do art. 512 do CPC de 1973, é juridicamente impossível o pedido explícito de desconstituição de sentença quando substituída por acórdão do Tribunal Regional ou superveniente sentença homologatória de acordo que puser fim ao litígio. Ou seja, o erro na indicação da decisão rescindenda implicará o não conhecimento da ação rescisória. Também a Súmula 192 indica que, na vigência do CPC de 1973, é manifesta a impossibilidade jurídica do pedido de rescisão de julgado proferido em agravo de instrumento que, limitando-se a aferir o eventual desacerto do juízo negativo de admissibilidade do recurso de revista, não substitui o acórdão regional, na forma do art. 512 do CPC.

Se a decisão rescindenda for de uma das turmas do TST ou da própria SDI, caberá a esta última (na SDI II), originalmente o julgamento da ação rescisória, consoante o art. 71 do RITST.

No tocante à legitimidade, poderá ser apurada a partir da redação do art. 967 do CPC. Segundo a redação legal, poderá propor a ação rescisória quem foi parte no processo ou seu sucessor a título universal ou singular, o terceiro juridicamente interessado ou Ministério Público. Todavia, a legitimação ministerial ocorre apenas se não foi ouvido no processo em que lhe era obrigatória a intervenção, quando a decisão rescindenda é o efeito de simulação ou de colusão das partes, a fim de fraudar a lei ou em outros casos em que se imponha sua atuação.

Aquele que não foi ouvido no processo em que lhe era obrigatória a intervenção também possui legitimidade para propor a medida rescisória.

No tocante ao prazo para propositura, como já vimos, é de dois anos, contados do trânsito em julgado da decisão, segundo a expressa previsão do art. 975 do CPC.

Todavia, dadas as diversas discussões acerca desse prazo, o TST, por meio da Súmula 100, busca explicitar alguns delineamentos úteis à solução dessas mesmas discussões. A primeira previsão consolidada pelo TST indica que o prazo de decadência, na ação rescisória, conta-se do dia imediatamente subsequente ao trânsito em julgado da última decisão proferida na causa, seja de mérito ou não. Ainda, indica o entendimento consolidado pelo TST que, havendo recurso parcial no processo principal, o trânsito em julgado dá-se em momentos e em tribunais diferentes, contando-se o prazo decadencial para a ação rescisória do trânsito em julgado de cada capítulo da decisão, salvo se o recurso tratar de preliminar ou prejudicial que possa tornar insubsistente a decisão recorrida, hipótese em que flui a decadência a partir do trânsito em julgado da decisão que julgar o recurso parcial.

Outra questão relevante consolidada pelo E. TST é que, salvo se houver dúvida razoável, a interposição de recurso intempestivo ou a interposição de recurso incabível não protrai o termo inicial do prazo decadencial.

Quanto à comprovação do trânsito em julgado, e portanto, do início do prazo decadencial, o TST tem firmado a compreensão de que o juízo rescindente não está adstrito à certidão de trânsito em julgado juntada com a ação rescisória, podendo formar sua convicção por meio de outros elementos dos autos quanto à antecipação ou postergação do *dies a quo* do prazo decadencial.

No tocante à contagem do prazo para o manejo da rescisória em face de acordo homologado judicialmente, tem-se que possui força de decisão irrecorrível, na forma do art. 831 da CLT, imediatamente. Assim sendo, o termo conciliatório transita em julgado na data de sua homologação judicial.

Na hipótese de colusão das partes, o prazo decadencial da ação rescisória somente começa a fluir para o Ministério Público, que não interveio no processo principal, a partir do momento em que tem ciência da fraude.

Por fim, entende o E. TST, também consoante explicitado na Súmula 100, que não ofende o princípio do duplo grau de jurisdição a decisão do TST que, após afastar a decadência em sede de recurso ordinário, aprecia desde logo a lide, se a causa versar questão exclusivamente de direito e estiver em condições de imediato julgamento.

Há que fazer o destaque, ainda, no sentido de que, segundo o TST, prorroga-se até o primeiro dia útil, imediatamente subsequente, o prazo decadencial para ajuizamento de ação rescisória quando expira em férias forenses, feriados, finais de semana ou em dia em que não houver expediente forense, por força do art. 775 da CLT, mormente após a redação que lhe foi conferida pela Lei n. 13.467/2017.

Veja-se que o entendimento demonstrado pelo TST no tocante à prorrogação do prazo para o ajuizamento da ação rescisória acabou por ampliar o debate acerca de sua natureza jurídica, uma vez que, em regra, o prazo decadencial não se prorroga. Todavia, fundado na premissa da inafastabilidade da jurisdição, o Tribunal assim tem considerado:

> Recurso ordinário em ação rescisória. 1. Prazo decadencial. Termo final. Prorrogação. Inteligência do item IX da Súmula 100 do TST. 1.1. – A natureza do prazo (decadencial ou prescricional) não tem o condão de restringir a garantia constitucional de livre acesso à justiça (CF, art. 5º, XXXV), limitada, apenas, por regras infraconstitucionais que se integram, de modo a harmonizar o ordenamento jurídico. 1.2. Importa reconhecer, ante as normas que orientam os arts. 184, § 1º, do CPC e 132, § 1º, do Código Civil, que não subsiste obstáculo à dilatação do prazo decadencial, quando, por exemplo, o termo final recaia em sábado, domingo, feriado, férias forenses ou em dia em que não houver expediente, especialmente porque a dilatação ou a prorrogação não se confunde com os institutos jurídicos da suspensão e da interrupção, estes, sim, inaplicáveis à decadência, a teor do disposto no art. 207 do Código Civil. Inteligência do item IX da Súmula 100 desta Corte. Recurso ordinário em ação rescisória conhecido e provido, para afastar a decadência. (...) (TST,

> RO 4939000820095010000, 493900-08.2009.5.01.0000, rel. Alberto Luiz Bresciani de Fontan Pereira, j. 28-2-2012, Subseção II Especializada em Dissídios Individuais, *DEJT* 2-3-2012).

Por fim, deve-se consignar que, na visão do E. TST, conta-se o prazo decadencial da ação rescisória, após o decurso do prazo legal previsto para a interposição do recurso extraordinário, apenas quando esgotadas todas as vias recursais ordinárias.

11.3. Procedimento

No tocante ao procedimento, a petição inicial deve ser escrita, dirigida ao Presidente do Tribunal, seguindo os requisitos dos arts. 319 do CPC, além do art. 840 da CLT, devendo o autor cumular ao pedido de rescisão, se for o caso, o de novo julgamento do processo.

O CPC prevê que a parte autora, além daquelas exigências, deve depositar a importância de 5% sobre o valor da causa, que se converterá em multa caso a ação seja, por unanimidade de votos, declarada inadmissível ou improcedente. Aplica-se, no particular, a previsão do art. 836 da CLT, que fixa o valor do depósito prévio como sendo de 20% sobre o valor da causa.

Por estrita definição legal, não se aplica a exigência do depósito em desfavor da União, dos Estados, do Distrito Federal, dos Municípios, a suas respectivas autarquias e fundações de direito público, ao Ministério Público, à Defensoria Pública e aos que tenham obtido o benefício de gratuidade da justiça.

O depósito prévio não é exigido diante da prova de miserabilidade jurídica do autor, o que guarda coerência inclusive com o § 10 do art. 899 da CLT. A rigor, tratando-se de miserabilidade, a condição deveria ser a de miserabilidade econômica, devendo-se sujeitar o autor às mesmas condições já debatidas quando da análise acerca da gratuidade prevista no art. 790, § 3º, e seguintes da CLT. A IN 31/2007 do TST trata das formalidades essenciais para o cumprimento da exigência do aludido depósito.

Tem-se dispensado, ainda, da realização do depósito prévio mesmo o empregador autor da ação rescisória, quando reste evidenciada sua dificuldade financeira:

> Depósito prévio em ação rescisória. Dispensa. Gratuidade da justiça em favor de pessoa jurídica de direito privado. Possibilidade, ante a prova de dificuldade financeira. Jurisprudência do Supremo Tribunal Federal e do Tribunal Superior do Trabalho. LC 132/2009, que modificou a Lei n. 1.060/1950. –

Merece ser processada e julgada a ação rescisória proposta por pessoa jurídica de direito privado que, não obstante a ausência de depósito prévio, conseguiu se desvencilhar do ônus de demonstrar seu impedimento financeiro, pois comprovou que obteve um rendimento médio mensal de R$ 70.654,27, estando, ademais, pendente com impostos e o FGTS. Neste contexto, exigir da parte a consignação de valor superior a R$ 66.000,00 significaria tornar inócua as garantias constitucionais da inafastabilidade da jurisdição e da assistência gratuita integral, insculpidas nos incisos XXXV e LXXIV do art. 5º, da CF/1988. Inteligência da jurisprudência do STF e do TST. Ademais, a LC 132, de 07.10.2009, acrescentando o inciso VII ao art. 3º da Lei n. 1.060/1950, determina que os beneficiários da justiça gratuita estarão isentos de efetuar qualquer depósito prévio exigido para interposição de recurso e demais atos processuais inerentes ao exercício da ampla defesa e do contraditório. Ação rescisória. Erro de fato. Acidente de trabalho. Resultado morte. Indenização material. Direito comum. Súmula 229 do Supremo Tribunal Federal. Dedução do valor atualizado do seguro obrigatório percebido pelos sucessores do de cujus. Súmula 249 do Superior Tribunal de Justiça. Parcial procedência. – Analisando a decisão rescindenda quanto ao tema arbitramento da indenização, observa-se que apesar de tomar em conta os lucros cessantes do empregado falecido, sua remuneração mensal, idade e expectativa de vida, deduzindo, ainda, do valor encontrado o percentual atinente ao que o *de cujus* utilizaria com despesas e gastos pessoais, não foi considerado o valor recebido a título de seguro obrigatório pelos herdeiros do trabalhador, em que pese haver prova no processo de origem, o que caracteriza erro fático, pois o julgado, desconsiderando documento da causa, reputou inexistente um fato efetivamente ocorrido, qual seja, a quitação antecipada de parte da obrigação, circunstância incontroversa e sobre a qual não houve pronunciamento judicial. É válido asseverar que, tratando o caso de indenização respaldada no direito comum (Súmula 229, do STF), o valor do seguro obrigatório deve ser deduzido da indenização judicialmente fixada (Súmula 249, do STJ), sob pena de patentear enriquecimento sem causa em detrimento da empresa, em descompasso ao objetivo maior da indenização material, qual seja, tão somente restaurar do ponto de vista patrimonial a situação existente antes do óbito do laborista (TRT – 22ª Região, AR 133200900022002/PI, 00133-2009-000-22-00-2, rel. Fausto Lustosa Neto, j. 14-4-2010, Tribunal Pleno, *DJT/PI*, 6-5-2010).

Proceder-se-á à citação do réu, na forma do art. 970 do CPC, contando-se o prazo para a resposta a partir do efetivo recebimento da notificação, e não sua juntada, como já vimos anteriormente.

No atinente à revelia, a Súmula 398 do TST consolida claramente o entendimento do Tribunal sobre o assunto, indicando serem inaplicáveis os efeitos da confissão, em homenagem à coisa julgada:

> Ação rescisória. Ausência de defesa. Inaplicáveis os efeitos da revelia. – Na ação rescisória, o que se ataca na ação é a sentença, ato oficial do Estado, acobertado pelo manto da coisa julgada. Assim sendo, e considerando que a coisa julgada envolve questão de ordem pública, a revelia não produz confissão na ação rescisória.

Podem ser ordenadas provas, pelo relator, na forma do art. 972 do CPC. Realizadas tais diligências, deve-se levar o feito para julgamento, na forma dos arts. 973 e seguintes do CPC.

Contra a decisão proferida em ação rescisória pelo Tribunal Regional é cabível recurso ordinário (Súmula 158 do TST), embora, se o julgamento se der pelo TST, deve-se atentar para seu Regimento Interno.

Referências

ABDO, Helena Najjar. *O abuso do processo*. São Paulo: Revista dos Tribunais, 2007. v. 60.

ABREU, Josué Silva. Procedimento sumaríssimo no processo do trabalho. Palestra proferida na OAB de Montes Claros-MG e de Uberaba-MG. *Revista do TRT-3ª Reg.*, Belo Horizonte, 31(61), p. 167-185, jan.-jun. 2000.

______. *Procedimento sumaríssimo no processo do trabalho*: Lei n. 9.957, de 12 de janeiro de 2000. Disponível em: <http://www.trt3.jus.br/escola/download/revista/rev_61/Josue_Abreu.pdf>. Acesso em: 20 jul. 2012.

ALMEIDA, Cleber Lúcio. *Direito processual do trabalho*. 6. ed. São Paulo: LTr, 2016.

ALMEIDA, Isis de. *Manual de direito processual do trabalho*. São Paulo: LTr, 1991.

______. *Manual de direito processual do trabalho*. 6. ed. São Paulo: LTr, 1994.

______. *Manual de direito processual do trabalho*. 8. ed. São Paulo: LTr, 1997. v. 2.

ALMEIDA, João Batista de. *Aspectos controvertidos da ação civil pública*. 3. ed. São Paulo: Revista dos Tribunais, 2011.

ALVIM, Arruda. *Curso de direito processual civil*. São Paulo: Revista dos Tribunais, 1971.

ALVIM, José Eduardo Carreira. *Teoria geral do processo*. Rio de Janeiro: Forense, 2008.

AMADO, Jorge. *Gabriela, cravo e canela*. São Paulo: Cia das Letras, 2012.

______. *Tocaia grande*: a face obscura. São Paulo: Folha de S. Paulo, 2008.

ARAGÃO, Egas Dirceu Moniz de. *Comentários ao Código de Processo Civil:* arts. 154 a 269. 10. ed. Rio de Janeiro: Forense, 2005. v. II.

ARRUDA, Katia Magalhães et al. *Direitos coletivos do trabalho*: na visão do TST: homenagem ao Ministro Rider Nogueira de Brito. São Paulo: LTr, 2011.

______; MILHOMEM, Rubem. *A jurisprudência extraordinária do TST na admissibilidade do recurso de revista*. São Paulo: LTr, 2012

ASSIS, Araken de. *Manual do processo de execução*. 7. ed. São Paulo: Revista dos Tribunais, 2001.

AYOUB, Luiz Roberto. *Arbitragem*: o acesso à justiça e a efetividade do processo uma nova proposta. Rio de Janeiro: Lumen Juris, 2005.

BANDEIRA DE MELO, Celso Antônio. *Curso de direito administrativo*. 13. ed. São Paulo: Malheiros, 2001.

BARACAT, Eduardo Melléo. *Prescrição trabalhista e a Súmula n. 294 do TST*. São Paulo: LTr, 2007.

BARBI, Celso Agrícola. *Comentários ao Código de Processo Civil*: Lei n. 5.869, de 11 de janeiro de 1973. 14. ed. Rio de Janeiro: Forense, 2010. v. I.

BARIONI, Rodrigo. *Efeito devolutivo da apelação civil*. 2 tir. São Paulo: Revista dos Tribunais, 2008. v. 16.

BARROS, Alice Monteiro de. *Curso de direito do trabalho*. 4. ed. São Paulo: LTr, 2008.

_______. *O que há de novo*. 2. ed. São Paulo: LTr, 2012.

_______. *Proteção à intimidade do empregado*. São Paulo: LTr, 1997.

BASTOS, Antônio Adonias. *Teoria geral da execução*. Salvador: Faculdade Baiana de Direito, 2010.

BEBBER, Julio Cesar. *Cumprimento da sentença no processo do trabalho*. 2. ed. São Paulo: LTr, 2007.

_______. *Processo do trabalho*: adaptação à contemporaneidade São Paulo: LTr, 2011.

_______. *Processo do trabalho*: temas atuais. São Paulo: LTr, 2003.

BEDAQUE, José Roberto dos Santos. *Direito e processo:* influência do direito material sobre o processo. 6. ed. São Paulo: Malheiros, 2011.

_______. *Efetividade do processo e técnica processual*. 3. ed. São Paulo: Malheiros, 2010.

BENEDUZI, Renato Resende. Comentários ao Código de Processo Civil: artigos 70 ao 187. *In*: MARINONI, Luiz Guilherme; ARENHART, Sérgio Cruz; MITIDIERO, Daniel (coord.). *Coleção Comentários ao Código de Processo Civil*. São Paulo: Revista dos Tribunais, 2016. v. 2.

_______. *Efetividade do processo e técnica processual*. 3. ed. São Paulo: Malheiros, 2010.

BELMONTE, Alexandre Agra. *A tutela das liberdades nas relações de trabalho*: limites e reparação das ofensas às liberdades de consciência, crença, comunicação, manifestação do pensamento, expressão, locomoção, informação, sindical e sexual do trabalhador. São Paulo: LTr, 2013.

BELTRAN, Ari Possidonio. *A autotutela nas relações de trabalho*. São Paulo: LTr, 1996.

BORBA, Joselita Nepomuceno. *Efetividade da tutela coletiva*. São Paulo: LTr, 2008

BRANDÃO, Claudio. *Reforma do sistema recursal trabalhista*: comentários à Lei n. 13.015/2014. São Paulo: LTr, 2015.

______. *Reforma do sistema recursal trabalhista:* de acordo com o CPC/2015, as Instruções Normativas do TST n. 39 e 40/2016 e Emenda Constitucional n. 92/2016. 2. ed. São Paulo: LTr, 2016.

BUENO, Cassio Scarpinella. *A nova Lei do Mandado de Segurança*. 2. ed. São Paulo: Saraiva, 2010.

______. *Curso sistematizado de direito processual civil*: procedimentos especiais do Código de Processo Civil, Juizados Especiais. 2. ed. São Paulo: Saraiva, 2013. v. 2, t. II.

CAIRO JÚNIOR, José. *Curso de direito processual do trabalho*. 3. ed. Salvador: Juspodivm, 2010.

CALAMANDREI, Piero. *Direito processual civil*. Tradução de Luiz Abezia e Sandra Drina Fernadez Barbiery. Campinas: Bookseller, 1999. v. I a III.

CALMON DE PASSOS, José Joaquim. In: DIDIER JR., Fredie; BRAGA, Paula Sarno (org.). *Ensaios e artigos. Salvador:* Juspodivm, 2016. v. II.

CÂMARA, Alexandre Freitas. *Lições de direito processual civil*. 9. ed. Rio de Janeiro: Lumen Juris, 2003. v. 1.

CAMBI, Eduardo. *Neoconstitucionalismo e neoprocessualismo*: direitos fundamentais, políticas públicas e protagonismo judiciário. 2. ed. São Paulo: Revista dos Tribunais, 2011.

______. Teoria das cargas probatórias dinâmicas (distribuição dinâmica dos ônus da prova) – exegese do artigo 373, § 1º e 2º do CPC-2015. *In*: DIDIER JR., Fredie (coord. geral); FERREIRA, Willian Santos Ferreira; JOBIM, Marco Félix (coord.). *Grandes temas do novo CPC*: direito probatório. Salvador: Juspodivm. 2015. v. 5, p. 191.

CAPPELLETTI, Mauro. *Acesso à justiça*. Tradução de Ellen Gracie Northfleet. Porto Alegre: Fabris, 1988.

CARDOZO, José Eduardo. As empresas públicas e as sociedades de economia mista e o dever de realizar concursos públicos no direito brasileiro. *Jus.com.br,* ago. 1997. Disponível em: <https://jus.com.br/artigos/386/as-empresas-publicas-e-as-sociedades-de-economia-mista-e-o-dever-de-realizar-concursos-publicos-no-direito-brasileiro/1>. Acesso em: 3 jun. 2019.

CARMONA, Carlos Alberto. *Arbitragem e processo*: um comentário à Lei n. 9.307/96. 3 ed. São Paulo: Atlas, 2009.

CARNEIRO, Athos Gusmão. *Intervenção de terceiros*. 6. ed. São Paulo: Saraiva, 1994.

CARNELUTTI, Francesco. *Arte do direito*. Tradução de Ricardo Rodrigues Gama. Campinas: Russell Editores, 2006.

______. *Instituições do processo civil*. Tradução de Adrian Sotero de Witt Batista. Campinas: Servanda, 1999. v. 1 a 3.

CARRION, Valentin. *Comentários à Consolidação das Leis do Trabalho*. 17. ed. São Paulo: Revista dos Tribunais, 1993.

______. *Comentários à Consolidação das Leis do Trabalho*. 19. ed. São Paulo: Saraiva, 1995.

______. *Comentários à Consolidação das Leis do Trabalho*. 33. ed. atual. por Eduardo Carrion. São Paulo: Saraiva, 2008.

______. *Comentários à Consolidação das Leis do Trabalho*. 41. ed. atual. por Eduardo Carrion. São Paulo: Saraiva, 2017.

______; SILVESTRE, Rita Maria. Os empregados domésticos. *In*: PINTO, José Augusto Rodrigues (coord.). *Noções atuais de direito do trabalho:* estudos em homenagem ao Professor Elson Gottschalk. São Paulo: LTr. p. 356.

CARVALHO JUNIOR, Pedro Lino de. *Liquidação e execução na ação coletiva trabalhista*. São Paulo: LTr, 2012.

CASTAGNA, Ricardo Alessandro. *Tutela de urgência*: análise teórica e dogmática. São Paulo: Revista dos Tribunais, 2008.

CASTRO FILHO, José Olymmpio de. *Comentários ao Código de Processo Civil:* arts. 1.103 a 1.220. Rio de Janeiro: Forense, 2007. v. X.

CATHARINO, José Martins. *Direito constitucional e direito judiciário do trabalho*. São Paulo: LTr, 1995.

______. *Do precatório*. São Paulo: LTr, 2000.

______. Princípios fundamentais do direito processual do trabalho. *In*: DELGADO, Mauricio Godinho; DELGADO, Gabriela Neves (org.). *Direito do trabalho e direito da Seguridade Social:* direito processual do trabalho. São Paulo: Revista dos Tribunais, 2012. p. 261 (Coleção Doutrinas Essenciais, v. 4).

CHAVES, Luciano Atayde. *Curso de processo do trabalho*. São Paulo: LTr, 2009.

CHIOVENDA, Giuseppe. *Instituições de direito processual civil*. 2. ed. São Paulo: Saraiva, 1965. v. I.

______. *Instituições de direito processual civil*. São Paulo: Saraiva, 1965. v. III.

CHIOVENDA, José. *Principios de derecho procesal civil*. Tradução de José Casáis y Santaló. Madrid: Reus, 1922. t. I.

CIMARDI, Claudia Aparecida. *Proteção processual da posse*. 2. ed. 2. tir. São Paulo: Revista dos Tribunais, 2008. v. 61.

CINTRA, Antonio Carlos de Araújo. *Comentários ao Código de Processo Civil:* arts. 332 a 475. Rio Janeiro: Florense, 2008. v. IV.

______; GRINOVER, Ada Pellegrini; DINAMARCO, Cândido Rangel. *Teoria geral do processo*. 15. ed. São Paulo: Malheiros, 1999.

CNJ. Disponível em: <http://www.cnj.jus.br/images/pesquisas-judiciarias/Publicacoes/rel_completo_trabalho.pdf>. Acesso em: 25 mar. 2012.

CORREIA, Marcus Orione Gonçalves. *As ações coletivas e o direito do trabalho*. São Paulo: Saraiva, 1994.

COSTA, Carlos Coqueijo Torreão da. *Ação rescisória*. 4. ed. São Paulo: LTr, 1986.

______. *A morte do empregado e sua repercussão no direito material e processual do trabalho*. Rio de Janeiro: Edições Trabalhistas, 1972.

______. *Direito processual do trabalho*. Rio de Janeiro: Forense, 1986.

COSTA, Lopes da. *Direito processual civil*. Rio de Janeiro: José Konfino, 1946.

COSTA, Marcelo Freire Sampaio. *Execução provisória satisfatória nas ações coletivas trabalhistas*. São Paulo: LTr, 2012.

COUTINHO, Grijalbo Fernandes. Ampliação da competência da Justiça do Trabalho: mudança que contraria o perfil conservador da reforma do Judiciário. *In:* COUTINHO, Grijalbo Fernandes; FAVA, Marcos Neves (coord.). *Justiça do Trabalho:* competência ampliada. São Paulo: LTr, 2005. p. 92-115.

COUTO, Francisco Norival Fraga do. *Procedimento da ação de oposição*. Porto Alegre: LeJur, 1988.

DE ASSIS, Araken. *Manual do processo de execução*. 7. ed. São Paulo: Revista dos Tribunais, 2001.

DELGADO, Mauricio Godinho. *Curso de direito do trabalho*. 3. ed. São Paulo: LTr, 2004.

______. *Curso de direito do trabalho*. 8. ed. São Paulo: LTr, 2009.

DERBLI, Felipe. *O princípio da proibição de retrocesso social na Constituição de 1988*. Rio de Janeiro: Renovar, 2007.

DERRIDA, Jacques. *A escritura:* a diferença. 2. ed. São Paulo: Perspectiva, 1995.

DIAS, José de Aguiar. *Da responsabilidade civil*. 9. ed. Rio de Janeiro: Forense, 1994. v. II.

DIDIER JR., Fredie. *Ativismo judicial e garantismo processual*. Salvador: Juspodivm, 2013

______. *Curso de direito processual civil*: teoria geral do processo e processo de conhecimento. 12. ed. Salvador: Juspodivm, 2010. v. I.

______. *Curso de direito processual civil*: introdução ao direito processual civil, parte geral e processo de conhecimento. 17. ed. Salvador: Juspodivm, 2015.

______. *Processo civil*: leituras complementares. 4. ed. Salvador: Juspodivm, 2006.

______. *Revitalização da coisa julgada*: enfoque crítico. Salvador: Juspodivm, 2004.

______; BRAGA, Paula Sarno (org.). *Ensaios e artigos:* José Joaquim Calmon de Passos. Salvador: Juspodivm, 2016. v. II.

______; ______; OLIVEIRA, Rafael. *Curso de direito processual civil:* meios de impugnação as decisões judiciais e processo nos tribunais. 5. ed. Salvador: Juspodivm, 2010. v. 2.

______; ______; ______. *Curso de direito processual civil:* teoria da prova, direito probatório, ações probatórias, decisão, precedente, coisa julgada e antecipação dos efeitos da tutela. 10. ed. Salvador: Juspodivm, 2015. v. 2.

______; CUNHA, Leonardo José Carneiro da. *Curso de direito processual civil*: meios de impugnação as decisões judiciais e processo nos tribunais. 8. ed. Salvador: Juspodivm, 2010. v. 3.

______; NOGUEIRA, Pedro Henrique Pedrosa. *Teoria dos fatos jurídicos processuais*. 2. ed. Salvador: Juspodivm, 2013.

______; ZANETI JR., Hermes. *Curso de direito processual civil*: meios de impugnação às decisões judiciais e processo nos tribunais. 5. ed. Salvador: Juspodivm, 2010. v. 4.

______; ______. *Curso de direito processual civil*: processo coletivo. Salvador: Juspodivm, 2010. v. 4.

DINAMARCO, Cândido Rangel. *A instrumentalidade do processo*. 9. ed. São Paulo: Malheiros, 2001.

______. *Capítulos de sentença*. São Paulo: Malheiros, 2009.

______. *Instituições de direito processual civil*. São Paulo: Malheiros, 2001. v. I a III.

______. *Litisconsórcio*. 8. ed. São Paulo: Malheiros, 2009.

______. *Nova era do processo civil*. São Paulo: Malheiros, 2003.

DINIZ, José Janguiê Bezerra. *Atuação do Ministério Público do trabalho como árbitro*. São Paulo: LTr, 2004.

DONIZETTI, Elpidio; CERQUEIRA, Marcelo Malheiros. *Curso de processo coletivo*. São Paulo: Atlas, 2010.

EÇA, Vitor Salino de Moura (coord.). *Embargos de declaração no processo do trabalho*. São Paulo: LTr, 2010.

FAVA, Marcos Neves. *Execução trabalhista efetiva*. São Paulo: LTr, 2009.

FELICIANO, Guilherme Guimarães et al. *Fênix:* por um novo processo do trabalho. São Paulo: LTr, 2011.

FERRARI, Irany. *Consolidação das Leis do Trabalho*. São Paulo: LTr, 2006.

FERRAZ JUNIOR, Tércio Sampaio. *Introdução ao estudo do direito*. 2. ed. 2. tir. São Paulo: Atlas, 1996.

FONTES, Andre. *A pretensão como situação jurídica subjetiva*. Belo Horizonte: Del Rey, 2002.

FREITAS, Manoel Mendes de. *Comentários aos procedentes normativos e à orientação jurisprudencial da SDC do TST*. São Paulo: LTr, 2001.

FURTADO, Paulo. *Execução*. 2. ed. São Paulo: Saraiva, 1991.

GAGLIANO, Pablo Stolze; PAMPLONA FILHO, Rodolfo. *Novo curso de direito civil*; parte geral. 21. ed. São Paulo: Saraiva, 2019. v. 1.

______; ______. *Novo curso de direito civil*; responsabilidade civil. 17. ed. São Paulo: Saraiva, 2019. v. III.

GAMA, Ricardo Rodrigues. *Efetividade do processo civil*. Campinas: Bookseller, 2002.

GARCIA, Maria (et al.). *Constituição Federal e legislação de direito constitucional*. São Paulo: Revista dos Tribunais, 2010.

GIGLIO, Wagner D. *Direito processual do trabalho*. 8. ed. São Paulo: LTr, 1993.

______; CORRÊA, Claudia Giglio Veltri. *Direito processual do trabalho*. 16. ed. São Paulo: Saraiva, 2007.

GOMES, Orlando. *Introdução ao direito civil*. 12. ed. Atualização e notas de Humberto Theodoro Júnior. Rio de Janeiro: Forense, 1996.

_______. *Questões de direito do trabalho*. São Paulo: LTr, 1974.

GRECO FILHO, Vicente. *Intervenção de terceiros*. 3. ed. São Paulo: Saraiva, 1991.

GRINOVER, Ada Pellegrini; MENDES, Aluisio Gonçalves de Castro; WATANABE, Kazuo. *Direito processual coletivo e anteprojeto de Código Brasileiro de Processos Coletivos*. São Paulo: Revista dos Tribunais, 2007.

_______; WATANABE, Kazuo; MULLENIX, Linda. *Os processos coletivos nos países de* civil law *e* common law: uma análise direito comparado. 2. ed. São Paulo: Revista dos Tribunais, 2011.

HINZ, Henrique Macedo. *Cláusulas normativas de adaptação*. São Paulo: Saraiva, 2007.

HOBSBAWM, Eric. J. *Os trabalhadores*: estudos sobre a história do operariado. São Paulo: Paz e Terra, 2010.

HOLANDA, Aurélio Buarque de. *Novo dicionário Aurélio da língua portuguesa*. 2. ed. 22. impr. Rio de Janeiro: Nova Fronteira, 1986.

KAFKA, Franz. *O processo*. São Paulo: Martin Claret, 2000.

LACERDA, Galeno. *Comentários ao Código de Processo Civil*. Rio de Janeiro: Forense, 1981. v. III, t. I.

LAMARCA, Antonio. *O livro da competência*. São Paulo: Revista dos Tribunais, 1979.

LEITE, Carlos Henrique Bezerra. *Ação civil pública na perspectiva dos direitos humanos*. 2. ed. São Paulo: LTr, 2008

_______. *Curso de direito processual do trabalho*. 3. ed. São Paulo: LTr, 2005.

_______. *Curso de direito processual do trabalho*. 5. ed. São Paulo: LTr, 2007.

_______. *Curso de direito processual do trabalho*. 7. ed. São Paulo: LTr, 2009.

_______. *Curso de direito processual do trabalho*. 8. ed. São Paulo: LTr, 2010.

_______. *Curso de direito processual do trabalho*. 15. ed. São Paulo: Saraiva, 2017.

LEITE, José Rubens. *Dano ambiental:* do individual coletivo ao extrapatrimonial. São Paulo: Revista dos Tribunais, 2000. LEMOS, Bruno Espiñeira. *Precatório*: trajetória e desvirtuamento de um instituto: necessidade de novos paradigmas. Porto Alegre: S.A. Fabris, 2004.

LIEBMAN, Enrico Tullio. *Manual de direito processo civil*. 3. ed. São Paulo: Malheiros, 2005. v. 1.

LIMA, Alcides de Mendonça. *Processo civil no processo trabalhista*. São Paulo: LTr, 1983.

LIMA, Francisco Gérson Marques de. *Direito processual do trabalho*. 3. ed. São Paulo: Malheiros, 2001.

LUDWING, Guilherme Guimarães. *Processo trabalhista eficiente*. São Paulo: LTr, 2012.

MACHADO, Felipe. *Constituição e processo entre o direito e a política*. São Paulo: Fórum, 2011.

MAIA FILHO, Paulo Américo. *A ação civil pública como via alternativa ao dissídio coletivo*: a tutela jurisdicional normativa. São Paulo: LTr, 2011.

MALLET, Estêvão. Apontamentos sobre a competência da Justiça do Trabalho após a Emenda Constitucional 45. *Revista do Tribunal Superior do Trabalho*, Brasília, v. 71, n. 1, jan.-abr. 2005. p. 200.

______. *Ensaio sobre a interpretação das decisões judiciais*. São Paulo: LTr, 2009.

______. *Tutela processual coletiva trabalhista:* temas. São Paulo: LTr, 2010.

MALTA, Christovão Piragibe Tostes. *Prática do processo trabalhista*. 20. ed. Rio de Janeiro: Edições Trabalhistas, 1989.

______. *Prática do processo trabalhista*. 24. ed. São Paulo: LTr, 1993.

MANCUSO, Rodolfo de Camargo. *A resolução dos conflitos e a função judicial no contemporâneo Estado de Direito.* São Paulo: Revista dos Tribunais, 2009.

MANUS, Pedro Paulo Teixeira. *Consolidação das Leis do Trabalho e legislação complementar em vigor.* São Paulo: Malheiros, 1995.

______; ROMAR, Teresa (org.). *Consolidação das Leis do Trabalho com interpretação jurisprudencial*: convergente, divergente, extensiva, restritiva. São Paulo: Revista dos Tribunais, 2013.

MARINONI, Luiz Guilherme. *Coisa julgada inconstitucional*: a retroatividade da decisão de (in)constitucionalidade do STF sobre a coisa julgada: a questão da relativização da coisa julgada. 2. ed. São Paulo: Revista dos Tribunais, 2010.

______. *Procedentes obrigatórios*. São Paulo: Revistas dos Tribunais, 2010.

______; ARENHAT, Sergio Cruz. *Prova*. 2. ed. São Paulo: Revista dos Tribunais, 2011.

______; ______. *Direito processual do trabalho*: doutrina e prática forense; modelos de petições, recursos, sentenças e outros. 34. ed. São Paulo: Atlas, 2013.

______; ______. *Manual do processo de conhecimento*. 4. ed. São Paulo: Revista dos Tribunais, 2005.

______; ______; MITIDIERO, Daniel. *Novo Código Civil comentado*. São Paulo: Revista dos Tribunais, 2015.

______; ______; ______. *Código de Processo Civil*: comentado artigo por artigo. 4. ed. São Paulo: Revista dos Tribunais, 2012.

______; ______; ______. *O Projeto do CPC*: crítica e proposta. São Paulo: Revista dos Tribunais, 2010.

MARTINS, Sergio Pinto. *Comentários às súmulas do TST*. 4. ed. São Paulo: Atlas, 2008.

______. *Direito processual do trabalho:* doutrina e prática forense; modelos de petições, recursos, sentenças e outros. 31. ed. São Paulo: Atlas, 2010.

______. *Direito processual do trabalho*: doutrina e prática forense. 33. ed. São Paulo: Atlas, 2012.

_______. *Direito processual do trabalho*. 34. ed. São Paulo: Atlas, 2013.

_______. *Processo do trabalho*. 34. ed. São Paulo: Atlas, 2013.

MARTINS, Sandro Gilbert. *In*: WAMBIER, Tereza Arruda Alvim et al. (coord.). *Breves comentários ao novo Código de Processo Civil*. São Paulo: Revista dos Tribunais, 2016.

MAXIMILIANO, Carlos. *Hermenêutica e aplicação do direito*. 14. ed. Rio de Janeiro: Forense, 1994.

MEIRELES, Edilton. Procedimentos especiais na Justiça do Trabalho. *In*: Chaves, Luciano Athayde (org.). *Curso de processo do trabalho*. São Paulo: LTr, 2009.

_______; BORGES, Leonardo Dias. *Primeiras linhas de processo do trabalho*. São Paulo: LTr, 2009.

MEIRELLES, Hely Lopes; WALD, Arnoldo; MENDES, Gilmar Ferreira. *Mandado de segurança e ações constitucionais*. 33. ed. São Paulo: Malheiros, 2010.

MELCHIADES, Rodrigues Martins. *O preposto e representação do empregador em juízo trabalhista e órgãos administrativos*. São Paulo: LTr, 2001.

MELHADO, Reginaldo. Competência da Justiça do Trabalho. *In*: CHAVES, Luciano (org.). *Curso de processo do trabalho*. São Paulo: LTr, 2009.

_______. Da dicotomia ao conceito aberto: as novas competências da Justiça do Trabalho. *In*: COUTINHO, Grijalbo Fernandes; FAVA, Marcos Neves (coord.). *Justiça do Trabalho:* competência ampliada. São Paulo: LTr, 2005.

MELLADO, Carlos L. Alfonso. La solución extrajudicial de conflictos laborales. *In*: MONTESINOS, Ignacio Albiol (dir.). *Contenido y alcance de las clausulas obligacionales en la negociación colectiva*. Ministerio de Trabajo y Asuntos Sociales. Madrid, 2005 (Colección Informes y Estudios. Serie Relaciones Laborales, n. 68).

MELLO, Marcos Bernardes de. *Teoria do fato jurídico*: plano da eficácia: 1ª parte. 2. ed. São Paulo: Saraiva, 2004.

MELO, Raimundo Simão de. *Processo coletivo do trabalho*: dissídio coletivo, ação de cumprimento, ação anulatória. 2. ed. São Paulo: LTr, 2011.

MESQUITA, José Ignacio Botelho de. *Teses, estudos e pareceres de processo civil*: direito de ação, partes e terceiros, processo e política. São Paulo: Revista dos Tribunais, 2005. v. 1 e 3.

MITIDIERO, Daniel. *Colaboração no processo civil*: pressupostos sociais, lógicos e éticos. 2. ed. São Paulo: Revista dos Tribunais, 2011.

MONTEIRO, Washington de Barros. *Curso de direito civil:* direito das obrigações. 26. ed. São Paulo: Saraiva, 1993.

MOREIRA, José Carlos Barbosa. *Comentários ao Código de Processo Civil:* arts. 476 a 565. 15. ed. Rio de Janeiro: Forense, 2010. v. V.

_______. *Direito aplicado* (acórdão e votos). Rio de Janeiro: Forense, 2001.

_______. *Prueba y motivacione de la sentencia*: temas de direito processual. 8ª série. São Paulo: Saraiva, 2004.

MOURA EÇA, Vitor Salino de. *Embargos de declaração no processo do trabalho*. São Paulo: LTr, 2010.

NASCIMENTO, Amauri Mascaro do. *Curso de direito do trabalho*. 14. ed. São Paulo: Saraiva, 1997.

_______. *Curso de direito processual do trabalho*. 15. ed. Saraiva: São Paulo, 1994.

_______. *Curso de direito processual do trabalho*. 16. ed. Saraiva: São Paulo, 1996.

_______. *Curso de direito processual do trabalho*. 25. ed. São Paulo: Saraiva, 2010.

_______. *Curso de direito processual do trabalho*. 27. ed. Saraiva: São Paulo, 2012.

NASCIMENTO, Tupinambá Miguel Castro do. *Curso de direito infortunístico*. Porto Alegre: Fabris, 1983.

NEGRÃO, Theotonio; GOUVÊA, José Roberto F. *Código de Processo Civil e legislação processual em vigor*. 39. ed. São Paulo: Saraiva, 2007.

NERY JR., Nelson; NERY, Rosa Maria de Andrade. *Código de Processo Civil comentado e legislação extravagante*. 11. ed. São Paulo: Revista dos Tribunais, 2010.

OLEA, Manuel Alonso; PUIG, Cesar Miñambres. *Derecho procesal del trabalho*. 9. ed. Madrid: Civitas, 1997.

OLIANI, José Alexandre Manzano. *O contraditório nos recursos e no pedido de reconsideração*. São Paulo: Revista dos Tribunais, 2007.

OLIVEIRA, Francisco Antonio de. *Ação civil pública: enfoques trabalhistas*. 3. ed. São Paulo: LTr, 2012.

_______. *Comentários à Consolidação das Leis do Trabalho*. 3. ed. São Paulo: Revista dos Tribunais, 2005.

_______. *Competência trabalhista*. São Paulo: LTr, 2012.

_______. *Manual de processo do trabalho*. 4. ed. São Paulo: LTr, 2011.

PAMPLONA FILHO, Rodolfo. A equidade no direito do trabalho. *Revista do IAB* – Instituto dos Advogados da Bahia, edição especial do 1º Centenário de Fundação, Salvador: Nova Alvorada Edições, 1997. p. 144-145.

_______. Interpretando o art. 114 da Constituição Federal de 1988. *Revista Ciência Jurídica do Trabalho*. Belo Horizonte, ano I, n. 4, p. 9-17, abr. 1998.

_______. *O dano moral na relação de emprego*. 2. ed. São Paulo: LTr, 1999.

_______. *O dano moral na relação de emprego*. 4. ed. São Paulo: LTr, 2006.

_______. Repensando a exegese do art. 455 da CLT. *Revista Ciência Jurídica do Trabalho*, Belo Horizonte: Nova Alvorada/Edições Ciência Jurídica, ano 1, n. 1, 1998. p. 17-31.

_______; LIMA, Bernardo Silva de. *Arbitrabilidade de conflitos trabalhistas*. Disponível em: <http://trabalhoedebate.blogspot.com.br/2011/05/arbitrabilidade-de-conflitos.html>. Acesso em: 20 abr. 2012.

_______; SOUZA, Tercio Roberto Peixoto. Sobre o (não) dever de delimitação dos valores, pelo recorrente, no agravo de petição. *In:* LEITE, Carlos Henrique Bezerra; COLNAGO, Lorena Rezende; GUNTHER, Luiz Eduardo (coord.). *Execução trabalhista*: uma homenagem ao Professor Wagner Giglio. São Paulo: LTr, 2015. p. 355-363.

PASSOS, José Joaquim Calmon de. *Comentários ao Código de Processo Civil*: arts. 270 a 331. Rio de Janeiro: Forense, 2005. v. III.

_______. *Revisitando o direito, o poder*: a justiça e o processo. Salvador: Juspodivm, 2012.

PEREIRA, José Luciano de Castilho. Dissídios coletivos. *In*: CHAVES, Luciano Athayde (org.). *Curso de processo do trabalho*. São Paulo: LTr, 2009.

PEREIRA, Leone. *Manual de processo do trabalho*. São Paulo: Saraiva, 2011.

PINTO, José Augusto Rodrigues. *Execução*. São Paulo: LTr, 2003.

_______. *Execução trabalhista*. 5. ed. São Paulo: LTr, 1992.

_______. *Execução trabalhista*: estática, dinâmica, prática. 11. ed. São Paulo: LTr, 2006.

_______. Intervenção de terceiro no processo do trabalho. *Trabalho & Processo*, São Paulo: Saraiva, n. 1, jun. 1994. p. 123.

_______. *Processo trabalhista de conhecimento*. São Paulo: LTr, 2003.

_______. *Processo trabalhista de conhecimento*. 2. ed. São Paulo: LTr, 1993.

_______. *Processo trabalhista de conhecimento*. 6. ed. São Paulo: LTr, 2001.

_______. *Processo trabalhista de conhecimento*. 7. ed. São Paulo: LTr, 2005.

_______. *Tratado das ações*. Campinas: Bookseller, 1998.

PINTO, Raymundo Antonio Carneiro; BRANDÃO, Claudia. *Orientações jurisprudenciais do TST*: comentadas. 2. ed. São Paulo: LTr, 2010.

PIOVESAN, Flávia. *Direitos humanos e o direito constitucional internacional*. São Paulo: Max Limonad, 2002.

PISTORI, Gerson Lacerda. *Dos princípios do processo*: os princípios orientadores. São Paulo: LTr, 2001

PONTES DE MIRANDA. *Comentários ao Código de Processo Civil*. Rio de Janeiro: Forense, 1976. v. IX

_______. *Comentários ao Código de Processo Civil*. 2. ed. Rio de Janeiro: Forense, 1961. v. XIV.

_______. *Comentários ao Código de Processo Civil:* arts. 154 a 281. Atualização legislativa Sergio Bermudes. 3. ed. São Paulo: Forense, 2001. t. III, p. 219.

_______. *Tratado das ações*. Campinas: Bookseller, 1998.

PROCEDIMENTO DE CONTROLE ADMINISTRATIVO 532. Processo eletrônico 200930000000429. Requerente: Luiz Antonio Ferreira Pacheco da Costa. Requerido: Tribunal Regional do Trabalho 18ª Região. Disponível em: <www.cnj.jus.br>. Acesso em: 3 jun. 2019.

REALE, Miguel. *O dano moral no direito brasileiro*: temas de direito positivo. São Paulo: Revista dos Tribunais, 1992.

REDONDO, Bruno Garcia. *In:* WAMBIER, Tereza Arruda Alvim... [et al.]. *Breves comentários ao novo código de processo civil.* 2. ed. rev. e atual. São Paulo: Editora Revista dos Tribunais, 2016.

RODRIGUEZ, Américo Plá. *Princípios do direito do trabalho.* 3. ed. São Paulo: LTr, 2014.

ROMAR, Carla Teresa Martins. *Direito processual do trabalho.* 6. ed. São Paulo: Atlas, 2010.

ROQUE, André Vasconcelos. *Class actions:* ações coletivas nos Estados Unidos – o que podemos aprender com eles. Salvador: Juspodivm, 2013.

SAAD, Eduardo Gabriel. *Curso de direito processual do trabalho.* 6. ed. São Paulo: LTr, 2008.

SAMPAIO, Marcos. *O conteúdo essencial dos direitos sociais.* São Paulo: Saraiva, 2013.

SANCHES, Sydney. *Denunciação da lide no direito processual civil brasileiro.* São Paulo: Revista dos Tribunais, 1984.

SANTOS, Elisson Miessa dos; CORREIA, Henrique. *Súmulas e orientações jurisprudenciais do TST:* comentadas e organizadas por assunto. Salvador: Juspodivm, 2012.

SANTOS, Moacyr Amaral. *Primeiras linhas de direito processual civil.* São Paulo: Saraiva, 1998, v. I a III.

_______. *Primeiras linhas de direito processual civil.* 4. ed. São Paulo: Saraiva, 1979. v. 2.

SANTOS, Ronaldo Lima dos. *Sindicatos e ações coletivas acesso à justiça coletiva e tutela dos interesses difusos coletivos e individuais homogêneos.* 2. ed. São Paulo: LTr, 2008.

_______. *Teoria das normas coletivas.* São Paulo: LTr, 2009.

SARAIVA, Renato. *Curso de direito processual do trabalho.* 6. ed. São Paulo: Método, 2009.

SCHIAVI, Mauro. *Manual de direito processual do trabalho.* 3. ed. São Paulo: LTr, 2010.

_______. *Manual de direito processual do trabalho.* 10. ed. São Paulo: LTr, 2016.

SILVA NETO, Manoel Jorge e. *Constituição e processo do trabalho.* São Paulo: LTr, 2007.

_______. *Constituição e trabalho.* São Paulo: LTr, 1998.

SILVA, Américo Luis Martins da. *Precatório:* requisitório e requisição de pequeno valor. 4. ed. São Paulo: Revista dos Tribunais, 2010.

SILVA, Luiz de Pinho de Pedreira da. *Principiologia do direito do trabalho.* São Paulo: LTr, 1997.

SILVA, Ovídio A. Baptista da; GOMES, Fábio. *Teoria geral do processo civil.* 2. ed. São Paulo: Revista dos Tribunais, 2000.

SILVA, Sayonara Grillo Coutinho Leonardo da. *Relações coletivas de trabalho*: configurações institucionais no Brasil contemporâneo. São Paulo: LTr, 2008.

SOUZA, Motauri Ciocchetti de. *Interesses difusos em espécie:* temas de direito do consumidor ambiental e da Lei de Improbidade Administrativa. São Paulo: Saraiva, 2000.

SOUZA, Ronald Amorim e. *Apontamentos de processo do trabalho.* Salvador: Contraste, 1995.

SOUZA, Tercio Roberto Peixoto. *A responsabilidade subsidiária da Administração Pública e a obrigação de fazer aplicada no processo do trabalho.* Salvador: JAM Jurídica, 2010.

______. *A negociação coletiva e extinção compulsória do contrato de trabalho*. São Paulo: LTr, 2012.

SOUZA, Wilson Alves de. *Acesso à justiça*. Salvador: Dois de Julho, 2011.

SPADONI, Joaquim Felipe. *Ação inibitória a ação preventiva prevista no art. 461 do CPC*. 2. ed. São Paulo: Revista dos Tribunais, 2007. v. 49.

STEINMETZ, Wilson. *A vinculação dos particulares a direitos fundamentais*. São Paulo: Malheiros Editora, 2004.

TEIXEIRA FILHO, Manoel Antonio. *Comentários ao Novo Código de Processo Civil sob a perspectiva do processo do trabalho*: Lei n. 13.105, 16 de março de 2015. São Paulo: LTr, 2015. p

______. *Curso de direito processual do trabalho*. São Paulo: LTr, 2009. v. I e II.

______. *Curso de processo do trabalho:* litisconsórcio, assistência e intervenção de terceiros. São Paulo: LTr. v. 4

______. *Execução no processo do trabalho*. 4. ed. São Paulo: LTr, 1994.

______. *Liquidação da sentença no processo do trabalho*. 4. ed. São Paulo: LTr, 1994.

______. *Litisconsórcio, assistência e intervenção de terceiros no processo do trabalho*. 2. ed. São Paulo: LTr, 1993.

______. *Manual da audiência na Justiça do Trabalho*. São Paulo: LTr, 2010.

______. *O processo do trabalho e a reforma trabalhista*: as alterações introduzidas no processo do trabalho pela Lei n. 13.467/2017. São Paulo: LTr, 2017.

TEIXEIRA, Guilherme Freire de Barros. *Teoria do princípio da fungibilidade*. São Paulo: Revista dos Tribunais, 2008. v.13.

TESHEINER, José Maria. *Processos coletivos*. Porto Alegre: HS Editora, 2012.

THEODORO JÚNIOR, Humberto. *Curso de direito processual civil*. Rio de Janeiro: Forense, 2001. v. I a III.

______. *Curso de direito processual civil*. 32. ed. Rio de Janeiro: Forense, 2000. v. I.

______. *Curso de direito processual civil*: teoria geral do direito processual civil e processo de conhecimento. 11. ed. Rio de Janeiro: Forense, 1993. v. I.

______. Direito processual constitucional. *Revista Magister de Direito Civil e Processual Civil*, Porto Alegre: Magister, v. 1, jul.-ago. 2004. p. 27.

TONIAL, Maira Angélica Dal Conte. *Dissídio coletivo: o* mútuo consentimento como requisito. Curitiba: Juruá, 2009.

TST CONCEDE HC ao jogador Oscar, que poderá trabalhar onde desejar (atualizada). Disponível em: <http://www.tst.jus.br/home/-/asset_publisher/nD3Q/content/tst-concede-hc-ao-jogador-oscar-que-podera-trabalhar-onde-desejar--atualizada>. Acesso em: 3 jun. 2019.

WAMBIER, Luiz Rodrigues. *Liquidação da sentença*: individual e coletiva. 4. ed. São Paulo: Revista dos Tribunais, 2009.

WAMBIER, Tereza Arruda Alvim et al. *Breves comentários ao novo Código de Processo Civil*. 2. ed. rev. e atual. São Paulo: Revista dos Tribunais, 2016.

_______; MEDINA, José Miguel Garcia. *O dogma da coisa julgada*: hipótese de relativização. São Paulo: Revista dos Tribunais, 2003.

ZANETI, Paulo Rogerio. *Flexibilização das regras sobre ônus da prova*. São Paulo: Malheiros, 2011.

ZAVASCKI, Teori Albino. *Processo coletivo*: tutela de direitos coletivos e tutela coletiva de direitos. 4. ed. São Paulo: Revista dos Tribunais, 2009.

_______. *Processo de execução:* parte geral. 3. ed. São Paulo: Revista dos Tribunais, 2004.